LA TERRE

A VOL D'OISEAU

1464. — PARIS, IMPRIMERIE A. LAHURE

9, rue de Fleurus

LA TERRE

A VOL D'OISEAU

PAR

ONÉSIME RECLUS

OUVRAGE CONTENANT

10 cartes et 616 vues et types gravés sur bois

PARIS
LIBRAIRIE HACHETTE ET Cie
79, BOULEVARD SAINT-GERMAIN, 79

1886

L'Espagne aride. (Voy. p. 4.) — Dessin de Taylor, d'après une vue de Henri Regnault.

LA TERRE A VOL D'OISEAU

LA TERRE, LA MER, LES HOMMES

Petitesse infime de la Terre. — L'homme naît et vit sur une boule presque ronde, qui lui semble immense; puis cette boule, ce globe, la Terre, dont il est sorti, le reprend dans son « vaste sein ».

Longtemps nous crûmes que la Terre est le centre, le but et la raison des choses.

Pour les Barbares dont nous sommes les fils et les orgueilleux héritiers, notre globe emplissait l'Univers, le Soleil était une « lumière à nos pieds », la Lune une « lampe à nos sentiers », et les Étoiles des clous étincelants dans la voûte des cieux.

Et l'homme qui faisait la Terre si grande n'en avait pas vu seulement la moitié; il parlait vaguement d'une Atlantide engloutie, mais il ignorait les deux Amériques, l'Australie, l'Océanie et presque toute l'Afrique : ainsi, de nos jours encore, tel insulaire borne le monde à deux ou trois archipels, tel sauvage à quelques vallées où chassent des tribus misérables.

Maintenant, nous n'ignorons plus que la Terre est prodigieusement petite. Douze cent cinquante mille fois plus grande, elle ne serait que de la taille du Soleil, qui lui-même est un grain de sable. Entraînant la Lune, elle tourne en ellipse autour du Soleil; le Soleil, menant avec lui ses planètes, court avec rapidité sur le chemin sans fin de l'éther vers une étoile de la constellation du Centaure; et cette étoile fuit vers une autre étoile

Douze cent cinquante mille fois moindre que l'astre dont elle tient la lumière et la vie, notre pauvre boule a cinquante et un milliards d'hectares, neuf cent cinquante-six fois la France.

L'homme, régent de ce domaine, ne le connaît pas encore et ne le connaîtra jamais tout entier. S'il arrive à surprendre tous les secrets des forêts, des marais, des déserts, pourra-t-il atteindre les deux Pôles? Et combien de glaciers cuirassent des monts trop élevés pour que la poitrine humaine y trouve assez d'air! Le Gaurisankar monte à 8840 mètres, en Himalaya, dans l'Inde : jusqu'à ce jour on le tenait pour le pic éminent du Globe, mais il paraît que deux de ses frères et voisins le dépassent.

Hors ce froid néant du Pôle et des pics hauts de deux lieues, nous saurons bientôt comment la

L'Espagne pluvieuse. (Voy. p. 4.) — Dessin de G. Doré.

Terre est faite; et avant longtemps nous aurons fendu en sillons tout ce qui peut dresser un épi. Dans trois ou quatre générations, l'an deux mille poindra sur des hommes épouvantés qui verront les continents fatigués, les îles usées, les rivières taries, les forêts à bout, le monde plein, la famine aux portes. La Planète sera vieille, et surtout elle sera meurtrie : nos mains sont criminelles, nous frappons notre mère; la cognée des bûcherons n'abat pas seulement les arbres, elle ruine et renverse aussi la montagne, et chaque branche qui tombe enlève une goutte aux fontaines.

Peut-être aussi que, vieillissant sur le fétu qui nous emporte, nous oublierons quelque jour d'augmenter la race des hommes; déjà la France hésite à se renouveler, et des docteurs honorent sa prudence; sur la rive contraire de l'Atlantique un peuple[1] doublait tous les trente ans, et le voici qui se proscrit lui-même; ses fils et ses filles font vœu

1. Les habitants de la Nouvelle-Angleterre (États-Unis).

de mourir tout entiers, cent ans à peine après des aïeux qui s'étaient promis une postérité plus nombreuse que le sable des mers. Moins homicide que cette jeunesse obstinée à ne pas revivre fut la monstrueuse Peste Noire qui de 1336 à 1349 glaça, dit-on, cinquante millions d'hommes.

Quand nous aurons tout abattu, tout débroussaillé ou brûlé, tout planté, irrigué ou drainé, nous n'aurons guère dompté que le quart de notre planète, dont plus des deux tiers sont occupés par les eaux. Quelque humble fontaine dont on suive le filet d'argent, de ruisseau à rivière, de rivière à fleuve, on arrive toujours à la grande mer, qui, dit le poète norvégien, « voyage éternellement au-devant d'elle-même, », et jamais lasse, démolit toujours pour toujours reconstruire.

Site du Sahara : les Grandes Dunes. — Dessin de G. Vuillier, d'après une photographie.

Le sol ferme, avec toutes ses eaux dormantes ou courantes, s'étend sur 136 millions de kilomètres carrés[1], tandis que l'ensemble des mers en a 374 millions[2].

C'est 255 fois l'aire de la France, un peu plus de 150 fois celle de la France augmentée de l'Algérie-Tunisie, Tell, steppe et oasis, sans le Sahara.

1. Exactement, 136 035 371, dont un vingt-quatrième pour es îles.
2. Exactement, 374 037 012.

Gardons-nous d'en conclure que le Globe puisse entretenir 255 fois autant d'hommes que la France d'Europe, ou 150 fois autant que notre patrie accrue de ce qu'elle a déjà conquis dans l'Atlas. Par son climat, son sol, ses mers, ses eaux, le pays qui va des grèves de la mer du Nord aux sables de la Bidassoa vaut mieux que l'ensemble des terres. D'immenses régions, dont quelques-unes bien plus longues que de Dunkerque à Cerbère, bien plus larges que des écueils d'Ouessant aux sapinières des Vosges, semblent devoir toujours défier l'impatience et l'avarice des hommes: Elles resteront vides : les unes, vastes, infinies, dorment sous la glace; les autres, infinies aussi, sont des fournaises que le Soleil allume tous les jours.

La mer et les pluies. Le soleil et les climats.
— S'il est sur terre des zones ardentes qu'on n'ose espérer de féconder jamais, n'en accusons pas seulement le divin Soleil.

Il a pour compagne la pluie : avec elle il crée, sans elle il dévore.

Plus il luit sur une terre, plus il la brûle et la pénètre ; plus cette terre est opulente et pullulante quand la pluie la pénètre aussi.

Du Pacifique, de l'Atlantique, de la mer des Indes, de l'Océan austral, des mers grandes et des petites, s'élèvent des vapeurs qui se font nuages, poussés par le vent vers les côtes. Le nuage est la pluie qui marche. Tout pays où les cieux déchirent fréquemment la nuée, s'épanche en arbres touffus, en herbes savoureuses. Mais malheur aux contrées où soufflent rarement les haleines humides! Tels l'Aragon, le plateau de Léon, la Castille, la Manche et l'Estrémadure, les steppes de l'Atlas, le Sahara, l'Afrique australe, l'Arabie, l'Iran, la Haute Asie, les plateaux des Rocheuses, le désert d'Atacama, la pampa du Tamarugal, la moitié de l'Argentine, les trois quarts de l'Australie et, dans toute région du monde, les plateaux sevrés de la mer, les vallées perdues que le vent de la pluie ne sait pas retrouver.

Une montagne, si haute soit-elle, n'arrête pas tout le soleil du jour ou de l'année; si basse soit-elle, elle peut barrer presque toute la pluie. Le voyageur le sait bien qui a passé du Traz os Montes à l'Entre Douro et Minho.

Sur le Traz os Montes, qui continue à l'ouest les hautes plaines de Valladolid et de Zamora, il a vu des terres sèches, des coteaux nus, des horizons fauves, des vallons sans eau, des ruisseaux tarissants ou taris, et, après avoir pâti tout le jour de la chaleur et de la poussière, il a pu, la nuit, y souffrir d'un froid dur. Dès qu'il a franchi d'humbles monts, et surtout lorsqu'il a passé la serra do Marão (1422 mètres), il descend vers Amarante, dans un adorable pays de fraîcheur, de splendeur, de beauté, qui a des rivières courantes et, dit-on, vingt mille fontaines de cristal.

C'est un exemple entre mille. Quel contraste, plus éclatant encore, entre Oviédo, Gijon ou Santander et les llanuras[1] de Léon; entre la molle Donostian[2] et la lumineuse Miranda de Duero ; entre la verdure béarnaise et les pierres altérées de l'Aragon! Dans la Grande-Bretagne il pleut cinq, six et jusqu'à dix fois moins sur le versant oriental que sur l'occidental; et en Norvège le littoral, embrassé des vents, reçoit cinq, six, huit fois plus d'eau que le haut plateau, terre de froidure cernée par les monts. Il y a peu de contrées, même petites, où ne se dressent des serras do Marão, souvent simples collines, qui distribuent le nuage avec une partialité funeste : elles le prodiguent aux vallées marines, elles le refusent aux plaines intérieures,

A la clairière aride et que jamais n'abreuvent
Les urnes de la pluie et les vastes seaux d'eau
Que l'hiver jette au front des monts d'Urbistondo[3].

Là où il ne pleut pas, le soleil fait de la terre un stérile airain où l'on ne sème ni ne moissonne, mais dès qu'il pleut dans un pays, et plus il y pleut, il donne l'être aux arbres et aux herbes. De la force de ses rayons, de la durée de son illumination dépendent les formes diverses des plantes. Il règle les zones de culture.

Dans l'extrême Nord ses rayons obliques ne peuvent amollir les glaces entassées à des centaines de lieues autour du Pôle; malgré la longueur des jours ils n'y tiédissent assez ni l'air, ni les eaux; aussi ne pousse-t-il que mousses, lichens, plantes rudimentaires, arbres nains dans cette zone glaciale, dite au nord arctique ou boréale, antarctique au sud.

Mais dès qu'on avance un peu vers le Midi, la nature devient féconde à mesure que les rayons du soleil perdent de leur obliquité, à mesure aussi qu'il y a moins d'inégalité dans la longueur des jours et des nuits. De la zone glaciale on entre dans la zone froide, où se dressent des arbres superbes, bouleaux, pins, sapins, épicéas, mélèzes, massés en forêts solennelles.

Ce n'est pas comme, sous le Tropique et sous l'Équateur, une orgie de formes, un luxe inouï de lianes, une mêlée tragique de troncs, de rameaux, de tentures et de parasites, un combat mortel entre les arbres et les espèces, un élan éperdu vers l'air et la lumière. Non! L'arbre, que nul ennemi n'assiège, qu'aucune corde vivante n'étouffe, y garde son profil et son indépendance. Dans les forêts qu'il

---
1. Plaines.
2. Saint-Sébastien.
3. V. Hugo, *Légende des siècles*.

« Selva » ou forêt tropicale de l'Amérique du Sud. (Voy. p 6. — Dessin d'Émile Bayard.

compose, le clair-obscur des avenues ouvre au regard des horizons, tandis que parmi les « selvas » sud-américaines on est emprisonné dans le dédale des végétations folles.

Avec leurs troncs qui sont des colonnes, leur voûte touffue, leur jour sombre, leur vaste silence, les hautes futaies des cieux froids ou tempérés ont quelque chose de l'architecture et du recueillement des temples. Plus monumentales que les bois tropicaux, où toute ordonnance disparait sous les draperies et les tentures, l'automne arrive qui, chaque année, les dépouille après les avoir parées des plus vives couleurs : rougissant et jaunissant les feuilles, il les détache du rameau pour que le vent les emporte; puis vient l'hiver, qui, pas plus que l'automne, n'arrache aux résineux leurs aiguilles : alors, sur les pins et sapins, dans la forêt rigide, chaque branche, sombre ou noire, ploie sous la blancheur de la neige.

Ainsi, presque au sortir des frimas sans fin et des arbres noués par la nuit et la glace, on entre dans une zone où déjà le soleil luit sur des troncs puissants et des forêts glorieuses, où le blé mûrit, où les prairies sont vertes; de cette zone tempérée froide, où ne croît pas la vigne, on passe dans la tempérée chaude, dont la gloire est le vin, dont le phylloxera est la honte et la misère; le chêne, le tilleul, le frêne, le hêtre, l'orme, le châtaignier, le peuplier, y croissent à côté des pins et des sapins du Nord.

Avec les oliviers, que suivent les orangers, puis les palmiers, on passe dans la zone chaude, qui est celle de Cannes ou de Menton en France, de Naples en Italie, de Cadix en Espagne, d'Alger en Afrique. Sans froids comme le Nord, sans brouillards comme le pays tempéré, sans typhons et tornades comme le Tropique, c'est la terre la plus belle et la plus heureuse, le vrai jardin de plaisance, surtout au bord de cette Méditerranée où se rencontrent l'Europe, l'Asie et l'Afrique. Vieux et précieux souvenirs à part, bien des hommes se sentent plus émus sur le rivage de son admirable mer que devant l'opulence des forêts les plus dévergondées du Tropique.

La zone tropicale accompagne l'Équateur sur la rondeur de la Terre; elle se déploie entre le tropique du Cancer au nord et le tropique du Capricorne au sud. Elle tire sa puissance de la profusion de pluie amenée par des vents réguliers et de la chaleur du soleil, dont les rayons sont de plus en plus droits à mesure qu'on s'approche de l'Équateur, où ils tombent d'aplomb sur le sol.

Ce mariage de la chaleur et de l'humidité provoque un merveilleux excès de vie dans des forêts prodigieuses où chaque arbre a ses lianes, ses parasites, ses oiseaux bariolés, ses singes ricaneurs : là rôdent les animaux les plus élégants ou les plus forts de la Terre, là rampent les serpents les plus empoisonneurs, là bourdonnent, volent ou sautent, piquent ou seient les insectes sans nombre, ennemis invincibles de l'homme.

Notre race porte la peine des splendeurs de ce climat mou, tépide, qui a fait de nos cousins noirs ou rouges une tourbe sans énergie. Quant au Blanc, il y vieillit vite.

Puissance de l'altitude. — La latitude fait les climats généraux, le glacial, le froid, le tempéré, le chaud et l'équatorial. Dans l'enceinte même de ces grandes zones, l'élévation du sol crée, à l'infini, des climats locaux.

Quand on s'élève au-dessus du niveau des mers, on sent que l'air devient plus frais, et, lorsqu'on a monté longtemps, on le trouve froid, puis glacial. Suivant l'exposition au soleil ou à l'ombre, suivant la nature des roches, suivant les mille et mille circonstances du lieu, cent soixante ou deux cents ou deux cent quarante à deux cent cinquante mètres d'élévation déterminent un abaissement d'un degré dans la température moyenne annuelle d'un site; et en même temps le climat des lieux supérieurs est singulièrement plus variable que celui des inférieurs, il est bien plus brusque et fantasque, plus excessif dans le froid et le chaud, plus différent de lui-même selon les heures du jour et les saisons de l'année.

Monter de cent mètres, c'est faire cent vingt-cinq kilomètres dans la direction du Pôle. A la ferme péruvienne d'Antisana, la moyenne de l'année égale à peu près celle de Saint-Pétersbourg : or la ville des froids palais regarde le ciel du 60ᵉ degré boréal, et la métairie des Andes contemple la coupole d'un ciel d'Équateur; mais Saint-Pétersbourg est au niveau de la mer, et la maison du Pérou domine les Océans de plus de 4000 mètres. Des monts sans nombre ont leurs épaules sous la neige éternelle, tandis que, dans des vallées si proches de leurs pics que l'aigle, le vautour, le condor, y descendent en quelques ailées, les tièdes haleines et les chauds soleils font de l'année un printemps mêlé d'été.

Dans le haut Nord, glacé même au bord de la mer, l'influence de l'altitude est peu visible; mais, dès qu'on approche de la zone tempérée, elle surprend même le plus obtus des hommes.

En France, on monte en quelques heures des oliviers du Bas-Languedoc aux plateaux cévénols, où le seigle a peine à croître ; en une demi-journée on s'élève de la vallée de Prades, tiède serre chaude, au sommet presque immuablement hivernal du Canigou.

Sous l'Équateur, dix mètres d'ascension valent douze kilomètres de marche vers le nord. A la base des géants équatoriaux ou tropicaux le soleil brille sur des forêts miraculeuses, sur des champs d'une fécondité inouïe quand ils sont arrosés, sur des hameaux où l'on peut vivre nu, sur des villes où l'homme habillé soupire après la fraîcheur et la nudité.

Cette fraîcheur sous le Tropique, le blanc la trouve à cinq cents mètres de hauteur ; mieux encore à mille, sous des arbres dont beaucoup ne sont déjà plus ceux du bas pays. A deux mille mètres, il respire à pleins poumons dans des bosquets où les plantes de l'Europe s'acclimatent aussi bien que lui. A trois mille, il se sent vivre avec aise en des vallons délicieusement tempérés. A quatre mille, il a froid. Il ne vivrait pas à cinq ou six mille. A sept mille, à huit mille, on mourrait (si l'on y pouvait gravir) dans les horreurs du Pôle que sept, huit kilomètres en hauteur ont étalé parmi les gloires de la zone torride, quand il faudrait pour le trouver chez lui faire le quart du tour du Globe, à dix mille kilomètres vers le nord ou vers le sud.

Par ce pouvoir qu'ont les hauteurs d'étager les températures, de superposer les plantes, de la plus frileuse à la plus insensible au froid, le Globe gagne merveilleusement en variété : chaque grande montagne de l'Équateur ou du Tropique, chaque montagne moyenne des zones tempérées devient à elle seule une petite Terre ayant tous les climats, ou presque tous. La France, aussi voisine du Pôle que de l'Équateur, ne mire-t-elle pas quelques beaux palmiers dans le flot bleu des calanques provençales, au pied de ces Alpes où des glaciers s'écroulent sur des lacs marbrés par un hiver éternel, infini ? Tout près des poudroiements et des flamboiements du Gard et de l'Hérault, n'avons-nous pas, sous l'œil de l'Aigoual, quatre hautes Sibéries, Causse Méjan, Causse de Sauveterre, Causse Noir et Larzac ? Les brillantes fontaines du pied des Causses ne sont-elles pas faites de flocons de neige presque autant que de gouttes de pluie ?

Provinces géographiques. — Régime des vents et des pluies, voisinage ou éloignement des mers, distance du Pôle ou de l'Équateur, empilement des monts, nature de la roche et de la sous-roche, tout cela fait la Province géographique.

Les qualités du sol et du sous-sol influent presque autant que l'altitude, la latitude et la pluie sur l'aspect et les vertus des contrées. Un pays perméable, sec, ne ressemble pas à un pays imperméable, humide, plein de sources, d'étangs, de ruisseaux tordus, de bois noyés, de prairies mouillées ; il est des cantons de sable, d'autres de roc, d'autres d'argile collante et « qu'on emporte à la semelle de ses souliers ». Une contrée granitique n'a jamais l'apparence d'une contrée calcaire ou crayeuse, elle ne crée pas les mêmes plantes, elle ne fait pas les mêmes hommes. Et avec le long déroulement des siècles, une région peut transformer telle race qu'elle a reçue, qu'elle n'avait point enfantée. Qui trouvera jamais le fils de la « terre de granit recouverte de chênes », lavée par des pluies fines et peu à peu rongée par des vagues vertes sous des cieux gris, l'homme de Roscoff ou de Douarnenez semblable au vigneron des collines gasconnes, au pêcheur de la Corniche, au Saharien séché par le soleil, au Portugais devenu Brésilien entre Pará et Santos, à l'Indien dont la hutte est voisine du roi des fleuves ?

Des divers habitants du monde, le sol et le ciel ont fait une famille extraordinairement bigarrée qui ne se sent et ne se comprend une que par la commune possession du langage articulé, et peut-être de ce qu'on peut appeler la faculté d'idéal.

Toute fusion des sangs mise à part, le temps seul peut atténuer — qui osera dire effacer ? — ces prodigieuses différences. Si le « milieu » transforme, il ne le fait qu'avec le secours des âges. Et nous ne savons point, tant notre expérience est brève, si cette alliance même est capable de faire d'un Français un Lapon, ou d'un Nègre un Islandais. Nous sommes ignorants et passagers, petits, pauvres et courts ; nous comptons nos années par dizaines, l'âge des peuples par siècles, et les mille et mille ans ne sont qu'un instant pour la Terre, si périssable qu'elle soit, elle, son satellite, ses compagnes et son soleil.

La Terre et la Mer donnent la vie à cinq cent mille espèces de plantes, à trois cent mille espèces d'animaux. Faut-il, se répétant toujours, traîner après soi la liste des quadrupèdes, des oiseaux, des insectes, des arbres et des fleurs d'un pays ? Les mêmes plantes peuvent-elles croître sous les nues irlandaises et dans « l'immensité jaune que piquent de points blancs Tougourt et Biskara » ? Les contrées du Nord ou celles que l'altitude septentrionalise ont la végétation du Nord; la zone tempérée a les plantes qu'évoque ou que permet le climat tempéré, la zone tropicale celles du Tropique, sauf dans ses hautes montagnes, où s'étagent les herbes et les arbres de la zone tempérée, de la zone froide et de la zone polaire, car, entre les Tropiques, tout haut mont résume le monde. Et maintenant que chaque région habitue chez elle toutes les plantes que souffrent ses climats, la prédiction de Virgile s'accomplit : Partout la Terre produira tout (dans les bornes du possible) : « *Omnis feret omnia tellus* ». Depuis Christophe Colomb, nous avons envoyé cent cinquante ou deux cents plantes à l'Amérique, et de l'Amérique nous en avons reçu plus de soixante. Presque toutes nos graines et nos arbres fruitiers viennent, dit-on, d'Asie.

En même temps que les bois précieux, les fruits savoureux, les sucs toniques, les sèves salutaires, se dispersent aussi les poisons et les fléaux. Ce n'est plus seulement autour du golfe du Mexique et dans les Antilles que la fièvre jaune épouvante la pâle engeance des hommes, elle ravage aujourd'hui

Site du désert d'Atacama. (Voy. p. 4). — Dessin de J. Moynet, d'après une photographie.

le Brésil, passe chaque année sur Rio comme l'ange exterminateur, et vole jusqu'à la Plata, ce pays jadi salubre, où déjà plus d'une fois elle a fait réciter la prière des agonisants dans des milliers de demeures; elle est venue jusqu'à Lisbonne; elle frappera Saint-Nazaire. Le choléra, fils du Bengale, est souvent notre hôte; qui nous débarrassera de ce livide étranger quand le réseau des voies rapides aura soudé toutes ses mailles entre la Seine et le Gange? Tout rail mis au bout d'un autre rail sur le chemin de l'Orient nous rapproche du repaire tiède et boueux où naquit, où naît et renaît sans fin ce plus grand des conquérants vomis par l'Asie.

Nombre des hommes. « Civilisation » et colonisation; injustice des forts. Acclimatement.

— On évalue le nombre des hommes à 1450 millions : c'est probablement la vérité, à 300 millions près.

La France ayant environ 38 millions d'âmes, et au moins 42 millions avec l'Algérie-Tunisie, la population du Globe serait trente-six fois plus forte que celle de notre patrie, trente-quatre fois seulement si nous unissons au vieux pays d'Europe son jeune rejeton d'Afrique.

Comment notre race, d'abord si chétive, si mal armée, a-t-elle conquis la Terre sur les animaux à grandes griffes, à dents aiguës, à détente brusque? Comment a-t-elle vaincu les félins, plus forts, plus beaux, mieux vêtus et plus souples qu'elle? Nous ne connaissons pas cette histoire; nous savons seulement que l'homme était plus intelligent que les autres bêtes de proie

Et plus tard, comment ne s'est-il pas détruit lui-même, de guerre en guerre, tuant pour tuer? Que de fois il a rempli le charnier des batailles! Et que de fois encore il le remplira!

Enfin, malgré la flèche, et la pique et la lance, malgré la balle et le boulet, malgré la peste, la fièvre, l'orgie, malgré tout, malgré lui-même, il est plus que jamais debout, et voici qu'il va couvrir le monde.

Race blanche. — Dessin de A. de Neuville.

Non pas lui tout entier, mais quelques-unes de ses familles, les Blancs d'Europe surtout, qui ont écrit sur leur drapeau : « Prends, tue et mange ! »

Les Européens et les Américains leurs fils poussent les petits peuples à la boucherie ou à l'hôpital. Chaque jour efface une tribu, une langue, un mythe, une idée.

Ainsi nous colonisons, ainsi nous « civilisons ». Mais si l'idée, le mythe, l'idiome d'un peuple s'en vont, ce peuple lui-même ne meurt qu'en apparence. Jamais race ne périt entièrement, et rare-

O. RECLUS. LA TERRE A VOL D'OISEAU.

ment une tribu, même des plus chétives : les noms de leurs hommes sont remplacés par des noms étrangers, leurs autels sont renversés, leurs lois s'oublient, leur langue s'efface, mais l'âme de la tribu survit avec le sang de ses familles les plus vigoureuses. Pour peu que le soldat, l'aventurier, le chasseur, l'homme de loi, la misère, aient laissé debout quelques vaincus, ceux-ci pénètrent à leur tour dans la race ennemie, quelquefois par des alliances légales, le plus souvent par des unions de hasard. Ainsi naissent des métis, qui, tenant intimement au sol natal, croissent avec plus de force que les fils des conquérants, et, à la longue, la nation qu'on pensait extirper a repris à la terre maternelle par d'inextirpables racines. Chez les « Anglo-Saxons » eux-mêmes, ceux de tous les exterminateurs qui s'allient le moins aux sauvages qu'ils fauchent, il n'est pas une seule tribu qui soit véritablement morte. Les Indiens revivent dans une foule de familles blanches des États-Unis, et, le jour où l'on dira : « Le dernier des Peaux-Rouges expire », la vie des Six-Nations et de cent autres peuplades mortes en apparence sera plus florissante que jamais dans des milliers de maisons très fières de leur origine anglaise. Il n'est pas jusqu'aux Tasmaniens, scrupuleusement égorgés jusqu'au dernier, qui n'aient laissé derrière eux des métis dispersés en Australie. Dans notre France même, habitée, nous dit-on, par les seuls « Aryens », combien de nos pères sont des Huns, des Alains, des Tartares, des Berbères, sans parler des sauvages inconnus à nos plus vieux livres !

Aussi, parfois, du sein de familles qui se croient de race pure, en Amérique, en Afrique, en Asie, en Océanie, et jusqu'en Europe, il surgit tout à coup un enfant de singulier visage, fils de quelque nation saignée à blanc et qu'on pensait morte, mais elle n'était qu'endormie. Rien qu'en naissant, il proteste contre des siècles d'injustice : la nation « supérieure » avait oublié l'hospitalité trahie, les serments violés, les forêts flambantes, les hommes navrés, les femmes éventrées, les enfants écrasés contre la muraille, et l'histoire était muette ; « mais, dit l'Écriture, si ceux-ci se taisent, les pierres mêmes crieront ! »

Cette éternelle bien qu'obscure durée des peuples enlève quelque amertume à l'histoire du monde. D'ailleurs, il arrive souvent que dans les pays extorqués et foulés les spoliateurs souffrent plus que les victimes, et cette souffrance même finit par leur constituer, à eux aussi, un droit strict : quand ils ont rempli des cadavres de leurs colons les cimetières de la terre conquise, ils ont acquis le droit de l'appeler patrie.

C'est que l'acclimatement est chose difficile, si peu que la contrée d'où partent les colons ait un climat moins chaud, moins lourd que le pays qu'ils vont féconder ; ils ne domptent la terre étrangère que lentement, douloureusement, en couchant sous les racines de l'herbe des générations d'hommes morts avant d'avoir goûté tous les fruits de la vie ; car de partout montent des poisons invisibles : du sol qui portait les indigènes refoulés, de l'air qu'ils respiraient, de l'eau qu'ils buvaient, de la montagne qui cachait leurs hameaux ou leurs cavernes.

Le Français résiste mal au Sénégal, au Gabon, à la Cochinchine, à la Guyane ; l'Anglais ne vit pas à Sierra-Leone, il souffre dans l'Inde ; le Hollandais se plaint de Batavia ; le Nègre, l'Annamite, l'Hindou, le Javanais, quand ils viennent vivre en Europe, mille fois moins nombreux d'ailleurs que nous chez eux, s'y butent vite au terme de leur destinée. Il n'en est pas autrement des bêtes : le plus gai des animaux, le singe équatorial lui-même, cesse de gambader dans les cordages quand le vaisseau qui l'emporte a passé le Tropique ; puis il devient inquiet, résigné ou méchant, rhumatisant, phtisique, et aux cruautés de la maladie mortelle s'ajoute sûrement la nostalgie des brillantes forêts.

Quelques nations résistent mieux que les autres aux divers climats : force innée qu'elles tiennent de leurs origines mêlées ou du long séjour de leurs ancêtres sous un ciel intermédiaire entre le torride et le tempéré. Ces nations cosmopolites sont les Juifs, les Espagnols, les Portugais, les Arabes. Plus encore les Chinois, sur tous les sols, dans tous les airs : peu à peu ils envahissent l'Asie, l'archipel Malais, les îles de la mer du Sud ; si on les laissait faire, ils rempliraient les deux Amériques.

Races et religions. — La science a partagé les hommes en groupes, chaque savant imaginant sa division. En général on reconnaît une race blanche avec deux types distincts, le brun et le blond, très mêlés. Aux Blancs, qu'on nomme également Aryas, on rattache la race arabe ou sémitique, quand on n'en fait pas une « humanité » à part. Puis viennent les Jaunes ou Mongols, qui, grâce aux Chinois, font les deux cinquièmes des hommes ; puis les Polynésiens, les Papouas, les Nègres et les Négroïdes ; enfin les Indiens ou Peaux-Rouges.

Cette division, comme les autres partages qu'on fait de la gent humaine, se heurte à d'insurmontables obstacles.

L'origine des races, leurs liens de parenté, c'est un labyrinthe où s'égare notre ignorance et dont probablement elle ne sortira jamais. Quelle voix l'appellerait du côté de la lumière quand toute histoire se tait et qu'il ne nous reste que l'obscur langage de quelques lambeaux de légende et de quelques os moisis ou tombant en poussière?

Les races aujourd'hui sont tellement mêlées qu'on ne saurait débrouiller l'écheveau des parentés humaines. Est-il des hommes de race pure, même ceux qui le crient le plus haut? Nous entendons des langues : sont-elles parlées par les fils directs

Race noire. — Dessin de A. de Neuville, d'après une photographie.

d'un peuple, ou par ses bâtards, ou même par des vaincus, des assimilés de race étrangère?

En regardant un Français pris au hasard entre cent mille, qui pourra lui dire : « Je vois de quels peuples tu sors, et de combien de sangs se compose le sang de tes veines. »

Que penserions-nous de celui qui rattacherait à la famille française les Noirs d'Haïti et les Hurons de la Jeune-Lorette? Ils parlent pourtant notre langue, les uns dans les vallées tropicales de la plus touffue des Antilles, les autres dans le froid Canada, près d'une de ces cascades d'eau sombre qui vont s'abîmer dans le grand Saint-Laurent.

Aussi le mot de race, tel qu'il a passé dans le langage courant, n'a-t-il rien d'absolu, qu'il désigne une des tribus majeures de l'humanité, comme dans l'expression de « race blanche », ou seulement une moindre famille, comme dans l'expression de « race française ». La race dite blanche a maintenant dans sa trame, même chez les plus purs de ses peuples, des éléments reçus des Jaunes, des Rouges et des Noirs, tandis que la « race française », venue du concours de toutes sortes d'hétérogènes, continue à se transformer sous nos yeux, autant et plus que jamais, par d'innombrables apports étrangers.

La race blanche ou aryenne, parlant des langues de même origine, exaltées par des littératures splendides, couvre l'Europe et s'étend rapidement sur l'Asie du Nord, l'Afrique Septentrionale, l'Afrique du Sud, les deux Amériques, l'Australie, la Nouvelle-Zélande, les îles de la mer du Sud. Elle domine le monde; tous les peuples admirent son esprit d'invention, tous redoutent la portée de ses armes, tous envient sa fortune, tous lui mendient un peu d'or. Elle répand partout la « civilisation » et en même temps les maximes d'un commerce effronté, l'amour de l'argent, le mépris du faible et du pauvre, la soif du luxe, le poison de l'ivrognerie. Elle porte la guerre et la paix dans les plis de son manteau, et sa paix est plus mortelle que sa guerre. Ces colonisateurs de la Terre, ces exploiteurs du monde, ces professeurs de tout bien et de tout mal, ces apôtres et ces dévorants sont 450 millions au plus, en y comprenant leurs frères ou cousins les Sémites : sans compter que des millions de Blancs, surtout en Amérique, ne sont blancs que de nom, ayant plus d'aïeux rouges ou noirs que d'ancêtres aryas.

Les Sémites, moins nombreux, moins féconds que les Aryas, habitent l'Arabie, une partie de l'Asie antérieure, le Nil d'Égypte et de Nubie, l'Afrique du Nord; chaque jour étend leur puissance, plutôt que leur sang, dans l'Afrique intérieure. Par la langue arabe, qui est celle du Coran, livre sacré de l'islam, par le prosélytisme musulman, par la chasse aux esclaves, les massacres, la ruine, ils ont gagné beaucoup sur les races noires ou négroïdes du Continent sombre, mais dans un de leurs plus beaux territoires, l'Afrique du Tell, ils reculent devant les Français, et il semble que les Européens leur enlèveront lentement toute cette Méditerranée qui fut longtemps une mer arabe, puis une mer turque.

Les Juifs, frères des Arabes, sont restés le clan le moins mêlé qu'il y ait sur terre (et cela malgré la beauté de leurs femmes) parce qu'ils se marient toujours entre eux. Cette branche de la soi-disant famille sémitique ne recule devant personne; partout elle augmente en influence, en audace, partout elle entasse dans ses coffres des richesses auprès desquelles les trésors de Crésus seraient la pauvreté même. On les estime à sept millions seulement, aussi puissants, grâce à leur or, que tout le reste des hommes. Parmi ces sept millions, beaucoup n'ont de juif que la religion, l'esprit de lucre, les défauts, les qualités, les mœurs des Israélites; ils ont d'autres origines; mais aussi il y a beaucoup de chrétiens issus vraiment de sang hébraïque.

Dans l'Asie orientale grouille la race jaune ou mongole, plus de 550 millions d'hommes; elle dispute l'empire à la blanche, non par un génie supérieur, mais par le nombre, la sagesse pratique, la longue patience, la modération dans le désir; elle résiste mieux aux climats tropicaux; elle donne son travail à meilleur prix, et partout elle plaint moins son temps et sa peine. Les Chinois, peuple immense dont tous les autres Mongols ne sont que les satellites, font presque le tiers de la race humaine.

Le reste, Noirs et Négroïdes, Malais, Polynésiens, Papouas, Peaux-Rouges, soit plus de 400 millions d'êtres, reconnaît, de force ou de gré, le terrible ascendant du Blanc.

Les Noirs et Négroïdes habitent l'Afrique, et aussi l'Amérique, mais depuis trois ou quatre siècles seulement, depuis qu'on les y a transportés à millions comme esclaves, les fers aux pieds, à fond de cale, et, au-dessous, l'Océan pour les récalcitrants, les malades, les morts, et pour toute la cargaison quand il fallait alléger le navire. Ils n'ont pas la force de combinaison du Blanc, la sagesse tranquille et laborieuse du Chinois; mais la gaieté, la joie de vivre, la bonté, l'exubérance, la fécondité, la résistance au soleil, la santé dans les marais, lots précieux, leur garantissent une longue durée. Puisque le passé n'a pu la détruire, la plus massacrée des races n'a désormais rien à craindre. Déjà le plus bel empire sous le soleil des vivants, le Brésil, n'appartient que de nom aux Portugais, hommes de race blanche; en réalité il s'emplit surtout de Nègres et de Mulâtres : on nomme ainsi les demi-sangs issus de l'alliance du Blanc et du Nègre.

Les Indiens ou Peaux-Rouges d'Amérique s'effacent devant les Blancs; leur sang se versa, se verse encore à flots dans l'artère des nations castillanophones de l'Amérique, comme le sang noir dans les veines des Brésiliens. Les Malais, soumis aux Européens, sont envahis par les Chinois; les Papouas ou Mélanésiens décroissent; les Polynésiens ou Canaques, après avoir tellement diminué qu'on les croyait perdus, se reprennent à l'existence et peu à peu se mêlent aux Blancs. Ils sont beaux,

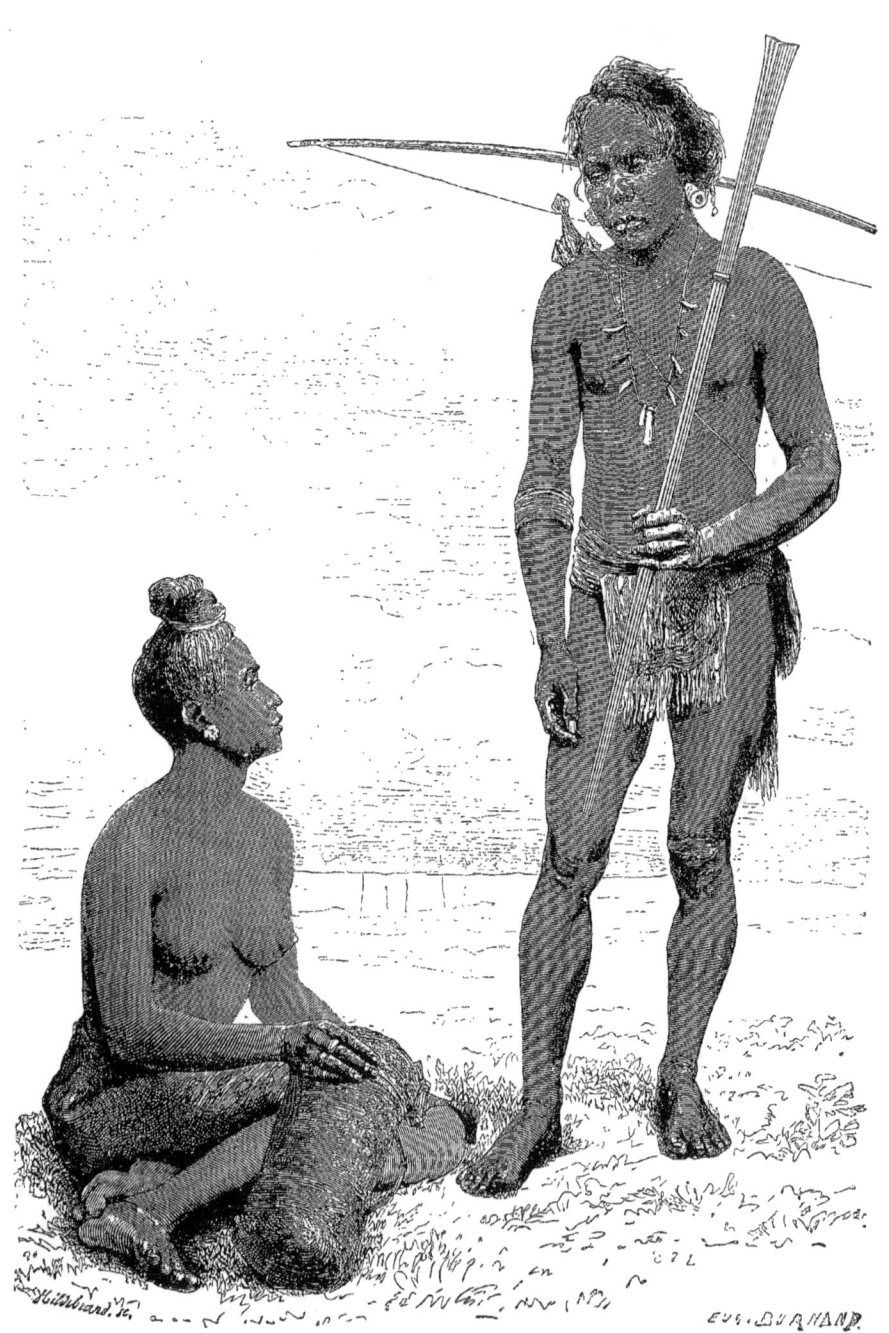

Race jaune. — Dessin d'Eug. Burnand.

eurs femmes sont belles, et cette alliance pourra donner naissance à de charmants petits peuples insulaires.

Religions. — Les hommes naissent au sein de sociétés dont ils apprennent la langue sans s'en douter, dont ils suivent la religion sans l'avoir approfondie. Tel Mahométan, sectateur fervent du Dieu Unique, aurait encore mieux adoré les divinités du Panthéon de l'Inde; tel Hindou qui se fait écraser sous le char du pèlerinage, était plutôt né pour courber le front devant l'Allah dont Mahomet fut le prophète.

400 millions de Chrétiens, 7 millions de Juifs, 175 millions de Musulmans, 650 millions de Bouddhistes et Brahmanistes, 220 millions d'Idolâtres ou Païens, voilà, à très peu près, comment les religions se distribuent entre les habitants de la Terre.

Continents et parties du monde. — Blonds filasse ou beaux bruns, châtains, dorés, cuivrés, bronzés, noirs pâles ou noirs cirés, jaunes ou jaunâtres, rouges ou rougeâtres, les 1450 millions d'hommes, Aryas ou non, chrétiens ou non, n'habitent pas un seul et même bloc de terre.

Ils vivent sur deux grands socles, sur un socle moindre, et sur une infinité d'îles.

Le socle majeur, c'est l'ancien continent, fait de trois parties du monde qui se rencontrent sur la Méditerranée. La masse compacte a nom l'Asie, qu'on dit, sans le savoir, le berceau des hommes ; à cette masse tiennent, du côté du couchant, au nord la « blanche » Europe, au sud la « noire » Afrique. 1311 millions d'hommes, les 13/14 de la race, y demeurent sur plus de huit milliards d'hectares.

	Hectares.	Habitants.
Asie [1]. . .	4 288 209 000	771 133 000
Afrique. . .	2 982 325 000	210 000 000
Europe [2]. .	983 500 000	330 000 000
	8 254 054 000	1 311 133 000

Le second grand socle, c'est l'Amérique, appelée par nous le Nouveau Monde. Non qu'il ait surgi récemment de l'abîme des eaux et que sous nos yeux il ait agrandi de près d'un tiers le domaine des maîtres de la Terre; mais, après une première découverte inconnue des peuples de l'Europe, fors des Scandinaves, qui même l'avaient oubliée, il nous fut révélé en l'an 1492 : par un Italien, peut-être un Corse [1], Christophe Colomb, guidant trois bateaux d'Espagne (1492). Deux sous-continents le forment : l'Amérique du Nord et l'Amérique du Sud, unies par un pays d'isthmes dont le plus célèbre a nom Panama.

	Hectares.	Habitants
Amérique du Nord.	2 072 084 600	75 000 000
Amérique du Sud.	1 775 229 200	30 000 000
	3 847 313 800	105 000 000

Le socle mineur, c'est l'aride Australie, aux trois quarts sables, rocs et cailloux sans eau, buissons piquants, déserts qui resteront déserts; ce continent pauvre, monotone en sa nature et par ses hommes, car il n'est peuplé que d'anglophones, n'a même pas l'étendue de l'Europe.

	Hectares.	Habitants.
Australie. . . .	769 572 600	2 500 000

En réunissant au continent d'Australie une infinité d'îles éparses dans la plus ample de toutes les mers, on ajoute à l'Europe, à l'Asie, à l'Afrique, à l'Amérique, une cinquième partie du monde, l'Océanie, qui a [2] près de 34 millions d'hommes sur 1 065 161 000 hectares. La principale de toutes ces îles, en même temps que du Globe entier, avoisine justement ce moindre des continents : c'est la Nouvelle-Guinée, avec 80 795 600 hectares; viennent ensuite, dans la même mer, Bornéo (73 635 000 hectares), et, près de l'Afrique australe, la longue Madagascar (59 196 400 hectares).

Océans. Mers et terres polaires. — Pour les habitants blancs, jaunes ou noirs de l'ancien continent, le soleil se lève sur la première des mers, le Pacifique ou Grand Océan ; il se couche sur un Océan moindre, immense pourtant, l'Atlantique ; celui-ci sépare l'Europe-Afrique de l'Amérique orientale, celui-là s'épanche entre l'Asie-Océanie et l'Amérique occidentale : on y connaît un gouffre de 8515 mètres, le plus profond mesuré jusqu'à ce jour. Cet abîme ne marque point, comme on pourrait croire, le milieu du Pacifique; il se creuse au contraire assez près du continent d'Asie, à l'orient des Kouriles, qui sont une traînée de volcans entre le Japon et le Kamtchatka. Si

1. Sans les îles de la Sonde.
2. Sans la Nouvelle-Zemble, île polaire.

1. On prétend que Christophe Colomb naquit à Calvi, non à Gênes.
2. En y comprenant l'archipel de la Sonde.

Race rouge. — Dessin de A. Rixens, d'après une photographie.

l'on y jetait le Gaurisankar, ce pic suprême, il n'y disparaîtrait pas jusqu'à la cime, il se verrait encore sous forme d'une île escarpée dominant les flots de 357 mètres. Les taupinières de la Terre monteraient donc plus haut que ne descendent les trous de la Mer. Mais s'il est possible que le Gaurisankar ait derrière lui des sommets plus fiers que lui, il est probable que l'Océan a des précipices plus creux que le gouffre du Tuscarora, ainsi nommé du navire d'où on l'a sondé : les monts se discernent et se mesurent aisément, tandis qu'il faut deviner le fond de la mer et compter sur le hasard pour trouver sa faille ou sa dépression la plus profonde.

L'abîme du Tuscarora double à peu près la profondeur moyenne des mers, laquelle est estimée à 4000 mètres. La Terre précipitée tout entière dans l'Océan glauque n'en élèverait le niveau que de 150 mètres.

Au nord trapu des deux grands continents, au sud effilé de l'Amérique, au sud moins pointu de l'Afrique, des mers froides gardent, au septentrion le Pôle arctique, au midi le Pôle antarctique contre les entreprises des hommes : ce dernier plus jalousement encore que le premier, et les marins s'en sont moins approchés ; vers le Pôle nord ils ont un peu dépassé le 84e degré de latitude, mais la mort a glacé les plus hardis de ces violateurs de l'éternel silence[1]. Tout se tait sur les champs polaires, sauf l'ours blanc quand il marche presque sans bruit dans les brumes, sous la pluie de neige ou le pâle soleil, sauf le phoque lorsqu'il plonge pour échapper à l'ours ou qu'il vient respirer à la surface de l'eau dans un trou de la banquise. La glace aussi, glace infinie qui fuit on ne sait où, jusqu'au Pôle sans doute, est muette les trois quarts de l'année, tout le long de la nuit polaire et dans les premières semaines du jour ; alors elle vibre, elle s'étoile, elle casse et se disperse en glaçons ; puis, avant même que recommence une nuit de plusieurs mois traversée de lunes éclatantes, le froid ressaisit la mer Arctique et la mer Antarctique, elles redeviennent banquise, et sur la banquise redescend la neige polaire.

Ainsi renaît d'elle-même la glace immortelle de l'entour des Pôles, çà et là cramponnée à quelques misérables terres :

A Jean Mayen, seul en son blanc désert ;

Au Spitzberg et à la Novaïa Zemlia, non loin de notre Europe ;

A la Nouvelle-Sibérie ;

A la Terre plus que désolée de François-Joseph ;

A l'archipel de la Jeannette, récemment entrevu par des explorateurs destinés à la mort[1] ;

Au dédale des îles perdues entre le détroit de Bering et la mer groenlandaise, le long d'un rivage éternellement engourdi de la Puissance du Canada ;

Au Groenland, grand comme cinq fois la France, et qui n'a pas 20 000 hommes, peut-être même pas 15 000 : encore ne vivent-ils pas du sol, mais du phoque et du poisson des fiords.

On suppose à ces terres polaires, presque absolument inconnues, surtout dans l'hémisphère du Sud, une étendue de 437 millions d'hectares.

Les eaux chaudes des Océans tropicaux appellent incessamment les froides eaux des Océans glacés : de là naissent les courants des mers et les courants des airs, qui sont les sources de la vie.

---

1. Ainsi sont morts, et même se sont dévorés, la plupart des hommes de l'expédition américaine commandée par le capitaine Greely, celle justement qui s'est le plus avancée vers le Pôle.

1. Expédition du capitaine De Long : sur trois bateaux, un seul est revenu ; un autre s'est perdu on ne sait ni où, ni quand, ni comment ; les hommes du troisième, capitaine en tête, sont morts de faim, de froid, dans le delta de la Léna.

Le Caucase. (Voy. p. 18.) — Dessin de Blanchard.

EUROPE

Petitesse de l'Europe. Sa supériorité dans le monde. — L'Europe l'emporte sur l'Australie de plus de deux millions de kilomètres carrés, mais elle est presque trois fois plus petite que l'Afrique, quatre fois plus que l'Amérique, quatre fois et demie plus que l'Asie.

Elle a bien près d'un milliard d'hectares, dont deux tiers en plaine, le reste en monts et plateaux. La plus longue ligne qu'on puisse tracer sur son territoire, du sud-ouest au nord-est, du promontoire lusitanien de Saint-Vincent aux caps russes qui marquent l'extrémité septentrionale de l'Oural, ne dépasse guère 5500 kilomètres.

Sur ce milliard d'hectares, le treizième ou le quatorzième des terres, elle entretient plus du cinquième des habitants du Globe, et c'est elle qui donne au monde ses poètes, ses artistes, ses inventeurs, ses savants, et aussi le demi-million ou le million d'hommes par an qui vont porter au loin les langues littéraires. L'Amérique, où elle se renouvelle, ne tardera pas à la surpasser en richesse, et sans doute en corruption; mais on peut croire que la supériorité de l'intelligence, dans le sens altier du mot, restera longtemps encore à l'Europe, et aussi la supériorité morale : si, comme les Yankees, nous disons maintenant : « Gloire aux riches! Tout par dol et commerce! Gagner pour jouir! », il semble que nous en ayons quelque remords, et nous ne le crions pas à tous les échos avec autant d'arrogance.

Comparée à la France, l'Europe est dix-huit à dix-neuf fois plus grande et seulement huit à neuf fois plus peuplée. Le tiers environ de son aire, l'ouest et le centre, depuis longtemps colonisés, abonde et surabonde en hommes, mais les deux autres tiers sont pris par la Scandinavie, dont la race féconde ne trouve pas à s'épandre sur un domaine que restreignent le froid du Nord et le froid du Mont, par la Turquie et la Grèce déchues, enfin par l'immense Russie, plus vaste que le reste de l'Europe, sans avoir plus du quart des Européens.

Comment l'Europe est séparée de l'Asie. — Par la Russie l'Europe tient à l'Asie, dont elle forme une presqu'île ; mais, dans le recul des vieux âges, l'Europe occidentale et centrale (la véritable Europe) était séparée du continent fondamental par des eaux salées allant de l'océan Glacial à la mer Noire et à la Caspienne : les lacs, les marais, les rivières molles de la Petite-Russie et certaines fondrières au nord du Caucase indiquent où s'agitaient ces flots disparus.

L'Oural est une chaîne basse avec des cols faciles. Les Russes n'en tiennent pas compte, ils n'en font pas la borne orientale de leur pays : pour eux, il n'y a ni Russie d'Europe ni Russie d'Asie, mais, au levant comme au couchant de l'Oural, une seule patrie russe ; le gouvernement de Perm, dont la masse est en Europe, empiète par près de 16 millions d'hectares sur le bassin de l'Obi, fleuve asiatique, et il en est de même des gouvernements d'Oufa et d'Orenbourg. Mais, puisqu'il faut dresser une barrière à l'est de la terre européenne, l'Oural est le seul obstacle levé par la nature entre la plate Russie et la Sibérie plate. Nos ancêtres, moins généreux, faisaient commencer l'Asie au fleuve Don : « L'Europe, dit le Camoëns, touche à l'Asie du côté où naît le soleil ; elle en est séparée par la froide et tortueuse rivière qui des monts Riphées court au lac Méotide. »

Au sud de l'Oural, et jusqu'au Caucase, dans les steppes des Kirghises, aux bouches de l'Oural et de la Volga, sur la mer Caspienne, aucun relief ne marque distinctement le divorce de ces deux parties du monde. Dans les parages orientaux attribués par l'usage à l'Asie, le climat, les lieux, les plantes, les hommes ressemblent identiquement aux hommes, aux plantes, aux lieux, au climat que montre à l'occident la terre dite européenne. Par cette large porte naturelle grand'ouverte entre les dernières collines ouraliennes et les premiers avant-monts du Caucase, passèrent de tout temps des hordes conquérantes, ouragans de centaures habitués de père en fils par une longue durée de générations à courir bride abattue dans le steppe, sur des chevaux aguerris contre le désert, la faim, la soif, la glace, le soleil, l'orage et les vents chargés de sable. Jusqu'aux Mongols, des marées humaines débordèrent d'Asie en Europe par cette ample échancrure entre l'Orient et l'Occident. C'était le flux, maintenant c'est le reflux : les Russes, surtout les Cosaques, autres centaures, s'épanchent aujourd'hui par là dans l'Asie centrale, et derrière ces conquérants il y a des colons.

Des monts Oural au Caucase on a pris pour borne la rivière Oural, affluent de la Caspienne ; puis, à partir des bouches de l'Oural, cours d'eau qui s'en va tarissant, le lac Caspien jusqu'à la presqu'île d'Apchéron, fameuse par ses sources de naphte et ses langues de flamme que révèrent les Guèbres, adorateurs du Feu.

De la presqu'île d'Apchéron aux lames qui brassent la mer d'Azof avec la mer Noire, le Caucase, envahi par les paysans russes, perce de ses pointes argentées tantôt l'éther lucide, tantôt des nuées rampantes pesant au nord sur l'Europe, au midi sur l'Asie : son pic majeur, l'Elbrous, a 5646 mètres : 856 de plus que le Mont-Blanc.

Après le Caucase, l'Europe n'a devant elle que des flots amers : Pont-Euxin ou mer Noire ; Bosphore ; mer de Marmara, jadis Propontide ; Dardanelles, qui se nommèrent Hellespont ; Archipel : grands lacs ou chenaux étroits qui réfléchissent à la fois nos promontoires et les caps de l'Asie. Le dernier de ces bassins et de ces goulots d'eau salée, l'Archipel, s'ouvre sur la Méditerranée. Celle-ci, fille de l'Atlantique, sépare l'Europe Méridionale de l'Afrique du Nord.

Les deux Europes : la continentale et la péninsulaire. Vents du Sud-Ouest. — Que des lieux où le Bosphore aspire les eaux de la mer Noire, on tire une ligne sur Kœnigsberg, ville de Prusse ; puis, de Kœnigsberg, une autre ligne vers le bourg scandinave de Hammerfest, assez avancé vers le nord pour qu'il ait des jours et des nuits de deux mois : ce faisant, on divise notre partie du monde en deux Europes singulièrement différentes : à l'orient, la continentale ; à l'occident, la péninsulaire.

L'Europe orientale, Russie et Pologne avec parts d'Allemagne et d'Autriche, ressemble à l'Asie du Nord et du Centre par les proportions massives, l'immensité des plaines, le sans-pente du sol, la longueur des rivières, la violence du climat chiche en pluies. Les profondes forêts du Nord ne sauraient abriter la Russie des vents malfaisants du Pôle, et l'Oural, qui monterait à peine à mi-flanc des Pyrénées, ne la garde pas de ceux de l'Est, venus de la Sibérie. Cette Sibérie, l'océan Glacial, l'éloignement des mers tièdes d'où soufflent les vents de pluie douce, livrent, même dans le Sud, cette plaine à des froids inouïs, que suivent, même dans le haut Nord, de très lourdes chaleurs.

Plate, très peu pénétrée par la mer, étouffante ou glacée tout entière, de l'aurore au couchant, du septentrion au midi, tantôt forêt et toujours forêt, tantôt steppe et toujours steppe, l'Europe orientale a pour caractère la monotonie. C'est grâce à l'étendue de cette région si plane et si basse que l'Europe n'a que 297 mètres d'altitude moyenne, malgré sa Scandinavie, ses Carpates, ses Balkans, ses Alpes, ses Apennins, son Auvergne, son grand plateau de Castille et d'Estrémadure, sa Corse, sa Sardaigne, sa Sicile et son île de Crète.

De l'est à l'ouest et du nord au sud, avec amélioration dans ces deux sens, la plaine russe réclame la moitié de l'Europe. L'homme n'y varie guère plus que la nature, et, à part des tribus turques et finnoises, ses habitants sont tous des Slaves plus ou moins purs, plus ou moins mêlés aux races qu'ils recouvrent. Les Polonais y furent pendant des siècles les plus puissants des Slaves; redoutés des Grands-Russes, alors faibles et obscurs, ils commandaient aux Petits-Russes, nation nombreuse que la Lithuanie avait apportée en dot à la Pologne quand elle maria ses destinées à celles du peuple de la Vistule vers le commencement du quatorzième siècle. Mais peu à peu croissait dans l'est, au centre de la plaine, la féconde nation des Grands-Russes : l'espace était devant elle, d'horizon en horizon, presque sans bornes; elle devint la plus forte parmi ses sœurs, et, de conquête en conquête, la voilà rapprochée de la France autant que Paris de Barcelone. De la Suède à la Chine, de la mer Glaciale aux monts d'Arménie, de la rivière qui porta le radeau de Tilsit aux deux fleuves qui coulent du Toit du Monde, la Russie est le sixième du Globe.

Une province de la Russie, la Finlande, large isthme aux lacs d'eau sombre entourés de sapins, unit la grande plaine continentale à la Scandinavie.

Par son littoral merveilleusement ouvragé que la mer coupe et découpe, par son climat plus doux à hauteurs égales que celui des pays de même latitude, la Scandinavie ressemble à l'Europe occidentale ou péninsulaire, car c'est justement la splendide indentation des côtes qui distingue en Europe l'Occident frangé de l'Orient massif. Aucun grand lambeau du Globe n'est mieux marié, mieux mêlé à l'eau marine, et pas un lieu de l'intérieur ne s'y trouve plus éloigné de la mer que Paris de Marseille.

Aussi l'Europe occidentale prime-t-elle toute autre région par la bénignité comparative de ses climats. Les mêmes latitudes passent sur la Norvège où les moutons couchent dehors en hiver, et sur le Groenland qui n'est qu'un glacier de plateau pris entre des glaces marines; sur l'Irlande où la différence entre le mois le plus chaud et le mois le plus froid n'est que de 15 degrés, et sur la Sibérie d'Irkoutsk où ce même écart est de 57 à 58 degrés; sur Paris, humide plutôt que froid, et sur Québec où le mercure peut geler; sur Menton, qui a des palmiers, et sur la rive de Mantchourie, qui porte des sapins souvent chargés de neige.

Des deux mers qui baignent l'Europe péninsulaire, celle de l'ouest et du nord, l'Atlantique, est sillonnée par un courant d'une température de plusieurs degrés supérieure à la chaleur des couches d'eau qu'il fend, par le courant du Golfe, le Gulfstream des Anglais et des Yankees. Ce grand mouvement de flots, dont on avait singulièrement exagéré la puissance, sort des mers équatoriales du Brésil; il reçoit le courant de la mer du Mexique et des Antilles, Méditerranée américaine qui, elle aussi, est une étuve, et longe d'abord à quelque distance le littoral des États-Unis; puis, dans les parages de Terre-Neuve, il tourne vers l'orient et, franchissant toute l'Atlantique, va jeter son fleuve d'eau tiède contre nos rivages, du Portugal à la Laponie. La mer du Midi, qui est la Méditerranée d'Europe, n'a point part au courant du golfe, mais, protégée des vents du Nord par les Cévennes, les Alpes et les monts de la presqu'île illyrique, elle s'étale voluptueusement aux vents du Sud.

Ainsi, des mers chaudes baignent l'Europe occidentale, et de la plus vaste soufflent presque toute l'année, par un heureux privilège, les vents du Sud-Ouest et de l'Ouest, auxquels nous devons un doux climat assez rayé de pluies pour donner au sol une fécondité qu'il ne tirerait pas de son pâle soleil. Pour parler comme les Latins, nous devons tout à Zéphyre, qui est le vent de l'Occident, Eurus étant le vent d'Orient, Notus le vent du Midi, Borée, qui durcit la terre[1], le vent du Septentrion. Pour parler comme les paysans du Berry, notre bienfaiteur est le vent de la Fontaine. De la barre du Douro, sinon de Coïmbre, aux bouches de l'Elbe, c'est la dominance de ces souffles mouillés, tièdes, sur ceux du Nord et de l'Est qui nous fait un ciel humide et tempéré. Du détroit de Gibraltar aux roches dorées des îles de la Grèce, dans les trois plus célèbres péninsules du monde (et aussi dans notre Languedoc et notre Provence), les Européens de la Méditerranée n'ont pas autant de pluie, tant s'en faut, que ceux de l'Atlantique, car le vent leur vient du Midi, voire du Sahara de braise, mais leur mer est bleue et tiède, leur soleil éclatant.

La Plaine russe : Steppe du Dniéper. — Dessin de Lancelot, d'après une photographie.

Autre rare avantage, le sol de l'Europe occidentale est harmonieusement distribué. Tout s'y fait équilibre, plaines, vallées, plateaux, montagnes, tandis que l'Europe orientale est toute en plaine et en steppe. La monumentale Asie a trop de hauts plateaux froids; l'Afrique, trop de déserts et pas de grands fleuves paisibles; l'Amérique, trop de savanes, de llanos, de pampas, plaines très sèches ou très humides; enfin l'Australie, trop peu de pluie, trop peu de rivières, trop peu de monts et, comme aussi l'Afrique, peu de golfes enfoncés, de péninsules protubérantes.

[1]. *Tellurem rigidam Boreâ spirante moveri.* (VIRGILE.)

Montagnes de l'Europe. Les Alpes et leurs frimas éternels. — Les montagnes les plus chères à l'Europe sont les Alpes, parce qu'elles sont les plus belles et qu'il en descend le plus d'eau vivifiantes. L'Oural ne darde aucun pic hardi dans les cieux : au nord, il s'affaisse obscurément sur

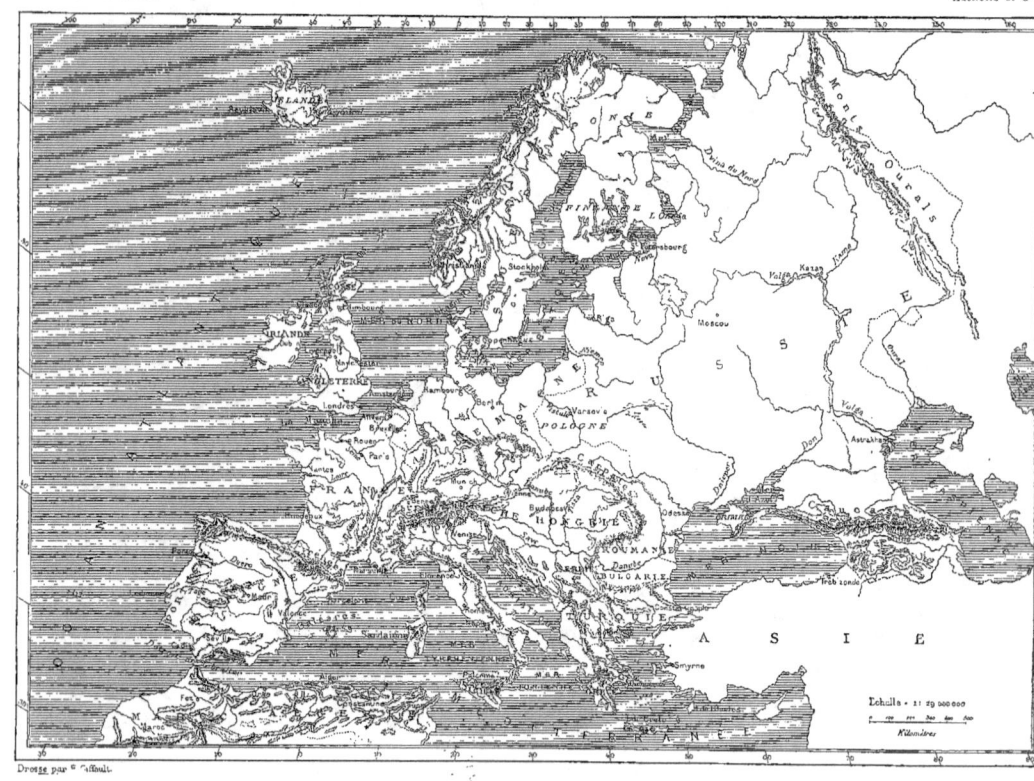

EUROPE

des plaines polaires où vont et viennent des hommes nains; au sud, il se perd sur des steppes malheureux où des cavaliers barbares promènent leurs tentes de feutre, où le froid polaire, la chaleur brutale et les vents sauvages ont tour à tour l'empire et ne laissent aucune place à la tiède saison dans le cycle éternellement renouvelé des années.

Le Caucase est plus haut que les Alpes, mais est-ce bien une chaîne européenne? S'il se cabre entre l'Europe et l'Asie, c'est surtout à l'Asie qu'il tient, par les monts et les plateaux qui d'Arménie s'en vont en Asie Mineure et en Perse : de l'Europe il ne voit que des plaines qui furent une mer entre les deux parties du monde.

Les collines russes n'ont rien de la vraie montagne, ni l'altitude, ni les glaciers, ni les torrents:

Montagnes moyennes : les Vosges. (Voy. p. 24.) — Dessin de Taylor, d'après une photographie de M. Poulet.

pourtant de grands fleuves y naissent, Volga, Don, Dniéper, Dvina, Néva, Duna; puis ils coulent vers quatre mers, deux au nord, deux au sud, dans les pins, les sapins, les bouleaux, forêts tristes.

Aux monts Scandinaves les cascades si hautes qu'elles semblent tomber du ciel, les neiges dépassant l'horizon, les lacs sombres avec des sapins et des mousses; sur les fiords norvégiens il y a des sites aussi grandioses qu'en Suisse, en Tirol, en Savoie, mais il faudrait presque empiler les deux premiers sommets de la Scandinavie pour faire un rival au roi des Alpes; puis, ces montagnes, entassées dans une presqu'île, sont la vie de cette presqu'île seule, et non pas celle de l'Europe.

Les peuples nombreux assis autour des Carpates ont laissé jusqu'à ce jour bien des forêts à la nature vierge dans cette longue chaîne en demi-cercle : Polonais, Allemands, Tchèques, Slovaques, Ruthènes, Hongrois, Sékiens ou Sicules, Roumains transylvains, moldaves et valaques y boivent les sources de mille torrents, pères du Dniester, de la Vistule, de l'Oder, des rivières magyares et roumaines. Mais, malgré leurs 24 millions d'hectares, malgré leur partage entre dix nations appartenant à quatre races, malgré leur Tatra sauvage, malgré leurs bois, leurs rivières, l'escarpement de leurs flancs et la hauteur de leur fronton, les Carpates ne sont pas les Alpes; il leur manque les glaciers, les grands lacs et l'altitude : comme en Scandinavie, on n'y pourrait dresser un pic égal au Mont-Blanc qu'en y juchant Pélion sur Ossa.

Les monts allemands, les Vosges, le Jura, fameux par ses cluses, les Monts Français, les gibbosités de la Grande-Bretagne n'ont qu'une vertu locale; ils font le relief de quelques provinces, ils allaitent des rivières, ils servent d'asile à des peuplades

Une cluse du Jura, sur le Doubs. (Voy. p. 24.) — Dessin de Th. Weber, d'après une photographie.

qui gardent l'antique rusticité pleine de sève, et parfois les langues de jadis, mais nul de leurs massifs ne luit de neiges assez hautes pour braver l'été, nul pic n'y monte à 2000 mètres.

Les Français de l'entre-deux-Mers qui va de Bayonne à Port-Vendres, les Basques, les Catalans, les Espagnols de l'Aragon, des Asturies, de la Vieille-Castille, du royaume de Léon et les demi-Portugais de la Galice sont fiers de la grandeur de leurs Pyrénées. Mais ce mur aérien hérisse en vain l'horizon de pics blancs et de pyramides bleues; en vain il sépare deux soleils, deux airs, deux climats, deux natures; frontière immuable entre l'Espagne et la France, il a beau jeter des torrents verts à deux peuples et verser quatre fleuves, la Garonne, l'Adour, l'Èbre, le Minho, les Pyrénées n'ont de valeur que pour les Espagnols et les Français, et tous leurs torrents ensemble ne feraient qu'un ruisseau auprès de la rivière qui boirait toutes les eaux des Alpes.

Les monts d'Ibérie, emprisonnés dans leur péninsule, ne sont rien ou peu de chose dans la vie de l'Europe, même la sierra Nevada, plus haute que les Pyrénées. On a coupé leurs forêts, ils n'ont plus assez de sources pour remplir leurs fleuves, ils altèrent et durcissent l'Espagne centrale en la sevrant des vents de la mer. Les Apennins d'Italie sont beaux, ils flottent dans un air diaphane, mais ils ne dépassent pas leur étroite presqu'île, et leurs têtes les plus orgueilleuses ne vont qu'à la poitrine des grands monts alpestres. L'Etna, superbe montagne, n'ombrage qu'un lambeau de rivage dans une île; enfin les chaines de la Turquie et de la Grèce ne portent point de glaciers, et si les Hellènes firent de l'Olympe thessalien la demeure des

Les Alpes : chaine du Mont-Blanc. — Dessin de Taylor, d'après une photographie de M. Braun.

dieux, c'est qu'ils ne connaissaient pas l'Occident.

Les Alpes, elles, s'épanouissent sur 250 000 kilomètres carrés, et leurs pesants glaciers couvrent des centaines de milliers d'hectares en Suisse, en Allemagne, en Autriche, en Italie, en France. Du pied de ces glaciers fuient des eaux troubles qui mènent leur bourbe à des lacs dont elles ressortent bleues ou vertes : ainsi se forment nos plus fameux fleuves, le Rhin, le Rhône, le Pô, et quatre grandes branches du grand Danube, l'Isar, l'Inn, la Drave, la Save. Voilà comment les Alpes étendent leur pouvoir jusqu'aux bouts de l'Europe, jusqu'à la mer du Nord, à la Méditerranée, à la mer Noire. C'est sur leurs pics que les Occidentaux boivent l'air le plus pur, dans leurs déserts suprêmes qu'ils vont fouler les neiges les plus blanches.

Le quart des eaux vives de l'Europe descend de ces montagnes, dont la plus fière est le Cervin, la plus haute le Mont-Blanc, qui se lève à 4810 mètres, au-dessus d'environ 30 000 hectares de glaces éternelles; sans quitter la Savoie, où il se dresse, la Tarentaise et la Maurienne sont diadémées de glaciers qui forment l'Isère; dans le Dauphiné, le Pelvoux partage d'immenses glaces entre l'Isère et la Durance; en Suisse, le Mont-Rose, rival du Mont-Blanc, incline ses névés et ses glaciers entre la gorge du Rhône et la plaine du Pô; l'Oberland bernois épanche les siens vers le Rhône et le Rhin; le Saint-Gothard vers le Rhin, le Rhône et le Pô; le Bernina fournit l'Inn; en Autriche, l'Œtzthal et le Stubaier, l'Ortler, les Hauts-Tauern ont aussi leurs mers de glace.

« Voyez cette reine dans l'air clair et sublime, sur un trône impérissable; à son front brille une couronne de diamants magique; le soleil lui lance les flèches de la lumière, mais ces flèches la dorent et ne la réchauffent pas[1]! » Des pics alpins sans nombre ont droit au chant du poète, car la limite inférieure des neiges persévérantes se tient dans les Alpes entre 2500 et 3000 mètres, altitude que dépassent une infinité de dômes, de pointes, de cornes, d'arêtes, d'écueils sombres dans les névés dont le soleil du soir rougit de rose la blancheur vierge; on se lasse même à nommer les pics de plus de 4000 mètres : la Maladetta, la première des Pyrénées, monte à 1400 mètres de moins que le Mont-Blanc; or, 1400 mètres, c'est presque la hauteur du Puy-de-Dôme, volcan français qui passait chez les Auvergnats pour le sommet du monde : « Si Dôme était sur Dôme, disaient-ils, on verrait les portes de Rome. » 8 à 9 millions d'humains vivent dans les Alpes : un grand tiers parle allemand, un grand quart italien, un autre bon quart français, plus d'un dixième use du slovène, idiome slave; un quarante-cinquième a pour langue le frioulin, dialecte italien; un cent-quatre-vingt-deuxième le roumanche et le ladin, patois assez semblables à ceux de notre Midi.

Parmi les fleuves européens, le plus long, dans le bassin le plus vaste, est un courant russe, la Volga; mais ce bassin de 1 459 000 kilomètres carrés, presque égal à trois France, et sans glaciers, purement continental, par conséquent pauvre en pluies : aussi la grande rivière slave roule-t-elle beaucoup moins d'eau que le Danube, et cependant le fleuve allemand-hongrois-slave-roumain n'écoule que 817 000 kilomètres carrés. Le plus pur de tous est la Néva, Saint-Laurent de l'Europe, que clarifient les maîtres lacs de Russie, l'Onéga et le Ladoga. Le Rhin, beau et célèbre, est très grand pour l'étendue de son bassin, qui n'a pas 20 millions d'hectares. Plus abondants encore, en proportion de l'aire dont ils emportent le tribut à la mer, sont le Rhône des Français, qui n'égoutte pas 10 millions d'hectares, et le Pô des Italiens, qui n'en écoule que 7 500 000.

Parmi les cours d'eau qu'on est convenu d'appeler rivières, par opposition aux fleuves, c'est-à-dire parmi ceux qui ne vont pas directement à la mer, le premier est la Kama, affluent de la Volga, et en réalité sa branche mère : son bassin (525 000 kilomètres carrés) vaut presque exactement la France; l'Oka, autre tributaire, autre branche mère de la Volga, recueille les eaux de plus de 24 millions d'hectares.

Les Européens : Latins, Saxons et Slaves. Les cinq langues majeures. — Ainsi faite, comment s'étonner que l'Europe péninsulaire, le trentième à peine du Globe, porte plus du cinquième de la race humaine? Ses 330 millions d'habitants s'accroissent très vite, malgré les rongements du corps et les misères de l'esprit, l'ambition, le luxe, l'envie, la mollesse, l'absinthe, l'alcool, le tabac, les nuits de jeu, l'air des villes, qui sont des bouges. Riches et pauvres, nulle part l'humanité ne souffre plus qu'ici; tous les ans, plus de 22 000 Européens ouvrent violemment les portes de la mort, presque tous dans l'Ouest et le Centre, parmi les nations les plus vaines d'elles-mêmes. — On ne se suicide pas chez les sauvages ou les demi-barbares; on se suicide peu dans les pays du soleil.

Après la Grèce au langage sonore, aux républiques essaimantes, Rome mit à la place des nations détruites le droit, la langue et quelque peu le sang du Latium; elle créa des peuples encore debout en Europe et grandissant en Afrique et en Amérique sous le nom de Latins, Néo-Latins ou Romans. Au moyen âge, deux de ces peuples, les Italiens et les Français, soutinrent presque seuls la science, l'art, la poésie : ils étaient l'espoir de l'avenir.

A l'aube de l'ère moderne, deux autres nations latines, les Portugais, puis les Espagnols, accomplirent comme explorateurs des mers, des forêts, des savanes, des sierras, une immensité de travaux héroïques, tels que nulle famille de l'humanité n'a jamais en si peu d'années fourni tant de découvreurs de pays, de preneurs de villes, de conquérants de peuples, d'égorgeurs de tribus. Ces hommes de cape et d'épée, héros s'il en fut, mais

---

[1] Le poète, un Allemand, parle ici de la Vierge ou Jungfrau, mont splendide, dans l'Oberland bernois.

couverts de sang, n'ont pas laissé partout la marque de leur passage; leur trace est peu visible en Afrique, encore moins en Asie, mais la plus belle région de la Terre, l'Amérique du Sud, s'est façonnée aux deux langues de l'Ibérie. Enfants du chaud pays où se balancent les palmiers d'Elche, ces Méridionaux prirent sans peine racine sur des rivages où les hommes du Nord auraient vu leur sève tarir.

Plus tard les Français firent dans l'Amérique du Nord, moins la cruauté, ce que les « Péninsulaires [1] » avaient fait dans l'Amérique du Sud. Leurs pionniers, leurs chasseurs, leurs découvreurs, leurs missionnaires parcoururent en tous sens le pays des Grands-Lacs, le Mississipi, le Missouri, les Rocheuses et les bassins à demi polaires; les Français-Canadiens avaient nommé les rivières, les

Les Pyrénées : la Maladetta. — Dessin de Taylor.

lacs, les monts, les cols, les tribus des trois quarts de l'Amérique septentrionale quand les Anglo-Saxons, vingt fois plus nombreux, avaient à peine franchi les premières passes des Alleghanies. Moins heureuse que l'Ibérie, la France a perdu ce qu'elle avait trouvé, Canada, Nord-Ouest, Grand-Ouest, et le Mississipi, de ses premiers lacs aux dernières boues de son delta : tout sauf la fidélité des Canadiens-Français qui, lentement, de petite colonie méprisée, deviennent un grand et vigoureux peuple.

Aujourd'hui, c'est encore l'Europe qui découvre; c'est elle aussi qui remplit d'hommes tous les pays de l'Univers, même ceux dont sembleraient devoir l'écarter la chaleur tropicale et les poisons des marais.

A cette œuvre de conquête, œuvre double, à la fois injuste et juste, fatale et bienheureuse, ses trois grandes races prennent part : les Latins, les Saxons, les Slaves.

1. Les Espagnols et les Portugais.

L'Espagne ne domine plus « l'empire où ne se couchait pas le soleil », mais cet empire demeure espagnol par la langue, espagnol aussi par la nature fière, excessive de ses habitants : endurance, sombre énergie, sobriété, politesse altière, grandiloquence, magnanimité, patriotisme, et tout l'ensemble de qualités rares qu'on peut comprendre sous le mot castillan de « caballerosidad [1] ». Le Portugal n'a plus le Brésil, mais « Santa Cruz [2] » est restée lusitanienne, et l'Afrique portugaise, qui est vaste,

Russe : musicien de village. — Dessin de A. de Neuville.

peut devenir un moindre Brésil. On a chassé la France du Canada, mais non la langue française et le sang français, prodigieusement fécond dans ce froid empire; et nous voici plus solidement plantés que tout autre peuple en Afrique, dans l'Atlas, au Niger, même sur le Congo. L'Italie n'a mis au monde aucune nation ayant son sang, parlant sa langue, mais elle peuple les colonies des autres « Latins », comme l'Allemagne les colonies des autres « Saxons »; elle émigre également chez les Péninsulaires d'Amérique et chez les Français d'Afrique. Les Portugais vont au Brésil,

1. « Chevaleresquerie ».
2. Vieux nom du Brésil.

Espagnol : berger de l'Alava. — Dessin de Gustave Doré.

dans l'Angola et le Mossamédès, et un peu partout. Les Espagnols partent pour l'Amérique espagnole, et aussi pour l'Algérie; les Français pour l'Algérie, le Canada, et aussi pour l'Amérique espagnole.

Voilà pour les Latins ; voici pour les Saxons :

L'Angleterre déborde sur le monde tempéré et sur le monde austral moins l'Amérique du Sud. Premiers hommes du monde en ce siècle-ci pour l'audace et la fortune, les Anglais ont pris pied sur les meilleures terres du Globe, entraînant dans leur orbite les Écossais, annexés par eux; les Irlandais, leurs victimes; les Scandinaves, qui furent une des grandes sources du sang britannique ; les Allemands, très fiers de l'expansion inouïe des Anglais, parce que les Anglais sont de race germaine. En quoi ils se trompent sciemment : si l'élément fourni par les Angles, les Saxons, les Danois, les Normands, les Frisons, en un mot si l'élément teuton donna naissance à la « race » anglaise, c'est en se greffant sur l'élément celte, qui se trouve également à l'origine des Écossais, des Irlandais, des Français, et en grande partie des Italiens ; les prétendus Anglo-Saxons ne sont que des Celtes germanisés parlant une langue dont les mots vitaux sont de racine teutonique.

Les Allemands disent : « Quand l'Angleterre aura couvert le monde, elle nous aura préparé la place que les Romains firent en conquérant la Terre à la langue et à la civilisation des Hellènes ; lorsque les hommes seront tous Anglais, ils préféreront l'or de la langue allemande à l'argent de leur propre idiome. » En cela ils s'abusent encore : le triomphe de « l'Anglo-Saxonisme » est leur plus grand désastre; les « bons cousins » de la Grande-Bretagne enlèvent à l'Allemagne sa part des terres tempérées, rien de plus, rien de moins.

D'ailleurs il n'est pas encore temps de décerner aux Saxons la royauté de l'Univers. Les nations semées au delà des mers par les Méridionaux qu'on pense flétrir en les traitant de Latins, atteignent aujourd'hui leur adolescence, l'Algérie elle-même, dernière venue. Ces nations ne sont pas plus latines que les colonies de l'Angleterre ne sont saxonnes, mais elles parlent des langues néo-latines. Les pays qu'elles gouvernent, les premiers du monde par l'opulence de leur nature, donneront asile à deux milliards d'hommes. Déjà cent cinquante mille Méridionaux partent chaque année d'Europe, les Italiens en tête, pour aller vivre chez les Néo-Espagnols, les Néo-Lusitaniens ou les Nouveaux-Français. Pourquoi ne pas présager désormais aux Latins une destinée égale au destin des Saxons?

Puis il est un empire appartenant à la race qui se donne le nom de slave, c'est-à-dire la glorieuse, ou peut-être la parlante, par opposition aux muets, c'est-à-dire aux incompris, aux étrangers. La famille des Slaves couvre plus de la moitié de l'Europe, elle couvrira bientôt la moitié de l'Asie, d'un seul bloc. Et dans ce morceau du monde où sonnent cent langues, les Grands-Russes ont une telle prépondérance que tous les verbes du domaine des tsars s'éteindront l'un après l'autre devant leur langage.

Secouons joyeusement le cauchemar de la langue universelle ! Les trafiquants l'ont toujours souhaitée, les esprits élevés la redoutent. Une humanité n'ayant qu'un idiome, qu'une littérature, ce serait comme une Terre sans aspérités, sans glaciers, sans torrents, sans abîmes, sans forêts, sans lacs, une plaine odieuse, et sûrement stérile.

La devise de l'homme, *Viribus unitis*[1], implique l'alliance, et non l'écrasement.

Chaque langue expirante, c'est un monde qui s'en va pour toujours, car elle ne laisse qu'un vague reflet, des livres, des chartes, un dictionnaire, des papiers, des noms et des mots, et tout cela c'est la mort : la parole n'est la parole que quand elle est vivante et vibrante.

Cinq langues européennes, le russe, l'anglais, l'espagnol, le français, le portugais, ont devant elles un long avenir parce qu'on les parle également hors de l'Europe, dans de vastes contrées qui sont ou qui furent des colonies de la Russie, de l'Angleterre, de l'Espagne, de la France et du Portugal : colonies dans le sens vrai du mot, c'est-à-dire pays cultivés par des paysans métropolitains d'où sort une race capable de croître : telles la Sibérie, l'Algérie, le Canada, le Brésil, le Chili, la Nouvelle-Zélande.

Le russe est la langue maternelle ou officielle de cent millions d'hommes, et l'on peut estimer à un million de personnes, peut-être à douze cent mille, l'accroissement annuel de ceux qui le parlent dès le berceau ou qui l'apprennent plus tard.

L'anglais, dont usent environ cent millions d'hommes, gagne seize à dix-huit cent mille anglophones par an, sinon deux millions.

L'espagnol est le verbe maternel ou l'idiome officiel et la « langue générale » de plus de cin-

---

1. A forces unies.

quante-cinq millions d'hommes (les Philippines comprises) : il augmente de sept à huit cent mille castillanisants par an.

Le français, parlé par quarante-cinq millions de personnes, et de plus langue officielle de l'Algérie-Tunisie, du Sénégal-Niger, du Gabon-Congo, de l'Indo-Chine française et, concurremment avec l'anglais, de tout l'immense Dominion, acquiert annuellement deux cent vingt à deux cent cinquante mille hommes, dont cent cinquante mille pour la France, le reste fourni par la Belgique, la Suisse française, l'Algérie, Haïti et nos Antilles, etc., et surtout par le Canada. — Un quart de million d'hommes de plus par année, c'est peu pour la nation qui aurait pu régner dans l'histoire ; mais voici que des deux seuls peuples d'avenir que la France ait mis au monde, l'un, celui des Algériens, s'il croît encore obscurément, a déjà des racines profondes : *crescit occulto velut arbor ævo* ; l'autre, celui des Canadiens, longtemps condamné par les sages, et autant que jamais ignoré du vulgaire, ne craint plus d'être étouffé par l'Anglais, l'Écossais, l'Irlandais, qui l'avaient pris à la gorge ; il respire librement et, chaque jour plus puissant dans la Puissance [1], laboure tous les ans de nouvelles vallées à mille et mille kilomètres de son premier horizon.

1. La Puissance ou Dominion est l'ensemble des États britanniques de l'Amérique du Nord, non compris Terre-Neuve.

Le portugais, parlé par dix-sept millions d'hommes, doit gagner par an deux cent vingt à deux cent cinquante mille lusitanisants, juste autant que le français ; mais l'immensité du Brésil, géant qui surmonte les difficultés de la croissance, lui présage dès les premières années du siècle prochain un croît annuel double, puis triple, et peut-être un jour décuple. Et que sera-ce quand l'Afrique portugaise aura secoué ses langes, si c'est là sa destinée ?

Tous ces accroissements, même celui du français, qui a devant lui moins de bel et bon espace que les quatre autres langages, grandissent d'un mouvement accéléré : toutefois la langue anglaise se répand plus vite que les autres, grâce au flot impétueux de colons qui se jettent sur les terres où règne cet idiome sourd propagé par 17 000 journaux, dont les deux tiers dans l'Amérique du Nord. Le français n'en a guère que 4000, et l'espagnol moins de 2000, tandis que 8000 sont en allemand : pourtant le deutsch semble avoir peu d'avenir, les 250 000 émigrants que l'Allemagne disperse chaque année dans le monde perdant à la première ou au plus tard à la seconde génération leur idiome au profit des Anglais ou des Latins.

Puisque les Anglais augmentent le plus l'Europe hors de l'Europe, on peut commencer par l'Angleterre la description du pays des « Visages-Pâles ».

ROYAUME-UNI DE GRANDE-BRETAGNE ET D'IRLANDE

La Manche. Petitesse du pays, puissance du peuple. — Le Royaume-Uni, partout assiégé des flots, est l'archipel le plus grand d'Europe. De la France, il est séparé au sud par la Manche ; des Pays-Bas, de l'Allemagne et de la Norvège, à l'est, par la mer du Nord ; à l'ouest mugit l'Atlantique, et au nord bat une mer d'abord semée d'archipels, puis, en tirant vers le Pôle, veuve d'îles jusqu'à l'Islande et jusqu'à Jan Mayen.

La Manche, mère des naufrages, n'a pas toujours soulevé des flots ; il fut un temps où l'île Bretonne faisait partie du continent dont maintenant chaque tempête l'éloigne, car depuis de longs siècles cette mer impatiente arrache et renverse ses falaises, tant sur le littoral anglais que sur la côte où plongent nos départements du Pas-de-Calais, de la Somme et de la Seine-Inférieure. Parmi ces débris triturés et traînés par les flots, beaucoup vont s'ajouter aux plages de la Hollande et de l'Angleterre orientale. Ainsi grandissent deux plaines : en Hollande, les polders ; en Angleterre, les fens du Wash et de l'Humber, environ 300 000 hectares de terres tourbeuses.

La Manche a peu de profondeur : si elle baissait de

60 mètres, l'Angleterre aurait un pont vers la France, de même que, si la mer du Nord baissait de 200 mètres, l'archipel Britannique tiendrait à l'Allemagne, mais non à la Norvège, que longe une fosse de 800 mètres de creux. Ses deux rives ne tarderont pas à être unies, de France en Angleterre, soit au-dessous de son lit par un tunnel qui sera le plus long chemin de l'homme dans le royaume de l'ombre, soit au-dessus de ses flots par un pont prodigieux, le plus audacieux qu'aura conçu notre génie depuis le jour où quelque ancêtre extraordinairement reculé, le premier des « pontifes » dans l'antique acception du terme, eut l'idée de jeter un tronc d'arbre au travers d'un torrent. Le tunnel avait la préférence; même il était commencé quand Albion s'est émue. Elle craint que le souterrain ne vomisse un jour, arrivée silencieusement parmi les ténèbres, une grande armée continentale, infanterie, cavalerie, artillerie, train des équipages. Peut-être redoutera-t-elle moins quelque immense pont dont elle garderait l'arche tournante.

L'archipel Britannique, égal à peu près à la Norvège, n'a guère que 515 000 kilomètres carrés, dont un peu moins de 150 000 sous montagne; mais sur cet espace à peine grand comme les trois cinquièmes de notre pays vivent près ou plus de 56 millions d'hommes, 18 fois autant qu'il y a de Norvégiens, et presque autant que de Français en France. C'est qu'il n'est pas au monde un pays mieux cultivé, bien que les champs n'y puissent nourrir les villes, tant ces villes sont colossales; et le Royaume-Uni vit en partie des grains que lui vend l'étranger. Il n'y a guère de nation aussi riche en mines; il n'en existe point qui extraie autant de houille, qui forge autant de fer, qui tisse autant de laine et de coton, qui achète et vende autant de marchandises à tous les peuples sauvages ou policés, et qui fatigue autant de membrures de vaisseaux sur toutes les mers du Levant et du Couchant; nulle ne déploie son orgueilleux pavillon sur plus de rives tributaires. *Rule, Britannia,* « règne, ô Bretagne, » dit un chant national. *Dieu et mon droit* (c'est-à-dire ma force) est la devise de leur écusson : devise française, parce que le français fut longtemps la langue officielle de l'Angleterre.

Le Royaume-Uni comprend deux vastes îles : la Grande-Bretagne et l'Irlande.

La Grande-Bretagne renferme trois contrées, Angleterre, pays de Galles, Écosse, et deux races, les Saxons et les Celtes, Gallois ou Highlanders.

Highlander, d'après un dessin de W. Small.

ANGLETERRE.

La Tamise. — Dessin de W. May.

ANGLETERRE

Côte, plaine et monts. Doux climat. — Avec son cortège d'îles et d'îlots, la Grande-Bretagne ravit aux océans 230 000 kilomètres carrés, habités par quelque 30 millions d'hommes, ce qui en fait, et de beaucoup, l'île majeure de l'Europe, la Sicile, deuxième en étendue, étant presque neuf fois plus petite.

Très longue, plus large au midi qu'au nord, et au nord qu'au centre, elle donne sur une mer qui a magnifiquement sculpté le rivage; aussi la ligne brisée de ses côtes dépasse-t-elle 4500 kilomètres, et même au sud, dans son tronçon le plus ample, il n'est pas d'endroit situé à 90 kilomètres du rivage marin ou de l'eau salée qui remonte les fleuves.

L'Ouest, le Centre et le Nord de l'île, presqu'île de Cornouaille, pays de Galles, Derby, Cumberland, Westmoreland, Écosse, se lèvent en montagnes; l'Est et surtout le Sud, ce qui est proprement l'Angleterre, ondulent en collines ou fuient en plaines avec arbres splendides, prairies d'un vert merveilleux; et partout des villes, quelques-unes monstrueuses, des usines, des cheminées, et l'épaisse et noire fumée de la houille.

Aucun des monts de la Bretagne majeure n'est gigantesque, ou même de taille moyenne; aucun n'a de glaciers: ce sont de hautes collines dans un air vaporeux, non des pics aventureux, terribles, avec des cuirasses de neige blanche. Les

O. RECLUS. LA TERRE A VOL D'OISEAU. 5

plus hauts frissonnent dans les brumes de la soucieuse Écosse, puis viennent les cimes de Galles; en Angleterre le Skawfell règne, qui n'a même pas 1000 mètres, mais seulement 985, dans le massif de Cumberland et Westmoreland, sous d'incessantes nuées; autour de lui les monts ont une double beauté : la beauté sévère dans les profondes forêts et les gorges de granit, de porphyre, la beauté gracieuse au bord de lacs charmants dont le plus grand, le Windermere ou Winander-Mere, a 2000 hectares avec 73 mètres de creux; de leurs cimes on voit à l'occident la mer d'Irlande et l'île de Man, tandis qu'à l'orient, des ruisseaux trop petits pour que leurs cascades aient le droit d'être célèbres, s'unissent en rivières penchées vers la mer du Nord. Les monts Peak ou monts du Derby (600 mètres) sont voisins de Manchester. Les monts Dévoniens et les monts Corniques, Bretagne où l'on ne parle plus breton, montent, roches sombres et bruyères, entre la Manche et la vaste baie du Bristol, qui est, elle aussi, un flot tumultueux soulevé par de fabuleuses marées. Manche et mer de Bristol coupent et découpent cette presqu'île dont la pointe effilée s'appelle Cornouaille, ainsi que chez nous une péninsule bretonne démantelée par les vagues; emportant des caps, taillant des anses dans l'ardoise, aiguisant ou émoussant des écueils, leurs flots usent ici le justaucorps de falaises jusqu'aux serpentines du Lizard et aux granits du Land's End ou Fin des Terres, frère de deux autres bouts de continent, le Finistère de France et le Finisterra de Galice, en Espagne.

Cette mer est sans pitié. Plus sauvages encore, les riverains attiraient des vaisseaux sur l'écueil par des lumières errantes; devenus des sauveteurs toujours prêts à mourir, ils ont oublié cette noire industrie, mais la vague de Cornouaille a gardé sa voracité : dans de tels parages, à l'entrée de la Manche, grande route des voiliers comme des vapeurs, sur les chemins de Londres, de Liverpool et de Glasgow, elle prend sa grande part des deux mille naufrages que subit tous les ans la flotte inouïe partant des havres britanniques ou y rentrant avec les dépouilles du Globe[1]. Elle engloutit aussi par centaines les bateaux que montent les pêcheurs, ces plus simples et plus vaillants des hommes.

Des hautes bruyères, des lacs et marais, des brandes mouillées, des prés humides de la Grande-Bretagne, sortent des rivières dont les noms, la plupart, sont d'origine celtique et non pas saxonne,

[1]. Plus de cinquante millions de tonnes, dont un tiers sous pavillon anglais.

l'anglo-saxonisme ayant presque tout recouvert en ce pays, mais n'y ayant presque rien détruit. Elles n'ont que la grâce, ou quelque fierté dans la montagne ou la colline et, à peine arrivées en plaine, la mer est là qui les boit ou qui s'avance à leur rencontre en amples estuaires et leur donne de la sorte une fausse grandeur. Tels la Tamise, qui est la plus célèbre; le Wash, large embouchure, vasière et sablière que la nature comble, que l'homme diminue par des digues et qu'un jour il supprimera; l'Humber dont le bassin est le plus vaste de l'île, quoiqu'il n'ait même pas 2 500 000 hectares; la pittoresque Severn; les torrents d'Écosse.

La Tamise, en anglais Thames, dont tant de marins connaissent l'impureté vaseuse, a 350-450 mètres de largeur devant Londres, et beaucoup plus au-dessous de l'impériale cité; mais si tout homme qui, de la mer, arrive à la métropole commerciale du Globe par le golfe de l'embouchure, peut s'imaginer qu'il remonte un Mississipi, celui qui la contemple dans sa petitesse et sa limpidité, près d'Oxford, fameuse université rivale de Cambridge, a peine à croire que cet étroit flot charmant devienne à quelques lieues plus bas le large et fangeux estuaire plus sillonné qu'aucun autre au monde par le taillant des navires. Née dans des coteaux proches des lieux où la Severn commence à s'épancher en estuaire, elle ne roule en moyenne que 59 mètres cubes par seconde à l'endroit où elle cesse réellement d'être elle-même, c'est-à-dire là où expire le flot de marée. Ces 59 mètres, que l'étiage réduit à 20, que les crues extrêmes ne portent pas à 400, sont l'écoulement d'environ 1 200 000 hectares; le bassin entier, partie marine comprise, dépasse un peu 1 600 000 : moins que notre Adour, qui, d'ailleurs, mène à l'Atlantique bien plus d'eau de montagne que la Tamise ne verse d'eau de colline et de plaine à la mer du Nord.

Autant qu'à ses ports dont on ne compte pas le nombre, autant qu'aux métaux enfouis sous terre, autant même qu'à son « soleil portatif », c'est-à-dire à sa houille, la Grande-Bretagne doit sa puissance à son insularité et à ses vents de mer. Grâce aux effluves océaniques, il y pleut beaucoup, il y neige peu; il y tombe annuellement une quantité de pluie variant selon les lieux entre 45 ou 50 centimètres dans l'Écosse orientale et plus de 4 mètres sur le littoral du Cumberland : la moyenne est de 89 centimètres, 12 de plus qu'en France. Le revers occidental, où accourent les buées de l'Océan, a la part du lion; le revers d'orient reçoit ce qui reste des nuages crevés à l'ouest sur la montagne.

Ces pluies, ce ciel couvert obstacle au rayonnement, les brumes, l'entour de la mer, les vents du large font à l'Angleterre-Écosse un climat que ne méritent pas ses latitudes. Au lieu d'un Labrador, marais gelés et froidure sans fin, c'est une terre tempérée aux rivières coulant à plein bord, aux prés verts, aux moissons opulentes, aux arbres débordant de sève, aux villes qui sont des fourmilières.

Les frimas n'y glacent que le mont; dans la plaine, sur le rivage, et avant tout au sud-ouest, l'Anglais peut, non sans fierté, montrer le myrte et le laurier-rose au Méridional qui rit de ce soleil tamisé par les brouillards; la gloire du Midi, l'oranger lui-même, en espalier il est vrai, porte des fruits dans les vallons les mieux enfouis de la Cornouaille; l'aloès y grandit en allées, et son

Une usine de cuivre en Cornouaille. — Dessin de Durand-Brager.

compagnon, le dattier, y nargue l'hiver; Anglesey a des bambous; les îles Scilly, des palmiers.

Les Anglais. La langue anglaise et son avenir. — L'Angleterre est le centre agricole, minier, industriel, commercial, politique et social du Royaume-Uni, le cœur de l'immense empire Britannique.

Au commencement du siècle dont la fin s'avance, l'Angleterre et la principauté de Galles réunies n'avaient que 9 millions d'âmes. Aujourd'hui l'Angleterre seule compte plus de 24 millions et demi d'habitants sur moins de 152 000 kilomètres carrés, soit 187 personnes par 100 hectares : aussi densément peuplée, la France aurait 100 millions de Français, elle qui n'en nourrit pas 38.

Et cependant, l'homme qui des quais de Liverpool voit tous les jours partir pour les pays ultramarins des vaisseaux chargés d'Anglais disant à leur patrie un éternel adieu, croirait l'*Old England*, la Vieille Angleterre, à la veille de tomber en friche ; mais cette nation féconde répond à cent décès par cent cinquante-six naissances, quand le peuple français n'oppose à cent défunts que cent quinze nouveau-nés ; elle croit de 1200 personnes par jour, immigration et émigration à part.

De cette ruche trop vantée on ne doit célébrer que l'ordonnance, la bonne administration, la discipline et le labeur. En ceci Albion est perfide, qu'elle éblouit par la tenue, le travail, la richesse, la fécondité, la foule des émigrants et la presse des navires ; mais derrière l'étalage de l'opulence un déploiement de misère auparavant inconnu dans le monde menace d'une catastrophe l'oligarchie des « grandes existences anglaises ». C'est l'expatriation des malheureux par milliers et millions, elle seule, qui jusqu'à ce jour a sauvé la nation de la guerre des rues, comme son insularité lui a valu l'inestimable bonheur de ne pas craindre l'étranger : sans la mer qui l'a préservée de l'Espagne de Philippe II, de la France de Napoléon, elle aurait payé plus d'une fois son égoïsme, sa rapacité, sa soif de gain, ses dénis de justice par du sang, des ruines, et sans doute par la perte de sa grandeur. C'est aussi la misère de ses enfants qui l'a faite si grande ; elle les a jetés, elle les jette

Le cap Land's End. (Voy p. 54) — Dessin de Weber, d'après une photographie.

en Amérique, en Océanie, en Asie, en Afrique, où ils renouvellent au loin une patrie marâtre.

Ses lords ou seigneurs, ses usiniers, ses banquiers, ses commerçants, ses armateurs, ont élevé des fortunes colossales sur l'écrasement de la foule des terrassiers, des ouvriers, des mineurs, des pêcheurs et des matelots. On sait quelle destinée accable l'ouvrier des villes anglaises et, dans les « Contrées Noires », le mineur étouffant sous les profondeurs de la houille[1] ; le travailleur des champs souffre également plus que chez nous, parce qu'il n'est pas le maître du sol qu'il remue : en Angleterre, le paysan n'existe pas, mais seulement le laboureur et le berger à gages ; au-dessus de ces pauvres règne le fermier, au-dessus du fermier le landlord ou grand propriétaire ; cent cinquante landlords possèdent une bonne part de l'Angleterre, dix-sept cents la moitié de l'Écosse.

Il y a très peu d'années encore, les hommes regardaient l'Angleterre comme la Jérusalem de l'ère nouvelle ; parlement, constitution, instincts et usages, les lois, les mœurs, tout en elle était perfection ; c'était l'exemple et le sel de la Terre, l'espoir de la race. Mais que peu de temps suffit pour changer toutes choses ! On comprend aujourd'hui que la civilisation anglaise porte en elle autant de germes de mort que l'égyptienne, la grecque, la romaine, l'arabe ou la française. Il serait trop dur que le dernier mot de l'idéal fût l'axiome, un million de fois répété chaque jour, que « le temps c'est de l'argent ![2] »,

---

1. Une de ces mines a déjà 820 mètres au dessous du sol.
2. *Time is money.*

1. Victor Hugo.

Londres : la Tour Victoria. — Dessin de W. May

trop cruel que « la loi sans l'amour » fût toute la vérité, le bien-être toute la sagesse, le pillage hâtif, essoufflé de la Terre toute l'histoire, et la concurrence à mort toute la fraternité des hommes!

Les Anglais, qui, d'Angleterre, se répandent sur l'Amérique du Nord, l'Afrique du Sud, l'Australie et les îles, sont issus du mélange d'anciens clans celtiques avec les Germains et les Scandinaves; avec les Normands et les Français de langue d'oïl et d'oc entrés avec et depuis Guillaume le Conquérant, avec les Flamands qui s'établirent en Angleterre au quatorzième, au quinzième, au seizième siècle, avec les Wallons arrivés à partir du règne d'Édouard VI, avec les 120 000 Huguenots qui cherchèrent un asile dans l'île bretonne après la révocation de l'édit de Nantes : en échange d'un lieu où reposer leur tête, les Calvinistes apportaient aux Anglais diverses industries; les Flamands l'avaient fait avant eux. Presque tout ce qui fait la primauté de l'Angleterre lui vient du continent d'Europe.

Appeler les Anglais Anglo-Saxons, c'est violer l'histoire. Ce nom ne tient compte que de l'élément germanique entré dans la nation; il oublie la tige bretonne, sur laquelle se greffèrent les autres branches, et l'élément français, qui fut le vrai levain de la grandeur anglaise. Quand le triomphant bâtard eut vaincu les Saxons aux champs d'Hastings, à la tête d'une armée composée d'hommes de toutes nos provinces du Nord, sa victoire fit du français l'un des trois langages de l'Angleterre, les deux autres étant le celtique de la montagne et le saxon des plaines. On croit que ce pays n'avait alors que deux millions d'âmes : les monticoles y étaient barbares, les gens du plat pays lourds et grossiers; or, durant les quatre siècles qui s'écoulèrent jusqu'à la déroute des Anglais dans la vallée de Castillon (1455), pendant tout le temps où les rois de Londres furent des princes français, la France ne cessa de couler vers la Normandie d'outre-mer, et il se peut que cinq cent mille des nôtres aient émigré en Angleterre de 1066 à 1450 : Normands, Picards, Bretons Gallots, Parisiens, Champenois, Manceaux, Angevins, Tourangeaux, Poitevins, Gascons, tous aventuriers apportant au creuset où se fondait le peuple anglais leurs qualités d'intelligence et d'audace. Plus sage que beaucoup de savants, un proverbe de là-bas avoue que « un Breton, un Saxon, un Danois et un Français font un Anglais ».

La race anglaise, aujourd'hui même, se mélange en Angleterre de nombreux éléments irlandais, allemands, scandinaves, français, italiens, gens de tout poil, de tout climat, de toute peau, de toute langue sourde ou sonore. On dit que l'élément brun, apporté par les Celtes d'Irlande, les Highlanders et insulaires d'Écosse, les Français, les Italiens et de nombreux cosmopolites, gagne très visiblement sur le blond; il paraît que les hommes de barbe noire sont plus fortement trempés que les hommes de barbe blonde, que, plus capables de résistance et de survie, ils meurent moins de la vie moderne, qu'ils bravent mieux les alcools, les excès, les jours d'usine, les nuits sans sommeil, si méprisés soient-ils par les docteurs du Nord depuis que les Anglais ont la fortune, et les Allemands la victoire.

C'est une race très vigoureuse que celle des Anglais; pour la force de corps, la solidité d'intelligence, la rectitude d'esprit, la ténacité de propos, elle vaut autant que n'importe quelle autre. Les Anglais ont l'invention, l'ardeur des aventures, l'instinct inné du commerce, la passion de réussir, le courage froid, et un idéal : l'argent, non pour thésauriser, mais pour en jouir. Il semble que la devise d'un généralissime heureux ait été faite pour ce peuple : *Peser, puis oser*[1]. Ils sont personnels et descendent dans l'égoïsme; violents, et tournent aisément à l'injustice, à la grossièreté brutale, à la cruauté; fiers, et leur fierté se fait arrogance; sages, et leur sagesse décline en hypocrisie; inquiets, et leur inquiétude devient difficulté de vivre, dégoût fantasque et suicide.

Il arrive parfois qu'un enfant meurt d'un mal inconnu jusqu'à lui dans la famille, puis, dix ans, vingt ans après, le même mal emporte ou le père ou la mère. Ce fils, cette fille avait prophétisé de son lit de douleur; sa souffrance disait : « Voici ce que tu souffriras », et sa mort : « Vois comment tu mourras ». Ainsi peut-être les nations ont-elles sous les yeux l'arrêt de leurs destins écrit dans le tempérament des peuples issus d'elles. A ce compte-là, c'est dans la jeunesse des Yankees que les Anglais lisent déjà leur vieillesse; c'est dans les vices de ces enfants ultramarins, dans leur adoration de l'or, leur hâte de jouir, qu'ils reconnaissent quelles impuretés cachées menacent la santé de l'âme anglaise; mais jusqu'à ce jour les fils de la blanche Prytain ont gardé de fortes vertus que les Américains se hâtent fiévreusement de perdre.

La langue anglaise, germaine à l'origine, puis très fortement mêlée de français et de mots défigurés empruntés à tous les idiomes, est simple, trop simple même, riche, brève, poétique, mais

---

[1]. *Erst wegen, dann wagen* : devise du maréchal de Moltke

sourde et singulièrement laide à entendre ; il semble que c'est un défi perpétuel à la franchise et à la sonorité de la voix humaine. Par les colonies que l'Angleterre sème sur le Globe, par la prépondérance universelle des Anglais, elle s'élève de jour en jour au rôle de langue générale, comme le fut le latin, comme l'est encore le français. La plus grande part de l'Amérique du Nord, l'Australie, divers recoins de continent et beaucoup d'îles sont ou seront son domaine ; et d'ores et déjà on le parle dans les contrées suivantes :

En Amérique : dans tous les États-Unis, sauf dans les paroisses de la Louisiane où survit le français, dans la portion des Rocheuses où survit l'espagnol, et dans de nombreuses colonies de toute langue, surtout des colonies allemandes, menacées de mort

Une pointe de la Cornouaille. — Dessin de Durand-Brager.

prochaine malgré leurs millions d'hommes, des colonies scandinaves non moins exposées, et des colonies canadiennes-françaises qui ont plus de chances de durée, au moins dans le nord de la Nouvelle-Angleterre ; — dans la Puissance du Canada ou Dominion, immense pays où il côtoie le français, qui ne recule pas, qui empiète au contraire dans l'Est, dans le Canada propre et en Acadie ; — dans la Jamaïque et nombre de Petites Antilles ; — dans la Guyane anglaise.

En Océanie : dans toute l'Australie, dans la Tasmanie, dans la Nouvelle-Zélande, dans les Fidji, terres anglaises. On l'emploie dans les Sandwich autant que le canaque national, et beaucoup d'hommes le savent dans les petits archipels de Polynésie, Micronésie, Mélanésie.

En Afrique, c'est l'idiome régnant dans la Sierra-Leone et la Libéria ; et, concurremment avec le hollandais, mais moins que lui, et peut-être avec moins d'avenir, dans la colonie du Cap, le

Natal, le Griqualand Occidental et les Républiques des Boers : État Libre d'Orange et Transvaal.

En Asie, il n'est le verbe national d'aucun peuple, mais là même il a cours en long et en large chez plus de 250 millions d'hommes obéissant à l'Angleterre en Inde et en Indo-Chine ; les Japonais l'apprennent plus que le russe, l'allemand ou le français, et les Chinois des grands ports le mâchonnent : non pas le véritable anglais, mais un abject patois bâtard, plus anglais que chinois, le *pidgin english*, le mot *pidgin* étant la corruption de l'anglais *business* (affaire), qui lui-même vient du français *besogne*.

Les Anglais sont en grande majorité protestants, avec une Église officielle, l'Église anglicane, richement dotée, et une infinité de sectes, dont quelques-unes souverainement ridicules, mais beaucoup sont vivantes, agissantes, conquérantes, avec la Terre entière pour objet, et le travail de leurs missionnaires chez les barbares et les policés de toutes les contrées du Globe est une des forces les plus redoutables d'Albion.

Parmi ces révérends qu'on retrouve partout, beaucoup ne sont pas seulement des messagers du Salut, des apôtres de la Bonne Nouvelle ; tous n'expliquent pas uniquement la Loi et la Grâce, avec le seul souci de souffler dans la trompette d'argent du Tabernacle. Plus d'un parmi ces maîtres hommes est également industriel, commerçant, spéculateur, agent d'affaires, conseiller de roi nègre, et comme tous ont le fanatisme de l'Angleterre plus qu'ils n'eurent jamais celui des douze tribus d'Israël, ces conseils ont pour fin des fins le protectorat britannique. De puissantes sociétés missionnaires les subventionnent généreusement, même avec opulence, chacune se faisant honneur de travailler plus que les autres à la conversion et à l'édification des « Gentils » : telle d'entre elles a des recettes de plusieurs millions de francs ; toutes distribuent à milliers, cent milliers, millions, des traités, des brochures, des Nouveaux Testaments et des Bibles dans toutes les langues du monde.

Villes. — L'Angleterre compte une vingtaine de villes de plus de cent mille âmes, et une foule de cités dépassant dix mille. Dans ce pays extraordinairement industriel et commerçant, la moindre partie du peuple respire l'air de la campagne.

Londres, en anglais London, capitale de l'Angleterre, du Royaume-Uni, de tout l'empire de Britannie, s'allonge sur les deux rives de la Tamise, qui donne accès aux plus grands vaisseaux. Elle abrite quatre millions d'habitants dans près de quatre cent mille demeures. Cette ville qui n'avait que 35 000 âmes il y a cinq cents ans, et 959 000 au commencement du siècle, renferme donc présentement le neuvième de toute la population du Royaume-Uni, le quatre-vingtième de celle de l'Europe et le trois-cent-soixantième de celle du Globe. Elle a plus de citoyens que la Hollande qui tint le sceptre des mers, plus que le Portugal qui domina l'Afrique et l'Orient, autant que la Suède qui a balancé la Russie. La Suisse, avec tous ses monts, ses vallées penchées vers quatre mers, ses quatre langues et ses vingt-deux cantons, compte un million d'hommes de moins qu'il n'en grouille à London. Comme on l'a dit, Londres a plus d'Écossais qu'Édimbourg, plus d'Irlandais que Dublin, plus de Juifs que la Terre-Sainte, plus de catholiques que Rome. Et non seulement elle l'emporte en population sur toute ville, mais son commerce, son activité, ses affaires, sa richesse défient toute rivalité. Ses quatre millions d'hommes ne sont point quatre millions d'heureux ; nulle part il n'y a tant de misérables sans feu ni lieu, de grelottants et d'affamés[1] ; on peuplerait une puissante métropole avec les pauvres honteux, les filles perdues, les vide-gousset, les piliers de taverne qui sont les victimes et les fléaux de Londres.

Sans murs alentour, sans obstacles devant elle, Londres absorbe des bourgs, des cités, à mesure que sa mer de briques avance : de là son accroissement formidable ; il s'y bâtit en moyenne près de 11 000 maisons par an, il s'y ouvre 259 rues d'une longueur totale de plus de 72 kilomètres, et « ce n'est plus une ville, mais une province couverte de bâtisses ». Cinq fois aussi grande que Paris, elle n'a même pas deux fois plus d'habitants : les maisons y sont moins hautes, moins pressées, les palais, les jardins, les parcs y prennent plus de place et l'on y respire mieux qu'à Lutèce : aussi Londres est-il un des grands casernements les moins visités par la mort, malgré l'humidité du ciel, les brouillards de la Tamise, les fumées de la houille, malgré le fleuve impur et nauséabond, en dépit du ventre creux et de la demi-nudité d'un million d'indigents.

Un jour viendra, dit un Anglais célèbre, où peut-être le Néo-Zélandais franchira la mer pour venir visiter les décombres de la reine des cités ; de l'arche ruinée d'un pont tombé dans la Tamise, devant le désert qui fut Londres, il regardera passer le fleuve en songeant à l'inanité des empires.

Liverpool (350 000 hab.), sur la Mersey, près

---

1. 80 personnes y sont mortes de faim en 1879.

de la mer d'Irlande, dispute presque à Londres le rang de première place commerciale de l'Univers : nul port d'Europe ne reçoit d'Amérique autant de coton, nul n'envoie en Amérique autant d'émigrants d'Europe; sur l'autre rive de la Mersey, fort large, Birkenhead a 83 000 habitants.

Manchester (340 000 hab.), à moins de 50 kilomètres de Liverpool, travaille avec furie la laine et le coton; c'est pour qu'elle file et tisse, puis qu'elle vende, que les Anglais forcent le monde; une petite rivière du bassin de la Mersey, l'Irwell, empuantie et souillée, la sépare de son faubourg, Salford (175 000 hab.).

Birmingham (400 000 hab.), sur la Tame, affluent du Trent, n'a pas de rivales dans l'industrie du fer; elle produit tout objet métallique en quantités mémorables, des machines aux plumes d'acier, des armes aux aiguilles, avec tant de marteaux, de fumée, de feux de forge, de visages noirs, que les Anglais l'ont nommée royaume des Cyclopes ou terre de l'Enfer.

Leeds (310 000 hab.), dans le bassin de l'Ouse, fait plus de draps qu'aucune autre ville de la Terre.

Sheffield (285 000 hab.), sur le Don, affluent de l'Ouse, est un colossal atelier d'ouvriers en métaux; elle fait des couteaux pour tous les pays.

Le château de Caërnarvon. (Voy. p. 42.) — Dessin de Benoist, d'après une photographie.

Bristol (206 000 hab.) est sur l'Avon, qui va se perdre à quelque distance dans l'estuaire de la Severn, où la marée peut monter jusqu'à 18 mètres. C'est le quatrième port de l'Old England, après Londres, Liverpool et Newcastle.

Bradford (185 000 hab.), voisine de Leeds, file et tisse comme elle.

Hull (155 000 hab.), sur l'Humber, près de la mer du Nord, est le cinquième port de l'Angleterre : autrefois il ne le cédait qu'à Londres et à Bristol.

Stoke-sur-Trent (152 000 hab.), près des sources du Trent, fait des poteries, des faïences, des porcelaines.

Newcastle (145 000 hab.; 210 000 avec Gateshead), sur la Tyne, exporte immensément de houille : c'est pourquoi la « ville du charbon » vient, comme port, après Londres et Liverpool.

Portsmouth (128 000 hab.), port de guerre très puissant, regarde presque notre Cherbourg.

Leicester (123 000 hab.), sur la Soar, affluent du Trent, est la capitale de la bonneterie.

Sunderland (116 000 hab.), à l'embouchure de la Wear dans la mer du Nord, embarque beaucoup de houille et construit des navires.

Nottingham (112 000 hab.), sur le Trent, fait de la soierie et des dentelles.

Oldham (111 000 hab.), non loin de Manchester, est une ville manufacturière.

Brighton (108 000 hab.), sur la Manche, en face de l'embouchure de la Seine, juste au sud de Londres, est sa ville de bains favorite.

Bolton (105 000 hab.) est une de ces énormes cités d'industrie qui font du pays de Liverpool et Manchester, c'est-à-dire du Lancashire.

une colossale usine, incomparable jusqu'à ce jour.

Blackburn (104 000 hab.) fait également partie de l'usine monstrueuse du Lancashire, ainsi que sa voisine Preston (100 000 hab.).

Plymouth, grand port de guerre, sur l'estuaire de la Tamar, a 140 000 habitants, en y comprenant Devonport.

Pays de Galles. — Le pays de Galles, le Wales des Anglais, n'a que 19 108 kilomètres carrés avec 1 560 000 âmes, soit 71 personnes par 100 hectares : même densité de peuple qu'en France.

Les torrents y sont rapides, la nature sauvage, avec infiniment de douceur çà et là, et parfois infiniment de tristesse. Des monts sévères, schistes, granits, porphyres, calcaires et grès, y attirent la procession des nuées ; rarement un ciel éclatant sourit à leurs bruyères, et trop souvent le froid brouillard, la pluie fine, les vents mouillés trempent le manteau du voyageur appelé chez les Gallois par la beauté sombre du pays, par ses monuments barbares, ses dolmens, menhirs et cromlechs, et par les ruines de ses forteresses féodales. Le mont le plus élevé, le *Snowdon* (1088 mètres), s'appelle de la sorte en anglais, sur les cartes et les livres ; mais il a pour vrai nom Moël-y-Wyddfa, car c'est ainsi que le désignent dans leur langue on ne sait combien de fois centenaire les pasteurs des vallons qui le contemplent : il se dresse près de l'étroit chenal de Menai, séparant l'île d'Anglesey de la grande terre, précisément au-dessus de la ville où l'on admire une des plus puissantes forteresses du Wales, celle de Caërnarvon (XIIIᵉ siècle).

Le pays de Galles envoie beaucoup de ses eaux à la Severn, fleuve de moins de 500 kilomètres de cours dans un bassin de 1 250 000 hectares, ayant une portée de 150 mètres cubes par seconde lorsqu'il arrive dans le vaste estuaire où tombent aussi la Wye, rivière d'un débit de 60 mètres cubes, et l'Avon, qui passe à Bristol. Formée dans le Plymlimmon, la Severn coule d'abord au nord-est vers Manchester, puis à l'est vers l'estuaire du Wash, puis au sud-est comme pour gagner Londres, puis droit au sud, enfin au sud-ouest et à l'ouest sous forme d'estuaire.

La houille et le fer remplissent les monts gallois, devenus un rendez-vous d'usines géantes. Près de ces grandes casernes où l'on martèle, où l'on triture, où l'on fabrique, de petits moutons et des bœufs noirs paissent dans les prairies que l'humidité du ciel garde en perpétuelle fraîcheur.

Les Gallois, appelés Welches par les Anglais, combattirent pendant des centaines d'années les Saxons de la plaine avec un courage digne du peuple qui avait pris pour devise : « La vérité contre tous ! » Après les défaites de la fin du treizième siècle, ils se retranchèrent dans leurs monts, au-dessus du plat pays saxon et normand. Ils y ont conservé leurs vieilles mœurs et leur cymraeg celtique, en cela plus heureux que les gens de la Cornouaille, veufs de leur langue depuis plus d'un siècle. La déroute du celte de Cornouaille fut rapide. Vers l'an 1500, la Tamar, qui tombe dans l'estuaire de Plymouth, faisait sa limite avec l'anglais ; en 1700, on le parlait encore dans les vingt-trois paroisses à l'ouest de la presqu'île, et déjà en 1778 il n'existait plus, mort avec Dolly Pentreath, femme âgée qui avait vécu dans un village de pêcheurs voisin des caps occidentaux de la Cornouaille. De même dans l'île de Rugen, et en Tasmanie, c'est une vieille décrépite qui prononça les derniers mots d'une langue : les femmes plus que les hommes respectent le passé, elles gardent mieux le souvenir de tout ce qu'enclôt la tombe noire.

Le cymraeg se débat très vigoureusement, il ne voudrait pas périr : il a ses concours de chant, ses couronnements de bardes, ses journaux, que le Gallois lit avec amour ; cinq de ces feuilles paraissent en Amérique. Par malheur, les écoles galloises ont l'anglais pour langue, et Londres et Liverpool sont trop près du Moël-y-Wyddfa. Malgré tout, le nombre des Welches parlant cymraeg ne diminue point, comme celui des Irlandais ou des Écossais parlant celte ; seulement presque tout ce peuple sait déjà l'idiome qui héritera du gallois, et de bien d'autres.

Plus bruns, plus petits et trapus que les Anglais, les Gallois s'occupent moins de la culture des champs que de l'élève des bestiaux, de la pêche, des mines et des métaux. Comme tous les peuples bergers, ils sont contemplatifs ; leurs chants populaires, fort beaux, respirent la mélancolie.

Aucune ville du Wales n'enferme cent mille âmes ; à peine si Swansea, port du canal de Bristol et première usine de cuivre des deux mondes, en a 64 000 et Merthyr-Tydfil 50 000, cette dernière, groupe de forges près de la Taff, affluent de la Severn, est l'une des métropoles du fer.

La chaîne des Grampians. (Voy. p. 45.) — Dessin de W. H. J. Boot.

ÉCOSSE.

Firths, monts, torrents et lacs. — L'Écosse est proverbiale comme la Suisse, l'Italie ou l'Andalousie. Veut-on rappeler la rudesse, la nudité des croupes, la bruyère, les tourbes noires, la solitude, les horizons brumeux, on nomme aussitôt les Highlands ou Haute-Écosse : là des *ben*, monts moroses, poussent à la mer des *ross* ou caps de basalte et versent des *linn* ou cascades dans des *glen* et des *strath*, étroits vallons ; ces vallons s'ouvrent sur des *loch* ou lacs et, devenus vallées, perdent leur fleuve dans un ample *aber* ou *inver* (havre, estuaire) ; là le chant des ruisseaux égaye la sauvagerie des hameaux et le deuil des vieilles ruines d'une histoire qui fut tragique. Dans cette âpre contrée, si lointaine, que Rome redoutait, dont même elle se sépara lâchement par un mur, tout site scabreux eut son donjon, tout site gracieux ou propre à la méditation son monastère. Malgré les luttes de clan à clan, les combats de seigneur à seigneur, la longue guerre nationale des Celtes écossais contre les Anglais, enfin malgré la pluie qui descelle toute muraille, il reste encore beaucoup de ces manoirs, depuis le château cerné de pins où Macbeth égorgea Malcolm jusqu'aux demeures où passa la belle Marie Stuart, qui fut reine de France. Il y eut pendant des siècles un grand amour entre la France et l'Écosse, ces deux pays se protégeant l'un l'autre contre l'Angleterre, et longtemps nous n'eûmes pas d'alliés plus fidèles que les Écossais. Mais plus tard, quand ce peuple eut appris à marcher sous la bannière anglaise, il contribua par sa vaillance aux victoires que nos ennemis nous arrachèrent sur terre et sur mer. Nos autres « alliés », les Irlandais, ont aussi travaillé beaucoup à la ruine de la France.

Une des splendeurs de l'Écosse, c'est sa mer d'une majesté sombre, coupée en *firths* ou golfes très avancés dans les terres, hérissée de caps, bardée de falaises, encombrée d'îles et d'écueils, et rapide en ses détroits jusqu'à des vitesses de 15 à 20 kilomètres à l'heure. L'Angleterre elle-même n'a pas un littoral aussi brisé que l'Écosse, et le flot de l'Océan s'y rapproche moins des monts de l'intérieur.

Ce pays doit énormément à la mer, et bien des milliers d'hommes y vivent de la pêche, de la navigation, qui mourraient de faim sur des rugosités ingrates; les vallées fertiles y sont rares, étroites, courtes ou prises par des lacs sous lesquels s'amasse la terre de l'avenir. La population, trop serrée, s'entretient par les troupeaux, la grande industrie, le commerce, la marine, et la mer écossaise est une réserve de poissons.

L'Écosse porte trois massifs de montagnes : les Monts du Sud, à la frontière anglaise; les Grampians, au centre du pays; les Monts du Nord, en face des Hébrides, des Orcades et de la mer qui va jusqu'à l'Islande. A l'inverse de l'Angleterre, qui est surtout plaines et coteaux, l'Écosse est presque toute en montagnes, et sans elle le Royaume-Uni aurait une altitude moyenne bien inférieure aux 218 mètres, plus ou moins, qu'on lui attribue; celle qu'on donne à l'Écosse est de 381 mètres.

Ces *ben*, le plus souvent nus, se vêtent çà et là de pins sylvestres et autres conifères. Nul d'entre eux ne monte aux hauteurs vertigineuses; dans les Monts du Sud, fiers de posséder à l'humble altitude de 450 mètres le village le plus élevé du Royaume, le Merrick atteint 843 mètres; dans les Grampians trône le Ben Nevis : ce monarque de l'archipel anglais n'a que 1343 mètres; grandiose pourtant, il regarde le Glenmore ou Grand Val, très étroite et très longue fissure qui sépare les Grampians des Monts du Nord.

Le Glenmore, cassure d'une rare netteté, va du firth de Lorne au firth de Moray, de mer à mer, des eaux qui touchent presque l'Irlande au littoral d'où l'on verrait, si la distance était moindre, la citadelle des monts norvégiens s'escarper sur les flots. Dans sa profondeur est blotti le canal Calédonien, long de 101 kilomètres, presque tout en fiords et en lacs singulièrement resserrés qu'unissent des tronçons de rivière; ce passage entre Atlantique et mer du Nord, plus qu'ébauché par la nature, a surtout profité de l'admirable Loch Ness, qui a 240 mètres de creux entre des relèvements de 400 mètres de haut : ce lac est un petit Saguenay[1]; de sa nappe fort allongée, qui a rarement plus de 1400 mètres de bord à bord, sort la Ness, qui entre à Inverness dans le fiord de Moray.

Dans les Monts du Nord, le Ben Attaw s'élance à 1150 mètres.

Sous une voûte que les nuages n'abandonnent guère, du moins sur le versant d'ouest, les sources, les gouttes qui filtrent dans la trame des bruyères s'unissent en rivières limpides, bien que noires parfois, aimant à se reposer au sein des lacs, après s'être fatiguées et brisées dans l'effort des rapides, le travail perdu des remous et le sauve-qui-peut des cascades. La Tweed sert de limite avec l'Angleterre; la Clyde est renommée pour les souvenirs de l'histoire, les paysages de sa vallée supérieure, ses cascades de Lanark, l'immense industrie, le commerce, les chantiers de construction de son estuaire; le Forth et le Tay finissent par deux grands firths, la Dee débouche à Aberdeen, le Spey est plus rapide que les autres, la Ness sort du Loch Ness. Le plus grand d'eux tous, le Tay, long de 200 kilomètres en un bassin de 600 000 hectares, roule en moyenne 123 mètres cubes par seconde, la Tweed 75, la Clyde 70.

Parmi les lacs, presque sans nombre, le Lomond, grand de 11 000 à 12 000 hectares, profond de 240 mètres, dort au pied du Ben Lomond (975 mètres); voisin de l'estuaire de la Clyde, il lui envoie la rivière Leven. Le Katrine, petite réduction du lac des Quatre Cantons Forestiers en Suisse, versait toutes ses eaux dans un affluent du Forth avant qu'un canal à tunnels lui soutirât 1710 litres par seconde pour l'usage de l'énorme Glasgow. Ces deux lacs sont très beaux, et combien d'autres en ces dures montagnes! Tous ne sont pas riants, même il y en a de revêches, mais bien peu sont vulgaires; du dernier ruisseau, fils de la tourbe et des brandes, qui leur arrive à l'extrémité d'amont, jusqu'à la rivière qui les vide sans les épuiser, leurs eaux sommeillent au pied des *ben* dont l'âpreté n'est pas sans grandeur; au bord de ces flots obscurs, versés par des naïades presque éternellement cachées dans le brouillard au lieu de luire entre les buissons verdoyants de la source, puis de fuir, entrevues, derrière la ramée, devant cette beauté faite souvent de rudesse et d'abandon, les Anciens eussent reculé comme devant une laideur; à leur âme née dans la lumière, les lacs écossais

[1]. Grande et sombre rivière du Canada français.

Falaises sur la côte du pays de Galles. — Dessin de P. Leitch.

eussent à peine semblé dignes des Pictes et des Calédoniens, Barbares isolément assis à la dernière limite du monde. Toutefois, pour n'être ni brillants, ni fêtés par de joyeux coteaux, les lochs de l'Écosse n'en sont pas moins de nobles lacs. Avant comme après le héros Fingal et son fils Ossian, une longue lignée de poètes en célébra les beautés dans des hymnes nuageux, de noires légendes, de mâles épopées ; mais le « monument plus éternel que l'airain » que ces chanteurs croyaient élever à la gloire du pays des bruyères n'aura duré qu'un petit nombre de siècles, car la langue de ces bardes, le guttural gaélique va disparaitre.

Il manque à ces lacs le vert ou l'azur d'une onde épurée ; ils ne sont bleus que quand ils renvoient au ciel le bleu d'un jour éclatant ; lorsque le vent les brise à la rive, c'est une eau brunâtre et rougeâtre qui déferle : brunâtre parce que les affluents du lac ont passé sur la tourbe, rougeâtre parce qu'ils ont filtré dans la racine des brandes. Et rivières, ruisseaux et torrents sont presque tous d'un rouge sombre comme les lacs ; beaucoup arrivent à leurs *lochs* par des *glens* marécageux, et tel petit Léman commence et finit dans les jonchères au pied d'un *ben* uniforme. Les monts écossais varient peu ; rares y sont les pics fiers, libres, bien individuels, altièrement dégagés, assez hauts par-dessus les autres pour que le regard y plane sur un grand tour d'horizon ; ils sont ternes, sans arbres, en mousse et non pas en prairies[1], monotones dans leur tristesse éplorée, avec leur bruyère larmoyante sous ce ciel bas, plombé, chargé de pluie.

Les Écossais : Lowlanders et Highlanders.
— Sur 78 895 kilomètres carrés la terre écossaise a 5 754 000 habitants, soit 47 personnes par 100 hectares.

La majorité revient aux Lowlanders ou gens du pays bas, Germains anglophones mêlés de Celtes en proportions mal connues.

On les dit supérieurs aux Anglais d'Angleterre par la taille, la force, la loyauté, l'énergie que rien ne rebute, le sérieux de l'esprit, l'amour de l'étude ; mais l'égoïsme, la sécheresse, la bigoterie, l'intolérance, l'étroitesse, gâtent souvent ces forts caractères d'hommes.

La contrée qu'ils habitent est devenue, par la houille, par le fer, un colossal atelier d'industrie en même temps qu'un chantier de constructions sans rival ; c'est aussi une région marinière, une patrie de pêcheurs, de matelots, de grands navigateurs devant l'Éternel ; et cela bien que la Basse-Écosse ait peu de fiords, tandis que la Haute-Écosse, toute en *firths*, produit peu d'hommes de mer : exceptions à part, les hommes d'origine celtique n'ont jamais beaucoup aimé l'Océan ; ils sont avant tout pasteurs, puis, s'il le faut, retourneurs de la glèbe.

Parmi les Highlanders ou gens de la Montagne, 252 000 seulement n'ont pas encore rejeté l'idiome des aïeux celtes. La ligne séparant les Anglophones des Gaëls part du golfe de la Clyde pour aboutir à celui de Moray après avoir décrit un demi-cercle dont la convexité regarde l'orient et qui embrasse les hautes vallées du Forth, du Tay, de la Dee, du Don et du Spey ; elle divise ainsi l'Écosse en deux parties presque égales, laissant au verbe anglais la région basse, tempérée, féconde et peuplée, alors que le gaélique ne règne que sur des vallons déserts, des lacs cernés de roches, des croupes dénudées, des tourbières, des gazons sauvages. Banni dès le onzième siècle du palais de ses rois, il recule, surtout depuis la Réforme ; il résonne encore dans une portion des comtés de Bute, de Stirling, de Dumbarton, de Perth, d'Aberdeen, de Banff, d'Elgin, de Nairn, de Caithness, et principalement dans les îles Hébrides et dans les comtés d'Argyle, d'Inverness, de Ross, de Cromarthy et de Sutherland : ce dernier, bien que situé tout à fait au septentrion de l'Écosse, porte ce nom de Terre du Sud parce que les Scandinaves qui le désignèrent ainsi venaient du Nord quand ils débarquèrent sur ses rives.

Les Gaëls émigrent en grand nombre vers l'Amérique anglaise : aussi y a-t-il dans la Nouvelle-Écosse, dans l'île du Cap-Breton, dans le Haut-Canada, des cantons et même des comtés où le gaélique est encore parlé plus que l'anglais officiel ; les Mac-Donald, les Mac-Kenzie, les Mac-Gregor et autres hommes dont le nom commence par Mac s'y rencontrent aussi fréquemment que les Smith ou les Thomson en pays d'Anglo-Saxonie.

Les Celtes d'Écosse étaient divisés en clans ou tribus séparées souvent par des haines atroces, par des siècles de sang. Les Mac-Donald étaient les gens du clan des Donald, les Mac-Gregor ceux du clan de Gregor, et ainsi de suite. Sans leurs guerres inexpiables de tribu à tribu, les Celtes de la Haute-Écosse auraient évidemment extirpé les Anglais de toute l'île, et, par cela même, de toute la Terre. Aujourd'hui réduits presque à rien, ils

---
1. Excepté sur la côte orientale, qui a de belles forêts, de vertes pâtures, quoiqu'il y pleuve bien moins que sur le littoral d'occident.

diminuent encore par l'appel du bas pays; il n'est pas de jour où quelques familles des Highlands ne descendent dans les Lowlands pour s'engager au service de l'industrie, et rarement ces montagnards retournent à leurs vallons d'en haut. Certes, ils feraient mieux de rester dans le pays des *ben*, malgré sa sauvage tristesse, sa pauvreté, ses cabanes plus que misérables; dans les villes où ils vont se perdre, la plupart restent malheureux et deviennent ivrognes.

Les Highlanders diminuent par une autre cause, honteuse, mais la honte n'est pas pour eux. Afin d'agrandir ses terres de chasse, maint landlord achète autour de lui tout le sol qu'il peut acheter, pâture ou labour, qu'il abandonne à la nature libre; à la nature vague plutôt, car il n'aime pas

Loch Ness. (Voy. p. 45.) — Dessin de W. H. J. Boot.

la forêt, il l'abat même souvent, la brande valant mieux pour le plus « noble » gibier; il éloigne de force ou de gré le fermier, le berger, le colon, remplaçant sillons, prés, grands bois par la bruyère. Et le pauvre Celte, arraché de son foyer, part pour la ville industrielle d'Écosse ou d'Angleterre, il s'en va dans l'Amérique, aux États-Unis, en Acadie, au Canada, au Grand-Ouest, au Nord-Ouest, partout, et laisse la vallée natale aux piqueurs, aux meutes, pour la plus grande gloire du peuple anglais, biblique race qui, dit un Canadien, « a le double talent d'expropier Naboth et d'appeler sur son champ la bénédiction du Seigneur ».

La plupart des Écossais se réclament du protestantisme, ici très vivace encore, très militant, disloqué en sectes dont quelques-unes étranges; beaucoup de missionnaires partent d'Écosse, et nombreuses dans le monde entier sont les « œuvres chrétiennes » qui mourraient du soir au matin sans l'argent que cette contrée leur envoie.

L'Écosse partage avec l'Angleterre la royauté dans l'industrie et le commerce. Les meilleurs émigrants du Royaume-Uni sont précisément des Écossais; suivant les années, 15 000, 20 000, 30 000 enfants de ce pays vont s'établir dans les terres anglaises, Australie, Cap de Bonne-Espérance, États-Unis, Canada : rien que dans ce dernier, on en comptait 700 000 en 1881.

Villes. — Quatre villes d'Écosse ont plus de cent mille âmes.

La plus grande, Glascow, deux fois plus peuplée que la capitale Édimbourg, renferme 512 000 habitants, autrement dit, à peu près autant que Liverpool ou Manchester-Salford; même, avec toutes les villes de travail ses voisines, elle a bien un million d'âmes : plus du quart de tous les Écossais.

Loch Lomond et ben Lomond. (Voy. p. 45.) — Dessin de Weber, d'après une photographie.

Traversée par la Clyde, rivière de 120 mètres de large qui va devenir estuaire, cette « lamentable » cité pleine d'alcooliques, où l'on meurt à foison dans les bouges, sur les ruelles et les culs-de-sac, montre aux amants de l'industrie deux cheminées de briques, l'une de 152, l'autre de 142 mètres, dominant près de 4000 usines. Elle construit autant ou plus de navires que n'importe quel autre chantier.

L'admirable Édimbourg, jadis capitale de l'Écosse, est bâtie sur la rive méridionale de la baie du Forth, elle groupe ses 228 000 habitants (289 000 avec Leith) autour de la roche basaltique ardue qui porte l'ancien palais d'Holyrood. C'est une cité littéraire, mère ou nourrice de grands hommes.

Dundee (142 000 habitants), sur le Tay, près de son embouchure dans la mer du Nord, file, construit, trafique, navigue, pêche la baleine et le phoque.

Aberdeen (105 000 hab.) borde la mer du Nord à l'embouchure de la Dee et du Don.

Lac de Killarney : Ross Castle. (Voy. p. 50.) — Dessin de Th. Weber, d'après une photographie.

IRLANDE

Climat doux, admirable verdure. — L'Irlande, où les Irlandais ont beaucoup diminué, ne compte plus que 5 160 000 habitants sur 84 252 kilomètres carrés, dont un huitième à peine porte ce qu'on peut appeler des montagnes. Cela fait 61 personnes par 100 hectares.

Érin ou la Terre de l'Ouest, ainsi que l'appelaient ses habitants celtes, les Erses, a des rives aussi magistralement découpées que la Grande-Bretagne, surtout au couchant. Comme elle encore, elle doit à ses vents du sud-ouest et de l'ouest, humidement chauds, à sa mer tiède, un climat d'une douceur singulière : Dublin, sur la côte orientale, a la même température annuelle que New-York (à 13 degrés au sud), et son rivage méridional est en moyenne aussi chaud, sous le 52ᵉ degré, que les plages américaines du 38°.

Érin, « la plus belle fleur de la Terre, la plus belle perle de la Mer », reçoit plus de pluie que toute autre contrée de l'Europe, voire de l'Europe occidentale : sa part est de 916 millimètres par an, en 227 jours, la Grande-Bretagne n'en recueillant que 845, la France que 770. Aussi ses fontaines, ses rivières, ses lacs, ses marais restent-ils presque invariablement fidèles à leur niveau, et les gazons, les arbres, les mousses, tout ce qui est verdure ou frondaison y garde en été la merveilleuse fraîcheur qui a valu à l'Irlande ses trois surnoms d'Île Verte, de Verte Erin, d'île de l'Émeraude. On eût pu l'appeler aussi la Terre du Lierre ; il y croît avec une vigueur sans pareille ; le laurier y grandit en plein air jusqu'à 10 mètres de hauteur dans le comté de Tipperary, et à Dublin l'un de ces arbres frileux monte à 15 mètres.

Bogs, monts, lacs. Le Shannon. — Plaine basse[1], avec peu de forêts, bien que très boisée jadis, l'Irlande est essentiellement le pays de la tourbe ; les bogs ou tourbières y couvrent le septième du sol. Ces bogs, qu'on divise en rouges et en noirs, des fonds mouillés, des lacs si nombreux que malgré la petitesse de presque tous ils noient ensemble 102 000 hectares ; des prairies, des champs de pommes de terre, et sur tout cela, le ciel changeant, les vents de mer, la pluie fine, éternelle, et la mousseline des brouillards, telle est l'Irlande, qui a ses montagnes isolées, tourmentées, nues, au bord de ses flots, et pas au centre de ses terres.

Au sud-ouest, dans les monts du Kerry, le Carrantuohill (1046 mètres) est le géant de l'île ; au pied de la chaîne de grès rouge qu'il domine brillent des golfes marins allongés en firths et les lacs charmants de la « Suisse irlandaise », au pays de Killarney : lacs qui ne sont ni des Bodensee, ni des Supérieurs ; le plus grand n'a que 2100 hectares, avec 77 mètres de creux.

A l'est de l'île, juste au-dessus de Dublin, le massif de Wicklow (926 mètres), granits, schistes, roches volcaniques, regarde, à l'autre bord du canal de Saint-Georges, la fière contenance des monts Gallois.

Au nord-est, le plateau d'Antrim, aire de laves, plonge sur la mer par les basaltes du cap Benmore que 24 kilomètres seulement séparent d'un promontoire écossais nommé Mull ou Cantyre. Ici les deux pays furent, dans la noire antiquité, soudés l'un à l'autre par des laves refroidies ; ils pourront se réunir encore par un tunnel en roche dure à peine deux fois long comme le souterrain du Saint-Gothard. Près de là, quarante mille têtes de piliers de basalte, pavé régulier, damier mouillé par la mer, forment la fameuse Chaussée des Géants.

Dans le nord-ouest, les granits et schistes sauvages qui portent le beau nom de Monts de Connemara s'élèvent à 817 mètres entre la mer Atlantique et deux lacs : le Mask (9000 hectares) et le Corril (17 600 hectares), celui-ci recevant les eaux de celui-là par l'émissaire hypogée qui rejaillit à Cong en sources vauclusiennes.

Ce Corril, second lac d'Irlande pour l'étendue, le cède de beaucoup au réservoir du fleuve Bann, au

[1] Altitude moyenne 125 mètres.

Neagh, grand de 39 700 hectares, mais plat, sans profondeur. L'Erne d'en haut a 3700 hectares ; l'Erne d'en bas, rempli d'îles et profond de 45 mètres, en a 11 300 : de l'un à l'autre descend mollement le fleuve Erne ; le Ree (10 600 hectares) et le Derg (12 900 hectares) sont des expansions du Shannon, fleuve central d'Érin.

Le Shannon a quelque ressemblance avec les torrents d'une grande contrée située de l'autre côté du puissant Atlantique et précisément colonisée en partie par des paysans d'origine irlandaise. Ainsi que les torrents canadiens, le Shannon est lac autant que rivière ; comme eux il réserve presque toute sa pente à des bouillons et rapides. Sorti du lac Allen, qui n'a que 49 mètres d'altitude, il traverse beaucoup de petits lacs, épanouissements de son onde, et les deux grands bassins allongés du Ree et du Derg, pour aller s'achever, fort de 200 mètres cubes par seconde, dans un golfe pareil à un lac. De l'Allen, miroir paisible, à la mer inquiète et brusque, il ne tombe donc que de 49 mètres sur un chemin de 335 kilomètres, et comme son cours supérieur et son cours moyen consistent en bassins immobiles réunis par de placides courants, il miroite à 30 mètres encore au-dessus de la mer lorsqu'il en est déjà fort près, à quelques lieues en amont de Limerick : il se précipite alors par les rapides de Doonas, tumulte de flots blanchissants, près du manoir effondré de Connell qu'habitèrent des monarques du vieux royaume irlandais de Munster. — L'Irlande fut longtemps partagée en quatre pays : Ulster au nord, Leinster au sud-est, Munster au sud-ouest, Connaught au nord-ouest.

Les Irlandais, leur misère, leur exode. — Des cinq millions d'Irlandais, que nous nous figurons être tous des blonds, les sept dixièmes sont des bruns. Or les conquérants à nous connus de l'île, des premiers en date jusqu'aux Anglo-Saxons de ces derniers siècles, appartenaient à des peuplades moyennement blondes. Il s'ensuit que l'antique nation irlandaise, celle qui précéda sous ce ciel brouillé les envahisseurs modernes dont nous entretient l'histoire, était un rameau de l'humanité brune, une gent qui, avant de prendre racine dans le sol d'Érin, avait probablement grandi dans la contrée qui fait face au sud à l'Irlande, par-dessus plusieurs centaines de lieues de mer, dans ce qui se nomme aujourd'hui l'Espagne : on croit même pouvoir désigner la Galice comme le lieu d'embarquement de ces immigrants qui eurent la principale part dans la genèse des Irlandais. C'est deux ou trois cents ans avant Jésus-Christ que cette race foncée, d'origine ou de langue celtique, aurait mis le cap sur l'île des bogs rouges et des bogs noirs, où elle heurta et vainquit d'autres Celtes, venus on ne sait quand, on ne sait d'où.

Vers le milieu du douzième siècle arrivèrent les premiers de ces Anglo-Normands destinés, sinon à faire de ce peuple brun un peuple blond aux yeux bleus, du moins à y mêler les sangs et à y remplacer la vieille langue par le triomphant patois qu'on parle maintenant dans tous les coins du monde.

Quand les Anglais mirent le pied dans l'île, dont la bulle d'un pape venait de leur faire don, l'Irlande était divisée en sept clans qui se bataillaient sans trêve, comme il arrive à tout peuple que n'a point pétri le despotisme d'une royauté guerrière, ou qui, à défaut de maîtres, n'a pas été cimenté en un bloc par la communauté des lois, des intérêts, des espoirs, des illusions, des croyances. Il faut fran-

Les monts du Kerry : le Carrantuohill. (Voy. p. 50.) — Dessin de M. Harry Fenn.

chir plus de quatre siècles pour trouver Érin, désormais résignée, soumise aux exacteurs anglais, à la suite des guerres de religion que termina le protectorat de Cromwell.

Vers 1775-1780 l'Irlande ne renfermait pas même 1 900 000 âmes. Après l'introduction de la pomme de terre, nourrissant plus de monde à champs égaux que l'avoine, les Irlandais s'accrurent à vue d'œil : déjà très pauvres, et non moins insouciants, ils devinrent encore plus misérables, encore plus indifférents à leurs maux, sur les terres fertiles, entrecoupées de tourbe, que possédaient quelques milliers de landlords anglais. Il vint tant d'enfants dans les pauvres cabanes en torchis couvertes de chaume, ces enfants résistèrent si gaillardement à l'indigence, à la faim, au froid humide, à la saleté, côte à côte avec le cochon de la chaumière, qu'en 1841 il y avait 8 175 000 hommes dans Érin, près de 9 millions en 1846 : soit plus d'un Irlandais par hectare, tourbes, lacs et marais compris. L'Île Verte a donc presque perdu 4 millions d'âmes en quarante ans.

Opprimés, désespérés, ses fils ont émigré en foule, à centaines de milliers par an, et émigrent toujours vers l'Angleterre, l'Écosse, le Canada, les États-Unis, l'Australie, modifiant ainsi de plus en plus, jusque dans la mère patrie, par l'apport d'éléments antéceltiques et celtiques, la race qui formait le fonds principal de l'Angleterre et de ses colonies.

Sur le littoral qui fait face à l'Angleterre septentrionale, à l'Écosse méridionale, et dans plusieurs districts du nord répondant à l'ancien Ulster, la domination n'est point au sang irlandais, mais à l'anglais et à l'écossais, les gens de cette moindre portion d'Érin descendant pour la plupart de « presbytériens » venus de la Grande-Bretagne pendant les guerres de religion. Partout ailleurs, dans le centre, le sud-ouest, l'ouest, le nord-ouest, le véritable Irlandais règne : mot cruel quand il s'applique aux va-nu-pieds de l'île de l'Émeraude.

Vieille langue irlandaise. — Mais si le caractère national n'a point varié chez les Erses non mêlés d'éléments « saxons », si l'Irlandais pur sang reste ardent, tracassier, — tel nous le peignent du moins ses contempteurs anglais, — s'il est toujours insouciant, inconsistant, mobile, peu maître de lui, porté aux extrêmes, querelleur, ami du bruit et des coups, s'il a gardé sa ferveur catholique, il oublie tout à fait son vieil erse. Avant le grand mouvement d'expatriation provoqué par la famine qui suivit la néfaste maladie des pommes de terre et enleva plus d'un demi-million d'hommes, en un mot avant l'Exode (1847), les hommes parlant erse formaient une bonne partie du peuple de l'île ; mais c'est chez eux que l'émigration fit le plus de ravages, et en 1851 quinze cent mille Irlandais au plus comprenaient encore le cri national de « *Erin go bragh* » : vive l'Irlande ! En 1861, il n'y en avait plus qu'un million ; que 950 000 en 1871. Le nombre des gens ne sachant absolument que l'erse ne dépasse guère 100 000.

Si l'Exode a porté le coup mortel à la langue d'Érin, elle était déjà bien malade. Depuis deux cents ans (1644) ces millions d'Ersophones n'avaient pas écrit un ouvrage en leur idiome, et depuis longtemps on ne faisait plus de vers irlandais. Ainsi rien ne fixait, rien ne retenait, n'appuyait, ne réchauffait l'erse, ni bonnes et gaies chansons, ni écoles, ni lois écrites, ni le prône de fête et dimanche, car de plus en plus le prêtre homéliait en anglais. De génération en génération, on peut dire d'année en année, l'écart entre l'ancienne langue et la langue courante a grandi ; il est devenu le vaste gouffre qu'il semble à tout jamais impossible de franchir.

Trois dates, presque trois centenaires, résument cet effondrement :

En 1541, c'est en erse que le parlement de Dublin discute, en erse qu'il offre le titre de roi d'Irlande au féroce Henri VIII, roi d'Angleterre.

En 1644 parait le dernier livre en celtique irlandais.

En 1846 commence l'Exode.

Vers 1900 ou un peu plus tard, le peuple des Erionaich (il se donne ce nom) aura tout à fait cessé d'être lui-même, et l'histoire de la vieille Érin sera presque une histoire étrangère pour les Irlandais modernes. Déjà l'orient de l'île est Anglophone. Les Ersophones, d'ailleurs presque tous bilingues, résistent encore dans le nord (comté de Donegal) et dans l'ouest, surtout de la baie de Sligo à l'estuaire du Shannon, dans les comtés de Sligo, Mayo, Galway, Clare.

Il ne parait aucun journal erse dans le monde : ni dans l'Irlande, où la moitié des gens parlaient celte au commencement du siècle ; ni dans les États-Unis, où ils font le principal élément de beaucoup de grandes villes, notamment de l'Empire City (New-York), et où il y a déjà plus de sang irlandais que dans l'Irlande même ; ni dans la Puissance du Canada, où l'on en comptait près de 960 000 en 1881 ; ni dans l'Australie, où ils se nomment légion.

Près des quatre cinquièmes des Irlandais se rattachent à Rome. Les protestants habitent surtout au nord-est, dans le pays de Belfast et de Londonderry, depuis longtemps colonisé par les Anglais et les Écossais.

Villes. — Deux villes irlandaises ont plus de 100 000 âmes.

Dublin (340 000 habitants), c'est-à-dire l'Eau Noire, sur la côte orientale, à l'embouchure de la Liffey, au pied septentrional des monts de Wicklow, fait à peu près face à Liverpool à travers la mer d'Irlande. Cette capitale de l'île, veuve de ses rois et de son parlement, a peu d'industrie, mais elle reçoit et renvoie beaucoup de navires.

Belfast (208 000 habitants), aussi sur le littoral de l'Est, occupe le fond de l'estuaire du Lagan ; elle file, tisse le lin, et son commerce égale presque celui de Dublin même.

Cork, port de la côte du sud, à l'extrémité intérieure d'un estuaire, sur la Lee, avait plus de 100 000 habitants, mais elle a décru en même temps que l'Irlande.

Petites îles. — Trois îles relèvent de l'Angle-

La Chaussée des Géants. (Voy. p. 50.) — Dessin de Harry Fenn.

terre : Wight, Anglesey, Man ; plus les îles Normandes ou îles du Canal, voisines de la France et restées fidèles à la langue française.

Wight (35 000 hectares, 50 000 habitants), île tout à fait charmante, type de la nature anglaise dans ce qu'elle a de frais, de gracieux, regarde Portsmouth, grand port de guerre, et Southampton, grand port de commerce ; le détroit qui l'isole de la terre ferme n'a que 3000 mètres de largeur. Sa ceinture de flots lui vaut un climat doux, des villas et châteaux, et en été le séjour d'oisifs et de baigneurs.

Moins aimable que Wight, mais de climat aussi doux, Anglesey (48 000 hectares. 55 000 habitants), dans la mer d'Irlande, touche presque à la terre galloise, et deux ponts franchissent le très mince bras de mer qui l'en sépare. Toute en jardins, en prés, en champs, avec des mines de cuivre, ce fut l'« île ombragée » et c'est l'île sans ombre. Il y a deux mille ans, lorsqu'elle s'appelait Mona, de la Grande-Bretagne, de la Gaule, même de la Transalpine, de tous les pays celtiques (alors si grands, aujourd'hui si petits), on accourait, dit-on, à ses noires forêts comme au sanctuaire le plus vénéré de la religion druidique.

Man (58 800 hectares, 53 500 habitants) fut jusqu'en 1829 une propriété des ducs d'Atholl. Elle sort de la mer irlandaise, presque à distance égale de l'Angleterre, de l'Écosse et de l'Irlande, qu'on aperçoit, en temps clair, du haut du Snowfell (610 mètres). Nul point de ce petit monde n'est à plus de 10 kilomètres de la mer qui l'entoure, battant véhémentement ses caps de calcaire et noyant des pêcheurs : comme chez nous Ouessant, Man est une île de veuves. Les vents du nord n'y soufflent point, arrêtés par les monts d'Écosse, ni ceux de l'est, dont les monts Gallois la garantissent ; il lui reste l'ouest et le sud, d'où vient la tiédeur molle. Aussi Man a-t-elle un hiver merveilleusement doux ; notre mois dur, janvier, y est moins froid qu'à Rhodes, île entre Nil et Bosphore. Cette mansuétude de climat, les petits ports dans la superbe et sauvage falaise, la beauté stérile de sa montagne lui attirent en la saison la moins sombre une foule de baigneurs et de visiteurs. Gardeurs de brebis, pêcheurs de harengs, les Manx ont pour la plupart abandonné leur dialecte celtique, fort corrompu dans la bouche des quelques milliers qui lui sont restés fidèles ; les trois quarts ou les quatre cinquièmes d'entre eux ne parlent plus que l'anglais, et pourtant, en 1600, on n'y savait que le vieil idiome, intermédiaire entre le celtique d'Écosse et le celtique d'Irlande.

Maintenant il n'y a peut-être plus cent personnes ignorant absolument la langue de Londres, et l'on n'y prêche en manx que dans la seule église d'Arbory. La grande ville, Douglas, a 15 000 âmes.

Les îles Normandes sont séparées d'une presqu'île française, le Cotentin (dont elles auraient même fait partie jusqu'au quatorzième siècle), par le raz Blanchard, le passage et l'entrée de la Déroute, détroits où il faut lutter contre des vents furieux, des courants de 16 kilomètres à l'heure, des remous, des bancs et des roches.

Ces îles, au nombre de quatre, sont : Jersey, la plus grande et la plus peuplée, en même temps que la plus proche de France ; Guernesey, bien moindre que Jersey ; Serk et Aurigny, qui ne sont que des îlots. Réunies, elles n'ont pas plus de 19 554 hectares, mais grâce à la pêche, au commerce, au cabotage, à des villas où les étrangers viennent chercher un hiver clément, elles comptent près de 88 000 âmes, soit 450 personnes par kilomètre carré, densité presque urbaine. Pour tous ceux qui peuvent se passer de soleil éclatant, il fait bon vivre sur ces falaises, au vent de la mer, dans un petit paradis de haies verdoyantes. Si l'anglais se parle à Saint-Hélier, capitale, et dans les autres villes, le français, en son vieux dialecte normand, est encore le langage de cette petite Normandie.

Les Sorlingues ou Scilly, îlots et récifs plutôt qu'îles, sont au nombre de 24, dont 5 habitées : il y a là 2000 hommes sur 14 600 hectares. Elles blanchissent au large du cap Land's End ou Finisterre, sur un océan de fracas et de tempête où le vent ne se tait que six jours par année. Heurtebise ou Toutes Aures serait le vrai nom de ces écueils, mais le vent n'y porte que tépidité marine, et jamais froid ou glace ou neige.

Les Hébrides, les Orcades, les Shetland sont des archipels écossais.

Sur le rivage occidental de l'Écosse, les Hébrides, monde rocheux, brumeux, pluvieux, orageux, rappellent la grande et sombre nature des *ben* écossais avec leurs *lochs*, leurs cascades, leurs brouillards, leur tourbe. La plus septentrionale, Lewis, est aussi la plus grande, ayant 194 000 hectares. La volcanique Skye (139 000 hectares), lambeau détaché des monts d'Inverness, porte un *ben* de 975 mètres, le premier de l'archipel, dans les monts Cuchullin, beaux de formes, raides, pointus, fantastiques, presque inaccessibles. Mull (85 600 hectares), presque aussi haute, également volcanique, est voisine du littoral d'Argyle; parmi les îlots de sa dépendance, elle nomme orgueilleusement Staffa, qui ouvre à la mer par un portail de 35 mètres d'élévation sur 16 mètres de largeur, une caverne de basalte, colonnade régulière où jouent la lumière et l'ombre, où le vent gémit, où le flot clapote et murmure, où la tempête s'engouffre éperdument : c'est la grotte de Fingal.

Les Hébrides s'appelèrent jadis Innis Gaël, les îles des Gaëls; elles méritent encore ce nom : nulle part les Celtes écossais n'ont si bien sauvé leur race et leur langue; mais l'anglais commence à les assiéger, il frappe à la porte de leurs écoles, et là aussi la devise : *Tra mor, tra Briton*[1] aura dit un mensonge.

Les Gaëls des Hébrides, bergers, pêcheurs, ma-

Vue de Dublin. (Voy. p. 52.) — Dessin de Weber, d'après une photographie.

rins, chasseurs d'oiseaux de mer, chercheurs de duvet d'eider, sont environ 115 000, sur un peu plus de 8000 kilomètres carrés.

Sur la côte septentrionale de l'Écosse, et tout près d'elle, dans une mer terrible, les Orcades (103 600 hectares), beaucoup moins élevées que les Hébrides, dressent leur maîtresse montagne à 474 mètres. Pomone (55 000 hectares) est plus grande à elle seule que les 75 autres terres de l'archipel, dont 27 habitées.

Elles ne portent que de petits arbres, car, malgré l'entour de la mer, l'influence du Nord y est déjà funeste : sous le 60° degré, latitude essentiellement « russe » ou « sibérienne », il ne faut plus demander l'excès de sève à la nature; néanmoins, la moyenne annuelle y approche de 9 degrés. Cent seize jours seulement y ont de vraies nuits, les deux cent cinquante autres se continuent par de longs crépuscules qui s'achèvent avec les premières lueurs de longues aurores.

1. Aussi longtemps la mer, aussi longtemps le Breton.

Les 30 000 Orcadiens ne sauraient vivre de ce que produit leur sol de grès rouge que couvrent de belles prairies : ils pêchent, ils vont au hareng, à la morue, ils chassent l'oiseau de mer.

A 80 kilomètres au nord-est des Orcades, au sein de flots mauvais, cent et quelques îles, dont 34 habitées, forment l'archipel des Shetland (157 000 hectares), trop souvent cachées par le brouillard au marin qui les cherche ou qui les évite.

Hautes falaises (jusqu'à 300 mètres), monts qui n'atteignent pas 450 mètres, *holms*, *skerries* et *stacks*, c'est-à-dire îlots et récifs, des tourbières, des bruyères, un arbre, un seul, et encore n'a-t-il

Île de Staffa : grotte de Fingal. (Voy. p. 55.) — Dessin de Sorrieu, d'après une photographie.

que 7 à 8 pieds, les Shetland étonnent par leurs rocs sans verdure, leurs grottes où la mer entre en tonnant ; elles attristent par un éternel passage de nuées. Sous un climat de pluie, de vent, avec moyenne de 7 degrés et demi en dépit de la haute latitude, des chevaux à longs poils, grands comme de petits ânes, des moutons, des vaches minuscules paissent l'herbe, drue dans les vallons, ailleurs rare et courte.

Les 31 000 Shetlandais vivent, comme les Orca- diens et les Hébridiens, de la mer autant que de la terre. Ils parlaient autrefois le norvégien, les Or- cadiens aussi, la source de leur sang venant de la Scandinavie : car ils sont les fils des pirates nor- mands qui longtemps foulèrent et pillèrent la Grande-Bretagne. Il y a cent ans, quelques familles orcadiennes savaient encore la langue des ancê- tres, qui commença à décliner après le règne de Charles II, dès qu'une « société pour l'enseigne- ment chrétien » eut ouvert des écoles anglaises.

Scandinavie : forêts malingres, névés sans bornes. (Voy. p. 58.). — Dessin de P. Langlois.

SCANDINAVIE

La Baltique. Le futur Saint-Laurent d'Europe. — La Scandinavie est une presqu'île où vivent deux peuples fédérés, les Suédois et les Norvégiens, qui ont même origine, mais non pas même langue, et n'éprouvent l'un pour l'autre qu'une froide amitié. Ils se sépareront peut-être et n'en sentiront que mieux qu'ils sont frères en Scandinavie.

Trois mers en font une péninsule : à l'ouest, l'Atlantique ; au sud la mer, Danoise, suite de détroits menant de la mer du Nord à la mer Baltique ; à l'est, la Baltique, avec ses skæren[1], granits et gneiss nus et mornes, longues et sombres traînées d'écueils accompagnant fidèlement la côte.

La Baltique, la mer Orientale des Allemands, terminée au nord par le cul-de-sac du golfe de Botnie, sépare cette péninsule de terres aujourd'hui russes ou prussiennes qui roulèrent longtemps dans l'orbite de la Scandinavie : la Finlande, suédoise jusqu'en 1809, et qui l'est encore par la langue de 300 000 Finlandais, l'Esthonie, la Livonie, la Courlande, la Prusse orientale et la Poméranie.

Ce n'est point une cuve profonde, cette mer qui ne redeviendra pas suédoise[1]. Dans son gouffre le

---

[1]. Prononcez *chéren*.

O. RECLUS. LA TERRE A VOL D'OISEAU.

[1]. Profondeur moyenne, 67 mètres.

plus creux, entre l'île de Gotland et Windau, rive de Courlande, elle n'a même pas 250 mètres, moins que le lac de Genève : si mer et lac se vidaient avec une égale vitesse, il resterait encore une centaine de mètres d'eau dans la conque du Léman alors que la Baltique n'aurait plus une seule goutte d'eau salée; elle serait devenue terre ferme avec lacs unis par un fleuve puissant. Elle se réduira quelque jour à ce fleuve, appelé d'avance le Saint-Laurent d'Europe, si durant le cours des siècles rien n'y contrarie le travail des alluvions. A l'heure présente, ce travail est grandement empêché par les lacs sans nombre où s'épurent les rivières suédoises, laponnes, finlandaises, russes et prussiennes; aussi chaque vasque de granit qui se comble dans le cirque dont la Baltique engloutit les eaux avance-t-elle pour la part de dépôts qui lui revenait, l'âge lointain où cette mer deviendra fleuve.

Climat. Monts et neiges. — La Scandinavie a 776 000 kilomètres carrés, près d'une France et demie, avec 6 600 000 habitants, soit moins de 9 personnes par 100 hectares, quand la France, mal peuplée pour son aire, en entretient 71.

D'où vient ici cette extrême indigence en hommes? De la masse des monts, de l'immensité des hauts plateaux, de l'étendue des lacs et marais, et aussi de la dureté du ciel.

Sans doute elle est si longue que de son cap le plus voisin du Pôle à son promontoire le moins éloigné de l'Équateur il y a plus loin que de Londres à Tanger par-dessus toute la France et par-dessus toute l'Espagne, plus loin que de Paris à Laghouat à travers la France, la Méditerranée et la largeur de l'Atlas; mais, située tout au septentrion de l'Europe, elle dépasse au nord, et de beaucoup, le cercle polaire, au delà duquel elle a bien quinze millions et demi d'hectares, tandis qu'au sud elle n'atteint même pas le 55e degré, qui, pour nous Français, semble avoir quelques droits au nom de boréal. On appelle tempérés le climat du pays de Christiania en Norvège et celui de la Gothie ou Suède méridionale; mais, pour les flatter ainsi, il est bon d'oublier qu'il y a sous ce même nom en Europe, sur la Méditerranée, un rivage clair, aromatique, fleuri, véritablement tiède, et qui, certes, est doré par un autre ciel que celui qui fait descendre tant de neige sur les froides forêts de la Scandinavie.

Des montagnes qui lui donnent l'altitude moyenne de 428 mètres en couvrent les deux tiers. Les Alpes toutes ensemble, celles de France, d'Italie, de Suisse, d'Allemagne, d'Autriche, n'ont même pas la moitié de l'aire des monts de Suède et Norvège. Long de 1850 kilomètres, alors qu'il n'y en a pas 1200 de Nice à Vienne en suivant l'arc de cercle décrit par les Alpes, le massif scandinave a 52 500 000 hectares, soit autant que les Alpes, les Pyrénées, les monts français du Centre et les Apennins réunis. Et ce Langfjelde, ce Dovre, ces Kioelen, tout ce monde infini d'escarpements et de bombements, au lieu de se déchirer en pics dans le ciel, s'aplatit en mornes ondulations, en plaines polaires tant elles sont hautes, en espaces nus, forêts malingres, névés sans bornes, glaciers dont quelques-uns, au nord, descendent jusque dans la mer de Norvège. Il y a dans le double royaume de *Norge* et *Sverige* 1 825 000 hectares de neiges éternelles, soixante-cinq fois l'étendue des glaciers du Mont-Blanc, trois fois l'aire d'un département français moyen.

C'est en Norvège que sont les plus nombreux et les plus vastes de ces névés, les premiers en Europe, Islande à part, bien avant ceux de la Suisse ou du Tirol : le premier de tous, celui de Justedalsbrœen, au nord-est de Bergen, couronne un plateau de 90 kilomètres de longueur, porté par les falaises qui bornent au septentrion l'étroit horizon du fiord de Sogne; il a 91 000 hectares; de sa froide et chaste substance il nourrit des glaciers dont quelques-uns descendent fort bas, tel d'entre eux arrivant à ne dominer que de 150 mètres le niveau des fiords, c'est-à-dire celui de la mer elle-même. Plus près de Bergen que le Justedalsbrœen, au sud-est de cette ville, le Folkefonnen ou Folge-Fonden, serré sur sa montagne par les tentacules du fiord de Hardanger, s'épanche en un blanc désert de 28 000 hectares, à 1400-1500 mètres d'altitude. Au nord du pays, le Grand Borgefield a sur l'épaule un névé de 38 000 hectares; et plus loin, sous le cercle polaire, le névé de Svartis ou Neige Noire, à 1000-1250 mètres, couvre 70 000 hectares, sur 65 kilomètres de longueur.

De l'est à l'ouest, ou, plus exactement, du sud-est au nord-ouest, la Scandinavie s'élève insensiblement, pour plonger ensuite tout d'un coup sur l'Océan, si bien qu'on a comparé cette rude presqu'île à une vague colossale qui se serait durcie au moment de briser sa volute : la montée de la vague c'est la Suède, sa crête et sa retombée la Norvège.

Aucun des sommets qui se lèvent sur la triste étendue des *viddené* ou espaces, des *hedé* ou bruyères, des *fjeldené* ou névés, des *braé* ou glaciers, n'a 4000 à 5000 mètres comme les Alpes, ou seulement 3000. Le premier de tous, l'Ymesfjeld ou Galdhöppigen, dans les monts des Géants (Jotunfjelde), a 2560 mètres ; le Snehœtten, dans les Dofrines (Dovre), 2322 ; le Sultijelma, dans les Kjœlen ou monts du Nord, 1880 : celui-ci au nord du cercle polaire, chez les Lapons traînés par les rennes.

Fiords, rivières, lacs et cascades. — Des rivières bien plus grandes qu'on ne l'attendrait de la brièveté de leur cours et de l'étroitesse de leur bassin, des *elf* comme on dit en Suède, des *elv* comme on dit en Norvège, torrents souvent noircis par la tourbe ou teintés de rouge par le fer, emportent à la mer le tribut des névés, des glaciers, des lacs. Fleuves calmes et mous ou elf impérieux coulent à l'est jusqu'à la mer Baltique, au sud jusqu'à

Le Folkefonnen. (Voy. p. 58.) — Dessin de J.-D. Woodward.

la mer danoise, à l'ouest jusqu'aux fiords de Norvège, golfes qui s'avancent au loin dans la montagne.

Les fiords sont le triomphe de la sauvage nature du Nord. A leur entrée, ils ont la mer vivante avec son flux, son reflux, son calme, sa brusquerie, ses tempêtes ; à leur extrémité, quand ils se terminent par un seul canal, ou à leurs diverses fins quand ils s'achèvent par plus d'un sous-fiord, ils ont la mer figée des glaces, car ces solennelles fissures s'ouvrent entre des monts de 1000, 1200 et même 1600 mètres (au fiord de Hardanger), et ces monts ne s'élèvent pas toujours tellement droit qu'ils n'offrent çà et là un lit aux glaciers, des aspérités pour la neige.

Des névés, des glaces, tombent des cascades de plusieurs centaines de pieds, parfois de plusieurs centaines de mètres ; elles s'écroulent sur des flots lugubres, qui souvent ont plus de profondeur que la cataracte n'a de précipice, puisque dans tel fiord il y a 800 mètres du niveau de l'eau au dernier fond de l'abîme : la sonde ne s'est même arrêtée qu'à 1244 mètres dans le fiord de Sogne. Ces estuaires sont si nombreux, quelques-uns pénètrent tellement, et en tant de branches, dans l'intérieur du pays, que le littoral de Norvège a peut-être 20 000 kilomètres de développement, chenaux des îles compris, au lieu des 1900 que lui donnerait la simple ligne de la côte.

Parmi ces anfractuosités dont le soleil de midi

Le fiord de Bukke. — Dessin de G. Doré.

ne disperse pas toutes les ombres, on doit nommer le fiord de Bukke et celui de Lysel, tous les deux près de Stavanger dans la Norvège méridionale : longs étranglements entre des falaises de 1000 mètres de haut, la profondeur de leurs eaux égale ou dépasse la largeur de leurs défilés.

Les rivières scandinaves, surtout les suédoises, aiment à se reposer dans les lacs, dont beaucoup sont fort beaux et quelques-uns très grands. Le Wenern (623 800 hectares) reçoit le beau Klar-elf; 4 654 000 hectares de la terre suédoise ou norvégienne lui envoient leur tribut, soit 500 000 hec-

Le Riukanfos. (Voy. p. 62.) — Dessin de G. Doré.

tares de plus que la Suisse ; égal à plus de dix lacs de Genève, mais quatre fois moins profond, son Rhône est la Gœta, fleuve roulant en moyenne 525 mètres cubes par seconde. Le Wettern (196 400 hectares), profond de 126 mètres, remplit d'eau toujours pure la belle Motala, la rivière des usines du « Manchester scandinave », Norrkœping. Le Mœlaren (168 600 hectares) a 59 mètres de creux ; c'est le lac de Stockholm, 2 181 000 hectares s'y déversent. En Norvège le Miœsen est sans rival : long de 99 kilomètres, grand de 36 400 hectares, profond de 451 mètres, il descend à 330 mètres au-dessous des mers ; son déversoir court au Glommen. On estime l'aire des lacs suédois à 3 697 200 hectares, celle des lacs norvégiens à 1 020 900 — en tout 4 718 100 hectares, environ le seizième de la Scandinavie.

Ces rivières qui meurent si volontiers dans l'immobilité des Lémans sont, de lac à lac, ou de lac à mer, des torrents bruyants, colériques, avec des cascades terribles. En Suède, le bond de Niommelsaskas, sur le Luleå[1], a 80 mètres ; celui d'Elf-Karleby, sur le Dal, qui entre près de là dans la mer, 15 mètres, avec une grande puissance de flots, le Dal étant un des maîtres courants de la Scandinavie. Le Trollhœtta saute de 33 mètres, en trois fois, et le fleuve qui s'y déchire est la grande Gœta.

Les cascades norvégiennes l'emportent sur les suédoises : ici, c'est une écharpe de 2000 pieds qui flotte avec les vents, et le torrent, fils des neiges, qui semble venir du ciel, tombe en poussière de pluie sur les roches d'un cirque, les eaux d'un lac, les vagues d'un fiord ; là une rivière s'abîme dans un gouffre tel, qu'on n'y descend qu'au péril de sa vie pour sentir d'en bas son néant, au pied du sauvage tumulte qui semble un écroulement de la nature : c'est ce qui arrive au Maan, quand il s'abat de 245 mètres, par le Riukanfos[2], dans sa course entre le lac de Mjos et le lac encaissé de Tyn ; à la rivière Tysso, qui, dans sa route scabreuse vers le fiord de Hardanger, se jette de 160 mètres par le Tyssostrengene et le Ringedalsfos ; à la Biœreia, sous-affluent de ce même fiord de Hardanger ; sa chute, le fameux Vœringfos, a 144 mètres. Ailleurs enfin, l'eau ne s'abandonne au vide que pour quelques mètres et retrouve aussitôt sa prison de rochers, mais alors c'est parfois un Rhin qui tombe, car tel courant norvégien, bref de cours, humble de bassin, pauvre de bourgades, roule des flots très abondants grâce aux plateaux neigeux, et en toute saison grâce aux lacs. Parmi ces dernières cascades (ce ne sont pas les moins belles), celle de Sarpsfos casse le Glommen : elle a 21 mètres de plonge, et le fleuve de 567 kilomètres de longueur qui s'y broie, le premier de tous en Scandinavie, verse en moyenne 800 mètres cubes d'eau par seconde, 125 durant le bas étiage, au fort de l'hiver, et 4000 en grande crue.

Si l'on met de côté quelques vallées de la Norvège méridionale et la Suède du midi où le sol a de la bonté, le ciel de la clémence, presque tout ce qui dans les deux pays n'est ni neige, ni glace, ni lac, ni marais, ni tourbe, ni vide et vague plateau, ni paroi, ni précipice, appartient au Skog, à la grande forêt, ou du moins à ce qui fut sylvestre et souvent ne l'est plus : avidement, insolemment, les Scandinaves coupent au pied leurs bois, sans souci de l'avenir qui les châtiera dans leurs descendance ; il faut cent ans à leur froid soleil pour tirer de leur sol dur des arbres pareils à ceux qu'ils abattent en une heure. Cette beauté deviendra laideur, cette richesse pauvreté.

Les cascades sont les complices de cette œuvre grossière. Au bord ou près du gouffre des cataractes, au Trollhœta, au Sarpsfos, en cent autres lieux, d'énormes usines, des clos de planches, des baraquements étagés, des hangars suspendus retentissent du grincement des scies, dans l'écume d'un torrent qui rugirait avec la chute elle-même si l'homme du Nord ne l'avait détournée du chemin de l'abîme, au-dessus des premiers bouillonnements de l'elf ou de l'elv. Et dans ces scieries entrent des arbres sans nombre qui vont devenir bloc, poutre, planche et poussière de bois. Ainsi les cascades sont diminuées par les emprunts d'eau, enlaidies par les murs, les cloisons de bois et les mécaniques, profanées par le tracas de l'homme, et la force aveugle qu'on leur dérobe hâte injurieusement la mort des forêts.

Suède et Suédois. — En Suède, sur 45 millions d'hectares, demeurent 4 604 000 habitants, soit 10 personnes par kilomètre carré. Ce peuple augmente, il croîtrait bien plus vite sans une émigration insensée vers les États-Unis : ainsi la seule année 1882 a vu partir une soixantaine de mille hommes ; c'est comme si 500 000 personnes quittaient la France en douze mois, presque tous pour l'Amérique du Nord. Quand ces Suédois disent adieu à leur Suède bien-aimée, quand abandonnant

---

1. Prononcez Luléo.
2. *Fos*, en danois, veut dire cascade. Un mot danois peut d'autant mieux désigner une chose norvégienne, que la Norvège a le danois pour langue officielle et langue littéraire.

une patrie digne de retenir tous ses enfants, une terre heureuse où règne la paix sociale, où sonne une langue fière, ils s'en vont se perdre au pays des passions politiques, des partis avides et injustes, de l'or adoré comme le seul dieu, parmi la foule infinie des cosmopolites promis à la langue étranglée[1], au moins choisissent-ils presque tous la région des États-Unis qui ressemble le plus à la Scandinavie par ses lacs, ses forêts, ses hivers très froids, ses nuits glacées avec de merveilleux scintillements d'étoiles : ils vont vivre dans le Michigan, le Wisconsin, le Minnesota, qui se baignent dans la mer sans sel et sans marée d'où s'épanchent le fleuve sans boue, le Niagara, plus bas, le Saint-Laurent. D'autres en moins bien grand nombre, accompagnés de Danois, de Norvégiens, vont s'établir en ces mêmes États-Unis, dans une contrée froide aussi : par son altitude, et non par ses latitudes, qui sont italiennes ; convertis en Scandinavie par des missionnaires mormons, ils partent pour la Mormonie, pour le haut plateau d'Utah. Parmi les peuples d'Europe, la nation bilingue de la sévère presqu'île est avec la nation danoise celle qui fournit le plus de prosélytes à la religion des modernes polygames.

Les forêts vraiment forêts occupent près de 17 millions 1/2 d'hectares, les lacs plus de 5 millions 1/2, les prairies 2 700 000, les jardins et les cultures 1 500 000 ; il en reste environ 20 millions à la nudité, à la brande, à la mousse marécageuse, aux mauvais bois, aux arbres épars.

Arbres à fruits, jardins, champs et prés font l'aisance de la Suède péninsulaire comprise entre le Skager-Rak, le Kattegat, le Sund, la Baltique et une ligne qu'on mènerait de Christiania à Stockholm ; le soleil plus fort, la pluie moins rare, la tépidité de la mer, les grandes nappes d'eau douce, réservoirs de chaleur et d'humidité, donnent au Midi suédois l'aspect de nos campagnes de l'Occident, lacs à part, et les hommes s'y pressent par endroits autant qu'en France. Mais au delà de Stockholm se fait le demi-désert, puis le désert, à mesure qu'avançant vers le septentrion, riche de ses mines de fer, on passe les fleuves Dal, Liusnœ, Liungan, Indals, Angerman, Umeå, Skellefteå, Piteå, Luleå, Kalix, Torneå[2], elf de 150, de 200, de 250 mètres cubes par seconde qui sont torrents, puis lacs, puis torrents encore, puis lacs, et toujours ainsi. Sur leurs roches compactes qui n'absorbent pas l'eau, sous leurs cieux froids qui ne l'attirent pas en vapeurs, et régularisés par de vastes réservoirs, ils

[1]. La langue anglaise.
[2]. L'å suédois se prononce o : Torneo.

seraient plus grands s'il pleuvait beaucoup en Suède, mais il n'y tombe annuellement que de 400 millimètres (au nord) à un peu plus de 700 (au sud).

Les Suédois, blonds, de haute taille, parlent une langue alliée à l'allemand, le suédois, qui serait bien le plus beau des idiomes germaniques si la lointaine et marâtre Islande n'avait pas gardé son vieux norse ; la langue suédoise réunit la mâle sonorité, la force, la richesse, la plasticité, la puissance poétique. Hors de la Suède elle se parle aussi sur le littoral de Finlande : rattachée encore à cette ancienne colonie par les souvenirs de l'histoire et la résistance du langage qu'elle y avait importé, la Suède lui est aussi réunie en hiver par un lien matériel ; parfois la mer peu profonde et peu salée qui sépare les deux pays, la Baltique, gèle d'un bord à l'autre, d'une glace tellement forte qu'elle porte pendant des mois les convois, les traîneaux, de la Suède aux archipels russes d'Åland et d'Åbo, et de là jusqu'à la côte qui relève du tsar de toutes les Russies.

Le luthéranisme, secte protestante, règne presque exclusivement en Suède.

Une seule ville suédoise a plus de 100 000 habitants, c'est Stockholm, la capitale, cité de 195 000 âmes. Comme Venise, Stockholm est une ville des eaux ; il lui manque le soleil du Sud, les fameux monuments, le renom poétique, les souvenirs d'une histoire brillante, la mélancolie d'une gloire perdue, mais elle ne repose pas comme la reine de l'Adriatique sur de plates lagunes, dans le sable, sur des canaux mal odorants devant une côte basse, elle se mire devant les forêts, dans le pur Mœlaren, qui a treize cents îles.

Gœteborg (82 000 hab.), port animé, sur le Kattegat, tire son nom du bras de la Gœta dont elle borde l'embouchure en mer.

Upsala (18 000 hab.) et Lund (14 000 âmes) sont les deux villes universitaires.

Norvège et Norvégiens. — Viddené, Hédé, fiords, abîmes, forêts de frênes, de pins, de sapins et d'épicéas, la Norvège a près de 32 millions d'hectares, avec 2 millions d'âmes à peine, soit un peu plus de 6 personnes sur 100 hectares : presque rien. Les villes y sont très rares, et l'on fait souvent de longues lieues avant de rencontrer les maisons de bois qui, suivant leur nombre, composent les villages, les bourgs et les cités où réside le peuple norvégien. 6 400 000 hectares de bois singulièrement mêlés de rochers, d'étangs, de clairières, des hautes pâtures, 1 200 000 hectares de prés, 400 000 de champs labourables, tous les ans accrus de 3000 aux dépens des prairies, un peu plus d'un million d'hectares de lacs, tout le reste pierre, neige et solitude, voilà le peu dont dispose la nation norvégienne; mais la mer, qui se brise sur des écueils sans nombre, est à ses portes, et les fiords sont partout, fiords et mer infiniment rayés de poissons : aussi parmi les 2 millions de Norvégiens y en a-t-il 1 200 000 au bord de l'Océan, tant sur la côte même qu'à la rive des estuaires et dans les îles.

A altitudes égales sous les mêmes latitudes, la Norvège est plus douce de climat que la Suède, ce qu'elle doit à des pluies deux à trois fois plus drues chez le Norvégien que chez le Suédois : en moyenne annuelle il y tombe de 500 millimètres (dans le Sud) à 2500 (dans le Nord); mais les deux extrêmes s'écartent plus que cela : 354 millimètres sur certains plateaux fermés de l'intérieur, 2755 sur certains fiords et sous-fiords au pied du Justedalsbrœen. 7°,4 est la température moyenne de Lyster, l'endroit le plus chaud du pays, tout au sud.

En 1665, la Norvège n'avait encore que 480 000 Norvégiens; en 1769 elle en comptait 730 000; 885 000 au commencement du siècle; elle a donc plus que

Le lac Mœlaren. (Voy. p. 62.) — Dessin de J.-D. Woodward.

doublé en quatre-vingts ans, cependant l'émigration la décime : en deux années ce tout petit peuple vient d'embarquer 55 000 hommes pour les États-Unis.

Associés depuis 1815 à la Suède, après l'avoir été pendant de nombreux siècles au Danemark, les fils de la libre Norge, de la très marinière Norvège, sont de stature élevée, presque tous avec yeux bleus et cheveux blonds. Comme leurs frères danois ils ont longtemps couru le monde, en aventuriers, sur des barques hardies, écumant les mers, pillant surtout les côtes et la rive des fleuves pour « guaiguer », comme ils disaient dans le français d'alors, devenu la langue de leur bande la plus heureuse, celle qui « guaigna » la Normandie, l'Angleterre et la Sicile. Une autre bande trouva l'Islande, puis découvrit l'Amérique avant Colomb, et c'est par hasard que, chassée du Vinland, elle n'y créa point une Norvège qui aurait grandi à l'infini devant elle, comme aujourd'hui les États-Unis, nés sur ce même Vinland. Maintenant la terre des Normands, repliée sur elle-même, n'envoie plus ses braves à la conquête du monde; elle couvre la mer de matelots, elle exporte en tous pays ses bois et les bois de la Suède; elle remplit, pour sa part de colons, les régions froides du Grand-Ouest américain, Michigan, Wisconsin, Minnesota, exactement comme font les Suédois.

Ils professent le luthéranisme. Leur langue écrite, celle qu'on parle dans les assemblées et dans les salons, est le moins « franc » des idiomes scandinaves, le danois : ce qui tient à la longue maîtrise du Danemark sur la Norvège.

Mais à côté du danois des livres, des journaux, des réunions, vivent encore une infinité de dialectes, peu différents les uns des autres, tous étant des fils légitimes de l'antique langue norse.

La Norvège n'a pas une seule ville de cent mille âmes. Christiania (107 000 hab.), la capitale, le grand port, occupe l'extrémité d'un fiord allongé, dans la meilleure partie du pays, dans le Sud, près du plus grand fleuve, le Glommen, et du plus beau lac, le Mjœssen. On dit ce fiord adorable.

Laponie. Lapons. — Au nord de la Suède, de la Norvège, et aussi de la Finlande, la Laponie renferme des Scandinaves de plus en plus nombreux et des Lapons, hommes d'origine finnoise, disent certains savants; d'origine mongole, disent certains autres;

Types et costumes de la Laponie. — Dessin de Lix, d'après une photographie.

en tout cas ils parlent une langue finnoise ayant une parenté visible avec celle des Mordves de la Russie. Sur un territoire de 20 millions d'hectares, leur nombre dépasse à peine une trentaine de mille.

Nation olivâtre, à cheveux noirs, à barbe rare, à saillantes pommettes, à petits yeux blessés par l'éclat de la neige et rougis par l'âcreté de la fumée, les Lapons, gens malpropres, ont passé longtemps pour la race la plus petite; cependant, s'il y a chez eux beaucoup d'hommes de quatre pieds et demi, ceux de cinq pieds et plus ne sont pas très rares.

Les uns pêchent dans le fiord, dans le lac, dans le torrent; les autres vivent avec leurs rennes, espèce de cerfs, parmi des forêts longtemps ensevelies chaque année jusqu'à mi-fût dans la neige; le bouleau, l'aune, le genévrier, le saule, composent ces tristes bois mêlés de lichens jaunes ou rougeâtres et de tourbières.

Misérable vie que celle de ces enfants rabougris du Nord, aux prises avec la neige en hiver et le moustique en été. Quand la saison plus tiède a dégagé les torrents, descellé les lacs, rendu les cascades à leur frénésie et fondu la dalle de glace des marais, les « cousins » et autres dards ailés bourdonnent par millions de millions sur la tourbe desséchée ; le Lapon se barbouille alors la figure de graisse ou fuit avec son armée de rennes vers d'autres champs de mousse, nourriture du troupeau : c'est toute une émigration ; une famille ne vit bien qu'avec des centaines de rennes, tel homme riche en a plus de deux mille.

Le Lapon n'erre pas seulement en Scandinavie, à côté de Norvégiens et Suédois, on le rencontre aussi en Russie, à l'ouest de la mer Blanche, mêlé aux Finlandais, aux Scandinaves, aux Slaves. Partout il passe insensiblement de l'état nomade à l'état sédentaire, partout il recule devant les races plus fortes qui viennent lui disputer ses poissons, ses lambeaux de prairie jusque sous les longues ténèbres de la nuit boréale ; mais s'ils se replient ou s'absorbent, ils ne disparaissent point, ils augmentent même : à la fin du siècle dernier, il n'y en avait pas 10 000, tandis qu'aujourd'hui, Lapons et gens de sang mêlé, ils dépassent 30 000 âmes.

Ils donnent à leur patrie le nom de Samé-Ednam, celui de Samegierl à leur langue, et eux-mêmes s'appellent Sameladz, au singulier Samé. Ce petit peuple errait jadis sur la péninsule scandinave, la Finlande, le Danemark, et jusque sur le nord de l'Allemagne.

Iles : Œland, Gœtland, le Skiærgaard. — De la Suède relèvent Œland et Gœtland ; de la Norvège, le Skiærgaard[1].

Œland (134 500 hectares), dans la Baltique, en face et très près de Calmar, vit de sa mer autant que de sa terre calcaire peu fertile ; très étroite, mais longue de 150 kilomètres, elle porte environ 45 000 hommes.

Gœtland (313 900 hectares), plus éloignée en mer, monte à 80 kilomètres de la côte, mais monte peu : à 60 mètres au plus. Calcaire, ainsi qu'Œland, 55 000 personnes y vivent sur une terre nue qui fut le piédestal d'une immense forêt ; les bois couvraient toute l'île, ils y appelaient les vapeurs de la pluie, ils y envoyaient à de petits lacs plus de ruisseaux que ces lacs n'en reçoivent aujourd'hui. La capitale, qui a nom Wisby, est une ville d'antique apparence.

Le Skiærgaard (2 190 000 hectares) est le monde confus, montagneux, rugueux, pluvieux, grandiose, qui sert de brise-lames à la Norvège occidentale depuis le Skager Rak, mer tiède, jusqu'au Cap Nord, battu de flots froids : dédale d'îles, réseau de fiords, courants et contre-courants, maëlstroms (si l'on doit donner ce nom général aux luttes retentissantes de la roche et du flot). Des pics dont le plus haut s'élance à 1300 mètres, des arêtes à lame de couteau prodigieusement étroites, des prairies se partagent ce labyrinthe ; sur la moindre crique il y a des hameaux de pêcheurs et de marins ; 250 000 hommes, le huitième des Norvégiens, vivent dans le Skiærgaard ; 1160 îles sont habitées.

Les Lofoten (582 000 hectares, 35 000 habitants), principale réunion d'îles, îlots et récifs de tout le Skiærgaard, en possèdent le plus haut mont, sur Hindœ (223 800 hectares), la terre majeure de cette digue si forte, quoique si brisée. Malgré l'étroitesse des chenaux faute desquels elles deviendraient terre ferme, il n'y a pas cent ans qu'elles sont entrées dans le « concert européen » ; lors des grandes tueries de la République et de l'Empire, leurs habitants, dit-on, usaient encore de l'arc, eux les voisins de tant de nations instruites depuis trois ou quatre siècles dans les « nobles » arts de la poudre et du canon.

Spitzberg et Terre de François-Joseph. — Des fiords lapons de Scandinavie et de Russie, on arrive en gouvernant vers le Pôle à l'archipel sans arbres, sans verdure, sans rus, sans fontaines, sans habitants, sans maîtres. Cet archipel est le Spitzberg, ce qui veut dire le Mont Pointu.

Il doit ce nom hollandais à ses pics aigus, dont les plus hauts ne semblent pas dépasser 1500 mètres. Gneiss, granits, calcaires, roches volcaniques, ces pics pointent, sombres, noirs, sur la blancheur des névés ; de grands, d'immenses glaciers, partant de ces névés, descendent à la côte et tombent bloc à bloc, de tout leur poids, dans la mer dont la tiédeur ronge au pied les caps qu'ils plongent dans les flots. De leur lourde dalle ils couvrent des vallées que nous ne connaîtrons jamais : au-dessus de 400, 500, 600 mètres, suivant les lieux, le sol n'est visible en aucune saison de l'année ; le soleil d'un jour de quatre mois brise en vain ses rayons sur les mers de glace, il les éclaire, il les chauffe et les mouille, il les anime d'un bruit de gouttelettes, même il y évoque des cascades, mais il ne fond pas tout ce compact hiver. Comment le ferait-il entre le 76° et le 80° degré de latitude, à 1000-1500 kilomètres du Pôle, sous un climat d'une moyenne annuelle de — 8 à — 9°, là où juin, juillet même, dispensent quelquefois la glace, puisqu'on a vu le

---

1. Prononcez Chergord.

mercure y approcher alors de — 10°. Et jamais on ne l'a vu monter à + 16°!

Les Hollandais abordèrent les premiers dans ces îles, archipel qu'on présume grand de 6 500 000 hectares. La mer qui l'entoure pullulait à cette époque de baleines, fort diminuées depuis par le harpon des pêcheurs; elle grouillait de phoques, de morses à la dent cruelle, tellement massacrés qu'il n'en est guère plus; aujourd'hui, ce sont les Norvégiens et les Russes, plus que les Néerlandais, les Anglais ou les Allemands, qui viennent poursuivre le veau marin dans les parages du Spitzberg.

L'ours blanc, le renne, qui trouve ici des mousses, le renard polaire, le lièvre que n'effarouche aucun chasseur, ce sont là tous les habitants du « Mont Pointu ».

Le cap Nord. (Voy. p. 66.) — Dessin de A. de Neuville.

On ne croit pas qu'il y ait de terre émergée au nord du Spitzberg, en allant vers le Pôle tant désiré, parce qu'on ne l'a pas vu, que peut-être on ne le verra pas; mais au nord-est, à plusieurs centaines de kilomètres, la Terre de François-Joseph, récemment découverte, domine de ses basaltes, de ses monts dont l'un se dresse à 1530 mètres[1], un océan tout à fait glacial, au nord du 80° degré. Sauf le renne, qui leur manque, les îles et les mers de François-Joseph ont les animaux spitzbergiens, le renard polaire, le lièvre, l'ours blanc, le phoque; et aussi, sur les roches littorales, comme au Spitzberg, dans le Skiærgaard, aux Orcades, aux Shetland, des millions d'oiseaux marins, pondant et couvant; chaque espèce croasse en troupe serrée sur son gradin; les mâles, à grands coups d'ailes, criant d'enthousiasme ou de colère, plongent pour pêcher le dîner des couveuses.

1. Le Richthofen

Côte septentrionale de Bornholm. (Voy. p. 69.) — Dessin de F. Sorrieu, d'après une photographie.

DANEMARK

Au sud de la Suède et de la Norvège, le Danemark, pays scandinave aussi, compte 1 969 000 habitants sur 3 843 100 hectares : soit 51 personnes au kilomètre carré.

Il se compose : pour un tiers, d'îles assez fertiles ; et pour deux tiers, d'une péninsule effilée, moins féconde que les îles.

Iles Danoises. — Sjœlland, roche crayeuse, approche de 700 000 hectares. Cœur du Danemark dont elle porte la capitale, cette île, fortement échancrée au nord par l'Isefiord, donne sur le Sund ou Œresund, bras de mer unissant le Kattégat, autrement dit la mer du Nord, à la Baltique : ce passage, séparant le Danemark de la Norvège, n'a que 4100 mètres au point le plus étroit, devant Helsingor, que les Français nomment Elseneur, et sa profondeur est faible ; si l'eau salée baissait de 20 mètres, d'île danoise, Sjœlland deviendrait terre suédoise. Aucun de ses coteaux ne dépasse beaucoup 100 mètres ; elle a de belles forêts de hêtres, des vallons gracieux, des gazons verts, des châteaux, des villas, et de superbes vues sur la mer, l'archipel danois et la Suède. Moën, Falster et Laaland, îles maintenant indépendantes, faisaient jadis partie de Sjœlland.

Moën (24 000 hectares), lieu de repos et de villégiature, belle de ses falaises, montre avec orgueil des collines de 150 mètres qui, pour les Danois, hommes de plat pays, sont comme un Himalaya. Falster (55 500 hectares) est une île basse. Laaland, terre sans relief, a 119 200 hectares.

Loin de ces quatre îles issues d'une seule, à l'est, entre la pointe de la Suède et le littoral raide et droit de la Poméranie, Bornholm eut bien plus de 60 000 hectares, son aire actuelle, mais le flot l'a rongée et l'on voit encore auprès d'elle, sous l'onde, quelques restes de sa roche et de ses forêts. Bois et bruyères sur grès, schiste et granit, c'est une terre régulière, en parallélogramme.

A l'ouest, au contraire, et tout près, de l'autre côté du Grand Belt, Fyen (300 500 hectares), en français la Fionie, fit corps avec la péninsule danoise, le Jylland, que nous appelons Jutland ; elle en est séparée aujourd'hui, mais par un détroit encombré de bancs de sable, le Petit Belt, qui n'a que 640 mètres de largeur au travers le moins ample ; coteaux aimables, prairies, bois de hêtres, cette île est charmante. Langeland (28 400 hectares), Taasinge, Arœ, lui font cortège, qui ne furent qu'une seule et même terre avec elle.

Jylland ou Jutland ; Schleswig-Holstein. —

Le Jylland, grand d'environ 2 500 000 hectares, termine au nord la presqu'île germano-danoise, l'antique Chersonèse Cimbrique. Le midi de cette péninsule, le Schleswig-Holstein, pays qui récemment encore dépendait du Danemark, relève à présent de la Prusse depuis une annexion qui a ramené à l'Allemagne, en même temps que des « frères parlant allemand », plus de cent cinquante mille hommes[1] ne parlant que danois. En saisissant brusquement ce « pays enlacé par la mer », ce « haut boulevard des mœurs allemandes », — ainsi parle un chant fameux, — la Prusse a comme supprimé la presqu'île qui séparait son littoral baltique de ses côtes de la mer du Nord, car le Schleswig-Holstein, bas et profondément indenté par ses deux mers, offre un passage facile à des canaux de grande navigation. Avant d'être soudainement diminué par la violence des hommes, le Danemark l'était insensiblement par la furie de la mer : en six cents et quelques années, de l'an 1240 à nos jours, la vague lui a ravi, le Schleswig-Holstein compris, plus de 300 000 hectares de sol.

Le Jutland a des fiords comme la Norvège, le fiord de Lym par exemple, grand de 116 900 hectares, qui, d'expansion en expansion, va de la mer du Nord au Cattégat. Mais ces fiords n'ont du fiord que le nom, il leur manque la mer, les escarpements, la montagne, le névé, les glaciers, les cascades ; ce sont des étangs pareils à ceux des Landes Gasconnes, derrière un littoral droit, arène et dunes qu'on a fixées par des pins ; c'est comme un Marensin semblable au nôtre, devant des landes peu différentes de nos Grandes Landes. Le Jylland fertile est à l'orient, au-dessus du Kattégat et du Belt, dans les collines de craie, aux lieux où se dressent l'Eiersbavsnehoï (180 mètres) et l'Himmelbierg ou mont du Ciel (172 mètres) : ce sont les « géants » du Danemark, terre si peu surgissante que son altitude moyenne ne dépasse pas 35 mètres.

Les Danois. —

De la presqu'île jyllandaise, et spécialement des terres basses du Schleswig méridional, partirent les Angles dont le nom devint celui de l'Angleterre et des Anglais, bien que l'immense majorité des gens d'Albion descende certainement d'autres pères et d'autres mères que ceux que put fournir une poignée d'aventuriers : ainsi nous nous appelons Français, et nous ne sommes point les fils des quelques milliers de Francs qui saccagèrent la Gaule romaine. Quant aux Saxons, qui contribuèrent aussi à la nation anglaise, proches voisins des Angles, ils habitaient sur l'Elbe inférieure ; leur nom sert maintenant à désigner l'ensemble de tous les peuples qui doivent leur existence à la furie de commerce des insulaires de la Grande-Bretagne, puisqu'on appelle faussement Anglo-Saxons, ou simplement Saxons, les hommes de langue anglaise qui ont pris possession d'une partie de l'univers.

Les Danois sont des Scandinaves mêlés jadis avec les Finnois et les Celtes qu'ils purent rencontrer dans les îles et le Jylland, puis mélangés d'éléments saxons, frisons, hollandais. Ils ressemblent aux autres Scandinaves par l'énergie calme, par la probité, l'amour de la famille, le goût de l'étude, le penchant aux idées mystiques. Très patriotes, ils cherchent le salut de leur petit pays, si menacé, dans une union serrée avec leurs frères de Norvège et de Suède.

Leur langue, moins belle et sonore que le suédois, mais honorée par une forte littérature, est aussi l'idiome politique, littéraire, social, des 2 millions de Norvégiens, le parler national des 150 000 Danois du Schleswig septentrional, arrachés par la Prusse à la patrie malgré tous leurs vœux, celui des 11 000 insulaires des Fœrœer, enfin le langage d'une dizaine de milliers de Blancs et de métis d'Esquimaux sur les côtes du Groenland. Il y a donc dans le monde environ 4 millions d'hommes

---
[1]. Les Allemands disent 140 000 à 150 000, et les Danois 200 000.

ayant le danois pour langue maternelle ou pour langue littéraire : avec les 4 900 000 Suédois de la Suède et de la Finlande et les 72 000 Islandais, cela fait un peu moins de 9 millions de Scandinaves, sans compter ceux de l'Amérique du Nord.

Ils sont fort nombreux dans le septentrion du Nouveau Monde, ces fils des Goths qui découvrirent les premiers l'Amérique. Le recensement des États-Unis en 1881 y a reconnu 194 000 Suédois, 182 000 Norvégiens, 64 000 Danois : soit 440 000 Scandinaves du dernier ban de l'immigration, car ces foules ne comprennent pas les fils et petits-fils de colons nés sur le sol des Yankees ; et pendant les trois années qui ont suivi ce dénombrement, il en est encore arrivé 258 000. On ne peut les évaluer à moins d'un grand million, avec 700 églises, une infinité d'écoles primaires, 5 séminaires, 6 synodes ou grands conseils presbytéraux, et 20 ou 25 journaux en langues de « Gothie ».

Mais aux États-Unis et au Canada, dans ces pays de l'anéantissement, où sauf les Canadiens Français toutes les nations sont broyées comme du verre, ils ne renouvelleront pas l'antique et rustique Scandinavie. Ils laisseront d'eux des noms de famille tordus, défigurés par les bouches anglaises, et quelques noms de bourgades : *Verba et voces !* Reste-t-il d'eux autre chose dans la Normandie ? Darnetal, près de Rouen, c'est le « Val Danois » ; Dieppe, c'est la « Rivière profonde » ; Carquebut, c'est le « Bourg de l'Église », etc., etc. Cent cinquante noms lieux de sont visiblement danois dans ce pays conquis, puis gardé par les vieux Normands. Et c'est tout !

La capitale du Danemark, Kiœbenhavn, par nous nommée Copenhague, a 235 000 habitants, 275 000 avec Frederiksborg et autres faubourgs. Ville disproportionnée, puisqu'elle renferme plus du huitième des Danois : comme si Paris avait 5 millions d'âmes. Elle borde le Sund, en vue de la Suède, presque en face de Malmœ, ville suédoise.

Islande, Snœland, Hraunland. — A quinze cents ou deux mille kilomètres de Copenhague, une quatrième nation scandinave, dépendant du Danemark, vit isolée, sous un climat rebelle, dans une île voisine du Cercle polaire, entre l'Europe et l'Amérique, au sein d'une mer où se rencontrent le flot de l'Atlantique et celui de l'Océan glacial : mer où les Français font la grande pêche ; ils y envoient par an, surtout de Dunkerque et de la Bretagne, 250 navires avec 4500 hommes d'équipage ; c'est pour nous une autre Terre-Neuve.

L'Islande est deux ou trois fois plus rapprochée des côtes gelées du Groenland (Amérique) que des fiords brumeux de l'Écosse, mais cette île continue en réalité la Grande-Bretagne, et par conséquent l'Europe, portée qu'elle est sous mer par le même piédestal de roches.

De Copenhague à l'Islande, les navires touchent aux Fœrœer (133 500 hectares), archipel danois où le Slattaretindur atteint 840 mètres. Ces îles volcaniques, aux basaltes superbes, ne voient l'orge, leur seule céréale, mûrir qu'une fois sur trois ; toutefois, les lacs n'y gèlent point : la mer, fort tiède pour être si loin de l'Équateur, si près du Pôle, adoucit tellement leur climat que la moyenne de l'hiver y est à peine plus rude qu'à Constantinople, quoique la ville du Sultan sublime soit moins au nord du 40º degré que les Fœrœer au nord du 60º. Ce qui leur fait faute, ce sont des chaleurs brillantes sur des vallées sans brouillards. Peuplées de 11 200 habitants de langue danoise, elles ont pour capitale la triste Thorshavn, qui a 313 jours pluvieux ou nuageux par année.

L'Islande (10 241 700 hectares) porte un nom scandinave qui veut dire Pays des Glaces.

Ce nom, certes, est bien mérité, car les glaciers, et plus encore les névés, y couvrent bien des plateaux, bien des vallons. Un des premiers navigateurs qui la reconnurent l'avait non moins sagement appelée Snœland ou Pays des Neiges, mais le nom qui lui conviendrait le mieux serait encore celui de Hraunland ou Pays des Laves, puisqu'une très grande partie de l'ancien sol y a disparu sous les crachats des volcans ; ce que les névés cachent du plateau de 300 à 650 mètres d'altitude qui constitue l'Islande, ce qu'il y a sous le blanc manteau des *jœklar*[1], c'est surtout la lave, les basaltes, les pierres ponces, les cendres sèches, et stériles parce que l'eau disparaît dans leur masse incohérente.

Volcans islandais, laves immenses ; le Vatna-Jœkull. — Des volcans y vivent encore, juste épouvante et fléau de l'île par leurs terribles vomissements qui comblent des vallées, bouchent des lacs et cachent à jamais des rivières. De leur gueule s'élancent parfois des fleuves bouillants, comme en 1766 lors d'une éruption de l'Hékla, et ces torrents, grossis des neiges qu'ils fondent, s'épanchent en inondations qui seraient tragiques si l'Islande avait des villes à l'intérieur, mais il n'y a guère d'habitants que sur la côte, surtout à l'ouest.

Le plus fameux de ces volcans, l'Hékla (1550 mè-

---

[1] Pluriel de *jœkull*, mont neigeux étendu en plateau.

tres), a fait moins de mal à l'Islande que plusieurs de ses voisins; l'histoire lui connaît pourtant une vingtaine de crises, quelques-unes terribles. Le Skaptar est plus mauvais; après l'éruption de 1785, l'air empoisonné de soufre, les pluies de cendre, la famine et l'épidémie qui suivirent le désastre, enlevèrent 9336 habitants à ce pays qui n'a que 72 000 âmes et n'en eut jamais beaucoup plus de 100 000; le volcan, cette fois-là, vomit cinq cents milliards de mètres cubes de roche. Le Krafla et le Lechrunkur ont fait longtemps bouillir le lac des Moucherons, le Myvatn, autour des laves ardentes par lesquelles ils l'ont en partie rempli. Le Katla ou Kœtlugja, le plus méridional des soupiraux de l'Islande, semble éteint, et il y a de la glace au fond de son cratère, mais on lui sait une quinzaine d'éruptions. Enfin, sous la neige du Vatna-Jœkull dorment, et quelquefois s'éveillent, des volcans sous-glaciaires : quand ils sont en convulsion, leurs laves fumantes, leurs cendres brûlantes fondent des montagnes de frimas, et de prodigieux torrents descendent à la côte. Les plus hautes montagnes de l'île, dont on estime l'altitude moyenne à 470 mètres, l'Orœfa (1956 mètres) ou mont de la Solitude, le Vatna (1920 mètres), le Snœfell (1824 mètres), regardent ce Vatna-Jœkull ou Klofa-Jœkull, névé de 800 000 hectares, presque neuf fois l'étendue du Justedalbrœen des Norvégiens, le névé majeur de toute l'Europe continentale; c'est du Vatna-Jœkull que descend le roi des fleuves islandais, le Jokulsa, raboteux et rapide, qui plonge, au Dettifos, d'une paroi de basalte de 60 mètres de hauteur.

Torrents glacés, sources chaudes. — Les *aa* ou *elf* venus des *jœklar* ou des *fell*[1] roulent des flots blanchâtres, comme il convient aux eaux de neige, dans des lits de lave dont aucun pont ne relie les rives, et il faut les traverser à gué, non sans danger, ces torrents étant larges, violents, souvent penchés en rapides, rompus en cascades. Ils mènent une onde très froide, quoiqu'ils reçoivent beaucoup de ruisseaux d'eau presque bouillante, car l'Islande est par excellence le pays des *laugar* ou sources chaudes, des *hverar* ou fontaines bouillantes, des *reykjar* ou jets de vapeur, et des *geyser*, gerbes intermittentes qui tout à coup montent en sifflant dans l'air à 15, 20, 30 mètres, puis retombent sur la fontaine brûlante qui les a vomies.

Les ruisseaux bouillants ou tièdes, si nombreux qu'ils soient, perdent leur chaleur dans les eaux glacées, et les *aa* de l'Islande (lorsqu'ils ne sont

1. Montagnes, pics.

point trop rayés de cendres volcaniques) abondent en truites et en saumons amis des courants frais; des *vatn* ou lacs de leurs bassins, plus d'un doit son existence aux volcans, à leurs fleuves de feu devenus digues de pierre en travers des vallées; tel autre, peu à peu, s'efface, diminué par les laves d'un cratère : le Myvatn par exemple, qui repose dans une coupe sans profondeur, au sein d'une solitude noire, sous un air fait de moustiques, entre des rives où s'élève en colonne la vapeur des sources chaudes.

Décadence de l'Islande. — Dans l'ère historique et de nos jours encore, ces volcans n'ont pas seulement fait ou défait des lacs, ils se sont également épanchés sur des versants pastoraux, sur des vallées arables. Dans les premiers siècles de son existence, le peuple islandais fut plus riche et plus nombreux; ce qu'il a perdu de sol, d'hommes, nous ne le savons au juste, mais il est certain que l'Islande, moins habitable, est moins habitée qu'autrefois, depuis les conquêtes de la lave et des cendres sur le labour et la pâture.

Maintenant, en dehors de quelques lambeaux de plage, de vallon, de vallée où ne manque pas toute verdure, à part des bois de bouleaux de 5 à 6 mètres de port, voire même de 8 à 9, reste de forêts qui furent plus vastes, à part aussi, çà et là, un saule, un frêne, un sorbier d'humble taille, ce qu'on rencontre le plus en Islande, de l'est à l'ouest et du nord au sud, ce sont mousses courtes, tourbières, cendre épandue, plaines et mamelons de sable noir, *myrar* ou marais, lacs désolés, coulées volcaniques, et, dans ce monde sombre éclairé de lueurs sanglantes par la chaudière des volcans, la blancheur des névés sans bornes.

Les Islandais n'ont pour se chauffer que de rares buissons, de la fiente séchée, des os et des plumes d'oiseaux de mer, et le peu de bois flotté qu'amène l'Océan : menacés de mourir de faim, ils mourraient de froid s'ils n'avaient leur tourbe et si la Scandinavie ne leur envoyait des sapins.

Un ciel extrêmement variable, prodigue, même à la fin du printemps, de vents humides et froids, de neiges, d'averses, pèse sur la terre des jœklar. Il en fait un pays terne et triste et pauvre plutôt qu'un pays glacé : même ici, près du Pôle Nord[1], la mer garde ses droits. Qui croirait que la moyenne annuelle de Reykjavik est de 4°,5, celle d'Akreyri de 6°,58 !

1. L'Islande touche au Cercle polaire par ses pointes les plus septentrionales.

Les Islandais. — Vers 1250, l'Islande, nous dit l'histoire, avait plus de 100 000 Islandais, nombre réduit à 38 000 en 1786; le recensement de 1880 lui en donne 72 000, soit 7 sur 1000 hectares. Et ces 72 000 habitants lui sont presque à charge; incapable d'être pour eux une mère généreuse, elle commence à les disperser dans l'Amérique du Nord : en Nouvelle-Écosse; en Canada; en Manitoba, à Gimli ou le Paradis — paradis froid et rugueux — sur le bord du lac Winnipeg; dans la brumeusement froide Alaska; et dans ces États-Unis dont les fonts bouillantes et les grands jets d'eau effacent l'antique renom des laugar, hverar et geysers d'Islande.

Les Scandinaves arrivés au neuvième et au dixième siècle, à partir de 874, ne trouvèrent dans l'île que quelques moines celtes venus quatre-vingts ans auparavant de l'Écosse. Les Islandais sont

Vue de Reykjavik. — Dessin de Jules Noël.

issus de ces rôdeurs de la mer, Norvégiens païens fuyant, ou le despotisme du roi Harald aux beaux ou aux blonds cheveux, ou la religion du Christ, nouvelle en Scandinavie.

C'est la moins mêlée des nations scandinaves, lesquelles sont comparativement assez pures; elle a précieusement gardé la vieille langue, qu'on s'accorde à proclamer très belle et qui possède dans ses sagas[1] une source merveilleuse de jeune poésie. Si ces chants des temps héroïques nous étaient arrivés sous le nom d'un homme, cet homme serait l'Homère du Nord.

[1]. Traditions, légendes, épopées en vers.

Les Islandais professent tous le luthéranisme.

La capitale, Reykjavik (3000 hab.), sur un fiord de la côte occidentale, tire son nom (Bourg fumant) des vapeurs qui flottent sur les sources chaudes du voisinage.

Jean Mayen. — Loin de l'Islande, au nord-est, au seuil des glaces éternelles qui semblent nous interdire à jamais le Pôle, Jean Mayen, sans habitants, n'appartient à personne : un mont s'y lève, haut de 1775 mètres, le mont des Ours (Bœrenberg).

La Moskva à Moscou : vue prise du Gué des Criméens. — Dessin de J. Moynet, d'après nature.

RUSSIE

Grandeur de la Russie, immensité de l'empire. — Séparée de l'Asie par l'Oural, par de vagues steppes, par la mer Caspienne et la haute barrière du Caucase, la Russie dépasse à elle seule la moitié de l'Europe, puisque, sur 10 millions de kilomètres carrés, elle a pour sa part 5 515 000, dix à onze fois la France. Avec ses dépendances d'Asie, Sibérie, Steppes, Turkestan, Transcaspienne, Transcaucasie, l'empire Russe couvre près de 2 milliards 400 millions d'hectares : quarante-deux fois la France, avec 102 millions d'âmes.

Telle que nous la voyons, elle occupe le quart de l'ancien continent, le sixième de toutes les terres. Et elle grandit tous les jours, et le flot de sa population monte.

Elle a les plus vastes lacs de l'Europe, le Ladoga, l'Onéga, petites mers ; et aussi ses plus longs fleuves : l'un d'eux, la Volga, longue comme trois à quatre fois la Loire, déverse un bassin presque égal à trois France ; et parmi les affluents de cette Volga, le bassin de la Kama vaut presque la France ; celui de l'Oka, presque l'Italie.

Ce qu'elle a le moins, c'est la montagne ; aussi son altitude moyenne, 167 mètres, est-elle fort inférieure à celle de l'ensemble de l'Europe (297 mètres). Elle ne dresse de vrais monts qu'à ses frontières : au sud, dans le Caucase, entre

O. RECLUS. LA TERRE A VOL D'OISEAU.

l'Europe et l'Asie, l'Elbrous monte à 5646 mètres; et à l'est, également entre l'Asie et l'Europe, l'Oural atteint 1689.

Oural. Novaïa-Zemlia. — Les Occidentaux, ou, pour mieux dire, tous les Européens autres que les Russes, arrêtent la Russie d'Europe au faîte de l'Oural, chaîne granitique de 55 millions d'hectares; mais les fils du plus immense empire ne daignent pas faire du *Kamennoï poïas*[1] ou du *Zemnoï poïas*[2], autrement dit de l'Oural, une borne entre l'Occident et l'Orient de leur patrie : à l'ouest, à l'est de ces monts, c'est également la Russie une, indivisible. Nos ancêtres en faisaient autant, par ignorance ; la plaine sarmate était pour eux dans un éloignement crépusculaire, sous une brume indistincte ; ils terminaient l'Europe avec la Pologne et rejetaient les « Moscovites » en Asie.

D'ailleurs, d'un versant à l'autre de l'Oural, par-dessus cette croupe de plus de 3000 kilomètres de long, tantôt simple, tantôt faite de deux ou de trois chaînes parallèles, rien dans le sol, rien dans le ciel, rien chez les hommes, ni la face, ni l'idiome, ne montrent qu'on change de partie du monde : si la frontière n'était marquée sur les routes transversales par des poteaux indicateurs, si elle n'était indiquée par une suite d'éclaircies dans la forêt, on ne verrait point qu'on passe d'Europe en Asie; seulement, le côté de l'Asie, celui qu'on serait tenté de croire barbare, est le plus riche, avec des villes plus industrieuses, plus luxueuses, plus largement bâties, plus rapidement croissantes.

Un chemin de fer le franchit, de Perm à Iékaterinbourg, bien facilement, l'Oural n'étant ici qu'un bombement sans scabrosités, avec col à 360 mètres d'altitude. Non loin de cette voie ferrée passe une route qui, de hauteur boisée en hauteur boisée, a mené d'Europe en Asie, et d'Asie en Europe, des millions d'hommes, soldats, galériens, paysans et colons, touristes ; c'est la route de Moscou à Tobolsk, bordée entre Nijni-Novgorod et Tjoumen par une allée de bouleaux, la plus longue, certes, du monde ; la grande Catherine fit planter cette avenue, elle en assura la croissance par une loi draconienne condamnant à mort tout homme qui oserait casser un de ces arbres blancs et beaux. L'allée, ayant souvent rangée double, devait ne finir qu'à l'entrée de la très lointaine Irkoutsk.

L'Oural du Sud, très veiné de métaux, riche en or, en fer, en cuivre, en platine, en diamants, en malachite, en sel, l'est aussi de ses forêts, que malheureusement on rase au pied avec une prodigalité folle, tant pour le bois de chauffage que pour la construction des bateaux et l'appétit dévorant des fourneaux de l'industrie ; il a pour tête l'Iremel (1536 mètres); dans l'Oural moyen trône le Denejkin-Kamen (1633 mètres); dans l'Oural du Nord, le Tell-Pos-Is ou Nepubi-Nior (1689 mètres), plus haut que toute autre cime ouralienne.

Ce dernier Oural, nu, plein de neige en ses vallées et vallons, se prolonge sous mer par l'île de Vaïgatch, puis par la Novaïa-Zemlia[1], double île de 91 000 kilomètres carrés, terre archipolaire (pour hasarder le mot) : tout autour, les glaces de la banquise ; au dedans, des monts de 1000 à 1500 mètres, des névés, des glaciers, des lichens et, régnant sur ces lichens, des forêts d'arbres nains, et plus que nains, sapins, saules, sureaux, bouleaux dont les plus fiers dominent les lichens d'une hauteur de quatre à cinq pouces.

Plaine russe, Steppes, Terreau Noir. — Dans l'ensemble, la Russie est très plate; en dehors du Caucase, de l'Oural, de la Finlande et de la Crimée, aucun coteau n'a même 400 mètres. Cette égalité du sol est un grand lien de l'empire : elle aplanit le chemin des rivières, elle facilite canaux, chaussées et voies de fer. La Russie, d'ailleurs, appartient au plus grand des constructeurs de routes, à l'hiver : pendant un quart, un tiers, une moitié de l'année, suivant les latitudes, ce puissant niveleur polit le pays entier, de la mer Blanche à la mer Noire, et sur la neige durcie les traîneaux glissent comme sur des rails. Le moujik[2] se meut alors en tout sens dans l'immense plaine blanche, au milieu de forêts, blanches aussi quand elles sont de bouleaux, noires sauf les frimas des rameaux quand elles sont de pins et sapins. Il traverse fleuves et rivières sans les voir, car la glace les cache, et cette glace est couverte de neige. Sur ce névé sans fin, dans ces bois, dans ces plaines, l'absence de fermes et de hameaux accroît jusqu'à l'amertume le triste sentiment de la solitude. En Russie, chez les Grands-Russes du moins, la propriété n'est pas personnelle ; c'est la commune qui possède, c'est elle qui distribue les lots aux familles,

---

1. Ces mots russes veulent dire : ceinture de pierre.
2. Ceinture de terre.

1. Ce nom russe répond exactement à Terre-Neuve, ou plutôt à Neuve Terre.
2. Homme.

tant de dessiatines[1] par tête vivante, à des époques variant selon les contrées. Rien ne rive le paysan grand-russe à la terre qu'il tient du hasard ou de la tromperie d'un partage, car cinq, dix, vingt, trente ans même ne sont pas tout l'avenir d'un homme et d'une famille ; le moujik ne se soucie donc point d'élever sa demeure sur un sol qui fuira de ses pieds ; il préfère vivre avec tous les autres, au bourg, dans son izba ou cabane, dans son jardin, dont il est le maître. Aussi les gens de la Grande-Russie vivent-ils, à très peu d'exceptions près, dans des bourgades qui se ressemblent toutes, dans de longues et très larges rues bordées d'izbas, maisons en bois ; ces izbas ne se touchent point, par peur de l'incendie qui, parti d'une des chaumières, aurait bien vite, si toutes se tenaient, dévoré ces villages de bois, chaume et résine.

Unie comme elle est, la Russie serait laide sans ses larges fleuves, ses lacs[1], ses forêts, pins sylvestres, épicéas, sapins, mélèzes, bouleaux splendides, chênes, hêtres, tilleuls. Ces bois, le bûcheron, le colon, le défricheur les ravagent à la fois, et autant qu'eux tous l'incendie ; pourtant ils occupent encore 215 millions d'hectares, quatre fois la France. Ils sont l'asile de l'ours, la cachette du lynx et du loup : celui-ci, peuple innombrable, immole

Izba, maison de paysans. — Dessin de J. Moynet, d'après nature.

chaque année pour des centaines de millions de bœufs, de chevaux, de moutons, de chiens, d'oies, et quelquefois il déchire l'homme.

Le Nord a les lacs sans nombre, grands ou petits, les toundras ou plaines semi-polaires sans arbres, et, au midi de ces plaines, les froides forêts où coulent de froides rivières : la Petchora, qui pour nous, gens du Couchant, est comme un vain nom, boit les eaux de 33 millions d'hectares dans un cours long comme la Loire et le Rhône mis bout à bout ; ce fleuve descend de l'Oural. La Dvina du Nord (Severnaïa Dvina) court pendant 1725 kilomètres, dans un bassin de 36 500 000 hectares ; elle baigne Arkhangel et s'ouvre sur la mer Blanche.

Le Centre a les forêts, entamées ici, là ruinées les molles rivières, les prairies, les champs empiétant sur les bois.

Le Sud a le Steppe et le Tchornoziom.

Le Steppe s'étend surtout le long de la basse Volga et sur le Don inférieur : c'est la plaine sans fin, herbeuse ou nue, battue des vents, qui connaît également les tourmentes de neige et les tourbillons de poussière. Peu ou point ondulé, il n'a parfois, jusqu'à l'horizon le plus effacé, d'autres collines que les tertres bas nommés kourganes ou tombeaux des Huns, et qui sont, en effet, des mottes funéraires. Ces éminences ont rarement 15 mètres de haut ; ailleurs elles porteraient des ruines féodales, mais ici rarement un vieux

1. La dessiatine, plus grande que l'hectare, égale environ 109 ares.

1. Il y a tant de lacs en Russie qu'ils couvrent ensemble près de onze millions et demi d'hectares.

château les couronne, et ce n'est point sur des pierres ayant bu du sang que le berger surveille de leur sommet son troupeau dispersé dans la lande. Dans les dépressions courent ou se traînent, ou se cachent, suivant la saison, des rivières gelées en hiver, impures et turbulentes à la fonte des neiges, pauvres et paresseuses en été ; au bord de ces rivières et dans les marais que laissent leurs expansions de crue frissonnent au moindre vent d'immenses champs de roseaux. Les herbes du Steppe sont mêlées de plantes épineuses, absinthe, armoise, chardons, molènes, achillées. En partie rebelles à la culture, ils se prêtent à la pâture et multiplient ces troupeaux de bœufs, de moutons, de chevaux fameux, qui sont la chevance de la Russie avec les céréales et les bois.

Comme toutes les plaines d'une monotonie grandiose, le Steppe a sa beauté. Ses fils l'adorent. Jadis quand, à la suite d'un Jagellon ou de quelque autre ferrailleur, un guerrier de la Petite-Russie tombait sur le sol étranger, dans les Carpates, en Bohême, en Allemagne, en Lithuanie, chez les Grands-Russes, avant de mourir il embrassait pieusement (si sa blessure lui en laissait la force), la poignée de terre maternelle qu'il portait avec lui sur tous les champs de bataille.

Le Tchornoziom, dont le Dniéper est le fleuve, justifie son nom russe qui veut dire Terreau Noir. On le dit sans rival en Europe pour la fécondité d'un sol arable fait de la décomposition des herbes du Steppe. Ce « grenier de toutes les Russies » couvre plus ou moins six gouvernements : Poltava, Kharkof, Tchernigof, la Volhynie, la Podolie, Kief.

Après le Tchornoziom, la région la mieux faite pour un avenir opulent rayonne autour de la « Sainte » Moscou, qui est le cœur de l'Empire, dans le bassin supérieur de la Volga.

La Volga, l'Oka, la Kama. Mer Caspienne. — La Volga tient le premier rang en Europe, avant le Danube, pour la longueur du cours (3800 kilomètres) et l'ampleur du bassin (145 900 000 hectares) ; le second rang, après le Danube, pour la portée moyenne (5780 mètres cubes par seconde).

Les Russes l'aiment, ils lui donnent des noms caressants : *Matiouchka* ou petite mère, *Kormiliza* ou nourrice.

Elle découle d'un plateau marécageux, brillanté de lacs que regardent les plus hautes collines de cette portion de la Russie, la forêt de Volkon et le Valdaï (551 mètres). Sa source, à moins de 300 mètres d'altitude, devient un ruisseau de tourbières, et bientôt le ruisseau, de lac en lac, devient rivière. Sur ce plateau natal, elle descend une si faible pente que la digue opposée à son cours en aval du lac Volgo la fait refluer à 80 kilomètres en amont.

Trente-trois petits rapides la mènent dans la plaine russe ; elle y serpente à l'orée des bois, coule devant Tver, qui balança Moscou ; devant Ribinsk, tête de la navigation, ville où arrivent, d'où partent en été des milliers de bateaux ; devant Yaroslavl, qui disputa aussi l'hégémonie à Moscou chez les Slaves d'Orient : la vallée de Yaroslavl a parmi les Russes le même renom que chez nous la Touraine, on l'appelle « jardin de la Russie ».

En aval de Yaroslavl c'est Kostroma, qu'entourent des forêts où se dandine l'ours, tantôt l'effroi du chasseur, tantôt l'ami de la maison ; débonnaire quand on ne l'attaque pas, il s'irrite lorsqu'on s'approche de ses arbres à miel. On connaît des chasseurs russes qui ont tué dans leur vie plus de cent ours. Là aussi cet animal recule devant les hommes ; l'herbivore émérite qui dans la bonne saison vit de plantes, de bourgeons, de fruits, de miel, et qui dans l'hiver se nourrit de sa propre substance, la moins cruelle des bêtes non domptées, le lent et lourd solitaire s'en va de la Russie comme il s'en est allé de l'Europe occidentale, ne laissant derrière lui que quelques familles de sa race dans les gorges de la montagne.

Le fleuve, eau grisâtre, rencontre la rivière centrale de la Moscovie, la tortueuse et limpide Oka, large de 1500 mètres et à peu près aussi forte que lui ; c'est devant les bazars de Nijni-Novogorod qu'ils se rencontrent. Nijni, ville de 40 000 âmes, en a 250 000 à 300 000 pendant le tumulte de sa foire qui attire les négociants de l'Europe et de l'Asie. L'Oka (1500 kilomètres dans un bassin de plus de 24 millions d'hectares) visite en passant trois chefs-lieux de gouvernement, Orel[1], Kalouga, Riazan ; elle reçoit la Moskva qui baigne Moscou, la Kliazma qui touche Vladimir : cette dernière, ville déchue, fut la capitale d'une Slavie (il y en avait plusieurs), de celle qui devint la Moscovie, puis la Grande-Russie, et enfin l'Empire « universel » russe ; Vladimir précéda Moscou, elle avait succédé à Souzdal.

Au-dessous de Nijni-Novogorod, les rives de la Volga, fleuve peu à peu colonisé par les Slaves sur les Finnois, les Turco-Tartares et les Mongols, cessent d'être exclusivement russes.

---

1. On prononce Ariol.

Déforestation. — Dessin de J. Moynet, d'après nature.

En aval de Kazan, qui fut tout à fait tartare, qui l'est encore quelque peu, la Volga se heurte à la Kama.

La Kama, pure, tandis que la Volga ne l'est pas, roule autant, sinon plus d'eau, grâce à l'Oural. Longue de 1600 kilomètres, dans un bassin de 52 475 000 hectares, elle a de puissants affluents, notamment la Biélaïa ou Blanche, rivière ouralienne, et la Viatka. Lorsque la Kama s'unit à la Volga, elle impose sa direction au fleuve, puis toutes deux, de couleur diverse, descendent longtemps côte à côte, ne se mêlant qu'avec lenteur. Plus profonde que sa rivale, moins gênée de bancs de sable, elle est précieuse aux Russes comme l'une des meilleures routes de l'Asie : 30 000 « marins d'eau douce », ou plus encore, y naviguent sur une multitude de bateaux.

Près de son embouchure, sinon au confluent même, s'élevait Bolgary, qui n'est aujourd'hui ni sur la Kama, ni sur la Volga, à la suite de changements de cours. De cette métropole il ne reste qu'un mauvais village avec quelques débris, et rien de l'empire où elle régnait, de la Grande Bulgarie, qui, du nord au sud, embrassait tout le bassin inférieur du fleuve et qui allait, dans l'autre sens, de l'Oural aux sources du Don. Tandis que, de chrétienne devenue mahométane, la Grande Bulgarie, qui devait sans doute son nom à la Volga, perdait ce nom et toute son existence, la Petite Bulgarie, fondée au septième siècle sur le bas Danube par la même race tartare, a gardé l'un et l'autre ; restée chrétienne et tout à fait slavisée de langue, elle s'appartient aujourd'hui, depuis les batailles des Russes et des Roumains contre les Turcs devant la sanglante Plevna et sur les cols du Balkan.

De l'union avec la Kama jusqu'à sa perte en mer, la Volga, malgré quelques affluents, cesse de grandir ; l'aridité du ciel et du sol lui enlève même peut-être plus d'eau qu'elle n'en reçoit de ses derniers tributaires. Sa rive gauche est sablonneuse, désertique, avec un climat trop froid, trop chaud, trop sec ; aussi n'y a-t-il pas foule d'habitants dans ce recoin de l'Empire, l'un des moins peuplés de Russes, l'un des plus peuplés d'allophones. Parmi ceux-ci, les Bachkirs ont une langue turco-tartare, mais leur origine est douteuse ; bons musulmans, ils ont souvent, comme tels, levé le sabre sur les colons slaves ; on ne les a réduits qu'en augmentant après chaque révolte le nombre des paysans chrétiens autour de bourgs fortifiés chaque fois plus nombreux. Mais si la rive gauche est basse, la Volga ronge, sur sa rive droite, des coteaux splendides, vraies montagnes pour qui les admire de loin, venant de l'orient, ou de près, du fil même du fleuve : l'un d'eux domine son eau de 336 mètres.

La « petite mère et nourrice » baigne encore Simbirsk, Samara, Sisran, Saratof. A Tzaritzin, elle n'est qu'à 75 kilomètres d'un autre fleuve, long plutôt que grand, le Don, et il semblerait que ce dernier, plus haut que la Volga de 42 mètres et coulant droit vers elle, n'a plus qu'à s'y laisser tomber, mais tout à coup il tourne au sud-ouest, la Volga au sud-est. Celle-ci, encore loin de la mer qui va la dévorer, coule déjà dans une plaine inférieure au miroir des océans : c'est que la Caspienne dort à 26 mètres au-dessous du niveau général.

Les premiers linéaments du delta se montrent à Tzaritzin, à 500 bons kilomètres de la Caspienne. Astrakhan (58 000 habitants), au climat extrême dans le chaud comme dans le froid, est la grande ville de cet entrelacis de chenaux éparpillés, bras vifs, bras morts, jonchères et roselières, îles sans nombre, vase inconsistante, incohérente, faite, défaite, refaite par le fleuve aux crues immenses ; des flottilles de canards voguent sur les eaux boueuses ; le cormoran, le pélican goitreux, le héron haut sur jambes guettent le poisson ; comme eux pêchent, de leur barque, des hommes vivant dans de misérables cabanes en bois et en roseaux montées sur pilotis à cause des hautes inondations annuelles à la fonte des neiges. Ces arrivées d'eau qui effacent momentanément le delta, qui le repétrissent, sont si puissantes que l'une d'elles a relevé de 61 centimètres le flot de la Caspienne, mer de 44 millions d'hectares. Par suite du remaniement perpétuel des fanges deltaïques, aire de 16 700 kilomètres carrés que les crues ne cessent de triturer, on ne saurait guère dire par combien de bouches s'ouvre ce fleuve dans le bassin duquel respirent 35 à 40 millions de Russes.

La Caspienne est le tombeau de beaucoup d'autres rivières : la Kouma, qui, n'arrivant presque jamais à la mer, n'a plus la force d'empiéter sur le flot par des alluvions ; le Térek, fils des glaces du Caucase, et fleuve puissant qui gagne autant que la Volga sur le lac caspien, sinon plus encore, malgré les saignées faites à ses 1000 mètres cubes pour l'irrigation du bas pays ; le Soulak, issu des neiges du Daghestan ; la Koura, grossie de l'Araxe ; les rivières du Ghilan et du Mazenderan ; l'Atrek ; les tristes lits, secs presque toujours, du nouveau territoire Zakaspiskii[1] ; enfin l'Oural, en voie de des-

---

1. Ce mot composé russe veut dire : Transcaspien.

siccation, lequel, long de 2000 kilomètres en un bassin de 25 millions d'hectares, ne porte peut-être pas en moyenne 50 mètres cubes par seconde à la Caspienne : des dix-neuf embouchures constantes qu'il avait au milieu du siècle dernier, il ne lui en reste que trois coulant toute l'année, et encore très peu profondes ; les fontaines du ciel se sont presque taries dans cette morne région des Steppes salins, et de moins en moins il pleut sur le bas de la Volga, sur la Transcaspienne, sur la mer d'Aral et ses deux grands fleuves.

La Caspienne, le plus vaste des lacs, soit salés, soit d'eau douce, n'est pas creuse dans son tiers septentrional où la sonde ne donne pas plus de 5, 10, 15, 16 mètres ; dans le sud, au pied des monts, le plomb est descendu à 900 mètres et plus. Ayant sa nappe à 26 mètres en contre-bas du niveau général, la Caspienne, si elle remontait à ce niveau, engloutirait la Volga jusqu'auprès de Saratof, à 800 kilomètres de ses bouches actuelles, et le flot salé, doublant d'étendue, couvrirait une partie des Steppes les plus déplorables d'Europe et d'Asie. Jadis elle eut tout ce plat pays sous son onde, même elle fut unie à la mer Noire par les terres basses couchées au nord du Caucase : les preuves en sont clairement écrites sur le sol ; encore aujourd'hui

Rive gauche de la Volga. (Voy. p. 78.) — Dessin de J. Moynet, d'après nature.

la fonte des neiges rétablit pour quelques jours l'union de ces deux mers, lorsque le Kalaous, petit torrent que cette fonte accroît, verse en même temps sa crue dans le Manytch oriental, affluent temporaire de la Caspienne, et dans le Manytch occidental, affluent plus ou moins constant du Don.

Comment se sont dissociées les deux mers ? Comment la Caspienne a-t-elle ensuite diminué de moitié et perdu l'un de ses maîtres tributaires, l'Oxus ou Amou, qui se perd maintenant dans l'Aral ? Peut-être par une dislocation de roches, subite ou non, qui ouvrit le Bosphore et abattit une immensité d'eau dans la Méditerranée ; ou bien par des causes agissant avec la patience cosmique : soulèvements du sol, lente diminution des pluies ; et, sous nos yeux, la déforestation.

Néva : Onéga, Ladoga. — La Russie n'eût-elle pas la Volga, qu'il lui resterait encore sous des cieux habitables assez de sol pour deux empires : l'un au nord sur le golfe de Finlande et les lacs de la Néva ; l'autre au sud, sur le Don et le Dniéper.

Le grand fleuve de la Russie du Nord, la Néva, est le Saint-Laurent de l'Europe, mais un Saint-Laurent bien moins long, moins abondant, traversant moins de lacs et de moins grands lacs que celui d'Amérique, et n'ayant aucun Niagara entre son Onéga et son Ladoga comme le Saint-Laurent d'outre-mer entre son Érié et son Ontario.

Dans le « glorieux » Onéga, aux rives de marbre, entrent des rivières qui ont traversé des lacs. L'Onéga, grand de 975 000 hectares, profond de 225 mètres au plus creux, miroite à 72 mètres au-dessus des mers, à 54 au-dessus du Ladoga.

Le Svir limpide porte son tribut à l'orageux Ladoga, qui boit aussi l'impur Volkhof et le pur Vuoxen, celui-ci finlandais, celui-là russe. Le Volkhof sort de l'Ilmen, lac de 91 800 hectares sans profondeur (9 mètres au plus) et forme les rebouilles[1] de Gostinopol; le Vuoxen puise au lac Saïma, c'est la rivière de l'Imatra, « roi des rapides ». Le très froid Ladoga, fait d'eau transparente, vaut plus de trente Lémans, son aire étant de 18 120 kilomètres carrés, avec une moyenne profondeur de 90 mètres et un fond maximum de 223. Il verse la merveilleusement claire Néva, qui a 260 à 1280 mètres d'ampleur avec un volume de 2950 mètres cubes par seconde, dépassé en Europe par trois courants seulement, Danube, Volga, Dniéper : c'est l'écoulement de près de 29 millions d'hectares.

La Néva, longue de 58 kilomètres, s'amortit dans le golfe de Finlande après avoir réfléchi les palais de Saint-Pétersbourg. On peut regarder la Narova comme une rivière de son bassin.

La Narova part d'une vaste nappe d'eau, le Peïpous ou lac des Tchoudes (351 300 hectares),

Rive droite de la Volga. (Voy. p. 78.) — Dessin de J. Moynet, d'après nature.

profond de 10 mètres en moyenne, de 28 au maximum, et s'abat par la cascade de Krähnholm ou saut de Narva.

Don, Dniéper. Les Cosaques. — Le Don, fleuve de steppe, porte la peine du climat chiche de pluies où s'étend la partie inférieure de son bassin de 43 millions d'hectares. Cet ancien Tanaïs, long de 2150 kilomètres, ne roule en moyenne que 250 mètres cubes, mais s'il a des maigres indignes d'une telle course en un tel domaine, ses crues sont grandioses : trop ou trop peu, c'est en quatre mots l'histoire des rivières du Steppe russe.

1. Ce mot, couramment employé dans le Sud-Ouest par les paysans de langue d'oïl, notamment sur la basse Dronne, veut dire courant rapide, petite cascade, remous et bouillonnement sur un passage de rocher.

Le Don naît au centre de la Russie, près de l'industrielle Toula (61 000 habitants); il sort du petit lac Ivanof, d'où son surnom d'Ivanovitch — fils d'Ivanof ou fils d'Ivan — dans les chants héroïques des Cosaques; il meurt dans la mer d'Azof, nappe de 37 496 kilomètres carrés n'ayant qu'une profondeur de 10 mètres. Si petite et si peu creuse, ouverte sur la mer Noire par le détroit de Kertch où le courant est celui d'un véritable fleuve, cette mer, l'antique Palus Méotide, est moins une mer qu'une ample expansion du Don, un brassage d'eau douce et d'onde amère, et la véritable embouchure est le passage de Kertch ou d'Iéni-Kaleh. Parmi les affluents du Don, la Donets participe à son indigence, puisque, longue de 1100 kilomètres, elle peut n'avoir que 20 mètres de largeur; elle traverse l'un des grands bassins houillers de Russie (25 000 kilomètres carrés), nommé d'après elle bassin de la Donets.

Le Dniéper, jadis Borysthène, est le fleuve du Tchornoziom, le fleuve de la Russie-Blanche et de la Petite-Russie, le fleuve des épopées cosaques. Son bassin vaut assez exactement la France, et, long de 1800 kilomètres, il en tire plus de 3000 mètres cubes d'eau par seconde, ce qui en fait le troisième courant de l'Europe. Il commence chez les Blancs-Russiens, dans le plateau « clef de voûte » où naissent aussi la Volga et la Dvina occidentale.

A Smolensk, dont le nom, comme celui de Moscou, rappelle tant de sang français et russe, à Mogilof même, c'est encore une rivière moyenne. Mais, coup sur coup, il emporte la Bérézina, le Soj,

Le Dniéper à Kief. — Dessin de H. Clerget, d'après une photographie

le Pripet, la Desna. La Bérézina, de renom sinistre, engloutit en 1812 des tronçons de la Grande Armée; le Pripet, émissaire de plus de 12 millions d'hectares, est le fossé d'écoulement des plus grands palus de l'Europe, les marais de Pinsk, où sévit la plique polonaise : on les dessèche, on prétend les effacer tous l'un après l'autre; la Desna gonfle le fleuve aux portes de Kief.

Large alors de 500 à 800 mètres et plus, le Dniéper passe dans toute sa gloire devant Kief, puis il arrive à des granits qui gênent sa course vers le Pont-Euxin.

Au-dessus de Krémentchoug, au-dessous d'Iékatérinoslaf, le fleuve traverse ces granits, mais sans cascades, par de grands rapides ou *porogi*, et de petits rapides ou *zalori;* les plus tumultueux, au nombre de neuf, abaissent le niveau du Dniéper de 47 mètres, sur un espace de 75 kilomètres; au plus large de tous il a 1730 mètres; au plus étroit, dans la Gorge du Loup, 160 à peine; au printemps, ces bouillonnements sur la roche disparaissent dans la masse énorme de la crue, et alors on descend en bateau porogi et zalori. Le fleuve, redevenu calme, louvoie ensuite parmi des îles boisées, puis entre dans son *liman*, autrement dit dans son estuaire, au-dessous de la ville de Kherson (53 000 habitants), et ce liman le mène à la mer Noire.

A côté du Dniéper dont le bassin nourrit de 15 à 18 ou 20 millions d'hommes, le Dniester est peu de chose. Venu de chez les Ruthènes ou Petits-Russiens et de chez les Roumains d'Autriche, ce fleuve éminemment sinueux a 1500 kilomètres de cours; il écoule 76 860 kilomètres carrés, un peu moins que la Seine, un peu plus que le Pô, et c'est dans un lit encaissé qu'il serpente, étroit, profond, traçant plus ou moins la limite entre Roumains et Slaves.

Le double bassin du Don et du Dniéper a mis au monde une forte race, les Cosaques, injustement flétris en France depuis 1814 et 1815 où ils nous pillèrent comme nous avions pillé les Russes.

La nation Cosaque, de son vrai nom Casaque, fut d'abord un camp fait des plus vaillants hommes de la Russie du Sud, de tous ceux qui, le fer au poing, osaient défendre leur foi grecque, leur famille, leurs troupeaux contre les Tartares musulmans de la Crimée. Ce camp était double : sur le Borysthène, au-dessous des porogi, les Cosaques du Dniéper ou Zaporogues[1] avaient pour forteresse une île de granit dans le fleuve; ils combattaient à pied plus qu'à cheval; instruits à la rame par le courroux des porogi, instruits à la voile par les mêmes eaux lorsque, désormais tranquilles, elles se laissent couler vers leur liman demi-fleuve demi-mer, ils étaient devenus des canotiers sans pairs, descendant les seuils en canot et s'en allant batailler, en barques, jusqu'à Constantinople et Trébizonde; ils parlaient le petit-russien. Dans l'immensité du Steppe, les autres Cosaques, ceux du Don, étaient devenus des cavaliers, presque des Centaures; ils parlaient le grand-russien.

Sur les deux fleuves on pratiquait également la religion grecque, mais ni sur l'un ni sur l'autre on n'était de sang slave tout à fait sincère. Les Cosaques avaient ouvert leurs rangs à tout homme intrépide, d'où qu'il vînt, quel qu'il fût, au routier comme au colon, pourvu que le nouveau compagnon professât ou embrassât la foi grecque. Et de la sorte, des Lithuaniens, des Polonais, des Roumains, des Bulgares, des Turcs et Tartares, des Mongols même entrèrent dans la trame de l'aventurière nation.

[1]. C'est-à-dire : au delà des porogi

Peu à peu grandirent leurs camps, commandés par un ataman, général élu tous les ans à libres suffrages. A force de combats, les Cosaques chassèrent enfin les Tartares, puis ils guerroyèrent contre tous les peuples de leur Orient. De tant de rouges batailles, de tant de sang tantôt généreusement donné, tantôt cruellement répandu, il reste les *doumi*, superbes chants populaires.

Ils oscillèrent longtemps entre Pologne et Russie; celle-ci l'emporta, et depuis, les Cosaques en sont l'avant-garde dans le monde : à la fin du dix-septième siècle, ils la précédaient déjà sur l'Amour; aujourd'hui tout pays saisi par le bec et la serre de l'aigle moscovite, Caucase, Turkestan, Mandchourie, littoral du Pacifique, a pour premiers tenanciers les Cosaques des *stanitsa*, villages de soldats-laboureurs, longtemps moins laboureurs que soldats.

Il y a 2 200 000 Cosaques, tous compris, les guerriers et les pacifiques. Issus pour la plupart des Cosaques du Don, ils parlent généralement la grande langue nationale.

Climat. — Le nom seul de la Bérézina nous peint, avec quelque exagération, le climat excessif de la Russie, très chaud en été, même dans le Haut Nord sur les coupoles d'Arkhangel, très froid en hiver, même dans l'Extrême Sud où parfois la mer d'Azof durcit. Si l'armée française mourut dans les neiges après l'incendie de Moscou (1812), les Français et les Anglais faillirent périr de froid devant les murs de Sébastopol (1854-1855). Du sud au nord, à mesure qu'on s'avance vers la mer Glaciale, de l'ouest à l'est, à mesure qu'on marche vers la Sibérie, le ciel devient plus rigoureux : la moyenne annuelle d'Arkhangel, sous 64° 32', est de 0°,58; celle de Saint-Pétersbourg, sous 59° 50', de 3°,72; la température y oscille entre — 39° et + 36°,1; l'année de Kazan, sous 55° 48', ne donne que 2°,89, tandis que les villes danoises situées à la même latitude ont une moyenne de 6°, et les cités écossaises une température encore plus élevée; dans cette même Kazan, ville essentiellement « continentale », janvier se résume par — 13°,59, alors que dans la « maritime » Édimbourg la moyenne de ce même mois ne descend pas à 0°. Tout au sud du pays, au bord de la mer, Odessa, sous 46° 28', offre une moyenne de 9°,11, mais le froid de janvier y est encore de près de — 5°. A latitudes et altitudes égales, les villes de la Russie ont une température inférieure de 4 à 5 degrés à celles de l'Occident.

Quant aux pluies, elles ont peu d'abondance, les vents d'est, nord-est, sud-est soufflant trop en Russie au détriment de l'ouest et du nord-ouest : l'Empire est trop massif, trop inarticulé, trop peu pénétré de grands golfes; son Pont-Euxin mérite à peine le nom de mer, sa Caspienne est un lac diminué, sinon diminuant, sa Baltique un cul-de-sac, son océan Glacial est tantôt gelé, tantôt fon-

Passage de la Bérézina. (Voy. p. 81.) — Dessin d'Émile Bayard.

dant pour regeler encore. Plus on va vers l'est, surtout vers le sud-est de la Russie, moins les pluies tombent dru sur le sol : Varsovie en reçoit par an 54 centimètres, Saint-Pétersbourg 45, Moscou 41, Astrakhan 16 à 17 seulement, à peine autant que la sèche Alexandrie. Sans cette aridité du ciel, les fleuves russes verseraient singulièrement plus d'eau dans la mer, et la Volga vaudrait presque deux fois le Danube.

Grands-Russiens, Petits-Russiens, Blancs Russiens. Races diverses. — L'empire Russe dépasse aujourd'hui 102 millions d'âmes, dont 86 millions pour la Russie, 6 millions et demi pour le Caucase, 4 millions pour la Sibérie et 5 millions et demi pour l'Asie centrale et la Transcaspienne.

Sur ces 102 millions d'hommes, il y a 72 à 75 millions de Slaves; et, parmi ces Slaves, 65 à 68 millions de Russes, Grands-Russiens, Petits-Russiens et Blancs-Russiens différant par le dialecte[1].

« Que de sangs non aryens sont entrés dans votre nation! » disait-on devant un Russe; à quoi celui-ci répondit : « Tant mieux! Plus on est mêlé, plus on a de frères ».

La famille russe a des liens de fraternité grande avec les Finnois et les Turcs et Tartares; elle se fonda chez les premiers, elle eut longtemps les seconds pour voisins et ennemis, puis pour sujets. Qui sait ce qu'elle prit d'éléments aux Mères, Mouromes, Mechtchériaks, Mordves, Tchouvaches, Tchérémisses, Caréliens; aux Tartares de la Volga et de la Soura ; et même aux Mongols, qui étaient moins des Mongols qu'un immense camp de bandits appartenant à toutes les races de l'Asie Centrale? Moscou fut fondée chez les Finnois Mouromes, Nijni-Novogorod chez les Finnois Mordves, Saint-Pétersbourg chez les Finnois Ingriens. Mais quel est le peuple européen qui ne soit pas incommensurablement mélangé? Les « Latins » sont-ils des Latins, les « Germains » des Germains, les « Anglo-Saxons » des Saxons?

On a d'ailleurs exagéré le non-slavisme des Russes : les Tchoudes au milieu desquels vécurent leurs ancêtres étaient de faibles tribus probablement déjà slavisées en partie. Dès l'origine de leur histoire on voit Grands et Petits-Russiens non pas seulement assimilateurs (comme on les félicite de l'être), mais aussi colonisateurs excellents. Plus que jamais ils déploient ces deux qualités sous nos yeux, du côté du sud et du côté de l'est, où sont les espaces vides. Une sorte de force à laquelle ils n'essayent pas de résister les pousse par bandes, en villages entiers, vers le Tchornoziom de l'Obi, les prairies de l'Yénisei, les roches du Baïkal, la froide Léna et le grand pays moitié sable, moitié sol, où les deux fleuves jumeaux de l'Asie Centrale, le vieil Oxus et l'antique Iaxartes, font naître l'abondance au milieu de la stérilité.

Les 45 à 48 millions de Grands-Russiens[2], qui habitent surtout autour de Moscou, sont moins slaves que les Petits-Russiens, bien qu'ils aient l'hégémonie des « Slavons ».

1. L'Asie russe est comprise dans tous ces chiffres.
2. Et y comprenant tous les Russes d'Asie.

Sans nous inquiéter plus longtemps de leur degré de slavisme, les Grands-Russiens, Véliko-Russes[1], ou Russes propres, peuple courageux et fort, nation tenace, patriotique, pullulante, fière de sa puissance, enivrée de son avenir, sont parmi les mieux doués des hommes; flexibilité de l'esprit, grâce ondoyante, goût des sciences, art de bien dire, don des langues, on leur reconnaît unanimement ces avantages : tel Russe parle avec une égale aisance tous les idiomes civilisés de l'Europe, et sans se faire violence il y ajouterait ceux de l'Asie.

On a dit que si les Russes apprennent en se jouant toutes les langues, c'est que leur langue à eux les a d'avance habitués aux consonnes pénibles, aux chuintantes, aux gutturales, aux orthographes capricieuses, aux longs mots, aux formes compliquées. Il y a dans leur idiome nombre d'articulations difficiles et une excessive richesse de formes, mais la langue qui ne tardera pas à sonner sur la plus grande moitié de l'Europe et la plus grande moitié de l'Asie mérite sa haute fortune; elle en est plus digne que l'anglais par exemple. Toutefois il lui reste encore à produire autant de chefs-d'œuvre que les autres langues de l'avenir : l'anglais, langue maussade, le français, langue pauvre ou plutôt pédantesquement appauvrie, l'espagnol, langue emphatique, le portugais, langue nasale.

Il ne faut pas chercher les plus Grands-Russiens des Russes autour des vieilles métropoles de la principauté centrale, Souzdal, Vladimir, Moscou, dans le pays souvent ensanglanté par des envahisseurs, notamment par des Mongols, et si longtemps dégradé par la misère et l'infamie du servage. En toute région sans haute montagne, la forêt seule, avec le marais, la fondrière et la neige, garde loyalement le dépôt des siècles; c'est pourquoi les mœurs originaires de cette « Slavie » devenue prépondérante, son antique sagesse, ses dictons et proverbes, ses chansons les plus enfantines, le plus simplement vibrantes, ses légendes les moins adultérées, vivent surtout dans les trois gouvernements de l'Extrême Nord : dans la forestière Vologda, sur les branches de la Sévernaia Dvina supérieure; dans Arkhangel, plaines demi-polaires, tourbes et toundras à la lisière des Petits-Finnois païens et nomades; et près de la borne des Grands-Finnois chrétiens et sédentaires, qui sont les Finlandais, parmi les lacs, les bouleaux et les sapins du gouvernement d'Olonets.

1. Le mot russe *velika* veut dire grand

Cosaques. — Dessin de A. de Neuville, d'après un croquis fait sur nature.

Les Petits-Russiens, Malo-Russiens[1], Roussines, Rousniaques, Ruthènes — car toutes ces nuances d'un même nom les désignent — sont évidemment plus droits de race que les Grands-Russiens; ils l'emportent sur eux par la taille, l'expression du visage, la gaieté du caractère; et aussi par une langue plus musicale, plus rapprochée des origines; mais ils sont moins forts, moins habiles dans la pratique de la vie, moins faits pour le commerce, la guerre, la domination. On les dit très pacifiques et ils adorent la vie des champs. Leur vraie patrie, c'est le « pays de la Frontière », l'exubérante Oukraine, aussi riche en moissons que n'importe quelle autre province du Terreau Noir, mais ils habitent aussi d'autres gouvernements, sur le Dniéper, la Donets, le Dniester et la haute Dvina de l'ouest : en tout ou partie, ils ont Kharkof, Iékaterinoslaf, Kherson, la Bessarabie, la Podolie, Kief, Poltava, la Volhinie, Grodno, Tchernigof ; au nord, ils s'étendent sporadiquement jusque dans le bassin de la Vistule et dans le pays de Vilno; enfin, hors de l'Empire, ils peuplent la Galicie méridionale, et même, par delà les Carpates, trois comitats de la Hongrie du Nord. Tout cela fait environ 25 millions d'hommes, dont près de 20 millions chez le tsar de toutes les Russies.

Les Petits-Russiens, au milieu desquels vivent un million d'usuriers et ouvriers juifs, ont une certaine antipathie contre leurs frères grands-russiens, qu'ils surnomment les boucs (*Katzap*) à cause de leur longue barbe. Ils possèdent ce qui cimente une nation : grand nombre, vaste et fécond terroir, langue ayant des chants vivants, quelques livres, une histoire qui eut ses jours brillants, surtout ses jours sombres. Par malheur, établis sur le chemin de l'Orient à l'Occident, entre la mer Baltique et la mer Noire, c'est-à-dire entre le Nord et le Sud, coupés en grecs et en catholiques, en Russes, en Galiciens et en Hongrois, ils furent foulés aux pieds par beaucoup de maîtres; soumis à la Lithuanie, qui, débordée par eux, prit le petit-russien pour langue officielle; ils allaient peut-être dénationaliser leurs vainqueurs, quand ceux-ci s'unirent à la Pologne. Sans aucune importance en Hongrie, en lutte ouverte avec les Polonais sur le sol galicien, leur langue et leurs mœurs sont menacées sur le sol russe où déjà leur idiome est proscrit des livres, des brochures, des journaux, du théâtre. Les Russes auraient pu laisser à son destin cette espèce de patois d'oc du Grand Empire. Les chemins de fer, l'appel des métropoles, la

1. *Maloï*, mot russe, veut dire petit.

bourse, les affaires, les plaisirs, le cosmopolitisme, tueront infailliblement les sous-nations; quelques livres, beaucoup de chansons ne détourneront point le fleuve de l'avenir. Jasmin ne sauvera point l'agénois, ni Navarrot le béarnais, ni les félibres le provençal, ni tel grand poète pénétrant et splendide, la langue harmonieuse, touffue des Petits-Russiens, l'idiome du monde qui a probablement le plus de beaux et gracieux chants populaires. Qu'elle puisse ou non vivre longtemps à côté du grand-russien qu'on parle de Saint-Pétersbourg à Vladivostok, port baigné de flots qui près de là frappent le Japon, le petit-russien n'a pleine possession de lui-même que chez les Ruthènes de Galicie, Hongrie et Bucovine : là il vit dans une douzaine de journaux, des livres et brochures, et dans quatre chaires d'université, à Lwow.

Les Blancs-Russiens ou Bielo-Russiens[1], ainsi nommés, non de leur couleur de cheveux ou de peau, mais de leur costume clair, séjournent au nombre de 4 millions dans les provinces du haut Dniéper, sur le Niémen supérieur et vers les sources de la Dvina occidentale, dans Minsk, Mogilof, Smolensk, Grodno, territoire égal à la moitié de la France. Il n'y a pas de noms finnois dans leur pays, et comme cette contrée fut de tout temps d'accès pénible (elle l'est encore), qu'on y piétinait dans les boues les plus gluantes, qu'on y enfonçait dans les marais, qu'on s'y perdait dans les bois, qu'on s'y noyait dans la vase au passage de rivières diffuses qui ne sont ni courant ni marécage, il est probable que, peu visités, ils ont été peu mêlés, et qu'ils représentent les Slaves les plus purs. Leur dialecte parait tenir une place intermédiaire entre le grand-russien, le petit-russien et le polonais.

Les Polonais qui occupent la Pologne en foule compacte et ceux qui vivent dispersés, en petit nombre, chez les Lithuaniens et les Petits-Russiens, ferment le ban des Slaves de Russie, derrière lesquels on compte encore : de nombreux millions de Turcs et Tartares, des millions de Finnois, plus de 5 millions de Lithuaniens et Lettes, 2 millions de Finlandais, 1 500 000 Allemands, 2 500 000 Juifs; plus, des Mongols, des Géorgiens et autres « Caucasiens », des Circassiens, des Arméniens, des Persans, des Roumains, des Suédois, des Grecs, des Bulgares, des Serbes, etc.

Il y a dans tout l'Empire 72 millions de grecs, 10 millions de catholiques, 12 millions de mahométans, plus de 4 millions de protestants, 2 500 000 juifs, 600 000 arméniens, 500 000 païens.

1. *Biéloï*, mot russe, veut dire blanc.

La secte grecque, à laquelle presque tous les Russes portent une dévotion sincère, se distingue surtout du catholicisme en trois choses : elle ne reconnaît pas le Pape, elle rejette le Purgatoire, elle permet le mariage à ses popes ou prêtres, dont beaucoup sont d'ignorants et grossiers personnages devenus par héritage les ministres de Dieu, car la charge de sauver, d'édifier et de bénir passe souvent du père au fils. Elle aime le faste, les cérémonies, les pratiques, son carême est dur, son luxe de fêtes inouï, et le Russe qui fait honneur à tous les jours fériés chôme à peu près la moitié de l'année. Les temples grecs ont des coupoles dorées.

Sur l'uniformité russe, sur les plaines froides, les Steppes, les forêts, toujours les mêmes, habitées par les mêmes hommes de même foi grecque, parlant à peu près la même langue slave, cinq pays tranchent par leur originalité : la Pologne, les provinces Baltiques, la Lithuanie, la Finlande et la Crimée.

Pologne. Vistule. Polonais et Juifs. — Le nom de Pologne est le mot slave Polska, la plane, la plate, défiguré par nous, suivant notre maussade habitude. La Pologne, en effet, ne s'enfle en collines qu'au sud, en tirant sur Cracovie : là, le Lysa Gora ou Mont Chauve, sommet suprême, entre Radom et Kielce, se lève à 603 mètres seulement. Tout le reste du pays, champs, prés, bois, marais, est longue et large platitude.

La Pologne, fertile en grains, envoie presque toutes ses eaux à un fleuve central d'une portée de 750 mètres cubes par seconde, à la Visla, notre Vistule.

La Visla, qui court pendant près de 1100 kilomètres dans un bassin de plus de 19 millions d'hectares, descend des Beskides, bastion des Carpates élevé de 1500 mètres, et sépare Varsovie de son faubourg de Praga; puis elle s'accroît du double par la rencontre de la rivière où se sont mêlés plus haut le Boug, venu de Galicie, et la Naref, issue des forêts mouillées de Bielostok, d'Augustovo et d'Ostrolenka. Le Boug, très long, mais formé dans le centre du continent, sous un ciel de pluies rares, perd son nom devant la Naref, fort courte, mais coulant plus près de la mer, dans un bas pays, sur un sol de peu de pente qui ne chasse point avec impétuosité les eaux vers l'aval comme le font les gorges de montagne, qui les rassemble et les retient au contraire par une multitude de lacs

et de marais régularisateurs. Quand, sous les murs de Modlin ou Novo-Georgiefsk, place forte qu'on dit imprenable, quand la Naref rejoint la Vistule, elle a tout l'air de lui dicter des lois, elle la fait fléchir vers l'ouest, et le fleuve continue le cours de la rivière d'Ostrolenka. Une faible partie de la Pologne relève d'un cours d'eau du bassin de l'Oder, de la Warta, dont les flots naissants passent près du sanctuaire de Czenstochowa, où Notre-Dame de Jasna Gora [1] a vu s'agenouiller devant elle des millions de pèlerins polonais ou tchèques.

Il y a deux cents ans, les Polonais dominaient sur la Pologne actuelle, la Posnanie, une part de la Silésie, la Poméranie, la Prusse Orientale, la Galicie, la Lithuanie, les provinces Baltiques, la Volhinie, la Podolie et l'Oukraine; leur aristocratie téméraire, toujours à cheval, injuste et dure au pauvre monde, commandait de l'Oder au Dniéper, de la Baltique aux Steppes de la mer Noire. C'était alors le premier des peuples slaves.

Les discordes perdirent cette brillante nation : « Deux Polonais, trois partis! » D'ailleurs leur Empire n'avait rien d'homogène : l'ouest y était polonais, le nord-est lithuanien, le sud et le sud-est malo-russe, et les gens de langue polonaise ne formaient guère que le tiers des 12 500 000 habitants qu'avait alors l'État, sur environ 800 000 kilomètres carrés.

Partagé par trois fois, à la fin du siècle dernier, entre la Prusse, l'Autriche et la Russie, ce peuple est mort comme puissance politique, mais dans ce qui était autrefois l'âme du Royaume, dans la Pologne polonaise, il survit avec ses traditions, ses regrets, ses espoirs, sa religion catholique, sa langue virile et dure, le plus développé des idiomes slaves et celui qu'ont illustré le plus de doux ou de mâles poètes. Le domaine de ce vivant langage ne s'arrête pas à la seule Pologne russe, il s'étend au loin sur de vastes pays obéissant de force aux trois assassins de la nation : on parle polonais dans une part de la Prusse Orientale, de la Posnanie, de la Silésie (Prusse); dans une portion de la Silésie autrichienne et dans toute la Galicie septentrionale (Autriche); enfin, mais par familles disséminées, dans l'ancienne Lithuanie et le bassin du Dniéper jusqu'à Kief. Cela fait 10 à 12 millions d'hommes.

127 511 kilomètres carrés, 7 320 000 habitants ou 58 hommes par 100 hectares, à cela se borne ce qui garde encore officiellement le nom de Polska.

---

[1] Jasna Gora, c'est Belle Montagne, Clair Mont, Montclar.

Sur ces 7 320 000 personnes, il y a 5 bons millions de Polonais, 1 million de Juifs, 550 000 Russes, presque tous Malo-Russiens, 400 000 Allemands, 250 000 Lithuaniens. Les Polonais occupent l'ouest, le centre, le sud, sur Vistule et Warta ; les Malo-Russiens, le sud-est, sur le Boug ; les Lithuaniens, le nord-est, sur le Niéman ; les Allemands vivent surtout dans les villes d'industrie, et les Juifs sont partout.

Les dix fois cent mille Juifs, le septième de toute la caste, croissent ici singulièrement. Comme partout ailleurs, ces cosmopolites faits à tous les soleils, à toutes les langues, augmentent plus vite que le peuple qui les presse. Si les proportions d'accroissement se maintiennent, quand l'an deux mille brillera sur nos arrière-neveux, la moitié de ce peuple dit slave descendra du pasteur chaldéen béni par Melchisédech ; ou plutôt — car tous les Israélites n'ont pas Abraham pour père — la secte, la classe juive fera la moitié de la Pologne. Ces

Une route en Livonie. — Dessin de d'Henriet, d'après nature.

Hébreux baragouinent un affreux patois allemand et parlent en même temps toutes les langues, tous les charabias du pays, ou du moins ils les bégayent assez pour acheter et pour vendre, en trompant acheteur et vendeur.

Provinces Baltiques : Ehstonie, Livonie, Courlande. — Les trois provinces Baltiques, ayant ensemble un peu moins de 9 millions et demi d'hectares, entretiennent 2 200 000 habitants, 23 à 24 au kilomètre carré. Elles tiennent leur nom commun de leur situation sur la moins salée des expansions salines, la Baltique, où va leur maître fleuve, la Dvina occidentale, Zapadnaïa Dvina, que les Allemands nomment Duna, et les Lettes Dangava : on estime à 500 mètres par seconde la portée moyenne de la Dangava, sa longueur à un peu moins de 1000 kilomètres, son bassin à un peu plus de 8 millions et demi d'hectares.

Froid pays, d'une monotonie lugubre en saison mauvaise. Il descend moins de rayons de soleil que de flocons de neige sur ses marais, ses tourbes, ses lacs, ses étangs, ses prairies, ses forêts où séjournent encore le loup, l'ours et l'élan.

Dans cette contrée toute blanche en hiver, les gens de la ville n'ont point les mêmes ancêtres, les mêmes coutumes, la même langue, que le menu peuple des champs, et ils ne font pas les mêmes vœux : ils sont Allemands, tandis que les paysans sont Lettes, Lithuaniens ou Ehstes. Les Germains, solide aristocratie, ont ici les trois puissances : l'argent, grâce au commerce, l'instruction, les terres, car c'est surtout à des Allemands que ce sol appartient.

125 000 à 160 000, suivant que le calcul est fait par un Slave « mangeur d'Allemands » ou un Allemand « mangeur de Slaves », il y a au moins et au plus ce nombre de Germains dans les trois pays, soit du quatorzième au dix-septième de la population : trop peu pour qu'il soit séant de suivre l'usage qui leur donne aussi le nom de provinces Allemandes : à Riga même, au centre du Germa-

Baie de Sébastopol. (Voy. p. 94.) — Dessin de Weber, d'après une photographie.

nisme baltique, l'élément teuton ne fait que les $\frac{2}{5}$ de la ville.

Pour en revenir aux vrais peuples de cette contrée, les Lettes ou Lettons, qui se donnent le nom de Latvis, ont pour grandes cités Riga et Mitau, par eux appelée Jelgava. Onze à douze cent mille est à peu près leur nombre, sur un terroir de plus de 6 millions d'hectares comprenant le sud de la Livonie, la plus grande part de la Courlande ; plus,

en dehors des provinces Baltiques, quelques villages du gouvernement de Kovno et le nord-ouest du gouvernement de Vitebsk, sur la rive droite de la Dvina occidentale à partir de Drissa. Leur langue, l'une des plus archaïques parmi les idiomes aryaques, ressemble au lithuanien, plus vieil et plus bel encore, au moins autant que l'italien au latin ; il a moins de formes, et des formes moins franches. Les Ehstes, de race et de langue finnoise, frères des Finlandais, dont les sépare le golfe de

Finlande, peuplent ce qu'ils appellent le Maa Mees[1], qui comprend l'Ehstonie, le nord de la Livonie et quelques campagnes des gouvernements de Saint-Pétersbourg, de Pskof, de Vitebsk. Leurs deux grandes cités sont Revel, port de mer, qu'ils appellent Harria, et, dans l'intérieur, Dorpat, ville universitaire qu'ils nomment Tarto. Au nombre de 800 000, ils ont une langue proche parente du finlandais, et comme lui trop abondante en voyelles ; ce qui manque à l'une et à l'autre, c'est une solide ossature de consonnes. Cette langue dormait, parlée des paysans, des manants, des mendiants ; les villes préféraient l'allemand, idiome du pouvoir, du commerce, du bon ton, des écoles ; elle s'est réveillée, elle a ses journaux, ses écrivains, ses professeurs, voire ses paladins ; le lette aussi.

Des trois provinces, l'une, l'Ehstonie, doit son nom à un peuple finnois fier de renaître ; l'autre, la Livonie, s'appelle ainsi des Lives, peuple qui va mourir ; la troisième, la Courlande, était le pays des Coures, peuple mort. Les Lives ne sont plus que 2400, et justement pas en Livonie, mais en Courlande ; ils font douze hameaux de marins et de pêcheurs, sur la rive du golfe de Riga, près du cap Domesnæs. Excellents hommes de mer, race vigoureuse, gens de bonne taille, joyeux d'être Lives, ils se donnent le nom de Randalist, autrement dit Littoraux, ou de Kalamied, ce qui signifie pêcheurs. A côté de leur live, dialecte finnois, ils ont le lette pour langue « utile », hors de la famille, à l'église, à l'école.

Deux îles, Œsel et Dagœ, flanquent à l'ouest le littoral ehstonien : Œsel, en ehste Kourelaar, a 50 000 Ehstoniens sur 500 000 hectares ; Dagœ, bien plus petite (112 200 hectares), rappelle par le langage suédois de la moindre partie de ses 12 000 insulaires l'époque où cette mer, ces îles, ces provinces, et d'autres encore, obéissaient au vaillant peuple qui habite la rive opposée de l'Œster Sjœn[2] ou mer Orientale : c'est une île basse, en prairies, forêts et marais.

Lithuanie et Lithuaniens : la plus belle de nos langues. — Au sud de la Courlande, l'ancienne Lithuanie confondit son histoire avec celle de la Pologne, à partir de l'union que les deux pays scellèrent en 1411, puis en 1569. Le lithuanien y est l'idiome du peuple, le polonais celui d'une foule de citadins, de nobles, de propriétaires ; et de la Lithuanie la Pologne a reçu son plus noble

[1]. Mot à mot : notre pays.
[2]. Nom suédois de la mer Baltique.

défenseur, Kosciusko, son plus grand poète, Miçkiewicz.

Le pays où l'on parle encore lithuanien s'est quelque peu rétréci, cette langue n'ayant jamais eu puissance officielle, ni quand les Lithuaniens régnaient sur les Malo-Russiens et balançaient jusque devant Moscou le naissant destin des Grands-Russes, ni lorsqu'ils se furent alliés, à forces égales, avec les Polonais. Le lithuanien a disparu de Memel et on ne l'emploie plus guère à Tilsit ; mais il semble que ce plus noble de tous nos langages a cessé de reculer, et que les deux millions d'hommes dont il est le splendide héritage commencent à l'aimer et à le défendre.

Il règne en Russie, en Pologne, en Allemagne ; — en Russie, dans le gouvernement de Kovno, dans une partie de celui de Vilno, dans des districts de Vitebsk, de Minsk, de Grodno et dans un petit coin de la Courlande ; — en Pologne, dans le nord de la province de Suwalki ; — en Allemagne, dans le nord-est de la Prusse Orientale. Son territoire est limité par une ligne qui part de Labiau (Prusse), au nord-est de Kœnigsberg, passe près de Grodno, à Dunabourg, et finit sur la Baltique à Libau. Il a pour cité majeure Kovno ; pour grand fleuve le Niéman, courant de plus de 500 mètres de portée moyenne, qui, long de 800 kilomètres, déverse un bassin d'au delà de 9 millions d'hectares. Hors du pays où on le parle, mais sur le domaine de l'ancienne Lithuanie, dans le gouvernement de Grodno, la forêt de la Tour-Blanche (Bielo Vieja) couvre 220 000 hectares sur le plateau d'où descend la Naref : forêt comme celle du temps jadis, solitaire, profonde, noire, infinie ; on la laisse debout, dans sa vieille majesté, par ordre supérieur, et le bison y vit encore, ce bœuf antique disparu partout ailleurs de l'Europe.

La langue parlée dans la Liatouva[1] par les Liatouvininkas[2] est le moins pourri de tous les idiomes aryaques de l'Europe. Elle a tant de ressemblances de mots et de formes avec le sanscrit vénérable qu'on a pu faire des phrases lithuaniennes avec du sanscrit, comme, dit-on, des phrases portugaises avec du latin. Ainsi quand, de siècle en siècle, les « civilisés » oubliaient le verbe des ancêtres, tandis que, toujours émoussant, ils menaient nos verbes à la noble simplicité du *sabir*, les Lithuaniens, ruraux longtemps païens, restaient fidèles à l'idiome poétique, plastique, sonore, opulent, touffu de notre race à son adolescence.

[1]. Nom lithuanien de la Lithuanie.
[2]. C'est ainsi que se nomment eux-mêmes les Lithuaniens.

Église Saint-Vasili sur la Place Rouge, à Moscou. — Dessin de Thérond, d'après une photographie.

Finlande. — Suomemaa ou Terre des Marais (?), les Suomenlaïseth ou Finlandais nomment ainsi leur patrie, que nous appelons, nous, Finlande, d'après les Suédois qui régnèrent sur ce pays du milieu du douzième siècle au commencement du dix-neuvième, après en avoir converti les habitants du paganisme au catholicisme, lequel, en son temps, fit place au luthéranisme.

Elle donne sur la rive orientale de la Baltique, appelée Ita Meril par les Finlandais, et lui oppose un brise-lames de skæren comme la Suède, un skjœrgaard comme la Norvège.

Sur 37 360 000 hectares, les forêts en occupent plus de 21 millions, et les lacs, innombrables, 4 800 000 ; 10 millions sont aux terres vagues qu'on pourra forcer à produire, ou à ce qui ne produira jamais malgré la douceur comparative du climat que la Finlande doit, entre autres causes, à l'étendue, à la toute présence de ces lacs. Roches dures et plateaux de mousse du Nord ; selkæ ou dos de pays, suivant l'expression finlandaise qui désigne ainsi les « hauteurs des terres », hauteurs d'ailleurs modestes puisque, en dehors de la Laponie, nulle ne monte à 350 mètres ; blocs erratiques isolés ou assemblés, tourbières, marécages, vastes landes, aucune de ces natures de sol ne promet d'opulentes moissons à cette contrée où toutefois le blé croît jusque vers le 68e ou le 69e degré de latitude, c'est-à-dire au delà même du Cercle polaire !

Parmi les lacs qui font le huitième de la Finlande et qui, dans le Sud, l'emportent presque en étendue sur les terres, le plus ample est une vasque de granit de 176 000 hectares que de grandes conques annexes portent à 776 000 ; c'est le Saïma. Le Vuoxen en sort, puissante rivière de 400 mètres de largeur en un bassin de 6 417 000 hectares, et peu après, sur sa route vers le lac Ladoga, il descend par le terrible rapide d'Imatra : là, poussé par sa pente, il entre dans un couloir de 40 mètres de large, et, sur 325 mètres de longueur, il y descend de 21 mètres ; avant l'entraînement des ondes et jusqu'au sommet du koski[1] c'est un calme Niagara bleu, celui des Canadiens étant vert, puis c'est un tonnerre, un blanc cyclone, un passage orageux de souffle et d'écume ; à cinq ou six kilomètres en aval, autre rapide, autre écume, autre rumeur, aux deux larges bras du Wallinskoski, presque aussi beau que l'Imatra lui-même.

Des 2 111 000 hommes qui vivent en Finlande, 1 800 000 environ sont des Finlandais, 300 000 sont des Suédois ; les milliers qui restent se divisent entre les Russes, les Allemands, les Lapons et les « étrangers ». Après avoir lentement gagné sur le finlandais pendant plus de six cents ans, le suédois, qui était la langue de la noblesse, de la bourgeoisie, de la politique, de la poésie, de la littérature, de la science, commence à reculer devant ce qui fut longtemps le jargon méprisé des petites gens, le gloussement de la paysannerie. Les deux grandes villes, Helsingfors (46 000 habitants), et Åbo (24 000 habitants), celle-ci l'ancienne capitale, celle-là la nouvelle, appartiennent presque entièrement à l'idiome suédois, lequel règne çà et là sur le littoral, en bande étroite, surtout le long de la rive qui regarde la vieille métropole, la Suède, à l'ouest, sur la Baltique ; les îles aussi lui appartiennent, notamment les Åland, archipel d'îles et d'îlots de granit plus voisins de la Scandinavie que de la Finlande et périodiquement réunis à la côte scandinave par les épaisses glaces de l'hiver.

La triomphante rivale du suédois, la langue finlandaise, a son grand poème, idyllique, enfantin, charmant, le Kalevala, souvenir des temps très antiques ; elle est fort douce, presque trop riche en voyelles, en diphtongues, avec trop peu de consonnes : on dirait le taïtien ou tout autre langage des aimables Polynésiens, mais avec des mots bien plus longs, le finlandais étant de la classe des idiomes agglutinants ou agglomérants qui entassent les idées et nuances d'idées dans des termes d'une étrange longueur. Cousin de langages parlés en Russie et en Sibérie par les plus misérables peuplades, frère de l'ehstonien, parent de la langue des fiers Magyars, le finlandais est un idiome finnois, et le peuple auquel il sert d'organe fait partie de cette race finnoise ou tchoude qui a perdu d'immenses domaines devant la poussée des Slaves ; mais les Finlandais ne sont pas plus purs que les autres nations : il coule beaucoup de sang slave et de sang scandinave dans leurs veines ; plus, peut-être, le sang de vingt nations perdues dans l'obscurité des origines.

Déjà le nombre des journaux finlandais (42) double presque le nombre des journaux suédois (26) publiés dans le Grand-Duché de Finlande ; — tel est le nom officiel de ce pays, qui jouit d'une autonomie parfaite au sein du massif Empire ; — et une feuille en cette langue mollement harmonieuse paraît aux États-Unis, dans le lointain Michigan, à Calumet : faible écho d'une petite Finlande vouée à la mort prochaine.

---

1. Mot finlandais : chute, rapide.

Pope russe. — Dessin de A. de Neuville, d'après une photographie.

Crimée. — Si l'isthme de Pérékop, peu large et point élevé, s'effondrait quelque part, la Crimée serait une île; grâce à cette langue de terre, le Sivach et la mer Noire n'en peuvent faire qu'une presqu'île d'un peu plus de 2 millions et demi d'hectares.

C'est le Sivach ou mer Putride qui la sépare, au nord, du continent russe; et, à l'est, le détroit de Kertch, issue du Don et de la mer d'Azof dans le Pont-Euxin. Dans ce détroit de Kertch passe un flot vif et beau, mais le Sivach est une eau laide, un étang sans profondeur rudoyé par les vents, qui sent mauvais dans la saison des eaux basses et où l'évaporation laisse de vastes couches d'un sel inépuisable; sans la flèche d'Arabat, étroite levée de 113 kilomètres de longueur, il n'aurait plus d'existence indépendante, il reviendrait ce qu'il fut avant que l'arène, le flot, le vent eussent élevé la digue effilée: un golfe de la mer d'Azof, avec laquelle il ne communique, tout au nord, que par un passage de moins de 150 mètres de large, semblable à nos graus du Languedoc, comme la flèche d'Arabat est pareille à nos cordons littoraux.

La Crimée est le piédestal du Tchatir Dagh (1661 mètres), chaîne calcaire qui plonge sur la mer Noire, à la côte du sud, entre le détroit de Kertch et la glorieuse Sébastopol (26 000 habitants): glorieuse pour le Russe autant que pour le Français. Le nord, le centre de la péninsule sont plats, steppeux, sans grâce et fraîcheur, sans animation, sans beauté. Et, vers l'isthme, le ciel des terres basses ne vaut guère mieux que l'excessif climat du bas Dniéper et du bas Don, voisins de la Crimée; tandis qu'au pied méridional de la montagne, entre sa falaise et la mer profonde, le soleil est chaud comme à la Corniche de Provence, le flot bleu, les plantes infiniment brillantes et diverses, de l'olivier, du laurier au pin maritime et aux arbres puissants de nos forêts de zone tempérée: dans les vallons bien abrités la moyenne de l'année monte à plus de 12° et demi; pour la Russie, c'est une merveille.

275 000 à 300 000 personnes vivent dans la presqu'île, autrefois turque par le langage et l'origine de ses habitants. Autrefois veut ici dire: dans la première moitié de notre siècle. La Crimée appartient à peine depuis cent ans à l'Empire[1], et jusqu'en 1855 les Turcs y avaient la très grande majorité. Ces Turcs ou, comme on dit, ces Tartares de Crimée, ces Nogaïs, race fort honnête et bonne, bien rustique, bien laborieuse, ont déserté par foules après la guerre de Crimée, pour aller trouver, croyaient-ils, le bonheur, l'équité, la fraternité chez leurs cousins les Turcs Osmanlis, dans le sultanat du Commandeur des Croyants. Véliko-Russes, Malo-Russes, Bulgares, Grecs ont pris leur place, et là aussi la Slavie dévore autour d'elle; elle réclame aujourd'hui les deux grands tiers, peut-être les trois quarts des Criméens.

Croissance des Russes. — Ce qui se passe en Crimée se passe dans tout l'Empire, aussi long et aussi large qu'il est. Partout le Slave envahit, par ses villes de marchands, ses villages de paysans, ses stanitsa de Cosaques; partout ou presque partout, il presse, il étouffe l'allophyle et l'allophone. Pas de vallée perdue dans la plus lointaine Asie du Nord, pas de cirque englouti dans un remous de gigantesques montagnes, qui ne voie, dès le lendemain de la conquête, des Slaves se mêler à ses Turcs, à ses Mongols, à ses Finnois, des colons à ses nomades ou à ses sédentaires, des chrétiens à ses musulmans, bouddhistes ou païens. Et ici le Slave c'est le Grand-Russien, par la raison qu'en tout pays de colonisation la langue métropolitaine ne laisse jamais vivre autour d'elle les langues moindres ou les patois de la nation: nul dialecte n'a pris racine aux États-Unis à côté de l'anglais littéraire, et le gascon, le breton, le wallon, l'auvergnat, l'alsacien sont morts en Algérie avant même que d'y être nés.

La Russie peut aisément suffire à cette immense colonisation: les hommes, les enfants surtout y meurent en foule, par la faute des gens et non par celle du climat, mais les naissances comblent plus que surabondamment les vides. En 1880, la seule Russie-Sibérie, sans la Pologne, sans la Finlande, sans le Caucase, sans l'Asie Centrale, a jeté dans la balance de ses destinées 5 858 875 naissances contre 2 816 621 décès; elle a donc gagné 1 042 252 personnes, assez pour mépriser à la fois le vain étalage de l'Angleterre et la fausse grandeur de l'Allemagne.

Villes. — Neuf villes russes ont plus de cent mille âmes.

Saint-Pétersbourg (929 000 habitants) fut fondée en 1703 par Pierre le Grand, près du golfe de Finlande, au bord de la Néva, libre en moyenne pendant 218 jours de l'année, glacée durant 147. Bâtie

---

[1]. Depuis 1787.

sur un froid marais, dans une contrée maussade, moins à cause de son beau fleuve que pour menacer la Suède dans la Finlande, cette métropole, de plus en plus extérieure à mesure que les Russes conquièrent l'Asie, fut un défi à la nature quand il fallut enraciner ses palais dans le marécage; et encore aujourd'hui, lorsque les vents d'ouest refoulent les flots du golfe de Finlande, la Néva rejetée vers l'amont sort de son lit et menace la ville dans son existence même. Saint-Pétersbourg a les beautés et les monotonies d'une cité régulière, des rues larges comme des boulevards, des places qui sont en hiver des Sibéries, des maisons de granit massives comme des casernes. A quelque distance, sur un rocher du golfe, Cronstadt (48 000 habitants) est un grand port de guerre.

La « sainte » Moscou (751 000 habitants), tendrement nommée par les Russes Moskva matouchka, « la petite mère Moscou », la « ville aux quarante fois quarante clochers », occupe les deux rives d'une rivière qui ne serait pas grande en France, qui l'est encore moins en Russie, la Moskva, gelée en moyenne pendant 152 jours sur 365. Plus vaste que Paris, trois fois moins peuplée, elle

Saint-Pétersbourg : le palais d'Hiver. — Dessin de G. Moynet.

gravite autour du Kreml ou Kremlin, qui est le grand monument national, en même temps forteresse, église métropolitaine, monastère, palais et caserne. Des clochers aux dômes dorés ou peints de ses trois cent cinquante à quatre cents églises, on voit des cabanes, des palais, séjour de la noblesse en hiver, des champs, des terres vagues, des étangs, des bois, des jardins, la ville mêlée au village, et la campagne à la ville. Moscou est le centre de la Russie, comme aurait pu l'être aussi bien ou mieux Nijni-Novgorod; c'est le « saint des saints » de l'Empire, l'autel de la patrie, la ville russe par excellence, bien plus que Saint-Pétersbourg, européenne et cosmopolite.

Varsovie[1] (406 000 habitants), sur la Visla (Vis-

[1]. En polonais Warszawa (prononcez Varcháva).

tule) aux flots terreux, est l'âme de la Pologne : de toutes les cités maîtresses d'Europe, nulle ne se rapproche autant du centre de la partie du monde.

Odessa (217 000 habitants), port de la mer Noire, ville toute nouvelle, qui n'a pas cent ans, exporte d'immenses quantités de grains. Si Lisbonne se vante vainement de tirer son origine d'Ulysse, le nom d'Odessa est bien celui de l'astucieux navigateur; cette cité monumentale, bâtie à la lèvre du Steppe, s'appelle ainsi d'une ancienne colonie grecque de ce rivage qui portait le nom du héros : en grec Odusseus.

Riga (169 000 habitants), sur la Dvina occidentale, à 12 kilomètres de son embouchure dans le golfe de Riga, achète et vend pour les provinces Baltiques, dont c'est le port principal.

Kazan (154 000 habitants) est une ancienne capitale tartare voisine du confluent de la Volga et de la Kama.

Kichinof (130 000 habitants) s'appelle en réalité Kissinon, comme la nomment ses plus nombreux citadins, gens de race roumaine ainsi que la plupart des hommes de la province où commande cette ville[1]. Peu de cités, même en Russie, ressemblent autant à un village « extravagant » fait de chaumières.

Kharkof (128 000 habitants) borde un affluent de la Donets.

La Place Catherine à Odessa. — Dessin d'Hubert Clerget, d'après une photographie.

Kief (127 000 habitants), la « Mère des cités russes », la ville sainte des Malo-Russiens, est visitée par des pèlerins innombrables. Sa magnifique situation aurait pu, pourrait encore en faire la capitale des Slaves si la Slavie n'avançait point à pas de géant vers l'est, reléguant ainsi la vieille cité dans l'occident des terres slavonnes : Kief, sur son grand Dniéper, est chez les Petits-Russiens, non loin des Polonais, entre l'immense nation des Grands-Russiens et les petits peuples slaves de l'Autriche et de la Turquie, qui, réunis, sont aussi une grande nation.

Saratof (110 000 habitants) est sur la basse Volga.

Viennent ensuite : Vilno (90 000 habitants), jadis métropole de la Lithuanie, sur la Vilia, tributaire du Niéman ; — Orel (77 000 habitants), sur l'Oka, dans la Russie centrale ; — Rostof (71 000 habitants) ; sur le Don tout à fait inférieur ; — Nikolaïef (66 000 habitants), grand chantier de construction sur l'estuaire du Boug, etc.

1. La Bessarabie.

Le Brocken (Voy p. 98.) — Dessin de Stroobant, d'après nature.

ALLEMAGNE

Monts du Sud. Plaine du Nord. — L'Allemagne, en allemand Deutschland, donne au nord sur une mer presque fermée, la Baltique, et sur une mer ouverte appelée en langue germanique la mer Teutonne (c'est notre mer du Nord); au sud, elle touche à l'Adriatique, qui mène à la Méditerranée; elle est reliée à l'Orient hongrois, slave et roumain, et presque à l'Asie, par le cours du Danube; elle rattache l'Europe latine à l'Europe slave.

Un peu plus grande que la France depuis qu'elle a gagné l'Alsace-Lorraine que nous avons perdue, elle nourrit, d'après le recensement de 1880, 45 254 000 personnes sur un peu plus de 54 millions d'hectares[1]: soit 84 personnes par kilomètre carré, tandis que la France n'a que 71 habitants par 100 hectares. L'Allemagne est donc beaucoup plus peuplée que notre pays, quoique moins fertile, sous un climat bien moins indulgent.

Vue de haut, elle se relève au sud vers les Alpes, tandis qu'au nord elle s'abaisse vers la mer par une plaine immense que l'Océan recouvrirait s'il montait seulement de 150 mètres. Entre la plaine et les Alpes ondulent des montagnes moyennes. « Le haut mont, le mont bas et la plaine se suivent en Allemagne, du sud au nord, comme l'ode, l'idylle et la prose. »

[1]. Exactement 54 077 500.

Les géants des Alpes sont à la France, à la Suisse et à l'Italie. Moins élevés, les bastions qui dressent au sud de l'Allemagne une énorme barrière entre les Germains et les Italiens ont aussi leurs créneaux dans la froidure éternelle : l'Ortler, l'Œtzthal, le Stubaier, les Haut-Tauern que domine l'obélisque du Gross-Glockner, tous ces gneiss, schistes, micaschistes et granits dépassant 3000 mètres, montant presque à 4000, ont dans leurs replis des fleuves de glace issus de grands névés; mais ils ne relèvent plus de l'Allemagne, ils appartiennent à l'Autriche depuis qu'ils ont quitté la Confédération germanique après la boucherie de Sadowa, et ce sont maintenant les Alpes bavaroises qui possèdent les pics culminants de l'Allemagne : le plus haut de tous, la Zugspitze, s'élance à 2957 mètres.

Les chaînes de l'Allemagne centrale ont deux fois moins d'élévation que les Alpes bavaroises ; la plupart n'arrivent pas même à 1000 mètres, et une seule, la chaîne des Géants ou Riesengebirge, d'où descend l'Elbe, dépasse 1500. Monts gracieux, de roches diverses, bien différents des cimes stériles des Alpes d'où les rochers brisés s'écroulent en avalanches, aucun ne porte la blanche hermine de neige éternelle.

La Forêt-Noire ou Schwarzwald (1494 mètres), à la droite du Rhin, aux sources du Danube, a de splendides sapinières. L'Odenwald continue la Forêt-Noire, au delà du Neckar, jusqu'au Mein. Le Spessart, à demi cerné par un grand coude du Mein, est un temple de la nature : même dans l'Allemagne, ce pays des forêts admirables, il n'y a pas de bois de chênes et de hêtres comparables à ceux qui parent cet humble massif de 615 mètres. Entre Mein et Weser, le Rhœne (950 mètres), fait de basaltes, étonne par sa stérilité d'airain. Le Vogelberg (772 mètres), voisin du Rhœne, est un autre amas de montagnes désolées, et l'une des plus grandes masses de basalte qu'on connaisse ; sur la rive gauche du Rhin, les monts de l'Eifel, volcans éteints, montrent d'anciens cratères changés en lacs.

Dans le centre de l'Allemagne, la Forêt de Thuringe ou Thuringer Wald (984 mètres), aux sources de la Weser, est l'Arcadie allemande ; le Harz, seul et droit dans la grande plaine, a pour tête le fameux Brocken (1141 mètres); la Chaîne des Pins (Fichtelgebirge), d'où le Mein descend, lève ses granits et gneiss jusqu'à 1065 mètres ; la Chaîne des Métaux (Erzgebirge) atteint 1275 mètres ; elle forme un des murs d'enceinte de l'immense forteresse de Bohême, ainsi que la Forêt de Bohême (Böhmer Wald) : celle-ci (1455 mètres), sous un ciel humide, est comme une petite Californie ayant des arbres géants, des conifères qui portent la tête à 45, à 50 et jusqu'à 60 mètres de haut. Une autre muraille de la Bohême, la Chaîne des Géants (Riesengebirge), couvre la Suisse saxonne de ses superbes falaises et de ses monts cubiques : la Schneekoppe y monte à 1601 mètres.

Tout au nord-est de l'Allemagne, à ses frontières avec le Grand Empire, en Prusse Orientale et en Poméranie, le Plateau des Lacs (Seenplatte), haute plaine bien plus que montagne, n'en a pas moins ses beautés, lacs tranquilles, profondes forêts, horizons voilés et bornés, blocs erratiques, harmonies du vent dans les pins : nature intime et triste sous le plus dur climat du Deutsches Reich [1].

Des monts moyens à la mer fuit, à des cent et des cent kilomètres, la grande plaine allemande qui s'unit vers l'est à celle de la Russie, vers l'ouest à celle des Pays-Bas et de la France du Nord. C'est par l'ampleur, et en même temps par la « bassesse » de ce froid et monotone *campo* que l'Allemagne n'a que 213 à 214 mètres de moyenne altitude, presque deux fois moins que la France, malgré tant de massifs, de chaînes, de chaînons, de plateaux. Autour de lacs boisés, à la lisière de puissantes forêts, au pied des dunes cimentées par les pins, au bas des collines que relève leur isolement dans l'uniforme étendue, des paysans vaillants cultivent la plaine germanique ; ils lui arrachent tout ce qu'il en peut sortir, mais tout leur travail les fait vivre à peine et ne les enrichit point : pourtant elle nourrit autant d'hommes que si elle était fertile, et ses habitants, grâce à leur ville de Berlin, dominent plus que jamais l'Allemagne.

Cependant, de toutes les tribus de la « terre si merveilleusement belle sous sa verte couronne de chênes », de tous les peuples du Deutschland, ceux qui vivent dans ces vastes sables (où ne manquent point les grasses vallées, les bonnes prairies, les plantureux marais exondés) sont évidemment les Deutsch qui ont le plus de sang étranger dans leurs veines. En certains cantons de la rive gauche de l'Elbe, le polabe, langue slave, a retenti jusqu'à l'aurore de ce siècle.

Fleuves allemands : Elbe, Rhin, Danube. — Les côtes allemandes, mal taillées, n'offrent qu'une île de quelque grandeur, Rügen, en Baltique, vis-à-vis de Stralsund.

Craie tourmentée par la mer, qui peu à peu la

[1]. Royaume, empire allemand.

démolit, Rügen s'en va, déchiquetée en presqu'îles, en îlots, en écueils. On y parla le wende, dialecte slave, mais depuis cinq cents ans l'allemand seul y résonne : en 1404 mourut l'antique idiome, avec la dernière vieille qui ne l'eût point oublié.

Sur la côte de la Baltique des fleuves inégaux débouchent dans des « haff », estuaires séparés de la mer par des « nehrungen » ou flèches sablonneuses et ne communiquant plus avec elle que par d'étroits passages. Le Niéman ou Memel, rivière bien plus russe et lithuanienne qu'allemande, entre en plusieurs bras, sous Tilsit, dans le Kurische Haff ou Haff de Courlande (162 000 hectares) qui a son grau devant Memel : dans sa nehrung, dune déboisée, les « monts marchent » comme en Arvert[1]. La Pregel, rivière de Königsberg, et surtout

Rügen : falaises du Kœnigssthul. — Dessin de Taylor, d'après une photographie.

la Weichsel — nom allemand de la Visla ou Vistule — comblent de rapides alluvions le Frische Haff (85 900 hectares) qui s'ouvre à Pillau sur la Baltique ; de même l'Oder rétrécit insensiblement le Grand Haff ou Haff de Stettin, qui se verse à la mer par trois graus. L'Oder, long de plus de 900 kilomètres dans un bassin de 4 500 000 hectares, descend d'une montagne morave : ses sources sont donc autrichiennes ; elle voyage au milieu de campagnes polonaises jusqu'à sa rencontre avec la Neisse, baigne Breslau, et gagne le Grosse Haff en aval de Stettin ; son maître affluent, la Wartha, rivière de plaine, reste plus longtemps chez les Polonais, jusque dans le voisinage de son embouchure.

Sur la mer du Nord, qui a des marées, qui est violente, nulle nehrung n'a bouché les estuaires des fleuves ; ses flots orageux ne permettent pas

1. Avant que dans la presqu'île saintongeaise de ce nom les dunes fussent fixées par le pin, on disait que les « monts marchent en Arvert ».

aux vents, aux alluvions, aux galets, aux sables, de construire des cordons littoraux; elle détruit au contraire ici ses côtes basses, comme elle le fait sur le rivage de Hollande qui continue celui de Teutonie; et l'ancienne côte est indiquée par une ligne d'îles rongées, mais, tout comme le Néerlandais, l'Allemand essaye de garantir le sol menacé, de ressaisir le sol perdu.

Le rocher de la Lorelei. (Voy. p. 102.) — Dessin de R. P. Leitch.

L'Elbe, artère centrale de l'Allemagne, gagne la mer du Nord en aval de Hambourg, après un cours de plus de 1150 kilomètres dans un bassin supérieur au quart de la France (14 333 000 hectares). Elle sort toute faite de la Bohême, vive, mais trouble, avec une portée moyenne de 150 mètres cubes, par de superbes défilés dans des montagnes de grès; elle serpente devant Dresde et pénètre dans la grande plaine. Au loin dans la mer, en face de son estuaire, Helgoland, île anglaise, veille jalousement sur la côte allemande; mangée par les flots comme Rügen, et plus que Rügen, cette île est devenue un îlot de grès bigarré, vaste de 1400 hectares à peine, une haute et sublime

La Forêt-Noire. — Dessin de W. H. J. Poot.

falaise : « campagne verte, falaise rouge, rivage blanc, c'est Helgoland ».

Un autre fleuve de l'Allemagne centrale s'ouvre également en face d'Helgoland, la Weser, qui a pour branche mère la Werra, et qui, vers Minden, passe de la variété des montagnes à la monotonie de la plaine. Son grand port, assez avant dans les terres, Brême, a, comme Hambourg, embarqué déjà bien des centaines de milliers d'émigrants pour la dévorante Amérique. Très inférieure à l'Elbe, la Weser, longue d'un demi-millier de kilomètres, n'égoutte pas 5 millions d'hectares.

Le Rhin (1320 kilomètres) ne prend pas sa source

au pied du mont Adule, entre mille roseaux.

Fils des glaciers, petit-fils des névés, la Suisse le transmet déjà large et rapide à l'Allemagne, épuré par le lac de Constance et splendidement vert. Lorsque, au détour de Bâle, il devient tout à fait germain, depuis que l'a voulu l'infidèle Victoire, il marche droit devant lui, jadis très ample, tout en bras et en îles, mais de plus en plus étouffé par un corset de digues; il va dans la magnifique plaine d'Alsace et Bade, entre Vosges et Forêt-Noire.

Puis, emportant avec lui deux belles rivières allemandes, le Neckar de Souabe et le Mein de Franconie, il se fraye au-dessous de Mayence un passage héroïque à travers des monts d'ardoise. Cette « percée du Rhin » avec ses ruines sur la roche sombre, vieilles aires féodales aux noms forts et fiers, est comme le sanctuaire de l'Allemagne, pour sa beauté même, et plus encore par toute la poésie qui l'environne, souvenirs, légendes, admirables *lieder*[1], refrains de haine contre l'héréditaire ennemi[2], et la *Lorelei*, sirène perfide chantée en vers adorables[3].

Il reçoit encore la Lahn et la Moselle, puis, en aval de Cologne, coule sur des plaines presque horizontales, continuées par la plate Hollande où son delta se mêle à ceux de la Meuse et de l'Escaut. On évalue sa portée moyenne à 2220 mètres cubes par seconde devant Emerich, au seuil des Pays-Bas, et son bassin (Meuse comprise) à 25 millions d'hectares.

Le Danube, en allemand Donau, bien plus grand que le Rhin, est germain par son cours supérieur. Grossi des verts torrents de la Bavière, puis de l'Inn, rivière suisse et tirolienne qui lui porte plus d'eau qu'il n'en a lui-même, il entre

1. Chants, chansons, ballades
2. La France.
3. Par Henri Heine

dans l'Autriche-Hongrie pour en baigner les deux capitales, Vienne et Budapest, et va s'engloutir au loin dans la mer Noire.

Climat. — En Allemagne règne l'uniformité de climat. Le sol s'y relevant au midi en même temps que les lits des rivières, qui, sauf le Danube et le Mein, courent du sud au nord, le Deutschland méridional est froid par ses altitudes, le septentrional par ses latitudes : Augsbourg et Munich en Bavière ont même un climat plus dur en moyenne que Breslau et Stralsund en Prusse, ou Copenhague en Danemark. Hambourg, voisine de la mer du Nord, a presque la température annuelle d'Innsbrück, voisine de l'Italie.

Le froid n'y grandit pas du sud au septentrion, mais de l'ouest à l'est. Plus on s'éloigne du Rhin, dont le climat n'est pas sans quelque rudesse en hiver, plus le ciel, de « français » devient « russe ». La chute annuelle des pluies va de 53 centimètres dans le nord à 68 ou 69 dans le sud; en France nous en recevons 77 centimètres au moins.

Le climat de l'Allemagne est en somme celui de la zone tempérée froide; la moyenne annuelle de la chaleur y oscille entre 6° au nord-est et 10° et demi dans trois vallées privilégiées : sur le Rhin, de Spire à Cologne; sur le Neckar, en aval de Stuttgart; sur le Mein, de Wurzbourg jusqu'à Mayence. Les collines de la Moselle, du Rhin, du Neckar, célèbrent ce qu'elles appellent leur « noble vin de feu », mais la vraie supériorité de l'Allemagne est la belle tenue des forêts.

Les bois y couvrent 15 900 000 hectares, plus du quart de l'Empire; et, de ces 159 000 kilomètres carrés, 91 000 appartiennent aux sombres aciculaires, aux sapins, aux pins, aux mélèzes, et 48 000 aux arbres de feuillage annuellement caduc, aux chênes, aux bouleaux, aux trembles et peupliers, aux hêtres.

Allemands. Langue allemande. — Dans l'ancienne Confédération, qui laissait hors de son sein beaucoup moins de Germains que l'Allemagne du jour, vivaient 52 millions d'hommes, sur lesquels 8 à 9 millions de Slaves, 150 000 Danois, 150 000 Lithuaniens, 500 000 Italiens, 10 000 à 12 000 Wallons. Aujourd'hui le « Deutsches Reich », bien plus petit que la Confédération, mais avec une population devenue bien plus dense, renferme 45 234 000 habitants, dont l'immense majorité est faite d'Allemands fortement mélangés, à l'origine, de Celtes, de Slaves, de Lithuaniens, peut-être de Finnois, puis de Français et de Juifs. Cette population grandit très rapidement malgré les départs pour tous pays : 1 750 000 à 1 800 000 nouveau-nés, 1 200 000 à 1 250 000 morts, 200 000 à 250 000 émigrants, telle est à peu près la moyenne de l'année : elle laisse encore un gain de 300 000 âmes à l'ambitieux Empire.

Habitant un pays sans frontières naturelles, si ce n'est au sud, les Allemands n'ont cessé de déborder autour d'eux. Dans plus d'un pays slave ou hongrois, et jusqu'en Russie dans le Steppe du Sud ou sur la Volga lointaine, ils furent attirés maintes fois par des potentats qui avaient besoin de paysans, d'ouvriers, de marchands pour leurs divers royaumes. Et en dehors de ces appels, comme d'une fontaine intarissable, coulaient des familles de la Souabe, du Palatinat, de l'Alsace-Lorraine, de la Saxe, de l'Allemagne du Nord, et aussi de la Flandre et de la Frise, vers les contrées dépeuplées de l'Est et du Sud-Est. Sans bruit, et comme sournoisement — du moins l'histoire, toute aux batailles, ne s'en occupait guère — elles ajoutaient sillons à sillons, élevaient des villages de bûcherons dans les bois, des bourgs miniers dans la montagne, et remplissaient les villes de boutiquiers et d'artisans d'où se dégageait par la suite une bourgeoisie laborieuse, exacte, enviée et admirée du menu peuple. Ils gagnèrent ainsi de grands territoires sur les Slaves du Sud, sur les Slaves du Centre, sur les Slaves de l'Est, sur les Lithuaniens, ils conquirent de la sorte les bassins jadis slavons de l'Elbe et de l'Oder, entamèrent ceux des petits fleuves de la Prusse Orientale et poussèrent jusqu'au fleuve des Polonais, à la Visla, sans parler des provinces Baltiques où ils forment la bourgeoisie. Et cependant, que de milliers de colonies perdues un peu partout chez les étrangers, en Hongrie, en Pologne, en Russie! Cette invasion dure toujours, et les Juifs parlant teuton en sont une avant-garde, mais elle a fini d'annexer insensiblement l'Orient à la « grande Allemagne » : l'Orient s'est réveillé, l'avenir des Allemands appartient aux Slaves de l'Empire Immense, non l'avenir des Slaves aux Allemands du Jeune Empire.

Depuis longtemps fort épris d'eux-mêmes, ils oublient que le monde n'a pas commencé par eux; ils n'en furent point l'alpha et n'en seront pas l'oméga.

Docteurs, prédicants, historiens, poètes, voici tantôt quatre-vingts ans que tous les éducateurs et instituteurs de la nation, du rector magnificus des universités au dernier schulfuchs [1] de hameau, lui prêchent la haine et l'arrogance. L'orgueil pourrit leurs beaux livres et leurs très savantes revues; on s'irrite de l'éternelle divinisation de l'esprit allemand, du cœur allemand, de la profondeur allemande, du sérieux allemand, du courage allemand, de la bonté allemande, de la force allemande, de la beauté allemande, de la pureté allemande, du vin allemand, de la bière allemande, du passé allemand, de l'avenir allemand.

Avenir probablement sans grandeur d'horizon, car cette forte nation piétine en Europe aussi stérilement que nous y avons piétiné nous-mêmes; et faute de colonies nationales en terre tempérée, elle nourrit de sa substance des peuples étrangers ou ennemis.

S'ils avaient la ténacité dont ils se flattent, à force de fécondité les Allemands auraient allemanisé l'Europe; c'est justement leur malléabilité qui les a dilués et diminués, et aussi leur facilité à se plier à l'ordre, à la règle, leur sympathie innée pour les choses de l'étranger, leur amour des langues. Telle contrée où l'on ne sait plus un mot de teuton n'est peuplée que d'Allemands ayant gardé leurs noms tudesques ou les ayant travestis en slave, en hongrois, en italien; les revendications nationales des Slaves d'Autriche, Tchèques, Serbo-Croates ou Slovènes, et celles des Magyars, n'ont pas seulement des Slaves, des Hongrois pour porte-voix, pour hommes d'action, mais aussi des Allemands, fils ou petits-fils d'Allemands, qui ont quelquefois traduit leur nom en même temps qu'ils reniaient leur origine : ou plutôt, pressés par la nation qui les entoure, enfants de cette nation par leurs mères, liés à elle par leurs femmes, ils n'ont abjuré qu'une moitié de leurs ancêtres pour invoquer l'autre moitié, la meilleure, celle qui a ses os dans les cimetières de leur terre natale; on peut dire comme les Latins, en détournant la phrase de son sens strict : *Locus regit actum.* Ainsi les descendants des Huguenots français immigrés il y a deux cents ans en Allemagne sont aujourd'hui des Prussiens passionnés.

Sans colonies de peuplement, les Allemands colonisent avec les Anglais dans les contrées où l'on parle anglais; avec les Russes partout où règne le premier des potentats; ils fournissent aux États-Unis des millions de colons, aux nations de l'Amérique du Sud des laboureurs, des professeurs et des commerçants; en Afrique, ils s'établissent en Algérie, chez les Boers, les Anglais et les Cafres; ils s'en vont en foule en Australie et jusque dans la

---

[1]. Mot à mot, renard scolaire ; maître d'école

Nouvelle-Zélande et les îles de la mer du Sud. Les Allemands, réduits par leurs savants à l'état de zélateurs du *Deutschthum*[1], sont de leur nature le peuple cosmopolite par excellence : le Saxon, le Hessois, le Souabois, et, à un moindre degré, le Prussien et le Bavarois, ont pour patrie la terre entière.

Ce peuple de colons est aussi le peuple des savants, des chercheurs acharnés, profonds, méticuleux, jamais las ; mais ses « docteurs » s'embrouillent plus que de raison dans leurs idées, surtout dans leurs phrases : presque tous écrivent trop et mal. La lourdeur de leurs livres a sa principale cause dans la langue.

Riche, viril non sans dureté, très capable pourtant de douceur, l'allemand, superbe pour la poésie, est mauvais pour la prose, enchevêtré, pédant,

Helgoland. (Voy. p. 100.) — Dessin de Taylor, d'après une photographie.

encombré de particules séparables souvent fort éloignées du verbe qu'elles modifient, enfin surchargé de mots composés qui ne répondent pas toujours à une idée bien précise. Il se divise en deux dialectes fort différents l'un de l'autre : le haut allemand (*Hoch Deutsch*), langue de la littérature, marche rapidement à la conquête de tout le « Deutsches Reich » ; le bas allemand (*Platt Deutsch*), qui se parle dans la plaine du Nord, sert à une

1. Tout ce qui est allemand : la « Teutonnerie ».

vingtaine de millions d'hommes : par transitions il va se confondre, au sud-ouest, avec le hollandais et avec le flamand.

Des 45 millions d'habitants de l'Empire, il y en a bien 3 millions qui ne parlent pas l'allemand, tant Polonais que Lithuaniens, Danois, Français, etc. ; mais les gens de langue allemande vivant en corps de nation sur les confins du *Vaterland*[1] compensent plus de quatre fois ces trois millions de faux

1. La patrie.

frères : 10 millions d'Autrichiens, plus de 2 millions de Suisses, une quarantaine de milliers de Belges, les Luxembourgeois, au nombre de plus de 200 000.

Cela sans préjudice des 1 500 000, ou peu s'en faut, qui vivent, plus ou moins dispersés, plus ou moins concentrés, dans les villes russes et certaines campagnes de la Volga inférieure, de la Petite-Russie, de la Bessarabie, etc. Ces « Allemands-Russes », qui se sont maintenus jusqu'à ce jour en nation distincte, ne peuvent plus guère durer depuis que l'égalité pour tous leur enlève de précieux *fueros* (si l'on doit appliquer ici le mot si souvent prononcé dans la querelle des Basques et des Espagnols), et

Allemand. — Dessin de L. Thiriat.

surtout depuis que les chemins de fer font de tous les hommes de Russie des voisins forcés de se connaître et de se mêler.

C'est 1 500 000 Deutsch de perdus pour le Deutschthum. Plus perdus encore sont les 6 millions d'Allemands des États-Unis et les 250 000 de la Puissance du Canada : là le Germain ne subsiste qu'une, deux, rarement trois générations, et il s'efface, souvent même avec son nom, dans la mer sans fond du Yankisme. Seuls de tous les Allemands extra-européens — car ceux de l'Australie et de la Nouvelle-Zélande s'en vont aussi rapidement que ceux de l'Amérique du Nord, — seuls les colons établis dans les provinces méridionales du Brésil, São Paulo, Paranà, Santa Catharina, São Pedro do Rio Grande do Sul, ont assez bien conservé leur originalité parmi les Lusitaniens et les Indiens ; mais ils sont en très petit nombre, et le milieu « latin » qui les presse les aura bien vite étouffés.

Toute la force des Allemands est donc en Europe; ils y forment un bloc massif de plus de 55 millions d'hommes, en familles fécondes.

Plus de 28 millions de ces Impériaux se réclament du protestantisme, plus de 16 millions du catholicisme, et l'on compte 562 000 Juifs.

Divisions politiques. — Les divisions politiques de l'Allemagne, fort compliquées avant la guerre qui se termina par le coup de tonnerre de Sadowa, sont encore merveilleusement bizarres. La Prusse, qui se composait avant 1866 de deux grands tronçons, celui des plaines du Nord-Est et celui des contrées Rhénanes, s'est annexé le Hanovre, le Schleswig-Holstein, la Hesse-Cassel, Nassau, et s'est en outre subordonné divers États, la Saxe, Oldembourg, le Brunswick, une moitié de la Hesse-Darmstadt, plus une quinzaine de duchés et principautés de noms longs, d'importance courte. Elle a dû lâcher le Luxembourg, mais au sud du Mein, qui est censé séparer de l'Allemagne prussienne les pays restés indépendants en apparence, le grand-duché de Bade, le Wurtemberg, la Bavière, l'Alsace-Lorraine lui obéissent. et l'Allemagne autrichienne, rejetée en dehors de la fédération, forme, avec la Hongrie et les provinces slaves, l'empire d'Austro-Hongrie, dont une ville allemande, Vienne, est la capitale.

Prusse. — La Prusse proprement dite, sans les duchés et principautés minuscules déjà presque digérés par elle, entretient plus d'habitants au kilomètre carré que la France : 78, au lieu de 71, malgré sa grande infériorité de sol et de climat. Le dénombrement de 1880 y a dénoncé 27 280 000 personnes sur 54 825 000 hectares : soit à peu près les $\frac{72}{100}$ des Français sur un territoire égal aux $\frac{65}{100}$ du nôtre.

Trois millions d'hommes n'y ont rien d'allemand : Polonais et Danois y conservent l'espoir de se regreffer un jour au tronc dont ils ont été coupés, les Danois dans le nord du Schleswig, les Polonais en Prusse Orientale, en Posnanie, en Silésie : ceux-ci tiennent bon contre la germanisation qu'essayent depuis longtemps de leur imposer l'école, la justice, l'administration, l'armée, mais ils perdent incessamment du terrain par suite de la vente de nombreuses propriétés à la bourgeoisie allemande, plus riche ou, pour mieux dire, beaucoup plus économe que la noblesse polonaise;

chaque année plusieurs milliers d'hectares passent ainsi des Slaves à leurs contempteurs et ennemis; en même temps l'État s'étudie à biffer de la carte le plus possible de noms polonais qu'il remplace par des noms allemands, traduction ou non des slaves. Les Lithuaniens, nationalité mourante ici, renaissante ailleurs [1], habitent dans la Prusse Orientale, sur les confins mêmes de la Russie lithuanienne. Enfin il y a quelques dizaines de milliers de Slaves Tchèques en Silésie et 80 000 Wendes, Slaves aussi, sur la frontière de Saxe, à côté des 50 000 qui vivent encore dans ce royaume · cette petite nation de 130 000 âmes occupe les montagnes de la Lusace, bassin nourricier de la Sprée, qui passe à Berlin; autrefois maîtresse d'un plus vaste territoire, elle fuit devant la langue allemande, qui la poursuit jusque dans ses plus humbles villages, qui la pénètre de ses mots, et, prodrome redoutable, l'imprègne de sa syntaxe.

Une douzaine de milliers de Wallons, rameau de la nation française, résident sur les confins de la Belgique, au sud d'Aix-la-Chapelle, autour de Malmédy.

Villes. — Une dizaine de villes prussiennes ont plus de 100 000 âmes.

Berlin (1 122 000 hab.) grandit avec rapidité dans sa plaine inféconde, au milieu des sables et des pins, sur une traînante rivière, la Sprée, qui porte ses impuretés à la Havel, long chapelet de lacs se dégorgeant dans l'Elbe : « La Sprée, dit un Allemand, entre à Berlin comme un cygne, elle en sort comme une truie. » La « Capitale de l'Intelligence », la « Ville de la Victoire » naquit sur un territoire originairement peuplé de Slaves et reçut dans son sein beaucoup de calvinistes français fuyant les Dragonnades : il y eut un temps où Berlin, encore petite ville, avait un Français sur trois habitants.

Hambourg (290 000 hab.) sur l'Elbe, à 110 kilomètres de la mer du Nord, compte plus de 500 000 âmes quand on lui attribue Altona (91 000 hab.) et d'autres villes et bourgs de banlieue que rien ne sépare d'elle. Second port du continent, après Anvers, avant Marseille, elle promène le pavillon allemand sur toutes les mers et transporte une multitude d'émigrants en Amérique.

Breslau (275 000 hab.), jadis Wratislawa, grande ville industrielle assise au bord de l'Oder, commande à la Silésie, l'une des provinces jadis slaves qui se sont en partie germanisées.

En réunissant ensemble Elberfeld et Barmen, cités d'industrie contiguës l'une à l'autre, on en fait

---

1. En Lithuanie (Russie).

une ville de 190 000 habitants, traversée par la Wupper, affluent de droite du Rhin.

Cologne (145 000 hab.), en allemand Köln, sur le Rhin, qui a ici toute sa grandeur, passait au moyen âge pour la première ville allemande; on disait : «Paris en France, Cologne en Allemagne! »

Kœnigsberg (141 000 hab.) borde le fleuve Pregel, navigable aux petits vaisseaux : les grands s'arrêtent au grau de Pillau, embouchure en Baltique du Haff de Courlande.

Francfort-sur-le-Mein (157 000 hab.) est par excellence une ville de spéculations sur l'argent, sur les papiers, les titres. De cette « Jérusalem nouvelle » sort la famille la plus opulente, et certainement la plus puissante du monde[1].

Hanovre (125 000 hab., 145 000 avec Linden) était la capitale d'un des royaumes engloutis par la Prusse; elle occupe les rives de la Leine, rivière du bassin de la Weser, dans une grande plaine qui s'en va jusqu'à l'Elbe hambourgeoise par les vastes landes de Lunebourg.

Brême (112 000 hab.), inférieure en Allemagne à la seule Hambourg pour l'activité du commerce, est un port de fleuve, sur la Weser; suivant les années, elle envoie en Amérique autant ou plus d'émigrants que sa rivale.

Dantzig (109 000 hab.), ville archaïque où certaines rues et ruelles sont des musées du moyen âge, est la Gdansk des Polonais, jadis ses maîtres, qui, en la perdant, perdirent le chemin de la mer; elle longe une grande branche de la Vistule, près de son embouchure dans la Baltique.

Magdebourg n'a que 98 000 âmes, mais avec ses faubourgs elle monte à 157 000; cette ville borde l'Elbe, qui vient de recevoir la Saale, charmante rivière venue d'une idyllique vallée de l'Allemagne centrale par deux villes d'université, Iéna et Halle.

Viennent ensuite Dusseldorf (95 000 hab.), riveraine du Rhin; Stettin (92 000 hab.), sur l'Oder inférieure; Aix-la-Chapelle, en allemand Aachen (85 000 hab.), voisine de la Belgique wallonne, autrement dit française, etc., etc.

Saxe. — C'est l'État le plus densément peuplé d'Europe, et son nombre d'hommes a presque doublé en moins de cinquante années : en 1834, le Royaume saxon n'avait que 1 596 000 habitants; or, en 1880, près de 3 millions d'hommes[2] s'y pressaient sur moins de 1 500 000 hectares, soit 198 par kilomètre carré; la Belgique elle-même, pres-

[1]. Les Rothschild
[2]. Exactement 2 972 805.

que double il est vrai, ne soutient que 192 hommes par 100 hectares. Quand on entre dans le détail, le Royaume wallon-flamand reprend l'avantage : les Flandres, le Hainaut, le Brabant, les provinces de Liège et d'Anvers ont une population plus serrée que la Saxe; et, malheureusement pour la Saxe comme pour la Belgique, l'une et l'autre doivent surtout ces foules disproportionnées à la fièvre d'une industrie dévorante.

Adossée à l'Erzegebirge qui la sépare de la Bohême et traversée par l'Elbe, la Saxe, montagne froide au midi, colline et plaine au nord, conserve encore une cinquantaine de milliers de Wendes, dans les gorges du pays de Bautzen. Tout le reste, allemand de langue, descend à la fois des Teutons et des Slaves, en proportions inconnues, mais les noms de lieux montrent à n'en pas douter que la contrée appartint jadis à des tribus slavonnes dont les Wendes sont un reste déplorable. La Saxe aussi, en tant que Royaume soi-disant indépendant, n'est qu'un débris de la région qu'occupèrent les Saxons, l'un des grands peuples de l'Allemagne, le premier peut-être, celui qui eut le plus de part à la perfection de l'idiome littéraire, et celui dont le nom est devenu, par extension indéfinie, non moins que sans raison suffisante, le nom que portent dans le monde entier les nations plus ou moins germaines ou germanisées, Allemands, Anglais, Yankees.

Trois villes saxonnes ont plus de 100 000 âmes. Dresde (221 000 hab.), capitale du Royaume, sur l'Elbe, a tant de tableaux et d'objets d'art qu'on la pare du surnom de « Florence allemande ».

Leipzig (149 000 hab.), l'une des cités où il se publie le plus de livres, s'élève dans la grande plaine, sur l'Elster, affluent de la Saale.

Chemnitz (95 000 hab., 120 000 avec les faubourgs), sur un tributaire de la Mulde, est le Manchester de la Saxe.

Grand-duché de Bade. — Le grand-duché de Bade renferme 1 570 000 habitants, sur 1 508 000 hectares, soit 104 personnes par kilomètre carré. Il ressemble à l'Alsace, qui lui fait vis-à-vis de l'autre côté du Rhin; comme elle il se compose d'une vaste plaine féconde, de ravissantes vallées et de gorges dont les clairs torrents descendent par moulins et scieries du haut de mamelons couronnés de sapins; seulement, à Bade ces mamelons s'appellent Forêt-Noire, et Vosges en Alsace.

Malgré sa petitesse, le grand-duché de Bade est très varié. Il dresse la cime culminante de la Forêt-Noire (Feldberg, 1494 mètres); à lui reviennent les gorges les plus gracieusement sauvages de cette chaîne sylvestre; enfin, s'il incline presque tout son territoire vers le fleuve du Rhin, il renferme sur le versant oriental de sa Forêt une espèce de Tras-os-Montes, où naît le fleuve Danube. Là, par 677 mètres d'altitude, près de Donaueschingen, dans une plaine marécageuse qui fut un lac, se rencontrent la Brege et la Brigach, torrents nés dans les sapinières; ils forment une rivière qui prend le nom de Donau à la rencontre d'un infime ruisseau sorti du parc du château de Donaueschingen. Bientôt après, bu par des fissures, vers Tuttlingen, il perd une partie de ses ondes, lesquelles vont rejaillir en sources de 5500 litres par seconde, origines de l'Ach, torrent badois qui descend au lac de Constance.

Nuremberg : Paniersplatz. (Voy. p. 111.) — Dessin de Thérond, d'après une photographie.

La capitale, Carlsruhe (50 000 hab.), ne vaut ni Manheim (53 000 hab.), sise au confluent du Rhin et du Neckar, ni la charmante Heidelberg (24 000 hab.), site harmonieux, université fameuse au bord du Neckar.

Wurtemberg; Souabe. — Le Wurtemberg a 1 971 000 habitants sur 1 950 000 hectares, 101 personnes au kilomètre carré. Il occupe en partie l'ancienne Souabe (Schwaben), terre gracieuse où vit le peuple des Schwab ou Schwob, dont se gaussent les dictons, dont se moquent les contes, mais aucune tribu d'Allemagne n'a donné tant de grands hommes à la patrie.

Sous ce nom de Schwab, qui ne reconnaîtrait les Suèves du très haut moyen âge? Ces aventuriers germains dépecèrent pour leur part le cadavre de l'empire Romain, avec d'autres équarrisseurs, teutons ou non, avec les Alains, les Goths, les Vandales; ils coupèrent et taillèrent en Gaule, puis en Ibérie, et là, dès la fin du sixième siècle, ils disparurent dans le magma d'où sont

Heidelberg : entrée du château. — Dessin de Stroobant, d'après nature.

sortis deux grands peuples, les Espagnols et les Portugais.

Petit pays qui a fait de grandes choses. Il a dispersé de tout temps, depuis mille ans peut-être, des colons sans nombre en tout parage, voire au Caucase, en Palestine, en Guyane; il a merveilleusement tiré parti de son sol, et aucun État d'Europe n'a relativement autant de terres en culture, en comptant comme telles des forêts aménagées à la perfection.

Il a pour capitale Stuttgart (117 000 hab.), jolie ville à 4 kilomètres environ du Neckar, qui est la rivière centrale du Royaume et le lien naturel de deux des trois régions composant le Wurtemberg : le Mont, le Coteau, le Plateau.

Le Neckar et son charmant affluent, l'Enz, naissent dans les sapinières de la Montagne, au sein de l'antique Hercynie (Forêt-Noire), bien diminuée, elle qui couvrit jadis l'est de la France, l'ouest de l'Allemagne; puis ils vont se rencontrer en aval de Stuttgart, au milieu du Coteau, région de vignobles passables, de climat modéré.

Le Plateau est moins lié aux deux autres régions naturelles du Royaume que celles-ci entre elles. Ni de par la nature, ni de par l'histoire, la Haute-Souabe — tel est son nom — ne fait vraiment un corps organique avec la Basse-Souabe : celle-ci appartient au Neckar, en d'autres termes au Rhin, celle-là au Danube. De la Basse-Souabe, protestante, on monte à la Haute-Souabe, catholique, par de rudes escarpements; qu'on parte de Stuttgart, la métropole du Wurtemberg, de Tubingue, sa célèbre université, ou de toute autre ville du moyen Neckar, on arrive au Plateau par des entailles dans la pierre tendre de la Rude-Montagne (Rauhe Alp), prolongement de notre Jura par delà le Rhin et le Danube; dans ces entailles parfois superbes, dans ces cluses, des *burgs* haut-perchés regardent fuir d'aimables, de purs torrents nés de grandes fontaines, comme en toute roche jurassique. Au dernier plissement supérieur des gorges on arrive sur un immense plateau mamelonné qui va se rattacher au loin à celui de la Bavière et s'incline vers le Danube : devant Ulm (35 000 hab.), ce futur grand fleuve n'est encore qu'une jolie rivière, un rival du Neckar.

Hohenzollern. — Le Wurtemberg enserre en partie la principauté de Hohenzollern, qui dépend de la Prusse et que baigne le Danube naissant, ainsi que le Neckar au-dessus de Tubingue; d'un manoir de ce pays sortirent les hobereaux que l'avenir devait faire rois de Prusse et empereurs d'Allemagne après des siècles de ruse et d'économie.

Le royaume souabe a produit, lui aussi, une maison impériale, celle des Hohenstaufen, issus d'un château dont le mamelon chauve regarde le chemin de fer de Stuttgart à Ulm.

Quant à la troisième grande famille allemande, celle des Habsbourg, qui règne sur l'empire d'Autriche, elle sort d'un donjon de la Suisse teutonne voisin de la torrentueuse Aar.

Bavière : plateau bavarois, Franconie. — Ce plus grand des États allemands après la Prusse a presque la même densité de population que la France, 70 habitants par kilomètre carré, au lieu de 71 : il nourrit en effet 5 285 000 personnes sur 7 586 000 hectares. Les 71 centièmes des Bavarois appartiennent à la religion catholique, ils ont même beaucoup de ferveur, aussi n'aiment-ils pas les Prussiens, qui pour eux représentent le protestantisme; entre les deux peuples règne une certaine antipathie, et de toutes les tribus allemandes c'est celle qui se plie le plus malaisément à l'hégémonie du Nord; si elle osait, elle regimberait contre l'aiguillon. Race en partie brune, surtout au sud, les Bavarois ont certainement du sang celtique, et aussi du sang slave dans les veines; on parlait, avant l'an mil, le ladin dans leurs Alpes : le ladin, frère du roumanche encore employé dans les Grisons, est un dialecte néo-latin qui n'a pas encore tout à fait disparu du Tirol.

La Bavière comprend quelques versants des Alpes et la haute plaine du Danube; la Franconie ou région du Mein; et, sur la rive gauche du Rhin, le Palatinat, qui touche à la France.

La plaine du Danube ou Plateau Bavarois est la plus élevée des grandes plaines allemandes, et ses 485 mètres d'altitude moyenne lui donnent le second rang dans toute l'Europe, après le haut plan de Castille et d'Estrémadure. A côté de bons terrains engourdis pendant six mois par les froids altitudinaires, on y trouve des *ried* et des *moos*, fonds spongieux plus ou moins desséchés, pas toujours salubres.

Lorsque, du pays Souabe, la Bavière admet le Danube, elle ne reçoit en lui qu'une modeste rivière; quand elle le transmet à l'Autriche, elle en a fait un courant digne du nom de grand fleuve, elle lui a porté le Lech, l'Isar et l'Inn, ce dernier supérieur à la Donau elle-même quand il la rencontre à Passau, en vue des monts de la Bohême, juste au bout des terres bavaroises. Lech, Isar, Inn, emportent dans leurs flots le tribut de quelques beaux lacs : Ammersee, profond de 245 mètres; Wurmsee, qu'environnent bois et villas; Chiemsee, grand de 19 200 hectares avec 140 mètres de fond; Königssee ou lac du Roi, magnifiquement engouffré dans la montagne, et où la sonde plonge à 191 mètres. Le Danube de Bavière ne baigne qu'une seule grande ville, Ratisbonne ou Regensburg (35 000 hab.).

Quant au Mein de Franconie, cette rivière incroyablement sinueuse a 600 kilomètres de cours pour 250 en ligne droite de la source à l'embouchure; elle coule devant la ville allemande qui jouit du climat le plus doux, devant Wurzbourg (51 000 hab.), passe par une belle trouée entre le Spessart et l'Odenwald, baigne Francfort et s'achève à Mainz (64 000 hab.), que nous appelons Mayence.

Le royaume de Bavière a pour capitale Munich (230 000 hab.), en allemand München, à 588 mètres

Château de Hohenzollern. (Voy. p. 110.) — Dessin de Taylor, d'après une photographie.

d'altitude, dans une plaine de graviers nue, en vue des Alpes Bavaroises, le long du rapide Isar aux eaux vertes; ses grands monuments copiés sur le grec, ses galeries, ses collections d'art lui ont valu chez les Allemands le renom d' « Athènes allemande ».

Nuremberg (100 000 hab.), sur la Pegnitz, affluent du Mein, est plus archaïque encore que Dantzig, et nulle grande ville allemande n'a mieux conservé dans leur intégrité les maisons ouvragées, les fenêtres sculptées, les places étroites comme des fonds de puits, les ruelles tortueuses, les culs-de-sac, tout le dédale sinueux, enchevêtré de l'ère médiævale : à cette époque, on disait en proverbe : « Les canons de Strasbourg, l'esprit de Nuremberg, la force de Venise, la magnificence d'Augsbourg, l'or d'Ulm, dominent le monde », et aussi : « A Nuremberg, le moindre bourgeois vit mieux que le roi d'Écosse »

Alsace-Lorraine. — Française avant 1870, l'Alsace-Lorraine obéit depuis 1871 au Deutsches Reich après une annexion funeste : elle a fait la France plus faible, la Teutonie plus nerveuse et plus inquiète, et de « frères séparés » les Alsaciens sont devenus pour les Allemands des « frères ennemis ».

C'est un beau domaine que ce futur « **Pays Reconquis** »[1] : en avant, le Rhin, puis la plaine opulente ; au bout de la plaine, les Vosges[2] ; et après les Vosges, noires de forêts, les vallons de la Sarre et la brillante Moselle, devant Metz enfin violée.

La « province d'empire », plus densément peuplée que l'Allemagne, surtout que la France, entretient 1 567 000 personnes sur 1 451 000 hectares, soit 108 habitants par kilomètre carré. Le cinquième seulement de ce million et demi d'Alsaciens-Lorrains a le français pour langue maternelle, dans

Metz : vue générale. — Dessin de H. Clerget, d'après une photographie.

certaines hautes vallées d'Alsace et, en Lorraine, sur la Seille et la Moselle : cependant, quand sonna l'heure de la séparation, les Alsaciens de verbe allemand étaient les hommes les plus français de France. Ils le sont encore.

Strasbourg (104 000 hab.), à 5 kilomètres du

[1]. On appelait ainsi le pays de Calais, repris sur l'Angleterre qui le garda deux cents ans.
[2]. Elles ont ici leur dôme culminant, le Ballon de Guebwiller ou Ballon de Soultz (1426 mètres).

Rhin, groupe ses vieilles et ses jeunes maisons au pied d'une cathédrale à la flèche élancée, haute de 142 mètres ; elle longe l'Ill, rivière de plaine qui boit des torrents des Vosges.

Mulhouse (68 000 hab.) est l'une des cités industrielles les plus actives de l'Europe, une de celles où l'on harasse le moins l'ouvrier.

Metz (53 000 hab.) borde la Moselle, au confluent de la Seille.

Danube : le Wirbel. — Dessin de Lancelot, d'après nature.

AUTRICHE-HONGRIE

62 517 000 hectares d'une altitude moyenne de 518 mètres, 37 870 000 habitants[1], ou 61 par kilomètre carré, voilà l'Autriche-Hongrie, sans la Bosnie-Herzégovine qu'un tissu d'ambiguïtés rattache à la fois à la Turquie et à l'« Empire dualiste ».

Danube. — Le Danube, tributaire de la mer Noire, est le grand lien de l'Austro-Hongrie.

Second fleuve de l'Europe, après la Volga, par sa longueur de 2800 kilomètres, et de beaucoup le premier par la masse moyenne et minima de ses eaux, il naît de ruissellements de la Forêt-Noire, dans le grand-duché de Bade, passe de là dans le Wurtemberg, puis dans la Bavière, et il arrive en Autriche par 273 mètres d'altitude, déjà puissant et magnifique, grandi sur la rive droite par l'Iller,

1. D'après le recensement de 1880.

le Lech, l'Isar, l'Inn, torrents des Alpes, et sur la rive gauche par des rivières beaucoup moindres issues du plateau de la Souabe ou des monts de la Franconie.

Au-dessous de Linz, entre Grein et Krems, la Donau a sa percée, plus belle que celle du Rhin, mais la poésie a moins chanté ses rochers, elle a moins doré ses légendes ; la roche étrangle le fleuve : à droite les Alpes, à gauche la Forêt de Bohême ; au Strudel (Tourbillon) il se brise en rapide, au Wirbel (Remous) il tournoyait, plus dangereux qu'au Strudel, mais on a fait sauter l'écueil, et le Grand Remous, Maëlstrom du Danube, a disparu.

Délivrée de ces longues gorges, la Donau passe devant Vienne ; elle reçoit par la Morava (March) les eaux de la Moravie, puis à Pozsony ou Presbourg elle pénètre dans la haute plaine de Hongrie nommée la Petite Plaine, par opposition à celle d'en-bas, qui est plus vaste; là, le fleuve se disperse en un réseau confus de « petits Danubes », bras sans nombre enfermant deux îles, la Petite Schütt et la Grande Schütt : celle-ci, qui a 155 000 hectares, finit à Komárom (Comorn), au confluent de la Vág, rivière des Carpates. Puis la plaine s'étrécit, le fleuve reprend tous ses enfants prodigues et s'engage au-dessous d'Esztergom (Gran) dans le défilé de Visegrad, au bout duquel s'ouvre la plaine majeure de Hongrie, jadis lac immense.

Baignant la capitale de la Transleithanie (Hongrie), comme celle de la Cisleithanie (Autriche propre), il sépare Pest de Bude — ce sont les deux parties de Budapest, « une et indivisible », — il enserre la longue île de Csepel, puis boit trois grands courants, la Drave, la Save, la Tisza.

La Drave est une fille des Alpes calcaires; la Save aussi, qui roule en moyenne 1100 mètres cubes par seconde, et 570 aux basses eaux ordinaires; la Tisza[1], rivière centrale de la Hongrie, a 1700 mè-

Danube : le Strudel. (Voy. p. 115.) — Dessin de Lancelot, d'après nature.

tres cubes de portée moyenne, avec 450 à l'étiage et 4000 en crue. Si « l'Arga, l'Ega et l'Aragon font de l'Èbre un personnage », la Drave, la Save, la Tisza font du Danube un courant de huit à dix mille mètres cubes par seconde.

C'est cette eau sans pareille en Europe, digne des fleuves d'Asie et d'Amérique, et plus « glorieuse » qu'eux parce qu'elle a bu plus de sang et qu'on y a versé plus de larmes, c'est ce fleuve contenant plus de deux fois le Rhône et le Rhin réunis qui sort de l'Autriche-Hongrie par un chenal dans la roche où 130, 140, 150 mètres seulement séparent quelquefois les deux rives, mais la pro-

fondeur est grande, 30, 40, 50 mètres. Cette dernière percée, longue de plus de 100 kilomètres, s'appelle dans son ensemble le défilé des Portes de Fer, nom qui est spécialement celui d'une suite de rapides sur un crible d'écueils, porphyre, quartz, schistes cristallins : roches ou dures ou très dures que le Danube a peine à ronger bien que tel de ses courants y passe avec une vitesse de 28 mètres et demi par seconde!

En moyenne, le Danube roule ici 10 220 mètres cubes par seconde; en crue, il n'y peut passer tout entier; il reflue alors au loin dans la plaine

1. La Theiss des Allemands.

hongroise, refoulant Morava serbe et Save et Temes et Bega et Tisza, celle-ci parfois jusqu'à 150 kilomètres en amont; et la Hongrie plane redevient en partie ce qu'elle fut toute avant que son fleuve eût tranché les monts des Portes de Fer : un vaste lac, et ce lac en s'écoulant fait place à des marécages.

Hormis le littoral de l'Adriatique, hormis la Bohême qui dépend de l'Elbe, la Silésie autrichienne inclinée vers la Visla, et la Galicie tournée vers cette même Vistule et vers le Dniester, toute l'Autriche relève du Danube.

Pays d'Alpes. — L'Autriche a sa bonne part des Alpes. Dans l'Ortler, l'Œtzthal, le Stubaier, les Hauts-Tauern ou Gross-Glockner, la masse des glaciers, la hauteur des cascades, la fraîcheur des prairies, le charme des lacs font du Tirol et du pays de Salzbourg une « Suisse » plus belle peut-être que l'Helvétie même, avec une végétation plus

Danube : défilé des Portes de Fer. — Dessin de Lancelot, d'après nature.

éclatante : rien que dans l'Œtzthal et le Stubaier on a reconnu 309 glaciers ; le seul Œtzthal est plaqué de 57 500 hectares de glaces, le Tirol entier en a 126 500 ; là montent les premiers sommets de l'Empire, le Gross-Glockner (3795 mètres) et l'Ortler (3907 mètres).

Dans les monts de la Basse-Autriche, compris entre l'Enns et le célèbre passage du Semmering, aucun sommet n'atteint deux mille mètres ; dans les Alpes calcaires où les Allemands font graduellement place aux Slaves, les cimes très élevées sont rares : le Karavanka, entre la Drave et la Save, seredresse en magnifiques arêtes calcaires d'un rouge pâle, mais son plus haut piton se tient modestement à 2280 mètres ; le Triglav aux trois pointes, qu'entourent les sources de la Save, a plus de 2850 mètres ; il porte les dernières glaces orientales des Alpes, et l'on dit que son sommet plonge sur le panorama le plus grandiose de l'Autriche.

Carso. — Au midi de la Save, et jusqu'à la corniche des versants stériles qui serrent de près l'Adriatique, s'étend le Carso [1], plateau de 500 mètres d'altitude, aride, affreux, nu, lamentable,

1. En allemand Karst.

terre rouge, rocs et cailloux calcaires. Nulle part au monde il n'y a tant de pierre vive, d'arêtes cassées, de creux dans la roche ; tant d'entonnoirs de *dolina*, disent les Yougo-Slaves [1] de la montagne, de *foiba*, disent les Italiens du littoral : en un mot tant de gouffres semblables aux avens, puits, emposieux, embues, scialets, soucis, cloups, igues, tindouls, gobies, tourons de nos craies et calcaires de France ; et partout de profondes cavernes où fuient dans l'ombre, en flots plombés, en sourdes cascades, des torrents que des sources magnifiques rejettent près de la mer. Le Timave, rivière de 50 mètres de large qui se verse dans l'Adriatique après 4 kilomètres de cours, vers Duino, non loin de Trieste, reçoit des lacs enfermés sous le Carso le cristal de ses trois fontaines : les eaux de cette Vaucluse sont celles de la Riéka [2], torrent qui s'engouffre avec bruit dans une galerie du roc. Nous savons qu'autrefois le Timave montait au jour avec plus d'abondance : il avait sept, neuf ou même douze jets ; c'était la « source », la « mère » de l'Adriatique. « Il sort du mont, dit Virgile, par neuf bouches, avec fracas, comme une mer déchaînée, et couvre la plaine de ses vagues sonnantes. » Si, de fleuve il s'est fait, on ne sait quand, petite rivière, c'est parce qu'il n'achève aujourd'hui que la Riéka, tandis qu'alors il continuait probablement aussi un plus grand cours d'eau, le Sontius, que nous appelons l'Isonzo : l'antique Sontius court maintenant à l'Adriatique après avoir taillé en gorges les monts de Gradisca, mais on pense que jadis il s'arrêtait dans un lac fermé, et que par des fentes du Carso ce lac gagnait les réservoirs cachés du Timave. Quoi qu'il en soit, la « mère de l'Adriatique » peut descendre à 400 litres par seconde, sa moyenne est d'un peu plus de 9 mètres, ses crues sont de 50. Une autre fontaine, immense celle-là, la Riéka de Fiume, donne par seconde 22 mètres cubes et demi (?) d'eau froide ; et, de l'autre côté des monts, un courant transparent sort des grandes voûtes : c'est la Piuka.

Dans sa course sous roche, la Piuka baigne les corridors de la Postoïna, merveilleuse grotte que les Allemands nomment caverne d'Adelsberg, puis elle remonte au jour sous un autre nom, ensuite elle rentre dans les ténèbres du Carso, vaguement éclairées de lueurs spectrales, enfin elle reparait aux fontaines de la Laibach, affluent navigable de la Save. Celle-ci boit tant de brillantes sources d'un bleu vert ou d'un vert bleu, par elle-même ou par ses affluents, qu'elle roule en eaux basses plus d'onde que tel fleuve très hautement célébré. On nomme, parmi ces magnifiques jaillissements du Carso, la Ruinitsa, la Koulacha, la Globornitsa, le Bistrats, la Toundjitsa, la font de Poporeselo, etc. Nous connaitrons un jour une partie du monde souterrain qui va de toutes ces pertes de torrents du plateau à toutes ces sources de « piémont », si l'on fait ce qu'on se propose de faire : élargir et relever à la mine la voûte des cavernes partout où la roche surbaissée comprime en temps de pluie la rivière engouffrée et la refoule en inondation dans le vallon supérieur. Les paysans savent par une séculaire expérience rattacher ces fontaines d'aval aux puits-abimes d'amont qui leur correspondent : il n'y a guère d'exception que pour la Gatchka, la Lika et le torrent aspiré par le gouffre de Lueg.

Dalmatie. — Le Carso se relie vers le sud-est aux rocs nus de la Dalmatie, province également fameuse par ses superbes fontaines : telles jaillissent sous mer la font de Cattaro, et sur terre la Cétina, la Kerka, le Giadro, l'Ombla.

La Cétina coule d'un gouffre profond, au pied d'une paroi calcaire où s'ouvre une grotte célèbre.

La Kerka sort du roc à l'improviste, dans le pays de Knin, grande comme une Dordogne, comme une Garonne à l'étiage (?) ; en un point de son cours de 35 kilomètres, sa pente se brise et elle tombe de 40 mètres en 16 ressauts, entre roches vives ou guirlandes de feuillage, sur les draperies de pierre que la rivière elle-même tisse tous les jours par le dépôt de ses eaux calcaires.

Le Giadro, où se mirait Salone, rencontre la mer dans le golfe de Spalato, à une demi-lieue de sa roche natale.

L'Ombla n'a que 2 kilomètres ; il faut en chercher l'origine dans la Trébenstitsa, torrent qui disparait sur les plateaux de l'Herzégovine. C'est près de Raguse que l'Ombla nait et meurt ; donné par les Italiens, ce nom de Raguse est traitre : sous ce terme néo-latin comment reconnaitre cette Dubrovnik qui fut longtemps le flambeau des Slaves du Sud ?

Des monts Dalmates, le regard plonge sur l'Adriatique dont les fiords lumineux ressemblent à une Norvège où mûriraient des dattiers, Norvège sans glaciers, mais qui, chaudement éclairée, a la beauté « méditerranéenne ». Pays superbe s'il avait quelque verdure et si deux vents n'y

---
1. Slaves du Sud.
2. Ce mot, commun à tous les dialectes slaves, signifie rivière.

Le golfe de Cattaro. (Voy. p. 118.) — Dessin de Riou.

soufflaient pas, l'ardent sirocco et, surtout en janvier et en février, l'abominable bora, qui descend du nord-nord-est, froide, aiguë, impétueuse, lugubre, agaçante.

On prétend que l'insigne nudité des versants dalmates, et aussi celle du Carso, viennent des Vénitiens ; les fils de la cité des Lagunes auraient abattu les forêts de ces monts pour l'entretien de leur marine.

C'est chez les Dalmates qu'ils recrutaient les équipages de leurs vaisseaux, comme le fait aujourd'hui l'Autriche. La flotte qui vainquit à Lissa la flotte italienne n'avait pas pour marins des Allemands, mais des hommes de la Dalmatie littorale, ou bien de la Dalmatie des îles : Veglia, Cherso, Arbe, Pago, Lunga, terre longue, effilée, que prolonge Incoronata, Ugliano, Pasman, Brazza qui donne un bon vin, Lesina, Lissa, Curzola, Lagosta, Meleda ; toutes splendidement illuminées, dans une mer harmonieuse, en vue de l'empilement des roches qui de la côte montent aux Alpes Dinariques, toutes sans arbres et fouettées tantôt par la bora, tantôt par le sirocco.

Au midi, tout à fait au bout de la rive dalmate, un canal étroit conduit l'Adriatique dans le golfe de Cattaro, l'un des mieux abrités sur terre ; les montagnes raides, les rocs à vif qui se reflètent dans ses eaux appartiennent aux princes du Monténégro, vaillants hobereaux slaves, indomptables jusqu'à ce jour.

Hongrie et Transylvanie : Alfœld et Felfœld, Puszta et Mezœseg. — Du sommet des Alpes calcaires les plus avancées vers l'est, le regard se perd sur une plaine immense où la Duna et la Tisza coulent entre des rives mouillées : Duna est le nom magyar du Danube, Tisza celui de la Theiss, rivière dont le bassin couvre plus de 15 millions d'hectares. Cette plaine est la plaine de la basse Hongrie, séparée de la Hongrie supérieure par les défilés d'Esztergom, que le Danube, venu de Vienne par Presbourg, a creusés entre des monts de porphyre et trachyte et de charmantes collines agrestes : la plaine de la haute Hongrie, « Jardin de l'Occident », n'a pas 1 200 000 hectares, celle de la basse Hongrie s'étend sur près de 10 millions.

La basse Hongrie, c'est l'Alfœld des Magyars, c'est-à-dire le Bas-Pays, par opposition au Felfœld ou Haut-Pays. On a calculé que la plaine occupe 32 centièmes de la terre magyare, les hauts plateaux et les montagnes 30 centièmes, les collines 38 centièmes.

Le Bas-Pays hongrois va du Danube aux premiers renflements des Carpates et des monts Transylvains, parfois si plat que, lorsque Duna et Tisza débordent, elles peuvent y submerger un grand million d'hectares.

La Tisza, jadis merveilleusement tortueuse, car en l'absence de pente elle ne sait où couler, avait plus de 1250 kilomètres de circuits pour une longueur de 540 seulement entre la source dans les Carpates et l'engloutissement dans le Danube ; les ingénieurs l'ont raccourcie de 466 kilomètres par des sections d'isthme, ils l'ont étroitement endiguée, et elle n'en est que plus funeste, elle crève ses digues ou les dépasse et menace les villes de malemort : témoin Szeged ou Szegedin, qu'elle a détruite il y a quelques années ; et lorsqu'elle se retire, ce sont flaques d'eau, bras morts, roseaux où le moucheron bourdonne, marais couverts d'oiseaux et pleins de sangsues, tourbières, sarretz ou prairies boueuses. Quand on s'éloigne des rives malsaines et qu'on arrive sur les hauteurs de sol que ni Tisza, ni Szamos, ni Kœrœs, ni Maros n'atteignent jamais, l'aspect change ; la plaine, aux villages rares, grands comme des villes, ondule en riches moissons, et dans les prairies à perte de vue paissent d'immenses troupeaux de bœufs à cornes gigantesques.

Entre la Tisza louvoyante et le large Danube dont les sillons sont parallèles pendant 300 à 400 kilomètres, s'allonge la Mésopotamie hongroise, appelée en magyar la Puszta, c'est-à-dire le Désert. Large de 80 à 90 kilomètres, avec un contour de plus de 500, la Puszta plate a ses mirages comme l'Égypte, ses sables volants comme les Landes, des chaleurs de Sahara, des froids polaires, des vents affreux, ou brûlants, ou glacés. Pour arbres, des arbustes, des buissons ; point de sources, peu de ruisseaux, des puits à potence ; les rarissimes cours d'eau, laids, lourds, louches, méritent tous le nom de Sarviz (Eau bourbeuse) que porte une rivière de la plaine, sur la rive droite du fleuve. Pas une roche, pas un caillou, de la terre, toujours de la terre : « Dans l'Alfœld, dit le proverbe, on pave avec de la boue. » Là aussi, en temps humide, la fange est le cinquième élément, tout comme en Pologne, en Russie Blanche, en Lithuanie. Par bonheur, il n'y pleut pas trop : 500 millimètres environ durant l'année dans la plaine hongroise, 800 à 900 dans la montagne, 617 à 618 en moyenne pour l'ensemble de la Hongrie.

Pourtant la Puszta, d'ailleurs fertile, est belle : d'abord de la libre expansion du regard qui maîtrise toute la plaine jusqu'à l'hémicycle bleu des Carpates, puis de la grâce de ses prairies naturelles. Des csardas, maisons de pisé, toutes fort basses, y logent tant bien que mal des bergers demi-nomades, des czikos, gardeurs de chevaux, des gulyas, gardeurs de bœufs, des juhacz, gardeurs de moutons, et des kanacz, gardeurs de porcs. Les czikos sont les Gauchos de l'Europe; le gulyas habite une chaumine de roseaux pointue; le juhacz, armé de la hache, préserve du loup ses troupeaux en compagnie de chiens féroces; le kanacz promène ses bêtes grognantes dans les forêts de chênes. Mais la culture méthodique s'empare rapidement du Steppe herbeux où les conquérants hongrois retrouvèrent les immenses pâturages plats des landes orientales d'où leurs hordes étaient parties. Alfœld et Puszta sont la vraie patrie du Magyar, ex-nomade malgré lui devenu sédentaire.

A la droite du Danube, sur le chemin des Alpes, la plaine de Hongrie se relève plus vite qu'à sa gauche, sur la route des Carpates. Au pied de la Forêt de Bakony (707 mètres), monts vêtus de hêtres et de chênes, le lac Balaton (65 500 hectares) est une eau sans profondeur çà et là continuée par du marécage ; entre cette même montagne et Vienne, le Fertœ, que nous appelons Nieusedel, d'après les Allemands, varie entre 5000 ou 4000 hectares et 40 000 suivant la hauteur des eaux du Danube, de la Leitha, de la Raab, qu'il ingurgite ou régurgite : flaque laide, il n'a pas droit au nom de lac qui implique toujours quelque idée de beauté.

Au nord et à l'est de la plaine hongroise s'étagent les Carpates et les monts Transylvains. Les Carpates vont, par un demi-cercle de 1440 kilomètres, du Danube au Danube, de Presbourg où commence la plaine hongroise, aux Portes de Fer où elle se termine. Ils couvrent 90 000 kilomètres carrés, un sixième de la France. Leur maitre massif, gneiss et granits extraordinairement sauvages, le Tatra, monte à 2647 mètres, presque aux neiges éternelles, mais ses versants sont trop raides pour suspendre beaucoup de frimas ; à mi-hauteur, 112 lacs verts, tous petits, comme des lacs de Gaube, versent leurs eaux à la Dunajec, tributaire de la Visla, et à la Vág danubienne, l'une des deux rivières de Komárom.

Les Carpates du Nord se lèvent entre la Hongrie et la Galicie ; ceux du Sud ou Monts Transylvains portent le « Pays des Forêts » : c'est ce que veut dire le nom magyar de la Transylvanie, Erdely, en roumain Ardaalul. — Le nom français, latin plutôt, en est à peu près la traduction.

Si le plateau transylvain, vaste de 6 à 7 millions d'hectares, à l'altitude moyenne de 450 mètres, ne comprenait pas tant de plaines nues et triviales, si ce Mezœseg ou pays du Milieu ne ressemblait à la Champagne Pouilleuse, la Transylvanie serait une Suisse en Orient : ainsi que l'Helvétie, elle partage plateaux, vallées, forêts hantées par l'ours, le lynx, le loup, entre trois peuples, les Roumains, les Hongrois, les Allemands, tous trois rançonnés jusqu'à la ruine par le Juif, qui est l'aubergiste, l'épicier, le prêteur, l'universel usurier, et qui s'empare du pays après avoir mis le paysan sur la paille ; elle domine au midi la plaine valaque et le lointain Danube, comme l'acropole suisse voit de haut la plaine lombarde et le Pô lointain. Ses pics les plus élevés, le Negoï (2543 mètres), le Bucses (2497 mètres), le Retyezat (2482 mètres), arrivent presque à l'altitude du Tatra.

Galicie et Bucovine. — Tous les pays d'Alpes, sauf l'Istrie et la Dalmatie, toute la Hongrie et la Transylvanie relèvent du Danube, qui les traverse ou en reçoit les eaux. En dehors du bassin danubien, l'Empire englobe deux contrées tournées vers d'autres horizons : la Galicie et la Bohême.

De ces deux contrées, la plus excentrique est la Galicie, autrichienne par les jeux de l'intrigue et du hasard, russe par toute sa nature d'outre-Carpates, sa liaison avec la grande plaine sarmate, son climat, les deux langues de ses habitants. Parti de Vienne ou de Budapest, les métropoles austro-hongroises, on n'y arrive que par une route longue, et difficile à cause des monts. La Bohême, au contraire, est et comme tissue avec la partie de l'Autriche-Hongrie qui gravite autour de Vienne, et le Danube effleure longtemps les contreforts de la Forêt de Bohême, chaîne basse aisée à franchir : si bien qu'un chemin de quelques lieues seulement mène du grand fleuve à la Vltata, rivière centrale de la Bohême.

La Galicie n'a pas tout à fait 6 millions d'âmes (5 959 000) sur 7 851 000 hectares, ou 76 personnes par kilomètre carré : plus qu'en France, et cela malgré le climat dur, car la contrée regarde le nord et le nord-est, bouches des vents froids. Sol plantureux, pâtis savoureux, forêts superbes, mines inépuisables, sel gemme plus que partout ailleurs et pétrole comme en Amérique, ce pays polonais-ruthène a ses supériorités. Les Carpates, qui le séparent de la Hongrie, montrent surtout des roches de grès ; de leurs forêts profondes les eaux courent à la Visla et à trois rivières galiciennes par leurs sources et leurs affluents supérieurs, au San et au Boug, tributaires de la Visla, et au tortueux fleuve Dniester. Au nord, sur la Visla, sur le San, on parle polonais; au sud, sur le Boug et le Dniester, on parle ruthène ou malo-russien, et d'une langue à l'autre on se dispute entre frères slaves.

Dans les villes et bourgs, les Juifs grouillent, au nombre de près de 700 000, le dixième de la race pullulante et colportante. Trois pays qui se touchent, la Galicie, la Pologne, la Malo-Russie, sont devenus par le hasard des temps le principal asile des Douze Tribus; Éphraïm et Juda s'y coudoient avec des milliers et encore des milliers d'Israélites qui ne descendent point du pasteur de Ur en Chaldée, mais qui professent la loi de Moïse

Carpates : La chaîne du Tatra. (Voy. p. 119.) — Dessin de G. Vuillier, d'après une photographie.

et qui hâtent, comme leurs autres frères en la foi, l'accomplissement de la prophétie faite à Abraham : « Ta postérité sera plus nombreuse que le sable de la mer. » Ils croissent formidablement, ils s'emparent du sol, du commerce, de l'industrie : « Tout par nous et pour nous », peuvent-ils dire, et les cités de la Galicie sont d'ores et déjà juives autant que polonaises ou ruthènes. Ils parlent en général l'allemand à côté des deux grandes langues du pays, et quand il n'y avait pas encore d'antisémitisme, on les glorifiait, du Rhin au Niéman, comme les nobles pionniers du Deutschthum.

La Bucovine continue la Galicie au midi; seulement elle appartient en entier au bassin du Danube, et, des deux nations qui l'habitent, il n'en est qu'une, celle des Ruthènes, au nord, qui soit en communauté d'origine avec les Slaves galiciens; celle du sud, les Roumains, se rattache intimement au peuple néo-latin de Moldo-Valaquie. La Bucovine, très petite province, n'a que 572 000 habitants sur 1 045 000 hectares. Bassin supérieur du Sereth et du Pruth, elle est tout entière sur le versant du Danube; les eaux qu'elle lui envoie sont des eaux de forêts : près de la moitié de cette province[1] est sous bois; le hêtre y domine.

Bohême et Moravie. — La Bohême, centre de l'Europe, a surtout des gneiss et des granits pour assise. Ce sont là des roches froides, mais les montagnes, de tous côtés, la protègent si bien des vents, qu'elle jouit d'un climat presque doux malgré son altitude et sa « continentalité ». Aussi la voyons-nous bien plus peuplée relativement que la France : 107 habitants par kilomètre carré, au lieu de 71; elle entretient 5 564 000 personnes sur 5 194 000 hectares.

Bergers du Tatra. — Dessin de G. Vuillier, d'après une photographie.

Elle touche presque au Danube par sa pointe méridionale, tandis qu'au sud-est ce pays slave avec plus d'un tiers d'Allemands se rattache à une terre également slave avec moins d'un tiers d'Allemands, à la Moravie, par des plateaux doucement ondulés dont la pente descend au midi vers le Danube hongrois.

Ces plateaux : la Forêt de Bohême, limite avec la Bavière; l'Erzgebirge, limite avec la Saxe; les

[1]. 46 pour 100.

Monts des Géants (en tchèque Kroknosé), limite avec la Prusse, entourent le bassin bohémien, qui ne s'ouvre un peu qu'au nord : là, par 112 mètres d'altitude, sort la Labe, l'Elbe des Allemands, dont la haute vallée sinue au pied des montagnes de la Suisse saxonne; ce défilé, menant de Dresde à Prague, est la principale porte par laquelle les populations allemandes qui assiègent la Bohême pénètrent dans le pays pour s'y mêler aux Slaves indigènes.

L'Elbe, en cela semblable à mille autres rivières, fait ses premiers pas vers un horizon qu'elle ne tarde guère à dédaigner. La gorge du massif des Géants où se démène l'étroit torrent qui deviendra le fleuve de Hambourg, c'est-à-dire un golfe s'élevant, s'abaissant, respirant avec la marée, s'ouvre tout droit au sud; à la suivre, si elle allait toujours ainsi, on atteindrait la rive gauche du Danube en amont de Vienne, mais bientôt une longue série de courbes porte ses eaux vers l'ouest, puis vers le nord, à la rencontre de la Vltava; celle-ci, la Moldau des Allemands, devrait garder le nom : plus longue de 75 kilomètres, dans un bassin double, elle roule plus d'eaux, et ces eaux passent à Prague, au cœur de la Bohême.

Dans la lutte entre les deux grandes races qui se disputent la Bohême et la Moravie, la victoire semble pencher pour les Tchèques, Slaves qui se sont réveillés d'un long et lourd sommeil; fiers d'une glorieuse histoire, d'une langue très énergique, durement douce, ils ont déjà presque tchéquisé leur capitale, où il n'y a plus que 30 000 Allemands sur 156 000 personnes; ils augmentent à vue d'œil dans des villes industrielles récemment encore tout à fait germaines et dans la plupart des cercles du pays, tant ruraux qu'urbains. En Amérique même cette nation ne s'abandonne pas : 150 000 Tchèques émigrés y lisent douze journaux en leur idiome, mais ces feuilles dureront ce que durent les roses, et les Tchèques des États-Unis

Puits dans la Puszta. — Dessin de Valério, d'après nature.

disparaîtront aussi vite que ceux qui vont se perdre en Russie.

Sur 100 « Bohémiens », 65 Tchèques, 57 Allemands; sur 100 Moraves, moins de 50 Allemands, plus de 70 Tchèques : voilà les proportions révélées par le recensement de 1881. Ces Slaves sont 3 470 000 en Bohême, contre 2 054 000 Allemands; 1 507 000 en Moravie, contre 629 000 Allemands, soit 4 977 000; et en y ajoutant les 126 000 Tchèques de la Silésie autrichienne, ceux de la Basse-Autriche, enfin les Slovaques de Hongrie, lesquels sont purement et simplement des Tchèques sauf quelques différences de dialecte, on a bien près de 7 millions d'individus pour le peuple entier des « Tchéquophones ».

Nations ennemies. — L'empire d'Autriche est comme un cirque où les bêtes fauves se dévoreront dès qu'on ouvrira les grilles de leur voûte; ses 38 millions d'hommes se divisent en nations et sous-nations ardemment ennemies.

De ces peuples et sous-peuples, l'un tend vers l'Allemagne, un autre vers la Roumanie, plusieurs vers la Russie, tandis que le plus malheureux de tous, le Magyar, n'ayant pas de frères à côté de lui, flotte dans le vide, au hasard des catastrophes.

Nombres ronds, l'empire dualiste compte 17 à 18 millions de Slaves, 10 millions d'Allemands, plus de 6 millions de Magyars, plus de 2 millions et demi de Roumains, près de 700 000 Italiens et « Ladins », etc.

Allemands. — Les Allemands d'Autriche, fondateurs de l'empire qui s'est peu à peu assemblé autour de Vienne par un phénomène miraculeux d'équilibre instable, sont absolument Allemands de langue, mais non point d'origine et, si le sang germain domine chez eux, ils n'en comptent pas moins de nombreux Celtes et beaucoup de Slaves parmi leurs ancêtres, même dans les provinces les plus « loyales », dans le Tirol et l'archiduché d'Autriche : cela sans rien dire des aïeux appartenant au peuple de souche inconnue dont les 20 000 Tiroliens d'idiome ladin sont aujourd'hui le seul reste apparent.

Dans la Cisleithanie ou Autriche propre, ils peuplent presque seuls la Haute et la Basse-Autriche, le Tirol septentrional, le Saltzbourg; en Carinthie ils sont plus des deux tiers, près des deux tiers en Styrie, plus du tiers en Bohême, moins du tiers en Moravie, près de la moitié en Silésie; il y en a 525 000 en Galicie, plus de 100 000 en Bucovine, mais dispersés, et comme en l'air, perdus au milieu des Slaves, des Roumains, et sans espoir d'avenir malgré le progrès des Juifs germanophones.

Un poste des Confins militaires. (Voy. p. 127.) — Dessin de Valério, d'après nature.

En Transleithanie ou Hongrie, c'est en vain qu'ils sont presque deux millions d'hommes : au nord, ils y disparaissent de plus en plus dans le bloc des Slovaques; au centre, ils se fondent rapidement dans le peuple prépondérant et deviennent Hongrois, même de nom, jusque dans Budapest, où ils sont pourtant 120 000; au sud seulement, dans les campagnes du Banat, inépuisablement fertiles, ils tiennent bon, voire ils dénationalisent un tantinet Serbes et Roumains. En Transylvanie, ils forment un petit peuple d'environ 200 000 âmes, ayant jusqu'à ces derniers temps conservé des privilèges qui l'ont fait durer parmi les Roumains et les Hongrois; très menacés par la fécondité des Roumains et par leur propre stérilité, on les nomme Saxons, mais leurs ancêtres vinrent surtout de la Flandre et de la contrée d'entre basse Meuse et basse Moselle.

Slaves. — Il faut distinguer les Slaves du Nord des Yougo-Slaves ou Slaves du Sud, ceux-ci séparés de ceux-là par les Allemands, les Magyars, les Hongrois : sans la large traînée d'Hétérogènes qui va de la Bavière à la mer Noire, les Tchèques toucheraient aux Slovènes, les Slovaques et les Ruthènes aux Croates et aux Serbes, les Malo-Russiens aux Bulgares.

Les Slaves du Nord comprennent :

1° Les Tchèques, divisés en Tchèques proprement dits, en Moraves, en Slovaques : au total, 7 millions d'hommes, habitant la Bohême, l'occident de la Silésie autrichienne, la Moravie et divers comitats du nord-ouest de la Hongrie; leur langue, en dialectes divers, se rapproche surtout du polonais. De tous les Slaves, ce sont les plus odieux aux « Pangermanistes », en ce qu'ils possèdent la Bohême, le *Keil im Deutschlands Fleische* ou coin dans la chair allemande : ils séparent la Bavière, terre toute germaine, de la Silésie qui le devient de plus en plus, et vont presque jusqu'aux portes de Vienne; ils se sentent Slaves, ils le proclament hautement, ils regardent vers Moscou plus que vers Vienne, ils ne craignent pas d'étaler leur haine pour Berlin.

2° Les Polonais (3 250 000), dans le nord de la Galicie et l'est de la Silésie autrichienne; appuyés aux Polonais de Pologne, ils semblent destinés à se ressouder un jour à eux, mais qui dira quand, comment, sous quel sceptre ou dans quelle fédération?

Les Ruthènes (3 150 000) vivent dans la Galicie méridionale, dans la Bucovine du nord et dans les comitats de Hongrie d'où descendent la Tisza, le Szamos, l'Ung, le Bodrog : ce qui leur donne ici le double versant des Carpates; Malo-Russiens par le dialecte, grecs-unis par la religion (tandis que les Polonais sont catholiques), ils défendent délibérément leur idiome en Galicie contre lesdits Polonais, jadis leurs maîtres.

7 millions de Tchèques, 5 250 000 Polonais, 3 150 000 Ruthènes, le ban des Slaves du Nord forme donc présentement treize à quatorze millions d'hommes.

Les Slaves du Sud, ou Yougo-Slaves, comprennent plus de 4 millions de personnes en Austro-Hongrie, abstraction faite de la Bosnie-Herzégovine et autres pays de la Péninsule Illyrique. Serbes de religion grecque, Croates catholiques, Slovènes également papistes, tous parlent au fond la même langue, le serbe, idiome voisin du russe. Ils peuplent des districts de la Styrie et de la Carinthie, la Carniole, l'Istrie, la Dalmatie, quelques campagnes de la plaine hongroise, la Croatie, l'Esclavonie et les ex-Confins Militaires; Zagrab (Agram), voisine de la Save, est la Rome, le Paris, l'Athènes où ils tournent leurs regards. Longtemps refoulés, déplacés, remplacés, dominés et très méprisés par les Allemands, les Yougo-Slaves ont repris conscience d'eux-mêmes et de plus en plus ils échappent à l'hégémonie tudesque. Slovènes, Croates, Serbes, Bulgares, ils pourraient s'unir, de Trieste à la mer Noire, en une grande et belle confédération; par malheur, les Bulgares ne se servent pas de la même langue que les Serbes-Croates-Slovènes, et les Slovènes et Croates n'ont ni même religion, ni même écriture que les Serbes et les Bulgares : ceux-ci usent des lettres russes ou alphabet cyrillien, ceux-là des lettres latines.

Magyars ou Hongrois. — Au nombre de plus de 6 millions, les Magyars habitent la grande plaine de Hongrie, une partie du Mezœseg, et, sous le nom spécial de Sékeils, les Carpates de Transylvanie, tout à l'est de la contrée, au-dessus du bas pays moldave et valaque : c'est là, dans les gorges à flancs du mont, parmi des peuples allophones, qu'ils ont le mieux conservé l'idiome et les mœurs des ancêtres. Ils s'accroissent en absorbant des Slovaques, des Allemands, des Roumains, des Serbes, mais pas d'eux-mêmes, car leur race est très peu féconde. Ce sont pour la plupart des bruns à cheveux longs et noirs, à grandes moustaches, à l'œil brillant et fier.

Parents des Finlandais, et aussi des Turcs, les Hongrois franchirent il y a mille ans les Carpates et tombèrent sur la plaine du Danube; Attila, le roi des Huns, avait eu son palais de bois sur la Tisza, les Hongrois firent comme lui paître leurs chevaux nerveux au bord de cette rivière dormante, alors toute en plis et replis, toute en épanchements et marais. Ils furent longtemps le fléau de l'Europe, et leurs cavaliers poussèrent des razzias jusqu'à Embrun, riveraine de la Durance, non loin de Marseille.

Convertis au christianisme, ils adoucirent à la longue, par des croisements avec le Germain, le Slave, le Roumain, la laideur primitive de leur race; à travers ces mélanges, ils gardèrent leur langue, leur fierté de Magyares, leur mépris de l'étranger, leur passion pour la Hongrie, « Paradis entre quatre fleuves et trois montagnes ». « On ne vit qu'en Hongrie; vivre ailleurs, c'est végéter ! *Extra Hungariam non est vita; aut, si est vita, non est ita* », disaient-ils en latin, car, renonçant à parler les sept verbes de leur royaume polyglotte, les Hongrois avaient adopté ce langage

Campement de Tsiganes dans la Puszta. — Dessin de Valério, d'après nature.

comme idiome officiel et comme lien des nations de la couronne de Saint-Étienne [1].

Longtemps regardés de très haut par les Allemands, ils ont dit en leur langue : « *Eb a Nemet kutya nelkül* — où il y a un Allemand, il y a un chien ! » — Étouffés par la poussée slave, ils disent : « *Tot ember nem ember* — l'homme Slave n'est pas un homme. » — Ni le sabre courbé du Janissaire, ni la campagne envahie par les paysans deutsch, ni les villes au pouvoir d'une bourgeoisie germanophone, ni le flux et le reflux des Slaves n'ont eu raison de leur constance; après avoir vu le Turc régner sur leur colline de Bude, au-dessus de leur Alfœld bien-aimé, et l'Allemand les gouverner à la caporale du fond des bureaux, ils sont aujourd'hui les maîtres dans l'orient de l'empire : pour peu de temps sans doute, et leur avenir est sombre.

Ils ont gardé de leur passé nomade tout ce que la civilisation en peut souffrir; hommes de cheval, ils préfèrent la plaine à la montagne, la campagne à la ville, le pastorat au labour. Aristocrates, amis de l'éclat, des aigrettes, des pompons, des brandebourgs, des fourrures, des bottes éperonnées, obsédés par le point d'honneur, patriotes jusqu'au ridicule, enthousiastes, et pourtant d'esprit pratique, on les dit nés pour commander. Ils parlent une langue riche, compliquée, poétique, restée fidèle à ses formes du moyen âge, sans aucun rapport avec l'allemand et les dialectes slaves ou le roumain qui l'entourent, étant parmi celles qu'on nomme agglutinantes; elle a pour parents éloignés le finlandais, l'ehstonien, le turc ; 250 journaux et revues l'emploient.

Néo-Latins. — 2 500 000 Roumains habitent la Transylvanie, divers comitats hongrois, le sud de la Bucovine et le Banat de Témesvar. Cette race rustique ne se distingue en rien des Roumains moldo-valaques et bessarabes avec lesquels elle forme un bloc homogène de huit millions d'hommes. Sa langue descend du latin comme la nôtre, mais avec beaucoup de racines slaves, qu'elle travaille activement à remplacer par des latines : tendance naturelle, elle revient à sa principale origine.

670 000 Italiens vivent sur le versant méridional des Alpes, le long de l'Adige, dans le Tirol du sud dont ils chassent rapidement le Teuton ; dans le val de l'Isonzo, pittoresque fleuve qui va du Triglav au golfe de Trieste; sur le littoral de

---

[1]. L'ensemble des pays qui composaient la Hongrie : comme la couronne de Saint-Wenceslas désignait ceux qui composaient la Bohême.

l'Istrie; sur la côte de la Dalmatie : en cette dernière province, que l'Italie réclamerait volontiers, il n'y a que 44 000 Italiens sur 472 000 habitants.

Les 20 000 Latins et Roumanches, vestige d'un peuple qui remplit jadis une grande partie du Tirol et de la Suisse orientale, n'ont maintenant que des bouts de gorges, de petits cirques de montagne, envahis par l'idiome germanique.

Ainsi donc, quatre races avec quatre sortes de langues : des Slaves, des Allemands, des Magyars, des Néo-Latins; plus une cinquième race, les Juifs, qui ne parlent guère leur très antique hébreu ; quinze à vingt peuples et sous-peuples : Tchèques, Moraves, Slovaques, Polonais, Ruthènes, Serbes, Croates, Slovènes, Wendes, Allemands, Roumains, Italiens, Ladins et Roumanches, Juifs, Arméniens, Bohémiens ou Tsiganes plus que partout au monde, etc.; plus de 28 millions de catholiques et de grecs-unis, 2 millions et demi de grecs orientaux, 3 millions et demi de protestants, 1 650 000 Juifs, etc. — Tel est l'empire mosaïque, divisé par surcroît en deux groupes de pays sans aucune sympathie et entente cordiale : la Cisleithanie et la Transleithanie.

Cisleithanie et Transleithanie. — Avant la guerre de 1866, l'Empire se divisait en pays allemands faisant partie de la Confédération Germanique et en pays non allemands. Il comprend aujourd'hui la Cisleithanie, ensemble des provinces qui sont en amont de la Leitha, mince affluent de droite du Danube au-dessous de Vienne, et la Transleithanie, en aval de ladite Leitha. Les pays cisleithaniens s'appellent plus simplement Autriche ; et les pays transleithans, Hongrie.

Cisleithanie. — La Cisleithanie ou Autriche comprend quatorze pays :

La Basse-Autriche, ou Autriche au-dessous de l'Enns [1], sur le Danube, province allemande : c'est là qu'est Vienne ;

La Haute-Autriche, ou Autriche au-dessus de l'Enns, sur le Danube, province allemande ;

La Styrie, Steiermark des Allemands, sur la Drave et son affluent la Mur, province plus allemande que yougo-slave où le germanisme gagne.

La Carniole, dont le nom slave, adopté par les Allemands, Krain, veut dire : frontière ; en partie terre

---

[1]. Petit affluent de droite du Danube.

de Carso, sur la Save supérieure, c'est un pays jadis allemand devenu slovène ;

L'Istrie, presqu'île embrassée par deux golfes de l'Adriatique, terre de Carso, sauf un étroit littoral, pays yougo-slave avec Italiens sur la côte ;

La Dalmatie, baignée par l'Adriatique, province yougo-slave avec Italiens sur le littoral et les îles ;

La Carinthie, en allemand Kærnthen, sur la Drave supérieure, province plus allemande que yougo-slave, mais où les Yougo-Slaves gagnent sur les Allemands ;

Le Salzbourg, très beau pays d'Alpes, dans le bassin de l'Inn, province allemande ;

Le Tirol et le Vorarlberg, sur Inn et Rhin au nord, sur Adige au sud, province allemande au septentrion, italienne au midi, ladine en quelques vallées ;

La Bohême, sur l'Elbe, province tchèque pour les deux tiers, allemande pour l'autre tiers : les Slaves y gagnent.

La Moravie, sur la Morava, tributaire du Danube, pays slave pour plus des deux tiers, allemand pour le reste : les Germains y perdent ;

La Silésie d'Autriche, sur la Visla et sur l'Oder naissants, pays allemand, polonais et tchèque où le slavisme reprend l'ascendant ;

La Galicie, sur la Visla, le San, le Pruth, le Dniester, pays polonais et ruthène avec éléments germaniques et juifs nombreux ;

La Bucovine, sur le Dniester, le Séreth, le Pruth, province ruthène au nord, roumaine au midi : les Ruthènes y gagnent.

Ces quatorze pays ont ensemble 22 144 000 habitants sur 30 millions d'hectares, ou 74 personnes au kilomètre carré.

Transleithanie. — La Transleithanie ou Hongrie comprend trois pays :

La Hongrie propre, sur Danube et Tisza, habitée par presque toutes les races de l'empire, Magyares, Roumains, Allemands, Serbo-Croates, Slovaques, Ruthènes, etc. ;

La Transylvanie, en allemand Siebenbürgen, dans les Carpates, sur le Szamos et la Maros, affluents de la Tisza, et sur l'Olt, affluent du Danube ; pays avant tout roumain, puis magyar et sékéil, en dernier lieu allemand ;

La Croatie-Esclavonie, sur la Drave et la Save, pays tout yougo-slave qui vient de s'annexer les Confins Militaires, contrée slave également : on appelait ainsi le territoire très long mais étroit qui borde la rive gauche de la Save, puis celle du Danube, en face de la Bosnie et de la Serbie.

Quand Serbie et Bosnie obéissaient au Turc, les Confinaires, soldats-laboureurs, espèces de Cosaques d'Autriche, y étaient parqués en douze régiments chargés de défendre la frontière chrétienne contre les mécréants qui furent pendant trois cents ans la terreur de l'Europe. De ces douze régiments, trois, ceux du Banat de Témesvar, sont revenus à la Hongrie, neuf à la Croatie-Esclavonie ; le camp immense a été levé, les Confinaires deviennent des paysans comme les autres, en un riche pays dont la plate Sirmie possède les meilleures terres.

Ces trois pays ont ensemble 15 726 000 habitants sur 32 518 000 hectares : soit 48 personnes au kilomètre carré.

Villes. — Quatre villes d'Autriche dépassent 100 000 âmes.

Vienne (1 100 000 hab.), capitale de l'Empire, est une ville allemande, une cité superbe, élégante, où les plaisirs sont faciles ; elle est assise au pied des dernières collines des Alpes, en vue des Carpates, à 146 mètres d'altitude, près de la limite entre Germains, Slaves et Hongrois, sur le fleuve Danube, qu'on a régularisé en versant toutes ses branches dans un lit de 900 mètres de large. Wien (c'est son nom allemand), Becs (c'est son nom magyar) peut être considérée comme la grande cité centrale de l'Europe.

Budapest (361 000 hab.), dont la grandeur date de ce siècle, est la capitale de la Hongrie ; elle comprend deux villes : Pest sur la rive gauche du Danube, en plaine, et Bude ou Ofen, sur une fière colline.

Prague (162 000 hab.), Praha des Tchèques, capitale de la Bohême, sur la Vltava brunâtre, est splendide, presque sans rivale pour la beauté du site et la prestance des vieux monuments.

Trieste a 130 000 âmes, les faubourgs compris ; ce port du fond de l'Adriatique, au pied du Carso, cette ville italienne hérite de Venise ; elle n'a rien de slave, ni d'allemand.

Lwów, capitale de la Galicie, également appelée Lemberg et Leopol, a 110 000 habitants, en majorité Polonais, sous un climat sévère, extrême (de —32° à +58°), loin de toute grande rivière.

Viennent ensuite Gratz, Brunn, Szeged, Cracovie, Szabadka, Debreczen : — Gratz (98 000 hab.), capitale de la Styrie, sur la Mur, tributaire de la Drave, porte un nom slave, mais on n'y parle que l'allemand ainsi que dans le pays d'alentour ; — Brunn (85 000 hab.), en tchèque Brno, capitale de la Moravie, borde un affluent de la Morava. — A Szeged

(74 000 hab.), la Maros rencontre la Tisza, dans une plaine basse dont les débordements font une mer boueuse autour de la ville; c'est, comme presque toutes les cités de la plaine hongroise, une immense bourgade étirée, déhanchée, un énorme, un infini village fait d'une multitude de chaumières et de quelques maisons, sur des rues sans pavé, fange en hiver, poussière volante en été; — Cracovie (66 000 hab.), sur la haute Visla, est chère aux Polonais : leurs rois y régnèrent jusqu'au commence-

Colon des Confins militaires. (Voy. p. 127.) — Dessin de Valério, d'après nature.

ment du dernier siècle : elle avait alors 100 000 âmes; — Szabadka (61 000 hab.), nommée par les Allemands Maria-Thérésiopol (ville de Marie-Thérèse), est entre Duna et Tisza, dans la Puszta. Cette villasse s'éparpille au loin sur le sol : elle ne couvre pas moins de 89 600 hectares, douze fois Paris. — Debreczen (51 000 hab.) est la ville nationale des Magyares, campée sur le Steppe aride; sa commune, plus vaste encore que celle de Szabadka, s'étend sur 100 000 hectares; Kecskémet en a 88 000; Szeged, 70 000; Hodmezö-Vásárhely, 60 000, ainsi que Török-Szent-Miklos, etc.

Pour la **Bosnie-Herzégovine**, voyez page 248.

Dunes de la Campine. (Voy. p. 130.) — Dessin de Th. Verstraete, d'après nature.

BELGIQUE

L'Escaut, la Meuse. — Peuplée comme la France, la Belgique n'aurait pas beaucoup plus de 2 millions d'hommes, mais sa densité de population (192 personnes au kilomètre carré) est telle qu'on y compte 5 655 000 habitants sur 2 946 000 hectares.

Pays bilingue, elle nourrit deux peuples, sur deux terres différentes : au nord, dans la Flandre, sur l'Escaut, vivent les Flamands, qui sont surtout blonds, avec les yeux bleus, ou gris, ou clairs; au sud, dans la Wallonie, sur la Meuse et dans l'Ardenne, séjournent les Wallons ou Français, bruns pour la plupart.

L'Escaut, en flamand Schelde, arrive de France tout petit, large en moyenne de 22 à 25 mètres, avec une portée de 7250 litres par seconde à l'étiage, de 12 000 en eaux ordinaires, de 40 000 en crues. En Belgique, il devient grand, mais rien qu'en apparence, et toute son ampleur tient à la marée. Devant Anvers qui, grâce à lui, monte au rang des premiers ports du monde, il a 550 à 700 mètres de large, et 1200 lorsqu'il passe en Hollande pour s'y partager en deux bras : l'Escaut occidental ou Hont, qui disparaît dans la mer du Nord à Flessingue, et l'Escaut oriental, qui communique avec la Meuse. Tant en Belgique qu'en France, il a 400 kilomètres dans un bassin de 1 990 000 hectares.

et l'on estime son module à 92 mètres cubes par seconde.

Moins large que le limoneux Escaut, la Meuse, en wallon Mouse, ne serpente pas comme lui dans des plaines banales. Venue aussi de France avec 25 mètres cubes par seconde en étiage, 100 en eaux ordinaires, 700 en fortes crues, elle quitte la Belgique pour la Hollande après y avoir reçu, dans une gracieuse vallée, la Semoy, la Lesse, la Sambre et l'Ourthe ; elle baigne Namur et Liège.

Flandre. — Si du champ fatal de Waterloo on tire deux lignes, l'une à l'est vers le lieu où la Meuse sort de Belgique entre Liège et Maëstricht, l'autre à l'ouest vers l'endroit où la Lys, affluent de l'Escaut, arrive sur le territoire belge, on divise le royaume en Flandre et en Wallonie.

A peu près égal en étendue au pays wallon, le pays flamand, plus densément peuplé, comprend la Flandre Occidentale, la Flandre Orientale, la majorité du Brabant, le Limbourg et la province

L'Escaut devant Termonde. — Dessin de E. Claus, d'après nature.

d'Anvers ; il va des sables de la mer du Nord, du delta de l'Escaut, des bruyères de la Campine aux collines de la Wallonie, et des plaines de la France à celles de la Hollande.

Elle est très plate, cette terre des Flamands, sauf sur les coteaux brabançons, mais l'homme qui l'habite cultive merveilleusement l'ancienne « forêt sans pitié[1] ».

Le sol, de lui-même, a peu de fécondité ; sans les soins patients il se bornerait à donner du bois, des bruyères, des herbes de dune et des plantes

[1]. Les Romains nommaient ainsi la basse plaine de Flandre et de Zélande.

de marais ; fait surtout de sable, il ressemble assez à nos Landes ; à l'est, dans la province d'Anvers, dans le Limbourg (et aussi en Hollande), la Campine a des dunes, des flaques d'eau, et un sous-sol rougeâtre, imperméable, sable cimenté par le tanin des brandes.

Mais le Flamand, qui diminue lentement la Campine en la tigrant d'oasis, a fini par féconder la Flandre, qui jadis ne valait guère mieux, étant dune, lèdes, sable, marais ; même il en a fait l'un des premiers pays agricoles du monde, et, très funestement, un des ateliers les plus encombrés de l'industrie. La Flandre Orientale a 300 habitants par kilomètre carré; la Flandre Occidentale 218, Anvers 215 — ce que cette province doit surtout à sa grande ville; — quant aux 310 personnes par 100 hectares qu'entretient le Brabant belge, la raison en est aux 400 000 citadins de Bruxelles et de ses huit faubourgs. Dans la Belgique flamande, les villes allongent leurs rues jusqu'à d'autres villes, jusqu'à d'énormes villages, et ces villages s'enchevêtrent avec d'autres villes, avec des bourgs, des hameaux, des fabriques. Vingt, cinquante, cent bourgades y sont des « Petits Manchester ».

Champs cultivés comme des jardins; vieilles cités fières de leurs hôtels de ville, de leurs beffrois, de leurs églises, de leurs musées splendides, de leurs colossales manufactures; cheminées fumantes, villages de briques, canaux navigables, fossés de desséchement, dunes sur le rivage, telle est la Belgique flamande, campagne lourdement banale, usine infinie, faubourg qui toujours recommence.

Elle est laide, sauf les arbres, la verdure, et çà et là d'adorables échappées sur l'eau; mais la

Inondation aux environs de Gand. — Dessin de E. Claus, d'après nature.

nature y est prodigue de tout, hors de soleil, la vie sociale intense, et il y fait bon vivre pour le riche tandis que, sous des brouillards froidement humides, la vie y est dure au pauvre monde : elle y est faite de travail excessif et malsain, de mauvais air, de pas de soleil, de peu de sommeil et de mauvais aliments; elle y est traversée d'ivresses, de grèves, de chômages ôtant le pain de la bouche; la mort y fait moisson, surtout dans les régions maremmatiques, et les provinces flamandes ont 90 morts pour 100 naissances, les wallonnes 70 seulement.

De même que le hollandais, dont il diffère à peine, le parler flamand est dur, sans sonorité, sans éclat, mais abondant, viril, plastique, poétique, riche en chansons, en dictons, en proverbes.

Wallonie. — Le pays wallon, plus ondulé que le flamand, montre de vraies campagnes, des bois, des Hautes-Fagnes ou plateaux boueux, des collines, des montagnes qui se relient aux Ardennes françaises et portent l'altitude moyenne de la Belgique à 163 mètres; l'aridité des Ardennes belges, leurs landes, leurs marais, leurs bois sombres et froids contrastent à quelques lieues de distance avec la platitude des Flandres.

La hauteur de ces massifs est faible, leur maître sommet, voisin de Spa, ville de jeu, ne se dressant qu'à 689 mètres; encore domine-t-il à peine le pays. Mais les vallées sont belles : Meuse, Semoy prodigieusement errante, Ourthe pittoresque, Amblève et Vesdre tombant en cascades entre les roches des Hautes-Fagnes, Lesse qui s'égare pendant des heures dans l'obscurité de la caverne de Han, ces rivières ont le charme, et parfois la grandeur.

Quatre provinces font la Belgique wallonne : le Hainaut, Namur, Liège et le Luxembourg; plus le tiers méridional du Brabant.

L'élément industriel, qui a tant de prépondérance dans les Flandres, cède ici le pas à l'agricole et, en moyenne, les villes y sont moins nombreuses,

Une sortie de fabrique à Gand. — Dessin de X. Mellery, d'après nature.

moins grandes, les usines plus rares, sauf dans les bassins houillers, la population moins pressée. Le Luxembourg, pays élevé, de roches dures, de climat rude, n'a que 48 habitants au kilomètre carré, la province de Namur 89, mais le pays de Liège en a 236 et le Hainaut 268 : c'est que leurs coteaux enferment de puissants amas de houille, du fer, des métaux. Si la Flandre est un Manchester du continent, Mons et Charleroi en sont un Newcastle, et Liège un Birmingham.

Wallons et Flamands. — Les Belges flamands ne sont que des Hollandais, ou si l'on veut, des Bas-Allemands; et les Belges wallons, des Français qui dans la ville parlent purement notre langue, et à la campagne usent de dialectes français. En dehors de la Wallonie, Bruxelles, jadis exclusivement flamande, est aujourd'hui pour le moins à moitié française, et dans toute la Flandre « flamingante » l'élégant idiome néo-latin règne presque souverainement chez les classes instruites, chez

Bruges : le Beffroi. — Dessin de Barclay, d'après une photographie.

les riches, dans les journaux et revues, dans la vie publique ; ce sont les cités flamandes qui renferment presque tous les 450 000 individus parlant à la fois français et flamand[1].

Les bilingues mis à part et les 15 000 trilingues qui, à ces deux idiomes ajoutent l'allemand, on compte en Belgique environ 2 400 000 Wallons, un peu moins de 2 800 000 Flamands et 42 000 Deutsch.

Sans se haïr, les deux nations belges ne s'aiment point, malgré les souvenirs d'une même histoire et le lien d'une même religion, le catholicisme. En Flandre s'est élevée une jeune littérature enthousiaste qui veut extirper du pays flamand tout ce qui, de près ou de loin, se rattache au français, mais, malgré ce réveil de l'esprit flamingant, la proportion des langues change lentement en faveur du français : les provinces wallonnes sont plus fécondes, et des centaines de milliers de Flamands allant et venant de Belgique en France ou de France en Belgique apprennent plus ou moins notre idiome dans les grandes villes industrielles du Nord.

Quatre villes belges ont plus de 100 000 âmes. Bruxelles (166 000 habitants, 400 000 avec les

Waterloo. — Dessin de J. F. Taelmans, d'après nature

faubourgs), capitale du royaume bilingue, est une ville élégante, brillante, un petit Paris, situé sur une rivière du bassin de l'Escaut qui s'appelle, à l'orthographe près, comme le fleuve de Lutèce, la Senne.

Anvers (180 000 hab.), en flamand Antwerpen, sur l'Escaut, ne le cède à aucun port du continent d'Europe, pas même à Marseille et à Hambourg. Plus peuplée peut-être il y a quatre cents ans qu'aujourd'hui, c'était alors la première des villes manufacturières.

Gand (156 000 hab.), en flamand Gent, ville d'industrie, au confluent de l'Escaut et de la Lys, occupe 26 îlots unis par une centaine de ponts.

Liège (129 000 hab.), où se rencontrent la Meuse et l'Ourthe, forge le fer et travaille les métaux.

Puis, des cités déchues, de même qu'en toute contrée de longue et glorieuse histoire : Bruges (45 000 hab.), en flamand Brügge, à 15 kilomètres de la mer du Nord, n'a plus de grande industrie et ne reçoit plus de lourds navires, le temps aidé de la nature ayant modifié les contours du littoral ; Malines (45 000 hab.), en flamand Mechelen, est ville épiscopale, et Louvain (37 000 hab.), en flamand Leuven, est ville d'université.

[1]. Comme tous les autres Français leurs frères, les Wallons ne savent guère que leur langage maternel.

Hooge Veenen, près de Dordrecht. (Voy. p. 136.) -- Dessin de Th. Weber, d'après nature.

HOLLANDE

Zuiderzée. — Bien moins peuplée en moyenne que la Belgique, la Hollande a pourtant 128 personnes au kilomètre carré, puisque la population y était évaluée, à la fin de 1883, à 4 225 000 habitants sur 3 300 000 hectares.

Nous appelions, nous appelons encore cette contrée les Pays-Bas, exacte traduction de « Nederlanden », Terres-Basses, nom donné à leur patrie par les Hollandais eux-mêmes. Hollande, nom de la province la plus importante, celle qui possède Amsterdam et Rotterdam, a fini de proche en proche par désigner tout le Royaume, y compris la Frise, qui est, qui surtout était réellement une région à part.

Où nous voyons maintenant un brise-lames d'îles allongées, Texel, Vlieland, Terschelling, Ameland, et, au sud de ces îles, un vaste golfe de la mer, il y avait jadis une terre ferme allant de ce que nous appelons Hollande à ce que nous appelons Frise, et, au midi de cette terre, un lac, le Flévo, né de la submersion des plaines basses par l'eau surabondante des fleuves. En 1170, la mer, par un effort exaspéré, tailla quelque brèche dans la levée qui protégeait le Flévo, puis au siècle suivant, coupant alluvions et dunes, elle s'unit victorieusement au lac d'eau douce, qui devint le Zuiderzée, c'est-à-dire la mer du Sud. S'il faut en croire ce que les vieux historiens nous content, ces agressions du flot furent terribles : l'une d'elles noya 40 000 hommes, une autre 80 000, telle autre encore 100 000, et toutes engloutirent de vastes plaines que les Hollandais veulent aujourd'hui retirer des eaux.

Hollande alluviale, Bouches du Rhin — C'est à l'est, au sud, à l'ouest de ce Zuiderzée peu salé, grand d'au moins 500 000 hectares, que s'étendent les terres amphibies de la Hollande, alluvions et sables traversés à l'orient par de faibles rivières, au midi par le Rijn ou Rhin et la Maas ou Meuse.

A peine arrivé en Hollande, le Rhin, large entre des bords plats, se bifurque : le Rhin de gauche, le Waal, entraînant près des sept dixièmes du fleuve, se joint à la Meuse, dix fois moindre que lui, et mêle ses branches à celles du delta de l'Escaut. Le Rhin de droite, appelé d'abord Neder Rijn ou Rhin inférieur, puis Lek, détache sur sa droite la seule des branches rhénanes qui garde le glorieux nom du fils des Alpes, le Kromme Rijn ou Rhin tortu, nommé plus bas Oude Rijn ou vieux Rhin : cette branche du noble fleuve est un gros ruisseau qui baigne deux vieilles villes de grand renom, Utrecht et Leyde, et verse à la mer une moyenne de 4 mètres cubes d'eau par seconde; tandis que, sous le faux titre de Meuse, l'Atlantique reçoit du « Nil de l'Occident » 1000 mètres cubes par seconde en eau basse, 2000 en eau moyenne, 10 000 en forte crue.

Le delta de Rhin-Meuse-Escaut, les îles de la Zélande, à la fois marais et dunes, le pourtour du Zuiderzée, le littoral frison jusqu'à la frontière d'Allemagne, seraient presque partout submergés à mer haute si les Hollandais n'avaient dressé contre l'Océan des digues qui sont un chef-d'œuvre de la volonté. Les polders, autrement dit les terres plates et basses que les gracht ou canaux débarrassent des eaux qui les noient, les polders deviennent derrière ces levées champs féconds et prairies vertes. De par la nature, la Hollande littorale est un palus hésitant entre l'eau douce et l'eau salée, mais les Hollandais, qui gagnent en moyenne 3 hectares par jour sur l'Océan, ont voulu qu'elle fût un jardin — toujours à la veille d'être englouti, la mer y faisant en moyenne une grande irruption tous les sept ans; depuis l'an 1200, elle a dévoré près de 600 000 hectares, pas loin du cinquième de la Néderlande, mais aussi le Néderlandais lui en a repris près de 400 000, et quand il aura desséché le Zuiderzée, colmaté les détroits qui séparent de la Frise les îles du littoral et tiré les eaux d'on ne sait combien de petits et grands palus, l'Océan aura moins englouti que l'homme n'aura délivré du flot. Certains vieux fonds de marais ressemblent maintenant au damier, tant il y a là de canaux, depuis le fossé qu'enjambe un enfant jusqu'aux larges voies où voguent les navires. Mais le sage Néerlandais n'a pas seulement réparti les eaux, il distribue aussi les airs, et de tous côtés tournent les ailes de moulins à vent en bois, les uns fariniers, les autres versant l'eau des champs dans les gracht.

Les routes, charmantes s'il en est au monde, sont faites de « klinkers », briques où retentit la roue des chars; elles sont bordées de gazons; ormeaux, chênes, hêtres, saules, tilleuls les ombragent; elles passent dans des villes archaïques, riches depuis des siècles par commerce, navigation, pêche, industrie, grandes par les souvenirs, belles de leur vieillesse jusqu'au jour où le cordeau des aligneurs livrera leurs monuments, leurs ruelles et carrefours, leurs vénérables maisons à la pioche du démolissage. Les villages sont plantureux et gais, les fermes luisantes de propreté, les jardins ont un grand luxe de fleurs : le flegmatique Hollandais n'est-il pas connu pour soigner les tulipes, la jacinthe et la jonquille avec frénésie?

Ces campagnes montrent toute leur opulence dans la Zélande, la Hollande Méridionale, la Hollande Septentrionale et la Frise : dans cette dernière et dans les deux Hollandes, sous des soleils tamisés, le sol humide a pour parure les plus fraîches de ces prairies sans fin qui occupent environ 1 400 000 hectares dans la Néderlande, soit plus des deux cinquièmes du Royaume.

Hollande sablonneuse et tourbeuse : Hooge Veenen et Fehn. — Au midi, dans les terres qui continuent la Campine belge, et à l'est, dans les provinces limitrophes de l'Allemagne, en d'autres termes dans le sud du Brabant Néderlandais, dans le Limbourg de Hollande, dans la Gueldre, le Haut-Yssel, la Drenthe, la Frise et la Groningue, les hommes ne fourmillent point comme dans la région du Rhin, de la Meuse et du Zuiderzée. Sur 1 760 000 hectares (plus de la moitié du pays), le sol s'y divise entre les hooge veenen ou tourbières et les sables : aussi la Drenthe n'a-t-elle que 46 personnes au kilomètre carré, le Haut-Yssel 84, le Brabant 95, la Gueldre 96, la Frise 99, tandis qu'on en compte 147 dans la province d'Utrecht,

270 dans la Hollande Septentrionale, 286 dans la Méridionale.

Le temps n'est plus où vanneau et poule d'eau animaient seuls les hooge veenen, qui s'étendent surtout le long de la frontière allemande : elles touchent le Hanovre, lequel a sa bonne part de la plus étendue de ces tourbières qui est le marais de Bourtange. Par des travaux qui demandent autant d'exactitude et de persévérance que l'édification des digues marines, les tourbes y font place à des fehn, enclos bordés de canaux, cultivés, plantés d'arbres.

Tel de ces fehn a 10 000 habitants. Autrefois on brûlait la tourbe, incendie lent, lourd, nauséabond, et l'on semait du grain dans la cendre; aujourd'hui on fait mieux, on exploite la tourbe jusqu'à son dernier brin, puis on amende le sol qu'elle couvrait de ses eaux sombres, de ses végétaux noirs.

Les hooge veenen se continuent çà et là par des champs stériles, par des brandes où la patience hollandaise fait lever des moissons et où le domaine du désert diminue toujours; les essch, champs de culture, s'élèvent insensiblement, d'an-

Amsterdam : vue du Canal. — Dessin de Thérond, d'après une photographie.

née en année, par des mottes de bruyère ayant passé dans l'étable et qui servent d'engrais. Des villages, des forêts, des pins sylvestres, des menhirs et dolmens de granit rouge sauvent de monotonie, mais non de mélancolie, cette région des bruyères néerlandaises, et des ruisseaux mutins y courent, plus gais, plus libres et naturels que les rivières factices du littoral, prisonnières entre digues dans le réseau régulier des polders.

Les Hollandais, leur langue. — Les Hollandais sont lourds, mais leur lutte de toutes les minutes contre le flot qui gronde et le marais qui tremble en fait des hommes tenaces, calmes, avisés, réflé-

chis, méthodiques. Au dix-septième siècle ce tout petit pays domina l'Océan, fonda New-York et fut le maître du littoral d'où sont éclos les États-Unis; il fut aussi prince et seigneur sur la rive éblouissante qui est aujourd'hui la Beiramar du Brésil. Quand l'Anglais leur eut enlevé l'empire des eaux, les Hollandais, « rouliers de la mer », se replièrent sur leurs deltas : là, ce peuple aquatique diminue ses marais, pompe ses lacs, assainit ses landes.

Le hollandais, jargon bas-allemand relevé par de grands écrivains, est une langue expressive, très riche. Hors de l'Europe, il est parlé par 40 000 Européens et quelques milliers d'indigènes à Java et autres îles de Mégalonésie soumises à la

Hollande ; par Nègres et Blancs de diverses Antilles, de la Guyane hollandaise et d'une part de la Guyane anglaise ; enfin, dans l'Afrique australe, par les 300 000 à 350 000 Boers du Cap de Bonne-Espérance, du Natal, du Griqualand Occidental, de l'État-Libre d'Orange et du Transvaal ; et à côté de ces Boers, un nombre au moins égal d'hommes de race « africaine », Cafres, Hottentots, métis Bastards, baragouinent le néerlandais austral, qui, du moins dans la bouche de ces cuivrés, n'est pas le hollandais littéraire. Sans l'extorquement du Cap par l'Angleterre au commencement de ce siècle, le parler des Nederduitschs, ayant devant lui la moitié d'un continent, serait devenu l'une des grandes langues de la Planète : peut-être même que l'anglais ne l'emportera pas sur le hollandais dans les plateaux de l'Afrique du Sud, où la race des Boers a repris pleine conscience d'elle-même. Le flamand, idiome presque identique au hollandais, est le parler de 3 millions d'hommes au nord de la Belgique, et en France dans le petit pays de Dunkerque et d'Hazebrouck.

Dans la Frise, en tirant sur la Basse-Allemagne, une partie du peuple frison, à peu près le quart, a conservé son antique platt deutsch qu'aucune œuvre durable n'a mis au rang des langues destinées à vivre ; tout le monde y parle hollandais, et le frison s'en va, même de Frise frisonnante.

Plus de 2 600 000 Néderlandais professent le protestantisme, environ 1 500 000 le catholicisme ; il y a 85 000 juifs.

Villes. — La Hollande a trois villes au-dessus de 100 000 âmes.

La Haye (Haage), exactement La Haye du comte ('s Gravenhaage), a 131 000 habitants. Des dunes séparent de la mer cette ville aimable, mais silencieuse et morte, dont le parlement discute les intérêts des plus belles îles de la Terre.

Amsterdam (361 000 hab.), la « ville des millionnaires », fut le premier port du monde quand la Hollande achetait et vendait cinq fois autant que l'Angleterre, vers 1650, et jusqu'au moment où le trafic des deux nations se balança, c'est-à-dire cent ans plus tard. Un canal de grande navigation unit à la mer du Nord ce premier des ports néerlandais, cette cité majeure de la Hollande, cette ville malsaine, bâtie dans la boue à 5 mètres et demi au-dessous de la crête des plus hautes marées ; une centaine de canaux vaseux la divisent en 90 îles reliées par 300 ponts, et ses vingt-cinq à trente mille maisons portent sur des pieux qui vont chercher le sable à travers 15 à 18 mètres de tourbe et de vase. Amsterdam ne craint plus la mer de Harlem, lac devenu polder malgré ses 724 millions de mètres cubes : présage du sort qui attend le Zuiderzée lui-même, lorsqu'il sera pompé derrière une digue massive séparant de la mer cinq milliards de mètres cubes d'eau — non pas tout entier, dans ses 500 000 hectares, mais seulement dans sa partie méridionale, au sud d'une ligne allant d'Enkhuizen à l'île d'Urk, puis de l'île d'Urk à Kampen sur Yssel. 195 000 hectares seront ainsi repris à la mer.

Rotterdam ($^{1^{c}}6000$ hab.), sur un bras du Rhin-Meuse, ville de grand commerce, embarque des émigrants pour l'Amérique.

Viennent ensuite Utrecht (75 000 hab.), sur le Vieux Rhin, siège du parlement de Hollande avant la Haye ; Groningue (50 000 hab.), nœud de canaux, au nord-est du pays ; Arnhem (44 000 hab.), sur le Lek ; Leyde (43 000 hab.), sur le Vieux Rhin, l'antique Lyon des Bataves (Lugdunum Batavorum), la première des quatre universités du Royaume, etc.

Luxembourg. — Il y a vingt ans, le Luxembourg (259 000 hectares, 210 000 habitants) était compris dans la Confédération Germanique, tout en appartenant à la Hollande. C'est ainsi que le Schleswig-Holstein relevait à la fois de la diète allemande et du roi de Copenhague et que de vastes territoires étaient Allemagne tout en étant Autriche, Autriche tout en étant Allemagne : organisation lourde, détruite aujourd'hui, malheureusement pour nous. Maintenant le Luxembourg dépend du seul monarque de Hollande, mais s'administre à son gré. Compris entre la Prusse, le Luxembourg Belge et la France, il a pour habitants des familles parlant un dur patois allemand et professant le catholicisme, des hommes vigoureux, grossiers, aimant à boire, contents de peu, capables d'épargne, sorte d'Auvergnats qui émigrent vers tous les lieux du monde : c'est surtout du Luxembourg que viennent à Paris ces légions de balayeurs, de grossière allure, d'habit sordide, qui tous les matins enlèvent au petit jour les détritus de Lutèce. Le français y est langue officielle, héritage du temps où le Luxembourg faisait partie des Pays-Bas catholiques : ceux-ci étant surtout terre wallonne, l'administration y parlait notre idiome. — La capitale, Luxembourg (17 000 hab.), domine d'un haut rocher l'Alzette, rivière du bassin de la Moselle.

La Jungfrau. — Dessin de Disen.

SUISSE

Alpes suisses. — Que de Venise on remonte le Pô, puis le Tessin; que de la mer Noire on longe le Danube, puis l'Inn; qu'on suive le Rhin en montant de la Hollande, ou le Rhône à partir de la Provence, on arrive également à de hautes montagnes, bassins verdoyants ou cirques de débris, lacs profonds, âpres gorges où blanchissent des torrents nés dans la neige ou sortis en bouillonnant d'une arche de glace bleue. Ces montagnes se nomment les Alpes, ce pays s'appelle la Suisse, antique Helvétie, centre de la véritable Europe, entre France, Italie, Allemagne, à la source d'une rivière qui va se perdre dans l'Orient slave et roumain.

Sur la frontière d'Italie, le Mont-Rose (4638 mètres) et le Cervin ou Matterhorn (4485 mètres), le plus fier des pics d'Europe, commandent aux autres cimes de la Suisse. Dans l'Oberland[1] et dans les Grisons, nombre de cornes[2] dépassent 4000 mètres : telles le Finsteraarhorn ou Sombre corne de l'Aar, l'Aletschhorn, la Vierge (Jungfrau), le Moine (Mœnch), le Bernina, etc.

La Suisse ne dresse pas la roche culminante des Alpes, puisque le Mont-Blanc (4810 mètres) s'élève en Savoie; elle n'a pas non plus, comme on croit,

[1]. Ce mot allemand veut dire Haut-Pays : il désigne ici les massifs « sublimes » du canton de Berne et du Valais, entre les branches mères de l'Aar et la vallée supérieure du Rhône.
[2]. C'est ce que signifie le mot allemand Horn.

les premiers glaciers du Globe. Sans doute elle en porte au moins onze cents, cuirassant ensemble 210 000 hectares, le vingtième du sol helvétique, et parmi ces glaciers il en est de superbes, depuis leur berceau de névé jusqu'au cintre bleuâtre d'où s'élance le sauvage ruisseau né de la fusion des glaces, le torrent froid, trouble, violent, qui bondit aussitôt en cascades sur l'escalier de pierre des antiques moraines. Retenues sur le penchant des monts par des digues et des éperons de roche, ces mers de glace sont tantôt encombrées de blocs, tantôt lisses et nues ou saupoudrées seulement de neige; ici, elles offrent un appui glissant au pied du montagnard; là, elles sont disloquées, cassées, dressées en ressauts, hérissées d'aiguilles, criblées d'abîmes d'où monte l'indistinct murmure de l'onde sous-glaciaire qui court vers l'arche terminale; le plus souvent, de hauts rochers les pressent; parfois c'est une forêt, une prairie, ou même un tapis de fleurs qui borde la rive de ces fleuves pesants aux flots vitreux et compacts.

Mais, si belles que soient ces rivières cristallisées, aucune d'elles n'a la grandeur des glaciers de l'Himalaya, du Groenland et autres régions polaires, pas même le glacier d'Aletsch, le plus vaste de Suisse : du pied de la Vierge à la source de la Massa, tributaire du Rhône, la mer de glace d'Aletsch a pourtant 25 kilomètres de longueur, 1 800 à 2 000 mètres de largeur et plus de 14 000 hectares.

Ces mers de glace n'ont rien d'immuable : autrefois vingt, cent fois plus grandes, descendant jusqu'à Lyon, Grenoble ou Valence, creusant de leur poids, sous leur rampement, limant et rayant les parois, elles modelaient obscurément les vallées que nous admirons aujourd'hui, belles de leurs arbres et de leurs prairies; elles transportaient les roches, maintenant dispersées au loin en archipels de blocs erratiques. Puis elles diminuèrent, presque infiniment; de nos jours, tantôt elles s'épanchent, tantôt elles se rétractent, suivant des lois peu connues, par périodes dont on ignore l'exacte durée : là où le jeune homme glissa sur le cristal, il trébuche, devenu vieillard, sur les pierres de la moraine frontale, car le glacier a remonté, il a reculé de plusieurs centaines, même de plusieurs milliers de mètres. Il semble qu'en ce moment nous arrivons à la fin d'une de ces ères de diminution.

Les Alpes embrassant 25 millions d'hectares, la Suisse, avec ses 4 120 000 hectares, posséderait donc le sixième de « l'Acropole d'occident » si tout l'ouest de son territoire, de Schaffouse à Genève, n'appartenait pas à une autre chaîne, au Jura, fait de murs calcaires dominant de près ou de loin le grand val de l'Aar, les lacs de Bienne, de Neuchâtel et de Genève. Le Mont Tendre (1683 mètres), entre le Léman et la source du Doubs, rivière française un instant suisse, est le maître sommet du Jura d'Helvétie : avec 40 mètres de plus il serait l'égal du Crêt de la Neige, tête suprême du Jura de France.

Les Alpes ont deux, presque trois fois la taille du Jura. De tant de collines helvétiques d'où l'on voit à la fois, et d'égale distance, ces deux reliefs de la Suisse, quand on compare le plus petit au plus grand, les pics, les dents, les cornes alpestres semblent planer de plus haut encore sur la longue et monotone corniche du Jura; cependant, comme celui-ci soutient de très vastes plateaux, il ne déprime pas extrêmement l'altitude moyenne de la Suisse, qui est de 1300 mètres, presque le double du pays de l'Europe auquel revient le second rang pour la surrection au-dessus des mers : l'Ibérie (700 mètres).

Inn, Rhin, Rhône, Tessin. — Entre le canton des Grisons, route de l'Autriche, le canton d'Uri, route de l'Allemagne, le canton du Valais, chemin de la France, et le canton du Tessin, chemin de l'Italie, le massif du Saint-Gothard est un très haut château d'eau; de son arête, le Rhin fuit vers le nord, le Rhône au sud-ouest, le Tessin au midi. Quant à l'Inn, dont le flot, sous le nom de Danube, ne s'arrête qu'en face de l'Asie, il commence un peu à l'est, dans les Grisons, près de la frontière italienne : faible encore quand il quitte le territoire fédéral, il ne roule en moyenne, malgré les neiges du Bernina, que 50 mètres cubes par seconde lorsqu'il passe en Autriche par les gorges de Finstermünz.

Le Rhin reçoit les eaux des deux grands tiers de la Suisse. Il se forme dans les Grisons par l'alliance du Rhin d'avant, du Rhin du milieu, du Rhin d'arrière; ce dernier, le plus fort, se brise dans le formidable étranglement de la Via Mala : quand le fœhn, souffle tiède, fond à torrents les névés, les glaces, quand une chaude pluie délaye et déblaye les frimas, le fleuve étroitement opprimé y gonfle démesurément, il y efface ses rapides, ses cascades, ses hérissements de roches et monte à plus de deux cents pieds de hauteur dans cette déchirure de la montagne.

Déjà puissant quand il sort des Grisons, le Rhin arrive à Sargans, lieu « critique » : s'il y rongeait sa rive gauche ou haussait son courant de 5 à 6

La Via Mala. — Dessin de E. Eckenbrecher.

mètres, il reprendrait son ancienne vallée, quand, au lieu de courir au nord vers le lac de Constance, il s'en allait à l'ouest-nord-ouest, dans le bas-fond que marquent aujourd'hui le lac de Wallenstadt, puis la rivière Linth, puis le lac de Zurich, enfin la rivière Limmat, affluent de l'Aar.

Avant d'entrer dans le Bodensee, notre lac de Constance, le Rhin traverse les 30 000 hectares d'alluvion dont il a déjà diminué cette belle expansion d'eau. Le Bodensee, à 398 mètres d'altitude, se partage entre la Suisse, l'Autriche, l'Allemagne; il a 53 850 hectares et 276 mètres de plus grande profondeur ; le Rhin s'y engouffre avec des flots troubles, il en sort avec des flots verts et purs, fort de 124 mètres cubes par seconde à l'étiage ordinaire, de 330 en eaux moyennes ; au-dessous de Schaffouse, il perce les calcaires du Jura, puis tombe, à Laufen, par une cascade de 20 mètres.

A quelques lieues de là le Rhin est plus que doublé par l'Aar, immense torrent roulant à la fois les eaux des monts de Berne, d'Uri, de Glaris, de Schwytz, d'Unterwalden et les claires fontaines du Jura. L'Aar commence par des eaux de glacier ; elle s'abat de 70 mètres à la cascade d'An der Handeck, se calme dans les profonds lacs de Brienz (2530 hectares) et de Thun (4340 hectares), puis se rapproche du Jura jusqu'à presque toucher le pied de ses escarpements. Près d'Aarberg un lit artificiel[1] la jette dans le lac de Bienne (4200 hectares), où elle dépose les graviers de ses crues et où se régularise en s'atténuant le volume de ses inondations ; à ce lac de Bienne arrive la claire Thièle, déversoir du lac de Neuchâtel, le troisième de la Suisse, étant, de par ses 23 000 hectares, inférieur seulement au Léman et au Bodensee. Rentrée dans son lit naturel, l'Aar reçoit la belle Reuss, effluent du lac de Lucerne ou des Quatre-Cantons Forestiers (11 160 hectares), et la Limmat, déversoir du sombre lac de Wallenstadt (2220 hectares) et du riant lac de Zurich (6840 hectares). Elle amène au Rhin, en eaux moyennes, 508 mètres cubes par seconde, celui-ci n'en roulant que 425 ; et en temps d'étiage 208 mètres, dont 58 fournis par la Limmat, 46 par la Reuss.

C'est à Bâle que le Rhin quitte la Suisse, avec un volume ordinaire de 1000 mètres cubes par seconde, 5000 en crue, 399 à l'étiage.

Le Rhône, l'égal du Rhin quand il atteint la mer, a moins de part aux Alpes suisses, infériorité qu'il rachète par sa parenté avec les Alpes de la Savoie et du Dauphiné. Il coule d'un versant du Saint-Gothard et, fors l'obstacle des monts, ses eaux les plus reculées sont voisines des sources de l'Aar, de la Reuss, du Rhin, du Tessin ; il sort violemment de la voûte du fameux glacier du Rhône, avec une abondance variable suivant les saisons, faible en hiver, et grand en juillet de 18 mètres cubes par seconde.

Il descend rapidement le Valais qui, vu de haut, n'est qu'une fêlure entre de colossales montagnes couronnées de froidure éternelle, mais le fond de la vallée, garé des vents, concentrant tout le soleil, est torride en été, doux dans les mois rigoureux ; il a même des villes d'hiver, Aigle et Bex. Le fleuve y reçoit la Massa, épanchement du glacier d'Aletsch, la Viège ou Visp, qui rassemble les frimas du Mont-Rose (aussi est-elle plus forte que le Rhône même), la Navisanche, la Borgne et la Dranse valaisane, torrents tombés de la chaîne étincelante de glaciers qui sépare le Valais du Piémont. Grossi de toutes ces eaux louches, il passe, par le défilé de Saint-Maurice, entre la Dent de Morcles et la Dent du Midi, et, après avoir erré sur les 8800 hectares d'alluvion qu'il a portés dans le Léman, il arrive, fougueusement, dans cette merveilleuse conque bleue ; aussitôt il s'amortit et ses flots terreux deviennent le cristal dont Montreux, Clarens, Vevey, Évian, Genève admirent l'éternelle grâce et l'éternelle beauté.

Le Léman ou lac de Genève est le plus vaste de la Suisse en même temps que le plus agréablement beau ; vaste de 57 320 hectares, avec 334 mètres d'extrême fond et 150 de profondeur moyenne, il miroite à 371 mètres au-dessus des mers : au sud s'élèvent des Alpes déchirées, au nord le Jorat, collines à vignobles, à l'ouest l'uniforme Jura.

Onde indigo comme celle du lac, le Rhône admirable s'en échappe à Genève, grand de 270 mètres par seconde en eau moyenne; en temps d'étiage il ne verse que 82 mètres, on l'a même vu descendre à 65. Sur les 210 000 hectares de glaciers de la Suisse, ce fleuve en revendique pour sa part près de 104 000 ou la moitié, le Rhin 75 000, l'Inn 18 500 et le Tessin 12 600.

Le Tessin bondit dans une vallée très inclinée, qui, d'alpestre, devient bientôt chaude et lumineuse. En aval de Bellinzona, dont le seul nom dit éloquemment quelle langue on parle au bord de ce torrent magnifique, il tombe dans le lac Majeur (21 000 hectares), qui commence en Suisse et s'achève en Italie après avoir englouti la Tresa, déversoir du beau lac de Lugano (5540 hectares), partagé comme le Majeur entre la terre d'Helvétie et la terre d'« Ausonie ». Sorti de l'urne du Lago

---
1. Creusé récemment

Maggiore avec un flot de 321 mètres cubes par seconde aux eaux moyennes, de 50 à l'étiage extrême, de 4000 en grande crue, le Tessin, désormais italien, sépare la Lombardie du Piémont et va doubler le Pô.

Quatre pays, quatre peuples. — Au recensement de 1880, la Suisse comptait 2 846 000 habitants sur 4 139 000 hectares, ou 69 personnes au kilomètre carré, la France en ayant 71. On doit donc la dire très peuplée, car les bonnes terres y occupent la moindre partie du sol : on les trouve surtout dans le Jura et dans ce qu'on nomme Plaine, Plateau ou Vallée, c'està-dire dans la Suisse de l'Aaar ou Suisse médiane qui va du lac de Genève au lac de Constance et, dans le sens opposé, du bas des Alpes au bas du Jura. Sur les versants moyens, sur les plateaux que ne glace pas l'altitude, verdoient les pâturages qui font de la Suisse un pays de bestiaux, de lait, de beurre et de fromage; plus haut, les sombres forêts d'arbres du Nord; plus haut encore, le désert où quelques mousses et de petites fleurs bravent la Sibérie des névés, à quelques lieues des lacs d'Italie.

La Suisse est une fédération de vingt-deux cantons et de trois sous-cantons, chacun, maître chez lui, s'administrant à son gré. Ces cantons, naturellement, sont petits : « Quand je secoue ma perruque, je poudre toute la République, » disait, en parlant de l'État de Genève, M. de Voltaire, qui, de sa colline de Ferney, voyait Suisse et Savoie.

Trois seulement ont plus ou moins l'aire d'un département français : les Grisons, avec leurs 713 280 hectares; Berne, qui en a 688 810; le Valais, qui en comprend 524 890; le moindre des cantons, Zoug, s'étend sur 23 920 hectares, et le moindre des sous-cantons, Bâle-Ville, sur 3 580. Si l'État de Berne a 523 000 habitants, et celui de Zurich 318 000, Unterwalden-d'en-bas n'en a que 12 000.

Suisse allemande. — La Suisse allemande occupe l'est, le nord, le centre du pays, avec 2 030 000 habitants, y compris les « germanophones » des cantons romands; elle renferme donc les sept dixièmes de la nation helvétique. Chez elle naquit l'indépendance nationale : trois Suisses allemands, nous dit l'histoire, peut-être la légende, jurèrent le serment du Grutli; les batailles de Morgarten, de Sempach, de Næfels, furent gagnées par des volontaires de cette race, et la Suisse, peu à peu, se forma par adhésions ou conquêtes autour des montagnes qu'avaient délivrées les héros de ces trois victoires.

Les Suisses tudesques parlent, en plusieurs patois, un allemand de gosier, l'un des dialectes les plus durs de la dure lignée des langues germaniques: chose naturelle, s'il est vrai que les idiomes de la montagne se distinguent des idiomes de la plaine par la force et l'abondance des explosions gutturales.

Suisse française. — La Suisse française occupe en entier les trois cantons de Vaud, de

Le Cervin. (Voy. p. 139). — Dessin de M. Whymper.

Neuchâtel et de Genève; de plus, le septième des Bernois, en diverses vallées, sur divers plateaux du Jura, près des sept dixièmes des Fribourgeois, plus des deux tiers des Valaisans appartiennent à notre langue : en tout 608 000 personnes, un peu moins des 22 centièmes du peuple fédéré. Les Suisses français ont toujours contribué, ils contribuent encore pour plus que leur part à l'éclat de notre littérature, et malgré leur très petit nombre ces « frères séparés » nous sont précieux. Depuis que l'Allemagne prétend régenter le monde en vertu de son « droit supérieur », ils se sentent de plus en plus Français, et les Suisses allemands de plus en plus Teutons, et sans doute aussi les Suisses italiens de plus en plus Italiens : l'unité morale de la Suisse n'existe plus dans sa vieille intégrité.

Suisse italienne. — La Suisse italienne (162 000 personnes) comprend les versants tournés vers l'Italie, dans le canton du Tessin, et quelques vallées des Grisons. Elle a plus d'importance qu'on ne le croirait à la voir si menue, parce qu'il en sort un nombre incroyable d'émigrants qui se dispersent en tout pays sublunaire : quand l'Univers aura les dix milliards d'humains qu'on lui prédit, des millions nombreux auront pour ancêtres des Ticinesi partis du canton aux trois capitales. — Si la Russie n'a qu'une tête, le Tessin en a trois : Bellinzona, Lugano, Locarno.

Suisse roumanche. — La Suisse roumanche ne contient pas 39 000 personnes. Les grandes montagnes où commencent l'Inn et le Rhin étaient jadis exclusivement peuplées de Roumanches et de Ladins, gens parlant deux dialectes néo-latins ressemblant à l'auvergnat comme à l'italien; on ne savait que ces patois à Coire, dans tous les Grisons, dans les monts d'Appenzell et dans une partie du Tirol.

Mais, les temps venus, les Roumanches et les Ladins, serrés, étouffés entre l'Allemagne et l'Italie, n'ayant point de langue écrite et peu à peu mélangés d'éléments germains, ont commencé d'abandonner leur idiome pour l'allemand : à chaque recensement leur nombre diminue, et l'on ne se sert plus en Suisse de ce langage que dans une partie des Grisons (sur les branches supérieures du Rhin) et dans l'Engadine ou haut bassin de l'Inn, la plus élevée des grandes vallées d'Europe, entre 1000 et 1300 mètres.

Les Roumanches émigrent comme tous leurs autres frères en altitude, Savoisiens, Auvergnats, Galiciens, Highlanders ou Kabyles; on trouve des pâtissiers, des confiseurs, des cafetiers de cette race dans toutes les villes d'Europe. Plus d'un, ayant fait fortune, revient finir ses jours au village, dans son Engadine aux lacs froids, aux neiges vierges, aux bois de mélèzes et aux fiers airolles ou pins cembro qui croissent en forêts jusqu'au rivage même des glaciers. Les autres Suisses émigrent aussi beaucoup : 5000, 8000, et jusqu'à 10 000 ou 12 000 à 15 000 par an, surtout vers les États-Unis de l'Amérique du Nord et vers la Pampa platéenne, dans l'Amérique du Sud.

Les trois cinquièmes des Helvétiens professent le protestantisme, et les deux cinquièmes le catholicisme.

Villes. — La Suisse ne possède aucune cité de cent mille âmes.

La capitale fédérale Berne, ville allemande au bord de l'Aar, n'a que 44 000 âmes; en quoi elle est moindre que « l'Athènes helvétique », Zurich, assise sur la Limmat, à l'endroit où cette rivière épanche les eaux vertes du lac de Zurich : sans ses faubourgs l'Athènes suisse ne comprend que 25 000 habitants, avec ses faubourgs elle en contient 76 000 : ce qui lui donne la primauté dans la Confédération. Une autre ville de la Suisse allemande, la richissime Bâle (Basel), au grand coude du Rhin, renferme 61 000 âmes.

Dans la Suisse française, le premier rang revient à Genève (50 000 habitants, 68 000 avec les faubourgs). C'est là que le Rhône échappe à son lac azuré par un torrent bleu si clair qu'en le sondant du regard on en voit passer à la fois tous les flots, des courants de surface aux courants du fond, à travers des eaux de plus en plus sombres mais toujours idéalement diaphanes : tel est le Rhône genevois, pour quelques instants le plus beau des fleuves, du Léman jusqu'à l'Arve impure.

En Vivarais : sur l'Ardèche. (Voy. p 148.) — Dessin de F. Sorrieu, d'après une photographie.

FRANCE

Nom, situation, limites, étendue. — La France porte un nom de rencontre ; elle s'appelait autrement lorsque l'histoire en parla pour la première fois.

Elle se nomme ainsi d'une peuplade allemande, les Francs[1], qui, vers les derniers jours de Rome, envahirent le nord-est de la Gaule. Un de leurs roitelets couverts de sang s'établit dans une ville de la Seine où l'empereur Julien avait eu son palais, à Lutèce ou Paris, habitée par des Celtes qui ne savaient plus la langue de leurs ancêtres.

Car la Gaule, elle aussi, s'était prise dans la toile tissée sur l'Europe, l'Asie, l'Afrique, par une araignée gigantesque : au milieu de la Méditerranée, au centre du vieux monde, Rome guettait tous les peuples ; un de ses tentacules saisit la Gaule, quelques décades avant Jésus-Christ.

Et la Gaule oublia son celte pour le latin, langage que parlaient les soldats, les juges, les avocats, les huissiers, les leveurs d'impôts, les administrateurs, les marchands, les élégants, les acteurs et les ballerines.

Autour de Paris, la riante contrée qu'égayent la Seine pure, la Marne tortueuse, l'Oise et sa sœur l'Aisne, s'appela, d'après les Francs, ses maîtres, l'Ile-de-France, ou simplement la France ; avec

[1]. La Franconie, en Bavière, à toucher la Bohême, a gardé le nom de ces conquérants.

les progrès de l'hégémonie parisienne ce nom s'étendit sur les cinq sixièmes de l'ancienne Gaule, de la Manche aux Pyrénées, de l'Océan à la Belgique, à l'Allemagne, à la Suisse, à l'Italie. La Gaule, elle, ne s'arrêtait qu'au Rhin : de ce côté, la colonisation tudesque et l'injustice des batailles nous ont ravi les pays devenus Belgique, sud de la Hollande, Luxembourg, Prusse rhénane de la rive gauche du fleuve, Bavière rhénane, Alsace-Lorraine et presque toute la Suisse : plus de onze millions d'hectares.

Quand la Russie ne faisait réellement pas partie de notre monde, avant qu'elle devînt le peuple qui nous couvre déjà de son ombre, la France était le centre de l'Europe, entre les Anglais et les Italiens, les Allemands et les Espagnols, à distance égale des Portugais campés au bout des terres et des Scandinaves perdus dans le brouillard et la neige du Nord. Aujourd'hui la Pologne aux trois tronçons occupe le lieu d'équilibre.

Telle que l'a réduite une paix boiteuse et mal assise, la France a maintenant : au nord-est, la Belgique, royaume à demi français par sa langue, et le Luxembourg, où notre idiome est encore officiel ; à l'est, l'Allemagne, l'Alsace-Lorraine indignée de sa nouvelle allégeance, la Suisse où nous nous prolongeons par des cantons francophones ; au sud-est, par delà les Alpes, l'Italie où plus d'une vallée du Piémont est francophone aussi ; au sud, par delà les Pyrénées, l'Espagne catalane, aragonaise et basque. Partout ailleurs flottent les grandes eaux : au septentrion la mer du Nord et la Manche, à l'occident l'Atlantique verte, au sud-est la Méditerranée bleue. Frontières terrestres ou marines, son pourtour dépasse 5000 kilomètres, sans tenir compte des menues courbes et des petits angles de la ligne de terre, des caps nains et des anses minuscules du littoral. De ces kilomètres d'enceinte, plus de 3000 appartiennent au littoral : la France est donc ou devrait être une grande nation maritime au lieu d'une grande nation continentale ; elle ne l'a jamais compris.

Nous occupons 55 348 000 hectares[1], avec un peu plus de 38 millions[2] d'habitants ou 71 par kilomètre carré. Comme aire, c'est le 956e du Globe, le 255e des terres, le 18e ou le 19e de l'Europe ; comme population, le 8e de l'Europe et le 38e du monde. Petit pays, grands destins !

Monts. — Nous avons trois grands chemins :

[1]. D'après le général Strelbitsky.
[2]. 37 672 048 au recensement de 1881.

Paris à Marseille, Marseille à Bordeaux, Bordeaux à Paris. Le premier lie le nord au sud, la Manche à la Méditerranée, par la Seine, la Saône, le Rhône ; le second unit la Méditerranée à l'Océan par la Garonne ; le troisième, complétant le triangle, va de la Garonne à la Seine par-dessus la Loire. De Paris à Marseille on passe par les cols de la Bourgogne ; de Marseille à Bordeaux, par le col de Naurouse, ouvert à 189 mètres seulement d'altitude, entre Pyrénées et Cévennes ; de Bordeaux à Paris on marche de molle vallée en molle vallée, de douce colline en douce colline, de plateau bas en plateau bas ; le plus haut massif que rencontre le chemin de fer dans sa course de 578 kilomètres entre la « cité mère » et la « reine du Sud-Ouest », n'a que 197 mètres : c'est celui qu'il traverse par son plus long souterrain, le tunnel de Livernant, foré dans la craie sous le faîte entre Charente et Dronne ; de Paris à Marseille, les petites montagnes que perce le tunnel de Blaisy dépassent à peine 600 mètres. Ces trois grandes routes sont très faciles.

25 millions d'hectares de montagnes, 28 millions d'hectares de plaines et de coteaux, la France est presque exactement partagée entre le haut et le bas pays. On évalue son altitude moyenne à 394 mètres, celle de l'ensemble de l'Europe n'étant que de 297.

Monts de France. — Leur seigneur et maître, le Puy-de-Sancy (1886 mètres), se dresse à la source de la Dordogne, au nord-ouest du lac Pavin, eau bleue, profonde de 94 mètres en une gueule d'ancien volcan ; il voit à ses pieds son propre massif, les Dore, jadis ignivomes, avec lacs dans leurs cratères éteints ; il contemple des gorges, des pâtis et pelouses, et au delà, sous les quatre vents, des montagnes jusqu'à l'horizon.

Au nord-nord-est des Dore, ce sont les Dôme, vieilles ampoules, volcans usés, cheires ou fleuves de lave refroidie sur un haut plateau de pacage : soixante monts y flambèrent, devenus froides pustules ; là domine le Puy de Dôme (1465 mètres), au-dessus de Clermont-Ferrand et de son admirable plaine de Limagne, parcourue par l'Allier.

A l'ouest des Dore et des Dôme, dans les monts du Limousin, commande le Besson (978 mètres), voisin des sources de la Vezère et de la Corrèze, torrents vifs, et de la Vienne, longue rivière. Granits et gneiss, ils vont de croupe en croupe, de dôme en dôme, de pâture en pâture ; sous un ciel humide leurs étangs s'épanchent en sinueux ruisseaux d'eau rougeâtre ou noirâtre : c'est le pays des châtaigniers.

Au midi des Dore, le Cantal, vrai château d'eau du Centre, splendide par ses prairies, ses torrents, ses cascades, monte entre Dordogne, Lot et Allier; il a pour tête le Plomb du Cantal (1858 mètres), aux fontaines de la Cère et de l'Alagnon, charmants tous deux. Fait de volcans qui ne crachent plus, il déploie en éventail ses vallons d'idylle au pied des orgues ou colonnades basaltiques, des laves, des pierres ponces, des trachytes glacés par l'âge immémorial.

Çà et là volcaniques sur un piédestal de granits, de gneiss, de micaschistes, les monts d'Aubrac, au sud du Cantal, en sont séparés par la sauvage Truyère, dans sa gorge profonde que le chemin de

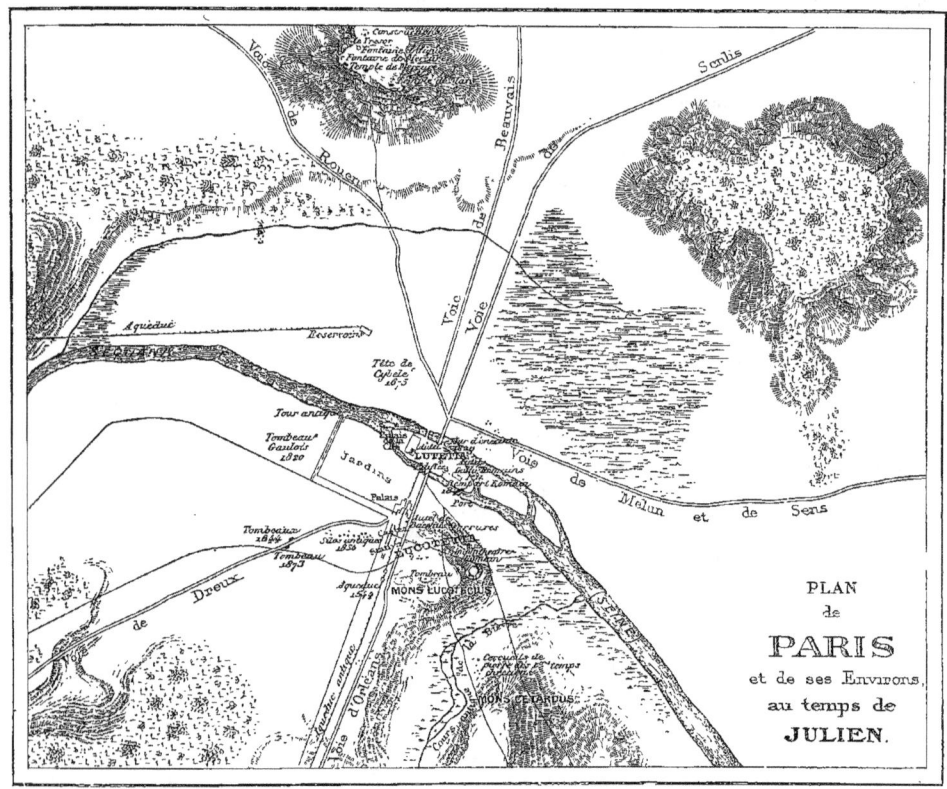

Plan gravé par L. Thuillier. — Échelle de 1 centimètre pour 1000 mètres.

fer de Neussargues à Sévérac-le-Château franchit par le viaduc du Garabit, le plus haut de la Terre[1]. Le Mailhebiau (1471 mètres) y contemple d'immenses pâturages, de tout petits lacs et, vers le Lot et la Truyère, des torrents qui scient les roches vomies en fleuves fumants par des volcants morts avant toute histoire.

Volcaniques sont aussi les monts du Velay (1423

1. Long de 565 mètres, haut de 122^m,20 : près de deux fois Notre-Dame de Paris.

mètres), à l'est du Cantal, dont ils sont coupés par l'Allier; ils montrent encore 150 à 200 cratères, — au chercheur plutôt qu'au passant, — car ces boursouflures sur le haut plateau entre Loire et Allier ont pour la plupart perdu la netteté des formes : l'une des mieux dessinées, le cratère de Bar, n'a plus son lac ; le cratère du Bouchet a gardé le sien.

Vis-à-vis de ces coulées, à l'ouest, planant sur la rive gauche de l'Allier, sur la rive droite de la

Truyère, entre la Vélavie et l'Aubrac qui tous deux flamboyèrent, la Margeride (1554 mètres) ne brûla jamais; sans laves issues de rouges soupiraux, toute en roches dures, croupe noire de forêts, ni brisée, ni taillée, elle barre l'horizon par une échine énorme, uniforme, inflexible.

A l'orient des monts du Velay se lèvent entre Loire et Rhône d'autres monts presque tous volcaniques : monts du Mézenc (1754 mètres), Mégal dentelé, Tanargue fouetté par les grandes pluies, Coiron, monts de l'Ardèche. Pavés des géants, colonnades basaltiques, cascades sur les laves écroulées, escaliers raboteux et corridors droits creusés par les torrents dans la pierre volcanique, immense pont naturel[1], lacs de cratère dont le plus grand, l'Issarlès, pend sur la Loire naissante, tout ce pays,

Dans le Cantal : la Cère. (Voy. p. 148.) — Dessin de Lancelot.

le Vivarais, vaut certes les plus beaux et les plus imprévus du monde.

On va de ces monts à ceux de la Lozère par la forêt de Mercoire (1501 mètres) où naît l'Allier, par le Goulet (1499 mètres) où naît le Lot. La Lozère (1702 mètres) où naît le Tarn est une montagne que les forêts ont cessé de garantir : bâtie de granits, de micaschistes, de schistes, elle tombe en ruines çà et là, comme tant d'autres en France, en Europe, et bientôt dans le monde entier, car partout on coupe les bois, et la mort de l'arbre sera la mort de l'homme. Par-dessus le Tarn, la Lozère fait face au Bougès (1424 mètres), que les buis verdirent : d'où son nom. Bougès et Lozère s'attachent aux fameuses Cévennes.

Cévennes. — A partir de leur soudure avec la

---

1. Le pont d'Arc, sur l'Ardèche.

Lozère, les Cévennes s'en vont au sud-ouest sous différents noms, Cévennes propres, Aigoual Saint-Guiral, Espérou, Séranne, Escandorgue, monts Garrigues, Espinouse et monts de Lacaune, Montagne-

Cavalier gaulois. — Dessin de A. de Neuville.

Noire, collines de Saint-Félix. Chaîne variée, tantôt calcaire, tantôt granitique, tantôt schisteuse, elles sont le lieu d'immenses conflits de climats, de vents, de pluies, tempêtes, abats de neige; l'Océan lointain y lutte avec la Méditerranée voisine, sur les cimes, dans les cols, sur les vastes plateaux dont leurs escarpements forment le rebord, sur le causse Méjan, le causse Noir, et surtout le Larzac, grand passage des ouragans. Au nord-ouest des Cévennes, le ciel, bien que déjà méridional, a des pâleurs et des brumes, l'air des frissons et des neiges, mais au sud-est, sur les oliviers torturés par le mistral, parmi les châtaigniers monstrueux qui voient passer des siècles, la nature est sèche, brûlante, dévorante, éclatante, et le soleil s'endort sur des roches dorées.

L'Aigoual (1567 mètres), tête des Cévennes, est un pilier des tempêtes; il attire les nues de la Méditerranée, celles de l'Atlantique lui arrivent par-dessus les Causses; il tombe annuellement sur ses flancs deux mètres et demi d'eau, et c'est peut-être le mont méridional le plus mouillé de France. A ses pieds, au nord, fuit le causse Méjan.

Causses. — Les hauts causses sont des Sibéries en France : Sibéries calcaires, leur nom le dit, venu du latin *calx*, la chaux.

Leurs calcaires, infiniment cassés et percés, s'ouvrent de toutes parts en avens, en embues, tindouls, cloups, igues, gouffres souvent de profondeur immense où toutes les eaux descendent, fontes de neige, flots d'orage, petite pluie, gouttes de rosée, si bien qu'il n'y a ni sources ni rus sur ces plateaux. Mais sous l'éponge du causse les ruisseaux perdus s'unissent; ils marchent tranquilles sous de hautes voûtes, sourdes cascades, siphons dans la pierre, îles de roche, l'onde s'épure et s'accroît dans les ténèbres çà et là brusquement éclairées par le jour d'un fond d'aven ou lugubrement plombées par une obscure lueur de fissure, puis tout à coup monte au soleil une grand'font du pourtour des causses.

Les hauts causses furent en leur temps des forêts que se disputaient le chêne, le hêtre, le pin, et de grands buis verdissaient les ravines. Maintenant, aussi nus que secs, ils donnent à brouter aux moutons; ils ont quelques bonnes terres, il y pousse du blé; l'hiver y plaque sa glace ou sa neige, les vents y gémissent, la vie est dure au Caussenard.

Sur les causses bas, il n'y a pas plus d'eau, mais il y a plus d'arbres, plus de chaleur, de meilleures moissons, et la vigne née dans la pierre donne un vin fait de soleil.

Le causse Méjan, c'est-à-dire le causse Majeur [1],

1. Sinon le causse « médian », mitoyen, le causse de séparation (entre Tarn et Tarnon).

sans ruisseaux pour la soif, a quelques pins pour l'ombrage; il entretient, sous tous les vents sifflants et soufflants, 2100 Caussenards séparés du reste des hommes par de prodigieux abimes, car au nord, à l'orient, au sud, à l'ouest, sur 100 kilomètres de tour, il s'arrête partout droit sur le vide immense. Grand de plus de 36 000 hectares, il se dresse d'un bloc, de 900 à 1278 mètres d'altitude, entre les précipices du Tarnon, du Tarn, de la Jonte; il plonge sur Florac par des bastions déchiquetés, pareils quand la brume les estompe ou quand la pluie les noie à quelque fantastique forteresse comme l'homme n'en bâtira jamais; sur le Tarn il tombe par 52 kilomètres d'escarpements hauts de 500 à 600 mètres, et sur la Jonte par des roches à pic également terribles. Son gouffre le plus célèbre est l'aven de la Picouse. Il verse au Tarnon la source de Florac; au Tarn, la source des Ardennes.

Vis-à-vis de lui, le causse de Sauveterre [1], plus grand (puisqu'il approche de 45 000 hectares), est moins rude et moins grandiose, il a moins d'avens; ce n'est pas partout comme le causse Méjan « une île escarpée et sans bords » : au levant il se heurte à des montagnes, au couchant il se confond avec les coteaux et plateaux liasiques de Sévérac; il ne s'abat en raideur, cassé à vif, que sur le Lot au nord, et plus encore sur le Tarn, au sud, par des falaises parallèles à celles du Méjan, aussi belles, aussi droites, aussi hautes et magnifiquement colorées. Sa plate-forme couturée d'avens, très irrégulière, est tantôt sotchs ou bas-fonds, tantôt puchs ou coteaux, tantôt couronnes ou mamelons; moins élevé que la terrasse du causse Méjan, ses altitudes varient entre 800 et 1100 mètres. Au Lot, rivière louche, il envoie les belles eaux de la Canourgue; dans le Tarn, rivière claire, il épanche les grandes sources jumelles de Burle et de Coussac, à Sainte-Énimie.

Au nord-est du causse de Sauveterre les causses ou cans du Gévaudan sont très élevés, froids, excessifs, stériles.

Entre Jonte et Dourbie, le causse Noir, grand de 24 000 hectares, a de 800 à 1000 mètres d'altitude; il s'avance en superbes créneaux sur le beau val du Tarn en amont de Millau. Dut-il vraiment son nom à des forêts sombres, lui si nu maintenant, excepté sur ses « couronnes » rondes?

1. Au sud-ouest il porte spécialement le nom de causse du Massegros.

De la Dourbie à la Sorgues, du Tarn aux gorges qui s'ouvrent sur l'Hérault et sur l'Orb, fleuves méditerranéens, le plus vaste des causses, le Larzac, a grandement 100 000 hectares. A 600 mètres par ses plus bas vallons borgnes, à 900 par ses pointes les plus hautes, pics chauves et d'immense horizon, ce soleilleux causse est l'empire de la rocaille. La froide *aouro negro* ou *rouderge*[1] y siffle entre les buis odorants des sentiers, elle fait danser les cailloux dans des villages d'où l'on voit le Saint-Guiral[2] blanc de neige en hiver. Ce plateau est comme un col entre l'Aigoual et les monts de l'Espinouse, col où passent et repassent les vents et les nues dans leur course folle d'Océan à Méditerranée et de Méditerranée à Océan ; aussi la pluie tombe-t-elle dru sur ces chaos de pierre, sur cette grande et petite blocaille, sur le peu qu'il y a de terres rouges, de champs cailouteux, de brins d'herbe aromatique pour le mouton, et le Larzac, tout fissuré d'avens, verse en rivières les plus belles fontaines du causse : Sorgues d'Aveyron, Durzon, Vis, les deux premières allant au Tarn, la dernière à l'Hérault. En se penchant sur l'obscurité lugubre de son trou le plus noir, l'abîme du Mas-Raynal, on entend des voix étouffées : c'est le profond murmure de la Sorgues souterraine.

Les causses du Rouergue, près de Rodez, criblés de tindouls, ont leur merveille, le cirque de Salles-la-Source et ses ruisselantes cascatelles ; moins hauts que le Larzac, puisqu'ils ne dépassent guère 600 mètres, ils sont plus élevés que les causses du Quercy, qui ne montent guère qu'à 300-400. Ceux-ci furent prodigues en vins ; dans leurs igues et leurs cloups descendent les eaux qui font la Divonne de Cahors, l'Eygue de Touzac et l'Ouysse de Rocamadour.

L'Agénais, le Périgord, le Bas-Limousin, etc., renferment aussi des causses, cailloux à vignobles, avec de belles doux ou fontaines, trésors de l'été.

Du Pilat aux Vosges. — Les monts du Mézenc, entre Rhône et Loire, se terminent au-dessus de Saint-Étienne par le Pilat (1434 mètres), qu'on regarde comme la fin des Cévennes.

La chaîne entre Loire et Allier s'achève par les monts du Forez que prolongent vers le nord les Bois-Noirs, vêtus de sapins, et les monts de la Madeleine, vêtus de hêtres : Pierre-sur-Haute (1640 mètres) plane sur ces roches dures, granits, gneiss, porphyres encore noirs de forêts, avec prairies et ruisseaux bondissants. Trente volcans éteints, tous les trente petits, sont blottis au pied des monts du Forez, dans les plaines de Montbrison, jadis lac de la Loire.

Du Pilat et des monts de la Madeleine aux Vosges, aucun pic sublime n'affronte le haut ciel. Le Morvan (902 mètres), forêts, étangs et prés sur des roches compactes, envoie au bassin de Paris la rivière qui a le plus de part aux débordements de la Seine d'amont, l'Yonne, grande flotteuse de bois pour l'usage de Lutèce, et de charbon pour ses fourneaux de cuisine.

Les monts du Lyonnais (937 mètres), du Beaujolais (1012 mètres), du Charolais (774 mètres), entre la Saône inférieure et la Loire moyenne, montrent des roches diverses, granits, porphyres, vieux grès, calcaires, et, surtout en Charolais, de savoureuses pâtures. La Côte d'Or (636 mètres), déchirée en cluse en combes, porte sur ses basses collines les plus merveilleux vignobles de Bourgogne : elle se lève aux sources de la Seine.

Le calcaire plateau de Langres (516 mètres), l'une des grandes citadelles de la défense nationale, la clef des routes entre la Seine, la Saône et le Rhin, émet deux ruisseaux qui deviennent plus bas, l'un la Marne, l'autre la Meuse.

Les Monts Faucilles (743 mètres), craies, calcaires, trias, créent la Saône ; ils regardent, par delà le val de Moselle, la longue sapinière des Vosges.

Vosges et Jura. — Sur les grès roses des Vosges, sur leurs grès rouges, leurs schistes et granits, la mousse, le gazon, les bruyères filtrent à l'ombre des bois les torrents qui font la claire Moselle. Dans les Vosges orientales, à nous arrachées en 1871, s'élève leur plus haut dôme, le ballon de Soultz ou de Guebwiller (1426 mètres) ; dans les occidentales, qui nous restent, et qui sont mieux arrosées, étant tournées vers l'Océan, règnent le Haut d'Honeck (1566 mètres), puis divers ballons[1] à peine inférieurs. Cette montagne a des grâces infinies, prairies, lacs, laquets, jolis sauts de torrents, scintillements de rivières, et partout la rigidité des sapins ou l'austérité des grandes

---

1. Le « souffle noir », la bise.
2. 1349 mètres, en arrière de l'Aigoual.

1. On nomme ballons la plupart des sommets des Vosges, qui sont des cimes arrondies.

futaies de chênes, de hêtres, de châtaigniers : car les arbres à feuilles passagères et les résineux toujours verts s'y mêlent ou s'y côtoient en forêts qui sont des plus belles en France.

Au sud, les Vosges tombent sur la trouée de Belfort, col épanoui largement, par 320 mètres seulement d'altitude, où passent canal navigable et rivières, routes et chemins de fer. De l'autre côté de cette petite « porte des peuples », le Jura monte à l'horizon.

Le Jura, semblable aux Vosges en ceci, n'a pas les seuls Français pour maîtres : par ses talus orientaux il est suisse, et au delà du saut du Rhin (dont il est cause), allemand, sous les noms de Rude-Montagne (Rauhe Alp) et de Jura Franconien. Calcaires[1] et craies[2] sur trias et lias, il n'a rien

Dans les Vosges. (Voy. p. 151, 152.) — Dessin de Taylor, d'après une photographie.

de la chaîne de montagnes normale, comme, par exemple, les Pyrénées ; c'est purement et simplement un plateau de plus en plus élevé à mesure qu'on va vers l'est, et sur ce plateau que se partagent la culture, la pâture et le bois, des chaînons en grand nombre[1] s'avancent par vagues parallèles. La première et la plus basse de ces volutes domine les plaines de la Saône, la Bresse, plate et boisée, ancien marais, peut-être vieux lac, et la Dombes,

1. 160, rien que dans le Jura franco-suisse.

pays d'étangs, d'humidité, de froids brouillards transperçants, asile de fièvres, terre de mort dont le desséchement commence à faire une autre Bresse habitable et habitée ; la dernière et la plus élevée commande les plaines de l'Aar et les lacs de Neuchâtel et de Genève : le Crêt de la Neige (1724 mètres), sommet suprême du Jura français,

1. Il a donné son nom au calcaire jurassique.
2. La craie néocomienne tire son nom de Neuchâtel (en latin *Neocomum*), ville du Jura suisse.

en même temps que de tout le massif, est le plus haut bouillonnement de cette vague.

Tout comme les causses, le piédestal qui porte les chaînons du Jura de France aspire l'eau des pluies et l'eau des neiges amoncelées de l'hiver par une infinité de fêlures, de gouffres, d'emposieux ou puits; ainsi grandissent sous la pierre, de caverne en caverne, des rivières qui sortent par des fonts égales aux jaillissements du socle des causses : telles, par exemple, les sources de la Loue, du Dessoubre, du Lison, et celle de l'Orbe, rivière qui renaît en Suisse, mais elle est française dans le haut de sa vallée, au-dessus de son engouffrement. Ces courants de cristal luisent au fond des cluses, gorges étroites avec créneaux de rochers couronnés de sapins; de ces cluses on

La source du Lison. — Dessin de Weber, d'après une photographie.

monte au plateau par des combes, tantôt ravins secs, tantôt cirques d'érosion avec belle fontaine et ruisseau transparent.

Grandes Alpes. — Nous possédons le Goliath des Alpes, cuirassé de glaciers, le Mont-Blanc (4810 mètres), qui se lève au sud-est de Genève, à la borne de la France, de l'Italie, de la Suisse; vers la France il épanche 17 000 hectares de glace, froides mamelles de l'Arve, vers l'Italie 7000, vers l'Helvétie 4000 : en tout 28 000 [1], assez pour suffire douze ou quinze ans à la Seine, telle qu'elle coule au fort de l'été sous les ponts de « Babylone ».

Même après ce géant de l'Europe, on doit nommer les monts de la Tarentaise, affligés de goitreux; — la Vanoise (3861 mètres), qui distribue les torrents troubles de ses glaciers entre l'Isère et l'Arc irascible; — les monts de la Maurienne (3500 mètres), qui pourvoient aussi l'Arc et dont

[1] Plus exactement, 28 250.

le tunnel du Mont-Cenis, long de 12 220 mètres, fend les entrailles entre la France et l'Italie ; — les Grandes-Rousses (3473 mètres), étincelantes de frimas ; — les monts de l'Oisans, qui ont 16 500 hectares de glace éternelle, et qui dressent, dans le Pelvoux, un pic de 4103 mètres, la Barre-des-Écrins, cime suprême de la France avant l'annexion de la Savoie : leur neige pressée en glace enfle trois torrents aux crues louches et sinistres, la Romanche, le Drac, la Durance. — Au sud du Pelvoux nul massif ne s'élance à 4000 mètres, mais plusieurs dépassent 3000 : même aux sources du Var, de la Tinée, de la Vésubie, et jusqu'à toucher la tiède Nice, les Alpes sont de grandes Alpes.

Petites Alpes. — A l'ouest des Grandes Alpes, qui sont granits, gneiss, schistes, grès divers, se suivent, du nord au sud, d'autres Alpes, bien moindres quoique altières encore ; la plupart ont le calcaire ou la craie pour substance, et celles du

Le Pelvoux, vu de Mont-Dauphin. — Dessin de Wymper.

nord ressemblent assez par la nature de leurs roches au Jura dont elles continuent la direction au midi du Rhône. Les Petites Alpes de Savoie, qui montent jusqu'à 2500 mètres, seraient grandes partout ailleurs, mais le Mont-Blanc les domine de trop près ; il y a dans leurs replis deux lacs fameux : le lac d'Annecy, grand de 3210 hectares, profond de 50 mètres, et le lac du Bourget, inspirateur de vers immortels[1], qui a 4450 hectares et 100 mètres au plus creux.

La Grande Chartreuse (2087 mètres), justement

1. Le *Lac* de Lamartine

illustre par ses roches et ses forêts, se lève au nord de Grenoble, sur la rive droite de l'Isère, grand torrent gris. Les monts du Lans et du Vercors (2346 mètres), à la gauche de cette même Isère, en face de la Grande-Chartreuse, s'élancent en rocs hardis, et déjà le Midi les illumine : ce n'est pas encore la Provence, mais ce n'est plus le Jura, auquel cependant ils sont pareils par leurs cassures vives, les scialets ou entonnoirs de leurs plateaux et les eaux brillantes de leurs cluses. Les monts de la Drôme (2025 mètres) continuent ceux du Vercors ; ils en ont la nature et l'architecture, et de plus chaudes couleurs, car on entre avec eux dans la région de l'olivier. Le Dévoluy (2793 mètres), montagne squelette, s'attache également au Vercors : ruiné, croulant, décharné, altéré, terrible, il nous montre ce que l'homme fera des sierras et des cordillères, même de celles où d'énormes torrents bramants courent dans des forêts gigantesques.

Le Ventoux (1912 ou 1927 mètres), dos monstrueux, se voit, neigeux souvent, d'Avignon et de la grande vallée du Rhône; ce « père des vents » qui passent, froids dans la plaine chaude, se prolonge à l'est par les monts de Lure (1827 mètres), crayeux comme lui, et comme le sont aussi les monts de Vaucluse (1187 mètres) : sous ces trois massifs s'assemblent les eaux d'avens qui composent la splendide fontaine de Vaucluse, la Sorgues ou source par excellence, qui méritait mieux que Pétrarque. Le Lubéron (1125 mètres) ou Léberon dresse au-dessus de la Durance des roches dorées par le soleil provençal.

Vaucluse. — Dessin de Carl Girardet, d'après une photographie.

Les monts de Marseille, Trévaresse, Sainte-Victoire, monts de l'Étoile[1], Sainte-Baume, ont de chaudes couleurs, dignes de l'Afrique; ils sont pierreux, rocailleux, déchirés, ensoleillés, odoriférants, avec peu d'eau, mais des eaux vives ; leur maîtresse roche, dans la Sainte-Baume, pointe à 1154 mètres. Les monts de Provence, nus aussi, ardents aussi, montent plus haut, à 1713 mètres, par la pyramide de Lachen ; il y a dans leurs replis d'admirables foux, petites Vaucluses, sources inestimables en ce pays de flambant soleil.

1. Même nom que la serra da Estrella en Portugal.

Entre eux et la Méditerranée, les Maures (779 mètres) et l'Estérel (616 mètres), de tout autre nature que les Alpes calcaires, sont un entassement de porphyres, serpentines, granits, grès rouges, schistes, toutes roches couvertes d'herbes odorantes, d'arbustes, et aussi de grandes forêts où dominent le pin d'Alep et le chêne-liège, près de la mer resplendissante, avec orangers et palmiers sur ses rives.

Pyrénées. — Les Pyrénées se divisent entre la France et l'Espagne, qui en a le penchant méridional. C'est une chaîne normale, une crête avec épanouissements et contreforts.

En France, elles vont de la Méditerranée à l'embouchure de la Bidassoa dans le golfe de Gascogne, soit 430 kilomètres en ligne droite, 570 en suivant l'arête majeure; beaucoup plus longues en Espagne, elles s'y prolongent sous divers noms jusqu'aux rias ou estuaires que l'Atlantique enfonce en Galice.

Au lieu de s'élancer du royaume « très catholique », le roc culminant de cette chaîne dentelée, le Nethou (3404 mètres), pic du massif de la Maladetta, devrait séparer les deux peuples, puisqu'il domine le Val d'Aran, berceau de notre Garonne, et que les eaux du Goueil de Jouéou, la plus belle des sources du fleuve, sont bien celles qu'un des versants de la Maladetta jette dans le trou du Taureau. Contrairement au val d'Aran, espagnol de par les traités, français de par la nature, la Cerdagne française, berceau du Sègre, est espagnole par la nature, française de par les traités. Chez les deux nations les Pyrénées sont grandes; leur soleil, leurs teintes, le dégagement de leurs horizons, leur chute sur deux mers, l'une verte, orageuse, l'autre bleue, peuvent les faire préférer aux Alpes.

L'Espagne en a les pics les plus hauts, les laquets les plus vastes, les chaos les plus affreux, les cañons les plus profonds, les barrancos[1] les plus sauvages; la France a leurs plus grandes neiges, leurs glaciers majeurs, leurs torrents les plus purs, leurs forêts les plus sombres, et à la lisière des frênes, des hêtres, des sapins droits et noirs, elle seule a des prairies. Aux Catalans, aux Aragonais le versant d'Afrique, à nous le versant d'Europe.

En France, le Vignemale (3298 mètres) l'emporte en hauteur sur les autres dents de la Scie[2] des Pyrénées; étincelant de frimas, il s'élance au sud-ouest de Cauterets, ville de santé regorgeant d'eaux minérales, comme Eaux-Bonnes, Eaux-Chaudes, Saint-Sauveur, Barèges, Bagnères-de-Bigorre, Bagnères-de-Luchon, Aulus, Ax, Ussat, Amélie-les-Bains, Vernet-les-Bains, et tant d'autres : car il y a dans les Pyrénées des centaines de fonts salutaires.

Le Vignemale commande les monts de Gavarnie, faits de roches entamables; dans ces roches l'effort du temps a creusé des cirques, ou, pour parler comme les pasteurs pyrénéens, des oules[3] immenses, Gavarnie, Estaubé, Troumouse, où des nations s'assiéraient. Troumouse, au pied de la Munia (3150 mètres), est la plus vaste de ces arènes; Gavarnie est la plus grandiose : des pics aux noms sonores, Taillon, Casque du Marboré, Tours du Marboré, Pic du Marboré (3253 mètres), précipitent dans son gouffre leurs fontes de neige, leurs écroulements de glace, leurs éboulements de roche, et, de 422 mètres, le Gave naissant tombe en brouillard de pluie sur les débris de la falaise.

Il y a nombre de Pyrénées françaises supérieures à 3000 mètres, notamment dans le Néouvielle (3194 mètres), puissant avant-massif voisin de Gavarnie, et dans les monts de Luchon (3145 mètres), ruisselants d'eau. Le premier pic de plus de 3000 mètres en venant de l'Atlantique est le Balaïtous (3146 mètres); le premier en venant de la Méditerranée, le Montcalm (3080 mètres), qui touche à la Pique d'Estats (3140 mètres). Trois pics moins hauts semblent l'être plus, parce qu'ils se dressent à l'avant-plan : le pic du Midi de Bigorre (2877 mètres), qui contemple les sources de l'Adour, le val de Campan, la plaine de Tarbes, l'Armagnac, les Landes; le mont Vallier (2839 mètres), splendide et dominateur, vu de toute la plaine de la Garonne en amont de Toulouse; enfin, et surtout, le Canigou (2785 mètres), si fier qu'on l'a longtemps célébré comme la première des Pyrénées : on l'aperçoit, ou plutôt on le soupçonne de Barcelone en Espagne et de Marseille en France. Il surveille les Albères[1] abruptes et les Corbières, sèches et cassées, qui se rangent autour du noble Bugarach (1231 mètres) et s'achèvent sur la vallée de l'Aude, en face des Cévennes de la Montagne Noire.

Le reste de la France est colline ou plaine. On ne saurait appeler monts les craies de Sancerre (434 mètres), le massif d'Alençon (417 mètres), les chaînons de Bretagne (391 mètres), ni même les Ardennes (504 mètres), schistes vêtus de forêts.

Plaines. — Plusieurs des grandes plaines françaises avoisinent Paris.

La Beauce, au sud et au sud-ouest de la métropole, entre Seine et Loire, n'a plus d'arbres : elle qui fut une sylve immense dont il reste la forêt d'Orléans (40 308 hectares), la plus vaste chez nous, non la plus belle, tant s'en faut; elle n'a pas non plus de sources; son sol perméable boit l'eau à mesure qu'elle tombe, avant qu'elle coule. Il ne

---

1. Ravins, gorges.
2. Scie, c'est la sierra des Espagnols.
3. C'est-à-dire marmites.

1. Ainsi se nomment les Pyrénées à leur extrême orient, près de leur tombée dans la mer du Roussillon.

Monts de Gavarnie : la Brèche de Roland. — Dessin de P. Skelton.

lui manque, dit-on, que six choses : fonts, prés, bois, rocs, vergers et vignes. Mais ce pays de toute platitude qui est presque un idéal de nivellement mérite le surnom de Grenier de la France; suivant la saison vagues mouvantes d'épis verts, moissons dorées ou chaumes ras, la patrie des Beaucerons est par excellence la terre du blé. Au sud-ouest, ce plateau de Beauce, haut de 100 à 150 mètres, se prolonge au loin dans la direction de Vendôme et de Tours; à l'est il devient le Gâtinais, marais desséché, mais encore humide, froid, sans fécondité. La Brie, entre la Seine et la Marne, de Meaux à Montereau, est comme une petite Beauce, aussi riche que la grande et plus boisée.

Au sud d'Orléans, vis-à-vis de la Beauce et à la même altitude, la Sologne va de la Loire au Cher, sol plat, sables, étangs rouilleux et vaseux, ruisseaux lents et lourds, antiques et jeunes forêts où les aciculaires dominent; le Solognot y vit dans l'indigence et, bien que la contrée n'ait plus autant de droits au nom d'hôpital et de cimetière, la fièvre y mine encore le hâve habitant de la région du seigle — s'il est vrai que le mot de Sologne, au centre, comme celui de ségalas, au sud, ait pour radical le vieux nom de ce cousin du blé. — Au sud-ouest, par delà d'autres plaines, la Brenne ou Petite Sologne, ou Sologne de Berry, vaut tout juste la Grande Sologne : de ses mauvais étangs s'échappe, à la pelle des chaussées, un petit filet d'eau noirâtre; des joncs et des rouches, des oiseaux d'eau, des bois, des terres marâtres, le froid perçant des brumes du matin, les brouillards de la nuit sous la lune voilée, la fièvre, des hommes pâles et chétifs, tel est ce plateau d'entre la Creuse et l'Indre; tel il était pour mieux dire, car il s'améliore un peu tous les jours.

A l'est de Paris, sur les deux rives de la Marne, de la Seine jusqu'à l'Aisne et des massifs de Lutèce jusqu'à l'Argonne, la Champagne Pouilleuse, craie dure, est l'image de la stérilité revêche en face de la glorieuse abondance, puisqu'à ses limites occidentales le vin de Champagne coule des coteaux illustres du pays d'Épernay. Pouilleuse veut dire pauvre, misérable; elle a pour toute chevance des bois de pins et sapins récemment plantés, et de grandes sources, têtes ou, comme on dit ici, *sommes* de rivières pures bordées de prés et barrées d'usines.

Mais notre plus grande plaine, vaste de 1 400 000 hectares, s'étale au sud-ouest de la France, de l'Adour à la Garonne et à la Gironde, et des collines de l'Armagnac et de l'Agénais au rivage de l'Atlantique. Ces Landes qu'on accuse de vilainie ont, au contraire, des grâces sauvages et des beautés splendides : à l'orageux Océan elles opposent les plus hautes dunes de l'Europe (87 mètres); derrière ces blancs sablons où vibre la forêt des pins sombres, de longs étangs dorment sans murmure, toujours calmes, si près des soulèvements et des retentissements de l'Atlantique; et après les étangs c'est la plaine immense, infinie, avec ses chênes-lièges qu'on écorce, ses pins qu'on meurtrit[1], ses bruyères, ses genêts, ses fleurs rouges, ses boutons d'or, ses droites avenues qui fuient jusqu'à l'horizon, ses clairières où le soleil se couche grand et sanglant comme sur la mer. Il fut un temps, voisin de nous, où les Lanusquets, qu'on appelle aussi Landescots, étaient de loin semblables aux géants; montés, pour mieux surveiller leurs moutons, sur des échasses de trois à quatre pieds de haut, ils ne se souciaient ni du genêt épineux, ni de la brande, ni des fossés, ni des mares, et d'une enjambée ils passaient les gais ruisseaux de la Lande, eaux vives sur sable un peu rouges et noires, car leurs sources naissent sur un alios[2] cimenté d'oxyde de fer, sous une arène imprégnée du tanin des bruyères.

Mers, côtes, fleuves. — La France a le rare privilège de donner sur quatre mers, deux au nord, une à l'ouest, la quatrième au sud. L'une de ces mers est petite, la mer du Nord; une autre, la Manche, simple détroit, unit la mer du Nord à l'Atlantique; la troisième, l'Atlantique, mère des pluies, est un flot vert, profond, puissant et tonnant, ayant l'Amérique à son autre bord; la quatrième, la Méditerranée, bleue et tiède, baigne, en face de la France, une rive d'Afrique où règnent les Français. Ainsi, de nos ports, les vaisseaux vont droit aux glaçons du Pôle, aux havres de la Puissance et des États-Unis, à l'Afrique du Nord, à l'Égypte, grand passage des navires, à l'Asie, à Constantinople.

Mer du Nord et Manche. — Sur la mer du Nord, les dunes de Flandre valurent à Dunkerque (37 000 habitants) son nom[3], d'origine flamande; vers Calais, elles font place aux caps du Boulonnais, qui sont voisins des blanches falaises d'Albion à travers le Pas de Calais, détroit incessamment

---

1. C'est de leurs blessures que sort la résine.
2. Couche étanche, sables agglutinés par le tanin et l'oxyde de fer.
3. L'« église des dunes ».

sillonnés de navires[1]. Large, au plus resserré, de 31 kilomètres, il agitera quelque jour ses vagues sur le plus long des tunnels, creusé dans sa craie, de France en Angleterre : ce souterrain, que d'autres plus longs peut-être imiteront, aura 48 kilomètres ; il passera sous 127 mètres de rocher.

Au delà de Boulogne (45 000 habitants), sur la Manche, les sables recommencent, dunes non fixées encore ; puis, quand on a dépassé la bouche de la Somme, on arrive à la roche hautaine, à la falaise de Normandie, élevée de 100 mètres et plus à pic ; elle n'a pas de rivage, sauf çà et là un lambeau de grève ; elle n'a pas d'estuaires de fleuves, et ses « valleuses » ne laissent passer que de mignonnes rivières de prairies, et parfois le ruisseau d'une grande fontaine. Le flot la mord au pied, les sources la minent et par blocs immenses elle tombe dans la mer : la Manche avance, la Normandie recule. Ainsi se suivent les côtes du Tréport, de Dieppe (22 000 habitants), de Saint-Valéry-en-Caux, de Fécamp, jusqu'au Havre et à l'embouchure de la Seine, large de 10 kilomètres.

De la Seine aux vagues irritées où se confondent la Manche et l'Atlantique, la côte, normande, puis bretonne, reçoit presque partout la vague sur des rocs, ici falaises, là grèves, ailleurs dents et scies, écueils et pointes, râpes et sillons, infini chaos où la mer grince lugubrement. A travers les herbages les plus savoureux, Touques, Dives, Orne, Vire, lui portent le tribut des coteaux normands. Des grèves de ce dernier fleuve à celles du mont Saint-Michel, le Cotentin, presqu'île humide, est bardé de falaises ; Cherbourg (36 000 habitants), port de guerre puissant, y regarde l'Angleterre, île jalouse, et Granville, port de pêche, y voit des écueils sur la route des îles normandes, Jersey, Guernesey, Aurigny : — dans cet archipel séparé du continent par des flots frénétiques, on parle français, mais les Anglais y règnent.

Saint-Michel au Péril de la Mer est un monument miraculeux sur un roc, dans une large grève que couvre et découvre une mer de hautes marées ; là commence la Bretagne, là finit la Normandie plantureuse et fraîche.

Le littoral de Bretagne, roche grise ou noire, lutte contre une vague exaspérée, mais la dureté de la pierre est moins forte que l'incohérence des flots, et la côte, de choc en choc, se brise. De larges baies y terminent de très petits fleuves arrivés d'un pays sérieux : granits, schistes, ardoises, eaux sombres, forêts, landes, genêts, bruyères, et

partout l'énigme des monuments barbares : tantôt des dolmens et des allées couvertes, tantôt des peulvans ou menhirs, pierres isolées ou rangées en avenues ; ailleurs des cromlechs ou cercles de menhirs, des galgals, des tumuli, — tout cela couvrant des morts sans doute et marquant des lieux de carnage, sinon de vastes ou d'illustres sépultures. Ce pays austère, la Bretagne, élève un peuple austère, les Bretons, hommes de sentiments profonds, d'obstination longue, « ou guerriers ou poètes, sur la côte marins et pâtres dans les champs[1] » ; les fils d'Arvor ou d'Armor[2], les hommes de « la terre de granit recouverte de chênes », sont nos plus durs soldats, nos meilleurs matelots. Dans l'ouest de leur pays, dans ce qui est vraiment la presqu'île, ils parlent encore le celtique, vieux de plusieurs mille ans et qui va mourir.

Saint-Malo est la ville des héros, des marins, des corsaires ; puis viennent les ports de la baie de Saint-Brieuc, puis Paimpol, Morlaix, Roscoff, des havres sans nombre armant pour la pêche et peuplant nos vaisseaux de paix et de guerre.

Atlantique. — Vers Ouessant, la côte tourne, on entre dans l'Atlantique. Ouessant, c'est l'île ébranlée par la mer ; autour d'elle, chaque écueil raconte un naufrage : « Qui voit Belle-Isle voit son île, qui voit Groix voit sa joie, qui voit Ouessant voit son sang ».

Sur la mer du Nord et la Manche nous avons 1192 kilomètres de littoral, et 1585 sur l'Atlantique, où la rive, aussi rude, aussi grandiose, n'est pas moins marinière ; jusqu'à la Loire et au delà, elle reste, sinon la « Bretagne bretonnante[3] », au moins celle des hommes de mer. Les baies y ont de l'ampleur : on admire avant tout la rade de Brest, immense port intérieur avec ville de guerre où l'on pénètre par un goulet formidablement défendu ; la baie de Douarnenez, qui baigne douze cents hameaux de pêcheurs ; la baie d'Audierne, évasée, orageuse ; l'estuaire de Lorient (37 000 habitants), port de guerre, où tombe le fleuve Blavet, en face de Groix (4500 hectares), île de schiste ; le Morbihan, tout constellé d'îlots : il s'ouvre près des alignements de Carnac, le plus célèbre des champs de mégalithes, à l'abri de la presqu'île effilée de Quiberon, vis-à-vis des gneiss et des schistes de Belle-Isle (8960 hectares) ; l'estuaire de la Vi-

---

1. 200 000 à 250 000 par an.

1. Brizeux.
2. Armor, *sur la mer*, nom breton de la Bretagne.
3. Parlant le celte breton.

laine; le plus fort des fleuves bretons; l'embouchure de la Loire, large de 12 kilomètres. Au delà de ce plus long des courants français on arrive à la baie de Bourgneuf, garée du large par l'île de Noirmoutier (4442 hectares) : celle-ci est granits, calcaires et sables que l'exhaussement du sol et le dépôt des alluvions travaillent à coudre au continent; ce que le progrès du remblaiement et la surrection par poussée intérieure ont ravi d'espace au golfe de Bourgneuf, soit environ 30 000 hectares, porte le nom de Marais breton.

Ici l'on passe de Bretagne en Poitou, en vue de l'île Dieu ou d'Yeu (2247 hectares), gneiss couverts de landes, pâtis et bruyères. Le littoral, d'abord dunes et roches entremêlées, devient au delà des Sables-d'Olonne un estran de vase, rebord du Marais poitevin.

Ce marais, jadis golfe allant jusqu'à Luçon, Niort, Aigrefeuille, s'accroît tous les jours aux dépens de l'Océan qu'il a diminué de 40 000 à 50 000 hectares, et peu à peu s'allongent avec lui deux petits fleuves, le Lay, descendu des granits du Bocage

Lande rase, avec bouquets de pins. (Voy. p. 158.) — Dessin de Gustave Doré, d'après nature.

vendéen, et la Sèvre Niortaise, faite de belles sources du calcaire. Tout ce qui reste de l'ancienne grande baie qui s'avançait à 60 kilomètres dans les terres, avec une entrée de 30, c'est l'anse de l'Aiguillon, pénétrant à 7 ou 8 kilomètres dans le continent, par une entrée de 9 ; et encore perd-elle 30 hectares par année, à force de levées, de canaux, de portes qui se ferment contre le flot et s'ouvrent sur la basse marée. Cette Hollande française, lentement assemblée autour des îlots calcaires et des dunes que couvrent ses bourgades, finira par s'approcher singulièrement de l'île de Ré : on nomme ainsi un grand rocher calcaire à la fois champ et vignoble, avec parcs à huîtres et salines à son littoral, une terre fumée et refumée d'engrais maritimes, tournée et retournée par d'âpres paysans, qui nourrit 16 000 hommes sur 7389 hectares. Trois kilomètres seulement la séparent de la côte de la Rochelle (20 000 hab.), ville de passé glorieux, port de quelque avenir.

A une douzaine de kilomètres au sud, Oleron, île deux fois plus grande que Ré (15 326 hectares), et cependant à peine plus peuplée (18 250 hab.), a des vignes engraissées de varech et de goémon, des campagnes désarbrées, une côte sauvage à l'ouest et des ports à l'est (en quoi elle ressemble à l'île sœur) ; elle s'épointe au sud en dunes, maintenant fixées ; d'elle à la côte mugit le pertuis de Maumusson : il grougne [1], comme disent les paysans

[1] Il grogne.

de Saintonge; en face, la Charente entre en mer; et au sud de la Charente, la Seudre, large estuaire au bout d'un petit ruisseau. De la Seudre à la Gironde, la presqu'île d'Arvert fut un sable mouvant et « les monts marchaient en Arvert » ; ils ne marchent plus, arrêtés par des pins.

Les dunes d'Oleron et d'Arvert recommencent de l'autre côté du grand fleuve, qui, de 10 à

Côte de Provence : palmiers à Monaco. — Dessin de Harry Fenn.

12 kilomètres d'ampleur, se rétrécit à 5 lorsqu'il s'ouvre sur l'Atlantique, éclairée la nuit par le noble phare de Cordouan. Elles vont droit vers le sud, jusqu'à l'Adour, fils des Pyrénées, au pied de ces Pyrénées mêmes, pendant 228 kilomètres, sans une baie, sans une anse, sans un port à l'embouchure des courants, rivières brunes pour qui les étangs rassemblent les ruisseaux de la lande. Il y a bien un vaste enfoncement, le bassin d'Arcachon (14 660 hectares), qui reçoit le maître fleuve landais, la Leyre, mais on n'y peut entrer sans extrême péril, par-dessus une barre de sable inconstante, et cette autre rade de Brest, cet autre étang de Berre, huîtrière immense, ne reçoit

jamais de navires. Un estran blanchâtre que suit la dune au flanc blanc, à la tête noire de pins; derrière la dune les étangs et les « lèdes », vallons dans le sable ; puis, jusqu'à l'horizon, la lande, rase ou couverte; pas de vaisseau, pas même un bateau, sauf la fatalité des tempêtes; ce littoral n'a ni marins, ni pêcheurs, ni laboureurs, ni trafiquants. La dune est à l'homme des bois; le gemmeur y recueille la résine, il écoute les pins et la mer.

Passé l'Adour, la rive devient rocheuse. Biarritz est française et gasconne, mais elle porte un nom basque, et dès qu'on l'a dépassée, les gens de cette langue, jadis grands pourchasseurs de la baleine, aujourd'hui pêcheurs à la côte, peuplent le court littoral où les Pyrénées tombent sur l'Océan, où la France embrasse l'Espagne devant une mer terrible : car c'est ici le fond du golfe de Biscaye et Gascogne, et tous les vents d'ouest et de nord-ouest poussent des vagues éperdues sur nos caps escualdunacs. Au delà de Saint-Jean de Luz, que secouent les tempêtes, entre Hendaye et Fontarabie, à l'embouchure de la Bidassoa, commence la rive espagnole.

A l'orient, les Pyrénées plongent dans la Méditerranée sous le nom d'Albères, plus brusquement qu'à l'occident sur l'Atlantique. Le littoral qu'elles abritent est d'abord rocheux, avec de splendides criques, étroites, profondes, taillées à vif, méridionalement lumineuses : nous avons là Banyuls, Port-Vendres et Collioure.

Bientôt, exactement comme sur l'Océan, la pierre fait place au sable; un cordon littoral à longues lignes droites isole de la Méditerranée des étangs qu'inonderait le flot s'il y avait ici des marées; mais la mer, étant inerte, sauf en tempête, n'envahit point ces eaux maremmatiques, et leurs graus ou chenaux d'écoulement, que n'avive aucune poussée régulière des vagues, n'ont qu'une très faible profondeur. Ainsi se suivent les étangs de Saint-Nazaire, de Leucate[1] ou du Blanc-Promontoire (5540 hectares), de Sijean (4350 hectares), de Gruissan (2500 hectares); ils sont laids, plats, tandis que l'étang de Thau, long de 18 kilomètres, large de 5 à 8, vaste de 7500 hectares, est profond, bleu comme un beau lac et renouvelé par des sources de fond : il s'ouvre à Cette (35 000 habitants), au pied du pilier de Saint-Clair, fière colline isolée qui n'a que 180 mètres, et de loin on dirait un mont. Puis viennent, au sud-ouest, au sud, au sud-est de Montpellier, les étangs enchevêtrés d'Aigues-Mortes, ville solitaire au milieu de sa maremme, dans ses murs du treizième siècle, qu'on dirait bâtis d'hier; faits et défaits par le Rhône, quand ce fleuve, autre qu'aujourd'hui, portait son effort au sud-ouest, ces étangs se continuent au delà du Petit-Rhône par les vastes marais de la Camargue, et ceux-ci, au delà du Grand-Rhône, par les étangs de la basse Crau. Presque toutes ces eaux, que la mer ne soulève ni n'agite, sont malsaines et le furent incomparablement plus; peu à peu comblées, et de moins en moins fiévreuses, elles prolongeront un jour la plaine fertile du bas Languedoc, que ses vignes firent si riche.

Le chenal de Martigues mène à l'étang de Berre (15 530 hectares), petite mer intérieure, encore mieux fermée que la rade de Brest et aussi capable d'abriter une flotte innombrable : c'est un lac de Bizerte, ainsi que là-bas en Nouvelle-France, et pour la paix comme pour la guerre un des grands ports de l'avenir.

A ce chenal qui marque à peu près le milieu de notre littoral méditerranéen, la nature change : du Languedoc on passe en Provence; du droit, du plat, du bas, du miasmatique, du venteux, — car des Albères aux bouches du Rhône siffle le plus affreux mistral, — on arrive à la côte féerique, au soleilleux jardin d'hiver. Ici l'arbre par excellence n'est plus l'olivier, que la rafale tord au sud-est, c'est l'oranger, qui fleurit à l'abri du mistral, et, après Toulon, c'est le palmier lui-même, au bord des calanques[1]. Ce n'est plus la plage, le lido, sable entre mer et marais ; ce sont les frontons, combes, cirques, effondrements ou toute autre défaillance de l'Alpe calcaire; ce sont les granits, serpentines, grès rouges et porphyres des Maures et de l'Estérel, la cassure vive ou le contour flexible, la roche blanche ou sanglante ou jaune, et les arbres verts mariant au bleu brillant du flot des couleurs éternellement avivées par Phœbus Apollon, dieu de ce rivage grec où Antipolis[2] regardait Nicée[3]. Toute crique y a ses bateaux de pêche, toute baie ses vaisseaux de commerce ou ses navires de guerre, et la Provence est une autre Bretagne : Marseille est le premier port de négoce en France, presque en Europe; Toulon dépasse nos autres ports militaires, Cher-

---

1. Mot grec, comme Agde (Ἀγαθὴ Τύχη), sur ce même littoral, que les Hellènes colonisèrent.

1. Anses, criques.
2. Antibes.
3. Nice.

bourg, Lorient, Brest et Rochefort; le golfe d'Hyères, gardé par des îles « gracieuses comme l'Orient », et le golfe Jouan sont des rades immenses.

Aux palmiers d'Hyères commencent les villes d'hiver, édens cosmopolites où les mourants voudraient revivre et les vieillards rajeunir, palais, villas, jardins et serres chaudes, hôtels bourdonnants, casinos, « cercles », foule bruyante et vaine. Tels sont Saint-Tropez, Saint-Raphaël, Cannes, Antibes, Nice, la reine des villes d'apparat, Monaco, fatal aux joueurs, Menton; puis la rive admirable, de provençale devient ligurienne.

Grandes fontaines. Fleuves et rivières. —

La France doit à ses mers, eaux toujours agitées, toujours vives, renouvelées, incorruptibles, une heureuse abondance de pluies, et, par suite, cinq grands fleuves, des rivières pleines, des ruisseaux sans nombre, et surtout une infinité de belles sources filtrées par le calcaire, la craie, les scories, les chéires, le gravier, les sables. Dans le sud-est, ces grandes fontaines se nomment foux, c'est-à-dire fonts, et, dans presque tout le reste de la France, sous des formes diverses, douix, duis, dhuis, doué, douet, doult, doux, douce, douze, etc., de la Dhuys que Paris boit par un aqueduc jusqu'à la Doux puissante qui verse le Durzon à la vallée de Nant, entre Larzac et Causse Noir.

Les murs d'Aigues-Mortes (Voy. p 162). — Dessin de Taylor, d'après une photographie.

De ces fontaines, les premières sont la Sorgues de Vaucluse, près d'Avignon, et la Touvre, près d'Angoulême.

La Sorgues de Vaucluse est la plus belle fille des avens. Dans les monts de Lure, sur le Ventoux, le Vaucluse, de la plaine avignonnaise à Sisteron, des gouffres évident le calcaire néocomien, roche crevassée : on cite l'aven de Jean-Nouveau, profond de 180 mètres, celui du Grand-Gérin, le Toumple et bien d'autres sur le plateau vauclusien de Saint-Christol, ceux de Cruis et de Coutelle au pied des monts de Lure, non loin de Saint-Étienne-les-Orgues. Ces avens, les pertes de la rivière Nesque, celles du Coulon, et peut-être aussi ce qu'on ne sait pas, tous les engouffrements sur une aire de 165 000 hectares presque partout veuve des vieilles forêts où murmuraient les voix passionnées du vent : ainsi se compose obscurément la Sorgues. Dans les grands orages, les torrents qui sautent aux abîmes entraînent avec eux les terres rouges du plateau, alors la fontaine s'épanche en flots troubles; mais quelques heures à peine et Vaucluse, redevenue verte, a repris toute sa virginité. Le nom le dit, Vaucluse, *Val clos*, est un bout du monde; la Sorgues y jaillit en cascade au pied d'un rocher plus que formidable, haut de 118 mètres, à pic, même en surplomb, violent de couleur, fauve, blanc, rouge, illuminé : le Midi dans toute sa gloire. Depuis deux cents ans qu'on l'observe[1], c'est le 17 novembre 1869 qu'elle a versé le moins d'eau, 5500 litres par seconde; elle descend rarement au-dessous de 8000, elle monte à 120 000, et l'on peut estimer sa moyenne à 17 000 pendant les années médiocrement pluvieuses. Cette source merveilleuse anime plus de

1. Depuis 1683.

200 usines, elle arrose la plaine du Comtat et se perd dans le Rhône, fleuve digne d'une si belle fontaine.

La Touvre, à 7 kilomètres et demi d'Angoulême, ne naît pas, comme la Sorgues, dans un pays de soleil, entre des roches enflammées. Elle est faite de rivières perdues : du toit de partage de Châlus descendent la rouge Tardoire et la rouge Bandiat, sinueusement, parmi les prés, sur le gneiss, le schiste, le granit, entre de petits monts bocagers. Passant de la dure pierre limousine au calcaire fendillé de l'Angoumois, les deux rivières filtrent sous leurs graviers ou s'enfoncent dans des gouffres sans grandeur; leurs eaux unies vont reparaître par delà la forêt de la Braconne, au pied du coteau de Touvre, en un immense flot d'eau claire, supérieur même à Vaucluse, car si la Tardoire et le Bandiat ne drainent que 125 000 hectares contre les 165 000 de la Sorgues, il tombe beaucoup plus d'eau sur les monts limousins que sur les Alpes vauclusiennes[1], et l'évaporation y est bien moindre. Ce flot de 25 mètres cubes d'eau par seconde en moyenne, deux fontaines de cristal l'épanchent, le Bouillant, et, profond de 24 mètres, le sombre Dormant, vraie source de la Touvre, comme la Touvre est la vraie source de la Charente, qu'elle rencontre au moment où le fleuve va baigner la colline escarpée d'Angoulême.

La France a quatre grands fleuves, Seine, Loire, Gironde et Rhône, deux petits fleuves, des rivières et des ruisseaux côtiers sans nombre, enfin une très faible part du bassin du Rhin.

Seine. — De la frontière belge à la Seine, il n'est guère qu'un fleuve côtier de quelque grandeur, la Somme (245 kilomètres), la rivière débonnaire d'Amiens et d'Abbeville : elle donne 54 mètres cubes par seconde aux eaux ordinaires, 28 à l'étiage, 80 en forte crue; or, tel torrent du Midi roule en grand orage mille et quinze à dix-huit cent fois son moindre débit.

La Seine (776 kilomètres) est débonnaire aussi, les terres perméables de son bassin de 7 777 000 hectares lui composant plus de belles fontaines que ses terres imperméables ne lui poussent de flots d'inondation; il y a cependant beaucoup plus d'écart entre son étiage le plus bas et ses crues les plus hautes qu'entre les deux extrêmes de la Somme : à Paris, on l'a vue descendre à 33 mètres par seconde, et monter à 1660 : elle peut donc cinquantupler son plus faible volume.

Ses eaux ordinaires sont de 255 mètres cubes à

[1]. 1 mètre par année, au lieu de 55 centimètres.

Rouen, ville où elle a reçu tous ses grands tributaires, et où déjà la marée soulève les navires. Née en Bourgogne, dans les calcaires, à 471 mètres d'altitude, elle baigne Troyes, Paris, Rouen.

Elle rassemble dans son lit : la blanche Aube (225 kilomètres), qui traverse la Champagne Pouilleuse; — l'Yonne (293 kilomètres), fille de l'imperméable Morvan : aussi a-t-elle quelques allures de grand torrent, et cette rivière bourguignonne a la principale part aux crues de la Seine à Paris; — le Loing (160 kilomètres), descendu de la Puisaye et du Gâtinais : sa vallée est l'une des grandes routes entre la Seine et la Loire; — l'Essonne (100 kilomètres), idéal d'un courant paisible : ses eaux ordinaires sont de 8000 litres par seconde, elle ne descend guère au-dessous de 4500, et il faut des sécheresses séculaires pour réduire à 2800 cette onde froide et pure que de rares crues peuvent porter à 30 000; — la Marne, longue de plus de 450 kilomètres, mais assez indigente, venue du plateau de Langres par la Champagne Pouilleuse; — l'Oise (300 kilomètres), arrivée de Belgique : elle reçoit l'Aisne (280 kilomètres), issue de l'Argonne; — l'Eure (225 kilomètres), eau claire, constante, qui commence dans le Perche et passe par la Beauce.

Loire. — De la Seine à la Loire, le long de la Normandie et de la Bretagne, point de grande rivière, sauf, à la rigueur, l'Orne (155 kilomètres) et la Vilaine (230 kilomètres) : l'Orne passe à Caen et tombe dans la Manche; la Vilaine, jadis la Visnaine, passe à Rennes et se perd dans l'Atlantique; elle écoule près de 1 100 000 hectares.

La Loire (1000 kilomètres), contraire à la Seine, étend son réseau de rivières dans un bassin de 12 109 000 hectares, moins sur des terrains poreux, spongieux ou filtrants, que sur des sols durs, compacts : aussi reçoit-elle plus de crues qu'elle ne boit de fontaines; tournoyant déluge ou ruisseaux dispersés dans le sable sous des ponts de dix à quinze ou vingt arches, elle a les exaspérations d'un énorme torrent; elle est toute en caprices. A Orléans par exemple, à ce grand coude qui la rapproche de Paris, 6000, 10 000, peut-être 12 000 mètres cubes par seconde tourbillonnent parfois dans un lit de belle ampleur où souvent l'été ne laisse que 52, 30, voire 24 mètres cubes; et quand ce lit ne la peut contenir, elle extravague dans les champs, malgré les levées où l'on eut l'insigne folie de l'emprisonner, et qu'elle dépasse ou qu'elle crève.

Côte de Provence : oliviers. — Dessin de Taylor, d'après une photographie.

Ce fleuve qui peut ainsi cinqcentupler son flot estival commence à moins de 150 kilomètres de la Méditerranée, à 1375 mètres d'altitude, dans les monts du Mézenc, sur le flanc du Gerbier de Jonc (1562 mètres), quille volcanique. Son pays natal est superbe : entre d'antiques volcans elle descend, torrent lucide, laisse à gauche l'admirable ville des roches de basalte, le Puy-en-Velay, et plus bas, à droite, Saint-Étienne, la noire ville de l'industrie ; puis elle passe dans l'humide plaine du Forez, qui fut lac, avec cratères à sa rive là où s'élève aujourd'hui Montbrison. A Roanne, à Nevers, et jusqu'à Briare elle marche droit vers Paris ; en amont d'Orléans elle vire à l'ouest, et par Blois, Tours, Saumur, marche à la rencontre de l'Atlantique. A Nantes, aidée par la marée, elle porte de gros navires, mais de moins en moins, car son large estuaire s'ensable et s'envase ; enfin, elle entre en mer à Saint-Nazaire. Sa portée moyenne serait de 985 mètres cubes (?).

La Loire rassemble dans son lit : l'Allier (410 kilomètres), aussi long qu'elle, et presque aussi fort : c'est la belle rivière de la Limagne d'Auvergne et du Bourbonnais ; elle réunit des torrents du Gévaudan, de la Margeride, du Velay, des Dore, des Dôme et des monts du Forez ; — le Cher (320 kilomètres), d'abord auvergnat, puis berrichon, puis tourangeau : c'est la rivière centrale de la France ; — la gracieuse Indre (245 kilomètres), ornement des prairies : commencée en Berry, elle s'achève en Touraine ; — la Vienne (372 kilomètres), grand affluent, limousine à Limoges, poitevine à Châtellerault, tourangelle à Chinon ; d'abord eau rouge sur les roches primitives du Limousin, puis eau claire, grâce aux fonts du Poitou qui sortent du calcaire et de la craie, elle unit à son sort la pittoresque Creuse (235 kilomètres), rivière du granit et du gneiss ; — la sombre Maine d'Angers, faite du concours de trois rivières : la grise Mayenne (200 kilomètres), descendue des marches de la Normandie et de la Bretagne ; la Sarthe (275 kilomètres), qui passe au Mans ; le bleu Loir (310 kilomètres), qui commence en Beauce. Après le confluent de la Maine, la Loire, parvenue à toute sa grandeur, roule à l'étiage 127 mètres cubes par seconde.

Charente. — La Charente, déroulée en une multitude de replis, fait 361 kilomètres dans un bassin d'un million d'hectares seulement, où moins de 150 kilomètres séparent son humble source d'une embouchure qui porte les plus lourds navires de guerre ; ce bassin, on peut le regarder comme entièrement poreux, car les lacs hypogées d'où monte la Touvre régularisent les inconstances du Bandiat et de la Tardoire. Ce n'est donc point un torrent vaguant, divaguant, extravagant, mais une rivière bien calme, bien pleine, bien abondante, un cristal clair, sauf au bourbier de sa fin, dès que la vase raclée par la marée l'outrage. Elle passe au pied d'Angoulême (31 000 habitants), à Rochefort (26 000 habitants), port militaire sur son flot déjà lourd, impur, et verse à l'Atlantique 55 mètres cubes par seconde à l'étiage.

Gironde : Garonne, Dordogne. — La Gironde, estuaire énorme d'un fleuve moyen, a 75 kilomètres de long, 3 à 12 de large, 5 d'ampleur à l'embouchure entre Royan et le Verdon : à droite de son eau vaseuse se lève la Saintonge par de basses falaises de craie, à gauche s'étend le Médoc, terre d'immortel renom si le phylloxera respecte ses vignobles.

Cet estuaire roule vers l'aval ou vers l'amont, suivant que le jusant ou le flux l'anime, 300 000 mètres cubes par seconde : vaine apparence, car en dehors du travail de la marée la Gironde ne porte en moyenne à la mer que 1178 mètres par seconde (?), tribut de 8 500 000 hectares.

La Gironde commence au Bec d'Ambès, à l'union de la Garonne et de la Dordogne : à ce confluent, la Dordogne a tout autant d'ampleur que sa rivale, mais la Garonne (575 kilomètres), plus longue que la Dordogne, dans un bassin plus vaste (5 710 000 hectares), est en réalité la mère de la Gironde [1]. Issue du val espagnol d'Aran, dans les Pyrénées centrales, elle contourne, par Toulouse et par Agen, un amas de cailloux roulés et d'argiles provenant d'une antique destruction des Pyrénées, le plateau de Lannemezan, stérile départ de rivières divergentes, toutes sans force et sans transparence ; puis, par sa rive gauche, elle longe les Landes. A Bordeaux, gonflée par la marée, elle forme un port en croissant, des plus beaux en France, qui reçoit les navires d'outre-mer, mais il est menacé dans son existence même par les envasements d'aval.

Elle rassemble trois superbes torrents pyrénéens, la Neste dont l'eau, menée par un canal sur le plateau de Lannemezan, se divise entre les rivières en éventail qui sortent de ce plateau ; le Salat ; l'Ariège ; puis deux longues rivières, le Tarn et le Lot. — Le Tarn (375 kilomètres), rivière d'Albi

---

[1]. *Gironde* n'est d'ailleurs qu'une corruption de *Garonne*.

et de Montauban, descend de la Lozère ; d'Ispanhac au Rozier, pendant 52 kilomètres, il est comme à jamais perdu dans le plus noble défilé de France, entre les parois du causse Méjan et du causse de Sauveterre, roches de 400, 500, 600 mètres de haut, droites, ardemment colorées : c'est une prison, mais une prison gaie, malgré sa profondeur, et bien que de détour en détour on en cherche en vain si longtemps la sortie ; filtrées dans les noirs avens, de splendides fontaines s'unissent joyeusement à son eau claire. Au saut de Sabo, cascade enchaînée par l'industrie, il tombe, devenu tout rouge, dans la féconde plaine d'Albi. — Le Lot (480 kilomètres), rivière de Mende et de Cahors, mêle aussi des sources de causse aux eaux de la Margeride, du Cantal et des monts d'Aubrac.

La Dordogne (490 kilomètres), rivière superbe, courant limpide et rapide, boit les ruisseaux de 2 387 000 hectares, pas la moitié du bassin de la Garonne. Elle coule du Puy de Sancy ; auvergnate, limousine, cadurque, enfin périgourdine et gasconne, elle doit beaucoup aux Dore et au Cantal ; la Vézère lui porte l'eau brunâtre et rougeâtre du Limousin, l'Isle (235 kilomètres), qui baigne Périgueux (25 000 habitants), l'eau pure des craies du Périgord, et la Dronne à l'Isle un flot toujours transparent. Libourne, port de marée, est la seule ville un peu grande assise à son bord : on y dirait déjà quelque grand fleuve du Nouveau Monde, et quand, bourbeuse, la Dordogne rencontre la Garonne, bourbeuse aussi, elle a plus de 1200 mètres de largeur, pour une portée moyenne n'atteignant pas 350 mètres cubes par seconde, l'étiage étant de 50, les crues extrêmes de 7200, — celles de la Garonne dépassent 11 000.

Adour. — L'Adour (350 kilomètres) étend son filet sur 1 700 000 hectares, terre de Pyrénées ou terre de Landes. Il s'épuise en arrosages dans la plaine de Tarbes, petit Piémont français ; le plateau de Lembeye, semblable à celui de Lannemezan, mais beaucoup moindre, ne lui envoie que des eaux rares, argileuses, tandis que la Midouze lui verse des sources de l'alios, ondes fraîches. La grande rivière de son bassin, c'est le Gave, ce torrent vert qui tombe, à peine échappé du glacier natal, de 422 mètres de hauteur dans le cirque de Gavarnie ; il passe à Pau (28 000 habitants) et reçoit tous les gaves[1] du Bigorre et du Béarn, plus des torrents basques. Sous le nom d'Adour, le Gave baigne Bayonne et, tout au bout des Landes, sur une barre dangereuse, passe, entre des sables, à la mer tonnante.

Rhône. — Des Pyrénées au Rhône arrivent à la Méditerranée des fleuves colériques, les uns pyrénéens, les autres cévenols. Le Tech, la Têt, l'Agly s'usent à l'arrosement des vallées roussillonnaises, et, sauf en fortes pluies, bien peu de leur eau descend jusqu'à la mer. L'Aude (225 kilomètres), torrent aux clus si profondes qu'elles sont ténébreuses, roule, suivant le ciel de la saison, de de 3000 à 5000 mètres cubes par seconde (62 en moyenne) ; elle passe à Carcassonne, et sa vallée inférieure est avec la Garonne le grand chemin de la Méditerranée à l'Atlantique. L'Orb, qui coule devant Béziers (41 000 habitants), varie entre 2500 litres et 2500 mètres cubes par seconde, autrement dit de un à mille, avec une moyenne de 25 mètres. L'Hérault, fils de l'Aigoual, doit surtout son onde au Larzac, dont les cavernes dégorgent la splendide source de la Vis, l'une des « sorgues » du Languedoc : cette fontaine est pour tiers ou pour moitié dans son étiage de 6 mètres cubes, le module allant à 50, et les plus grands afflux à 5700 ; de Ganges à son entrée dans la plaine il descend des gorges célèbres. Le bleu Lez, petit fleuve de Montpellier, naît au pied du Saint-Loup, pic de fière déchirure, d'une « vauclusc » de 800 à 5000 litres par seconde suivant le temps. Le Vidourle n'a souvent que des pierres et des herbes sèches sur les grèves où quelques heures après mugit la vidourlade, passage heurté, fangeux, tourbillonnant de 1000, 1200, 1500 mètres cubes à la seconde.

Le Rhône (812 kilomètres), émissaire de 9 889 000 hectares, est un grand et vaillant fleuve, non seulement en France, mais en Europe et même dans le monde. Il l'est par ses glaciers, son lac, ses torrents, ses héroïques aventures, ses percées, sa beauté, son travail. A peine sorti du Léman, à Genève, bleu comme ciel ou mer, il perd sa transparence au contact de l'Arve, eau de glacier froide et louche qui mêle, en étiage, 57 mètres cubes aux 65 ou 70 du Rhône, et, en moyenne, 160 mètres aux 270 du fleuve ; soit pour les deux ondes unies, la chaste et l'impure, un module de 430 mètres cubes. Torrent impérieux, il entre presque aussitôt en France et, de suite, éventre le Jura et les Alpes calcaires.

Au confluent de la Saône, puissante en hiver, le Rhône tourne au sud ; le Jura ne l'enténèbre plus,

---
1. Gave, mot béarnais, veut dire torrent.

traître et sinistre, entre des falaises, mais à l'ouest s'avancent les monts de l'Ardèche, à l'orient les Alpes; il est large, il a des îles, il est rapide, et sa vallée de plus en plus lumineuse; enfin les couleurs éclatent : oliviers gris, roches blanches, vieilles villes noires ou dorées, châteaux tragiques, on entre dans le Midi, là même où finissait autrefois le fleuve; mais ce charrieur de débris, aidé par la Durance, a comblé tout ce golfe, et c'est aujourd'hui une plaine merveilleusement belle que celle d'Avignon (32 000 habitants), qui fut ville papale, entre Ventoux, Vaucluse, Lubéron, Alpines, Cévennes et monts de l'Ardèche; la Sorgues pure, la Durance trouble s'y versent en canaux, et nulle plaine en France n'a tant d'eau sous tant de soleil : Avignon, sur son grand fleuve,

La Vienne à Chinon. — Dessin de Taylor, d'après une photographie.

près de la mer, au centre d'équilibre du monde latin, en eût peut-être été la capitale si ce monde avait gardé son unité.

Quelque peu en amont d'Arles, ville aux monuments romains qui fut en son temps une Rome en France, le fleuve se partage : plus des cinq sixièmes de ses eaux s'en vont, à l'est, par le Grand Rhône; le Petit Rhône ou Rhône d'ouest emporte le surplus; à cette bifurcation il roule en moyenne, suivant divers calculs, 1748, 2000, 2200 ou même 2605 mètres cubes par seconde, l'étiage étant de 550 mètres, les hautes crues de 12 000 au moins. Entre ces deux bras inégaux, la Camargue, delta du fleuve, a 75 000 hectares, vase émergée, vase émergeante, vase couverte, et au bout de toutes ces inconsistances, la lutte entre le fleuve qui arrive large, majestueux, jaune, assez semblable au Mississipi dans ses boues, et la mer qui accepte ou repousse, qui triture, déplace, emporte les 21 millions de mètres cubes d'alluvions que le Rhône amène avec lui. De ces étangs pourrissants ou pourris, de ces sansouires[1], de ces joncs et rouches, de ces dunes, de ces fondrières, nature inachevée et souvent corrompue, le soleil tire des effluves de mort pour le rare colon de ce domaine amphibie. La Camargue a des castors comme l'Amérique, des buffles comme l'Agro Romano, des oiseaux sans nombre comme un lac des Tropiques, des moustiques altérés de sang comme les igarapés les plus « bourdonnants » de l'Amazonie.

Sous les Romains, pendant l'empire, au temps de sa fleur, Arles était deux fois moins loin de la mer qu'aujourd'hui; on estime que depuis lors le Rhône a gagné sur la Méditerranée quelque 25 000 hectares, et que depuis qu'il empiète sur le flot marin il l'a diminué d'au moins 150 000.

La Camargue. — Dessin d'Eug. Burnand.

Ce fleuve assemble dans son lit : l'Arve ; — l'Ain, superbe rivière du Jura, faite de fonts du roc, et passant, froide et claire, de cluse en cluse, avec rapides et cascades : sur aucun grand bassin de France il ne pleut autant que sur le sien; son module est de 50 mètres cubes ; — la Saône (455 kilomètres), majestueuse et lente, issue d'une colline des Faucilles et qui va droit au sud par la plaine dijonnaise, Châlon, Mâcon et la lisière de Bresse et de Dombes : faible en été, forte en hiver, tout à l'inverse du Rhône, on la voit descendre à 22 mètres cubes par seconde, mais son module est de 432, ses crues extrêmes ne dépassant pas 4000. Dans les eaux qu'elle apporte au Rhône à Lyon, il y a celles de la grande rivière jurassienne, le Doubs; et dans le Doubs, celles de la Loue. Le Doubs, prodigieusement sinueux, d'un cours cassé, a bien 430 kilomètres de fil pour moins de 95 en ligne droite entre son commencement et sa fin.

1. Fonds marins desséchés, salés.

Pris comme tête de la Saône, il lui donnerait 620 kilomètres ; comme tête du Rhône, il porterait le fleuve à 1025 ; il s'écroule par le célèbre saut du Doubs. La Loue sort d'une splendide fontaine, et aussi le Lison, son charmant affluent.

En aval de Lyon, il boit l'Isère (290 kilomètres), immense torrent de plus de 100 mètres par seconde aux eaux les plus faibles : grisâtre à cause du délayement des schistes, l'Isère passe à Grenoble et emporte avec elle deux ravageurs, l'Arc savoyard, le Drac dauphinois ; — la Drôme inconstante ; — la verte Ardèche, qui a toutes les beautés, monts chauves et forêts, volcans, coulées basaltiques, défilés dans la pierre à vif, et le Pont d'Arc, colossale voûte naturelle ; comme les grands remous de l'air frappent le Tanargue, d'où ses torrents descendent, ses crues sont inouïes : de 5 mètres par seconde on l'a vue monter à 8000, autant que la Loire en délire ; or, torrent de 110 kilomètres, son bassin n'a que 240 000 hectares ; — la Cèze de Bessèges, qui peut aussi démesurément grandir ; — la Sorgues de Vaucluse, qui, ménagée par ses gouffres sous mont, n'a pas de pareilles colères : elle est belle, elle arrose — la Durance (580 kilomètres), qui a des « hauts » très hauts, des « bas » très bas ; ramassant les torrents les plus dévergondés dans les montagnes les plus ruinées, elle va, suivant le temps, de 50 à 10 000 mètres cubes à la seconde, avec 550 pour module ; traîneuse de débris, elle est faite pour irriguer, colmater, féconder, et grâce à des canaux aux embranchements sans nombre, elle irrigue, elle féconde, elle colmate au loin sur ses deux rives, du mont Ventoux jusqu'à la mer ; elle transforme en jardin de plaisance la Crau, champ de cailloux qui touche à la Camargue ; — le Gard ou Gardon, flot vert, qui a des gorges lumineuses, véritable Italie, avec un aqueduc romain comme l'Italie n'en montre pas[1] ; pour les crues, c'est une Ardèche, une Durance, un Vidourle. Sous ce ciel, sur ces pierres, tous ces torrents sont excessifs.

Du Rhône à l'Italie, la « gueuse parfumée », comme on nomme la Provence, n'offre pas assez de place pour de vrais fleuves, mais du moins l'Argens boit des foux admirables ; le Var, torrent terrible, qui finit entre Antibes et Nice, court de cluse noire à cirque déchiré, roulant de 28 à 4000 mètres cubes par seconde, avec 43 pour moyenne ; lui aussi est un ravageur ; — la Roya, par delà Menton, est plus italienne que française.

1. Le Pont du Gard.

Du bassin du Rhin nous n'avons plus que le haut de la Moselle, de la Meuse, de l'Escaut. La Moselle (505 kilomètres), fille des Vosges, nous quitte en amont de Metz, sa plus grande ville ; elle reçoit en France la rivière de Nancy, la Meurthe, également vosgienne ; — la Meuse (895 kilomètres), d'étroit bassin, d'onde indigente, descend du plateau de Langres, longe l'Argonne et traverse l'Ardenne ; Verdun, Sedan, Mézières-Charleville sont ses cités françaises ; elle nous abandonne pour la Belgique après 500 kilomètres de cours, avec un module de 100 mètres cubes, l'étiage étant de 25, les crues de 700 ; — l'Escaut (400 kilomètres), le ruisseau de Cambrai et de Valenciennes, passe bientôt en Belgique pour s'y mêler en aval d'Anvers aux bouches du Rhin et de la Meuse ; sa moyenne, à sa sortie de France, après un cours de 115 kilomètres, n'est que de 12 mètres cubes.

Climats, pluies. — Tel est, montagnes, mers et rivières, le pays de France, grand dans sa petitesse, infini dans sa diversité, sous sept climats[1] d'après les catalogueurs, sous mille et mille dans la réalité des choses, car chaque vallée a le sien, chaque ravine, et presque chaque taupinière. Excepté sur les hauts plateaux ou dans la montagne, rares sont les lieux habités dont la moyenne annuelle n'atteint pas au moins 9° ou 10°. Les douze mois de Paris donnent 10°,6 ; Nancy la Lorraine a pour module de climat 9°,5, Limoges 11°, Brest 11°,7, Lyon 11°,8, Nantes 12°,6, Bordeaux 13°,5, Marseille 14°, Perpignan 15°,5, Cannes 16°,4, plus que Naples elle-même : nous avons donc, au nord-est, l'année « allemande », au sud-est l'année des Italiens du Midi.

Il y tombe annuellement une moyenne de 770 millimètres de pluie, ou, pour mieux dire, on estime, on estimait plutôt la précipitation annuelle à 77 centimètres ; mais cette moyenne, tirée surtout de pluviomètres du bas pays, est certainement bien au-dessous de la vérité, comme le démontrent de plus en plus les nouvelles et nombreuses stations météorologiques installées dans la montagne, Alpes, Pyrénées, Monts Français, Morvan, Jura, Vosges.

1. Quatre de ces climats sont maritimes : le séquanien ou parisien (Paris, Rouen), l'armoricain ou breton (Brest), le girondin ou bordelais (Nantes, Bordeaux, Bayonne), le méditerranéen (Perpignan, Montpellier, Marseille, Nice) ; trois sont continentaux : le vosgien ou lorrain (Nancy), le lyonnais ou rhodanien (Lyon), l'auvergnat ou limousin (le Puy, Saint-Flour, Limoges).

Souverainement injuste est la répartition de ce trésor des trésors : à peine tombe-t-il 400, 500, 600 millimètres sur telle vallée du Centre serrée des « vents de la fontaine », ou sur telle plaine, tel bas plateau du bassin de Paris, Beauce, Brie, Champagne Pouilleuse, etc., ou encore sur tel grand causse de Lozère ; tandis que certaines rives de la mer en reçoivent 1500, comme en Béarn où il peut arriver que le printemps d'Orthez donne deux fois autant d'eau que les quatre saisons de Paris ; et lorsque tel mont en attire 2000, comme le plus haut Morvan ou le Tanargue d'Ardèche, ou 2500 comme l'Aigoual, et peut-être 5000 ou plus comme certaines Alpes et les Pyrénées suprêmes.

Admettant 770 millimètres pour moyenne générale, le ciel verserait annuellement 1000 millimètres sur le bassin de l'Adour, 950 sur celui du Rhône, 850 sur celui de la Charente, 825 sur celui de la Gironde, 720 sur celui du Rhin, 631 sur celui de la Seine ; or, pour nous en tenir à ce dernier, les observations nouvelles lui en attribuent 696. Ainsi en sera-t-il probablement des autres bassins : une pluviométrie plus complète montrera qu'ils boivent plus d'eau que les anciens calculs ne leur en donnaient à boire.

Le saut du Doubs. (Voy. p. 170.) — Dessin de Taylor, d'après une photographie.

Origines des Français. — Une si belle et si douce contrée dut être habitée dès l'aurore de l'homme. Par qui ? Nous ne savons et ne saurons : le temps a dévoré les os des préancêtres.

Peut-être sommes-nous plus intimement les fils de ces pères à jamais inconnus que des « fiers » conquérants dont nous avons gardé les noms, dont nous connaissons les « exploits ». Après eux vinrent les hommes des grottes, les troglodytes qui laissèrent dans le sol des cavernes leurs flèches, leurs haches de silex, leurs armes naïves, et leurs crânes, leurs fémurs, leurs os ou osselets mêlés à ceux des bêtes leurs victimes ; mais le langage des baumes sépulcrales est un langage presque muet.

Enfin l'histoire parle, à presque inintelligible voix : elle nous raconte comment la Gaule, des bouches du Rhin au pied des Pyrénées, renfermait des peuples divers : au nord-est, des Kymris, hommes grands et blonds ; au centre, à l'ouest, des Celtes, petits, trapus, de cheveux et d'yeux noirs ; au sud-ouest, des Ibères ; au sud-est, des Ligures, également bruns et de taille basse. Kymris et Celtes parlaient, en deux dialectes, une seule et même langue, soit venue directement des ancêtres, soit prise d'un peuple vainqueur (ou des femmes d'un peuple vaincu), car il est advenu souvent, et il advient encore qu'une nation parle orgueilleusement un idiome jadis imposé par des soudards aux mains rouges de sang : nous, par exemple, qui tenons notre français d'un féroce capitaine romain, et, pour une bien moindre part, des bandits allemands qui tuèrent en Gaule où d'autres avaient tué avant eux. Que cette langue, encore parlée en dialectes mourants par un peu plus de trois millions d'hommes en France, en Angleterre, en Écosse, en Irlande, que ce celtique fût idiome national ou langage appris de force, toujours est-il qu'il appartenait à la même famille que le sanscrit, le grec, le latin, les langages slaves et les germaniques. Quant aux Ibères, on croit, mais la preuve est à faire, qu'ils parlaient — comme peut-être aussi les Ligures — un verbe dont il ne reste plus que l'escuara des Basques.

Pour le redire encore, les Celtes et Kymris, unis sous le nom de Gaulois, les Ibères et Ligures n'étaient donc probablement qu'une surface : en eux vivaient profondément les tribus de sangs divers dont, d'âge en âge, sur ce sol d'éternelle guerre, on avait brûlé les gourbis, enfumé les cavernes, pris les femmes, massacré ou mutilé les hommes; de telle sorte que nous sommes les fils des sauvages les plus rudimentaires autant que de ces Gaulois qui, passés vite à la langue latine, envoyaient à Rome des rhéteurs, des grammairiens, des « cadets » ayant soif de fortune.

L'esclavage vint du Sud : des Phéniciens s'étaient établis, sous les premières lueurs de l'histoire d'Occident, le long du rivage splendidement éclairé de la Provence, qui était semblable à leur Syrie ; puis, là même, arrivèrent les Grecs, fondateurs de Marseille, puis les Romains : ceux-ci, conduits par César, fils de famille qui voulait payer ses dettes, s'emparèrent en quelques années de la Gaule, jusqu'aux palus des Morins[1] et aux caps orageux des Bretons. Comme le Canaque apprend le français, comme l'apprirent le Huron et le Nègre, ou comme l'Indien passe à l'espagnol et au portugais, les Gaulois abandonnèrent pour le latin leur langue jadis répandue sur toute l'Europe et sur un coin de l'Asie, mais faite pour périr, qui, sous d'autres formes, se débat aujourd'hui en Bretagne, dans le pays de Galles, en Écosse, en Érin.

Ils savaient presque tous le latin quand la mère du latin, Rome, perdit l'empire et qu'entrèrent en Gaule des hommes sauvages de tout poil et de tout pays, Francs, Suèves, Goths, Vandales, Burgundes, Alains, Huns, etc. Plus tard, histoire longue et tragique, ce sol but des Berbères et des Arabes, des Anglais, des Allemands, des Flamands et des Wallons, des Suisses, des Italiens, des Espagnols. Et après tous ces mélanges par le fer et le feu, voici qu'en paix profonde la richesse et la beauté du pays appellent chez nous, à foules pressées, des étrangers de tous les lieux qui nous entourent, et, à petit nombre, des hommes de toutes les contrées de la terre habitable : si bien que, terriblement adultérés comme les autres peuples, nous n'avons pour nous cimenter que la longue épreuve des mêmes joies et des mêmes douleurs; notre unité, c'est notre histoire ; c'est aussi notre langue.

Langue française. — Cette langue, destinée à tant de gloire, naquit sur le fumier du latin, avec quelque pourriture teutonne et des éléments de hasard. Elle est sœur de l'italien, de l'espagnol, du portugais, du roumain, sœur un peu fière et discrète. Fixée par de grands écrivains, elle est incomparable pour la prose; même, elle impose encore aux autres idiomes civilisés la netteté, la franchise, la ferme simplicité, la belle ordonnance de son discours; et ses grands vers ont l'éternelle beauté, non par l'inversion, le rythme, la mélopée, l'éclat sonore, les mots hiératiques inconnus à la prose : tout de pensée, ils sont comme éclairés par une flamme intérieure.

Le sort des temps en a fait la langue générale, lue ou parlée de tous les hommes instruits du monde, surtout en Europe et dans l'Amérique du Sud. Et à l'instant même où l'anglais le menace dans son universalité, — encore peut-on croire que l'étroite sororité du français avec les autres idiomes issus de Rome lui gardera toujours une grande place chez les Néo-Latins d'Europe et d'Amérique, — quand il va perdre en diffusion, le voilà qui gagne en masses profondes par la naissance de l'Algérie-Tunisie et l'exubérante adolescence du Canada. Le Phénix renaît sur l'odorant bûcher :

Scandit odoratos Phœnix candidior ignes.

Hors de France, on le parle :

En Europe : dans les îles anglo-normandes, Jersey, Guernesey, Aurigny ; — dans la Belgique wallonne, et, concurremment avec le flamand, à Bruxelles et dans tout le pays flamingant ; — dans une partie de l'Alsace-Lorraine et, en même temps que l'allemand, dans toutes les villes de cette triste province ; — dans la Suisse occidentale ou Suisse française ; — dans certaines hautes vallées des Grandes Alpes tournées vers l'Italie, dites vallées piémontaises et vallées vaudoises. Il est langue officielle dans toute la Belgique, et, à côté de l'allemand, dans le grand-duché du Luxembourg ;

En Afrique : dans l'Algérie et la Tunisie, dans les îles Bourbon et Maurice, sur certaines côtes de Madagascar et aux Seychelles ;

Dans l'Amérique froide : au Canada français, et, de plus en plus, dans de nombreux comtés, jadis exclusivement anglais, du reste de la Puissance, en Nouveau-Brunswick, Nouvelle-Écosse, île du

---

[1] Du celtique *mor*, la mer : les Morins habitaient la côte flamande et boulonnaise.

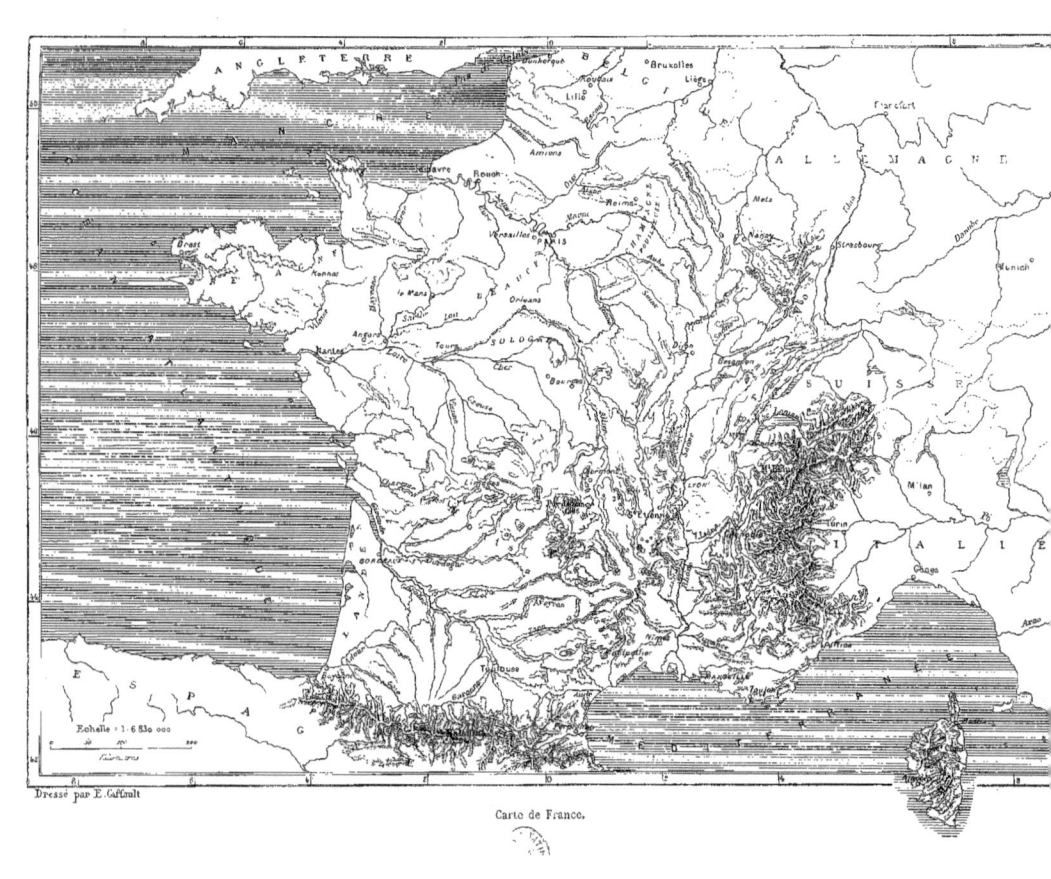
Carte de France.

Prince-Édouard, province d'Ontario, Manitoba, Assiniboïa, Alberta, Athabaska, Saskatchewan. Issus des 65 000 paysans de 1763, Canadiens, Acadiens et Manitobains, race la plus féconde sous le soleil, sont maintenant deux millions avec leurs frères dispersés aux États-Unis. Le français est officiel, en même temps que l'anglais, au parlement fédéral de la Puissance, à Ottawa, et tous les documents sont publiés dans les deux langues ; il l'est également dans deux parlements locaux de ladite Puissance, dans celui de Québec, où l'on n'entend plus guère que lui, et dans celui de Winnipeg en Manitoba ;

Dans l'Amérique chaude : à la Nouvelle-Orléans et en diverses paroisses de la Louisiane ; à Haïti ; aux Antilles françaises, dans plusieurs des petites Antilles anglaises ; dans certaines campagnes de Cuba colonisées par des Français du Midi ou de Saint-Domingue ; dans la Guyane française ;

Tout ceci sans de très vastes colonies, Sénégal et Niger, Gabon et Congo, Madagascar, Cochinchine, Cambodge, Annam et Tonquin, où il n'est pas encore sûr que nous ayons définitivement semé l'avenir ;

Et sans plusieurs îles ou bouts de côte qui sont presque le néant, sauf peut-être la Nouvelle-Calédonie.

Le tableau suivant donne le nombre des « francophones », l'Algérie-Tunisie étant considérée comme purement française en vertu des fatalités de l'avenir ; par contre, on n'y trouvera pas les grandes colonies où notre élément n'a et n'aura peut-être jamais d'importance ethnique, d'où, par suite, notre langue pourra quelque jour disparaître faute d'y avoir poussé de profondes racines. Conquérir, administrer, n'est rien, ou peu de chose ; « coloniser » est tout.

NOMBRE PROBABLE DES « FRANCOPHONES » AU 1er JANVIER 1886.

Europe	France	38 300 000	
	Iles Anglo-Normandes (?)	85 000	
	Alsaciens-Lorrains et Wallons d'Allemagne	500 000	42 300 000
	Belges Wallons et Belges bilingues	2 850 000	
	Suisses Français	630 000	
	Vallées piémontaises et vaudoises (?)	135 000	
Asie			
Afrique	Algérie et Tunisie	4 800 000	
	Bourbon et dépendances	220 000	5 370 000
	Ile de France et Seychelles	350 000	
Amérique	Français de Terre-Neuve (?)	20 000	
	Saint-Pierre et Miquelon	5 000	
	Canadiens, Acadiens, Manitobains	1 450 000	3 560 000
	Canadiens des États-Unis (?)	550 000	
	Louisianais (?)	300 000	
	Haïti	700 000	
	Antilles de langue française	500 000	
	Guyane française	35 000	
Océanie	Calédonie, Taïti, etc.	100 000	51 330 000

Voici maintenant le tableau de nos colonies, dans le sens large et intelligent du mot, en leur donnant l'étendue de notre influence, et non pas seulement l'aire de possession directe. En cela nous imitons les Anglais, les Hollandais, les Portugais, les Espagnols.

		Étendue en hectares.	Population.
Asie	Possessions de l'Inde	51 000	285 000
	Cochinchine	6 000 000	1 750 000
	Cambodge	8 386 000	1 200 000 (?)
	Annam et Tonquin	44 400 000	15 000 000 (?)
		58 837 000 (?)	18 235 000 (?)
Afrique	Algérie et Tunisie [1]	105 000 000	4 800 000
	Entre Algérie et Niger	50 000 000 (?)	250 000
	Sénégal-Niger [2]	160 000 000	5 000 000 (?)
	Guinée	1 000 000 (?)	100 000 (?)
	Gabon, Ogôoué, Congo [3]	65 000 000	1 000 000 (?)
	Bourbon, etc.	250 000	180 000
	Madagascar	59 196 000	3 500 000
	Obok	100 000 (?)	?
		440 546 000	14 830 000
Amérique	Iles Saint-Pierre et Miquelon	23 500	5 000
	Antilles françaises	285 000	300 000
	Guyane française [4]	12 141 300	35 000
		12 449 800	400 000
Océanie	Nouvelle-Calédonie et dépendances	1 999 500	69 000
	Taïti et dépendances	800 000	25 000
	Marquises	135 000	6 000
		2 934 500	100 000

Soit environ 500 millions d'hectares et quelque 35 millions d'habitants, généreusement comptés peut-être.

1. Jusqu'aux sources de l'Oued Mya et de l'Igharghar.
2. Dont 44 millions pour le bassin du Sénégal.
3. Dont 30 millions pour le bassin de l'Ogôoué.
4. Sans les territoires contestés par le Brésil.

Pour revenir en France, nous ne dirons rien des 150 000 à 200 000 Flamands des arrondissements de Dunkerque et d'Hazebrouck (Nord); rien des 1 100 000 à 1 200 000 Bretons « bretonnants » des Côtes-du-Nord, du Finistère et du Morbihan ; rien des 120 000 Basques des arrondissements de Bayonne et de Mauléon (Basses-Pyrénées) : presque tous ces allophones savent maintenant le français, et leurs langues s'en vont. Pas de proche en proche : elles meurent partout, dans chaque hameau, dans chaque maison ; chaque jour, le Basque, le Breton, le Flamand parle un peu moins son langage, un peu plus celui de la nation.

Rien non plus, des patois d'oc. L'Occitanie se meurt. Et pourtant sa langue fut flexible, gracieuse, harmonieuse, et comme dorée de soleil,

Le Pont du Gard. (Voy. p. 170.) — Dessin de Vuillier, d'après une photographie.

avant d'être disloquée en charabias sans nombre, de plus en plus ébréchés, émoussés, francisés : beaucoup ne sont déjà plus que du français dit à bouche grand'ouverte, avec une cantilène de longues et de brèves et des infinitifs en a.

Stérilité des Français; effacement de la France. — Excepté dans les pays de nouvelle conquête, Afrique du Nord, Niger, Congo, Madagascar, Indo-Chine, sauf aussi dans l'Amérique chaude où la France du Midi jette beaucoup d'émigrants, les Français ont dans le monde une influence de moins en moins grande.

Notre prépondérance était bâtie sur un sable qu'a dispersé la tempête, sur le souvenir des victoires contre la Coalition, sur la beauté de Paris, l'éclat du théâtre, l'empire de la mode ; nous n'avons pas les familles nombreuses, le sang rouge, la vie débordante, les foules partant pour les colonies : Paris nous appelle et nous dévore.

En Asie, personne ne se soucie de nous, sauf en Syrie et dans la presqu'île indo-chinoise : la Russie et l'Angleterre seules y sont quelque chose.

En Océanie, nous existons à peine, isolés çà et là sur des îlots.

On ne saurait le redire assez, il n'est d'avenir pour nous qu'en Afrique et dans l'Amérique du Nord, au pays des lacs et des cascades, dans le Canada, grand comme l'Europe et blanc tous les ans de son premier à son dernier sapin, sous le scintillement des sept astres du Nord. Bienheureux le peuple des longues neiges, virilement élevé par une sévère nature : « sa jeunesse sera renouvelée comme celle de l'aigle ».

C'est que la France est repliée sur elle-même, agitée, et stérile par le luxe de ses femmes et la

Lyon. — Dessin de Taylor, d'après une photographie.

« prévoyance » de ses hommes. De 1871 à 1881, elle n'a gagné que 1 569 000 personnes, dont 1 309 000 par le surplus des naissances, et 260 000 par l'excédent de l'immigration sur l'émigration. Le dénombrement de 1881 fixe à 1 001 090 le nombre des étrangers installés chez nous, et répartis comme suit : Belges, 432 265 ; Italiens, 240 733 ; Allemands, 81 986 ; Espagnols, 73 781 ; Suisses, 66 281 ; Anglais, 37 006, etc., etc.

Et pendant que la France, si fertile, et si belle, et si riche, n'augmentait que de 1 569 000, toute immigration comprise, l'Allemagne froide, pauvre, à moitié stérile, croissait de 4 500 000, malgré l'effervescence de l'émigration ; l'Angleterre, non moins émigrante, gagnait 5 545 000 personnes ; et l'Italie, 1 640 000, elle qui pourtant, bien plus petite et moins peuplée que la France, couvre le monde de ses terrassiers, de ses mineurs, de ses ouvriers, de ses maçons, de ses colons, de ses aventuriers. Et que dire de la Russie, qui chaque année ajoute maintenant 1 200 000 hommes, peut-être 1 500 000, aux 102 millions qui peuplent son empire? C'est comme si tous les ans nous rentrions en possession de la noble Alsace.

Retournons un moment à cent ans en arrière, avant la révolution de 1789 : la France avait alors 25 millions d'âmes, presque autant que la Russie, où vivaient en ce temps quelque 28 millions d'hommes ; on n'aurait pas compté 15 millions de personnes dans les îles Britanniques, et certainement pas 20 millions en Allemagne. Et voici la Russie à 102 millions, les îles Britanniques à bientôt 36 millions en dépit de la décadence de l'Irlande, de l'immense expatriation d'Angleterre et d'Écosse ; et l'Allemagne, non moins essaimante, à plus de 45 millions, tandis que nous atteignons

Bordeaux. — Dessin de Benoist, d'après une photographie.

38 millions à peine : ainsi, nous avons gagné 13 millions de Français, pendant que la Russie gagnait 74 millions de « Russes » (en partie du fait de la conquête), l'Angleterre plus de 20 millions d'Anglais, l'Allemagne 30 millions d'Allemands ; or, encore une fois, l'Angleterre et l'Allemagne ont dissipé pour une grande part leur fleuve de vie sur le reste du monde, et les Français l'ont gardé presque tout en France.

Débilité, sénilité, « sagesse », plus d'un de nos départements a moins d'habitants qu'en 1800, non sur un sol pauvre, incapable, mais dans les terres les plus riches. L'Eure, en cette Normandie plantureuse, avait plus de 400 000 habitants à l'entrée du siècle, il ne lui en reste que 364 000 ; fils des Gaulois et des Scandinaves, deux races qui couraient partout peuplant le monde, et frère des Canadiens « multipliants », le riverain de la Seine, de l'Eure, de la Risle, craint les enfants comme la peste. Tel est aussi son voisin du Calvados¹, ou, sous un autre et charmant climat, dans les plaines les plus grasses, l'homme du Lot-et-Garonne, du Gers, du Tarn-et-Garonne², stérile et vain, qui laisse mourir la France.

Espoir d'avenir : Algérie et Canada. — Tout cela, c'est la « prudence » et c'est la vieillesse. L' « imprudence », la folie, l'exubérance, la jeunesse sont aussi choses françaises, mais hors de France : en Algérie, où nous avons annuellement 36 naissances pour 1000 habitants, contre 25 seulement en France; et au Canada, fier de ses immenses familles : dans ce pays rude et froid, la sève humaine bouillonne et déborde; tel père a plus de 25 enfants, souvent d'une même femme, et, par une coutume ultrapatriarcale, le 26⁰ est

Rouen : vue prise de Bon-Secours. — Dessin de Benoist, d'après une photographie.

élevé par le curé de la paroisse³. Aussi les Franco-Canadiens, qui étaient il y a quarante ans aux Français de France comme 1 est à 61 ou 62, sont-ils maintenant comme 1 à 28 ou 29, et, en leur ajoutant leurs frères dispersés aux États-Unis, comme 1 à 18 ou 19.

La France n'est plus en France, elle est en Afrique et en Amérique, avec toutes les promesses de l'adolescence.

Sur les 37 672 000 Français, on ne compte guère que 600 000 protestants et 50 000 juifs.

1. Descendu, depuis l'année 1801, de 452 000 à moins de 440 000.
2. Il a perdu plus de 20 000 âmes depuis 1821.
3. La dîme existe encore au Canada ; elle est du 26⁰ de la récolte : en adoptant le 26⁰ enfant d'une famille, le curé agit comme s'il prélevait sa part « statutaire » de ladite famille.

Villes. — La France a dix villes au-dessus de cent mille âmes.

Sur la Seine, à 25-108 mètres d'altitude, Paris, place murée, renferme 2 269 000 habitants, et au moins 2 500 000 avec les faubourgs qui remontent au loin la Marne, ou descendent le fleuve jusqu'à l'Oise, ou s'étalent sur les coteaux juqu'à Versailles, fastueuse et vide. C'est depuis plus de deux cents ans une énorme cité [1], et ce temple de la joie cache un cimetière bourré d'os déclinant en poudre. Elle ne le cède qu'à Londres en population ; son industrie est immense et variée, son commerce aussi. Tous les hommes de la Terre y accourent comme au centre des arts, du luxe et des plaisirs. On lui pardonne ses exubérances parce qu'il est gai de nature, et beau, et parce que Paris c'est Paris.

La reine des villes qui tissent la soie, Lyon (577 000 hab.), est dans un site grandiose, au confluent du Rhône tumultueux, de la Saône paisible, et sur d'altières collines.

Marseille (360 000 hab.) semble à la veille de ravir la seconde place à Lyon : cité splendide, dans ses beaux quartiers elle égale Paris avec autant de foule dans les rues, et une foule plus bigarrée ; et ce qui manque à Paris fait la beauté de la « fille de Phocée », la nature franche et forte, les roches colorées, le grand soleil, la lumière et la mer. C'est le premier port de France, le troisième de l'Europe continentale, après Anvers et Hambourg.

Bordeaux (221 000 hab.), splendide aussi, borde en croissant la Garonne vaseuse, à la bordure des Landes, près du Médoc ; son fleuve lui porte les grands vaisseaux d'outre-mer.

Lille (178 000 hab.), immense atelier d'industrie dans la banale plaine de Flandre, groupe autour d'elle tant de villes et de bourgs qu'elle est en petit comme Londres une « province couverte de maisons ».

Toulouse (140 000 hab.) longe la Garonne, entre Pyrénées et Cévennes, entre Atlantique et Méditerranée, à peu près au centre du monde « latin », — Roumanie à part — c'était donc comme Avignon, et plus que Paris, un site de grande capitale.

Nantes (124 000 hab.) a de beaux quais sur la Loire maritime, fleuve ensablé : elle augmente peu.

Saint-Étienne-en-Forez (124 000 hab.), qui n'augmente pas, qui même diminue, est une ville de houille, de forges, de fabriques, au pied de la montagne, à la droite de la Loire.

Rouen (106 000 hab.), non plus, ne s'accroît guère : cependant c'est un beau site, dans une riche et gracieuse province, et la Seine améliorée y reçoit des navires capables d'affronter la mer.

Le Havre (106 000 hab.), au contraire, grandit : c'est, à l'embouchure de la Seine, le faubourg de Paris sur la Manche, et son port pour l'Amérique.

Viennent ensuite : Reims (94 000 hab.), ville de fabriques, sur la Vesle, affluent de l'Aisne, à la lisière de la Champagne Pouilleuse ;

Roubaix (92 000 hab.), amas d'usines, près de Lille, dans la plaine flamande ;

Amiens (74 000 hab.), sur la Somme, avec la reine des cathédrales ; pour faire le chef-d'œuvre des églises, il faut, suivant le dicton : « clocher de Chartres, nef d'Amiens, chœur de Beauvais, portail de Reims ».

Nancy (73 000 hab.), sur la Meurthe, affluent de la Moselle, régnait en Lorraine au siècle passé.

Sur la Méditerranée, Toulon (70 000 hab.), d'où partit la flotte qui conquit Alger, est depuis lors notre premier port de guerre.

Angers (68 000 hab.), jadis capitale de l'Anjou, est sur la Maine, et non loin de la Loire.

Nice (66 000 hab.) est la plus grande et la plus bruyante des villes d'hiver de la Méditerranée.

Brest (66 000 hab.), en Bretagne, formidable port de guerre, sur une baie de l'Océan qui est comme une mer intérieure, aurait dominé les eaux si l'Angleterre l'avait permis.

Limoges (64 000 hab.), sur la Vienne, ancienne capitale du Limousin, est la ville de la porcelaine.

A Nîmes (64 000 hab.), entre les Cévennes, le Rhône et la Méditerranée, sous un climat clair, Rome a laissé des monuments que les siècles n'usent pas, et qu'ils dorent.

A Rennes (64 000 hab.), au confluent de la Vilaine et de l'Ille, se réunissait le parlement de Bretagne.

Orléans (57 000 hab.), au grand coude de la Loire, est comme un lointain faubourg de Paris sur notre fleuve central.

Besançon (57 000 hab.), sur le Doubs, était le chef-lieu de la Franche-Comté.

Montpellier (56 000 hab.), sous le même ciel que Nîmes, voit de près les Cévennes et la mer, de loin les Pyrénées d'orient.

Dijon (55 000 hab.), au pied de la Côte d'Or, à la lisière de la grande plaine de la Saône, fut la résidence des ducs de Bourgogne, qui balancèrent les rois de Paris.

---

1. Sous Henri II, elle avait déjà plus de 200 000 âmes, près de 500 000 sous Louis XIV, 650 000 à l'aurore du dix-neuvième siècle, plus d'un million dans la seconde moitié du règne de Louis-Philippe, 1 668 000 en 1861 après l'annexion de la banlieue, 1 852 000 en 1872, et 1 988 000 en 1876.

Paris : vue de l'Hôtel de Ville. — Dessin de Deroy, d'après une photographie.

Le Mans (55 000 hab.), ex-capitale du Maine, borde la rivière de la Sarthe.

Tours (52 000 hab.), sur la Loire, commandait à la Touraine, surnommée par bienveillance extrême le « Jardin de la France ».

Tourcoing (52 000 hab.), dans la plaine flamande, ville d'industrie, touche à Roubaix, comme Roubaix à Lille.

Grenoble (51 000 hab.), sur l'Isère, dans un des beaux pays du monde, au pied du massif de la Grande-Chartreuse, de la chaîne de Belledonne et des monts du Lans, fut la métropole du Dauphiné.

Versailles (48 000 hab.), sur un plateau de la rive gauche de la Seine, grand château et nobles jardins, est comme un Escurial de Paris, moins sombre que celui de Madrid, etc., etc.

Grenoble et la chaîne de Belledonne. — Dessin de Taylor, d'après une photographie.

Corse. — Nous avons dans la Méditerranée, à 180 kilomètres de la France, à 460 de l'Algérie, une grande île sise à 85 ou 90 kilomètres de l'Italie. C'est la Corse, terre précieuse, italienne de climat, de race, de langage, et pourtant très française de sentiments : les Corses aiment la France, et la langue nationale y marche à la conquête des villes et des bourgs, en attendant qu'elle entre au village.

Coupée vers son milieu par le 42ᵉ degré de latitude, qui passe près de Rome, elle a 183 kilomètres de longueur, 84 de plus grande ampleur, et 875 000 hectares. Son littoral, de près de 500 kilomètres, se frange de baies harmonieuses dont plus d'une vaut les meilleures : telles celles de Saint-Florent, de Calvi, de Porto, de Sagone, d'Ajaccio, de Valinco, de Santa Mansa, et la plus belle de toutes, le Porto Vecchio, admirable abri. Ces superbes asiles des navires, au besoin des plus puissantes et invincibles armadas, échancrent le littoral du nord, les granits rouges de l'ouest, le sud; mais la côte orientale, par un violent contraste, s'en va droite, de Bastia jusque près du Porto Vecchio, sans golfes, sans baies, sans cirques, basse, avec étangs et passages de fleuves extravasés.

Née de ces fleuves, cette plage d'orient, qui a 80 kilomètres de long sur 8 à 12 et 16 de large, est digne, par son insalubrité, de l'île voisine, bien plus grande et bien moins belle, la Sardaigne, que séparent de la Corse les 12 kilomètres du détroit de Bonifacio; la Sardaigne elle-même n'a pas de terres plus mortellement fiévreuses que les maremmes d'Aléria : pourtant ce village empoisonné, proche de l'étang de Diane et de la fin du fleuve Tavignano, fut la capitale de l'île sous les Romains.

Fuyant devant le mauvais air plus encore que devant les pirates barbaresques, les Corses du

Bastia. — Dessin de Taylor, d'après une photographie.

seizième, du dix-septième, du dix-huitième siècle avaient abandonné ce rivage maudit; ils y cultivaient quelques lambeaux de sol, surtout ils y paissaient des troupeaux, mais ils vivaient loin de la côte, bien au-dessus d'elle, dans des villages très haut perchés, garantis de la malaria par des éperons de montagne, des bois, d'immenses châtaigneraies qui furent les citadelles de l'indépendance corse : tels sont notamment les bourgs de la Castaniccia, qui doit ce nom à ses châtaigniers dont beaucoup, centenaires ou millénaires, sont les gigantesques patriarches de la forêt; le pâtre, le laboureur n'osent pas redescendre pour habiter plus près du flot : si le corsaire a disparu, l'air est toujours un poison.

Des baies du littoral on monte à des pics, à des dômes, le long de torrents aux eaux bruyantes, aux noms sonores : Aliso, Fango, Sagone, Liamone, Gravone, Prunelli, Taravo, Tavaria ou Rizzanese, Travo, Fiumorbo, Tavignano.

On arrive aux crêtes, tantôt par les maquis, fourrés arborescents de bonne odeur, tantôt par le vide et le nu, tantôt par de grands bois dont les plus profonds sont les forêts d'Aïtone, du Valdoniello, de Vizzavona, de Bavello, hêtres, chênes, et surtout pins larix, pins maritimes et sapins.

Les pics qui dressent leur tête chenue au-dessus de ces bois ont taille haute et fière encolure : leur maître, c'est le Monte Cinto (2707 mètres) ; le Monte Rotondo, que longtemps on a dit le premier, n'est que le second, avec 2625 mètres.

Dans cette forte nature vit et s'agite une race puissante, endurante, entêtée, vindicative, passionnée, féconde. Sur ses 875 000 hectares, l'île porte 273 000 Corses, soit 31 personnes par kilomètre carré. La race augmente depuis qu'elle est devenue paisible et quoiqu'elle émigre beaucoup, d'abord en France, puis en Algérie, enfin dans l'Amérique latine.

Bonifacio. — Dessin de Taylor, d'après une photographie.

Les Corses ont aujourd'hui mêmes amours, mêmes patries : la France d'abord, la Corse ensuite; mais autrefois chaque vallée armait son petit peuple contre une autre vallée, un vallon, un ravin ; chaque bourgade avait ses familles ennemies, et jusque dans le plus branlant des hameaux on s'y égorgeait, par longue habitude, haine invétérée, vendetta que chaque meurtre avivait. Tous les Méridionaux s'y sont mêlés dans une orgie de sang et de ruines, autochtones ignorés, Phéniciens, Carthaginois, Grecs, Romains, Arabes et Berbères, Italiens, Catalans, Français du Sud : mais l'union est faite, et le Corse est Corse.

Cette île merveilleuse a gagné cent mille âmes, ou plus, depuis le commencement du siècle. Elle aura son million d'hommes ; il lui faut pour cela l'ombre épaisse qu'on lui a ravie et l'eau qui sortait de ses vieilles forêts : bien que très verte encore et n'ayant pas une seule montagne cadavérique, la Corse a perdu de vastes futaies, le bois y a trop fait place au maquis, et le maquis y devient maintenant vignoble.

La capitale, Ajaccio (18 000 hab.), sur un golfe de l'ouest, n'est pas aussi grande que Bastia (20 000 hab.) qui, du nord de l'île, de la rive d'est, regarde le littoral italien.

Sur le pont d'Alicante. — Dessin de Gustave Doré.

ESPAGNE

Péninsule Ibérique. Détroit de Gibraltar. — La péninsule Ibérique, comprenant l'Espagne et le Portugal, a 59 millions d'hectares avec 20 500 000 habitants.

Là-dessus, la part de l'Espagne est d'un peu plus de 50 millions d'hectares et de 16 343 000 habitants — 16 623 000 en y comprenant, comme c'est l'usage espagnol, l'archipel des Canaries, qui regarde le rivage méridional du Maroc, aux portes du Grand Désert de Sahara. — Elle ne porte donc que 33 personnes au kilomètre carré, densité très faible : l'Espagne, malheureusement pour elle, a d'immenses plaines sevrées des vents de pluie sous un climat dur, tour à tour torride en vertu de la latitude et glacial en vertu de l'altitude. Par l'effet de ces hauts plateaux, la surrection moyenne de la péninsule Ibérique est de 700 mètres au-dessus des mers : sous ce rapport, l'Ibérie ne le cède qu'à la Suisse, mais de beaucoup, l'Helvétie ayant 1500 mètres de moyenne élévation.

Large de 13 kilomètres à peine au point le plus resserré, entre Punta de Canales et Punta Cires, le détroit de Gibraltar ouvre la Méditerranée sur l'Atlantique, en même temps qu'il sépare l'Espagne du Maroc, l'Europe de l'Afrique. Il livre passage au courant sans lequel la Méditerranée, séchant en partie, deviendrait une traînée de lacs. Le Bosphore (qui entraîne le Don, le Dniéper, le Dniester et le Danube), le Nil, le Pô, le Rhône, l'Èbre, le Júcar, les affluents et les affluenticules envoyés par le Caucase, l'Asie Mineure, la Turquie, la Grèce, l'Italie, la France, l'Espagne et le nord de l'Afrique, versent en vain leur immense flot d'eau douce dans l'urne de la Méditerranée ; l'évaporation enlève trois fois autant d'onde à la mer qui s'épand de la roche où souffrit Prométhée jusqu'aux monts que fendit Hercule, mais, par le détroit de Gibraltar, profond de 920 mètres, le Père des Eaux, l'Océan, rétablit l'équilibre.

L'Espagne est une Afrique. — Ainsi, le détroit de Gibraltar divise, au sud, l'Espagne de l'Afrique; les pics aigus des Pyrénées, au nord, la séparent de la France. Partout ailleurs, la mer est aux portes, Océan ou Méditerranée, excepté sur la frontière toute factice du Portugal : aussi l'Espagne possède-t-elle 2125 kilomètres de côtes, dont 1149 le long de la Méditerranée.

On l'a dit : ce n'est pas au détroit de Gibraltar, mais aux Pyrénées que s'arrête l'Europe; l'Espagne ressemble plus au Tell de l'Atlas qu'à la France; elle a le même sol d'airain loin du passage des eaux courantes, les mêmes arbres dans la vallée, le steppe et la montagne, le même soleil qui fane et qui

Une noria. (Voy. p. 188.) — Dessin de Gustave Doré.

brûle, mais quand il luit sur une terre arrosée, ce ciel enflammé sourit à des jardins d'Armide.

L'Espagne est moins une nation compacte qu'une réunion de peuples d'origine commune, séparés par des espèces de déserts ou par de hautes sierras dont les puertos, cols élevés, sont encombrés de neige pendant quatre, six mois de l'année.

Plateau central : Castilles, Manche, Estrémadure. — Le centre, presque la moitié de la péninsule, appartient au plateau de Castille et Léon : plateau double, la granitique sierra de Guadarrama (2405 mètres) le divisant en plateau de Vieille-Castille et de Léon et plateau de Nouvelle-Castille, de Manche et d'Estrémadure.

Le plateau de la Vieille-Castille, au nord-ouest, compris entre 570 et 1400 mètres d'altitude, s'étend sur les deux rives du Duero, fleuve d'un bassin de 9 500 000 hectares qui renferme trois villes des plus célèbres en Espagne : Burgos, fière de sa cathédrale, l'est encore plus des souvenirs du grand pourfendeur des Maures, du conquérant de Valence, le Cid Campeador, qui battit cent fois les musulmans. Bien des guerriers brillèrent dans cette mêlée de sept à huit cents ans qui commença par des batailles voisines du golfe de Gascogne et finit par la prise de Grenade, près de la Méditerranée et vis-à-vis de l'Afrique ; mais de tous les hidalgos qui chassèrent les Maures, aucun ne fut aussi fameux que le Cid, héros des romances populaires. Des deux autres villes notables de ce plateau, Valladolid fut la capitale de l'Espagne, Salamanca est l'université nationale.

Le Duero (815 kilomètres) descend de l'âpre sierra neigeuse de Urbion (2252 mètres), près de Soria, dans le pays où s'élevait Numance, la ville qui aima mieux périr que de se rendre : — sobres, entêtés, passionnés, fanatiques, les Espagnols sont les premiers hommes du monde pour défendre une ville jusqu'au dernier souffle. — Arrivé dans la plaine de Valladolid, à 12 ou 15 kilomètres au sudouest de cette ville dont le nom est arabe (*Blad Oualid* : la cité d'Oualid), il reçoit le Pisuerga et l'Adaja, et double ainsi son volume, d'ailleurs faible, les plateaux sur lesquels il serpente étant

L'aqueduc romain de Mérida. (Voy. p. 190.) — Dessin de Gustave Doré.

très peu visités par la pluie. Le Pisuerga vient du nord, des Pyrénées cantabriques : c'est la rivière de Valladolid ; l'Adaja vient du sud, de monts qui s'entre-mêlent aux sierras de Grédos et de Guadarrama : c'est la rivière de la froide Avila, oubliée par le moyen âge dans un vallon qu'effleure le chemin de fer d'Irun à Madrid, avant d'atteindre, de ravins en ravins, de páramos [1] en páramos, les longs tunnels de la sierra de Guadarrama ; son affluent, l'Eresma, passe devant la monumentale Ségovie, l'un des séjours les plus frais de l'Espagne. Au-dessous de Zamora (encore un nom arabe, ou, pour mieux dire, berbère), le Duero s'augmente du charmant Esla, fait comme le Pisuerga de torrents en éventail dont l'un baigne l'antique Léon, ville triste et pauvre, avec moins de douze mille âmes : elle a donné son nom à l'un des royaumes qui se sont absorbés dans la monarchie madrilène ; Castille et Léon est synonyme d'Espagne. Vers le confluent de l'Esla, le fleuve, devenu frontière entre Espagne et Portugal, descend dans un couloir profond, étroit, tortueux, désert, dont la muraille gauche s'ouvre pour laisser passer, d'abord le pur Tormès, venu par Salamanca de la sierra de Grédos (2661 mètres), puis le torrent de la forteresse

1. Hautes plaines froides.

de Ciudad-Rodrigo, l'Agueda, non moins limpide que le Tormès et non moins célébré par les poètes espagnols.

Le plateau de la Nouvelle-Castille, un peu moins élevé que le précédent, s'étend au centre de la presqu'île, entre la sierra de Guadarrama et la sierra Morena. Il porte, vers son milieu, les monts de Tolède et la sierra de Guadalupe (1558 mètres) qui le coupent en deux : au nord de cette commune barrière est le plateau du Tage, au sud le plateau du Guadiana, comprenant la Manche et l'Estrémadure. Comme l'Espagne intérieure tire ses pluies de l'Atlantique beaucoup plus que de la Méditerranée, à mesure qu'on s'éloigne de l'Océan la sécheresse augmente, les rivières diminuent ; le bassin du Duero, séparé de la grande mer par les seules Pyrénées d'Asturies et de Galice, reçoit en moyenne 500 millimètres de pluie par an, aussi a-t-il de meilleurs *rios* que celui du Tage ; à son tour, le bassin du Tage, où il tombe annuellement 400 millimètres en moyenne, a plus d'eau courante que celui du Guadiana, lequel est mouillé tout au plus par 350 millimètres de pluie ; et, en somme, les trois fleuves sont très pauvres.

Tous ces plateaux de l'Espagne centrale sont tristes, presque hideux. Ils sont faits de campos[1] gris, fertiles en grains, chiches en arbres, de ravins sans eau, de steppes où broute le mérinos. De loin en loin quelque village dresse, entre les chaumes de la plaine ou dans les pierrailles du coteau, des maisons croulantes et qui semblent désertes ; à l'horizon montent des sierras pelées, couturées par des torrents d'occasion ; en hiver c'est la neige et la fange, en été la poussière sous un soleil de plomb, et des vents violents soufflent toute l'année sur ces champs de blé, ces monts et ces páramos nus raillés par le proverbe espagnol : « L'alouette emporte sa becquée lorsqu'elle part pour voyager en Castille. » Qui croirait qu'il y a cinq cents ans, les deux plateaux étaient une longue forêt de pins et de chênes avec ours velus, sangliers trapus et cerfs élégants ?

La guerre sans fin contre les Maures, le massacre ou l'expulsion des Mahométans vaincus, le vide qui se fit après la découverte de l'Amérique et la conquête du Mexique et du Pérou par deux Estremeños[2] dont la haute fortune attira des milliers d'hommes au delà des mers ; les ravages des mérinos transhumants qui, sous le patronage de la Mesta, grande compagnie à monopole, tondaient

1. Champs, plaines.
2. Estrémaduriens.

deux fois par an le pays dans leur route des plaines du sud aux montagnes de Léon, puis, au retour, de ces froides montagnes à ces chaudes plaines ; tout cela dépeupla de vastes cantons de l'Espagne médiane ; les canaux d'irrigation se fendirent ou se comblèrent, les norias ou puits à roues cessèrent de tourner, les champs tombèrent en friche, et peu à peu friches et pâtures incessamment ravagées par la chèvre et le mouton devinrent des despoblados[1]. Une autre et grande cause de la hideur de tant de campos du centre, c'est la haine du paysan pour les arbres ; l'Espagnol abhorre les forêts, les bouquets de bois, tout ce qui a branches et feuilles, parce que les oiseaux y suspendent leurs nids, et de là pillent joyeusement les grains en famille : « *Arbol, pájaro* », arbre, oiseau, dit-il, et il arrache. Puis, une partie de ce pays appartient à de grands propriétaires non résidents qui ne soignent pas leurs immenses *estados*.

Au sud-est du plateau castillan, la Manche est une affreuse plaine aux ruisseaux salés dont aucun n'est capable de mettre en branle une usine, et ce grand pays de céréales, prodigieusement riche en grains quand l'année est pluvieuse, a dû recourir aux moulins à vent qu'attaquait don Quichotte. Devant l'aridité de cette campagne espagnole, sous l'accablement tombant du ciel en rayons et montant du sol en réverbérance, on comprend la passion pour l'eau courante qui parle dans tous les poèmes de l'Orient, de la romance castillane aux psaumes hébreux et au Cantique des Cantiques. Celui qui n'a pas marché sur une route éclatante, dans l'air enflammé des campos, ne comprendra jamais le cri du poète : « O fontaines des jardins, ô puits d'eau vive, ô ruisseaux découlant du Liban ! »

Les deux fleuves du plateau de Nouvelle-Castille sont le Tage (en espagnol Tajo) et le Guadiana. Le Tage (895 kilomètres) déverse un bassin de 8 250 000 hectares. Il mouille le fier rocher d'une ancienne capitale de l'Espagne, Tolède, ville monumentale, à la fois arabe et espagnole, monastique et guerrière, précieux musée d'histoire, merveilleuse non moins que morne et morte cité. Plus haut, plus bas, il ne coule guère entre les « bords fleuris » des vieilles romances, mais au fond de ravins tortueux, dans des champs arides saupoudrés en été d'une poussière rouge : ce ne sont que rocs à pic, talus sans arbres, herbes grillées, arbustes flétris au bord des eaux fangeuses. En aval du Pont de l'Archevêque (Puente del Arzobispo), sa vallée devient tout à fait ce que les Espagnols nom-

1. Lieux dépeuplés.

Ségovie : l'Alcazar (Voy. p. 187.) — Dessin de Harry Fenn.

ment un cañon, c'est-à-dire un profond étranglement; plus on approche du Portugal, plus le défilé se creuse et se serre, plus la pierre se dresse, et l'on pourrait presque franchir d'un bond ce fleuve qui s'élargit en lac à quelques dizaines de lieues en aval pour donner à Lisbonne un des maîtres ports de l'univers; des rapides, de petites cascades brisent son cours : le Saut-du-Bohémien (Salto del Gitano) est un bond de huit mètres, le fleuve en ayant 40 de largeur. Le Tage roule des paillettes d'or, et les Anciens le citaient à côté du Pactole, de l'Hermus jauni par l'or et du somptueux Gange, trésor de l'Inde.

Sur le territoire espagnol, il reçoit le Jarama, l'Alberche, le Tietar et l'Alagon. Le Jarama s'unit au Tage à la lisière du parc d'Aranjuez, résidence royale : il rassemble dans son lit, d'abord le Lozoya qui fournit à Madrid un canal sans lequel cette ville n'aurait pas d'eau fraîche en été, puis le Hénarès qui passe à Alcalá, patrie du prince des écrivains castillans [1], enfin le Manzanarès dont la reine des Espagnes regarde le stérile vallon. L'Alberche contourne la sierra de Grédos; le Tietar longe au sud cette haute chaîne; le clair Alagon recueille les eaux des Batuecas et des Hurdes, cirques déchirés, avec des familles de véritables sauvages. Petits, laids, hâves, maigres, vêtus de peaux ou de loques indécentes, ils habitent, dit-on, parmi les immondices, des tanières creusées dans le sol, en compagnie d'un âne et de chèvres; ils dorment sur des lits de bruyères, ils vivent en promiscuité, sans prêtres, sans médecins, sans juges, sans lois, sans mœurs, n'ayant guère avec le reste des Espagnols qu'une seule chose commune, le payement de l'impôt : ces pauvres gens sont passés en proverbe, et quand on veut parler d'un grossier personnage, on dit qu'il a été « *criado en las Batuecas* », élevé dans les Batuecas.

C'est au-dessous du confluent de l'Alagon que le fleuve passe sous les six arches d'un pont ayant peu de rivaux au monde. Le pont d'Alcantara sort des mains victorieuses d'un empereur romain d'origine espagnole : bâti sous Trajan, il a maintenant plus de 1750 ans d'âge. Sa tour, au centre, commande le Tage de 60 mètres, presque la hauteur de Notre-Dame; les orages, les délayements de neige du plateau n'ayant pour s'échapper vers la mer que cette gorge comprimée dans la roche, le fleuve, pareil au Rhin dans la Via Mala, s'élève ici de plus de 40 mètres en grande crue.

Le Guadiana (890 kilomètres jusqu'à la source

[1]. Cervantés.

de l'affluent le plus reculé) a des bords fiévreux dans un bassin de 6 500 000 hectares. Il naît à 608 mètres d'altitude, dans la Manche, près de Villarubia, par les Ojos de Guadiana, sources donnant ensemble 3 mètres cubes d'eau par seconde; ojos veut dire les yeux — de même, en arabe, *aïn* désigne également l'œil et la fontaine. Ce grand jaillissement est sans doute, ou peut être, la réapparition de la rivière des treize lagunes de Ruidera qui s'achève plus haut dans des marais. Les Ojos versent au Guadiana presque tout son tribut d'été, car, en cette saison, ses affluents, quelques-uns fort longs, ne lui portent point d'eau coulante; l'un d'eux, le pauvre, le sale Zújar, vient d'Almaden, la ville du mercure. En Estrémadure, le Guadiana contourne le coteau de Medellin, où naquit Cortez, le conquérant du Mexique; au-dessous de Merida, ville orgueilleuse des ruines de son aqueduc romain et de son pont de 81 arches construit sous Trajan, le fleuve baigne Badajoz, forteresse espagnole, qui du bas de sa plaine regarde Elvas, place de guerre portugaise juchée sur une colline du prochain horizon. En Portugal il se tord entre Serpa et Mértola dans un chenal de pierre vive, et court en tumulte sur les rochers du Saut-du-Loup : en espagnol Salto del Lobo, en portugais Pulo do Lobo.

Sur ces plateaux du centre habitent les Castillans. « Le Castillan est grand et rare, dit le Camoëns : son destin le fit le restaurateur et le maître de l'Espagne »; il a donné au pays sa langue littéraire, et des traits de son caractère au peuple espagnol. L'homme de la Manche s'appelle Manchego; celui de l'Estrémadure, Estremeño. Autour de ce plateau central rayonnent quatre autres régions, sans parler d'une cinquième, qui forme le Portugal. Au nord la région cantabrique et la région de l'Èbre, à l'est le pays de Valence et de Murcie, au sud l'Andalousie.

Cantabrie : pays Basque, Asturies, Galice. — Ayant au sud la Vieille-Castille et Léon, et au nord la mer de Biscaye où les Basques ne pêchent plus la baleine, disparue de ces flots depuis plusieurs centaines d'années, les Monts Cantabres prolongent les Pyrénées vers l'ouest, et parfois s'élancent presque aussi haut qu'elles. De leur crête jusqu'aux flots blanchissants, sautent, par tortueuses vallées, des torrents qui ne sont plus les troubles, traînantes et tristes rivières du Plateau Central, mais des courants clairs, froids, animés, bruyants, qui arrivent à leurs cascades avec des flots pris à la roche, parfois aux neiges, souvent à la forêt, et non pas avec les eaux lourdes dont un orage a trempé quelques versants d'argile. Cette étroite région est de ciel humide, de climat tempéré, fraîche, cultivée, peuplée; on la peut surnommer l'Espagne européenne. Elle comprend, de l'est à l'ouest, les provinces Basques, les Asturies et la Galice, derniers asiles des grandes forêts qui couvrirent l'Espagne. Il reste encore à la vieille Ibérie (sans le Portugal) 7 millions d'hectares de bois, mais là-dessus il n'y en a pas 3 millions en vraies sylves ou monte alto, suivant le terme espagnol; le reste est au monte bajo, maquis en tout semblable à ceux de la Corse et du Tell, bruyères arborescentes, cistes, lentisques, arbousiers, aubépines, genévriers, romarins, avec terres vagues et infinité de clairières.

Le Pays Basque a conservé jusqu'à ces dernières années une partie des *fueros*, droits et privilèges accordés au temps jadis, quand son peuple s'allia avec les Espagnols allophones et allophyles qui ne l'avaient point soumis. Là, dans le Guipúzcoa, dans les trois grands quarts de la Biscaye, dans la moitié de la Navarre et un tout petit coin de l'Alava, séjournent les Basques, descendants présumés des Ibères, mais les preuves de cette filiation manquent de certitude. Ce sont des hommes beaux de visage, de corps, d'attitude, lestes, forts, gais, d'âme indépendante, un demi-million de montagnards et de littoraux heureux de vivre, peut-être même six cent mille. Ils se donnent le nom d'Escualdunacs dans leur antique idiome, l'escuara, qui recule devant l'espagnol, celui-ci s'emparant peu à peu des villes et remontant les vallées à partir de la mer ou du fleuve de l'Èbre.

Au temps de sa franche liberté, « ce petit peuple qui danse au haut des Pyrénées » n'avait point daigné bâtir de maisons de pierre aux parlements de ses provinces; les anciens de la Biscaye se réunissaient sous un chêne; ceux de l'Alava, ceux du Guipúzcoa s'assemblaient également sous un arbre, et, à son ombrage, ils juraient de toujours défendre l'indépendance des Escualdunacs. Le plus célèbre de ces dômes de feuillage, celui des Biscayens, le chêne de Guernica, mourut de vieillesse en 1811 : c'était le rejeton d'un autre arbre national, car de temps immémorial les mandataires des Vizcaynos venaient « jurer » sous le chêne de Guernica.

De ce chêne cassé par l'âge a poussé un rejeton nouveau, qui, devenu grand ombrage à son tour, vivra plus longtemps que le peuple dont il est un des arbres sacrés. Que peut faire, sinon disparaître, une si faible nation coupée en deux tronçons, l'un en Espagne, l'autre, plus petit, en France, traversée par une grande voie de fer, pressée au midi par seize millions d'Espagnols, au nord par quarante millions de Français, enfin saignée depuis longtemps (et aujourd'hui plus que jamais) par l'émigration vers l'Amérique du Sud? Les noms basques sont communs dans tout le Nouveau Monde espagnol, au Chili, à la Plata, dans le Vénézuéla, à Cuba, et le sang des Escualdunacs coule dans de nombreuses familles hispano-américaines : le « libertador » de l'Amérique du Sud, le Vénézuélien Simon Bolivar, était un homme de lignée basque.

200 000 dispersés en Amérique, 500 à 600 000 concentrés en Espagne et 120 000 en France, les escuarophones n'atteignent en aucun cas le million, et peut-être dépassent à peine 800 000. Quand ils auront disparu, ces hommes de race gracieuse et déliurée, ces incomparables joueurs de paume ne laisseront qu'un faible souvenir; il restera d'eux leur langue, qui est superbe, isolée parmi toutes les autres, unique, et n'ayant que de vagues reflets de ressemblance avec divers idiomes aux longs mots, algonquin, mexicain, quitchoua, aymara, etc.; encore toute l'apparence commune se réduit-elle au petit air de famille qu'aymara, quitchoua, langages mexicains, algonquin, escuara doivent à leur nature agglutinante ou agglomérante; et pour tout le reste ils diffèrent autant qu'on peut différer.

De cette langue magnifique rien de grand n'est sorti. Il semble qu'un peuple immémorial comme le sont les Escualdunacs aurait dû nous livrer des trésors d'antiquité; lambeau d'une très vieille humanité, le Basque ne nous en rapporte ni rites, ni mythes, ni chants, ni légendes; aucune épopée ne nous dit s'il vient du Nord, ou du Sud, ou de l'Orient; aucune tradition ne raconte ce qu'il fit, ce qu'il tenta, ce qu'il souffrit jadis : tellement qu'on ignore si ce fut un grand peuple couvrant le Midi de l'Europe et le Nord de l'Afrique ou si, comme d'aucuns commencent à le croire, ce ne fut jamais qu'une peuplade obscure gardant jalousement les passages de sa montagne, mais n'en descendant point pour se mêler, victorieuse ou vaincue, aux destinées des autres peuples. Des livres de piété, des catéchismes, des traductions du latin, de l'espagnol, du français, quelques chansons banales, rien de beau, rien de fort, voilà toute l'œuvre du génie basque. Race héroïque pourtant depuis son arrivée au seuil de notre histoire que cette nation des « Cantabres inhabiles au joug » et des vainqueurs de Roland, préfet des marches de Bretagne! Quel peuple, à nombre égal, a mis au monde plus de marins contempteurs des flots, plus d'aventuriers et de conquistadores? Et en est-il un seul qui ait versé plus de son sang pour ses libertés?

A l'ouest des provinces Basques, sur une belle côte, dans un labyrinthe de gorges, au pied d'un superbe entassement de sierras, vit le noble peuple des Asturies, fier d'habiter les seules montagnes espagnoles que les soldats de la djehad[1] ne soumirent jamais à la loi de Mahomet : non que les Maures ne les aient attaquées, mais ils en furent chassés en 718 par les chrétiens du roi Pélage, après une bataille très merveilleuse où, dit la

Le parc d'Aranjuez. (Voy. p. 160.) — Dessin de Gustave Doré.

légende, trois cents fidèles anéantirent trois cent mille mécréants : à vrai dire, les défilés de Covadonga, « berceau de la triomphante Espagne », n'ont pas assez d'espace pour un choc d'armées.

Au milieu des monts Asturiens dominent les picos de Europa; l'un d'eux monte à 2665 mètres : ce qui fait de sa chaîne la troisième sierra d'Espagne, après la Sierra Nevada et les Pyrénées; le quatrième rang appartient au massif de 2661 mètres qui se lève entre les gorges du Tage et la plaine de Medina del Campo, à la sierra de Grédos, où la neige persiste presque toute l'année sur les roches suprêmes qui portent les noms retentissants de los Hermanillos de Grédos et de la Plaza del Moro Almanzor. Les noms extraordinairement pompeux, d'allure épique ou théâtrale, se retrouvent partout en Espagne : une chaîne voisine de Soria s'appelle la Sierra de los Siete Infantes de Lara; une montagne près de Grenade, el Ultimo Suspiro

1. La guerre sainte.

del Moro[1]; telle bourgade est Peñaranda de Bracamonte; tel ruisseau qui disparaît sous un caillou est le Rio Grande de las Aguas Claras, le fossé de Madrid a nom Manzanarès.

A l'ouest des Asturies, la Galice, pluvieuse, frangée de baies, riche en ports admirables, est la Bretagne espagnole, mais une Bretagne qui dresse des montagnes et non des collines. Notre Bretagne, « très beau pays, mer à l'entour, bois au milieu », n'a que de rares villes, et même fort peu de bourgs : l'Armoricain du littoral vit dans de petits ports ou des hameaux de pêcheurs, l'Armoricain de l'intérieur, l'homme des champs et des landes, coule ses jours dans quelque humble village, autour d'une modeste chapelle. Ainsi de la Galice. Aragonais, Catalans, Valenciens, Manchegos, Anda-

Dans la Sierra majorquine : rocs d'Aumalluch. (Voy. p. 196.) — Dessin de Gustave Doré.

lous, Estremeños, Castillans, une grande partie des Léonais, presque tous les Espagnols ont leur séjour dans des bourgades, des villages, des villes dont beaucoup conservent l'enceinte dressée jadis contre le Maure; en Galice, au contraire (et aussi dans les Asturies, les provinces Basques et maint district du royaume de Léon), le paysan ne s'est point emprisonné dans les cités : à l'ombre du chêne, du noyer, du châtaignier, il demeure dans sa ferme ou dans de minces hameaux, généralement près de l'église, car les feligresias[1] sont très nombreuses, loin de la mairie, car les ayuntamientos[2] sont fort grands. Aussi ce coin de l'Ibérie est-il moins vide, plus gai,

[1]. L'Ultime Soupir du Maure : des larmes que versa, dit-on, le roi Boabdil, quand il jetait un dernier regard sur Grenade, qui venait d'être à jamais enlevée à l'Islam par la nation très catholique.

[1]. Paroisses.
[2]. Communes.

plus animé que le reste du très noble royaume des Espagnes.

La Galice a pour fleuve le Miño, dont la branche mère est le Sil, rivière sauvage, encaissée, tortueuse, perçant le Monte Furado[1]; ou plutôt elle coule dans les entrailles de cette montagne par un tunnel qu'on croit de main d'homme, et fait peut-être par les mineurs romains. Contrairement aux autres grands rios d'Espagne, le Miño ressemble aux cours d'eau de l'Europe tempérée : grâce aux 1200 millimètres de pluie par an qui tombent sur ce coin de l'Espagne, il roule en moyenne 500 mètres cubes, tribut de 2 500 000 hectares ; de la source du Sil à la bouche du Miño son cours dépasse un peu 550 kilomètres. Les Galiciens ou Gallegos, Auvergnats de la Péninsule, émigrent dans toutes les villes de l'Ibérie, comme hommes de peine, porteurs d'eau, moissonneurs, gargotiers; on les trouve par milliers à Madrid, à Porto, à Lisbonne. Ils ne craignent pas non plus de franchir les flots, et l'Amérique du Sud renferme en grand nombre des familles d'origine galicienne : c'est notamment à des Gallegos qu'on attribue, sans en avoir toute assurance, les commencements de la vaillante petite nation des Costaricenses, dans l'Amérique isthmique.

Région de l'Èbre : Aragon et Catalogne. — Entre le Plateau Central et les Pyrénées, dont l'Espagne tient le plus haut pic dans la Maladetta (3404 mètres), s'étend le bassin de l'Èbre. L'Èbre, tributaire de la Méditerranée, doit peu aux montagnes de rebord du Plateau; ses eaux d'été lui descendent des Pyrénées : « L'Ega, l'Arga et l'Aragon font de l'Èbre un personnage », a dit un proverbe; il faut y ajouter le Gallego et le Sègre, doublé du Cinca, qui recueillent tous les torrents nés dans les sierras à tête argentée dont l'autre versant enfante les Gaves, les Nestes, la Garonne, le Salat et l'Ariège. Un puissant canal d'irrigation et de navigation, le Canal Impérial (14 mètres cubes par seconde), a été tiré du fleuve à Tudela ; on pourra demander beaucoup plus à l'Èbre, surtout à ses grands « feudataires » des Pyrénées, et rendre ainsi la fraîcheur à des plaines où flambe un ciel vraiment saharien : dans la seule province de Huesca, les deux dérivations de Tamarite et de Sobrarbe arroseraient 200 000 hectares, mais quand les creusera-t-on?

L'Èbre commence par les grandes sources de Fontibre, vertes, ou mieux verdâtres, au pied de

[1] Mont foré.

coteaux calcaires, à 855 mètres d'altitude. Il n'y a pas en ligne droite 50 kilomètres entre l'Atlantique et ces fontaines, et nul immense obstacle ne les sépare de l'Océan : loin de là, un canal de 2000 mètres dans une coupée de moins de 20 mètres de profondeur jetterait l'Èbre naissant dans le val d'un rio côtier, le Besaya, mais le fleuve préfère descendre à la Méditerranée par un chemin de 800 kilomètres dans un bassin de près de 10 millions d'hectares. La seule ville de grand renom assise à sa rive est Saragosse (Zaragoza), ancienne capitale de l'Aragon. En amont de Tortose il perce les montagnes qui supportèrent jadis le poids du lac sous lequel gisait la plaine aragonaise; en aval, il entre dans un delta de 40 000 hectares qui grandirait plus vite si la majeure partie des eaux du bassin n'était confisquée par l'arrosement. Autre effet des irrigations : l'Èbre n'apporte à la Méditerranée que la moitié des eaux qu'il lui pourrait amener — 100 mètres en moyenne par seconde (50 à l'étiage, 5000 en crue), — et l'on prévoit le jour où il se videra tout entier en rigoles dans les campos fécondés. Si nous en croyons la tradition, l'Èbre résista seul avec le Guadalquivir à une sécheresse prodigieuse qui pendant vingt-six années brûla l'Espagne, après l'an mil. Parmi les conquérants, beaucoup retrouvèrent alors le Sahara natal en Ibérie[1].

A l'Èbre moyen confronte l'Aragon, terre brûlée, stérile, vide et laide. Les Aragonais, race énergique et sobre, préfèrent la contrebande et l'aventure aux travaux des champs ; avec les torrents que leur versent les Pyrénées, ils feraient de leurs plaines poudreuses un jardin de 3 500 000 hectares; or, leur pays est précisément un steppe où les campos ont l'aride hideur de la Manche.

La Catalogne s'appuie sur l'Èbre inférieur, et sur la Méditerranée jusqu'au cap Creus, frontière de France. Plaines, vallons, ourlet de la mer, bas du mont, tout ce qu'on peut bêcher, arroser, y a été réduit en vergers; le reste est sierras ruinées, gorges de torrents, chênes-lièges rouge sang quand ils sont écorcés.

Au moyen âge les Catalans disputaient le commerce aux Italiens sur tous les littoraux de la Méditerranée occidentale; aujourd'hui ce sont les plus industrieux des Espagnols; le dicton le reconnaît, qui dit : « *Los Catalanes, de las piedras sacan panes.* Les Catalans tirent du pain des pierres. » Partout où ils émigrent, et ils émigrent partout, ils meurent ou font fortune, et c'est à

[1] Le nom d'Ibérie vient justement d'Èbre.

eux que s'applique le mieux le proverbe espagnol : « Vie serrée, bon testament. »

Ils usent d'un idiome à part, moins voisin de l'espagnol que des patois du Midi de la France. Ils ont leurs traditions, leurs poètes nationaux, leurs concours littéraires, leurs revues, leurs théâtres. Ils ne se disent point Espagnols, mais Catalans.

Baléares. — A des Catalans appartient aussi l'archipel des Baléares, îles méditerranéennes ayant subi les mêmes fortunes que l'Espagne. Leurs premiers maîtres à nous connus furent des barbares de race ignorée, des Celtes, des Ibères ou des Celtibériens, on ne sait, sauvages plus terribles la fronde à la main que d'autres peuples avec l'arc et les flèches; c'est à l'infaillibilité de ces lan-

Les palmiers d'Elche. (Voy. p. 196.) — Dessin de Gustave Doré.

ceurs de cailloux que les deux grandes îles du nord durent, dit-on, leur nom de Baléares, venu du grec βάλλειν, jeter, lancer (?); les deux îles du sud-ouest s'appelaient les Pityuses, d'un autre mot grec, πίτυς, pin, et l'une d'elles, Iviza, dresse encore des bois de pins sur ses rocheuses collines.

Phéniciens, Carthaginois, Romains, Vandales, Goths, Arabes s'y succédèrent : le peuple-roi y tint garnison pendant 500 années, pas une de plus, pas une de moins; les Arabes, ou pour mieux dire les Berbères islamisés, y régnèrent pendant 450 ans. Qu'y a-t-il de romain, et qu'y a-t-il de berbère dans la nation qui peuple ces îles? Nous l'ignorons, mais l'un et l'autre élément peuvent l'avoir profondément pénétrée.

Les Aragonais, alors de langage catalan, arrachèrent l'archipel aux musulmans, enfin l'Espagne en devint la maîtresse. Celle-ci, jusqu'à ce jour, n'a point plié les Baléares aux mœurs espagnoles. Majorquins, Minorquins, Iviziens restent surtout fidèles à leur catalan idiomatique, moins détourné de sa source que le catalan de terre ferme : on l'enseigne encore dans les écoles à côté du castillan, et il tombe de la « chaire de vérité » plus souvent que l'espagnol.

Cet archipel couvre 482 000 hectares, avec 289 000 habitants. Coupé par le 39ᵉ et le 40ᵉ degrés de latitude, dans un air chaud, dans une mer tiède, à 300 kilomètres d'Alger, il n'a qu'un ennemi, le vent du nord, implacable à Minorque, moins terrible dans Majorque, que défend contre nord et nord-ouest un grand ressaut de montagne. A Minorque, dans les vallons gardés des souffles violents, l'oranger donne ses pommes d'or, le palmier même balance des palmes (il n'offre point de fruits mûrs à l'habitant des barrancos ou ravins); mais dans les plaines découvertes, sur les plateaux sans abri, les rafales déchaînées par le septentrion tordent les pins d'Alep, arrêtent l'arbre à la taille de l'arbuste et courbent vers le sud ou le sud-ouest les fûts qu'elles ont laissés croître; elles blessent les plantes du Nord, comment ne tueraient-elles pas les plantes frileuses du Midi? Il y a même des vallées profondes où l'oranger ne grandit qu'à l'abri d'épais rideaux de lauriers : ce sont celles que leur direction du nord au sud ou du sud au nord livre aux brutalités de la tramontana.

A elle seule, Majorque dépasse 330 000 hectares, justifiant par là son nom, qui veut dire la Majeure, comme Minorque signifie la Moindre. Contemplée de son maître sommet, le puig (prononcez poutch) de Torellas (1571 mètres), on la voit composée de deux natures de pays : d'une échine de montagnes et d'une grande plaine mamelonnée. La montagne, fort belle, s'empile au-dessus de la rive qui regarde obliquement le coucher du soleil; elle pèse toute du même côté, comme de petites Andes sur une très petite Amérique; ses vieilles forêts lui manquent, il lui reste des bois d'oliviers sauvages, de chênes verts et de pins d'Alep. La plaine est fertile, fort cultivée, de climat charmant, prodigue de fruits, bien peuplée; une seule chose y fait défaut, les rios; et les ruisseaux qui s'y coupèrent un lit en mouillent rarement toutes les pierres.

Minorque, moins féconde que Majorque, a 78 000 hectares, et un petit mont de 368 mètres. Iviza, vaste de 57 000 hectares, fournit aux autres îles de l'archipel le bois qu'elle coupe dans ses sierras de 400 mètres à peine. Formentera (l'île au Froment) ne dispose même pas de 10 000 hectares.

La capitale des Baléares, Palma, ville d'agréable séjour, compte près de 60 000 âmes. Mahon, dans Minorque, n'en a pas 20 000, mais elle possède une ria sûre, bien abritée, profonde : « Juin, juillet, août et Port-Mahon, disait André Doria, sont les meilleurs ports de Méditerranée ». Cette ria parfaite est au centre des « Latins, entre les Espagnols, les Catalans, les Français, les Italiens et les Algériens. Mahon et son île fournissent tant de colons à l'Afrique française que le temps approche où il y aura plus de sang minorquin en Algérie qu'à Minorque.

Valence et Murcie. — Au sud de la Catalogne, à l'est du plateau, sur le rivage de l'éblouissante Méditerranée, le pays de Valence qui parle encore catalan, et le pays de Murcie qui parle castillan, sont, avec l'Andalousie, une Afrique espagnole, sèche et sereine, où le palmier croît en forêt autour de la fameuse Elche : là se lèvent trente à trente-cinq mille dattiers dont les Espagnols sont très fiers : « Il n'y a pas, disent-ils, deux Elche »; baignés par les canaux tirés d'un *pantano* (réservoir) que forme une digue du petit fleuve côtier Vinalopó, ces arbres, hauts de 20 mètres, fournissent aux catholiques d'Italie et d'Espagne des palmes pour leurs processions. Tous les palmiers d'Elche, tous ceux même d'Espagne, descendent, dit-on, d'un arbre de Damas planté par Abd-er-Rahman dans une cour de son palais favori, près de Cordoue, en souvenir de la ville d'Orient qui avait vu couler son enfance, et qu'il regrettait même en Andalousie.

Dans toute cette région, l'irrigation fait des merveilles; à côté des *campos secanos*, champs brûlés, arides, jaunâtres, morts, éclatent la fécondité, la fraîcheur et la vie dans les *huertas*, champs arrosés, jardins maraîchers, jardins fruitiers, riz, céréales, vignes, mûriers, olivettes; les terrains dits *de regadio*[1] produisent 10 à 157 fois plus que les secanos — en moyenne 37. Le Turia ou Guadalaviar[2] (300 kilomètres), qui donne 10 mètres cubes par seconde à l'étiage, le Jucar (314 kilomètres), qui en verse de 24 à 52, baignent la huerta de Valence; la huerta de Murcie et d'Orihuela doit sa luxuriance aux canaux du Segura (350 kilomètres), fort, à l'étiage, de 8 à 10 mètres cubes. Ce dernier rio reçoit le Mundo et le Sangonera : le Mundo, superbe par la grandeur du cirque où il naît et par l'éventrement de roche qui le transmet au Ségura; le Sangonera qui, tout ré-

---

1. D'arrosement.
2. Corruption de l'arabe Oued-el-Abiad (Rivière Blanche).

Le défilé de Despeñaperros. (Voy. p. 198.) — Dessin de Gustave Doré.

cemment, a noyé sous un déluge les jardins et les jardiniers de Murcie.

Où les rivières comme le Turia, le Júcar et le Segura manquent, des barrages arrêtent la course des eaux d'orages. Telle était sur le Sangonera la digue de près de 120 mètres de haut qui formait le pantano de Puentes pour l'arrosement du val de Lorca ; — elle creva en 1802, et ce fut une affreuse ruine : sauf la brèche, le mur immense est encore debout, comme l'arche d'un pont surhumain ; — telle est encore, sur le Castalla ou Monegre, la levée de 41 mètres derrière laquelle ce rio côtier reflue en une espèce de lac, le pantano de Tibi, réserve inestimable pour la huerta d'Alicante.

Andalousie. — La Sierra Nevada monte un peu plus haut que les Pyrénées elles-mêmes ; elle a pour maîtres sommets l'Alcazaba (3514 mètres), le Veleta (3470 mètres) et le Cerro de Mulahacen (3554 mètres), dôme rond portant le nom d'un Maure qui fut le père de Boabdil, dernier des rois musulmans de Grenade. Au pied du Veleta, pic conique, le corral de Veleta est un cirque assez semblable en petit à l'oule de Troumouse dans les Pyrénées centrales ; au fond d'un des plis de ce gouffre est tapi le champ de glace le plus méridional de notre partie du monde, le glacier du Genil, d'où s'échappe la poétique rivière de Grenade : il a 580 mètres de long, à 2839-2921 mètres d'altitude. De ces sommets, l'horizon est magnifique autant qu'immense ; on aperçoit même l'Afrique, à 200 kilomètres au moins dans le sud, mais tel a cru de là contempler les monts d'outre-mer qui ne voyait que des nues confuses, des vapeurs, des caprices de l'air ou des imaginations du regard.

La Sierra Nevada s'élance tout près de la côte méditerranéenne, qui est ici la zone la plus chaude de l'Europe, la moyenne de l'année y atteignant en certains endroits 20 degrés, presque le double de Paris. Sur le versant du nord ses eaux courent au Guadalquivir, fleuve d'un bassin de 5 600 000 hectares dans le nom duquel il n'est pas bien difficile de reconnaître les mots arabes Oued-el-Kebir, la Grande-Rivière, pas plus qu'il n'est malaisé de découvrir dans le mot de Mulahacen un nom de la langue des khalifes. Le Guadalquivir s'augmente, sur sa rive droite, de torrents singuliers : nés dans les plaines que limite au sud la Sierra Morena, ils ne se dirigent point au nord vers le Guadiana, qui est voisin, et dont nul obstacle ne les isole ; ils aiment mieux fendre la Sierra Morena d'estoc et de taille et courir au midi vers le Guadalquivir. Ces caprices des torrents ne sont pas rares en Espagne, et comme l'Èbre le Júcar en offre un mémorable exemple : formé dans les monts de la Nouvelle-Castille, près des sources du Tage, le Júcar mord au pied le rocher hautain le Cuenca, semblable à celui de Tolède, puis il entre dans les champs plats de la Manche ; là il semblerait qu'il va se laisser glisser, par pente naturelle, vers le Guadiana, dont il ferait un fleuve mieux coulant ; mais, dédaignant un chemin si facile, et préférant les sauts et les contorsions dans la pierre vive à une poussée dans la terre meuble, il tourne brusquement à l'est, et de rapide en rapide, à travers monts, par de profonds précipices, descend à la Méditerranée dans le pays de Valence.

Le fleuve Guadalquivir peut rouler 40 mètres cubes par seconde aux eaux basses, et quelque 250 en moyenne ; il arrose la plaine andalouse, qui a 1 650 000 hectares, passe devant Cordoue, devant Séville, et coule dans les Maremmes[1], alluvions désertes dont il a remblayé lentement un golfe de la mer : cette Camargue que les transports de terre ont cessé d'agrandir est séparée de l'Océan par les dunes des Gros Sables[2] ; de sauvages taureaux y paissent, qu'on réserve aux abominations du cirque.

Le bassin du Guadalquivir et le versant de la Sierra Nevada qui fait face au Rif marocain forment l'Andalousie, pays illustre par ses montagnes blanches de neige sous un soleil africain, par ce que les Maures y ont laissé de poésie, par la grâce de ses femmes, la gaieté de son peuple et l'excellence de ses chevaux. A l'étranger, son nom seul éveille un paradis d'idées charmantes ; elle a pourtant ses laideurs, des collines nues et ruinées, des vallons altérés, des plaines poudreuses, des lagunes, des marais à fièvres, des villages branlants et fétides, et dans sa vallée les eaux jaunes du Guadalquivir entre des berges terreuses. Mais que de grâce, que de teintes joyeuses, que de grandeur sur son littoral, dans sa Sierra Nevada, ses Alpujarras et sa Serrania de Ronda ! Elle éblouit surtout lorsqu'on la voit se dérouler du défilé de Despeñaperros, voisin de cette vallée de las Navas de Tolosa qui fut le théâtre d'une revanche terrible des Espagnols sur les vainqueurs du Guadalete : on a cheminé depuis Madrid dans de maussades campagnes, et l'on a passé par la Sierra

---

1. En espagnol : las Marismas.
2. En espagnol : las Arenas Gordas.

Morena sans que cette chaîne ait tenu les promesses de son nom de Montagne Noire, puis tout à coup on arrive au seuil d'un merveilleux pays qui flotte au loin, en bas, dans l'éclatant, dans le bleu, dans le violet, dans le vague.

Sans la différence de religion, de langue, de coutumes et costumes on ne distinguerait guère l'Andalousie du Maroc : si dans les deux pays l'homme n'est pas identique (bien qu'à peu près fait des mêmes éléments), la nature change peu de

Un Gitano. — Dessin de Gustave Doré.

l'un à l'autre. C'est seulement depuis le siècle dernier qu'on ne parle plus le mosarabe, dialecte laissé par les Maures dans les sierras de la Bétique. Les Andalous ont pris grande part à la conquête et au peuplement de l'Amérique latine.

Origines, caractère. Langue espagnole : sa diffusion hors d'Europe. — Les Espagnols sont des « Ibères » auxquels se mêlèrent d'abord des Celtes, puis des Phéniciens et des Carthaginois, puis des Romains, puis des Goths; puis des Juifs, des Berbères et des Arabes, surtout en Andalousie, à Murcie et à Valence; enfin quelques Nègres :

ceux-ci venus soit par le Maroc avec les armées musulmanes, soit par mer dans la période comprise entre les premières découvertes sur la côte occidentale d'Afrique et le moment où l'Espagne commença de remplacer en Amérique les Indiens par des Noirs.

On attribue la facilité qu'ont Espagnols et Portugais à s'acclimater dans les régions torrides à cette dose de sang noir et surtout au sang mauresque. Nous disons mauresque, et non pas arabe, car, on ne saurait trop le répéter, de la victoire du Guadalete, gagnée en 711 par 13 000 Berbères et 300 Arabes, jusqu'à la perte de Grenade en 1492, les Arabes envoyèrent peu des leurs en Espagne. Ceux qui domptèrent la Péninsule en quelques années, puis défendirent en mille batailles le Croissant contre la Croix, ces guerriers, ces faiseurs d'aqueducs, ces architectes, ces ornementistes, ces artistes, les hommes de Cordoue et de Grenade, étaient presque tous des Berbères des divers Magrebs ou du Sahara : voisins de l'Espagne, ils y étaient poussés, les uns par le fanatisme, le plus grand nombre par l'espoir du pillage. Jusque vers 1050, il n'y avait d'Arabes en Mahgreb que

Les bords du Guadalquivir. (Voy. p. 198.) — Dessin de Gustave Doré.

dans le petit pays de Kairouan, et l'Orient, saigné à blanc par les guerres civiles ou religieuses, était incapable d'envoyer le moindre escadron d'Ismaélites au secours des Berbères dans la guerre sainte contre les Espagnols. Lorsque l'invasion hilalienne eut jeté tout un peuple arabe dans l'Afrique du Nord, alors, et alors seulement, des compatriotes du Prophète allèrent combattre en Espagne à côté des Maugrabins; et ceux-ci, faisant peu à peu de leur langue religieuse [1] leur idiome de tous les jours, finirent par passer en apparence à la race arabe. Ce n'est guère qu'à partir de 1195 qu'on voit de grands contingents d'Orientaux dans les armées que l'Islam opposait en Espagne aux bataillons chrétiens.

Témoins de cette lutte entre deux religions dont

[1]. Le Coran, livre saint des Musulmans, est en langue arabe.

l'une chassa l'autre, entre deux peuples qui voulaient se détruire, mais qui sont unis plus qu'on ne croit sous le même nom d'Espagnols, sur le sol de la Péninsule il reste des centaines, voire des milliers de noms de lieux arabes, villes, villages, hameaux, rios, accidents de terrain : on les trouve surtout en Andalousie et dans les royaumes de Murcie et de Valence, mais on en rencontre jusque dans le pays de l'Èbre, comme Calatayud [1], et jusqu'au nord du Duero, comme Valladolid; il n'y a que les Provinces Basques, les Asturies, la Galice, où manquent ces noms, la plupart commençant par al [2], ben ou béni et guad : Al, pour el, c'est l'article

[1]. C'est-à-dire château fort des Juifs.
[2]. En Espagne et aux Canaries, 448 noms de communes commencent par al.

arabe : Alcalá, Alcantara, Alhama; *ben, béni,* c'est le mot qui précède un nom de tribu : Benicasim, Beniganim, Benimamed, Benimuslem; *guad,* c'est l'*oued* de l'Afrique du Nord, signifiant ruisseau, lit de torrent : Guadalquivir, Guadiana, Guadalimar, Guadalete, Guadiaro, etc., à l'infini.

Peuple viril, puissamment original, l'Espagnol a le sérieux, la fierté, la dignité, la volonté escarpée,

Monastère de las Huelgas à Burgos. — Dessin de Gustave Doré.

le courage, la ténacité, l'amour de la patrie comme l'entend le Camoëns, *não movido de premio vil, mas alto e quasi eterno*[1]. Souvent ce sérieux dégénère en sauvagerie, cette fierté en forfanterie, cette dignité en vanité, cette volonté en aveuglement, et ce courage s'accompagne de férocité : rien qu'en ce siècle-ci les Espagnols ont versé dans les batailles des rues et dans les escarmouches, coups de main, combats et sièges des partis contre les partis, plus de sang qu'il ne leur en a fallu pour la conquête de l'Amérique.

L'Espagne a mis au monde de grands écrivains, des poètes, des dramaturges, de chauds et sonores

[1] « Non pour un prix vil, mais haut et presque éternel. »

orateurs, des peintres de tempérament, de sombres politiques, des capitaines au cœur de fer. Sa grandeur dans l'histoire, c'est le tenace héroïsme, la résistance aux envahisseurs, c'est la grande part aux découvertes dans le Nouveau Monde, l'ardeur de ses Conquistadores qui domptèrent la nature et l'homme d'Amérique : si ces Castillans, ces Estremeños, ces Andalous, ces Basques n'avaient répandu le sang innocent pour la rage de l'or, on dirait de ces héros, rien qu'à considérer leur vertu, qu'ils n'ont point fait mentir la fière devise gravée sur le pommeau de l'épée castillane : « *No me saques sin razon, ni me envaines sin honor !* — Ne me tire pas sans raison, ne me rengaine pas sans honneur ! »

L'espagnol, dérivé du latin, comme le portugais, l'italien, le français, le roumain, excelle par la grandeur, l'ampleur, la sonorité magnifique ; mais, dès qu'on le parle vite, il devient criard et penche à la ritournelle. Nul langage, sauf l'anglais et le russe, n'a devant lui un pareil avenir, car si l'Espagne a perdu l'empire du monde, les pays d'outre-mer qu'elle dompta n'ont pas oublié le castillan, resté l'idiome de l'Amérique Centrale et de la plus belle moitié de l'Amérique du Sud. Les contrées où l'espagnol est langue nationale enfermeront plus tard des centaines de millions d'hommes, et déjà hors d'Europe il y a grandement deux fois plus d'espagnolisants qu'en Espagne.

D'ores et déjà l'espagnol se parle :

Dans les îles Canaries, voisines des côtes du Maroc ; — dans certains pays des États-Unis qui firent partie du Mexique (Californie, Nouveau-Mexique, Arizona, Texas) ; — au Mexique ; — dans l'Amérique Centrale, qui comprend cinq États : Guatémala, Honduras, Salvador, Nicaragua et Costa-Rica ; — dans les États-Unis de Colombie ou Nouvelle-Grenade ; — au Vénézuéla ; — dans l'Équateur ; — au Pérou ; — en Bolivie ; — au Chili ; — dans la république Argentine ; — dans l'Uruguay ou Bande-Orientale ; — en Paraguay.

Dans plusieurs de ces contrées il n'est point tout à fait langue nationale : au Mexique, dans une partie de l'Amérique Centrale, dans l'Équateur, au Pérou, en Bolivie, en Paraguay et dans certains recoins de l'Argentine, il n'a guère pour lui que les villes, mais comme il y est langage écrit, idiome civilisé, parler des écoles, il y gagne sur les verbes indiens, qui ne lui résisteront plus bien longtemps. L'archipel des Philippines, dans la mer d'Asie, a l'espagnol pour langue officielle.

L'Espagne ne saurait suffire à la colonisation de l'Amérique espagnole, si vaste, si belle. Et d'ailleurs des milliers de Péninsulaires vont chaque année se fixer sans esprit de retour en Algérie, surtout dans l'Oranie : la plupart, fournis par les pueblos,[1] des provinces d'Alicante, de Valence et par les Baléares, ne sont pas de vrais Espagnols, mais des Catalans de race et de langage ; beaucoup aussi partent d'Andalousie pour le Tell et la Mer d'alfa.

Les émigrants qui s'en vont en Amérique sont de tout district espagnol, principalement du Pays Basque, de la Galicie, de l'Andalousie et de la Catalogne.

En moyenne, 25 000 personnes environ par an quittent l'Espagne et n'y reviennent plus : le plus grand nombre s'embarquent pour la Plata ; l'Algérie vient au second rang.

Le catalan règne encore (malgré les progrès de l'espagnol parmi les citadins) dans la Catalogne, dans l'est de la province de Huesca (Aragon), dans les Baléares et le royaume de Valence ; le long de la Méditerranée il va se perdre après les palmiers d'Elche, en avant de la huerta d'Orihuela : cet idiome dur et laid, mais énergique et capable de poésie, est frère de notre limousin, de notre provençal, en un mot de la langue d'oc ; il sert à plus de 3 millions d'hommes ; il a perdu l'Aragon, devenu castillanophone[2]. Le bable, dans les Asturies, est le plus idiomatique des dialectes espagnols, le plus archaïque, le plus vénérable, celui qui a le mieux conservé les vieux mots, les vieilles formes, les anciens dictons, toute la sagesse et toute la sève rustique et populaire ; les premiers barons chrétiens guerroyant contre le Maure le parlaient, avant l'an mil. Le galicien ressemble bien plus au portugais qu'au castillan. Le basque réclame de 500 000 à 600 000 Escualdunacs.

Tous les Espagnols sont catholiques.

Villes. — L'Espagne a cinq villes supérieures à cent mille âmes.

Madrid (400 000 hab.), capitale du royaume des Espagnes, n'a pour elle que sa situation au cœur de la péninsule Ibérique, avantage qui est aussi celui de Tolède, en son temps reine de la nation. On a dit : « De Madrid au ciel », ou même : « Le monde voit Madrid et se tait », et pourtant c'est l'une des grandes cités les plus mal placées qu'on connaisse. On l'a campée dans un pays sablonneux, rocheux, maussade, sans ligne et sans couleurs, laid, nu, qui ne produit arbres et gazons que par

---

1. Villages, bourgades.
2. C'est le rio Cinca qui sépare les Espagnols des catalanophones.

l'effort de l'industrie, depuis qu'on a détourné vers Madrid l'eau du Lozoya, torrent qui s'allaite aux fontaines de la sierra de Guadarrama. Elle a grandi d'une grandeur factice, à partir de Charles-Quint; puis Philippe II doubla les palais de la cité royale par la construction du monstrueux Escorial, demeure immense, vide et froide, qu'il bâtit à 50 kilomètres au nord-ouest de Madrid, au pied de la sierra de Guadarrama, à 920 mètres au-dessus des mers. Quant à Madrid, elle est à 650 mètres d'altitude, sous un climat trop froid, trop chaud, très brusque, sur le Manzanarès, ruisseau de rien : on prétend qu'on a vendu l'eau de la rivière des Pommiers[1] pour en payer les ponts, qu'on en arrose le lit pour abattre la poussière, qu'on lui porte un verre d'eau pour le désaltérer,

Grenade : l'Alhambra. (Voy. p. 206.) — Dessin de Gustave Doré.

que c'est le premier fleuve du Globe pour y naviguer à cheval et en voiture, que c'est en été l'une de ces rivières qu'on pourrait balayer, telle que Théophile Gautier les aimait. « L'air subtil de Madrid tue un homme et n'éteint pas une bougie. »

Barcelone (250 000 hab. ; 350 000 avec les faubourgs), le chef-lieu de la Catalogne, distance Madrid en industrie, et son port est le plus actif de l'Espagne, même l'un des premiers de la Méditerranée. A quelques lieues, non loin du Llobrégat, petit fleuve pyrénéen, se dresse un énorme conglomérat isolé, le Monserrat (1237 mètres) : on y monte en pèlerinage, mais le monastère a perdu son opulence, et ses ermitages sont vides.

Valence (144 000 hab.), sur le Turia ou Guadalaviar, à 6 kilomètres de la Méditerranée, est une ville de fabriques et l'entrepôt d'une vaste huerta splendide.

Séville (154 000 hab.), le « four de l'Espagne »,

1. C'est ce que signifie Manzanares.

sur le Guadalquivir, se distingue par son climat brillant, ses courses de taureaux, ses mœurs gaies, son inscription en l'honneur du Génois qui trouva l'Amérique : *A Castilla y á Leon otro mundo dió Colon*; c'est-à-dire : Colomb donna un nouveau monde à l'Espagne.

Málaga (116 000 hab.), sur la Méditerranée, au pied de monts sauvages appartenant à la Sierra

Le pont de Ronda. — Dessin de Harry Fenn.

Nevada, vend le vin célèbre qui croît sur ses coteaux schisteux. A 80 kilomètres à l'ouest, sur le Guadiaro, dans la Serrania de Ronda, est perchée l'une de ces cités extraordinaires qui valent le voyage, de quelque pays distant qu'on parte pour les contempler. Ronda (747 mètres d'altitude) se compose de deux villes juchées sur les sommets d'une roche fendue en deux par un précipice de 160 mètres de profondeur sur 25 à 70 de largeur : cette autre Constantine, où en réalité le sang berbère ne manque pas plus que dans la métropole numide, réunit ses deux tronçons par deux ponts

Espagnols. — Dess'n de Gustave Doré.

élevés; le plus haut domine de cent mètres les pierres où court le rio dans son obscur précipice ; des jardins charmants, des eaux brillantes, d'harmonieuses cascades, la pluie de quatorze moulins accrochés à l'un des pans de la fissure, une source magnifique, le pont, ce que d'en bas on voit du nid d'aigle où perchent les Rondeños, donnent une beauté rare à la faille, ou, comme on dit en Espagne, au tajo de Ronda.

Viennent ensuite : Murcie (92 000 hab.), ville indolente, en sa belle huerta, sur le rio Segura, saigné par les canaux ; — Saragosse (85 000 hab.), ancienne capitale de l'Aragon, au confluent de l'Èbre, du Huerva et du Gallego ; — Grenade (76 000 hab.), sans rivale en Espagne par la beauté de sa campagne, son admirable vue sur la Sierra Nevada qui monte à l'horizon dans les hauteurs sidérales, ses poétiques souvenirs, son Alhambra, monument le plus fameux de l'art mauresque ; — Carthagène (76 000 hab.), l'héritière du grand nom de Carthage, port superbe de la Méditerranée ; — Cadix (65 000 hab.), gracieuse et gaie, port de l'Océan commerçant avec l'Amérique ; — Jerez de la Frontera (65 000 hab.), dans un vignoble fameux ; —

Gibraltar. — Dessin de Gustave Doré.

Palma (59 000 hab.), capitale des Baléares ; — Valladolid (52 000 hab.), qui fut avant Madrid la tête des Espagnes ; — Cordoue (50 000 hab.), sur le Guadalquivir, au centre de l'Andalousie, ville qui sous les Maures avait un million d'âmes et les écoles les plus savantes, les plus célèbres du monde ; la mosquée de Cordoue, aujourd'hui cathédrale, était la plus belle de l'Islam : magnifique encore, il lui reste 876 colonnes, soit la moitié des piliers qui portaient ses coupoles ; etc., etc.

Gibraltar. — Tout le sol de l'Espagne n'appartient pas aux Espagnols. L'imprenable Gibraltar (500 hectares, 18 000 hab.), qui a donné son nom au détroit menant de la Méditerranée à l'Océan, dépend de l'Angleterre, qui ne parle point de la rendre : ainsi, les Anglais ont longtemps gardé dans leurs mains avides une cité de notre littoral, Calais, leur tête de pont sur la France.

Gibraltar est une place de guerre, de commerce et de contrebande, vis-à-vis de l'africaine Ceuta, au pied d'un bloc isolé de 429 mètres de hauteur, lié au continent par une langue de sable ; sur ce rocher vivent les seuls singes de l'Europe : il y a là vingt-cinq babouins, de quatre à cinq pieds, qui font des gambades inouïes sur le précipice de la falaise.

Lisbonne : place du Commerce. (Voy. p. 212.) — Dessin de Barclay, d'après une photographie.

PORTUGAL

Serras. Portugal du Nord, Portugal du Sud.
— Le Portugal, antique Lusitanie, est compris entre l'Espagne et l'océan Atlantique, sur lequel il développe 793 kilomètres de côtes tantôt rocheuses, tantôt sablonneuses. Il a neuf millions d'hectares[1], environ le sixième de la France, avec 4 307 000 habitants, soit 48 au kilomètre carré : non compris ses annexes officielles, l'archipel des Açores et l'île de Madère, qui portent son aire à 9 234 640 hectares et sa population à 4 708 000 hommes.

Ce lambeau détaché de l'Espagne prolonge les sierras espagnoles, et ses quatre grands fleuves, le

[1]. Exactement, 8 914 310.

Minho, le Douro, le Tejo ou Tage, le Guadiana, naissent en Espagne et ils y ont presque tout leur cours.

Le Portugal déroule quelques vastes plaines, telles que celle du Tage au-dessus de Lisbonne, et surtout celle de l'Alemtejo, mais le pays se compose avant tout de serras moins souvent verdies par la forêt que nues sous le feu du soleil.

Sa plus haute chaîne, la Serra da Estrella, ou chaîne de l'Étoile, a pour cantaro culminant une cime de 1993 mètres ; les montagnards portugais donnent ce nom, qui veut dire cruche, aux éminences élevées d'où descendent les eaux vives : ainsi les Anciens représentaient la source d'un fleuve par une urne penchée. Le Malhâo da Serra — Malhâo veut dire boule, — son maître sommet, dôme de granit et de gneiss, se dresse à mi-route entre la « savante » Coïmbre et la frontière d'Espagne : il est donc voisin de la ville d'Ignez de Castro, car si la terre portugaise a 576 kilomètres de longueur, du nord au sud, elle n'a que 110 à 220 kilomètres de largeur, de l'est à l'ouest, la moyenne étant de 168. Il domine deux grandes vallées : grandes pour le Portugal, celles du Mondego et du Zezere ; le Mondego gagne la mer par Coïmbre ; le Zezere se perd dans le Tage en aval de la « fraîche » Abrantes qui valut un titre de duc à l'un de nos soldats de fortune. La neige persiste pendant plusieurs mois de l'année sur la Serra da Estrella et sur d'autres chaînes entre Douro et Minho, mais au sud du Tage il n'y a que des serras basses, désarbrées, arides, ardentes.

Le Portugal s'étendant surtout en latitude, les provinces du nord ne ressemblent pas tout à fait à celles du centre, ni celles-ci à celles du sud. Dans le nord, le Traz-os-Montes, l'Entre-Minho-e-Douro, la Haute-Beira, rappellent assez la Galice, pays espagnol que ses coutumes et son idiome rattachent d'ailleurs au Portugal plutôt qu'à l'Espagne. Les Gallegos ou Galiciens ont de tout temps fréquenté les belles régions du Minho et du Douro où, d'un flux incessant, ils répandent à milliers leurs familles ; hommes de peine, domestiques, porteurs d'eau, vignerons, vendangeurs, moissonneurs, une foule de petites gens en quête de travail partent chaque année du pays galicien pour le lusitanien ; le prince des poètes portugais, le Camoëns, descendait d'une famille gallega dont le manoir touchait au cap Finisterre. La population portugaise du pays entre Minho et Douro, constamment saignée par l'émigration au Brésil, ne se maintiendrait pas malgré sa forte natalité sans le concours des Galiciens qui viennent prendre la place des expatriés, dont si peu reviendront. Les Gallegos ne bornent pas leur invasion au Portugal septentrional, on les trouve en grand nombre dans les villes du centre et même du sud : à Lisbonne, rien qu'en aguadeiros ou porteurs d'eau, il y avait 3000 hommes de cette nation avant qu'un aqueduc amenât dans la capitale les eaux pures prises à la grande source de l'Alviella, dans les monts de la Lune (Serra da Lua), massif jurassique au nord-nord-ouest de Santarem ; et il se peut que l'ensemble des villes du royaume en contienne 100 000. Ainsi le Gallego travaille et peuple pour les Portugais ; ceux-ci n'en méprisent pas moins ce rustre parcimonieux : « Pour faire un homme, il faut deux cents Gallegos », disent-ils.

Le centre du Portugal, sur l'inconstant Mondego et sur le Tage, comprend l'Estrémadure, la Basse Beira et une partie de l'Alemtejo. Les cultures y sont les mêmes que dans la région du nord, et le vignoble de la Bairrada fait l'aisance de plusieurs villes voisines de Coïmbre ; à Lisbonne se balancent des palmiers ; dans l'Alemtejo, dont les landes mouillées soufflent de mauvaises fièvres, le sol se partage en vastes domaines presque abandonnés ; aussi cette province nourrit-elle, à surfaces égales, malgré sa fertilité, près de dix fois moins d'hommes que les terres morcelées du pays du Minho : celui-ci renferme 141 personnes par kilomètre carré[1], celui-là 15 ; — c'est qu'il tombe plus de 1500 millimètres de pluie par an sur Porto et 2000 sur certaines hauteurs de l'Entre-Douro-e-Minho, tandis qu'il ne s'en verse que 500, 550, 600 sur l'Alemtejo.

Le nom d'Alemtejo signifie au delà du Tage ; il fut donné à la province par les Portugais du centre. Les gens de Coïmbre et de Lisbonne, qui succédèrent à ceux de Guimarães comme fondateurs du Portugal, appelèrent naturellement Alemtejo, c'est-à-dire Outre-Tage, la contrée située sur la rive opposée de leur fleuve majeur, comme ils nommèrent Traz-os-Montes — Au delà des monts — la contrée qui, pour eux, s'étendait de l'autre côté des serras centrales, et qui était justement le berceau de la patrie : le Portugal, en effet, eut ses commencements à Guimarães, entre le Minho et le Douro, et si le royaume avait d'abord englobé la Galice au lieu de s'étendre aussitôt vers le sud, il y aurait peut-être un Alemdouro comme il y a un Alemtejo.

Cette ville de Guimarães, quand le Portugal y naquit, faisait partie de la Galice, qui s'étendait alors jusqu'au Douro : c'est pourquoi Gallegos et Portugais sont frères.

A mesure qu'on gagne le midi de l'Alemtejo, le pays prend les teintes de l'Afrique. Au delà des champs d'Ourique, illustrés par la victoire qui assura l'indépendance lusitanienne, quand on a franchi la Serra de Monchique, haute de 905 mètres, on descend dans l'« Andalousie portugaise », dans l'Algarve, étroite province abritée du nord, tout ouverte au sud, et où la moyenne annuelle est de 18 degrés sur la côte, contre 15 au nord du Portugal, dans le pays du Douro et du Minho. Le nom

---

1. 100 dans le district de Vianna do Castello, 125 dans celui de Braga, 205 dans celui de Porto.

d'Algarve est la corruption, à peine voilée, de l'arabe El-Gharb, l'Occident, le Maghreb, le pays des Maugrabins.

Le Portugal sans les îles n'entretient que 48 habitants par 100 hectares, il en supporterait deux à trois fois plus; mais en dehors des étendues vides et fiévreuses et des charnecas ou steppes de l'Alemtejo et des ravines sèches de l'Algarve, que

Portugaises. — Dessin de Ronjat, d'après une photographie.

de sol perdu sur les cumiadas[1] ou hauts plateaux vagues et déserts, dans les despovoados[2] ou friches, et, sur d'immenses longueurs de côte, dans les medões ou dunes littorales que cimentent des forêts de pins plantées par les Brémontiers du quatorzième siècle! Que de lieux vacants dans les monts du centre, et même dans le nord, sous le climat le plus frais du pays! Où fut la forêt il ne reste souvent que buissons, pâture sèche, ou rien.

Dans le Traz-os-Montes, par exemple, on chemine pendant de longues heures sur des collines désertes çà et là tondues par le mouton, le long de sentiers

[1]. C'est à peu près les páramos des Espagnols.
[2]. Ce mot répond aux despoblados d'Espagne.

O. RECLUS. LA TERRE A VOL D'OISEAU. 27

à peine tracés, à chaque instant embrouillés en carrefours que signale de loin un poteau; arrivé devant cette planche où l'on espérait lire une indication de route, on se trouve en face d'une sauvage peinture, barbouillage de flammes rouges et d'ailes volantes; ce sont les âmes du Purgatoire qui crient : « *Não ha dor igual a mi dor. O irmãos, lembrai vos de nos passando!* » — Il n'est douleur égale à ma douleur. O frères, souvenez-vous de nous en passant! » Et, sous ces lignes, un tronc reçoit l'obole du voyageur.

Race lusitanienne. Cosmopolitisme des Portugais. Langue portugaise. — Les Portugais sont formés d'éléments ibères, celtiques, romains, germains, avec mélange de sang berbère, de sang arabe, et de sang nègre au sud du Tage.

Ils ont fait grand : ils ont reconnu les côtes d'Afrique, doublé le cap de Bonne-Espérance, changé les voies du commerce, dominé l'Inde et l'Océan. Alors le Camoëns parlait ainsi de ses compagnons d'armes : « Voyez, ils vont joyeux, par mille routes, pareils aux lions bondissants et aux taureaux sauvages, livrant leur vie à la faim, aux veilles, au fer, au feu, aux flèches, aux boulets, aux régions brûlantes, aux plages froides, aux coups des idolâtres et des Maures, à des périls inconnus des hommes, aux naufrages, aux poissons, à la mer profonde. » Maintenant leur puissance n'est qu'un souvenir, leur ardeur a disparu, et l'énergie de la nation s'est portée de l'autre côté de l'Atlantique, au Brésil : là le Portugal a fondé un nouveau peuple qui compte déjà trois fois plus d'hommes que la mère patrie, sur un territoire quatre-vingt-treize fois plus vaste, et le plus fécond de la Terre!

Ce n'est pas d'aujourd'hui que le Portugal vit surtout hors d'Europe; il y a bien quatre ou cinq cents ans que ses ambitions sont au delà des mers. Resserrés entre l'Atlantique et l'Espagne, les Portugais aimèrent mieux tenter les flots que de lutter sans espoir contre les Espagnols; et, constamment, ils tendirent vers trois places étrangères.

D'abord vers l'Afrique, la patrie des ennemis héréditaires, des « Mouros » ou infidèles, des vaincus d'Ourique et des vainqueurs d'Alcaçar-Kébir; et là, s'ils ont dû renoncer à soumettre les vallées marocaines (comme l'Espagne l'a dû faire aussi), ils ont dominé longtemps et dominent encore sur de longues plages du pays des Noirs foulées par eux avant toute autre nation de l'Europe : or, il fallait alors un courage éminent pour s'aventurer le long de l'Afrique, les marins craignant de devenir tout à coup des Nègres s'ils dépassaient une ligne que la superstition reculait toujours.

Après l'Afrique, les Lusitaniens soumirent et perdirent une partie du monde oriental, Abyssinie, Arabie, Inde et d'innombrables îles, dont Ceylan, la plus belle.

Mais le Brésil, tout d'abord méprisé, s'emplissait d'aventuriers qui s'unissaient aux Indiennes par des unions fécondes, et plus tard avec les Négresses qu'on importa d'Afrique. Ce noyau d'enfants perdus, de brigands, de marchands, de juifs, de bâtards, cet entremêlement de bruns, de rouges et de noirs, devint l'un des plus grands empires de la Terre, tandis que le Portugal restait l'un de ses plus petits royaumes.

Les immigrants lusitaniens ne prospèrent pas seulement dans les contrées tempérées de l'immense Brésil, sur les plateaux du Sud et dans la grande province « clef de voûte », la haute et salubre Minas Geraes : ils fondent aussi des familles sur le littoral étouffant, et jusque sous l'Équateur, dans la vallée des Amazones. En face du Brésil, dans l'Afrique du Sud, ils ont tout espoir de « lusitaniser » les grands pays torrides qu'ils ont conservés, au Congo, au Zambèze, et peut-être que malgré l'apparence du moment ils y sont plus sûrs de l'avenir que la fameuse association « philanthropique » africaine; car le Portugais est bien l'homme d'Europe qui se plie le mieux aux Tropiques. On attribue sa puissance de cosmopolitisme aux éléments berbères, arabes et noirs entrés dans la composition de la race; toutefois, plus on remonte vers le nord du pays, plus la nation est pure de mélanges africains, et, quand on a franchi le Douro, de ce fleuve au Minho, on trouve un peuple tout à fait européen : là vivent, dans de ravissants cantons, les Portugais de *velha cunha* (de vieille souche).

Le portugais se détacha visiblement des autres dialectes romans d'Ibérie vers le milieu du treizième siècle. Il vient du latin, mais un grand nombre de ses mots ont moins de ressemblance avec les radicaux dont ils furent tirés que les correspondants espagnols, italiens ou même français : cela par la perte d'une syllabe ou par la chute d'une consonne, surtout *l* et *n*. Poétique, fait surtout pour l'idylle, il a richesse et non sonorité; un accent vulgaire, une extrême abondance de nasales lui nuisent. Dans le cri d'appel des âmes du Purgatoire[1], *não* et *irmãos* possèdent précisément la nasale explosive commune en portugais; *dor* y est

1. Voir ci-dessus.

la contraction de *dolor*, par suite de la chute de la lettre *l*; *lembrai* vient de *rememorare*, par mutation de *r* en *l*; *irmãos* se prononce irmaïnch; *Guimarães*, Guimaraïnch; *Camoëns*, Camouïnch; *medões*, médouïnch. De toutes les langues néo-latines, la lusitanienne est celle qui a le moins respecté les consonnes primitives.

En dehors du Portugal, on parle portugais dans les colonies lusitaniennes, au Brésil, et sur des plages d'où la domination de Lisbonne a depuis longtemps disparu, comme à Malacca. Seize à dix-sept millions d'hommes l'ont pour idiome national, et ce chiffre, croissant rapidement, deviendra colossal, le Brésil ayant place pour 500 millions de Lusitanisants, peut-être pour un milliard.

Tous les Portugais sont catholiques, et fiers

Lisbonne : tour de Belem. — Dessin de Thérond, d'après une photographie.

d'appartenir à la « véritable Église »; très fiers aussi d'être Lusitaniens, « car si l'Espagne est la tête de l'Europe, le Portugal en est le diadème ».

Ils n'aiment pas leur voisin, l'Espagnol, héréditaire ennemi : « *De Espanha, nem bom vento, nem bom casamento*. — D'Espagne, ni bon vent ni bon mariage. » — Tout au moins le vent de Castille et d'Estrémadure ne leur vaut-il rien : venu des Steppes, et pleinement continental, il est desséchant, meurtrissant, flétrissant.

Du fond d'un puits où il se noyait, un Portugais, dit-on, criait à un Espagnol qui d'en haut le regardait mourir : « Tire-moi d'ici, et je te fais grâce de la vie ! »

Villes. — Lisbonne, en portugais Lisboa, capitale du royaume, a 204 000 habitants, 250 000 avec les faubourgs qui couvrent les coteaux et ceux qui remontent le Tage ou le descendent jusqu'à Belem. Ce fut pendant un siècle la première des places de commerce. Le tremblement de terre de 1755 y écrasa quinze ou vingt mille personnes, en même temps que bien loin du Tage, par delà les monts ou par delà la mer, il renversait des quartiers de Porto et jetait sur le sol les cités du Maroc. L'histoire ne connaît guère de catastrophe plus terrible : Lisbonne allait pleurer ses morts, au matin du 1er novembre, jour de Tous-les-Saints; l'air était brillant et calme; vers 9 heures, la terre gronda, le soleil pâlit dans un ciel livide, le fleuve s'impatienta sourdement, la ville craqua; l'astre blafard et qui semblait mourant perdit ses rayons dans une immense nuée de poussière; des flammes jaillirent du sol et devant Lisboa renversée le Tage insurgé brisa ses vaisseaux; des plaines s'enflèrent en collines, des coteaux glissèrent dans des ravins ou s'englou-

Porto : vue générale. — Dessin de Catenacci, d'après une photographie.

tirent dans le bâillement subit d'un abîme, tandis que chancelait et roulait toute l'œuvre de l'homme, maisons, bouges, palais, théâtres, jardins de plaisance, et les couvents, les clochers, les églises. Lisbonne s'élève à la droite du Tage, dans l'endroit précis où se contracte à 1600 mètres le fleuve qui vient de s'épancher en un lac bleu de 25 210 hectares, appelé Mer de Paille[1]. C'est à

[1]. La Mer de Paille a 15 300 mètres de plus grande largeur.

15 kilomètres de cette ville, bâtie, disent les Lisbonnais, sur sept collines comme Rome, que le Tage va se faire dévorer par la mer Atlantique, devant les rochers de la serra déchirée de Cintra, magnifiquement lumineuse, harmonieuse et belle : pourtant elle n'a même pas 500 mètres.

Porto (108 000 habitants), plus exactement o Porto, c'est-à-dire le Port, à 4 ou 5 kilomètres de la mer, couvre de durs penchants de colline, sur le bleu Douro, large de quelque 200 mètres, et

Batalha, entre Lisbonne et Coïmbre : porte de la chapelle Imparfaite. — Dessin de Thérond.

fort navigable, mais roche et sable gênent son embouchure et la font périlleuse. Entrepôt du nord de la Lusitanie, pays le plus agréable, le plus frais, le plus riche et peuplé du royaume, Porto, dont le Portugal tient son nom, embarque la grande majorité des émigrants qui vont renforcer l'élément national dans le grand empire Lusitano-Américain : dix, douze, quinze à dix-huit mille hommes[1] — c'est selon — se hasardent tous les ans sur l'Océan vers ce Brésil dont on raconte tant de merveilles dans les chaumières des serras (et cependant il ne sera pour beaucoup d'entre eux que le lieu d'une mort prématurée)[1]. Porto fait le commerce des vins excellents qui croissent dans les schistes bordant le cours du fleuve. Si l'on remonte le Douro par delà ces vignobles, on entre dans des gorges d'une grandeur austère où le fleuve dort au pied de rochers immenses : là, rien

Coïmbre : vue générale. — Dessin de Taylor, d'après une photographie.

du monde, et pas d'hommes, si ce n'est par hasard, et bien haut, un berger sur la pierre, une chèvre broutant quelque arbuste à cinq cents pieds au-dessus des eaux ternes, un contrebandier qui, par des sentiers terribles, va de Portugal en Espagne ou d'Espagne en Portugal, car le Douro, calme, obscur, étroit, honteux de sa petitesse, divise ici les deux royaumes. Non loin de Bemposta, bourg du plateau de Traz-os-Montes, près du confluent du Tormès, rivière d'Espagne, le rio sombre entoure en silence le petit rocher de Peredo : du Portugal on saute sans peine à cette roche, et, de cette roche, sans peine encore, à la rive espagnole.

Coïmbre (15 000 hab.), sur le Mondego, en vue de la serra da Estrella, est le siège de l'université lusitanienne, l'ancienne capitale du Portugal, le lieu de beaux souvenirs de sa vieille histoire. Parmi ses étudiants il y a beaucoup de Brésiliens.

[1] Les îles portugaises (les Açores et Madère) comprises.

[1] L'émigration portugaise est fournie presque tout entière par le littoral, du Minho à Lisbonne, et par les îles : l'intérieur du pays émigre très peu, le sud également.

Pavie : vue de la Chartreuse. — Dessin de Harry Fenn.

ITALIE

Situation. Étendue. — Au nord, l'Italie touche aux Alpes, centre de la véritable Europe ; au sud, de ses derniers promontoires, on voit, par les temps clairs, les montagnes, aujourd'hui françaises, de Tunis. Au centre du bassin de la Méditerranée, elle en fut longtemps la reine.

Sur ses 28 854 000 hectares vivent 28 733 000 personnes, presque 100 par kilomètre carré, partagées entre la Haute Italie ou Italie continentale, l'Italie apennine ou péninsulaire et les îles.

Haute Italie. — Hui[1] divisée en Piémont, Lom-

bardie, Vénétie, Ligurie et Émilie, la Haute Italie, quand les Romains l'envahirent, ne différait point de la Gaule ; de ce côté sud-oriental des Alpes on était, comme au delà des monts, de langue celtique, de sang gaulois plus ou moins adultéré ; les Romains nommaient ce pays Gaule Cisalpine, par opposition à la Transalpine : de même nous traitons les Italiens d'Ultramontains. Puis, après des guerres inexpiables, soumis comme nous, Gaulois de la Gaule majeure, ils oublièrent, comme nous, la langue ancestrale et devinrent des Latins.

Grande d'un peu plus de dix millions d'hectares, avec douze millions d'habitants, elle a, certes, peu de rivales en Europe, et même dans le monde.

---

1. Pourquoi toujours charroyer le mot pédant, lourd, encombrant d'*aujourd'hui*, né dans la poudre du greffe ?

plus que l'Ida, mais peut-être de leur calcaire brillant au soleil. Ces Monts Blancs ou Aspravouna ont un troisième nom, celui de monts Sphakiotes : ils le doivent à leurs durs habitants, les Sphakiotes, qui se vantent d'être les fils du pur sang des Hellènes. Qu'ils se soient ou non mêlés aux Slaves, aux Byzantins, aux Arabes qui régnèrent dans l'île au neuvième et au dixième siècle, aux Vénitiens, aux Turcs, maîtres de Crète par eux appelée Candie, et aux Albanais qui aidaient l'Osmanli dans son œuvre d'asservissement ou de mort, ce sont de fort beaux hommes que ces héritiers des vieux Crétois habiles à lancer la flèche; toujours ils ont su garder leur liberté dans la montagne, et cent fois ils ont rempli du sang de leurs ennemis mahométans et de leur propre sang les ruisseaux qui sautent en cascades dans la roche vive et les sources qui jaillissent à l'ombre du châtaignier. Pendant que les gens du plat pays apostasiaient, ils sont demeurés chrétiens, et leur langue, parfumée d'antiquité, ressemble au vieux parler dorien, qui fut le plus énergique, le plus osseux des dialectes grecs. D'ailleurs tous les Crétois parlent grec, même les musulmans, à l'exception des quelques arnaut keuï ou villages albanais.

On donne à cette île majeure de l'Hellénie 230 000 habitants, dont 93 000 professant l'islamisme : ces musulmans n'y vivent guère hors des villes ou loin de la côte, et ce sont les chrétiens qui forment la population des champs. Métissés (sauf les Sphakiotes), longtemps aplatis sous le joug, souvent décimés par des guerres d'indépendance jusqu'à ce jour malheureuses, ils ne sont pas encore assez nombreux, ni peut-être assez actifs pour rendre à leur patrie sa ceinture de villes élégantes. La Crète a sa capitale sur le littoral du nord, doté de ports excellents, en face des Leuca Ori : c'est la Canée (12 000 habitants), qui fut Kydonie.

Petites îles : Thaso, Samothraki. Imbro, Limno. — Thaso (10 000 habitants), île de 19 200 hectares, s'élance à 1000 mètres par son Saint-Élie dont le nom, commun en terre grecque, tord à la chrétienne le nom païen du soleil, *Helios*. Contre l'habitude des roches entourées d'eau de la mer Égée, Thaso, où la pluie tombe dru, donne l'ombre des bois, surtout des pins, à ses Hellènes parlant un grec souillé de turc.

La stérile Samothraki, en vue de l'Athos, en face de l'embouchure de la Maritsa, n'a que la population d'un hameau : 200 Grecs à peine, sur 17 000 hectares, autour d'un Saint-Élie de 1598 mètres, trachyte drapé de chênes.

Imbro, bien moins haute, puisque son Saint-Élie ne monte qu'à 595 mètres, sort du flot près de l'ouverture des Dardanelles dans la mer Égée. 4000 Hellènes y peuplent peu 22 000 hectares.

Limno ou Stalimène fumait au temps des Grecs : de ses fourneaux, éteints maintenant, ils firent la forge de Vulcain, dieu de la fonte et du fer, père des arts et de toute science ; aucun de ces volcans n'a de grandeur, et le Skopia ou Belvédère n'y atteint que 430 mètres. 44 000 hectares, 22 000 hommes, presque tous Grecs gagnant sur l'élément turc, pas d'ombrage, ou bien peu, beaucoup de fontaines, un sol riche, voilà Lemnos, à distance égale du mont Athos en Europe et du rivage de Troie en Asie.

Ces quatre îles furent florissantes jadis, pendant l'ère brillante des Hellènes, quand Thasos, par exemple, avait 100 000 âmes, et peuplées alors de villes ingénieuses d'où sortaient des poètes, des artistes, et malheureusement aussi des rhéteurs. Elles ont pour habitants des commerçants, des pêcheurs et des marins. Dans toutes les quatre, la capitale est un petit bourg du nom de Kastro (forteresse).

Tous ces pays « soumis » ont ensemble un peu plus de 16 500 000 hectares, avec 4 500 000 habitants, soit 27 personnes par kilomètre carré.

Roumélie orientale. — La Roumélie orientale ou **Province autonome** appartient officiellement au sultan de Constantinople qui en nomme le gouverneur, résidant à Philippopoli ; mais en réalité elle jouit d'une presque indépendance. Elle aspire ouvertement à se marier à la Bulgarie dont elle parle la langue et à laquelle elle espère porter en dot les autres provinces plus ou moins bulgarophones, la Roumélie propre. la Thrace, la Macédoine : ainsi naîtrait ou renaîtrait la « Grande Bulgarie », du Danube à la mer Égée, de la mer Noire aux monts Albanais.

L'Autonomia ou Province autonome, égalant presque six de nos départements, n'a pas tout à fait 3 600 000 hectares avec quelque 800 000 âmes, soit 23 personnes par kilomètre carré. Elle occupe le bassin supérieur du fleuve Maritsa, au pied méridional du Balkan, qui la sépare de la Bulgarie ; dans l'autre sens, de l'est à l'ouest, elle va de la rive du Pont-Euxin aux montagnes du Rhodope.

Des statistiques fortement philhellènes nous la donnèrent longtemps comme une contrée presque purement grecque ; maintenant des documents trop bulgarophiles sans doute nous la représentent comme bulgare, et en second lieu musulmane : elle compterait 620 000 Bulgares, dont 50 000 Pomaks ou Mahométans bulgarophones, 175 000 Turcs et Musulmans, lesdits Pomaks compris, et seulement une quarantaine de milliers de Grecs, parmi lesquels un grand nombre à Plovdiv (24 000 habi-

Types et costumes albanais. — Dessin de Ronjat, d'après une photographie.

tants), la Félibé des Turcs, la Philippopolis des Grecs, ville capitale, au bord de la Maritsa.

Avant la dernière guerre, l'élément turc avait une plus grande force dans ce pays, voisin de Constantinople et depuis longtemps infiltré d'Osmanlis; mais quand le chrétien triomphant devint à son tour lâche et persécuteur, 250 000 Mahométans s'enfuirent, dit-on, de la terre bulgare; 100 000 de la seule Roumélie orientale. Beaucoup, depuis, sont revenus.

Bulgarie, Bulgares. — La Bulgarie tout à fait indépendante, mais condamnée à payer un tribut à Sa Hautesse, tend à s'annexer toutes les terres qui ne mentent jamais au laboureur parce que l'eau des canaux n'a pas les caprices de l'eau du ciel, et qu'elle vient à toute heure, avec une abondance réglée sur la soif légitime de la terre : c'est la fièvre, plaie des pays très arrosés, spécialement des rizières. Et avec la fièvre règnent la pellagre et toutes les odieuses maladies, anémies et faiblesses qu'amène l'usage du maïs, nourriture lourde et trompeuse.

Italie Péninsulaire. — Vaste de 13 500 000 hectares, l'Italie péninsulaire est un très grand hérissement de montagnes ; il n'y a sur elle qu'un peu plus de 700 000 hectares de plaines, presque toutes simples élargissements de vallée. Le reste, c'est le calcaire Apennin, où des bois rares, pins, sapins, hêtres, chênes, ormes, bouleaux, témoignent de l'antique forêt. Aux massifs de l'Apennin bien plus qu'aux géants des Alpes l'Italie doit son altitude moyenne de 517 mètres, dépassée en Europe par quatre pays seulement : Suisse, Ibérie, Péninsule slavo-grecque, Autriche.

Plus on va vers le midi, plus la péninsule s'amincit, plus les Apennins se déchirent. Dans le nord de l'ancien royaume de Naples, les Abruzzes, qui furent le longtemps invincible Samnium, dressent au nord-est de Rome, en vue de l'Adriatique, le pic culminant de la longue chaîne, le Gran Sasso ou Grand Roc d'Italie (2902 mètres), escarpement calcaire, avec débris de forêts et quelques ours. Dans le sud de ce même royaume, dans les Calabres, plus disloquées et désordonnées encore que les Abruzzes, les Apennins s'achèvent en face de la Sicile, sur le détroit de Messine, par le granitique massif de l'Aspromonte (1909 mètres), âpre et dur mont, son nom le dit, mais le palmier croît à ses pieds sous la brise des calanques.

D'une mer à l'autre, la presqu'île italienne n'a jamais 200 kilomètres de largeur. Ses deux versants ne se valent pas : le penchant de l'Adriatique, plus étroit, a des côtes plus raides, à longues lignes droites, des torrents plus courts, et ses peuples n'ont pas marqué dans l'histoire ; sur le penchant occidental, le rivage est mieux dentelé ; la distance plus grande entre mer et mont laisse place à des fleuves, et sur deux de ces fleuves grandirent des nations dont l'une façonna le vieux monde : là coulent Arno, Tibre, Garigliano, Volturne.

Le charmant Arno, le fils des Apennins qui séparent Florence de Bologne, court d'abord au sud, comme s'il descendait au Tibre ; mais, vers Arezzo, près des lieux où le canal de la Chiana lui verse des eaux jadis épandues en un marais fétide, il se reploie vers le nord-ouest, puis vers l'ouest, et par Florence va chercher la plage de Pise, où depuis le douzième siècle il a gagné 5 kilomètres sur la mer.

Le Tibre, en italien Tevere, premier fleuve du monde avec le Jourdain et avec l'Ilissus — si les plus fameux étaient les plus beaux — roule en moyenne 294 mètres cubes par seconde, assemblés pendant un cours de 418 kilomètres en un bassin de 1 773 000 hectares. Rarement il monte à 1700 mètres cubes, en très grande crue, et son étiage est de 160 mètres, dus pour un quart aux rivières extérieures et pour trois quarts à des sources de fond vidant des lacs enchâssés dans la roche, sous les calcaires tout criblés de fissures semblables aux avens qui font nos vaucluses.

Il surgit dans les Apennins étrusques, se plie et se replie dans un val ouvert au sud et reçoit des torrents fournis par des montagnes blanches de neige en la saison comme le Soracte d'Horace. A quelques lieues au nord du monticule conique de Caprese, patrie de Michel-Ange, il sort d'une forêt de vieux hêtres, sur un des contreforts du Fumajolo, non loin de l'Adriatique : si bien que des sommets dominant la naissance du fleuve on voit quelquefois dans les beaux temps l'antique Rimini, voisine de cette mer. Il laisse à droite Perugia (Pérouse), passe près du Soracte, mont calcaire dans une région volcanique, puis, en aval de Rome, il entre dans la Méditerranée par deux branches : l'une, celle d'Ostie, est le grand Tibre, le Tibre naturel ; l'autre, le Fiumicino, est le Tibre artificiel, le canal de navigation creusé dans les premiers temps de l'empire romain ; entre les deux l'Isola sacra, l'île Sacrée, jadis jardin de roses consacré à Vénus, est devenue un marais dont des taureaux sauvages foulent les joncs, les roseaux et les pâles asphodèles.

Les flots du Tibre, traîtres et rapides, sont d'un jaune tirant sur le rouge. Ce n'est pas qu'il ne recueille des sources limpides, telles que les Vene, ces fontaines d'où monte le beau Clitumne chanté par Virgile et par Byron ; mais il se souille des particules terreuses qu'il arrache à la fertile Ombrie. Ses meilleurs affluents se nomment le Topino, le Nar et l'Anio. C'est dans le Topino que se verse le Clitumne. Le Nar ou Nera reçoit le Velino, qui lui arrive au-dessus de Terni par la splendide cascade des Marbres dont le premier bond a 100 mètres ; après quoi, dans une fissure qui souvent n'a qu'un mètre de large, bien qu'il roule en moyenne 120 mètres cubes par seconde, il passe à Papigno sous un pont naturel. L'Anio ou Teverone, le torrent des cascatelles de Tivoli, ne descend guère au-dessous de 25 mètres cubes. Au sud-est des bouches du Tibre, entre Porto d'Anzio et Terracine, les Marais Pontins, demeure du buffle, du sanglier, du cerf, sont voisins de la mer, derrière la dune ; l'homme fuit ce palus empesté, maremmes romaines aussi mortelles que les toscanes, mais deux fois moindres (75 000 hectares).

Le Garigliano tombe par les deux hautes cascades de Sora ; il boit le Fibreno, fontaine admirable dont on attribuait l'abondance à des émissaires souterrains du Celano, le Fucinus des Latins. Cet ex-lac, à 700 mètres d'altitude, dormait dans un bassin calcaire avec des différences de niveau de 16 mètres, tantôt couvrant au loin la campagne, tantôt reculant de ses rives, sans profondeur, nauséabond ; Rome n'avait pas su le dessécher, un ingénieur vient de le vider par un tunnel.

Les autres grands lacs de l'Italie péninsulaire bordent le bassin du Tibre : le lac de Trasimène ou lac de Pérouse (13 490 hectares), sans effluent visible, repose, à 257 mètres, entre des monts gris

Chèvres de la Campagne romaine. — Dessin de Henri Regnault, d'après nature.

d'oliviers ; il va subir le sort du Celano. Le lac de Bolsena (11 660 hectares), profond de 140 mètres, est à 305 mètres au-dessus des mers, au sud-ouest d'Orviéto, dans une coupe volcanique bordée de châtaigniers, au milieu de laves taillées en précipices portant des bourgades vertigineuses : la Marta porte ses eaux à la mer Tyrrhénienne. Au nord-ouest de Rome, le lac de Bracciano (5670 hectares), à 151 mètres d'altitude, se déverse par l'Arrone, fleuve côtier : il a 250 mètres de creux. Entre les lacs de Bolsena et de Bracciano, le lac de Vico, vieux cratère, émet un affluenticule du Tibre. Le lac d'Albano, au sud-est de Rome, dans les monts du Latium, n'a que 600 hectares, à 305 mètres d'altitude ; la sonde y descend à 142 mètres : il coule à la mer par un courant hypogée. Tout près de lui le petit lac de Némi (200 hectares), profond de 50 mètres, emplit également un cratère.

Toscane. — C'est sur l'Arno que vivaient les Étrusques auxquels Rome naissante emprunta beaucoup de sa religion, de ses lois et coutumes ; le peuple étrusque étendait jusqu'au Tibre sa confédération de cités, il franchissait même ce fleuve, ayant fondé douze villes dans la riante Campanie. Durant les premiers siècles de Rome, il n'y avait entre l'Étrurie et la future maîtresse du monde que la largeur du Tibre, franchi par un pont de bois dont on enlevait les planches en temps de guerre.

Du mélange des Étrusques, peuple d'origine inconnue, des Celtes et des Romains, se forma la race des Toscans, qu'on dit les mieux doués des Italiens. C'est en Toscane que la langue de si fut fixée par des écrivains, dont Dante est le « duc et maître », et nulle contrée du monde n'a donné plus de génies de première envergure, tant poètes qu'artistes et savants.

La Toscane, dans sa petitesse, réunit trois régions : sur la mer Tyrrhénienne, eau d'un bleu pur, les Maremmes tiennent le pays bas; à la bouche de fleuves côtiers dont le moins faible est l'Ombrone; elles continuent, entre Livourne et Rome, les plages où l'Arno finit parmi les dunes et les pins, rive où passent, à longue et boiteuse enjambée, des chameaux acclimatés depuis des siècles[1]. Terre d'argile où les eaux s'extravasent, ces bas-fonds de 150 000 hectares, jonqueux pâtis que broutent mouton et bœuf mi-sauvage, exhalent incessamment la malaria; la fièvre y règne, et la maigreur, la lividité, la mort, tellement qu'on dit

Rome : La loggia des Farnèse. — Dessin de Henri Regnault, d'après nature.

d'une contrée puante, pourrissante, empoisonnée, qu'elle est maremmatique. Tout n'y est pas marais cependant, et des maquis y alternent avec des bois de pins, des chênes-lièges, des chênes.

Dans le val d'Arno et sur les avant-monts, qui forment la seconde région, le soleil toscan mûrit les grappes de la vigne enlacée au peuplier, parmi les ruines des vieux châteaux, au pied de tours qui s'effondrent, entre villas, fermes, arbres de plaisance, pins verts, cyprès noirs, trembles aux reflets argentés ; à côté du mûrier, du maïs, du cep généreux qui grandit en quelques années, le terne olivier croît lentement, mais pour des siècles ; de beaux arrosages fécondent une terre très divisée, régulière en ses compartiments.

Dans le mont, troisième région, les forêts de chênes avec la glandée du porc, les chênes-lièges, les châtaigniers, les hêtres, s'étagent ou se confondent sur les versants moyens, tandis que le mélèze,

1. Depuis les Croisades, dit-on.

Rome : Ruines des Thermes de Caracalla. — Dessin de J. Petot, d'après une photographie.

le pin, le sapin, possèdent les sommets que la neige visite en hiver, où même elle demeure longtemps, car telles cimes de l'Apennin toscan dépassent 2000 mètres. Là sont les marbres statuaires les plus célèbres, ceux de Carrare, de Massa, de la Seravezza et de l'Altissimo, dans la montagne littorale entre l'embouchure de l'Arno et le port militaire de la Spezzia : monts qui envoient leurs eaux à la Magra ou au fleuve de la toute charmante Lucques, au Serchio, qui coule des frimas de la Garfagnana.

En face de la Toscane, sur le chemin de la Corse, l'île d'Elbe, capitale Porto Ferrajo, renferme à peine 22 000 hectares entre rives hautes et précipitées. Le Capanne (1039 mètres) domine les cimes de granit et les dômes de serpentine de cette île « inépuisable en métaux », comme dit Virgile ; ses mines de fer, déjà fouillées par les Étrusques, suffiront pendant des milliers d'années à une immense extraction.

Rome. — Sur le Tibre a grandi Rome, la ville-empire qui régna pendant des siècles de l'Écosse à la Perse et du Danube au Sahara, sur 120 millions d'hommes. Des victoires sans nombre, mêlées de terribles défaites dont nulle ne lassa la constance

Bœufs de la Campagne romaine. — Dessin de Henri Regnault, d'après nature.

romaine, lui donnèrent le monde connu, moins les bois et les marais hyperboréens, l'ardente Éthiopie, mère du Nil sacré, l'Inde merveilleuse et la Chine à peine soupçonnée derrière de prodigieuses montagnes. Des routes de pierre allant droit par monts et par vaux, avec ponts indestructibles, sillonnaient cet empire, et toute révolte était brisée par des légions tôt accourues ; une administration puissante serrait dans son étau les nations allophones, un réseau de colonies les latinisait, le fisc les suçait, le cirque les corrompait, et le théâtre, les bains, les plaisirs, tout le luxe de la ville insensée et des autres cités romaines, folles et vaines comme leur mère. En énervant les peuples, Rome s'énervait elle-même : les vices de l'Asie lui tirèrent plus de sang viril que le Carthaginois borgne qui ravagea seize ans l'Italie, plus que le Cantabre « tardivement enchaîné », plus que le Gaulois qui avait égorgé les sénateurs romains dans Rome même.

Mais du moins, pendant ses jours de force et de gloire, Rome donna beaucoup de son sang, tout son droit, toute sa langue aux nations appelées d'après elle romanes, latines ou néo-latines : nations qui, sous les noms d'Italiens, Français, Espagnols, Portugais, Roumains, possèdent aujourd'hui les plus beaux pays de l'Europe, l'Afrique du Nord, une part de l'Amérique septentrionale, l'Amérique Centrale et l'Amérique du Sud.

Naples. — Les Napolitains habitent sur le Garigliano ; sur le Volturne, au nord duquel la Roca Monfina (1006 mètres) est le volcan le plus septentrional de l'Italie du Midi, d'ailleurs volcan mort ; au pied du Vésuve et jusqu'au détroit de Messine ;

autour du Gran Sasso ; sur la Pescara et l'Ofido dont la perte en mer regarde au loin le rivage albanais et dalmate ; sur le golfe qui berça la corruption de Tarente, Crotone et Sybaris. Ils peuplent le Labour ; la Campanie, plaine faite des cendres que rejeta la Roca Monfina, terre étrusque, ensuite grecque plutôt que romaine, jadis le pays des délices de Capoue puis de Baïa, comme aujourd'hui des plaisirs de Naples ; la Calabre hachée ; les rudes Abruzzes ; et la Pouille, sur l'Adriatique. Celle-ci, l'ancienne Apulie, contraste étrangement avec Abruzzes et Calabres par la monotonie de ses tavogliere, plaines sèches, sans ruisseaux, sans fontaines, n'ayant guère que des citernes. Elle fut le pacage d'automne et d'hiver des pasteurs samnites, et c'est encore une contrée pastorale. Au moyen âge, elle prit quelque part à l'histoire des hommes, quand les Croisés eurent conquis le Saint-Sépulcre : ces hommes d'armes eurent besoin d'hommes de métiers, ils manquaient surtout de femmes ; serviteurs, ouvriers, femmes leur vinrent de la Pouille, et bientôt, au-dessous de l'aristocratie des chevaliers, les Pouillans formèrent un peuple de « civils », de colons ou, si l'on veut, de créoles. Mais tout cela n'eut qu'un temps.

Ce pays était il y a peu d'années le royaume de Naples ; ce fut la Grande-Grèce, brillante, opulente, savante, artiste, belle, poétique, mais pourrie avant l'âge et marquée pour périr : chaque cité haïssait les autres cités, chaque citoyen enviait les citoyens ses frères. Ainsi faisaient les Hellènes en toute Hellénie.

Italie insulaire. — L'Italie insulaire comprend deux grandes îles méditerranéennes, la Sicile et la Sardaigne : un peu moins de 5 millions d'hectares, avec un peu plus de 3 600 000 âmes.

Sicile. — Les monts de la Sicile (à part l'Etna) continuent manifestement l'Aspromonte calabrais, mais un détroit splendide, le Faro ou Phare de Messine, sépare, et peut-être ou sans doute n'a pas toujours séparé les deux pays : il a 3127 mètres de moindre largeur, 75 de profondeur moyenne et 332 au plus creux : à peu près comme le Léman.

Berger de la Campagne romaine. — Dessin de Henri Regnault, d'après nature.

Il n'y a que 100 kilomètres entre les caps de Marsala et le cap Bon, promontoire tunisien, quelques heures de navigation pour une barque : des Piliers des Géants, nobles ruines du temple de Sélinonte, non loin de Castelvetrano, on aperçoit même, à l'horizon du Sud, aux heures les plus sereines, le vague dessin des monts de la Tunisie.

Cette île eut toutes les fortunes, de la splendeur inouïe à la dernière indigence, du luxe effréné des arts à la barbarie grossière ; elle eut pour habitants ou pour seigneurs des Sicanes, qui peut-être étaient de la famille des Ibères ; des Sicules envoyés par l'Italie ; des Carthaginois venus des monts africains qu'on voit de Sélinonte ; des Grecs qui bâtirent des villes voluptueuses ; des Romains qui la pillèrent et vécurent de ses blés ; des Vandales, des Ostrogoths et des Byzantins qui ne firent qu'y passer ; des Lombards ; des Berbères mêlés d'Arabes et de Nègres qui y restèrent longtemps et dont la langue devint l'idiome civilisé du pays ; des Normands qui y fondèrent une dynastie puissante ; des

Tudesques peu faits pour ce soleil ; des Français massacrés en une seule nuit ; enfin des Aragonais et des Espagnols.

Le pic culminant de la Sicile calcaire, le Pizzo di Case, n'a que 1951 mètres ; mais dans l'est, le plus beau volcan de l'Europe, l'Etna (3313 mètres), qui marque le centre de la Méditerranée, s'élance d'un socle de 120 000 hectares avec 180 kilomètres de tour à la base, au-dessus de la plaine de Catane, sol fécond, cendres, laves décomposées.

Plongeant sur la mer, cet « ombilic du monde » ne perd rien de sa grandeur, et qui le voit des flots donnerait aux deux pointes de sa pyramide la hauteur des géants d'Alpe ou de Caucase : même il a longtemps passé pour le premier pic du monde. A

L'Etna, vu de Taormine. — Dessin de H. Clerget, d'après une photographie

ses pieds et sur ses premiers versants, jusqu'à 800 mètres, plus de 300 000 hommes, soit près de 600 par kilomètre carré, soit encore 6 par hectare, s'acharnent à planter la vigne et les arbres à fruits, malgré la dure mémoire des colères de l'Etna, et quelquefois le présage sinistre de sa toux : on connaît à cette impatiente montagne cent éruptions au moins, dont quelques-unes ont duré des mois, des ans. Plus haut que vergers et vignes, les chênes, châtaigniers, pins, hêtres, bouleaux font au géant une verte ceinture que les bûcherons déchirent ; plus haut encore, la neige séjourne pendant tout l'hiver.

L'ardeur du sol qui cache des fournaises, la noirceur des scories et des cendres qui appelle et concentre les rayons du soleil, font des versants méridionaux de l'Etna la contrée la plus brûlante en Europe, le « four » de cette chaude Sicile où croissent le palmier, le figuier de Barbarie, la canne à sucre, le cotonnier, le bambou.

Chaque jour ce fier « pilier du ciel » perd quelque chose, non de sa majesté solitaire, mais de sa grâce : le bûcheron, le charbonnier le dépouillent, parfois aussi les laves qui rasent jusqu'à cent mille arbres par éruption, sinon plus. Mais fût-il encore tout noir de bois (s'il l'a jamais été), qu'il n'y entretiendrait pas de beaux ruisseaux pérennes : l'eau des pluies y filtre sous la lave et la cendre, et ne va resourdre en fontaines qu'au bord même de la mer : tel, à Catane, l'Amenano.

Au large de la côte septentrionale de Sicile, les îles Lipari ou îles Éoliennes (20 000 hab., en 14 800 hectares) s'élèvent sur la route qui va des soupiraux etnéens à la bouche de feu vésuvienne; on y distingue Lipari, volcan éteint, terre riante; Vulcano, amas de scories, île rouge et noire, sté-

Florence : la fontaine de Neptune

rile, vouée jadis à Vulcain : ce volcan palpite encore, non moins que la célèbre Stromboli (942 mètres). Salina, Alicudi, Félicudi dorment et pourraient s'éveiller.

A 100 kilomètres au sud-sud-est de la Sicile, à 80 seulement de la Tunisie, l'aride et volcanique Pantellaria (6000 hab. sur 10 300 hectares) était comme un poste avancé d'où les Italiens guettaient Tunis quand ils pensaient hériter de Carthage.

La Sicile porte 2 969 000 habitants sur 2 579 800 hectares, soit 115 par kilomètre carré, et cependant les immenses champs de céréales sur les plateaux de l'intérieur, les vignobles, les olivettes, les orangeries, dont la culture s'étend, ne couvrent point, tant s'en faut, tout ce qu'on y peut labourer et planter. On prétend que l'île comptait 12 millions d'âmes au temps d'Égeste, de Sélinonte, de Syracuse, qui n'a pas 20 000 hommes et en eut un million, d'Agrigente (aujourd'hui Girgenti : 19 000 hab.), dont les citoyens « bâtissaient comme s'ils ne devaient pas mourir et soupaient comme s'ils n'avaient que deux jours à vivre ». Dans ce pays sans fermes, sans hameaux, une partie de la nation demeure dans les villes de la côte; l'autre, à l'intérieur, habite en d'énormes bourgades, dont plus d'une, sur sa plaine séchée, n'a ni flot de fontaine pour désaltérer ses jardins, ni forêt pour tempérer son été, ni coteaux bombés en écran pour casser les vents du steppe.

Malte. — Il convient de parler ici d'une île singulière : elle appartient à l'Angleterre, mais elle dépend géographiquement de l'Italie, tandis que par l'origine et le langage de ses gens elle se rattache surtout à l'Afrique du Nord. A 90 kilomètres au sud de la Sicile, à 250 de l'Afrique, Malte, rocher calcaire, fut au moyen âge le siège d'un ordre de moines guerriers qui couraient sus aux Musulmans pour faire œuvre pie. Et à vrai dire, il fallait alors ou les attaquer ou s'en défendre. Ils délivrèrent des milliers de chrétiens, ils chargèrent de chaînes des milliers de mahométans, et ceux-ci, parqués dans l'île comme esclaves, y affermirent peu à peu le dialecte arabe qu'avaient apporté, quelques siècles auparavant, des conquérants venus de l'Afrique septentrionale.

Malte, sous un climat où le thermomètre ne descend pas à la glace, a des étés secs, des hivers à vents impétueux, et très peu de pluie. L'eau, sans doute, y tombait du ciel en plus grande abondance, il y avait plus de sources, et des sources plus belles, quand l'île possédait encore des bois; mais aujourd'hui ce petit pays n'est qu'un rocher divisé en compartiments arides par des murs de pierre; il n'a plus d'arbres unis en forêts, pas de rivières, peu de fontaines, et ces fontaines sont indigentes; la terre même lui manque : le Maltais s'en compose quelques pelletées en pilant la roche, ou bien va la chercher en Sicile et il plante du coton sur ce sol venu de l'île triangulaire.

Très pressés sur le sol, car Malte a 155 000 habitants sur 32 260 hectares, les Maltais émigrent vers l'Égypte, et plus encore vers la Tunisie et l'Algérie, notamment vers la province de Constantine. Ils y sont fort utiles, non point comme paysans, puisqu'ils ne se fixent que dans les villes, mais comme intermédiaires entre les Français dont ils ont la religion, et les indigènes dont ils parlent à peu près la langue, avec mélange d'italien.

La Valette (60 000 habitants), capitale de cette île, est une forteresse redoutable, comme toutes celles d'où les Anglais commandent à la mer.

Sardaigne. — Un peu plus éloignée de l'Italie que de l'Afrique, laquelle n'est même pas à 200 kilomètres, la Sardaigne était appelée par les Grecs Ichnusa, de ce qu'elle a forme de sandale. Elle ne ferait qu'un avec la Corse sans les quelques kilomètres du détroit de Bonifacio.

Sur les rivages de la Sardaigne, les plaines sont par endroits si marécageuses que les Romains avaient fait de l'île une Cayenne pour leurs déportés, sachant bien que la fosse y était creusée d'avance. « Tu trouveras la Sardaigne à Tivoli même », écrivait le poète, c'est-à-dire : « Quoi que tu fasses, tu mourras! » Les fièvres du littoral, surtout celles du pays d'Oristano, sur la côte occidentale, ont une terrible puissance d'empoisonnement; comme elles sévissent dans des lieux où il semble que le miasme des marais ne pénètre pas, d'aucuns ont pensé que les plombs et les cuivres de cette île très puissamment veinée de métaux dispersent peut-être, eux aussi, dans l'air des exhalaisons méphitiques.

A grands traits, la Sardaigne est un pays de monts entre lesquels domine, parmi granits et schistes, sous le 40e degré de latitude, le Gennargentu ou Punta Florisa (1864 mètres); tandis qu'au nord de l'île, dans la Galura, cimes chaotiques, le Limbara dépasse à peine 1300. Ces monts portent des oliviers, des maquis, arbustes et broussailles, des forêts qui furent plus grandes; ils pressent des métaux mal ou point exploités; leurs eaux vont à des fleuves fiévreux, notamment au Tirso, plus long que les autres. La côte ne manque point d'échancrures, mais les navires y sont rares, surtout les navires des Sardes, car ce peuple embrassé par la mer n'a jamais eu beaucoup de marins. Ces insulaires vivent dans des villes ou bourgades et très peu dans des hameaux ou des fermes : c'est qu'en cette île chrétienne plus d'une fois visitée par les corsaires mahométans (même jusqu'en 1815), les familles se groupèrent au pied des forteresses.

Telle est cette Sardaigne « arriérée », l'un des pays d'Europe jusqu'à ce jour le plus épargnés par le nivellement qui fera de tous les hommes un troupeau.

Sur 2 384 200 hectares, la Sardaigne n'entretient que 692 000 personnes, ou 29 au kilomètre carré, soit le quart seulement de la densité sicilienne — et beaucoup moins que la moitié de celle de la France. Les Sardes, fond ibère, avec croisements de Phéniciens, de Carthaginois, de Romains et d'exilés de toute nation, d'Arabes et de Berbères, enfin de Catalans, s'éloignent plus que les autres peuplades italiennes des origines celtique, étrusque, latine, grecque, etc., dont la rencontre a fait les diverses « tribus » de la Péninsule; mais leur dialecte se rapproche plus que tout autre de la langue des vieux maîtres du monde : on a même pu composer tant bien que mal de tout petits poèmes, naturellement point poétiques, torturés, contournés, qui sont à la fois latins et sardes. Ce peuple, jusqu'à ce jour très épris de vendetta, est de petite taille, ainsi que ses chevaux et ses ânes. On a dit à ce propos que la Sardaigne ne saurait créer rien de grand.

L'un quelconque de ses anciens peuples couvrit l'île de nuraghi, monuments frustes qu'on prenait pour des tombeaux et qui peut-être étaient des habitations; — il en reste encore quatre mille.

Italiens, langue italienne. — Ces îles, cette

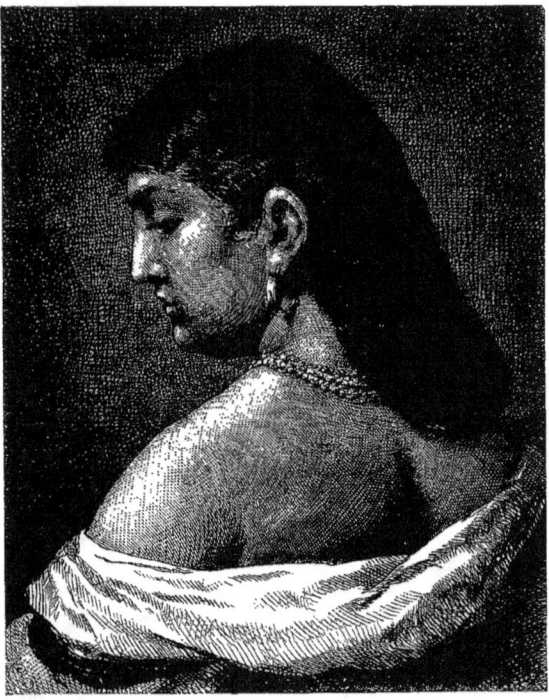

Rome : une Transtévérine.

péninsule, ce tronc continental, tout cela c'est « la terre de Saturne, la grande mère des fruits. Nulle n'est aussi glorieuse : ni les forêts des Mèdes, pays d'opulence, ni le beau Gange, ni l'Hermus rayé d'or, ni Bactres, ni les Indes, ni la Panchaïe[1], sables d'où sort l'encens. » Virgile disait vrai. L'Italie doit beauté, richesse à la nature chaude et tendre de ses roches, à l'illumination du soleil, à la profusion des pluies, qui peuvent verser jusqu'à 2 mètres par an sur les hauts Apennins, et 3 mètres sur certaines Alpes. Mais

[1] La Panchaïe était l'Arabie Heureuse.

déjà maint district y déborde d'habitants, ici malgré les prodiges de l'irrigation, là malgré la patience du paysan qui pioche le caillou, qui plante la vigne et l'olivier dans la pierre. Du Piémont, de la Ligurie, de la Lombardie, de l'Émilie, de la Napolie, de la Sicile, de partout, les Italiens s'épanchent à milliers par semaine, à raison de 80 000, 100 000, 150 000 par an.

Exode heureux pour les nations où vont se perdre ces Italiens, car ce peuple, quoi qu'on dise, par une injustice dont tous les Méridionaux ont leur part, est laborieux comme pas un, et en même temps persévérant, sobre, économe, politique, adoptant aisément les mœurs, le langage et toute la patrie des hommes au milieu desquels l'a conduit le choix ou le hasard. Il émigre surtout en France et à la Plata, mais on le trouve par tout le monde, surtout chez les Néo-Latins, ses frères : en Algérie et Tunisie, en Égypte, à Constantinople, au Brésil, au Pérou, au Mexique, etc.; et depuis quelques années chez les Yankees et les Canadiens.

Cette grande nation fut deux fois à la tête des peuples : sous les Romains qui l'unirent contre le reste des hommes, et au moyen âge par l'industrie, le commerce, l'éclat des arts, les belles-lettres, les essaims de colons sur tous les rivages de l'Orient, quand précisément ses ardentes républiques se déchiraient, comme autrefois celles de la Grèce.

Point artiste lorsqu'elle possédait l'hégémonie, elle le devint ensuite à tel point que peintres, sculpteurs, architectes y défilent maintenant en pieux pèlerinage, venus de tous les coins et recoins de l'Univers pour y révérer des chefs-d'œuvre. Sa langue aussi, l'italien, contribue à sa gloire, parler sonore, plein d'harmonie, de flexibilité, d'abondance, et comme fait pour la musique. Aucun des idiomes néo-latins n'a plus de ressemblance intime avec le français, toutes terminaisons à part. Il est probablement sans grand avenir, faute de grandes colonies.

L'italien se divise en nombreux dialectes : le piémontais est une espèce de provençal; le milanais, le vénitien, le romagnol, le romain, le napolitain, le sicilien, le sarde, diffèrent assez entre eux pour que de l'un à l'autre on ne se comprenne pas sans quelque étude. Le dialecte le plus parfait, devenu langue littéraire, est celui de Florence; il a mérité sa haute fortune pour avoir servi à de grands écrivains.

L'Italie entière use de dialectes italiens, à l'exception de vallées alpestres où le français est parlé par 135 000 personnes : les vallées qui, du Mont-Blanc et des pics du col d'Iseran, vont jusque vers Châtillon, sur la Doire Baltée, rivière d'Aoste, des neiges du Mont-Rose aux frimas du Grand-Paradis; celles de Bardonèche, d'Oulx, de Pragelas, qui débouchent, au pied du Mont-Cenis et à la sortie du tunnel de Modane, sur la Doire Ripaire, rivière de Suse; celles enfin qui partent des monts voisins du Viso pour descendre vers Pignerol et Luserne; ces dernières, vaux de Saint-Martin, d'Angrogne, de Varaïta, sont l'asile des vingt et quelques mille hommes de l'*Israël des Alpes*, du petit peuple vaudois qui garda contre les persécuteurs sa foi protestante et sa liberté dans la montagne. 37 000 personnes parlent le slovène, langage yougo-slave, au nord-est du royaume, près d'Udine, dans le Frioul, sur la frontière de l'empire dualiste et polyglotte. Dans la Napolie et la Sicile, une vingtaine de milliers d'hommes ont conservé jusqu'à ce jour l'hellène de la Grande-Grèce; 80 000 gardent l'albanais apporté par leurs pères quand ils fuyaient l'Albanie du Sud après la mort de Scanderberg, héros de la nation dans sa lutte épouvantable contre le Turc.

Ces Albanais, quand ils vinrent confier leur sort à l'Italie, y retrouvèrent la vendetta si chère encore aux Chkipétares d'outre-Adriatique, non moins qu'aux Sardes et en général aux Italiens. Ce qu'on reproche en effet avec le plus de justice aux hommes de la Péninsule, c'est la susceptibilité, la soif de la vengeance, la patience pour attendre l'heure de laver l'injure, la promptitude et la sûreté de main dans le coup de couteau. Nulle part il n'y a plus de blessures profondes ou d'estafilades, pour querelle ou pour vendetta, que chez les Italiens, tant du Nord que du Sud, si ce n'est chez les Espagnols : *stiletto, schioppetto, strada*[1], dit le méchant dicton des trois S.

Tous les Italiens naissent catholiques, à l'exception des 22 000 protestants vaudois du Piémont, et des Albanais de l'Italie méridionale, qui ont gardé le rite grec.

Villes. — Onze cités italiennes ont plus de cent mille âmes.

Rome (300 000 habitants), capitale du royaume, résidence du pape, la plus célèbre des villes, est sous un climat brusque, malsain, d'une moyenne de 15°,4, à 25 kilomètres de la Méditerranée, sur le Tibre jaune aux rives de sable. Peu animée, si ce n'est aux grands jours de fête et pompes religieuses, Rome est en ruelles tordues menant à de larges voies. L'histoire d'une cité qui mit un seul peuple à la place de cent nations domptées par le fer, puis assimilées par la langue latine et le droit romain, y revit dans les débris de la plus solide architecture qui fut jamais, celle des Égyptiens exceptée. Gloire abjecte imitée dans tout l'empire : le Colisée, amphithéâtre encore debout bâti pour 107 000 spectateurs, vit pendant des siècles les gladiateurs, les chrétiens, les disgraciés, les captifs, lutter contre les lions et les tigres, et

[1]. Le stylet, l'escopette, la rue.

l'homme blond, l'homme brun, l'homme noir, les animaux massifs, les félins ondoyants, les bêtes rampantes, les lézards cuirassés, tout ce qui palpite dressé contre un ennemi ou lancé sur une victime. Des ruines, des jardins d'où s'élancent les cyprès et les pins parasols, font à la Ville Immortelle une banlieue dont les derniers vieux murs, les derniers aqueducs, les derniers arbres se perdent dans les solitudes de l'Agro Romano. L'Agro Romano, c'est la Campagne de Rome, plaine d'un peu plus de 200 000 hectares, nue, toute en pâture, écrasée de soleil, où l'on boit la fièvre, souvent la mort, à tout instant du jour, surtout à la fraîche humidité des soirées. Mais les plus grands souvenirs du monde habitent ce royaume du mauvais air qui étend ses herbes, ses joncs, son désert,

Venise : vue générale. — Dessin de J. Moynet, d'après une photographie.

ses masures, à l'est jusqu'aux pans calcaires de la Sabine, au sud jusqu'aux monts des Volsques et aux cratères d'Albano; on ne compte pas les ruines dans ce pays calme, sobre, sévère, infiniment beau, comme infiniment triste en dehors de son ciel : partout se dressent les témoins du passé, murailles, villas, temples, avenues de tombeaux, voies pavées, arches de ces aqueducs qui versaient l'eau par rivière à la soif des citoyens romains [1].

[1]. Rome disposait de 7400 litres d'eau pure par seconde.

Naples (494 000 habitants) excelle sur toutes les villes d'Italie. La beauté fameuse de cette ancienne capitale des Deux-Siciles ne réside pas comme celle de Rome dans la grandeur des souvenirs, la puissance ou l'antiquité des monuments : elle est dans le calme et le brillant de l'air, la douceur du climat dont la moyenne est de $16°,7$, la gaieté d'une mer lumineuse, les contours harmonieux d'un golfe d'où surgissent des îles rocheuses : Procida, Capri, Nisita, Ischia, roche que cassent et qu'effondrent les tremblements de terre autour de l'Éponéo (840 mètres), vieux volcan. « Voir Naples et mourir. » Aux portes de la ville, les champs Phlégréens [1], qui se terminent au cap de Misène, montrent une vingtaine de cratères morts, secs ou remplis par des lacs, dont l'un, l'Averne au nom sinistre, a 120 mètres de profondeur. Bien plus haut que ces boursouflures, le Vésuve, terrible mont qui flambe, s'élance à 1250 mètres ; de sa coupe sortit, il y a dix-huit cents ans, le flot de lave et s'éleva le nuage de cendres qui ensevelirent Herculanum, Stabies et Pompeïe ; surprises, et soudain bloquées dès les premiers spasmes du volcan, ces trois villes passèrent en quelques heures de l'ardente illumination du ciel napolitain à l'obscurité sans lueurs du sein de la terre.

Naples et le Vésuve, vus du Pausilippe.

L'une d'elles, peu à peu déblayée, Pompeïe, a revu le jour ; c'est une morte qui n'a point senti la corruption : telle elle descendit dans l'ombre, telle elle remonte à la lumière après dix-huit cents ans de sépulcre, sans aucune des moisissures du tombeau, intacte avec ses rues étroites bordées de maisons basses, ses carrefours, ses cours, ses jardins, ses dieux, ses statues, ses peintures. Une autre Pompeïe, plus belle sans doute, puisqu'elle était grecque, Sybaris, dort sous 6 mètres de vase entassée de siècle en siècle par le fleuve Crati, au bord du golfe de Tarente. — Le Vésuve et l'Etna sont de mauvais compagnons : 32 000 personnes périrent au tremblement de terre de 1783 dans la Calabre, 10 000 à celui de 1857, qui renversa Potenza.

Milan (522 000 habitants), entre les Alpes et le Pô, dans une plaine profusément arrosée par de

[1]. C'est-à-dire champs Brûlants.

grands canaux, était la capitale de la Lombardie.

Turin (255 000 hab.), en italien Torino, ville froidement régulière, borde le Pô, dans la plaine, en vue des Alpes. Capitale du Piémont, elle devint tout dernièrement, mais seulement pour quelques années, la métropole de l'Italie, avant Florence et Rome.

Palerme (245 000 hab.), chef-lieu de la Sicile, est assise au bord de la mer, dans le fécond bassin de la Conque d'Or, au pied du mont Pellegrino, forteresse naturelle.

Gênes (180 000 hab.), en italien Genova, a des palais de marbre en amphithéâtre, demeures d'une fière aristocratie dans les jours de gloire où cette ville dominait la mer et commandait aux îles Grecques, à la Crimée et aux côtes d'Orient. Un Génois, on le dit du moins, Christophe Colomb, découvrit l'Amérique, et c'est de Gênes « la Superbe » que partent aujourd'hui pour le Nouveau Monde des foules d'Italiens venus surtout de la Ligurie. C'est une bien belle patrie qu'ils abandonnent quand ils s'embarquent, ivres de rêves dorés : la côte ligurienne, au sud-ouest de Gênes, est une ville d'hiver de l'Europe, une serre chaude, un asile de convalescents. Recours des poitrinaires, dernier espoir des fourbus et des vieillards, la Corniche, italienne ou française, Albenga, San Remo, Bordighera, Menton, Monaco, Cannes, semble faite pour donner aux mourants la volonté de vivre.

Florence (169 000 hab.), en italien Firenze, a régné quelque temps sur l'Italie, après Turin, avant Rome. Cette ville aux vieux palais grandioses, mère de grands hommes, Athènes italienne, couvre les deux rives de l'Arno; on la visite avec amour et révérence, pour ses monuments, ses musées, ses trésors artistiques, ses souvenirs, sa beauté.

Venise (133 000 hab.), Venezia la Bella, domina sur les mêmes mers que Gênes, sur l'Istrie, la Dalmatie, la république Septinsulaire (îles Ioniennes), la Morée, l'Archipel, Candie, Chypre ; cent quarante palais, presque tous délabrés ou déserts, rappellent son aristocratie formidable. Cousue au continent par un pont de 222 arches, la « ville des eaux ». La « cité des lagunes » s'élève sur le Lido[1], vieilles dunes de l'Adriatique. Les alluvions des fleuves voisins, si l'on ne les avait détournées, auraient depuis longtemps comblé les canaux peu profonds et peu clairs de Venise la Belle, bâtie sur une infinité d'îlots de sable : ces eaux étroites, assombries par les hauts palais, reflètent 450 ponts, des demeures élégantes, des monuments puissants, des pierres glorieuses ; et, quelque chemin qu'y prenne la gondole, elle vogue toujours entre de grands souvenirs.

Messine (126 000. hab.), ravissante, et dans un des beaux sites du monde, a donné son nom au détroit qui sépare l'Italie de la Sicile : c'est la seconde ville de l'île triangulaire.

La docte Bologne (123 000 hab.), ville universitaire, est en plaine, entre les Apennins, le bas Pô et le rivage marécageux de Ravenne, près du Reno, torrent fantasque.

Catane (100 000 hab.), en Sicile, au bord de la mer, au pied de l'Etna, craint justement ce volcan, qui plus d'une fois lui cracha ses laves.

Viennent ensuite : Livourne (98 000 hab.) ou Livorno, place de commerce, port de Firenze sur la mer ligurienne ; — Ferrare (76 000 hab.), non loin du Pô et jadis à son bord : elle fut, elle aussi, une Athènes avec de grands poètes ; — Padoue (72 000 hab.), en italien Padova, dans la plaine, à l'ouest de Venise ; — Vérone (69 000 hab.), sur l'Adige ; — Lucques (68 000 hab.), sur le Serchio, dans un adorable pays ; — Alexandrie (62 000 hab.), place de guerre sur le Tanaro, dans la plaine du Piémont ; — Brescia (61 000 hab.), au pied des Alpes, à l'orée de la plaine lombarde ; — Bari (61 000 hab.), dans la Pouille, sur l'Adriatique ; — Ravenne (61 000 hab.), qui fut capitale de l'empire après Rome : elle sommeille dans les marais, à 11 kilomètres de l'Adriatique dont alors elle bordait un golfe ; — Modène (58 000 hab.), à la base des Apennins, sur un affluent du Pô : — Pise (54 000 hab.), sur l'Arno : Pise la Morte, disent les Italiens, et pourtant, avant que le fleuve encombrât son port, cette ville universitaire luttait avec Gênes pour la prépondérance dans la Méditerranée orientale.

1. Lido, le *littus* latin, veut dire littoral.

Un Iman

PRESQU'ILE SLAVO-GRECQUE

Le Balkan. Le Danube. — Connue jusqu'à ces derniers jours sous le nom de Turquie d'Europe, cette presqu'île, comme l'Autriche, est pleine de peuples ennemis.

L'un de ces peuples, et non le moindre, celui des Roumains, vit presque tout entier hors de la péninsule, au delà du Danube; mais comme il a longtemps partagé le sort des autres nations ses voisines, que pendant des siècles il a porté le joug turc avec elles, on continue à le rattacher aux États d'outre-Danube. La Chersonèse proprement dite — car on peut appliquer ce terme grec à une région où régna le grec et dont il n'a pas disparu — comprend des Slaves, des Hellènes, des Albanais, des Turcs, ceux-ci disparaissant peu à peu : ils dominaient le pays, mais n'y étaient pas enracinés profondément; perdant l'empire, ils perdront aussi leur nationalité, soit qu'ils émigrent, soit qu'ils se fondent. Quant aux Albanais, qui sans doute eurent les mêmes ancêtres que les Hellènes, et sur lesquels l'hellénisme gagne, on peut à la rigueur les considérer comme destinés à devenir Grecs. Le nom de presqu'île Slavo-Grecque est donc justifié; celui de presqu'île du Balkan vient de la chaîne la plus longue qui pèse sur le territoire; celui de péninsule Illyrienne ou d'Illyrie rappelle que les Romains désignaient ainsi les terres sauvages faisant face à l'Italie de l'autre côté de l'Adriatique.

Quelque nom qu'on lui donne, cette presqu'île orientale de l'Europe, touchant à l'Asie, vis-à-vis de l'Afrique, renferme, Grèce et Roumanie comprises, 57 776 000 hectares, avec 18 millions d'âmes : plus grande que la France, elle n'a pas la moitié du nombre des Français.

Elle ne porte pas de monts sublimes, toujours blancs de neige, et son pic supérieur, le Ljubotin, dans le Skhar-Dagh, entre Uskub et Prisrend, n'a que 3050 mètres. Pourtant l'Europe n'a pas de pays plus hérissé : l'altitude moyenne de la presqu'île (sans la Roumanie) approche de 580 mètres, dépassée seulement dans notre partie du monde par celles de la Suisse et de l'Ibérie. Les chaînes s'y croisent en tous sens, ne laissant place qu'à des bassins de lacs, à d'étroites vallées, à des gorges de torrents ; sur ces chaînes ondulent des forêts rapidement décroissantes, menacées dans leur existence même par l'étourderie des montagnards. Pinde, Olympe, Rhodope, Scardus, pics Acrocérauniens, Hœmus, et par delà la dure Épire, chez les Illyriens, un enchevêtrement de monts que les Grecs ne connurent guère, les chaînes et les massifs de la presqu'île ont aujourd'hui des noms turcs, slaves ou albanais.

De toutes ces verrues du sol slavo-grec, la plus grande, mais non la plus haute, c'est l'antique Hœmus, le moderne Balkan, boulevard de Constantinople contre ses ennemis du nord, rempart de la vieille Thrace contre les vents du septentrion : son importance est telle qu'on appelle souvent péninsule du Balkan l'ensemble des pays bordés au nord par la Save et le Danube, qui sont un fossé ; à l'ouest, à l'est et au sud, par les eaux de la mer, qui sont un abîme.

Le Balkan, que les Bulgares aiment à surnommer la Vieille Montagne, n'a que 2376 mètres de suprême élévation, au Jouroumtchal. Fait de craie surtout, mais aussi de calcaire et de schiste, il abreuve par ses fontaines méridionales les affluents de gauche du fleuve Maritsa ; ses fontaines du nord enflent de charmants torrents : charmants dans la seule montagne, car à peine ont-ils cessé de gronder entre roches ou de jaser sur les pierres, ils entrent dans la Beauce bulgare, terre plastique, jadis mer ayant au septentrion les Carpates, au méridion le Balkan ; et dans cette plaine laide, sans ombre, sans rocher tenace, ils souillent les eaux transparentes qu'ils ont reçues des fraîches cavernes de l'Hœmus. De nombreux cols, la plupart difficiles, franchissent le Balkan ; une rivière le perce, l'Isker, né dans le Rhodope, parmi les sapins, chênes, hêtres du Rilo (2749 mètres), troisième cime de la Turquie, la première étant le Ljubotin, la seconde l'Olympe (2973 mètres), qui domine le golfe de Salonique ; la quatrième est le Kom (2437 mètres) aux deux têtes, dans les Monts Maudits, voisins de l'Adriatique ; et la cinquième, non loin de la, le Dormitor, dont nul n'a foulé la plus haute arête. C'est un sombre défilé que celui qui guide cet Isker, fils du Rhodope glacé, depuis l'ancien lac devenu la plaine de Sofie jusqu'à l'ancienne mer devenue la plaine bulgare et valaque.

Le Balkan est parallèle au Danube, ou plutôt le Danube lui est parallèle. Ce puissant fleuve engloutit les grandes rivières du pays, Save, Morava serbe, Olt, Séreth et Pruth, et, arrivant à la mer Noire avec le tribut de 81 700 000 hectares, il lui verse 2000 mètres cubes par seconde aux eaux les plus basses, 28 000 en haute crue, 9180 dans la moyenne de l'année. Au temps jadis par six branches, aujourd'hui par trois, il entre dans le lac orageux et perfide que les anciens avaient ironiquement nommé Pont-Euxin, c'est-à-dire Mer hospitalière : le bras du Nord, la Kilia, qui est russe, enlève environ 5800 mètres cubes sur les 9180 du fleuve ; la Soulina, qui est roumaine, a beaucoup moins de flots (800 mètres cubes) que l'une et l'autre branche, mais la nature et l'art l'ont faite seule navigable, et il y a maintenant plus de 5 mètres d'eau sur sa barre ; le Saint-Georges (2600 mètres cubes) appartient aussi aux Roumains. Grand de 270 000 hectares, le delta danubien s'accroît incessamment par les apports du maître fleuve, capable d'ajouter chaque année à la terre 6 kilomètres carrés dans 10 mètres d'eau.

A côté de ce premier courant d'Europe, les autres rivières de la presqu'île méritent à peine d'être nommées. La Maritsa, l'ancien Hebros où flottèrent les membres d'Orphée, baigne Andrinople et tombe dans l'Archipel à Énos, vis-à-vis de l'île de Samothrace : le Kara-Sou[1] s'achève en face de l'île de Thaso ; la Strouma, que les Grecs nommaient Strymon, boit les superbes sources du bassin de Drama ; le fougueux Vardar a comme le Danube ses « Portes de fer » et remblaie lentement le golfe de Salonique : cet antique Axios est, dit Homère, le plus beau des torrents du monde ; l'Indje Kara-Sou, jadis l'Haliacmon, apporte des eaux saumâtres à ce même golfe ; le Salamvria fut le Pénée chanté par les poètes : il se perd aussi

---

1. Ces mots turcs veulent dire l'Eau Noire.

dans la petite mer salonicienne; le Drin est le grand, le pittoresque torrent de l'Albanie : tourné vers un autre horizon, il court à la rencontre de l'Adriatique.

Races diverses. Nations positives, nations négatives. — Sur les 18 millions d'hommes de l'ancienne Turquie d'Europe, il y a, par à peu près, 7 millions de Slaves, 5 millions de Roumains, 2 500 000 Grecs, 1 500 000 Albanais, moins d'un million de Turcs; des Circassiens des Bohémiens, des Arméniens, des Juifs, etc.

Turcs ou Osmanlis. — La race des Turcs ou Osmanlis a dominé pendant des siècles, et jusqu'à

Constantinople : la Corne d'Or, vue prise des hauteurs d'Eyoub. (Voy. p. 259.) — Dessin de F. Sorrieu.

ces dernières années, la presqu'île Slavo-Grecque. Il n'y a guère que deux cents ans, ce peuple très brave, très patient, très fier, déjà maître de Budapest, assiégea Vienne, reine du Danube : l'Europe alors tremblait de tous ses membres quand il déployait l'invincible armée des Janissaires. Aujourd'hui le Turc expie par des avanies et des injustices la terreur qu'il nous inspirait; il ne menace plus l'Europe, où il tenait le Danube, l'Asie où l'Euphrate était sien, l'Afrique où ses chevaux buvaient le Nil et le Chéliff; même en sa presqu'île d'Europe, il conserve à peine ombre de prépondérance. Ce n'est point une race, car le sang du Steppe, le sang turc et tartare mêlé de finnois, de mongol, s'est depuis longtemps noyé dans d'innombrables mariages avec les Circassiennes, les chrétiennes grecques ou slaves, les esclaves, les négresses; mais il leur reste la langue que d'Asie ils apportèrent en Europe. Ils habitent surtout Constantinople et ses environs, quelques-unes des grandes cités de l'Empire, et en masse compacte, la Bulgarie orientale, autour de Choumla, du Balkan au Danube et à la mer Noire.

Combien sont-ils? On ne sait, faute de vrais recensements et parce que le nom de Musulman et celui de Turc s'emploient souvent l'un pour l'autre dans cet Orient où la religion passe avant la nationalité. Ils diminuaient déjà beaucoup, malgré l'immigration des Turcs de l'Asie Mineure, centre de leur puissance et pépinière de leur armée, quand, à la suite de leurs dernières déroutes, les Osmanlis d'Asie ont cessé de refluer sur l'Europe, et les Osmanlis d'Europe ont commencé de refluer sur l'Asie. Point féconds, ils portaient seuls jusqu'à ce jour le poids de la conscription dont les raïas ou « bétail », les chrétiens, étaient exempts, comme indignes de servir sous la bannière du Prophète. Ce peuple indolent d'esprit et de corps, mais honnête, simple, droit, ses classes dirigeantes à part, ce vieux camp toujours prêt à la guerre quoique la guerre le trahisse, cette nation mélancoliquement résignée parle une langue sans aucune espèce de rapports avec les nôtres, le turc dont on use, en divers dialectes, sur d'immenses espaces, dans l'Asie centrale et septentrionale, et jusqu'en pleine Russie; il a des liens de parenté avec le hongrois, le finlandais et autres idiomes dits agglutinants. Sa richesse de mots est extraordinaire parce qu'à ses propres termes il a mêlé des milliers de termes arabes et de termes persans : lorsque les Osmanlis, de horde sauvage, devinrent un puissant peuple batailleur avec les nations policées, il leur fallut emprunter à l'arabe, langue religieuse, et au persan, langue littéraire de l'Orient, tous les mots d'un nouvel et vaste horizon d'idées, mais la grammaire demeura la même, et en somme le turc resta le turc.

Peuples non turcs — Slaves, Roumains, Albanais et Grecs. — Les Slaves, divisés en Bulgares et en Serbes, vivent au sud du Danube et de la Save, de l'Adriatique à la mer Noire.

Les Roumains ont leurs demeures sur la rive gauche du Danube, sur quelques points de la rive droite, et en groupes flottants, disloqués, de toutes parts cernés, dans le centre de la Péninsule, surtout autour du Pinde, sous le nom de Zinzares, de Koutzo-Vlaques, de Macédo-Valaques. Les Albanais ont les montagnes qui plongent sur l'Adriatique, entre les Slaves au nord et les Grecs au sud. Les Grecs enfin tiennent la Grèce, le sud de l'Épire, quelques cantons de la Macédoine, la presqu'île salonicienne, une partie du littoral de la mer Égée, et ils sont fort nombreux à Constantinople.

Grecs, Albanais, Roumains, Slaves, et même les Osmanlis, en partie fixés au sol, ces cinq peuples sont des nations positives : le Turc a dominé, sa ruine date d'hier, il règne encore dans la capitale, il cultive au pied du Balkan; l'Albanais, race dure, a jusqu'à ces dernières années aidé les Osmanlis à tenir les autres nations sous le joug, non seulement dans la Turquie d'Europe, mais aussi dans les terres d'outre-mer qui relèvent du Grand Seigneur; les Grecs étaient colons du littoral deux mille ans au moins avant qu'on connût le nom turc; les Slaves, les derniers venus, sont les plus nombreux; enfin, les Roumains, peuple que son premier élément, les Daces (?), rattache immémorialement aux plaines du Danube et au bloc des Carpates, sont les vrais fils du sol, quoiqu'on se plaise à les faire exclusivement « latins » à cause de leur langue, et qu'on donne ainsi plus d'importance à la greffe latine qu'à la sève du tronc primitif.

A côté de ces nations positives, il y a le reste des Circassiens que les Turcs avaient dispersés dans le pays pour rompre l'unité des Slaves; il y a les nations que nous nommons négatives (malgré l'influence de deux d'entre elles), parce qu'elles ne se fixent point au sol, ou du moins très peu. L'une des trois, celle des Bohémiens, est surtout faite de vagabonds; les deux autres, **Arméniens** et Juifs, se composent de marchands cosmopolites, gens de boutique et non gens de labour, de financiers, de brocanteurs, brasseurs d'affaires, usuriers et expropriateurs qu'on est tenté de ranger dans la catégorie des classes dangereuses. On estime ces trois nations à plusieurs centaines de milliers d'hommes chacune.

Dans le désordre du moment, l'ex-Turquie d'Europe comprend : les pays soumis au sultan de Constantinople, chef des musulmans de l'Empire, considéré par les mahométans de son rite comme la suprême autorité religieuse; la Roumélie orientale ou province Autonome; la Bulgarie, pays tributaire; la Bosnie-Herzégovine, encore supposée soumise à l'allégeance turque, mais en réalité occupée et possédée par l'Autriche; la Serbie, le Monténégro, la Roumanie, la Grèce, pays indépendants.

Gendarme turc. — Dessin d'Émile Bayard, d'après une photographie.

Pays soumis : la Roumélie, Bosphore et Dardanelles, Constantinople. — La Roumélie, jadis Thrace, s'étend de la mer de Marmara et de la mer Égée au Balkan, et de la mer Noire au vieux Rhodope, aujourd'hui nommé Despoto-Dagh ou Mont des Prêtres, tant il y a de couvents dans ses ravins boisés. Mais depuis les derniers et puérils arrangements de territoire, les Turcs ne règnent directement, ou plutôt ne sont censés régner que sur le sud de ce pays, le nord étant devenu la Roumélie orientale ou province Autonome ; la Roumélie turque ne comprend plus que le bassin inférieur de la Maritsa, plus deux bandes littorales, l'une sur la mer Noire, l'autre sur la mer Égée et sur le fleuve qui sépare Europe d'Asie et qui se compose de trois parties : le défilé du Bosphore, l'épanouissement de la mer de Marmara, jadis Propontide, et le courant des Dardanelles, que les Grecs nommaient l'Hellespont.

L'origine de ce petit Saint-Laurent — petit en longueur, non pas en puissance — le Bosphore, est un courant rapide et bleu qui transmet à la mer de Marmara les eaux que la mer Noire a reçues du Don, du Dnièper, du Dniester, du Danube et des fleuves côtiers du Caucase et de l'Asie Mineure. Dans son cours de 30 kilomètres, il a 1600 mètres de largeur moyenne, 4500 au lieu le plus dilaté, 550 à peine au lieu le plus étroit, entre le Fort d'Europe et le Fort d'Asie : soit l'ampleur de la Garonne devant les quais bordelais. Profond de 52 mètres au maximum, et moyennement de 27, il fait 5, 5, jusqu'à 8 kilomètres par heure, et doit rouler une trentaine de milliers de mètres cubes par seconde ; or, les tributaires de la mer Noire ne lui en apportent que 15 000. Des contre-courants cachés venant de la Méditerranée rétablissent l'équilibre ; ainsi, dans le détroit de Gibraltar, l'Océan coule vers cette même Méditerranée pour lui rendre ce que l'évaporation lui enlève et pour combler le déficit de ses fleuves. Issu d'une mer, le Bosphore, il va sans dire, est une eau sans souillure ; le térébinthe, le platane l'ombragent, et le cyprès dans les bosquets ou dans les grands cimetières aussi gais que de riants jardins ; il est bordé de palais, il est splendide, et finit splendidement, à Constantinople.

Ses flots s'amortissent dans la mer de Marmara, charmante conque d'un peu plus de 250 kilomètres sur 80, qui tire son nom moderne de l'île de marbre appelée Marmara. Puis, au sortir de cette mer, ces ondes sans véhémence, qui de fleuve s'étaient faites lac, redeviennent, de lac, fleuve dès qu'elles entrent dans le détroit des Dardanelles, qui toutefois a moins de courant que le Bosphore : 5500 mètres au plus par heure dans un lit profond de 40 à 97 mètres dont la moyenne largeur est de 4000 mètres, et la plus petite de 1950, entre Abydos et Sestos, aujourd'hui Nagara et Maïto. C'est d'Abydos à Sestos, dans une eau violente, que nageait Léandre, épris d'Héro ; c'est près de Gallipoli, principale riveraine du détroit, que débarquèrent en 1356 quarante Ottomans montés sur des troncs d'arbre assemblés en radeaux par des lanières de cuir : ces guerriers qui venaient de traverser d'Asie en Europe les eaux fouettées par Xerxès, furent l'avant-garde de la marche triomphale qui mena les Turcs jusque sous les murs de Vienne. Les Dardanelles ont 68 kilomètres de long.

Abydos, Sestos, le fier Olympe de Brousse qui domine la mer de Marmara, le Granique où vainquit Alexandre, le Xanthe, le Scamandre et le Simoïs qui virent flamber Troie, les fleuves de ce rivage, les monts de cet horizon, les villes de ce littoral ont perdu leurs éclatants noms grecs pour d'obscures syllabes turques. C'est que les Hellènes n'y règnent plus. Sans doute la Roumélie s'appelle d'un mot qui signifie la terre des Romains, c'est-à-dire des Grecs, — car, pour les Barbares qui assiégèrent si longtemps l'empire d'Orient, la majesté de Rome survivait dans Byzance, et les Byzantins avaient hérité du grand nom des Romains, — mais cette province ne mérite plus le nom de « Pays grec » ; elle est tout aussi bien turque et bulgare, sans parler des Juifs, des Arméniens, des « Francs », des gens de toute langue, de toute origine, qui sont venus échouer à Constantinople. Les Bulgares y vivent surtout aux champs, comme bons paysans ; les Turcs sont très nombreux à Constantinople, les Grecs également, comme aussi sur le littoral et dans les îles.

Constantinople, jadis Byzance, la Stamboul ou Istamboul des Turcs, est la capitale de l'Empire, et peut-être la mieux située des villes, mais sous un climat brusque, dur, où le froid descend parfois à 20 degrés sous zéro bien qu'on soit ici sous la latitude de Naples, de Barcelone, de Porto : dès que souffle du nord-est le vent du Steppe, vent de Russie et Sibérie, Constantinople, de ville du Midi, devient ville du Nord, et même on a vu le Bosphore y geler. Cette impériale cité, la mère du monde, l'oum-dounya, comme disent les Osmanlis dans leur langue bariolée[1], s'élève tout au bout de

---

[1]. *Oum*, mère, est un mot arabe ; *dounya*, monde, est un mot turc.

l'Europe, en face de l'Asie, sur le beau golfe de la Corne l'Or, port des plus vastes et des mieux abrités, à l'endroit où le Bosphore entre dans la mer de Marmara.

Superbe, elle regarde son grand fleuve salé, la rive d'Asie, et au loin, dans le ciel, l'Olympe de Brousse, éclatant de neige en hiver; elle ne voit qu'ondes pures, voiles et canots,

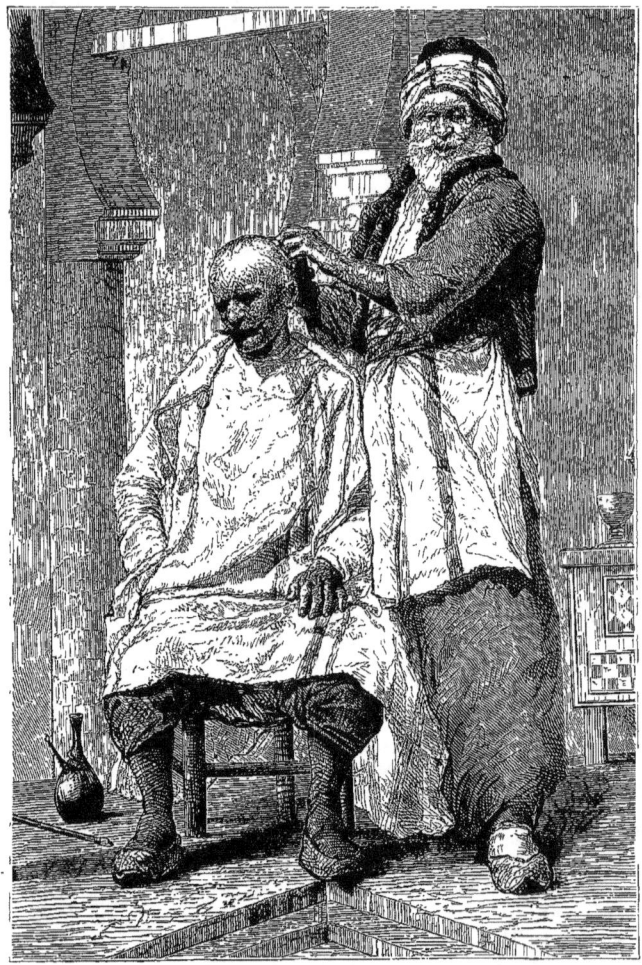

Un barbier turc. — Dessin de M. Antonin Proust.

villas, palais, kiosques, cyprès, jardins, cimetières pareils à des parcs, mais elle-même, à l'intérieur, est laide. Elle enferme, dit-on, 80 000 maisons en bois, sans aucunes beautés extérieures, d'un seul étage, avec toits en tuiles; et ces maisons s'unissent désordonnément, en écheveaux brouillés, en rues étroites, tortueuses,

point ou mal pavées, tantôt boue, tantôt poudre, où rôdent par milliers des chiens galeux mangés par les mouches. Des rues, ruelles et culs-de-sac souvent dévorés par la flamme, de toutes ces impasses dont la saleté couve des épidémies, s'élancent des dômes, des bains, des caravansérails et les minarets de 5400 mosquées, dont peu sont belles.

On appelle Phanar ou Fanal un grand quartier peuplé de Grecs, qui de tout temps, sous le nom de Phanariotes, ont pillé l'empire Ottoman beaucoup plus que les Turcs eux-mêmes : ils n'y ont point versé le sang à flots comme les Osmanlis ou les Chkipétares, mais, dans les fonctions nombreuses qu'ils tenaient du Sultan Magnifique, ils n'ont cessé de tromper, d'affamer, de diviser, de corrompre. Parmi les faubourgs, mieux bâtis, plus aérés, plus somptueux, plus « européens » (c'est tout dire) que Constantinople même, on remarque surtout Galata, Tophana, Péra. Quant à Scutari, la fameuse ville des charmants cimetières, qui de loin semble bâtie dans une forêt de cyprès, c'est bien réellement un faubourg de Constantinople, mais un

Constantinople : les citernes.

faubourg situé sur la rive gauche du Bosphore, et cette rive gauche c'est l'Asie.

Constantinople a-t-elle 1 200 000 âmes? ou un million? ou 800 000? ou 600 000 à 700 000 seulement? En s'en tenant à ce dernier nombre, la « mère du monde » possède 400 000 Turcs ou autres Musulmans, 100 000 Grecs et autant d'Arméniens, 50 000 « Francs » ou Européens, le plus grand nombre Italiens et Français, et 50 000 Juifs, plus ou moins.

Andrinople, l'Édirné des Turcs, a quelque 60 000 habitants, en partie Grecs. Situation rare, elle est à la rencontre de trois grandes rivières, la Maritsa, fille du Rhodope ; l'Arda, dont le Rhodope cache aussi les fontaines; la Toundja, qui descend du Balkan : celle-ci, non loin de ses sources, baigne, en Roumélie orientale, l'éden de la Thrace, le Chiraz de l'occident, Késanlyk, la ville des rosiers, la mère des parfums qu'on tire de la rose.

Macédoine. — La Macédoine, d'où partit Alexandre le Grand pour conquérir le monde « afin d'être loué par les Athéniens », borde l'Archipel, du pied du Rhodope au pied du granitique Olympe. Quinze monts environ reçurent ce nom d'Olympe, c'est-à-dire d'Éclatant, chez les Hellènes de l'Asie, de l'Europe et des îles, mais aucun n'était plus digne de porter la cour des Immortels faits de jeunesse et nourris d'ambroisie. Ce panthéon des vieux Grecs, encore noir de forêts que les marchands ont condamnées, dresse à 2973 mètres la plus haute de ses quarante-deux cimes, juste sous le 40ᵉ degré de latitude, au-dessus du golfe de Salonique, à l'embouchure du Pénée. Brillant séjour des Dieux des Hellènes, il semble qu'il devrait monter dans les cieux au milieu même de l'Hellénie : il marque

Le mont Olympe. — Dessin de Taylor, d'après un croquis.

au contraire à peu près la fin de leur langue du côté du nord, car, bien qu'on en ait dit, la Macédoine appartient presque entièrement aux Bulgares et aux Albanais ; les Grecs n'y habitent qu'en « sporades », sauf dans l'ancienne Chalcidique ou presqu'île Salonicienne, laquelle est grecque, et rien que grecque.

Petit monde à part, monde sublime, la Chalcidique tombe au nord sur un bas-fond lacustre où passerait sans peine, de Salonique à Stavros, un grand canal navigable ; au sud, elle se trifurque ; on dirait trois pinces de crabe ou de homard : la pince d'occident, Kassandra, regarde l'Olympe à travers la mer Salonicienne ; celle du milieu se nomme Longos ; celle de l'orient, Hagion Oros ou Saint Mont, se termine par les calcaires du majestueux Athos (1935 mètres) qui jette, au coucher du soleil, l'ombre de l'Europe sur l'Asie par delà les flots « vineux » de Lemnos. Pour les gens du rite grec, l'Athos est une espèce de Rome ou de la

Mecque, il porte jusqu'à 955 églises et chapelles, des monastères, des skytes ou villages d'ermites; sur ses hardis promontoires, dans ses charmants ravins, dans des cavernes forées en roc vif à de vertigineuses hauteurs, se laissent vivre sans penser à rien 6000 moines grecs d'une merveilleuse ignorance.

Des Bulgares dans la majeure partie du pays, sur le Kara-Sou de l'est, la Strouma, le Vardar; des Albanais et aussi des Serbes à mesure qu'on s'avance vers l'Albanie; des Grecs dans la Chalcidique, sur l'Haliacmon et le long du littoral; fort peu de Turcs, telle est la Macédoine, qui a pour grande ville Salonique (75 000 hab.), port d'avenir, au fond du golfe de son nom, près des bouches du Vardar.

Albanie : Chkipétares ou Skipétares. — Du Pinde calcaire à la mer Ionienne, du Skhar à l'Adriatique, s'étend l'Albanie, autrefois l'Illyrie et l'Épire: celle-ci au sud, celle-là au nord.

Prodigieusement tourmentée, toute en monts la plupart crayeux et calcaires, en cañons, en gorges torturées, l'Albanie mérite cent fois ses deux noms nationaux, Chkiperi et Malliesi, l'un et l'autre signifiant Montagne, si, toutefois, le premier des deux n'est pas en réalité le mot Skipéri ou pays de l'Aigle[1] : en ce cas, les Skipétares ou Albanais seraient les Fils de l'aigle; d'autres prétendent que ce nom de Skipétares vient sans doute d'un radical signifiant comprendre : radical importé jadis par les conquérants latins et très proche parent d'*accipio* — les Skipétares seraient alors les hommes qui comprennent, ou plutôt qui se comprennent entre eux grâce à la communauté de langue.

Ses deux maîtresses villes, d'ailleurs assez petites, Skodra ou Scutari et Janina, occupent également la rive d'un lac. Le lac de Skodra (57 550 hectares) se verse à la mer par la fiévreuse Boïana; près de lui passe la grande rivière de l'Albanie, le Drin, qui jadis allait tout droit à l'Adriatique, mais qui maintenant se jette pour plus de moitié dans le Blato[2]. Rivière de précipices entre des rocs ayant jusqu'à 1000 mètres d'élan, la source du Drin est une belle conque, le lac d'Okrida que ses 28 kilomètres de long, ses 100 kilomètres de tour, ses 26 880 hectares, son onde bleue, sa clarté sans pareille mettent au premier rang des Lémans de Turquie : sur sa rive, Okrida fut la capitale de la Bulgarie quand les Bulgares possédaient le pays de l'Aigle. Sous le nom de Drin noir, il coule en Macédoine, longe le Skhar (Scardus) où, dit-on, rôde encore sous bois le lucerbal, espèce de léopard; puis, buvant le Drin blanc, il passe en Albanie.

Le lac de Janina, lagune sans grande profondeur, reçoit de la roche des fonts abondantes et semble ne rien rendre de ce qu'il engloutit, mais son avarice n'est qu'apparente : les deux bassins qui le forment, le lac de Janina et la « lagune de boue », unis l'un à l'autre par un ruisseau lourd, encombré de joncs et d'herbes, s'écoulent souterrainement; des voïnikova, ou, comme nous dirions dans la France du Midi, des avens, vont porter au loin ses eaux à des sources magnifiques, tributaires de deux fleuves côtiers, le Mavropotamos et l'Arta. Dans les monts voisins de Janina, sinon à Janina même, quelques bouquets de chênes viennent peut-être des arbres prophétiques de Dodone, l'oracle le plus ancien de la Grèce, le lieu autour duquel vivaient les Graïkoï dont les Romains ont fait peu à peu passer le nom à toute la nation des Hellènes. Au sud-ouest de la ville et du lac, dans le pays des Souliotes, passent deux ruisseaux de nom lugubre, le sombre Achéron, le bourbeux Cocyte[1]; si les Grecs en firent deux fleuves du royaume des Ombres, c'est que, noirs, fangeux, fiévreux, fétides, ils se traînaient sous les forêts, dans les marais. Tout dernièrement, le Grand Conseil des Amphictyons d'Europe n'a pas jugé à propos de réunir au royaume grec cette ville et cette contrée grecques par les souvenirs et de plus en plus par la langue, ces monts souliotes où tant de héros, hommes et femmes, sont morts pour l'indépendance hellénique. En somme, l'élément grec, plus ou moins mêlé d'Albanais et de Koutzo-Vlaques en voie d'hellénisation, domine dans les vallées méridionales de la « noire Épire », la portion la plus nue du pays skipétare. Dans le reste de cette contrée si bouleversée, qui possède encore de belles forêts de hêtres, de pins, de chênes habitées par les ours, il n'y a guère que des Albanais; et tous les Albanais ne sont pas en Albanie : pas plus que tous les Bulgares en Bulgarie, tous les Serbes en Serbie, tous les Roumains en Roumanie ou tous les Grecs en Grèce.

On ignore l'origine des Albanais : tantôt on les fait descendre, à tort semble-t-il, d'une peuplade venue du Caucase aux derniers jours de l'empire romain; tantôt (c'est l'avis du plus grand nombre) on les rattache au tronc des Pélasges, peuple agri-

---

1. De *skipi*, aigle.
2. Cet autre nom du lac de Scutari est tout simplement le mot slave *blato*, le lac.

1 Aujourd'hui Bobos.

culteur qui foula le sol de la presqu'île grecque avant les Grecs eux-mêmes. Ces Pélasges, qui sans doute étaient les parents des Hellènes en même temps que de plusieurs des nations autochtones de l'Italie, ont laissé des monuments d'une grandeur brute et d'une solidité qui défie les siècles; toujours debout lorsque des bâtisses dix fois plus jeunes croulent et vont tomber, ces murailles pé-

La mosquée de Salonique. — Dessin de Karl Girardet, d'après M. Antonin Proust.

lasgiques sont, malgré leur noire antiquité, malgré leur sans-apprêt puissant, moins anciennes, moins lourdes et grossières que les murs cyclopéens visibles encore dans la même contrée que les monuments des Pélasges, c'est-à-dire dans le Péloponèse (principalement dans l'Arcadie) et dans l'Épire. Heurtées par les Hellènes, les tribus pélasgiques reculèrent, et, détruites ou absorbées, disparurent de la Hellade, de la Morée, de toute l'Italie; leur langue, qu'on croit avoir eu plus de fraternité avec le celte qu'avec le grec, aurait servi de base au latin (?); ils n'auraient survécu que sur le territoire haché de l'Albanie de nos jours. Vers le milieu du quinzième siècle, les Turcs confisquèrent ce pays après d'affreuses guerres où brilla Scanderbeg, l'un des deux héros de la nation : l'autre est Pyrrhus, vainqueur des Romains.

On suppose qu'il y a peut-être deux millions d'Albanais dans tout l'empire Turc, Europe, Asie, Afrique, en y comprenant aussi ceux qui sont désormais perdus pour leur peuple, pour leur langue, tant les familles qui s'italianisent au milieu des Italiens ou s'hellénisent au milieu des Grecs, que celles des arnaut keuï[1] dispersés çà et là, sans ordre, sans liens, sur les domaines du Sultan. Le gros de la nation, dans l'Albanie et dans la Macédoine occidentale, forme un bloc d'environ 1 500 000 âmes.

Ce million et demi de Skipétares parle un langage des plus rudes qui gagne continuellement de nouveaux villages sur la Slavie, à la frontière changeante qui le sépare des idiomes des Slaves du Sud : l'Albanais, homme dur, rentré, personnel, dominateur, arrogant, n'apprend ni le serbe, ni le bulgare, mais le Slave du Sud, ductile et polyglotte, apprend l'albanais. Par contre, au sud, le skipétare recule devant le grec, mais passer d'un discours barbare à la langue d'Homère n'est-ce pas honneur et bonheur?

Les Albanais sont un peuple à demi sauvage, terrible dans les combats, cruel, impatient, remuant, né pour le métier de condottière. Comme ils appartiennent à des phars ou clans jaloux entre eux et à des religions ennemies, la Turquie levait dans le pays même des soldats pour y combattre l'indépendance nationale ; au dedans, l'Albanie se déchirait de ses propres mains, elle se déchire encore, mais bien moins que jadis ; au dehors, elle a fourni pendant des siècles les mercenaires qui furent le robuste pilier de l'édifice impérial : on ne saurait compter les soldats de fortune, un tiers héros, deux tiers coquins, qui sont devenus généraux, gouverneurs de province, dompteurs de révolte et quelque peu bourreaux au service de la « Sublime Porte ». Sans les guerres de clan à clan, les brigandages, la vendetta qui, dit-on, n'enlevait pas moins d'une personne par an sur dix maisons, cette race qui s'est perdue en tueries aurait pu dompter tout l'Orient.

Le Skoumb, petit fleuve, divise en deux la Skipétarie : au nord il y a 600 000 à 700 000 Guègues, au midi 800 000 Tosques ou plus. La différence est grande, comme par exemple du français à l'espagnol, entre les dialectes de ces deux Albanies, dont l'une, la première, répond à peu près à l'Illyrie, la seconde à l'Épire. Guègues et Tosques se haïssent follement, et l'on ne s'aime pas plus de mahométans à chrétiens (ceux-ci un peu moins nombreux que ceux-là), et surtout de catholiques à grecs, comme il est assez d'usage entre gens de même religion : au sud du Skomb on est de rite grec, au nord de rite catholique.

A ces pays « soumis » s'ajoutent des îles de langue hellénique : l'une, la plus grande et belle, Crète, dans la Méditerranée propre ; et quatre, Thaso, Samothraki, Imbro et Limno, dans l'Archipel ou mer Égée.

Crète. — Dans la Méditerranée, Crète ne le cède en grandeur qu'à la Sicile, à la Sardaigne, à la Corse. Avec ses 780 000 hectares, cette île dépasse largement la moyenne des départements français. A portée de l'Europe, de l'Asie, de l'Afrique, elle fut l'une des vieilles patries de la politesse grecque; on la nomma la Crète aux cent villes : villes ennemies, point n'est besoin de le dire, car on sait que le monde hellénique fut le pays maudit de la haine entre fils de la même mère. Les noms de ses républiques, dont les plus puissantes s'appelèrent Gortyne, Cnosse et Kydonie, ceux de ses monts, de ses bosquets, revenaient presque à chaque vers dans l'ancienne poésie grecque; on célébrait ses vallons pour leur ombre, ses cités pour leurs voluptés, ses habitants pour leur esprit de repartie, leur mauvaise foi, leurs mensonges : Grecs en cela, car toute l'Hellénie faussait la vérité, semblable au guerrier vanté par Homère comme « plus habile que les autres mortels dans l'art de prononcer des discours ambigus ».

Des monts la couvrent, très inférieurs à l'Etna de Sicile, très supérieurs aux pics de Sardaigne, presque égaux à ceux de la Corse. Vers le centre de l'île, le Psiloriti (2450 mètres) ne livre plus au vent les forêts, au zéphire les bosquets dont il était paré quand il se nommait l'Ida, cher à Vénus. Il ne reste à la Crète, au lieu des grands bois de jadis, que des halliers dégradés, et, çà et là, des ravins sylvestres, avec pins parasols, cyprès, caroubiers, chênes, et, dans l'ouest, des châtaigniers; dans la plaine, sur la colline qui donne un vin de feu, le soleil darde, il brûle, et l'olivier n'en garantit pas.

A l'orient de l'île, le Lassiti (2150 mètres) s'appela le Dicté ; à l'ouest s'élancent les Leuca Ori, ou Monts Blancs, ainsi nommés, non pas de leurs neiges éternelles, bien qu'ils aient 2469 mètres,

---

[1] Ces mots turcs veulent dire : villages albanais.

plus que l'Ida, mais peut-être de leur calcaire brillant au soleil. Ces Monts Blancs ou Aspravouna ont un troisième nom, celui de monts Sphakiotes : ils le doivent à leurs durs habitants, les Sphakiotes, qui se vantent d'être les fils du pur sang des Hellènes. Qu'ils se soient ou non mêlés aux Slaves, aux Byzantins, aux Arabes qui régnèrent dans l'île au neuvième et au dixième siècle, aux Vénitiens, aux Turcs, maîtres de Crète par eux appelée Caudie, et aux Albanais qui aidaient l'Osmanli dans son œuvre d'asservissement ou de mort, ce sont de fort beaux hommes que ces héritiers des vieux Crétois habiles à lancer la flèche ; toujours ils ont su garder leur liberté dans la montagne, et cent fois ils ont rempli du sang de leurs ennemis mahométans et de leur propre sang les ruisseaux qui sautent en cascades dans la roche vive et les sources qui jaillissent à l'ombre du châtaignier. Pendant que les gens du plat pays apostasiaient, ils sont demeurés chrétiens, et leur langue, parfumée d'antiquité, ressemble au vieux parler dorien, qui fut le plus énergique, le plus osseux des dialectes grecs. D'ailleurs tous les Crétois parlent grec, même les musulmans, à l'exception des quelques arnaut keuï ou villages albanais.

On donne à cette île majeure de l'Hellénie 250 000 habitants, dont 95 000 professant l'islamisme : ces musulmans n'y vivent guère hors des villes ou loin de la côte, et ce sont les chrétiens qui forment la population des champs. Métissés (sauf les Sphakiotes), longtemps aplatis sous le joug, souvent décimés par des guerres d'indépendance jusqu'à ce jour malheureuses, ils ne sont pas encore assez nombreux, ni peut-être assez actifs pour rendre à leur patrie sa ceinture de villes élégantes. La Crète a sa capitale sur le littoral du nord, doté de ports excellents, en face des Leuca Ori : c'est la Canée (12 000 habitants), qui fut Kydonie.

Petites îles : Thaso, Samothraki, Imbro, Limno. — Thaso (10 000 habitants), île de 19 200 hectares, s'élance à 1000 mètres par son Saint-Élie dont le nom, commun en terre grecque, tord à la chrétienne le nom païen du soleil, *Helios*. Contre l'habitude des roches entourées d'eau de la mer Égée, Thaso, où la pluie tombe dru, donne l'ombre des bois, surtout des pins, à ses Hellènes parlant un grec souillé de turc.

La stérile Samothraki, en vue de l'Athos, en face de l'embouchure de la Maritsa, n'a que la population d'un hameau : 200 Grecs à peine, sur 17 000 hectares, autour d'un Saint-Élie de 1598 mètres, trachyte drapé de chênes.

Imbro, bien moins haute, puisque son Saint-Élie ne monte qu'à 595 mètres, sort du flot près de l'ouverture des Dardanelles dans la mer Égée. 4000 Hellènes y peuplent peu 22 000 hectares.

Limno ou Stalimène fumait au temps des Grecs : de ses fourneaux, éteints maintenant, ils firent la forge de Vulcain, dieu de la fonte et du fer, père des arts et de toute science ; aucun de ces volcans n'a de grandeur, et le Skopia ou Belvédère n'y atteint que 430 mètres. 44 000 hectares, 22 000 hommes, presque tous Grecs gagnant sur l'élément turc, pas d'ombrage, ou bien peu, beaucoup de fontaines, un sol riche, voilà Lemnos, à distance égale du mont Athos en Europe et du rivage de Troie en Asie.

Ces quatre îles furent florissantes jadis, pendant l'ère brillante des Hellènes, quand Thasos, par exemple, avait 100 000 âmes, et peuplées alors de villes ingénieuses d'où sortaient des poètes, des artistes, et malheureusement aussi des rhéteurs. Elles ont pour habitants des commerçants, des pêcheurs et des marins. Dans toutes les quatre, la capitale est un petit bourg du nom de Kastro (forteresse).

Tous ces pays « soumis » ont ensemble un peu plus de 16 500 000 hectares, avec 4 500 000 habitants, soit 27 personnes par kilomètre carré.

Roumélie orientale. — La Roumélie orientale ou **Province autonome** appartient officiellement au sultan de Constantinople qui en nomme le gouverneur, résidant à Philippopoli ; mais en réalité elle jouit d'une presque indépendance. Elle aspire ouvertement à se marier à la Bulgarie dont elle parle la langue et à laquelle elle espère porter en dot les autres provinces plus ou moins bulgarophones, la Roumélie propre, la Thrace, la Macédoine : ainsi naîtrait ou renaîtrait la « Grande Bulgarie ». du Danube à la mer Égée, de la mer Noire aux monts Albanais.

L'Autonomia ou Province autonome, égalant presque six de nos départements, n'a pas tout à fait 3 600 000 hectares avec quelque 800 000 âmes, soit 23 personnes par kilomètre carré. Elle occupe le bassin supérieur du fleuve Maritsa, au pied méridional du Balkan, qui la sépare de la Bulgarie ; dans l'autre sens, de l'est à l'ouest, elle va de la rive du Pont-Euxin aux montagnes du Rhodope.

Des statistiques fortement philhellènes nous la donnèrent longtemps comme une contrée presque purement grecque ; maintenant des documents trop bulgarophiles sans doute nous la représentent comme bulgare, et en second lieu musulmane : elle compterait 620 000 Bulgares, dont 50 000 Pomaks ou Mahométans bulgarophones, 175 000 Turcs et Musulmans, lesdits Pomaks compris, et seulement une quarantaine de milliers de Grecs, parmi lesquels un grand nombre à Plovdiv (24 000 habi-

Types et costumes albanais. — Dessin de Ronjat, d'après une photographie.

tants), la Félibé des Turcs, la Philippopolis des Grecs, ville capitale, au bord de la Maritsa.

Avant la dernière guerre, l'élément turc avait une plus grande force dans ce pays, voisin de Constantinople et depuis longtemps infiltré d'Osmanlis ; mais quand le chrétien triomphant devint à son tour lâche et persécuteur, 250 000 Mahométans s'enfuirent, dit-on, de la terre bulgare ; 100 000 de la seule Roumélie orientale. Beaucoup, depuis, sont revenus.

Bulgarie, Bulgares. — La Bulgarie tout à fait indépendante, mais condamnée à payer un tribut à Sa Hautesse, tend à s'annexer toutes les terres bulgarophones avec es éléments allogènes qui interrompent çà et là la consistance de la nation « grand-bulgare ».

Cette maîtresse pierre du coin vaut à peu près dix de nos départements, puisqu'elle s'étend sur 6 400 000 hectares, avec deux millions d'âmes : soit 31 au kilomètre carré.

Du Balkan où règne le Jouroumtchal (2376 mètres), la Bulgarie s'étend, bien moins large que longue, jusqu'à la rive droite du Danube, haut talus avec des villes ; tandis que la rive gauche, d'allégeance roumaine, est toute en vallée, en marais et faux bras, vastes lits d'inondation et, quand les eaux se retirent, fatale officine de fièvres. De l'orient à l'occident, elle se prolonge au loin, de Varna (25 000 habitants), le grand port bulgare de la mer Noire, aux monts bulgaro-serbes de la Morava. Très fertile au long de ses cours d'eau, beaux torrents dans le mont, rivières ensalies dans la plaine grasse, la Bulgarie est le grenier d'abondance de Constantinople.

Les Bulgares, nation de près de 4 millions d'hommes, ne sont qu'imparfaitement slaves : ils ont pour ancêtres des barbares de lignage turc ou mongol, ou les deux mêlés, qui, sortant de l'Asie centrale, habitèrent les bords de la Volga (dont ils prirent le nom, ou à laquelle ils donnèrent le leur) ; franchissant le Danube en 679, ces conquérants vinrent se perdre au milieu d'un peuple slave qu'ils dominèrent, mais qui leur apprit sa langue et les dénationalisa : c'est l'histoire des Normands en France.

Laborieux, prolifiques, amis de la paix, de la vie des champs, ils passaient pour une tourbe de rustres ; ils ont, tout au contraire, du talent pour l'industrie, un goût vif et pur pour les arts. Insensiblement, ils gagnent devant eux, sauf sur les Albanais, et déjà ils se sont annexé bien des vallées où résonnait la langue grecque, et où maintenant on n'entend guère plus que le bulgare, idiome slave conservant quelques traces du langage que parlaient les Volgares quand ils arrivèrent du plus long au plus abondant de nos fleuves d'Europe. La plupart de ces Slavisés professent la religion grecque ; le moindre nombre est catholique, ou bien, sous le nom de Pomaks, s'est soumis à l'islam.

On estime que, sur les deux millions d'habitants de la Bulgarie libre, les Bulgares comptent pour plus des deux tiers et les Turcs pour plus du quart : ceux-ci, moins nombreux qu'avant le passage du Balkan par les Russes, sont encore fortement concentrés autour de Choumla (25 000 habitants), dans la Bulgarie orientale, au nord comme au sud de la montagne, jusqu'à la mer Noire, et presque jusqu'au Danube ; ils se montent à plus de 500 000 malgré l'émigration (d'ailleurs suivie d'un mouvement contraire) qui les emporta par troupes effarées lorsque l'héréditaire ennemi, maître enfin de Pleven ou Plevna l'héroïque, tint dans ses mains le vieux et glorieux destin des Osmanlis.

Pour dissocier l'élément bulgare et fortifier l'élément turc, os de ses os et chair de sa chair, le gouvernement impérial avait jeté chez eux, par dizaines, voire centaines de milliers, des Musulmans fuyant l'hégémonie russe, des Circassiens échappés du Caucase, des Tartares échappés de Crimée ; ces derniers, colons paisibles ; les premiers, hommes de paresse, de rapt, de violence, habitués à tuer l'ennemi ou le passant et à vendre leurs filles pour les harems des bons Osmanlis ; mais le plus grand nombre est mort ou s'est dispersé ; d'autres sont comptés comme Turcs ; le reste se bulgarise lentement.

Lors de la grande puissance des Bulgares, leurs tsars et leurs évêques résidaient dans une cité singulièrement pittoresque, sur sept détours de rivière, à Tirnova, traversée par la Iantra, qui court au Danube ; avant Tirnova, la capitale était Praslav, embellie par un tsar qui assiégea quatre fois Constantinople et ne la prit point : il n'en reste que des ruines, près d'Eski-Stamboul, non loin de Choumla, la ville qui parle turc ; avant Praslav les princes habitaient Okrida. Aujourd'hui le parlement siège à Sofie (20 000 habitants), la cité centrale de la Péninsule slavo-grecque, à 535 mètres d'altitude, au pied du Vitoch (2350 mètres) souvent neigeux, sur l'Isker, affluent du Danube.

Bosnie-Herzégovine. — Un contrat hypocrite a rangé la Bosnie-Herzégovine et le sandjak de Novibazar parmi les provinces d'Autriche, mais le gouvernement de Constantinople est censé conserver sur elle un droit de suzeraineté.

A eux trois, la riche Bosnie, la pauvre Herzégovine et le sandjak de Novibazar ajoutent à l'Empire aux deux têtes (l'une à Vienne, l'autre à Budapest) 6 100 000 hectares, avec 1 326 000 habitants, soit 31 personnes par kilomètre carré. Près des deux cinquièmes de ces nouveaux « Kaiserlicks » sont des Musulmans, fils des Slaves qui jadis abjurèrent, plus que des Turcs dont le yatagan fut bien mieux que l'iman le vrai ministre de l'abjuration ; un peu plus des deux cinquièmes appartient au rite grec, les autres sont catholiques.

Tout ce monde parle serbe, se sent yougo-slave, et souhaiterait de s'unir à la Serbie, Yougo-Slavie future, mais la malheureuse haine du Grec contre le Catholique, du Catholique contre le Grec, celle de tous deux contre le Mahométan et du Mahométan contre tous deux, empêchent les Slaves d'origine serbe de se dissoudre en une seule et même nation ; dans l'ancienne Autriche, de l'autre côté de la Save, il n'y a point de Musulmans, mais le Croate catholique a de l'aversion pour le Serbe grec, et le Serbe grec lui rend œil pour œil, dent pour dent.

Des monts assez semblables à notre Jura couvrent la Bosnie, où l'on retrouve les pertes et les renaissances d'eau communes aux pays de calcaire ou de craie : ainsi la limpide rivière qui donne son nom à la province, la Bosna, tributaire de la Save, jaillit, déjà toute grande, au pied d'une montagne. Si fendu qu'il soit en roches sèches, ce pays ne manque pas de fraîcheur, le long de ses cours d'eau, près de ses fonts merveilleuses : « Où commencent les arbres, où finissent les pierres, on entre en Bosnie », dit le Dalmate qui, lui, vit sur pierraille et rocaille. De grandes forêts couvrent encore la moitié de la contrée, mais on les abattra dès qu'on aura des chemins pour les atteindre. Elles abritent le renard, le blaireau, le chat sau-

Une ville bulgaro-turque : Monastir. — Dessin de Thérond, d'après une photographie.

vage, le loup, le lynx, l'ours, ce bon philosophe fourré qu'on chasse de ses cavernes patriarcales : on en tue, paraît-il, 1500 par an dans la Bosnie. La « grande » ville bosniaque, qui est petite, la « Damas du Nord », comme l'appellent les Turcs à cause de ses jardins, Sérajevo, n'a guère que 20 000 âmes; presque entièrement musulmane jusqu'à ce jour, Bosna-Séraï[1] borde un tributaire de la Bosna. Plus pittoresque est l'ancienne capitale, Iaïtsé, dans une gorge où le Vrbas, affluent de la Save, reçoit du haut d'un rocher de tuf les cascades et cascatelles de la Pliva.

L'Herzégovine supportait impatiemment le Turc, et là même éclata la révolte qui, loin de délivrer la petite Slavie bosniaque-herzégovinienne, la livra contre toute justice à l'Autriche, c'est-à-dire à des Allemands et à des Hongrois. Ses Slaves chrétiens (avec Musulmans dans les villes) habitent sur des plateaux arides, sur des monts disloqués, secs, chauves, et dans des gorges dont les torrents coulent à ciel ouvert à la rencontre de la Narenta, tributaire de l'Adriatique, quand ils ne filtrent pas dans les fissures du calcaire et qu'ils ne sautent pas dans un ponor ou gouffre. Ces eaux perdues gagnent pour la plupart la mer allongée qui sépare la Turquie de l'Italie, car elles vont sortir en fontaines splendides sur le littoral de la Dalmatie, à quelques lieues ou à quelques pas seulement de la vague qui doit les engloutir — ou même au delà du rivage, sous le flot, comme aux fonts sous-marines de Cattaro et de Doli. Cette Dalmatie, province autrichienne, qui, sauf des colonies ita-

1. C'est son nom turc : mot à mot, *Palais de la Bosna*.

liennes, a aussi pour habitants des Yougo-Slaves, n'est d'ailleurs qu'une étroite langue de terre, et du sommet des Alpes cassées, stériles, on voit comme à ses pieds les flots bleus, tant on règne fièrement sur les gorges nues, éclairées, ardentes, qui tombent de l'arête herzégovinienne à la rive dalmate. La principale rivière du pays après la Narenta, la Trébensfitsa, passe pour aller former outre-monts la superbe source de l'Ombla, près de Raguse ; celle aussi de Doli, qui sort du fond de la mer. Mostar, capitale, sur la Narenta, n'a ni grandeur, ni vie, ni industrie, ni commerce.

Serbie et Serbes. — Grande de 4 860 000 hectares, avec peut-être 1 865 000 âmes, soit 38 personnes par kilomètre carré, la Serbie doit son indépendance à deux paysans, l'un meunier, l'autre porcher : à George le Noir (Karageorg) et à Miloch. Depuis lors, c'est-à-dire depuis le premier quart du siècle, les autres Yougo-Slaves de langue serbe, Bosniaques, Herzégoviniens, Dalmates, Slovènes, Croates, regardent ce petit pays comme le noyau de la « Grande Serbie » que les patriotes rêvent de restaurer sur le Danube, la Save et la Drave ; — ainsi renaîtrait, dans la mesure du possible, le traditionnel empire de Douchan ; sous ce tsar, les Serbes commandaient au loin dans le Balkan et sur le fleuve Danube, et les empereurs de Byzance tremblaient devant eux.

Une histoire sanglante, la liberté reconquise, une langue sonore, une poésie héroïque, des chants populaires superbes donnent à ce peuple un rang distingué parmi les Slaves.

Des montagnes qui, sur la frontière méridionale du pays, s'élèvent à 1892 mètres — c'est l'altitude du Kapaonik ; — des forêts profondes, si bien qu'un proverbe disait : « Si j'étais loup, je vivrais en Serbie, pas ailleurs » ; parmi ces forêts, celle de la Choumadia, d'où sortit l'indépendance de la nation ; des bois de chênes avec grands troupeaux de porcs ; des torrents pleins courant à la Drina, tributaire de la Save, à la Morava, grand affluent du Danube, tels sont les principaux traits de la Serbie. La Morava se forme dans les monts où le val de la Stinitsa vit le désastre de Kossovo ou du Champ des merles et la fin de l'empire de Douchan : soixante-dix-sept mille Serbes, disent les chants nationaux, périrent sous les coups des Turcs dans cette mémorable bataille, et à côté des Serbes dorment à milliers dans ce sol tragique les Bulgares et les Albanais, leurs alliés.

Un des grands charmes du pays serbe, et même de toutes les contrées Yougo-Slaves, c'est que la ville n'y suce pas encore la moelle de la campagne ; la Serbie, la Yougo-Slavie n'ont que peu de cités, et des cités petites ; la masse de la nation coule sa vie dans des hameaux qui ne sont pas faits comme les nôtres d'un concours de familles étrangères les unes aux autres, ou si elles descendent d'un même père, divisées bien vite, émiettées, rendues ennemies par le voisinage, par les partages et les procès : chez les Slaves du Sud, le hameau, ou si l'on veut le village, est une Zadrouga, un groupe de familles, une réunion de parents et d'amis qui se rappellent leur commune origine et la consacrent par la communauté d'intérêts. Hors des lieux d'administration et des places de commerce, cette portion de la Slavje se divise en une multitude de républiques infinitésimales, patriarcalement régies par le plus ancien ou par le plus capable.

Mais voici que les Zadrougas s'en vont, depuis que les Serbes commencent à préférer Belgrade et les gros bourgs du pays à la simplicité du village : pourtant le huitième seulement de la contrée est en culture.

Sur les 1 865 000 habitants du royaume, il peut y avoir 1 550 000 à 1 600 000 Serbes et 250 000 à 300 000 étrangers, dont une trentaine de milliers de Bohémiens, 60 000 Bulgares en train de se serbiser, et 175 000 à 200 000 Roumains dans les montagnes de l'Est, entre Morava, Timok et Danube : ceux-ci ne se slavisent point malgré les écoles ; on n'assimile pas facilement le peuple de Trajan.

Donc, vers les Serbes de Serbie lèvent leurs regards les patriotes qui veulent rebâtir l'antique Yougo-Slavie : tant ceux au sud de la Save, Bosniaques, Herzégoviniens, Dalmates et Morlaques, gens d'Istrie et de Carniole, qu'au nord de cette rivière, les Croates et les Serbes de Croatie, d'Esclavonie, de Hongrie. Mais comment faire de grecs, de catholiques, de mahométans, un peuple à toujours cimenté ? Pourtant : « *Sama slogo spasiva Srbi!* — L'union seule peut sauver les Serbes ! » Ils usent de la mieux conservée des langues slaves, d'un parler qui a des rapports intimes avec le langage dans lequel la Bible fut pour la première fois traduite à l'usage des tribus slavophones : langage fort, plein, sonore, abondant en désinences, qu'on appelle slavon d'église. Ce premier des idiomes de la famille qu'une œuvre littéraire ait fixé se parlait on ne sait où, en Serbie, en Mœsie, en Carniole, ou autre part encore, en tout cas chez des Yougo-Slaves : on le regarde à tort comme le père des idiomes slaves, ce n'en est qu'un frère aîné. Les Serbes sont de la religion grecque.

La Serbie a pour capitale Belgrade (en français, Ville Blanche), modeste cité de 36 000 âmes, au confluent du Danube et de la Save.

Monténégro. — Terne ou grise, et dans certains calcaires en plein soleil éclatante de blancheur, la Montagne Noire — c'est ce que veut dire Montenegro, terme italien — dut sans doute, ou peut-être, ce nom, si faux maintenant, à de grandes sapinières : mais sapins et chênes y sont rares. Quoi qu'il en soit, les Slaves ses fils la nomment Tsrnagora, et les Turcs Kara-Dagh : or, ces mots signifient aussi la Montagne-Noire.

Femmes turques. — Dessin de Vierge.

C'est un fameux nid d'aigle, une aire presque doublée depuis les victoires des Monténégrins sur les Turcs pendant la dernière guerre d'Orient : à peine toutefois si le Mont-Noir a 900 000 hectares avec 236 000 hommes, ou 26 par kilomètre carré. Cet entassement de calcaires déchirés appuie au Kom (2437 mètres) et au Dormitor, son rival, un chaos de rocs fendus, de croupes chauves, de gorges sans la chanson des sources. Çà et là quelque grande fontaine lance un ruisseau bleu, qui bientôt rentre sous la terre, ou plutôt sous la pierre, car le Monténégro, ou du moins la Tsrnagora d'avant les annexions, n'a guère de sol que puisse trouer la charrue : tout le haut pays est d'une aridité, d'une dureté, d'une nudité si prodigieuses, il est tellement gibbeux et disloqué qu'il ne possède pas plus de quatre champs cultivables ayant en moyenne un kilomètre de traverse. Ses pommes de terre, son orge, son avoine, son blé, son seigle croissent à l'aventure, entre les éboulis de rochers, sur le peu de terre que l'orage a roulée dans un bas-fond, sur quelque lambeau d'alluvions altérées qui, le plus souvent, n'a que 10, 15 ou 20 pieds de longueur. Heureux si des rafales sauvages ne balayent point la semence enfouie dans cet humus indigent : ils peuvent bien retourner le sol, les ouragans qui décoiffent les chaumières exposées à leur fureur quand le Monténégrin n'a pas couvert son toit de lourdes poutres où pèsent de gros blocs de pierre. Des creux de ravin, de vagues pâtures d'herbe rare, courte et flétrie, des touffes d'arbustes, quelques arbres torturés par le vent, c'est toute la fortune du Tsrnagorien des cimes; le Tsrnagorien d'en-bas, vers le lac de Scutari, souffre moins de la rage des airs; sous un climat meilleur, il a des prairies, de bons vallons, de vraies forêts; ce n'est pas lui, c'est son frère de la montagne qui raconte que Dieu descendit un jour du ciel avec un sac plein de pierres à distribuer équitablement sur toutes les vallées du monde, mais le sac creva sur la Tsrnagora.

La capitale de ces Serbes jamais soumis, c'est Cettinjé, bourg de 2000 habitants, à plus de 1100 mètres d'altitude.

Roumanie : Grande plaine et Carpates. Les Roumains.

— Par un des plus mémorables exemples de l'injustice des forts, les Roumains, qui venaient de sauver les Russes devant les murs de Plevna, se sont vu ravir par eux les fertiles territoires bessarabes qu'ils possédaient au delà du Pruth, et en échange ils ont reçu, du Danube à la mer Noire, la Dobroudja, stérile et fiévreuse. A ce troc forcé, la Roumanie a du moins quelque peu gagné en étendue, puisqu'elle a maintenant 15 millions d'hectares, le quart de la France, avec 5 400 000 habitants, soit 41 par kilomètre carré.

Elle se compose de deux anciens grands-duchés que gouvernaient les hospodars : la Valaquie ou pays des Velches, autrement dit des Latins, au midi des Carpates, jusqu'au large Danube ; la Moldavie, à l'est de ces mêmes montagnes, sur le Sereth, jusqu'au Pruth, maudit par les chants populaires : n'a-t-il pas toujours laissé passer la peste, la sauterelle des steppes, le conquérant, le vent du nord-est, quatre mortels fléaux?

La Roumanie, épaulée aux Carpates, possède tout le cours inférieur du Danube, sur la rive gauche, la droite étant serbe, puis bulgare, jusqu'à l'entrée en Dobroudja où tout le fleuve devient roumain. Des rivières qu'il enchaîne à son cours pendant les 850 kilomètres de son voyage valaque, la plus belle, avec le Sereth moldave et le Pruth bucovinien, moldave et bessarabe, c'est l'Olt, venu des hautes plaines de Transylvanie par les défilés de la Tour Rouge; notre Lot, tributaire de la Garonne, s'appelle du même nom, Olt, chez les montagnards ses riverains entre sa source et le confluent de la Truyère, et çà et là dans son cours inférieur — aussi bien Roumains et Français sont frères, du moins par le langage.

L'immense plaine valaque, couverte de meules de foin comme la Beauce l'est de meules de paille, approvisionne l'Occident pour sa part de blé quand la sauterelle n'en broute pas les épis. En remontant ses traînantes rivières, ombragées de peupliers et de saules, on arrive au Vignoble, et après le Vignoble, à ces Carpates auxquelles la Roumanie doit une altitude moyenne de 282 mètres, malgré toute l'ampleur de ses terres basses. Là, sans perdre de vue la plaine opulente, Piémont et Lombardie de l'Orient, on s'égare dans des monts ravissants, Alpes sans lacs et sans glaciers, sur de clairs torrents, parmi les blancs bouleaux, les noirs sapins, les châtaigniers, les hêtres, les chênes, avec cavernes où sont les ours. Le sommet le plus haut, le Négoï, voisin des sources de la rivière de Bucarest, se lève à 2543 mètres, au sud-ouest et non loin de Fogaras, la ville transylvaine autour de laquelle, dit-on, vivent les Roumains de la race la plus pure.

Les Roumains, comme on sait, ne peuplent pas la seule Roumanie, et il n'y a guère là que la moitié de la nation, le reste occupant la plus grande part de la Transylvanie, divers comitats hongrois, le sud de la Bucovine, en Autriche; de vastes districts de la Bessarabie et de la Podolie dans l'empire Russe; des cantons de la Serbie, des villages de la Bulgarie ; enfin des monts et vaux de la péninsule slavo-grecque, surtout dans la région du Pinde, sous le nom de Vlaques ou Valaques, Macédo-Vlaques, Koutzo-Vlaques, et aussi sous celui de Zinzares, de leur façon zézayante de prononcer *zinz* le mot roumain *tchintch* (cinq).

On suppose que cette race se forma durant les derniers siècles de la puissance romaine par le mélange de tribus, daces ou non, avec les colons italiens et gaulois transportés en Dacie par Trajan après la conquête des plaines du jaunâtre Ister ou bas Danube par des légions habituées à vaincre. Quant aux Macédo-Vlaques, ils proviendraient (d'après certains savants) des colons latins qu'Aurélien fit passer de la Dacie dans la Mœsie, c'est-à-dire de la rive septentrionale à la rive méridionale du fleuve, lorsqu'au déclin de l'Empire il dut céder la Roumanie actuelle aux nations guerrières du Nord et prendre pour limite la grande eau qu'avait dépassée le glorieux Trajan.

Mendiants bulgares. — Dessin de A. de Neuville, d'après une photographie.

Les Roumains, qui sont de religion grecque, parlent le roumain, langue tout à fait différente des idiomes slaves et du hongrois qui l'entourent, en même temps que fort rapprochée de nos parlers latins; elle ne manque pas de radicaux slaves, tant s'en faut, le slavon d'église ayant été la langue religieuse et littéraire de la nation jusqu'en 1643, mais presque tous les mots vitaux sont de souche latine, et de plus en plus les écrivains roumains proscrivent les mots slaves dans la mesure du possible pour les remplacer par des mots empruntés au vocabulaire néo-latin. — Les Espagnols se débarrassèrent ainsi jadis peu à peu d'un grand nombre de termes arabes. — Par ses racines slaves, il se distingue de nos langues et patois néo-latins, et aussi par les racines grecques introduites dans le tissu du roumain à l'époque où le pays était pressuré par les Phanariotes, fonctionnaires grecs au service du sultan. Enfin, 200 mots environ qu'on ne sait à quelle souche rattacher seraient un héritage des vieux Daces ou de tels ou tels autochtones de nous ignorés. Il a fallu au roumain, tour à tour opprimé par le verbe slave et par le verbe grec, sans compter le turc, une puissante sève rustique pour triompher des idiomes qui l'assiégeaient.

Cette langue résistante est parlée par une nation entêtée à vivre : il semble qu'assise au passage des peuples, sur le Danube, entre Balkan et Carpates, elle aurait dû sombrer parmi les Goths, les Visigoths, les Gépides, les Alains, les Huns, les Magyars, les Tartares, les Turcs, les Byzantins, les Yougo-Slaves, mer longtemps agitée, qui même entre à peine aujourd'hui dans son repos. Jamais déchaussés du sol, ou si peut-être ils le furent, ayant repris racine on ne sait quand, on ne sait où, on ne sait comment; descendus, soit du nord, des Carpates, soit du sud, du Pinde ou du Balkan, ils ont de nouveau rempli l'empire, et les voilà huit à neuf millions, presque d'un bloc.

Très malheureusement divisée, ayant sa meilleure réserve d'hommes en Autriche, des millions d'hectares sous le talon du colosse russe et des frères dispersés sur tout le triangle slavogrec, la Tzaréa roumanesca [1] désespère presque de réunir ses tronçons; pourtant *Roumanul no pere* [2] !

C'est une race d'allures méridionales que celle des Roumains, belle, gracieuse, avec de charmantes femmes; mais, en Roumanie du moins, elle est abimée de misère, exténuée par la fièvre, amaigrie par la mamaliga ou bouillie de maïs et par 194 jours de jeûnes religieux chaque année, sous un climat très dur, torridement chaud en été, puis sibériennement froid en hiver, quand souffle l'implacable vent du nord-est : Bucarest voit son air descendre à —30° et monter à +45°. Mais en quittant la plaine, et surtout la rive maremmatique où le Danube trop souvent s'extravase, en cheminant vers les Carpates, la nature est plus clémente; sur la montagne même et ses vastes plateaux le Roumain de Transylvanie, vigoureux, toujours fécond, répare incessamment les pertes de ses frères du bas pays valaque.

En Roumanie un grand huitième de la nation n'est pas roumain : à côté du peuple de Trajan vivent 400 000 à 500 000 Juifs, surtout en Moldavie — élément détesté, fait en partie de prêteurs usuriers, de cabaretiers, de brasseurs d'affaires, mais aussi d'ouvriers des métiers les plus divers; ils parlent pour la plupart un mauvais jargon allemand et l'on exècre en eux les « fourriers » du germanisme. Il y a bien 200 000 Bohémiens qui s'attachent au sol et se roumanisent de plus en plus; 80 000 à 100 000 Slaves, la plupart Bulgares, se roumanisent également; tout comme les Tchangos, Hongrois depuis longtemps fixés en Moldavie, tout comme les Magyars de Hongrie et de Transylvanie qui descendent en Roumanie pour y chercher du travail dans les villes.

La capitale, Bucarest (221 000 habitants), à 90 mètres d'altitude, sur la Dimbovitza, bourbeux sous-affluent du Danube, mêle des palais à ses chaumières. — Jassy (90 000 habitants), ancienne métropole de la Moldavie, est sur un tributaire du Pruth. — Galatz, port du Danube inférieur, entre les confluents du Sereth et du Pruth, a 80 000 âmes.

La capitale d'Étienne le Grand, qui gagna, dit-on, quarante batailles sur les ennemis de sa race, se trouve en dehors de la Roumanie actuelle, à Suciava, dans la Bucovine, province autrichienne. C'est aussi en Autriche, dans la Transylvanie, que le paysan Hora, « l'empereur de Dacie », tenta le premier de refaire la « Grande Roumanie » en 1784.

---

1. Terre roumaine.
2. « Le Roumain ne meurt pas ! »

Vue de Delphes. (Voy. p. 258.) — Dessin de F. Sorrieu, d'après une photographie.

GRÈCE

L'antique Hellénie. — La Grèce, dont les vœux étaient immenses, infinis, en a vu deux s'accomplir.

L'Angleterre lui a remis les îles Ioniennes, et l'Europe lui a fait rendre par la Turquie la plus grande part de la Thessalie et un petit district de l'Épire; mais ni l'Europe ni l'Angleterre ne lui donneront les grandes vallées de Thrace et de Macédoine qu'elle souhaite ardemment, ni Constantinople, qui lui tient profondément au cœur.

Ces annexions portent son territoire à 6 469 000 hectares, avec environ 2 millions d'âmes : soit près de 31 personnes par kilomètre carré.

Déboisée, dégradée, décharnée, calcinée, déchue de sa fécondité comme de sa gloire, l'antique Hellénie a perdu la poésie, les arts, les sciences, la sagesse et ses temples sereins. De la Grèce d'autrefois, ce que le voyageur retrouve encore, c'est l'olivier, vanté par Sophocle, « l'arbuste d'un vert sombre que jamais chef d'armée, jeune ou vieux, n'oserait arracher, car les yeux de la vigilante Minerve le protègent toujours ». Il y voit aussi ce que l'homme ne peut ni dominer ni flétrir, le soleil chaud, le ciel clair, la mer bleue et les lignes pures. Mais les belles cités ont disparu presque toutes, ne laissant qu'une impérissable mémoire, des marbres harmonieux, des murs et tronçons d'édifices, et çà et là des monuments que les siècles ont respectés, temples, acropoles, portiques dorés par l'Orient divin.

La Grèce ne possède encore qu'une part du territoire continental et des îles qui ont conservé la langue grecque, en Europe, en Asie, et la moitié peut-être de la nation qui parle le romaïque ou grec moderne vit hors du royaume, de Salonique à Chypre, de Constantinople à la Crète. C'est un faible reste de ce que couvrirent les Hellènes, car ce peuple de colonisateurs jeta de petites Hellénies sur la plupart des rivages du vieux monde : en Thrace, en Macédoine, sur l'Adriatique, en Sicile; dans l'Italie méridionale, qui en prit le nom de Grande-Grèce; en Provence, en Cyrénaïque, dans la basse Égypte, dans toutes les îles de la Méditerranée orientale, dans l'Asie Mineure et jusqu'en

Le Parnasse. (Voy. p. 258.) — Dessin de F. Schrader.

Bactriane. Ils s'y prirent à trois fois pour essaimer au loin : de l'an 1120 à 1000 avant notre ère, ils s'établirent surtout en Asie Mineure; de 750 à 650, ils peuplèrent la Grande-Grèce; après les conquêtes d'Alexandre, ils se répandirent, trop sporadiquement, sur l'immense Orient et sur l'Égypte. Le génie hellénique resplendit à Cyrène, à Tarente, à Syracuse, à Pergame, à Alexandrie, comme à Athènes et comme à Corinthe; plus tard, ce fut une colonie grecque, Byzance, qui garda le dépôt de la sagesse antique. L'Hellénie, qui d'ailleurs fut l'institutrice des Romains, influença l'Orient par ses arts, ses doctrines, comme Rome l'Occident par ses armes, sa centralisation, son droit.

La Grèce comprend un tronc continental, une presqu'île, des îles.

Hellade ou Tronc continental. — La Hellade enclôt un peu moins de 3 750 000 hectares, ou l'aire de six départements français, avec peut-être

850 000 âmes : soit 23 personnes au kilomètre carré. La mer Égée, que les Turcs nomment mer Blanche — mer Bleue vaudrait mieux, — la mer Ionienne et le golfe de Corinthe baignent cette petite contrée que se partagent quatre nomarchies : la Thessalie et l'Épire, l'Acarnanie et l'Étolie, la Phthiotide et la Phocide, la Béotie et l'Attique.

Thessalie. — La Thessalie est le pays des vieilles légendes grecques : là les Titans entassèrent pour monter au ciel le Pélion (aujourd'hui Zagora : 1564 mètres) sur l'Ossa (aujourd'hui Kissovo : 1600 mètres) ; là vivaient les Centaures, mi-cheval, mi-homme ; de là partirent les Argonautes pour conquérir la Toison d'or.

Elle va du golfe de Salonique au Pinde, massif

Le défilé des Thermopyles. — Dessin de D. Lancelot.

de monts d'où l'on voit l'Adriatique et que verdissent des pins et des hêtres. Grecque lorsque Achille au pied léger régnait à Larisse, et quand Xercès força les Thermopyles, et lorsque Philippe et Alexandre la traversaient pour aller vaincre Athènes ou Thèbes, cette contrée est grecque encore, et c'est justice qu'elle ait pris place parmi les provinces du royaume hellénique. Son fleuve, le Salembria, se nomma le Pénée : fils du Pinde, il passe, tout petit, dans un pays de rocs singulière- ment sculptés par les éléments, où des moines de religion grecque ont bâti leurs couvents sur les pitons, les bastions, les aiguilles, les quilles les plus inaccessibles d'une thébaïde de pierre : là, « contemplant », dormant, murmurant des prières, inutiles, ils ne communiquent avec le reste du monde, chacun dans sa chacunière, que par une longue corde ; un treuil leur monte le pain, le vin, l'eau, les visiteurs. Fait de fonts claires, le Pénée reste clair dans la grande plaine de

Thessalie, ce que la Grèce a maintenant de plus fécond. A l'issue de la plaine, qui fut un lac retenu vers l'orient par de hautes montagnes, il se fraye un chemin pittoresque entre les roches rouges de l'Olympe et de l'Ossa, là même où quelque tremblement de terre ouvrit la brèche qui vida les eaux de la conque : cette coupure du Salembria, sous les platanes, entre les lauriers-roses, c'est le Lykostomo ou Gueule du loup, qui manque un peu de lumière, et ce fut le vallon de Tempé, chanté par les Grecs, puis, à leur imitation, par les Latins, comme le lieu le plus beau de la Terre.

Il n'y a pas que des Grecs dans la Thessalie — Grecs d'ailleurs mâtinés de Slaves et de Koutzo-Vlaques ou Roumains du Pinde. — Les Turcs sont nombreux dans les villes, autour de l'Ossa, et surtout dans la plaine; s'ils ne s'hellénisent pas encore, ils ne tarderont point à le faire, au moins quant à la langue, imitant en cela les Macédo-Vlaques, de plus en plus dénationalisés par les Hellènes. Larisse (13 000 habitants) a le premier rang parmi les villes thessaliennes.

Grèce proprement dite. — Le reste de la Grèce continentale, pays sans plaines, sans larges vallées, fait par la nature pour de petites tribus rivales plutôt que pour un grand peuple uni, n'est qu'un dédale confus de monts hauts de 1000 à 2500 mètres qui ont perdu leurs noms harmonieux. Le Khiona (2511 mètres) domine quelque peu le Parnasse, au nord-ouest; le Parnasse (2459 mètres), aujourd'hui Liakoura, commande le village albanais de Kastri, qui fut Delphes, oracle fameux et « nombril du monde »; la montagne où le vieil Hercule déracina les pins de son bûcher, l'Œta (2152 mètres) dont les forêts de chênes contemplent les Thermopyles, a pris le nom de Katavothra; l'Hélicon (1749 mètres), voisin du golfe de Corinthe, s'appelle Palæo-Vouno ou Vieux-Mont, terme grec, et Zagora, terme slave; le Cithæron (1410 mètres), au sud de Thèbes, se nomme Élatéas. Trois autres monts célèbres sont : le Parnès, 1407 mètres; le Pentélique, 1109; l'Hymette, 1027.

L'Acarnanie et l'Étolie, au nord du golfe de Corinthe, contrastent violemment avec la Grèce attique et béotienne : terre verte au lieu de roche rôtie, elles tirent de leurs monts torturés, de leurs forêts larges et touffues, de leurs lacs, assez d'eau courante pour emplir de vraies rivières; là court le rapide Aspro-Potamo, l'antique Acheloos, fleuve abondant en toute saison, le premier du royaume avant l'annexion du Pénée : il reçoit par un émissaire marécageux les eaux du profond Vrakhori, jadis Trichonis, lac de 50 kilomètres de tour. Des troupeaux animent les pâtures étoliennes et acarnaniennes, et les forts habitants de ce rude pays disputent aux Maïnotes du Péloponèse, aux Sphakiotes de Crète, la gloire d'avoir peu mêlé le sang des Hellènes à d'autres sangs.

La Phocide donne, et sur le canal de l'Eubée, qui mène à la mer d'Orient, et sur le golfe de Corinthe, qui conduit à la mer d'Occident : là brilla Delphes, sanctuaire du monde grec. La Phthiotide est le frais bassin de l'Hellada, jadis Sperchios, qui, remblayant d'alluvions le golfe de son embouchure, a fait du mince estran des Thermopyles, où l'on ne passait qu'homme par homme, une plaine assez large pour des armées.

La Béotie, comme la Phocide, va de mer à mer; elle a Thèbes et sa part du Copaïs, étang de 15 000 à 25 000 hectares suivant la saison, qui porte aussi le nom slave de Topolias ou lac aux Peupliers. Le Copaïs, qu'on va dessécher, est un lac de plaine dominé de loin par les monts Ptoüs aux roches verticales, par le Parnasse et l'Hélicon, jadis ruisselants de sources; le Céphise et l'Hercyne, frais ruisseau de cristal né des fontaines de Léthé et de Mnémosyne, le remplissent de leurs crues; il se vide par vingt-trois katavothra de la roche du Ptoüs, gouffres qui portent l'onde vive à de grandes sources du bord de la mer.

L'Attique immortelle, le pays d'Athènes, entre la mer Égée et le golfe de Corinthe, se porte en presqu'île à la rencontre de la Morée.

Péloponèse ou Morée : Arcadie. — L'isthme de Corinthe, qui soude l'Attique à la Morée ou Péloponèse, a pour destinée prochaine d'être coupé pour que la mer Ionienne s'unisse à la mer Égée. Le canal est déjà commencé, bientôt il sera fini, là même où Néron tenta cette œuvre de rapprochement : il voulait unir plus intimement Rome à la glorieuse Athènes, qui avait été ce que Berlin pense être aujourd'hui, « la capitale de l'intelligence ». Il n'y a pas là de monts à forer comme dans l'Amérique centrale, d'immenses sables à creuser comme à Suez; les chaînes de la Hellade ne s'y lient point à celles de la Morée par une épaisse montagne : il y a dépression dans l'isthme avec 40 mètres seulement d'altitude; puis on ne compte que 5 kilomètres de golfe à golfe.

Une bourgade veille à la racine de l'isthme, à

la base des monts moréens : c'est Corinthe, qui compta 500 000 âmes, autant que toute l'Attique, et trois ou quatre fois plus qu'Athènes sous Périclès. Le golfe auquel elle a donné son nom, et qui s'appelle également golfe de Lépante, s'allonge entre la Hellade au nord et la Morée au sud, pendant 125 kilomètres, avec une largeur très variable, 2000 mètres à l'entrée, 55 kilomètres au plus ample; au septentrion comme au méridion, il a pour voisins et dominateurs des monts raides, élevés. C'est par le golfe de Patras, devant la tragique Missolonghi, qu'il s'ouvre sur la mer Ionienne.

La Morée n'a que 2 220 000 hectares, avec 750 000 habitants à peine, mais quels noms et quels souvenirs! L'opulente Corinthe; l'antique Argos

Sparte et le Taygète. (Voy. p. 264.) — Dessin de Schrader.

dont les Grecs portèrent le nom, car ils s'appelèrent, au moins chez les poètes, Argheioï, comme Achaïoï, Danaïoï et Hellènès; Épidaure et le sanctuaire d'Esculape; la vieille Sicyone, mère des peintres; Trézène; Tinthyris dont les murs cyclopéens ont 15 mètres d'épaisseur; Mycènes, pleine de crimes; Mantinée, bas-fond central de la péninsule et lieu de grandes batailles; Tégée; Orchomène, puissante aux temps héroïques; l'invincible Sparte; Messène indomptable; Pylos, ville du sage Nestor; Pise, Élis, Olympie; le bois de Némée; le marais de Lerne, le lac de Stymphale, l'Alphée, l'Eurotas, le Styx; le Lycée, le Ménale, le Taygète et l'Érymanthe.

La vieille « île de Pélops » ne doit certainement pas le nom de Morée à la ressemblance de son contour avec celui de la feuille du mûrier (μορέα en grec); Morée n'est pas non plus le terme slave More, la mer; ni l'interversion du nom de Romaïe, pays des Romains — ce qui veut dire ici, des Grecs. — Elle s'appelle ainsi, probablement, d'un hameau de pêcheurs, Mourja, sur la côte d'Élide. Haut de 600 mètres en moyenne, le Péloponèse dresse autant de monts et des monts aussi grands que la Hellade : l'antique Taygète, Saint-Élie moderne, aussi nommé les Cinq-Doigts (Pentodactylos) parce qu'il est fait de cinq monts allongés, atteint 2408 mètres; le Cyllène, maintenant Ziria, 2402; le Khelmos, dans les monts Aoraniens, 2361; l'Olonos, qui fut l'Érymanthe, 2118; le Ménale, « bois éloquent et pins sonores où le berger chante ses amours[1] », est moins haut; le Parnon, qui a pris le nom de Saint-Pierre (Hagios Petro), monte à 1937 mètres; le Diaforti, qui s'appela Lycée, à 1420.

Des roches diverses forment ces croupes et ces pics : schistes, marbres, calcaires percés des katavothra sans lesquels la plupart des vallées du plateau seraient noyées sous des lacs ou sous des marais méphitiques ; mais grâce à ces gouffres, les eaux de l'intérieur descendent vers la mer pour jaillir en képhalaria magnifiques, près du rivage, ou dans le sein même de l'Océan, père des dieux et des hommes — képhalaria, c'est-à-dire les têtes, répond au Ras-el-Ma ou Ras-el-Aïoun des Arabes. Mantinée, Tégée, Stymphale, Orchomène, Phénée, noms si grands dans les livres, villes si petites dans le vallon où naquit leur légende, où coula leur histoire, sont situées dans des bas-fonds de ce genre n'ayant aucun émissaire visible, sur le haut plateau d'Arcadie si vanté des anciens comme étant par excellence la patrie des pasteurs heureux et naïfs. Mais peut-être ces amants des bocages, des gazons, des sources, ces bergers dont la flûte enchantait les échos, étaient-ils comme aujourd'hui des paysans grossiers fuyant par l'émigration la misère non moins que les fièvres du plateau : car les eaux des bas-fonds s'assemblent en palus quand s'obstruent les katavothra.

De ces lacs-marais toujours prêts à s'emplir ou à se vider suivant l'état des veines de la pierre, le plus grand, le lac de Phénée, profond, d'aspect sombre, s'étend sur plusieurs milliers d'hectares, à 750 mètres d'altitude, au pied de sept hauts monts pyramidaux brunis par la forêt de pins; un chenal souterrain, dérobant ses eaux, les conduit au maître fleuve du Péloponèse, au pur Rouphia, jadis Ladon, qui boit le célèbre Alphée. Le lac de Stymphale descend, on le suppose du moins, par des katavothra vers le golfe d'Argos; il y abreuve

[1]. Virgile.

la grande source de l'Érasinos et les fontaines de Lerne qui s'épanchent en marais drainés par Hercule[1]. Un autre fleuve — si ce sont là des fleuves — coule au nord vers le golfe de Corinthe sous le nom de Mavro-Nero, l'Eau Noire, ou Drako-Nero, l'Eau du Dragon; sa source est dans les neiges, puis, brusquement, il tombe de 60 mètres par deux écharpes de brouillard; de ce torrent parfois sombre et parfois gracieux, les anciens avaient fait un bourbier des Enfers avares, le Styx, le fleuve aux neuf replis, l'onde éternellement troublée dans son immobilité ténébreuse par la barque du fatal nocher, Charon, passager des âmes.

La Morée comprend cinq nomarchies :

L'Achaïe-Élide est au nord-ouest, sur le golfe de Corinthe, sur le golfe de Patras et la mer qui baise les plages de Zante; ce département possède la montagne Érymanthe, le fleuve Gastouni, qu'on nomma Peneios, et le port commerçant de Patras.

La Messénie, au sud-ouest, sans ville qui soit plus qu'une bourgade, a les souvenirs de Messène l'héroïque; elle a des rocs entassés, hachés, et le Pirnatza, jadis Pamisos, dont les superbes fontaines, à Hagios Floros, sont un dégorgeoir des katavothra.

La Laconie, au sud, est le pays des plus hauts monts péloponésiens : là monte le Taygète, qui domine l'immortelle Sparte et le vallon du vieil Eurotas, aujourd'hui l'Iri, faible torrent, mais à l'ouest de son embouchure le Vasili Potamo ou Fleuve Royal, long de 10 kilomètres seulement, jaillit à grands flots par des sources du roc, kephalaria nés des pertes du plateau. Iri et Fleuve Royal tombent dans le beau golfe de Laconie, formé par deux longs promontoires très fiers, bien taillés, ressemblant à des pinces de langouste grand ouvertes : de ces pinces, celle de l'ouest finit au cap Matapan, celle de l'est au cap Malée, voisin de la Cythère antique.

L'Argolide-et-Corinthie, au nord-est, rattache la Hellade au Péloponèse, et donne sur trois golfes : celui de Corinthe; celui d'Égine ou golfe Saronique avec ses îles d'Égine et de Salamine; celui d'Argos ou de Nauplie, qui tient son premier nom de la ville d'Agamemnon, roi des rois, et son second d'un port moderne.

L'Arcadie ne borde la mer que sur le golfe d'Argos; partout ailleurs elle est terre continentale, si l'on peut appliquer à un pays aussi petit que le Péloponèse un terme ayant pour âme le mot

[1]. C'est ainsi qu'on interprète le mythe de l'hydre de Lerne.

Le temple de Minerve, à Égine. — Dessin de A. Deroy, d'après une photographie.

continent auquel nous attachons malgré nous l'idée de grandeur massive : c'est le « Plateau Central » de la péninsule et le berceau de son grand fleuve, le Rouphia, lequel roule en moyenne 40 mètres cubes par seconde.

Iles. — Les îles, qui prennent à la mer un peu plus de 925 000 hectares, avec 460 000 âmes, sont l'Eubée, les Sporades, les Cyclades, les Ioniennes, jadis « république septinsulaire ».

Eubée. — La montagneuse Eubée ou Négrepont (420 000 hectares, 95 000 habitants) a 175 kilomètres de long sur 8 à 40 de large. Parmi ses monts calcaires, très nus au sud, mais çà et là verdoyants au nord, le Delphi s'élève à 1746 mètres, marquant à peu près le centre de l'île. Devant la capitale de l'Eubée, devant l'antique Chalcis, mère de tant de colonies, l'Euripe, qui sépare Négrepont du continent, est deux fois moins large que la Seine entre les quais de Paris.

Sporades. — Les Sporades, c'est-à-dire les semées, les dispersées, sont des îlots plutôt que des îles, au nord-est de l'Eubée : la moins microscopique a nom Skyros.

Cyclades. — Les Cyclades s'appelèrent ainsi de ce qu'elles se rangeaient en cercle[1] autour de Délos, l'île du Dieu du jour. Calcaires ou volcaniques, incendiées de soleil, en pleine nudité, presque sans sources, leurs Grecs ont dans les veines du sang italien et du sang turc. La nomarchie qu'elles forment a 132 000 habitants sur 270 000 hectares.

Au nord, continuant l'Eubée par delà le détroit de Doro, Andros, qui mêle des Albanais à ses Grecs, dresse un mont de 970 mètres. — La riante Tinos, à son tour, continue Andros, à laquelle elle tient presque. — Syra ou Syros, la plus peuplée des Cyclades grâce à la commerçante Hermoupolis, n'est cependant qu'un grand roc sans arbres. — Dili, sa très petite voisine, fut Délos, riche trésor et sanctuaire vénéré d'Apollon. — Naxia ou Naxos, la plus grande parmi les Cyclades, et aussi la plus jolie, la plus fertile, a des montagnes qui portent leur cime à mille mètres ; le sang vénitien et un peu le sang français sont à l'origine des meilleures familles de cette île, encore pleine des souvenirs du temps des Croisades. — Paros a ses beaux marbres, Antiparos sa grotte hyperboliquement vantée. — La fameuse Santorin, roc sans fontaines couvert de vignes, domine à l'ouest par des talus de 390 mètres un golfe semi-circulaire, en partie séparé de la haute mer par les escarpements de Therasia ; celle-ci, roche abrupte en eau très profonde, a trois cheminées volcaniques : Palæo-Kaïméni ou la Vieille arse[1] fut soulevée 196 ans avant notre ère ; Mikro-Kaïméni ou la Petite arse émergea vers 1570 ; Néo-Kaïméni ou la Neuve arse sortit des flots au commencement du dix-huitième siècle, et de nouvelles convulsions (1866-1870) l'ont fort agrandie. — Milo, volcanique aussi, s'échancre d'une grande baie, celle de Kastron, excellent mouillage ; cette baie est justement un ancien cratère, ouvert maintenant sur les flots de l'Égée.

Iles Ioniennes. — Les sept Ioniennes (237 000 hectares) sont fort peuplées, ayant par hectare à peu près un homme. Pourtant, les monts calcaires dont elles projettent l'ombre sur la mer Ionienne et la Méditerranée livrent des flancs nus au soleil de l'Épire, de la Hellade, du Péloponèse, et il n'y a dans tout l'archipel septinsulaire qu'un seul ruisseau coulant toute l'année, à Corfou. Les Ioniennes ont eu longtemps les Vénitiens pour maîtres, aussi la race hellénique, plus pure de sang slave, de sang albanais, de sang turc, que chez la plupart des Grecs continentaux, y est-elle mêlée de principes italiens, et jusqu'en 1850 la langue de si resta l'idiome officiel des « Ioniens ».

La plus septentrionale des sept, Corfou, jadis Kerkyre, contemple de près les « monts de la Foudre », les Acrocérauniens des anciens Grecs, sierra d'Épire montant presque à 2000 mètres ; elle-même Kerkyre n'a qu'un sommet de 880 mètres, qui est un « œil du monde », un magnifique belvédère, avec le nom superbe de Pantacrator[2]. Sa capitale, Corfou, tient la cinquième place en Grèce. — Paxo, la voisine, l'annexe de Kerkyre, quelque peu au sud-est, est la moindre des sept îles : à peine 1 à 500 hommes y vivent. — Leucade ou la Blanche, appelée par erreur Sainte-Maure[3], tiendrait à l'Acarnanie sans un chenal très étroit, nullement profond, qui se traverse à gué en marée basse : c'est, sur la rive opposée de la Grèce, comme une autre Eubée séparée du continent par un autre Euripe ; au sud, en face de Céphalonie, un de ses caps fut célèbre dans le monde

---

1. Κύκλος, en grec, cercle : cercle bien irrégulier.

1. Vieille brûlée : nous reprenons les vieux mots français, idiomatiques, courts et commodes.
2. Dominant tout.
3. Du nom de sa capitale.

hellénique par les nombreux désespérés, vrais ou légendaires, qui sautèrent de son sommet dans l'abîme. — Képhallénia ou Céphalonie, « l'île aux trois cents villages », secouée par les tremblements de terre, porte le plus haut mont « septinsulaire », l'Élato (1599 mètres) : c'est d'ailleurs la moins exiguë des Ioniennes. Spécialement sèche, sans une seule eau courante, elle soutire à la mer non loin d'Argostoli deux petites rivières qui, sorties du « fleuve » océan, font tourner des moulins, puis entrent dans les cavernes. Qu'y deviennent-elles, au-dessous du niveau marin ? Les savants en discutent, ils ne sont pas près de s'entendre. — L'annexe de Képhallénia, Thiaki, fut Ithaque, patrie du « pasteur des peuples », Odusseus ou Ulysse, le Grec des Grecs. Odusseus ne fut jamais en défaut :

La plaine d'Argos. (Voy. p. 250.) — Dessin de H. Clerget, d'après une photographie.

brave, brillant, beau diseur, sa « divine » sagesse touchait de près à la fourberie. De son temps, dans « l'âpre » Ithaque, aussi nommée par lui la « riante », le Nérite (800 mètres), « au feuillage toujours ému par le vent », portait des forêts aimées par les troupeaux du « divin porcher » ; mais si petites fussent-elles, par la minimité même de l'île, ces forêts faisaient aux vallons où le vieil Eumée conduisait ses bêtes un ombrage qui n'existe plus ; depuis l'industrieux héros, Ithaque a perdu ses bois. — Zante, la « fleur du Levant », charmante et fertile, craint les secousses du sol ; comme Képhallénia, comme Ithaque, c'est un grand vignoble de raisins de Corinthe. — Cérigo, plus proche des Cyclades que des six autres îles ses sœurs, se lève devant la péninsule du cap Malée : terre nue, rien, sinon le ciel bleu, la mer bleue, n'y rappelle Cythère, chère à Vénus.

Les Grecs sont-ils Grecs ou Slaves ? Le Magne. — Les Grecs d'autrefois sortirent d'un creuset où s'étaient fondus des éléments point connus ou mal connus de nous; ceux d'aujourd'hui ressemblent peu sans doute à la race « élue » qui policia le monde ancien et dont on n'a point dépassé les poètes, les architectes et les sculpteurs.

Il y eut tant de massacres dans ce petit coin de terre, tant de races y ont passé depuis quinze cents ans, que le vieux sang des Hellènes s'est peut-être perdu dans les sangs étrangers : d'après divers savants, les Grecs seraient à présent des Serbes mêlés d'Avares, de Bulgares, d'Albanais, de Roumains, d'Italiens, de Maltais, de Juifs, de Bohémiens, de Turcs — et sans doute aussi de Grecs. Fils ou non des Hellènes, ils ont gardé la langue des chefs-d'œuvre : seulement, beaucoup de mots se sont rétrécis, des diphtongues sont devenues voyelles, le verbe a perdu de sa consistance par

Femmes de Mégare. — Dessin de Rixens, d'après une photographie.

l'emploi d'auxiliaires, et la prononciation a dû changer singulièrement pendant les siècles.

Avec les Étoliens et les Sphakiotes, les Grecs les moins adultérés sont les montagnards de la Maïna.

La Maïna ou Magne veille sur l'Eurotas, sur le fond de val où Sparte grandit par sa loi sévère, sa gymnastique et son esprit de cité ; à son tour, elle est dominée par le Saint-Élie, maître sommet du vieux Taygète aux flancs forestiers. Il n'est guère de chaîne plus majestueuse que ce Mont-Blanc des Spartiates : vu du flot qui bat ses promontoires, le Taygète est sublime et semble immense, aussi passait-il chez les anciens pour un des sommets les plus élevés de la Terre ; ses flancs les plus sauvages sont au midi, au-dessus du cap Matapan, l'antique Ténare, tellement outragé des tempêtes que les Hellènes en avaient fait l'entrée des Enfers, et qu'on l'appelle encore le tueur d'hommes.

Le Magne est un pêle-mêle de marbres et de porphyres dont les pointes portent des forts, des tours de guet, des murs traîtres sur des précipices : il n'a point volé ses deux noms de Mauvais Mont et de Mauvais Conseil[1], car, plus encore que la Corse, c'est la terre des vengeances.

Eh bien, ce pays lui-même est rempli de noms slaves, dans les environs de Sparte comme autour de sa rivale Messène, la mère de Messine, la patrie du héros qui « poursuivait les Lacédémoniens dans les champs de Sténiclaros et jusqu'à la cime des monts » : on y trouve des noms comme Tsernagora, Tsernitsa et même Krakova et Varsova; ainsi que dans l'empire démesuré, les monts y sont des gora, les lacs des ozéro. Où donc trouver les Hellènes s'ils n'existent même plus dans le Magne, cette forteresse naturelle d'une puissance prodigieuse, ce monde escarpé, fait de coupe-gorge, tout au

Athènes et le mont Hymette. — Dessin de Taylor

bout d'une presqu'île extraordinairement cassée où l'on entre par un isthme étroit?

Les Grecs sont les hommes les plus ingénieux de l'Orient et n'en sont pas les moins braves; le premier tiers du siècle vit périr plus d'un Léonidas dans les étroits de la Hellade. Ces héros morts pour la liberté de la Grèce n'étaient d'ailleurs pas tous Grecs; il y avait parmi eux des Albanais en grand nombre, des aventuriers de tout pays, des enthousiastes, des « philhellènes » de toute langue, des

1. Kako Vouni et Kako Vouli.

« altérés et affamés » dont le plus grand fut Byron.

Ce n'est plus comme artistes, poètes, philosophes, savants, qu'ils l'emportent sur les autres humains; ils sont surtout commerçants et marins, sinon colonisateurs comme autrefois. Ainsi que les Juifs ou les Arméniens on les rencontre en Orient partout où il y a des fortunes à faire, sur les rivages osmanlis, sur le Danube, à Odessa, à Constantinople, en Asie Mineure, en Égypte, et jusqu'à Marseille; ils sont banquiers à la grande ou à la petite semaine, brocanteurs, vendeurs de plaisirs, cafetiers, médecins, interprètes, agents de haute ou de basse administration : « Au Grec sans le sou dis de sauter au ciel, il y sautera[1] ».

Malgré tant d'activité, malgré leur esprit aiguisé, retors, leur passion de s'instruire, malgré même la fierté d'être Grecs et le respect de ce grand nom qui les rend capables de grandes choses, l'avenir ne paraît pas devoir apporter à ce peuple brillant tous les présents qu'il en espère; les Slaves ne lui laisseront point Constantinople, quatre millions d'hommes ne commanderont pas à l'Orient, descendissent-ils en droite lignée de Thémistocle ou d'Alexandre.

Les Albanais sont un grand élément de la Grèce moderne; on les y évalue à 150 000 ou 200 000, du douzième au dixième des habitants de tout le royaume. Ils ont leurs plus grands villages dans le nord de la terre hellénique, en Épire, au septentrion du golfe de Lépante, en Béotie, dans le sud de l'Eubée, en Attique, mais on en trouve également dans le Péloponèse et jusque dans certaines îles de l'archipel, Andros, Hydra, Spezia. Malgré leur nombre, leur sève native, leur force barbare, aucun Grec ne craint maintenant de les voir former un État dans l'État, quelques recrues qui leur arrivent incessamment des montagnes déhanchées où siège la race des Chkipétares : s'ils ont plus de muscle, de hardiesse, d'emportement, de brutalité que les Hellènes, ils reconnaissent d'instinct la supériorité d'esprit du peuple dont ils sont venus partager les foyers; peu à peu, sans révolte contre l'avenir, ils abandonnent leur mâle et dur langage. D'ailleurs,

1. *Græculus esuriens, in cœlum jusseris, ibit.*
(JUVÉNAL.)

Grec. — Dessin de Ronjat, d'après une photographie.

la guerre de l'indépendance, qu'ils ont combattue ensemble contre le Turc, a fait naître entre les deux peuples une communauté d'histoire; après les mêmes rages, le même triomphe, ils se sont embrassés comme les fils d'une même mère. Le Grec ne porte plus la chlamyde qui drapa ses demidieux : il a pris le costume de l'Albanais, fez, fustanelle ou pantalon flottant, et la botte, au lieu de l'antique sandale.

Presque tous les Grecs professent la religion grecque, secte du christianisme.

Villes. — Athènes a 84 000 habitants, 105 000 avec son port, le Pirée. Quel irrespect et folie d'avoir bâti la moderne capitale de la Grèce sur le sol sacré de la ville de Périclès, auprès de deux ruisseaux qui tarissent en été, tout grands soient-ils dans notre imagination sous les noms d'Ilissus et de Céphise! Il fallait la camper au bord de la mer, sur le golfe d'Égine, au port du Pirée, et ne pas étaler au pied du Parthénon le néant de nos cités modernes. Rien n'attirait l'Athènes de nos jours près de l'Athènes d'autrefois, ni fleuve, ni baie, ni plaine féconde, ni montagnes minérales, ni grand chemin du commerce, ni citadelle imprenable : en tant qu'Athènes, sa place était au Pirée, et comme capitale de la Grèce mieux eût valu Corinthe.

Viennent ensuite : Patras (25 000 hab.), ville moréenne, port du golfe par lequel la petite mer de Corinthe s'ouvre sur les eaux de Képhallénia et de Zante; — Hermoupolis (21 000 hab.), port de grand commerce, dans l'île de Syra; — le Pirée (21 000 hab.), en réalité faubourg d'Athènes; — Corfou (17 000 hab.), dans l'île de son nom; — Zante (16 000 hab.), dans l'île de Zante, etc., etc.

Himâlaya : le Gaourisankar — Dessin de F. Schrader

ASIE

Structure massive. Vaste étendue. — L'Asie, la plus massive des cinq parties du monde, le grand tronc de l'ancien continent, est unie à l'Afrique par l'isthme sablonneux de Suez, et séparée d'elle par la mer sans largeur qui va de Suez à Périm. De l'Oural au Caucase, rien ne l'isole nettement de l'Europe, et celle-ci n'est qu'une de ses presqu'îles.

Jadis, on le sait, l'Europe et l'Asie avaient entre elles un océan, mais alors l'une et l'autre étaient moins grandes qu'à l'heure présente, justement de l'étendue du lit que cette mer découvrit en se retirant : l'Europe alors finissait avec la Scandinavie, les Carpates et le Balkan, tandis que de l'autre côté de ces eaux salées, l'Asie commençait avec les monts de son immense Plateau central.

Telle qu'on la limite aujourd'hui entre Russie d'Europe et Russie d'Asie, elle a 44 580 850 000 hectares [1], près de cinq fois l'Europe, l'Amérique n'en ayant que 58 473 138 000 et l'Afrique 29 823 253 000. De ces 4 milliards 1/2 d'hectares, quatre cinquièmes sont au tronc, un cinquième aux presqu'îles. La plus longue ligne qu'on puisse tracer sur son territoire, de Suez au détroit de Behring, dépasse 10 500 kilomètres; du haut nord aux pointes du sud il y en a 7000.

Non seulement l'Asie l'emporte en étendue sur les autres parties du monde, même sur la double Amérique, mais c'est aussi le continent par excellence, celui qui a le dos le plus colossal et, dominant son échine de plateaux, le mont supposé le plus élevé de la Terre, le Rayonnant, — c'est là ce que veut dire le nom de Gaourisankar. Grand de

[1]. Comme nous avons rattaché les îles de la Sonde et les Philippines aux autres îles de la Mégalonésie océanienne, il y a lieu de retrancher de cette surface environ 200 millions d'hectares.

8840 mètres, près de deux fois le Mont-Blanc, près de trois fois la Maladetta, quatre ou cinq fois le Puy-de-Sancy, le Rayonnant domine de 2006 mètres le pic le plus fier de toute l'Amérique.

Grâce à l'aire et à la surrection de son Plateau central, l'Asie peut avoir en moyenne 500 mètres d'élévation, malgré l'immensité de ses plaines basses : l'Europe, ramenée partout à une altitude égale, atteindrait à peine 300 mètres au-dessus des mers, mais l'Afrique dépasserait de 162 mètres la hauteur de l'Asie (?).

Plateau central, monts géants. — Homère célèbre le divin Otos et l'illustre Éphialte qui voulurent monter au ciel, en une aventureuse escalade, et par un escabeau gigantesque : longtemps ils roulèrent à contre-mont l'Ossa sur le grand Olympe, et sur l'Ossa le Pélion couronné de forêts. Ils étaient trop petits, n'ayant encore que neuf ans et neuf aunes, mais eussent-ils empilé les trois monts thessaliens, il leur aurait encore fallu quelque pic de plus de 2000 mètres pour atteindre le plus noble des Olympes, le Gaourisankar, pointe suprême de l'Himâlaya, de l'Asie, du monde. Dans le Karakoroum ou Caillou Noir, séparé de l'Himâlaya par le val de l'Indus, le Dapsang, presque égal au Gaourisankar, s'élance à 8620 mètres.

L'Himâlaya ou Demeure des neiges, qui voit au midi, d'éperdument haut, les plaines enflammées de l'Inde, dresse en vain la maîtresse montagne du Globe, le Kouen-Loun, qui s'élève derrière lui au nord, long de 3825 kilomètres, lui est supérieur, paraît-il, en altitude moyenne : cette chaîne, deux à trois fois plus élevée que les Pyrénées françaises et huit à neuf fois plus longue, est l'épine dorsale de l'Asie. A l'est, Himâlaya et Kouen-Loun s'enlacent, nous ne savons comment, aux monts d'Indo-Chine et Chine ; à l'ouest, ils s'enchevêtrent avec l'Hindou-Kouch et le Pamir ou Toit du Monde, plateau de haute assise qui regarde à l'orient les steppes menant au loin chez le Chinois, et à l'occident les vallées, les déserts, les oasis qui conduisent chez l'Européen.

Ces chaînes géantes, ce Toit du Monde, les Thian-Chan ou Monts-Célestes qui continuent au nord-est le Pamir, enfin l'Altaï qui prolonge le Thian-Chan, c'est sur ces épaules que repose le grand Plateau central d'Asie, dont les fonds les plus bas furent jadis la coupe d'une mer intérieure presque égale en aire à la Méditerranée, en tout cas aussi longue, mais moins profonde et moins large. Ce plateau, variant de nature, d'altitudes, de latitudes, se divise en plateaux secondaires : plateau du Tibet, le plus élevé sur terre, entre Himâlaya et Karakoroum ; plateau de Khor, également de très haute altitude, entre Karakoroum et Kouen-Loun ; Kachgarie ou Turkestan Oriental, entre Kouen-Loun et Thian-Chan, plaine plus basse, sur le Tarim, tributaire du Lob, qui est un lac sans écoulement ; Mongolie et désert sablonneux de Gobi ou Chamo, entre l'Altaï et des rameaux du Karakoroum. A divers degrés, suivant les mille circonstances du lieu (surtout la surrection au-dessus des mers), ces plateaux luttent contre un affreux climat ; ils ont un même et terrible ennemi, la sécheresse. Ce n'est certes pas que les vents n'y soufflent ; au contraire, ils y crient souvent en longues tempêtes, mais ce sont des colères arides, des sifflements froids, des ouragans clairs déchaînés par les vents tombant de la montagne et non par les « assembleurs de nuages » qui viennent de la mer : ils secouent les misérables arbres tordus qui osent sortir du sein de ces terres barbares, ils soulèvent les sables, ils poussent les dunes, ils font tourbillonner quelques flocons de neige, mais ils ne portent pas la pluie, et avec la pluie la tiédeur et les frondaisons.

Entouré de monts, le Plateau central garde pour lui le plus grand nombre de ses rivières, eaux indigentes, faute de pluie ; issus des hautes neiges, des glaces et de quelques orages, ces courants arrosent des vallées qui sans leur flot n'auraient pas d'habitants ; l'irrigation les boit et ce qui reste d'eux va se perdre dans des lacs ou des marais. On évalue à un milliard d'hectares, juste l'étendue de l'Europe, l'aire des bassins asiatiques dont les rivières n'atteignent pas le réservoir commun.

Ces terres intérieures, terriblement rudoyées par un climat continental, offrent quelques oasis et d'immenses pâtures à des peuplades turques, mongoles, tibétaines, les unes sédentaires, les autres nomades. L'Asie centrale compte dans l'histoire. Sa pauvreté fit sa puissance, comme la force de l'Angleterre vient de l'indigence de ses ouvriers et de la mortelle misère des campagnards irlandais : fuyant une patrie marâtre, des milliers, des millions de transfuges ont semé des Angleterres nouvelles dans de très vastes pays transatlantiques. Endurcies par leur guerre contre un sol rebelle sous un climat méchant, les nations de l'Asie centrale ont aussi débordé sur le monde : non par d'immenses émigrations, puisque l'indigence du Grand-Plateau l'a voué de tout temps à rester presque désert, mais par des razzias sans fin, sur d'indomptables chevaux. Depuis des dizaines de siècles,

Carte de l'Asie.

et jusque vers les derniers jours du moyen âge, des cavaliers féroces descendirent en rapide escadron de ces terres élevées, heurtant et poussant devant eux, si bien que, de choc en choc, les peuples étaient secoués, parfois disloqués, du milieu de l'Asie à l'extrémité de l'Europe, en Touranie, en Slavie, en Hongrie, en Allemagne, en France, en Italie, en Espagne, voire en Berbérie. Il ne fallait que quelques dizaines de milliers de ces Centaures, ou, comme nous dirions aujourd'hui, de ces Gauchos, pour ébranler la terre; avec eux Djenghiz-Khan fonda, pour de courtes années, le plus grand des empires, et plus tard Tamerlan couvrit de charniers la moitié de l'Asie; aidés par les nomades du bas steppe de Turkestan et par les chevaucheurs allogènes et allophones qui s'associaient à leur politique de fer et de sang, ils conquirent la Russie, l'Inde, la Chine; maintenant, pauvres,

L'entrée du Grand Steppe : Porte de Tamerlan. — Dessin de Taylor, d'après une photographie.

débonnaires, pacifiques, ces pasteurs laissent le monde à sa fortune, et la Russie les dispute aux Chinois.

L'Inde et l'Indo-Chine, l'Iran, le Touran ou Grand Steppe, la Sibérie, la Chine, font le tour de cette grande acropole du vieux monde.

Inde, Indo-Chine. — Si le Globe n'a rien de si morne que le Grand-Plateau vide et froid qu'on peut nommer la Terre inhumaine, il n'a rien de plus humain, de plus brillant que l'Inde.

Contraste éclatant, puisque la plus exubérante parmi les presqu'îles s'étale, jardin magique, au pied même du Palais des Neiges (Himâlaya). Ainsi, pour comparer l'hysope au cèdre, l'Europe à l'Asie, la France à l'Inde, notre plus clair soleil luit au pied méridional des Causses.

Comment ne serait-elle pas incomparable quand, sous une si chaude et si blanche lumière, elle reçoit les pluies les plus drues qui tombent sur la Planète, 6, 8, 10, 12, et jusqu'à 15 et 16 mètres par année : trente fois la bruine qui mouille les toits de Paris et fait de son macadam un bourbier. Des fleuves splendides, que lui créent l'Himâlaya, le Karakoroum (et des monts encore inconnus), Brahmapoutre, Gange, Indus, lui versent les frimas qu'on voit de ses plaines glorieuses, suspendus aux monts les plus hauts de l'Univers, et ceux qu'on ne voit pas, parce que ces monts les cachent. Au sud des grandes plaines, sur le Décan, plateau triangulaire, la hauteur du sol tempère les ardeurs du ciel et le soleil féconde, lui qui pourrait brûler, sous le Tropique et si près de l'Équateur.

Cet admirable empire fut peuplé de tout temps; la plus vieille histoire nous y montre des royaumes, des peuples, des tyrans, des richesses. Près d'un petit fleuve bourbeux, au-dessus de campagnes vides peut-être jusqu'à l'horizon, il n'y avait encore que des herbes et des cailloux sur les sept collines qui furent plus tard l'assise de la Ville Éternelle, quand déjà l'Inde aurait pu remplir un large panthéon des statues de ses héros, de ses législateurs et de ses poètes. Aujourd'hui le génie indien a replié ses ailes, et la contrée magnifique où vit le sixième des hommes obéit à une nation de manufacturiers marchands campés dans deux îles d'Europe.

L'Indo-Chine, plus effilée que l'Inde, a plus de contact avec la mer. Ses fleuves, aussi grands que Gange ou Brahmapoutre, plus longs, venus on ne sait d'où, la rattachent également, elle, terre opulente, à la froidure et à la misère du Grand-Plateau; et, plus loin, la Chine aussi tire ses fleuves, sa « terre jaune » et ses alluvions de la haute plaine marâtre. Comme le dit si bien son nom composé, l'Indo-Chine est le passage, la transition de l'Inde à la Chine, pour les langues et les races et l'histoire, ainsi que pour le climat et les plantes; seulement, à mesure qu'on marche vers l'orient, de la Birmanie au Tonquin, la nature devient de plus en plus chinoise, et aussi l'humanité. La France y domine au Cambodge et en Cochinchine, au bout d'un fleuve énorme, le Mékong; puis sur l'Annam, étroit littoral; enfin sur le Tonquin, à la frontière même du peuple innombrable.

Iran, Arabie, Asie Mineure. — L'Iran ou Éran ne manque pas de ressemblance avec le Grand-Plateau; c'est également un sol d'airain, sur un socle moins haut, sous un ciel moins terrible, mais d'extrême sécheresse : quelle humidité pourrait lui venir de l'est, des monts qui la séparent des déserts de l'Indus; ou du nord-est, des bastions mêmes de l'Asie centrale? Au nord, l'Elbours, où tressaille encore l'énorme volcan du Démavend (5628 mètres), arrête les nues de la Caspienne qui crèvent en ondées sur le Ghilan et le Mazenderan, littoral si mouillé qu'il en est fiévreux autant que forestier. Au nord-ouest, il a les monts de l'Arménie, la plupart nus, monotones, laids et même lugubres, mais débordant de sources, de torrents, de rivières qui se déploient en anneaux limpides; ces monts entrent par plusieurs pics dans la région des neiges éternelles, et leur maîtresse roche, le Grand Ararat (5172 mètres), est admirable de majesté, mais ils n'en ravissent pas moins à l'Iran plus d'humidité qu'ils ne lui en donnent. A l'ouest, de hautes montagnes le sèvrent des vents humides qui pourraient par hasard lui venir de la lointaine Méditerranée par-dessus le sable syrien et l'alluvion mésopotamienne. Au sud-ouest et enfin au sud, il reste également plateau, et même plateau très haut, jusqu'à des sierras d'où l'on voit à ses pieds à profondeur immense les flots du golfe Persique et de la mer des Indes, d'où monte ici peu de pluie, et quand il en monte, ces sierras la happent au passage. L'Iran est donc une région de peu ou point d'ondées, de climat froid dans le mont, âpre et venteux sur la plaine. Plateaux sablonneux ou salins, coteaux et chaînons dispersés sur le Steppe, pas d'arbres, tel est ce piédestal d'airain, jadis peuplé par une race « blanche », « caucasienne », « aryane », ou tout autre nom également trompeur qu'on adopte; mais ces Iraniens se sont fort mêlés aux Arabes et aux Turcs. Ce vieux pays est retiré, caché, oublié entre toutes ses courtines de montagnes.

Des pics de l'ouest, l'Iran contemple à la fois deux autres vieux pays, comme lui historiques : l'Arabie et la Babylonie, qui tiennent l'une et l'autre à l'Asie Mineure.

L'Arabie, vaste presqu'île à flancs droits, sans vrais golfes, sans estuaires, sans îles, est bordée et bardée, elle aussi, de montagnes qui lui ravissent les souffles presque enflammés de trois mers : au sud l'océan des Indes; à l'ouest la mer Rouge, qui est une fournaise; à l'est le golfe Persique, non moins torride, que le golfe d'Oman unit à l'océan Indien. Entre ces monts, d'autres monts arides, quelques vallées avec un peu d'eau, des sables immenses : dans cette nature dure, sèche, très lumineuse, a grandi, sec et dur, un peuple qui déborda sur le monde, les Arabes, un moment presque maîtres de la Terre.

L'Asie Mineure, tout comme l'Iran, est un petit plateau central, très entouré de mers, et très privé de pluies parce que dès leur montée du gouffre salé ces pluies se heurtent à des chaines littorales : de là viennent à la fois, et le climat altitudinaire, froid, aride, des plaines intérieures, où vivent le Turc et l'Arménien, et la température douce et chaude qui règne, avec quelque humidité, sur les côtes de mer Noire et de Méditerranée d'où il semble que l'élément grec marche à la conquête des vallées, peut-être du plateau. Au sud, sous un ciel très chaud, dominent les Arabes, aussi bien dans le Liban, courte chaîne, que dans la plaine elliptique du Tigre et de l'Euphrate, l'ancienne patrie de grands empires, la terre aujourd'hui stérile sur laquelle empiète le sable d'Arabie : mais elle fut féconde et peut le redevenir à un très haut degré, par les dérivations de ses fleuves.

Japon : un jardin à Yokohama. — Dessin de Thérond, d'après une photographie.

C'est parmi ces Arabes que miroitent les eaux les plus basses de la Terre, celles de la mer Morte, à 394 mètres au-dessous du niveau général : ainsi l'Asie possède à la fois le lieu supérieur et le lieu inférieur de la Planète.

Dans l'une des vallées de cette contrée naquit le nom d'Asie qui, comme celui d'Afrique, ne désigna d'abord qu'un petit canton, une banlieue de ville ou de village, — probablement la plaine d'Éphèse. Puis le nom gagna; on l'étendit au val du modeste fleuve Caïstre, qui s'achève dans cette même plaine, ensuite à tout le pays, enfin à toute la partie du monde.

L'Arménie, à laquelle l'Asie Mineure et l'Iran enlacent des chaînes de montagnes, envoie des contreforts à la rencontre de l'Anti-Caucase; et l'Anti-Caucase s'appuie à la barrière entre Europe et Asie, au formidable épaulement du Caucase, dont le pic culminant, l'Elbrouz, volcan mort, ou qui dort, s'élance à 5662 mètres.

Touran ou Grand Steppe. — Entre le rebord

de l'Iran et les vallées du bassin de l'Irtych, depuis la Caspienne jusqu'au Toit du Monde, le Touran, pays d'Iraniens conquis, de Turcs conquérants, et aujourd'hui de Russes absorbants, n'a de peuple sédentaire que par la vertu de ses deux fleuves, l'Amou et le Sir, appelés jadis Oxus et Iaxartes. Car là aussi la nuée bienfaisante est rare ; le peu qu'il y tombe de pluie ne verdit que pour quelques jours la pâture du Steppe ou même n'évoque pas un brin d'herbe dans des déserts frappés de mort. Si, comme on l'a prétendu, — d'aucuns disent démontré — les « Aryas » vécurent dans le Grand Steppe, ils n'y habitèrent que les oasis de fleuves ; ou bien le Touran, plus humide, n'était pas alors la contrée des vents froids et des vents chauds, de la gelée nocturne, des chaleurs torrides, des arènes altérées, des étangs salés, des ouragans dressant la dune et la poussant contre la tente du nomade ou la ville du sédentaire.

Qu'elle ait ou non vu passer nos prétendus ancêtres, qui pour beaucoup d'entre nous ne sont que les premiers balbutiateurs de nos langages, la Touranie perd de plus en plus, semble-t-il, ce qui lui reste de fraîcheur. La dessiccation y gagne, comme partout autour de la Caspienne et dans toute l'Asie centrale. Mais on peut tirer un meilleur parti de l'Amou, du Sir, de quelques rivières abreuvées par la glace ou la neige éternelle ; et justement il n'y a pas de plus belles oasis que celles de ces bas pays éclairés par un soleil ardent, sous des latitudes qui sont celles de Naples, de Marseille, de Bordeaux. On doit croire que le Russe mènera l'eau désaltérante à la plaine assoiffée : pour souder le Touran à la « Grande-Russie », il faut fixer le nomade turcoman ou kirghise, le saisir dans l'engrenage, puis le slaviser, ainsi que le Turc ou le Persan sédentaire, en unissant ses destinées à celles de colonies disposées en savant réseau ; or, pas de colonies sans terre, et en Touranie pas de terre sans eau.

Sibérie. — Du Touran, devenu russe, on passe à la Sibérie, par une contrée intermédiaire, moins rébarbative que le Grand Steppe : par le Steppe de l'Irtych, arrosé de rivières et sur lequel gagne incessamment l'araire des colons.

La Sibérie est le pays des distances « magnifiques » ; tel district y est plus vaste que la France. Ses fleuves reçoivent des rivières longues comme le Danube : trois d'entre eux, l'Ob, l'Yéniséi, la Léna, coulent silencieusement vers l'océan Polaire, à travers des marais et des bois de plus en plus malingres, et à la rive de l'océan Glacial il n'y a d'autres arbres que les troncs de dérive amenés par la mer ; l'un de ces fleuves a dans son bassin le plus creux et peut-être le plus beau des lacs, le Baïkal, Léman d'où sort l'Angara, qui est comme un très grand Rhône. Un quatrième courant, presque aussi long que les trois autres, l'Amour, que se partagent le Russe et le Chinois, descend à l'est et va se perdre dans une mer moins glacée, bien que très froide encore. Dans la Sibérie, égale à près de vingt-cinq Frances, et fort supérieure à l'Europe entière, on trouve tous les climats durs, du polaire au tempéré froid ; plusieurs de ces climats, bons aux races viriles, ont permis à la Slavie d'implanter ici le peuple auquel appartient l'avenir du continent. Rien ne manque à la Sibérie de ce qui assure l'hégémonie sur d'immenses contrées : le Nord, qu'on ne peut tourner, les plaines créatrices, le « Terreau noir », les bois, les mines, les fleuves énormes, le long hiver qui force au travail, et, par contraste, le brillant et chaleureux été, la nature éveillée en quelques jours, les feuilles à la forêt, l'herbe à la prairie, les moissons sautant du sol comme par un prodige. On peut prédire qu'au siècle prochain l'immigration s'y jettera par millions d'hommes, ce sera sa dernière ressource en zone froide ; alors le Russe glorifiera ses villes, nées du soir au matin comme le champignon : ainsi fait le Yankee avec ses « Mushroom cities », Chicago, San-Francisco, Denver.

Chine et Japon. — De Sibérie en Chine, on marche sur les plateaux du Centre, ou l'on suit le val de l'Amour.

La Chine, adossée au grand Plateau Central, développe 800 lieues de côtes sur l'océan Pacifique dont elle aspire les fécondes vapeurs. Baignée vers son milieu d'une molle tiédeur, elle est fraîche ou froide au nord, peu torride au sud ; elle réunit donc tous les climats sans extrêmes. Elle a toutes les roches, tous les sols, surtout la fameuse Terre jaune, qui vaut la Terre noire des Russes, et qui peut-être n'est que la poussière du Steppe central de l'Asie apportée jour par jour, siècle par siècle, sur l'aile des vents du Plateau ; elle nourrit ainsi toutes les plantes puisque la végétation est la fille des pouvoirs du sol et des puissances de l'air. Les Chinois disent que leur Chine est l'empire des fleurs, c'est aussi l'empire des fruits. Terre généreuse sous des cieux modérés, elle devait créer un grand peuple. Des millions d'hommes y vivaient déjà dans des villes policées quand notre arrogante

Europe n'était qu'une forêt-marais avec des sauvages déchirants et déchirés, toujours en guerre, ayant pour maisons des cavernes; ils y formaient une société strictement réglée par des lois, un monde lettré, moins ambitieux, moins conquérant et administrateur que les Romains, et moins beau diseur que les Grecs, mais bien plus industrieux que ces deux premiers peuples de l'histoire. Obéissant à un minimum de lois et de règlements sans murmurer contre leurs mandarins, 450 à 500 millions de Chinois, quelque chose comme le tiers de notre race, grouillent aujourd'hui dans le Céleste Empire, parlant des dialectes de la même langue, professant une sorte de morale pratique plutôt qu'une religion, tous également aptes au commerce, à l'agriculture sage et patiente, à l'industrie, aux arts d'imitation.

On dit qu'ils conquerront le reste des hommes,

La rivière Angara. — Dessin de Taylor, d'après une photographie.

ici par une infiltration lente, là par poussée en masses profondes. Espoir ou crainte chimérique! L'humanité d'Europe, en y comprenant les Blancs ou assimilés d'Amérique, d'Australie, d'Afrique, forme dès maintenant un bloc égal à l'humanité chinoise, elle croît plus vite, elle a plus d'élan. Avant que les hommes du Fleuve Bleu, du Fleuve Jaune aient défriché leurs terres de Mandchourie et, vers le nord-ouest, le haut-plateau d'où leur a soufflé la poussière du lœss (la « Terre Jaune »), la seule Amérique du Nord aura plus d'Yankees, de Canadiens-Français et d'Espagnols qu'il n'y aura de Chinois dans toute l'Asie : ce jour-là, l'Europe aura 500 millions d'âmes; l'Australie et les îles dispersées, sporades infinies, parleront l'anglais; et l'Afrique entière aura sacrifié ses idiomes, sauf peut-être l'arabe, sur le profane autel du commerce européen; elle sera française, lusitanienne, hollandaise, anglaise, italienne, voire allemande.

Ils ont bien trois vertus cardinales, la sage conduite de la vie, la sobriété, l'amour de la famille, qui sont trois forces cosmiques, toutes trois capables d'assurer l'empire, mais ils les perdront comme nous les perdons. A bassesse égale, le nombre triomphera, et les Blancs auront le nombre.

Séparé du littoral russo-chinois par une mer presque intérieure, le Japon est un superbe archipel montagneux, bien arrosé, riche de son climat insulaire, assez chaud pour l'oranger dans le sud. Muni d'excellents ports, habité par une race imitante, qui pourra créer, l'empire du Japon est la Grande-Bretagne de l'Asie. Mais l'Angleterre a déjà pris une part du monde; le Japon, tard venu, n'a pas devant lui l'avenir auquel ont cru les Japonais dans les premières années de leur « réveil », lorsque, abandonnant brusquement la civilisation chinoise, ils devenaient les béats imitateurs de l'Europe et que, dans l'ivresse de leur industrie nouvelle, ils ne songeaient qu'à fondre des canons et à cuirasser des flottes. Face à face avec grands ennemis, le Russe qui ne recule jamais, le Chinois qu'on ne peut pénétrer, ils ne s'étendront point sur le continent d'Asie. Déjà la Corée, très belle péninsule, toute proche d'eux et qu'ils convoitaient ardemment, leur échappe : elle reconnaît l'allégeance chinoise par crainte de la suzeraineté souveraine des Russes.

Climats. — Chine et Japon, Indo-Chine, côte de l'Asie Mineure, la vie de l'Asie est sur le littoral et les îles, sauf le long de la Sibérie, de ses baies, caps et deltas presque éternellement englacés qui regardent la vide inanité du Pôle. C'est aussi sur le rivage, l'Asie russe exceptée, que soufflent les aures tièdes, les haleines procréatrices; là que tombe le suc de la terre, la pluie chaude, orageuse, inégouttable, amenée des urnes du Pacifique et de la mer des Indes par des moussons ou vents réguliers.

La zone opulente est la moindre part de l'Asie, le climat torride n'y réclame que le septième des terres (et le climat polaire le dix-septième); à l'inverse de l'Afrique, de l'Amérique du Sud, de l'Australie, la « mère des peuples » est sous le ciel tempéré : elle le serait plutôt sans la trahison de ce grand Plateau central qui livre aux longs hivers tant de plaines, tant de vallées, que leur heureuse latitude semblait vouer aux plus beaux printemps.

Races. Langues. Religions. — Plus que l'Italie chantée par Virgile, l'Asie est bien « la grande mère des choses, la terre de Saturne ». Les Blancs ou du moins ceux qu'on nomme de la sorte, y naquirent peut-être; les Jaunes y vinrent au jour et la couvrent en foules serrées; les Arabes, les Tartares, les Turcs en partirent pour conquérir le monde; enfin, elle a ses Nègres et ses Négroïdes.

On estime que les Jaunes ou Mongols font les trois cinquièmes des Asiatiques, évalués à 800 millions d'hommes; les Blancs purs ou mêlés, près des deux cinquièmes.

Les grandes religions viennent de l'Asie, où l'on ne compte guère que deux millions de Juifs et environ quinze millions de Chrétiens, dans l'empire Russe, en Asie Mineure et dans les missions catholiques ou protestantes, notamment en Chine et au Tonquin. Les Musulmans, par masses compactes, ou par îlots et traînées, vont de Constantinople aux monts de la Chine : rien que dans l'Inde il y en a 50 millions; ils sont beaucoup plus nombreux que les Chrétiens, mais beaucoup moins que les Bouddhistes et les Brahmanistes de l'Inde et de l'extrême Orient. Le cinquième au plus des Asiatiques, tant Mahométans que Chrétiens et Juifs, se réclame du dieu des Monothéistes.

Les peuples de l'Asie sont comme des ondes : les uns croissent et s'épanchent, les autres baissent et se retirent. Les Russes montent comme une marée, ou plutôt leur flot s'approche des terres où il va s'écrouler, Sibérie, Grand Steppe, Transcaspienne et Transcaucasie. Les Chinois s'avancent vers le nord, dans la Mandchourie, qui touche aux Russes, et marchent à pas comptés vers l'ouest, à la conquête du Haut Plateau, qu'ils veulent soumettre à la culture, et certes ils sont capables de dompter même ce sol rebelle; au sud, dans l'Indo-Chine, ils ont des colonies puissantes. Dans l'Inde, plus de 250 millions d'hommes de sangs divers, d'idiomes différents, obéissent à l'Anglais qui les tient d'une main ferme et les lâchera pourtant, comme les Français un jour perdront l'Indo-Chine. On ne peut rien à grande distance contre les pays anciennement et densément peuplés; ils sont comme une chaudière où, sur la flamme, dort une eau profonde, et dans cette eau quelques brins de paille qu'au premier bouillon d'effervescence la cuve rejette avec fureur.

En face de la Sibérie, de la Chine, de l'Inde, le reste du continent, Asie Mineure, Perse, Arabie, terre historique, est bien peu de chose : c'est la petite Asie, et celle du passé, non celle de l'avenir.

Forêt de mélèzes. (Voy. p. 278.) — Dessin de Taylor, d'après une photographie.

ASIE RUSSE

Les pays russes d'Asie, chaque année plus vastes, comprennent la Sibérie, le Turkestan avec la Transcaspienne, la Transcaucasie : soit 1700 millions d'hectares avec un peu plus de 14 millions d'âmes. Comme aire, c'est deux fois les États-Unis sans l'Alaska, près de deux fois le Brésil, et trente-deux fois la France. Mais toute précieuse qu'elle est, et quelque avenir qu'elle voie devant elle, la Sibérie a trop de terres arctiques ou mipolaires, trop de steppes, de sables, pour valoir trente-deux fois la France, ou deux fois les États-Unis : encore moins deux fois le Brésil.

Il n'y a pas de pays au monde qu'on ait plus obstinément calomnié. Tant de bannis s'y consumèrent, vers Bérézof ou vers Iakoutsk, pendant les longs jours et les longues nuits du très extrême Septentrion, dans le désespoir de leur jeunesse perdue, de leur vie flétrie et trompée!

La vérité vraie, c'est que l'« Enfer de glace » est une Russie beaucoup plus vaste et quelque peu plus froide, avec un très grand et précieux Terreau noir; et que, tenant tout le Nord de l'Asie, pesant sur le continent d'un poids immense, elle y sera quelque jour redoutable et redoutée.

SIBÉRIE

Yermak Timoféief. La Sibérie. — Vers la fin du seizième siècle, la Russie, à peine affranchie des Tartares, eut son François Pizarre ou son Fernand Cortez, comme cinquante ans auparavant l'Espagne à peine délivrée des Maures. Un Cosaque du Don, le chef de brigands Yermak Timoféief, chassé de la Volga par l'empereur Ivan le Terrible, se sauva dans les monts Oural avec 840 aventuriers, puis, marchant vers l'est, prit Isker, ville tartare et musulmane. Et alors, voulant entrer en grâce auprès de son tsar, il lui offrit sa conquête « pour tout le temps qu'il pourra plaire à Dieu de laisser vivre ce bas monde ».

Il se trouva que le pays envahi par Yermak Timoféief ressemble à la Russie par ses steppes infinis, ses grandes et calmes rivières. On s'y mouvait à l'aise, et moins de cent ans après, les Cosaques, cherchant la mine d'or ou chassant la fourrure, de plus en plus lustrée à mesure qu'on s'enfonce dans l'Orient, se heurtaient déjà sur l'Amour, qui est un affluent du Pacifique, aux Chinois, peuple alors presque fabuleux.

Ces immensités, encore accrues depuis, ont pour nom Sibérie, et ce nom vient, soit de Sibir, soit de Sever. Sibir était la désignation russe de la ville tartare conquise par Yermak, laquelle se trouvait vraisemblablement sur l'Irtych, à 17 kilomètres en amont du site de Tobolsk; Sever est le mot russe qui veut dire Nord, et la Sibérie mérite bien d'être traitée de Terre du Nord : moins parce qu'elle dépasse le Cercle Polaire qu'à cause de ses froids inouïs, surtout à l'est, à partir d'Irkoutsk et des monts de la Léna. Si le nom de la Sibérie vient de Sibir, nous devrions dire Sibirie; et s'il vient de Sever, Sévérie.

La Sibérie a 1250 millions d'hectares, un quart de plus que l'Europe, vingt-trois à vingt-quatre fois la France, avec 4 millions d'habitants, 5 peut-être — sans compter les cantons des gouvernements de Perm, d'Oufa, d'Orembourg, que l'administration rattache à la Russie d'Europe, quoiqu'ils se déroulent sur le versant de l'Asie.

Elle va de l'Oural à la grande mer Pacifique, des plateaux du Sud, qui vont se desséchant, et de montagnes élevées qui sont les bastions de l'Asie Centrale, jusqu'à la rive de l'océan Glacial, eau verdâtre, mais, cette eau, ne la voit pas qui veut: des hivers affreux l'amortissent, ils la cachent sous la glace polaire, immuable et décourageant recul d'horizon pour qui tentera d'en faire le chemin du Pôle; et dans la belle saison c'est un entrechoc de glaçons flottants.

Climat. Sécheresse de la Sibérie. — Des monts du Sud à la mer Glaciale, presque tout est plaines, steppes, marais ou toundras, avec fleuves très longs, très larges, l'Ob, l'Yéniséi, la Léna, et, sur le penchant du Pacifique, l'Amour.

De la montagne à la toundra, ou à ce qui en approche, la terre, étendue en magnifiques alluvions, n'a pas, faute d'humidité, toute l'exubérance qu'on attendrait d'elle. Séparée presque toute du Pacifique par de hautes montagnes; éloignée de la mer des Indes par le boursouflement de l'Asie Centrale, et de l'Atlantique par l'Europe; ayant à sa rive le seul océan Glacial, qui presque jamais n'est fluide, la Sibérie reçoit peu d'humidité, et par cela même qu'il n'y pleut guère[1], de moins en moins il y pleut. Elle est en dessiccation; des rivières y atteignaient l'Irtych, l'Ob, l'Yéniséi, et ne les atteignent plus, s'arrêtant languissamment quelque part dans le Steppe; des lacs ont perdu leur déversoir et de plus en plus se rétrécissent : ils deviennent étangs saumâtres ou boue trempée, ou même s'effacent.

Aussi la forêt, bien que prodigieusement vaste, y manque de force, de fougue, d'éclat, d'essor; elle n'a pas de sous-bois, pas de lianes et entrelianes, pas de gazons, point d'insectes, peu d'oiseaux gazouillants; elle est vide, elle est triste, sans arbres puissants, pas même le mélèze, roi de la taïga[2], pas même le bouleau, conquérant devant lequel disparaissent insensiblement le cèdre sibérien, le pin pitcha, les divers résineux ou feuillus, voire le mélèze.

Pendant l'été, qui est torride, durant les jours de vingt heures et plus, ce bois sans riche sève, les herbes du Steppe, les mousses, tout sèche, tout est prêt à brûler, tout flambe à la première étincelle.

---

1. De 20 à 50 centimètres, suivant les lieux : 46 à Tobolsk, 80 sur le rivage de la mer d'Okhotsk.
2. La grande forêt.

Qu'alors on dresse un feu, même des plus petits, à la lisière des bois ou des champs combustibles, si l'on s'éloigne sans l'éteindre et que le vent donne des ailes aux premières langues de flamme, la prairie s'allume, et bientôt elle brûle aux quatre coins. On a vu des embrasements courir sur cent kilomètres et dévorer jusqu'à deux cents hommes, des milliers de bestiaux, toutes sortes de fauves, ours gigantesques, cerfs de haute taille, tigres énormes, chaudement fourrés : car le chat splendide s'est accommodé grâce à ses longs poils à la glacialité des hivers sibériens.

Si la taïga manque de vigueur et d'ampleur, que dire des arbres qui la continuent au nord dans la direction de la toundra, toujours plus minces, toujours plus bas, toujours plus rares ? La terre durcie par le froid ne laisse pas leurs racines pénétrer dans la profondeur, le vent du Nord retient leurs bourgeons dans la sève, la neige de huit mois de l'année les courbe et ils rampent : aux malingres et misérables succèdent les nains, puis il n'y a plus que les mousses, les herbes de la pâle toundra obliquement éclairée par un pâle soleil ou livrée à de longues et souvent lugubres nuits. Là, dans l'Extrême Nord, avec singulière aggravation vers l'Est, la mort règne avec le froid sur le bas de l'Ob et de l'Yéniséi, sur la Chatanga, l'Anabara, l'Olonek; plus encore sur la basse Léna, et surtout le long de la Jana, de l'Indighirka, de la Kolyma, de l'Anadyr, fleuves côtiers qui, petits en Sibérie, seraient chez nous des Loires pour le moins. Telle ville, disons plutôt tel bourg, car il n'y a pas de villes sous des cieux pareils, a des froids de plus de soixante degrés au-dessous de zéro, et des moyennes annuelles de — 11°,2, comme Jakoutsk ; de — 15°,6, comme Oustié-Jansk ; de — 16°,7, comme Verkho-Jansk où l'on a vu le mercure à —63°,2, et où les Russes et sauvages qui s'y défendent contre la nature peuvent voir le thermomètre varier de cent degrés dans les douze mois : de plus de — 60° à près de + 40°. Mais le Sud, plus clément, a ses « Italies », d'ailleurs frissonnantes en hiver.

L'Irtych-Ob. Oural, Altaï. — L'Ob a pour plus longue branche l'Ertchis des Mongols, l'Irtych des Russes, eau brunâtre avec délayements d'argile.

L'Irtych, né dans la terre chinoise, sur un versant de l'Altaï, n'est qu'une modeste rivière quand il reçoit par des sources de fond qui triplent son volume l'invisible tribut du lac Oulioungour, en apparence bassin fermé : il y a donc lieu de regarder cet affluent de ce lac comme la vraie source de l'Irtych supérieur ou Irtych noir — il s'appelle ainsi jusqu'au Zaïzan nor ou « Noble Lac », nappe d'eau russe, à 410 mètres d'altitude. Pourquoi Lac Noble ? En vertu sans doute de quelque tradition, car ce *nor* n'a rien de grandiose. Simple étang jaune, sans profondeur, bordé de terres plates, rayé de poissons, il n'est point retenu par de hautes roches et divague au loin dans les saisons pluvieuses : en moyenne il a 183 000 hectares, trois Lémans, avec trente fois moins de creux.

Sorti du Zaïzan sous le nom d'Irtych blanc, de belles rivières altaïques lui versent un flot clair, jamais défaillant, si bien que c'est un maître fleuve quand il entre dans les gorges splendides qui vont du confluent de la Boukhtarma jusqu'au bourg d'Oust-Kaménogorsk : taillés dans les granits et les schistes, ces étroits ont une grandeur magnifique ; on leur voudrait de la grâce, de la verdure, de la vie, des souvenirs, et tout cela leur manque, sauf quelques arbres médiocres, saules et peupliers. Désormais, par 350 mètres, il est en plaine, dans le Steppe, encombré d'îles, entre des berges argileuses que ses crues rongent, aussi déplace-t-il ses lits ; il est toujours en travail, creusant, comblant, oblitérant. Comme lui font ses affluents, dont beaucoup, diminués par la croissante aridité de l'air, ont cessé de lui porter en toute saison leur tribut.

De Semipalatinsk à Omsk, il frôle par sa rive droite le steppe de Baraba, l'un des plus vastes et des meilleurs domaines agricoles de la Slavie, un vrai Tchornoziom sans un caillou, avec beaux arbres que le colon russe abat. Pins et bouleaux jonchent le sol, et ce pays qui séchait séchera plus vite encore ; mais les paysans n'en ont cure, qui viennent se fixer dans cette terre promise, l'un des lieux d'élection de l'émigration slave.

Après avoir passé devant Omsk et au pied de la falaise de Tobolsk, l'Irtych rencontre l'Ob à Samarofsk. Plus long que son rival, et sans doute plus fort, il a parcouru près de 4500 kilomètres, le Danube, la Loire et la Garonne bout à bout.

L'Ob[1] se forme dans l'Altaï, et, d'abord par l'Irtych, puis directement, boit les eaux du versant Est de l'Oural.

Malgré sa longueur, et bien qu'il sépare la plus grande partie du monde de celle où s'entassent les peuples dits supérieurs (inquiets, armés jusqu'aux dents), l'Oural a peu de variété, point de grandeur ; la ligne de divorce y est parfois tellement effacée

1. On l'appelle à tort Obi : le mot Obi est le génitif d'Ob, nom réel.

qu'il suffit d'un coup de pioche, d'une planche de barrage, d'une brouettée de terre pour diriger au choix les eaux vers l'Europe ou l'Asie. Au nord, il porte des bois chétifs, au centre, c'est une des plus riches montagnes minérales qu'on connaisse, avec or, fer, cuivre, platine; au sud, il se cache sous des forêts profondes. Il fut peut-être la patrie, en tout cas un lieu de campement des Tchoudes ou Finnois qui peuplaient l'Europe orientale antérieurement à toute histoire. De ses derniers renflements méridionaux aux flots du lac Caspien et aux monts de l'Asie Centrale, il n'y a point de montagnes, pas même de collines, pour diviser les plates étendues de la Sibérie de celles du Touran : ce vide entre Oural et Caspienne est la Grande Porte des Peuples.

Vue de l'Altaï. — Dessin de Taylor, d'après une photographie.

L'Altaï, plein de magnificence, est au contraire un noble rendez-vous de montagnes. Presque deux fois moins haut que les Thian-Chan ou Célestes, il les continue dans la direction nord-orientale, comme à son tour, et du même côté, les monts de Sayan continuent l'Altaï sous un autre nom par delà le fleuve Yéniséi. Sa tête suprême, la Bieloukha, ce qui veut dire la Blanche, se dresse à 3550 mètres, au-dessus d'un glacier ni long ni large, d'où coule la Katouniya, le plus fort des torrents qui composent l'Ob : ce fleuve a pour origine la seule glace éternelle de son bassin.

C'est une chaîne très ancienne que l'Altaï, et faite de granits, de porphyres, de serpentines, de schistes parfois étendus en « hautes fagnes » semblables aux plaines glaiseuses des Ardennes. Riche en mines ainsi que l'Oural, ainsi que lui patrie ou séjour de races indigènes, il cache dans ses replis les mieux abritées, les plus douces, les plus belles des « Italies sibériennes », et les colons y accourent en foule comme au steppe de Baraba.

L'Ob, que forment la Katouniya, fille du glacier, et la Biya, issue d'un lac profond de la roche altaïque, ne reste pas bien longtemps dans la montagne. A Barnaoul son altitude ne dépasse guère 119 mètres, et pourtant il y a bien 3000 kilomètres de cette ville jusqu'à l'embouchure du grand fleuve Irtych-Ob. Pareille à l'Irtych, elle coule en multiples bras dans l'argile, d'archipel d'îles en archipel d'îles, large de 3000 mètres en temps sec, de 40 000 en crue, au printemps, quand elle entraîne plus de troncs déracinés qu'il n'en faudrait dresser côte à côte pour faire une grande forêt; elle démolit, elle transporte, elle dépose.

Elle mêle à l'Irtych des eaux moins sombres que

Lac Baïkal. — Dessin de Sabatier.

celles du fleuve de Tobolsk, et longtemps les deux courants se suivent sans harmoniser leur couleur. Après quoi l'Ob continue de couler, immense, dans la forêt; mais le lieu du confluent est plus septentrional que Saint-Pétersbourg même, on approche du Cercle Polaire, et peu à peu cette forêt, arbres aciculaires, bouleaux et saules, s'abaisse, puis devient naine, enfin rampe, et alors le plus long des courants sibériens, et certes l'un des plus grands du monde, entre dans un estuaire de 800 kilomètres ayant 50 000 mètres de rive à rive. Cet estuaire s'ouvre presque en face de la Nouvelle-Zemble.

5700 kilomètres, dix fois la Garonne, et avec l'estuaire 6500; 3 520 000 kilomètres carrés, sept fois la France; 5 millions d'habitants : tel est l'Irtych-Ob, tel est son bassin, le plus vaste de l'Asie russe, avec le plus de « terre noire ».

Angara-Yéniséi. Baïkal. — L'Angara-Yéniséi roule plus d'eau que l'Irtych-Ob, tout au moins en été, grâce au réservoir du Baïkal, aussi vaste que soixante Lémans; mais il est un peu moins long (5200 kilomètres), dans un bassin moins grand, qui a 2 810 600 kilomètres carrés ou plus de cinq fois la France.

De même que l'Irtych, inférieur à l'Ob, lui cède pourtant son nom, de même la Tongouska d'en-haut, plus abondante que l'Yéniséi, avec 1200 kilomètres de cours en plus, devient, dans la bouche des hommes, Yéniséi, au lieu de rester Tongouska.

L'Yéniséi boit plus de torrents de montagne que l'Ob, il recueille plus de neiges étalées au-dessus de la ligne de persistance. Formé sur la terre chinoise, il entre en Russie pour s'y tordre aussitôt, opprimé de très près par l'Altaï, en défilés où, fleuve déjà puissant, il se réduit à 52 mètres de largeur : c'est comme un Rhône dans un Jura. De gorge en gorge, de calmes en rapides, il arrive à la grande plaine vers Krasnojarsk. Le flot jaune qu'il mêle en amont d'Yéniséisk à la Tongouska d'en-haut a plus souvent 1 kilomètre 1/2 à 2 kilomètres d'ampleur en été, et trois à quatre fois plus pendant la grande inondation du printemps. Les deux rivières géantes ne se pénètrent que difficilement, à la longue : loi commune à l'aval des confluents, car rarement deux courants viennent des mêmes roches, des mêmes terres, rarement ils ont même couleur et même consistance. Doublé, triplé peut-être par la Tongouska d'en-haut, puis encore accru par des eaux telles que la Tongouska d'en-bas, longue autant que deux Rhins, il s'unit à la mer Glaciale par une bouche de 22 kilomètres d'ouverture, rétrécissement d'un estuaire qui en a jusqu'à 65 de bord à bord.

Sous le nom de Sélenga, le véritable Yéniséi coule d'un torrent de glacier, sur le Monkou-Sardyk que ses 3490 mètres font le plus haut des pics, non pas de l'Altaï propre, mais des monts Sajan, qui prolongent l'Altaï; Monkou-Sardyk veut dire Mont d'Argent, nom dû sans doute à ce glacier, qui dépasse un peu 4 kilomètres. Ces eaux vont s'épurer à 1645 mètres au-dessus des mers dans le Kosio, lac de 330 000 hectares, près de six fois le Léman, et cependant dix fois moins que le Baïkal où va se perdre l'émissaire du Kosio. Monkou-Sardyk, Kosio, la plus grande partie du cours de la Sélenga, longue de 1100 kilomètres, appartiennent à la Chine, ou plus exactement à la Mongolie; la Sélenga inférieure et le Baïkal sont sibériens. Un des affluents de la rivière, l'Orkhon, passe en plein plateau mongol, près du site de Kara-Koroum, l'antique résidence de Djenghiz-Khan. Kara-Koroum ou Camp-Noir n'a laissé d'autre trace qu'un mur à créneaux et quelques décombres : cette caserne principale d'une immense cavalerie mongole et tartare — car l'armée de Djenghiz-Khan n'était guère qu'un ramassis de hordes à cheval — fut sans doute une ville de terre entourée de tentes mobiles, une de ces grandes bourgades malfaites dont les ruines mêmes périssent.

Tout situé qu'il est à 390 mètres d'altitude, dans une faille de plateau, le Baïkal a des gouffres très inférieurs au niveau de la mer, et la sonde y est descendue à 1373 mètres. Il reçoit les eaux de 32 millions d'hectares, soit d'une aire dépassant 50 de nos départements, eaux peu terreuses, par la nature granitique de leur bassin : d'ailleurs toutes les impuretés vont se perdre au fond de l'abîme qu'elles ne combleront pas de sitôt, puisque le Baïkal a 3 millions 1/2 d'hectares[1] parmi de sévères montagnes, entre des roches dures telles que le porphyre, assombries en même temps que funérairement parées d'arbres austères, de mélèzes, de pins, de sapins, forêt triste montrant ou cachant la falaise.

Cette Mer Sainte — les Russes la nomment ainsi (Sviatoïe More), de même que les Mongols (Dalaï Nor), — gèle en hiver d'un bord à l'autre, et d'une glace épaisse qui porterait des armées avec chevaux et canons.

Merveilleusement vierge est l'onde qui s'échappe du lac translucide, aussi bleue que le Rhône au seuil de Genève, et douze fois plus puissante. Sous le nom d'Angara, l'admirable rivière dont il faut de longs froids de plus de 50 degrés sous zéro pour unir et consolider toutes les glaces flottantes, court, impétueuse, descend neuf rapides, baigne Irkoutsk, et devient la Tongouska d'en-bas : Tongouska parce qu'elle arrose le pays des Tongouses. On peut la comparer à un moindre Saint-Laurent qui, sur le chemin du lac à la mer, perdrait son nom à la rencontre d'un Ottawa.

Léna. — Elle aussi, la Léna, donne son nom à plus long, à plus large qu'elle : lorsqu'elle rencontre le Vitim, qui a 2155 kilomètres, elle n'en a encore parcouru que 1460, ou 695 de moins.

La Léna commence à 591 mètres d'altitude, dans des monts de 1200 mètres qui plongent sur la rive occidentale du Baïkal, et fort près de ce lac (à quelques kilomètres). Fleuve auquel il ne manque qu'un climat meilleur, il déroule avec majesté des

---

1. Exactement 5 497 500.

cingles vers le nord-est, puis vers le nord-ouest. Froide, pure, paisible, peu ridée par les vents, point salie par les villes, la Léna solitaire coule dans une vallée profonde entre des collines qui ont à leur pied des prairies, sur leur flanc des rochers, sur leur plateau des forêts. A de longues distances, elle passe devant les maisons de bois des bourgades russes, au sein d'un pays qui jadis appartenait à deux nations libres : dans le nord aux Yakoutes, gens de langue turque, dans le sud aux Tongouses, qui parlent un idiome très rapproché du mandchou. Elle arrose Jakoutsk, prend, sans en paraître agrandie tant elle est grande, d'énormes rivières, l'Oliokma, l'Aldan, le Viliouï; c'est comme un lac qui marche dont un bord serait souvent invisible à l'autre, 5, 10, 20 kilomètres séparant

Le fleuve Amour, dans les monts Khingan. — Dessin de Grandsire.

les deux rives. Elle se jette dans la mer Glaciale, par les branches d'un delta de 2 200 000 hectares, en face de la Nouvelle-Sibérie, grand archipel inhabité par l'homme : il ne pourrait qu'y pêcher entre deux saisons de glace fixe, y chasser l'ours arctique, le renne, la fourrure blanche du renard, et comme sur tant d'îles polaires les œufs et le duvet d'innombrables oiseaux piscivores. La Léna, longue de 5000 kilomètres jusqu'à la source du Vitim, égoutte 250 millions d'hectares, où vivent à peine 300 000 hommes, dont fort peu de Russes et beaucoup d'Yakoutes

Fleuve Amour et province du Littoral. — Un quatrième immense fleuve c'est l'Amour, qui passe par des pays où se rencontrent plusieurs peuples et qui porte plusieurs noms; les Mandchoux l'appellent Sakhalien-Oula ou l'Eau Noire; les Yakoutes, Kara-Touran ou Fleuve Brun; les Goldes, Mango; les Chinois, Hé-Long-Kiang ou fleuve du Dragon Noir : et en effet ses flots sont bruns, tout au moins sombres.

Il est formé par l'Argoun et la Chilka, celui-là fait de longues mais pauvres rivières du territoire chinois, celle-ci bien plus vive et pure, sous des cieux plus humides, et née de la rencontre de l'Onon et de l'Ingoda qui descendent tous les deux des Yablonovoï ou monts des Pommiers, au sud-est du lac Baïkal. Ces monts point gais, peu boisés, ont pour tête le Sokhondo (2500 mètres). La Chilka traverse les montagnes métalliques et aurifères de Nertchinsk, puis s'unit à l'Argoun pour s'appeler désormais Amour et séparer la Sibérie de la Chine, jusqu'au confluent de l'Oussouri.

Le fleuve, de tout temps solitaire, et dont les rives ne se peuplent qu'avec une extrême lenteur, passe devant quelques stanitsas de Cosaques, quelques villages de paysans russes; il reçoit deux grands courants, la jaune Zeya, sous Blagovjechtchensk, et la Boureïa; puis il scie des rocs par 170 kilomètres de défilés splendides, taillés entre granits, dans des forêts, nature libre, et va se

Kamtchatka : volcans de la baie d'Avatcha. (Voy. p. 286.) — Dessin de F. Whymper, d'après nature.

heurter au Soungari, rivière énorme de la Mandchourie chinoise.

Il ne semble pas que le Soungari l'emporte sur l'Amour ainsi que l'Irtych sur l'Ob, la Tongouska d'en-haut sur l'Yéniséi, le Vitim sur la Léna; toutefois, au confluent, le fleuve russe, rapide et clair bien que foncé, n'occupe guère que le tiers du lit et laisse au fleuve mandchou, flot moins pur, presque toujours blanchâtre [1], l'apparence, sinon la réalité, de la prééminence : en tout cas l'Amour est le plus long des deux.

Au-dessous du Soungari, c'est un des grands

[1]. Le nom de Soungari veut dire en mandchou : Fleur de lait.

cours d'eau du monde, mais un fleuve irrégulier, encombré de bancs de sables, gêné d'îles, coupé de seuils sans profondeur, et de plus en plus froid, parce qu'au heurt avec le Soungari, l'Amour, obéissant à la poussée de son rival, prend la route du nord et ne la quitte plus : tellement qu'après avoir recueilli devant Khabarofka l'Oussouri, très riche tribut, et avoir encore éventré des montagnes, il va se perdre au-dessous de Nikolajefsk en une mer gelée six mois sur douze, dans un détroit plutôt, la Manche de Tartarie, qui sépare du littoral la grande île Sakhalien. Sans ce fatal détour, il s'unirait vers Vladivostok à des flots presque toujours libres. De la source du Kérou-

loun, branche la plus longue de l'Argoun, jusqu'à la Manche de Tartarie, l'Amour a 4500 kilomètres dans un bassin de 209 millions d'hectares, près de quatre fois la France, mais sous quel dur climat fait de froids « sibériens », de chaleurs « sahariennes », de longues sécheresses, avec une oscillation de plus de 80 degrés, entre —45° et +36° ! Pourtant le tigre et la panthère y vivent, et aussi l'ours géant, dans de belles forêts : on voit parfois, dit-on, Michel, fils de Jean, — les Russes de Sibérie nomment ainsi le bon lourdaud que nous appelons Martin, — grimper à la cime des poteaux du télégraphe, déçu par les susurrements de l'air qu'il prend pour des vols d'abeilles.

Vis-à-vis de deux îles japonaises, Nippon et Yesso, et d'une île russe, Sakhalien, le Littoral, province glaciale au nord, des deux côtés de l'embouchure de l'Amour, n'est que très froide au sud, avec beaucoup d'humidité, en face de Nippon, sur la mer du soleil levant : la Russie possède là des ports merveilleux, de vrais Rios-de-Janeiro, de vrais Ports-Jackson, et Vladivostok pourrait mériter le nom hautain, arrogant, que lui ont donné ses fondateurs ; mais « Règne-en-Orient » est sous un ciel renfrogné, qui pleure de froids brouillards ; il n'a derrière lui qu'une contrée vide encore, avec à peine quelques milliers d'hommes dispersés sur la côte et le long de l'Oussouri, lequel est une forte rivière sortie du Khanka, lac de 300 000 hectares sans profondeur ; il y a là des Cosaques venus des stanitsas à l'est du Baïkal, des synks ou soldats condamnés, des galériens ayant fini leur temps dans les mines, des paysans russes, des Finlandais, etc. L'enfantement de ce pays est long, douloureux, et « Règne-en-Orient » est si loin de la sainte Moscou : tel paysan a perdu trois ans en route, de son vieux village de la Grande ou de la Petite Russie à son nouveau village de l'Amour ou du Littoral.

Sakhalien. — L'île devant laquelle l'Amour se verse au Pacifique a pour vrai nom Krafto, puisque les Aïnos, ses vieux habitants, et les Japonais, ses anciens maîtres, la désignent ainsi ; mais elle s'appelle maintenant Sakhalien.

C'est à peine une île en été, ce n'en est plus une en hiver, quand la glace la scelle au continent pardessus l'étroite Manche de Tartarie : dans la belle saison, plus de pont naturel, mais le détroit, sans profondeur, ne porterait pas de navire de guerre ; passé 5 mètres, nul vaisseau ne s'y doit hasarder.

Longue comme la France, en vertu de ses 970 kilomètres du nord-ouest au sud-est, elle est en moyenne tellement étroite que son aire ne dépasse pas 6 360 000 hectares, moins que dix de nos départements. De ses rives sans bons ports on voit, quand le permettent brume et bruine, une chaîne de 600 à 1500 mètres monter, avec quelques forêts. Ces bois, çà et là des fonds de val cultivables, et surtout des mines de houille, telles sont les seules aubaines qu'offre à l'avide Moscovie cette île au climat lamentable. Sur les 365 jours de l'année, plus de 250 s'en vont ternes et lugubres, sous un ciel chargé de nues ou rayé de pluies ou fondant en brouillard, et l'on y a souffert des froids de —37°. Telle est la Cayenne des Russes. Mieux vaut encore celle des Français, pluvieuse aussi, mais où le grand soleil brille.

La Russie y envoie des galériens, qu'elle y voue à l'extraction des houilles, et pour garder ces prisonniers elle y entretient des soldats et des fonctionnaires ; le reste des insulaires comprend diverses peuplades sauvages, Giliaks, Oroks, Aïnos, et des Japonais. Les Aïnos, hommes velus, sont les autochtones probables de Sakhalien, comme sans doute aussi du Japon ; et les Japonais dominaient ici avant les Russes. Quand le « tsar blanc » se déclara maître du bas Amour, il admit aussi que la Russie possédait l'île en co-maîtrise avec le Japon : c'était l'alliance du pot de fer et du pot de terre ; les Japonais ont cédé leurs droits en 1875 à l'empereur de toutes les Russies et Sibéries, et en échange ils en ont reçu l'archipel des Kouriles.

En tout, il y a là 15 000 hommes : moins qu'il ne se dandine d'ours dans les sapins de Krafto.

Kamtchatka. — Au nord-nord-est de Sakhalien, le Kamtchatka, pareil au littoral de Vladivostok, a des ports merveilleux sur des baies d'immense capacité : telle est la baie d'Avatcha ; mais sous ce climat rien ne vaut ; ailleurs, vers le Tropique, le Kamtchatka serait Java, Sumatra, Ceylan, avec plus de grandeur.

En cette presqu'île pénétrant la mer comme un fer de lance flambent ou fument de superbes volcans, et parmi eux le Klioutchef, égal au Mont-Blanc, à 6 mètres près : haut de 4804 mètres, il a 550 kilomètres de tour à sa base. C'est un voisin traître, mais il a peu de voisins, car la péninsule, bien que longue de dix degrés, porte à peine quelques milliers d'hommes, russes, russifiés ou qui vont l'être.

Sur une quarantaine de volcans, douze encore

s'allument quelquefois en terre kamtchadale; ils se rattachent à deux traînées d'îles qui vomissent aussi du feu : à la traînée des Kouriles qui par une dizaine de cratères éveillés ou dormants va rejoindre les volcans japonais, et à la traînée des Aléoutiennes dont les îles, levant plus de trente montagnes en ignition, sont comme les piles d'un pont surnaturel qui mènerait d'Asie en Amérique, de la presqu'île du Kamtchatka, terre russe, à la presqu'île d'Alaska, qui fut russe : mais aujour-

Goldes : types et costumes. (Voy. p. 283.) — Dessin de Pranishnikoff, d'après une photographie.

d'hui elle est yankee, de même que les Aléoutiennes, depuis une vente faite par le tsar aux Américains moyennant 35 millions de francs.

Grand avenir. Races. — Mines d'Oural et d'Altaï, recherche de la fourrure, chasse et pêche ont longtemps occupé les Néo-Russes de la Sibérie beaucoup plus que la culture du sol; maintenant voici que désert et taïga reculent, sur ces terres profondes que l'hiver durcit, mais qu'un été rapide, chaud, presque sans nuit, rouvre à la fécondité. Même on y coupe çà et là la vieille forêt trop vite. En Sibérie comme en Russie, en Scandinavie, au

Canada, en tout pays du Nord, il est des contrées plus vastes que certains royaumes où le sol est incapable d'animer autre chose que des bois; et ces bois, il ne leur prête la vie qu'avec une excessive lenteur.

Depuis la haute antiquité, la Sibérie est habitée par des peuplades finnoises, turques et mongoles, qui s'effacent tous les jours devant l'ascendant des Européens, soit qu'elles disparaissent par trop de morts, soit qu'elles s'en aillent par trop peu de naissances, surtout de naissances masculines. De ces peuplades, les unes rôdent, chassent et pêchent, dans le Nord, où le commande la misère du sol; d'autres, dans le Sud, où la terre est moins indigente, sont fixées à la glèbe. Plusieurs ont adopté le christianisme grec; les tribus turques professent l'islamisme; les mongoles ont accueilli le bouddhisme pur ou la déviation du bouddhisme qu'on nomme chamanisme : c'est une terreur des esprits méchants, que le prêtre apaise par des sortilèges.

Quant aux Européens, l'élément nouveau, le seul durable car toutes ces tribus s'en vont, le seul vivant car elles ne font autre chose que de ne pas mourir encore, ils sont issus d'origines diverses, avec grande prédominance du sang russe, ayant surtout pour ancêtres des Cosaques et des bannis de la Russie d'Europe. Ces derniers, plus de 10 000 au moins en moyenne par an, ont été fournis de tout temps par toutes les races de l'immense empire, de la slave à la tartare; par toutes ses religions, de la grecque orthodoxe à la musulmane et à l'adoration des fétiches; par toutes ses langues, du russe au persan et au roumain; par toutes ses classes de condamnés, depuis l'assassin, l'empoisonneur, le faussaire, jusqu'à l'homme noble qui défendait sa patrie dans un bataillon de faucheurs polonais. L'union désormais est faite; les Sibériens, Slaves par leurs pères les plus nombreux, absolument Russes quant à la langue, et sans aucune différence dialectique, comme par exemple, en Russie même, entre le grand et le petit russe, prolongent de l'Oural au Pacifique la terrible nation que les Tartares, puis les Polonais ont longtemps opprimée.

Toutefois la Sibérie s'emplit lentement, son peuple croit à peine, par beaucoup de morts plutôt que par peu de naissances : surtout beaucoup de morts d'enfants; l'industrie n'agrandit point ses villes et ne fonde point de villages en dehors des districts miniers de l'Oural et de l'Altaï, et le paysan qui ébrèche la forêt, qui la brûle par étourderie ou l'abat pour se chauffer, y trace peu de sillons. Enfin, — et ceci n'est rien à côté de la routinière indolence du moujik et de la demi-stagnance de ses familles, — les Sibériens ont gardé quelque chose du vieil esprit nomade des Slaves : des monts Oural à la mer Pacifique, il y a des milliers nombreux de vagabonds, paysans partis du village, déportés évadés, soldats déserteurs, chercheurs d'or découragés, aventuriers, fous et sectaires errant à la poursuite du pays de l'Eau Blanche, le Biélovodié toujours fuyant qui est l'Eldorado des Russes transouraliens.

Villes. — La Sibérie n'a pas de villes de cent mille âmes, et les plus grandes de ses cités ne sont guère que de très grands villages aux maisons en bois.

Irkoutsk (34 000 hab.), presque trois fois plus loin de Saint-Pétersbourg que de Pékin, borde l'Angara, par 570 mètres d'altitude, dans un pays très froid mais très beau qui a deux merveilles, le lac Baïkal et la rivière Angara; sa croissance est très lente.

Tomsk (34 000 hab.), sur la Tom, tributaire de l'Irtych, à mi-route entre Pétersbourg et Pékin, possède la seule université sibérienne.

Tobolsk, qui a fort grand air avec son kreml ou château-fort sur un haut talus de l'Irtych, ne renferme même pas 20 000 âmes : elle a pourtant régné pendant des siècles sur la Sibérie; ce n'est plus qu'un chef-lieu de gouvernement.

Iékaterinbourg (25 000 hab.), ville de mines et d'industries, est une cité sibérienne, de par sa situation sur le versant oriental de l'Europe, mais l'administration russe a jugé bon d'attribuer contre nature à l'Europe de vastes districts transouraliens peuplés de 1 500 000 personnes : elle frustre ainsi l'Asie slave d'un dixième de sa population.

Un repas kirghise. — Dessin de V. Wassnetzoff, d'après une photographie.

TURKESTAN RUSSE

Deux pays sous un même nom. Turkestan sibérien. — Avec toutes ses appartenances et dépendances le Turkestan russe a maintenant 350 millions d'hectares (ou quelque peu plus) avec 5 à 6 millions d'âmes : sept fois la France et six ou sept fois moins d'habitants qu'elle.

Au nord, les provinces de Sémipalatinsk, d'Akmolinsk, de Tourgaï, d'Oural, répondent au Steppe des Kirghises; près de 200 millions d'hectares tendant surtout vers l'Irtych ont été distraits de la Sibérie, dont ils font en réalité partie intégrante; au sud, les provinces de Sémirietché, de Ferghana, de Zarafchan, de Sir-daria, d'Amoudaria, et le territoire transcaspien, répondent au Turkestan — autrement dit au pays des Turcs, bien que la contrée ait beaucoup d'habitants qui ne sont Turcs ni de nom, ni de langue, ni d'origine.

Le lien commun de ces deux régions, Turkestan « sibérien » et Turkestan propre, c'est la grande nation nomade des Kirghises, de leur vrai nom Kazaks. C'est pour s'être trouvés un jour en contact avec ce peuple d'idiome turc que les Russes ont fini par conquérir au loin dans la direction de l'Inde : après avoir soumis l'une des quatre hordes qui composent la nation, ils ont dû contenir, puis dompter les trois autres; et comme les Kirghises rôdent dans toute la plaine qui va des alluvions sibériennes aux rives du Sîr, les armées du tsar blanc sont un jour arrivées sur ce fleuve, puis sur l'Amou, enfin aux monts de l'Afghanistan.

Des quatre provinces du Turkestan sibérien, lesquelles ont près de 2 millions d'âmes, celle d'Oural va de l'Oural au lac d'Aral et à la Caspienne ; celles de Tourgaï et d'Akmolinsk relèvent plus ou moins du bassin de l'Irtych-Ob par le Tobol et l'Ichim ; celle de Sémipalatinsk est sur l'Irtych même. Tenant à la Sibérie par les liens du sol, unies à elle par une même histoire, elles sont néanmoins de Turkestan en ce que l'élément kirghise, qui est un élément turc, y domine ; de même, dans les pays du Sir et de l'Amou, récemment conquis, les Slaves sont très inférieurs en nombre aux allophones, Turcs ou Persans[1].

Les Monts Célestes. Le Pamir. — Le Turkestan sibérien s'étend vers l'Irtych, le vrai Turkestan s'appuie aux Monts Célestes et au Pamir.

Les Monts Célestes ou Thian-Chan étincellent de neige, malgré la sécheresse de leur zone, parce qu'ils se dressent aux formidables hauteurs de 5000, 6000, 7000, 7500 mètres, qui leur ont justement valu ce nom de Célestes, tant ils s'élèvent, blancs dans le bleu.

Thian-Chan, ces deux mots sont chinois : ce massif, qu'il y a peu d'années encore on croyait par endroits volcanique, s'avance en effet sur de vastes plateaux qui sont une province turcophone du grand empire de langue monosyllabique ; il domine la Dzoungarie et la contrée des Six Rivières ou Kachgarie, autrement dit le Haut-Turkestan ou Turkestan de l'Est, qu'on peut nommer tout aussi bien le Turkestan menacé, car l'élévation « céleste » des Thian-Chan ne le défend pas assez de l'intrusion des Slaves : quand luira le jour irrévocable, ses cols laisseront filtrer des armées russes.

Kaloun, Bogdo-choro, Ala-taou dzoungare, Bogdo-oola, Monts du Roi des cieux (Tengri-Khan), Ala-taou du soleil, monts d'Alexandre, Ala-taou de l'ombre, crête de Kachgar, Alaï, Transalaï, etc., sous ces noms, sous d'autres à nous inconnus, nommés ou innommés, les Thian-Chan sont un entrecroisement prodigieux qu'au nord-est le Tarbagataï (3400 mètres) lie à l'Altaï, qu'au sud-ouest le Pamir ou Coupole du monde unit à l'Hindou-Kouch, ainsi qu'au Karakoroum et à l'Himâlaya, monts les plus aériens de l'Univers.

[1]. On vient de réunir les provinces d'Akmolinsk, de Sémipalatinsk et de Sémiretché en un « Gouvernement-général des Steppes ».

A tort on s'imagine que l'empire slave a dans le Caucase sa plus puissante chaîne, son fronton le plus fier, ses neiges les plus éthérées ; les Célestes, supérieurs au Caucase de 2000 mètres peut-être, avec des glaciers, des névés sans nombre, pèsent d'un poids infiniment plus lourd sur le vieux continent : tels qu'on les connaît, on les croit égaux en étendue à deux Frances, et, la Scandinavie à part, à tout ce que l'Europe occidentale hérisse de pointes, étale de plateaux depuis les sapins où scintillent les sources du Dniester, qui vit les Cosaques et les Tartares, jusqu'aux broussailles des Algarves, longtemps foulées par les Maures.

Quel chauve et soucieux Goliath cuirassé de glace domine parmi ces géants neigeux, dans cette infinité de groupes, de massifs, de dos, de scies, de crêtes, d'arêtes, parmi ces roches de presque toute nature, dans ce chaos fauve, nu, de plus en plus désarbré, tristissime, perdu de froid, dur à l'homme, et d'ailleurs presque vide ? On donne 7200 mètres au Tengri-Khan ou Roi des cieux qui, superbe, s'élance à l'orient du lac Issik ; 7500 au Kaufmann, ainsi nommé d'un général russe qui a conquis plus qu'aucun autre en Turkestan ; 7750 au Tagarma, qui serait ainsi l'un des maîtres du monde. Le Kaufmann règne dans le Transalaï, le Tagarma dans le Kizil-Jart, qui plonge à l'est sur la Kachgarie. Transalaï et Kizil-Jart dominent le Pamir.

Le Pamir, sagement appelé Bam-i-dounya, ou Faîte de la Terre, a 4000 mètres d'altitude moyenne. Sur ce Toit de l'Univers soufflent tous les vents de froidure, la neige y vient de tout horizon, et des fleuves en descendent pour s'aller perdre à l'occident comme à l'orient dans des lacs sans déversoir. Qui croirait que ce plateau sublime et si près des astres, ce grand porte-neiges, ce pays de lacs, de gazons savoureux, se sèche visiblement, comme toute cette Asie faussement dite centrale puisque, rejetée à l'ouest, elle touche à l'Europe ? C'est pourtant le cas ; plusieurs de ses conques n'ont plus d'émissaire, d'antiques Lémans, à la fois évaporés et comblés, s'y sont effacés à jamais. Le Pamir, très bosselé, se partage en sous-Pamirs aux noms turcs.

Plaines du Touran. — Bien plus sèches que les Célestes et le Pamir, des plaines se déroulent à leurs pieds vers le couchant, jusqu'à la Caspienne, plaines au climat terrible. Les steppes du lac Balkach, ceux du Touran qui conduisent à la mer d'Aral deux fleuves jumeaux et parallèles, connaissent les froids de —30 à —35 degrés, les fournaises de 40 à 44; l'année y ramène régulièrement le Pôle et le Tropique, celui-ci, par malheur, sans les pluies tropicales : il pleut fort peu sur le Touran, et il paraît que lentement, uniformément, les pluies s'y font plus rares. Aussi le désert y grandit-il, en attendant qu'une puissante irrigation le rapetisse peut-être, mais sans jamais prétendre

Kirghise à cheval. — Dessin de V. Wassnetzoff, d'après une photographie.

à le détruire. Même dans les cantons où l'arrosement est plus abondant qu'ailleurs, il n'y a guère que le onzième du sol qu'il puisse transformer; et pas la centième partie, voire la millième, là où il faut recourir à des digues pour arrêter quelque torrent de fonte de neige ou creuser dans le bas d'un ravin quelques puits tendant toujours à tarir; seuls les deux fleuves et diverses rivières sont capables de verdir çà et là les campagnes jusqu'à l'horizon.

En ce moment le désert, dans ce qu'il a de plus inhumain, occupe la grande moitié du bas pays qui sépare le bassin de l'Irtych-Ob du pied des monts d'Iran : Steppe de la faim, Ak-Koum ou Sables

Blancs, Kizil-Koum ou Sables Rouges, Kara-Koum ou Sables Noirs, tous fauves et gris presque autant que noirs, rouges ou blancs, ces mornes étendues pourraient, sinon refleurir, perdre au moins quelque peu de leur désolation, et là où l'arène est mobile, de leur mobilité, si l'on y faisait croître les plantes salines ou les arbres menus, épineux, parcheminés, mais de bois compact, que souffrent le ciel sans pluie, la terre sans eau, l'air tout en vents et en trombes, le brusque passage du torride au polaire et du polaire au torride.

Mais, au lieu de laisser la nature à son œuvre immortelle, au lieu de lui donner le temps d'élever des forêts de saksaoul, arbre de résistance héroïque, on abat ce que la plaine essaye de produire, ce que la dune porte, et de plus en plus sèche la plaine, de plus en plus s'avance la dune. On ne voit de prairies, de cultures, de jardins, de vie que le long des fleuves et des canaux d'irrigation qui les saignent; et quand le Sir et l'Amou coulent entre des berges trop élevées pour qu'on en tire un canal, la terre est aussi maudite à cent mètres qu'à vingt lieues de la rivière.

Dans le Touran, le vent fouette des sables salés, de rougeâtres argiles, des armoises, de ternes euphorbes et des salicornes couleur de sang; il siffle dans les roseaux des lagunes, mais il n'en chasse pas le moustique, tourment des nuits d'été, et il amène souvent des escadrons de sauterelles. De la mer d'Aral au fleuve Oural on ne rencontre qu'un seul arbre, un peuplier; or la distance est de 500 kilomètres. Les Turcomans, cavaliers indésarçonnables, chasseurs d'esclaves, assassins dont la Russie vient d'arrêter les sanglants exploits, sont grandement fiers de cette aridité de leur patrie : « Jamais, disent-ils, nous ne reposâmes à l'ombre d'un arbre ou à l'ombre d'un roi. » N'ayant point de forêts pour s'abriter, les fauves se réfugient dans les fourrés de joncs et roseaux, demeures du loup, du sanglier, du tigre, qui ne vit pas seulement, comme on le croit, dans les chaudes forêts du Tropique.

Le Balkach, l'Issik. — Les Thian-Chan forment l'Ili sans lequel il n'y aurait plus de Balkach, ils tiennent l'Issik entre deux de leurs chaînes, ils envoient le Sir à l'Aral. Du Pamir descend l'Amou, plus fort que le Sir.

L'Ili, long de 1500 kilomètres, naît de la rencontre de deux forts torrents de glaciers, le Tekès et le Kounghès; il arrose la Dzoungarie, ample vallée sur la meilleure route de l'Europe à la Chine, et, passant de l'empire du Milieu dans le domaine slave, s'en va, deltaïquement, remplir presque à lui seul le Balkach : car, des sept fleuves qui donnent au Sémirietché[1] son nom, l'Ili seul roule un grand flot d'eau. Ce que le lac reçoit en dehors de ce courant majeur n'est rien en temps sec, très peu quand la pluie brouille par hasard les horizons du Steppe.

Le Balkach, autant marais que lac sur une part de son contour, et n'ayant nulle part plus de 21 mètres de creux, miroite à 238 mètres d'altitude. Long de plus de 500 kilomètres, de beaucoup moindre et très variable largeur, il ne lui reste guère que 2 180 000 hectares; mais il fut peut-être immense, allant même jusqu'à l'Aral dont le séparent maintenant 900 kilomètres : s'il a diminué, c'est par les apports de l'Ili, et surtout par le départ aérien des eaux que boit goutte à goutte la sereine aridité du climat. Ce lac aux eaux claires trop salées pour être buvables a pour triste entour des steppes nus, des sables mobiles, des deltas, des roseaux; au nord la rive est plus haute qu'au sud, et plus ferme.

L'Issik[2] marque à peu près le centre des Monts Célestes, à l'occident du Roi des cieux, entre les deux hautes chaînes des Monts Bigarrés ou Alataou : l'Alataou du soleil (Kounghei) et l'Alataou de l'ombre (Terskeï), celui au sud, l'autre au nord. — Ainsi, dans un pays moins grandiose mais plus riant, et tout près de la mer, en Kabylie, nous avons les Illoula-ou-Malou, ou Illoula du côté de l'ombre, et les Illoula-ou-Samer, ou Illoula du côté du soleil.

Le nom d'Issik signifie chaud, et en effet, s'il n'a point d'effluent visible, ce lac n'en reçoit pas moins, en même temps que des torrents froids, d'abondantes fontaines chaudes qui, dit-on, l'empêchent de geler. Sa nappe, à 1500 mètres au-dessus des mers, peut avoir 650 kilomètres de tour, quoiqu'il ait singulièrement diminué, que même il baisse encore sous nos yeux[3] : il a laissé des traces à 50 kilomètres de sa rive, à 60 mètres plus haut que son beau flot très bleu.

Le Sir; l'Amou, l'Ouzboï; l'Aral. — Le fleuve que les anciens appelaient Iaxartes, le Sihoun des Persans et des Arabes, le Sir descend des Célestes, spécialement de l'Alataou de l'ombre, sous le nom

---

1. Ce mot composé russe signifie les Sept fleuves.
2. On dit à tort : lac Issik-Koul. C'est une tautologie; le mot turc *koul* voulant dire lac.
3. De deux mètres en dix ans (1867-1877).

Dans le Grand Steppe. — Dessin de Guiaud, d'après Atkinson.

de Narin, avec des eaux bleues, car des lacs épurent les torrents de ses plateaux, de ses montagnes. Des précipices encore inconnus le mènent dans le bas pays, à la rencontre de la Rivière Noire (Kara-Daria), puis, grossi d'elle, il devient le Sir, qui s'épanche en canaux dans le Ferghana, jadis lac; il passe ensuite devant Khodjent. Dès lors, au lieu de recevoir, il donne et il perd, l'évaporation le boit, les dérivations le saignent, et de longs tributaires amoindris par le temps ont cessé de l'atteindre : tels sont et le Tchou et l'Eau Jaune (Sari-Sou) que de l'amont à l'aval efface la sécheresse et qui finissent par de tristes marais. Pourtant, au moment où il va se diviser en bras, il porte 885 mètres cubes par seconde en eau basse et 2500 dans la moyenne de l'année : une moitié s'évapore ou filtre en route dans les diverses branches, de sable en sable, de palus en palus, parmi joncs et roseaux, sous le ciel d'airain; l'autre moitié va jusqu'à l'Aral. Le temps approche où pas une seule gouttelette de son onde n'entrera dans le grand lac, parce que le damier des canaux le prendra tout entier pour l'imbibition du Steppe. Sa longueur est de 2500 kilomètres.

L'Amou, comme le Sir, a 2500 kilomètres; les anciens le nommaient l'Oxus : c'est le Djihoun des Arabes et des Iraniens. Il « éponge » le Pamir, entre l'Alaï au nord et l'Hindou-Kouch au sud, tous deux immensément et presque également hauts, et à leurs vastes frimas il doit des flots très abondants. Plus grand que le Sir, il roule de 976 à 27 400 mètres cubes par seconde, avec 3500 pour la moyenne de l'année, quoiqu'il lui faille aussi traverser le Steppe sans trouver en chemin un seul courant de renfort; tous les oueds, de droite et de gauche, meurent loin de sa rive; nul filet d'eau, même au fond d'un fossé, ne lui porte l'hommage du Zarafchan; ni celui de la rivière de Merv, qu'a cessé de grossir la rivière d'Hérat, incapable, elle aussi, de forcer désormais le passage du désert : le Zarafchan, le donneur d'or, comme le dit ce nom persan, sort d'un glacier magnifique, tel que les Alpes n'en ont pas de si long; pris par les canaux, et aux canaux par les rigoles, il dispense l'onde à 458 000 hectares, et l'onde ici c'est de l'or.

L'Amou coule en eau jaune : l'un des lacs dont il émane, le Victoria des Anglais, et malheureusement aussi de la plupart des cartes, est un « Lac Jaune » (Sari-Koul), à 4236 mètres au-dessus des mers; et, entre autres courants troubles, l'un de ses grands affluents, le Sourgh-ab, est un flot rouge.

Sa charge d'alluvions, sa haute crue dans la saison des plus longs jours en font un fleuve bienfaisant, un réparateur, un Nil égal en puissance à Jupiter des pluies. Dans le Kharezm ou pays de Khiva, sur sa gauche, il donne annuellement 7 milliards de mètres cubes à 1 060 000 hectares de plaines, grâce à lui miraculeusement fécondes.

Il est probable, presque sûr, que l'Amou communiquait autrefois avec la Caspienne au moyen de la mer de Kharezm ou Khovarezm et du long lit tortueux de l'Ouzboï. De la mer de Khovarezm, singulièrement amoindrie par la croissante aridité de l'air, il reste le lac-marais de Sari-Kamych; et de l'Ouzboï un sillon dans le désert, un ravin sans herbe et sans onde souvent effacé par la dune que le vent pousse et repousse au travers du Steppe implacable; son cours, qui fut de plus de 500 kilomètres, se reconnaît par endroits à des ruines de kichlaks ou villages. On a proposé de rétablir ces eaux anciennes en versant l'Amou dans cette suite de bas-fonds interrompus : l'œuvre peut-être est possible, mais à quoi bon? Irriguer vaut mieux.

Quand l'Amou courait à la Caspienne, soit par une part de ses eaux, soit sans en rien distraire, la mer d'Aral était réduite au seul tribut du Sir, ou à la moitié de ce tribut, ou à moins encore, car on croit que le vieil Iaxartes envoyait à l'Amou des eaux par le lit, existant toujours et facile à revivifier, qu'on appelle Yéni-Daria. Cette mer devait alors couvrir une aire plus petite que l'Aral actuel, si même elle n'était pas, soit temporairement, soit périodiquement, un chapelet de lagunes oublié par les récits des voyageurs.

Bien qu'elle absorbe aujourd'hui tout le Sir et tout l'Amou, et des ruisseaux traînants échappés aux ardeurs du Steppe, la verte et pure mer d'Aral décroît. En ce moment l'Aral Denghiz, comme disent les gens de langue turque, la mer Bleue (Siniéïé More) des Russes, a 1350 kilomètres de tour, 6 578 000 hectares, 10 à 15 mètres de moyenne profondeur, 68 de profondeur maxima. L'Oust-Ourt, qui la sépare de la Caspienne, est un plateau sans habitants, haut de 200 à 250 mètres, tombant en falaise comme un causse sur la plaine et sur les deux mers.

Touraniens, Iraniens, Slaves. — De temps immémorial Touraniens et Iraniens se rencontrèrent dans le Touran.

Aux Touraniens revient la grande majorité; on suppose qu'ils sont deux contre un dans l'ensemble du pays, supériorité dont « l'avalanche » russe les fera déchoir.

Parmi eux il y a d'abord 360 000 Turcomans[1], plus exactement Turcmènes, Turcs de nom et Turcs de langage plus que d'origine, car depuis les siècles qu'ils tuent, brûlent, volent et violent en terre d'Iran, le sang iranien, plus beau que le leur, n'a cessé de leur être communiqué par les esclaves persanes. De la Caspienne au pied de l'Hindou-Kouch, l'espace sur lequel ils erraient avait l'étendue de la France. Ils errent moins maintenant, ils vivent moins de maraude et de meurtre ; la Russie les tient dans l'immobilité, dans la paix, la sagesse et l'innocence : la prise du « Mamelon vert »[2], leur citadelle, l'occupation de Merv, ont brisé leur impétueux brigandage. De nomades, forcés à devenir sédentaires, ils paîtront des troupeaux, ils distribueront l'eau vitale dans leurs jardins des oasis, au lieu d'égorger des villageois, d'enlever des Iraniennes et de courir, bride abattue, contre les caravanes.

Les Kara-Kalpaks ou Bonnets Noirs, également Turcs, ont cessé depuis longtemps de battre le pays. Bons rustiques au nombre de 50 000[3], ils ont leurs pacifiques hameaux sur le bas de l'Amou et les rives orientales de la mer d'Aral, entre le turbulent Turcmène et le Khirghise obèse, apathique.

Femme kirghise en grand costume.
Dessin de V. Wassnetzoff, d'après une photographie.

Les Kirghises ou Kazaks, au nombre de deux grands millions, amis du cheval, buveurs de lait de chamelle et de lait de jument, se divisent en quatre hordes : ce qui d'après l'étymologie signifie quatre camps, du mot mongol *ordou*, *ourdou*, campement, armée, cour du prince. Ce peuple parle un turc très excellent, mais son origine est complexe; ses ancêtres faisaient partie de la foule furieuse que Djenghiz-Khan menait à la conquête du monde. Chez les femmes, et parmi les « os blancs », c'est-à-dire les nobles, par opposition aux « os noirs » ou gens de petite origine, la plupart des visages ont conservé l'osseuse laideur de la race mongole. Avec leurs vingt fois cent mille hommes, leurs chevaux de pauvre mine mais de forte et d'endurante nature, les Kirghises, aux jambes arquées à force de presser le flanc des cavales, forment la plus grande masse de chevaucheurs bergers qu'il y ait dans le monde. Trop disloqués pour être dangereux, mous, indolents d'esprit, ils n'inspirent plus aucune crainte aux Russes, qui déjà les enveloppent, les pénètrent : aux lieux où ces Asiatiques sont le plus en contact avec les Slaves, beaucoup usent communément du russe, même entre Kirghises.

D'autres Touraniens turcs, les 350 000 à 400 000 Bourouts s'appellent aussi les Kirghises Noirs, et, de fait, ce sont de vrais Kirghises, avec un bon

---

1. Sur les 1 200 000 environ auxquels on estime toute la nation turcmène, en Asie russe, en Perse et dans les khanats de Bokhara et de Khiva.
2. C'est ce que signifient les mots turcs Gœk-Tépé.
3. Sur les 300 000 qu'il y a dans l'empire de toutes les Russies.

langage turc, vivant dans les âpretés et les froidures des Monts Célestes au lieu de galoper dans la grande plaine du Steppe; le sang mongol les a modifiés. A côté d'eux, entre eux, vivent leurs cousins Kalmouks qui habitaient, il y a cent quinze ans, les sables, les argiles de la basse Volga, et qui reprirent en 1771 le chemin de l'Asie centrale : ce fut une odyssée tragique, mais tous ne périrent pas en route, et beaucoup de leurs arrière-petits-fils ont aujourd'hui les Thian-Chan pour séjour.

Les Ouzbegs, Uzbegs, Euzbegs, un million, par à peu près, avaient l'empire avant l'arrivée des armées du tsar blanc, et l'ont encore ou semblent l'avoir dans les États non encore formellement annexés à l'énorme bloc des Russies. Leur dialecte turc, l'ouigour ou djagataï, est un turc parfait, plus turc que l'osmanli de Constantinople et d'Anatolie, mais leur sang n'a pas l'unité de leur langue, ayant été modifié de siècle en siècle par des éléments mongols, et plus encore par les femmes iraniennes que les Turcomans traînaient sur les marchés de Khiva, de Bokhara, de toute ville capable d'acheter à beaux deniers des garçons forts, des filles gracieuses; puis les Ouzbegs n'ont cessé de s'unir avec les familles plus ou

La mosquée de Hazret, à Turkestan. — Dessin de Taylor, d'après une photographie.

moins persanes, plus ou moins métisses qui peuplent leurs cités en grand nombre.

Après avoir si longtemps commandé sur le Sir et l'Amou, habitués à dire : « Je veux » et à voir le sang couler, les Ouzbegs pourraient être méchants, corrompus; ils ne le sont point, en cela semblables à toute la bonne race des Turcs, qui est lourde, mais sérieuse, droite, partout intimement simple et paysanne.

Les Sartes, citadins du Turkestan, roulent deux sangs dans leurs veines; il y en a bien peu qui n'aient à la fois des Touraniens et des Iraniens parmi leurs ancêtres : évidemment plus de ceux-ci que de ceux-là. En vertu de leur qualité de boutiquiers, de commerçants, ces chiens jaunes[1] n'ont vraiment ni nationalité, ni type ferme, ni langue

1. Comme dit le jeu de mots kirghise : Sarï it.

propre; cosmopolites, ils tissent leur toile pour prendre le client; ici le turc sort de leur bouche, là le persan.

Sous le nom de Galtchas, leurs demi-frères les Tadjiks[1], autrement dit Persans, occupent en corps de nation le Pamir, et en général le « Kohistan[2] » ou les Montagnes, sur l'Amou d'en-haut et sur le Zarafchan : ils y font honneur à la vieille race d'Iran par leur taille, leurs traits, leur probité, leur vivacité d'esprit. Dans la plaine, où l'on en rencontre beaucoup, tant parmi les trafiquants que parmi les maîtres du sol, on admire leur barbe du plus beau noir, leur visage mâle et gracieux, mais on craint leur souplesse de conscience et de caractère.

1. Ce mot persan veut dire : couronnés.
2. Ce mot persan signifie : pays des montagnes.

Quant aux Russes, nouveaux tenanciers du Touran, l'immigration augmente rapidement leur nombre : on dit que vingt à trente mille Slaves viennent chaque année renforcer la jeune Russie du Turkestan; mais aucune comparaison de recensements ne nous apprend encore ce que ce chiffre peut avoir d'exagéré. Ces colons sont envoyés par tous les gouvernements essaimants de Grande ou de Petite Russie, Tchernigof, Koursk, Orel, Tambof, Voronège, Saratof, Samara, Perm, Oufa, et par la Sibérie de l'Irtych-Ob. Nul doute que le « Moscovite » ne restaure par la paix civile, le boisement, l'irrigation surtout, ce vaste pays qui jadis avait plus d'habitants dans de plus beaux jardins. « Autrefois, dit la légende, un chat pouvait sauter de toit en toit depuis Tchemkent jusqu'à l'Aral. »

Villes. — Il y a cent mille âmes à Tachkent, la capitale du Turkestan russe, et parmi ces cent mille les Sartes dominent. Tachkent, sur un sol qui tremble, borde les canaux tirés du Tchirtchik, affluent de droite du Sir que la terre et l'air boivent longtemps avant qu'il arrive au fleuve. Ville déjà très fière de son rang, elle n'en est pas moins faite de briques cuites au soleil, comme les plus mornes ksours du Sahara.

Enfants d'une école musulmane à Bokhara. (Voy. p. 300.) — Dessin de Ronjat, d'après une photographie.

Samarcande (36 000 hab.) est à 655 mètres d'altitude, dans l'antique Sogdiane, qui tenait son nom du Sogd, notre Zarafchan, au sein d'une vallée délicieuse. Plus d'à moitié tadjike, elle régna sur l'empire de Tamerlan, l'exterminateur boiteux; c'est ce conquérant de race mongole qui fit du turc la grande langue de l'Asie centrale : il le choisit comme idiome impérial, au lieu de son langage maternel, et du persan que parlaient ses provinces les plus riches et les plus policées. Il ne reste à Samarcande que des coupoles, des minarets, de superbes ruines de l'ère tamerlanesque, mais la vallée supérieure de sa rivière, le splendide Kohistan, peut redevenir l'un des paradis de la Terre.

Au sud du 38° degré de latitude, c'est-à-dire sous le même soleil que la Sicile, mais sous un tout autre climat dispensant à la fois des vents d'aigre froideur et de fournaise étouffante, une ville est assise entre les Sables Noirs, à 270 mètres d'altitude, sur le Mourgh-ab; elle connaît les chaleurs de 45 degrés à l'ombre, et aussi le tapis de neige de décembre et de janvier : c'est Merv, plus célèbre que riche et belle.

Merv la turcomane vient d'ouvrir sa porte au Russe, après l'avoir longtemps bravé sous la protection d'un désert qu'elle pensait infranchissable. Cité fort antique, elle fut au moyen âge une autre Samarcande, une autre Bokhara ; des étudiants de toute langue y venaient étudier en arabe ce que les savants musulmans avaient traduit ou paraphrasé de la science grecque. Très peu scientifique aujourd'hui, point industrielle, elle n'a plus que la fertilité de son oasis, fameuse en Iran comme en

Touran. Ce « jardin d'Orient » doit la vie aux eaux d'hiver du Mourgh-ab, de loin venu : fontes de neige ou crues d'orage, le torrent, alors grand et rapide, s'arrête derrière une digue, et 425, sinon 450 kilomètres de canaux le distribuent sur les meilleurs sols du territoire mervien, qui a 557 600 hectares avec 250 000 hommes.

Bokhara et Karatéghin. — Au Turkestan russe, au Touran soumis, touche un Turkestan dit indépendant, mais il ne l'est pas puisqu'il obéit au doigt et à l'œil quand le tsar blanc commande. Boukkara et Khiva savent que leurs khans[1] sont des khans fainéants.

Attentive maintenant au moindre signe d'un sultan kafir[2], Bokhara fut le « haut pilier de la foi, »

Cimetière musulman, à Khiva. — Dessin de H. Clerget, d'après une photographie.

le flambeau de l'Islam, le siège des écoles musulmanes réputées les plus savantes, en même temps qu'une ville de commerce, un rendez-vous de caravanes, une puissante métropole avec canaux ombragés, jardins, vergers, villas somptueuses. « Sur le sol sacré de Bokhara et de Samarcande, on devrait marcher non sur les pieds, mais sur la tête. » Hui, ville de 70 000 hab. dont 50 000 Iraniens, la « Cité des temples » a perdu la force de ses murs et la splendeur de son oasis.

L'opulence de Samarcande fait sa pauvreté; plus la reine du Kohistan saigne le « distributeur d'or », moins cette vivifiante rivière verse d'eau dans les ariks ou canaux sans lesquels il faudra que Bokhara meure. Malpropre, malsaine, connaissant sa chute, voyant ses ruines, tristement assise au bord des canaux tarissants, Bokhara n'est plus l'asile de la science arabe — d'ailleurs quand la science

1. Chefs, monarques.
2. Impie, non-musulman.

Samarcande : la mosquée de Chir-Dar. — Dessin de Thérond, d'après une photographie.

arabe y brillait comme un phare, ses savants étaient des Iraniens. — Les enfants de ses écoles passent leurs années d'aurore à psalmodier en nasillant les versets d'un livre arabe que souvent ils ne comprennent pas, le Coran, dicté par Dieu. En même temps que l'onde cesse d'arriver aux ariks, les sables, délivrés du saksaoul, marchent en dunes à la rencontre de la ville, menacée de dormir un jour sous les collines.

Son khanat, auquel on donne 23 900 000 hectares et 2 150 000 hab., comprend deux régions dissemblables, même contraires : au nord-ouest le pays de Bokhara, où les Ouzbegs dominent, où règne la plaine, insalubre au bord de l'Amou, aride loin des canaux, et qui semble condamnée à mort par l'implacable déroulement des dunes ; au sud-est le Karatéghin, qui est un superbe « kohistan », ruisselant d'eaux, diapré de gazons, capable de luxuriance, ayant pour bergers et pour laboureurs des hommes de langue persane, des Galtchas.

Khiva. — L'autre satrapat de la Russie, le khanat de Khiva ou pays de Kharezm, longe la rive gauche du bas Amou : on suppose que 500 000 ou 700 000 hommes y vivent sur 5 780 000 hectares, ou plutôt sur les 15 500 kilomètres carrés qu'imbibent les canaux remplis par le fleuve avec une générosité prodige.

Il n'est pas de plus belle oasis que le jardin du Kharezm, assiégé par les Sables Noirs au sud, et, de l'autre côté de l'Amou, par les Sables Rouges ; pas d'ombre plus fraîche, entre les déserts ardents, que celle de ses arbres vigoureux, trempés au pied en toute saison par l'eau tirée du Tchingherit et de l'Ingrik, qui sont les deux canaux maîtres. Bien distribué, l'Amou pourrait renouveler tous les ans la jeunesse de 6 500 000 hectares.

La misérable métropole de ce khanat condamné, Khiva, peuplée d'Ouzbegs et d'Iraniens, devait sa richesse à l'excellence de son oasis et à son marché d'esclaves arrachés de leurs foyers persans, mais on ne vend plus d'hommes, de femmes, de filles dans ses bazars. Brusquement éveillée de ses rêves par le canon des Russes, la cité royale est retombée dans l'indolence orientale : triste, endormie dans son fanatisme, elle fut plutôt qu'elle n'est.

Turkestan des Afghans : Badakchan, Koundouz, Khoulm. — Au pied de l'Hindou-Kouch ou Caucase indien, sur des ab[1] courant vers la rive gauche de l'Amou, un million d'hommes obéit aux Afghans ou Pouchtous, peuple grossier qui vit derrière ce même Hindou-Kouch, sur des hauts plateaux que l'hiver charge de neiges.

De même que dans le reste du Turkestan, ce million d'Asiatiques sort, ou de la source iranienne, ou de la touranienne : à l'est, dans la montagne, au versant du Pamir, on est bel et bien Tadjik et l'on s'exprime en un persan pur, archaïque ; à l'ouest, plus le mont cède à la plaine, plus les torrents, nés de crêtes moins neigeuses, s'arrêtent loin de l'Amou qui devrait les engloutir ; plus aussi le sang turc domine.

Ainsi, le Badakchan, qui voit à son orient les talus du Pamir, est entièrement iranien ; ce très beau pays, fraîche « Tempé », touche au bassin de l'Indus, mais c'est ici que les Titans auraient dû poser mont sur mont : l'Hindou-Kouch, qui le sépare de l'Inde, barre à de telles hauteurs l'horizon que ses deux grands cols s'ouvrent à 4800 et à 5100 mètres.

A l'ouest de cette contrée, dans le Koundouz, les Ouzbegs l'emportent ; on ne retrouve plus ici le ruissellement des eaux, la prée verte, l'ombre dense de l'heureux Badakchan, et la rivière irriguante, venue du fameux col de Bamian, sèche en chemin.

Plus sec encore est le Khoulm, à l'occident du Koundouz ; le Khoulm fut la Bactriane, où régnait Bactres, la très antique cité, l'Oum-el-Bled ou Mère des Villes, disent les Arabes : effacée du monde par Djenghiz-Khan, pourvoyeur des charniers, Bactres, aujourd'hui Balkh, la Mecque de Zoroastre, n'est qu'un informe amas de briques.

A l'ouest du Khoulm, l'aridité du sol augmente, la montagne du Sud est plus basse, l'eau plus courte : on approche des Grands Sables Noirs

---

1. Rivières, torrents.

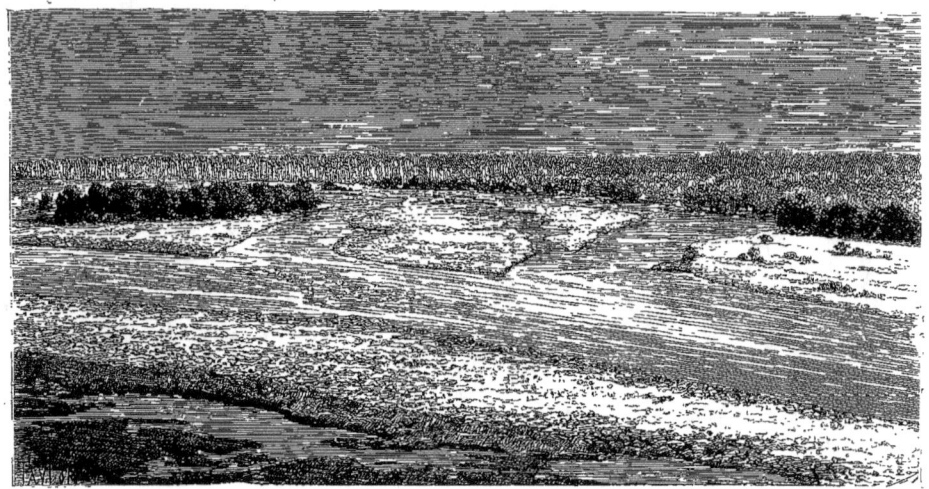

Vallée de l'Ingour. — Dessin de Taylor, d'après une photographie.

CAUCASIE

Le Caucase et l'Anti-Caucase. — Le Caucase ressemble à des Pyrénées dont le Kouban serait l'Adour, dont la Koura serait l'Èbre.

Pyrénées bien plus hautes que les nôtres, séparant, non pas deux pays, mais deux parties du monde, et qui, partant de Biarritz avec une autre orientation que nos monts franco-espagnols, ne s'achèveraient qu'entre Sardaigne et Sicile, longues ainsi de 1200 kilomètres, les Pyrénées n'en ayant que 430. Mais la largeur, 100 à 200 ou 250 kilomètres en une, deux, trois et jusqu'à quatre arêtes parallèles, ne dépasse pas beaucoup celle des monts hispano-français qui, comme on le sait, se ramifient fort loin au sud en Espagne, dans l'Aragon et surtout dans la Catalogne.

Le couchant de cette chaîne orientée du nord-ouest au sud-est diffère en tout de son levant. Le Caucase commence en des lieux riverains à la fois de la mer Noire et de la mer d'Azof, à la presqu'île de Taman, célèbre par plus de cent volcans de boue, dans un pays moins fait de sol ferme que de baies et d'étangs. De ces platitudes aux défilés du Darial, commandés par le Kazbek trachytique (5045 mètres) où penchent huit glaciers, la montagne est étroite, cinq à dix fois plus mouillée, beaucoup plus neigeuse qu'à l'est; elle a plus de névés, de champs de glace, de grands et violents torrents, têtes de l'Ingour, du Rion, du Kouban, du Terek, c'est-à-dire des maîtres fleuves caucasiens, moins la Koura.

Mais là même, en cet occident, entre des pics de noble forme, au bas des plus vastes neiges, au-dessus de bois comme les Alpes n'en ont pas d'aussi touffus, et d'où peut-être nous reçûmes le noyer et le cep de vigne, là même le Caucase n'a ni beau lac ni terrible cascade; et les glaciers y reculent, soit temporairement, soit pour toujours, en vertu de la dessiccation progressive du centre de l'Europe-Asie. Si c'est la nature qui, fidèle à quelque loi cosmique, dévore ici la glace « éternelle », nous n'y pouvons rien; mais pourquoi l'homme y viole-t-il la magnificence des forêts : nulle part il ne provoque autant l'avenir par les impiétés du déboisement.

Dans cette moitié de la chaîne, sur un contrefort au septentrion de l'arête, se dresse l'Elbrouz, la Crinière de glace [1], vieux volcan maintenant froid et muet. De par ses 5662 mètres, c'est le géant du

---

[1]. Elbrouz est la corruption d'Yal-bouz, mots turcs signifiant la Crinière de glace.

Caucase, et aussi celui de l'Europe : du moins pour ceux qui ne regardent pas le Caucase comme réellement séparé de nous par des plaines très basses, en même temps que lié réellement à l'Asie par les masses de l'Anti-Caucase.

Sur la gorge du Darial ou Porte du Caucase, Via Mala sublime que gravit en serpentant, le long du naissant Térek, la route d'Europe à Tiflis en Asie, il tombe déjà trois fois moins d'eau que sur les crêtes voisines de l'Euxin; et désormais, vers le sud-est, la pluie diminue, et aussi les frimas, encore plus la verdeur et l'épaisseur des forêts, tandis que le Caucase, devenant beaucoup plus large, se brise en un chaos puissamment, profondément sculpté par les météores : c'est là le Daghestan, dont le nom turco-persan veut dire le Pays des Montagnes.

Des hauts pics, des avant-monts du Daghestan, l'on voit à ses pieds la Caspienne; la presqu'île d'Apchéron qui a des sources de pétrole miraculeusement abondantes, des langues de feu; et la naphteuse et bitumineuse Bakou, la ville sans ombre, entre tous les vents, sous toutes les poussières. Ici le ciel est d'airain : 252 millimètres de pluie par an, contre 2398 à Koutaïs, et 3000, même 4000, sur de hautes croupes du Caucase d'occident. Dans l'intérieur, entre les chaînes de l'Anti-Caucase, la vraie manne du ciel est encore plus rare qu'à Bakou; Iélizavetpol ne reçoit que 209 millimètres, et Aralikh, au pied de l'Ararat, 152, sécheresse saharienne. On conçoit que dans un air tellement aride la zone des neiges d'indéfinie durée commence fort haut sur le mont; aussi, malgré l'incomparablement plus grande humidité des versants d'entre Darial et mer Noire, la ligne de persévérance est-elle en moyenne bien plus élevée [1] à flanc de chaîne dans l'ensemble du Caucase que dans les Pyrénées, la montagne d'Europe qui, sous les mêmes latitudes, rappelle le mieux la sierra fendue par le Térek.

Avec l'Elbrouz et le Kazbek, les pointes les plus hautes et les plus belles du Caucase sont le Kochtan-taou (5211 mètres), le Dikh-taou (5158 mètres), l'Ouchba (5027 mètres), terminé par deux pics d'une indescriptible beauté, et le Tetnould, semblable à la Vierge ou Jungfrau.

Au midi du Caucase, des massifs qu'on a nommés l'Anti-Caucase vont se nouer aux mailles montagneuses d'Arménie, de Perse, d'Asie Mineure. On y distingue l'Aboul (3541 mètres), ancien volcan qui règne sur un lugubre plateau, près de la Koura,

[1] De 600 mètres

perdue dans les laves; l'Ala-Göz (4190 mètres), autre volcan mort, jadis grand vomisseur, entre des affluents de l'Araxe; et, plus grand que tous, l'Ararat (5172 mètres), volcan vivant, au sud de l'Araxe, tout au bout de la Caucasie : mais la Caucasie n'a pas fini de grandir.

Le Rion. La Koura et l'Araxe. — Le Caucase occidental dépêche à la mer Noire, ici très profonde [1], d'abord les courts torrents de l'Abkhazie, puis l'Ingour, le Rion, le Tchoroukh.

Les torrents de l'Abkhazie tombent à la mer, plutôt qu'ils n'y coulent, tant l'abrupte sierra, pleine de neige, fouettée de pluie, est proche de la très opulente rive marine, de doux climat, mais trop mouillée et fiévreuse.

L'Ingour tire beaucoup d'eau de sa montagne, glaciers et névés vers la cime et, au-dessous, profonde forêt sous un ciel chargé de nues; des cirques d'en-haut il passe à la vallée d'en-bas par 80 kilomètres de défilés terribles, larges de 5 à 10 mètres seulement entre les roches sombres, les granits, les schistes, avec arbres penchés à 200, 400 mètres sur la noire horreur du précipice.

Le Rion, jadis Phase, dans la Mingrélie, jadis Colchide, est un grand Ingour qui naît en des champs de glace immenses, rugit dans des gorges, puis se tait dans des plaines palustres et finit par un delta, près du port de Poti dont ses alluvions encombrent de plus en plus les abords. Il tombe tant de pluie tiède et libre, et, sous forme de neige, tant de pluie froide et cristallisée dans son bassin, qu'à l'issue de moins de 1 600 000 hectares, il amène à la mer 500 mètres cubes par seconde, on prétend même 967 (?).

Le Tchoroukh vaut presque le Rion, parce que le Lazistan, son beau pays, vaut presque la Mingrélie par l'excessive humidité des montagnes; il s'achève deltaïquement près de Batoum, port meilleur que Poti.

Ingour, Rion, Tchoroukh, font leur voyage en terre géorgienne; la Koura, plus longue, et tournée vers l'horizon d'orient, est géorgienne aussi dans son cours supérieur, puis turque jusqu'à la Caspienne; son grand affluent, l'Araxe, d'abord arménien, devient également turc : il s'agit ici de la langue parlée sur le bord de ces rivières, et non du peuple qui y domine politiquement.

La rivière que les Géorgiens nomment, durement, dans leur langue dure, Mtkvari, la Koura, prend ses sources en Anti-Caucase, dans le pays de

[1] Jusqu'à 5600 mètres.

Défilé du Darial. — Dessin de Blanchard, d'après une photographie.

Kars, à 3109 mètres au-dessus des mers. Elle se tord dans les entrailles du plateau volcanique où commande l'Aboul, puis s'abaisse de 165 mètres par un escalier de rapides et de sauts. Des glaces du Caucase elle reçoit plus d'eau que de ses montagnes natales ; sauf les très hautes croupes et crêtes, son bassin, air et sol, est d'une telle sécheresse, tant de canaux lui prennent son onde et celle de ses affluents que, même unie à l'Araxe, aussi grand qu'elle, la Koura ne porte pas plus de 194 mètres cubes par seconde en temps d'étiage, et 676 dans la moyenne de l'année, probablement moins que le Rion dont la conque est dix fois plus petite : pourtant elle écoule un terrible hérissement montagneux avec des pics égaux ou supérieurs au Mont-Blanc. Quoique flot impur, entre jaune et rouge, la Koura n'a pas assez de puissance pour diminuer rapidement le lac Caspien : en trente-trois ans[1] elle n'a gagné sur lui que 13 500 hectares, et en moyenne 400 par an.

Jadis elle marchait seule à la mer, sans l'Araxe alors indépendant, et qui, dit-on, tend à le redevenir en se portant à droite. Celui-ci, fils des plateaux arméniens, a ses sources sur le Bingöldagh ou mont des Mille fonts ; comme la Koura, de noirs défilés l'étranglent ; rivière haïkane[2] par excellence, il passe au pied de l'Ararat, mont par excellence haïkane ; et, plus bas, dans le pays d'Ordoubad, il descend de quelque 400 mètres, de chute en chute. Il s'unit à la Koura dans les aridissimes steppes de Mougan, campagne fauve, teigneuse, jaunoyante et poudroyante, que l'irrigation ferait fleurir. Un de ses affluents de gauche, la Zanga, rivière d'Erivan, lui conduit pendant l'estivale fusion des neiges le tribut du Gok-Tchaï, ce qui veut dire en turc l'Eau bleue. Ce lac de 157 000 hectares, de 110 mètres de profondeur, le Sévanga des Arméniens, n'a pas d'écoulement pendant les mois froids de l'année — mois tristes encore plus que glacés à cette altitude de 1932 mètres, entre les porphyres, les laves, le gris, le rouge et le noir, sans pelouses pour la vêture des roches, sans forêt pour les mélodies du vent ; le vert manque à l'harmonie de l'Eau bleue.

Climat. — Cet azur du Sévanga reflétant un azur avec de blanches neiges serait une coupe merveilleuse si les bois et les gazons attendrissaient sa grandeur, mais le Gok-Tchaï dort sous le ciel le plus sec de l'Anti-Caucase. Quelle fraîcheur, quelle douceur, quel éternel renouveau des choses implorer d'un pareil climat ? Non loin du lac, et à 1000 mètres plus bas, l'abominable Érivan a des froids de — 33° pour glacer la vie, des chaleurs de +45° pour la dessécher, et pas de pluie pour la rajeunir. Excepté sur le versant du Pont-Euxin, lequel est fort humide, les climats transcaucasiens ressemblent tous à celui d'Érivan ; même il en est de plus glacés, de plus brûlants, de plus altérés, de plus fauves.

Peuples et langues. — Dans le Caucase plus de 150 pics dépassent 3000 mètres ; si Pline a dit vrai, on y comptait de son temps presque autant de tribus, de langues et de dialectes dans la seule Colchide : à Dioscurias, il fallait, prétend-il, cent trente interprètes. Encore aujourd'hui le Caucase est un campement de peuples, une Babel de langues. Rien que dans le Daghestan, trente idiomes se partagent 500 000 hommes, et sur les trente il en est un qui ne vibre que dans les vingt-huit chaumières du hameau d'Innoukh ; mais pour être juste ces trente langages ne sont pas tous inconciliables ; beaucoup, simples dialectes, rentrent les uns dans les autres, si bien que la triple dizaine se résume en cinq verbes « incommensurables » ou censés tels. A combien se réduisaient les 130 idiomes de la Colchide d'après Pline, ou les 70 que Strabon donne au Caucase, voire les 300 dont on lui faisait généreusement l'octroi ?

Pourquoi tant de tribus, tant de clans, tant de langues ? Parce que le grand mont Caucase, entre deux mers, entre deux mondes, entre deux routes des nations, fut toujours l'asile des peuples vaincus, brisés dans la plaine et les plateaux dont magnifiquement il surgit.

Les Tcherkesses. Place aux Slaves ! — Tous ces débris se heurtèrent sans se pénétrer, chacun trouvant dans quelque cirque, sur quelque crête, un saint des saints difficilement violé, sauf enfin et pour toujours par le Russe, qui vient d'user deux siècles à la conquête de la montagne, puis l'a vidée en quelques années de ses plus vaillants défenseurs. 500 000 hommes, des Tcherkesses ou Circassiens, les plus superbes, dit-on, de la race mortelle, et des Abkhazes, beaux aussi sans l'être autant, ont fui les sommets paternels : les Abkhazes au midi de la chaîne ; les Tcherkesses au nord, entre la mer Noire et la cime argentée de l'Elbrouz, dans le bassin de l'Adour du Caucase, le Kouban, lequel fleuve entre Mont et Landes, verse en moyenne

---
1. 1829-1862.
2. C'est-à-dire arménienne.

1126 mètres par seconde, à la fois au Pont-Euxin et à la mer d'Azof, à la sortie d'un delta de 675 000 hectares.

Ces fiers batailleurs portaient comme les Albanais tout un arsenal à la ceinture; brigands et détrousseurs, ils vendaient volontiers leurs belles filles aux grands seigneurs et aux riches bourgeois de l'Orient; ils avaient pour le Russe la haine du vaincu contre le vainqueur, du volé contre le voleur, du musulman contre le chrétien. Fuyants ou chassés, ils sont allés se perdre, à partir de 1864, sur les terres du Grand Sultan, partout où le Turc a bien voulu les parquer pour renforcer l'élément osmanli (comme en Asie Mineure) ou disloquer l'élément chrétien (comme en Bulgarie). Et ils sont morts par centaines de milliers peut-être,

Bazar tcherkesse. — Dessin de A. Ferdinandus, d'après une photographie.

odieux à leurs voisins, traités par eux avec la dureté du montagnard qui fut un homme de guerre et de vendetta : le Russe leur a pris terres, prés, détournements de torrents, et, paisible en ces vallées où il fut deux cents ans sur le qui-vive, il chante sa chanson slave devant leurs cimetières abandonnés. Rien qu'en une seule année 54 000 colons, Grands-Russiens ou Petits-Russiens, y ont remplacé des exilés et des morts. La Slavie est une mer, et nous n'avons pas encore vu ses vagues reculer.

Au centre et à l'orient de la chaîne, les Russes ont moins exterminé les Ciscaucasiens : il y a toujours des Tcherkesses Kabardes sur le haut du Térek, grand affluent de la Caspienne, fleuve de près ou de plus de 1000 mètres de portée inestimable pour l'irrigation des steppes de son ressort. A côté de ces Kabardes, race magnifique, habitent des Osses ou Iron, race laide. Le Daghestan garde aussi ses peuples : les 200 000 Tetchènes qui, sous Chamil, résistaient encore aux armées du tsar blanc quand-les Circassiens, à peine plus beaux qu'eux, avaient déjà couvert de mourants tous les chemins de leur douloureux exode; et, à l'est des Tetchènes, les Lezghiens, qu'on estime à 500 000, en clans nombreux, d'idiomes divers.

Géorgiens. — Gens de la Kakhétie, Imériens, Mingréliens, Svanes ou Souanèthes, Lazes, tous les Géorgiens ont la beauté des Caucasiens les plus beaux. Ils vivent sur Koura d'en-haut, Ingour, Rion, Tchoroukh, et dans l'Asie turque jusqu'au

Souanèthes. — Dessin de Pranishnikoff, d'après une photographie.

delà de « l'impériale » Trébizonde. Ces Grousiens, comme les Russes les appellent, ne sont point entrés de force dans l'empire Slave; la crainte et la haine de l'infidèle, du Turc ou du Persan, les poussèrent dans les bras du géant, et en 1799 le roi des Géorgiens légua son peuple à l'empereur des Russes, que depuis lors la noblesse du pays sert avec fidélité dans les camps. A la faveur de la paix, qu'auparavant ils ne connaissaient guère, ces hommes ont fort augmenté. Ils n'en sont pas moins entamés par l'Europe et l'Arménie : l'Europe sème leur pays de Cosaques et de colons russes, voire même de Wurtembergeois qui, nous dit-on, passent rapidement de la grossièreté souabe à la finesse orientale; l'Arménie leur envoie des Arméniens, qui sont les Juifs du Caucase, banquiers, usuriers, hommes d'affaires prompts à ruiner leur emprunteur jusqu'au dernier quatrin; et peu à peu les terres des Grousiens, celles des nobles comme celles du peuple, passent dans les mains de ces prêteurs sur gages. « Aryens » ou non, les Géorgiens, frères possibles ou probables des Tcherkesses et des Lezghiens, sont restés chrétiens pendant que leurs parents de sang « antique », tous mélanges

Le Tchefte, minaret à Erzeroum. — Dessin de Th. Deyrolle, d'après nature.

prémodernes et modernes à part, devenaient, à dates diverses, mahométans tièdes, puis fanatiques. Dans leur langue, qui est très rude, ils se nomment les Kartvel : brisé aujourd'hui en dialectes qu'essaye de ressaisir le vieil idiome des poètes et théologiens du temps de la floraison, le géorgien ne se rapporte, semble-t-il, qu'à lui-même; ni « aryen », ni turco-mongol, ni sémitique, c'est peut-être tout ce qui reste d'un langage jadis au loin répandu, comme notre breton, ou le celtique des Gallois, et la dernière épave d'un grand vaisseau qui crut sans doute avoir pour devise et destin : *Fluctuat nec mergitur!*

Turcs. — Dévorés comme les Géorgiens par l'usure arménienne, les Turcs et Tartares de la Caucasie habitent la moyenne et la basse Koura, le moyen et le bas Araxe. Ils ont ici, non moins que partout ailleurs, des vertus rares en Orient et sur l'orbe entier des terres, bonté, simplicité, honnêteté; et la tolérance, quoique bons musulmans. Assez polyglottes, ils parlent un turc de franc métal, presque sans alliage, et tantôt l'arabe, tantôt le russe, tantôt le persan : celui-ci langue maternelle de leurs voisins, dans les monts de Lenkoran, lesquels, riverains de la Caspienne, se lèvent à la frontière de Perse.

Arméniens. — Au sud des Géorgiens et des Turcs, dans le bassin de la Koura, plus encore

Le rivage à Trébizonde. — Dessin de Th. Deyrolle, d'après nature.

dans celui de l'Araxe, les Arméniens se donnent eux-mêmes le nom d'Ilaï, d'Haïkanes, et ils appellent Hayasdan leur pays, qui comprend aussi des terres extra-caucasiennes, en Turquie d'Asie les monts du lac Van et la région des branches mères de l'Euphrate, et, en Perse, de petits cantons. Mais de ces deux contrées, de chez le Turc sunnite comme de chez le Persan chiite, ils ont tendance à se masser en remontant vers le nord sur le domaine russe et chrétien où l'on prétend que leur sentiment national, longtemps endormi, s'éveille peu à peu. On les évalue diversement à 3, à 4 millions, dispersés très au loin dans l'Asie et dans l'Europe, en Turquie, en Hongrie, en Russie : il y en a 200 000 dans la seule Stamboul.

Il est sage sans doute de ne pas les élever beaucoup au-dessus de 2 millions d'hommes, dont 1 800 000 pour le gros bloc de la nation tout autour de l'Ararat, le reste pour les épars, généralement dénationalisés quant à la langue, mais non

Soldats géorgiens. — Dessin de E. Burnand d'après une photographie.

quant à la religion, car ils tiennent infiniment à leur secte du christianisme. Par cette fidélité sans traîtrise à leurs vieux rites, à leurs vieilles prières, ils ressemblent aux Juifs; et non moins que les enfants de l' « Ancienne Alliance », ils sont commerçants dans l'âme, usuriers sans vergogne, embusqués dans les bourgs pour détrousser également le Turc, le Tartare, le Géorgien, même le Russe.

Partout où les Arméniens n'ont pas fini par passer aux langues qui les pressent, notamment au turc à Constantinople, en nombre d'endroits de l'Asie antérieure, ils parlent un très antique idiome, parent des nôtres, et surtout du zende (qui est l'iranien d'autrefois). Hérissé de consonnes, dur parmi les durs, mais puissant, plastique, capable de pousser très loin l'alliance des racines en mots composés, l'arménien a subi quelques accrocs depuis les milliers d'années qu'il touche aux langages sémitiques et aux altaïques; mais le temps a moins changé le verbe que la race des Haï, qui s'est repétrie de mille éléments dans l'obscur conflit des races de l'Orient mouvant, dit immuable.

Jeune Arménienne.
Dessin de Th. Deyrolle, d'après nature.

Population. Villes. — On pense que ce peuple de marchands contribue pour 800 000 à la population de la Caucasie, les Géorgiens pour plus de 1 200 000, les Turcs pour 1 400 000, les Russes pour bientôt 1 800 000. Ces derniers n'étaient que 840 000 en 1858, en face de 1 400 000 Lezghiens et autres montagnards aujourd'hui réduits à un million. Il y a 120 000 Persans.

6 500 000 hab. sur 47 millions d'hectares, dont 22 millions et demi pour le versant du Nord, ce n'est qu'un homme sur 7 hectares. La Caucasie fut beaucoup plus animée, on croit même pouvoir déduire d'une sorte de recensement qu'elle avait 16 millions d'âmes à l'entrée du treizième siècle. Et certes elle nourrira facilement autant de Caucasiens qu'au moyen âge quand on aura discipliné toutes ses eaux pour mouiller les champs du Steppe et des vallées.

La capitale, Tiflis[1], à 367 mètres au-dessus des mers, en terre géorgienne, sur la Koura qui bruit dans un pertuis de roches, a 105 000 hab., population la plus bigarrée du monde : et avant tout près de 40 000 Arméniens, moins de 25 000 Géorgiens, plus de 20 000 Russes.

Loin des Géorgiens, chez lesquels les bourgades entourent de vieilles églises byzantines du style le plus pur, le chef-lieu de l'Arménie russe, Érivan (12 500 hab.), sur la Zanga, qui rayonne en canaux arrosants, était une ville de langue turque lorsqu'en ce siècle-ci la Russie la ravit aux Persans. Fiévreuse, triste, avec l'Ararat grandiose à son horizon, elle a près d'elle le grand couvent d'Etchmiadzin, centre religieux de la nation des Arméniens, à la fois une et divisée.

Sur le plateau qui forme la Koura, Kars (10 000 hab.), récemment conquise, menace les hautes plaines de l'Anatolie, la conque de l'Euphrate et du Tigre; le Russe y forge les chaînes de l'Asie antérieure. A 1850 mètres d'altitude, cette ville a pour socle de noirâtres basaltes.

1. En réalité Tphilis, c'est-à-dire la chaude : de ses sources thermales, ou de son ardent climat dans un défilé de schistes nus.

Le mont Ararat. — Dessin de Taylor, d'après Khodzsko, gravure communiquée par le Club Alpin.

ASIE MINEURE OU TURQUIE D'ASIE

Nom. Étendue. — Quand le mot Asie s'étendit du pays de Sardes, plus tard d'Éphèse, aujourd'hui de Smyrne, aux régions voisines, puis à tout le continent, on créa l'expression d'Asie Mineure ou d'Asie plus petite, pour l'opposer au grand bloc de contrées qu'on ne connaissait pas toutes, même de nom : Perse, Arabie, l'Indus, le Gange, et, par delà ces fleuves fameux, des plages fabuleuses dont on ignorait les peuples et les rois.

On eût pu l'appeler aussi bien l'Asie Grecque un peu avant notre ère et quelques siècles après. Les Hellènes peuplèrent de leurs colonies ou attirèrent à leur langue des pays allophones, notamment deux terres sémitiques, la Syrie, et la Judée où les livres sacrés de la « Nouvelle Alliance » furent écrits en grec, tandis que ceux de l' « Ancienne Alliance » l'avaient été en hébreu. Delà l'Euphrate et les monts, leur influence rayonna même jusque vers la Bactriane, où un roi grec « embellit mille cités » dans un royaume fondé par des vétérans d'Alexandre; là Mère des cités, Bactres l'iranienne, eut ses écoles grecques, foyers d'art et de science, et aussi ses parloirs de rhétorique avec leurs sots, leurs grammairiens et leurs pédants. Mais la « poussée des peuples » jeta les barbares touraniens contre les villes brillantes des Hellènes et de leurs assimilés; et maintenant les Turcs règnent politiquement sur l'Asie Mineure, en même temps qu'ils forment le fond de la paysannerie sur les hauts plateaux : d'où le nom légitime de Turquie d'Asie.

L'Asie turque renferme environ 190 millions d'hectares avec 16 350 000 habitants, nombre fort hypothétique. En en retranchant les territoires conquis récemment sur l'Arabie, il reste pour l'Asie Mineure près de 125 millions d'hectares et plus de 15 millions d'âmes, en trois régions naturelles : plateau de l'Anatolie, conque de l'Euphrate et du Tigre, Syrie.

Arménie et Anatolie. Ararat et Taurus. —
Le plateau de l'Asie Mineure se noue à celui de l'Arménie avec lequel il forme une seule et même région de climat violent ; une ligne menée du fond du golfe d'Iskandéroun ou Alexandrette au lac Ourmia borne assez bien ce haut pays du côté du sud.

Tout à l'est, aux limites mêmes de la Turquie d'Europe, à la borne de trois puissances, entre le Turc, le Russe, le Persan, trône l'Ararat, isolé, noir parce qu'il est fait de laves, blanc parce qu'il porte des glaciers et qu'il monte à 800 mètres dans la zone des neiges éternelles. Pourtant il donne peu d'onde aux vallées qui lui sont soumises ; la cendre volcanique, la scorie, les éboulis, les porosités, les fissures aspirent ses eaux. Vont-elles invisiblement au nord, à l'Araxe, très proche voisin du mont ?

Haut de 5172 mètres, il commande à tout l'Anti-Caucase, massif ainsi nommé parce qu'il fait face au Mont Caucase, parallèlement à lui, par-dessus les vallées du fleuve Rion et du fleuve Koura. Pour trouver plus grand que lui, il faut aller à 440 kilomètres en ligne droite au nord-ouest, jusqu'à l'Elbrouz qui contemple la mer Noire et les bas steppes de Russie ; ou à 850 kilomètres au sud-est, jusqu'au Démavend qui voit la mer Caspienne et les hauts steppes de l'Iran. C'est donc un maître de l'espace ; c'est la « Mère du monde », disent les Arméniens, qui l'appellent Masis et le révèrent comme une montagne sainte. Noé, racontent-ils, y descendit de l'arche quand diminuèrent les eaux du déluge, il planta la vigne au pied du mont, il fonda près de là Nakhitchévan, il s'approvisionna de sel au rocher de Koulpi, voisin de l'Araxe, et l'un des plus prodigieux blocs salins qu'il y ait sur terre. Prenant au mot ces traditions, et tant d'autres, les Persans ont donné à l'Ararat le nom de Mont de Noé, Koh-i-Nouh.

Elle a de la grandeur, la contrée qui se ploie et reploie à l'occident du titan de l'Araxe, grandeur morne sous un climat âpre. L'Arménie a perdu, ou peut-être n'eut jamais les forêts immenses qu'il lui faudrait pour amollir son ciel froid et sec, pour draper ses croupes, ses rocs trapus, ses pics, ses flancs gris, ses aridités ternes ; au mont y succède le mont, et la tristesse à la tristesse. Les ruisseaux et torrents que lui font les sierras,

l'hiver, les fontes de neige, l'orage tonnant, coulent souvent entre des bords sans ombrages ; mais, de 3000 mètres à 2000, 1800, 1500, du haut des cimes au socle du plateau, ils s'écroulent en cascades, et, d'une eau claire, ils reflètent les cieux. Comme ils sont sans nombre, ils s'unissent en fortes rivières ; le Chatt-el-Arab, issu du mariage du Tigre et de l'Euphrate, roule en partie des flots arméniens ; or, c'est un des grands fleuves de l'Asie.

Vers les sources de l'Euphrate se dressent, moins fières qu'on ne croirait à cause de l'élévation de leur piédestal, des montagnes de plus de trois mille mètres : au sud d'Erzeroum, le Bingöl (3752 mètres) est le premier réservoir de l'Araxe ; sur sa cime, conte la légende arménienne, il porte le Paradis perdu par nos premiers pères et le lac de la Vie Immortelle, lac où n'ont bu que les hommes de la Fable, lac caché comme la fontaine de Jouvence : qui puise à ses eaux est vainqueur de la mort.

Parmi ces monts de l'Arménie supérieure, plus d'un rappelle par des fumerolles qu'il lança des flammes, et tout ce pays n'est que laves, basaltes, trachytes, cheires, cratères vides ou enchâssant un profond lac immobile, sources chaudes, gorges entre roches dont la couleur rouge et noire garde quelques reflets de l'antique incendie ; c'est une plus grande et plus haute Auvergne avec tremblements de terre et vieux volcans, tels que le Tandourek (3565 mètres) et le Sipan (3600 mètres), que son isolement grandit.

Dans l'Anatolie, des monts s'enlacent ou s'écartent confusément, avec des noms divers, la plupart turcs, d'autres persans ou kourdes, d'autres jadis grecs et à cette heure tordus et corrompus, d'autres enfin venus des langues disparues de ce sol de tout temps foulé par les peuples. Les anciens les appelaient Taurus et Anti-Taurus, noms que tout engage à leur conserver : on aurait ainsi dans ce coin de l'Asie le Liban et l'Anti-Liban, le Caucase et l'Anti-Caucase, le Taurus et l'Anti-Taurus. Le pic culminant du Taurus est l'Erdchich, l'Argée des Hellènes, au-dessus du plateau de Kaïsarieh, jadis Césarée, à peu près au centre de l'Anatolie ; sa hauteur de 4000 mètres, intermédiaire entre Alpes et Pyrénées, comporte, sous ce climat, des neiges que n'illuminent plus de jets de flamme depuis que s'éteignirent les fournaises de ce volcan. L'Hassan-Dagh (2900 mètres), le Metdesid (3477 mètres), voisin de la mer de Chypre, et nombre d'autres monts à laves ont également cessé de vomir leurs entrailles. L'altitude du socle enlève à ces pics beaucoup de leur grandeur, les plateaux anatoliens ayant 900 à 1500 mètres de surrection, avec une moyenne de 1000. Ainsi l'Argée perd 1200 mètres de sa taille.

Les chaînons du Taurus, tant les calcaires que les volcaniques, ont quelques versants sylvestres[1] avec des panthères, des tigres quelquefois, rarement des lions. Les hautes plaines, fermées à la pluie sans laquelle toute vie avorte, fuient en steppes altérés, d'un climat sans bénignité, comme tous ceux que régit à de grandes hauteurs le vent pénétrant, froid, furieux, brusque, inclément des monts chargés de neiges; et quand cessent les rafales, si le soleil darde, sa lourde chaleur écrase. Toute rivière qui n'a pas pour berceau des monts

Monts du Kourdistan : vue prise du village de Gharzen. — Dessin de J. Laurens, d'après nature.

dispensateurs de frimas y traîne languissamment des eaux lourdes.

Des *tchaï*, des *sou*[2] du plateau, les uns finissent dans quelque lagune fermée; les autres, arrivés sur le rebord, descendent véhémentement vers la mer Noire, la Méditerranée ou l'Euphrate. Ainsi vont au Pont-Euxin le Tchorouk, maintenant russe par son val inférieur et son embouchure près de Batoum; l'Yéchil-Irmak ou Fleuve Vert, jadis Iris, qui finit par un grand delta; le Kizil-Irmak ou Fleuve Rouge, l'antique Halys, onde un peu saumâtre, comme le dit le nom grec, et qui de la source à l'embouchure fait cinq fois le chemin de sa ligne droite; le Sakaria, vieux Sankarios, moins long que le Kizil-Irmak, mais roulant plus d'eau, bien que par la dessiccation de l'Anatolie il ait cessé de recevoir une foule de lacs doux devenus salés depuis qu'arrêtés dans leur

1. Boisés surtout de pins et de cèdres.
2. Mots turcs : eau, rivière.

bas-fond ils se concentrent, faute d'épanchement, et n'étant plus éternellement renouvelés. De ces bassins amers, le plus vaste a nom Touz Göl, ce qui veut justement dire, en turc, lac du Sel; grand de 100 000 hectares au moins, plus minéralisé que la mer Morte elle-même, à peine s'il cache en été sa vase amère sous deux mètres de flots lourds, immobiles.

A la mer Égée, et plus au sud à la Méditerranée, accourent des fleuves puissants en alluvions, bien que brefs de longueur, petits de bassins, faibles de volume. Le Ghediz, qui fut l'Hermos, menace de fermer le port de Smyrne en cousant par sa boue le rivage nord au rivage sud de la baie. Le Kutchuk Mendéreh ou Petit Méandre se nomma le Kaïstros; le Bouyouk Mendéreh ou Grand Méandre tire peut-être par seconde 200 mètres cubes en moyenne de son bassin de 2 390 000 hectares où il parcourt 390 kilomètres; son cours est sinueux, pas assez pour que ce fleuve ait vraiment mérité de donner son nom aux anneaux des rivières, aux courants bouclés revenant perpétuellement sur eux-mêmes: ayant en 2300 ans comblé 32 500 hectares de mer dans l'orgueilleux golfe de Milet, il a fait de ces eaux où ramèrent tant de bateaux portant des fondateurs de colonies vers toute rive de la Méditerranée, un marais toujours grandissant, fétide générateur des fièvres; et la « mère des cités », Milet, n'est plus.

Puis vient l'Ak-Sou (Rivière Blanche), vieux Kestros, qui sans doute reçoit par des corridors dans la sous-roche le tribut du grand, du bien lac d'Egherdir (900 mètres d'altitude) : en tout cas les eaux de ce bassin ne sont pas salées, bien que sans émissaire apparent; ainsi en est-il d'une autre vaste conque, au sud-est, le Beïcher ou lac de Kéréli, à 1151 mètres, et de plusieurs autres dont l'onde s'enfuit par des douden ou trous et fentes dans l'obscurité du monde intérieur. Le Keupro-Sou (Rivière du Pont) porta le nom d'Eurymédon, pleinement sonore; le Manavgat, celui de Mélas; le Gök-Sou (Rivière Verte), celui de Kalykadnos; le Tarsoustchaï ou Rivière de Tarse était le froid Kydnos, né de belles fontaines du roc, à l'ombre des cèdres géants, des grands chênes et du dôme touffu des platanes. Le Seïhoun aux cluses formidables, méridionalement belles, harmonieuses, lumineuses jusque dans leurs abîmes, était le fleuve Saros, qui roule 250 mètres cubes par seconde, tribut de 2 240 000 hectares, au bout d'un cours de 450 kilomètres. Le Djihoun, dont les défilés valent ceux du Seïhoun, est l'antique Pyramos; plus sec que son rival et voisin, il ne donne à la seconde que 95 mètres cubes, pour un cours égal dans un bassin supérieur (2 415 000 hectares); tous deux ont singulièrement diminué le grandissime golfe de Cilicie [1] : « Un jour viendra, proclamait l'oracle, où le Pyrame aux flots argentés atteindra les bords sacrés de Chypre ».

Parmi les lacs de l'Asie antérieure le lac de Van, le Tosp des Arméniens, l'emporte en grandeur autant qu'en beauté. Par 1625 mètres d'altitude, au pied de l'Hassan-Dagh, il couvre 369 000 hectares, et toute la neige de ses monts ne fond pas en été; ses eaux salées, avec potasse et carbonate de soude, n'ont pas d'écoulement visible. S'il s'en va par des couloirs cachés, sans doute vers quelque tributaire du haut Tigre, ces katavothra, ces avens, ne lui soutirent pas autant de flots que lui en apportent les torrents; car il s'accroît, soit par l'oblitération des bétoires, soit parce qu'il tombe plus d'eau sur l'Arménie — plateau qui reçoit environ 500 millimètres de pluie par an; et c'est beaucoup pour une Asie qui n'est ni l'Inde, ni l'Indo-Chine, ni la Chine ou le Japon, ni les îles. Déjà le lac menace Erdchich, il s'approche de Van (30 000 hab.), cité d'une antiquité noire au pied d'une roche énorme.

Climat. — Quand, de ces hautes plaines, on descend avec les tchaï et les sou vers le Pont-Euxin, la Méditerranée ou la conque d'Euphrate, tout change brusquement avec le dernier détour des défilés de percée. On a fui, comme fait le torrent de rapide en rapide, ces plateaux où vers Erzéroum (dont la moyenne n'atteint pas 6°,5), les hameaux enfouis dans la terre n'ont au-dessus du sol que les toits de leurs chaumières effacées par la neige de l'hiver. Si l'on marche vers le septentrion, vers la mer Noire, on entre alors dans un climat d'une moyenne de 14 degrés, sur un littoral humide et doux, sauf les vents du Nord envoyés par le grand Steppe russe; on est au milieu d'admirables vergers, *agatch deniz* [2], comme disent les Turcs : l'Europe autrefois en reçut, nous dit-on, plus d'un arbre fruitier.

En descendant vers la Méditerranée, on marche au-devant du tiède, du clair, du bleu : le tiède dans l'air, le clair dans le ciel, le bleu dans la mer; et sur les collines le fauve ou l'éclatant des roches et le gris pâle de l'olivier, car c'est ici le

---

1. Nommé le plus souvent golfe d'Alexandrette.
2. Mer d'arbres.

climat méditerranéen, cher à Minerve dont l'arbre prospère également du Bétis au Méandre. Smyrne, exemple de ces beaux lieux, a pour moyenne annuelle 18°,7; elle voit pourtant quelquefois des neiges dans ses jardins de roses, et le palmier ne livre sa palme au vent que beaucoup plus au sud, à partir de « l'apocalyptique » Patmos, petite île vis-à-vis de la bouche du Mendéreh. Plus loin, sur la côte méridionale de Lycie et Cilicie, le climat devient franchement chaud, voire brûlant, presque égyptien, avec une moyenne annuelle de 21 degrés.

En descendant vers la conque de l'Euphrate, on marche au-devant de la nature sèche, implacablement, cruellement lumineuse, et lorsqu'on y arrive, si près qu'on soit de l'Arménie, si loin qu'on

Lac et forteresse de Van. (Voy. p. 314.) — Dessin de J. Laurens, d'après nature.

soit de l'Arabie, on pénètre dans un « Arabistan » véritable où le ciel, la terre, l'homme sont arabes ou tendent à l'arabe.

En somme, quelle que soit la splendeur des glorieux vallons où s'éveilla le génie grec, l'Asie Mineure a trois ennemis : le ciel brusque, souvent inclément, l'air sec, avare de pluie, le sol fiévreux.

Turcs, Grecs, Arméniens, Kourdes. — On pense que le plateau de la Turquie d'Asie entretient une dizaine de millions d'hommes ou un peu plus, partagés entre les Turcs, peuple prépondérant, les Arméniens, les Grecs, les Kourdes et des nations moindres.

Les Turcs ou Osmanlis, au nombre de 7 millions — mais au fait qui les a comptés? — habitent surtout les hautes plaines de l'intérieur, sédentaires, demi-nomades ou tout à fait errants sous le nom de Yuruks, en centaines de tribus qu'abrite la tente de poil de chèvre. A côté d'eux, on comprend sous leur nom divers Musulmans qui n'ont rien d'osmanli : des Bosniaques et Bulgares, des Géorgiens et Circassiens, des Albanais en grand nombre, et même des milliers de Nègres. Les Turcs, qu'on dit bornés, qu'on sait courageux, laborieux, bons pour les hommes, doux pour les animaux, véridiques, gagnent du côté de l'orient, sur les Arméniens et autres petits peuples, peut-être sur les Kourdes ; mais à l'ouest, vers la Méditerranée, ils diminuent visiblement malgré leur force osseuse, leur vie de laboureur ou de pasteur : ils sont accablés d'impôts, pillés par les fonctionnaires, et seuls ils fournissent des soldats à l'armée du Sultan magnanime ; chez eux l'infanticide débarrasse les femmes coupables, les familles pauvres ; enfin dans la lutte de chaque jour contre l'usurier, le boutiquier, l'homme d'argent ou l'homme d'affaires, — presque toujours Grec, — ils sont vaincus cent fois sur cent.

Ils s'en vont parce qu'ils sont meilleurs.

Puis, ils étudient peu leur langue, ils ne la fortifient pas incessamment par des chants et des livres, ils ne l'éveillent pas du sommeil qu'elle dort avec l'arabe et le persan, les deux idiomes auxquels le turc a tellement emprunté ; tandis que leurs voisins les Grecs, fiers de leur langage, multiplient les écoles jusque dans les moindres bourgades.

Les Osmanlis disparaissent donc de mainte vallée où jadis ils étaient presque seuls ; leurs champs vont aux chrétiens, leurs villes deviennent des hameaux, leurs hameaux des ruines de cabanes, et ces cabanes un nom qui s'efface. Dans tel bourg osmanli jadis il ne reste plus un Turc pour passer, triste comme un survivant, résigné comme un fataliste, devant le champ des morts, abandonné lui aussi, qui fut le compagnon funèbre de la cité désormais grecque où l'on invoquait Allah.

C'est surtout dans la partie antérieure de la péninsule, sur le versant où coulent le Bakyr, le Ghediz, le Petit et le Grand Méandre, le Gherénis et le Kodjaï, que les Grecs gagnent avec rapidité sur leurs vieux ennemis les Turcs. Ils n'y sont encore que 400 000 sur quelque chose comme 1 500 000 hommes, dont 600 000 Turcs purs et 300 000 Yuruks nomades, mais chaque heure les augmente et diminue leurs rivaux et maîtres. On peut prévoir une ère où ces fleuves courront en terre hellénique comme au temps où on les appelait Kaïkos, Hermos, Kaïstros, Meandros, Indos, Xanthos : celui-ci semblable au Hoang-ho, quant au nom, qui signifie « le jaune ». Tant sur ces fleuves que dans les îles de la côte et le reste de la Chersonèse, il y a bien un million d'Hellènes en Asie Mineure et peut-être que l'avenir, presque sombre en Europe pour les héritiers d'Agamemnon, chef des chefs, leur réserve de beaux jours dans l'Asie antérieure. De même la destinée pourra sourire enfin, sur les plaines les plus élevées de l'Anti-Caucase, aux 800 000 Arméniens qui cultivent et trafiquent au long de l'Euphrate supérieur, dans la contrée natale de l'Araxe et aux entours du lac de Van, déjà maîtres du négoce, de la finance, et, de plus en plus, du sol dont ils s'emparent par des prêts usuraires.

Au midi de ce lac de Van les Kourdes peuplent de fières montagnes dominant les plateaux de l'Asie Mineure, ceux de l'Iran, et, de très haut, comme du ciel, la Mésopotamie où s'unissent Euphrate et Tigre, celui-ci le plus fort des deux, grâce précisément aux torrents que le Kourdistan lui lance. Dans leurs Alpes, ces gens de proie, ces pillards endurcis, race énergique, obéissent aussi mal à la Turquie qu'à la Perse, et leur principale joie fut toujours de dévaliser les hommes du plateau comme de la plaine, dans les deux empires dont ils sont censés dépendre, au nord-ouest celui du sublime Sultan, au sud-est celui du Chah sublime. Bergers ou laboureurs, et volontiers condottières, pratiquant un islamisme sunnite grossier[1], ils usent d'une très dure langue iranienne, mâtinée, il est vrai, d'arabe et de syriaque ; mais ces deux derniers éléments, entrés après coup, ne touchent point au fond de l'idiome kourde : ce langage est aryen au même titre que les Kourdes, cousins des Persans, sont des Aryens, d'ailleurs mêlés de tout temps aux Turcs, aux Arméniens, aux Arabes, à tout principe de race qui vécut ou passa dans l'Iran et l'Asie antérieure. Monticoles, la stérilité n'oserait frapper à la porte de leurs chaumières, et toujours, de leurs froids hameaux descendent des familles qui vont se fixer sur les steppes iraniens, dans l'Anatolie, sur le cours moyen du Kizil-Irmak, dans le Taurus, dans la Syrie du Nord, dans la Mésopotamie septentrionale ; ne gardant pas toujours leur langue, ils diminuent au profit des Osmanlis et des Iraniens. En tout, il y en a bien 2 millions dans l'Asie, dont 500 000 en Perse, même sans les Louris, leurs frères de langue, et les Bakhtiaris, qu'on croit leurs frères de race.

---

1. Un tiers d'entre eux tout au plus se rattache au chiisme persan.

Chef kourde. — Dessin de Th. Deyrolle, d'après nature.

Iles Grecques. — Ainsi quatre nations ont leur part du Plateau, mais il n'y a guère que des Grecs dans les îles, Métélin, Chio, Samo, Rhodes, Chypre et bien d'autres plus petites, jadis tant gracieuses, lorsqu'elles donnaient au monde charmé des poètes, des artistes, des savants, en même temps que des hommes de « bagout » et des chevaliers d'industrie.

Métélin ou Mytilini, la Midillu des Turcs, fut Lesbos, célèbre par ses voluptés, mais quelle île grecque n'était pas voluptueuse ? Grande de 160 000 hectares, avec 45 000 hab., elle commande le golfe de Smyrne, vis-à-vis du rivage où florissaient Phocée, qui fonda Marseille, et, plus loin dans les terres, la royale Pergame. Son Olympe monte à 839 mètres.

Chio, la Sakys turque, a 100 000 hectares et comptait 60 000 âmes avant le tremblement de terre qui vient d'écraser sa ville et ses bourgades ; 5000 Osmanlis y contemplaient les travaux, les affaires de 55 000 Grecs, et cependant la guerre de l'Indépendance n'avait pas laissé un seul Hellène à Chio, le Turc ayant tué ou traîné en esclavage tous les chrétiens de l'île. Sur ses rocs chauves d'où s'élance à plus de 1500 mètres le Saint-Élie, c'est-à-dire en réalité le mont du Soleil qu'on rencontre dans tant d'îles grecques, des vignes croissent, inondées de chaleur, de lumière, et de ces vignes coule un muscat délicieux. Les Chiotes, marins, jadis pirates, ont le génie du commerce : « Il faut deux Juifs pour un Grec, deux Grecs pour un Chiote. »

Dans **Samo**, à 2000 mètres du littoral où brillait Éphèse, il y a 40 000 hommes sur 46 800 hectares, autour du Kerki, montagne de 1750 mètres menant jusqu'au printemps la neige du premier hiver. Officiellement elle a rang de « principauté tributaire ». C'est une pépinière de Grecs, et déjà Samo a donné 15 000 Samiens au littoral de l'Asie antérieure.

Rhodes, au « beau temps des Grecs », garda pendant plusieurs olympiades la prépondérance sur mer ou, pour parler plus juste, en Méditerranée orientale. Au moyen âge, elle s'illustra par les combats de ses chevaliers de Saint-Jean de Jérusalem contre les Turcs, alors tout-puissants : la résistance, acharnée comme l'attaque, dura cent douze ans, jusqu'en 1552. Dans ce duel à mort l'Europe avait pour champions des « Latins ». Mais comme alors elle était moins divisée qu'aujourd'hui contre elle-même, qu'en face des mécréants elle n'avait qu'un cœur et qu'une âme, elle faisait des vœux passionnés pour le triomphe des chevaliers français, espagnols, italiens, qui étaient son avant-garde à Rhodes. Ces jours sanglants revivent dans les écussons de la fameuse rue des Chevaliers, à Rhodes, place d'armes de ces héros cuirassés de fer. L'île, grande de 115 000 hectares, a 27 000 hab., menacés d'être écrasés sous les ruines de leurs demeures, comme aux tremblements de terre de 1851 et de 1863. L'Altairo (1240 mètres), qui domine les plus nombreux de ses courts vallons, n'a pas la haute majesté du Taurus de Lycie qu'on voit à travers flot, de Rhodes, capitale, et des ports de la côte d'orient, s'élancer d'un bond à 3000-3200 mètres dans les airs.

Chypre, l'île aux Cornes, jadis ainsi nommée de ses longs promontoires, eut-elle jamais 3 millions d'âmes sous les Grecs ? En ce cas, des plus douteux, il lui en resterait le douzième ou le treizième, sous les Anglais, après les Romains, les Byzantins, les Français, les Templiers, les Vénitiens, les Turcs. Un recensement récent ne lui accorde que 236 000 Cypriotes, sur 960 000 hectares, sol dégradé, roches nues, fiévreux vallons.

Mais si la terre qui donna son nom au cuivre et au cyprès, si l'île de Vénus avec ses temples de Paphos, d'Idalie, d'Amathonte, a perdu ses bosquets dans la plaine, elle garde encore des bois de pins sur son Olympe ou Troodos de 2010 mètres, blanc de frimas jusqu'en été.

Son ami, c'est son soleil qui mûrit des vins fameux : tel le cru de la Commanderie, et, comme dit Béranger, « le vin de Chypre a créé tous les dieux ».

Son ennemi, c'est aussi le soleil, sous ce 35e degré, avec de longues saisons sans pluie et quelquefois la terrible mandibule des sauterelles. Mais la forêt, souveraine réparatrice, pourrait y sauver la montagne, y rafraîchir les vallées, surtout la grande plaine, la Messaria[1] désarbrée, laide, brûlée, maussade.

Le fleuve de la Messaria, le plus long de l'île, le Pédias, passe à Nicosie ou Levkosia (20 000 hab.), la capitale, et va se perdre en mer au nord de Famagouste, ruine de la puissance vénitienne : il a plus de 100 mètres de large, mais il y a peu d'onde, et souvent pas une seule goutte en son lit de sable. L'île est pauvre en belle eau courante, mais

1. Le vrai nom, Mésorèa, veut dire : entre monts.

grâce à une couche imperméable sous des roches poreuses, les sources y sont fortes; celles de Kytheka et celles de Chytréa font de leur vallon un paradis de grands orangers, de citronniers, d'oliviers superbes, de mûriers. Ces eaux, le vulgaire les croit venues en siphon, par-dessous la mer, des monts d'Asie qui font vis-à-vis à Chypre, et il se peut que le vulgaire ait raison quoique la mer ait ici plus de 300 mètres de fond et que la Cilicie soit à plus de 100 kilomètres.

Chypre, terre grecque, a maintenant les Anglais pour maîtres. Incapables de coloniser en Orient, les rouges insulaires n'en endommageront pas la nationalité.

Villes. — L'Asie Mineure n'a pas de capitale; elle obéit à une ville qui non seulement n'appartient pas à l'Asie antérieure, mais ne dépend pas de la partie du monde : il faut dire que, séparée de l'Asie par un bras de mer plus étroit que maint fleuve, cette métropole, Constantinople, est asiatique aussi par ses faubourgs de la rive gauche du Bosphore réunis sous le nom de Scutari ou d'Uskudar. Il y a bien 100 000 hommes dans cette Stamboul d'Anatolie d'où la Stamboul de Roumélie brille comme la cité des merveilles. Les bons Osmanlis de la ville du sultan aiment à choisir les six pieds de leur repos sous les cyprès de son immense champ des morts : est-ce piété filiale, vénération pour la terre d'Asie dont ils vinrent, où ils vont retourner après quatre cents ans des guerres les plus farouches et les plus vaines de l'histoire?

A une centaine de kilomètres au midi d'Uskudar, Brousse (35 000 hab.) parlait avec orgueil de ses 365 mosquées, quand, en 1865, un tremblement de terre y renversa les maisons de la prière et celles du travail — car Brousse a ses industries. Elle s'étend à 305 mètres d'altitude, au pied d'un mont noblement régulier, vêtu de forêts, avec neiges au front, l'Olympe (2500 mètres), granits et gneiss ruisselant de sources. Elle fut la capitale des Turcs jusqu'en 1360, où Murad Ier fit d'Andrinople sa résidence, et tant qu'elle resta la métropole des Osmanlis, alors dans toute la gloire de leur jeunesse, elle s'emplit de palais, de mosquées; elle reçut des poètes, des légistes, des savants, des professeurs, des « hommes du Livre » ou théologiens du Coran; elle vit naître la littérature turque, et l'idiome des Ottomans s'accroître par de larges emprunts à l'arabe et au persan.

Cinq fois grande comme Brousse, Smyrne, Ismir des Turcs, a 180 000 hab., dont 120 000 Grecs, 40 000 Turcs, et nombre de cosmopolites grâce auxquels la langue française est très répandue. Par ce nombre d'hommes, par son commerce qui en fait le principal centre d'échanges entre l'Europe et le Levant, Smyrne est et restera longtemps la première ville de ce rivage. Son golfe est profondément enfoncé dans les terres, au nord de la rive où régna l'élégante Éphèse, où trafiqua Milet, mère de près de quatre-vingts colonies grecques, et bien au sud du littoral où le Kas-Dagh (1752 mètres), jadis l'Ida, regarde les champs où fut Troie.

Ces trois villes majeures sont à la côte ou près de la côte. Vient ensuite Kaïsarieh, cité de 60 000 âmes, à 1093 mètres d'altitude, au pied de l'Argée, près d'un court affluent du Kizil-Irmak; elle vivait, elle végète sur l'un de ces plateaux de l'intérieur où s'agitèrent tant de races, — les nations d'avant l'histoire dont nous balbutions à peine les noms parés à la grecque, puis les Sémites, les Touraniens de toute horde, les Iraniens, les Arméniens, les Grecs, les Celtes même : car nous eûmes ici des arrière-grands-oncles, les Galates ou Gaulois[1] dont la langue dura cinq ou six siècles sur les plaines d'Ancyre. Ancyre aujourd'hui c'est Angora (40 000 hab.), ville à 1080 mètres d'altitude, célèbre par ses animaux à long poil. — Erzeroum (20 000 hab.), la Garem des Arméniens, près de l'Euphrate occidental, l'une des deux branches mères du fleuve, est à 1960 mètres au-dessus des mers, plus haut que le culmen de notre Auvergne : aussi l'hiver y descend-il à —25°, tandis que par de longues, d'atroces chaleurs, l'été peut atteindre +44°.

Pays de l'Euphrate : Mésopotamie. — En quittant le plateau de l'Asie Mineure, l'Euphrate entre dans une large contrée basse, qui est en même temps celle du Tigre, dans la conque de Mésopotamie, grande comme la France avec 5 à 6 millions d'âmes.

Ce fut la terre glorieuse, orgueilleuse, des palais énormes, des statues colossales, des gigantesques citadelles de briques, des canaux sans nombre, des villes « où six vingt mille enfants ne savaient pas discerner leur main droite de leur main gauche », Assour, Nimroud, Ninive, Babylone, Séleucie, Ctésiphon, et plus tard la Bagdad d'Haroun-al-Rachid et des grands Califes. Il lui reste

---
1. C'est en l'an 278 avant Jésus-Christ qu'ils passèrent en Asie.

des ruines, et des ruines de ruines, des hiéroglyphes sur la brique, des sables et du sol maudit partout où les canaux ne coulent plus, des marais là où ils ont crevé, des Arabes, des Turcs, des Persans qui ne sont plus les Iraniens d'autrefois, purs adorateurs du feu, des Kourdes grossiers dans le mont, des Bédouins pillards dans la plaine, des fellahs sans amour pour la terre : à quoi bon, sous ce brûlant soleil babylonien, suer sa vie durant pour enrichir les fermiers généraux de la Sublime Porte?

Cette région est nettement limitée : au nord elle a l'Anti-Taurus, l'Anti-Caucase ; à l'est, les Alpes du Kourdistan, que les Grecs nommaient Monts Neigeux ; à l'ouest, ses arènes incandescentes, ses hammadas ou plateaux de roche dure vont se heurter aux djébels de la Syrie ; au sud elle confond ses

L'Euphrate : butte de Babil, d'après un dessin inédit de Felix Thomas.

sables avec les sables ardents d'Arabie ; au sud-est le delta de son fleuve meurt sur le golfe Persique. Trop garée des vents de mer au nord, à l'occident, à l'orient, elle s'étale au soleil du Midi.

Euphrate et Tigre, Chatt-el-Arab. — Au penchant du Doumli, dans les porphyres et les trachytes, par 2570 mètres, l'Euphrate sort d'une très froide source dont parle souvent la légende arménienne. Sous le nom turc de Kara-sou, l'Eau Noire, ou Brune, et sous celui de Fourat[1], il serpente sur le plateau d'Erzéroum, lac écoulé dont il reste des marais ; puis il bruit en défilés qui sont d'une grandeur presque incomparable devant la ville d'Eghin. Il court ainsi vers un autre Euphrate, plus long et plus abondant que lui, le Mourad, né près de Bayézid dans une chaîne de 3518 mètres, et qui, tortueux, a passé au nord du lac de Van.

1. D'où notre nom d'Euphrate.

Ayant réuni ses deux branches, le fleuve entreprend de percer le Taurus par des étranglements de 150 kilomètres de long, de 550 mètres d'enfoncement, ce qui est exactement la profondeur du cagnon du Tarn : large, suivant les passes, de plusieurs centaines de mètres à 30 mètres seulement, il descend par trois cents rapides, chutes, bouilles et rebouilles, dans la plaine de Mésopotamie que les Arabes appellent el-Djézireh, « l'île », entre Euphrate et Tigre, et que, mieux encore, les vieux Chaldéens nommaient Aram Néharaïn ou Syrie des Deux Fleuves. Il y roule, échappé de la geôle, sur une pente qui le mènerait à la Méditerranée par Alep ; à Biredjik il n'est plus qu'à 155 kilomètres de cette mer, mais sa rive droite frôle des sables de désert qu'il renonce à vaincre, et il

Ruines de Palmyre : portique de la colonnade. — Dessin de Ph. Benoist, d'après une photographie.

se décide à crouler vers le sud-est, ayant au nord-est une terre de fécondité riche de deux Nils au lieu d'un, et au sud-est une immensité vide, arènes et hammadas ou plateaux calcinés du soleil qui près de là tombe, lourd, éternel, sur la pulvérulente Arabie : dans une des oasis de ce Sahara de l'Asie antérieure, Palmyre dresse encore des colonnes, jadis temples et palais, dans la solitude splendide.

Entre les palmiers, autour des îles, sous un éclairement lumineux, il coule en dormants, en bouillants, diminué par les gigantesques norias ou roues à godets qui le puisent et les canaux qui l'épuisent : l'un de ces canaux, l'Hindiah, lui prend quasi la moitié de son flot pour le mener au Nedjef, lac-marais, onde salée de 100 kilomètres de long sur 30 à 50 de large. Ce Nedjef ne rend pas à l'Euphrate toute la rivière qu'il lui a ravie, car une bonne part va se perdre indépendamment dans le golfe Persique sans passer par le Chatt-el-Arab. Et, sur les deux rives, de vastes marais soutirent le fleuve de Babylone : cause maîtresse de l'infériorité de l'Euphrate lorsqu'il rencontre le Tigre.

Il lui vient bien, par sa droite, une vallée presque aussi longue que la sienne, arrivée de la sainte Médine par l'Arabie du Nord, mais la rivière de cette vallée, l'Oued-er-Roumman, ne coule pas. Comment le ferait-elle, ayant pour dôme la voûte cruellement, fatalement sereine que le soleil embrase tout le jour et dont on compte la nuit tous les astres? L'Oued-er-Roumman, long de 2000 kilomètres, ne verse pas, visiblement du moins, à l'Euphrate autant d'eau que chez nous, dans la prairie, entre les marguerites et les boutons d'or, l'humble fontaine au ruisseau qui passe.

Le Tigre, très rapide, « fait autant de chemin en un jour qu'un bon marcheur en sept », et il tirerait son nom d'un vieux mot persan qui voulait dire flèche. Là où il naît, la montagne, point élevée, domine de 400 mètres la cluse tordue où passe en grondant, comme étouffé dans la profondeur, un fleuve qui a déjà couru pendant 500 ou 600 kilomètres, et ce fleuve est justement l'Euphrate, inférieur en onde au Tigre malgré cet excès de longueur; même il ne roule pas la moitié des eaux de son « jumeau », s'il est bien vrai que l'Euphrate arrive au rendez-vous de Korna avec 2065 (?) mètres cubes seulement par seconde, le Tigre avec 4656 (?) : en tout cas, à l' « assemblée » des deux rivières, l'Euphrate n'a que 125 mètres de large, tandis que le Tigre, plus profond, agite ses eaux jaunes entre des rives éloignées d'au moins 200 mètres.

Le Tigre a deux branches mères : le Didjlé ou Tigre occidental et le Botan ou Tigre oriental, celui-ci le moindre des deux. À peine les a-t-il réunies qu'il s'enfonce, jà puissant, dans de longues gorges, parmi les calcaires, parmi les basaltes; il baigne Diarbékir, puis Mossoul, et reçoit par sa rive gauche les vastes torrents des monts Kourdes, ces généreux pourvoyeurs de neige qui se dressent, grands de 4000 à 4500 mètres, entre l'Iran et la Mésopotamie, entre la terre haute qui nourrissait Cyrus quand la terre basse avait déjà dévoré Nimroud et Sémiramis : c'est ainsi qu'il boit le Grand Zab, témoin de la bataille d'Arbelles, le Petit Zab, le Djala. La grande ville étalée sur sa rive est Bagdad; Khorsabad, Koïoundjouk, Nimroud, ruines de pierres, sont ses cités mortes. Sur l'Euphrate, près d'Hilleh, s'effondre ce qui reste de Babylone : ici ce sont des ruines de briques, car la « Porte de Dieu », Babil, en pays d'alluvion, loin des rochers, bâtissait pour une immortalité plus courte que Ninive et ses sœurs assyriennes, en briques, en pisé, en mortier d'asphalte; et Babylone n'est plus qu'un décombre, un nom, un néant, tandis qu'à son voisinage Kerbella brille encore dans sa gloire. Cette ville sacrée des musulmans chiites, ennemis cordiaux des musulmans sunnites, recevait récemment chaque année jusqu'à 120 000 pèlerins fiers d'avoir traversé des grands plateaux, des Alpes, des torrents sans nombre, deux fleuves, et des plaines qui sont une étuve, pour venir murmurer une prière devant le tombeau d'Husséin, fils d'Ali, petit-fils de Mahomet. Telle est la sacro-sainteté du sol où saigna ce martyr que les Chiites, si loin qu'ils demeurent, même au bout de l'Inde, ont pour vœu suprême de lui confier leurs dépouilles; des caravanes fétides, semant parfois la peste autour d'elles, mènent à Kerbella des cadavres, et, à défaut du magma que nous devenons tous, les os déterrés de ceux qui souhaitèrent en mourant de reposer en paix près d'Husséin.

Quand les deux fleuves arrivent en face l'un de l'autre, après avoir communiqué par des branches d'union, d'abord de l'Euphrate au Tigre, puis du Tigre à l'Euphrate, ils ne se ressemblent point : l'Euphrate, clarifié par les marais, est moins louche et plus indolent que le Tigre.

Il fut un temps, très lointain, où ils allaient par deux voies différentes au sépulcre commun des fleuves. Ils y vont ensemble aujourd'hui par le Chatt-el-Arab[1], courant de 6696 (?) mètres cubes de moyenne porté par seconde ayant 500 mètres de largeur, 6 à 10 de profondeur.

Le Chatt-el-Arab[1] passe à une lieue de Bassora, cité déchue, et se termine en delta sur le golfe Persique après avoir longé sur sa rive droite ou turque (la gauche étant persane) une des plus vastes forêts de palmiers du monde : l'arbre svelte s'y compte par nombreuses dizaines de millions, sur 60 kilomètres de front, avec 5 à 10 de recul.

Le fleuve des Arabes est un grand charroyeur de débris. Il a déjà comblé de grands recoins du golfe Persique, rattachant ainsi les quatre fleuves, indépendants jadis, qui se nomment Tigre, Euphrate, Kerkha et Kharoun; en trois mille ans, sa boue et ses roseaux se sont avancés de 150 kilomètres sur la mer — soit une moyenne de 50 mètres par an.

Il absorbe Kerkha et Kharoun, descendus des

1. C'est-à-dire : le fleuve des Arabes.

monts du Louristan et du Khoûzistan, qui relient les Alpes du Kourdistan aux montagnes du Farsistan ou Perse propre et séparent la conque de l'Euphrate, étendue à leurs pieds, du plateau d'Iran porté sur leurs épaules. Ce sont là deux belles rivières. Le Kharoun n'a qu'une entrevue avec le Chatt-el-Arab, à Mohamméra, par un canal qui laisse au fleuve quelque peu de l'onde kharounienne, puis il va se réunir au golfe Persique par une embouchure à lui.

De la source de l'Euphrate à la fin du Chatt-el-Arab il y a, détours en compte, près de 2500 kilomètres, et le bassin dépasse toute la France de 20 à 25 millions d'hectares quand on y ajoute un grand tiers pour les oueds éteints d'Arabie.

Ctésiphon : arc de Chosroès. (Voy. p. 324.) — Dessin de Taylor, d'après une photographie.

Peuples et villes. — Nous ne savons ce qu'il reste encore du sang des peuples qui élevèrent ici leurs fameux empires, peuples qui se flattaient d'une immortelle durée, tandis que leurs hommes d'État se croyaient sages parce qu'ils étaient heureux, et justes parce qu'ils étaient forts. Mais cette sagesse et cette justice n'eurent qu'un temps. Ninive même fut détruite ; son sol de décombres nous a rendu, par delà deux à trois mille années, des tronçons d'énormes édifices, des statues, des bas-reliefs d'un calme et d'une barbarie grandioses. L'éclatante Babylone dont le monarque « fut pesé dans la balance et fut trouvé léger », s'éclipsa devant l'astre naissant de la Perse ; de gloire du monde, elle devint ville de province, et après avoir vu mourir Alexandre, elle disparut d'entre ses murs de 24 kilomètres de côté renfermant 57 600 hectares, plus de sept Paris.

Ces puissantes nations, on en a certitude, étaient, au moins en grande partie, de langue sémitique.

Elles allaient s'hellénisant quand le monde changea de cours : après les arts grecs, l'Aram Néharaïn reçut les armées romaines, puis vinrent Parthes, Persans, Arabes, Mongols, Turcs, tous gens de peu de clémence, qui, massacrant à bras las, et de force ou de gré passant à travers les familles, troublèrent dans sa pureté la source du sang chaldéen. Dans le Kourdistan, fait de hautes montagnes, les Assyriens ont sûrement laissé beaucoup d'eux-mêmes; en plaine le sang arabe domine de toute évidence, à côté du persan et à côté du turc. Près de Harran des villages parlent encore l'antique syriaque, idiome dont se servent aussi, mais sans le comprendre, et seulement dans leurs rites, 200 000 Nestoriens qu'on prétend rattacher aux dix tribus exilées d'Israël. Dans le pays de Mossoul, près du Tigre, habitent les Yézides, Kourdes adorant le Diable : « Pourquoi, disent-ils, implorer le Dieu bon? Celui qu'il faut fléchir, c'est le Mauvais, c'est Satan! » Leur ville sainte, patrie de leur prophète, lieu de leur pèlerinage, se nomme Lalekh. Ils sont en tout 50 000 au plus, et fort dispersés.

Il n'y a pas 2 500 000 hommes dans la conque d'Euphrate et Tigre, plateau d'Arménie et monts du Kourdistan à part : dans la plaine, presque tout ce monde parle l'arabe, et dans la montagne règne le kourde.

La grande ville du bassin borde le Tigre, près du site de Séleucie et des ruines de Ctésiphon, qui se regardent d'un bord à l'autre de la rivière ; — Séleucie où résidèrent avant d'habiter Antioche les somptueux rois de Syrie, maîtres de fait ou de nom depuis le Bosphore jusqu'à l'Indus; Ctésiphon, capitale des Parthes, avec le plus beau des portails persans, débris d'un palais de Chosroès. — Cette ville, Bagdad, fut cinq cents ans le siège des Califes, la tête de l'empire Arabe, la reine des lettres et des arts, la scène des contes merveilleux des « Mille et une nuits ». Comment, a-t-on dit, 2 millions d'âmes? Elle n'en a que 80 000, Arabes, Iraniens, Hébreux, trafiquant avec la Turquie, l'Arabie, la Perse, le Turkestan, l'Inde. Officiellement on la nomme la Maison de la Paix, Dar es-Salam ; c'est plutôt la Maison de la Peste.

Mossoul (50 000 hab.) borde le Tigre, tout près du plateau qui porta Ninive : elle est à 20 kilomètres au sud-ouest de Khorsabad, palais dont les murs avaient 100 pieds de haut, 75 d'épaisseur; elle est à 50 kilomètres au nord de Nimroud, qui fut sous le nom de Calach la capitale anténinivite de l'empire des Assyriens.

Diarbékir (40 000 hab.) est également sur le Tigre, à 686 mètres d'altitude, en pays de langue turque, mais à portée des Arméniens, des Kourdes et des Arabes.

Syrie : Liban, Anti-Liban. — Entre la Méditerranée et le désert de Palmyre, la Syrie allonge, du nord au sud, des monts fameux, Liban et Anti-Liban, séparés par la dépression profonde que les anciens avaient nommée Cœlé-Syrie ou Syrie Creuse et qu'aujourd'hui les Syriens nomment El-Bekaa ou le Val aux Mûriers : en moyenne ce bas-fond est à 1000 mètres au-dessus des mers, entre des montagnes de 2000, de 2500, de 3000 mètres et plus.

Le Liban paraît tirer son nom du mot hébreu *laban*, être blanc comme lait : sans doute à cause de ses dômes couverts de frimas qui ne sont point éternels, puisque son plus haut sommet, le Timaroun (3210 mètres), ne garde pas tout l'été le manteau neigeux de l'hiver. A 2240 mètres d'altitude, la magnifique forêt de cèdres du Liban, jadis la plus célèbre des hauts bosquets de l'Orient, n'a guère que 400 arbres, dont cinq seulement gigantesques, qu'on ne sait comment garantir contre l'imprudence des pâtres, l'avidité des bûcherons, l'étourderie des passants : arbres noueux, tordus, vénérables, cassés de vieillesse.

Grès, basalte, et surtout calcaire et craie, le Liban suit la Méditerranée, tantôt de très près, tantôt à 25, 50, 40 kilomètres, et il lui envoie une foule de torrents dont les fureurs ont peu de durée, dont les cascades se taisent presque toute l'année faute d'eau ; il y a quelques petits crocodiles dans le bas de deux de ces nahr [1]. Près du littoral, de splendides jets de source donnaient à boire aux grandes villes phéniciennes ; ils abreuvent maintenant les troupeaux, ils arrosent des oasis, ils mettent des moulins en branle, quelquefois ils ne font qu'égayer la solitude. Dans la haute montagne les petites « vaucluses » non plus ne sont pas rares, au pied de la roche à vif prodigieusement haute : ainsi sort de la pierre le Nahr-Ibrahim, antique Adonis ; ainsi encore le Nahr-el-Kelb, qui se nomma Lykos, et les pures fontaines du Nahr-Kasimiyeh, le vieux Léontès.

Le calcaire Anti-Liban, riche en peupliers, borde la mer des sables, comme le Liban la mer des eaux ; son Grand-Hermon, l'un des djebels les moins nus de Syrie, monte à 2827 mètres. C'est lui, chaîne fièrement déchiquetée, qui envoie de

[1]. *Nahr* veut dire fleuve, en arabe.

Juifs de Babylonie. — Dessin de A. de Neuville, d'après une photographie.

si belles eaux à Damas, lui qui filtre éternellement les pluies, les neiges d'où le Jourdain tire le flot brillant de ses premières fontaines; il marque avec grandeur, au nord, le bout du pays juif dont la fin méridionale est à la mer Morte. Au sud de celle-ci, en terre d'Égypte, mais dans une presqu'île rattachée à la Judée par les souvenirs d'une même histoire, au nord de la mer Rouge, entre les golfes de Suez et d'Akabah, le granitique et très beau Sinaï se dresse en pics imposants, Serbal aux sept pointes, mont de Moïse, mont Horeb, mont Sainte-Catherine (2250 à 2399 mètres); à ses pieds des ravins sans eau s'ouvrent sur le désert ou sur les deux golfes.

Jourdain, mer Morte. — Le fleuve de Syrie est l'Oronte, le fleuve de la Palestine est le Jourdain.

Le faible Oronte reflue en lacs qui sont tout au plus des marais néfastes; il passe par les ruines de la triste Antioche et sépare de l'Anti-Taurus le Liban, ou plutôt les monts des Ansarieh, roches crayeuses qui continuent le Liban vers le nord. Antioche (22 000 hab.) fut la troisième ville du monde, et en ses beaux jours ne s'inclina que devant Rome et Alexandrie.

Le Jourdain, long d'à peine 150 kilomètres, a pour vallée une fente de la Terre qui s'achève dans la plus profonde des dépressions connues. Sa source mère, très puissante, une vraie Sorgues, s'échappe du basalte à Tell-el-Kadi, au pied d'un grand frêne et d'un grand hêtre, à 165 mètres d'altitude, en un clair torrent de 10 mètres de large : c'est la fontaine de Dan, où commençait la patrie juive qui, dit la Bible, va de Dan à Béerséba. Deux fois moindre est la seconde source, la font de Banias, fuyant du calcaire; et trois fois plus faible l'Hasbani, long ruisseau roulant des eaux louches quand il rencontre le Jourdain des fontaines.

En hébreu, *yardan* veut dire : qui descend; et en effet le Jourdain coule rapidement. A son premier lac, le Houleh, précédé d'un marais à papyrus, il n'est déjà qu'à 2 mètres au-dessus des mers : ce lac, appelé par la Bible les Eaux de Mérom, peut avoir 6 kilomètres de long et autant de large quand la saison sèche l'a diminué. La seconde nappe jordanienne a 17 500 hectares; elle porta divers noms, lac de Tibériade, lac de Génézareth, mer de Galilée, mer de Kinnereth : c'est maintenant le Bahr-Tabarieh des Arabes, qui miroite à 208 mètres en contre-bas des océans avec 250 mètres d'extrême profondeur. L'étagement des couches régulières de cailloux qui dominent son eau à 24 degrés donne à penser que cette Méditerranée minuscule, quelque peu saumâtre, jadis plus vaste, plus haute, communiqua peut-être avec la grande Méditerranée par la plaine d'Esdraëlon : celle-ci est une opulente alluvion où le Kison s'égare avant d'aller se perdre en mer au pied des fiers promontoires du Carmel.

Le Jourdain ressort du Bahr-Tabarieh avec 25 à 30 mètres de largeur; puis il serpente entre roseaux et tamarisques, paisible sauf un ou deux rapides; il est au fond du Ghor, vallée déserte, encaissée, profonde, qui brave les vents, qui recueille tous les rayons du soleil syrien, les concentre et les multiplie si bien que la moyenne annuelle y atteint 24 degrés, contre 17 seulement à Jérusalem. Aussi cette vallée forme-t-elle une petite zone tropicale au sein de la tempérée; des plantes, des poissons, des oiseaux, lui sont communs avec la torride Afrique.

Le Cheriat-el-Kébir ou Grand Abreuvoir — c'est le nom que les Arabes donnent au Jourdain — boit de belles sources, et des crues régulières ajoutent à sa portée moyenne, diversement évaluée entre 30 et 69 mètres cubes par seconde. Il pourrait donc arroser le Ghor, en faire un long jardin; mais les Juifs ne surent ou ne voulurent le distribuer en canaux, et les fellahs ne savent ou ne peuvent. A l'ouest, il longe les montagnes d'Israël d'où lui viennent des ruisseaux courts. A l'est s'étend la Transjordanie que coupent de longs torrents dont les flots rares sont fils des orages et non des fontaines; leur indigence est grande en temps sec, et souvent ils ne coulent point; mais le pays est superbe, en grands horizons, et il a de puissantes ruines romaines d'une architecture pure. Le plus fort de ces oueds, l'antique Hieromax, descend du Djebel Haouran (1833 mètres), volcans éteints continués par les cratères du Safa, qui épanchèrent des océans de laves : il n'en sort plus ni cendres, ni vapeurs, ni feu, ni fusions couleur de braise, mais la roche fluide qui en partit ne s'est point délitée, ou bien peu, dans cet air désertique, sec et conservateur; nulle sylve, nul sol, nulle herbe ne cache l'enfer figé du rouge ou fuligineux Safa.

Le Jourdain tombe dans la mer Morte, lac en diminution, grand encore de 92 600 hectares, que sépare de la mer Rouge un seuil de 180 kilomètres de longueur, de 632 mètres d'altitude au-dessus du lac israélite, de 240 seulement au-dessus du golfe Arabique. Bahr-Lout ou mer de Loth des Arabes, cette nappe prolonge exactement du nord au sud le val du Jourdain sur 75 kilomètres avec 10 à 15 de largeur. Le miroir de ses eaux lourdes luit à 186 mètres au-dessous du Tabarieh, et, par conséquent, à 392 plus bas que les océans. A l'occident, le rebord déchiré de la Judée crayeuse et calcaire, que grimpe le sentier montant à Jérusalem, dérobe à sa rive de ponent la fin du soleil de l'après-midi. Blanche est cette montagne, tandis qu'à l'orient la chaîne du Moab se lève, d'un profil tranquille, rouge-noirâtre ou sanglante, faite qu'elle est de basaltes et de porphyres disposés en longues lignes solennelles : l'une de ses cimes, peu libre parce que la crête n'a pas de pitons élancés, le Nébo, regarde ce pays de la désolation lumineuse qui dut sembler vide autant que grand à Moïse, lorsque de sa plus haute roche il contempla pour la première et la dernière fois les horizons de la Terre Promise.

On a compté fable sur fable à son propos, on a gémi sur son horreur, sur la hideur de ce qui l'entoure, l'eau, l'air, les rives, les monts.

Ses eaux, creuses de 300 à 399 mètres dans le bassin septentrional, y ont une moyenne de 330, ce qui est presque exactement la profondeur maxima du lac de Genève; mais le bassin méridional couvre à peine son lit de 2, 3, 4 mètres de flots.

Papyrus du lac de Tibériade. (Voy. p. 526.) — Dessin de P. Langlois, d'après une photographie.

Neuf raies qui en font tout le tour, à hauteurs diverses, et toutes parallèles, montrent par leurs coquilles marines qu'elles furent d'anciens rivages, à d'anciens niveaux : la plus élevée de ces lignes étant juste au zéro qui marque le sommet des mers, on en doit conclure qu'il y eut un temps où lac de Tibériade, val du Jourdain, plaine d'Esdraélon, mer Morte, étaient un seul et même grand golfe de Méditerranée.

Les eaux de la mer Morte renferment du sel à presque saturation et des substances ennemies de la vie, entre autres le bitume : d'où le nom de lac Asphaltite donné souvent à la petite mer juive. Nulle plante n'y croît, pas un poisson n'y vit.

Des monts déchirés de la Judée et de Moab les oueds inclinent vers elle, à très forte pente, des ravins sans eau, des escaliers de roches. Sous un tel soleil, le long de ces traînées de pierre, à la racine de ces djebels altérés, les rivages du lac consternent par leur aridité fauve, mais la moindre fontaine y crée son oasis.

Sans s'écarter beaucoup de ses flots déserts, dans l'ancien royaume de Judée, autrefois « découlant de lait et de miel », bien des gorges où la rose de Saron et le muguet des vallées ont cessé de fleurir, sont aussi sèches que les bords de la mer Maudite; le sol qui donne l'épi, le figuier, l'olivier, la vigne, y recouvre aussi peu la carcasse des rocs; la montagne du royaume d'Israël a mieux gardé son antique abondance; quant à la Syrie, elle n'a point perdu les fontaines, les ruisseaux coulant du Liban, que chanta Salomon, si ce sultan sage fut bien le poète du Cantique des Cantiques.

Peuples et villes. — La Syrie fut habitée par des tribus sémitiques d'origine, ou au moins de langage. Au temps de Jésus-Christ on la voit sur le chemin de l'hellénisation. Depuis lors les invasions y ont tout brouillé en une foule où les religions sont diverses, les races mêlées, mais où l'arabe se parle seul, hormis dans quelques bourgades jargonnant le syriaque. Les mahométans dominent dans la plaine. Dans le Liban septentrional, surtout au versant d'occident, vivent 200 000 Maronites, catholiques murmurant dans leurs cérémonies un antique langage qu'ils ne comprennent plus; ces montagnards, Français de cœur, ont notre langue pour idiome civilisé; de leurs rochers ils ont fait des jardins. Les 120 000 Druzes, race énergique, peuplent le Liban méridional, et de plus

Le château de Karak. (Voy. p. 329 et 330.) — Dessin de Taylor, d'après une photographie.

en plus, à grande émigration, le demi-désert des monts Haouran; comme les Maronites, qu'ils égorgent à l'occasion, ils descendent probablement des anciens Syriens; ils semblent se distinguer des autres Libaniens par un corps plus osseux, et il y a chez eux plus d'yeux bleus et de cheveux blonds ou roux. Ni musulmans, ni chrétiens, méprisant les uns et les autres, c'est un « peuple fermé »; il ne cherche pas de femmes au dehors, il ne recrute pas autour de lui des disciples pour la religion qu'il tient d'un prophète spécial.

Qui dirait que ce pays où il y a si peu de chrétiens, si peu d'Européens, si peu d'hommes pensant autrement qu'en arabe, est peut-être la terre qui coûta le plus de sang chrétien à l'Europe, celle qu'elle souhaita le plus passionnément, où elle jeta le plus d'armées, où elle usa le plus d'enthousiasme et de foi? La conquête de l'Amérique lui prit moins de marins, de capitaines, d'aventuriers, d'apôtres bardés de fer. De l'immense effort des Croisades, il ne reste rien de visible sur le sol syrien, excepté des aires féodales : ni fils authentiques des familles nobles qui y plantèrent des donjons; ni villes peuplées des arrière-neveux de ces Pouillans qui furent, eux et leurs femmes, les seuls « colons » de la Terre Sainte; ni le français des chevaliers, ni l'italien des émigrants de la Pouille.

Les châteaux que bâtirent alors nos pères sur la crête des monts, sur la roche des collines, au-dessus du col des défilés, portaient de beaux noms français, dans notre souple et forte langue du moyen âge, encore adolescente et propre aux mots composés : Beaufort, Blanchegarde, Châtelblanc, Château-Pèlerin, Châteauneuf, Montréal, Pierre-du-Désert. Il y en avait dans les quatre grandes

Jérusalem : église du Saint-Sépulcre. — Dessin de Théroud, d'après une photographie.

baronnies chrétiennes, Antioche, Tripoli, Jérusalem, Édesse; chez les Ansarieh, dans le Liban, dans les monts d'Israël, sur les pierres de Juda; entre la mer et les eaux sacrées du fleuve que Josué franchit à pied sec; entre ce fleuve et le désert euphratique, dans la seigneurie brûlée d'Outre-Jourdain, faite de basaltes, de rocs, de sables, de vallons rarement désaltérés par l'orage et jamais par les sources. De ces manoirs, plusieurs sont ruinés, quelques-uns debout, semblables à des Coucy de la solitude, mais bien mieux conservés que le palais des Enguerrand, presque réduit à son donjon sans pareil. Pierre-du-Désert domine toujours les horizons ultrajordanesques; le Karak ou fort d'Ansarieh, vide et muet sur son tertre, regarde encore le pays du fleuve Oronte; les mécréants qui l'arrachèrent aux chevaliers de l'Hôpital, il y a six cents ans et plus, reconnaîtraient sans peine cette cité féodale où pouvaient tenir des milliers de guerriers : telle ils la virent, le cimeterre haut, à cette heure de triomphe et d'ivresse, telle ils la verraient maintenant au dernier déclin de l'Islam.

On croit qu'il y eut 10 millions d'hommes sur les 25 à 30 millions d'hectares de la Syrie, de la Palestine et la Transjordanie, et peut-être n'y en a-t-il guère hui que 1 500 000 : Ansarieh du Liban le plus septentrional, les uns musulmans en ville, les autres plus ou moins chrétiens à la campagne en même temps que sabéens adorateurs des astres ; Maronites, Chrétiens, Syriaques, Druzes, Juifs, Arméniens, Chiites métoualis. Bédouins transjordans, Koufar ou paysans cisjordans, etc. La majorité grande professe l'islamisme sunnite.

1 500 000 hab., c'est peu pour un pays où le ciel est beau, et, dans l'ensemble, le sol excellent, quelque étendue qu'y aient à l'est les plaines désertiques, au sud les monts arides et les champs de pierres qui fournirent si souvent leurs cailloux à la férocité des lapideurs juifs. Le climat n'y est point hostile, étant sec en désert et en basse montagne, parfait dans le Liban aux bonnes altitudes. Cependant au fond des vallées chaudes, le peuple des champs lutte contre les fièvres rebelles, les affections du foie, les maladies d'entrailles, les ophtalmies, la lèpre, fléau mystérieux : son origine est obscure, elle attaque les hommes de toutes les races ; pas un médecin n'a trouvé ses causes et ne soupçonne son remède.

Alep (64 000 hab.), l'Heleb-ech-chachba (Alep la bariolée) des Arabes, est la capitale de la Syrie, à distance égale de la Méditerranée et de l'Euphrate, sur la route la plus courte entre les deux : de là sa grandeur fort diminuée depuis le tremblement de terre qui a renversé cette « reine de l'Orient ». Charmante, elle s'élève à 348 mètres d'altitude, au sein de la verdure et des arbres, sur les canaux du Kovéik, torrent qui s'achève à quelques lieues de là dans le marais du Mélakh, bien avant d'arriver à l'Euphrate, jadis son tombeau.

A 750 mètres au-dessus des mers, Damas (160 000 hab.) est au pied oriental de l'Anti-Liban, près du désert, sur le Barada, large de 20 mètres, froid, gris et rapide. Elle ne fabrique plus de lames d'acier fameuses, elle n'a plus les califes, chefs de l'empire arabe, qui y résidèrent une centaine d'années, après Médine, avant Bagdad ; mais elle a gardé ses jardins et ses ondes fraîches, « Abana et Parpar, plus belles que toutes les eaux d'Israël », dit dans la Bible un Syrien à un Juif.

Sur le littoral, dans un admirable pays, Beïrout (80 000 hab.), port de Damas dont 150 kilomètres la séparent, ne rappelle encore que de loin l'antique richesse de Sidon, aujourd'hui Saïda, et de Tyr, aujourd'hui Sour, ses voisines au midi.

Jérusalem (50 000 hab.), l'El-Kods des musulmans, brûle au soleil, entourée d'un aride horizon, à 50 kilomètres à vol d'oiseau de la Méditerranée, à 25 de la mer Morte, à 780 mètres au-dessus de la première, à 1172 au-dessus de la seconde, en vue des monts du Moab, bleus d'éloignement. La cité de David languit sur ses calcaires, coteaux dont les noms ne s'effaceront jamais de la mémoire des hommes. Sion, qui portait le Temple, était la colline sacrée des Israélites ; le Golgotha ou Calvaire est celle des Chrétiens. Entre le plateau de la ville et le mont des Oliviers, dans une gorge ardente, le Cédron mouille quelquefois ses cailloux, par le fait d'un soudain orage, sur le chemin de la mer Maudite.

Pour la beauté du site, le jet des sources, la fraîcheur des eaux courantes et la splendeur des jardins, Naplouse, à 570 mètres, est une petite Damas. Au faîte entre Jourdain et Méditerranée, cette ville s'appela Sichem ; elle avoisinait Samarie, qui fut la rivale de Jérusalem elle-même, la reine d'Éphraïm, la capitale du royaume d'Israël, la tête des dix tribus contre Juda et son jeune frère Benjamin. La Samaritaine disait à Jésus, assis sur la margelle du puits de Sichar : « Comment, toi, qui es Juif, tu me demandes à boire, à moi qui suis Samaritaine ! Car les Juifs n'ont point de relations avec les Samaritains. »

Un camp de pèlerins. — Dessin de Vuillier, d'après lady A. Blunt.

ARABIE

Mer Rouge. Golfe Persique. — Le nom d'Arabie prit naissance bien avant le temps où la reine Berthe filait, avant qu'il y eût une France, et peut-être une Gaule. D'antiques tribus de Sémites appelèrent Arabah, autrement dit plaine déserte, le pays de pierres au sud de Tadmor (Palmyre), entre les palmiers de l'Euphrate et la lave noire du Djebel Haouran. Puis ce nom d'Arabah, émigrant vers le sud, couvrit toute la péninsule, toute l'île, El-Djézireh, comme disent les Arabes.

L'Arabie a bien 315 millions d'hectares, en son entier, quand on lui laisse les six cent et quelques milliers de kilomètres carrés que prétend avoir soumis la Turquie — conquête fragile. — Et l'Égypte possède également une parcelle de la péninsule, sous l'œil du Sinaï.

Elle est sans limites précises au nord, où elle se perd dans le désert de Syrie; partout ailleurs elle s'arrête inexorablement sur la vague salée : à l'ouest, mer Rouge; au sud et au sud-est, océan des Indes; à l'est, golfe Persique.

La mer Rouge sépare l'Arabie de l'Afrique. Elle n'a que 200, 250 kilomètres de large, mais elle est profonde, jusqu'à 2271 mètres, et longue de 2200 kilomètres du fond du golfe de Suez au détroit de Bab-el-Mandeb qui la verse au golfe d'Aden, lequel mène à l'océan des Indes : là se lève Périm, petite île volcanique d'où l'Angleterre surveille la grande route marine entre l'Occident et l'Orient.

Clair et beau miroir que cette mer Rouge, si pure qu'à travers 20, 25, 28 mètres de transparence on admire dans une demi-lumière enchantée l'algue verte, les prairies d'herbe marine et les forêts de corail. Mais c'est surtout une longue fournaise entre les monts réverbérants de l'Asie et de l'Afrique, d'ailleurs aussi nobles de formes, aussi brillants de couleur qu'ils sont terriblement arides et nus. Cuve d'évaporation, elle reçoit quelques sources, visibles ou sous-marinement cachées, mais pas une seule rivière, pas un torrent pérenne. Or, sur son eau, la plus chaude au monde[1], le soleil est tel, et l'évaporation, qu'elle sécherait en quelques centaines d'années si l'océan des Indes ne la pénétrait éternellement de son flot, tout comme l'Atlantique répare la Méditerranée. Sans le détroit de Bab-el-Mandeb, elle deviendrait au temps des pluies, si prodigieusement rares sous ce climat, un chott, une sebkha, c'est-à-dire un marais-lagune; et en été ce serait une immense efflorescence de sel.

Dans cette onde étroite qui ne se prête pas au louvoiement, sous un ciel de longs calmes plats, les bancs de sable abondent, et les hauts-fonds, les coraux, bosquets rouges, mais ce n'est point d'eux que cette mer tire son nom d'origine inconnue. Elle est donc très difficile aux voiliers; pourtant, depuis le percement de l'isthme de Suez, une merveilleuse procession de bateaux à vapeur l'anime, la mer Rouge étant le chemin des nations, et avant tout celui de l'Angleterre.

Ainsi que la mer Rouge sur le golfe d'Aden, le golfe Persique s'ouvre sur le golfe d'Oman, par le détroit d'Ormuz. Elle est dune et falaise, au pied de monts sans verdure, déchirés, brûlés, les uns portant le plateau d'Arabie, les autres, plus hauts, celui d'Iran. Des bancs de sable l'embarrassent comme la mer de Suez, et elle est aussi formidablement chauffée de soleil, mais elle en diffère en ce qu'elle reçoit l'un des fleuves puissants de la Planète, le Chatt-el-Arab, capable de la transformer, siècles aidant, en un marais, puis en une plaine d'outrecuidante fécondité : le très poissonneux golfe Persique n'a d'ailleurs que 24 800 000 hectares, avec une épaisseur d'eau de 40 à 80 mètres seulement. Çà et là, surtout aux environs des îles Bahrein, l'huître perlière y vit de sa vie « contemplative », cramponnée aux roches du fond. 25 000 pêcheurs au moins vont la troubler dans son existence obscure, avec le secours de 25 000 teneurs de corde : ils usent leur jeunesse

1. Jusqu'à 32 degrés.

et leur santé sous l'onde à la recherche de ces coquilles, non pour eux, mais pour un patron de barque.

C'est un terrible métier : perle à perle, ils pêchent les colliers, les diadèmes, et ils souffrent pour la vanité de nos femmes, la ruine de nos maisons et l'éclat de nos fêtes.

Le Dahna, les Nefoud. Nedjed et Téhama. — Sur ces deux golfes, sur l'Océan, s'élèvent les montagnes raides, chauves, incendiées, stériles, qui soutiennent les plateaux de l'Arabie intérieure. Presque toujours elles bordent de très près la rive. A leur pied, le long des trois mers, le soleil accable de sa lourdeur trois littoraux malsains, ensemble de dunes, de terres basses, de courtes vallées où les oueds ne sont pas les chemins qui marchent de Pascal, mais des chemins où l'on marche, car ils n'ont d'eau que celle des pluies, que l'Arabie ne prodigue point. Année ordinaire, les cieux sont d'airain pendant huit à neuf mois, surtout au centre et au nord de la presqu'île, puis vient une saison de quelques orages. Il arrive même que toute l'année s'en va sans une goutte d'eau, voire, en certains cantons maudits, deux ou trois ans; alors le lion ne sait où boire, ni la gazelle qu'il guette, ni le léopard, ni la panthère; et des torrents dont le lit tiendrait un Danube sèchent tellement qu'on y creuse en vain des puits dans le sable. Comment resterait-il une goutte d'eau sous l'arène ou sous les cailloux après douze ou quinze et dix-huit mois sans nuage, dans un climat si calcinant qu'on a subi jusqu'à 54 degrés à l'ombre à Moka, et que plus d'une fois des matelots sont morts de coups de soleil à Aden, rien que pour avoir débarqué, traversé une rue, une place.

Parmi les monts arabes, un fort grand nombre naquit de la fusion et de l'épanchement des roches intérieures, mais tous ces volcans sont éteints. Les sommets les plus élevés que l'on connaisse au pourtour de l'Arabie — encore les connaît-on mal et ne les a-t-on pas mesurés — semblent être ceux qui se lèvent tout à l'est, à l'horizon de Mascate, dans l'Oman, où le Djebel Akhdar[1] aurait 3017 mètres; derrière l'Hadramaout, le Tsahoura s'élancerait à 2400 mètres, tels pics de l'Yémen à 2500, 2800, 3000 peut-être. Quant aux massifs de l'intérieur, on les ignore plus encore que ceux de la côte.

Djebel Akhdar, cimes de l'Hadramaout et du Yémen, ces lieux les plus frais, de par l'altitude,

1. C'est-à-dire Mont Vert.

Un fouldj. (Voy. p. 384.) — Dessin de Vuillier, d'après lady A. Blunt.

dominent la plus chaude, la plus vaste solitude de toute l'Arabie, le Dahna ou Désert Rouge ou Roba-el-Khali, sable et pierre, surtout sable. L'Arabe lui-même, si hardi contre le soleil et les vents embrasés, ne braverait guère cette immensité sans fontaine¹ s'il n'avait pas le chameau, qui peut faire 200 kilomètres en un jour, 1200 par semaine, dans l'arène en feu, sous le ciel de braise, à grands pas cadencés, mangeant peu, ne buvant point. De ce désert majeur part l'écharpe du Petit Néfoud, qui contourne le Nedjed ou plateau de l'Arabie centrale et va s'unir, au nord du mont Chomer, à un autre Dahna : celui-ci, Dahna du nord-ouest ou Dahna mineur, par opposition au Dahna du sud-est ou Grand Dahna, porte plus communément le nom de Grand Néfoud. A son septentrion, par delà le bas-fond du Djof, commence le plateau de roches, la Hammada d'entre Euphrate et mer Morte. Les sables rouges des deux Néfoud, parfois très profonds, et sans doute aussi ceux du Dahna majeur, ne sont pas, comme on le disait, rangés en vagues parallèles, mais bien plutôt dispersés en massifs irréguliers tout pleins de fouldj, c'est-à-dire de dépressions en fer à cheval ayant 5, 10, 20 et jusqu'à plus de 60 mètres de creux. La moindre pluie couvre d'herbes et d'arbustes ces sablons qui n'ont point l'éternelle stérilité de la Hammada des pierres, qui même seraient généreux si leur ciel n'était pas avare.

Si l'on osait comparer ce pays des sauterelles, cette région de si peu de puissance créatrice à l'Amérique andine, qui est la fécondité même, on dirait que l'Arabie a pour « tierra templada² » le Nedjed, par opposition au Téhama, au littoral des trois mers, à la rive basse, calcinante, étouffée, qui représente ici la « tierra caliente³ » ; quant à la « tierra fria⁴ », la chersonèse en est sevrée, faute de monts assez hauts pour porter de grandes tables de 3000, 4000, 5000 mètres d'altitude. Le Nedjed, plateau de pâture semé de sierras calcaires dont quelques-unes atteindraient 3000 mètres, n'en est pas moins, ainsi que les anciens le disaient de l'Yémen, une Arabie Heureuse, avec sources, eaux courantes, heures de la nuit ou de la matinée fraîches, même froides, et, très rarement, quelques flocons de neige. Pour continuer à parler comme les anciens, si le Nedjed, l'Yémen et çà et là de petits pays moins secs, moins décharnés que les autres, sont l'Arabie Heureuse, le Dahna et les Néfoud sont l'Arabie Déserte, et la Hammada du nord est l'Arabie Pétrée.

Les Arabes. Universalité de leur langue. — L'Arabie, « Afrique de l'Asie » », a mis au monde une très forte race, les Arabes, hommes secs, maigres, bronzés, souples, gracieux, aussi beaux qu'il est possible de l'être, et, par surcroît, simplement et majestueusement drapés.

Cette race, pourtant, n'a gardé sa pureté d'empreinte et son unité, si jamais elle en eut, que dans quelques recoins d'Yémen et d'Hadramaout; partout ailleurs elle s'est alliée au sang de l'Inde, au sang de l'Iran, surtout au sang de l'Afrique.

Au commencement du septième siècle, leurs tribus adoraient les astres, les forces obscures, ou faisaient profession de judaïsme. Un « voyant », Mahomet, c'est-à-dire le loué, les convertit au Dieu Unique; puis, lui mort, ils se lancèrent à la conquête du monde, en criant : « Il n'y a d'Allah qu'Allah, et Mahomet est son prophète ! » Cent ans après, les hommes de la tente avaient soumis les peuples de l'argile¹; leurs chevaux burent à la Vienne, voisine de la Loire.

Cet empire conquis en un siècle, « au nom du Clément et Miséricordieux », allait de l'Indus à Coïmbre, du Toit du Monde au Sahara central, du Caucase à l'Abyssinie : c'était plus et moins que l'empire Romain. Mais le monde arabe était fait de trop de peuples, de trop de langues, de trop de climats, et bientôt il éclata de toutes parts. Vers le milieu du onzième siècle la terre vraiment arabe, par le sang ou la langue, ne comprenait plus que l'Arabie, la Syrie, l'Égypte, et jusqu'à un certain point l'Espagne, qui était plutôt berbère : c'est alors que les 250 000 Hilaliens, pillards partis du Nil, se répandirent comme un torrent sur le Maghreb, de la Syrte à l'Atlantique, et firent de la Berbérie la terre presque arabe qui le serait devenue tout à fait, sur le tard, sans l'arrivée des Français dans l'Atlas.

Aujourd'hui l'arabe est langue nationale en Arabie, sur l'Euphrate et le Tigre inférieur, en Syrie, en Égypte. Concurremment avec le berbère et le français, on le parle dans tout le Maghreb, c'est-à-dire en Tripolitaine, en Tunisie, en Algérie, au Maroc, sans compter Malte, dont l'idiome est arabe. Dans le Sahara jusqu'au fleuve Sénégal et

---

1. Le Dahna est plus grand que la France.
2. Terre tempérée.
3. Terre chaude.
4. Terre froide

1. Les Arabes nomades appellent de la sorte, avec un profond mépris, les hommes, les peuples qui vivent dans des maisons de terre ou de pierre.

jusqu'à Tombouctou, il partage les oasis avec la langue berbère; dans le Soudan ou pays des Noirs il faisait, il fait encore des progrès par la chasse à l'esclave, le commerce, surtout le prosélytisme, car, il ne faut pas l'oublier, l'arabe est la langue sacrée des musulmans : Mahomet parlait ce vieil idiome presque sans voyelles, osseux, énergique, poétique, singulièrement riche, étrangement guttural, et c'est en arabe qu'il écrivit le Coran. Grâce à ce livre, le verbe du Prophète est très répandu dans tous les pays mahométans, chez les Iraniens d'Iran et de Touran, chez les Turcs de l'Europe, de l'Asie Mineure et des Turkestans, dans l'Inde, chez les Malais, jusqu'en Chine, jusqu'en Sibérie, jusque chez les Tartares de Kazan, jusqu'aux Comores. Fier de l'universalité, de la « sainteté »

Un interprète à Aden. — Dessin de Hadamard, d'après une photographie

de la langue choisie par Allah pour ses entretiens avec l'homme, le musulman dit : « Les houris dans le jardin des délices et les anges au ciel comprennent le turc, mais ils ne parlent que l'arabe ».

A côté des gens foncièrement arabes par le langage ou l'origine, ou par les deux à la fois, des millions d'hommes le sont à moitié, parce qu'en qualité d'islamites ils marmottent le Coran tout le long de leurs jours; d'autres millions le sont également à demi dans toute l'étendue des terres conquises mais non gardées par les héros de la Djéhad ou Guerre Sainte, parce que leur pouls bat d'un sang qui doit quelque chose aux germes ismaélites. Ils feraient ensemble une grande nation, les Européens, Africains, Asiatiques issus des Arabes par un ou plusieurs de leurs ancêtres, tant les Siciliens, Italiens, Espagnols, Portugais, Catalans, Français du Midi, que les Berbères, Noirs, Cafres, Abyssiniens, Turcs, Persans, Hindous, Malais et Chinois.

Le café, les parfums, les dattes, la gomme, le cheval, l'âne, le chameau, les perles sont toute la fortune de l'Arabie, avec l'argent qu'apportent chaque année dans ses villes saintes les cent à cent cinquante mille pèlerins venus pour révérer les sanctuaires.

L'Arabie n'est guère inférieure en espace au tiers de l'Europe, et cependant elle contient à peine 5 millions d'hommes, la plupart fanatiques comme il convient aux gardiens du saint des saints de l'Islamisme. Il y en a de sédentaires; il y en a de nomades, 1 500 000, dit-on, à la poursuite des sources, des pluies, des pâturages, et aussi des caravanes, qu'ils détroussent, sauf quand elles vont visiter les villes sacrées de la Mecque et Médine.

Ce qui n'est pas arabe et musulman se compose de Juifs, d'Hindous trafiquant dans les ports de la mer Rouge, de Nègres, ceux-ci de beaucoup les plus nombreux : dans tel district méridional du Nedjed ils forment un tiers des habitants, ailleurs un quart, dans le pays de Mascate un cinquième. Hommes libres ou esclaves bien traités par leurs maîtres, leur alliance dégrade la noblesse du visage arabe et ne cesse de transformer l'essence même de cette race magnifique. Est-ce par l'effet de mariages entre le Noir et l'Arabe, est-ce par une

Un puits dans le Nedjed. — Dessin de Vuillier, d'après Lady A. Blunt.

immémoriale communauté d'origine, les Arabes du Midi ressemblent presque autant aux Abyssiniens qu'à leurs compatriotes du Nedjed. Ainsi qu'en maint pays, hommes du Nord et du Sud diffèrent ici quelque peu : ils différaient surtout pendant l'enfance de leur nation, alors que les Himyares ou Sabéens, autrement dit les Arabes méridionaux, pères peut-être des Phéniciens, parlaient un langage que les septentrionaux ne comprenaient pas sans peine.

Hors l'Hedjaz, l'Asir, l'Yémen, l'Ahsa, qui relèvent de la Turquie, hors aussi la « britannique » Aden, l'Arabie n'appartient qu'à elle-même, et ses tribus, commandées par des aristocraties militaires, font comme bon leur semble ou la guerre ou la paix.

Hedjaz et Asir. — Sur la mer Rouge, l'Hedjaz renferme le Bled-el-Aram ou « pays interdit » aux profanes, le berceau de l'Islamisme, où règnent la Mecque et Médine, à 375 kilomètres l'une de l'autre. La Mecque (45 000 hab.) est à 85 kilomètres de Djedda l'étouffante (17 000 hab.), port de la mer Rouge, où le jour a pour moyenne 30°,92, et la nuit 28°,28. Elle est là, languissante, en ses monts déchirés, sans arbres, sans eaux vives. Mais chaque année la solitude s'anime, cent vingt mille pèlerins arrivent, et des armées de chameaux. Venus des divers pays musulmans du monde, le citadin ou le nomade, le blanc, le jaune, le cuivré, le noirâtre ou le noir, le bouillant, le tiède ou le sceptique simplement curieux, le pauvre, le prince, le fakir, le visionnaire, l'homme de Saint-Louis du Sénégal, celui des Comores, le Malais, le Saharien, le Turc, le Tartare, le Chinois du Yun-nan vénèrent la pierre apportée par l'ange Gabriel ; de fait, elle tomba du ciel, c'est un aérolithe. Ils vont prier Dieu sur le saint mont d'Arafat et jeter soixante-trois cailloux au Diable dans la gorge de Mouna. La pierre est scellée dans un des murs de la Kaaba, petit monument devenu le centre de l'Islam comme il l'était auparavant de l'idolâtrie ; du Nord, du Midi, de l'Orient, du Maghreb, de toute maison, de toute tente, de tout champ, de tout désert où respire un Musulman, c'est vers elle que le priant regarde à toute heure de la prière. — A Médine (16 000 hab.), que 200 kilomètres séparent de la mer Rouge, les fidèles honorent le tombeau de l'envoyé d'Allah. Avant d'être Médina, c'est-à-dire la ville des villes, ou Medinet-el-Nebi, la ville du Prophète, c'était Yatreb, bourg

La Mecque : vue de la Kaaba. — Dessin de Tomaszkiewicz, d'après une photographie.

oublié dans ses monts de craie, parmi ses sables, dans sa solitude.

Au sud-est de l'Hedjaz, l'Asir est terre chaude par sa lisière littorale, son « téhama », et terre tempérée par le haut de ses djebels déchirés en ravins.

Yémen. — Au sud-est de l'Hedjaz, l'Yémen, jadis Arabie Heureuse, a beaucoup moins de « téhama » que de pays élevés ; de ses montagnes on voit bleuir au loin en Afrique l'immense escarpement d'Abyssinie qu'illumine le déclinant soleil. Illustre jadis par ses parfums, l'Yémen l'est maintenant par son café moka, le meilleur du monde, et nous n'en buvons guère. Le souverain, l'iman, réside en terre tempérée, à 2150 mètres au-dessus des mers, à Sana (20 000 hab.), ville fraîche, entre-temps froide, qui a de beaux palais.

Aden. — Comme l'Espagne regarde le Maroc

par delà le détroit de Gibraltar, l'Yémen regarde le Danakil, et, plus haut que le Danakil, l'Abyssinie par delà le détroit de Bal-el-Mandeb. Non loin, Aden (35 000 hab.) épie ces rivages de la mer, du bord du golfe auquel on a donné son nom. Puissamment armée et très commerçante depuis qu'elle appartient aux Anglais et qu'elle retient les navires allant de l'Occident à l'Orient et de l'Orient à l'Occident, c'est un séjour plus que torride, un four réverbérant, dans les sables blancs, dans les sombres laves.

Hadramaout. — A l'est d'Aden, sur le golfe d'Aden et la mer des Indes, l'Hadràmaout élève les Auvergnats de l'Arabie. C'est dire qu'au-dessus de son « téhama » il a ses montagnes et ses montagnards, race pauvre et très pullulante : il y a là des cantons aussi peuplés que dans notre Europe occidentale.

Oman. — De même que l'Yémen possède la corne du sud-ouest, l'Oman possède celle du nord-est ; son littoral borde à la fois l'océan Indien, le golfe d'Oman, le golfe Persique. L'iman réside à Mascate, port très sûr, dans une entaille des laves rouges, près du Djebel Akhdar ; ce souverain, sans

Dans le Djebel Chommer. — Dessin de Vuillier.

puissance à cette heure, dominait sur de très longues rives, non pas seulement en Asie, mais aussi et surtout dans l'Afrique orientale ; les Anglais le pensionnent et il leur obéit.

Ahsa. — L'Ahsa, littoral brûlant, longe le golfe Persique, vis-à-vis de la côte persane, habitée aussi par des tribus arabes : ce golfe aurait donc autant de droits que la mer Rouge à s'appeler arabique ; de son fond jaillissent d'abondantes sources. Que ne naissent-elles plus haut, en piémont, dans l'arrière-littoral !

Nedjed et Djebel Chommer. — Dans le Nedjed règnent les Ouahabites, qui ont leur capitale à Er-Riyad. Secte moderne de l'Islam, ils voulurent ramener la religion de Mahomet à sa simplicité première, rêve évanoui, comme tant d'autres. Après avoir conquis la Mecque, Médine et Damas, ils reculèrent jusque dans leur Nedjed, y furent vaincus, et leur empire périt dans sa fleur. Même au temps de leur jeune prosélytisme, ils firent la guerre au tabac plus qu'aux doctrines mauvaises : fumer était chez eux le premier des crimes.

Au nord du Nedjed, un sultan qu'on dit plus puissant que n'importe quel autre en Arabie centrale, réside à Haïl, à 1067 mètres au-dessus des mers, dans le Djebel Chommer ou mont du Fenouil, semblable au Sinaï.

Le Démavend. (Voy. p. 540.) — Dessin de Jules Laurens.

PERSE OU IRAN

Plateau d'Iran ou d'Eran. — Le plateau d'Iran ou d'Éran s'étend de la Caspienne à l'océan Indien, de la crête ou du penchant des monts qui s'abaissent vers le Tigre à la tranche de ceux qui dominent la vallée de l'Indus. Ayant près de 275 millions d'hectares, il couvrirait cinq fois la France; la Perse en occupe environ les deux tiers, soit 165 millions, à l'occident de la haute plaine : l'orient, démembré, forme deux États, l'Afghanistan et le Baloutchistan.

Cerné de montagnes qui lui prennent le vent de mer au passage, l'Iran, dans l'ensemble, est un plateau fort sec, surtout à son centre et à son sudest; il n'y pleut que rarement, soit de la mer Caspienne, soit du golfe Persique; l'horizon y est limpide, les cieux sereins. Ce n'est point que les vents s'y taisent; au contraire ils s'y démènent, sonores, avec accès de rage, froids même en été, faisant tourbillonner ou la neige ou la poudre, mais amenant si peu la nue bienfaisante qu'une grande moitié du plateau ne reçoit par an que 10, 12, 15 centimètres de pluie; çà et là il en tombe 20, 25; 30 ou 40 sur la grande montagne; et beaucoup plus au nord de l'Elbours, dans le Ghilan et le Mazendéran, littoral de 609 kilomètres de long sur 15 à 20 de large bordé par l'ourlet de la Caspienne. Par un brutal contraste avec le sud de cette chaîne, de continuelles averses, des plus drues, y précipitent au moins cinq fois plus d'eau que sur les vallées immédiatement voisines, mais de versant opposé, qui regardent le plateau de la royale Téhéran. Du golfe Persique, séparé de la Caspienne par 700 kilomètres du nord au sud, montent aussi des vapeurs qui redescendent en rares ondées sur la sierra côtière du Farsistan, et il y a là, mais sur un plus court littoral, une zone analogue à la bande caspienne du Ghilan et du Mazendéran, sinon qu'elle est beaucoup plus sèche. De toutes les montagnes de l'intérieur, il semble que le ciel favorise surtout de ses eaux celles qui dépêchent leurs torrents au lac d'Ourmia.

Dès que, venant de la mer, ou du bas-fond du Chatt-el-Arab, on a dépassé l'arête des sierras, le désert envahit le plateau avec la netteté de ses horizons, la tristesse de ses solitudes, le poudroiement de ses arènes, la dureté de ses argiles sèches, l'éclat de ses « lacs », marais amers bus fors le sel par l'astre de l'été. Des cyprès, des peupliers, des platanes annoncent de loin le canal, rarement la fontaine vive où boit un village fait de boue visité tous les ans par la fièvre qui sort des eaux croupissantes. Parfois des ruines massives, des bouts de palais, des tronçons d'aqueduc, des murs de jardin, des décombres à l'abandon sur un site au nom disparu de la mémoire iranienne, évoquent avec splendeur la vieille histoire de l'Iran, quand son peuple n'avait encore rien perdu de son essence en se mêlant aux Arabes et aux Turcs, quand ses plaines étaient mieux arrosées, tant du fait de la nature que du fait de l'homme, ses vallées plus habitées, ses collines plus vertes avec plus de bois.

Elbours : Démavend. — Le massif qui cache la Caspienne au plateau persan, l'Elbours, a près de 700 kilomètres de longueur, avec 110 environ de largeur. Plus long que les Pyrénées, plus haut et non moins compliqué que les Alpes, il dresse à l'horizon de Téhéran, au nord-est, un vieux volcan neigeux qui a fermé ses fournaises, le Démavend (5628 mètres), égal au Caucase à 52 mètres près : les Persans « instruits » lui en donnent 30 000. Son vrai nom, c'est Divband ou séjour des Dieux ; de tout temps les Iraniens l'ont peuplé de génies ; il est partout dans leurs mythes, leurs légendes.

L'Elbours, Olympe iranien, est l'Albordji des livres sacrés d'Iran, le père de tous les fleuves terrestres, nés de l'inépuisable font d'Ardouissoura ; cette onde issue du trône divin était plus puissante que la fontaine de Jouvence cherchée par les conquérants de l'Amérique : elle ne rendait pas seulement la jeunesse, les morts revenaient à la vie en buvant son flot bienheureux ; elle baignait le Paradis persan, entre des tapis de fleurs et des arbres merveilleux. Aujourd'hui l'Elbours, loin de verser à la plaine des eaux éternellement vivifiantes, sèvre l'Iran des pluies du Nord et lui dérobe ainsi des milliers de ruisseaux, tandis qu'à son versant septentrional, des rivières abondantes et surabondantes s'extravasent en marais[1] : Ghilanais et Mazendéraniens seraient trop fortunés dans leurs jardins d'orangers, de citronniers, de grenadiers, de palmiers, près de leurs forêts de hêtres, de frênes et chênes, si ces eaux palustres ne leur distillaient pas la fièvre, si leur sol n'était pas un sol spasmodique, sautant et tressautant, qui parfois se fend et s'écroule, et s'ils ne connaissaient pas les moustiques, les fauves, les leveurs d'impôts.

De toutes les sources d'Iran la plus forte doit être la Font d'Ali, Tchesmeh-i-Ali (3000 litres par seconde), dans la montagne au sud-sud-ouest d'Astrabad ; de tous ses fleuves, le plus fort naît des monts du Kourdistan, puis coule sur le plateau, enfin force l'Elbours après l'avoir longé pendant 200 kilomètres ; a comblé de ses dépôts 25 kilomètres de mer en avant du rivage antique de la Caspienne ; on le nomme dans son cours supérieur Kizil-Ouzen, dans son cours inférieur Séfid-Roud : Kizil-Ouzen ou Rivière Rouge, c'est un nom turc ; Séfid-Roud ou Rivière Blanche, c'est un nom persan ; et, en effet, depuis qu'il est une histoire, Iraniens et Touraniens se disputent l'Iran, surtout l'Iran du nord.

Il y a des savants qui soutiennent que l'Albordji sacré, le « nombril de la Terre », n'est pas l'Elbours, mais le Pamir : alors le large fleuve que cette légende y fait naître, l'Arvand, serait le Sir ou l'Amou.

Lac d'Ourmia. — L'Elbours se lie vers le nord-ouest à l'Anti-Caucase par des monts où trône le Savalan (4844 mètres), volcan presque perannuellement neigeux, sans éruptions connues, qui partage ses eaux entre le Séfid-Roud, l'Araxe et le lac d'Ourmia, Dariatcha ou petite mer des Persans.

Le lac d'Ourmia dépasse 400 000 hectares, mais il a peu de profondeur, 14 mètres au plus creux, 5 en moyenne, et il décroît parce que l'homme ne laisse pas couler franchement les torrents de ses monts, par-dessus lesquels on voit au loin pointer le neigeux Ararat ; ces torrents, on les détourne sur les champs, dans les jardins, et l'Ourmia reçoit

---
1. Le nom de Ghilan signifie justement : Pays des marais.

Forteresse de Tauris. — Dessin de Taylor.

moins d'eau, et de jour en jour celle qu'il tient dans sa conque, à 1289 mètres au-dessus des mers, se concentre, devient plus salée, plus iodée : en quoi elle dépasse déjà l'onde épaisse, amère, du lac Asphaltite lui-même, et pas plus que la mer Morte l'Ourmia n'a de poissons. Ainsi se minéralisent et sèchent les vasques sans déversoir, leur arrivât-il comme à l'Ourmia le tribut de 5 500 000 hectares d'une région moins aride que tant d'autres en Iran. Sur toute l'immense table iranienne, 140 à 145 millions d'hectares n'ont pas d'écoulement vers la mer, dont 88 à 89 millions dans la Perse.

Le Farsistan. Gourmsir et Sarhadd. — Il se peut que le Démavend ait un rival au sud du pays, dans le Farsistan, qui est la vraie Perse, comme le proclame son nom[1]. Là, le Kouh-i-Dinar monte aux altitudes éternellement blanches, par d'immenses champs de glace ; à cette latitude, qui est celle d'Alexandrie, ces frimas sans fonte annuelle prouvent une élévation de 5000, 5500 mètres ou plus. On voit de la rive du golfe Persique, par-dessus et par delà d'autres puissants monts, ces pics étinceler, entre lesquels se tapit, à quinze ou vingt lieues au nord de Kazeroun, le val de Châb Bevan, loué par les Persans comme l'un des quatre Paradis terrestres : les trois autres sont Damas, Samarcande et le Nahr-el-Oboltah, vallée du pays de Bassora.

Au pied méridional des chaînes du Farsistan, du Laristan, du Kouhistan, tellement raides que les sentiers s'y nomment des échelles, s'étend jusqu'au golfe Persique aussi chaud que la mer Rouge elle-même, un mince littoral brûlé par des soleils excessifs, et très fiévreux : les Persans le nomment Gourmsir, par opposition au Sarhadd ou Haut Plateau : c'est, ici encore, la tierra caliente dominée par la tierra templada.

Du Farsistan au Kourdistan par le Khouzistan, le Louristan et l'Ardilan, le support du plateau se brise en belles montagnes de 3000-3500 mètres, ici calcaires et crayeuses, en alignements parallèles, comme le Jura, là volcaniques, sans bouche allumée. Ce sont les réservoirs des rivières qui donnent au Tigre sa grandeur : Petit Zab, Djala, Kerkha et le Kharoun : celui-ci, Sapor, empereur de Perse, l'avait barré vers l'issue des gorges, à Ahouas, par une digue colossale ; retenue en lac de réserve, l'eau, fille des crues, arrosait la basse plaine, et la basse plaine était un jardin.

[1]. Farsistan veut dire : Pays des Perses.

Déserts du Plateau. — Des sierras divisent le Plateau en sous-plateaux et, trop souvent, partagent le Désert en sous-déserts zébrés d'oasis et oasicules : tels, à l'est de Téhéran, le Grand-Désert salé ; — près des frontières afghanes, le Decht-i-Naoumed ou Plaine du Désespoir ; — au nord des monts de Kirman, le Lout ou Solitude, redoutable, redouté, prodigieusement sec, terriblement ardent, et, comme tant d'autres impluvieux déserts, semé de kewir, bas-fonds salés où quelque eau s'amasse aux fontes de neige, aux grands orages, pour remonter aussitôt dans les airs ; — enfin le Decht-i-Kewir ou Plaine salée de Yezd, d'où les adorateurs du Feu, humbles descendants de Cyrus et de Chosroès, espèrent voir sortir un jour, en conquérant, en vengeur, en juge, en pontife, Yezdidjerd, leur dernier roi, détrôné par les Arabes dans la première moitié du septième siècle : avec lui finit la Perse antique, qui devint dès lors musulmane et mélangea l'Arabe, puis le Turc à tout son être. Sous les latitudes algériennes, sahariennes même, ces solitudes ont de durs hivers, mais leurs étés suffoquent, tant sur les champs de pierre que dans les marais évaporés et sur les dunes mouvantes que ne fixe aucun lacis de racines de pins. Très diverse est l'altitude des plateaux et sous-plateaux : ici 1500 mètres, là 1000, 800, 600, et dans le Lout 380, ou peut-être, en certains creux, 150 seulement, ou même 120. 1200 serait la moyenne.

Les Persans, leur langue. — L'Iran est une contrée historique. Sa nation, née du même sang que les « Aryas » de l'Inde et de l'Europe, chanta dans son enfance les mêmes chants que les pères de nos langues et se prosterna devant les mêmes fantômes. Longtemps elle tint en Orient la première place : on ne le croirait guère à les voir si misérables, indolents, oubliés, sous leur climat dur, sur leur terre avare et sèche, flancés de la famine, foulés chez eux et méprisés au dehors. A peu près inconnus, les Perses éclatèrent tout à coup dans le monde, sous Cyrus ; ils mirent à mal Babylone, reine des cités, et régnèrent de l'Inde à l'Hellespont, sur 50 millions d'hommes, dit-on. Leur empire dura deux siècles, jusqu'aux victoires du Macédonien. Il n'était pas fait pour vivre longtemps, la brutalité l'avait composé de peuples ennemis séparés par monts et déserts. Et sans compter le susien, l'arménien et les idiomes de diverses petites nations, il avait trois langues officielles, qu'on retrouve, chacune traduisant les deux autres, sur les roches, ou les tables de ces inscriptions cunéiformes dont les lettres en fer de lance énumèrent les vains triomphes de tel ou tel fastueux « roi des rois » : la première, langage aryen, était le persan; la seconde était le mède, idiome touranien, d'autres disent dravidien; la troisième était l'assyrien, verbe sémitique.

Les Persans se donnent le nom de Tadjiks, c'est-à-dire les couronnés, sinon les invincibles. Ils se mêlèrent à l'histoire de la Grèce qui leur barra l'Europe; à celle de Rome qu'ils arrêtèrent sur la route de l'Inde; à celle des Arabes qui leur imposèrent une foi nouvelle; et plus tard à celle des Mongols, des Turcs, des Hindous, enfin des Européens.

Si jadis quelque heureux ou quelque audacieux,

Tombeau de Fatma à Koum. — Dessin de Taylor, d'après une photographie.

de la race de ceux qui dictent l'avenir, avait porté la capitale des Persans sur l'une des voies menant des plateaux iraniens aux champs arrosés par l'Oxus, vers Hérat par exemple, il aurait peut-être indissolublement uni les Tadjiks du Sir et de l'Amou à ceux de l'immense tertre qui va des cols d'où les vieux héros de la nation tombèrent sur Babylone aux défilés d'où les Persans modernes sont descendus sur l'Inde : ces frères maintenant perdus auraient repris l'ascendant sur les Turcs qui les houspillaient, et la Perse aujourd'hui contiendrait Iran, Touran, Pamir, tandis que le peuple iranien ne possède même pas réellement toute la patrie persane; comme langue, comme sentiment national, il n'y a guère que la moitié méridionale du socle entre Caspienne et mer des Indes qui soit vraiment iranienne. Quant à la race, elle est très brouillée, même aux lieux où elle est restée le plus pure; sur ce vieux passage de peuples, elle a reçu des éléments de toute espèce, en nombre infini, Arabes, Juifs, Kourdes, Arméniens, Turcs, Géorgiens, Circassiens, Afghans, Hindous, voire nègres et négroïdes de l'Afrique.

Un proverbe turc dit : « Rien ne vaut le jeune homme persan et le cheval moldave » ; de fait, les Tadjiks sont des hommes très beaux, gracieux, à l'œil expressif, à la barbe noire, fine, abondante ; ils parlent d'une façon charmante, ils sont merveilleusement polis, mais ils aiment et pratiquent la science de la fausseté; ils ont une intelligence vive, une mémoire magnifique; surtout ils n'oublient rien de leur long passé de gloire et de grandeur; mais, ce passé, comment revivrait-il ? Ils sont lâches au milieu de peuples courageux, le Turc, l'Afghan, l'Arabe.

L'idiome persan descend du vieux perse, frère du zend, qui se parlait dans l'est du plateau, tandis que la langue des vaincus de Marathon régnait dans l'ouest de l'Iran. Étant frère du zend, il était frère aussi du sanscrit. Il a laissé tomber tant de nobles formes, il s'est greffé tant d'arabe [1] et de turc, il s'est bariolé de tant de mots disparates, qu'on a pu le surnommer l'anglais d'Orient ; mais ses poètes, Hafiz, Firdousi, Saadi, font les délices des Orientaux. « Le meilleur langage, dit-on en Iranie, c'est l'arabe; connaître le turc est une belle science; le persan est une musique — tout le reste, c'est l'âne qui brait. » Nulle part il ne se prononce aussi purement qu'à Chiraz.

Il n'y a pas encore deux cents ans, c'était un des parlers les plus répandus du monde : on l'employait de préférence dans les palais du Grand Mogol; il avait cours d'un bout à l'autre de l'empire Hindou comme langue politique, littéraire et sociale ; les lettrés et les hommes de haut rang en usaient dans tous les pays musulmans, de Constantinople au Bengale, de la mer d'Aral au golfe Persique, de l'isthme de Suez au Bam-i-Dounya. Ces jours ne sont plus. Dans l'Inde, le persan fuit devant l'hindoustani; on l'oublie dans l'Asie turque; hors de la Perse il ne lui reste plus, sauf une certaine royauté littéraire en Orient, que l'Afghanistan où il a rang de langue policée, et le Turkestan où il est parlé, concurremment avec le turc et le russe, par les nombreux Tadjiks de la ville et de la campagne, et aussi par beaucoup de Sartes, urbains de sang mêlé.

Dame persane. — Dessin de H. Thiriat, d'après une photographie.

Quatre à cinq cent mille Kourdes, parents des Tadjiks par le langage, sinon par l'origine, ce qu'on n'oserait trop assurer, vivent dans les Alpes du Kourdistan. Le nord, le nord-ouest, notamment l'Azerbaïdjan, sont pleins de Turcs; le bassin de l'Araxe a des Arméniens, et le golfe Persique des Arabes.

On estime que la Perse, dont les sept dixièmes appartiennent au Désert, soit pour l'instant, soit pour toujours, a 5 millions d'habitants[1], et l'on suppose que plus de 2 500 000 parlent le persan. Plus de 1 500 000 se servent du turc, dans le Khorassan, en Azerbaïdjan, et en général au nord de la route de Téhéran à Hamadan; même dans la capitale il est d'un fréquent usage : toutefois son empire diminue, on a cessé de le parler à la cour, et presque tous les Turcs savent maintenant le persan. Les hommes

---

1. Sur dix mots de la langue, quatre sont presque ou tout à fait arabes.

1. Sinon six ou sept, ou huit, même dix, s'il en faut croire certains voyageurs

qui ont le turc pour idiome maternel sont la plupart bien moins affinés que les Tadjiks, mais plus grands, plus forts de corps, plus droits de conscience, plus élevés de sentiments; francs et fiers, ils tiennent le mensonge pour un déshonneur. Séparés des Osmanlis d'Anatolie, leurs frères de langue, par la différence de secte (puisqu'ils professent le chiisme, et les Anatoliens le sunnisme), ils ne mettent point en péril la nationalité iranienne. Les Kourdes viennent au troi-

Persépolis : taureaux ailés à tête d'homme. (Voy. p. 346.) — Dessin de Taylor, d'après une photographie.

sième rang, nombreux de plusieurs centaines de milliers d'hommes dans leurs montagnes, et aux Kourdes on doit joindre leurs cousins par le langage, les Louris du Louristan, sur la haute Kerkha. On estime les Arabes à 300 000. Quant aux Arméniens, que l'émigration en domaine russe a réduits, c'est désormais un élément minime.

De la Perse sortit une des grandes religions de l'antiquité, celle de Zoroastre et des livres sacrés du zend, adoration du soleil et des astres, culte du bon génie Ormuzd, crainte et révérence d'Ahriman, mauvais génie. C'est le mazdéisme, auquel peu sont restés fidèles, qu'on nomme adorateurs du feu, Guèbres et Parsis ou Farsis, c'est-à-dire Persans; et, en effet, ce sont les seuls Iraniens qui n'aient point trahi l'antique Iranie; ils n'y sont même pas 8000, dont 6500 à Yezd et villages voisins; mais ils forment, hors de l'Iran, des clans de commerçants riches, dans les grandes villes de l'Inde, notamment à Bombay, dans l'île de Ceylan, à Aden, sur la mer Rouge, en Turquie d'Asie, sur la côte orientale de l'Afrique, et jusqu'à Port-Louis dans l'île de France. On peut les comparer aux Juifs, puisqu'ils sont comme eux ancrés au vieux dogme, comme eux trafiquants, et dispersés comme eux.

Les Persans, presque tous musulmans chiites, sectateurs d'Ali, détestent leurs frères sunnites encore plus que les chrétiens ou les idolâtres. Les sunnites, Turcs, Égyptiens, Barbaresques, sont pourtant aussi de bons mahométans, des « hommes du Livre » : mais l'humanité est ainsi faite qu'on s'y hait plus entre voisins qu'entre étrangers.

Villes. — L'aride et sèche Madrid demande la fraîcheur et la vie aux canaux du Lozoya, torrent de la Guadarrama; la sèche, l'aride Téhéran (100 000 hab.), ou plutôt Tihran, c'est-à-dire la pure, a recours à des canaux venus de la haute montagne. Elle a son site à 1161 mètres d'altitude, dans un piémont, non loin d'un sahara, sur un sol salé, en vue du Démavend; elle est à 15 kilomètres de la chaîne de l'Elbourz, à 110 de la Caspienne, à peu près à la ligne de séparation de l'élément iranien et de l'élément turc. En été, le chah ou empereur, et, dit-on, 40 000 personnes, serviteurs, flatteurs, parasites, fuient cette ville aux maisons de terre, ses fièvres, ses chaleurs de four, ses punaises venimeuses, et vont s'installer sous la tente, dans les frais vallons de la montagne. Les chahs y font séjour depuis 1798.

De la nouvelle capitale à la vieille, de Téhéran à Ispahan, la route passe par l'industrieuse Kachan (70 000 hab.), ville prospère, quoique persane.

A 1452 mètres au-dessus des mers, Ispahan ou Isfahan (60 000 hab.) est comme le Moscou d'un autre Saint-Pétersbourg : cette cité du grand chah Abbas, qui eut 600 000 âmes et fut la « moitié du monde », est bien plus iranienne que Téhéran qui l'a détrônée, comme Moscou la Sainte est bien plus slave que la reine de la Néva. Sise à peu près au centre de la Perse peuplée, elle borde le Zajendé-Roud, torrent qui filtre dans le plateau, puis reparaît, puis se perd encore.

Des colonnes, des statues gigantesques où la forme de l'animal se mêle à celle de l'homme (celui-ci, comme il convient, représenté par la tête), de grands murs, des inscriptions cunéiformes, des roches pointues, la plaine immense, voilà ce qui reste d'une autre et superbe capitale de la Perse, quand la Perse était autre, avec d'autres Persans. Brûlée par Alexandre de Macédoine pour la fantaisie d'une belle Grecque joyeuse de voir flamber de si fières demeures, Persépolis est au lieu dit les Palais de Djemchid (Takt-i-Djemchid) ou Quarante colonnes (Tchilminar), au bord de la plaine paludéenne de Merv, que parcourt le Band-Emir, affluent du Niris — celui-ci, eau de sel sans profondeur sur vase pourrie, n'est qu'un marais, entre monts calcaires harmonieux de lignes, superbes de teintes au déclin du jour. Au sud-ouest de la ville morte s'élève la ville vivante, Chiraz (50 000 hab.), qui est l' « Athènes d'Iran », le séjour de la science, l'académie du beau langage. Les montagnards du Farsistan, sa province, fondèrent l'hégémonie persane. Chiraz est à 1350 mètres au-dessus des mers, de loin splendide et de près sordide, en vue de roches nues chaudement colorées, au milieu des pins, des cyprès, des palmiers. Les Orientaux exaltent son climat, ses vins, la senteur de ses roses; mais fiévreux est ce beau climat, et sous Chiraz la terre est mobile.

Dans un tout autre pays, au nord-ouest de l'empire, chez les Turcs, près des Arméniens, sur un sol mal assuré dont les secousses l'ont mainte fois ébranlée, Tébriz, ou Tauris, la Kandsag des Arméniens, dépasse peut-être Téhéran par le nombre des citadins[1]; elle lui est supérieure en industrie, en travail, en animation; les eaux qu'elle voit couler en canaux dans ses frais jardins, sous un froid climat, à 1300 mètres d'altitude, vont s'abîmer dans le lac d'Ourmiah. Elle eut 500 000 habitants.

A 950 mètres, Méched (60 000 hab.), glorieux sanctuaire du Khorassan, voit grandir chaque année la foule des pèlerins qui viennent prier devant le tombeau de l'iman Riza : de plus en plus sacrée pour les Chiites, elle rivalise avec la suprasainte Kerbela de Babylonie elle-même comme lieu de toute grâce et de toute bénédiction.

Yezd (50 000 hab.), ville d'industrie, marque à peu près le milieu de la Perse, en plein désert, et la dune marche contre elle.

---

1. On lui donne jusqu'à 165 000 âmes : il est vrai qu'on en attribue jusqu'à 200 000 à Téhéran.

Bala-Hissar, citadelle de Caboul.

PAYS DÉTACHÉS DE L'IRAN

AFGHANISTAN

Hindou-Kouch. Hilmend et Hamoun. — L'Afghanistan continue le haut plateau de la Perse jusqu'à l'Inde et jusqu'aux monts de l'Asie centrale; à l'ouest, rien ne le sépare de l'Iran, et le voyageur sur la frontière commune aux deux pays voit des deux côtés les mêmes plaines de sable, les mêmes plaines de pierre, les mêmes lagunes salées, et, au loin, des monts de même couleur et de même allure.

Mais, à l'est et au nord, la terre des Afghans a de fières limites; au nord surtout : là s'élance l'Hindou-Kouch[1] ou plutôt la chaîne qui le continue vers l'ouest, toujours décroissante à mesure qu'elle s'éloigne du « Toit d'Asie », de la suprême extumescence des terres. Ce « bas Hindou-Kouch », où règne le Kohi-Baba (5486 mètres) ou Père des Monts, sépare l'Afghanistan vrai (celui du plateau et des vallées élevées, celui de l'Hilmend et du Caboul) du « Pseudo-Afghanistan » conquis le long de rivières qui descendent vers l'Oxus, mais bues

[1]. Sous cette forme, ce nom veut dire : meurtrier des Hindous; sous celle d'Hindou-Koh : mont des Hindous.

en route, elles ne mêlent point d'onde aux flots bourbeux du grand affluent de l'Aral. Par le cours de ses eaux, son histoire, son destin probable de se réveiller russe un jour, le Pseudo-Afghanistan relève du Turkestan.

Entre l'Afghanistan et l'Inde, la barrière de l'est n'est grandiose que du pays d'en-bas, vue des bords du fleuve Indus : contemplée de l'Afghanistan même, qui s'étend en long steppe à l'occident, la chaîne de Soliman — tel est son nom — monte au ciel sans magnificence, l'élévation du plateau lui dérobant moitié hauteur. Si près de l'Himâlaya, qu'est-ce d'ailleurs que 5560 mètres, altitude du Pirgoul, le pic majeur de cette bordure d'orient ? Au nord de la chaîne de Soliman, au sud de l'Hindou-Kouch, le Séfid-Koh ou Mont-Blanc, isolé maintenant du Toit de l'Asie par la déchirure où court le Caboul, tributaire violent de l'Indus, est presque l'égal de notre Mont-Blanc d'Europe, de par les 4761 mètres de son pic Sikaram.

Le Caboul, issu des très hautes neiges, roule beaucoup d'eau, et plus encore son affluent le Kounar, qui a dans son bassin le massif majeur de l'Hindou-Kouch ; mais la plus longue rivière afghane est l'Hilmend (1100 kilomètres) dont le bassin dépasse 50 millions d'hectares, soit une France : à vrai dire, une France continentale où des saharas touchent à des sibéries, où la plaine est rare, dure et pauvre la terre. Né vers le Kohi-Baba, l'Hilmend ne connaît pas la mer ; courant au sud-ouest, il arrose par une infinité de rigoles un Germsil ou Pays chaud, par opposition au Serdsil ou Pays froid ; puis ce que lui laissent sol et soleil, c'est-à-dire fort peu d'onde, il l'apporte au lac Hamoun, triste lagune à quelque 400 mètres au-dessus du niveau des mers, saumâtre, entre joncs et roseaux.

Le Hamoun fut beaucoup plus grand ; sous le ciel dévorant du 30ᵉ degré, aride autant que la voûte libyenne, il diminuera bien plus encore et s'effacera tout à fait. Si l'Hilmend meurt pauvre, c'est qu'il a beaucoup donné, et comme lui ses affluents, dont le plus fort est l'Argandab ; il y a dans son bassin, pris à toute veine et à toute veinule, des canaux et des canalicules qui font verdir les vallées et sans lesquels l'Afghanistan n'aurait que pâtures sèches. Il étale en vain ses terres sous la zone tempérée : en qualité de terre absolument continentale, coupée de la mer par quelques-unes des plus hautes aspérités de l'Asie, il souffre également des extrêmes du froid et des extrêmes du chaud. Autant l'hiver est barbare, autant les étés sont cruels ; c'est un climat inique :

« O Allah ! Pourquoi ton Enfer ? N'avais-tu donc pas Ghazna[1] ? » Un autre et plus grand Hamoun[2], à l'ouest, reçoit des torrents moindres que l'Hilmend ; et, bien loin au nord-est, une « Caspienne » beaucoup plus petite, l'Ab-Islada ou l'Eau dormante, à 2150 mètres d'altitude, recueille ce que la soif des champs peut par hasard ne pas prendre à la rivière de Ghazna.

Les Afghans ou Pachtanah. — L'Afghanistan répond en partie à ce que les anciens appelaient Arie, Arachosie et Drangiane. Sur ses plateaux au climat « féroce », mais salubre excepté dans les entours méphitiques de l'Hamoun, vit un peuple qu'on n'a jamais recensé, qu'on a porté à 6, à 8, à 10 millions d'hommes, mais il ne doit guère dépasser 4 millions en y comptant le Pseudo-Afghanistan d'outre-Hindou-Kouch ; cela sur 72 millions d'hectares.

Les Afghans sont d'origine inconnue. Peut-être vinrent-ils du nord-est, d'un pays qui est une province persane : du sec Khorassan, voisin des Sables Noirs dont le séparent les dernières sierras qui mènent l'Hindou-Kouch au bord de la Caspienne en face du géant Caucase.

Ils appellent leur pays Poukhtoun Khwa et se donnent le nom de Pachtanah dans leur langue, le poukhtou ou pachtou, qui a des liens de parenté avec l'idiome de Firdousi, et plus encore, semble-t-il, avec les langues aryennes de l'Inde. Cependant, bien que frère ou cousin de ces idiomes harmonieux, il éclate en sons rauques, si dur, si laid à entendre que Mahomet le surnomma la langue de l'Enfer, lui qui parlait le plus que rude et guttural arabe.

Trempés par leur climat, vigoureux, grossiers, braves, sanguinaires, vindicatifs, presque tous hommes bruns, ils secouèrent le joug persan vers le milieu du siècle dernier. Depuis lors, leur ciel terrible, leurs monts chaotiques, leurs steppes affamés, altérés, leurs torrents sans ponts qu'on traverse en radeau sur des outres gonflées ou à des gués traîtres et froids, les ont gardés d'un nouvel esclavage. Leurs énormes voisins, le Russe et l'Anglais, se les disputent déjà, mais sans oser les asservir, car c'est la dernière barrière qui les sépare — eux domptés par le faux ami du Nord ou par le faux ami de l'Est, l'empire slave touchera l'empire universel anglais, et celui-ci sera brisé, du

---

[1]. On prétend que dans cette ville, pourtant sise à 2550 mètres, la chaleur peut monter, à l'ombre, à 55 degrés.
[2]. Ce mot signifie : étendue.

Porte de Bala-Hissar.

moins en Asie : « En approchant d'un puits du Désert, disait certain derviche, on entend toujours un grand bruit : c'est un Anglais et un Russe qui s'en disputent la conquête ; à l'ouverture se penche un homme, le maître du puits, une grosse pierre aux mains pour leur casser la tête. »

Sur une terre si montagneuse, un peuple si turbulent n'est pas fait pour obéir sans regimber à un seul aiguillon ; les Afghans se divisent en plusieurs petites « nations » ou zaï, qui, à leur tour, se subdivisent en tribus et en clans (kheil).

En supposant que l'Afghanistan normal, sans le Trans-Hindou-Kouch, mais avec la montagne des Dardes et des Siah-Pochs, nourrisse environ 4 200 000 hommes, les Afghans font assez exactement la moitié : 2 100 000 personnes, en 400 kheil. Leur « nation » la plus puissante est celle des 700 000 Dourani, qui a conquis et cimenté le pays, si tant est que l'Afghanistan ait quelque unité : lui qui, à côté de 2 100 000 Afghans divisés de peuplade à peuplade, et de clan à clan, renferme 800 000 Persans, bourgeois de ses villes ou cultivateurs de son Kohistan et de son Seïstan ; plus 600 000 Mongols authentiques parlant pour la plupart l'iranien, ainsi que les Tadjiks et Parsivans ; plus 100 000 Turcs et Turcomans, et 150 000 Siah-Pochs, et 300 000 Dardes, etc. Toutefois, à grandes lignes, les « Afghans », dans le sens étendu du nom, professent la même religion musulmane (sauf différences de sectes), ils ont la même langue nationale, le poukhtou, la même langue littéraire, le persan.

Caboul (75 000 hab.), à 1954 mètres d'altitude, borde le Caboul, sur la route la plus courte entre l'Europe et l'Inde et la plus praticable aux armées, entre Hindou-Kouch, Séfid-Koh et Kohi-Baba.

Candahar (60 000 hab.) ou Kand, à 1066 mètres, a ses vergers sur des canaux dérivés de l'Argandab.

Hérat (50 000 hab.), la « ville des cent mille jardins », à 820 mètres, sous un air pur, tire par neuf canaux son eau pure de l'Héri-Roud. Celui-ci est l'une de ces longues rivières que le vieux Paropamisus envoie vers l'Oxus sans qu'elles puissent l'atteindre ; elle va se perdre à la lisière des Sables Noirs, non loin de Merv, chez les Turcomans aujourd'hui muselés. Située sur le grand chemin de la Caspienne à l'Indus, on la surnomme la première clef de l'Inde, Caboul étant la deuxième ; et cette clef on l'a prise ou tenté de la prendre cinquante fois, ce dit-on. Le pays d'Hérat, où se réunissaient autrefois la Parthie, l'Hyrcanie, la Bactriane, est une région de montagnes point verdoyantes, avec quelques terres irriguées, séjour de Persans, d'Afghans, de Turcomans ; — les Persans y dominent.

Kafiristan. Dardistan. — L'interposition de monts hauts et difficiles isole l'Afghanistan vrai des pays conquis par delà l'Hindou-Kouch, mais le Kafiristan et le Dardistan, où les Afghans ne dominent point, sembleraient devoir leur appartenir, vu la direction de leurs profondes vallées qui vont s'ouvrir sur la rivière Caboul.

Plaqué contre l'Hindou-Kouch, le Kafiristan, prodigieusement bosselé, renferme peut-être 150 000 habitants sur 5 millions d'hectares. On sait (et l'on n'en sait guère plus) que ces hommes appelés Siah-Pochs ou les Noir-Vêtus ont les yeux bleus, la chevelure blonde, la barbe aussi ; leur visage est évidemment « européen ». Ils descendent sans doute d'une tribu laissée dans ces Alpes par les créateurs de nos langues lors des migrations qui dispersèrent une partie des Aryas sur l'Iran et sur l'Inde septentrionale. Pour quelques savants classiques ils remonteraient à des déserteurs de l'armée d'Alexandre le Grand.

Les Siah-Pochs sont païens et, comme tels, haïssants et haïs : ils détestent leurs voisins musulmans, leurs voisins musulmans les abhorrent ; ils en ont reçu le nom de Kafirs, autrement dit d'Infidèles — exactement comme les Cafres, dans l'Afrique australe, — et Kafirs a fait Kafiristan. Leur langue est « aryenne », et même assez rapprochée du sanscrit, mais le poukhtou, fort répandu chez eux, est en réalité la grande langue, l'idiome policé du Kafiristan, et aussi du Dardistan. Celui-ci, peuplé de Dardes, s'étend à l'est du Kafiristan, jusqu'à l'Indus, dans un chaos d'immenses montagnes qui se versent au Caboul, ou directement au fleuve par qui le Caboul est dévoré : dans le bassin du Kounar, il possède le Tiritch-Mir, suprême Hindou-Kouch, haut de plus de 7500 mètres.

Kalat : vue générale. (Voy. p. 352.) — Dessin de Slom, d'après une photographie.

BALOUTCHISTAN

Baloutchistân ou Brahouistan. Brahouis et Baloutchis. — Il y a deux races dans cette contrée : les Brahouis et les Baloutchis. Les Brahouis, plus nombreux, sont plus anciens dans le pays, ils en possèdent la grande ville, Kélat, ils lui donnèrent la plus puissante de ses familles. Bien que les Baloutchis soient plus ou moins « Aryens », et que les Brahouis ne le soient pas du tout, on devrait donc, secouant la vaine gloriole des « Aryas », préférer le nom de Brahouistan à celui de Baloutchistan.

Le Baloutchistan, l'ancienne Gédrosie, renferme 27 millions et demi d'hectares avec seulement 350 000 âmes, moins que notre ville de Lyon : à ce compte-là toute la France n'aurait pas 700 000 habitants!

D'abord soumis aux Persans, puis aux Afghans, il appartient depuis un peu plus d'un siècle à des tribus libres de l'étranger — libres en apparence : elles sont sous le protectorat britannique, avec garnison anglo-indienne à Quettah sur la route de Kélat à Candahar; l'Angleterre a bien voulu les couvrir de l'ombre de ses ailes.

Sur le golfe d'Oman, une côte volcanique, incendiée, étouffante, stérile, très étroite, à peu près déserte, le Mékran; derrière cette côte, des montagnes grillées, à pic ou fort raides, et, du côté de l'orient, au-dessus du val de l'Indus, les

Hala ou Khirtar, hauts de 1500 à 2100 mètres; quand on a gravi cette sierra de l'est ou celle du rivage, un plateau de cailloux, dunes, pâtures sèches, qui s'en va vers les plaines hautes de Perse et d'Afghanistan, avec sierras calcaires s'élevant, tout au nord, à 3000-3650 mètres : c'est là tout le Baloutchistan, terre d'airain, fausses rivières qui sont des lits secs, des sillons d'incandescence, faux lacs qui sont des marais séchants, montagne osseuse et ciel de flamme. Il faillit dévorer l'armée d'Alexandre à son retour de l'Inde : d'aucun de ses caps de colline les Macédoniens de la Phalange ne virent une vallée qui leur rappelât l'Europe natale, une fraîche « Tempé » avec sources vives, prés, feuillages, roches fleuries et cingles de rivière.

Région excessive et sèche avant tout, tel qui suffoquait en été dans les trombes de poussière soulevée par l'ardent simoun, s'égare en hiver sur l'immensité blanche où la neige tourbillonne. Quand les neiges fondent, les torrents gonflent, ils deviennent fleuves, puis l'eau baisse et l'oued meurt, sauf de rares flaques que cherchent le léopard altéré, l'ours noir, le loup, l'hyène, le sanglier, la gazelle, l'âne sauvage qui passe par grandes troupes au galop de cavalerie sur la plaine résonnante.

La secte sunnite de l'Islam règne presque sans partage dans les villes et sous les tentes de feutre des nomades disloqués en une foule de tribus, de clans et sous-clans dont les serdars ou chefs reconnaissent plus ou moins la suzeraineté du khan brahoui de Kélat. De ces tribus, les unes, à l'est, appartiennent à la nation des Brahouis, qui sont des hommes paisibles, très foncés, parlant un langage dravidien parent de plusieurs belles langues du Dekkan ou Inde méridionale. Les autres, à l'ouest, au nord, au nord-est des Brahouis, sont de la race des Baloutchis, des gens beaux, bien faits, robustes, agiles, indisciplinés, ayant un idiome voisin du persan, mais on ne sait trop d'où venus : peut-être du nord de l'Arabie, peut-être des monts du Kourdistan, peut-être encore, suivant une tradition, des djebels de la Syrie, sinon même de tous ces pays à la fois, car, manifestement, ils sont très mêlés, de l'arabe au mongol. Il y a de nombreux Dhévars, Iraniens de langue persane, paysans cultivant le sol et l'arrosant comme ils peuvent, par sources, réservoirs, canaux de sous sol ; ils ne sont pas seuls à parler l'idiome élégant, fleuri, trop arabisé : la cour, les grands, les lettrés l'emploient.

Mendiant baloutche.
Dessin de A. Sirouy, d'après une photographie.

Kélat (14 000 hab.) ou Kalat, capitale, à 2042 mètres, sous un ciel brusque et gélide avec plus de deux mois de neige, reçoit ses eaux d'une font qui jaillit avec l'abondance d'une rivière. Ce nom de Kalat signifie château, forteresse : on le retrouve souvent dans l'Asie musulmane, dans l'Afrique arabe et berbère, en Espagne, comme à Calatayud, et jusqu'au cœur de Madrid, dans la rue d'Alcala, près de la fameuse Puerta del Sol.

Le sanatoire de Simla. (Voy. p. 356 et 372.) — Dessin de G. Vuillier, d'après une photographie.

INDE

Grandeur de l'Inde. — Près de 575 millions d'hectares, sept fois la France; sur ce sol, dont deux tiers sans cultures, plus de 260 millions d'hommes, sept fois les Français; au nord, les pics de la Terre qui montent le plus haut dans le ciel empyrée; au pied de ces pics, et faits de leurs frimas, trois grands fleuves; au sud de ces fleuves, au bout de plaines torrides, des monts caparaçonnés de bois au lieu d'être couronnés de neiges comme la chaîne titanique du nord; et après ces monts un vaste plateau triangulaire, tropical par ses latitudes, tempéré par sa hauteur : telle est, dans son tour de 12 000 kilomètres, entre sierras hautaines et plages tantôt vaseuses, tantôt sablonneuses, tantôt rocheuses, le long d'une mer tourmentée par les cyclones, telle est l'Inde, la « Soudarçana » ou la Belle à voir, reine de richesse et de fécondité.

Pourquoi faut-il dire aussi mère de la fièvre, du choléra, de la lèpre, des famines et des cyclones! Loin du passage des eaux courantes ou des canaux qui les épanchent, de longs soleils y sèchent souvent tout un pays de moissons; alors des millions d'hommes périssent, non pas des milliers, mais des millions, et des provinces contemplent, stupides, le spectacle que virent si souvent le monde antique et le moyen âge, la famine, les hommes défaillants, des mourants sur des morts, le typhus, la fièvre, la peste. Ainsi la disette

O. Reclus. La Terre a vol d'oiseau.

de 1868 enleva 5 millions de personnes, celle de 1877 en consuma 4 millions.

Les cyclones tuent moins, mais leur rapide fureur montre aux humains quelle vermine ils sont sur le Globe dont ils se disent les rois. En quelques instants le ciel noircit, le vent souffle à ébrécher la Terre, il arrive de partout, il monte, il descend, il plonge, il tourne et remplit en criant tout l'air jusqu'aux lourdes nuées. La mer gonfle, les rivières qu'elle repousse montent de trois, de six, de dix mètres, et leurs flots, s'écroulant sur la plaine, lancent dans les champs des vaisseaux de haut bord. Durant l'automne de 1876, vers minuit, pendant un cyclone, un raz de marée noya plus de 200 000 hommes dans les boues du delta du Gange et dans les cadavres pourris, gens et bêtes, germa le choléra, terreur du monde.

Famines, cyclones, choléras, à côté de ces grands ennemis que la nature dresse contre l'Inde, il y a les petits, les obscurs, serpents cachés, tigres tapis.

Serpents de terre, serpents d'eau, quatre-vingts espèces de reptiles venimeux glissent dans les forêts, marais et fourrés de l'Inde. Le plus dangereux, le terrible cobra, pullule ; on suppose qu'il y en a quatre par hectare dans le district de Bangalore. Chaque année, 20 000 personnes meurent du venin, et quelques centaines, parfois quelques milliers, de la griffe des fauves ; l'homme leur rend œil pour œil, dent pour dent, et chaque année il abat des milliers de tigres, de léopards, de loups, d'ours. Chaque forêt a plus ou moins ses tigres mangeurs d'hommes qui rôdent jour et nuit autour des hameaux et jusque dans les faubourgs des villes ; tel d'entre eux peut dévorer cent personnes par an : dès qu'il connaît notre chair, il n'en veut plus d'autre. Si l'Inde n'enfermait pas tant de bois, de jungles, de roseaux nés dans la vase, l'homme finirait par détruire cet ennemi qui n'est pas, comme le serpent, presque insaisissable par sa petitesse, sa fluidité, la brusquerie et l'obscurité de sa fuite, l'étroitesse et la nuit souterraine de ses retraites.

Le lion, devenu très rare dans l'Inde, n'y a pas la majestueuse crinière de son frère d'Afrique ; l'éléphant est rare aussi ; le rhinocéros, avec une ou deux cornes sur le nez, renifle en pataugeant dans les fanges du delta gigantesque où s'unissent Gange et Brahmapoutre.

Himâlaya. Karakoroum. — Himâlaya veut dire Séjour des neiges : l'*hima* sanscrit c'est l'*hiems* latin [1]. La limite inférieure des neiges qui ne fondent jamais y oscille sur le versant de l'Inde entre 4800 mètres du côté de l'Orient, où soufflent les haleines chaudes-humides du golfe du Bengale, et 5650 mètres du côté de l'Occident, où les vents sont secs et continentaux. Un immense amas de frimas persistants, neiges et glaces, blanchit ces monts souverains, des centaines et des centaines de pics y dépassant 5000 et 5500 mètres.

Le premier parmi ses frères, c'est le « Rayonnant » (8840 mètres), le Gaourisankar des Hindous, le Tchingopamari des Tibétains, et, faut-il le dire? l'Everest des Anglais, qui n'ont pas craint de découronner de son beau nom sonore le monarque de tous les pics du monde, roi d'ailleurs menacé dans sa toute grandeur, car on soupçonne qu'à 80 kilomètres d'éloignement deux monts du Sikkim sont plus hauts que lui.

Le Kintchindjinga (8483 mètres) ou les « Cinq neiges éclatantes » porte cinq grands glaciers sur ses gneiss. Le Davalaghiri ou Mont-Blanc (8180 mètres) usurpa quelque temps le rang et l'honneur de premier des pics : il en fut ainsi dans presque tous les massifs, presque toutes les chaînes, dans les Alpes et les Pyrénées, dans les Andes et ailleurs, les pics d'avant-plan dominant avec plus d'isolement, de majesté, de sereine puissance.

Nulle part l'homme n'a foulé d'aussi hautes neiges que dans l'Himâlaya ; un Anglais [2] bâti de fer vient d'y atteindre 7519 mètres : plus qu'aucun de nous jusqu'à ce jour, c'est le rival du condor. Violera-t-on le Gaourisankar? Et si le Gaourisankar n'est plus la pointe suprême, domptera-t-on les pics encore innombrables qui trônent au-dessus de lui, soit dans l'Himâlaya même, soit dans le Transhimâlaya, qui lui est parallèle, en arrière, au nord, soit dans le Karakoroum ou Noir Éboulis?

Le Karakoroum, séparé de l'Himâlaya par le val du haut Indus, dresse le mont Dapsang (8620 mètres), auquel on donne le second rang sur terre en admettant que le Gaourisankar a le premier : ce qu'à la rigueur on peut croire encore. Il est admis (sans toute certitude) que le Karakoroum, inférieur à l'Himâlaya pour l'élévation des cimes, lui est supérieur pour l'altitude des cols [3].

Dans tous ces monts suprêmes, les glaciers sont dignes des Titans qui les portent : la mer de glace de Baltoro, dans le Karakoroum, sous l'œil du

---

1. D'où vient notre mot *hiver* : d'*hibernus*, pour *himernus*.
2. Graham.
3. 5700 mètres entre le Cachemire et le Turkestan : 275 au-dessus de la plus haute passe himâlayenne.

Dapsang, a 56 kilomètres de long; celles de Bialo, de Tchogo, dépassent 50 kilomètres; très vastes aussi sont celles de Saïtchar et de Karakoroum ou Moustagh, celles du superbe massif de Zankar et tant d'autres glaciers en Cachemir, en Baltistan et ailleurs, pères de troubles torrents indomptés qui courent à l'Indus « mâle », au Chayok ou « Indus femelle », à des affluents de l'Indus et à des tributaires du Gange et du Brahmapoutre. Les plus grands de ces champs hivernaux n'argentent point l'Himâlaya pluvieux, celui de l'est; ils brillent sur l'Himâlaya sec, celui de l'ouest, là où la « Maison de la Neige » et le « Noir Éboulis » se rencontrent, en vagues, en remous de pierres, de pics, de croupes où peuvent s'étaler les neiges qui deviennent névés, puis glaciers.

L'Indus à Attok. (Voy. p. 556.) — Dessin de H. Clerget.

Le versant méridional de ces sierras, en face de plus chauds soleils, devrait garder moins de neige que les pentes septentrionales, tournées vers des montagnes glaciales assises elles-mêmes sur de froids plateaux. Or, le contraire a lieu : c'est qu'à l'Himâlaya, première et plus haute barrière du côté du sud, se heurte, venant du méridion et commandée par le vent, la folle armée des nues, des flocons et vapeurs, mais les plateaux tibétains, encavés derrière la chaîne, sont d'une sécheresse inouïe, parce que l'air, ayant déjà versé presque toute son eau sur l'Himâlaya méridional, ne peut fournir beaucoup de frimas aux versants septentrionaux. De là l'infériorité du Tibet, la supériorité de l'Inde : à l'un les vallées sèches, arides, gelées, venteuses, de 3500 à 4500 mètres d'altitude; à l'autre, les pluies exubérantes et les seize à vingt mètres d'eau par an sur la montagne de Tcherra Pondji.

Indus, Pandjab ou Cinq Fleuves. — Au pied

même de l'Himâlaya s'étend la lisière marécageuse du Teraï, roseaux, fourrés épais, miasmes et brouillards; au-dessus de cette maremme, dans des jardins mêlés de forêts, les Anglais ont bâti leurs sanatoires, stations élevées où l'Européen va se guérir, à l'air frais d'en haut, des poisons bus dans l'air chaud d'en bas.

Au nord-ouest, l'Indus tourne l'Himâlaya pour entrer dans l'Inde; à quatorze ou quinze cents kilomètres de l'Indus, à l'autre extrémité de l'arc de cercle décrit par la chaîne (la convexité regardant le sud), le Brahmapoutre contourne également les montagnes géantes : entre ces deux fleuves court le Gange « divin ».

Avant de pénétrer dans le bas pays, l'Indus ou Sind a coulé derrière l'Himâlaya, sur un haut plateau, puis au fond de gorges sinistres, à peine assez larges pour qu'il passe en grondant. Durant ses huit cents premiers kilomètres, il s'appelle, en monosyllabes tibétains, le Sin-ka-bab, c'est-à-dire la Gueule de Lion, et aussi le Tsou-fo ou Rivière mâle, par opposition au Tsou-mo ou Rivière femelle, c'est-à-dire au Chayok, qui descend des bastions du Karakoroum. De ses sources au Nanga Parbat (8116 mètres) il coule vers l'O.-N.-O. et l'on dirait qu'il veut aller mourir dans la Caspienne ou l'Aral; puis, changeant d'horizon, il prend le chemin de la mer d'Oman. En 1841, le Nanga Parbat, colosse chamarré de glaciers, s'écroula par un flanc dans l'Indus et le fit refluer en lac; quand la digue de roche et terre creva, le torrent qui s'abattit sur la vallée y jeta soudain presque autant d'eau qu'une rivière de 20 mètres cubes en roule pendant tout le décours de l'année et bien loin de là, vers Attok, à l'entrée du bas pays, le Caboul recula de 32 kilomètres devant les hautes vagues de l'Indus renouvelé.

La pente de l'Indus est telle que, né à 6700 mètres au-dessus des Océans, il ne coule plus qu'à 271 mètres lorsque, avant d'avoir fait la moitié de son voyage de la montagne à la mer, il rencontre le Caboul tout près d'Attok — le Caboul, rivière bien plus courte que l'Indus, mais plus forte à domaine égal, et véritable porte de l'Inde : c'est en suivant son cours qu'arrivèrent de tout temps les envahisseurs de la brillante presqu'île, c'est par là que l'Angleterre attend l'apparition des éclaireurs cosaques, c'est là qu'un jour aboutira le grand chemin de l'Europe à la terre de l'Indus et du Gange.

Encore quelques gorges, et ce fleuve des défilés entre dans la plaine du Pandjab, qui s'étend à l'est jusqu'au Gange, de rivière en rivière, et au sud jusqu'aux dunes du désert de Thar déployées en lignes parallèles sous le ciel le moins nuageux de l'Inde, avec 15 centimètres seulement de pluie par an.

A mi-route entre le Caboul et l'Océan, il rencontre sur sa gauche un courant supérieur en apparence bien qu'inférieur en volume, le Pandjab, c'est-à-dire les Cinq Fleuves, et, en effet, cinq eaux s'y confondent : Satledj, Bias, Ravi, Tchinab, Djhilam — au lieu de cinq, il y en eut sept quand ce bassin s'appelait Sapta Sindavah, les Sept Fleuves (il porte maintenant le nom de Pandjab, comme sa maîtresse rivière) : ou le pays est plus aride, ou quelque convulsion de la nature en aura distribué tout autrement les eaux. Le Satledj reçoit le Bias; le Tchinab, le Ravi, le Djhilam forment le Trimab ou Trois Eaux; et, à leur tour, Satledj et Trimab composent le Pandjab, fort de près de 500 mètres cubes en temps sec : volume que la traversée des terres chaudes réduit à 336 mètres, l'Indus en roulant alors, au confluent, 420.

Venu de derrière l'Himâlaya, des lacs sacrés, très hauts situés, de Mansaraour et de Rakus-Tal, par de terribles cañons où pèse un lourd soleil, le Satledj eut comme l'Indus son lac temporaire, en 1762, contre un épais éboulis de montagne; l'eau s'amassa pendant 40 jours et 40 nuits, puis renversa l'obstacle et, d'une course folle, alla creuser ou combler des sillons de rivière dans tout le pays des Cinq Courants. Le Tchinab reçoit près de Kitchwar un torrent, fils du roc, qui tombe de 760 mètres. Le Djhilam écoule les lacs de Cachemir et sort de ce « paradis de l'Orient », jadis petite Méditerranée dont ces lacs sont un reste, par les profondes gorges de Barramoula.

Grandi du Pandjab, l'Indus coule devant la paroi nue des monts indo-persans : Séfid-Koh ou Monts-Blancs, Soulaïman Dagh (5560 mètres) ou Koh-i-Sourkh, c'est-à-dire Monts-Rouges, et Khirtar ou Hala, qui sont le rebord du plateau d'Iran; puis il laisse à gauche les sablonnières du Thar. Son delta de 8000 kilomètres carrés, que forment douze bras, est un triste bas-fond de marais et de sables au bout desquels celui qu'on nomme, à son entrée dans l'Inde, Aba sind ou Père des fleuves s'épanche au loin pendant les crues, gorgé d'alluvions (car c'est un courant très chargé de débris). Mais ces éléments plastiques n'allongent que lentement l'extrême Indus à la fin de sa torride Hollande; la plus grande part des vases est perdue pour le delta, soit que la mer les disperse, soit qu'elle les

Vue des monts du Karakoroum dans la vallée de Chigar. — Dessin de G. Vuillier, d'après une photographie.

concentre au midi dans des fonds de 400 mètres. Si la nature ou l'homme donnaient un autre cours à ses alluvions, il pourrait remblayer le Ram de Catch, vaste platitude, tantôt mer et tantôt désert : quand l'Océan, perçant l'obstacle des sables, y pénètre, le Ram est un très grand golfe à rives basses; quand le flot s'est retiré, pendant la saison sèche, c'est un sahara dur au pied du chameau, tout efflorescent de sel, ayant pour seule onde, en ces jours altérés, les lacs décevants du mirage.

L'Indus a plus de 3000 kilomètres; l'aire de son bassin vaut plus de deux fois la France, et le « Père des fleuves » transmet en moyenne 5550 mètres cubes d'eau par seconde à la mer, 17 500 dans les crues, 1156 à l'étiage.

Gange et Brahmapoutre. Assam. Le delta choléragène.

— Le Gange, un peu moins long que l'Indus, arrose un bassin peuplé de cent millions d'hommes, le quinzième de l'« engeance ». Fleuve sacré, son nom est bienheureux : rien qu'à le dire avec révérence on redevient pur; lavé dans son onde, on n'a plus de péchés; entraîné mort dans son courant, on est sûr des félicités d'outre-vie : aussi dans la vieille Inde, et presque jusqu'à nos jours, son flot portait-il des légions de cadavres; les Anglais ont interdit ce voyage des trépassés, et c'est seulement la nuit que les parents pieux osent confier la chair de leur chair aux saints tourbillons du fleuve.

Le torrent initial, ou du moins celui que le pèlerinage de Gangotri, sanctuaire fameux, a consacré comme branche mère, bien qu'il n'y ait pas droit par son volume, se nomme le Baghirati Ganga : il s'élance, à 4206 mètres d'altitude, d'une grotte de glace peu éloignée dudit pèlerinage, en un empilement de grands monts avec immenses neiges dominées par le géant Kidarnath (6959 mètres). Le rival de Baghirati, l'Alaknanda, véritable origine du fleuve mille fois béni, descend du massif de l'Ibi Gamin (7781 mètres) ou, pour traduire ces deux mots tibétains, de la Grand'mère des neiges. A Déoprayag ou Confluent divin, les deux torrents s'unissent : le Gange est fait.

En quelques lieues d'une course effrénée, de précipice en précipice, le voilà descendu des frimas éternels dans les plaines où l'été ne fuit que devant le printemps, et le printemps que devant l'été, dans le jardin, le verger et le grenier de l'Inde. A l'issue des monts, au très saint pèlerinage d'Hardwar que visitent chaque année 70 000 fervents, son altitude n'est plus que de 311 mètres pour plus de 2000 kilomètres qui lui restent à courir jusqu'au golfe du Bengale. Déjà puissant, un grand canal lui enlève près des six septièmes de ses eaux, soit en moyenne 250 mètres cubes par seconde, pour l'arrosement de 1 800 000 hectares, le long de 500 kilomètres, jusqu'à Cawnpore. D'Hardwar au Djamna, le plus grand affluent du Gange est aussi un Gange : le Ram Ganga.

Près d'Allahabad, il mêle à ses flots troubles les flots du Djamna qui ont serpenté devant les palais de Delhi et d'Agra. On peut croire que ce frère du Gange, plus long que lui de 300 kilomètres [1], fut d'abord le frère de l'Indus : entre les deux fleuves une plaine s'étend, qui semble infinie, et à une distance du Djamna plus longue que de Paris à Orléans, cette plaine domine de 20 mètres à peine le cours de la rivière de Delhi.

Le confluent des deux courants, larges comme deux fois la Loire à Tours en lit plein ou comme la Garonne à Lormont, est un des lieux de l'Inde les plus vénérés par les Hindous; ils y viennent par milliers nombreux laver leurs fautes dans les eaux sacrées.

Ainsi voisine de l'embrassement des deux grandes rivières, Allahabad est un nœud de longs chemins de fer en même temps que le lieu le plus naturel pour la métropole de l'empire anglo-indien, si cet empire dure — ce qui ne se peut guère — et si, dans le cas où il durerait, on a la sagesse d'abandonner Calcutta la vénéneuse, qui est une serre chaude au milieu des marais.

Dès lors le Gange est très fort, même à l'étiage, en dépit des larges saignées faites par les canaux à ses branches supérieures. Il côtoie des champs de riz, d'indigo, de canne à sucre, de coton, grâce à lui féconds toujours; il passe à Bénarès, cité sainte où tous les ans des centaines de milliers de pèlerins viennent se baigner dans ses ondes; il ajoute à ses eaux celles du Gogra, vaste rivière himâlayenne issue du Nanda Devi (7825 mètres), celles de la Sone, venue des monts secs de l'Inde centrale et si capricieuse qu'elle peut ne rouler que 17 mètres par seconde et que des pluies soudaines l'enflent à 49 000; il reçoit la Baghmati près de Patna, le Gandak, la Kosi : ce sont là trois grands torrents himâlayens.

A 480 kilomètres de la mer [2] il pénètre dans les marais d'un delta de 8 millions d'hectares qui lui est commun avec le Brahmapoutre. Son bassin couvre 95 millions d'hectares.

1. 1400 contre 1100.
2. En suivant le fil de l'eau.

Le Brahmapoutre, qui réunit les eaux de monts encore inconnus, contourne au nord, puis à l'ouest, les Khasia et Garro (1962 mètres), pentes les plus mouillées du monde avec leurs huit mois d'averses, leur air d'intense et perpétuelle moiteur, leurs fougueuses forêts tissues et festonnées de lianes. Ces monts tinrent d'abord à ceux du Dekkan; puis, rompus par le milieu, entraînés dans la mer, ils ouvrirent un large passage, et de cette brèche le temps a fait les plaines où Gange et Brahmapoutre s'égarent en delta.

Le Brahmapoutre ou fils de Brahma rassemble des *di* ou rivières dont la majeure, le Dihong, forte de 1550 mètres cubes par seconde en eaux basses, de 10 000 à 12 000 en crue, continue le grand torrent du Tibet oriental, le Dzang-Bo : longtemps on a cru que le beau fleuve des Birmans, l'Iraouaddi, pouvait réclamer aussi loyalement que le Brahmapoutre ce Dzang-Bo du pays d'en-haut comme branche originaire, mais les dernières explorations, dans un pays de monts hérissés de gorges ténébreuses, ont décidément rattaché le compagnon du Gange à la rivière du Tibet.

Un autre large di, le Dibong, le renforce presque en même temps que le Lohit ou Fleuve Rouge :

Au bord du Djhilam (Hydaspe). (Voy. p. 356 et 376.) - Dessin de Bérard, d'après une photographie.

dès lors, à son entrée dans l'Assam, il a presque toute sa puissance.

En Assam il coule rarement dans un seul lit, si bien qu'on n'a pas souvent une juste idée de la « vérité » du fleuve. Dans l'un des passages où il tient tout entier entre deux rives, à Gaouatti, il a 1509 mètres de large, 16 à 17 mètres de profondeur et un débit moyen d'au moins 15 000 mètres cubes, le volume des eaux basses dépassant 9000 et celui des crues extrêmes allant sans doute à 30 000 ou 35 000. Or il y a 800 kilomètres de Gaouatti à la mer, et ce bourg ne connaît point les refoulements de la marée : 1509 mètres de bord à bord, c'est trois fois l'ampleur de la Garonne à Bordeaux, avec des profondeurs doubles et triples, sans que le flux et le reflux y soient pour quelque chose comme dans l'étalage d'eau du fleuve bordelais. Plus encore, de Gaouatti jusqu'à la rencontre du Gange le Brahmapoutre boit de très fortes rivières himàlayennes, surtout le Manas du Bhoutan et le Tista du Sikkim. On doit donc croire que des deux auteurs du delta choléragène le Brahmapoutre est le plus puissant : le Gange n'est que son feudataire.

Lorsqu'il se disperse, c'est jusqu'à l'horizon : le réseau de ses branches a tantôt 20 kilomètres, tantôt 40, et même 100.

L'Assam est une des plaines les plus sillonnées de rivières, d'arroyos, et les plus humidement chaudes de la Terre. On y respire un air lourd miasmatique ; il y pleut de mars à novembre et presque à décembre ; pendant les deux tiers de l'année fleuve, rivières, arroyos, marais gonflent et s'unissent en lacs dans la basse maremme où paissent de débonnaires troupeaux de rhinocéros menés aux champs comme des bœufs ; ils recouvrent d'eau bourbeuse les pothars, bas-fonds mouillés où croît le riz ; ils envahissent la forêt plate dont l'air vibre de moustiques, dont les palus sont pleins de sangsues et la vase de traînants batraciens, près du repaire, de la tanière, de la bauge ou de la cachette : car les bois d'Assam logent singes et chacals, sangliers nains, ours, buffles, petits et grands félins, le tigre, le léopard, l'éléphant sauvage. Quant à l'homme, encore presque partout rudimentaire, sous divers noms, Kotches, Mikir, Bodo, Khasia, Garro, Naga, Kouki, Louchaï, etc., il appartient à plusieurs origines ; mais Tibétains de race, ou Indo-Chinois, ou Dravidiens, ils se cimentent peu à peu, grâce à l'immigration des coulis [1], en un peuple qui aura probablement pour idiome le bengali, langue aryenne.

Le delta des deux fleuves jumeaux, le Banga des Hindous, — notre Bengale, — est arrêté depuis longtemps dans sa croissance vers l'ouest et vers le sud par une fosse marine de quatre à cinq cents mètres de profondeur, le Grand Gouffre sans fond, le Great Swatch of no Ground, situé à 130 kilomètres de la ligne des embouchures. Là s'engloutissent vases, détritus, et, dans les inondations, des îles de boue tout entières. Cette cuvette sous-marine, qui ne sera comblée que dans le lointain des âges, reçoit les bras du double fleuve : le Gange propre ou Padma, c'est-à-dire Fleur de lotus, branche orientale, se mêle au Brahmapoutre ; la Baghirati, bras occidental, soutire le Padma par des chenaux et, sous le nom d'Hougli, baigne l'altière Calcutta. L'Hougli, Gange commercial, restera tel jusqu'à un bouleversement des vases deltaïques ; d'ailleurs cette Camargue friable, presque liquide, est en éternelle destruction, en éternel renouvellement.

Gange et Brahmapoutre unis vont à la mer du Bengale par une infinité de chenaux boueux, mais beaucoup d'entre eux se traînent, étroits, tortueux et presque sans eau, tandis que le Meghma, fait du Padma et de presque tout le Brahmapoutre, est un fleuve géant, avec peut-être 30 000 mètres cubes de débit moyen par seconde.

Le delta du Gange-Brahmapoutre est un filet de fleuves silencieux qu'un violent mascaret parfois soulève et fait bruire ; un réseau d'îles où rôdent le tigre, l'éléphant, le rhinocéros et le léopard ; un chaos de lacs amers, de flaques vaseuses, de terres fluides, d'eaux terreuses, de rives incertaines faites par une inondation, détruites par une autre, de champs incultes, de rizières. C'est un fœtus de la terre et des eaux, surtout dans le Sanderband, sa région la plus palustre, au bord même de la mer. Sous l'humide chaleur, dans la tiède putréfaction, des poisons y rampent : là naquit le choléra, là pourra naître quelque grande maladie de l'avenir.

Noble cachemirien. — Dessin de E. Ronjat, d'après une photographie.

La région parcourue par les trois grands fleuves, Indus, Gange et Brahmapoutre, entre l'Himâlaya presque infranchissable au nord, et les monts Vindhya, faciles à franchir, au sud, c'est l'Inde chaude, près de la moitié du pays. Pour l'abondance des pousses, l'éclat, la force, la fougue des plantes, ses terrains inclinent vers deux pôles. Le pôle de l'infécondité, le Sahara indien, c'est le désert de Thar, près du delta de l'Indus : qu'on y arrive du nord, du sud, de l'est, de l'ouest, le jardin devient un désert, la forêt un sable sans limite éparpillé par le vent. Le pôle de la fécondité, le delta putride, électrique, humide, orageux du Bengale, touche à la métropole, à Calcutta. 160 millions d'hommes, soit les 3/5 des

[1] Venus surtout pour cultiver l'arbre à thé.

habitants de la péninsule, et même un peu plus, vivent dans l'Inde du Nord ou Inde chaude, laquelle est cependant moins grande que l'Inde du Sud ou Dekkan.

Dekkan : Ghâtes, immenses laves, fleuves excessifs. — L'Inde méridionale, le triangle baigné de flots, le Dekkan, c'est-à-dire le Midi [1], s'étale sous le Tropique, et même se rapproche fort de l'Équateur par sa pointe terminale. En moyenne il y fait pourtant moins chaud que dans l'Inde gangétique : comparée à celle-ci, c'est l'Inde tempérée, sauf sur le mince ruban des côtes, car le long du rivage, sur la mer d'orient comme sur la mer d'occident, les vents du large ne diminuent point la chaleur tropicale, et souvent même

Cachemiriens cultivateurs. — Dessin de E. Zier, d'après une photographie.

l'augmentent, quand de l'Océan s'élèvent d'épais nuages électriques.

C'est un plateau de 300 à 1000 mètres d'altitude, fait surtout de gneiss et vêtu de basalte en couches très profondes [2]; les roches, les cendres volcaniques y couvrent bien 30 millions d'hectares, même 50 millions, l'aire de la France, si l'on considère l'Inde centrale comme une dépendance du Dekkan. Porté par les Ghâtes, il a tout droit au nom de Balaghât, qu'on lui donne souvent dans l'Inde, et qui signifie : sur les Ghâtes — par opposition au pays de la côte, Payinghât : sous les Ghâtes. Quant au mot Ghâtes, il veut dire : escalier ; et en effet, vue du rivage, du Konkan, cette chaîne s'élève en marches, par degrés, du littoral étroit jusqu'au rebord occidental du Plateau.

---

1. Dekkan est la corruption de *Dakchina Patha* : la main droite, le pays à la droite quand on se tourne vers le soleil levant.
2. 200, 500 et jusqu'à 1000 mètres d'épaisseur.

Trop souvent sec (les Ghâtes écartant les nuées de la mousson), il ne reçoit, à Pouna par exemple, que 60 centimètres de pluie par an, tandis que sur les versants marins du Malabar, chargés de tek, de sandal et d'ébène, il tombe de 4 à 7 mètres d'eau. Presque partout veuf de ses forêts, de sol terne, gris, rouge ou jaunâtre, avec de longs et monotones mouvements de terrain, usé par l'homme, aussi par la nature, il n'a plus la beauté virginale et il a perdu le spectacle des illuminements volcaniques. Ses fournaises sont toutes éteintes : les plus terribles fumaient et flambaient, croit-on, dans l'ouest, entre Nasik et Pouna, au-dessus de la plage où Bombay trafique avec tous les trafiquants de la Terre.

Des monts divers soutiennent « le plateau du Midi ». Au septentrion se lèvent les Vindhya, point hauts, point fiers, ayant pour tête une cime de 710 mètres : à cette longue chaîne qu'accompagne au sud le Narbadah s'arrêtent à la fois le Dekkan et le domaine des idiomes dravidiens. Pardelà les Vindhya, des chaînons et massifs, tantôt montagnes comme les Aravali (1723 mètres) ou monts de la Force, tantôt collines avec torrents desséchés en été, vont se perdre sur le désert de Thar, solitude enflammée ; ou bien, comme les monts du Boundelkhand, faits de très vieux gneiss, s'achever sur les plaines du Djamna et du Gange. Parallèles aux Vindhya, entre Narbadah et Tapti, les Satpoura ou Mahadéo, c'est-à-dire Grand Dieu[1], montent à 1375 mètres.

Il ne faut pas chercher les sommets du Dekkan dans ces flanquements, ces bastionnements du nord, mais, tout contrairement, loin dans le sud, parmi les gneiss et les porphyres qui se terminent à la pointe australe de la presqu'île, au cap Comorin — ou plutôt qui s'y achèvent en apparence, car les monts de Ceylan les continuent par-dessous et par-delà les flots. Le Front des Éléphants ou Anamoudi, dans le massif des Éléphants ou Anamalah, s'élance à 2693 mètres ; et, dans les Monts-Bleus ou Nilghiri, que le Pal Ghat sépare du massif des Éléphants, le Dodabetta ou Grand-Mont se dresse à 2652. Le Pal Ghat, le Gap[2] des Anglais, est un passage de 130 mètres au plus d'altitude, menant de la côte du Malabar aux larges plaines de la Cavéry qui s'abaissent insensiblement vers la côte de Coromandel.

Anamoudi, Dodabetta, font partie des Ghâtes occidentales, laves très fouettées de pluies dominant

---

1. Le Mahadeo, superbe montagne avec très grande variété de roches, est consacré à Siva.
2. Brèche, coupure.

de près le littoral de la mer d'Oman, sur une longueur de 1300 kilomètres entre le cap Comorin et l'embouchure de la Tapti dans le golfe de Cambaye. En dehors de ces gneiss et de ces porphyres du sud, la rangée des Ghâtes d'occident n'a que de très modestes hauteurs, 1000 mètres en moyenne, avec des sommets oscillant entre 500 et 1400. Les Ghâtes orientales, sur le rivage du golfe de Bengale, vont de la rive gauche de la Cavéry à la vase meurtrière du delta du Gange ; plus humbles encore, à peine montent-elles à 500 mètres de moyenne hauteur ; elles commandent les basses vallées des fleuves dekkaniens, les Ghâtes de l'ouest en abritent les sources.

Mahanaddi, Godavéry, Kistna, Cavéry, Narbadah, Tapti, ces deux derniers étant tributaires du golfe d'Oman, voilà les noms des fleuves dekkaniens : trois d'entre eux, Mahanaddi, Narbadah, Tapti, finissent hors du Dekkan, dans une terre aryenne et non pas dravidienne.

Le Mahanaddi, autrement dit le Grand Ru, parcourt 856 kilomètres dans un bassin de 10 millions d'hectares et s'achève avec d'autres torrents côtiers par les chenaux d'un delta de 13000 kilomètres carrés. Très excessif, il oscille entre le débit de telle petite rivière de France et celui du Congo ; la sécheresse peut ne lui laisser que 31 mètres par seconde et la mousson lui en confier 50000. On a tenté de le corriger au sortir des monts par trois digues emmagasinant assez d'eau pour féconder d'ores et déjà 520 000 hectares. L'Orissa, qu'il traverse avant d'aller à l'Océan, a par milliers des sanctuaires pour tous les dieux de l'Inde, des pèlerinages pour les fanatiques de tous ses cultes ; c'est là qu'à Djagganath 4200 prêtres tirent de grand ahan dans le sable de la plage, pendant des jours et des jours, un char énorme portant une pagode en bois dédiée à Vichnou, et parfois quelque fou se jette sous les roues sacrées.

La Godavéry, dans son cours de 1450 kilomètres, recueille les courants d'un bassin de plus de 30 millions d'hectares. Elle entre dans la mer du Bengale par les bras d'un delta de 4000 kilomètres carrés. Né tout au rebord occidental du plateau, à l'est et non loin de Bombay, ce fleuve prodigieusement inconstant dont la portée va de 60 à 40000 mètres cubes par seconde perce les Ghâtes orientales par une gorge où l'onde emprisonnée a 37 mètres de profondeur en temps sec, et 67 en crue, sinon même 97 au plus étroit passage, la Godavéry montant alors de 30 à 60 mètres. Sur une des rivières de son bassin, le Kanhan, dans le pays de Nagpour, on médite un barrage pour l'irrigation de 160 000 hectares.

Le Kistna ou Krichna, qui parcourt près de 1500 kilomètres dans un bassin de plus de 24 millions d'hectares, naît encore plus près de la mer de Bombay que la Godavéry. Aussi fantasque et mal réglé que les autres fleuves du Dekkan, il ne donne quelquefois que 32 mètres cubes par seconde et il en peut fournir 33 620 : c'est alors un grand spectacle que celui des chutes et rapides où il quitte le plateau par une pente de 124 mètres en 5 kilomètres. En un lieu de son cours le barrage d'Anakatt retient l'eau d'arrosage pour 400 000 hectares.

Entre la côte de Malabar[1] à l'ouest et celle de Coromandel à l'est, la Cavéry n'a point de rivale

Dans les Ghâtes : le Duke's nose, à Kandallah. — Dessin de Lancelot, d'après une photographie.

dans l'Inde du Sud, l'Inde la plus charmante, puisque l'Himâlaya est terrible, l'Indus aride, le Gange torride, l'Inde centrale sèche, le Dekkan banal. Arrivée sur l'extrême rebord des plateaux de Maïsour (Mysore), le saut de Sivasamoudram ou Mer de Siva la précipite de près de 100 mètres de haut dans le val inférieur, que suivent une large plaine, puis un large delta. Par diverses rivières elle amène aux océans 500 mètres cubes par seconde à l'étiage, 13 500 en grande crue, tribut d'un voyage de 760 kilomètres dans un pays de 8 millions d'hectares. Moins extravagante que ses frères et sœurs de Dekkanie, la Cavéry doit quelque chose de ses allures plus tranquilles aux innombrables retenues d'irrigation de son bassin ; il y en a plus de 37 000 dans la seule contrée de Mysore, et, dit-on, 63 000 dans la présidence de Madras : dès maintenant 12 millions d'hectares de l'Inde anglaise sont arrosés

1. Corruption de Malyavar, « Monts nombreux ».

par des dérivations de rivières ou des réserves d'étangs.

Le Narbada, fleuve gracieux, fils des monts d'Amarkantak (1014 mètres), coule sans grands détours vers l'occident pendant 1300 kilomètres. C'est lui qui passe, au-dessous d'une cascade de 8 à 9 mètres, dans l'admirable couloir des Roches de Marbre, près Djabalpour : là, dans sa haute vallée, et petit encore, n'ayant guère que 20 mètres de large, il fuit, rapide, pendant 3 kilomètres, entre des parois marmoréennes d'une éclatante blancheur, hautes de cent pieds, sans forêt, sans un arbre, sans même un gazon; rien que le marbre pur reflété par l'eau candide. Presque nues après avoir été splendidement vêtues d'arbres inestimables tels que le tek et le sal, les montagnes narbadéennes envoient à leur fleuve, quand souffle la mousson, des torrents extraordinaires, et le courant des Roches de Marbre, fort humble en saison sèche, arrive à rouler 70 600 mètres cubes par seconde. Le Narbada n'a ni l'ampleur du Gange, ni son bassin fait pour plus de cent millions d'hommes, mais sa sainteté dépasse la sainteté même du fleuve de Bénarès. Dans une trentaine d'années, les âmes altérées auront soif de ses seules eaux, les pèlerins y laveront leurs péchés, les malades voudront expirer dans son onde, les morts flotteront au fil de son pur courant, les bûchers fumeront sur ses rives : car le Gange n'a reçu des dieux hindous que cinq mille ans de sainteté suprême, et ces cinquante siècles finiront avant que notre génération ait disparu tout entière. Tel qu'il est maintenant, partageant sa vertu sacrosainte avec le Gange et autres courants « divins », le Narbada voit des pèlerins le descendre par une rive, de sa source à son embouchure, priant à tous les sanctuaires, et le remonter de même par la rive opposée — deux ans de route pour qui n'omet aucun temple.

La Tapti, fleuve de Surate, coule au midi du Narbada, parallèlement à lui, bien plus courte dans un bassin moindre, et se perd comme lui dans le golfe de Cambaye, qu'ils encombrent tous deux de débris. Elle monte à 25 400 mètres cubes par seconde, crues de tel maître fleuve, elle que les mois sans pluies abaissent à 5 ou 6 mètres, étiage de tel ruisseau normand.

Ainsi se présente le Dekkan, qu'habitent 100 millions d'hommes, ou près des 2/5 des « Indiens ».

Climats de l'Inde. — L'Inde a tous les climats : celui du Pôle dans le haut Himâlaya ; celui du ciel chaud ou tempéré dans les monts moyens ; celui du Tropique dans le Bengale, le long du Gange et sur les littoraux ; celui du Sahara dans le désert de Thar, et, au nord de ce désert, dans le Pandjab : mais comme les chaleurs atroces de ces deux derniers pays, fours réverbérants de l'Inde, comme leurs 45, 50, 52 degrés à l'ombre sont compensés par de basses températures, qui peuvent descendre à zéro même, la moyenne de l'année n'y atteint pas celle de lieux moins étouffants en été, celle de Madras, par exemple, où le mercure ne s'élève qu'à 42°,50, mais où il ne s'abaisse qu'à 17.

Dans l'Himâlaya, dans les Aravali, les Vindhya, les Satpoura, les Ghâtes, l'altitude des sites rafraîchit le climat : une ville des Nilghiri, Outakamound, a pour moyenne de l'année 13°,3, tandis que près de là, dans les plaines inférieures, Trichinopoli, deux fois plus ardente, écrit au bout des douze mois une moyenne de 29°,3.

Cette terre des flambants soleils est aussi celle des averses les plus serrées, les plus noires. La mousson, vent régulier qui souffle de juin en septembre, y amène des nuées que toujours suivent d'autres nuées, et il semble que l'Océan veuille se vider sur la Terre ; mais toute l'Inde n'a pas même part à ce bienfaisant déluge dont on croirait, comme de celui de la Bible, qu'il élèvera la mer à quinze coudées au-dessus des plus hautes montagnes : dans tel vaste canton que les sierras privent des haleines du gouffre des gouffres, il ne pleut jamais, ou presque jamais. Au cap Comorin, pointe méridionale de la péninsule, il tombe un mètre de pluie par an ; le Dekkan, ne recevant que des nuages déchirés au passage des Ghâtes, en absorbe ici un demi-mètre, là 1 mètre, là 2, là 3, pendant que sur le versant maritime des Ghâtes de l'ouest la chute annuelle peut dépasser 7 mètres dans les parages de Bombay.

7 mètres ! Presque dix fois la moyenne de la France[1]. Et dans une autre chaîne, la fameuse Tcherra-Pondji, qui d'habitude voit tomber annuellement sur elle vingt et une fois la moyenne de la France, a été visitée en 1861 par 20 mètres 44 centimètres de pluie, vingt-six à vingt-sept fois ce que le ciel verse en douze mois sur nos têtes ! Même on peut croire qu'il y a par là des lieux plus mouillés encore que le « Bourg des ruisseaux[2] ».

Les Aryas. Sanscrit, pali ; ourdou. Idiomes

[1]. Au cas où notre moyenne annuelle serait de 77 centimètres, hauteur probablement beaucoup trop faible.
[2]. Signification de Tcherra-Pondji.

Le Gange à Cawnpore. — Dessin de H. Clerget, d'après une photographie.

dravidiens. — Avant l'ère historique, l'Inde appartint à des Noirs ou Négroïdes, aux Dasyous, aux Mletchas, autochtones se rapprochant peut-être de la pauvre race australienne. Quelques-unes de ces tribus premières vivent encore dans des monts de l'Inde centrale et du Dekkan : ainsi les Bhils, qui dépassent un million; les Todas, réduits à quelques centaines; les Gonds, dont le Gondwana [1] tire son nom.

A ces indigènes succédèrent des hommes plus puissants qui par leur alliance avec les aborigènes créèrent les peuples dravidiens ou draviriens de l'Inde méridionale parlant encore aujourd'hui des langues essentiellement différentes de celles de l'Inde septentrionale. Ces hommes vinrent peut-être du Tibet par le Brahmapoutre, et, plus probablement, du plateau d'Iran, qui a conservé jusqu'à ce jour une nation dont l'idiome se rapproche des langages dravidiens — la nation des Brahouis, en Baloutchistan. — Puis, des peuplades issues, pense-t-on, du Touran arrivèrent par la passe de Caboul; elles s'établirent dans le pays de l'Indus, jusqu'aux monts Vindhya, et donnèrent naissance à la race des Djats.

A leur tour, ces conquérants divers furent soumis par des envahisseurs blancs, les Aryas, venus on ne sait trop de quelle partie de l'Asie du nord-ouest.

Ces Aryas qui allaient remodeler l'Inde s'étaient séparés, vers l'an deux mille avant notre ère chrétienne, de leurs frères les Iraniens, puis, par la grande porte de l'Occident, la vallée du Caboul, ils avaient atteint le seuil des pays de l'Indus et du Gange.

Sans doute en petit nombre, incapables d'absorber, ils avaient, il faut croire, la supériorité des armes; leur langue était magnifique et résonnait en hymnes éclatants devant les images de leurs jeunes dieux. Semblables à ces conquistadores qui jetèrent à bas des empires énormes, les Aryas s'emparèrent de l'Inde subhimâlayenne et s'avancèrent vers le sud à travers la foule des autochtones, des Touraniens ou Djats et des diverses nations dravidiennes.

Ces vainqueurs n'exterminèrent point les vaincus. Ceux-ci, le temps aidant, entrèrent dans la race conquérante; le blanc visage des Aryas, si réellement ils étaient blancs, devint brun, presque cuivré, mais la langue souple et sonore des envahisseurs, leur religion, leurs idées, leurs institutions, leurs mœurs conquirent de proche en proche tout l'Aryavarta ou pays des Aryas, c'est-à-dire les bassins de l'Indus et du Gange. Quant au Dekkan, il maintint presque partout ses races et ses langues.

Les temps qui précédèrent la conquête d'Alexandre nous montrent, sur les deux fleuves, des villes opulentes, pleines d'hommes passionnés pour les songes de la philosophie et parlant la plus belle langue de la Terre, le sanscrit, plus riche, plus fort, plus élégant, plus ample et sonore que le grec lui-même, avec épopées immenses, Mahabârata, Ramayana, poèmes de cent mille et tant de lignes traversés d'admirables vers. Alors florissait dans sa jeunesse la religion de Brahma qui tremble aujourd'hui dans sa décrépitude.

Cinq cent soixante ans avant l'ère chrétienne, un homme de sang royal, né au pied des monts du Népal, Çakyasinha ou le lion de Çakya, sortit de la vie contemplative sous le nom de Çakyamouni ou le solitaire, l'ascète de Çakya [1]; il proclama tous les hommes frères, il maudit les castes qui divisaient, qui divisent encore misérablement les Hindous. Sa doctrine devint une religion, et cette religion prit de son fondateur, que l'admiration des néophytes avait appelé Bouddha ou Sagesse, le nom de bouddhisme, sous lequel elle est lui fort répandue, et aussi fort détournée de sa simplicité première par l'exégèse de ses docteurs et les rites de ses prêtres : le temps, l'usure en ont fait un ensemble de formules, un marmottage de prières.

Au septième, au huitième, au neuvième siècle de notre ère, le bouddhisme, lentement, s'éteignit dans l'Inde, et cette religion, la plus pratiquée du monde, n'a plus son point d'appui dans la terre du Gange. Des centaines de millions d'hommes la professent dans le Népal, au Tibet, à Ceylan, en Indo-Chine, Chine, Mongolie, Mandchourie, Japon, dans l'Asie Centrale, dans les toundras de la Sibérie et jusque sur les rives de la Volga. Le pali a disparu de l'Inde en même temps que les bouddhistes qui priaient et chantaient dans cette langue; mais, ayant eu l'honneur de porter les paraboles et les sentences du saint prédicateur aux oreilles des peuples, cet idiome d'un pays du Gange inférieur resta le langage sacré du bouddhisme. Encore aujourd'hui d'innombrables ecclésiastiques l'ânonnent sans le comprendre dans les temples, les chapelles, les cloîtres de la plus

---

1. On appelle officiellement le Gondwana : Provinces centrales.

1. C'est-à-dire le lion, le solitaire, l'ascète de la famille de Çakya.

grande part de l'Asie. Et dans cette liturgie, vieille bientôt de deux mille cinq cents ans, vivent toujours quelques débris d'un verbe plus antique même que le pali, des lambeaux de sanscrit que prêtres et moines bouddhistes entendent moins encore que le langage de leur rituel.

Quant au sanscrit, c'est le verbe religieux des brahmanistes, l'étude constante des brahmanes ou prêtres de Brahma : c'est aussi, comme en Europe le latin pendant le moyen âge, l'idiome « commun » de l'Inde, l'organe des relations entre les savants, les lettrés, les hommes de grand et bon ton dans toute la péninsule, tant en « Aryanie » qu'en « Dravidie ».

A l'origine, le pali était au sanscrit ce qu'un patois hérissé, heurté, grossier, paysanesque, est à la langue limée qu'emploient les rois, les prélats, les juges, les écrivains et les poètes ; c'était un jargon méprisé de haut par les « sanscritistes », un langage prâcrit, ce qui veut dire naturel ou vulgaire, tandis que sanscrit signifie parfait. Pourtant le sanscrit est mort avant les idiomes prâcrits, et ceux-ci, sous divers noms, vivent encore. — Ainsi dans l'Occident, le fier latin, d'abord langue de la conquête, du commandement, du droit, puis langue de la religion, a péri, laissant un coin du temps et de l'espace à cinq ou six filles de la *lingua rustica*, qui était l'auvergnat, le charabia de l'Empire.

Après l'apparition du Bouddha, dès avant la razzia d'Alexandre le Grand, l'Arya hindou, rayé d'éléments jaunes et noirs et très indigne déjà du nom d'homme blanc, semble énervé par les langueurs de son climat. Il dit avec le proverbe : « Mieux être assis que debout, couché qu'assis, mort que couché » ; et avec les *Mille et une Nuits* : « Qui entre dans la nuit et la mort accourcit son mal, car le bonheur n'est pas dans le mouvement. »

L'islam, qui bouleversa si profondément l'Asie antérieure, l'Égypte, l'Afrique Mineure, et pendant plusieurs siècles l'Europe, n'eut pas la force de conquérir l'Inde comme il avait conquis Perse et Syrie, Nil et Maghreb, Sicile, Ibérie ; mais, à partir du neuvième siècle, la terre « aryenne » vit souvent descendre des plateaux iraniens ou baloutches, par la voie du Caboul, des invasions de Mahométans appartenant plus ou moins à trois races, à l'iranienne, à l'arabe, à la touranienne : Afghans, Brahouis et Baloutches, Persans, Turcs des diverses Turquies, Arabes. Ces Musulmans, se mêlant aux Aryas ou aryanisés du pays, ont fait du Nord-Ouest de la presqu'île une contrée bien plus musulmane que brahmaniste.

Au seizième siècle, un descendant de Tamerlan fonda le célèbre empire mahométan de Delhi dont l'Europe se

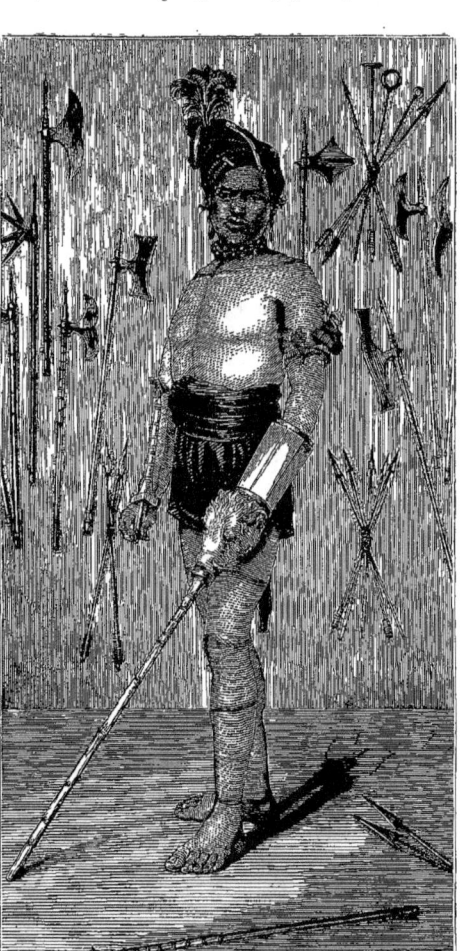

Chef gond. (Voy. p. 366.) — Dessin de sir John Campbell.

faisait conter les merveilles. L'empire du Grand Mogol disparut à son tour. Après les Portugais, les Hollandais, les Français, l'Angleterre prit la prépondérance dans l'Inde, et de nos jours presque tout ce que les Anglais n'y possèdent pas directement leur appartient de fait sous une fausse apparence d'autonomie.

Comme races il faut distinguer l'Inde septentrionale et le Dekkan. Dans l'Inde septentrionale, dans l'Aryabhoumi, Ariadeça, Aryavarta [1], le sang dit arya prit part à la naissance des peuples qui vivent sur le Gange, le Brahmapoutre et l'Indus. Non point avec prépondérance, comme on le racontait, puisqu'il s'y noya presque en une mer d'éléments de toute sorte : éléments jusqu'à un certain point de même nature tels que le persan, l'afghan et l'européen moderne, éléments plus éloignés comme l'arabe, éléments hétérogènes comme le sang des Dravidiens, des Tibétains, des Touraniens, des Mongols, et surtout des autochtones à peau noire. Dans le Dekkan, où pénétrèrent peu les Aryas, où montèrent peu ou point les envahisseurs qui submergèrent tant de fois les plaines subhimâ-

Une plantation de thé dans l'Inde. — Dessin de Paul Langlois, d'après une photographie.

layennes, les habitants sont plus ou moins restés ce qu'ils étaient quand des hommes jaunes y eurent mêlé leur être à l'être des noirs autochtones.

Quant aux Aryas modernes, puisqu'il est entendu que les Européens sont des Aryas, ils n'arrivent même pas à l'humble proportion d'un sur mille dans ce prodigieux empire où règne une des nations d'Europe. Les Anglais, qui, proportionnelle-

[1]. Ces trois mots sanscrits veulent dire : Terre des Aryas.

ment, viennent plus d'Écosse que d'Angleterre et d'Irlande, n'y sont que 89 000, armée comprise. Ils commandent, ils administrent, ils grugent, ils font des affaires, de la finance, dirigent des usines, surveillent des plantations de thé, de coton et de tout arbuste de grand revenu. Ils n'ont pas su mettre au monde, comme les Espagnols et Portugais d'Amérique, une puissante race intermédiaire entre conquérants et conquis, anglaise par la langue de ses pères, indienne par ses coutumes, ses affections et par l'acclimatation puisée à la source du sang maternel. Les Eurasiens, comme on nomme les métis des Anglais dans l'Inde, sont peu nombreux; leurs pères les méprisent, ils haïssent leurs pères, dédaignent leurs mères et ne tiennent par aucune fibre à l'Angleterre, pas plus qu'à l'Inde; inertes et vains, ils recherchent les emplois tranquilles, les bureaux, les écritures,

Bombay : ouvriers du marché au coton. — Dessin de A. de Neuville, d'après une photographie.

les sinécures. Tout ceci pour les Eurasiens anglais : les Eurasiens français valent mieux, physiquement et moralement, et les Eurasiennes de ce sang-là sont parfois très gracieuses; les Eurasiens portugais ont la peau bronzée, ou même noire; ils ne craignent pas de se livrer au travail de leurs mains. Tous ensemble, ces métis ne montent peut-être pas à 500 000.

Là langue la plus générale de l'Inde n'est pas l'anglais, mais l'ourdou, menacé maintenant dans sa prépondérance. Le nom d'ourdou, mot de langue mongole qui signifie camp, rappelle comment naquit cet idiome. Dans l'ourdou, c'est-à-dire dans le camp, ou, si l'on veut, dans le palais du Grand Mogol, à Delhi, retentissaient trois langages : le mongol, langue maternelle de la dynastie; le persan, langue littéraire et distinguée de l'Asie; l'arabe, langue religieuse des Mahométans. En se mariant avec le parler du pays, l'hindi, dialecte pràcrit, ces trois idiomes firent naitre l'ourdou, et cet ourdou fut le parler des princes et seigneurs, des grands personnages, des soldats, des hauts et bas bureaucrates, de tout ce qui était puissance, domination, rouages de gouvernement, administration, cour, diplomatie. Plus tard les Anglais y recoururent pour communiquer avec leurs sujets dans le grand empire polyglotte qu'ils venaient de conquérir sur les empereurs de Delhi. Mais voici que l'hindi ou hindoustani, parlé par plus de 100 millions d'hommes, en quatre-vingts dialectes, sur le Djamna et le Gange, dans la grande vallée centrale du nord, l'hindi, fort du nombre des hindiphones, réclame la prééminence sur ce langage officiel, artificiel, bâtard, trop fleuri, trop émoussé, trop policé, dont l'usage diminue, ainsi que celui du persan, chéri jusqu'à nos jours dans les hautes classes de l'Inde musulmane.

L'hindi qui est l'idiome le plus parlé, la langue générale des Brahmanistes (celle des Mahométans étant encore l'ourdou); le bengali dont usent 45 millions d'hommes dans le Bengale; le mahratti qui règne dans le nord-ouest du Dekkan; le pandjabi et le sindi, verbes du Pandjab et du bas Indus; le marouari qui s'emploie dans le désert de Thar; le goudzarati qui résonne dans le Goudzarate; l'ouriya, langue vulgaire de l'Orissa, etc., etc., enfin l'ourdou, quoique prodigieusement bâtard, tels sont les langages aryens de l'Inde, qui règnent sur 200 millions d'hommes, du rebord des monts iraniens à la côte indo-chinoise, et de l'Himâlaya jusqu'au delà de Goa sur la côte occidentale, au delà de Ganjam sur la côte orientale.

Dans le Dekkan vibrent les langues dravidiennes, absolument étrangères au sanscrit et à ses dérivés plus ou moins altérés d'éléments divers, notamment de persan; on les dit parentes, à un degré très éloigné, des idiomes de l'Asie du nord, de l'ostiak plus que de tout autre. Le télinga ou téloujou, fort doux, très harmonieux, sert à 16 millions de personnes, sur la Godávery et sur le Kistna, dans la moitié orientale de leur cours, et sur le Panar du nord, fleuve plus petit. Il recule devant le tamoul ou tamil, que parlent 15 millions de Dravidiens, à Madras, à Pondichéry, à Karikal, dans le sud de la péninsule, et, par surcroît, dans le nord de l'île de Ceylan : le tamoul, incroyablement riche et flexible, à la fois doux et fort, passe pour le « sanscrit dravidien ». 6 millions emploient le canarais, à l'ouest du télinga, dans le bassin supérieur du Kistna. Le malayalam, dont 3 à 4 millions usent, occupe le littoral malabarais, à l'ouest du tamoul. Avec le toulouva et autres idiomes peu répandus, il y a bien près de 50 millions de Dravidiens, qui finiront tous, pense-t-on, par devenir des tamilisants ou des télingaphones, car là aussi les petites langues s'en vont. Peut-être même le tamil restera-t-il seul.

L'anglais, que 6 millions d'hommes connaissent, doit une grande influence à sa qualité d'idiome de la haute société, de la politique, des principaux journaux, mais il ne peut prétendre à remplacer l'hindi, parlé par autant d'hommes qu'il y a d'Anglais dans le monde.

Religions et castes. — A l'exception d'une cinquantaine de millions de Musulmans et de six millions de Bouddhistes et de Chrétiens, l'Inde professe le brahmanisme, la religion de ses vieux hymnes et de ses grands poèmes. Elle adore Brahma, l'être préexistant dont le trône couronne la fabuleuse montagne de Mérou, centre de la Terre et prétendue source de l'Indus et du Gange. Brahma crée; Vichnou conserve : toujours en avatar[1], il s'est manifesté sous mille et mille formes. Siva détruit; c'est le Grand Dieu (Mahadéo) et le plus adoré de tous. Puis viennent Kali, déesse de la mort, Indra, Krichna, qu'invoquent les pâtres, Rama, etc., etc. Les petits dieux et démons fourmillent. Les animaux, dans le corps desquels la divinité s'incarne souvent et où se réfugient par métempsycose les esprits des morts, sont plus respectés, plus aimés des Hindous que les humains leurs frères : la vache, par exemple, est extrêmement révérée. Il y a, ou il y eut dans ce pays sympathique à nos muets compagnons de la vie, des hôpitaux pour les bêtes vieilles ou malades, comme nous avons nos Hôtels-Dieu, nos Incurables, nos Invalides; notre mépris hautain des vies inférieures est une abomination pour les Hindous : ils appellent l'Europe l'Enfer des animaux, nom que lui valent bien les barbaries de nos abattoirs, les brutalités de nos charretiers, les exploits de nos chasseurs.

Tandis que les animaux sont ainsi respectés et choyés, une hiérarchie dure a longtemps parqué, et à un moindre degré parque encore les hommes

1. En transformations.

Un carrefour à Delhi. — Dessin de A. de Neuville, d'après une photographie.

en castes qui de haut en bas se méprisent, et de bas en haut s'envient et se haïssent.

La caste supérieure, celle des brahmanes ou prêtres de Brahma, nous représente plus que toute autre les anciens Aryas, quoique extrêmement mêlée malgré l'orgueil sacerdotal et la fierté de race. Elle regarde superbement les kchatryas.

A l'origine, les kchatryas ou guerriers étaient des Aryas, ceux précisément qui conquirent le pays : détruits par les brahmanes eux-mêmes en un jour funeste à la race blanche dans l'Inde, ils furent remplacés par d'autres guerriers, de sang non aryen, par des Djâts touraniens ; et plus tard cette seconde caste reçut dans son sein d'autres batailleurs dont la patrie précise nous est inconnue, les Radjpoutes, que d'ailleurs toutes les apparences rattachent au tronc des Aryas. Les descendants de ces derniers conquérants qui pénétrèrent dans l'Inde par la porte du Caboul vers le quatrième siècle après Jésus-Christ, ont donné leur nom au Radjpoutana, pays occupant les derniers bastions de l'Inde centrale au-dessus du désert de Thar et des plaines d'Agra ; ce sont les plus « hommes » des Indiens de l'Inde, avec les Sikhs du Pandjab, mais, trop dispersés au milieu de leurs vieilles conquêtes (comme en Afrique les Peuls), ils ont perdu toute cohésion et puissance.

A leur tour, les kchatryas n'ont point d'estime pour les vaïchyas, caste où domine le sang touranien. Ces vaïchyas, gens de boutique et propriétaires, sont la dernière des classes nobles ; au-dessous d'eux viennent les descendants des Noirs ou Négroïdes autochtones et des envahisseurs préaryens qui s'allièrent avec eux, les impurs soudras, qui sont terrassiers, ouvriers, domestiques. Enfin, les soudras eux-mêmes dédaignent comme on les dédaigne, car plus bas qu'eux grouillent les gens sans caste.

Telle est la division classique, mais, dans la réalité moderne, l'ordre descendant des castes est comme suit :

Brahmanes, cultivateurs, marchands, hommes d'industrie ou de métiers ; et chaque caste se divise en une infinité de sous-castes et d'infra-sous-castes correspondant chacune à un groupe parfois infinitésimal[1], à une profession, à une situation sociale dérivant le plus souvent, pour les uns d'une conquête antique, pour les autres d'une antique soumission. Après la dernière des infra-sous-castes vient la foule des sans-caste.

1. Il y a des infra-sous-castes de mille personnes, de cent, de deux !

Ainsi tous s'abominent, chacun dans son compartiment d'où l'usage et la loi lui défendent de sortir.

Ce monstrueux monument d'iniquité chancelle : les cinquante millions de Musulmans, près du cinquième des Indiens, ne reconnaissent pas le parquement des castes. Et chez les Hindous les divisions perdent chaque jour de leur draconienne rigueur.

Villes. — Partagée en trois présidences, Bengale, Bombay, Madras, et en États feudataires, l'Inde a de très nombreuses villes supérieures à cent mille âmes, avec ou sans leurs faubourgs.

Calcutta règne sur la présidence du Bengale, en même temps que sur toute l'Inde, et c'est la résidence du vice-roi anglais. Bâtie sur l'Hougli, bras du Gange, à 128 kilomètres du golfe du Bengale, elle doit sa haute fortune à l'Angleterre. Avant la conquête il n'y avait là qu'un marais désert, que remplace une ville de 800 000 âmes, faubourgs compris. Son quartier riche, très aéré, très brillant, lui vaut d'être nommée la Cité des Palais, mais le terrible soleil, le sol sans pente, l'immondicité des eaux y font œuvre de mort, et l'on peut dire qu'elle mérite à la fois le nom indigène que les Anglais ont corrompu et le nom dérisoire qu'ils lui ont donné par assonance : dans la langue du pays, c'est Kali Kota, la ville de Kali, cruelle déesse ; et ses conquérants, ses fondateurs plutôt, voyant que maladie et agonie y tenaient leur séjour, l'appelèrent ironiquement Golgotha. Durant certains mois, Calcutta empoisonne ou terrasse l'Européen ; administration, hauts personnages, Anglais dorés se réfugient alors dans la capitale d' « été », à Simla, charmant sanatoire de l'Himâlaya sis à 2160 mètres d'altitude, entre Satledj et Djamna, c'est-à-dire entre les bassins de l'Indus et du Gange. — L'ancienne capitale du Bengale, Mourchidabad, sur la Baghirati, nommée plus bas l'Hougli, fut plus grande que Paris, dans une enceinte qui dépassait 50 kilomètres ; elle avait encore 165 000 âmes en 1815 : cinquante ans ont suffi pour en faire une ville de province, oubliée, abandonnée ; — Ganda, autre vieille métropole du Bengale, levait également ses murs dans le delta, entre les deux grands fleuves ; ses ruines couvrent 11 000 à 12 000 hectares : or l'orgueilleux Paris n'en a pas 8000[1].

1. Entre murs, sans les faubourgs.

Le temple de Mahadéva, à Kajraha. — Dessin de E. Thérond, d'après une photographie.

Bombay (775 000 hab.), pour Moumbaï, nom réel, héritière de Surate si commerçante jadis, occupe une petite île littorale de sable et de basalte, à la rive de l'Océan, au pied des Ghâtes occidentales. Ce chef-lieu de présidence est un des ports affairés du monde. Comme Calcutta, rivale qu'elle compte éclipser, Bombay n'a pas de vieilles racines dans le sol : elle ne remonte qu'à 1661. Elle fut terrible à l'Européen, qui s'y étiolait en quelques années, s'il n'y mourait en quelques mois ; même on disait : « Deux moussons à Bombay font la vie d'un homme ». Éléphanta, île voisine, doit à ce voisinage une célébrité qu'elle n'aurait pas autrement, car il y a dans l'Inde, à Ellora notamment, des grottes religieuses plus belles, avec des sculptures plus « infinies », dieux, hommes, animaux vrais, bêtes fantastiques, arbres, lianes, fleurs fabuleuses, combats, victoires, processions, triomphes, taillés dans le basalte ou toute autre roche qui se prête au ciseau ; les temples souterrains d'Éléphanta ont de neuf à près de douze cents ans. Dans la saison très chaude, Bombay cesse d'être la capitale de sa présidence, et les autorités se transportent sur le Dekkan, à Pouna, ville de 130 000 âmes située à 563 mètres d'altitude, au confluent de deux rivières du bassin du Kistna. Pouna est chez les Mahrattes, gens de langue aryenne qui allaient conquérir l'Inde, lorsque, survenus à l'improviste, les Anglais mirent vainqueurs et vaincus d'accord en confisquant et les uns et les autres.

Indigène de Madras. — Dessin d'Émile Bayard, d'après une photographie.

Sur la côte de Coromandel, tout ombragée de cocotiers, gracieuse parure, Madras a 406 000 âmes ; on ne connaît guère d'aussi mauvaise rade que celle que borde, sur un rivage raide, ce chef-lieu de présidence.

Haïderabad (355 000 hab.), cité majeure du Dekkan, sur un affluent de gauche du Kistna, est peu éloignée de Golconde, la ville qui taillait et vendait tant de diamants qu'elle était proverbiale pour les pierres précieuses, comme le Pérou pour l'or.

Lucknow (261 000 hab.) longe le Goumti, tributaire du fleuve Gange ; peu ancienne pour l'Inde, car elle naquit au seizième siècle, cette ex-capitale de l'ex-royaume d'Aoudh, pays le plus essentiellement « hindou », parle le meilleur hindoustani. C'est la reine des arts et du beau langage : c'est Paris, c'est Athènes, en des champs exubérants.

Bénarès (200 000 hab.), la cité sanctissime des Hindous, étalée en croissant sur le Gange, vante ses dix-sept cents pagodes, ses quarante mille brahmanes et fakirs, son fleuve, eau de salut pour des pèlerins sans nombre.

Gwalior (200 000 (?) hab.), au sud d'Agra, sur un torrent du bassin du Djamna, doit le surnom de Gibraltar de l'Inde à sa forteresse campée sur une colline de grès abrupte, voire en surplomb, à plus de 100 mètres au-dessus de la plaine.

Sur le Djamna, pas très loin des sables du Thar, Delhi (173 000 hab.) fut sous le Grand Mogol la première des résidences royales. On ne sait pas de cité qui ait péri si souvent pour toujours renaître; déjà, dans une antiquité reculée, sous le nom d'Indraspatha ou la ville d'Indra, elle tint un grand rang dans l'Inde. La Delhi moderne n'a pas plus de 250 ans : le chah Djahan la fonda, d'où son autre nom de Chahdjahanabad[1], rarement prononcé. Depuis tantôt deux dizaines et demie de siècles, les monuments superbes, puis les ruines sérieuses, puis les décombres, s'entassent sur ce champ de vie devenant champ de mort, et les 11 600 hectares où Delhi, héritant toujours d'elle-même, a passé d'Indraspatha à Chahdjahanabad, sont un musée de l'art hindou, des formes primitives jusqu'à l'heureuse architecture née de l'alliance du gé-

Secundra, près d'Agra : mausolée du grand Akber. — Dessin de Thérond, d'après une photographie.

nie de l'Inde avec le génie de la Perse musulmane.

Patna (171 000 hab.), la « mère de l'opium », au milieu des pavots, borde le Gange pendant une vingtaine de kilomètres.

Sur le Djamna, la jeune Agra (160 000 hab.), qui n'a que trois siècles, était aux jours du grand Akber une capitale splendide; on y admire quelques-uns des beaux monuments de l'Inde, forts,

1. C'est-à-dire ville du chah Djahan.

palais, mosquées, mausolées, arcs de triomphe et, au loin, d'immenses débris.

La salubre Bangalore (156 000 hab.), dans le Dekkan du Sud, est à 924 mètres au-dessus des mers, sur le plateau de Maïsour.

Amritsar ou Lac d'Immortalité (152 000 hab.) repose sur un canal de la rivière Ravi. Métropole religieuse des Sikhs, elle tient son nom d'un étang sacré renfermant un temple de cette secte, fondée au quinzième siècle par un révélateur qui prêchait au nom du Dieu Unique. Les Sikhs ont vaillamment lutté contre les Anglais, dont ils sont maintenant les meilleurs mercenaires avec les Gourkhas du Népal.

Cawnpore (150 000 hab.), ville neuve, sur le Gange, doit toute sa renommée aux souvenirs de la révolte de 1857, où les Anglais faillirent perdre l'Inde.

Lahore (150 000 hab.), capitale du Pandjab, sur le Ravi, montre quelques monuments contemporains des sanglants empereurs de Delhi.

Allahabad (149 000 hab.), ou la Ville de Dieu, capitale des provinces du Nord-Ouest, regarde les plaines où Gange et Djamna se rencontrent.

Djaïpour (143 000 hab.) a pour eau le Banas : ce sous-affluent du Gange vient du pays d'Oudeïpour,

Le temple d'Amritsar (voy. p. 375). — Dessin de Thérond, d'après une photographie.

ville dont les rois, premiers des potentats radjpoutes, dédaignaient de donner leurs filles au roturier qu'on nommait Grand Mogol.

Cachemir ou Srinagar[1] (135 000 (?) hab.) servait de résidence estivale au Grand Mogol, dans un pays loué pour son doux climat, sa ceinture de monts neigeux, ses lacs et la vallée où serpente le Djhilam. Sise à 1595 mètres, sur des canaux de cet antique et « fabuleux » Hydaspe, c'est la « Venise

1. Ce nom veut dire : Ville du soleil.

orientale. »; c'est aussi la ville des platanes, comme telle autre est la ville des palmes. Platanes gigantesques, peupliers, ormeaux, noyers y ombragent des palais, des villas d'où la vue est sublime quand on regarde en haut les géants de la Terre, gracieuse quand on contemple en bas le val que les poètes hindous, persans, arabes ont nommé le chef-d'œuvre de la nature : c'est au moins celui de l'Himâlaya, cette montagne inhumaine où l'on marche pendant des mois sans rien voir de souriant et d'intime, toujours entre pic et précipice, ou sur des plateaux mortels, dans le vent qui cingle, au milieu des pierres, des glaciers, des neiges.

La très monumentale Ahmedabad (128 000 hab.), fort déchue depuis le dix-septième siècle, borde un tributaire du golfe de Cambaye. C'est la capitale du Goudzarate, pays renfermant à profusion des temples superbes élevés par les Djaïnas, espèce de Bouddhistes qui sont la secte la plus bâtisseuse de l'Inde.

Bareilly (113 000 hab.), entre le Gange supérieur et l'Himâlaya, a beaucoup perdu de sa grandeur passée.

Surate a 110 000 âmes; elle en eut 800 000 lorsqu'elle était illustre, commerçante et luxueuse

Le palais de Lahore. (Voy. p. 376.) — Dessin de E. Thérond, d'après une photographie.

entre toutes, sur son fleuve Tapti, à 30 kilomètres de la mer d'occident : mais ce fleuve ne lui vaut guère, étant mal navigable et gêné par une barre.

Baroda (102 000 hab.) est le séjour d'un Gaïkwar, despote qui se dit indépendant; elle borde la Visvamitra, non loin du golfe de Cambaye.

États indépendants. — Les deux seuls États indépendants ayant quelque puissance, le Népal et le Bhoutan, couvrent les pentes méridionales de l'Himâlaya : le premier au nord du Gange, le second au nord du Brahmapoutre.

Népal. — Le Népal, vaste de près de quinze millions d'hectares, s'étend en longueur bien plus qu'en largeur, du bas et fiévreux Téraï jusqu'aux sommets des maîtres pics himâlayens. Il a, dans son étroitesse, tous les climats, toutes les natures, tous les contrastes. On lui donne 5 millions d'hommes, Hindous à l'ouest, Tibétains au centre.

à l'est, et métis de ces deux races : les Hindous sont brahmanistes, les Tibétains bouddhistes. L'hindi tend à devenir la langue générale, mais on y parle encore divers idiomes dont le principal est le néouari, parent du tibétain, et par conséquent de texture monosyllabique. Khatmandou (75 000 hab.), la capitale, à 1327 mètres, est comme un musée de beaux et curieux édifices.

Sikkim et Bhoutan. — A l'est du Népal, le Bhoutan est séparé de lui par le Sikkim, petit pays de 659 000 hectares que les Cinq neiges éclatantes pourvoient d'une éternelle eau froide et violente; mais, n'y eût-il pas ici de glaciers, les torrents n'en rouleraient pas moins avec une grandeur de fleuve, tant la mousson y pousse de pluie contre les hautes montagnes parées de forêts miraculeuses.

Une place à Pondichéry. (Voy. p. 580.) — Dessin de A. de Bar, d'après une photographie.

Peuplé de 60 000 hommes de race tibétaine, le Sikkim a pour ville Dardjiling, lieu de santé sis à plus de 2000 mètres d'altitude, et capitale en été de la présidence de Calcutta, Simla l'étant alors de toute l'Inde.

Le Bhoutan couvre un peu plus de 5 500 000 hectares avec peut-être 100 000 résidents, Tibétains, comme le proclame le nom même du pays, qui signifie : Fin des Bhouts ou des Bods — or, Bods désigne les habitants du Tibet.

Il s'adosse aux parois himâlayennes qui dressent dans le ciel les pointes du Tchamalari et autres pics de 7000 à 7500 mètres. Ainsi que le Sikkim, il envoie de forts torrents au Brahmapoutre. Sa ville se nomme Tassissoudon, « Sainte citadelle de la Foi ».

Inde Portugaise. — Malheureux reste des conquêtes du grand Albuquerque et de tant d'autres

1 Le Kintchindjinga.

magnanimes capitaines lusitaniens, l'Inde portugaise ne s'étend que sur 335 500 hectares avec 480 000 âmes.

Villa Nova de Goa (17 000 hab.), que les indigènes appelaient Pandjim, est sur l'estuaire d'un fleuve descendu des Ghâtes occidentales, à 8 kilomètres de l'Océan, à peu près où le littoral de la mer de Bombay commence à prendre le nom de côte du Malabar. Elle a succédé, comme capitale de l'Inde portugaise, à la Vieille Goa, surnommée la Dorée : « fière de ses victoires, Goa Dourada, reine de tout l'Orient, met un frein d'acier aux Gentils adorateurs des idoles[1] ». Perdue aujourd'hui dans les cocotiers, elle eut 200 000 hommes, autour d'un palais de l'Inquisition : ce qu'est Bombay, elle le fut au siècle de sa gloire.

Cocotiers, à Coylan. (Voy. p 582.) — Dessin de A. de Bar, d'après une photographie.

Diu (10 000 hab.), sur la côte du Goudzarate, fournit au Mozambique, terre portugaise, au moins de nom, des travailleurs ou, comme on dit dans toutes les colonies de plantation, des coulis : ce nom vient d'une peuplade de ce même Goudzarate, les Kolis, dont Bombay tire en partie ses « forts de la halle ».

Au nord de Bombay, dans les ruines de Bassein qui fut une cité portugaise de 60 000 âmes, le héros lusitanien, Albuquerque, dort dans un tombeau caché sous la ronce. Au temps de ce vaillant homme, le Portugal faisait la loi dans l'Orient, surtout le long de la « célèbre côte de l'Inde, où la gent lusitanienne a remporté des victoires, pris des terres et des cités : elle y vivra pendant de longs siècles, au milieu de nations variées, de provinces infinies, les unes mahométanes, les autres païennes avec des lois écrites par le Démon[2] ».

1. Le Camoëns.
2. Le Camoëns.

Inde Française. — Que reste-t-il à la France dans l'Inde qui faillit un jour se réveiller française?

Cinq villes ou villages qu'il nous est défendu d'armer en guerre, 51 000 hectares, 285 000 Hindous et Musulmans, avec quelques Chrétiens : 1660 de ces « Français de l'Inde », Français tant soit peu brunis, sont des Blancs, 1535 des métis de bonne figure et de bonne allure.

Pondichéry, capitale, près du 12e degré de latitude, a 156 000 âmes, y compris tous les villages d'un territoire de 29 122 hectares fait de lambeaux enchevêtrés dans le domaine anglais. Son vrai nom, Pondou-tcherry, est l'équivalent de notre Neufbourg dans la langue tamoule qui règne ici, sans exclusion du français, purement parlé par nombre d'Indiens. Cette ville borde une plage droite de la côte de Coromandel ; sans port, on peut presque dire sans rade, au moins ne connaît-elle pas le fléau des cyclones, si fréquents sur ce littoral.

Karikal, sur cette même côte de Coromandel, près du 11e degré, commande à 13 515 hectares, avec 109 villages[1] où vivent 92 500 personnes, aussi de langage tamoul. Elle est sur l'Arselar, branche du delta de la Cavéry.

Yanaon, sur la Godavéry, dans le delta de ce fleuve, à 11 kilomètres de la mer du Bengale, parle le télougou. Les 5500 Yanaonnais occupent 1429 hectares, entre le 16e et le 17e degré de latitude, sous un ciel d'électrique, de lourde humidité, sur un littoral à typhons.

A 25 kilomètres de Calcutta, hors de la terre dravidienne, en pays aryen, Chandernagor porte en réalité le nom bengali de Tchandranagar, qui veut dire Ville de la Lune, sinon celui de Tchondannagar ou Ville du bois de Santal. Située sur le même bras de fleuve que Calcutta, sur l'Hougli, que remontent jusqu'ici les vaisseaux calant moins de 3 mètres, la Cité de la Lune règne sur 940 hectares seulement et n'a que 23 000 âmes, reste de 100 000 lors de notre maîtrise dans l'Inde ; mais elle est charmante ; de beaux arbres y parent des ruines qu'ils semblent soutenir, et qu'au contraire ils abattent.

Chandernagor est la seule ville extradravidienne de notre Inde, car on parle malayalam à Mahé, port boueux de la côte du Malabar ayant, avec quatre villages annexes, 8500 habitants sur un territoire d'un peu moins de 6000 hectares.

Un marchand maure à Ceylan. — Dessin d'Émile Bayard, d'après une photographie.

Ceylan. — La piriforme Ceylan[1], qui a 6 598 000 hectares, regarde le Dekkan méridional par-dessus le détroit de Palk et le golfe de Manaar, l'un et l'autre lavant de leurs flots des roches, du sable, de la vase où l'on pêche la perle au printemps. La mer qui détache du continent d'Asie cette île grande comme dix à onze de nos départements n'a qu'une faible profondeur; encore est-elle ridée de bancs de sable et d'écueils qui font comme une espèce d'isthme déchiqueté nommé le pont de Rama. Toutefois, malgré la proximité de l'Inde, malgré la maigreur du détroit, Ceylan, par ses animaux et ses plantes, ressemble peut-être moins au Dekkan qu'à la lointaine Madagascar, et des savants fiers en hypothèses ont prétendu que cette île asiatique, la vaste île africaine et les Seychelles firent partie d'un seul et même continent dormant aujourd'hui sous la mer des Indes.

1. On dit ici des aldées, mot signifiant aussi bien hameau que village.

1. Corruption de Sinhala (dvipa) : l'île des Lions.

Chandernagor. — Dessin d J. Moynet, d'après une photographie

Comme l'Inde, la féconde Ceylan se distingue par des plantes puissantes et magnifiques. Dans le nord de l'île, l'empire des arbres est au palmier; dans le sud, il y a vingt millions de cocotiers. La cannelle, si profitable aux Hollandais quand ils possédaient Ceylan, en a presque disparu, mais le café a pris sa place et fait la fortune des nouveaux maîtres, les Anglais partout présents.

Dans les basses terres qui prennent tout le nord de l'île, son sud-est et diverses plaines et plages du littoral, le climat ceylandais est des plus enivrants, énervants, avec 27 à 28° pour moyenne annuelle, mais à partir de mille à quinze cents mètres on a le printemps sans fin. Le Pédrotallagalla (2558 mètres) est la plus haute des montagnes de Ceylan, gneiss ou granits où les orages des moussons tombent à grande ondée, surtout au versant ouest du Pic d'Adam : en ce point de la côte occidentale, il y a par an 6 mètres de pluie, tandis que Manaar, dans la vaste plaine du nord, n'en reçoit qu'un mètre. On estime à 2 mètres la moyenne de l'île, mais Ceylan, trop petite, ne mène à sa ceinture d'eau magiquement lumineuse aucun vaste Ganga[1] : le premier de tous, le Mahavelli Ganga ou Grand Ru des Sables, arrive à la splendide baie de Trincomali après 215 kilomètres seulement de course en un bassin qui n'a qu'un million d'hectares; comme longueur, ce n'est même pas la Somme; et comme bassin, la Charente.

Moins haut de 250 à 500 mètres que le Pédrotallagalla, le Samanala ou Pic d'Adam se termine en un roc obéliscal qu'on gravit par des échelles et des chaînes. Bouddhistes, Brahmanistes, Mahométans, Chinois eux-mêmes y grimpent en pèlerinage pour y adorer une empreinte en la roche, trace informe où Bouddhistes voient le pied du Bouddha, Brahmanistes le pied de Siva, Mahométans le pied d'Adam, Chinois le pied de Fo, et où de leur temps les Portugais virent le pied de saint Thomas. Pendant les cent cinquante ans que le Portugal maîtrisa l'île, jusqu'à la prise de Colombo par les Hollandais en 1656, la race lusitanienne modela profondément le pays, où l'on parle encore dans quelques villes un portugais corrompu, et Ceylan contient 200 000 catholiques contre 45 000 protestants. Le bouddhisme y est la religion de 1 700 000 hommes, et l'on dit que le tiers des meilleures terres ceylandaises relève des couvents bouddhistes. Sous le nom de Lanka, l'île est au loin révérée par les peuples qui ont gardé la doctrine de Çakyamouni,

1. Fleuve, rivière.

ou plutôt qui en ont fait un formulaire imbécile où reviennent sans cesse les quatre mots que nul ne comprend. Il y a 600 000 Hindous de la secte de Siva, et 20 000 Musulmans.

Quand Ceylan, la Taprobane[1] des Grecs, ne faisait pas encore partie de l'empire de Lisbonne, elle obéissait à des princes hindous, descendants de conquérants qui avaient pris le pays 543 ans avant notre ère. Vers le douzième siècle, sous ces rois indigènes, resplendissait une civilisation dont les modernes n'ont pas égalé tous les monuments. Parmi les jungles et les entrelacs de verdure le temps n'a pas réduit en poudre les harmonieux édifices, les bas-reliefs, les statues de Pollanaroua, ville du grand Phrakrama. Au milieu de bois aux lianes infinies, Anaradjapoura, aujourd'hui Anouradha, plus ancienne et plus vaste encore, montre toujours près de son figuier de deux mille ans l'immense temple souterrain de Mihintala et les ruines d'une pagode en briques dont on pourrait faire un mur « épais d'un pied, haut de dix, allant de Londres à Édimbourg » : on prétend que son enceinte avait cent kilomètres ; son champ de ruines est immense. Et comment louer assez les barrages qu'élevèrent les Ceylandais dans le nord de leur île, là où il n'y a pas de montagnes, point de grandes rivières, point de pluies de mousson ? Ils corrigèrent la nature par la création de trente lacs et de plus de trois mille réservoirs dont la moitié comblés ou vidés et délaissés aujourd'hui : la digue de Padivil avait 25 mètres de haut et 18 kilomètres de long ; son épaisseur, de 10 mètres au sommet, était de 70 à la base.

Sur les 2 782 000 hommes de Ceylan il y a, dans le sud et le centre, plus de 1 850 000 Cinghalais, issus du mélange des autochtones avec les Hindous, les Malais, les Arabes. Ce sont des hommes petits, d'un rouge entre blanc et noir, replets de chair avec formes gracieuses, d'ailleurs bienveillants, et donnant, ne vendant pas l'hospitalité. Dans leur langue qui, semble-t-il, fut dravidienne, l'influence aryenne a fini par prévaloir, grâce au sanscrit, organe de la civilisation, et au pali, organe de la religion : les Cinghalais ont le malheur de posséder, en ce dernier idiome, des poèmes bouddhistes de 500 000 stances.

Dans le nord vivent 700 000 Tamils originaires du Dekkan, notamment de la côte du Malabar ; et sans compter ces enfants du continent fixés dans

1. Corruption de Tamraparni, « brillante comme le cuivre » : peut-être à cause de la couleur rougeâtre du sol, fait de gneiss délités.

l'île, ce sont aussi des gens de cette langue qui viennent, 60 000 à 160 000 par an, récolter le café dans les plantations. Pareils au Kabyle qui va moissonner dans la plaine, ou au Galicien qui, la faucille en main, descend de ses montagnes et va se tuer de chaleur pour gagner cent réaux, ils quittent leurs villages du Dekkan et, franchissant le détroit, louent leurs services aux grands propriétaires ceylandais. Aussi le nombre des Tamils augmente-t-il vite dans l'île : entre les dénombrements de 1871 et de 1881, ils ont passé du cinquième au quart de la population, et il semble que l'avenir leur appartient. C'est d'ailleurs une race pullulante que ces Dravidiens qui donnent à tant de colonies, surtout aux anglaises, la plupart des coulis qui ne sont ni Chinois ni Nègres. —

Cinghalais. — Dessin d'Émile Bayard, d'après une photographie.

Quant aux émigrants non dravidiens de l'Inde, ils partent presque tous des bords du fleuve saint, des environs de Bénarès et de Patna.

200 000 Ceylandais sont de provenance arabe, ou plutôt descendent du croisement d'immigrants arabes avec les insulaires. 15 000 doivent l'origine de leur famille à l'union des indigènes avec les anciens maîtres européens, Portugais ou Hollandais : de ceux-ci bien moins que de ceux-là, et la langue néerlandaise a depuis longtemps disparu de Ceylan; les Burghers[1], comme on nomme les métis hollandais, sont même devenus de fervents Anglais, parlant l'anglais, aidant les Anglais dans toutes les administrations et paperasseries ; tandis que les croisés de Lusitaniens, plus fidèles à leurs pères, ne demandent guère d'emplois aux dominateurs du pays, tant par ignorance que par insouciance, et la plupart travaillent de leurs mains dans les métiers obscurs.

1. Mot hollandais : les bourgeois.

Dans les districts du centre rôdent les noirs Veddahs, petits, avec une petite tête, peuple infime, au bord de sa fosse, très retiré, de mœurs chastes, point agressif. Il parle une langue presque cinghalaise et l'on peut croire que Veddahs et Cinghalais furent jadis une seule et même nation de race dravidienne. Seulement, les Veddahs, se tenant à l'écart, ne reçurent point d'éléments nouveaux; ils étaient brutes, ils restèrent barbares et très dignes de leur nom qui signifie chasseurs, ou, pour mieux dire, archers : de nos jours encore, en ce siècle de mitrailleuses, ils poursuivent l'éléphant, le léopard, le sanglier, l'ours, le cerf et le singe, n'ayant d'autre arme que la flèche lancée par un grand arc dur à bander comme celui d'Ulysse. De proche en proche ces troglodytes passent à la langue tamile qui leur ouvre de plus vastes horizons.

Le seul vrai port de Ceylan s'ouvre sur la côte orientale, à Trincomali; le grand rendez-vous des courriers se trouve pourtant dans le sud, à Pointe-de-Galle, et la capitale anglaise sur la rive occidentale, à Colombo, ville de 100 000 âmes, sur une mauvaise rade à la bouche du Kalani.

Capitale en temps frais seulement : en temps chaud, le gouverneur et les gens de sa suite montent à Kandy, cité de l'intérieur ayant 518 mètres d'altitude, au sein des monts, dans une boucle du Mahavelli Ganga.

Naoutchni ou bayadère. — Dessin de A. de Neuville, d'après une photographie.

Laquedives. — En face de la côte de Malabar, au nord du 10ᵉ degré, les Laquedives (5200 hectares), archipel de corail, émergent d'une mer profonde avec leurs cocotiers, leurs bananiers qu'aucune font n'arrose. Infidèles à leur nom, Lakcha Dvipa ou cent mille Îles, elles ne sont en réalité que douze, dont huit habitées, puis des bancs, des récifs, roc, rocaille et sablon qu'efface en partie la mer haute. 10 000 à 11 000 hommes y vivent, croisés de sang arabe et parlant le malayalam.

Au sud des Laquedives, au midi du 8ᵉ degré, les Maldives s'allongent sur 886 kilomètres, presque autant que la France; et cependant, toutes ensemble, elles n'enlèvent à la mer, quand le flot s'est retiré, que 500 000 hectares, 90 000 seulement quand il arrive à son plein. Tout comme les Laquedives on les fait innombrables, jusqu'à 40 000 ou 50 000, et leur pseudo-roi, qui obéit à l'Angleterre, s'appelle complaisamment le monarque des Treize provinces et des Douze mille îles : mais à peine y en a-t-il un demi-mille, dont 175 peuplées. On y vit à l'ombre du cocotier, sur sable et corail, au bord de la mer ou de la lagune autour de laquelle s'arrondissent régulièrement les îles madréporiques. Issus de Cinghalais, veinés d'Arabes et d'Africains, les 150 000 insulaires des Maldives parlent un patois du cinghalais et professent la religion de Mahomet.

Moulin à riz. — Dessin de Robin, d'après une photographie.

INDO-CHINE

Pression de l'Inde, pression de la Chine. — Séjour de peuples qui n'ont jamais porté bien loin leur audace et leur gloire, sauf les Malais qui se sont dispersés dans un immense archipel[1], ce vaste pays n'a point de nom national. Nulle de ses tribus ne s'étant agrandie en une nation prépondérante, la presqu'île transgangétique n'a pris le nom d'aucune d'elles. Elle renferme des Mramnas ou Birmans, des Thaïs ou Siamois, des Laotiens, des Malais, des Cambodgiens, des Cochinchinois, des Annamites, des Tonquinois, mais elle n'est devenue ni Mramnie ou Birmanie, ni Thaïe ou Siamie, ni Laotie, ni Malaisie, ni Cambodge, ni Cochinchine, ni Annamie, ni Tonquin.

Elle n'a qu'un nom géographique, tout de situation, et d'ailleurs admirable, car l'Indo-Chine est avant tout la transition entre l'Inde et la Chine.

A mesure que, du delta du Bengale, on s'avance vers l'Orient, on voit, en général, des hommes de plus en plus chinois dans une nature de moins en moins indienne, et quand on arrive au Tonquin, il semble qu'on soit entré dans une province de la Chine du Sud, toute différence de langues à part : encore l'annamite a-t-il de fort grands rapports avec le langage du très vieux et très fourmillant empire.

1. Il n'est même pas bien sûr que les Malais aient eu pour première patrie l'Indo-Chine.

Ce que ne dit pas le nom d'Indo-Chine, c'est que cette chersonèse forme aussi l'anneau intermédiaire de la chaîne des choses entre l'Asie et ce grand archipel de Mégalonésie qui, du monde indien, mène au monde australien, moins touffu, bien moins grandiose.

Côtes, monts, fleuves. — L'Indo-Chine enferme environ 218 millions d'hectares, quatre fois la France, avec 34 à 35 millions d'âmes.

Entre mer des Indes et mer de Chine, elle s'appuie au loin, dans ses districts non connus ou mal connus de nous, à l'Himâlaya oriental ou Sin-chan, nœuds ignorés d'où lui arrivent ses monts, d'où lui viennent ses eaux. Vers le sud, elle enfonce entre ces deux mêmes mers la plus pénétrante des presqu'îles, longue de 1200 kilomètres et très étroite, surtout à sa racine et vers son milieu. Pour une surface d'un tiers inférieure à celle de l'Inde, l'Indo-Chine, que frangent de grandes baies, possède un bien plus grand linéament de côtes. Peu de contrées du Globe sont aussi fécondes sous un ciel aussi magiquement créateur, peu sont aussi bien situées. Mais par malheur ce n'est pas la santé, c'est la maladie qui sort de ses arroyos, de ses forêts et marais, de ses tépidités et de ses moissures qui sont pourtant une source éternelle de vie.

Elle a peu de plaines, et c'est là son défaut; les vallées de ses grands fleuves sont séparées par d'abruptes chaînes qui font de chacune un pays profond, allongé, isolé. Ces chaînes, courant du nord-ouest au sud-est, il serait enfantin de les décrire, car on les a très peu parcourues, très peu mesurées en altitude, très peu ordonnées et fixées sur la carte. Rarement leurs cimes dépassent 2500 mètres, du moins dans l'Indo-Chine méridionale, car l'Indo-Chine du nord, adossée à l'Himâlaya, lance peut-être des pics sublimes, et l'on donne 4175 mètres au Doupha-Boum, à la frontière septentrionale de la Birmanie. Les montagnes de la presqu'île de Malacca sont un petit monde à part, qu'une dépression coupe des autres chaînons indo-chinois : leurs pics culminants semblent se lever à 2400 mètres.

Deux des fleuves de l'Indo-Chine sont des maîtres fleuves, avec delta, grand passage d'eau, course très longue. L'un, l'Iraouaddi, coule en Birmanie; l'autre, le Mékong, qui s'engloutit sur la rive où naufragea Le Camoëns, appartient à la France; on l'a remonté jusqu'en Chine, mais son cours tout à fait supérieur est encore un mystère. Le Salouen, fleuve birman, roule aussi de larges flots; le Ménam, fleuve siamois, n'a pas autant de grandeur.

Au bord de ces fleuves, un soleil tropical funeste aux Européens brille sur une végétation splendide ainsi qu'en tout pays d'eau et de chaleur, sur des plantes qui sont celles de l'Inde, de la Chine ou de Java, sur des bêtes massives comme l'éléphant et le rhinocéros, ou sveltes comme le tigre, sur des hommes de races, de langues différentes.

A l'ouest du pays de Siam, une antique influence de l'Inde se révèle dans les noms des lieux, des monts, des rivières, qui sont d'origine sanscrite; une influence nouvelle, celle de l'Angleterre, tend à en faire une annexe de l'Inde : Calcutta y est la ville où règne la puissance et d'où vient la lumière; les Anglais de l'Inde dominent sur une partie de la contrée, ils menacent l'autre; enfin depuis qu'ils y commandent, l'élément hindou s'accroît, et chaque année, surtout en temps de famine, des milliers de riverains du Gange viennent louer leurs bras aux planteurs — peu à peu s'étend de la sorte le domaine du bengali, l'une des langues aryennes de l'Inde.

En somme, il y a dans l'Indo-Chine un Occident plus ou moins anglo-birmano-hindou; un Milieu thaï-chinois à Siam; un Orient franco-annamito-chinois; enfin un Midi malais-chinois dans la presqu'île de Malacca.

Politiquement, elle comprend : l'Indo-Chine anglaise, la Birmanie, le Siam, les États malais plus ou moins inféodés à l'Angleterre, l'Indo-Chine française, possédée ou protégée par nous.

L'Iraouaddi au confluent du Myit-Nge. — Dessin de Paul Huet.

INDO-CHINE ANGLAISE

Birmanie anglaise. — La Birmanie anglaise, enlevée pièce à pièce aux Birmans, comprend trois provinces :

L'Arracan, longue et mince lisière du golfe du Bengale appuyée au Yoma (2556 mètres) et ravinée par des pluies épaisses, de 3 à 6 mètres par an;

Le Pégou, basse vallée et delta de l'Iraouaddi;

Le Ténassérim, zone étroite entre les monts du Siam et la rive marine.

En tout 26 millions d'hectares avec 3 750 000 habitants, dont près de 2 800 000 Birmans, plus de 600 000 barbares ou demi-barbares, tels que Karen, Khyeng, Chan, etc., 250 000 Hindous croissant à vue d'œil par l'immigration, et 12 000 Européens et Eurasiens. Des familles nombreuses quittent journellement la Birmanie libre pour celle qui ne l'est plus, et les indigènes disent : « Dans la Birmanie anglaise, les villages deviennent villes; dans la Birmanie birmane, les villes deviennent villages. » La capitale, Rangoun, sur trois rivières du delta de l'Iraouaddi, renferme 132 000 personnes, Moulmein 47 000.

Établissements des Détroits, presqu'île de Malacca. — La colonie que les Anglais nomment Établissements des Détroits (Straits Settlements) comprend une terre continentale en trois lambeaux, Wellesley, Toulou-Saggar et Malacca, sur la rive occidentale de la presqu'île de Malacca, et deux petites îles riveraines, Poulo Pinang et Singapour : ensemble 374 200 hectares, avec 424 000 habitants, dont 175 000 Malais, 175 000 Chinois, 69 000 Hindous, 7000 Eurasiens, et moins de 1700 Blancs.

Ainsi cette terre malaise, d'où, croit-on, les Malais auraient peuplé le très vaste archipel d'entre Asie et Océanie, a déjà cessé d'être malaise partout où les immigrants mongols et les immigrants aryens viennent prêter aux planteurs, aux

Indigène des îles Andaman. (Voy. p. 590.) — Dessin de G. Fath, d'après une photographie.

marchands anglais, le secours de leurs bras ou tenter la fortune à leur propre profit. Mais dans la Malaisie protégée, dans l'indépendante ou soi-disant telle, et dans celle qui obéit plus ou moins à Siam, les Malais l'emportent sur les éléments étrangers.

Des trois lambeaux de terre ferme, Malacca seule est illustre; le territoire de Wellesley et celui de Toulou-Saggar n'ont point marqué dans l'histoire. Malacca, puissante jadis, passa des Malais aux Portugais, puis des Lusitaniens aux Néderlandais, enfin des Hollandais aux Anglais qui la gouvernent, mais toute leur activité n'a pas encore ressuscité cette ville morte, peuplée d'à peine

Latanier, dans l'île de la Grande Andaman. — Dessin de A. de Bar, d'après une photographie.

20 000 âmes où résonne un malais veiné de portugais et un portugais corrompu veiné de malais. Du sage Néerlandais, qui ne se croise pas, toute trace est effacée. Profonde au contraire est la trace des aventuriers du Tage et du Minho ; on la retrouve ici dans ces noms de familles si communs en toute terre portugaise : Souza, Carvalho, Pereira, Almeida, Andrade, Teixeira, Albuquerque, et l'inévitable Da Silva ; mais ces hommes bronzés, voire noirâtres, bâtards de Guimarâes, parlent un lusitanien à cas intervertis [1] où le verbe n'a guère qu'une seule personne [2] et que trois temps : le présent, le passé qui se forme avec la particule *já* [3], le futur qui se forme avec la particule *logo* [4]. Ainsi se font, se défont et s'en vont les langues.

Poulo-Pinang. — Poulo-Pinang [5] ou l'île des Aréquiers, en face et non loin du littoral de Wellesley, porte un mont de 830 mètres ; elle est salubre. Anglaise depuis cent ans (1786), elle n'a pas gardé son nom courtisanesque, banal affreusement, d'île du Prince de Galles, mais sa capitale a retenu le nom, tout aussi vulgaire et courtisanesque, de Georgetown. 91 000 hommes y vivent, parmi lesquels 45 000 Chinois, 22 000 Malais, 14 000 Tamiles et 4500 Djaoui-Pékans, métis de Tamiles et de Malais. Elle possède le séminaire catholique de l'Extrême Orient, dont il sort des missionnaires d'une foi merveilleuse ; mais l'Orient, qu'il soit hindou, malais ou chinois, semble se refuser à devenir chrétien.

Singapour. — Singapour [6], Singapore ou la Ville des Lions, tout au sud de la presqu'île, a 139 000 habitants, dont 87 000 Chinois, 22 000 Malais, 10 500 Tamiles, 6000 Javanais. Agée d'une soixantaine d'années, c'est un port excellent commandant la Mer des Passages : on appelle ainsi l'ensemble de chenaux par lesquels le détroit de Malacca s'ouvre sur la vague qui bat à l'ouest Sumatra, à l'est Bornéo. Pays de Malaisie, colonie d'Angleterre, mais la Chine y domine, elle y est presque tout, elle y fait presque tout, du dernier des manœuvres au premier des prêteurs d'argent en passant par tous les métiers.

Ce que l'Anglais régit, ce que le Siamois pressure, ce qui obéit ou désobéit à divers princes du cru, toute la presqu'île malaise peut renfermer 1 525 000 personnes, moins que notre département du Nord, sur une aire de 25 millions d'hectares égale à près de la moitié de la France. On se propose de couper dans sa partie septentrionale, à l'isthme de Kra, cette langue de terre séparant Inde et Chine, les contrées les plus riches au monde : le massif à percer n'a qu'une trentaine de mètres de surrection.

Iles Andaman et Nicobar. — En mer, sur le trajet d'un arc de cercle qui réunirait le delta de l'Iraouaddi à la pointe septentrionale de Sumatra, s'égrène le chapelet des Andaman et des Nicobar.

Les îles Andaman, ayant 661 000 hectares avec 13 500 habitants, appartiennent à l'Angleterre, qui y déporte les condamnés dont elle débarrasse l'Inde ; elle en a parqué 8000 au Port-Blair. Dans leurs forêts vont et viennent, habiles à lancer la flèche, les Andamènes ou Mincopies, race noire fort petite, où les hommes de moyenne taille ont à peine 1^m,50, et les géants 1^m,60. La terre la plus « continentale » de l'archipel, entre le 10e et le 15e degré, la Grande Andaman, longue de 250 kilomètres sur une largeur huit à dix fois moindre, supporte un mont de 900 mètres.

Au sud des Andaman, les fiévreuses Nicobar, peuplées de Malais, relevaient du Danemark qui les a cédées à l'Angleterre. Sur 187 800 hectares ayant pour Olympe une cime de 720 mètres, elles sont la patrie de 6000 sauvages, grands, bien découplés, et l'asile involontaire des galériens que les Anglais y relèguent dans le beau port de Nankaouri.

---

1. On a remarqué que là où le portugais d'Europe donne à un nom le genre masculin, le portugais de Malacca lui attribue le féminin, et que, réciproquement, les féminins de la langue d'Europe deviennent des masculins à Malacca.
2. La troisième personne du singulier.
3. Ce qui veut dire : déjà.
4. Ce qui signifie : bientôt.
5. C'est un nom malais.
6. C'est un nom sanscrit.

Temple ruiné de Pagan. (Voy. p. 392.) — Dessin de Lancelot.

BIRMANIE

Iraouaddi. Salouen. — La Birmanie, gouvernée par un despote, nourrit quatre millions d'hommes sur 45 700 000 hectares. Elle s'allonge du nord au sud, le long de l'Iraouaddi et du Salouen, ses grands fleuves.

L'Iraouaddi ne continue pas, comme on l'a pu croire, le très grand torrent du Tibet oriental, le Dzang-Bo : ce n'en est pas moins un fleuve majeur. Soigneusement mesuré pendant dix ans, il apporte à la mer indienne un flot très puissant, 13 600 mètres cubes par seconde, avec 1300 et 56 000 pour extrêmes; c'est le Danube, le Rhône et le Rhin ensemble. Pourtant telle de ses gorges n'est large que de 50 mètres, mais l'onde, vertigineusement rapide, y a 75 mètres de profondeur. Dans la Birmanie birmane, il baigne des sites de vieilles capitales, ruines superbes; dans la Birmanie anglaise, il coule devant Prome et, à 220 kilomètres à vol d'oiseau de l'Océan, s'épanouit en un delta de 4 600 000 hectares. Son vrai nom, nom aryen, Aïravâti, veut dire le fleuve des Éléphants.

Le Salouen, moindre que l'Iraouaddi, parce que moins de nuages crèvent sur les sierras, presque toutes inconnues encore, dont il rassemble les eaux, le Salouen vient des terrasses de la Chine méridionale. Successivement chinois, birman, siamois, anglais, il passe, même en son cours inférieur, dans des étranglements extraordinaires ayant à peine, de rive à rive, 30 mètres pour un fleuve dont les crues roulent convulsivement 20 000 mètres cubes par seconde.

Les Myamas ou Birmans. — Les Birmans s'appellent eux-mêmes Myamas ou Bamas, jadis Mramnas, et leur nom viendrait de Brama.

Cette supposition permet aux Birmans de se croire, de se dire issus de l'Inde, des bords bénis du Gange; leur figure plate, à peu près chinoise, dément cette origine.

Petits, ils sont bien pris, bien portants, lestes, robustes, courageux, d'heureux naturel, gais, insouciants, prodigues, sans préméditations ni rancunes. Leur langue, le birman, très pauvre en formes, a le monosyllabisme du chinois, mais elle est moins indigente, grâce à quelque antique influence des beaux idiomes de l'Inde. Le bétel toujours entre les dents, comme tant d'Européens et d'Yankees la chique à la bouche, les Myamas parlent très indistinctement : « c'est un peuple de bredouilleurs ».

Une autre langue autrement pleine et sonore, qui n'est ni la sœur, ni même la parente du birman, et qui vient d'une plus noble origine, le pali, sert aux rites de la religion, et en quelques points a rang d'idiome officiel. Ainsi, les grandes villes du pays ont deux noms : un nom vulgaire en birman et un nom plus relevé, pour ainsi dire académique, en pali; et ce dernier s'emploie seul en style administratif. Dire que le pali est langue officielle et religieuse chez les Birmans, c'est dire que le bouddhisme règne en Birmanie.

Villes. — En Birmanie, les capitales naissent d'un caprice royal, elles meurent d'une fantaisie du souverain.

Mandalé (100 000 hab.), à 4 kilomètres de l'Iraouaddi, est la métropole du jour. Il y a une trentaine d'années qu'elle a pris la place d'Amarâpoura ou la Ville de l'Immortalité, autre voisine de ce même Iraouaddi.

Amarâpoura, vers la fin du siècle dernier, avait succédé à la cité d'Ava, en pali Ratnapoura ou Ville des Diamants, qui est maintenant un champ de ruines dressant des temples aux toits blancs ou dorés d'où l'on voit le site de la Ville d'Immortalité, vers le nord-est, à deux lieues seulement : car ces deux vieilles « reines » des Myamas naquirent et moururent tout près l'une de l'autre, et c'est dans leur proche voisinage que vient de naître, où grandit la jeune « reine », Mandalé; cette superbe plaine où l'Iraouaddi fléchit en un grand détour est le nœud vital de la Birmanie.

Ava, qui régna d'ailleurs pendant plus de quatre cents années, à partir de 1364, avait enlevé le sceptre à Pagan, autre riveraine de l'Iraouaddi, métropole pompeuse qui levait, dit la légende, 9999 pagodes dans le ciel lumineux de la Birmanie : mille au moins sont encore debout. Quant aux débris des bâtiments autres que les édifices religieux ou militaires, ils sont rares ou absents à Pagan, à Ava, à Amarâpoura, à Sagaïn, qui fut aussi jadis une capitale des Myamas, sur les collines qui font face à Ava, par-dessus la « rivière des Éléphants ».

Que peut-il rester après quelques siècles, des maisons de bambous, simples cabanes, où logent les Birmans pauvres, et des demeures en bois qu'habitent les Birmans fortunés?

Une rue à Bangkok. (Voy. p. 394.) — Dessin de Barclaÿ, d'après une photographie.

SIAM

Siam : le Ménam. — Siam, royaume despotique séparé de l'empire Birman au siècle dernier, borde le golfe de Siam, qui s'enfonce au loin dans les terres avec une ampleur de mer, entre la presqu'île de Malacca à l'ouest et les côtes siamoises, cambodgiennes et cochinchinoises à l'est. Ce golfe qui a 1500 kilomètres de rives ne reçoit point ou ne reçoit plus le Mékong, très grand fleuve en partie siamois[1] dont les alluvions ont enlevé déjà de vastes espaces à l'Océan; mais il engloutit le Ménam ou Mère des ondes, rivière moindre que le Mékong et cependant puissante, comme l'indique son nom, surtout son nom complet : Tchau-phya-mé-nam, mot à mot : Prince, chef, mère des eaux. Le Ménam, né sur les confins de la Birmanie, appartient tout entier au Siam et il en baigne la brillante et bruyante capitale ; des barres obstruent les embouchures de ses chenaux deltaïques et les lourds navires n'y peuvent entrer.

Le royaume de Siam s'étend sur 88 millions d'hectares et ne possède que 5 à 6 millions d'habitants ; mais il faut considérer que la plus grande partie des Siamois se presse dans la vallée et dans le delta du Ménam, espèce de Hollande fertilisée par les débordements périodiques du fleuve et toute rayée de canaux qu'ont creusés des terrassiers chinois. Le reste du pays, désert immense,

[1] Ou plutôt Siam y a des prétentions.

forêts et montagnes, ne demanderait qu'à produire et produire encore, ayant sol profond et puissant, chaleur, eau des monts.

Thaï, Chinois et Laotiens. — Sur les 5 à 6 millions d'habitants, on compte 2 millions de Siamois ou Thaï, 1 500 000 Chinois répandus dans les villes et les bourgs où ils font toute affaire d'industrie et toute affaire d'argent, un million de Lova ou Laotiens, 500 000 Malais, 300 000 Cambodgiens, etc., etc. : tous chiffres éminemment hypothétiques. Les Laotiens sur le moyen Mékong, et les Chan sur le haut Ménam, appartiennent à la nation des Thaï, sauf qu'ils sont plus droits de race que les Thaï policés, lesquels ont rempli leur sang d'éléments malais, birmans, cambodgiens, surtout chinois : au fond, les Siamois du pays de Bangkok sont des Laotiens façonnés à l'administration orientale, c'est-à-dire au servage muet, et à la politesse chinoise, c'est-à-dire au mensonge.

Le peuple régnant des Siamois, plein, nous dit-on, de qualités intellectuelles et morales, affectueux, joyeux, débonnaire, manque de beauté physique; il a trop l'empreinte chinoise, ainsi que sa langue, purement monosyllabique. Le bouddhisme règne tyranniquement en ce pays où l'on révère le Çakyamouni de l'Inde sous le nom de Sommonacodoum, en de superbes pagodes qu'on bâtit avec amour, en toute splendeur, puis qu'on laisse à leur sort, en ne les réparant jamais. Les talapoins ou prêtres de Bouddha sont grandement honorés par les deux rois de Siam — Bangkok, sans être Sparte, a deux rois à la fois sur le trône, mais le premier roi seul est vraiment roi.

Quoique Thaï signifie homme libre, les Thaï ne connaissent guère de la liberté que le nom; on prétend même que *saremival*, régner, veut dire littéralement : dévorer le peuple. Une bonne partie de la nation est esclave pour cause de dettes.

Villes. — La capitale, à demi chinoise, ville de 600 000 âmes, s'appelle, de son nom vulgaire, Bangkok; de son nom religieux, en langue pali, Thanabouri; et, de son nom officiel, Si Ayouthia Maha ou Grande Cité des Anges. Elle a remplacé Ayouthia, métropole détruite il y a cent et quelques années par les Pégouans et située sur le Ménam comme Bangkok : Ayouthia régna de 1350 à 1767; morte, elle a laissé des ruines magnifiques, également belles par la nature et par l'art.

Bangkok borde les canaux du fleuve, impur et profond. Au sein d'un delta plat comme les polders hollandais, noyé plusieurs mois de l'année par les crues, la ville des Thaï, confusément jetée sur des îlots vaseux, est une Venise orientale, maisons en bois de tek et temples bouddhiques coiffés de toits à tuiles peintes; des rues de boutiques y flottent sur des radeaux de bambous.

Une autre et défunte métropole, majestueuse dans sa solitude, Angkor, fut la reine du grand peuple des Khmers, presque oublié. Elle se lève tout au sud-est du royaume, dans le Cambodge siamois, près du Tonlé Sap, grand lac qu'une rivière sans pente unit au grand fleuve cochinchinois par un courant qui, suivant la hauteur des eaux du Mékong, va du fleuve au lac ou du lac au fleuve. Les Khmers, dont elle était l'orgueil, dominèrent au loin et laissèrent, pour trace de leur sillon dans l'histoire, des monuments qui nous écrasent de leur grandeur, et qui malgré leur masse ont l'artistique beauté.

Temples où l'on se courbait devant Indra ou devant Vichnou, dieux de l'Inde, maisons de princes, avenues grandioses, routes droites bordées de statues, terrasses, escaliers gardés par des monstres de pierre, fossés dallés et murés, lacs faits de main d'homme, bustes géants du Bouddha, énormes corps d'animaux réels ou de bêtes chimériques, nulle part, fût-ce en Égypte, les derniers témoins du passage d'une forte nation ne sont plus éloquents que dans le silence du désert d'Angkor. Ces ruines étonnantes que la forêt tropicale attaque, et qu'elle finira par vaincre, touchent de près au Cambodge que nous protégeons depuis une vingtaine d'années : elles en feraient partie sans l'incurie et l'étourderie de la France.

Ruines à Angkor. — Dessin de Thérond, d'après une photographie.

INDO-CHINE FRANÇAISE

Ex-empire d'Annam. — L'ex-empire d'Annam n'est plus que l'ombre de lui-même : le delta du Mékong ou Cochinchine française appartient directement à la France ; le Tonquin reçoit aussi nos ordres, sous une apparence de protectorat ; la Cochinchine annamite, étroit littoral, est forcée de nous obéir, et nous la protégeons aussi. Avec le Cambodge, également protégé, nous commandons ici quelque 15 à 20 millions d'hommes, sinon 25 millions, sur un territoire dépassant 58 millions d'hectares.

La Cochinchine française et le Cambodge ont pour fleuve le Mékong, le Tonquin envoie ses eaux au Fleuve Rouge ; l'Annam ou Cochinchine dite indépendante n'a que des fleuves très courts, la montagne longeant de fort près la mer, et assez pauvres parce que la mousson du sud-ouest épuise ses pluies sur le versant occidental de ladite montagne, tourné vers le Mékong.

Le Mékong. — Comme du Nil dont on ignora les sources pendant des milliers d'années[1], on ne sait pas encore où le Mékong cache ses premières fontaines, probablement ses premiers névés, peut-être ses premiers glaciers. Tout ce qu'on peut affirmer, c'est qu'il naît entre Chine et Tibet, entre le Salouen birman et siamois à l'ouest, le Yang-tsé-kiang chinois à l'est, et que sous un nom fantastique[2], tel que les Chinois les prodiguent, il se tord dans d'affreux passages, à de ténébreuses profondeurs. Quand il pénètre chez les Laotiens, frères rustres des Siamois, il est grand ; quand il entre chez nous, en Cambodge, il est immense. Dans sa traversée du Laos, il se porte deux fois vers l'orient comme pour aller se perdre dans la mer du Tonquin en face de l'île chinoise d'Haïnan : même il s'en approche à 45 lieues ; mais sa pente le reporte deux fois au sud, tantôt par de très larges épanouissements de lit — jusqu'à plus de 20 kilomètres de largeur en un réseau de branches, — tantôt par des étroits extraordinaires — jusqu'à 100, 50, même 40 mètres seulement entre rives : mais alors il a plus de 100 mètres de profondeur. De grands rapides éparpillent ou concentrent ses eaux, suivant les caprices de la roche : les plus terribles sont au passage des grès, en amont du Sémoun, grand tributaire ; les derniers abaissements brusques de niveau précèdent de peu l'arrivée du fleuve en Cambodge. Parmi ces accidents de son cours on peut nommer les cascades de Salaphe et de Papheng ou cataractes de Khong, hautes d'une quinzaine de mètres. Au pied du rapide ultime le Mékong se ressent déjà de la marée ; en même temps il commence à voyager sur ses remblais, car le Tonlé-Thon[1] des Cambodgiens, le Capitâo des Aguas[2] du Camoëns, a conquis sur la mer presque tout ce qui est Cambodge et Cochinchine.

Devant Pnôm-Pènh, chef-lieu du Cambodge, le Mékong se divise en fleuve Antérieur, en fleuve Postérieur et en Tonlé-Sap : Antérieur et Postérieur vont au midi, vers l'Océan ; Tonlé-Sap[3] au nord, pendant 115 kilomètres, avec 700 à 800 mètres de moyenne largeur, vers un grand lac aux rives changeantes qui s'appelle, du nom de la rivière, Tonlé-Sap.

La rivière Tonlé-Sap vient et s'en va comme la mer : quand souffle la mousson du sud-ouest, prodigue en pluie, elle court, profonde de 20 mètres, vers le lac, et lui apporte, tant que la crue dure, un flot puissant : en tout quelque 35 à 36 milliards de mètres cubes d'eau. D'eau et de boue, à dire vrai, puisque le Mékong entraîne en son flot 1400 millions de mètres cubes de terre et débris par année, — et l'on admet qu'il comblera le lac du Cambodge en deux siècles. En attendant cet effacement de la grande lagune, le déversoir intermittent des crues du fleuve transforme en un bassin de 110 kilomètres de long, de 25 de large, de 13 à 14 mètres de creux, de 150 000 à 160 000 hectares d'onde jaune la nappe de 26 000 hectares environ, avec au plus 4 à 5 pieds de profondeur, que la saison sèche a laissée dans cette plus basse dépression cambodgienne. Avec les derniers jours de septembre finit la crue du Mékong : alors le fleuve baisse, et la rivière Tonlé-Sap, revenant

---

1. De fait ou les ignore toujours : on connaît seulement le grand lac qui est le Leman du fleuve.
2. Fleuve du Grand Dragon : Lantzan-kiang, Kinlong-kiang.

1. Grande Rivière.
2. Capitaine, roi des eaux.
3. Fleuve d'eau douce, en cambodgien.

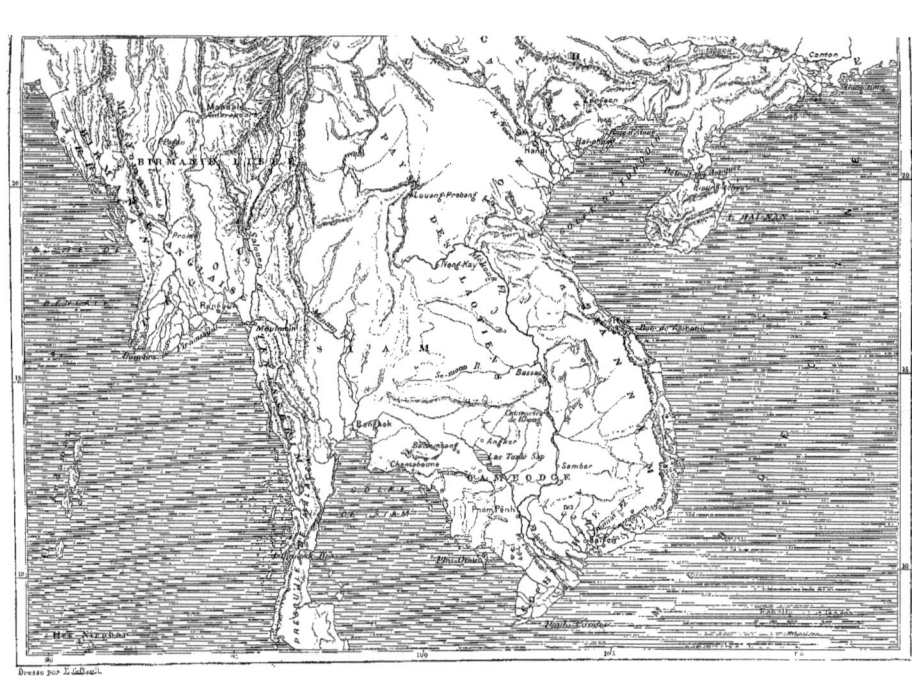

Carte de l'Indo-Chine.

sur Pnôm-Pênh, vide presque tout le lac, en même temps que le boivent les rayons du soleil, à l'exception de la cuvette centrale, qui est un inépuisable vivier de poissons comestibles.

En aval de Pnôm-Pênh, fleuve Antérieur et fleuve Postérieur, longs de 200 kilomètres, passent en Cochinchine et s'y entrelacent par des arroyos ou chenaux aux branches du Vaïco et du Donnaï, petits fleuves devenus avec le temps presque indépendants du grand, mais qui jadis, dans le bas de leur cours, en furent des branches deltaïques. Sur ces arroyos creusés dans la vase, sur les bras du Vaïco et du Donnaï, sur les coulées de l'Antérieur ou rivière de Mytho comme sur celles du Postérieur ou rivière de Bassac, tant dans la « Plaine des Joncs » que dans les sols moins affli-

Confluent du Mékong et du Tonlé-Sap. (Voy. p. 596.) — Dessin de Sabatier.

gés de rouches et roseaux, la terre de tout ce delta, très inconstante, annuellement remouillée, remaniée, rehaussée, mérite à peu près partout son ancien nom cambodgien de Tuc-Khmau, c'est-à-dire l'Eau noire, ou encore la Boue.

Que verse à l'Océan, que chaque jour il diminue, le Capitâo das aguas du poète des poètes lusitaniens? On ne l'a pas encore assez jaugé pour le savoir exactement : peut-être 12 000, 15 000 mètres cubes comme le Gange ou l'Iraouaddi, avec des minima de 2000, 2500, des maxima de 75 000. C'est un très grand fleuve auquel on suppose une longueur de 3500 ou 4000 kilomètres.

Basse Cochinchine. — Par rapport à la Grande ou plutôt Longue Cochinchine, ou Cochinchine Annamite, la Basse Cochinchine, Petite Cochinchine, Cochinchine Française est au sud-ouest, sous le 9e, le 10e, le 11e degré de latitude Nord, par conséquent sous un ciel tropical, presque équatorial.

Les Annamites, qui la colonisèrent en ces derniers siècles[1], en refoulant les Cambodgiens, ses vieux maîtres, lui donnent le nom de Pays des six provinces, et, moins administrativement, celui de pays de Gia-Dinh.

C'est une région de 6 millions d'hectares, en deux natures de contrée.

A l'ouest, au centre, au sud, c'est la Terre Basse, le grand delta du Mékong avec son fleuve Postérieur et les cinq ou six branches du fleuve Antérieur; et, au nord-est de ce puissant fouillis de vase, le petit delta des myrmidons annexes, Vaïco et Donnaï.

Au nord-est, à l'est, c'est la Terre Haute : haute relativement, et qui n'est pas un Toit du monde. La Dame Noire[1], culmen de la Cochinchine française, y monte à 883 mètres.

Soldats et cavalier de Saigon. — Dessin de P. Fritel, d'après une photographie.

Sur ces 6 millions d'hectares vivent environ 1700000 personnes. Que de place encore dans un pays si mouillé, si chaud, si fertile, et tellement alluvionnaire! Mais les Français n'en profiteront guère. Nous ne possédons pas sur le bas Mékong une terre comme l'Algérie, où nous pouvons nous renouveler, sauf épreuves d'acclimatement pour la première génération, et seulement pour les familles issues de la France du Nord. Encore moins avons-nous conquis sur ce fleuve un Canada où mille hommes deviennent vingt-cinq mille en cent vingt ans : sur le sol cochinchinois, vingt-cinq mille Blancs se réduiraient plutôt à mille en un siècle, dans un air humide et torride, toujours pesant, accablant, énervant, sans chaleurs sèches et saines, sans fraîcheur qui repose, sans glace qui revigore : à Saigon, le mois le plus froid de l'année a pour moyenne 27°, le plus chaud n'ayant que 29°,85,

[1]. A partir de 1650.

[1]. En annamite : Nui-ba-den.

et il tombe de cieux électriques 1740 millimètres de pluie par an. Aussi, bien qu'elle s'étende maintenant sur toute l'Indo-Chine orientale, et quoiqu'elle puisse arriver un jour à diriger des cargaisons de riz vers tous les ports du monde, cette colonie qui ne mérite pas ce nom, car ce n'est qu'un vaste comptoir, n'éveillera jamais chez nous le même amour que le Vieux Canada ou la Jeune Algérie. La terre soumise à partir de 1859[1] ne vaut ni celle que nous perdîmes cent ans auparavant[2], ni celle où nous débarquâmes en 1830. Elle n'augmentera notre nom, notre force, que si nos écoles chassent du pays le pauvre idiome unisyllabique des Cochinchinois et des Tonquinois devant la très glorieuse langue de France.

Des 1 700 000 habitants, plus de 1 500 000 sont

Rade de Saigon. — Dessin de Th. Weber, d'après une photographie.

des Cochinchinois, plus de 100 000 des Cambodgiens, 60 000 des Chinois, dont un bon quart crevés par l'opium, quelques milliers seulement des Européens, presque tous Français, et des métis franco-annamites. Les Cochinchinois, qui sont des Annamites mâtinés de Cambodgiens, de Chinois, de Malais, ressemblent trait pour trait à leurs frères de la Cochinchine protégée et du Tonquin : il ne faut donc chercher chez eux ni grande taille, ni beau visage, ni force physique, ni franchise et fierté de caractère, mais, tout au contraire, les jambes courtes, les pommettes saillantes, le nez écrasé, les yeux obliques, petits, bridés ; leur corps a la souplesse ; leur esprit, l'intelligence et la ruse ; leur caractère, la patience, la bonté, l'amour de la famille, le goût de l'étude : au moins de l'étude facile. Ils parlent un dialecte de l'annamite, langue monosyllabique presque chinoise. Ils

1. Nous sommes à Saigon depuis 1859.
2. 1759, année de la perte de Québec.

croient au Bouddha ou font semblant d'y croire. Ils cultivent le riz, souvent trempés dans l'eau jusqu'à la ceinture, aidés dans leurs travaux par des buffles sauvages dont ils savent se faire obéir, mais qui courent sus à l'Européen; dans les forêts malsaines, la panthère guette, ramassée et prête à se détendre; le tigre aussi, qui est splendide.

Colonie de Chine bien plus que de France, la Cochinchine reçoit en grand nombre des immigrants chinois qui s'emparent de tous les métiers, qui font toutes les affaires et qui, n'amenant pas de femmes avec eux, se mêlent aux indigènes et en retrempent incessamment la race pour tous les combats de la vie pratique.

Saigon[1], et non pas Saïgon, la capitale, a 55 000 âmes avec son faubourg chinois, Cholon[2]. Bien que située assez avant dans l'intérieur, sur un affluent du Donnaï, les plus grands navires y montent.

Cambodge. — Soumis depuis 1863 au protectorat de la France, lien qu'on vient de serrer plus étroitement, le Cambodge passe pour obéir à un roi gouvernant en apparence un million d'hommes sur près de 8 millions et demi d'hectares.

Des provinces régies par les rois de Siam, un royaume inféodé à la France, voilà tout ce qui vit encore du grand empire des Khmers, jadis si glorieux, et dont il reste, vers le lac Tonlé-Sap, de merveilleux champs de ruines avec quelques-uns des plus beaux monuments des hommes. A en juger par les temples d'Angkor, c'est du dixième au quatorzième siècle que le peuple du Mahanocor[3] montra sa force, c'est alors qu'il bâtit pour l'éternité, si l'éternité, sous le climat de l'Indo-Chine, dans l'effervescente activité des forêts, entre les lianes, parmi les pluies et les trombes, pouvait durer plus de quelques misérables centaines d'années.

Au temps de sa vigueur et splendeur, l'empire des Khmers remontait au loin le fleuve auquel on a donné l'un des deux noms de ce peuple : car les Khmers s'appelaient aussi Kampoutchéa, mot dont les premiers explorateurs des bouches du Mékong, les Portugais, firent le mot moins dur de Cambodge. Ils régnaient sur les contrées devenues le royaume de Siam et sur tout le delta de leur immense rivière, avec les camargues annexes, jusqu'aux lieux où la côte cochinchinoise tourne franchement vers le nord.

Les Annamites leur ont ravi la Cochinchine basse, par la colonisation plus que par la guerre; les Siamois, ayant repris l'indépendance, ont empiété sur leurs anciens maîtres et soumis des provinces khmérophones dans le bassin du Grand Lac; puis est venu le jour où pour échapper à une mort certaine, au partage d'une Pologne orientale entre deux et non pas trois rigoureux despotes, le Cambodge s'est jeté dans les bras de la France.

C'est sous l'influence de l'Inde, aux grands dieux de laquelle ils consacrèrent leurs temples, que les Cambodgiens furent grands et féconds, et sans doute qu'ils doivent quelque chose de leur sang au sang de la gangétique presqu'île. En tout cas leur langue est « aryenne ».

Supérieurs par le caractère aux peuples de leur entourage, aux Siamois, aux Cochinchinois, aux Annamites, ces riverains du Mékong et du Tonlé-Sap ne font guère que les trois quarts de la population du Cambodge, l'autre quart comprenant, à parts à peu près égales, des Chinois et des Annamites : ceux-ci continuent patiemment la colonisation qui leur a déjà valu la Basse Cochinchine[1]; ceux-là viennent faire fortune dans les villes, dont la principale est Pnôm-Pénh.

Pnôm-Pénh (12 000 hab.), capitale, domine les Quatre-Bras, dans une situation presque unique au monde : on nomme Quatre Bras l'endroit où Tonlé-Sap, fleuve Antérieur et fleuve Postérieur se détachent du Mékong, Nil plus grand que le Nil dans une alluvion plus ample.

Annam, Annamites. — De la Cochinchine française, delta du Mékong, au Tonquin, delta du Songkoï, la Cochinchine propre ou Annam s'étend du sud au nord sur près d'une dizaine de degrés, d'environ 10° 30' à 20°; et, dans l'autre sens, du rivage océanique à des montagnes à peu près inexplorées encore dont on sait qu'elles séparent très nettement deux climats. Celui de l'est, de la crête de la sierra jusqu'aux flots de la mer, est brillant, sec ; celui de l'ouest, soumis à la mousson, est fort humide ; aussi le versant oriental n'a-t-il que des torrents maigres, d'ailleurs sans espace devant eux, puisque le pied de la chaîne touche presque au rivage ; mais ce sont d'amples rivières qui coulent du versant occidental vers l'énorme Mékong. Parmi les baies (quelques-unes

---

1. La Gia-Dinh des Annamites : même nom que celui du pays.
2. A 7 kilomètres de distance.
3. Nom cambodgien : Grand Royaume.

1. On estime leur immigration à 600 par mois.

fort belles) que vont chercher à l'est les tout petits fleuves côtiers, il en est une au moins d'admirable, la baie de Tourane, au sud-est de Hué, dans l'encadrement des monts : suivant l'heure, le jour, la semaine brumeuse ou limpide, le ciel nuageux ou étincelant, elle ressemble à tel fiord de Norvège, à tel lac des Alpes, au golfe de Naples ou à la bahia de Rio ; elle est vaste, sûre, profonde, capable des plus grandes flottes. Par Tourane commença notre conquête de l'Indo-Chine : la France y resta deux ans (1858-1860) et n'y laissa qu'un cimetière de soldats et marins morts d'un très lourd climat. Mais si l'Annam prospère, une grande ville y doit naître.

Ainsi resserré, comme étouffé sur sa côte par des monts inviables, souvent pelés ou avec bois

Un bras du Mékong à Vinh-Long. — Dessin de A. de Bar, d'après une photographie.

rabougris et portant sur leurs plateaux des peuplades sauvages, l'Annam n'entretient peut-être que 2 millions d'hommes, sur plus de 20 millions d'hectares. De ces hommes, les Annamites, on connaît peu l'origine : on les rattache aux Japonais, ou aux Malais, ou encore aux Chinois, auxquels ils ressemblent extrêmement, au dedans comme au dehors. Et, par surcroît, ils doivent tout à la Chine, administration, us et coutumes, idées et manières, philosophies, religions et doctrines. Leur langue, qui n'est au fond qu'un dialecte chinois, ils l'écrivent aussi bien en lettres chinoises que dans les caractères nationaux, lesquels sont également idéographiques. L'Annamite, reconnaissant l'antériorité et la supériorité de l'homme du Milieu, appelle le Chinois : « mon oncle ».

Eux-mêmes, ils se donnent le nom de Giao-chi [1]. Quant au nom d'Annam, pour Ngan-nan, il veut

[1]. Les doigts bifurqués : de ce que chez eux l'orteil s'écarte beaucoup des autres doigts du pied.

dire la Paix du Midi, le Sud pacifié, paisible. Le pays de Hué, l'Annam proprement dit avec exclusion de la Cochinchine et du Tonquin, a deux noms officiels : Nam-ky ou région du Sud, le Tonquin étant le Bac-ky ou région du Nord ; et Dang-trong ou Route intérieure, par opposition au Tonquin, qui est le Dang-ngoaï ou Route extérieure.

Hué [1] (60 000 hab.), capitale de la Cochinchine, et de tout l'empire d'Annam avant l'arrivée des Français, borde, non loin de la mer, un fleuve de peu de profondeur. Sa citadelle est dans nos mains, gage redoutable contre les fourberies et les trahisons de l'empereur d'Annam ; ce despote entouré de mandarins trompeurs est, on peut croire, notre pire ennemi. Mieux cût valu l'annexion pure et simple, car les « protectorats » sont des erreurs et des mensonges.

Tonquin: camargue du Fleuve Rouge. —

Entre des frontières ici indécises, là inconnues, le pays du Nord (Bac-ky) des Annamites de Hué, leur Route extérieure (Dang-ngoaï), notre Tonquin ou Tong-king oscille entre 20 et 25 millions d'hectares. Tong-king, corruption de Dong-king, veut dire la Cour d'Orient : nom que porta la grande ville du pays, Hanoï, par opposition à une Cour d'Occident (Tay-king), forteresse et cité détruite aujourd'hui.

Dans sa partie plane, dans le delta, fait d'une inépuisable alluvion rouge, il ressemble à la four-

1. On devrait prononcer Houé.

Grand mandarin annamite. — Dessin de E. Ronjat, d'après une photographie.

milière chinoise ; les cases légères sous des arbres sveltes, les bourgs, les villes s'y touchent. C'est pourquoi il y a bien 13 millions d'âmes, probablement plus que moins, et peut-être 15, et même 17, dans ce petit pays dont les régions hautes sont ou presque vides ou tout à fait désertes.

La Birmanie et le Siam le bordent à l'ouest, ou plutôt de ce côté-là s'étendent, fort peu parcourus jusqu'à ce jour, des pays dont les peuplades très sauvages obéiraient à l'empereur birman ou aux deux rois de Siam si ces potentats étaient plus voisins et plus forts. Au nord, il confine au Yun-nan et au Kouang-si, provinces de Chine, tandis qu'à l'orient il regarde Haïnan, île chinoise dans le golfe du Tonquin.

Non seulement il confronte à la Chine, mais il est presque « Chine » lui-même : plus encore que les Annamites de Cochinchine, ceux du Tonquin tiennent tout de la « Fleur du Milieu ».

Par 650 kilomètres environ de littoral, petites et moyennes distorsions de côte non comprises, le Tonquin borde le golfe tonquinois ou mer d'Haïnan : mer point tranquille, souvent remuée jusqu'en ses profondeurs par le souffle des typhons, et, ce qu'on n'attendrait pas de ses latitudes (18° à 21° ou 22°), très souvent voilée par brume et brouillard en hiver et au commencement du printemps. Dans le nord-ouest de ladite mer ou golfe, des îles grandes ou petites, plus souvent petites que grandes, îlots ou rochers plutôt qu'îles, se lèvent

Scène prise au marché de Saigon. — Dessin de D. Maillart, d'après une photographie.

à milliers dans l'alignement du nord-est au sud-ouest, en face d'échancrures du rivage dont une, la baie d'Allong, si grande et sûre qu'on lui prédit la royauté maritime et commerciale du Tonquin. Ces archipels pressés, dédale entre des récifs calcaires et des îles hautes, forestières, sont un asile des pirates chinois, annamites, malais; ils seront plus tard des coteaux, des monts isolés du delta qui s'accroît aux dépens du golfe du Tonquin, lequel ne descend point à de grandes profondeurs : il a souvent moins de 20 mètres, il en a rarement plus de 100.

Ce delta s'accroît vite en vertu de la boue continuelle amenée aux cua[1] par des song[2] dont les deux principaux sont le Fleuve Rouge et le Thaï-binh, arrivant à la mer par de nombreuses bran-

Hué : rue de la ville marchande. — Dessin de P. Kauffmann, d'après un croquis.

ches. On n'a pas perdu (grâce aux écrits chinois) tout souvenir historique de l'époque où le site d'Hanoï, aujourd'hui si éloigné du rivage[1], était à l'ourlet même du flot; la comparaison des délinéaments actuels de la côte avec ce que nous disent les très vieux, les vieux, les modernes documents indique une progression annuelle de 48 mètres : soit 1 kilomètre en un peu moins de vingt et un ans.

Le Thaï-binh, au nord du Fleuve Rouge, n'est pas un courant puissant. Issu du Babé, lac de plateau vaste pendant les pluies mais réduit à trois cuvettes pendant les sécheresses, il s'appelle Song-kau (ou Song-kao) dans son cours supérieur et moyen; en aval de Bac-ninh, il s'anastomose avec le Fleuve Rouge, puis se divise en nombreux arroyos deltaïques dont aucun n'est bien navigable et ne communique profondément avec l'Océan. Il en est de même des bouches du Fleuve Rouge

[1] A près de 100 kilomètres.

1. Embouchures.
2. Rivières.

du Song-koï, né chez les Chinois dans le montagneux Yun-nan et fort malaisément navigable, de nom plus que de fait, à partir de Mang-hao, bourg yunnanais. Chez les Tonquinois, entre Hanghoa et Sontay, viennent à lui deux grands courants : la Rivière Noire, issue de gorges du granit, et la Rivière Claire, onde verte, transparente, d'autant plus belle en ce Tonquin gâté presque partout par ses eaux impures, ses sources malfaisantes, non pas seulement dans le delta, qui n'a que des fonts bourbeuses, mais aussi dans la montagne, pleine de minéraux. Après ce dernier tributaire, qui semble ne se mêler qu'à regret avec lui, le Fleuve Rouge est large de 1000 mètres. La marée le remonte jusqu'au-dessus de Hanoï; une contre-marée c'est, dans la saison des pluies, l'immense crue de flots rouges qui, montant de 5 à 6 mètres, submerge le delta et y efface tout ce qui n'est pas routes, levées terreuses, bordures de rizières, digues entourant les villages, les ma-

Courrier annamite. — Dessin de E. Burnand, d'après une photographie.

melons et coteaux qui furent les îlots de la mer, qui sont devenus les « monts » du delta.

Le Mont, la Forêt. — Le delta, région vivante du Tonquin, est un don fait par les deux régions presque mortes, le Mont et la Forêt, tellement imparcourus, inconnus jusqu'à ce jour, que la France conquérante ne sait encore comment y diriger ses bataillons.

Le Mont ou Plateau se lève au nord et au nord-ouest du pays, depuis la lisière septentrionale du delta jusqu'à la frontière du Kouang-si et du Yun-nan, provinces de Chine; là vivent loin du monde, au delà des défilés, sans rivières navigables, sans routes ou sentiers pour conduire chez eux, les citadins de Touyen kouang, de Thaï-ngouyen, de Cao-bang, de Lang-son; là naissent le Thaï-binh et la Rivière Claire. Quelles hauteurs a ce mont, ou plutôt ce chaos de monts indébrouillés? 1200, 1500 mètres dans les chaînons déjà foulés, et peut-être 2000-2500, voire 3000 (?) en tirant vers le Yun-nan.

La Forêt, montagne aussi, mais plus boisée que le Mont, c'est l'osseuse contrée que pourfend la Rivière Noire, c'est tout ce qui se dresse, se chevauche et se déchire entre la rive droite du Fleuve Rouge et la limite non tracée entre le versant oriental ou terre de Tonquin et le versant occidental ou terre de Mékong. On sait que des cimes y atteignent 1500, 1800, sans doute 2000 mètres.

C'est en dépassant cette « Forêt », en dominant sur le Mékong grandiose, et seulement ainsi, que l'Indo-Chine française doit arriver à la plénitude de son être. Il lui faut ce fleuve et Louang-Prabang, clef de la presqu'île. Sans cette ville, prétendue siamoise, et sans le haut Mékong, notre Indo-Chine est un empire avorté.

Tel quel, c'est un beau domaine, et dans ce domaine, rien ne semble valoir le Tonquin avec sa camargue infatigable, ses rizières, sa montagne qu'on croit éminemment minérale, ici ferreuse, là cuivrée, ailleurs veinée d'or, d'argent, d'étain ailleurs encore prodigue en houille. Bien plus précieux avantage, le climat n'y est pas constamment torride; même dans le delta, la moyenne de janvier (14°,5) n'y arrive pas à la moitié de la moyenne de juin (31°,4), et Hanoï voit le mercure descendre à 7°,6.

Sous le 21ᵉ degré, 7°,6 est vraiment un froid d'hiver, qui guérit des accablements de l'impitoyable été tonquinois.

Hanoï à vol d'oiseau. — Dessin de H. Clerget.

Tonquinois. — Les Tonquinois sont des Giao-chi peu distincts de leurs autres frères annamites de la Cochinchine de Hué ou de celle de Saigon; il y a bien quelques différences dialectiques entre l'idiome du Fleuve Rouge et celui du Mékong inférieur, mais pour tout le reste, corps[1] et visage, attitudes et aptitudes, mœurs et coutumes, lois, usages, idées, religion, superstitions, littérature, admiration béate pour la Chine, imitation des Chinois, tous ces monosyllabisants se ressemblent, qu'ils soient de Hanoï, de Hué, de Saigon.

Hanoï (125 000 hab.) a divers noms : officiellement, c'est la ville du Dragon rouge (Tham-lang-than); c'est aussi le Fort du Nord (Bac-thânh), la Cour d'Orient (Dong-king); c'est encore le Grand marché (Ké-cho). Il en est ainsi des autres villes annamites, qui, presque toutes, ont trois noms : un nom administratif, un nom chinois, un nom usuel. Hanoï veut dire : Entre les eaux; c'est notre Entraigues. Capitale du Tonquin, elle borde une des branches majeures du Song-koï, à 556 kilomètres au N.-N.-O. de Hué. Sa « huerta » miraculeuse est sans défaillance, mais son fleuve la trahit : faute de régularité, de profondeur, d'embouchure constante, creuse et commode, il ne lui amène pas de navires tirant plus de 2 mètres.

[1]. Le Tonquinois est un peu plus grand et mieux taillé que le Cochinchinois.

Cours du Hoang-ho : falaises de Terre Jaune. (Voy. p. 411.) — Dessin de Lancelot.

EMPIRE CHINOIS

Plus du quart, près du tiers de la race humaine. — Semblable à un pays plus splendide, au Brésil qui touche à presque toutes les contrées de l'Amérique méridionale, l'empire Chinois confronte à presque toutes celles de l'Asie, à la Sibérie, au Turkestan dit indépendant, à l'Afghanistan, à l'Inde, à la Birmanie, à l'Annam. Toutes vassalités comprises, il couvre 1180 millions d'hectares avec 400 millions d'hommes, peut-être même 500 : soit plus du quart, ou près du tiers des humains.

Les deux tiers de cet espace égal à vingt-deux ou vingt-trois fois la France appartiennent aux États plus ou moins tributaires : Corée, Mandchourie, Mongolie, Turkestan d'orient, Tibet ; il ne reste à la Chine propre qu'un peu plus de 400 millions d'hectares[1]. Mais sur cette aire septuple ou octuple de la France vivent douze à quinze fois autant d'hommes que dans les 777 millions d'hectares qu'occupent les pays feudataires : si, tous ensemble, ceux-ci portent une trentaine de millions de sédentaires ou de nomades, la Chine propre compte ses Chinois par centaines de millions[2]. C'est la plus grande officine de vie sur la planète qui est une lune

[1]. Plus exactement, si l'on peut parler ici d'exactitude, 402 500 000.
[2]. Les évaluations varient entre 250 et 500 millions.

du Soleil et le soleil de la Lune. Elle rayonne au loin, elle absorbe tout : « La Chine est comme la mer où tombent tous les fleuves, et où tous deviennent salés. »

Noms de la Chine et noms des Chinois. La Grande Muraille.

— En donnant à la Chine « chinoise » 350 millions de résidents sur 400 millions d'hectares, on lui reconnaît 87 personnes par kilomètre carré ; en lui en donnant 400 millions, on lui accorde un homme par hectare ; en la peuplant de 450 millions d'âmes, on la dote de 112 hommes au kilomètre carré, la France n'en ayant que 71 à 72.

C'est que les Chinois tirent d'un sol fécond, sous un climat « génial », tout ce que la terre et l'eau peuvent créer et le soleil mûrir.

Nous désignons souvent la Chine par le surnom de Céleste-Empire, croyant par là traduire une expression chinoise, en quoi nous avons tort. Tien-sia, qu'emploient volontiers les regnicoles, veut dire Pays sous le ciel et non Pays céleste. Les expressions dont ils usent le plus volontiers sont celles de Hoa-kouo ou royaume des Fleurs et de Tchoung-kouo ou royaume du Milieu : par quoi ils entendent la région située entre le nord, le sud, l'est et l'ouest, ce qui est naturellement le fait de toutes les contrées y compris la leur.

Il y a d'autres surnoms indigènes de ce Tatsing-kouo ou « Grand et pur empire[1] » : Chipa-chang ou les Dix-huit provinces ; So-haï ou les Quatre mers, ce qui ne veut point dire que quatre océans le bordent, ce terme ayant chez les Chinois la même valeur que chez nous le mot : univers. Quant au nom de Chine, il n'a rien de national. On suppose qu'il fut jadis donné par des étrangers qui confondirent l'empire avec ses empereurs de la famille des Tsin, descendue du trône depuis tantôt un millier et demi d'années. De même, deux noms de famille impériale furent l'origine de deux titres dont se parent volontiers ces plus nombreux des Jaunes : enfants de Han, hommes de Tsang.

La Chine s'ouvre à l'orient sur le Pacifique par 3500 kilomètres de côte, et de cette mer elle reçoit assez de pluies pour sa fécondité, un mètre peut-être en moyenne par an ; 1182 millimètres tombent dans les douze mois sur Canton, la moitié seulement ou un peu plus, 612, sur Péking.

Au nord de ce littoral, plus long sur un seul océan que celui de la France[2] sur ses trois eaux

1. Ou, sous la forme Ta-tsing-kouo, le Grand empire des Purs.
2. La France a 3115 kilomètres de côtes.

salées, la mer Jaune s'enfonce entre la Corée et la rive chinoise jusqu'à une petite distance de Péking, mais par une pénétration moindre de siècle en siècle, d'année en année, car cette conque se remblaie d'alluvions. C'est le travail éternel de l'eau : elle creuse, elle comble, puis elle recreuse et disperse de nouveau, après quoi elle rassemble et cimente encore les molécules des continents.

Au sud de la mer Jaune, les grandes coupures du littoral sont rares, mais non les ports, les estuaires, les anses ; la Chine a tous les lieux de refuge et de repos qu'il faut aux navires. La houille, qui fait que les vaisseaux courent au lieu de flotter, ne manque pas non plus, et rien que dans la Chine du nord les terrains reconnus houillers couvrent six fois l'espace des districts charbonniers d'Albion : plus de cent millions d'hectares de l'empire des Jaunes appartiennent aux roches carbonifères.

A l'ouest, vers les hautes terres, les frontières de l'empire sont un peu vagues. Au nord, le pays s'arrête à la Grande Muraille, monument étonnant de la niaiserie humaine. Les Chinois ne craignirent pas d'élever ce ridicule ouvrage contre quelques tribus de chevaucheurs du Steppe. Des millions de vies s'y consumèrent, puis la Grande Muraille fut enjambée par des conquérants irrévérencieux, à la stupéfaction indignée des paysans, artisans, commerçants et mandarins du Grand et pur empire. Ils s'étaient crus en sûreté pour le reste des âges derrière ce parapet sagement construit par de patients ingénieurs qui surent l'accrocher et presque le suspendre sur des précipices, le hisser sur les monts jusqu'à 2000 mètres, le hasarder dans de profonds abîmes, le hérisser de tours, de mille en mille pas, quelquefois de cent en cent.

La Grande Muraille exigea 160 millions de mètres cubes de maçonnerie ; ici d'argile, ailleurs de brique avec ou sans revêtement de granit, elle mit deux cents ans à surgir du sol. Souvent crevée ou usée, surtout en ses parties d'argile, notamment chez les Ordos, elle fut restaurée souvent ; puis on la continua au nord de la mer Jaune et par delà la Chine propre, en Mandchourie, jusqu'après la vallée de la rivière Soungari, par une forte barrière de pieux qui se nomme la Grande Palissade. Tel quel, ce Mur des dix mille li (4420 kilomètres)[1] n'a malgré ce nom que huit cents lieues, du pays du haut Hoang-ho à celui du Soungari supérieur.

1. Le li vaut 442 mètres.

Le temps qui a lentement carié tant de monuments plus nobles a fait des brèches profondes dans le Mur et dans la Palissade. Peu à peu il égalise au sol ce fantastique rempart, parfois double ou triple, commencé par un empereur qui faisait brûler les livres, et aussi les lecteurs du sage Confucius, et qui, pour prix de ses vertus, fut enseveli sous un tumulus colossal, dans un temple luisant de trésors, au bord d'un étang de mercure illuminé par des lustres nourris de graisse humaine. Il n'avait livré au bûcher que 460 lettrés : on enterra vifs dans son tombeau ses femmes, les archers de sa garde et dix mille ouvriers.

La Grande Muraille tombera et ne sera pas relevée. Pourquoi la reconstruire quand elle se

Vue de Si-ngan-fou. (Voy. p. 412.) — Dessin de Th. Weber.

dresse de moins en moins entre la Chine et la terre étrangère? Les Chinois des provinces de son parcours envahissent rapidement les vallées mongoles dont son faîte les sépare. Tel vaste district, comme celui des Ordos, entouré par le Fleuve Jaune, n'avait rien de « céleste » il y a quelques dizaines d'années, et il est presque entièrement « céleste » aujourd'hui. A la race agricole, patiente, ingénieuse, féconde, les Mongols ne sauraient tenir tête, eux, les nomades inertes diminués par le recrutement du clergé bouddhiste, qui est en partie une caste de célibataires.

Le Hoang-ho, crève-cœur de la Chine. La Terre Jaune. — Bien nommé, le Fleuve Jaune, en chinois Hoang-ho, tire son origine des hautes pâtures de l'Asie centrale. Entré dans la Chine propre, il y baigne cinq provinces : le Kan et Sou (Kan-sou), les Monts occidentaux (Chan-si), l'Ouest des cluses (Chen-si), le Sud du fleuve (Ho-nan) et les

Monts d'orient (Chân-toung). En moyenne son flot turbide court vers le levant, mais un fantastique détour, cingle de 2000 kilomètres, le mène au nord-est dans le pays des Ordos, steppe stérile qui n'est pas la vraie Chine : il y dormait jadis en un grand lac fluvial, entre deux chaînes, l'Alachañ et l'In-chañ. Du pays des Ordos il revient droit au sud pour ne reprendre le chemin de l'est qu'au confluent d'une forte rivière, l'Oueï, jaune comme lui.

L'Oueï (Weï, Hweï), venu droit de l'orient, est comme la corde de l'arc irrégulier décrit par le Hoang-ho; il arrose un pays de Terre Jaune où naquirent, pense-t-on, la science, l'urbanité chinoise, et il passe dans l'élégante Si-ngan-fou, vieille reine du beau langage.

Entre la bouche de l'Oueï et la ville de Kaïfong le Fleuve Jaune cesse de croître, il décroît plutôt par évaporation, filtrations, arrosages, au sein de la grande plaine chinoise qu'il sillonne, qu'il éventre et ravage. Plaine grasse et vulgaire, sans prairies parce que l'homme du Milieu fait de tout fonds de terre un jardin maraîcher; sans fermes parce que les Chinois ont la rage de s'entasser dans les bourgs; sans forêts, voire même sans bosquets de bois, presque sans arbres. La Chine tient le premier rang parmi les contrées déboisées. On y brûla, on y renversa les forêts pour éloigner les fauves dont elles cachaient l'asile ; puis, quand le peuple se fut accru, chaque village abattit ses bosquets sans souci de l'avenir pour gagner du labour et des carreaux de jardin sur la nature vierge. Si les arbres y sont rares, les arcs de triomphe y sont communs, comme d'ailleurs dans presque tout l'empire, sur les routes : on les

Jeune Chinoise. — Dessin de E. Ronjat.

élève pour immortaliser les grandes actions, en pierre dans le pays de roche, en brique dans le pays d'alluvion.

Cette plaine trop riche fait pousser trop de familles; il y a dans tous ses districts des hameaux, des bourgs, de grands quartiers de ville rongés par une misère qu'on ne trouve même pas dans les plus sombres et les plus coupables des cités industrielles de l'Europe.

Dans les régions triviales de l' « empire des Fleurs », des millions d'hommes vivent sur l'ordure, vêtus de lambeaux, ils mangent des viandes infâmes, ils boivent un air fétide, une eau pourrie dans les fossés. Telle villa, tel faubourg surtout, n'est qu'une basse-cour nauséabonde, un long fumier, un bouge immense où le porc renifle avec volupté dans les bourbiers corrompus. Chassieux, aveugles, scrofuleux, contrefaits, lépreux, cancéreux livides, on souffre, on gémit dans les chaumières de ce cloaque : et avec cela, sauf les malheureux qui portent la peine des vices de leurs pères ou des immondices de leur séjour, ces familles croissent vigoureusement, semblables aux légions déguenillées de l'Irlande.

Le Hoang-ho finit dans un delta de plus de 25 millions d'hectares qui a rattaché à la côte ferme le « pays des Monts orientaux », le Chañtoung, massif isolé jadis en mer dont la pointe suprême a 1545 mètres : c'était alors, et sous les mêmes latitudes, une espèce de grande Sicile en une petite Méditerranée, vis-à-vis de la Corée, belle péninsule allongée qui est comme une Italie. Trente, trente-cinq mille ans suffiront, paraît-il, au Hoang-ho, fleuve plus qu'impur, pour remblayer

La Grande Muraille (Voy. p. 410). — Dessin de Dosso.

la mer Jaune. D'autres courants moindres l'aident dans cette œuvre, entre autres le Liao-ho, qui est à moitié mongol, et le Pei-ho, fort de 219 mètres cubes par seconde, qui a Péking dans son bassin : il se peut que dans la noire antiquité ce dernier fleuve ait continué le Hoang-ho supérieur — en ce cas il vidait le grand lac entre monts devenu depuis le steppe des Ordos.

Si le Fleuve Jaune est rayé d'alluvions autant ou plus qu'aucune rivière du monde, si on le croit capable d'attacher en 350 siècles la Chine au Japon, c'est qu'il ronge par cent mille ruisseaux la fameuse Terre Jaune, le Hoang-tou que le moindre orage délaye en boue profonde. Les 80 à 90 millions d'hectares de cet incomparable terreau qui n'a pas besoin d'engrais, qui même sert de fumier, s'étendent sur trois provinces, Pé-tchi-li, Chañ-si, Kan-sou, et sur une grande part de trois autres, Chen-si (la moitié), Ho-nan (tout le nord) et Chañ-toung. Il y a des endroits où le Hoang-tou couvre de 600 mètres de dépôts la carapace antérieure du sol, autour de montagnes qu'il n'a pu revêtir ; et pourtant ces couches profondes comme la mer ne seraient que poudre sur poudre : soufflée vers le bas pays par le vent du plateau des Steppes, la poussière se serait, de siècle en siècle, cimentée en argile par son propre poids, par la pluie, par les sucs, par les pourritures de la plante et de l'animalité.

Tout est jaune dans la Terre Jaune, précieux domaine du Seigneur Jaune[1]. Plus tard, en de vastes cantons, tout y sera noir. Nulle part la houille ne remplit autant de cavités futures : le seul Ho-nan en a 5 300 000 hectares, et le Sé-tchouen, 25 000 000, la moitié de la France !

Une plaine généreuse, tellement vaste qu'on y taillerait quarante de nos départements, tremble sous la menace des expansions du Hoang-ho; les digues d'argile dressées par les Chinois contre ses divagations ne résistent pas toujours à la furie des eaux. Quand il les a sauvagement éventrées, il se creuse des lits d'une ampleur énorme qui peuvent suffire au Fleuve Jaune quand il est redevenu paisible.

Le fléau des enfants de Han, le crève-cœur de la Chine, le fleuve incorrigible a changé neuf fois d'embouchure depuis que les Chinois racontent ses excès à la postérité, c'est-à-dire depuis environ deux milliers et demi d'années. Portant sa force déchaînée tantôt au nord, tantôt au sud du large éperon du Chañ-toung, à travers le plat pays déposé par lui dans la mer (et par lequel il a cousu les « Monts orientaux » au continent), il y a 900 kilomètres ou la longueur de la France entre les deux buts extrêmes du fantasque voyageur : au septentrion le golfe du Pé-tchi-li, au méridion la rive où le Yang-tsé-kiang se présente à la mer. Les ruptures de digues de 1851, 1852, 1853, lui ont ouvert une fois de plus la route du Nord et il se mêle maintenant aux flots pé-tchi-liens, tandis qu'avant 1851 il coulait au sud du Chañ-toung et finissait à mi-distance entre ce massif et l'embouchure du Fleuve Bleu.

Ces derniers épanchements ont été funestes à l'empire : en noyés, puis en affamés, en fiévreux, en typhoïques, ils lui ont coûté des millions d'hommes; mais aussi ils ont fait déborder plus que jamais la Chine au nord de la Grande Palissade : fuyant la plaine maudite, de nombreux milliers de familles ont porté la charrue chinoise dans les vallées de la Mandchourie.

Le Hoang-ho déverse peut-être 150 millions d'hectares ou trois étendues de France.

75 millions d'hommes boivent aux ruisseaux, aux puits de son bassin.

On ne sait trop ce qu'il roule d'eau et de boue par seconde.

Le Yang-tsé-kiang, ses lacs Mœris. Canal impérial. Si-kiang. — Nous traduisons Yang-tsé-kiang par Fleuve Bleu, et pourtant ce grand courant est magnifiquement vert en amont de son entrée dans la plaine chinoise, puis, dans cette plaine, il devient aussi bourbeux que le Hoang-ho lui-même.

Ce trisyllabe doit plutôt se traduire par fleuve de la province de Yang[1], ou peut-être par Fils de l'Océan. Les Chinois le nomment de préférence Ta-kiang, le Grand fleuve, ou simplement Kiang, le Fleuve.

Le Yang-tsé-kiang ou Fleuve Bleu commence très loin, très haut, chez les Mongols, sur des plateaux point connus encore, prodigieusement froids et continentaux. Il réunit trois Rivières Rouges[2], devient l'Eau sinueuse[3], puis le fleuve au Sable d'or[4] ou l'Eau blanche[5]; il reçoit le vaste Yaloung, puis le Ouen (Hwuen) ou Min. Des gorges de rude

---
1. Hoang-ti, l'un des surnoms de l'empereur de Péking : le jaune est couleur nationale en Chine.

1. Cette province, à l'embouchure du fleuve, se nomme aujourd'hui le Kiang-sou.
2. Oulan-mouren, en mongol.
3. Mouroui-oussou, en mongol.
4. Kincha-kiang, en chinois.
5. Péchoui-kiang, en chinois.

EMPIRE CHINOIS. 415

et méchante allure le mènent de la montagne élevée dans la plaine basse : large parfois de moins de 150 mètres, mais alors profond de 30, de 40 mètres en eaux basses, de 50, de 60 en crues, avec de terribles vitesses ou de sombres torpeurs, il va sa route, en détours obscurs, entre des roches de 200 mètres qui lui prennent son soleil. A Itchang, après 189 kilomètres de rapides, il se calme, il arrive en plaine, dans la terre molle, qui est une fourmilière humaine, parmi les marais et rizières.

Dans la Chine tributaire le roi des fleuves du « Milieu » court au sud-est; dans la Chine propre il marche à l'est-nord-est, traversant ou touchant sept provinces : l'Aimable pays (Koeï-tchéou), les Quatre rivières (Sé-tchouen), le Nord du lac (Hou-

Intérieur d'une ferme chinoise dans la province de Canton. — Dessin d'Adrien Marie, d'après une photographie.

pé), le Sud du lac (Hou-nan), l'Ouest du fleuve (Kiang-si), les Bourgs pacifiques (Ngan-hoeï) et les Coulées du fleuve (Kiang-sou). Des monts à la mer cette plaine exubérante donne trois, quatre, cinq récoltes par an; la terre, bien arrosée, bien drainée, très fumée, jamais lasse, y porte le mûrier par véritables forêts, le riz, le tabac, le coton jaune dont se fait le nankin, la canne à sucre, des fruits, des épices, du thé, l'assoupissant pavot d'opium qui tend à remplacer en maint endroit les rizières depuis un traité cynique imposé par les Anglais. D'une ville de cent mille, de deux cent mille, de cinq cent mille âmes à telle autre cité rivale, on va souvent sans quitter les rues, les faubourgs pour la vraie campagne, et quand on croit une cité finie la voilà qui recommence. Des légions d'hommes y vivent sur des bateaux, de la pêche ou des légumes de leurs jardins, et ces jardins sont des radeaux de bambous portant des pelletées de vases arrachées au Yang-tsé-kiang.

Dans son trajet entre montagne et mer, le fleuve recueille les émissaires de deux grands lacs voisins de sa rive droite, le Toung-ting, le Po-yang, et, entre les deux, la rivière Han, grand tributaire de gauche navigable aux vapeurs sur autant de longueur que notre Loire a de cours : ce Han vient de la Chine la plus historique, en même temps que de la Terre Jaune, par une vallée bondée de peuple, dans un lit couvert de jonques.

Le Toung-ting n'est pas une mer dans la pierre, une coupe dans le mont, un abîme d'eau verte ou bleue, mais une immense flaque d'eau terreuse sur laquelle gagnent incessamment les herbes, joncs et roseaux du marais ; ses rives plates avancent ou reculent suivant la tombée des pluies ; de même les bancs de vase et les îles du lac s'effacent dans son flot ou grandissent au-dessus de lui. Ample de 500 000 hectares en moyenne et buvant les eaux d'une vingtaine de millions d'hectares, le Toung-ting n'a guère que six pieds de profondeur en été, mais il monte et s'épand quand ses deux maîtres tributaires, l'un de l'ouest, l'autre du sud, lui viennent en haute crue et lorsque, dans sa grande exondance annuelle, le

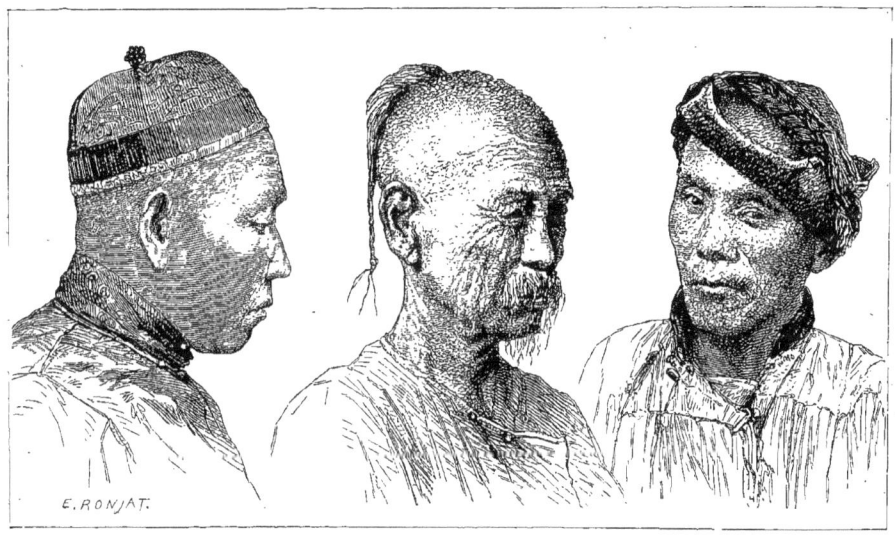

Chinois. — Dessin de E. Ronjat.

Yang-tsé-kiang lui-même, refoulant le déversoir, entre à contre-courant dans le lac et y dépose de son inondation : le Toung-ting est donc un grand régulateur du premier des deux Nils chinois. Le Po-yang, plus petit que le Toung-ting de 50 000 hectares, lui ressemble : il ne pousse point ses eaux contre des caps montagneux ; jonchères, roselières, vasières ne cessent de rapprocher lentement ses rives ; il reçoit de forts affluents ; il gagne le Yang-tsé par un court déversoir, et suivant le temps accroît le fleuve ou prend en réserve une part de ses expansions.

Vers Nanking, à 360 kilomètres de la mer, commencent flux et reflux, à l'aise dans un large chenal où il y a 40, 50 et jusqu'à plus de 100 mètres de profondeur d'eau ; puis le fleuve entre dans son delta, chaude Néerlande qui s'est souvent confondue avec celle du Hoang-ho. La marée, couvrant de 3 à 4 mètres 1/2 la vase de l'embouchure, lui porte les lourds vaisseaux qu'il ne recevrait pas sans elle, car il n'y a que 4 mètres d'eau sur les barres, dans les meilleures de ces « coulées » qui ont valu son nom au Kiang-sou : coulées si nombreuses, séparées par tant d'îlots, de sables, de boues, que le fleuve dit Bleu, quoiqu'il traîne au moins 6 mètres cubes de fange par seconde, a 100 kilomètres de largeur entre ses deux branches extrêmes.

Le Yang-tsé-kiang (5000 kilomètres) écoule 188 millions d'hectares où vivent 200 millions d'hommes. Suivant toute probabilité trois fleuves seulement remplissent autant ou plus de mer : avant tous l'Amazone, puis le Congo, puis le Rio de la Plata. On ne connaît pas au juste sa portée; provisoirement on admet qu'il roule 13 000 (?) mètres cubes par seconde à l'étiage, 22 000 dans la moyenne de l'année.

Comme le Hoang-ho, le Yang-tsé coupe la rivière des Transports (Yun-ho), notre canal Impérial, long de près de 2000 kilomètres, avec 60 à 300 mètres de largeur, et qui porte ou plutôt portait des milliers de jonques ou vaisseaux chinois, des canots sans nombre, des hameaux de bateaux, des villes flottantes : il rattache, ou plutôt il rattachait Péking au centre de l'empire, en même temps qu'aux provinces du Sud, où croît le riz, qui est le pain des Chinois. Mais depuis les dernières irruptions du Fleuve Jaune il n'est plus capable de mener une barque de son lieu de départ dans le Midi à Tien-tsin, son lieu d'arrivée dans le Nord. Éventré çà et là par de larges brèches, çà et là visité par la vase, par les sables, ici vidé, là comblé, ailleurs s'épanchant en palus, il n'est plus le grand chemin de la nation. Il y a beaucoup de canaux en

Chinoise aux pieds mutilés. — Dessin de E. Ronjat, d'après une photographie.

Chine, et nombre de rivières navigables, mais les chaussées y sont rares.

Inégal au Fleuve Bleu, même au Jaune, et pourtant très grand, le maître courant du Sud, le Si-kiang ou fleuve Occidental, venu du Midi nuageux, du Yun-nan, traverse l'Ouest et l'Est de l'étendue, c'est-à-dire les deux provinces Kouang, le Kouang-si et le Kouang-toung. Quand il arrive à son delta de 800 000 hectares, après 1500 kilomètres de voyage vers l'orient, il amène des eaux gonflées en été par les pluies de la mousson à d'innombrables chenaux, dédale propice aux évolutions des pirates, dont le nombre diminue. Canton range ses jonques le long d'une des branches de ce delta qui s'ouvre sur les eaux de Macao, île dite portugaise, et de Hong-kong, île dite anglaise : mais toutes deux sont chinoises. Des bouches du Si-kiang à celles du Yang-tsé, le littoral, fort découpé, dépend des provinces nommées le Pays prospère (Fo-kien) et le Fleuve roulant (Tché-kiang).

Les Chinois, leur « sagesse »; respect des ancêtres. — Les Chinois, race très mêlée, avec beaucoup de nuances de peau, beaucoup de formes et d'aspects de visage, manquent essentiellement de beauté. Tout au moins nous semblent-ils laids, à nous autres Européens. Leur tête rasée avec une queue de cheveux, soigneusement tressée, qui pend par derrière, leurs joues et leur menton presque sans barbe, leur nez plat, camard, ne sont pas pour embellir une face qu'éclairent mal deux petits yeux bridés et, comme on sait, obliques.

On présume que cette sorte d'hommes se forma, lentement comme tout ce qui dure, dans le pays de la Terre Jaune, cet immense lot agricole, le plus vaste au monde. Des éléments de toute espèce y concoururent, dont nous pouvons croire que le principal fut l'autochtone, ou soi-disant tel, que le Chinois regarde aujourd'hui du haut de sa bourgeoisie, le Miao-tsé, le Si-fan, et vingt autres nations sauvages du mont redoutées et méprisées par le rural comme par le citadin de la plaine. A ces « fils du pays » se mêlèrent en magma tous les gens d'alentour, hommes du Grand Plateau, Mongols, Turcs, Tibétains, et les Mandchoux du nord, et les Malais du sud, et les Birmans, voisins de l'Inde, et des nations mortes maintenant ou plutôt couvertes et cachées par d'autres. — Telle est partout « l'unité d'origine ». — Parmi les noms que se sont donnés les Chinois, il en est un qui signifie les Cent familles : il se peut qu'il commémore cette diversité d'ancêtres.

C'est une race forte par sa patience et par sa sagesse ; rien ne la rebute, à toute chose elle s'accommode, elle ne violente pas; sans élans imprévus, sans coups d'aile, elle arrive au but ; l'opium qui enivre, le jeu qui consume, c'est tout ce que le Chinois accorde à l'idéal, à l'imagination, au rêve, à l'aveugle fortune. Nul peuple n'égale les fils du Grand et pur empire dans la conduite de la vie pratique.

Une vertu maîtresse les guide, depuis que la Chine est Chine, dans cet étroit sentier de sapience et patience : l'amour de la famille, amour chez eux, primant tout autre sentiment. Et cet amour, en s'élargissant, devient la fidélité à l'État chinois qui est la « grande famille », à l'empereur de Péking qui est le « père du peuple ».

Filial par delà père, grand-père, aïeul, bisaïeul, le Chinois vénère les « ancêtres », jusqu'aux plus reculés, jusqu'aux primordiaux. Ces gens ont une espèce de passion pour la mort : ils s'occupent avec délices, et longtemps à l'avance, du lieu, de l'aménagement de leur sépulture ; leur premier souci, c'est de s'acheter une bière capitonnée ; chez eux, sous tous les yeux, parfois dans la plus belle chambre, le cercueil, meuble d'apparat, s'étale en attendant celui qu'il va dévorer. Quand la guerre, l'épidémie, arrêtent le train-train des enterrements, les bières se rangent le long des routes, le mort dedans, jusqu'au retour du calme indispensable à la décence, à l'honneur des rites funéraires. A l'étranger, rien ne préoccupe autant le Chinois que le rapatriement de son corps, si par hasard il doit mourir loin de la terre natale ; son dernier vœu c'est d'être enfoui dans le sol sacré du « Milieu ».

Dans ce pays où la fécondité de l'Homme Jaune répond à l'exubérance de la Terre Jaune, où, par cela même, la mort fauche à tour de bras, vastes sont les champs de repos ; et comme ils sont inviolables, que chaque défunt y a sa place pour des siècles, chacune de ces nécropoles rapproche incessamment ses tombeaux des lits d'un autre dortoir des trépassés. Les cimetières finiraient par couvrir la Chine si de temps en temps un avènement de dynastie ne levait l'interdit qui protège les dernières demeures : quand une famille nouvelle arrive au trône, le sillon empiète à son tour sur la fosse, on cultive les vieux charniers et l'on en creuse d'autres qui, d'empereur en empereur, empiéteront autour d'eux jusqu'à la fin de la dynastie, quelquefois plus longtemps encore. Lorsque la famille aujourd'hui régnante, celle des Mandchoux, devint souveraine, elle s'engagea solennellement — serment qu'elle ne viola pas — à ne point laisser célébrer son avènement par les conquêtes de la charrue sur les champs de la pourriture.

L'émigration chinoise : elle ne submergera pas le monde. — Cet empire de sages agronomes, de jardiniers incomparables, de bons pères et bons fils, sujets dévoués, citoyens paisibles, n'avait, dit-on, que 37 millions d'habitants en 1644. En admettant la vérité des on-dit, il en comptait déjà 142 millions en 1742, puis 268 millions en 1776, et 362 millions en 1812, enfin 415 millions en 1842. 450 millions serait aujourd'hui leur nombre, que même les missionnaires russes estimaient il y a vingt ans à plus de 500 millions.

Ce ne sont point là les seuls Chinois du monde. Tous les ans, malgré l'opinion, malgré les lois, des essaims s'envolent de la ruche bourdonnante. Presque toujours sans femmes, presque tous fournis par deux provinces méridionales, le Fo-kien et le Kouang-toung (Canton), ces fuyards du Grand empire des Purs s'en vont au Tonquin, dans l'Annam, en Cochinchine et dans le Siam où des villes sont plus chinoises que cochinchinoises ou siamoises, dans les Philippines, à Java, à Sumatra, à Bornéo, aux Moluques, en toute « Sonde » et en toute « Mégalonésie ». Là, ailleurs encore, ils vont métissant les races, faute de Chinoises pour fonder un foyer chinois. Et ils s'emparent de tout, culture grande ou petite, jardinage, mines, industrie, haute banque, avance usuraire, métiers, services, domesticité, trafic. Singapore n'est ni malaise ni anglaise, elle est chinoise, Poulo-Pinang aussi; Cholon, Bangkok, et tant d'autres cités sont également des colonies du « Milieu ».

Plus loin de leur fourmilière, ils envahissaient la Californie et autres États de l'Union; ils y allaient en tel nombre, ils y travaillaient tant, et si bien, et à si bas prix, que les Yankees ont eu peur de la Yellow Agony[1] et qu'ils les ont éloignés par force. En Australie on les écarte également, tant on y redoute leur concurrence en tout métier servile ou non, en toute affaire large ou menue, déliée ou grossière, à la campagne comme à la ville, aux mines comme dans les plantations.

Ailleurs on les recherche, en mainte et mainte région tropicale où le Nègre, s'étirant au soleil, se repose de trois cents ans de chaîne : à Cuba et autres Antilles, dans les Guyanes, au Brésil, au Pérou, dans les mers du Sud.

Si par hasard on les extirpe, ils repoussent : un Chinois meurt ou repart chargé d'or, dix Chinois le remplacent; un Chinois, très rarement, se ruine, cent Chinois sont cousus d'or.

Mais, quoi qu'on en ait dit, ils ne soumettront

Charrette chinoise. — Dessin de E. Ronjat, d'après une photographie.

pas le monde à leurs décrets monosyllabiques. Le jour approche où l'humanité blanche aura sous le soleil des cieux autant de centaines de millions d'hommes que l'humanité jaune, et bientôt la seule Russie pèsera sur la Chine du poids immense d'un demi-continent peuplé de races du Nord. L'Amérique septentrionale n'eût-elle que ses Canadiens-Français, ses Scandinaves, ses Allemands de l'Ouest, que, tous « Yankees » à part, il lui suffit de ces races de paysans fécondes pour braver l' « Agonie Jaune » sur une terre si vaste qu'elle peut porter grandement deux fois plus de Nord-Américains que la Chine de Chinois. L'Amérique du Sud est à des Indiens vernissés d'Européens, nations patientes, ou à des « Péninsulaires », Espagnols ou Portugais d'un génie très dur, et d'ores et déjà reçoit plus de « Latins » qu'elle ne recevra jamais de Chinois quand même le Brésil s'ouvrirait à deux battants devant la file des travailleurs glabres. L'Australie, quand sonnera l'an deux mille, aura peuplé le littoral qui fait ceinture autour de son désert et toutes les oasis qui zèbrent ce sahara. Quant à l'Afrique tempérée, ses Arabes et Berbères, ses Français, Espagnols, Italiens, Portugais, ses Anglais, ses Hollandais n'appellent point le Jaune et n'ont pas besoin de lui, l'Afrique tropicale ayant dans ses Nègres une ressource infinie.

L'empire du monde n'est ni pour les satisfaits, ni pour les phlegmatiques : de race militaire en race militaire ce sont les pauvres et les violents qui le raviront, et sans doute ceux dont le haut Septentrion restaure incessamment la jeunesse.

1. L' « Agonie Jaune », du fait des Jaunes, c'est-à-dire des Chinois.

Langue chinoise; pidjin english. — L'idiome chinois se divise en dialectes « fraternels » ayant autant de rapports entre eux que, par exemple, les langues néo-latines, français, espagnol, italien, portugais.

De jour en jour ces dialectes reculent devant l'idiome officiel du Nord, devant le parler de Péking, le kouan-hoa ou mandarin, la plus misérable de toutes les voix humaines.

C'est un jargon sans flexions, sans verbes, sans adjectifs, fait de monosyllabes, et si pauvre qu'il n'a que 420[1] mots prenant cinq, dix, et jusqu'à vingt ou trente acceptions suivant le ching ou ton, modulation chantante. Certains dialectes du Sud, deux fois plus riches que le « parisien » chinois, disposent de 800, 900, et même près de 1000 termes.

Tellement indigente et laborieuse est cette langue que souvent deux Chinois, ne se comprenant plus, doivent recourir à leurs pinceaux pour saisir par l'écriture l'idée qui échappe à la parole. Plus encore, ce triste langage est enchaîné par une écriture soi-disant figurative qui ne figure plus rien, car les signes, d'abord grossièrement représentatifs, se sont embrouillés en écheveaux de lignes rebelles à la meilleure mémoire. Il y a 44 449 de ces signes; 214, tout à fait indispensables, peuvent être considérés comme racines. Deux vies d'homme suffiraient à peine à épuiser la science de la lecture chinoise, mais avec quelques milliers de signes on se fait comprendre partout, et les huit à neuf dixièmes de ce peuple épris de science pratique savent lire couramment les signes utiles à la conduite journalière de la vie.

Les Chinois écrivent au pinceau, de haut en bas et de droite à gauche, le long de lignes verticales. Malgré l'indigne misère de l'idiome, la patience chinoise a construit un vaste édifice littéraire : l'encyclopédie impériale, qui comprendra les grandes œuvres de la nation, aura 160 000 volumes.

Peu d'Européens apprennent une langue si pauvre et nue comme mots, si touffue comme signes, et peu de Chinois s'adonnent à nos idiomes. Dans les ports de commerce est né, pour l'entente commune, un « papamiento » digne de la Chine, le pidjin english; ce sabir phénoménal unit des monosyllabes chinois avalés à l'anglaise et des mots anglais, et surtout portugais, fort pourris, chantés à la chinoise. Le mot qui lui vaut son nom de pidjin est l'anglais : business[2], qui lui-même est le français : besogne.

[1]. Ou peut-être 460.
[2]. C'est-à-dire affaires.

Le pidjin english a déjà ses proverbes, ses chansons, ses odes, sa littérature.

Religion. Gouvernement. — Dans les classes élevées de la nation règne une sorte de morale pratique tirée des ouvrages de Confucius, philosophe que les Chinois révèrent comme le plus grand des hommes, mais ce n'est que le conseiller prudent d'une race triviale. La foule professe le bouddhisme sous le nom de religion de Fo, et les bouddhistes chinois se nombrent par centaines de millions : « La roue du monde tourne éternellement sur elle-même, et la splendeur de l'astre de Fo va toujours en grandissant. » Une morale terre à terre, des superstitions, quelques restes obscurs de l'adoration des forces naturelles, un respect des « génies » du ciel, de la terre et des eaux, surtout le culte des ancêtres, c'est, au fond, toute la foi des « fils de la Lune[1] ». Parmi les gens de loisir, beaucoup suivent la doctrine du philosophe Lao-tseu : elle est pour plaire à l'esprit chinois, puisqu'elle prêche la pratique sage et modérée du bien-être.

Dans le nord, l'est, le sud-ouest de l'empire, principalement dans le Kan-sou et dans les Alpes du Yun-nan fendues par le Mékong et par le Yang-tsé-kiang, vivent 20, 25, 30, même 35 millions de Musulmans, on ne sait trop, supérieurs au reste des Chinois parce qu'ils ne recherchent point les rêves de l'opium. Beaucoup d'entre eux se distinguent aussi du troupeau de Han par des traits nobles, des nez droits ou aquilins, des yeux franc ouverts, héritage d'ancêtres arabes appelés au huitième siècle par un empereur qui résidait à Si-ngan-fou, alors capitale.

Chrétiens, juifs, adorateurs du Feu, les autres religions n'ont, toutes ensemble, que quelques centaines de milliers de disciples. A la fin du seizième, au commencement du dix-septième siècle, les plus habiles des hommes, les Jésuites, allaient convertissant la Chine, mais leurs missions périrent, et quand le sang des martyrs cessa de couler, le « Christ crucifié » n'avait plus un seul témoin parmi les fils du Milieu. Ce qu'il y a maintenant de chrétiens dans le Grand et pur empire doit sa conversion récente au prosélytisme de missionnaires catholiques ou protestants.

Le gouvernement chinois est un joug alourdi par les concussions d'une aristocratie de bureau dont les membres se nomment les kouan ou,

[1]. Les Chinois aiment à se désigner ainsi.

Temple de Confucius à Pékin, vue prise du côté des jardins. — Dessin de Thérond, d'après une photographie.

comme nous disons, les mandarins, mot essentiellement européen, nullement chinois, qui vient du portugais *mandar* (commander). Cette classe éminente, savamment hiérarchisée, est routinière, paperassière, et coulée au moule comme tout ce qui sort des examens d'État ; mais, directrice d'un empire qui a des milliers d'années d'existence, elle a un sentiment très vif de la durée et en même temps la longue duplicité, la patience chinoise : c'est patriotiquement, habilement, obstinément qu'elle combat pour maintenir l'intégrité du « Milieu », aujourd'hui très menacée au dedans et au dehors.

Au dedans, des sociétés secrètes, des sectes politiques minent les soubassements du colossal édifice, et tout dernièrement la rébellion des Taï-ping l'a si fortement ébranlé que, sans le secours de l'Europe, il se serait écroulé par terre en informes débris : même nul ne sait si le sang des cinquante millions d'hommes morts de cette guerre a suffi pour en cimenter indestructiblement les nouvelles fondations. La révolte des Musulmans, récente aussi, n'a pas moins secoué la tremblante bâtisse ; on les a soumis, mais non domptés, car ils sont fiers de leur foi, fiers d'eux-mêmes, et ils méprisent la tourbe chinoise. Sous ces luttes sociales ou religieuses, dans le torrent des passions violentes ou le bourbier des passions vénales, s'agite peut-être inconsciemment l'âme de vieux peuples, aux noms évanouis, submergés depuis cent générations dans le vaste océan de la « nation des Purs ».

Au dehors, le Japon proclame ses ambitions ; l'Angleterre, voisine de l'empire, le touchera quand il lui plaira par la Birmanie ; la France le touche déjà par le Tonquin, et la Russie le menace le long d'une frontière de plusieurs milliers de kilomètres. Des ennemis extérieurs, un seul peut l'épouvanter. C'est le peuple des Vo-lo-tsé qui lui opposera quelque jour, en masses profondes, paysans contre paysans, sur le cinquième de la rondeur du Globe, du golfe du Japon jusqu'au Toit du monde. Les *Vo-lo-tsé* sont les Russes : le Chinois, habitué à ses monosyllabes et, par surcroît, incapable de prononcer les *r*, qu'il remplace par des *l*, appelle ainsi les cent millions de sujets du tsar ; de même, il nomme les Français, *Fa-lan-si ;* et pour Christ il dit *Ki-li-si-tou-si.*

Villes. — Les dix-huit provinces de la Chine se divisent en fou ; les fou en tchéou ; les tchéou en hien, et les hien en pao ou en tou, ce qui veut dire en communes.

L'empire Chinois tient le premier rang sur terre pour le nombre des villes supérieures à cent mille âmes avec ou sans leur banlieue.

Les grandes villes chinoises comprennent trois cités, l'une muette, l'autre bruyante, la troisième pauvre et sale, toutes également pleines des ruines qu'ont faites les guerres civiles du troisième quart de ce siècle, débris que la résignation chinoise laisse à leur abandon.

La cité muette est la ville tartare, armée d'une enceinte aux portes soi-disant monumentales, peuplée par les mandarins et leurs valets, les généraux et leurs soldats. Acropole, caserne, palais d'administration et de finance, préfecture et mairie, elle n'a point de boutiques, pas d'échoppes, et ses rues solitaires s'allongent à n'en pas finir entre les murailles basses qui bordent les jardins et les cours ; il ne s'y fait pas de commerce, sauf sans doute celui des consciences. On l'appellerait austère si les choses chinoises étaient dignes de ce mot.

La ville chinoise, également murée, n'a rien de monacal et rien de militaire. On y trafique de tout. Certaines rues étroites y contiennent à peine le flot houleux des passants ; ce ne sont que magasins, enseignes, affiches, étalages, marchands ambulants, hommes affairés, moins agités toutefois qu'en Europe, mais de toute grande foule il sort une grande rumeur. Des fossés gluants, des plaques d'immondices déshonorent les plus riches quartiers ; nulle part un noble monument ne parle d'art, de beauté, d'idéal à la tourbe des acheteurs et des vendeurs ; le riche a ses soucis, ses calculs, ses plaisirs, le soin de son égoïsme ; le pauvre cherche la poignée de riz qui soutiendra sa famille.

La troisième ville, c'est le faubourg, plein d'ouvriers, encombré de malheureux, d'infirmes, avec cent baraques pour une maison, mille sentines pour un carrefour sans ordure et sans odeur. Il n'est point serré par un carcan de murs : lâchement construit, il s'éparpille aux quatre vents, vulgaire comme nos plus laides banlieues, sale au delà des rêves du cauchemar.

La Chine a pour capitale, sinon pour cité majeure, Péking[1], ville sans splendeur malgré des ponts de marbre, à 37 mètres d'altitude, sur des sous-affluents de la mer Jaune, et spécialement du golfe de Pé-tchi-li. Son nom, qui veut dire Cour du Nord, par opposition à Nanking ou Cour du Sud, est aussi peu familier aux campagnards des environs que celui de Lutèce aux villageois de Seine-et-Oise ou de Seine-et-Marne ; les deux noms

---

[1]. On prononce Péting, ou Bétzing.

réellement usités sont, en style administratif, Choung-tien-fou ; et en langage usuel Tsing-tcheng : la ville de la Résidence. On lui a donné deux, trois, quatre, cinq millions d'habitants, on a même hasardé dix millions, mais il ne semble pas qu'il y ait plus de 500 000 âmes sur les 6341 hectares de ce pandémonium plus curieux que beau. Qu'admirer parmi les maisons de bois, d'un seul étage, coiffées de tuiles, dans les rues de baraques, avec espaces vagues et vides, grands jardins, palais énormes, immenses temples bizarres : le tout, suivant l'usage, en ville tartare, ville chinoise et faubourgs ? Son climat est très chaud en été, mais si froid en hiver que Péking a tout au plus la moyenne annuelle de Paris sous la même latitude que Coïmbre et Valence d'Espagne.

Vue générale des fortifications de Pékin. — Dessin de Taylor, d'après une photographie.

Tien-tsin ou « Gué du Ciel », sur le canal Impérial et sur le Peï-ho, navigable aux grands vaisseaux, non loin du golfe de Pé-tchi-li, doit au commerce de l'Europe et à celui de la Chine une population rapidement grandissante, qui est déjà d'un million d'âmes. Ce « Havre » a dépassé son Paris, qui est Péking. La Dépendance directe du Nord, le Pé-tchi-li, qui est la province de Péking et de Tien-tsin, a trois autres villes de plus de cent mille âmes ; la province des Monts orientaux (Chañ-toung), qui borde au sud ce Pé-tchi-li, en a cinq, toutes banales, dont une, Ouei-hien, forte de 250 000 habitants.

Si les Monts orientaux manquent de villes fameuses en Europe, les Coulées du fleuve (Kiang-sou) renferment des cités célèbres. Chang-haï (600 000 hab.), sur les Eaux jaunes (Hoang-pou), profond chenal qui communique avec l'embouchure du Yang-tsé-kiang, est devenue l'une des premières places de trafic, et déjà ne le cède en

Asie qu'à Bombay: c'est surtout une entremetteuse de thé et de soie; les Anglais y tiennent le haut du pavé. — Sou-tchéou (500 000 hab.), « Venise chinoise », sur des îlots à l'est du Ta-hou (Grand Lac) et sur le canal Impérial, sort d'une mer de rizières; avant les flux et reflux sanglants de la révolte des Taï-ping, elle passait pour la reine du bon ton, la ville du charmant luxe, de l'élégance, des plaisirs raffinés, des meilleurs théâtres, des plus beaux livres, du plus fin langage, du plus pur accent, des dames au plus petit pied : « Le Ciel là-haut, sur terre Sou-tchéou ». — Si Yang-tchéou, voisine de la rive gauche du Fleuve Bleu et riveraine du canal Impérial, a vraiment 360 000 âmes, elle vaut trois fois l'universellement illustre Nanking (130 000 hab.) ou Cour du Sud, qui régna longtemps sur

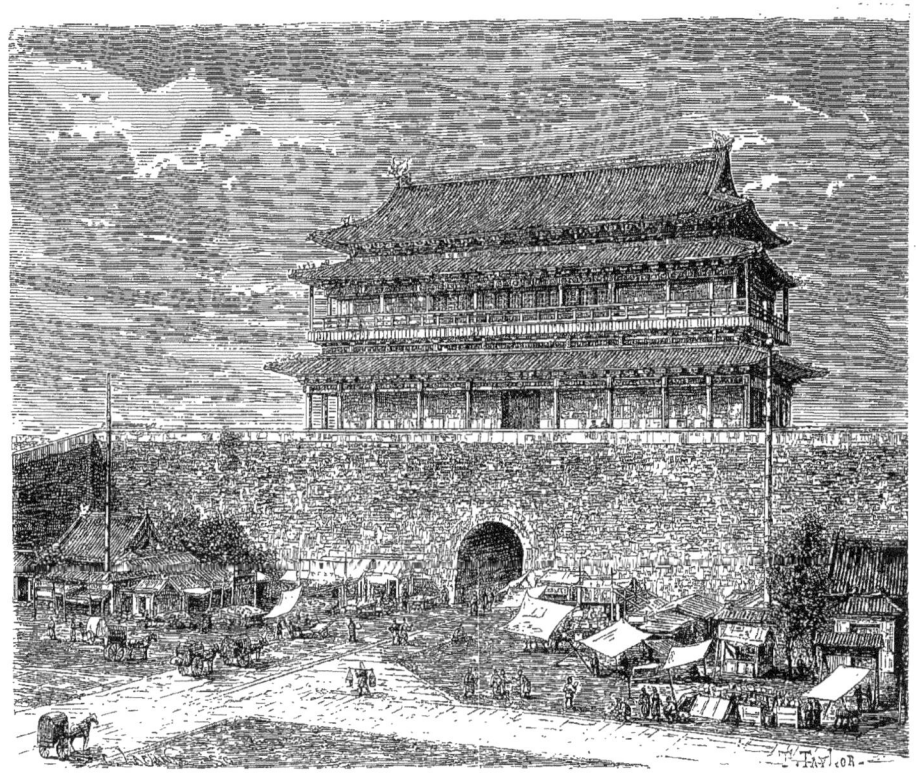

Porte Tciène-mène, à Pékin. — Dessin de Taylor, d'après une photographie.

l'empire Chinois, jusqu'en 1363. Quand Nanking tenait le sceptre, aucune cité du monde n'était aussi peuplée, riche et manufacturière; grande encore en 1864, elle fut, cette année-là, détruite de fond en comble, et tous les Nankingois massacrés par l'armée « nationale » qui venait de l'arracher aux Taï-ping. Elle se relève et, après avoir vu son humiliation, le Yang-tsé, qu'elle borde, est témoin de sa nouvelle gloire.

Dans le Fleuve roulant (Tché-kiang), qui continue la côte au midi des Coulées du fleuve, Hang-tchéou termine au midi le canal Impérial, comme Tien-tsin l'achève au nord. Proche du golfe qui porte son nom, proche aussi du Si-hou, gracieux lac, elle fut une merveille de la Chine, elle eut 2 millions d'âmes dont il lui reste 500 000 ou 800 000, voire 1 million, le long d'un port couvert de jonques; on dit d'elle, comme de Sou-tchéou : « Le Ciel là-haut, ici-bas Hang-tchéou »; en renom elle égale presque Nanking, pour les plaisirs, c'est une rivale de la « Venise chinoise ». — Sur la rive méridionale du golfe d'Hang-tchéou, Chao-hing (500 000 hab.), jadis plus grande, s'élève dans un pays d'alluvions prodigieusement peuplé, près du viaduc de son nom, long de 144 kilomètres en 40 000 travées : il est vieux de plus de dix siècles, ce viaduc sans égal planté dans un marais qu'on a desséché depuis, et il est toujours là, debout dans sa force. — Ning-po (160 000 hab.) donne sur la mer qui bat les quatre cents îles de l'archipel de Tchousan.

Au sud du Fleuve roulant, le Pays prospère (Fokien), la province qui avec celle de Canton fournit presque tous les émigrants chinois, abonde également en villes énormes. Fou-tchéou (600 000 hab.), près du fleuve Min, à vingt petites lieues de

Pékin : rue de la Légation de France. — Dessin de Taylor, d'après une photographie.

son embouchure, repose au pied d'un mont granitique de 880 mètres; elle embarque des émigrants et vend du thé noir. — Tchang-tchéou (500 000 hab.) a perdu, par encombrement de sables, l'antique excellence de son port. Sa voisine, Amoï (100 000 hab.), a pris la « suite de ses affaires » : elle aussi envoie par bandes les Chinois au delà des mers.

Au sud-ouest du Pays prospère, l'Est de l'étendue (Kouang-toung) possède la plus remplie des villes de Chine, la plus originale aussi, Canton (1 500 000 hab.), sur la rivière des Perles, l'un des innombrables chenaux qui labourent le mobile delta du Si-kiang. Dix mille bateaux à l'ancre sur la rivière, large ici d'un grand kilomètre, y portent toute une cité flottante où l'on vit et meurt, où l'on achète et vend, où l'on cherche sa douleur ou son plaisir autant qu'en aucune ville de terre ferme. A Canton, l'on trafique en chinois du Sud et en pidjin english : c'est ici qu'est né cet hybride.

O. Reclus. La Terre a vol d'oiseau.

Moins commerçante qu'à l'époque, récente encore, où Chang-haï négociait peu, elle tient la première place dans la Chine en fait d'industrie : à sa façon, c'est Manchester, Birmingham, Sheffield, Lyon. En descendant sa rivière on entre dans l'estuaire dont Hong-kong et Macao gardent l'entrée ; en la remontant on arrive bientôt à Fatchan, ville de 500 000 âmes.

Continuant à faire le tour de l'empire, mais non plus sur l'ourlet de mer, la première province qu'on rencontre est l'Ouest de l'étendue (Kouang-si), limitrophe du Tonquin et parcourue dans toute sa longueur par le fleuve de Canton. L'Ouest de l'étendue n'a qu'une grosse ville, Ou-tchéou (200 000 hab.), sur le Si-kiang.

Puis vient le Midi nuageux (Yun-nan), le pays

Porte à Chang-haï. (Voy. p. 425.) — Dessin de Th. Weber.

des métaux, la contrée des immenses montagnes et des immenses ravins ; province frontière avec Tonquin et Birmanie, elle se distingue des autres gouvernements de Chine en ce qu'elle ne possède pas une seule cité de 100 000 âmes.

Tout autre est la terre des Quatre-Rivières, le Sé-tchouen, continuant la frontière de la Chine propre au nord du Midi nuageux ; là sont Tching-tou, Tchoung-tcheng et Sutchéou. — Dans le bassin du Min, grand tributaire de gauche du Fleuve

Bleu, Tching-tou (800 000 hab.) occupe à 458 mètres d'altitude et non loin des montagnes une plaine de 600 000 hectares, extraordinairement peuplée, avec une trentaine de fortes villes : il y aurait là 4 millions d'êtres humains. Tching-tou l'emporte sur les autres casernements chinois par la propreté, la beauté, l'élégance, et ses habitants, fort polis et distingués, lettrés, artistes, sont comme les « Parisiens » du Milieu. — Tchoung-tcheng (700 000 hab.), port fluvial

Tragédiens chinois. — Dessin de E. Ronjat, d'après une photographie.

encombré de bateaux, borde en amphithéâtre le Yang-tsé-kiang. — Sutchéou (300 000 hab.) marque le confluent du Fleuve Bleu et de la rivière Min. Dans le pays de Kan et de Sou (Kan-sou), au nord du Sé-tchouen, Lantchéou, riveraine du Fleuve Jaune, enferme 500 000 personnes.

L'Ouest des cluses (Chen-si), à l'ouest du Kan-sou, possède l'illustre Si-ngan-fou ou « Paix de l'ouest », qui régna longtemps sur la Chine : sise au bord du Ouéi, affluent du Hoang-ho, Si-ngan-fou est la grande ville de la Terre Jaune, et, plus encore, la seconde cité de l'Empire, de par son million de « Singanois ».

Dans l'Ouest des monts (Chân-si), à l'orient du Chen-si, la maîtresse ville, peuplée de 250 000 âmes, se nomme Taïyuan-fou : le Fuen-ho y passe, tributaire du Fleuve Jaune.

Ces douze provinces sont la ceinture de la Chine. Il y en a six dans l'intérieur de l'Empire.

Le Sud du fleuve[1] (Ho-nan), au midi du Chân-si, a pour capitale Kaïfoung (150 000 hab.), sur le Hoang-ho, cité déchue qui fut métropole des « fils de la Lune » pendant vingt-cinq ans, de 1280 à 1305. Sa plaine, « Touraine » de la Chine et « jardin de l'Empire », a raison de craindre son Hoang-ho plus encore que la Touraine française de redouter sa Loire.

Le Nord du lac[2] (Hou-pé), au sud du Ho-nan, occupe le centre de la Chine, et plus même que le Sud du fleuve c'est le verger du Grand et pur empire. Trois villes qui se touchent y composent une cité colossale, égale sinon supérieure à Canton : Hañ-koou, Outchang, Hañyang entassent leurs maisons, leurs baraques sur les deux rives du Yang-tsé-kiang et sur celles du Hañ, puissante rivière. A elles trois elles forment le grouillant emporium de la Chine intérieure, dans une plaine constellée de lacs qui furent des coulées ou des expansions du fleuve : il y a là 1 500 000 âmes, et l'on dit que vers 1850, avant la guerre des Taï-ping, cinq millions d'hommes, peut-être huit, y respiraient.

Au midi du Hou-pé, le Sud du lac (Hou-nan) renferme une place de commerce ayant son million de citadins, Siang-tan, sur le Siang, vaste affluent du lac Toung-ting. Plus bas, sur ce même Siang, est Tchang-tcha (300 000 hab.).

A l'ouest du Hou-nan, la Région aimable (Koeï-tchéou) ne contient aucune des villes ou villages disproportionnées si nombreuses en Chine. Il en est de même des Bourgs pacifiques (Ngan-hoeï), bien que cette province borde le Fleuve Bleu sur la route entre le maître port de l'intérieur (Hañ-koou, Outchang, Hañyang) et le maître port de la côte, Chang-haï.

Reste l'Ouest du fleuve (Kiang-si), parcouru du sud au nord par l'ample rivière Kia-kiang, qui remplit le lac Poyang ; sa capitale, Nan-tchang (300 000 hab.), sur ce Kia-kiang, vend des porcelaines fameuses.

Iles chinoises : Formose, Haï-nan. — Vis-à-vis du Pays prospère (Fo-kien) et de l'Est de l'étendue (Kouang-toung), Taï-Ouan est une île de 400 kilomètres de long sur 100 de large, et de 3 880 000 hectares, séparée du continent chinois par un détroit de 150 kilomètres de moindre largeur, de 60 à 100 mètres de profondeur seulement. On pense que 3 600 000 hommes y vivent, dans une splendide nature : aux Portugais qui la reconnurent elle sembla si gracieuse et grandiose qu'ils la nommèrent, d'un nom lusitanien en même temps que latin, Formosa ou la Belle ; et ce nom lui resta, puisque nous l'appelons Formose.

Des monts superbes, ici calcaires, là volcaniques, y atteignent de hautes régions de l'air, jusqu'à 3910 mètres, s'il faut se fier à des cartes plus qu'imparfaites. Ils ne divisent pas également l'île toute belle : du côté de la grande mer, ils plongent roidement dans le flot, tandis que du côté du détroit, en face du Pays prospère, ils ont plus de mollesse dans leurs pentes. C'est sur ce versant d'ouest, où il y a d'amples plaines, de vraies vallées, de longues rivières, que les immigrants chinois ont trouvé l'air et l'espace.

Avant leur arrivée, Formose appartenait à des peuplades qu'ils appelèrent, qu'ils appellent toujours les hommes sauvages, Song-fan. On peut croire que les aborigènes de cette île ressemblent à celles du grand archipel voisin, les Philippines, et qu'il y a sur elle des tribus de type malais, ou si l'on veut tagale, et, dans les gorges reculées, des Négritos, Alfoures, Igorrotes.

Quelles qu'elles soient, leur cycle est fermé : bien que vieille de six à sept générations à peine, la colonisation chinoise, venue du Fo-kien et du Kouang-toung, couvre déjà presque toute l'île de ses mailles serrées, et les vrais fils du pays n'y sont plus rien.

Taï-Ouan, la capitale, ville toute chinoise voisine de la côte occidentale, compte 70 000 âmes.

Une île quelque peu moindre, n'ayant que

---
1. Il s'agit du Fleuve Jaune.
2. Il s'agit du lac Toung-ting.

3 620 000 hectares et 2 500 000 habitants, c'est Haïnan, dont le nom veut dire : au midi de la mer. Terre la plus méridionale de toute la Chine, elle garde l'entrée du golfe du Tonquin. Sans le

Formose : chasseurs montagnards. — Dessin de D. Maillart.

détroit peu profond des Jonques, lequel n'a guère plus de 20 kilomètres de largeur, elle ferait corps avec la grande péninsule du Kouang-toung : d'ailleurs elle appartient à l'Est de l'étendue.

On la connaît moins encore que Formose, qu'elle ne vaut pas, tant s'en faut, du moins en beauté grandiose, ses montagnes majeures ne dépassant pas 1800 à 2000 mètres; mais la nature y revêt une opulence déjà tropicale : si le 25e degré coupe le nord de Formose, le 20e coupe le nord de Haïnan. Sur les 800 kilomètres du tour de l'île « au midi de la mer » vivent les Chinois, établis ici depuis vingt siècles, et venus, comme ceux de Formose, du Kouang-toung et du Fo-kien; ils cernent de tous côtés les autochtones, peuplades sauvages qui ne comptent plus, tant elles sont faibles, pauvres, méprisées, disloquées et, toutes ensemble, immensément inférieures en nombre aux glorieux fils de la Lune. La capitale, Kioung-tchéou, ville de 200 000 personnes, s'élève à une dizaine de kilomètres du détroit des Jonques.

Macao. — Cette vieille forteresse lusitanienne où le Portugal tient garnison depuis 1557, se flatte d'avoir 4500 Européens contre près de 65 000 Chinois, sur un territoire de 3100 hectares : mais la plupart de ces Européens ont dans les veines autant de sang asiatique, indien, malais ou chinois que de sang portugais. Comme on dit en Extrême Orient, ce sont des Macaïstes, hommes de chétive

Formose : sur la côte sud-ouest. — Dessin de J. Moynet.

apparence dont le visage basané ressemble plutôt à la figure malaise qu'à la chinoise ou à l'européenne. Beaucoup sont interprètes dans les diverses langues de ce coin du Globe : c'est de leur charabia plus ou moins semblable au langage de Minho et Douro, de Béira, d'Estrémadure et d'Algarve, que le pidjin english tire sa principale substance. Campée au bout d'une péninsule terminant une île du delta du Si-kiang, Macao ne garde qu'un pâle reflet de son ancienne splendeur, quand elle trafiquait pour toute l'Europe avec toute la Chine. L'activité de sa rivale anglaise lui a porté le dernier coup : cette rivale, dans l'île de Hong-kong, porte le nom de Victoria, semé au boisseau par les Anglais dans le monde.

Hong-kong. — Du granit, du schiste et des roches volcaniques formant ensemble une « Suisse » de 8500 hectares d'étendue, de 539 mètres de hauteur; et, tout autour, des hameaux de pêcheurs, puis quelques paysans dans quelques vallons, telle était en 1841, quand s'en empara l'Angleterre, l'île de Hong-kong, littorale au Kouang-toung, dans une mer où passent des typhons ravageurs. 140 000 hommes, presque tous Chinois s'entend, vivent maintenant sur ce bloc détaché du continent par un chenal qui n'a que 2500 mètres d'ampleur. La capitale, Victoria, place de grand commerce, concentre à peu près tout ce peuple de négociants hauts et bas, de commissionnaires, portefaix, marins, ouvriers. On y compte 4000 Européens, en majorité Portugais : ce qui veut dire ici métis lusitaniens.

Le palanquin : costume de pluie des Coréens. — Dessin de A. Marie.

PAYS VASSAUX

Mandchourie. — Contrée dont on fixe approximativement l'étendue à 96 ou 97 millions d'hectares, avec une douzaine de millions d'hommes, la Mandchourie ne mérite plus son nom : sur douze habitants il n'y a plus là qu'un Mandchou contre onze Chinois.

A grands traits, la Mandchourie, septentrionale par son climat plus que par ses latitudes, est la terre herbeuse, sylvestre, pluvieuse, qui, des deux côtés des monts Chañ-alin et de leurs prolongements, sépare le haut plateau mongol de la rive du Pacifique — mais aujourd'hui cette rive lui manque à moitié depuis que les Russes ont annexé la côte dont ils ont fait leur province du Littoral.

Elle a toute la splendeur que comporte le Nord : pâtures magnifiques, sol puissant en moissons, forêts continuant des forêts, avec tigres bien fourrés, superbes panthères, ours noirs et loups. Issues du Chañ-alin (3600 mètres), calcaires à neige éternelle, du Kinghan qui rejeta des laves, de vives rivières y créent deux forts courants d'eau, le Liao-ho au sud, le Soungari au septentrion.

Le Liao-ho des Chinois, Chara-mouren ou Fleuve Jaune des Mongols, traverse la Barrière de pieux et coule turbidement dans l'Est du Liao (Liaotoung, ou Chinking), qu'on peut regarder comme une dix-neuvième province de la Chine propre. Ce qu'il a déposé dans la baie de Liao-toung a déjà grandement diminué le golfe de Pé-tchi-li, c'est-à-dire la mer Jaune.

Autrement long, large et roulant est le blanc Soungari, rival de l'Amour, et son vainqueur en une saison de l'année, quand le soleil printanier chauffe les neiges du Chañ-alin. Il a pour branche mère la Nonni, que les Chinois appellent Si-kiang (rivière de l'Ouest), tout comme le fleuve des deux Kouang à l'autre extrémité de leur empire. Lorsqu'il s'approche de l'Amour, à 1500 kilomètres au moins [1] de la ville de Girin où il commence à porter des bateaux tirant 1 mètre, il a moyennement quatre fois l'ampleur de la Garonne devant Bordeaux, soit 2000 mètres.

Les Mandchoux, de la race dite à tort ou à raison mongole, franchirent il y aura tantôt deux cent cinquante ans la Barrière de pieux ; ils descendirent en Chine par le Liao-ho et ils y intronisèrent une dynastie qui règne encore ; mais aussitôt les Chinois, plus redoutables dans la paix que dans la guerre, envahirent silencieusement la Mandchourie, homme à homme, presque tous originaires du Chañ-toung, du Pé-tchi-li, du Chañ-Si ; et ils colonisèrent à foison le pays Mandchou, tandis que les Mandchoux régentaient stérilement la Chine.

Quand un tout petit peuple pauvre attaque un très grand peuple riche, il ne manque pas de le soumettre, étant plus dur au mal et plus prêt à mourir, mais il se perd dans sa conquête : tels les Normands en Gaule, les Mandchoux en Chine. Leur langue est devenue officielle à la cour de Péking et dans les bureaux supérieurs de l'administration, en province comme à la ville ; mais il ne lui reste que cette vie factice, et d'être parlée par un million d'hommes dans la Mandchourie même. Encore ce million sait-il le chinois, si lamentablement inférieur à l'idiome national : car le mandchou possède à la fois richesse, régularité, sonorité, douceur ; il n'admet jamais deux consonnes de suite, l'une des deux fût-elle une liquide.

Ainsi la Mandchourie des Mandchoux s'en va. Une contrée presque double de la France ne pouvait rester toujours vide à côté de l'empire aux trois ou quatre ou cinq cents millions d'hommes. Même fiévreuse, elle ne les chasserait pas ; or, elle est saine, de climat vivifiant, elle les attire. Si la Russie avait retardé longtemps son annexion du bas Amour, la terre chinoise avec ses fou, ses tchéou, ses hien, ses pao, se serait étendue jusqu'aux bouleaux d'Okhotsk.

[1]. En suivant le fil des eaux.

De même que la langue des Mandchoux vaut mieux que le bref jargon de la Chine, de même ce peuple de pasteurs honnêtes, bienveillants, droits, vaut plus que les foules policées, rusées, obliques, industrieuses, qui l'ont presque entièrement submergé, de la première à la dernière de ses huit bannières ou tribus. — Cette division de la nation en huit « corps d'armée » lui a procuré le nom chinois de Paki, les « Huit drapeaux ». C'est là un reste d'histoire : les vraies divisions sont celles qui partagent le pays à la chinoise, en provinces, en fou, en tchéou, en hien.

La capitale, Moukden (180 000 hab.) ou la Florissante [1], la Chinyang des Chinois, règne en même temps sur la province de Liao-toung.

Girin (120 000 hab.), qui régit la province du même nom, s'étend sur le Soungari, voisin de ses monts originaires et large ici de 300 mètres.

Point de grande ville dans la province du Dragon noir (Héloung-kiang), c'est-à-dire de l'Amour [2].

Corée. — La Corée ou plutôt Cónie, par corruption de deux mots chinois, s'appelle Tsio-sien depuis tantôt cinq cents ans, lors de l'avènement d'une famille encore aujourd'hui régnante. Tsiosien, terme chinois (Tchao-sien) un peu transformé à la coréenne, signifie la Sérénité du matin ; et, de fait, la Corée est au levant de la Chine.

C'est une presqu'île de 23 700 000 hectares, avec peut-être 8 millions 1/2 d'habitants. On soupçonne les Russes de convoiter cette longue terre attachée à la Mandchourie comme un bec d'oiseau de proie.

La Corée se recourbe entre mer Jaune et mer du Japon. Si elle ne s'effilait sous des climats très froids pour une latitude égale au nord à celle de la Provence, au sud à celle de l'Algérie, tout en elle rappellerait l'Italie sans Corse, Sardaigne et Sicile : sa forme, sa direction, son allongement dans une mer intérieure ; ses latitudes, son partage en deux bassins hachés par de petits fleuves côtiers, celui de l'ouest le plus large des deux, au pied d'une haute chaîne analogue aux Apennins. Mais, voisine de la Sibérie orientale, cette péninsule n'est point chaude et bénigne, elle n'a point les cieux de Gênes, de Naples ou de Palerme. Toutefois le climat y est plus doux que dans la

[1]. En mandchou.
[2]. Les Chinois appellent de ce nom le grand fleuve qui est leur frontière la plus septentrionale.

Mandchourie et la Chine septentrionale, l'hiver n'y a pas la même brutalité, sauf peut-être quand souffle l'affreux nord-est, et la mousson du sud-ouest y conduit des pluies bienfaisantes.

Même au sud, sous les latitudes de Biskara, d'Alger, de Malaga, de Palerme, il y a dans la Corée des neiges abondantes, des froids de 15, 20, 25 degrés au-dessous de zéro, et sur tout le pays des pluies torrentielles enlèvent à l'été le meilleur de sa chaleur.

Des deux flots qui bercent d'un chant grave le sommeil des Coréens littoraux, celui de l'orient, la mer japonaise, déferle presque contre la montagne, très voisine du rivage sur ce versant de la péninsule. Profonde est cette mer, avec ports excellents sur une côte raide, pauvre en îles ; au sud et à l'occident, sur le Hoang-haï ou mer Jaune, en avant d'une rive où la marée monte à de grandes hauteurs, les archipels de petites terres, îlots, râpes et récifs sont, au contraire, extrêmement touffus : à tel point que le despote coréen, tributaire de la Chine, s'appelle complaisamment le Roi des dix mille îles.

Le plus haut mont dont on sache à peu près l'altitude n'a pas 2500 mètres ; on présume que des pics supérieurs s'élèvent entre le 40° et le 42° degré. Mais si la Corée ne dresse pas de sierras gigantesques, elle est presque toute en montagnes, avec de vastes forêts, surtout au nord, notamment de pins et sapins ; ces relèvements sans nombre, les bois pleins d'ours, de panthères, de petits tigres féroces, les pluies de l'été, les neiges de l'hiver, forment des torrents à ne pas les compter, et le Coréen n'est jamais embarrassé pour noyer les rizières qui le font vivre, qui le font aussi mourir, car elles sèment ici comme partout la mauvaise fièvre autour d'elles.

Le Yalou-kiang ou Amno-kang, fleuve du Canard vert, le plus grand de tous, vient du Chañ-alin dont l'autre versant crée le Soungari : il coule au nord de la Péninsule et, pour ainsi dire, dans son Piémont, comme un Pô qui se perdrait dans le golfe de Gênes et non pas dans l'Adriatique ; il porte des bateaux pendant soixante lieues.

Les Coréens viennent évidemment de la rencontre de plusieurs races. Les types sont très mêlés chez eux ; si l'on trouve dans le Tsio-sien des visages mongols, mandchoux, chinois, on y voit aussi des figures d'apparence « aryenne », et il se peut qu'ils tiennent par quelques racines à ce qu'on nomme la race blanche. En moyenne le plus grand nombre ressemble aux Chinois et aux Japonais, mais avec une stature plus haute, un plus grand air, une allure plus robuste. C'est un peuple énergique, aux bras durs, qui ne craint pas la fatigue.

Ils parlent un idiome non monosyllabique, voire agglutinant, qui a perdu de son originalité, par métamorphisme, au contact du chinois : c'est de la « Rougeur du soir », pourrait-on dire, que la « Sérénité du matin » reçut sa civilisation, sa science, et la langue chinoise influa de la sorte, longuement, profondément, sur la langue coréenne, si différente de celle des enfants de Han, et qui se rattache en somme aux idiomes de la Sibérie du nord et de l'Oural.

Un monarque absolu règne sur cette nation officiellement bouddhiste dont la littérature, la science, les mœurs, la politesse, l'administration, se calquent intentionnellement sur le modèle chinois ; ce qui est une misère : le peuple coréen, qu'on nous dit plein de sève, de sens, de dignité, de courage, aurait mérité de suivre son propre génie.

Coréen. — Dessin de E. Ronjat, d'après une photographie.

La capitale, Séoul (100 000 hab.), s'élève au bord d'un fleuve que les navires ne remontent pas jusque-là, le Han-kiang, qui se perd à peu de distance dans la mer Jaune en face de la pointe du Chañ-toung. Les grandes cités sont rares dans la presqu'île, même dans le Sud, aussi peuplé que le Nord l'est peu. Les Coréens habitent surtout des hameaux.

Mongolie et Mongols; Gobi, Koukou-nor. — Y a-t-il seulement 4 millions d'hommes sur ce vaste socle, d'altitudes diverses, égal à près de six fois et demie la France? On en peut douter, tant ces 338 millions d'hectares ont pour coupole un ciel maudit.

La Mongolie n'est point soumise à la Chine, mais seulement alliée. Redoutés par le peuple du Céleste-Empire, les Mongols, qui descendent des terribles moissonneurs à la suite de Djenghiz-Khan, regardent, il est vrai, l'empereur chinois comme leur chef et lui envoient un tribut tous les ans, mais ce qu'ils offrent à la « Lumière du Milieu » ne vaut pas les cadeaux qu'ils reçoivent en échange de leur politesse.

Avec le temps, grâce au bouddhisme, à la modération de la Chine, à l'exemple des Chinois, cette race de cavaliers maraudeurs qui couvrit l'Asie de lacs de sang et reçut les ambassadeurs des plus grands rois dans Karakoroum a fait place à une nation de bons pères de famille, d'ailleurs gloutons et sales, de bergers pacifiques et même lâches : hommes paresseux de corps et d'esprit en même temps que chevaucheurs indésarçonnables, endurcis contre le froid, le chaud, la soif, la faim, et contre toutes les fatigues, sauf toutefois celle de la marche, comme il convient à des gens de cheval et de chameau. Au fond, les Mongols n'ont gardé d'un passé de carnage que leur organisation militaire, leurs khans ou chefs, leurs 33 aïmaks ou tribus divisées en 172 kochoun ou bannières.

Et ce passé de carnage lui-même, tous ces fleuves de sang, l'histoire courante en accuse à tort les seuls Mongols : il y avait plus d'une race, plus d'un peuple et d'une langue dans le camp volant de Djenghiz ; toutes les grandes tribus de l'Asie froide et de l'Asie sèche avaient des combattants dans sa horde. Et il en fut ainsi dans la torrentielle armée du Boiteux [1], comme plus tard dans celle des conquérants « mongols » de l'Inde, fondateurs de l'opulent empire de Delhi.

Depuis cet écroulement d'avalanche, la grande

1. Timour ou Tamerlan.

nation mongole a perdu toute cohésion : de ses peuplades, les unes ont subi l'ascendant des fils de la Lune; d'autres ont pris rang dans l'infini cortège de la sainte Russie : ce sont les Bouriates, et les Kalmouks, si laids — du moins la tradition française les dit tels, et le seul nom de Kalmouk suscite devant nous des hommes osseux à la tête affreuse. — En même temps qu'ils se disloquaient, ils se mêlaient autant ou plus qu'auparavant à leurs voisins turcs, mandchoux, chinois, tibétains et autres. Dans les temps antiques, obscurs, effacés, ces bergers logés sous des tentes de feutre ne firent peut-être qu'un seul et même peuple avec les ancêtres des hommes qui labourent maintenant les rives du Jaune et du Bleu, car le visage du Mongol est bien le visage du Chinois avec quelques nuances, comme, par exemple, les yeux moins obliques. Pommettes ressortantes, nez écrasé, cheveux noirs, joue glabre soit par la nature, soit peut-être par la longue pratique de l'épilation, ces traits trop ou trop peu saillants indiquent une fraternité du peuple qui chevauche sur le Tsao-ti [1] avec celui qui sème et moissonne dans le Hoang-tou [2]. Quant au mongol, langue non monosyllabique, point du tout chinoise, il a plutôt des rapports avec le turc, surtout par la commune possession d'un assez grand nombre de radicaux ; il a trois grands dialectes répondant aux trois grands embranchements de la nation : les Khalkhas, les Élœts, les Bouriates.

Les Khalkhas habitent le nord de la Mongolie, les hautes vallées altaïques où murmurent les premières eaux de l'Yénisséi et celles de rivières qui vont emplir le lac Baïkal ou former le fleuve Amour : là s'étendent de vastes et belles pâtures que le tsar blanc saura bien obtenir un jour de son cousin de Péking. Ils vivent aussi dans les bassins de divers lacs salés dont le plus grand, l'Oubsa-nor, a 500 000 hectares. Cette Mongolie altaïque vaut mieux que les autres, surtout que celle du Gobi, qui sépare les Khalkhas, au nord, des Élœts, au sud.

Le Gobi, désert de 120 millions d'hectares, s'appelle, chez les Chinois, Chamo. Il termine à l'orient l'écharpe d'aridité qui commence à l'occident sur la rive de l'Atlantique, entre Maroc et Sénégal, et qui, traversant l'ancien continent de l'ouest-sud-ouest à l'est-nord-est, va du banc d'Arguin aux monts Khinghan de Mandchourie par le Sahara,

1. Terre des herbes : nom que les Chinois donnent à la Mongolie.
2. La Terre Jaune.

l'Arabie, l'Iran, le Touran, le Takla-Makan, la Mongolie.

Qui voit le Gobi sous l'ardent soleil estival y reconnaît un Sahara torride avec dunes fixes ou mobiles, grèves aussi stériles que la pierre des hammadas, lacs évaporés, torrents sans eau, bas-fonds jaunâtres ou salés; mais en hiver on s'y croirait sur le seuil du Pôle et quelquefois il y gèle à 40, 45, 50 degrés, moins par l'effet des latitudes, qui sont celles de Londres à Lisbonne, que par la sécheresse et la hauteur du plateau : 800 à 1500 mètres, l'altitude moyenne étant de 1200.

Sur ces plaines gauches, ternes ou rougeâtres, jaunâtres ou grisâtres, fuient comme le vent des escadrons d'antilopes dzérén; le chameau à deux bosses du Mongol, son cheval, son bœuf et sa vache, son mouton à grosse queue broutent un gazon misérable, près du ruisseau vide ou de la flaque salée, reste de ce qui fut lac d'eau pure. Pas un arbre, et dans toute la traversée de ce dé-

Le désert de Gobi. — Dessin de Taylor.

sert, d'Ourga jusqu'à la Grande Muraille, route fort suivie malgré l'inclémence du plateau, il n'y en a que cinq, pas un de plus, sur 800 kilomètres. Quels rejetons des forêts pourraient dresser leur dôme ou leur pyramide avant d'être mille fois tordus, ébranchés ou cassés, sous un ciel dont les vents ont la force d'arracher du sol des plantes si basses qu'ils les saisissent à peine, absinthes et armoises, qu'ils chassent ensuite en valse effrénée sur le dur plancher des steppes?

Au sud du Gobi, des aïmaks d'Élœts parcourent les hauts monts, les profondes vallées, les bords de lacs sans déversoir de la région du Koukou-nor, contrée de 30 millions d'hectares, avec 150 000 hommes peut-être.

Cette région mongole se rattache vers l'est à la Chine, vers le sud au Tibet; ces monts sont un épanouissement du Kouen-loun; ce nor ou lac Koukou, c'est-à-dire Bleu, vaut huit à dix Lémans, vu ses 400 kilomètres de tour et ses 500 000 hectares entre pics chamarrés de neige éternelle, mais il n'en sort aucun Rhône, quoiqu'il reçoive plus d'un torrent déchaîné pendant les quatre mois qui ne sont pas l'hiver à cette altitude de 3200 mètres. Flot salé pendant 100 à 120 jours de l'année, il est dallé de glace pendant 250.

D'autres « kochoun », d'autres bannières errent vers le sud-ouest du Koukou-nor, aux lieux où le Hoang-ho, encore jeune torrent, coule sur les hauts pâturages d'Odountala qui sont vénérés à la fois par le Mongol du steppe et le Chinois des vallées.

Il y a peu de villes, et des villes petites, chez ces bergers cavaliers, buveurs de lait de jument ; mais dans ces villes et hors d'elles s'élèvent d'énormes couvents enfermant des centaines, des milliers de lamas. On dit que le tiers de ce peuple bouddhiste perd sa vie dans les saintes casernes.

La cité majeure, qui s'appelle chez les Mongols Bogdo-Koureñ ou Grand Camp, est plus connue sous le nom d'Ourga (30 000 hab.). Elle s'élève dans la Mongolie du nord, chez les Khalkhas, près d'une rivière qui court à l'Orkhon, et l'Orkhon se perd dans la Sélenga, qui s'en va vers le Baïkal : à 1294 mètres, on y souffre des froids de — 48° à — 50°. Là réside au milieu de 10 000 moines, dans un couvent-palais, le taranakh-lama, Bouddha toujours renouvelé, pape impeccable, inférieur toutefois au dalaï-lama tibétain de Lhassa, pape des papes bouddhistes. Le Tibet est la Terre Sainte des Mongols, Lhassa leur Rome, le tibétain leur langue sacrée.

Turkestan chinois. Grands monts. Pauvres rivières : Tarim, Lob-nor. — Turkestan parce qu'on y parle turc, chinois parce qu'on y dépend de la Chine, ce pays de 118 à 120 millions d'hectares, grand comme la France, la Suisse, la Belgique, l'Espagne et le Portugal ensemble, passe pour avoir 600 000 habitants, ou 800 000, ou 1 million : il est froid, et surtout il es sec. Dans la langue nationale, il se nomme Djéti-Chahr ou les Sept Villes, l'Heptapole[1] ; dans celle de Péking, il s'appelle Thian-chañ-nan-lou, la Route au midi des Monts Célestes, par parallélisme avec le Thian-chañ-pé-lou, la Route au nord des Monts Célestes (qui est le pays dzoungare).

Aux monts énormes qui le cerclent sauf à l'orient, aux Célestes du nord, au Karakoroum du sud, au grand fronton de l'occident, rebord du Pamir, cette antique Kachgarie doit des torrents sans lesquels elle n'aurait que des pâtures sèches sur des champs vagues, des tentes nomades, des hameaux d'hiver, et pas un jardin, pas un bourg. Ici, point d'eau, point d'hommes. Sous un dôme d'où glisseraient plus de pluies, d'où souffleraient moins de « kara-bouran » ou d'ouragans noirs, vents affreux, secs, exaspérants, mortels, les rivières de ces hauts monts, le Kara-kach, le Khotan-daria et le Yarkand-daria, fils du Karakoroum le Kachgar-daria, fils du Pamir, l'Ak-sou (Eau noire) et le Taouchkhan-daria issus des Célestes, s'épancheraient en Rhins, en Rhônes, et ces Rhins, ces Rhônes s'assembleraient en quelque fleuve impérieux qui percerait les rocs jusqu'à la mer, ceinture des terres. Mais ni les Thian-chañ, ni le Toit du Monde, ni l'Éboulis noir n'ont, sur ce versant continental, des frimas dignes de leurs sublimes hauteurs ; les courants qu'ils envoient aux Sept Villes se perdent vers l'aval par l'imbibition du sol, par l'évaporation au grand air et au grand soleil. Tous ces « daria » réunis ne font qu'une rivière misérablement mesquine, le Tarim, large de 75 à 80 mètres, qui se traîne jusqu'à un lac mesquinement misérable, le Lob-nor, déplacé peu à peu devant la poussée des sables. Deux lagunes d'un, deux, trois, rarement quatre mètres d'eau, entre dunes mouvantes, avec marais à joncs et forêts de roseaux, forment, à 671 mètres d'altitude, ce Lob-nor, dernier résidu d'une vaste Caspienne, la très antique Si-haï ou Mer d'Occident dont les Chinois conservent quelque tradition.

Où il y a si peu d'eau, tant de sable et de vent, la poussière est partout, très fine, en trombes et tourbillons, ou bien invisible, impalpable, mais voilant tout de même le soleil : aussi, grande est en Turkestan la foule des borgnes, aveugles, ophtalmiques, chez le nomade comme chez le sédentaire ; celui-ci se porte moins bien que l'homme de la dune ou du plateau de pierre, car les oasis qu'il habite, si belles soient-elles, et quelquefois superbement opulentes en fleurs, en fruits, répandent souvent la fièvre autour des eaux extravasées : c'est partout le triste lot des généreux jardins du désert. Dans l'oasis ainsi qu'en la terre de sécheresse un climat rébarbatif prodigue les mois, les jours glacés ou brûlants, et bien rarement le ciel sourit à des heures doucement sereines et molles, sans noire froidure, sans vent crispant, sans torridités étouffantes.

Dans cet immense bas-fond entre monts prodigieux, Turcs, Iraniens, Chinois, Mongols, Tibétains et aussi des Hindous, des Arabes, en un mot tous les Aryens, Sémites, Mongols du pourtour se sont mêlés comme en un tournoiement de cuve : de la chaudière est sortie une race turque, de traits divers, mais unilingue, parlant un turc excellent. Les Galtchas, seuls vrais ruraux du pays, car les gens des oasis n'ont droit qu'au nom de marai-

---

[1]. Auparavant, c'était l'Alti-Chahr ou les Six Villes.

Exercice des troupes chinoises de la garnison de Kachgar. — Dessin de Delort, d'après des photographies.

chers suburbains, ont conservé leur vieil iranien, bien loin de l'Iran pour lequel ils sont une province perdue, un Traz-os-Montes oublié. Tout ce monde professe un islamisme strict.

Les villes et bourgs du Turkestan de Chine fuient souvent devant les sables ensevelisseurs. Plus d'une cité dort sous la dune, d'autres y dormiront, la dune avance toujours.

Forte de 60 000, de 80 000, de 100 000 âmes, suivant la générosité des évaluateurs, Yarkand, cité maîtresse du Turkestan chinois, borde le maître courant de ce pays, le Yarkand-daria, à 1195 mètres d'altitude.

Un peu plus haute au-dessus des mers, Kachgar (50 000 hab.) est à 1252 mètres.

Plus haute encore est Khotan (40 000 hab.), à 1369 mètres, dans le pays où les torrents roulent du jade, près des errantes sablonnières du Takla-Makan.

Takla-Makan. — Nul désert ne dépasse en aridité le Takla-Makan, digne fin du Gobi vers l'ouest; nul ne livre de plus fières dunes au caprice infini des vents. Certains monts de sable y ont, dit-on, 150 mètres : or, la dune de Lescours, première dans les Landes, première en France, première en Europe, ne se lève qu'à 89.

Dzoungarie. — Quand le Mongol regarde l'Orient, il a sur sa droite, au sud, le Tibet, qu'il a nommé Baran-Tola ou le Côté droit; à sa gauche il a la Dzoungarie, ou, comme il dit, — et nous avons corrompu ce nom, — le Dzégoum-Tola ou le Côté gauche.

Pour le Chinois, la Dzoungarie est le Thian-chañ-pé-lou, la Route au nord des Célestes, le Turkestan du Tarim étant la Route au sud.

Noms très justes. Le Turkestan d'orient mène, difficilement sans doute, au Turkestan d'occident, à la Caspienne, à l'Europe, et la Dzoungarie conduit, très facilement, à cette même Europe, soit par le val de l'Ili, soit par les plaines du haut Irtych ; — au bout de l'Ili s'étend le steppe du Balkach et sur l'Irtych, auquel on arrive après un faîte de 765 mètres seulement d'altitude, s'étend le steppe de Sémipalatinsk.

Dans le nord de la Dzoungarie, jadis mer ou lac et maintenant steppe dur, de pauvres ruisseaux rampent sur l'argile, de tristes arbustes luttent désespérément contre des vents effrénés ; nulle verte prairie, point de bosquets, de forêts, et, grandes ou petites, brillent des lagunes saumâtres d'où ne sort aucune rivière.

Au sud, entre les Monts des Cieux, qui s'élancent à 5000, 6000, 7200 mètres, un grand flot d'eau passe dans une vallée superbe : c'est le tributaire du Balkach, lac de steppe, c'est l'Ili, qui coule dans les herbes, les jardins, les vergers, envoyant des canaux, recevant des torrents tombés du glacier. Il y avait là un million d'hommes, les Mongols dzoungares, quand les Chinois massacrèrent ce peuple, presque jusqu'au dernier de ses fils, en 1757. Il y en avait 2 millions, Chinois, Mandchoux, Mongols et autres, quand les Mahométans du pays se soulevèrent en 1865 et n'y laissèrent, dit-on, que 139 000 vivants. Les fils de la Lune y sont revenus depuis et la Dzoungarie se repeuple, lentement : à peine a-t-elle 300 000 personnes sur 40 millions d'hectares.

La capitale, Kouldja (15 000 âmes), dans les jardins et les peupliers, est à 651 mètres, sur l'Ili, près de sources puissantes : ces fontaines descendraient à travers monts, par canaux souterrains, du lac Saïram, lequel miroite à 1268 mètres d'altitude.

Le Tibet, plateau suprême. — Le Tibet (170 millions d'hectares) est connu des Chinois, ses suzerains, sous le nom de Si-tsang ou Tsang de l'Ouest. Ayant dans l'intérieur ou à la frontière, dans le Kouen-loun, le Karakoroum et l'Himàlaya, les plus hautes chaînes du monde, il porte de très hautes vallées, entre autres celle du haut Indus et celle du haut Brahmapoutre, ici nommé Dzang-Bo : nés à peu de distance, ces fleuves se fuient aussitôt, l'un courant vers l'ouest, l'autre vers l'est, et tous deux vers l'Inde, — le Brahmapoutre vers l'Inde la plus phénoménalement humide, l'Indus vers l'Inde la plus sèche.

Tellement « aérienne » est l'élévation de cette contrée, qu'on y pioche une mine de sel à 6600 mètres[1], deux fois l'altitude des Pyrénées, ou encore dans la région de l'air que toucheraient à peine le Mézenc ou le Cantal empilés sur le Mont-Blanc. Le Tibétain peut rire de l'Auvergnat qui n'imagine rien d'aussi grand que Dôme sur Dôme. L'homme seul, et parmi les animaux, la brebis, peuvent monter jusque-là. D'autres mines très « sublimes » aussi sont certaines veines d'or où travaillent des hommes garantis contre les froids altitudinaires par des peaux de bœuf à longs poils dont on n'a pas arraché les cornes.

[1] Sur le plateau de Laché, entre Ladak et Digarchi.

Le Kouen-loun; le Kartchi. — Des trois sierras sans rivales qui chargent le dos monstrueux du Tibet, la plus vieille est celle du nord, le Kouen-loun, prolongement de l'Hindou-Kouch, comme celui-ci prolonge en réalité le Caucase.

Syénites et grès, le gigantesque Kouen-loun, qui ne finit qu'au milieu des Chinois, au-dessus des plaines du Fleuve Jaune et du Fleuve Bleu, est aussi la moins élevée, en même temps que la moins tailladée des trois chaînes; plus au nord, mais par

Un fauconnier du Turkestan chinois. — Dessin de Delort, d'après une photographie.

cela même plus loin des tièdes eaux d'où la mousson s'envole, il porte moins de névés, il penche moins de glaciers que les deux autres : en un mot, il est plus continental. Haut de 7300 mètres en Tibet, ses cols, ainsi que ceux du Karakoroum, s'ouvrent plus près du ciel que les cols de l'Himalaya, dans l'air rare où l'homme sent siffler ses tempes, sa force et sa volonté mourir sous l'accablement du mal de montagne.

Au nord du Kouen-loun, le Tibet septentrional ou Kartchi, plateaux de 4500-4800 mètres d'altitude, offre autour de lacs et lagunes quelques prairies estivales à des pasteurs turcs ou mongols. Là s'élèvent des monts de plus de 7000 mètres, même de 7500, hauteur qu'on suppose au père Targot (Targot-gap); la mère Dangra (Dangra-yum) est sacrée : qui en fait trois fois le tour avec révérence en priant aux chapelles redevient net et candide ; le Nindjin-tangla (7192 ou 7625 mètres) s'élance près du Tengri-nor ou lac des Cieux, qui est long de 80 kilomètres, grand de 250 000 hectares, « céleste » par son site à plus de 4600 mètres au-dessus des mers : on croit que ses eaux vont au fleuve indo-chinois Salouen; sa « sainteté » mène au ciel les pèlerins qui adorent processionnellement Bouddha dans les cloîtres de son rivage et de ses îles.

Satledj, Indus, Dzang-Bo. — Le Kartchi, sans Tibétains, n'a rien du vrai Tibet, sauf l'excessive surrection du sol. Le véritable Tibet se blottit au sud du Karakoroum ; il porte trois vallées, celles du haut Satledj, du haut Indus, du haut Dzang-Bo, ces deux dernières ne formant qu'un immense fossé de double penchant : vers le sud-est au long du Dzang-Bo, vers le nord-ouest au long de l'Indus.

Le val du Satledj commence par les lacs de Mansaraour et de Rakustal, que le Kaïlas contemple, haut de 6700 mètres. Le Kaïlas, en tibétain Tise, jadis et encore « Olympe » avec des dieux brillants, cortège de Mahadéo[1], c'est le Mérou du panthéon de l'Inde célébré par tant d'hymnes, invoqué par tant de prières. On invoque aussi, Bouddhistes comme Brahmanistes, le Mansaraour, lac sacré né du divin souffle de Brahma : heureux qui monte en pèlerinage à ses eaux célestes, plus heureux le juste ou l'injuste dont on jette le cadavre dans ses flots, que diminue chaque siècle — car le Tibet se dessèche toujours; pour y trouver la neige éternelle il faut gravir à 5600, 5700, sinon parfois à 6000 mètres. Du plateau de ses lacs le Satledj passe bientôt à l'Inde des Cinq fleuves, au Pandjab, par des gorges affreuses. L'Indus descend également à ce même Pandjab, par un chemin plus long, arc de cercle dont le Satledj est précisément la corde, et il court à ce bas pays de toute sécheresse par de ténébreux défilés.

Le Dzang-Bo[1], c'est-à-dire en tibétain l'Eau sainte, reçoit ou ne reçoit pas, on ne sait trop encore, les eaux du Palti, lac annulaire à 4114 mètres d'altitude. C'est lui qui devient au delà du Tibet, dans l'Assam, par l'effet d'averses inouïes, l'espèce de débordement perpétuel qui se nomme le Brahmapoutre. Quand il quitte le haut pays pour s'enténébrer dans les cluses et pour y crouler de rapide en rapide vers le val inférieur, il y a toute apparence qu'il roule 800 mètres cubes à l'étiage et 20 000 en crue majeure.

Un lama revêtu de ses habits sacerdotaux.

Tibet pluvieux, Tibet sec. — L'orient du Tibet ne ressemble pas à son occident : les monts y sont immenses ainsi qu'au couchant, mais déchirés par des brèches où pénètrent les déluges de la mousson. Érosions fantastiques, débris prodigieux, cagnons aux profondeurs noires, torrents dont nous ne connaissons pas bien la destinée, mais qui vont de toute certitude à l'Iraouaddi, au Salouen, au Mékong, tel est le Tibet pluvieux, qui s'anastomose avec Indo-Chine et Chine.

Le Tibet sec, Tibet par excellence, à tort surnommé Royaume des neiges, ou les Neiges du nord, a justement pour caractéristique un climat continental aussi avare de pluie et par conséquent de neige que le lui permet sa « fabuleuse » altitude. Royaume des vents glacés, Empire de la poussière que ces vents tournent en colonnes, en tourbillons fous, et surtout Terre du froid et

---

1. C'est-à-dire le Grand Dieu.

1. Yarou Dzang-Bo, qu'on trouve souvent dans les livres, sur les cartes, veut dire Dzang-Bo supérieur.

du nu, ces noms iraient mieux au pays glacial même en été qui n'élève guère d'arbres, presque pas de broussailles et où l'on a pour toute joyeuse flamme l'ardeur de la bouse de yak à petit feu brûlée. L'homme, quelque habit qu'il revête, y souffre durement des intempéries, principalement du vent ; l'animal y souffre aussi, mais la nature l'a sagement couvert d'une fourrure laineuse, tant la chèvre, très nombreuse, que la brebis ; tant le chien, de très forte taille, que le yak ou bœuf tibétain, le buffle, l'antilope, le baudet, l'hémione et toute la troupe des malfaisants et des méchants, singes, loups-cerviers, loups blancs, ours blancs, panthères. Ici la brebis est bête de charge : seule elle peut franchir, avec 10 à 25 ou 30 livres de bagages, les entailles hautes de 6000, 6500 mètres

Monastère bouddhique. — Dessin de Thérond.

qui enlèvent 1000 à 1500 mètres d'altitude aux trois chaînes géantes.

Les Tibétains. Le dalaïsme. Om mani padmê houm !

— Les Tibétains nomment leur pays Bod, et eux-mêmes Bodhias : on les évalue diversement, entre 5 et 33 millions. 33 millions, c'est assurément beaucoup trop pour cet incongénial climat, à de telles altitudes que, par exemple, les mineurs d'or de Tak-Yaloung ont, hiver comme été, leurs demeures plus haut que le Mont-Blanc, à 4980 mètres ; mais 5 millions, ce n'est peut-être pas assez, quoique en somme presque toute la nation vive le long du Dzang-Bo.

C'est un peuple de stature basse, de fortes épaules, de puissante poitrine, basané, sans noblesse de figure, de par ses origines « mongoles » et de par les vents de froidure qui flétrissent ici tout visage. Mais le fond vaut mieux que la forme ; ils sont bons, probes, énergiques, fidèles.

Convertis au bouddhisme, du cinquième au septième siècle, les Tibétains, qui n'étaient que d'obscurs barbares, reçurent en même temps que la doctrine de Çakyamouni tout ce que les missionnaires de la foi nouvelle apportaient avec eux de science, de politesse au sein de ces lugubres plateaux. Ils demeurèrent les plus fervents disciples de la doctrine du Bouddha qui de chez eux fit la conquête de la Haute Asie, mais elle ne garda pas la pureté qu'elle avait lorsqu'elle leur fut enseignée, et le Tibet devint le séminaire, le sanctuaire d'une religion qui, bouddhique au fond, a pris une forme nouvelle, avec le nom nouveau de dalaïsme ou de lamanisme.

Le tibétain, le plus agglutinant des idiomes monosyllabiques, a dépassé les frontières du peuple qui l'a vu naître. Il doit sa diffusion hors de son domaine propre, Tibet, Cachemir oriental, part du Sé-tchouen, etc., non pas à l'épée comme le latin, ou au glaive et à la religion ensemble comme l'arabe, ou au trafic comme l'anglais, ou à l'éclat des lettres comme le français et le persan, mais uniquement aux progrès du lamanisme dans l'Asie Centrale et dans les plaines du Nord. Il est connu en Mongolie, en Mandchourie, en Sibérie, jusque chez les Kalmouks de la Volga, par un grand nombre des prêtres et des cloîtrés qui fourmillent dans les pays du bouddhisme dalaïque.

Il y a dans le Tibet, sans les chapelles, trois mille temples et monastères, autels et séjours d'une centaine de milliers de lamas, aristocratie du pays. De ces prêtres, les uns, appelés Calottes Jaunes, sont des célibataires; les Calottes Rouges se marient si bon leur semble. Tous, dans leurs neuf sectes, ont également à la bouche l'éternel **Om mani padmê houm!** la prière du monde que le plus de lèvres murmurent. Ni eux, ni les innombrables moines et moinesses de cette religion, ni ses plus subtils docteurs, ni, à plus forte raison, le menu peuple des laïques, pas un Tibétain, pas un Bouddhiste, ne comprend ce « cri de l'âme ». Qu'y a-t-il sous de vieux mots sanscrits traduits en langue vulgaire par ces énigmatiques paroles : Dieu! Le joyau dans le lotus! Amen!

Lhassa, capitale du Tibet, Rome bouddhique, compte 20 000 ecclésiastiques sur 50 000 habitants, à 3566 mètres d'altitude, dans la vallée d'un affluent de gauche du Dzang-Bo. Sur le roc qui la domine, dans l'énorme demeure de Potala, à la fois palais, citadelle, couvent, tout cela vulgaire, réside le Bouddha fait chair, le Dalaï-Lama, « prêtre de l'Océan », « mer de la Sagesse » et chef des prêtres non mariés. Une autre incarnation du Bouddha, un très grand prélat, moins puissant territorialement et pécuniairement que le Dalaï-Lama, c'est le Bogdo-Lama ou Tachi-Lama, « le plus excellent des joyaux de l'intelligence », le chef des Calottes Rouges, prêtres mariés : il habite avec 4000 desservants la lamaserie ou bonzerie, autrement dit le moûtier de Tachi-Loumpo, ou Gloire exaltée, au-dessus de Chigatsé, ville située à 3621 mètres. Un troisième haut pontife renouvelle aussi Bouddha, mais hors du Tibet, dans la mongole Ourga.

Les bonzeries bouddhiques, casernes sans fin, renferment souvent 2000, 4000, 5000, et, dit-on, jusqu'à 8000 prêtres ou moines. L'Om mani padmê houm! leur ouvre à grands battants les portes de la félicité.

Un houtouktou, ecclésiastique d'un ordre supérieur.

Le Fouzi yama : vue prise des campagnes du sud-ouest. — Dessin de F. Schrader, d'après une photographie.

JAPON

L'archipel du Soleil levant. — Le nom de Japon est parfaitement inconnu des Japonais, qui appellent leur beau pays Nippon ou Nihon, d'après deux syllabes chinoises, Zip pang, c'est-à-dire le Soleil levant : mot à mot la Racine du soleil. Yamato, qui signifie au pied des monts, est l'ancien nom de l'archipel et il en reste le nom poétique.

Quatre mille îles composent l'archipel japonais, oriental à la Sibérie, à la Mandchourie, à la Corée, à la Chine du nord. Cinq sont grandes, toutes les autres minimes ou minuscules. Et encore, de ces cinq terres majeures, la plus septentrionale, Sakhalien, a disparu dans l'empire universel russe : en échange de ses 6 360 000 hectares, d'ailleurs froids, brumosissimes, maussades et vides, les Japonais n'ont reçu que les Kouriles — moins de 1 500 000 hectares avec moins de 500 âmes!

Ayant ainsi perdu contre son gré près de 5 millions d'hectares, le Japon ne dérobe aux mers que 382 450 kilomètres carrés de terres, avec 36 557 000 habitants.

Hondo : monts et volcans; le Fouzi-yama. — Des quatre grandes îles qui lui restent, une seule fait plus de la moitié, près des trois cinquièmes du Japon. C'est Hondo (22 475 000 hectares), justement nommée, puisque ce mot veut dire : Terre principale. Tsiendo et Naïtsi, moins employés, signifient à peu près : Terre centrale, et à bon titre, puisque son milieu est assez exactement aussi loin de la dernière Kourile au nord du 50ᵉ degré que de la dernière Riou kiou, voisine du Tropique du Cancer. Nous l'appelions Nippon, Niphon, Nihon, mais à tort, ce nom s'appliquant à tout l'archipel. Coupée au nord par le 41ᵉ, au sud par le 34ᵉ degré, elle va du parallèle de Rome à celui de Gabès : ses latitudes sont donc essentiellement méridionales.

Sur Hondo pèsent les plus lourds monts de tout l'archipel, quelques-uns assez hauts pour assembler des neiges en névés et des névés en petits glaciers [1]. Toutefois il n'y aurait pas ici de frimas éternels si le climat n'était si mouillé, presque tous les sommets se tenant au-dessous de 3000 mètres.

Un socle de granits, gneiss, micaschistes et schistes façonnés par les météores en montagnes souples, gracieuses, modérées, sans brusquerie et sans rudesse, y porte des volcans, tout ainsi qu'en notre Auvergne, mais avec cette différence que des fournaises y fument, que des gueules y vomissent encore.

Le pic dominant, le noble Fouzi yama [2] ou Fouzi san, voit treize provinces ; depuis 1707 il n'a ni frémi ni toussé, mais de 789 à 1707 il avait eu six crises et avait contribué pour sa part de cendres à l'exhaussement des plaines du Hondo, lesquelles ne font guère qu'un huitième de l'île, tout le reste étant plateaux, dômes et cônes. De son piédestal dont 150 kilomètres font à peine le tour, non loin de la mer du sud, il monte harmonieusement, doucement, jusqu'à 3745 mètres [3], un peu plus que les Pyrénées, beaucoup moins que les Alpes : à 30 mètres près, c'est l'altitude du pic de Ténériffe. S'il n'était cône, il retiendrait éternellement la neige et la concentrerait en fleuves de glace, mais sur ce mont dégagé dix mois par an sont la durée des frimas. Les Japonais ont un culte pour ce volcan de fière allure qu'on admire de leurs plus beaux rivages ; il est partout, dans leurs romans, leurs chansons, leurs stances, leurs tableaux, leurs dessins et toutes les fantaisies de leur art charmant. Des milliers de pèlerins viennent prier dans ses temples, mais tous ne montent pas jusqu'à son cratère, profond de 200 mètres, avec 2500 mètres d'enceinte.

La légende rattache le plus grand des lacs japonais à ce plus glorieux des pics du Hondo : elle conte qu'au jour, à l'instant même où le Fouzi yama s'élança dans les airs, le Biva dessina ses baies gracieuses, loin du volcan, à son occident, tout près de la mer du nord. Autour des rives du Biva, et sur le gava [1] qui en sort et qui a nom Yodogava, naquit et grandit la race du Soleil levant ; là se forma, s'épura, s'affina son langage, là s'éveillèrent ses arts, là régna longtemps Miako, la grande ville : ce lac a plus ou moins l'étendue de notre Léman, mais il est quatre fois moins profond, avec 85 mètres d'abîme seulement ; il domine la mer de 100 mètres.

Moins élevés de beaucoup que le Fouzi, d'autres monts japonais gardent plus de neiges toute l'année durant, ou vomissent plus de laves, et plus souvent. Parmi les yama expectorateurs l'Asama yama (2525 mètres) se fait abhorrer ; il y a cent ans [2], il effaça du sol 48 bourgs et villages. Parmi les yama neigeux, on célèbre le massif de Hida et celui du Nikko zan. Le Hida (3000 mètres), plus immuablement blanc qu'aucun autre mont japonais, abreuve d'impétueux gava ; il a changé mainte coupe volcanique en eau diaphane, en lac azuré ; sur le haut du sylvestre et lacustre Nikko, terre de beauté, l'année, aussi, n'est qu'un long nivôse. Fouzi, Asama, Hida, Nikko s'élèvent sur le milieu de Hondo.

Le Séto outsi. Sikok, Kiousiou. — Un détroit sans gouffres, portant deux noms, Misima nada au sud-ouest, Harima nada au nord-est, sépare Hondo de Sikok ; un autre, le Souvo nada, passe entre Hondo et Kiousiou ; un autre encore entre Kiousiou et Sikok ; enfin l'Ivo nada bat à la fois de ses flots Kiousiou, Sikok, Hondo. Tous ces nada ou détroits composent le Séto outsi ou Mer intérieure, triple Bosphore, fiord à trois ouvertures, large, lumineux, merveilleux : eaux, ciel et terre, l'océan, les monts, des forêts infiniment variées, la nature y a toutes les séductions, la grâce avec la grandeur. Si ces ondes magiques s'abaissaient de 50 mètres, ou de 60 au plus, les trois îles n'en feraient qu'une.

Sikok, ou les Quatre contrées, a 2 620 000 habitants sur 1 822 000 hectares, deux fois la Corse. Des volcans plus humbles que les cônes de Hondo, puisqu'aucun ne monte à seulement 1500 mètres, s'y lèvent sur un soubassement de schistes — volcans pourtant tragiques, surtout le Tsouno yama,

---

1. Au moins sur le Taté yama, dans la chaîne de Hida.
2. Le mot japonais *yama* signifie montagne.
3. Ou 3760.

1. *Gaia* ou *kava*, mot japonais, veut dire rivière, fleuve, torrent, et, généralement, cours d'eau.
2. En 1783.

Yédo ; gardes de la légation suisse. — Dessin de A. de Neuville, d'après une photographie.

qui fume encore : il détruisit 40 000 hommes en une seule éruption, avec inondations soudaines et tremblement de terre.

Également socle de schistes, Kiousiou, c'est-à-dire les Neuf provinces, contribue pour 3 875 000 hectares et plus de 5 200 000 hommes à la puissance du peuple japonais; en réunissant Corse et Sicile on aurait à peu près sa grandeur. Les volcans y ont souvent rugi : vers la fin du siècle dernier, une convulsion du Miyi yama dévora 53 000 vivants, et son voisin, l'Ouzen san, fume toujours, dans la gueule duquel on jeta par milliers en 1638 les chrétiens révoltés contre les lois et la foi de l'empire; l'Aso yama, non plus, n'est pas encore mort. La roche suprême de Kiousiou est à 1672 mètres au-dessus des océans.

Yesso. — Dans Kiousiou, dans Sikok, l'oranger fleurit, le bananier donne ses bananes; dans le midi et même le centre de Hondo, terre heureusement et modérément chaude-humide où les pluies évoquent une végétation brillante, le thé, le coton, le riz, qui veut de l'eau et encore de l'eau, croissent avec exubérance, et sur le flanc des monts le hara[1] est un verger exquis. Mais dès qu'on remonte vers le nord de la grande île, la nature devient sévère; au delà du détroit de Tsougar elle est dure et renfrognée : on est dans Yesso, c'est-à-dire au « Pays des sauvages ».

Yesso a longtemps été négligée par les Japonais comme terre froide et maussade, presque inhabitable pour les hommes heureux auxquels sourit le soleil du Séto outsi. Maintenant ils la colonisent, mais il ne s'y trouve encore que 83 000 personnes sur environ 7 850 000 hectares, près du tiers de Hondo, presque autant que l'Irlande, ou cette Écosse que le « Pays des sauvages » rappelle par son climat, ses aciculaires, sa mer poissonneuse, ses rivières où le saumon joue dans l'onde entre des rives de basalte; comme l'Écosse a dans le Tay le plus abondant torrent de l'archipel Breton, Yesso possède le maître fleuve du Japon, l'Ichikari, qu'un lit étroit dans la roche irrite soixante-treize fois en rapides. Volcanique elle aussi, — quelle terre japonaise ne l'est pas? — elle monte bien plus haut dans les airs que Sikok et Kiousiou, mais moins haut que Hondo : la Solfatare du Diable (Itasibé oni) s'élance à 2595 mètres.

On a comparé Yesso à une grossière tête d'éléphant, la trompe au sud. De très puissantes et très opulentes forêts la couvrent, d'essences très diverses, où dominent les bois raides, sombres, austères, les pins, les sapins, les mélèzes et autres arbres sérieux du Nord. Dans les entrailles de ses monts il y a d'immenses trésors de houille, 400 milliards de tonnes, paraît-il : assez de « soleil portatif » pour éclairer, chauffer le monde pendant cinquante générations; et avant tout les insulaires eux-mêmes, car Yesso a froid malgré son exubérance en plantes, et bien que son ciel soit au midi le ciel de la ville du Vésuve, au nord le ciel de la cité des Lagunes.

Kouriles. — L'empire du Soleil levant s'est annexé de nos jours un archipel très peu soleilleux au nord de Yesso, et une éclaboussure d'îles lumineuses au sud de Kiousiou : l'archipel du nord a nom Kouriles, celui du sud a nom Riou Kiou.

Les Kouriles, bien que nombreuses, n'atteignent pas le millier, ainsi que le ferait croire leur nom japonais de Tsi-sima ou les Mille îles. De vis-à-vis Yesso jusqu'à presque toucher la pointe méridionale du Kamtchatka dont les sépare un détroit sans profondeur, elles se suivent en un arc de cercle de 650 kilomètres admirablement régulier : la concavité de cette courbe harmonieuse regarde le bassin d'Okhotsk, qui n'a pas 800 mètres de creux; la convexité fait face au Pacifique dans le voisinage de ses plus grands abîmes.

Elles dressent autant ou plus de volcans que les îles majeures de la « Racine du soleil », 52, dit-on, dont 9 ou même 13 brûlant encore; tandis qu'il n'y en aurait que 49, dont 17 actifs, dans les grandes terres, savoir : 32 dans Hondo, 11 dans Yesso, 6 dans Kiousiou et Sikok. Et les cônes des Kouriles, presque tous non mesurés encore, sont plus nets de formes, moins usés.

Des 1 486 500 hectares de la rangée des Kouriles, Yétouroup, peu éloignée de Yesso, en réclame à elle seule 688 300, près de la moitié : tout cela désert malgré la mer poissonneuse et quoiqu'il y ait quelque possibilité de culture dans la plupart de ces îles où l'embrun mouille les herbes, au pied du saule, du bouleau, du peuplier, au bord de bois de chênes dont les plus hauts ne montent pas à vingt pieds.

Riou Kiou. — Longtemps les Chinois disputèrent aux Japonais les îles Riou Kiou, qu'ils nomment Loutchéou, dans leur impuissance à prononcer les r. Depuis 1874, le Japon, dont cet archipel parle la langue, y domine officiellement.

---
[1]. Ce mot veut dire : prairie de montagne.

Arc de cercle comme les Kouriles, et tournant comme elles sa convexité vers l'Orient, les Riou Kiou en diffèrent absolument par le climat, l'aspect, l'origine : les Kouriles condamnent le chêne à une enfance éternelle, les Riou Kiou dressent des palmiers ; les Kouriles se hérissent en monts, les Riou Kiou n'ont que des coteaux, jusqu'à 500 mètres ; les Kouriles sont volcaniques, les Riou Kiou

Bonzes en prière. — Dessin de A. de Neuville, d'après une photographie.

ne le sont point ; nul ne cultive les Kouriles presque vides, et les Riou Kiou, merveilleux jardin, entretiennent 310 000 hommes.

Aussi longue que la traînée d'îles qui réunit presque Yesso au Kamtchatka, la rangée des Riou Kiou, vastes toutes ensemble de 483 000 hectares, va presque de Kiousiou à Formose. Une ceinture de coraux les entoure : d'où le nom de l'archipel, qui signifie probablement « Pays du transparent corail ».

Les Japonais, leurs origines, leur langue. — Il pleut beaucoup sur ce brillant royaume : 1671 millimètres tombent chaque année dans Hondo sur la capitale, Tokio, 1794 sur Yokohama, le port de cette capitale ; 1318 descendent sur Hakodate, dans Yesso ; 1212 sur Nagasaki, dans Kiousiou.

Autre bonheur : son insularité, non moins que le frottement du Kouro sivo ou Courant noir, le Gulfstream de ces mers, lui donne un climat très supérieur en chaleur et douceur à celui des terres continentales voisines, Mandchourie, Corée, Chine septentrionale, encore que très inférieur, toutes altitudes et latitudes égales, à celui de l'occident d'Europe.

Tout froid qu'il est[1] comparativement à notre monde européen-africain, pour des latitudes qui vont de Porto à Madère, il mène à maturité plus de fruits que nos pays sur une plus grande variété d'arbres, plus de grains sur une plus grande variété de plantes. En cela le Japon est unique au monde : nulle contrée, même tropicale, n'a sur une aire aussi restreinte autant d'arbres divers de superbe venue, peints de splendides couleurs par les premiers froids de l'automne.

Il y a tant de bonnes plaines, de généreuses vallées dans les grandes îles, il descend tant d'eau de la montagne pour l'arrosement des rizières, tant de forêts y ont fait place au hara sans décadence du mont et sans ruine du climat, il y a tant de poissons dans ces mers, tant de barques sur leurs flots, enfin le Japonais vit si sobrement que son Japon nourrit 95 personnes au kilomètre carré, et si l'on en retranche Yesso et les Kouriles, « terres coloniales » encore presque délaissées, plus de 125 hommes par 100 hectares, dans un pays si rugueux qu'il n'a guère plus de 5 millions d'hectares franchement cultivables[2].

Que sont les aimables insulaires qui ont su tirer un tel parti de la « Racine du soleil » ?

Les Japonais se disent issus de gens venus des Kouriles qui se croisèrent avec un peuple autochtone parent des indigènes de Formose.

Mêlés, ils le sont, et de toute évidence, puisqu'on trouve chez eux une infinité de types, du jaune olivâtre au blanc, de l'œil oblique et bridé à l'œil droit et large, de la pommette protubérante à la pommette effacée, du nez tout narines au nez noble. Parmi ceux qui les ont visités à la ville et à la campagne, dans la plaine, le hara, le mont, les uns les rattachent aux Chinois, et, généralement parlant, aux « Mongols » ; les autres aux Malais ; d'autres aux Blancs. La plupart d'entre eux sont laids, beaucoup très petits, même au-dessous des pauvres quatre pieds neuf pouces sans lesquels on n'était pas fantassin français. Les femmes, très menues, ont une gentillesse exquise.

Mais ces hommes petits, faibles, d'ailleurs bien pris et très résistants, sont d'un excellent naturel. Ils se laissent vivre en toute joie et contentement ; bons et sans longues rancunes, quoique merveilleusement patients. Sobres dans le manger et le boire, ils se contentent de peu. Fort intelligents, avisés, pratiques, éminemment industrieux et artistes, ils ont, dit-on, fort dépassé les Chinois, dont ils reçurent les premières leçons et dont la langue a gâté la leur, qui est agglomérante et de belle harmonie.

Le japonais ne se parle plus guère en sa force et son élégance qu'à la cour impériale et dans les salons de la société choisie ; le peuple, insoucieux des gloires de la langue, l'a polluée de monosyllabes mal accommodés, quelque « japonaisement » qu'il les prononce, au génie de l'antique idiome. Possesseurs de diverses écritures syllabiques, les Japonais ont également emprunté l'idéographie aux fondateurs de leur civilisation.

Toutes ces apparences chinoises ne sont heureusement qu'une fausse peinture, et les Japonais ont gardé leur originalité vivante malgré leur respect pour la langue et la littérature des fils de la Lune. Aujourd'hui, changeant de révérence, ils admirent l'Europe, ses sciences, ses arts, ses langues, surtout l'anglais ; mais ce fétichisme n'aura qu'un temps, même il diminue déjà. La nation qui a su faire de son archipel un jardin maraîcher où fument encore des volcans peut rester elle-même sans recourir aux lois terribles qui récemment encore lui servaient d'arme contre l'étranger. Il y a quelques années à peine que, jaloux de son indépendance, très épris de lui-même, fort de l'axiome que le forain c'est l'ennemi, l'empire du Soleil levant se gardait doublement contre les gens du dehors : en coupant la tête au non-Japonais qui débarquait sur les terres du Nippon ; en levant le sabre légal sur le Japonais qui voulait sortir du pays.

Le bouddhisme, jadis apporté de Chine par des apôtres chinois, n'a point chassé du Japon le « culte des ancêtres et des huit millions de génies », la vieille religion de Kami, que nous appelons la religion de Sinto, le sintoïsme. Il s'est plutôt enté sur elle ; les deux cultes ont mêlé leurs dieux, leurs saints, leurs rites, leurs légendes ; ils vivent fraternellement, et souvent la même pagode sert

---

1. De 4 à 6 degrés.
2. Sans Yesso, les Kouriles, les Riou Kiou : en s'en tenant à l'ancien Japon.

aux deux confessions. 120 000 temples reçoivent les Sintoïstes, 88 000 les Bouddhistes.

La Loi Éclairée. — Depuis 1868 les Japonais vivent dans un monde nouveau, dans une ère nouvelle. Plus fermés que la Chine elle-même au reste des hommes, ils ont renoncé brusquement à l'adoration du Japon, à l'isolement, au culte du passé, à l'exemple du « Milieu » et, fils du Soleil, ils ont méprisé les fils de la Lune. En même temps qu'ils s'ouvraient à l'Europe, ils changeaient de maître.

Avant l'ère du Meidzi ou « Loi Éclairée » le pouvoir suprême appartenait au mikado ou daïri, prince demeurant à Miako. Protégé tour à tour par chacun des grands vassaux, ce monarque avait pour

Un temple de la religion de Kami. — Dessin de E. Thérond, d'après une photographie.

lieutenant du pouvoir exécutif un seigneur nommé taïkoun ou siogoun, en résidence à Yédo. Depuis les dernières années du seizième siècle le taïkoun, soi-disant le plus humble des sujets, avait réduit le mikado à la réalité du roi fainéant et s'était fait maître et suzerain des dix-huit daïmios[1] ou gokchis, princes féodataires ayant chez eux droit de haute et de basse justice. Avec 344 principicules, ces 18 grands princes formaient une féo-

1. Mot à mot : grands noms.

dalité robuste, mais qui a été brisée, et le mikado est redevenu vraiment roi.

Villes. — Le Japon a plusieurs villes supérieures à 100 000 âmes.

Yédo[1], dans Hondo, au bord d'une baie qui échancre profondément les terres, était la capitale du taïkoun, et le mikado résidait à Miako ; mais depuis que le mikado a repris le pouvoir, il a

1. Mot à mot : Port de la baie.

transporté sa cour à Yédo, qui a pris le nom de Tokio, c'est-à-dire Capitale orientale. Voilà donc cette ville seule métropole du Japon; elle n'en a pas moins perdu presque la moitié de son peuple puisqu'avant la chute du siogounat elle avait 1 500 000 âmes au moins et qu'il lui en reste à peine 825 000. C'est que sous les siogouns une loi sévère obligeait les daïmios à passer une partie de l'année à Yédo, eux et leur cour, grande ou petite, sous l'œil du maître; cette loi n'existe plus, les seigneurs restent sur leurs terres et Tokio décroît ou du moins a décru. Elle a 250 000 maisons, demeures légères de bambou, de carton, de papier, que souvent l'incendie dévore; en une heure un quartier brûle, mais si le feu menace de destruction ces cases combustibles, elles ne craignent pas autant que les lourdes maisons de pierre les brusques secousses du sol qui sont le fléau du Japon où tel tremblement de terre passe pour avoir tué 100 000 hommes.

Kioto ou Miako est également située dans l'île de Hondo, à quelques kilomètres à l'ouest du beau lac Biva d'où sort le fleuve Yodogava. Elle a gardé de son antique splendeur un grand renom d'urbanité; c'est l'asile des arts, elle dispense les études classiques, elle parle un japonais plus pur que n'importe quelle autre cité du Yamato. Ville fondée huit cent et tant d'années avant Yédo, qui date de 1600 ou à peu près, elle n'a plus que 240 000 âmes, dans un pays ravissant, sous un ciel salubre.

Ohosaka (294 000 hab.), à 50 kilomètres de Kioto, borde des canaux du delta du Yodogava, tout près d'un golfe de la mer intérieure. C'est la « Venise japonaise », la cité monumentale de l'empire du Soleil levant, un port très actif, une ville industrielle.

Nagoya (118 000 hab.) fabrique et trafique, près d'une baie de la côte très profondément indentée qui va des eaux de Tokio à celles d'Ohosaka.

Kanézava (110 000 hab.), au pied des monts, regarde de loin la mer japonaise, dont elle est à 8 kilomètres, en face de la lointaine Corée.

Yokohama (67 000 hab.), à 30 kilomètres au sud de Yédo, sur la même baie que cette métropole, renferme plus d'Européens qu'aucune autre ville du Japon, et c'est par là que le Japon commerce le plus avec l'Europe et l'Amérique.

Kiousiou ne montre aucune cité de 100 000 âmes, voire de 50 000. Il n'y en a que 30 000 dans la charmante Nagasaki, autrement dit Cap Long, sanatoire des marchands européens ou yankees fatigués par la chaude lourdeur du climat de Changhaï; longtemps elle resta l'unique endroit du « Soleil levant » où pussent s'établir, dans l'îlot de Désima, les Hollandais, seuls Européens qui eussent le droit de fouler le sol de l'archipel.

Sikok n'a pas non plus de centres populeux; encore moins Yesso, qui est comme le Grand-Ouest, ou plutôt le Grand-Nord des Japonais, une terre neuve, où même vont peu de colons; sa capitale, Sapporo (8000 hab.), grandit lentement, dans la vallée du fleuve Ichikari, non loin de la mer. Elle ne vaut pas Hakodaté (30 000 hab.), port en croissant sur une rade splendide.

Les Aïnos. — Dans le sang des Japonais roulent des gouttes du sang des Aïnos, peuple d'origine énigmatique, hui réduit à 20 000 âmes, peut-être plus, probablement moins. Cependant leur langue n'est ni sœur ni cousine de l'idiome du Japon.

On les trouve encore chez le Russe et chez le Japonais. Chez le Russe dans le midi de Sakhalien; chez le Japonais dans le nord et un peu dans le sud de Yesso, plus les quelques familles d'Aïnos qui pêchent dans les Kouriles. Ils ont disparu du septentrion de Hondo, qui en possédait encore il y a trois ou quatre cents ans. Le continent voisin en eut aussi sans doute, mais les Mandchoux les resserrèrent peu à peu dans les pays du bas Amour, et les Japonais dans les îles.

Aucune race ne les égale pour la grosseur du cheveu, pour la longueur de la barbe, pour l'abondance du poil, qui est comme une petite toison. La tête bien faite, la figure moins plate que leurs voisins « Mongols », ils n'en ont pas la laideur, et l'on peut aimer leur visage franc, un peu triste, éclairé par de beaux yeux noirs qui n'ont rien d'oblique. Petits ou moyens, avec membres robustes, ils chassent l'ours, le loup, le cerf et la bête moindre; ils pêchent et ne cultivent point, même dans le midi de Yesso, qui se prête au travail de la terre.

Cet ours qu'ils tuent, ils l'aiment cependant, en même temps qu'ils le craignent et le révèrent comme un grand génie; ils font allaiter au printemps, en été, les oursons par leurs femmes, puis les immolent en automne en leur demandant pardon de la liberté grande.

Ils se disent issus d'un chien et d'une déesse. On ne sait vraiment à quelle race attribuer ces bons barbares, bruns cuivrés au milieu des « Jaunes » barbus et velus parmi les glabres et les lisses.

Touaregs. — Dessin de Hadamard, d'après une photographie.

AFRIQUE

Nom. Situation. Étendue. — L'Afrique porte peut-être le nom d'un de ses moindres peuples, les Aouraghen ou Avraghen, tribu de la nation des Touaregs, qui est un scion de la grande race berbère.

Les Aouraghen vivent maintenant avec leurs autres frères dans le désert du Sahara, où ils ne sèment ni ne moissonnent, étant surtout pasteurs, monteurs de chameaux et rançonneurs de caravanes; mais jadis ils habitèrent le rivage de la Syrte, parmi les sables et les pierres, ou sous le palmier des brillantes oasis, dans le pays de lacs salés qui termine au midi notre jeune Tunisie.

Leur nom devint celui de ce littoral, de ce pays, puis celui de toute la rive qui va de la Syrte aux colonnes d'Hercule, enfin celui de l'Afrique entière, à mesure que de proche en proche on découvrait tout le contour de cette grande patrie des « Faces Brûlées [1] ».

L'Afrique tient à l'Asie par une langue de terre de 110 à 120 kilomètres de large, l'isthme de Suez, qui va des alluvions du Nil inférieur au littoral de l'Arabie.

Il se peut qu'elle n'ait pas toujours cohéré avec le continent asiatique. Les caractères d'une antiquité primordiale manquent à la soudure de Suez;

[1]. C'est ce que signifie étymologiquement le mot grec Αἰθίοψ, Éthiopien.

ce n'est point une très vieille roche, mais un ruban de sables, de dépôts, d'alluvions fluviales ou marines. Alors l'Afrique fut une île au cas où des terres rompues, disparues depuis, ne l'attachaient pas aux presqu'îles méridionales d'Europe, Ibérie, Italie, Grèce, ou peut-être à la Syrie. Si l'une quelconque de ces liaisons exista jamais, ou s'il y eut au contraire divorce entre Afrique et Asie, l'homme en avait perdu tout souvenir quand la Grèce entendit parler pour la première fois de ce pays que ses poètes nommèrent l'Hespérie, c'est-à-dire l'Occident, le Couchant : ainsi les Arabes l'appelèrent et l'appellent encore le Maghreb.

Elle plonge au nord sur la Méditerranée vis-à-vis des plus chauds et beaux rivages de l'Europe; au nord-est sur la mer Rouge, en face des monts pelés d'Arabie; à l'est sur la mer des Indes, où baigne sa grande île de Madagascar; à l'ouest enfin, du cap de Bonne-Espérance au pas de Gibraltar, elle regarde l'Atlantique, cet Océan sillonné pendant trois cent cinquante années par les négriers qui transmettaient les Africains à la terre américaine. Ces trafiquants croyaient seulement fournir des esclaves à des fouetteurs, et ils ont détourné le torrent de l'histoire en créant des peuples nouveaux par l'alliance des Noirs, des Blancs et des Rouges. Pendant que les fils de Japhet traînaient la race de Cham au delà des mers, les corsaires de la race de Sem partaient des golfes africains, et, franchissant la Méditerranée, débarquaient en voleurs sur les côtes de Sicile, de Sardaigne, d'Italie, des Baléares, de l'Espagne; puis, laissant derrière eux des villes en flammes, ils inclinaient au sud la proue des galères où ils avaient empilé les fils et les filles de Japhet, celles-ci pour le harem, ceux-là pour le bagne.

Du cap Bon, d'où l'on voit la Sicile en temps clair, ou du cap Blanc, d'où l'on voit la Sardaigne, au cap de Bonne-Espérance, qui regarde vers le Pôle austral, l'Afrique a plus de 8000 kilomètres. Du cap Vert, qui contemple de loin l'Amérique, au cap Guardafui, tourné vers l'Asie, il y en a 7800. Le tour de son rivage est de 28 500 kilomètres : 5400 de moins que l'Europe[1], laquelle est cependant trois fois plus petite, l'Afrique ayant près de trois milliards d'hectares[2] dont un grand vingtième encore inconnu.

C'est près de 56 fois la France, avec peut-être 200 à 210 millions d'hommes.

Structure lourde. Grande altitude. — L'Afrique, très massive, est d'une organisation grossière; îles, presqu'îles effilées, golfes pénétrants lui manquent, et aussi les grands fleuves aisément et longtemps navigables qui sont comme d'étroits golfes d'eau douce continuant les estuaires salés. Traversée d'outre en outre, à son plus large, d'Atlantique à mer Rouge, par le plus vaste désert, elle est campée sur l'Équateur dont s'éloignent presque également Alger, grande ville de son extrême Nord, et le Cap, maîtresse ville de son extrême Sud. Par l'influence de ce désert, le Sahara, si long, si large qu'il vaut bien huit cents départements français, et par sa situation sur l'Équateur et les deux Tropiques, l'Afrique serait par excellence le continent torride sans son superbe Plateau central, le plus immense du monde après celui d'Asie, séjour magnifique[1], sous la pluie dense et le soleil fécondateur. Les hautes plaines, qui font la misère de l'Asie, feront l'opulence de l'Afrique; elles lui donnent une altitude moyenne diversement évaluée à 580-660 mètres. C'est donc le plus élevé des continents

Berbérie ou Afrique Mineure. — Entre la Méditerranée, bleue, tiède, et le Sahara, jaune, rouge, blanc, sec, enflammé, sur les épaules de l'Atlas s'étend une région de très brillant et très brûlant soleil : la Berbérie, plateau séparé du plateau plus petit de Barka par les vagues de sable que le Désert pousse à la rencontre du flot marin. Ce fut une île quand le Sahara tenait une mer dans sa conque[2]; c'est une île encore par son isolement du reste des terres habitables du continent auquel de nos jours elle s'attache. Son nom de Berbérie lui vient des Berbères ou Kabyles, race connue pour l'avoir habitée de tout temps, et qui, refoulée par les Arabes à partir du onzième siècle, y peuple encore la montagne et reconquiert lentement la vallée. La race berbère est fort répandue dans l'Afrique du Nord, et si elle comprend peu de millions d'hommes, c'est que sa demeure est surtout un désert; sauf l'admirable Tell, les oasis, et une lisière au bord du Soudan, elle ne commande qu'à des sables, à des roches que la pluie ne lave presque jamais. Sans le Sahara, elle eût pu deve-

---

1. Et l'Europe aurait infiniment plus de 31 000 kilomètres de rives si l'on voulait tenir compte d'une infinité de fiords, de firths et de rias.
2. Exactement, mais sans prendre cet adverbe à la lettre, 2 082 330 000 hectares.

1. Trop vanté peut-être.
2. D'après maint savant géologue, le Sahara n'est pas un ancien fond de mer.

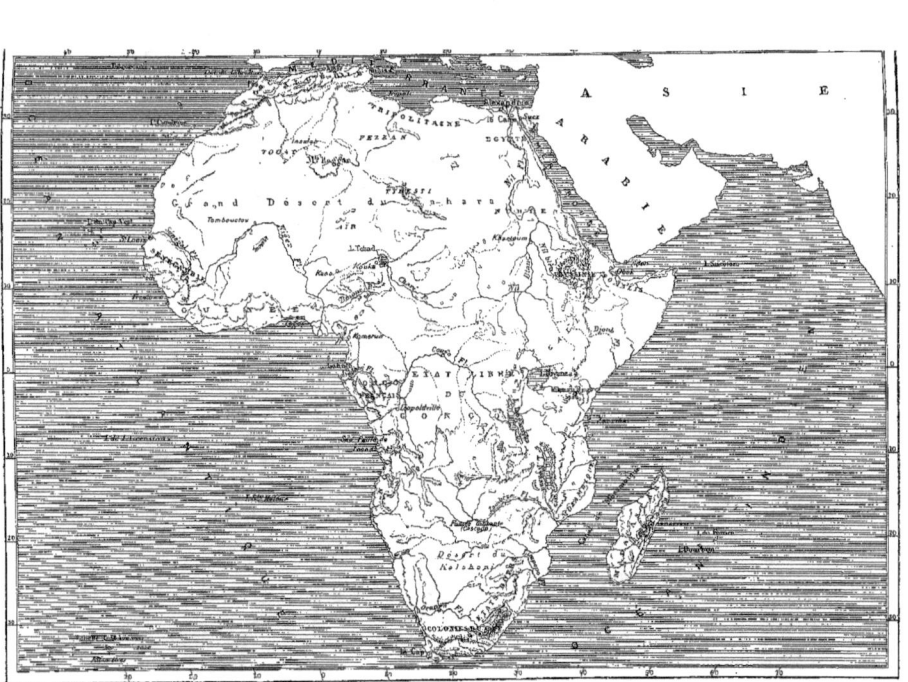
Dressé par E.Gaillault. Carte d'Afrique

nir l'une des grandes familles de la Terre et couvrir l'Afrique, sinon de Berbères purs, au moins de mulâtres berbéro-nègres : ce que d'ailleurs elle a fait en partie, puisqu'il y a dans l'Afrique transsaharienne d'innombrables « Noirs » qui sont réellement des Cuivrés dont les nobles traits viennent sans doute de pères berbères ou de pères arabes. Quoi qu'il en soit, qu'on imagine cinq Berbères arrivant à Alger, l'un du fond du Maroc, l'autre du fleuve Sénégal, le troisième du Niger, le quatrième du Sahara central, le dernier des monts de Tunis ou de Tripoli, ou même de l'oasis de Jupiter Ammon, peu distante du Nil : ces cinq Berbères se comprendront et un Berbère algérien leur donnera l'hospitalité, car dans ces cinq hommes il aura reconnu des frères.

Aux Berbères, aux Arabes de cette Afrique Mineure se mêlent depuis cinquante-cinq ans des Français aidés dans leur œuvre par des Espagnols et des Italiens. Issue de Français du Midi plus que de Français du Nord et méridionalisée par un lacis de croisements avec des familles du sang d'Espagne et du sang d'Italie, la race nouvelle grandit d'une pousse vigoureuse, en Algérie et en Tunisie ; même, elle semble destinée à commander un jour à toute l'Afrique du Nord, au sud comme au septentrion de l'Atlas. Celui-ci passait chez les anciens pour la montagne la plus sublime ; c'est lui, chantaient les poètes, qui porte la voûte de cristal du ciel sur ses vieilles épaules. Aujourd'hui déchu de sa mythologique hauteur, le grand mont de l'Afrique Mineure, amoncellement énorme de massifs, de sierras, de plateaux, continue réellement l'Europe méditerranéenne par son climat, ses plantes, ses hommes, toute sa nature lumineuse et sèche. Et cela jusqu'à la dernière arête du sud : là tout change, ou plutôt le lumineux devient l'aveuglant, du chaud l'on passe à l'enflammé, du sec à l'éternellement aride, et du Tell au Sahara. Toutefois, des deux saisons qui se partagent les 365 jours de la terre d'Atlas, la plus longue, qui est la saison sans pluie, transporte presque la torridité du Désert jusqu'au littoral de la mer magique. Le pan de mont ne se lève pas assez haut dans l'azur africain pour sauver la Berbérie des vents incandescents du Midi. La Tunisie, l'Algérie, le Maroc même, reçoivent du four saharien le sirocco qui brûle et les sauterelles qui dévorent. On pourra diminuer, sinon détruire jusqu'au dernier les ennemis volants ; quant au sirocco, qui voudra le dompter devra d'abord éteindre le Désert. Un autre adversaire, non moins terrible, la sécheresse, sera combattu par l'assemblement des eaux d'hiver à l'issue des gorges, derrière des digues cyclopéennes ; ou mieux peut-être, chaque petite ravine aura son humble barrage. C'est le Maroc qui darde dans l'éther les pics culminants de l'Atlas, couronnés de longues neiges et, s'ils sont inférieurs aux Alpes, supérieurs aux Pyrénées.

L'Afrique Mineure a pris part à l'histoire des hommes. Elle fit Carthage, elle ébranla Rome, puis, avec l'Égypte lointaine et la Sicile voisine, elle fut l'un des greniers de la ville insatiable.

Les Berbères, que Carthage n'avait point assimilés, ne furent pas non plus dénationalisés par Rome. Chrétiens quand les Arabes envahirent le Tell, ils acceptèrent de force l'Islam, mais gardèrent presque tous leur langue on ne sait combien de fois séculaire déjà. La djehad ou guerre à outrance contre les Infidèles n'eut pas de plus braves soldats que ce grand peuple de montagnards ; il y avait peu d'Arabes dans les armées dites arabes qui conquirent la vaillante Espagne, puis la perdirent djebel à djebel, oued à oued, royaume à royaume, Valence aux jardins odorants, l'âpre et sombre Tolède, Jaen qui contemple de grands monts, Cordoue, riche et savante, enfin Grenade, la reine de beauté.

Sahara. — Au midi de l'Afrique Mineure et du plateau de Barka, le Sahara, fauve ou blafard, déploie de l'Atlantique à la mer Rouge, de l'Atlas au Soudan, ses déserts vastes comme les deux tiers de l'Europe.

Des oasis, fontaine et palmiers, y reposent le voyageur de son dur pèlerinage à travers hammadas, chebkas, àregs : la hammada, c'est la pierre dure, la table ardente sans une herbe et sans un buisson ; la chebka, c'est le filet, autrement dit l'entre-croisement des profonds ravins où ne murmure aucun ruisseau ; l'àreg, c'est la dune, qu'on n'a point fixée, et qui marche, toujours accrue par le sable de la décomposition du grès. Et tout cela, hammada plus qu'àreg, c'est le « Pays de la Peur », ainsi nommé par les Arabes, tant par terreur du Sahara lui-même, de son soleil, de son simoun, de ses puits comblés, de ses fonts taries, que par la crainte des bandits experts à rôder sans être vus autour des caravanes : aussi ne le traverse-t-on guère que nombreux et menés par un habile et par un sage. Il faut que le guide ait science et prescience ; il doit connaître le cours et décours des étoiles, la marche du soleil, les pics, les mamelons, les dunes, les bas-fonds où quelque humidité transsude, l'arbre ou l'arbuste, reste d'un bois poussé par hasard et détruit par folie; il faut qu'il interprète les pas sur le sable, qu'il devine le rôdeur pour le fuir ou le surprendre, afin qu'un ossuaire dispersé, jadis hommes et chameaux, ne raconte pas un jour le destin de sa caravane.

Une terre pareille est vouée à la solitude, sauf dans ses oasis et dans quelques ravins de ses djébels les plus élevés, hauts de 2000 à 2500 mètres peut-être. A l'ouest et au centre vivent des Berbères et des Arabes, purs ou mêlés entre eux ou teints de sang nègre, et des Touaregs, Berbères aussi, courent de puits en puits sur des méharis ou chameaux de course; à l'orient sont des tribus noires influencées par le sang berbère; à la lisière du nord ou tout près d'elle, à Mechéria, à Géry-

Sahara algérien : village de Touaregs près des ruines de Ghadamès. — Dessin de Taylor, d'après une photographie.

ville, à Laghouat, à Biskara, « reine du Ziban », peu à peu des familles françaises s'accoutument à ce climat de jours ardents et de nuits froides.

Égypte. Soudan. — A l'orient du Sahara, l'Égypte est déserte à l'ouest, déserte à l'est, et au delà de la mer Rouge la sèche immensité traverse l'Asie jusqu'à des monts d'où l'on voit presque le Pacifique, autre immensité. Mais son Nil y restaure tous les ans par ses eaux, par sa boue, la plus simplement harmonieuse et la plus lumineuse des grandes vallées du monde. C'est du Soudan que son fleuve apporte la vase bienfaisante.

Le Sahara et le Soudan ou Pays des Nègres se touchent sur la ligne onduleuse[1] qui, de Saint-Louis du Sénégal à la mer Rouge, sépare sur 5000 kilomètres la zone des pluies tropicales de la zone où il ne pleut presque jamais. Dans ce Soudan se

1. Généralement vers le 17e degré de latitude.

pressent des nations noires, des nations bronzées par des alliances très anciennes avec les Berbères et des alliances modernes ou même contemporaines avec les Arabes. Elles appartiennent aux façons les plus diverses comme taille, figure, barbe et cheveux, couleur et nuance de la peau; chez elles se voient et des races athlétiques et des peuplades naines : les Akkas ou Tikki-Tikki de l'Ouellé n'ont que rarement un mètre et demi de la racine des cheveux à la plante des pieds; — très bas sont aussi, vers la côte occidentale, dans un autre « Soudan », les Obongos du fleuve Ogôoué, et, vers le bout du Triangle austral, les Saan, hommes de la race des Hottentots appelés par les Hollandais du Cap les Boschjesmannen ou Hommes de la brousse.

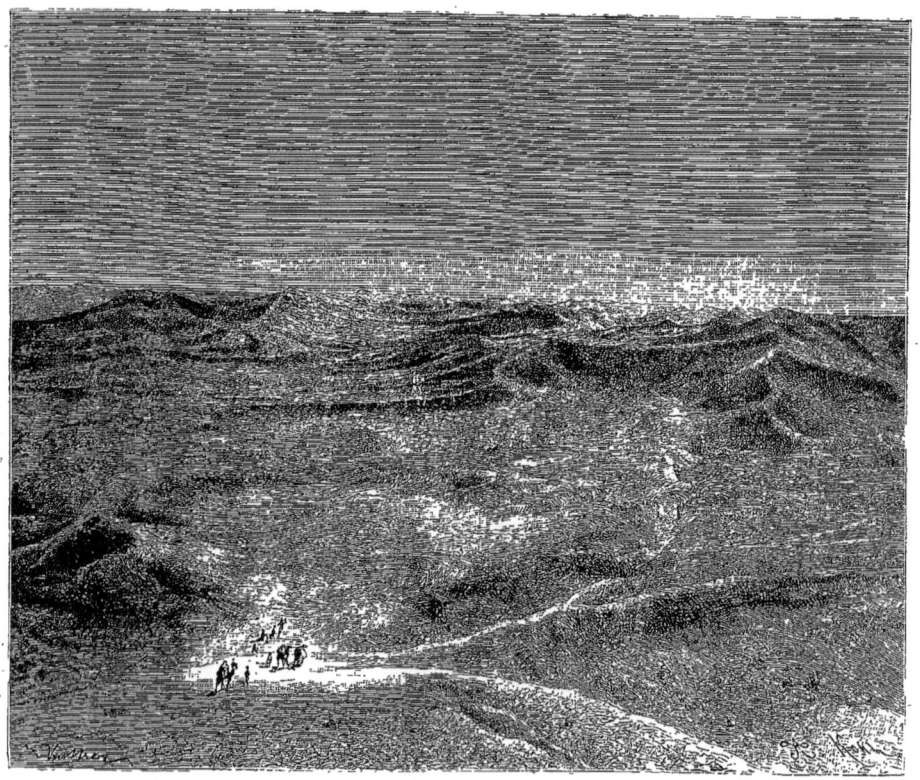

Dunes du Sahara. (Voy. p. 455.) — Dessin de Vuillier, d'après une photographie.

Un large fleuve, le Niger, des fleuves plus petits dont le Sénégal est le roi, des rivières qui vont au Nil Blanc, enfin le bas-fond du Tchad, tantôt lac et tantôt lagune, reçoivent les eaux du Soudan.

Autour de ce lac, sur ces fleuves, dans le Soudan propre et dans les steppes qui le bordent au nord, luttent deux religions en même temps que deux humanités. Les Arabes et les Berbères purs ou arabisés, élément blanc-brun, s'y rencontrent, de moins en moins nombreux à mesure qu'on s'éloigne du Désert, avec des hommes tout à fait noirs et avec des gens bronzés tels que les Peuls. Berbères, Arabes, Peuls, d'autres encore, sont des mahométans fervents en pleine œuvre de propagande chez les Nègres païens qui les avoisinent. En ce moment même un élément nouveau fait son entrée dans cette « Éthiopie ». Les Français, qui, du Sahara, menaçaient déjà le Soudan, y sont arrivés par le Sénégal : depuis le 31 janvier 1883 ils règnent à Bamako, sur le grand fleuve Niger.

Grand Plateau. — Sur le Nil supérieur, pays entrevu déjà, et dans des terres inconnues au midi du Tchad et du Niger, commence le Grand Plateau, lequel, se rétrécissant de plus en plus vers le sud, entre l'Atlantique et la mer des Indes, finit en pointe émoussée sur le littoral du cap de Bonne-Espérance.

Il se peut que la haute table d'Afrique soit par endroits l'une des meilleures contrées de l'univers, elle qu'avant de la découvrir on accusait d'être un sable infertile. Il y a là de vastes lacs, d'amples rivières qui sont comme des inondations permanentes, tant les pluies tombent puissamment en toute saison de l'année. L'urne du Nil, le Victoria-Niyanza, vaut presque le Supérieur; le profond Tanganyika, qui se verse intermittemment dans le Congo, n'a pas moins de 528 kilomètres de long; le Nyassa, presque égal à deux fois l'Ontario des Canadiens, envoie une large rivière au Zambèze. Nil, Zambèze et Congo sont parmi les grands courants de la Terre : le Nil par sa longueur, ses bassins lacustres, son Égypte et ses Égyptiens, son delta, son histoire; le Zambèze par sa prodigieuse cascade; le Congo par sa masse d'eau et par l'escalier de rapides et de cataractes tonnantes qui le jette du haut plateau dans une basse vallée du littoral. Le Nil aussi, qui l'ignore? a ses chutes, et, naturellement, tous ou presque tous les rus, torrents, rivières, fleuves nés sur la table du continent : indolents dans leur cours supérieur et moyen, souvent endormis en marais, attardés en lacs sur la plaine élevée, ils sautent éperdument dans les gorges quand ils fendent les monts de rebord.

Vu son altitude, cette immense contrée, salubre à l'homme noir ou bronzé, le deviendra pour l'homme blanc. Les Portugais du Congo, du Zambèze, les Hollandais et Anglais des plateaux du Cap, les Français de l'Ogôoué amenés par un coup de fortune à Brazzaville, là même où le Congo s'apprête à s'élancer en tourbillonnants rapides, ces quatre peuples, ces quatre langues peuvent espérer d'y vivre, et aussi les Italiens et les Allemands qui souhaitent passionnément d'y planter des colonies. Ce sera chez quelque peuple puissant, et non comme aujourd'hui parmi des sauvages, qu'on ira contempler la merveille du monde, Fumée Tonnante, plus belle que le Saut du Niagara.

Le plateau d'Afrique est encore trop ignoré pour qu'on en désigne les cimes culminantes. Non loin de la côte orientale, rive de l'Océan des Indes, le soleil de l'Équateur fait luire les casques de neige du Kenia (5500 mètres) et du Kilima-Ndjaro, volcans éteints. Le Kilima-Ndjaro monte à 5700 mètres, ou du moins on lui donne cette hauteur sans l'avoir vraiment mesuré; sauf découvertes ultérieures, c'est le géant de l'Afrique. Le massif dont il s'élance, fouetté de pluies pendant dix mois sur douze, pourra ravir à l'Abyssinie son surnom de Suisse africaine, mais par ses pics volcaniques, ses cluses, ses cratères devenus lacs, ses torrents bleus, ses milliers de cascades, l'Abyssinie, Helvétie d'Helvétiens bronzés, sera toujours admirable : située au-dessus de la porte de la mer Rouge, en face de l'Arabie, elle nourrit sur de frais plateaux un peuple de superbe visage.

Nègres et Négroïdes. La traite des Noirs. — Au sud du Sahara[1], jusqu'à la pointe australe d'Afrique, les Nègres pullulent, race athlétique et féconde. Non pas seulement les Nègres, mais aussi les Négroïdes ou Cuivrés, plus beaux que les Nègres et souvent même que les Blancs : tel Peul, tel homme de la grande race des Bantous[2], est comme une statue animée.

De ces Nègres ou Négroïdes, beaucoup, foule puérile, naissent et passent, errent et chassent, et n'ont pas d'histoire. D'autres, surtout les Cuivrés, ont fondé des empires égaux aux plus grands de l'histoire par le sang qu'ils ont répandu.

En Afrique on tue chaque année 15 000 éléphants rien que pour les manches d'ivoire des couteaux de Sheffield, et 51 000 en tout : chaque boule blanche qui roule sur le tapis au noble jeu du billard représente un râle du sagace animal. Qui croirait que ces 51 000 bêtes follement abattues font à peine le dixième des misérables Africains traînés en esclavage sur les sentiers qui vont du village en flammes où le chasseur d'hommes, Arabe ou Noir, les a liés, jusqu'au marché sur lequel il va les vendre? Il y a plus de femmes et d'enfants que d'hommes faits dans les caravanes d'esclaves, et l'on dit que trois sur quatre périssent de fatigue, de chaleur, de plaies et d'ulcères ou sous les coups; or, 125 000 Nègres peut-être arrivent encore par an sur les bazars de vente dans les villes musulmanes ou païennes du bassin du Nil, de l'Afrique intérieure ou du littoral. Ce serait donc 575 000 morts. La « bataille des peuples »[3] elle-même fut moins meurtrière.

Ces nombres sont peut-être exagérés (et ils

---

1. Et un peu dans le Sahara même.
2. La race dont font partie les Cafres.
3. La bataille de Leipzig (1813), qui dura trois jours.

décroissent d'année en année), mais il y a lieu de croire qu'au beau temps de la traite des Nègres les saignants et dolents pèlerins traînés au havre d'embarquement laissaient au moins 500 000 cadavres sur la voie douloureuse.

C'est ainsi que l'Afrique a perdu cent millions d'hommes, et cependant la double Amérique, où la plupart des survivants entrèrent en servage n'a guère que 25 millions de Nègres, tous mulâtres et métis compris : tant il en mourut sur la route !

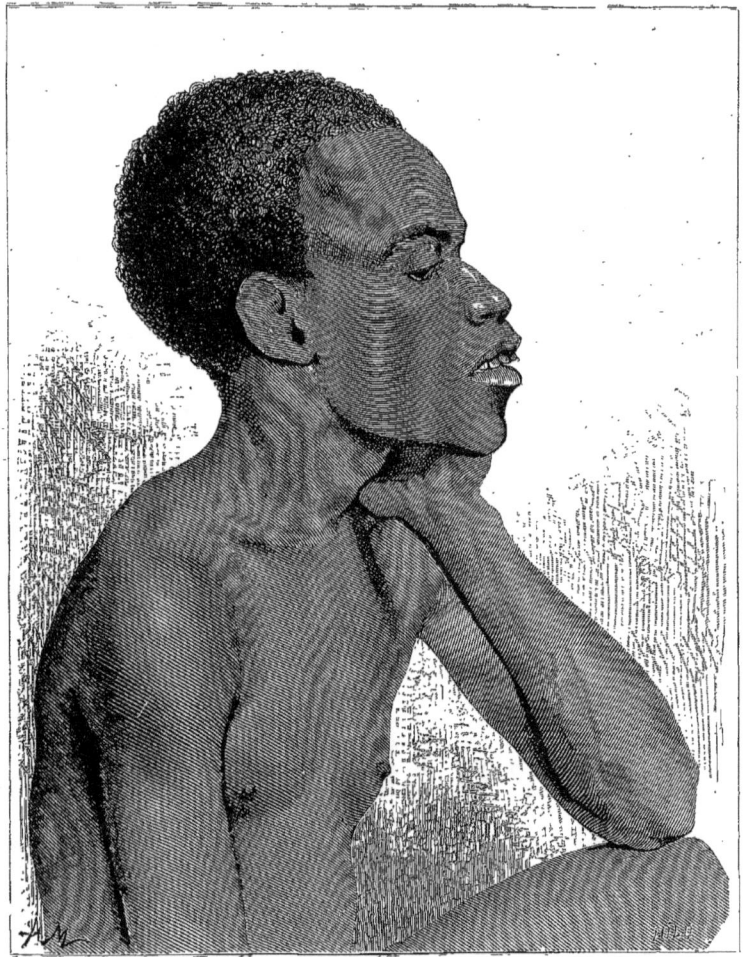

Nègre de l'Afrique centrale. — Dessin d'Adrien Marie, d'après une photographie.

Mais aux Européens du Tropique il fallait des bras forts pour le coton, la canne à sucre, le café, les métiers durs ou répugnants, la domesticité, les mines; — et aux Musulmans, des femmes, des eunuques, des soldats, des esclaves.

Aujourd'hui les Européens et leurs fils d'Amérique, droits ou bâtards, n'importent plus d'esclaves; ils appellent dans les colonies tropicales, qu'ils ne peuvent cultiver eux-mêmes, des Chinois, des Noirs, des Indiens de l'Inde, des Annamites, des Polynésiens, voire des Isleños ou Canariotes et des Portugais de Madère, des Açores et des îles du Cap-Vert, Espagnols ou Lusitaniens faits au grand soleil. Mais les Mahométans continuent à chasser au Nègre et la race inépuisable leur fournit des filles pour la maison, des fellahs ou laboureurs pour les champs, des hommes de peine, des gens de métier, et de vaillants lurons pour leurs régiments.

C'est donc la chaîne au cou que l'Afrique a peuplé pour sa grande part l'Amérique chaude et la tropicale, renouvelé le sang des Berbères, des Arabes et des Turcs, du Maroc à la Caspienne, de Constantinople à Zanzibar, du Sénégal à l'Indus.

La saignée fut affreuse, et pour plus d'un peuple jusqu'au bout du sang, mais la veine se referme et la vie de l'Afrique restera désormais à l'Afrique.

L'Europe s'emparera de tout ce continent, soit par paix, soit par guerre; elle y tient déjà l'Algérie-Tunisie, l'Égypte, le Sénégal et le Niger, le Congo, le Triangle austral. Mais elle n'y peut directement coloniser que les terres tempérées, Tell au nord, pays du Cap au sud, et sans doute quelques plateaux du Centre. Partout ailleurs la France, l'Angleterre, le Portugal, les Boers auront des Brésils à fonder plutôt que des États-

Négroïdes : Abyssiniens. — Dessin de Bayard, d'après des photographies.

Unis, des Canadas, des Argentines, des Algéries à peupler. Or, Français et Lusitaniens se mêlent sans répugnance aux races proscrites, tandis que les Hollandais et Anglais ont horreur des roturiers à tête laineuse; c'est leur force — et leur faiblesse.

Quant aux Allemands, les derniers venus et les plus affamés parmi ceux qui vont dévorant l'Afrique, on ne les a pas encore vus à l'œuvre, face à face avec des Nègres ou des Cuivrés protégés, c'est-à-dire soumis[1]; non plus que les Italiens qui, de la mer Rouge, de leurs garnisons accablantes, guettent l'Abyssinie, le Choa, le pays des Gallas;

[1]. C'est cette année même (1885) qu'ils se sont mis, eux aussi, à protéger, en Afrique et ailleurs.

non plus que les Belges, devenus aussi « protecteurs », et très grandement, sur les 200 ou 250 millions d'hectares de l'État Libre du Congo.

Voilà donc l'Afrique en proie à l'Europe : nous allons la fouiller, la piller, la vieillir, passer à travers ses races, brouiller son sang, chavirer ses idées, tuer ses langues. Œuvre de longue et périlleuse difficulté, parce que l'Afrique a les sept dixièmes de sa terre sous la zone torride, et surtout parce que sa moitié[1] du Nord et du Nord-Ouest est revêche, étant musulmane.

Le Centre et le Sud, humanité païenne, obéiront plus vite.

[1]. Justement celle où dominent les Français.

Le Nil : vue prise de l'île de Philæ. — Dessin de Taylor, d'après une photographie.

ÉGYPTE

Ancienne et moderne Égypte. — L'Égypte est le nœud de l'ancien continent : proche de l'Europe, elle attache l'Afrique à l'Asie par l'isthme de Suez et, cet isthme percé, la voilà grand'route entre l'Occident et l'Orient.

Elle mit au monde un des premiers peuples policés dont notre courte mémoire se souvienne. L'Égypte instruisit la Grèce, et par la Grèce Rome et les modernes, si fiers d'eux-mêmes. Par ses mœurs, ses institutions, son architecture grandiose, son fleuve de source inconnue, si régulier dans ses crues et décrues, si bienfaisant, si réparateur, ce petit monde à part n'était ni l'Afrique, ni l'Asie — encore moins l'Europe.

Veuve de ses Pharaons, elle ne s'appartenait déjà plus, elle obéissait aux Perses quand elle tomba dans les mains de l'Achille qui n'eut pas son Homère, du guerrier qui courut l'Orient entre le Bosphore et l'Hyphase, jusqu'à faire crier grâce à l'infatigable Phalange. Il y fonda vers les bouches du Nil la cité qui prit son nom, Alexandrie, et bientôt celle-ci devint la seconde ville de l'empire romain, le premier entrepôt du monde.

Après Rome et Byzance vint l'Arabe, qui stérilise tout ce qu'il touche ; après l'Arabe, l'Ottoman, qui n'amène point de renouveau. A l'Ottoman vient de succéder l'Anglais, qui n'y restera point, n'y pouvant coloniser : pendant qu'il s'enrichira, s'il y reste assez longtemps, les Fellahs arabes croîtront en nombre et peut-être prendront conscience d'eux-mêmes tandis que les villes s'empliront de Méditerranéens, Grecs, Italiens, Catalans, Français de France et d'Afrique.

Très agrandie, ou plutôt très allongée par ses vice-rois, l'Égypte embrassait récemment encore dans ses limites l'Égypte propre, la Nubie, le Soudan Égyptien, le Kordofan, le Darfour : en tout 300 millions d'hectares avec 17 500 000 habitants, y compris ses conquêtes encore très mal assurées dans le Soudan. Elle était déjà près de six fois égale à la France et il lui fallait croître encore pour arriver au terme de sa « destinée manifeste », c'est-à-dire à la pleine possession de tout le bassin du Nil avec ses dépendances.

Les Égyptiens obéissent en apparence à un vice-roi nommé khédive, payant tribut au sultan de Constantinople, et en réalité, dans l'instant présent, à l'Angleterre, puissance « protectrice ».

Égypte propre. Le Nil, ses lacs, son delta, ses crues. — Dans toute l'Égypte propre, qui a presque deux fois l'aire de la France, l'étendue des terres cultivables atteint à peine 3 500 000 hectares, dont 2 220 000 pour le Delta. Le reste du pays n'est que sables et roches qu'on ne peut irriguer parce qu'ils dominent trop le fleuve, seule eau qui coule sur la terre des Pharaons. Toute cette contrée fameuse, Mesr des Arabes, Chami des Coptes, est dans le Nil, ne vit que du Nil, doit au Nil, a lui seul, d'être historique au sein de déserts sans histoire. Hors de la vallée du fleuve, qui est longue de 1100 kilomètres, large de 7 à 22, la vie cesse.

Second cours d'eau du monde pour la longueur, après le Missouri-Mississipi qui le dépasse à peine, si même il le dépasse, le Nil coule, détours compris, pendant 7000 kilomètres ou neuf fois la Seine. Il n'a point, tant s'en faut, la même quasi-primauté pour la masse des ondes : nombre de fleuves lui sont supérieurs en crue, en moyenne, à l'étiage, et il ne l'emporte même pas en Afrique. Le Congo, son rival et plus que rival, hier encore inconnu, reçoit d'un bassin plus vaste et bien plus arrosé d'eau du ciel un tribut fort supérieur à celui que le Nil tire de ses 284 millions d'hectares dont on estime (très prématurément) que 111 500 000 sont en savanes, 74 600 000 en forêts et en terres cultivables, 53 600 000 en steppes, 41 200 000 en pur désert. Toutefois le Nil est un grand courant dont les crues dépassent 13 000 mètres cubes par seconde, dont la moyenne est de 4750, volume qui en fait la quatrième eau d'Afrique, après Congo, Niger, Zambèze, et probablement la vingt-septième du monde entier, au même rang que l'Atrato, fleuve sud-américain d'un bassin presque cent fois moindre mais sous un perpétuel écroulement de nuées.

Un peu au nord et beaucoup au sud de l'Équateur, un grand lac, le Victoria-Niyanza, est le Léman du Nil, et ce Léman reçoit plusieurs Rhônes dont aucun explorateur encore n'a vu les naissants. Pas plus qu'au temps du Grec et du Romain, un Européen n'a pu dire : « Voici la fontaine où commence le fleuve divin ». Parmi ces Rhônes, la maîtresse onde a nom Kaghéra ou Tangouré ; elle arrive au lac bleu en rivière brune, très profonde, animée, rapide, et lui porte un tribut lacustre, celui de l'Akanyarou, devenu l'Alexandra depuis qu'a passé par ce pays d'Afrique un voyageur « saxon ». Les découvreurs ou plutôt redécouvreurs de cette race aiment à proscrire les noms nationaux, presque toujours doucement ou durement sonores. Comme parfois le Romain de jadis, ils substituent au Génie du lieu le Génie de leur maison Auguste : *Genio domus Augustæ sacrum;* et ils remplacent les noms vrais, topiques, historiques, simplement et sainement barbares, par ceux des princes et princesses d'une famille intellectuellement obscure, et inutile, puisque d'après la constitution même de l'Angleterre c'est une famille de « rois fainéants ».

On suppose que le lac Alexandra (500 000 (?) hectares) miroite à 1325 mètres d'altitude et que le Tangouré ou Nil Alexandra naît à presque mille lieues[1] à vol d'oiseau des bouches du fleuve, grandement au sud de l'Équateur, près du cinquième degré.

Plus méridionale encore est la source du Mvarou, par environ 1500 mètres au-dessus des mers, vers 5° 50′, mais on pense que ce torrent s'achève dans un lac sans exondement et qu'il n'atteint pas le Chimiyou : celui-ci passa d'abord pour la branche supérieure du Nil[2], mais il est manifestement inférieur au Tangouré, de même qu'à la Katonga, autre tributaire majeur du Victoria-Niyanza.

Dans l'ignorance où nous sommes encore de la grandeur réelle de deux vasques de l'Amérique presque polaire, le Grand lac de l'Esclave et le lac

---

1. De 4 kilomètres.
2. Si elle continuait le Mvarou, sa longueur dépasserait 600 kilomètres.

Le lac Albert. — Dessin de Grandsire, d'après Baker.

de la Grande-Ourse, le Niyanza ou, à l'anglaise, le Victoria, peut être regardé comme la seconde conque d'eau douce qu'il y ait au monde, le Supérieur étant la première. Avec ses 6 650 000 hectares, soit environ l'aire de onze départements, il l'emporte un peu sur la mer d'Aral, sur le Huron et sur le Michigan. Niyanza, d'ailleurs, veut dire lac : lac par excellence s'entend. Un autre nom local, lac de Kérèoué, lui vient de sa plus grande île, Oukéréoué, tout près de la rive du sud.

Profonde est son eau d'un bleu verdâtre où le plomb a déjà trouvé 177 mètres. Chaque voyageur lui attribue une altitude différente : celui qui le met le moins haut lui donne 1008 mètres, celui qui l'élève le plus le place à 1295. Le rivage a 1200 grands kilomètres sans l'infinité des menues tentacules, ici butte ou colline, là montagne, ailleurs palus avec les deux bêtes classiques de l'onde africaine, l'hippopotame, bruyant compagnon souffleur, et le bourbeux crocodile, ami du dormir au soleil. Innombrables sont les îles, surtout au nord-ouest et au sud.

Parmi les empires ou royaumes, comme on voudra les nommer, qui font ceinture autour du Niyanza, l'Ou[1]-Ganda, pays délicieux, en borde la rive septentrionale. On dit que son despote commande à cinq millions de Noirs très païens et polygames; mais sur ces cinq millions il n'y a pas plus de 1 400 000 hommes (?) : la guerre avec les voisins, guerre éternelle, et, après la victoire, le massacre de tous les mâles adultes, ont réduit de près de moitié les masculins de ces splendides plateaux qui sont une Arcadie ; l'Ou-Ganda, spécialement, a des terres superbes, un climat ravissant, deux saisons de pluie, ou, pour mieux dire, il y pleut tous les mois et la verdure la plus verte y pare la campagne ; on y fait deux récoltes : aussi les cinq millions d'habitants du pays (s'ils sont cinq millions) vivent sur cinq millions d'hectares seulement. De belles routes mènent à Roubaga, la capitale, ville où le mercure oscille annuellement entre 10 ou 11° et 34 ou 35°, avec une moyenne de 21 à 22°, comme telle cité de la Méditerranée méridionale ; or, Roubaga est presque sous l'Équateur.

Les Oua[2]-Ganda qui boivent à la coupe du haut Nil sont les frères de nombreuses nations qui se désaltèrent sur les autres grands lacs du plateau

1. Dans la langue de ces plateaux, qui est le bantou, le préfixe *ou* veut dire : pays; tels les noms d'Ou-Ganda, Ou-Zinza, Ou-Gano, Ou-Soga, Ou-Nioro, etc. etc.
2. Ce préfixe bantou désigne l'ensemble des individus d'un pays, le peuple : Oua-Ganda, Oua-Kouri, Oua-Nioro, etc. etc.

d'Afrique, et sur le Congo, et sur le Zambèze, et jusque dans les montagnes du cap de Bonne-Espérance. Des Betchouanas, des Bassoutos, des Zoulous et autres Cafres jusqu'aux Oua-Ganda et aux Oua-Nioro, leurs voisins du nord-ouest en tirant sur le Mvoutan Nzighé, l'Afrique appartient à la grande race Bantou : race diverse quant à ses peuples, qui sont des Négroïdes ou des Noirs de teintes, de nuances variées ; une quant à la langue, dialectes à part. On pense que le « sanscrit » bantou, celui qui a perdu le moins de formes, rejeté le moins de modes, oublié le moins de noms, distordu le moins de racines, est précisément l'idiome de l'Ou-Ganda, langue assez connue depuis que les missionnaires mahométans, catholiques, protestants, se disputent ce peuple qui reste obstinément idolâtre, mais s'imprègne peu à peu de nos idées et de nos vices.

Du Niyanza s'échappe le Kivira, notre Nil, que les Anglais ont daigné baptiser aussi royalement que le lac : ils l'ont appelé Nil Victoria. Dès son issue le « Père de l'Égypte » s'abat en quatre bras par la cascade de Ripon, qui n'a même pas 4 mètres. Il faut qu'il se hâte en sa course du plus haut au plus bas de ses lacs, car de l'un à l'autre le sol s'abaisse de 500 mètres. Après s'être une première fois amorti dans les 50 000 hectares du Ghita Nzighé[1], et une seconde fois dans les 80 000 du Kodja ou Kapéki, marais plus que lac, il précipite son cours sous le nom très anglais, très peu nilotique de Somerset : en grande rumeur, sauf quelques silences, par rapides, rebouilles, cascades basses avec de rares sommeils de l'eau dans les dormants, le fleuve a tantôt 80 ou 100 mètres de large, tantôt 400 à 500. C'est pendant 30 kilomètres un grand torrent dans la pierre, jusqu'aux sombres rochers de Choa Morou ; là, se contractant à 50 mètres, il s'abat de 55 mètres par la cascade de Murchison — encore un don de l'Angleterre, mais au moins ce nom n'est-il pas un nom de flatterie, de « loyalisme », ainsi qu'on dit en Albion. C'est ici la fin du trajet le plus raboteux de son long voyage, et calme il s'en va vers le second de ses réservoirs, vers le Mvoutan Nzighé ou lac des Sauterelles, ou lac Albert, grâce encore une fois à la « fidélité » britannique.

Le Mvoutan Nzighé n'est point un Victoria-Niyanza : n'ayant que 465 000 hectares, il en faudrait quatorze ou quinze comme lui pour faire une conque égale à la mer des Oua-Ganda. Mais il est plus grandement beau. Long de 160 kilomètres,

1. Ou lac Ibrahim.

large de 10 à 48, couleur vert de mer, il repose ou s'ébranle entre de fiers monts, porphyres, granits, gneiss d'où flotte l'écharpe des hautes cascades. A son sud-ouest, et probablement plus vaste que lui, s'étend le Mouta Nzighé dont il ne reçoit point le tribut, dirigé peut-être vers le lac Tanganïyka.

A sa sortie du Mvoutan Nzighé où ses flots ont dormi par 700 mètres au-dessus des mers, le Nil prend le nom arabe de Bahr-el-Djébel ou Rivière du Mont. Il court longtemps encore dans les défilés, passant parfois devant un des forts, abandonnés maintenant, d'où les Égyptiens essayaient de dominer les pays du Nil supérieur, et surtout d'où ils favorisaient la traite des Nègres en ayant l'air de la combattre pour plaire à la « philanthropique » Europe. De large en étroit, d'étroit en large, il descend; des rapides l'émeuvent, dont aucun n'est

Thèbes : Colosses du Ramesséum. — Dessin de Benoist, d'après une photographie de M. Béchard.

terrible, puis la grande plaine s'ouvre en amont de Gondokoro, quelque temps célèbre, quand c'était un poste de mission, d'exploration, de conquête : aujourd'hui c'est une ruine. Ladó, qui l'a remplacée à 20 kilomètres en aval par environ 465 mètres d'altitude, a de même perdu toute grandeur et puissance depuis que les Égyptiens ont reculé jusqu'en Égypte. Déjà si loin des naissants et bien qu'issu d'au moins deux Lémans dont l'un est huit fois, l'autre cent dix à cent vingt fois plus grand que le lac de Genève, le Nil ne roule ici dans la moyenne de l'année que 550 à 560 mètres cubes par seconde [1], moins que le module de la Garonne à Tonneins [2].

Dans la plaine, il serpente parmi les alluvions qui comblent un immense lac soudanien. Il s'y traîne plutôt, par une triste région de maremmes, en bras et oblitérations sans nombre, sous le sedd ou sud, manteau d'herbes flottantes qui se tissent et qu'ensuite on ne peut détisser : tellement que le fleuve est invisible, ou bien l'on n'aperçoit de lui qu'un étroit chenal, souvent trop encombré pour

1. L'étiage étant de 300 mètres, les crues de 900.
2. Ce module est de 650 mètres.

les barques. La région la plus palustre, la plus terriblement herbeuse et feutrée, c'est au long de la grande île de 220 kilomètres de long sur 10 à 60 de large que forment deux bras du fleuve : à droite le Bahr-el-Zaraf, Nil de plus en plus embarrassé, déjà presque mort, et à gauche le Bahr-el-Djébel, la vraie rivière, qui va se mêler en route avec le Bahr-el-Ghazal. Celui-ci, grand affluent, est également couvert d'une végétation excessive, radeau flottant que traversent des nénufars célèbres par leur beauté; long de 1150 kilomètres, il déverse environ 45 millions d'hectares; très puissant en crue, il baisse extraordinairement en temps sec, ainsi que les rivières en éventail qu'il amène au Mokran-el-Bohour, à l'expansion d'eau où il rencontre le Nil.

Le Mokran-el-Bohour, bas et noyé, est le lieu le plus feutré par le sedd, mais c'est justement près de là que finit ce long « lac de Sargasses », sous l'effort chaque année renouvelé du Bahr-el-Ghazal: quand la grande crue en a fait un torrent irrésistible, l'embarras est arraché, déchiré, détissé, puis il fuit dans le courant.

Le Bahr-el-Ghazal est le dernier affluent de gauche du Nil; or, du Mokran-el-Bohour à la Méditerranée il y a 3700 kilomètres, le Rhône au bout du Danube!

Le Nil reprend sur sa droite le Bahr-el-Zaraf, puis s'accroît d'une rivière encore peu connue à laquelle on suppose 1100 kilomètres, du Sobat dont les flots laiteux tardent à disparaître dans le brun foncé du fleuve; quand leurs eaux se sont mélangées, le Nil a passé du sombre au blanchâtre et désormais on le nomme Bahr-el-Abiad ou rivière Blanche. Après avoir baigné les villages des Chilloucks et des Denkas, peuples pasteurs, il se heurte, au Bec de Khartoum, par 400 mètres[1], contre le Bahr-el-Azrak ou fleuve Bleu, descendu lui aussi d'un lac, du Taana d'Abyssinie, bien plus petit, mais bien plus haut que la Niyanza du Nil.

Le Bahr-el-Azrak, long de près de 1500 kilomètres, apporte en étiage 159 mètres cubes d'eaux bleues qui mettent longtemps à se confondre avec le flot du Bahr-el-Abiad, blanc mat par la dilution de l'argile des plaines; en forte crue 6104 mètres cubes d'eaux rouges tourbillonnent dans son lit de 500 à 1000 mètres de large, entraînant avec eux ce qu'il y a de plus précieux dans le limon du Nil, des argiles, des sables imprégnés d'oxyde de fer; une autre rivière abys-sinienne, parallèle au fleuve Bleu, mais qui, beaucoup plus faible, n'atteint pas toujours le Nil, l'Atbara, amène également ce rouge terreau qui féconde Misraïm. Aux 6104 mètres cubes de crue du Bleu, le Blanc n'en oppose que 5005, mais aux 159 mètres de l'étiage il en oppose 297, et dans la moyenne de l'année il est le plus abondant. Blanc et Bleu réunis ne roulent donc en aval de Khartoum que 456 mètres cubes aux eaux très basses et 11109 aux eaux très hautes : ce n'est même pas la force du Rhône en Provence.

Il reste au Nil une dernière chaîne à vaincre, chaîne de grès qu'il a percée, avec cascades ou plutôt longs rapides sur des granits. Il y a six de ces fameuses cataractes du Nil, à la vérité peu grandioses, mais tout ce qui touchait au mystérieux fleuve était miraculeux pour les anciens, et la gloire de ces chutes est une fausse gloire qui va rentrer dans la modestie sur le continent où descend le Zaïre, où saute le Zambèze. La première des cataractes, surnommée la sixième, car on les a comptées en partant d'Égypte, la cascade de Garri, simple rapide entre parois granitiques, est la « Porte Nubienne », au seuil supérieur de la Nubie; la sixième, surnommée la première, voisine d'Assouan, par 100 mètres d'altitude, est la « Porte Égyptienne », au seuil de l'antique Égypte; la plus belle de toutes, cinquième en venant du haut fleuve, seconde en venant du delta, celle d'Ouadi-Halfa, n'est qu'un long rebouille, un dédale de chenaux et canaux dans la pierre ; de ces mille couloirs aucun n'a de roche assez haute pour assombrir la chute ou le glissement des ondes, et le fleuve descend en ruisseaux éparpillés, sans rauque déchirement, sans tonnerre des eaux. Le Tropique du Cancer passe, ou peu s'en faut, sur la cataracte de la Porte Égyptienne.

Restes de vieilles cascades usées, ces longs étranglements dans le granit avec frémissements et bouillonnements du flot, retardent le passage du Nil, pour le plus grand bien du Nil lui-même et du peuple dont il arrose les jardins : s'il s'écoulait plus vite, sans aucun obstacle entre le Bec de Khartoum et l'Égypte, sa crue serait plus rapide, plus éphémère aussi, son étiage en terre de Misraïm tout à fait misérable. Il en est ainsi de notre Sénégal et de notre haut Niger où des biefs de rochers retiennent quelque peu l'eau de l'humide saison, de sorte qu'il en coule davantage pendant la sécheresse.

Vers le grand coude d'Abou-Hamed, au-dessous de la quatrième cataracte, commencent les irriga-

---

[1]. On estime diversement l'altitude de l' « assemblée » des deux Nils à 378-433 mètres.

tions, et dès lors le fleuve diminue vers l'aval[1] à mesure qu'il coule entre les grands monuments de l'architecture pharaonique. 13 440 kilomètres de canaux distribuent sa crue et ses vases sans qu'il lui vienne un seul affluent visible, un seul ruisseau; il ne reçoit même pas les humbles bulles d'eau qui font danser joyeusement le sable fin d'une fontaine.

Dans sa vallée d'Égypte, toujours la même, on retrouve à chaque détour d'aval les images du dé-

Femme fellah. — Dessin de Ronjat, d'après une photographie.

tour d'amont : les mêmes eaux impures ou pures selon la saison, qui n'ont jamais moins de 500 mètres de largeur, jamais plus de 2200; sur leurs bords, d'innombrables oiseaux picorant la graine des épis ou happant le poisson des crues; toujours les mêmes grands villages d'argile et de brique séchée au soleil, les mêmes marabouts, les mêmes cultures, riz, céréales, indigo, coton, prairies, les mêmes palmiers dans le même ciel implacable, d'où descend un « spleen lumineux[1] ». Le long

1. Il diminue moins qu'on ne l'attendrait de tant de pertes d'eau sans aucune accession d'affluent : des sources de fond réparent évidemment le dommage.

1. Théophile Gautier.

de ses rives, du seuil de l'onde aux talus désertiques, 5 millions de palmiers boivent en bas le Nil bienfaisant, en haut le soleil saharien ; ces nobles arbres prospèrent, la racine dans l'eau, les palmes dans le rayon de feu.

Seules les roches Libyques à l'occident, les roches Arabiques à l'orient, varient de nature et d'aspect : de grès rose près d'Assouan, elles sont ensuite de grès, puis de calcaire. Ces deux rangées, si longtemps parallèles et voisines, ne se ressemblent d'ailleurs qu'à demi : la muraille Arabique, plus haute, a plus de lignes heurtées, plus de pics, de dislocations, de cassures : il y a même à Kéneh une espèce de faille où passa peut-être le Nil dont la rive droite en cet endroit n'est qu'à 100 kilomètres de la mer Rouge.

Entre les deux sierras miroite le fleuve sacré, entre temples et palais écroulés, colonnes, sphinx, parois où s'étagent des grottes sépulcrales. Cinq cents millions de momies, autant qu'il y a de vivants sur l'Europe et sur l'Afrique, sont couchées dans cette vallée où tant de générations passèrent. Plus sèches, plus laides que les squelettes, noires, faites de grimaces et de peau parcheminée, elles ont parfois pour compagnes des momies d'animaux, spécialement de crocodiles, si bien qu'en entrant dans les hypogées, le regard encore ébloui du clair tableau de l'Égypte vivante, on voit à la lueur des torches l'immobile caricature de l'Égypte morte. Après Thèbes aux cent portes[1], qui avait 50 kilomètres de tour, plus que Paris, avec des monuments faits pour durer vingt fois plus de siècles grâce à leur solidité massive comme au climat qui luit sur eux ; après Tentyris, Ptolémaïs, Antinoë, Memphis, les villes d'autrefois, après le Caire, la capitale d'aujourd'hui, presque à l'ombre des Pyramides, le Nil se bifurque pour enlacer son fameux delta, le premier qui ait porté ce nom grec. Cette boue tassée a 175 kilomètres de longueur, 208 de largeur à la base, et 2 219 800 hectares.

Le fleuve tombait jadis, dit la vieille histoire, par sept branches dans la Méditerranée où ses eaux tantôt troubles, tantôt vertes, gardent un instant leur couleur au sein des flots bleu d'azur ; mais de nos jours il n'a que deux branches, Nil de Rosette et Nil de Damiette. Celle-ci, plus longue de 23 kilomètres, ne verse à l'étiage que 201 mètres cubes, tandis que le bras de Rosette en entraine 245 — en tout 446 mètres, que telle aride année peut abaisser à 330, et c'est le second fleuve du monde en longueur, sinon le premier ! Les

1. Ou mieux : Thèbes aux cent portiques.

crues montent à 13 400 ; le module est de 4750. Ni l'une ni l'autre branche, lits de sable et de vase, n'admettent les navires.

Au lieu de pousser ses boues jusqu'au grand abîme, le Nil les dépose en alluvions sur la campagne qu'il irrigue ; il en comble lentement les lacs deltaïques, le Menzaleh, qui a 120 000 hectares, le Bourlos, le lac d'Aboukir, le lac d'Edkou, le Mariout ou Maréotis d'Alexandrie. Aucune de ces lagunes n'a de profondeur : séparées de la Méditerranée par un cordon littoral, avec graus quand le Nil est en exondance, elles ressemblent fort à nos étangs de Languedoc.

Voilà pourquoi le delta ne gagne que 2 mètres et demi par an sur la mer, et pourquoi le sol de la Basse Égypte est plus élevé de 6 mètres que la campagne du temps des Pharaons — on l'a du moins prétendu.

Sans l'arrosement régulier du Nil, sans l'engrais de son brunâtre limon, rien ne pousserait dans la vallée d'Égypte, qui est pourtant un terreau de 10 à 12 mètres de profondeur apporté d'année en année, de siècle en siècle, par la crue verte des palus à sedd, la crue blanchâtre des plateaux argileux, la crue rouge des monts éthiopiens. Sur les 120 milliards de mètres cubes roulés dans les douze mois par le fleuve, 90 milliards passent en un seul trimestre, pendant le fort de la crue, soit en moyenne du 15 juillet au 15 octobre. Vers le 10 juin l'eau commence à monter à l'entrée de l'Égypte, vers le 7 octobre elle commence à baisser. C'est en mai, généralement, que le Nil est au plus bas ; au plus haut, il a 7 à 8 mètres au-dessus de l'étiage devant le Caire et 16 à 17 devant Assouan, près de la Porte Égyptienne.

Climat. — Si le pays varie, selon que monte ou descend son fleuve, le climat ne varie pas. Toujours serein, avare de flocons de nuées, plus encore d'orages, il verse à l'Égypte un éternel été sec auquel on résiste mieux qu'aux étés électriques de mainte région tropicale ou équatoriale. La chaleur n'est terrible en Égypte qu'aux heures où souffle le formidable khamsin (sirocco), dont le nom vient du mot arabe khams (cinq), parce que ce vent souffle, assure-t-on, cinq jours de suite ; alors la fournaise est partout, et « les crocodiles, demi-cuits dans leur carapace, se pâment avec des sanglots[1] ». Il pleut très peu sur

1. Ainsi parle Théophile Gautier, mais, à vrai dire, il n'y a presque plus de crocodiles et il n'y a plus d'hippopotames dans le Nil égyptien.

Barque sur le haut Nil. — Dessin de J. Moynet.

l'Égypte. Alexandrie, voisine pourtant de la Méditerranée, ne reçoit par an que 200 millimètres d'eau, et le Caire que 34 millimètres, cinq cents fois moins que certains versants indiens. On dit que le canal de Suez a quelque peu mouillé la sécheresse de l'Égypte. C'est un enfantillage. Que peuvent contre l'équilibre cosmique, le long d'un fossé, quelques étangs ridés par le vent du Désert?

Les Égyptiens : mélanges infinis. Arabes, Coptes. Étrangers. — Ce n'est plus le temps où 10 à 15 millions d'hommes, d'autres disent 20 à 27, fourmillaient dans l'étroite vallée, au bord d'un fleuve qui coulait dans une avenue de palais entre deux rangées de statues colossales. Les Égyptiens du jour ne dépassent guère 6 800 000 personnes, vivant, il faut se le rappeler, sur un peu plus de 3 millions d'hectares, tout le reste étant terre saharienne.

La grande foule de ce peuple consiste en Arabes : Arabes de langue plutôt que d'origine, car les envahisseurs musulmans trouvèrent le Nil inférieur densément peuplé par les descendants des vieux Égyptiens, masse confuse où s'agitaient les sangs divers des races qui burent l'eau du fleuve sacré sous les Prépharaons, les Pharaons, les empereurs persans, les Ptolémées grecs, les pantocrates romains : Éthiopiens noirs ou bronzés seulement, Arabes et Himyarites du temps jadis, blonds et bruns venus de l'est et de l'ouest, ou du nord par les barques de la mer.

Les Arabes de l'Invasion ne détruisirent point la nation d'Égypte, qui parlait une langue sœur de la leur; ils s'unirent à elle, ils la façonnèrent à leur idiome, et le Coran, livre de Dieu, fit en apparence de tout « autochtone » devenu Musulman un petit-neveu du Prophète qui s'enfuit mémorablement de la Mecque à Médine. Or, les conversions à la « Loi », de plus en plus nombreuses, ont fini par réduire lesdits autochtones, représentés aujourd'hui par les Coptes, à 400 000 hommes ou quelque peu plus, chrétiens merveilleusement fanatiques, surtout contre les chrétiens qui ne sont pas de leur secte, soit contre presque toute la chrétienté. Les traits des Coptes rappellent assez leur origine; ils ressemblent à ceux des momies empilées dans les rochers funéraires du fleuve.

Le peuple qui se forma de la rencontre des Arabes envahisseurs et des Nilotiques envahis se pénétra plus tard de nombreux éléments. Le Turc ayant régné trois cents ans sur l'Égypte, le peuple d'Égypte absorba du Turc (ou tout ce qu'on peut comprendre sous ce nom, qui désigne ici moins une race qu'une armée et une domination); les Mamelouks, tant Nègres que Circassiens, Caucasiens, Albanais, renégats grecs, slaves ou latins, ayant rivé pour l'Osmanli les maillons de l'esclavage, il absorba du Mamelouk « aryen », du Mamelouk « touranien », du Mamelouk « sémitique », du Mamelouk « hamitique »; les Négresses, les Bronzées, les Cuivrées, les Blanches, filles vendues en Caucasie par leur père ou leur frère, les Noirs ou Négroïdes volés, la lance en main, dans tous les pays soudaniens accessibles d'Égypte, entrèrent profondément dans l'intimité de cette nation dite arabe, et ils y entrent autant que jamais. Enfin, 91 000 Européens, avant tout Grecs, puis Italiens, puis Français, puis Maltais, Anglais, Allemands[1], etc., fixés à Alexandrie, au Caire, en toute autre ville un peu grande, et le long du canal de Suez, apportent quelques gouttes à ce vieux et trouble torrent.

Sur les 6 800 000 Égyptiens du dénombrement de 1882, environ 250 000 représentent l'élément plus ou moins nomade, les Bedouins, les seuls hommes véritablement Arabes de toute la nation : encore sont-ils, eux aussi, beaucoup et diversement mêlés. La masse du peuple est faite de Fellahs, paysans doux, bons, résignés, sobres, sans exigence pour le boire, le manger, le vêtement, la demeure, ayant pour bonheur et le soleil et l'ombre. Leur vie est dure. Taillables et corvéables à merci, pauvres gens toujours au travail sous un ciel qui invite au repos, ils cultivent, ils arrosent, plantent, moissonnent, et sans cesse il faut dévaser les canaux, curer les rigoles, renforcer les digues lorsque le Nil se lève pour les renverser.

Au gain annuel, qui est de 50 000, l'Européen ne contribue guère que par l'immigration. L'Égypte a la réputation, fort exagérée, de dévorer les étrangers qu'elle attire, ou si elle épargne ces forains, ce qu'elle fait assez souvent, de les détruire dans leur descendance. Quant aux Arabes et assimilés, le sol leur est bon, l'air parfait, ils croissent de leurs propres forces en même temps que par intussusception de sang noir, et leur race, pour y être de taille assez petite, n'en a pas moins souplesse, force, agilité, résistance du corps, et souvent finesse, noblesse, beauté de visage.

L'arabe est l'idiome usuel. Le copte, fils légitime de l'ancien égyptien, a tout à fait disparu, même des couvents chrétiens qui le marmottaient et le

---

1. 37 000 Grecs, plus de 18 000 Italiens, près de 16 000 Français, 8000 Autrichiens en grande partie de langue italienne.

chantaient longtemps encore après que les fidèles avaient cessé de le comprendre ; cependant toute l'Égypte le parlait encore aux environs de l'an mille et il lutta contre l'arabe jusqu'au delà de 1500 ou même 1600. Parmi les langues étrangères on emploie surtout le français et l'italien.

Villes. — La résidence du vice-roi, Mesr el-Cahirah ou Mesr la Victorieuse, que nous appelons le Caire, est la reine des villes arabes, comme des africaines, par ses 375 000 habitants, dont quelques milliers d'Européens, presque tous du Midi. A 1800 mètres du Nil, au pied du Mokattam, elle dresse 400 minarets, des cyprès, des palmiers, au-dessus de vieilles ruelles tordues, mais sombres et fraîches, qu'ont éventrées de trop soleilleux et poussiéreux boulevards à l'instar de Paris.

Plus hautes que les hauts arbres et que les tours de la prière, les Pyramides s'élèvent au delà

Le Caire : porteurs d'eau. — Dessin de Pranishnikoff, d'après une photographie.

de Gizeh, sur le chemin de l'horizon, monuments quarante fois centenaires qui cachent dans des chambres plus nocturnes que la nuit les momies de Pharaons et de bêtes sacrées ; immensément massives, elles consumèrent des générations de bâtisseurs esclaves. La plus énorme, celle de Chéops, bloc de 2 millions et demi de mètres cubes, a 137 mètres de hauteur ; elle en eut près de 150. A côté des Pyramides, le Sphinx, face aujourd'hui camarde, fut ébauché par la nature, achevé par l'homme dans une roche de grès : c'est une tête gigantesque sur un commencement de poitrine.

En remontant le Nil, près du Caire, régna Memphis, qui fut la rivale de Thèbes et qui plus encore que Thèbes a perdu temples et palais. Sur le silence de cette ville morte une svelte forêt de palmiers frémit aux moindres brises ; aux derniers arbres de ces jardins de dattiers, aux premiers sablons du désert, commencement du Sahara jaune, on entre dans la nécropole immense de Memphis. Là se lève la pyramide à degrés de Sakkarah, immobile sur la dune réverbérante : peut-être faut-il saluer dans cette gardienne du champ des momies le plus antique monument dressé par les hommes depuis qu'ils savent bâtir ;

elle a dix fois l'âge de Notre-Dame[1]; mais qui oserait comparer l'assise de la cathédrale de Paris, une petite île basse dans un petit fleuve, à la cité tumulaire de Sakkarah d'où l'on voit le Nil, à la borne de deux mondes, l'Égypte qui vit, le Sahara qui est mort.

Alexandrie (213 000 hab.), ville grecque, italienne, française et levantine autant qu'arabe, est une grande place de commerce, entre la Méditerranée et le lac Maréotis, à l'embouchure du canal de Mahmoudieh, dérivé du Nil.

Trois villes mi-arabes, mi-européennes, bordent le canal de Suez : elles ne sont qu'à demi prospères quoique les navires de tous les peuples du monde passent par milliers sur cette coupure de 164 kilomètres de longueur[1], œuvre française confisquée par les Anglais suivant l'antique habitude. Port-Saïd (17 000 hab.) est sur la Méditer-

Le Sphinx. — Dessin de P. Benoist, d'après une photographie.

ranée, Ismaïlia sur un des lacs salés que traverse le canal, Suez (11 000 hab.) sur la mer Rouge.

Siouah. — Des oasis égyptiennes la plus célèbre est Siouah, peuplée de 5600 hommes berbères prodigieusement détournés de leur sève première par des alliances avec les Noirs; mais, quelque « Soudaniens » qu'ils soient devenus, malgré leur nez tout en narines et leurs lèvres « africaines », ces oasiens parlent un berbère que comprendrait sans trop de peine un montagnard du Haut-Atlas ou de la Grande-Kabylie. Peuple infinitésimal éloigné du reste du monde par un cuisant désert, ils vivent au pied de roches fantastiques, à 29 mètres au-dessous du niveau des océans, dans un bas-fond qui fut peut-être une baie de mer Rouge ou de Méditerranée : de même il se peut que les autres dépressions sahariennes inférieures à la face océanique soient d'anciens golfes oblitérés. De Siouah et d'Aghermi, les deux bourgs de l'oasis, tous deux en amphithéâtre, le dernier garde quelques vestiges du temple de Jupiter Ammon, antique oracle dont on venait chercher les arrêts énigmatiques, de l'Égypte, de l'Orient, de la Grèce, à travers les dunes, sous un soleil rougi par la poussière des sables.

1. On lui donne 6300 ans au moins.

1. Sa largeur varie entre 60 et 100 mètres; sa profondeur est de 8 mètres à 8 mètres et demi.

Khartoum : vue générale. (Voy. p. 474.) — Dessin de Slom, d'après une photographie.

DÉPENDANCES DE L'ÉGYPTE

Nubie. — En tout semblable à l'Égypte qu'il continue en amont, c'est-à-dire au sud, ce pays tire son nom des Nouba, peuple plus ou moins autochtone sur le bord du Nil, et, si jadis il fut puissant, réduit à peu de chose aujourd'hui.

Ainsi qu'en Égypte le val du Nil y forme toute la terre habitable : 380 000 hectares seulement sur quelque 25 à 30 millions — terre d'ailleurs superbement féconde dès qu'elle est arrosée par un des canaux tirés du fleuve, sous un climat d'étuve tel qu'il y a jusqu'à 50 degrés à l'ombre et que de la Porte Égyptienne à la Porte Nubienne on peut, dit-on, faire cuire les aliments dans le sable sans autre feu que les rayons du ciel. Mais si le jour est embrasé, fraîche est la nuit; même elle semble froide, au vent du Nord, qui est le souffle le plus fréquent. Ces heures où l'on frissonne, brillantes de lune ou d'étoiles, la puissante et terrassante ardeur du soleil, l'extrême sécheresse presque sans rosée, et aussi l'extrême salubrité, la dune qui naquit de l'effritement du grès et que toujours cet effritement augmente, le sable qui marche avec le vent, et au loin des monts immuables, granits, laves, calcaires que la lumière épure, c'est ainsi que l'Atmour ou Sahara de Nubie ressemble au Sahara d'Égypte. De même le Nil nubien ressemble au Nil égyptien, et sur ses deux bords se miraient les temples, les pylônes, les sphinx, les

O. RECLUS. LA TERRE A VOL D'OISEAU.

colosses, les pyramides et la roche des grottes funéraires. Dans le midi de la contrée, au sud-est de Dongola, au nord-ouest de Khartoum, il pleut quelque peu et le désert de Nubie, perdant de sa sèche aridité, devient le steppe de Bayouda.

Barâbra du Nord, Danagla ou Barâbra du Sud, Nouba ou Nop, peuplades noires qui se sont diversement unies à d'autres Nègres, c'est le fond des Nubiens nilotiques, bons Fellahs assidus au sol, le travaillant sous la flèche aiguë du soleil et sachant l'arroser : d'ailleurs excellents musulmans depuis que les Arabes les convertirent au Dieu unique.

Arabes plus ou moins purs sont les nomades, bergers dans le désert, sur l'une et l'autre rive du fleuve ; tous se prétendent de race droite et beaucoup ne le sont par aucun ancêtre, mais la langue du « Livre » marche rapidement à la conquête du pays. Parmi ces pasteurs là, prépondérance est aux Bicharis.

Ainsi dans la Nubie les sangs se confondent, confusion et fusion d'où se dégage une race plongeant par ses racines en Arabie, en Éthiopie et dans l'antique Égypte — race encore indécise mais que fixent peu à peu moralement la foi dans l'Islam et l'usage de la langue arabe.

Dongola, que 2000 mètres séparent de la rive gauche du Nil, n'est qu'une assez pauvre ville

Confluent du Nil Blanc et du Nil Bleu au Bec de Khartoum.

de 7000 âmes avec maisons à toit et non pas à terrasse : on n'est plus ici dans la zone tout à fait sérénissime et l'année ne s'en va point toujours sans orage et sans pluie.

Soudan d'Égypte. — En amont de Dongola, entre la troisième et la quatrième cataracte, l'influence ethnique[1] des Arabes cesse d'être prépondérante. Du delta du Nil à ce milieu de la Nubie on n'a pas quitté le sol où, d'ère immémoriale, Blancs et « Sémites » font alliance avec les Bronzés et les Noirs ; mais désormais, en remontant le fleuve on arrive aux pays où le Nègre est plus nombreux que le Blanc, et le Païen que le Musulman. Dès qu'on a dépassé la sixième cataracte, on entre dans le Soudan et aussi dans la zone des pluies. Alors

1. Influence de langue plutôt.

tout change et le désert disparaît ; on a la savane, le marais, le pâturage immense, le bœuf et la vache, les peuples pasteurs, source d'esclaves, le lion, le rhinocéros, l'éléphant et le renifleur tonitruant que les Grecs nommèrent cheval de rivière.

Khartoum (50 000 hab.), la seule vraie ville de ces pays, borde le Nil Bleu immédiatement au-dessus de son confluent avec le Nil Blanc, tout au bout du Sennar, presqu'île effilée comprise entre les deux fleuves. Reine du Soudan d'Égypte, elle est en deuil de sa grandeur, mais elle revêtira la robe de gloire, car sa fourche de rivières lui garantit l'avenir.

En remontant le Nil à partir de Khartoum, on rencontre divers peuples aborigènes, Chillouks, Denkas, Baris, etc., qui ont eu maille à partir avec les Égyptiens dont ils viennent de soulever le joug. On estime les Chillouks à 1 200 000, en trois mille villages; très lippus, très noirs, fort laineux, ils vont sans habits : c'est leur « vertu », c'est leur pudeur. Les Denkas sont un peuple de bergers non moins nus, non moins idolâtres. Les Baris, dans la contrée de Lado et de la défunte Gondokoro, paissent aussi des troupeaux ; aucun vêtement, grotesque ou bien drapant, ne cache leur mâle prestance.

Kordofân. — En amont de Khartoum, en face du Sennar, la puissance fécondante du Nil sur sa rive gauche n'agit que dans le voisinage même du fleuve. Dès qu'on a cessé d'apercevoir l'onde qui glisse languissamment vers la Méditerranée avant de s'écrouler aux bouilles et rebouilles des cataractes, le steppe du Kordofân commence.

Steppe, si près du courant fécondateur, parce qu'il ne lui vient d'en haut que 35 centimètres de pluie par an, dans une seule saison, celle des

Dans le Steppe, entre Kordofân et Darfour. (Voy. p. 476.) — Dessin de K. Girardet, d'après un croquis.

kharif ou des ondées ; tout le reste de l'année, le sef ou temps sec est sans une gouttelette d'eau : à ce point qu'aucun des khérân, autrement dit des oueds du pays, n'a la force d'atteindre le Nil à travers tout le déroulement du Steppe.

Il se peut que 300 000 hommes vivent ici sur 25 millions d'hectares, si tant est que le Kordofân, qu'on nomme aussi Kordofal, ait des bornes naturelles et des frontières politiques. Quelques buttes, quelques chaînes de coteaux soulèvent çà et là ce plateau de 400 à 500 mètres d'altitude ; des monts s'y dressent, notamment le Kordofân (850 mètres), mais ces monts sont isolés et ne sauraient tracer de limite.

El-Obeid ou Lobeit passe pour avoir 30 000 âmes, à 579 mètres au-dessus des mers, à une vingtaine de kilomètres à l'ouest du Djebel Kordofân. Sa supériorité dans le pays vient de ce qu'étant sous le ciel le moins implacable de tout ce steppe, elle a pu grouper autour d'elle la plupart des sédentaires. Quant aux nomades, ils errent sur les sables du plateau, faits de la décomposition des roches ; ils cherchent les pâturages, les fontaines, fort rares ici, les puits creusés à 25, à 30, jusqu'à 50 mètres, et qui trop souvent donnent une eau « chimique », de goût salé ; ils plantent leur tente près d'un baobab, d'un bouquet de tamariniers, d'un bois de gommiers, arbre dont la seule présence indique le désert ou le demi-désert ; l'autruche qui fuit devant eux rappelle aussi le vaste Steppe, voire le Sahara.

Sahara, le Kordofân ne l'est pas encore, mais on dit qu'il le devient, et qu'évidemment en dessiccation il participe de moins en moins à la nature nilotique, de plus en plus à celle de la lande aride et bientôt impuissante.

Cette contrée « vague » n'a pu donner aucune unité de race à ceux qui la parcourent ou l'habitent à demeure. Ici encore c'est le Coran qui a passé sous le niveau les humanités diverses : Nègres plus ou moins pénétrés des sucs antiques du sol, Nouba, marchands, négriers, prédicateurs et routiers arabes. Tout ce monde, esclave aux trois quarts, nous dit-on, devient intellectuellement et moralement arabe. Déjà même, prêt à sceller sa foi de

Sur le Nil Blanc : musiciens nègres. — Dessin de Ronjat, d'après une photographie.

son sang, le Kordofân vient de susciter un Prophète[1], un « maître de l'heure » qui a levé son yatagan sur l'Angleterre.

Fôr ou Darfour. — A l'ouest du Kordofân, le Fôr ou Dar Four[2] marque à l'occident la fin du bassin du Nil ; son maître massif, le Marra (1830 mètres), lave sur granit, forme faite entre des oueds qui vont au fleuve d'Égypte et d'autres qui selon toute vraisemblance vont au Tzadé ou Tsad ou Tchad, grande lagune intérieure sans écoulement vers l'Océan ou la Méditerranée. Ces oueds, d'ailleurs, ne sont pas de fiers torrents bravant l'ardeur

du ciel, les fissures de la roche, la traversée des sables, et ils ne coulent guère qu'en saison pluvieuse.

Sur son aire steppeuse qu'on porte hypothétiquement à 50 millions d'hectares vivent 1 500 000 personnes (on a même dit 4 millions) dont 500 000 Arabes à peu près purs, pasteurs richement pourvus de chameaux, et 750 000 Fôr, Nègres « autochtones » avec une langue nègre qui recule devant l'idiome porte-voix de l'Islam ; paissant chèvres, moutons et bœufs, ces Fôr tiennent les monts Marra, centre de la contrée.

La capitale se nomme El-Facher : c'est un amas de modestes cabanes, sur le sentier des caravanes entre le Kordofân et l'Ouadaï, à 757 mètres d'altitude, sur un étang chaque année tari pendant quelques mois dont l'oued appartient au bassin supérieur du Bahr-el-Ghazal nilotique.

1. Le mahdi.
2. Dar Four, nom arabe, veut dire : Demeure, pays des Fôr, des Four.

Le lac Tana. (Voy. p. 478.) — Dessin de E. Cicéri, d'après un croquis.

ABYSSINIE

Monts, ambas, volcans trépassés. — Entre l'ardent littoral de la mer Rouge, les déserts torrides et les pâturages des vallées inclinées vers les deux Nils ou vers la mer des Indes, la montagneuse Abyssinie envoie ses eaux à ces vallées, à ces plaines, à ces déserts; elle en reçoit ou en combat les émigrations.

A dix et quinze degrés seulement de l'Équateur, ce devrait être une contrée ardemment tropicale. Loin de là, fraîche ou froide, elle n'énerve point et l'homme y lutte contre les vents, les frimas, les nuits glacées, les froides eaux des lacs, les rapides, les torrents toujours entre deux cascades.

Sans doute qu'au sud ses monts vont s'attacher au Kénia et au Djaro. Plus hauts au midi que nos Alpes de Savoie (si le mont Oucho se dresse bien à 5060 mètres, chez les Gallas), ils n'ont au nord, dans l'Abyssinie propre, que la taille des Alpes de Suisse : 3600 mètres au moins dans le massif du Godjam, au Talba Ouaha; plus de 4000 dans le Lasta, qu'entoure à demi le cours supérieur du puissant torrent Takazzé; 4500, plus ou moins, dans le Simên ou Samên, ou encore Sémên, ce qui veut dire la Terre Froide, le Pays du Nord : là dominerait le Ras Dajan, diversement estimé à 4430-4631 mètres, et, à son défaut, l'Abba Yared (4483-4602), sinon peut-être le Bouahit (4510-4917).

Ces géants ne paraissent pas à leur avantage ; on ne les voit guère ou l'on ne les voit pas des cluses ténébreuses qui divisent l'énorme acropole abyssine en petites citadelles imprenables ; et, regardés du plateau couleur d'ocre rouge qu'ils ne commandent que de 500, 600, rarement 800 mètres, ce sont presque des nains, bossus ou trapus.

La hauteur moyenne du pays serait de 2200-2500 mètres. Gondar a son site à 2050 mètres, Axoum à 2250, Sokota à 2250 également, Ankober à 2500, Debra Tabor à plus de 2600, Angolola à 2800. A de pareilles hauteurs la salubrité de l'air est grande, même de mai à septembre pendant la saison des pluies, les fièvres de marais ne montant guère qu'à 2000 mètres.

Si l'Auvergne était de grès, si ses monts avaient triple hauteur, si ses cascades précipitaient de grandes rivières au lieu de jeter des ruisseaux et de suspendre des écharpes de brume, l'Abyssinie ressemblerait à cette mère des vieux volcans de France. Comme dans notre Auvergne les Dore, les Dôme, le Cantal, les monts d'Aubrac, mais avec plus de grandeur, elle offre parmi ses debras ou montagnes, ses ambas ou tables, une infinie diversité de pics et de dômes de soulèvement, d'aiguilles basaltiques, d'orgues ou colonnades, de cônes qui furent des volcans. — Six, peut-être, fument encore. — Et çà et là dans les pâtures un lac ovale ou rond emplit d'eau bleue quelque cratère antique où luisaient des laves rougeâtres. On ne trouverait pas aisément dans le monde une terre plus bouleversée, plus sens dessus dessous que ce pays aux quatre mille cascades. Les Abyssiniens disent que quand Dieu débrouilla la Terre il oublia l'Abyssinie.

Lac Tana : Abaï ou Nil Bleu. Takazzê, Atbara. — Le plus ample des lacs abyssiniens et aussi le plus beau, le Tana ou Tsana, qu'on nomme également Dembéa, ouvre sa coupe de 300 000 hectares[1] à 1860 mètres, soit à 2 mètres près la hauteur du premier des monts du Cantal. Mainte rivière cascadante entre dans son cristal, Maguetch, Goumara, Reb, et, plus abondant que tout autre, l'Abaï, né vers 2740 mètres. Ces eaux violentes roulent des débris, mais le Tana les épure et l'Abaï est clair quand il sort du Léman d'Abyssinie, miroir azuré. On croit ce lac profond, qu'il soit un vieux cratère ou simplement le creux d'un grand affaissement de roche, mais la sonde n'y est encore descendue qu'à 72 mètres. Ici des marais le

[1]. Exactement, 298 000.

bordent, là c'est le sol ferme ; les monts du prochain horizon atteignent ou dépassent 3000 mètres.

L'Abaï, large dès sa sortie de 100 à 200 mètres, c'est le torrent de 1500 kilomètres qui va s'allier devant Khartoum avec le Bahr-el-Abiad ou Fleuve Blanc, sous le nom de Bahr-el-Azrak ou Fleuve Bleu. A 8 kilomètres du seuil du lac il s'abîme par la cascade de Ouoreb ; plus bas il s'écroule de 25 mètres au Saut de la Fumée (Tis Esat), autrement dit de la Vapeur, puis, jusqu'à la plaine basse où le soleil allume de terribles chaleurs, il se brise en un cagnon, Via Mala digne de l'Abyssinie, qui est le pays des couloirs affreusement profonds. Il y a même un passage où ce grand bras d'un grand fleuve n'a que deux à trois mètres de largeur : c'est une sorte de Perte du Rhône avec un pont que les Lusitaniens, alors ubiquistes, jetèrent sur le gouffre ; à ce plus étroit passage le crocodile, fréquent dans l'Abaï, ne peut nager qu'en long. Aux deux côtés du couloir des roches à pic dominent le « Bleu » de 100, 200, 300 mètres, et il coule à près ou plus de 800 mètres au-dessous du niveau général du plateau, par un détour immense, d'abord au sud-est, puis au sud-ouest, puis au nord-ouest. A Famaka, c'est la plaine : il y marche, ou plutôt, resté rapide, il y court, ayant de rive à rive 500 à 1000 mètres, fort de 159 à 6104 mètres cubes suivant le temps et l'heure, entraînant avec lui des boues rouges qui sont le fumier de l'Égypte.

L'autre maîtresse rivière d'Abyssinie, le Takazzê, a pour commencement une fontaine d'eau chaude. Ce n'est pas sous ce nom, c'est sous celui d'Atbara, pris d'une rivière bien moindre que lui, que, large en moyenne de 400 mètres, il se dirige, en dehors et au bas de l'Abyssinie, vers le Nil de Nubie en amont de Berber ; il ne l'atteint pas toujours, et dans la saison sèche il est bu à plus de trois cents kilomètres en amont par un sol aride et par des cieux qui donnent la rosée, mais ne donnent pas la pluie. De même que l'Atbara n'arrive point constamment au Nil, le Mareb, autre torrent très long[1], n'arrive pas en tout temps à l'Atbara. Le Takazzê n'a pas comme l'Abaï de lac Tana pour laver, contenir et réserver ses eaux. En juin, saison des plus grandes pluies sur les monts abyssiniens, les torrents montent jusqu'à cent pieds entre des pans droits ; ils descendent au Takazzê, furieusement, avec un bruit de tonnerre, et en quelques heures ils jettent

[1]. C'est la rivière de Kassala.

sur les sables un fleuve d'eau turbide. Devant Sofi, dans des grèves sèches la veille, passe parfois en boueuse avalanche une vague de dix à quinze mètres, flots troublés par le brun humus

Cascade sur le Reb inférieur. — Dessin de E. Cicéri, d'après un croquis.

qui vaut à l'Atbara son nom arabe de Bahr-el-Asouat ou Rivière Noire.

Le Takazzé partage l'Abyssinie en Tigré au nord et en Amhara au centre, le sud étant le Choa, pays qui va se confondant au midi avec celui des Gallas ; les défilés où il se précipite entre ces parts de la « Suisse africaine », ont jusqu'à sept cents mètres de profondeur, du couronnement de la roche à l'onde obscure ou blanchissante ; ailleurs il y en a mille, douze cents, comme le long de la Djedda et du Béchilo, dans le bassin de l'Abaï ; ailleurs encore, deux mille.

Kollas. Voïna. Dégas. Simên. Samhar. — Ainsi que les Républiques « latines » étagées sur les Andes et sur les monts de l'Amérique centrale, l'Abyssinie se divise en trois régions, trois natures, où tout diffère. Comme ces États espagnolisants, elle a ses Terres chaudes, ses Terres tempérées, ses Terres froides.

Au-dessous de dix-huit cents mètres, les terres basses, qui par cela même sont les terres chaudes, se nomment les Kollas ou Koullas ou Kouallas : soleil violent[1], excès de chaleur et d'humidité, forêts puissantes, grands animaux dans les hautes herbes, ciel et sol propices aux plantes qui aiment l'air tiède, l'humus mouillé, les Kollas, officine de fièvres, ne sont pas la véritable Abyssinie, qui commence avec la Voïna ou Ouaïna-Déga.

Entre dix-huit cents et deux mille cinq cents ou trois mille mètres, la Voïna ou Ouaïna-Déga doit ce nom à une espèce de vigne dont on ne fait pas de vin, par ignorance ou paresse. C'est là que dans le temps de leur gloire les hommes du petit peuple qui a fait le plus de grandes choses, les Portugais, bâtissaient des forts et plantaient des ceps. Terre tempérée, elle se dresse en monts ou s'étend en plateaux sous un climat aussi doux que celui de la Provence ou de la Corse ; des céréales à la vigne et à l'oranger, elle donne libéralement tout ce qu'on lui demande.

Plus haut, les Dégas, terres froides, montent jusqu'à quatre mille mètres. Si la Voïna est une *alma nutrix*, les Dégas sont la *magna parens* du paysan et de l'homme d'armes.

Au-dessus des pâtures fraîches et profusément arrosées des Dégas, le pays, trop froid, n'entretient plus d'habitants nombreux avec chevaux, bœufs et moutons. Le plus élevé des pays abyssins, c'est le Simên ou Samên, au-dessus de la rive gauche du Takazzé ; le plus bas, c'est le Samhar ou Moudoun, entre le pied oriental des monts et la mer Rouge. Il ne pleut pas sur le Samhar, il pleut beaucoup sur les hauts debras ; dans la région moyenne, tempérée, il tombe, suppose-t-on, à peu

[1]. Jusqu'à 70 degrés au soleil, même 75.

près autant d'eau qu'en France, soit 800 millimètres par année.

Avec tant d'étagements, et par cela même tant de climats, tant de flores, l'Abyssinie pourvoirait presque à elle seule nos ménageries, elle qui possède une infinité d'animaux, des méchants aux meilleurs, de l'autruche ou du chameau des sables brûlants au paisible ruminant des hauts pâturages froids : singes, ânes sauvages, ânes rayés, girafes au long cou, crocodiles, lions fauves et lions noirs, léopards anthropophages, abasambos ou ouobos, félins forts et cruels dont on connaît peu la parenté[1], hyènes, buffles colossalement musclés, très agressifs, très redoutés, et les trois immenses pachydermes, l'éléphant, le rhinocéros et le cheval de rivière et de lac qui se débarbouille dans le Tana.

Les Abyssiniens, leurs langues, leur christianisme. — Sur 33 à 34 millions d'hectares, 55 de nos départements, l'Abyssinie peut avoir 3 millions d'hommes, peut-être 1 500 000 seulement, qui se nomment eux-mêmes Ithiopiavian, Éthiopiens ; le mot Abyssinien est la corruption de l'arabe « Habech », autrement dit race abjecte et mêlée.

Mêlée, on n'en peut douter : elle dut se former par l'union de Noirs et d'immigrants bruns ou foncés et de beau visage ; puis au peuple fait de ces éléments se grefférent des Grecs nilotiques et surtout des Arabes. Les plus autochtones parmi les peuples d'Abyssinie semblent être les Agaou, c'est-à-dire les Libres, gens parlant le hamtenga ; et peut-être aussi les Falacha, c'est-à-dire les Exilés, Juifs dont la langue se rapproche dudit hamtenga. Le nord du pays, le Tigré, doit positivement sa race[2] à l'Yemen, province de l'Arabie méridionale, et son idiome, le tigrigna, descend du gheez, langage sémitique, avec autant d'évidence que le français sort du latin ; mais il en est du parler comme du peuple : ce gheez ou ghez, latin de l'Abyssinie en ce qu'il retentit, incompris, dans les temples, chapelles et pèlerinages, unit quand il vivait à sa trame nombre de racines prises de l'hamtenga, du galla et autres verbes des autochtones.

Dans l'Amhara se parle l'amarigna, autre fils du gheez, autre parent de l'hamtenga. Comparé au tigrigna, idiome de province, l'amarigna est l'idiome national d'Abyssinie, celui qui croit et absorbe, celui que parlent la cour, les chefs, et sur toutes routes et sentes, les commerçants, piétons et

[1]. L'abasambo ressemblerait à la fois au léopard et au lion.
[2]. En partie seulement, bien entendu.

touristes; en un mot, c'est la langue générale, et de plus la langue littéraire ayant son alphabet de 251 lettres et quelques centaines de livres, pauvre fatras théologique.

Avec ces jets divers à la source de leur sang, les Abyssiniens n'ont point d'empreinte nationale; on trouve chez eux divers modèles de figure et, du bronze au grand noir, toutes les couleurs de la peau. Le plus souvent, même sous le luisant noir, leur visage est noble, grâce aux premiers envahisseurs bruns, puis aux Arabes.

Probablement, après avoir été juifs, ils professent depuis le quatrième siècle un christianisme grossier, pures pratiques, longs jeûnes, la lettre qui tue sans l'esprit qui vivifie.

Ce christianisme, ils l'ont récemment imposé de force à leurs concitoyens musulmans, qui n'en sont sans doute que plus dévoués intimement à l'Islam. Avant cette conversion à la caporale on ne les distinguait des Mahométans que par un cordon bleu en soie[1] passé autour du cou et, dit-on, par moins d'intelligence et moins d'activité. Ils écoutent les psalmodies de prêtres barbus à gros turban blanc et de moines à bonnet jaune, ils jeûnent un peu pendant cent quatre-vingt-douze jours de fête, plus de la moitié de l'année, et lavent leurs péchés en glissant quelque monnaie dans la main des hommes d'église. Voilà comment ils sont chrétiens. Leur grand patriarche a le nom d'Abouna, c'est-à-dire Notre père. Les Falacha ou Juifs abyssiniens, qu'on porte diversement à 50 000, 100 000, 250 000, selon qu'on donne 1 500 000, 2 000 000, 3 000 000 d'hommes à l'Abyssinie, se disent descendants d'immigrants qui bien avant Jésus-Christ portèrent la loi de Moïse aux habitants du Plateau, mais suivant la vraisemblance ils sont simplement des autochtones, frères des Agaou.

Presque tous les Ithiopiavian résident sur la montagne, très peu descendent jusque dans les Kollas.

Éthiopienne. — Dessin d'après une photographie de M. Butcha.

Pays et villes. — L'empire d'Abyssinie obéit à un négous néghesti, c'est-à-dire à un roi des rois. Ou plutôt l'homme le plus puissant du pays, qu'il soit du Tigré, de l'Amhara, du Choa, lutte sa vie durant pour imposer sa suzeraineté au chaos de seigneuries, de principautés, de districts que se disputent des guerriers de souche antique ou des routiers sans aïeux.

Dans le Tigré, à 2250 mètres, la « ville d'Abraham », Axoum (5000 hab.), fut la capitale de l'Abyssinie avant la conversion du peuple au christianisme; elle en est maintenant la ville sainte, et à défaut de la lointaine Jérusalem, lieu le plus sacré du monde pour les Ithiopiavian, les ecclésiastiques y viennent en pèlerinage, du nord, du sud, de la Voïna, des Dégas, même des Kollas : si petite, elle est pleine de prêtres. A 20 kilomètres à l'est, Adoua (4000 hab.), sise à 1950 mètres, sert de capitale au Tigré.

Gondar, capitale ecclésiastique, est par 2050 mètres d'altitude, sous un climat très égal d'une moyenne de 19°,4. Elle a 5000 âmes; quand les empereurs y résidaient, cette ville de l'Amhara renfermait 40 000 personnes, on va jusqu'à dire 60 000 à 80 000. Les Portugais y ont régné; ils y ont laissé l'empreinte du visage lusitanien et aussi quelques monuments, murs, tours, églises, qui donnent à cette voisine du lac Tana la fière apparence de notre moyen âge féodal.

Le négous néghesti demeure à plus de 2600

1. Le mateb.

mètres, à Débra Tabor, forteresse de montagne peu éloignée du faîte entre l'Abaï et le Takazzé, au pied du Gouna, très puissant massif (4231 mètres). Débra Tabor, cela veut dire Mont Tabor, et le palais du roi des rois avoisine l'église d'un très vieux pèlerinage des chrétiens d'Abyssinie.

Dans le Choa, Chaoua, Chava, en réalité pays à peu près indépendant qui paye tribut au négous d'Abyssinie, la capitale (3000 hab.) a nom Litché; la ville la plus élevée (à 2800 mètres) s'appelle Angolola; la métropole religieuse, cité la plus peuplée, c'est Ankober (7000 âmes).

Ce Choa est l'Éthiopie du sud, avec plus de pluie, de chaleur que l'Éthiopie du nord, avec plus d'essor dans les plantes, plus de puissance et de magnificence dans les forêts; on y pratique le même christianisme que chez les Abyssiniens et l'on y parle l'amarigna plus que tout autre langage.

Gallas. — Sur une moitié de son contour l'Abyssinie touche aux Égyptiens qui l'ont voulu conquérir, mais elle les a repoussés et comme revomis au pied de sa montagne par de sanglantes victoires. Au sud, le Choa la relie à la terre des Gallas, d'où descend un des grands fleuves de la côte orientale d'Afrique, le Djoub : ce courant rassemble les eaux de plus de 60 millions d'hectares et les mène, rapides, rayées d'argile et de sable, peu ou pas navigables, à l'océan des Indes, presque sous l'Équateur.

Les Gallas assiègent le Choa depuis longtemps et leur nation est plus nombreuse, plus forte que la nation des Choans, et peut-être que tout le peuple des Abyssins; mais, brisés en clans, les Oromo, c'est-à-dire les Hommes, les Ilm-Orma ou Fils des hommes [1], sont impuissants contre plus faibles qu'eux — terribles guerriers pourtant derrière leur écu de grosse peau, la lance à la main ou la lame à deux tranchants. Ardeur dans la vendetta, joie de répandre le sang, cruauté contre l'ennemi, guerre éternelle entre tribus, on dirait des Albanais : Albanais d'Éthiopie s'entend, car ce sont des Négroïdes, peu noirs, d'une couleur allant du rouge au brun, qui ressemblent aux Abyssiniens, avec lesquels ils ont évidemment des ancêtres communs. Leur langue, très vaguement sémitique, n'est pas sans rapports d'allure, de syntaxe, même de mots, avec le basque — c'est un Escualdunac très savant [2] qui l'affirme.

1. Ce sont là les noms qu'ils se donnent.
2. M. Antoine d'Abbadie

Cette langue en nombreux dialectes est leur seul lien d'unité; autrement tout les divise : tels d'entre eux se disent chrétiens, beaucoup suivent la loi du Prophète, la grande foule est restée païenne; ici des rois, des chefs de guerre les gouvernent, ailleurs ils obéissent à une noblesse, et il y a chez eux des tribus et confédérations républicainement organisées.

Bergers et guerriers, ils habitent de vastes contrées, depuis la citadelle abyssine jusque vers l'Équateur, où l'on peut croire que fut l'une de leurs premières patries; vers le nord leur influence « profonde » a grandement dépassé le Kaffa [1], l'Énaréa et autres pays où ils confinent aux Choans et aux gens de l'Habech. Ils ont pendant des siècles et des siècles vendu tant d'enfants, de jeunes filles de sang ennemi ou de leur propre sang aux acheteurs d'esclaves de l'Orient arabe, qu'ils ont transformé pour une grande part les races de Nubie, d'Égypte, d'Arabie.

Si nous savions d'où viennent ces Gallas, nous débrouillerions sans doute beaucoup d'origines qui seront pour nous un grimoire éternel. Les nations de l'Afrique occidentale, celles du Plateau central ou même celles de l'Occident et du Sud, peut-être aussi l'antique Égypte, auraient moins de secrets pour nous. Mais il en est des Gallas comme des autres peuples, y compris ceux dont l'histoire aimerait le plus à contempler les commencements; ils ne sont entrés en scène que quand leurs guerres, leurs migrations, leurs fusions de sang et de langue étaient à jamais oubliées. L'homme a connu trop tard la commémoration du passé, l'incision, le stylet, l'écriture; il ignore l'enfance de sa race comme chacun de nous a perdu tout souvenir de ses deux ou trois premières années.

Obok, Assab, Massaoua. — La rivière qui sépare au nord-est les Choans des Gallas, l'Aouach ou l'Aouasi, reçoit les eaux d'Ankober. Elle descend impétueusement, parfois gonflée de soudaines et très hautes crues, dans le Samhar, littoral altéré qui semblerait devoir la transmettre à la mer Rouge ou au golfe d'Aden.

Mais, tarissant en route, elle ne va ni à l'une ni à l'autre et s'arrête, épuisée de sa course de 800 kilomètres en zone aride, dans le marais-lagune d'Aoussa ou Bada, eau douce que la saison sèche diminue, que la crue répand au loin sur le terrain palustre d'alentour. D'autres torrents moindres se perdent aussi dans

1. D'où le café serait originaire.

ce Sahara çà et là fort inférieur au niveau des mers : on estime que la sebkha d'Assal, voisine du fond du golfe de Tadjoura, est à 173 mètres au-dessous du miroir de l'Océan, sinon à 200 ou à 231.

L'Aoussa, qui boit l'Aouach, n'est pas très éloigné de l'Assal et il n'y a que 20 kilomètres de l'Assal à la baie de Tadjoura possédée par la France : nous avons là, sur une côte sèche, ardente, lugubre par ses laves, lugubre également à force de soleil, les ports de Sagalo, de Tadjoura, d'Obok, ce dernier près du flot où la baie par nous acquise devient golfe d'Aden, autrement dit mer des Indes.

Nous y possédons aussi depuis quelques semaines le territoire de deux grandes tribus du peuple des Somal, les Ghibril-Abokor et les

La rade d'Obok. — Dessin de Weber, d'après une photographie.

Gadi-Boursi, qui occupent la rive océanique au sud et au sud-est de la baie, sur la route de Berbera et du cap de Guardafui, grande corne de l'Afrique. Le protectorat de ce pays a singulièrement étendu notre domaine sub-abyssinien, mais il ne nous a donné que des côtes de fer, des ravins sans bosquets, sans fontaines, des monts sans forêts, même sans buissons, et le soleil incendiaire.

Cette colonie n'est et ne sera jamais qu'un néant si la France un jour ne monte pas de là dans le Choa, le long de l'Aouach ou autrement; il n'y a pas de route plus commode entre la mer et le plateau des Choans que celle qui part des eaux tadjouriennes, enfoncées de 60 kilomètres dans les terres, mais les caravanes suivent une autre voie : elles descendent d'Ankober à la côte de Zeila par la charmante oasis d'Harrar, qui abrite une ville de 20 000 âmes, à 1700 mètres d'altitude.

L'Angleterre est à Zeila, la France à Obok;

l'Italie est à Assab, autre néant si les Italiens ne doivent pas gravir les hautes terrasses de l'Abyssinie; ils ont récemment mis garnison dans Massaoua, d'où on les soupçonne de guetter le Soudan d'Égypte : « Nigritia o morte! » ont crié quelques patriotes « ultramontains » qui savent combien l'Ausonie a de sève et comment ses fils supportent gaillardement le Tropique.

Du rivage de la mer à l'enracinement de la montagne, Italie, France, Angleterre ont ici der-

La baie de Tadjoura. — Dessin de A. de Bar.

rière elles, dans un pays de chaleur torturante, entre les réverbérances de la lave et du soleil[1], deux peuples parents l'un de l'autre et tous deux inhabiles au joug, les Afar ou Danakil et les Somal.

Il y a lieu de croire ces deux nations issues de l'union des Gallas et des Arabes. Leurs traits, leur corps témoignent de ce mélange ancestral; si presque tous parlent encore leur vieille langue « hamitique », beaucoup d'entre eux savent l'arabe; beaucoup aussi sont Musulmans, de nom ou de fait, les autres étant restés païens.

[1]. Il se peut que ce soit le climat le plus brûlant du monde.

Mosquée aux environs de Tripoli. — Dessin de Lancelot, d'après une photographie.

TRIPOLITAINE

La Tripolitaine, vaste de plus de 100 millions d'hectares, deux fois la France, entretient un million d'hommes seulement. Hammadas sèches et pierreuses, sables sans oueds, étroite lisière bordant la rive de Méditerranée, c'est la région la moins heureuse de l'Afrique du Nord. Le désert y empiète tellement sur la zone habitable qu'en certains lieux le Sahara pousse des dunes jusque dans la mer, très salée sur cette côte.

Barka ou Cyrénaïque. — Sur le rivage à l'ouest du delta du Nil un bossellement calcaire émerge du désert libyque : c'est le plateau d'Akaba, haut de 200 à 250 mètres, qui dépend de l'Égypte.

En se continuant à l'ouest cette table rocheuse accroit son altitude, puis passe dans le domaine tripolitain sous le nom de plateau de Barka.

Le plateau de Barka peut avoir 15 ou 16 millions d'hectares, avec 300 000 habitants, mais la portion féconde, le Barka Rouge, couvre à peine 2 millions 1/2 d'hectares, le reste étant Barka Blanc.

Barka Rouge traduit exactement les mots arabes Barka-el-Hamra ; Barka Blanc, les mots Barka-el-Beida. Les gens parlant arabe qui habitent de nos jours ce pays appellent du premier nom les plateaux calcaires, vêtus de terre rouge, et les gorges rapides, également habillées de rouge humus, qui mènent des lieux d'en haut jusqu'au rivage de la mer; ils nomment du second nom le penchant méridional du plateau, terres et sables blanchâtres dont les oueds sans eau s'inclinent vers le Sahara de Libye.

Le Barka Rouge, maintenant presque désert, a des vallons si gais, un climat si sain, de si jolies fontaines, qu'il pourra redevenir ce qu'autrefois il fut : contrée vivante. Des ruines, des nécropoles, des labyrinthes de grottes funéraires témoignent des jours opulents de la Cyrénaïque, — car ce pays tellement abandonné qu'il faut aller en Sahara pour en trouver un plus vide, ce royaume des morts, cette Égypte sans le Nil, les alluvions, les jardins et les momies, ce Barka Rouge fut la Cyrénaïque des Grecs.

La Cyrénaïque tenait ce nom de la brillante Cyrène, fondée par des Doriens de l'île de Théra (Santorin) près du portail de roche d'où sort la source claire d'Apollon. Plus tard, ce fut la Pentapole, ainsi appelée de ses cinq villes : Cyrène, Teucheira, Hespéris, Apollonia et Barca (d'où vient nos jours le nom du pays). Cyrène, à 600 mètres environ d'altitude, gardait à la fois le plateau avec lequel elle était presque de plain-pied et le littoral dont elle surveillait les étroits vallons. Maintenant la terre que Pindare appelait le Bosquet de Jupiter et de Vénus a pour seigneur un peuple sans arts et sans lettres, environ 500 000 hommes plus ou moins nomades qui ne parlent que la langue du Coran. Bengazi, sa maîtresse ville, par le fait pauvre bourgade, avoisine les ruines de l'antique Bérénice, sur le rivage de la Grande Syrte. On ne sait trop où chercher au juste le Léthé [1] et le Jardin des Hespérides, mais c'est aux portes de Bérénice que la plupart des auteurs anciens plaçaient ce fleuve de l'Oubli et ces vergers magnifiques.

Tripoli. — Comme le plateau de Barka, le Tripoli propre ou Mesrata donne sur la Grande Syrte, golfe très évasé, triste littoral où soufflent le nord-est, le nord-ouest, le nord tiède, le sud embrasé, parfois infernal. Jusque vers 1820 il y avait un arbre, un seul, sur les 668 kilomètres de la Syrte majeure, le palmier d'El-Aghar, mort depuis soixante ans, et maintenant, sur un rivage plus long que de Nice à Port-Vendres, le pêcheur, le chercheur d'éponges ne trouvent ni maison pour l'abri, ni rameau pour l'ombrage.

Derrière cette rive pressée par des sables

1. Pour quelques-uns d'entre eux le fleuve de l'Immémoire était le Lima ou Limia de la Galice et du Portugal septentrional.

presque sahariens s'escarpent les Nekous et les Gharian, hauts de 750 à 1000 mètres. Au delà de cette chaîne qui a des cirques rocheux, des grottes, des vallons, des sources, le Hammada-el-Homra ou Plateau Rouge dont Nekous et Gharian sont le rebord septentrional fait déjà partie du Sahara.

On suppose que ce pays déshérité renferme de six à sept cent mille personnes. Même avec les vallons plus frais du Barka, l'entour de la Syrte ne peut élever un peuple dominateur; il n'y aura jamais là qu'une nation petite, dispersée, tout en bordure. La Tripolitaine est comme en l'air, entre deux pôles puissants, l'Égypte et le Tell, entre le Nil et l'Atlas, entre le long fleuve et la longue montagne. Il semble qu'elle tombera plutôt du côté de l'Algérie, car au nord le pays de la Syrte est un Tell desséché et n'est pas une Égypte; et au sud ses plateaux, ses dunes s'ajustent aux hammadas et aux aregs du Sahara français.

Les Tripolitains ne parlent guère que l'arabe, mais il y a chez eux des tribus et fractions de tribu qui se souviennent encore de leur origine berbère. Le pays relevant directement du Grand Sultan des Turcs, sans intermédiaire de vice-roi, sans protectorat de l'étranger, on y trouve quelques milliers d'Osmanlis.

Et aussi des milliers de Juifs, dans les villes et pas ailleurs, faisant commerce, usure, et point autre chose.

Tripoli de Barbarie [1], la capitale, ville de 20 000 âmes, port de la Méditerranée, trafique avec le Soudan par les oasis du Fezzan ou par Ghadamès.

Fezzan. Tibesti ou Tou. — De Tripoli la blanche un chemin de pierre et de sable, blanc sous le soleil, mène au Fezzan, oasis, dunes, fonds salés, lacs de natron, roches volcaniques du Haroudj Blanc ou du Haroudj Noir.

Le Fezzan renferme environ 45 000 hommes d'origines croisées, issus de trois sangs, l'arabe, le berbère, et surtout le noir, car la route la plus courte entre la Méditerranée et l'Afrique centrale passe par ses oasis, et cet archipel intrasaharien est de temps immémorial en rapports avec le Soudan d'où lui viennent encore nombre d'esclaves. Tout le monde y sait l'arabe, mais la plupart préfèrent le kanouri, langue des Nègres du Bournou, le grand pays soudanien le plus voisin du Fezzan et celui qui a contribué le plus à la formation de sa race mêlée.

Sa ville princesse, Mourzouk, triste et insa-

1. Pour la distinguer de Tripoli de Syrie.

Tripoli de Barbarie : vue générale. — Dessin de E. de Bérard, d'après une photographie.

lubre bourgade, a 3500 âmes, 6500 avec tous les jardins de son oasis. Elle est à 550 mètres d'altitude, loin de la Méditerranée comme Alger de Gibraltar, loin du lac Tchad comme Alger de Maroc. La route qui conduit à ce lac, plus justement à cette lagune soudanienne, laisse à gauche un pays saharien égal à la moitié de la France; mais faute de pluies pas un ruisseau ne descend de ses monts, ni du Tarso, ni du Koussi, qui ont 2500 mètres; pas une source n'y jaillit et 12 000 habitants à peine y vivent, craignant la soif et craignant la faim.

Ce pays, c'est le Tibesti ou Tou; cette peuplade souvent réduite aux extrémités, c'est la nation des Têdas ou Tébous ou Tibous.

Si peu que soit le Fezzan, c'est lui seul qui donne quelque valeur à la Tripolitaine en en faisant le « portique du Soudan » sur la Méditerranée orientale.

Ghadamès, Aoudjila, Koufra. — Au nord-ouest du Fezzan, à 500 kilomètres au sud-ouest de Tripoli, à peu près à même distance au sud-est de Biskara, l'oasis de Ghadamès est un entrepôt du Désert. A 550 mètres d'altitude cette antique Cydamus a 24 000 palmiers; elle touche à notre Algérie, elle devrait

Jardiniers tripolitains. — Dessin de Hadamard, d'après une photographie.

en dépendre. Ses 7000 hommes, de souche berbère, usent d'un dialecte berbère, et aussi de l'arabe.

Au nord-est de ce même Fezzan, non loin du fond de la Grande Syrte, Aoudjila, riche de 200 000 dattiers, occupe un des fonds de la « Dépression libyenne », à 52 mètres au-dessous du niveau de la mer; les Aoudjiliens, d'extraction berbère, ont gardé leur vieille langue, mais aucun d'eux n'ignore l'arabe.

Au sud d'Aoudjila, séparée d'elle par un plateau de pierre, et du Fezzan par un chaos de dunes, l'oasis de Koufra, récemment reconnue, est, dit-on, « incomparable »; nulle n'a tant d'eau, tant de dattiers. Elle ne dépend que très lâchement du pachalik de Tripoli, ville dont la séparent 1550 kilomètres de demi-stérilité ou d'entière aridité. Les cinq sous-oasis qui la forment, à 250-400 mètres d'altitude, ont ensemble près de 1 800 000 hectares; ses palmiers appartinrent à des Nègres Tibous sédentaires, mais depuis cent cinquante ans des nomades y règnent, fanatiques Musulmans qui y sont des Berbères adultérés par l'Arabe et par le Noir.

Berbères agriculteurs : un douar. — Dessin de Vuillier, d'après une photographie.

BERBÉRIE

Le Moghreb ou Occident, pays un et indivisible. — Entre la Méditerranée à l'est et au nord, l'Atlantique à l'ouest, le Sahara au sud, c'est-à-dire entre deux mers encore pleines et une mer vide aujourd'hui, si toutefois le Sahara fut un océan, se lève la Berbérie, terre isolée que les Arabes orientaux nommèrent l'île du Moghreb[1] ou de l'Occident.

Elle comprend deux pays d'aire à peu près égale : à l'est l'Algérie, à l'ouest le Maroc, celui-ci libre, celle-là soumise à la France. L'Algérie, qui aura bientôt 500 000 Européens, espère que le cours du temps l'amènera jusqu'à l'Atlantique par-dessus les terres qui obéissent de nos jours à « l'empereur barbaresque », sultan fanatique des fanatiques Marocains. Il faut le souhaiter pour le plus grand bonheur du Moghreb, que la nature a fait un et indivisible.

Algérie et Maroc sont formés par la même ride énorme du sol, l'Atlas, dont le nom pourrait bien n'être que le mot berbère Adrar, la Montagne, un peu corrompu dans la suite des siècles. Ils se ressemblent du tout au tout. Ils ont le même climat, les mêmes plantes, qui sont celles d'Andalousie, de Sicile, de Corse, voire celles de Provence, de Bas-Languedoc et de Roussillon : sur 434 espèces

---

[1]. Ou Maghreb, ou plutôt Mghrb, mot sans voyelles franches, avec gutturale, et qu'un Français ne saurait prononcer s'il ne s'y est étudié longtemps.

du littoral de la province de Constantine, il n'y en a que 32 inconnues à l'Europe méditerranéenne.

Ils se divisent également en Tell ou terre de culture, en Steppes, vastes pâtures avec sols féconds près des sources, en Sahara zébré d'oasis. Sans trop le savoir encore exactement (et d'ailleurs il est souvent impossible de distinguer lande et terre de culture), on estime le Tell à 36 ou 37 millions d'hectares et le Steppe à 22 ou 25 millions. Quant au Sahara, ses cent et tant de millions d'hectares ne comptent que par leurs oasis. Lande et Tell, il y a là 60 millions d'hectares : c'est l'aire de cent départements français.

En Tell, en Steppe, en Désert, les animaux utiles y sont pareillement le bœuf, le cheval, fin, gracieux, rapide, ardent, aimant, aimé, le mouton, le chameau, gravement ridicule, la gazelle, l'autruche ; et les bêtes nuisibles, le lion, la panthère, l'hyène, le chacal, à la fois semblable au renard, au chien, au loup, enfin et surtout la sauterelle, qui arrive du Sud, qui descend du ciel, qui vient par milliards. Quand ses escadrons ailés qui font la nuit en plein soleil s'abattent sur une plaine, ils la dévorent jusqu'à la dernière feuille. Un jour, disent les Arabes, le kalife Omar lut en tremblant ces mots à l'aile d'une sauterelle tombée sur sa table : Je ponds quatre-vingt-dix-neuf œufs ; si j'en pondais cent, je mangerais le monde.

Les mêmes races d'hommes s'y rencontrent partout, de la Syrte à l'Océan : Berbères ici fixés de toute antiquité, Arabes entrés en conquérants, en convertisseurs dans l'île du Moghreb, Berbères « arabisants », Arabes « berbérisants », métis à tous les degrés d'Arabes et de Berbères, Maures, fils de renégats chrétiens, Koulouglis qui sont une progéniture des soldats turcs [1] et des femmes du pays, bâtards de sang ismaélite ou de sang « autochtone » et de sang noir, Juifs, puis les dernier venus : Français du Nord et surtout du Midi, Catalans, Espagnols, Italiens, Maltais, etc.

Des trois grandes nations du Moghreb, le Berbère préfère la montagne ; l'Arabe la plaine, le plateau, la pâture ; le Français, ou si l'on veut l'Européen, la ville, la terre irriguée et la côte à vignoble. Plus on avance vers l'ouest, loin de l'Égypte et de l'Asie d'où vinrent les invasions musulmanes, plus il y a de Berbères, moins il y a d'Arabes.

[1]. Ou, dans la vérité vraie des choses, portant le nom de Turcs : l'armée turque se recrutait de toutes sortes d'éléments musulmans : Osmanlis, Albanais, Bosniaques, Circassiens, Kourdes, Grecs apostats, Nègres, etc.

Berbères et Arabes. — Il est un homme qui connaît admirablement les Berbères, les Arabes, les Berbères croisés d'Arabes, les Noirs et les métis des Noirs avec les Arabes et les Berbères : il a commandé aux Arabes de la subdivision de Bône ; il a vu les Berbères dans une de leurs hautes citadelles, l'Aurès ; il a combattu les Berbères adultérés d'Arabes près des forêts de gommiers du Sénégal ; il a longtemps bataillé contre les Peuls sur la rive gauche de ce fleuve. Cet homme[1] évalue à 12 millions le peuple entier de la Berbérie dans son sens le plus large, avec tout le Sahara que les Berbères habitent. A ces 12 millions il reconnaît que l'élément noir contribue pour 5/100, l'arabe pour 15/100, le berbère pour 75/100. Pour lui, le Berbère est un métis formé de la rencontre de Libyens autochtones et d'envahisseurs blonds venus antiquement de l'Europe par la Gaule, l'Ibérie et les colonnes d'Hercule.

Quant aux Arabes de ces plateaux, de ces monts, de ces plaines, ils n'ont point pour ancêtres les héros de la Grande Conquête ; les hommes de la « guerre sainte » passèrent comme un ouragan sur le Couchant d'Afrique.

Après les derniers éclairs de cet orage le soleil qui brille sur les vieux monts de l'Atlas n'y vit pas une seule tribu, pas un seul douar d'Arabes : l'Adrar était resté berbère.

Et tel il demeura pendant quatre cents ans.

Tout à coup, vers le milieu du onzième siècle, arrivèrent de l'est, lancées par un calife égyptien qui leur souhaitait la mort plutôt que la victoire, six grandes familles de pillards, les Soleïm et cinq tribus de la race de Hilal — d'où le nom d'invasion hilalienne donné à ce transport de peuple qui jeta d'Égypte en Berbérie 250 000 Arabes, d'autres disent un million.

Les condottieri de ce second ban d'envahisseurs refoulèrent peu à peu les Berbères dans l'âpre montagne ; ils prirent la Plaine, le Steppe, le Désert où l'herbe naît après la pluie, et devinrent avec le temps le peuple d'Arabes que nous avons trouvé dans le Moghreb : Arabes d'ailleurs très veinés de Berbères et un peu veinés de Noirs, comme les Berbères sont quelque peu teintés de sang nègre et fort mêlés de sang arabe.

L'Espagne, le Portugal, la France en Afrique. La revanche de Québec. — Aujourd'hui les Arabes sont en pleine décadence dans toute la Berbérie.

Partout ils diminuent pendant que les Berbè-

[1]. C'est le général Faidherbe.

res, les vrais fils du sol, augmentent, et qu'une nation nouvelle se forme, visiblement destinée à l'empire du Tell africain.

Cette nation a pour mère la France, que rien n'appelait en Afrique, ni le voisinage, ni les alliances, ni le commerce, ni la tradition, ni la foi chrétienne à répandre parmi des Musulmans qui la méprisent. Et, par surcroît, le climat de la Berbé-

Arabe : type et costume. — Dessin de E. Ronjat, d'après une photographie.

rie est incongénial à la grande moitié des Français.

Mais à défaut de l'Italie disloquée, l'Espagne, plus proche encore du Maroc que la Sicile de la Tunisie, était violemment poussée vers ce rivage isothermal.

Tout l'y jetait : le cours de son histoire, la haine héréditaire née de huit cents ans de batailles contre les « Moros », le souci de ses rivages nuit et jour violés par les forbans barbaresques, le soin de sa puissance, la sécurité de sa marine, et surtout son ardeur de propagande très catholique. Après avoir chassé les « Arabes » des vallées asturiennes au Duero, du Duero aux sierras centrales, des sierras centrales au Tage, du Tage au

Guadalquivir, puis enfin, de ce fleuve jaune à la mer d'azur, elle était encore altérée de vengeance et ne rêvait que coups d'épée contre les infidèles.

Elle passa donc en Afrique et lutta passionnément pour planter sur le rivage impie sa bannière alors si glorieuse. Tout chrétien qui versait son sang sur le rivage hérétique laissait parmi les siens le renom d'un martyr. D'une de ces batailles contre les Mécréants, Miguel Cervantès a dit dans un fier sonnet : « De cette terre stérile, ravinée, de ces tours, les âmes saintes de trois mille soldats jonchant le sol montèrent vivantes au Séjour meilleur. Ils luttèrent en vain d'un bras forcené, puis, peu nombreux, las, ils moururent sous le glaive. Et voici le lieu[1] plein, jadis et maintenant, de lamentables mémoires. Mais du dur sein de la Terre jamais âmes plus justes ne volèrent au ciel serein, jamais hommes si vaillants ne foulèrent le sol. »

En 1509 le cardinal Jimenez débarqua devant Oran. Tenant d'une main le crucifix, et de l'autre montrant le Sud : « Ce n'est pas une ville que vous allez prendre, cria-t-il ; c'est toute la Mauritanie que vous conquerrez à la Croix ». Plus tard, de puissantes flottes débarquèrent des armées à Alger, qui fut attaquée sept fois, à Bougie, à Tunis, et encore à Oran, mais l'Espagne travaillait en vain ; presque tous ses débarquements furent des *dias de perdida y sentimiento para España*[2] ; la mer s'irrita contre ses flottes et les dispersa, les Moros battirent ses armées, ou, quand elle eut l'heur de vaincre, elle ne sut pas profiter de la victoire ; enfin en 1792 les Espagnols abandonnèrent Oran, leur dernière place forte en Afrique en dehors des presidios du littoral marocain.

Le Portugal n'avait pas été plus heureux. Il ne garda longtemps ni Mers-el-Kebir, ni Tanger ; sa grande prise d'armes contre les Marocains amena le désastre d'Alkaçar-Kebir, qui fut le coup de mort de la puissance lusitanienne : pourtant ses troupes, venues alors en mille vaisseaux, avaient mis le pied sur le littoral africain pour chasser les infidèles jusqu'à l'extrémité même des terres. Plus tard, il dut céder à l'Espagne Ceuta, puis abandonner Larache et les forteresses qu'il avait bâties sur le rivage marocain de l'Atlantique avec des pierres taillées d'avance à Lisbonne.

C'est la France qu'a secondée le Destin.

1. Carthage et Tunis.
2. Jours de perte et douleur pour l'Espagne.

Dès le premier jour elle a triomphé. Maintenant elle règne sur 2000 kilomètres de côtes, sur le Tell, le Plateau, et jusque dans le Sahara des meilleures dattes, malgré la prédiction du Prophète : « Partout où la datte ne vient pas, vous pourrez conquérir, mais vous ne garderez point ; partout où elle mûrit sera votre royaume ».

Pour qui sort de l'Europe occidentale et regarde au loin dans le monde, notre histoire a deux grandes journées, l'une de revers, l'autre de triomphe. Le revers irréparable, ce n'est ni Pavie, ni Saint-Quentin, ni Malplaquet, ni Rosbach, ni Waterloo, ni Sedan ; c'est Québec : devant cette ville, dans les plaines d'Abraham, on nous arracha l'empire de l'Amérique, et peut-être de la Terre, le 13 septembre 1759. Le grand jour de triomphe, non pas une de ces victoires aussi stériles que retentissantes dont nos livres sont pleins, mais une de celles qui ouvrent un nouveau lit à quelque grande branche du fleuve de l'histoire, ce n'est ni Marignan, ni Rocroi, ni Fontenoy, ni Marengo, ni Austerlitz, ni Iéna, ni Wagram ; c'est la prise d'Alger le 5 juillet 1830.

Elle nous a donné l'Afrique du Nord, car, de par ces cinquante-cinq années d'avance, l'Algérie doit absorber tôt ou tard la montagne du Tell africain dans une vaste unité française. Or, qui tient le Tell, tient le Sahara et doit dominer au Soudan.

C'est ainsi qu'il n'y a pas encore soixante ans, dans un palais d'où l'on voit la mer, un coup d'éventail arrêta soudain l'aiguille prête à marquer notre an climatérique sur le ténébreux cadran des âges.

Dix années après le hasard de 1830, un général[1] découragé, quoique vaillant, voulait retenir la France sur les collines d'Alger, derrière un fossé creusé de Birkhadem à Douéra. Il répudiait Blida, la « rose de l'Atlas », et même Boufarik, « dans l'infecte et désolée Métidja. Nous la laisserons, disait-il, aux chacals, aux courses des bandits arabes, au domaine de la mort sans gloire. »

Et aujourd'hui nous sommes à Gabès, à Carthage, à Ouargla, demain nous serons sur la Malouïa, sur l'Oued-Guir, dans les monts des Touaregs, à Tombouctou, au Soudan du Niger, à deux et trois mille kilomètres du fossé rêvé par le général.

Sans limite précise au sud, sur une aire utile de 60 millions d'hectares, la Berbérie n'a guère encore que 8 à 10 millions d'hommes, dont 4 millions et demi pour l'Algérie.

1. Duvivier.

Le Sahel tunisien : Hammamet. (Voy. p. 494.) — Dessin de Eug. Girardet.

ALGÉRIE

Grandeur de l'Algérie. — On se gardera bien ici d'appeler Algérie-Tunisie, d'un nom long, lourd et faux, l'Afrique française d'outre-Méditerranée, « telle qu'elle se poursuit et comporte, avec toutes ses appartenances et dépendances ». A quoi bon séparer ce que la nature et l'histoire unissent. C'est Algérie qu'on la nommera purement et simplement, parce qu'Alger a précédé Tunis de cinquante et un ans dans l'évolution nouvelle.

Il n'est pas moins faux et puéril d'arrêter au sud l'Algérie à la ligne idéale d'El-Goléa, du côté même où faute d'obstacles ce grand pays doit fatalement atteindre ses frontières naturelles, et presque certainement les dépasser. La jeune France monte ici le long du stérile Oued Mya et du plus stérile Igharghar jusqu'au faîte entre ces torrents morts et les rivières mortes aussi qui courent dans le Grand Midi jusqu'au lointain Niger. Là est le divorce entre l'Afrique méditerranéenne et l'Afrique centrale, on peut dire entre les Blancs et les Noirs.

Dans ces limites, l'Algérie a 105 millions d'hectares, soit deux fois la France, et la grande moitié de l'aire « barbaresque ». La moitié moindre, qui est le Maroc, à l'ouest, possède plus de Tell, plus de hauts monts, plus d'eau, l'Algérie s'étend en plateaux plus vastes. Mais le Maroc lui-même fera comme la défunte « Régence », il parachèvera l'Algérie après lui avoir préalablement cédé la tortueuse Malouïa de Tell et le long Oued Guir de Sahara : alors la nation qui était en germe dans la prise d'Alger couvrira toute la Berbérie. « Plus oultre, toujours plus oultre ! »

Les rivages. — La Méditerranée à l'est et au nord, en attendant l'Océan à l'ouest; le Sahara au sud; entre deux la montagne, immense plateau raviné, telle est l'Algérie, sous le soleil éternel, et dans la lutte, éternelle aussi, des deux vents : au nord l'haleine de pluie et de vie, au sud le souffle d'ardeur, d'aridité, de mort. Presque partout il y a loin de l'une à l'autre officine de ces vents, de la grande fontaine à la grande fournaise : 250, 300, 400 kilomètres séparent la vague étincelante de la pierre aveuglante. Au sud-est de l'ex-Tunisie, par un triste héritage de la morne Tripolitaine, le Sahara vient frôler la mer dans les parages de Gabès, près de lacs salés, au pied des monts des Ourghamma.

Là même, sur le rivage de la Petite Syrte, aux lieux où la Méditerranée s'enfle le plus en marées[1], d'aucuns voudraient pourfendre la roche, ouvrir le sable et verser le flot bleu dans des palus inframarins, boue sèche et fonds saumâtres qui furent sans doute un lac de l'antique Igharghar; ils espèrent redonner ainsi pluie et fraîcheur aux alentours de cette cuve torride, mais ils offensent trop de décrets de la nature pour que la nature ne condamne pas leur œuvre[2] à l'incohérence et à la stérilité.

Au nord de Gabès la côte, de moins en moins désertique, finit par devenir le riche quoique pierreux Sahel[3], exubérant en huiles, plein de villes, de bourgades au milieu des oliviers; mais derrière ces jardins secs n'ayant que des eaux de puits et point d'eaux de rivière le Sahara persiste, au moins sous forme de Steppe, autour des lacs salés de Kairouan, la cité sainte, avec sa mosquée dont nul chrétien, chien fils de chien, ne foulait les parvis : la voici désormais à tous venants ouverte.

Par Sfax, Méhédia, Monastir, Sousse, Hammamet, le rivage monte au septentrion, en fausses baies évasées de peu de profondeur, battues de tout vent, à peine bonnes pour la marine antique, sous les Carthaginois, puis sous les Romains, quand les plus grands vaisseaux étaient des galères qu'on hissait à force de bras sur le sable des plages. Hammamet veille à la racine de la presqu'île du cap Bon, l'un des longs tentacules de ce littoral de l'Afrique Mineure, qui en a si peu : montagneuse, riante, avec sources, ravins fleuris et des deux côtés mer et souffle marin, cette péninsule est un des précieux appendices du continent mal articulé.

Du cap Bon, jadis promontoire de Mercure, au cap Farina, jadis promontoire d'Apollon, s'ouvre le golfe de Tunis et Carthage. Tunis sur un lac salé, plat, point profond, communiquant avec la Méditerranée par la Goulette[1], a donné son nom aux 12 millions d'hectares qui composaient la Tunisie à son entrée dans le cycle, ou peut-être le cyclone des destinées françaises. Carthage, morte, mais immortelle, n'est plus qu'un décombre, simples linéaments déduits plutôt qu'aperçus sur ou sous un sol de débris; cette mère d'Annibal joua le monde avec Rome : elle perdit. Rome aurait pu perdre : un sable, un caillou détourne un torrent, un hasard détourne l'histoire. Carthage, ou plutôt sa rivale Utique, a vu le sous-golfe qui lui donnait un port se combler siècle à siècle par les alluvions de la Medjerda, autrefois Bagradas[2]; ce qui fut terre, sable et rocher sur le plateau raboteux des Numides, remplit la coupe de vagues bleues où flottaient les galères d'une ville plus fameuse par la mort d'un seul homme que par l'éclat de ses jours prospères. Rien ne s'oublie plus vite et plus justement que le luxe insolent des cités marchandes; Utique, plus vieille que Carthage même, hérita de la rivale malheureuse de Rome; elle eut des flottes sur la mer, des citoyens d'une royale opulence; son nom pourtant ne rappelle qu'un chef de partisans vaincu, Caton, se perçant d'un poignard près d'un livre en langage grec qu'il avait lu toute la nuit pour espérer avec Platon que l'âme est immortelle.

Le cap Farina protège l'anse de Porto-Farina, qui fut un excellent abri, qui ne l'est plus, la Medjerda l'effaçant par l'alluvion dont sont gorgées ses eaux. Ici le littoral tourne à l'ouest et garde cette orientation[3] jusqu'à la frontière du Maroc, sauf qu'à partir des « Sept Caps », au delà de Philippeville, ou mieux d'Alger et surtout de Ténès, il descend en même temps quelque peu vers le sud : ainsi font les chaînons de l'Atlas, inclinés aussi de l'est-

---

1. Jusqu'à 5 mètres dans les anses de Djerba, île tunisienne de 64 000 hectares peuplée de 40 000 Berbères.
2. Si jamais elle se fait.
3. Littoral, en arabe.

---

1. La Goulette, c'est-à-dire le Gosier, le Détroit : nom d'un canal de 25 mètres de large et de la ville qui en tient l'embouchure.
2. Medjerda n'est qu'une corruption de Bagradas.
3. Ce serait vraiment le cas de dire « occidentation ».

Campement arabe. — Dessin de G. Vuillier, d'après des croquis.

nord-est à l'ouest-sud-ouest. On y trouve d'abord Bizerte, l'un des grands ports de l'avenir entre le Nil et Gibraltar : il pourra porter à la fois tous les vaisseaux du monde sur 10 à 12 mètres d'eau, dans les 13 000 hectares de son lac salé, le Tinga, qu'un chenal unit à la mer ; ce chenal, il faudra le creuser, l'élargir, car ce n'est qu'un fossé tout juste assez profond pour les gabares ; une courte rivière sinueuse, paresseuse, marécageuse, porte à l'« eau de Bizerte » le tribut d'un lac presque aussi grand, l'Ichkeul ou « eau de Mater », qui n'a guère que 2 mètres et demi de fond et dont les ondes sont tantôt douces, tantôt salées — douces quand les oueds lui versent les pluies saisonnières, amères quand le Tinga reflue dans l'Ickkel baissé de niveau par le soleil carthaginois. Peu après Bizerte, le cap Blanc, d'où l'on soupçonne la Sardaigne, est la terre africaine la moins éloignée du Pôle, par 37° 20′.

Viennent ensuite l'île de Tabarque, au pied du massif des Kroumirs, Arabes ou Berbères que les boulevardiers qui sont l'opprobre de la France prétendent n'avoir jamais existé ; la Calle, port de pêche avec bancs de corail ; la charmante Bône qui rêve de grandes destinées, ayant derrière elle un Tell fort large terminé par les plus hauts monts algériens ; Philippeville, port tout artificiel qui fait le commerce de Constantine avec la France ; Collo que dominent des sommets forestiers ; Djidjelli, voisine aussi de djebels frais et boisés ; Bougie, dans un cirque grandiose entre monts kabyles avec tiare de neige hivernale ; Dellis, également kabyle, c'est-à-dire berbère ; Alger, toute gracieuse, dont on peut dire que le port a été fait, et mal fait, contre vents et marées ; Cherchell, bourgade qui sous le nom de Julia Cæsarea régna sur l'une des Mauritanies ; Ténès, qui a mauvaise mer ; Mostaganem, qui l'a plus mauvaise encore ; puis les trois ports oranais — Arzeu, œuvre excellente de la nature, Oran, œuvre précaire de l'homme, Mers-el-Kebir, digne de son nom arabe [1] : voisin d'Oran, dans une anse rocheuse, au bas d'escarpements qu'on peut couronner de redoutes, hérisser de batteries, le « Grand Port » peut devenir un Gibraltar, comme Bizerte un Brest et Bougie un Toulon. Après Nemours, que visitent les balancelles espagnoles, on arrive à la borne du Maroc.

Tout cela fait environ 2000 kilomètres d'orée marine sans les petites indentations, replis, criques et calanques ; tout cela se déploie sur quelque

1. Le Grand Port.

13 degrés de latitude, de près de 9 degrés E. à plus de 4 degrés O., et de 33° 20′ de latitude sud à 37° 20′.

Monts ou Djebels du littoral. — Presque partout ce rivage monte abruptement du flot en djebels [1] mornes ou gais suivant la nature de leur pierre et l'indigence ou la richesse de leur parure ; le plus souvent ils sont sévères.

Parmi ces monts littoraux, démembrements de l'Atlas, le Zaghouan (1360 mètres) donna son nom à l'antique Zeugitane ; de ses cavernes de craie jaillissent les 365 litres par seconde qui désaltéraient Carthage et désaltèrent Tunis.

Les monts des Kroumirs, presque inviolés jusqu'en 1881, lèvent leurs têtes à 1400 mètres et plus, entre la mer et le fleuve Medjerda. Prairies, forêts, ravines profondes, flots de fontaine, courts torrents sur la pierre, c'est une Arcadie ou, pour rester en Afrique, une Kabylie, bien que sa race ne parle plus le berbère et ne l'ait peut-être jamais parlé.

L'Edough (1004 mètres), noir de bois, regarde le golfe de Bône et tombe sur la Méditerranée par une côte sauvage.

Le Goufi (1090 mètres) domine Collo ; il s'épanouit en rudes promontoires, aux Sept Caps, qui séparent le golfe de Philippeville, à l'est, de celui de Bougie, à l'ouest : l'eau vive, en mille vallons, coule de ses flancs sylvestres.

Presque deux fois plus haut que le Goufi, le Babor (1979 mètres), massif où la neige habite en hiver, darde ses pointes entre un littoral verdoyant avec rivières vives et le plateau de Sétif qui est comme une Castille fauve, sèche et poudreuse ; il commande avec gloire et grandeur le golfe de Bougie, l'un des plus beaux de la Méditerranée. Quoique ses montagnards de souche berbère aient oublié leur dialecte kabyle pour un arabe imparfait, on nomme ce pays la Petite-Kabylie, par opposition à la Grande-Kabylie du Djurdjura, qui lui fait face par delà le val du fleuve de Bougie.

Le Djurdjura (2312 mètres) a les allures des grandes sierras. Ses rocs sont fiers, ses torrents aussi, des cols élevés l'entaillent, des tribus vaillantes y respirent dans des bourgs audacieux à hauteur de vertige. Ces Berbères, derniers soumis à la France, lui seront les premiers fidèles : ils ne tiennent pas à l'arabe, langue étrangère, presque hostile, et ne demandent qu'à passer au français. Ce mont n'est littoral que par un chaînon de

1. Mot arabe devenu français : montagnes.

1278 mètres, et le grand Djurdjura se lève en arrière de ce bastion d'avant, au sud du fleuve Sébaou; mais, de par son altitude supérieure, il appelle, il condense les vapeurs de la mer; il est essentiellement marin par son versant septentrional, aussi mouillé qu'aucun de l'Algérie; son versant méridional est plus sec.

Le Sahel d'Alger, déchiré d'adorables ravins

Femme berbère à Ouargla. — Dessin de G. Vuillier, d'après une photographie

porte quelques petits Alhambras, vieux palais des pirates, des villas de plus en plus nombreuses et de jeunes vergers et de jeunes vignobles; Alger est plaqué contre son maître massif, la Bouzaréa (407 mètres). Trop bas, le Sahel n'arrête pas les pluies et celles-ci vont se buter aux monts de Blida par-dessus la Métidja, plaine grasse : en quoi ces monts peuvent être regardés comme littoraux, quoique Sahel et Métidja les séparent de la mer; entre leurs deux sommets majeurs, piton des Béni-Salah (1629 mètres) et Mouzaïa (1604 mètres), la Chiffa court dans une fissure fameuse, route de Médéa la fraîche et du Sud incandescent. Cette Chiffa, l'Harrach, l'Hamise, retenue par une digue arrêtant 14 millions de mètres cubes d'eau, et nombre de petits oueds jamais tout à fait secs, arrosent abondamment la Métidja, précieuse alluvion de 210 000 hectares qui fut pour les premiers colons le charnier de la mort, mais c'est maintenant le jardin de la vie.

Le Chénoua (968 mètres), borne grandiose à l'extrémité nord-ouest de la Métidja, jette de loin son ombre sur Cherchell, qui commandait une grande province quand Alger était à peine un hameau de pêcheurs. Sous les Romains l'Afrique Mineure comprenait, de l'est à l'ouest, et, dans ce sens, de moins en moins romaine, la Province, où brillait Carthage renouvelée; la Numidie avec l'audacieuse Cirtha; la Mauritanie Sitifienne, ainsi nommée de la haute Sétif (Sitifi); la Mauritanie Césarienne, qui se gouvernait de Cherchell (Cæsarea); la Mauritanie Tingitane ou de Tanger (Tingis), celle-ci vaste pays aux limites du Globe, Atlas impénétrable, impénétré, fort peu latinisé par ses conquérants. Le Chénoua s'attache aux monts où pointe le Zaccar (1580 mètres), pic de Miliana, la cité charmante où l'eau de grandes sources murmure et tombe en cascades.

Du Zaccar on voit les anneaux du Chéliff, sa plaine immense, l'Ouaransénis dentelé, puis, au nord, par delà des djebels en chaos, l'horizon confus de la Méditerranée. Entre ce fleuve et cette mer s'allonge à l'occident des monts de Miliana, jusqu'à l'embouchure de l'antique Chinalaph [1], une sierra côtière qui, diminuant d'altitude et changeant plusieurs fois de nom, descend après Ténès au-dessous de 1000 mètres et devient le Dahra.

Le Dahra, grand mamelonnage, porte un petit peuple en partie berbère; il est vert du côté du flot, c'est-à-dire au nord, sec du côté du fleuve, c'est-à-dire au sud, fertile partout, au septentrion, au méridion et sur son plateau.

A l'ouest de la bouche du Chéliff, assez voisine de Mostaganem, ville gaie, triste port, aucune montagne de 1000 mètres ne plonge sur la côte de fer de l'Afrique Mineure. Le massif d'Arzeu, pauvre en fonts, se dresse à 651 mètres; le massif d'Oran n'en a que 584, mais il surgit avec grandeur au-dessus de la ville hispano-française, sauvage et stérile, avec de splendides castillos [2] sur les saillants de sa roche.

La Tafna est le dernier grand oued du littoral de l'ouest en attendant l'annexion de la Malouïa; au delà de son embouchure, non loin de sa basse

1. Le Chéliff.
2. Forts bâtis par les Espagnols.

vallée, le massif des Trara (860 mètres), toute petite Kabylie, a, comme telle, des bosquets et vergers, des sources fraîches, des pelouses et, sur ses pitons, des villages. En arrière, une chaîne presque littorale, les monts de Nédroma ou Filhaoucen (1137 mètres), ferme au midi l'horizon de Nemours

Monts de l'intérieur. — Des djebels du littoral à ceux de l'extrême lisière du plateau de l'Afrique Mineure sur le rebord du Sahara, c'est une infinie confusion de chaînons, de massifs, de dômes, de pics, de basses et de hautes plaines ravinées par des oueds aux noms changeants, aux ondes rares, impures dès qu'elles sont descendues dans le pays inférieur où les boit le soleil, où sable, galet, gravier les absorbent; mais dans la montagne elles sont claires, froides et le Tellien d'en bas comme le Saharien d'au delà s'y sentent émus jusqu'au plus profond d'eux-mêmes par la rumeur de l'eau sur les pierres, l'une des plus vivantes harmonies de la nature.

Que n'entendent-ils aussi partout le murmure de l'air dans la feuillée des bois! En dehors des Kabylies et de quelques heureuses montagnes non kabyles, le djebel algérien n'est que pentes nues, écrasées de lumière et de chaleur, et de loin en loin des taches sombres, maquis, brousse indigente, forêt délabrée, pins de toute essence et surtout pins d'Alep, cèdre, résineux divers, thuyas, chênes de tout ordre, et parmi eux l'arbre toujours écorché dès que la peau lui renaît, le chêne-liège. Or, à ce pays de peu de pluies et, par malheur, de pluies irrégulières, menacé des empiètements du Sahara, il faudrait des monts sylvestres pour tempérer la réverbération des cieux, attirer les nues, évoquer les fonts, rajeunir les torrents. Si l'on boisait en bois conformes ces longs djebels osseux, même les plus squelettes, ils reprendraient de la chair et du sang, ils retrouveraient leur antique adolescence, ainsi qu'en toute zone de quelque humidité toute sierra qu'on livre à l'énergie passionnée des forêts.

Djebels boisés de Souk-Arhas, de Guelma, djebels décharnés des plateaux de Constantine, monts fauves au midi de Sétif et aux abords de Bordj-bou-Aréridj (1862 mètres), Dira d'Aumale (1810 mètres), monts de Teniet-el-Hâd (1804 mètres) dont les cèdres valent ceux du Liban, Ouaransénis, beaux monts de Tlemcen, pleins de cavernes, de grandes sources, d'eaux courantes, voilà, parmi cent autres, les maîtres djebels de l'Atlas intérieur. Le plus haut, l'Ouaransénis[1], est aussi le plus beau : sauf les laves, il ressemble au Cantal par sa diramation de torrents qui finissent tous par atteindre le Chéliff d'amont ou le Chéliff d'aval, mais le Cantal en ses plus fières montagnes n'a rien d'aussi noble que les créneaux suprêmes de ce bastion de l'Atlas et que son Œil du Monde (1985 mètres) qui voit des légions de pics, au nord, à l'est, à l'ouest, au sud : et de tous ces pics et de mille vallons on l'admire.

Dans l'ensemble, cette dislocation de djebels s'aligne en traînées parallèles à la côte, parallèles également à l'Atlas extrême, qui plonge dans le Sahara par des versants, des falaises, des « témoins », restes déchirés, déhanchés, cassés, rabotés, de ce qui fut une sierra plus haute, plus étoffée,

Mer d'alfa. (Voy p. 503.) — Dessin de A. de Bar

plus épaisse, défendant mieux le Tell des injures du Désert.

L'Aurès (2328 mètres), borne angulaire de l'Algérie avant l'accession de la Tunisie, est jusqu'à ce jour la roche la plus élevée de notre Afrique tellosaharienne; il dépasse le Djurdjura, de quelques mètres seulement. Peuplé de Berbères parlant berbère, nobles tribus, il jette quelques ruisseaux aux plateaux constantiniens constellés de lacs saumâ-

1. Aussi nommé Ouansèris et Ouanchérich.

tres, et de longs et bruyants torrents jamais secs à la dépression franco-tunisienne où ils sautent par des gorges inouïes; la Medjerda, seconde en longueur parmi nos fleuves algériens, y a ses sources les plus reculées.

Le Djebel Amour (1937 mètres) domine Djelfa, Laghouat, Aflou, et s'arrête près de Géryville. Il regarde les monts pelés au delà desquels vivent dans leur heptapole les 30 000 Béni-Mzab, musulmans schismatiques, Berbères âpres au gain, rivaux des Juifs eux-mêmes en épargne, en usure. Le Chéliff, plus long que la Medjerda, et par conséquent le premier de tous les oueds d'Algérie, voire de l'Afrique Mineure, y naît de quelques pauvres fontaines : le Tell du Maroc a des fleuves incomparablement plus abondants et plus beaux, mais aucun ne fait autant de chemin que le Chéliff.

Sous le nom de Monts des Ksours, le Djebel Amour se continue vers l'ouest-sud-ouest, dans la direction normale de l'Atlas ; puis il entre dans le Maroc ou, pour mieux dire, dans le pays de Figuig, qui n'obéit pas encore à l'Algérie et qui n'obéit plus, si jamais il le fit, au grand chérif des Marocains. A la frontière même, s'élance le Djebel Mzi (2200 mètres), pointe suprême de la province d'Oran, comme le Djurdjura l'est de la province d'Alger et l'Aurès de la province de Constantine.

Oueds ou fleuves et rivières. — Que dire de cette Medjerda, de ce Chéliff et de tous les « fleuves » algériens qui soit à leur honneur et gloire ? Rien, sinon que tel d'entre eux se forme de petits torrents clairs, parfois de belles sources, qu'ils se hasardent humblement dans des défilés grandioses, qu'ils font des « sauts mortels », qu'on les confisquera tous, eux, leurs affluents et affluents d'affluents, pour l'arrosage des vallées et des plaines.

La Medjerda sort des monts de Souk-Arhas, agrestes, alpestres, rupestres et sylvestres, le « bijou » de notre Afrique. Née parmi des ruines romaines, elle arrose un bassin plein de débris du peuple-roi, car nulle part Rome n'a plus colonisé que chez sa mortelle ennemie, dans le pays de Carthage. Ce fleuve a 365 kilomètres de long, 435 jusqu'à la source la plus reculée de l'Oued Mellègue ; il est sinueux, il est fangeux, il gagne sur la mer de Tunis.

La Seybouse (220 kil.), de cours tordu, passe dans le val de Guelma et finit près de Bône. — L'Oued el-Kebir (245 kil.), en haut rivière de plateaux, en bas rivière de défilés, passe de ces plateaux à ces défilés par le cagnon de Constantine : là, sous le nom de Roumel, il contourne le fantastique rocher de Cirtha la guerrière, fabuleusement vieille, quatre-vingts fois assiégée depuis qu'il est une histoire ; obscur, il s'y glisse quatre fois sous des voûtes immenses, puis il sort de la fente par trois cascades. — Le Sahel (200 kil.) part du Dira d'Aumale et s'achève dans le golfe de Bougie où on l'appelle Soummam ; son voyage, toujours entre monts, va de contractions en épanouissements ; à sa rive gauche se dresse abruptement, superbement, le Djurdjura. — Fils de torrents septentrionaux de ce même Djurdjura, le Sébaou (110 kil.) est la rivière centrale de la Kabylie : parfois immense en grande crue, il a de l'eau toute l'année, et tels de ses affluents, l'Oued Aïssi, le Bougdoura, coulent à la façon de nos torrents de France. — L'Isser oriental (200 kil.), tout en anneaux, en boucles, en circonflexions, tours, retours et détours, sort peu des défilés ; son plus beau passage est aux gorges de Palestro. — Le Mazafran sépare le Sahel d'Alger du sous-Sahel de Coléa ; eau de cristal dans les monts médéens et blidéens, là où il se nomme la haute Chiffa, il se souille tant aux irrigations de la Métidja qu'il finit par mériter son nom[1].

Le Chéliff (650 kil.) commence au pays d'Aflou, dans le Djebel Amour, et coule, quand il coule, vers le nord, au sein de mornes hauts plateaux flamboyants et poudroyants. Grossi du Nahr el-Ouassel, branche venue des environs de Tiaret, il entre dans la zone des pluies au pied du mont de Boghar et peu à peu tourne à l'ouest pour longer à droite les djebels de Médéa, de Miliana, du Dahra, à gauche l'Ouaransènis, le puissant massif. Entre ces hauts escarpements, sa vallée est terriblement torride, désespérément sèche, mais la double montagne lui jette assez de ruisseaux pour l'arroser un jour tout entière ; lui-même, impur entre berges terreuses, a peu d'onde, mais un barrage le retient en réservoir au-dessus d'Orléansville, seule cité qu'il traverse encore. Son maître affluent, la Mina (200 kil.), que grossit le charmant Oued el-Abd, tombe en sa haute vallée par le joli Saut de Hourara, haut de 43 mètres.

La Macta, fleuve très court, réunit deux rivières de longueur presque égale, l'Habra et le Sig. L'Habra (235 kil.) se forme d'un éventail d'oueds ayant pour têtes de très belles sources, dans le pays de Saïda et Mascara : grâce à l'heureuse nature, à la bonne disposition des roches, aucune contrée d'Algérie n'épanche d'aussi brillantes fontaines qu'une bonne part de la province d'Oran, si décriée pour sa sécheresse. Une digue cyclopéenne fait refluer l'Habra, elle immobilise en lac 14 millions de mètres cubes pour l'arrosage des grandes plaines de Perrégaux. Le Sig (215 kil.), qu'amortissent aussi des barrages d'irrigation, baigne Sidi-bel-Abbès et Saint-Denis. — La Tafna (145 kil.) ressemble à la haute Habra par la beauté des aïoun[2]

---

1. Ma zafran, l'Eau de safran, l'Eau jaune.
2. Pluriel d'*aïn*, mot arabe qui veut dire : source.

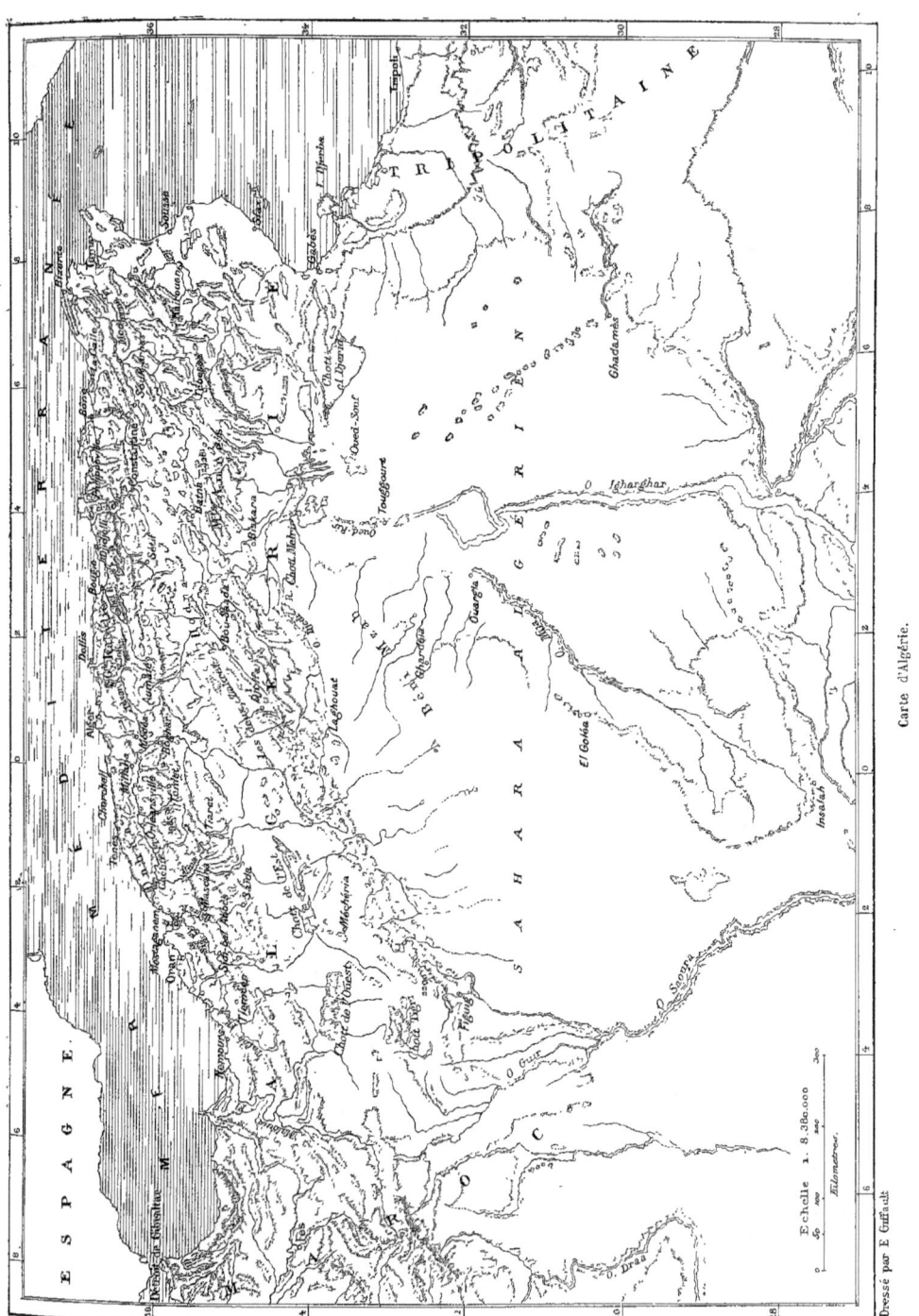

Carte d'Algérie.

qu'elle puise aux cavernes des monts de Tlemcen, ville qui fut capitale d'empire ; non loin de cette cité fameuse qui n'est plus que l'ombre d'une ombre, un des torrents de son bassin, le Méfrouch, s'éparpille en merveilleuses cascatelles, aux Sauts d'El-Ourit, hauts tous ensemble de 500 mètres peut-être.

Steppes. Sahara. — Chevauchant sur tous ces monts, enjambant tous ces ruisseaux et torrents, frémissant avec tous les vents sur les djebels forestiers, partout ailleurs cuit et recuit au soleil, le Tell ou pays de culture monte des bords de la Méditerranée aux sources des fleuves inclinés vers cette mer.

Derrière le faîte où ces sources jaillissent, il ne pleut presque plus, les arbres disparaissent, d'immenses tapis d'herbes qui s'accommodent de la sécheresse s'étendent jusqu'à l'horizon, le long d'oueds qui n'ont pas d'onde, autour de chotts et sebkhas, lacs salés, si ce n'était profaner le nom de lac que d'appeler ainsi des champs de sel, de fange échauffée, desséchée : le mirage y fait flotter une apparence azurée ; on dirait une eau vivante, mais ce n'est qu'une fantasmagorie de l'air et l'on peut mourir de soif au bord de ces vains Lémans. Ainsi se suivent dans leur grandeur monotone les Steppes ou Hauts-Plateaux avec leurs mers d'alfa.

En réalité, on a tort de tracer entre Tell et Steppe une ligne de divorce inflexible ; maint djebel des Hauts-Plateaux ruisselant de fontaines grâce à son altitude, à sa texture de roches, vaut mieux que maint djebel calciné, mainte plaine aduste, comburée du Tell. Les « campos » du pied de l'Aurès, sans écoulement vers la mer, sont Tell plutôt que Steppe ; de même le vaste bassin qui porte ses eaux de source, ses flots de crue à la Hodna (75 000 hectares), lac sans déversoir, autour duquel on peut espérer que des barrages de torrents créeront une « Métidja du Sud » ; de même encore les bords du Zahrez de l'Est (50 000 hectares), du Zahrez de l'Ouest (32 000 hectares), et le pays de Djelfa, l'un des plus boisés, des plus fontainiers de l'Algérie. C'est à l'occident, dans la province d'Oran, sur le Grand Chott Oriental (165 000 hectares) et sur le Chott des Hameïan (55 000 hectares), que le Steppe se distingue le plus du Tell, là aussi que les mers d'alfa couvrent le plus de plaines et de mamelons.

Quand, devançant un peu l'avenir, on devine ce que deviendra le Haut-Plateau par le reboisement, le forage des puits, les barrages à tout pli de colline, la vigne, on hésite à le ranger parmi les terres maudites. On en fait un Tell de moindre opulence, avec un climat plus sain, mais plus dur dans le froid comme dans le chaud, les températures y oscillant entre — 12° et + 40°, avec une moyenne annuelle inférieure à celle des villes de la côte.

Quant au Sahara, ses moyennes sont à peu près celles de la Haute Lande, sauf que le mercure y monte un peu plus haut et n'y descend pas si bas ; il y pleut à peine moins que dans les Steppes les plus « steppes ». Il semble devoir rester éternellement Sahara, jusqu'à tel bouleversement du cosmos qui renversera les vents de terre et les vents de mer : tout au plus y pourra-t-on créer, la sonde à la main, des oasis de bas-fond, et çà et là boiser l'argile, la dune, la pierre avec les arbres qui ne craignent ni le ciel anhydre, ni le froid du matin, ni l'ardeur de midi.

Mais ses lignes d'eau nous sont infiniment précieuses. Par elles nous arriverons au Soudan, soit le long de l'Igharghar, soit par la chaîne oasienne de l'Oued Rir, le fond d'Ouargla, la montée de l'Oued Mya, soit encore, et plus sûrement, par le val de l'Oued Guir. En attendant l'ouverture de ces grand'routes, la race des Africains français croisés d'Espagnols et d'Italiens s'accoutume aux soleils de flamme.

Les Berbères. — L'Arabe dit au Français : « Tu me foules depuis cinquante-cinq ans ; tu vas effaçant mes œuvres et mon nom ! »

Le Berbère crie à l'Arabe : « Dès 647 tu passais, le brandon à la main, dans mon jardin de l'Afrique du Nord, ombragé par la forêt de Gabès à Tanger ; depuis 1150[1], tu me pilles et houspilles ; tu m'as imposé ton Dieu qui n'est clément et miséricordieux que sur tes lèvres, dans tes litanies et tes formules ; à la moitié de mes tribus tu as ravi leur langue et tu la corromps dans l'autre moitié ! »

Personne ne se lève pour témoigner contre le Berbère. Il a pourtant, lui aussi, mangé de la chair et bu du sang ; même cette nation, comme les autres, est faite de peuples entrechoqués, brisés, puis ajustés par la longue usure du temps, si bien que de la buée des massacres, parmi les viols et les trahisons naquirent, une langue « numide », une âme numide, une conscience numide que ni le Punique, ni le Romain ne purent détruire, que l'Arabe n'a pu que diminuer et çà et là obscurcir.

Brutalisants, brutalisés, blancs, noirs ou cuivrés,

---
1. Année de l'invasion des Hilaliens.

les inconnus de l'ère obscure, immémoriale, le Carthaginois qui eut l'insolence, la cruauté, la rapacité du marchand riche, le Romain qui, pillant et pliant le monde, n'eut garde d'oublier l'Afrique, sa voisine, le Vandale qui ne fit que passer et n'était déjà plus, le Byzantin, plus éphémère encore, l'Arabe, le Turc, le Noir amené du Soudan par des marchands d'hommes, les renégats et aventuriers du tour de la Méditerranée, on trouve tous ces éléments chez les Berbères, même dans les tribus les mieux gardées par les monts, les bois, les précipices, jusque parmi les blonds ou rouges aux yeux bleus que le Celtomane rattache aux Celtes, le Germanomane aux Germains.

De tous les intrus de ce coin de l'Afrique, les Berbères sont les moins « externes » puisqu'ils

Le ravin du Roumel à Constantine. (Voy. p. 500 et 510). — Dessin de F. Schrader, d'après une photographie.

descendent d'hommes divers fixés ici avant les Arabes, et les Français sont les plus étrangers. Ou plutôt il n'y a plus d'intrus en Algérie depuis que 150 000 à 200 000 Européens ont vu le jour dans l'Atlas : fils de l'Afrique, ils ont le droit de l'appeler leur mère.

Ces Berbères, nous les nommons aussi Kabyles, d'un mot arabe qui signifie les Tribus. Dans l'antiquité c'étaient des cavaliers indésarçonnables et, comme nous dirions aujourd'hui, de vrais Gauchos, de vrais Cosaques, mais ils perdirent de plus en plus l'habitude du cheval à partir du jour où les Arabes Hilaliens, « centaures » arrivés d'Égypte, parcoururent en camps volants la Plaine et le Plateau; il ne leur resta bientôt plus que les hautes croupes, les pitons aigus, le front des roches, les précipices, les forêts supérieures : alors, dans la montagne, ils devinrent montagnards, à côté de ceux qui l'étaient déjà.

Or, être montagnard, c'est gravir, descendre,

bondir à pieds de chèvre, et sans vertige comme elle; c'est respirer à pleine poitrine, boire aux sources pures, voir d'en haut le monde, se sentir fier et fort et libre; c'est fouler la neige en hiver sous la froidure et l'intempérance des vents; c'est lutter avec toutes les forces de sa volonté contre toutes les forces de la nature; c'est aussi chercher chaleur et bonheur au foyer de la chaumière, au sein de la famille.

Et la famille est nombreuse : tellement que le

Kairouan : façade postérieure de la Grande Mosquée. (Voy. p. 506.) — Dessin de Eug. Girardot.

peuple berbère redescend maintenant en fontaine de vie sur les plaines arabes; partout il plante, il sème et moissonne des champs dont le dépouilla jadis l'insolence de ceux qui disent toujours : « Louange à Dieu ! ». Avec les Marocains, avec les Espagnols et les Italiens, il aide les Français à soumettre à la charrue le sol de l'Afrique du Nord.

Dans ses monts tunisiens, dans son Aurès, ses Babors, sa Grande-Kabylie, son Ouaransénis, son Dahra, son Trara, ses djebels tlemcéniens, partout où de petites Berbéries se lèvent dans l'azur africain, l'homme est vaillant au travail. Il dirige sur sa prairie, son jardin, ses figuiers, ses orangers, l'aïn qui murmure ou le torrent qui gronde, il cueille les fruits des arbres pour la nourriture de ses bêtes ; fronton de roc ou flanc d'abîme, il cultive opiniâtrément l'incultivable et presque l'inaccessible. Il habite des maisons solides dans des villages à la lèvre du précipice, Ilions berbères qui furent souvent attaquées par Achille et défendues par Hector : car, semblables aux vieux Grecs meurtriers d'eux-mêmes, ou aux Corses dans leurs maquis, les Berbères ont consumé leur âge en fratricides, toujours en guerre l'un contre l'autre, confédération contre confédération, tribu contre tribu, bourg contre bourg, et, dans les villages, çof contre çof ou parti contre parti, sur la place publique où ils s'assommaient lors de l'élection à libres suffrages des membres de la djema[1]. Et c'est pourquoi ce peuple fait pour être maître fut maîtrisé par moindre que lui, comme toute nation qui sacrifie aux dieux de la haine entre frères.

S'ils ont tous reçu la loi du Prophète, tous n'ont pas accepté la langue du Livre. Des centaines de milliers de Berbères, notamment dans la Grande-Kabylie et l'Aurès, ont gardé leur témachek antiquissime, idiome encore mal classé, sans parenté avec l'arabe, et dont beaucoup de noms couvrent la carte de l'Afrique septentrionale, reconnaissables pour la plupart à leurs deux t, l'un au commencement, l'autre à la fin des noms : Touggourt, Touat, Tademaït, Tidikelt, Tafilelt, Tiaret, Takdempt, Temouchent, Taroudant, Toumzaït, Tasbent, Tamentit, Tadrart, etc. Par contre, de nombreuses tribus d'origine berbère ont fini par adopter l'idiome arabe, qui était celui du « Livre de la loi », de l'instruction, des belles-lettres, du bon ton, du commandement, du commerce, des grandes villes, des grands marchés : ce sont là les Berbères arabisants, comme, par exemple, les montagnards du pays de Philippeville, Collo, Djidjelli. Enfin des tribus ou fractions de tribu arabes perdues dans le milieu berbère ont abandonné leurs explosions gutturales pour les patois des rustiques chez lesquels ils vivaient : ce sont les Arabes berbérisants, singulièrement moins nombreux que les Berbères arabisants. Et il y aura bientôt des Berbères francisants. Les berbérisants, race pratique, ont la sagesse de préférer la langue de plus en plus utile en Algérie à la langue de plus en plus inutile, le français, pétri de science, d'intelligence, et riche d'infinie richesse en œuvres sérieuses, à l'arabe pétri de métaphores et très pauvre en livres qui ne sont ni théologie, ni droit musulman, ni généalogies, ni contes. Au peu d'écoles françaises ouvertes jusqu'à ce jour dans ses taddert,[1] sur ses iril[2], le peuple berbère accourt avec diligence, soucieux d'apprendre, fier de s'instruire. Il moissonne avec nos colons dans la plaine, il vit du travail de ses mains dans les grandes villes, et bientôt nous le verrons sur les quais de Marseille, puis dans les rues de Paris, à côté des Auvergnats, ses frères en vertu montagnarde. D'ores et déjà nous concevons une nation berbère qui parlera le français et ne parlera que lui.

Combien compte-t-on de Berbères purs ou arabisés, combien d'Arabes berbérisés, combien d'Arabes ? Les dénombrements ne nous le disent pas : ils rangent tous ces éléments sous le nom de Musulmans ou d'Indigènes.

Les Arabes. — Les Arabes d'Algérie viennent du plus lumineux Orient : de l'Arabie, sèche entre ses trois mers, de l'Euphrate où se mirent les palmiers, du désert de Syrie, du Nil.

Bien avant la fin du siècle qui vit en son premier tiers la prédication, la fuite, le triomphe et la mort du Prophète, une bande d'Arabes envahit la forêt d'Afrique, oliviers et maquis, de Grande Syrte à Grande Mer, escadron poussiéreux qui fit voler des têtes, puis revint, bride abattue, vers le soleil levant, ayant détruit, n'ayant rien fondé sauf Kairouan, qui devint cité sainte : Okba, le conquérant, l'homme de Dieu, n'avait-il pas prié les lions et les serpents, au nom du Clément et du Miséricordieux, de sortir des fourrés où il voulait bâtir sa ville, et fauves et reptiles avaient obéi. Ce fut tout. Pendant quatre siècles la Berbérie resta berbère et même le devint plus que jamais en absorbant lentement ce qui restait chez elle d'éléments puniques, latins, byzantins et vandales ; et durant ces quatre siècles elle conquit presque sans aucun secours des Arabes la guerrière Ibérie et la couvrit de cités.

Mais en 1050 arrivèrent les Hilaliens : ces cavaliers, ces sabreurs prirent les plaines du Tell, ses plateaux, ses larges vallées, tout ce qui convient au nomade, et dès le premier jour commencèrent à dénationaliser les Berbères par l'influence de leur commandement, surtout par celle de leur religion et de son livre sacré ; peu à peu des tribus, des sous-tribus, des lambeaux oublièrent sinon leur race, au moins leur langue, pour l'arabe, l'idiome bref, dur, fait de consonnes, et d'un métal presque indestructible.

---

1. Municipalité.

1. Villages.
2. Collines.

Sabrés à leur tour par le yatagan turc durant plus de trois cents années, les Arabes n'en continuèrent pas moins à s'assimiler les Kabyles, et quand nous entrâmes en Algérie nous crûmes n'y voir que des Ismaélites. L'histoire nous trompait qui loue la race arabe là où elle devrait exalter le Persan, le Grec ou le Berbère; les « Mille et une nuits » nous avaient ensorcelés, les chefs arabes, princes féodaux magnifiquement montés, superbement drapés, nous éblouirent, et l'on ne parlait qu'arabe dans les grandes villes et le long des grandes voies du pays. Le temps a dessillé nos yeux et nous savons maintenant que, des deux peuples « autochtones » plus que nous en Algérie, le moindre est l'Arabe, nomade ou semi-nomade, tandis que le Kabyle, profondé-

Tlemcen : vue générale. (Voy. p. 510.) — Dessin de A. de Bar, d'après une photographie.

ment enraciné, vaut nos meilleurs paysans de France.

Évaluer les vrais Arabes de notre Tell est chose impossible, car on s'est infiniment mêlé d'Arabe à Berbère, sans compter les Noirs, les Turcs, les renégats et captifs. Telle tribu fière de son ismaélisme se compose de fractions singulièrement diverses d'origine : l'une se prétend issue du vrai Prophète et ne l'est certes point; l'autre descend de quelque antique marabout, de quelque saint fameux par ses faits et dits mémorables qui dort sous une blanche kouba ; une troisième sait que ses ancêtres vinrent du haut djebel marocain, essentiellement amazigh[1]; une quatrième, plus que bronzée, arriva du Sahara voisin du Soudan ; une autre, smala ou maghzen au service des Turcs moyennant exemption d'impôts et jouissance de terres, se forma de tous les éléments que porte le sol numide. Dans l'ensemble, on peut dire que le

1. Berbère.

sang berbère domine dans un grand nombre de douars[1] arabophones.

On peut dire aussi que si le Kabyle tient bon (sauf l'irrésistible empiètement de la langue française), s'il augmente l'aire de son domaine, la foule de ses hommes, l'Arabe, moins fécond, recule : il lui faut de grands espaces parce qu'il est plutôt berger que laboureur, parce qu'il est en général ou plein nomade ou demi-sédentaire avec des mechtas ou gourbis d'hiver et des campements d'été. Or, les Européens ne pouvant occuper en masse la montagne, déjà trop pleine, se répandent surtout dans les épanouissements de vallée, dans la plaine et sur le plateau, justement en pays arabe. Et les Arabes vendent leur terre dès qu'ils peuvent la vendre ; ils s'en vont on ne sait où, au Maroc, dans le Sud, en Sahara, peut-être au Soudan : nés du Désert, ils retournent au Désert, ou, restés sur place, s'engagent au service du colon comme khammès[2], berger, domestique, et l'usage du français leur devient familier. Beaucoup aussi se dispersent dans les grandes villes et y apprennent à parler couramment notre langue, qui devient l'idiome général du pays. Ainsi diminue ce peuple au beau visage, aux membres souples, aux pieds légers, brillant d'esprit et d'imagination, apte à la guerre, ivre de joie sur le dos du cheval et frémissant des narines à l'odeur de la poudre — mais il ne décroît que dans ses parties essentiellement arabes : là où il est plus ou moins de sang kabyle il défend sa terre avec opiniâtreté.

Berbères ou Arabes à tous les degrés de pureté ou de mélange font un peuple de plus de 4 millions d'hommes, dont 2 842 497 en Algérie et 1 200 000 à 1 300 000 dans la Tunisie, où l'on ne les a pas encore dénombrés.

Européens, Françai Africains. — 35 663 Juifs servent de pont entre Musulmans et Européens ; de langue arabe, presque tous parlent, lisent, écrivent le français ; un décret les a naturalisés en bloc, si bien qu'ils sont citoyens comme nous et servent dans nos armées. Hommes de banque et d'usure, négociants en tout négoce, inventeurs de trafics, revendeurs, brocanteurs, colporteurs, agents d'affaires, courtauds de boutique, employés de cléricature, aides-fonctionnaires, ils prospèrent, ils pullulent.

La famille européenne qui règne en Algérie, qui crée, modèle, assimile, les Français y dominent

1. Village, commune.
2. Métayer au cinquième.

aussi par le nombre. En Tunisie, il n'y en a que peu de milliers contre 12 000 Italiens et autant de Maltais, mais en Algérie le recensement quinquennal de 1881 a reconnu la présence de 195 418 Français sans les Juifs naturalisés, de 231 081 avec ceux-ci, sans compter plus de 40 000 soldats, tandis qu'il n'y avait que 181 354 étrangers, dont 109 000 Espagnols, 32 000 Italiens et 15 000 Maltais.

Presque tous Provençaux, Corses, Languedociens, Catalans, Dauphinois, Gascons, avec un fort contingent de Comtois, d'Alsaciens, de Lorrains, les Français ont aussi dans leurs rangs des hommes des départements du Centre, du Nord, de l'Ouest, amenés en Afrique par le service militaire, les fonctions publiques, le hasard, le déclassement, l'étourderie : le pays leur a plu, ou ils n'ont pu le quitter. Bien qu'essentiellement Méridionaux, les Néo-Français de l'Atlas imposent ici, non leurs vieux patois d'oc, mais le pur français littéraire à leurs voisins Européens, Arabes ou Kabyles. Les 71 000 Étrangers nés sur le sol algérien savent aussi bien, sinon mieux, notre langue que leurs idiomes maternels, et les trois grands quarts de ceux qui ont vu le jour en Espagne, en Italie, à Malte, en Suisse, en Allemagne, en Belgique, s'expriment avec ou sans difficultés en français ; enfin l'on calcule que 500 000 Musulmans peuvent s'entretenir avec nous sans interprète, et certes peu d'entre nous peuvent converser avec eux en arabe ou en berbère. Ainsi quelques centaines de milliers de paysans et d'ouvriers du Rhône, des Alpes, des Cévennes, des Pyrénées amèneront tout un nord de continent à la langue des Français de l'Ile-de-France.

Les Espagnols sont de deux patries, de deux idiomes : Andalous parlant le castillan, Baléariens, Valenciens, Alicantins parlant le catalan. Les Italiens viennent surtout du Napolitain, de la Sicile, de la Sardaigne et du Piémont. Fils de l'Ausonie, fils de l'Ibérie s'absorbent sans combat, sans douleur dans l'unité française, les trois peuples étant frères d'origine et presque de langage.

Jusqu'à ces dernières années, des savants de peu de foi proclamaient à voix haute et intelligible que la terre qui avait dévoré vingt races mangerait aussi la nôtre, comme elle le fit des deux peuples advènes qui la possédèrent le plus longtemps, le rusé Carthaginois par ses mercenaires, le Romain brutal par ses légions. Pendant qu'ils posaient leurs axiomes, l'arbre dont ils maudissaient la sécheresse se couvrait de fleurs et de

Dirbane, la Casba. — Dessin de Vuillier, d'après une photographie.

fruits, la nation condamnée par eux à la stérilité s'enracinait au sol en familles nées sur le sol même; elle devenait autochtone à son tour, puis, de plus en plus forte, elle assurait sa durée en mêlant à son sang deux sangs méridionaux, l'espagnol et l'italien, les mariages entre Néo-Latins étant fort communs en Algérie.

Un grand tiers des Européens d'Algérie y sont venus au monde; c'est sur eux que s'appuie la nation nouvelle, autour d'eux et par eux qu'elle se cimente, prête à traverser le Sahara pour saisir le Soudan.

Villes. — Divisée en trois provinces, Alger, Oran, Constantine, plus la Tunisie encore en l'air, l'Algérie a pour capitale Alger, pour ville la plus peuplée Tunis, pour autres cités majeures Oran, Constantine, Bône et Tlemcen.

Alger, longtemps hameau de pêcheurs des Béni-Mezrenna, tribu berbère, devint ville turque et repaire de forbans sous de sanglants pachas; c'est aujourd'hui la plus gracieuse des grandes cités françaises : blanche et se mirant dans la mer bleue, elle monte à l'assaut des collines bouzaréennes par des boulevards, des rues tournantes, des ruelles obscures, obliques, et des escaliers en casse-cou. Faubourgs compris, la charmante capitale de l'Algérie a 89 000 habitants, dont 34 000 Français, 6000 Juifs naturalisés, 26 000 Étrangers, 16 000 Indigènes, etc.

Tunis, encore orientale, ce que n'est presque plus Alger, renferme les palais du bey sans beylik. Carthage, à 12 ou 15 kilomètres au nord-est, voyait les mêmes monts qu'aujourd'hui Tunis, les Deux Cornes, le Ressas dentelé, le lointain Zaghouan, mais ses collines plongeaient sur la mer vraie, sur la mer vivante, tandis que son héritière sans gloire borde une mer fausse, une Bahira salée de 50 à 50 centimètres de profondeur sur un lit d'immondices. Parmi ses 125 000 (?) habitants il y a 25 000 Juifs et plus de 20 000 Européens. Son port est à la Goulette, au bout de la Bahira.

Oran (59 000 hab.) escalade des collines dominées par une montagne rouge où de superbes castillos bâtis par l'Espagne surveillent la terre et la mer; très active, très commerçante, elle attend beaucoup du « transsaharien » dont l'Oued Guir, longue vallée du Sud oranais, semble la voie la plus naturelle.

Marabout. — Dessin de Pierre Fritel, d'après une photographie.

La hautaine Constantine (43 000 hab.), indigène à moitié, monte en amphithéâtre comme Alger, comme Oran; à 600 mètres de moyenne altitude, dans un air brusque, c'est en été une ville du Sud, en hiver une ville du Nord avec des toits neigeux; le Roumel la contourne presque, au fond d'un précipice qui donne le cauchemar : au pont ce gouffre a 120 mètres d'abîme, il en a 200 à la Casba.

La charmante Bône (29 000 hab.), tout européenne, est au pied de l'Edough, à la fin de la Seybouse; elle grandira vite, ayant derrière elle le Tell le plus large.

Tlemcen (25 000 hab.), la « mère des oliviers », à 800 mètres d'altitude, dans un beau site au sein d'un pays splendide, a deux tiers de Musulmans, le reste étant Français, Espagnols et Juifs. Il lui reste de grands souvenirs et des monuments de son ère « impériale », quand elle régnait au loin, en Algérie jusqu'à Bougie, et au Maroc sur la montagne et le val de la Malouia.

Types marocains. — Dessin de Biséo.

MAROC

Le Grand Atlas, ses monts altiers, ses oueds. — Partis de l'Arabie, les Arabes domptèrent en courant la Perse, la Syrie, l'Égypte, la Cyrénaïque et tout le Tell devenu Tunisie, Algérie, Maroc. Là, tout à coup, plus de terres : « Dieu grand, s'écria le conquérant, Okba, fils de Nafé, en lançant son cheval dans les flots du rivage, sans cette mer j'irais jusqu'à l'Occident inconnu, prêchant le nom de l'Unique et détruisant toute race qui adore un autre que toi ! » Les Musulmans étaient au bout du monde; aussi donnèrent-ils au Maroc le nom qu'il garde encore chez eux : Moghreb-el-Aksa, le Couchant lointain.

Avec le territoire de tribus berbères en réalité libres du joug sur le versant sud de l'Atlas, avec de vastes oasis sahariennes, mais, bien entendu, sans le Touat, qui ne lui appartient pas, le Maroc a de 60 à 70 millions d'hectares, avec 4 à 5 millions d'habitants : c'est à peu près la moitié de la Berbérie, et certes la meilleure.

Où sa supériorité sur l'autre moitié est visible, éclatante, c'est dans la disposition de ses côtes et la hauteur de ses monts. Ses 1500 à 1800 kilomètres de rivage font face à deux mers au lieu d'une, et il ne borde pas seulement un lac, — la Méditerranée n'est guère autre chose, — il est assailli par l'Océan lui-même, avec ses fureurs, ses marées, ses grands vents lointains du large, et il commande par des roches très fières le détroit de Gibraltar, qui est le premier des passages marins de l'univers.

Quant à l'Atlas marocain, il a deux fois la hauteur du djebel algérien, du moins dans sa chaîne mère. Le Miltsin, qui trône à l'horizon de Marakech[1], a 4000 mètres ; longtemps il passa pour le mont suprême de tout le Maroc et de tout l'Atlas, mais on sait maintenant que des pics s'élancent à 4500 mètres, sinon jusqu'à la taille du Rose et du Blanc d'Europe : c'est là le Haut-Atlas, l'Adrar par excellence, celui dont on disait qu'il porte le monde sur ses épaules. Sa maîtresse arête, qu'on croit supérieure à 3700 mètres de moyenne altitude sur 130 kilomètres de longueur, jette une infinité de cascades aux torrents qui font le Tensift, l'Oum er-Rebia, l'Oued Sous ; elle sépare le vrai Maroc du pays de l'arganier[2], du Sous, vallée grandiose entre le Haut-Atlas au nord et, au sud, un autre Atlas, gigantesque aussi, qu'on peut appeler l'Anti-Atlas. Ce Sous ne dépend guère que de nom du potentat de Fès et Marakech ; s'il en dépendait réellement, ce serait peut-être ce qu'il y aurait de plus beau, de plus riche et fécond dans son empire si fécond, si riche et si beau. A ce vaste jardin d'où l'on voit, au nord, au sud, et tous les ans pendant de longs mois, la neige, principe de vie, il ne manque guère que la pérennité des torrents et la vaste ampleur des forêts. Plus fourré jadis, il eut des rhinocéros et n'en a plus ; on y cultiva la canne à sucre, on ne l'y cultive point.

Le fameux Rif, citadelle de tribus berbères dominant les parages où la Méditerranée s'approche du détroit de Gibraltar, n'a pas plus de 2200 mètres, mais il plonge avec majesté sur les eaux bleues, vis-à-vis des monts Andalous : c'est comme si notre Grande-Kabylie, qui ressemble fort au Rif, se levait en face des Cévennes. Rif, mot arabe, veut dire pays bien cultivé, et en effet ce bastion berbère est plein de vergers, pleins de villages ; il est « vivant » ainsi que tout djebel kabyle.

L'Atlas marocain dépêche vers la mer des oueds de 400, 500, 600 kilomètres : telle, dans le bassin de la Méditerranée, la Malouïa, le plus long fleuve du Tell après le Chéliff ; elle a son embouchure près des Zafarines, archipel d'îlots où la France voulut planter sa bannière en 1847, mais l'Espagne nous y avait devancés de quinze jours.

Vers l'Atlantique cheminent, entre autres, le Sebou, qui a Fès dans son bassin, l'Oum er-Rebia, fort de 70 mètres cubes par seconde, le Tensift, trois grands oueds auprès desquels ceux d'Algérie ne sont que des fossés torrides ; des cagnons du djebel ils passent dans de larges plaines, Mélidjas de l'avenir, mais aujourd'hui, dans les mains des Arabes, voire des Berbères, elles ne donnent pas les moissons dont elles sont capables.

L'Atlas marocain, portant des neiges de longue durée sur son penchant du sud, a la force de jeter au Sahara des torrents que le soleil ne boit pas d'un rayon comme ceux des Ksours, de l'Amour, du Bou-Kahil, de l'Aurès. Il arrive même, à certaines grandes fontes de frimas, que l'Oued Draa coule jusqu'à l'Atlantique ; or, il a 1500 kilomètres[1], et dès qu'il a quitté les monts où des seguias[2] l'épuisent il lui faut se défendre contre le sable absorbant, les fissures des roches, les vents de braise : au plus fort de l'été, il va jusqu'au grand détour qui de la direction du nord au sud le fait passer à celle de l'est à l'ouest.

On estime à près de 20 millions d'hectares l'aire du Tell marocain, à près de 7 millions celle des Steppes, le reste étant grand désert, sauf les oasis, nombreuses, riches, peuplées.

Gens et villes. — On ignore ce qu'il y a d'hommes au Maroc : en lui attribuant 4 à 5 millions d'hommes on égale sa population à celle de l'Algérie prise dans toute sa largeur, de Tlemcen à Gabès.

Suivant vraisemblance, les deux tiers des Marocains appartiennent à la race berbère, aux Amazighs dans le Rif et en général dans les monts du Nord, aux Chillouks dans ceux du Sud. C'est bien chez l'empereur Barbaresque, sur les djebels les plus neigeux, les plus inaccessibles du Tell, qu'il faut chercher les « Libyens » les plus purs ; les Touaregs, pirates du Sahara non moins que du Soudan, ont sûrement absorbé plus de sang noir que les Berbères du Moghreb Extrême, et les montagnards de l'Algérie plus de sang romain, plus de sang arabe, plus de sang « chrétien ». Comme partout en Afrique Mineure, les Kabyles marocains se retranchèrent dans la « Sierra » quand les condottieri de l'invasion hilalienne firent main basse sur le val et sur le « campo ». De leur montagne ils redescendent maintenant pour recon-

---

1. Maroc.
2. Cet arbre est un cousin de l'olivier, de sa taille ou plus grand, et l'on en tire aussi de l'huile.

---

1. Dans un bassin qu'on estime (fort aventureusement) à 16 700 000 hectares.
2. Canaux d'irrigation.

quérir peu à peu dans toute son étendue le vaste domaine ancestral. Ils ont déjà, suppose-t-on, près des quatre cinquièmes du sol en leur pouvoir; toutefois ils sont en minorité dans les villes. Sans l'arrivée des Français en terre « numide », les arrière-petits-fils des fantassins et des cavaliers de Masinissa, les Berbères, Kabyles, Amazighs, Chillouks, le nom n'importe, auraient repris à la longue tout le Tell aux Arabes.

Qu'ils aient perdu ou qu'ils aient gardé leur langue, les Berbères de l'Extrême Occident ont modifié profondément jusqu'à la moelle intime une foule de tribus arabes du Maroc, comme de l'Algérie, en leur portant une sève plus rustique. On prétend que les Arabes marocains abandonnent

Fès. (Voy. p. 514.) — Dessin de Vuillier, d'après une photographie.

la vie nomade plus facilement que les Algériens. Pour quelle raison? Probablement parce que les Arabes du Couchant le plus éloigné, à cette énorme distance de la source de leur sang « pastoral », ont puisé davantage au sang « agricole » des hommes de l'Atlas; ou parce que les Marocains sont inconsciemment adaptés à la vie sédentaire par la rugosité de leur Maroc, tout en hautes montagnes où la tente plierait sous la neige, en précipices où le cheval ne galope ni ne trotte, en champs qu'on peut arroser avec la fontaine ou le torrent; tandis que l'Algérie fait aux Algériens une âme vagabonde : n'est-elle pas la terre des larges vallées, des plateaux infinis où sonne le sabot des cavales, le pays des champs d'alfa, des vastes chotts, de l'espace enivrant, de l'étendue libre, des horizons sans bornes où l'on voit au bout du ciel ici la mer indigo, là-bas la mer fauve du Grand Désert?

Les deux tiers du peuple marocain sortant du

tronc berbère, le reste est fait avant tout d'Arabes purs, ou mélangés de Berbères, ou teints de noir par une longue infiltration d'esclaves soudaniens. Puis viennent les descendants arabisés des renégats qui firent souche au Maroc; les Juifs, issus pour la plupart des Israélites expulsés d'Espagne en 1391 et en 1492; enfin les Noirs. Parmi les Européens, très peu nombreux[1], les Espagnols sont au premier rang, les Français au second.

Les Arabes et Berbères professent l'islamisme, les Juifs le mosaïsme. La langue arabe domine sur le berbère autant que le sang berbère sur l'arabe. On la parle en dialectes raboteux qui ont horreur des voyelles. Beaucoup de Juifs savent l'espagnol, que leurs ancêtres eurent pour langue usuelle dans la Péninsule très catholique. Les « Francophones », encore fort disséminés, croissent en nombre depuis que les Kabyles du Maroc oriental, race dure, en quelque sorte auvergnate, vont défricher, moissonner, piocher, casser les cailloux des routes en Algérie et jusqu'en Tunisie, — surtout dans la province d'Oran.

Fâs ou Fès (75 000 h.?), la capitale, à 400 mètres d'altitude ou quelque peu plus, borde la rivière des Perles (bassin du Sébou), au pied du Djebel Salah, qui la domine de 550 mètres. Sous les Almohades, cette Mecque du Far-West de Berbérie[1] avait 500 000 âmes et deux splendides mosquées, l'une la plus grande, l'autre la plus belle de l'Islam africain.

La seconde capitale, Marakech (40 000 hab.) — nous disons Maroc — eut jusqu'à 750 000 citadins, disent les Arabes. Elle se lève à 500 mètres au-dessus des mers, majestueuse, solitaire, parmi les palmiers, dans la plaine du Tensift, en vue du Grand Atlas.

Les Présidios. — Sur le rivage méditerranéen du Maroc, l'Espagne possède, dispersés du détroit de Gibraltar à la frontière d'Algérie, quelques présidios, lieux de déportation pour ses criminels, souventefois aussi lieux d'exil pour ses politiciens. En tout ils n'ont que 12 000 habitants, dont près de 10 000 pour Ceuta, qui regarde Gibraltar à l'endroit précis où, venant de l'Océan, le grand détroit intercontinental s'élargit en une mer intérieure. — Peñon de Velez n'est qu'un misérable îlot escarpé sans la moindre fontaine, à 400 mètres du littoral rifain. — Alhucemas, autre roc sec, contemple aussi le Rif. — Melilla, sur une petite péninsule accrochée à la presqu'île du cap des Trois-Fourches, guerroie souvent contre ses voisins kabyles. Les Zafarines, archipel de trois îlots, veillent à l'embouchure de la Malouïa.

Cavalier marocain. — Dessin de Biséo.

1. 1500, dont 1000 à Tanger.

1. Far-West, c'est exactement Moghreb-el-Aksa.

Le simoun. — Dessin de G. Vuillier.

SAHARA

Le Sahara : son immensité, ses oasis, son simoun. — Le Sahara sépare l'Afrique Mineure et le Soudan ou pays des Noirs, commencement de la véritable Afrique. Nulle part le mot séparer ne s'applique si bien : le Sahara dissocie plus que les montagnes, franchies par des cols viables même dans l'Himâlaya et les Andes, plus que l'Océan méprisé par les navires, plus que la toundra tous les ans raffermie par la rigidité polaire.

De l'Atlantique à la mer Rouge, par-dessus la bande oasienne du Nil, du pied méridional de l'Atlas au Soudan, sur cinq à six mille kilomètres de long, sur mille à deux mille de large, le Sahara n'entretient que 2 500 000 hommes en une aire de 618 millions d'hectares, presque égale aux deux tiers de l'Europe et à douze fois la France. Pourtant des fontaines, des puits artésiens ont évoqué dans le nord du Grand Désert de splendides jardins de palmiers, et dans le sud, sous le Tropique, il tombe assez de pluie pour féconder à demi le sol et tracer des steppes au bord de la fournaise ; mais tout le reste du Sahara, sous la voûte ardente, est un Sud inexorable.

Toutefois on en exagérait les terreurs et les horreurs. Il n'est plus pour nous ce qu'il fut pour nos pères, une arène à tout vent frémissante, montant et marchant en cyclone contre les caravanes comme le typhon contre les navires. Le simoun, agitateur de ses sables, souffle violent, brûlant, tissu de poussière, roule rarement sur les voyageurs le linceul de la mort au Désert ; la soif tue plus que lui. Quand la catastrophe arrive, elle laisse des témoins funèbres : à la longue, pèlerin, marchand, chameau, cheval se déshabillent de leur chair, leurs os blanchissent, le sable cache leur squelette, le vent le montre, et ils gardent longtemps l'attitude de leur agonie.

Le Sahara ne restera pas tout entier Sahara. — Même, loin de condamner le Désert à l'éternelle indigence, d'aucuns croient maintenant à son avenir. Cette chebka, comme disent les Arabes, ce filet, ce réseau d'âregs ou de dunes, de roches brûlantes, de coulées sans gazon, sans bois, sans fonts, sans hameaux, presque sans tentes, tout ce monde aujourd'hui vacant ne fut pas toujours si calciné, si nu, si misérable, si vague et vide et mort, il ne le sera pas toujours autant. La tradition nous apprend que des sources, des oueds, des puits, des villes, des champs d'orge et de blé, des palmiers, des forêts même ont disparu, qui pourraient reparaître si de proche en proche on plantait des arbres et l'on créait des eaux. Le Sahara n'aime pas seulement le palmier-dattier, il donne aussi quelque sève aux pins, aux gommiers, aux minosas, aux térébinthes ; l'eucalyptus peut croître, géant du Grand Désert comme de l'Australie, dans les bas-fonds où vont sous terre l'eau d'orage et le suintement de roc ; enfin, dans les profondeurs du sol dorment sans doute çà et là des lacs et courent des ruisseaux capables de remonter en sources artésiennes ; or, sous l'astre saharien, du Tell au Soudan, il suffit d'un grand orage pour vêtir de verdure les sables les plus arides. Une nuit de pluie, dit l'homme du Désert, fait pousser l'herbe pendant trois années.

Plantes, animaux du Grand Désert. — Les Arabes, brigands ou prosélytes, qui traversèrent les premiers le Sahara lui donnèrent quatre noms par lesquels on le désigne encore : Bahr-bela-Ma ou Mer sans Eau, Blad-el-Ateuch ou Pays de la Soif, Blad-el-Khrouf ou Pays de la Peur, Blad-el-Mkhalla ou Pays du Fusil, car il faut s'y battre contre les Touaregs qui courent le Désert au trot allongé de leur méharis pour y rançonner les caravanes.

L'homme ne manque à cette grande solitude que faute d'animaux et de plantes. Des chardons, des artémises, des buissons épineux, par endroits quelques herbes nourries par l'oued invisible que distille goutte à goutte le sable des ravins et chaque matin rajeunies par la rosée d'un ciel pur, le Sahara, hors des oasis, ne produit guère autre chose. Le fameux « lion du Désert » est une fable. Le roi des fauves aime la fraîcheur, les rameaux émus par le vent, les fontaines, les prairies et, avant tout, ce que l'herbe entretient en chair, bœufs,

génisses, moutons, cheval ou gazelle ; il peut habiter l'ourlet du Sahara, surtout au sud, là où le Désert est plutôt Steppe (et peut-être de monstrueux serpents pythons y séjournent comme lui), mais on ne le voit jamais dans ses solitudes centrales, non plus que l'autruche et la gazelle. Le scorpion, de grands et de petits lézards, la fourmi, la leffâ, cette vipère à cornes dont la piqûre tue si vite qu'on la nomme serpent minute, à cela se borne à peu près la vie saharienne.

Au sud de l'Algérie et de la Tripolitaine, des bas-fonds s'effaceraient sous le flot bleu si la Méditerranée perçait le sable et le roc de son rivage ; mais ces dépressions sont rares, point vastes, et l'altitude moyenne du Sahara paraît atteindre 350 à 400 mètres, avec monts de grès et de granit, jaunes ou noirs ou rougis par le minerai de fer, levant leur tête à 1000, 2000, 2500, peut-être 3000 mètres : le Djebel Hoggar ou Ahaggar, le plus haut de tous, a trois mois de neige et il y court des ruisseaux d'argent, qui ne vont pas loin.

Ainsi des Aregs ou Ergs, c'est-à-dire des sables ; des hammadas, c'est-à-dire des plateaux rocheux et pierreux ; des monts taillés en citadelles infinies, de loin splendides par la magie du soleil ; des bas-fonds ; des sols infinitésimalement humides, imprégnés du sel qu'on vend aux Soudaniens [1] ; des oasis où les palmes donnent l'ombre à des arbres fruitiers abritant eux-mêmes du soleil le maïs, l'orge et les fourrages ; d'une oasis à l'autre, ou d'une rive à l'autre de la « mer sans eau », des voyages de caravanes, l'œil au guet, car le Désert est grand, le rançonneur traître et rapide ; des chameaux laids, patients, héroïques, vivant de faim et de soif, des méharis ou chameaux de course qui font 120 kilomètres par jour et ne sont pas fatigués ; sur tout cela, sur l'immensité nue comme l'oasis, des vents secs du nord et du nord-est, cause première de l'aridité saharienne ; des chaleurs de 45 à 50 degrés à l'ombre, de 68 au soleil ; des nuits où le froid d'avant aurore peut descendre à 5 et même à 7 degrés sous zéro ; des rosées drues, un climat merveilleusement vital malgré sa brusquerie, ses excès, sauf dans les oasis qu'infectent les seguias embourbées ; dans ces oasis, des ksours branlants ; dans ces ksours, des Arabes, des Berbères, des Noirs, ou des métis de ces trois races, voilà le Sahara. Quel qu'il soit d'ailleurs, à tout jamais fournaise ou traînée d'oasis s'avançant lentement sur l'immense aridité par plantations,

[1]. Le sel est si rare au Soudan qu'il s'y échange, dit-on, à poids égal contre la poudre d'or.

Effet de mirage. — Dessin de G. Vuillier.

réservoirs et forages, le Désert Majeur a droit à tous les soins de la France. Il est pour elle ce que le Far-West fut pour les États-Unis : non pas précisément un Grand-Ouest, mais un Grand-Sud. En le coupant d'une voie ferrée le long de l'Oued Guir ou de l'Igharghar nous arriverons au Soudan central.

Les Arabes habitent surtout l'ouest du Sahara, près des dunes de l'Atlantique, les plus hautes du monde avec celles du Takla-Makan : 180 mètres près du cap Ventru[1]; l'orient, en tirant sur le Nil; le sud-ouest, sous le nom de Trarzas, de Braknas, de Douiches, dans les sables qui bordent le fleuve Sénégal, mais ils n'y sont pas purs, loin de là, ayant puisé beaucoup au sang berbère; au pied de l'Atlas, ils sont aussi mélangés aux Berbères et, par le fait, moins nombreux qu'eux. Passionnés pour la vie nomade, ils trouvent le bonheur parfait dans le Désert, et leurs poètes le chantent avec enthousiasme : il y a là ce qu'ils aiment le plus, le soleil et l'espace. Beaux, nerveux, agiles, de bonne heure secs comme des momies, ce sont d'ardents Islamites. Les Berbères ont aussi leurs nomades, les Touaregs[2], qui sillonnent les sables entre le Fezzan et Tombouctou, montés sur des méharis et armés d'une longue lance et d'un sabre courbe aux blessures dangereuses. Ces flibustiers teintés de noir ont la figure cachée par le litham, voile qui garantit leur visage de la poudre saharienne, mais leurs femmes, qu'ils honorent, vont à face découverte. Adzgher et Ahaggar ou Touaregs du Nord, Kiloui et Sorgou ou Touaregs du Sud, Aouélimmiden ou Touaregs du Niger, ils ont leurs dialectes berbères, leur alphabet, quelques inscriptions rupestres. Ils adorent leur Sahara redoutable, si brusquement différent de lui-même, de l'aube glaciale au midi suffocant, puis à la nuit scintillante. Dans cet infini pays de la soif, le Targui sait tous les puits, les sources, tous les sables où filtre un peu d'eau; il connait toute dune où poussent l'herbe et l'arbuste, toute colline d'où l'on guette la caravane, tout ravin qui cache, tout traquenard où l'on égorge, tout chemin pour fuir ou poursuivre. Cette science du Désert les fait terribles, et non pas leur nombre. A peine sont-ils cent mille; encore le gros de la nation, les Aouélimmiden, ne vit-il pas dans le Sahara, mais dans la savane d'entre Sahara et Niger et dans la plaine ou les îles du fleuve. Ils ont anéanti par le fer et le poison une expédition française[1], et la France ne s'est pas vengée : pourtant elle ne peut atteindre les Nègres qu'en traversant les Touaregs.

Les Noirs, qui ont agi par leurs femmes sur la plupart des tribus nomades ou sédentaires du Sahara, sont presque purs dans certaines oasis riveraines du Soudan. Croisés de sang berbère, ils occupent, avec les Touaregs Kéloui pour voisins, la grande oasis d'Aïr ou d'Asben, monts qui vont jusqu'à 1500 mètres et gorges où tombent quelques pluies, si bien que des vallées n'y manquent pas toujours de fraîcheur : on y pressent le voisinage de la terre fertile des Nègres, qu'annoncent aussi le visage et la couleur de l'homme. Là s'élève Aghadès, reste d'une cité de 50 000 âmes, s'il faut en croire les on-dit du Désert.

Après l'Aïr, pays indépendant, après le Fezzan, possédé par Tripoli, après Ghat, turque depuis 1874, après les admirables jardins de palmiers de la province de Constantine, après Tafilelt, qui a 100 000 habitants et relève du Maroc, l'oasis majeure est le Touat. A mi-chemin d'Alger, d'Oran, de Maroc à Tombouctou, à 1400 kilomètres de chacune de ces quatre villes, ce bas-fond d'oasis dispose, prétend-on, de 80 000 litres d'eau par seconde, puisés sous un immense amoncellement de dunes par un savant réseau de galeries souterraines. Il craint la France et fera quelque jour partie du Sahara d'Alger. Confédération de bourgades arabo-berbères où dominent les ksours d'Aïn-Salah (ou Insalah), il se peut qu'il entretienne 70 000 oasiens, d'autres disent 500 000.

L'Adrar des Aouélimmiden doit ce nom berbère d'Adrar ou Montagne à des plateaux et djebels regardant de haut vers le nord le vrai Sahara, vers l'ouest et le sud les steppes, les plaines, on pourrait dire les llanos et campos du Niger.

S'élevant au nord du 21e degré de latitude, sous le Tropique, il y pleut peut-être autant qu'en Algérie. Pays sans méphitisme, ni Sahara, ni Soudan, c'est la citadelle des Touaregs Aouélimmiden avant de devenir pour nous le bastion du Niger. Exactement au midi d'Alger, d'Oran, cet Adrar ne peut échapper à la France.

---

1. C'est-à-dire en saillie : c'est là ce que signifie le portugais Bojador.
2. Pluriel de Targui.

1. Celle du colonel Flatters.

Le Niger à Yamina. — Dessin de Tournois.

NIGER ET TCHAD OU SOUDAN CENTRAL

Le mot Soudan termine l'expression arabe Blad-es-Soudan ou Pays des Noirs.

Les Sahariens se sont toujours passionnés pour cette région dont l'exubérance fait un tel et si soudain contraste avec la misère de leurs hammadas. La gale du chameau, disent-ils, se traite par le goudron; la pauvreté se guérit au Soudan.

Niger. — Le Soudan central comprend deux bassins. L'un, celui du Niger, s'ouvre sur l'Atlantique; l'autre, celui du lac Tchad, s'ouvrirait comme le Nil sur la Méditerranée si son fleuve ne séchait en route. Ils sont séparés l'un de l'autre par les plaines de Kano, les hauteurs verdoyantes du Zegzeg et du Baoutchi et les monts du Mandara.

Pareil à l'Orénoque, le Niger coule vers presque tous les horizons. A peine y a-t-il 1900 kilomètres de son premier jasement de ruisseau aux sourds tonnerres de sa rencontre avec l'Océan, et pourtant son cours est de 4160; Nil et Congo sont seuls plus longs en Afrique, et pour l'eau versée dans les douze mois de l'année aux flots qui se brisent autour du continent des Noirs, il ne le cède évidemment qu'au Congo. On estime qu'il égoutte 265 millions d'hectares, et bien plus s'il ouvre en aval de Tombouctou son lit humide au lit presque toujours sec de l'Oued Messaoud arrivant, quand il arrive, du Haut-Atlas où il se nomme l'Oued Guir. Suivant qu'il reçoit ou ne reçoit point cette rivière vivante en haut, morte en bas, son bassin est ou n'est point par moitié terre saharienne, le reste se divisant en steppes et savanes, forêts, terres profondes.

Il réunit trois rivières mères, Tembi, Falico, Tamicom, nées dans les Kongs, presque aussi peu connus de nous que les sierras de notre satellite, la Lune; la source du Tembi, branche maîtresse, jaillit au mont Loma, dans un massif de 1540 mètres (?), derrière la côte sierra-léonaise et libérienne. Prenant le nom de Dioliba, la rivière, vite accrue, coule en montagne pendant 550 kilomètres seulement, et encore dans la montagne basse sans neige éternelle, peut-être même sans neige de hasard. A Bammakou, fort français depuis le 30 janvier 1883, il a 400 mètres de largeur, un fort courant, et déjà c'est une eau puissante, qui bouillonne, à dix kilomètres en aval, dans les rapides de Sotuba.

Il coule devant Ségou-Sikoro, capitale d'un empire musulman caduc, ennemi des païens chez lesquels naît et grandit le fleuve, puis il se double par l'accession d'un courant de plus de 800 kilomètres de longueur, le Mahel-Balével ou Bakhoy, c'est-à-dire Rivière Blanche. Après quoi il se heurte aux sables du Sahara et, vaincu par eux, tourne du N.-E. à l'E. à partir des ports de la stérile Tombouctou, puis au S.-S.-E., et va chercher un océan qu'il ne semblait pas devoir atteindre : de même que le Père de l'Égypte, le Père du Soudan coule d'abord vers la mer de Marseille, comme s'il devait s'engloutir devant la blanche Alger.

En amont de Tombouctou le Niger entoure de ses bras deux îles immenses, Boungou, longue de 180 kilomètres, Djimballa, qui en a 400. Il arrive, après un voyage de 1840 kilomètres, avec une altitude de 250 à 240 mètres, non pas précisément devant cette cité, mais devant ses deux ports, Karoma et Kabara Au-dessus, au-dessous de la « reine du Sahara et du Soudan », reine en guenilles, il erre pendant des centaines de kilomètres, semblable au Nil de Nubie et d'Égypte en ce qu'il est toute la vie du Désert : là où il passe, lui et ses canaux, et là seulement, il y a des hommes, il y aura des nations. Du Sahara des Touaregs il lui vient un grand oued mort, gouttière de 1500 kilomètres qui commence dans le même massif que notre Igharghar, chez les Touaregs Hoggariens : cet oued ayant nom Balloul Bassa doit atteindre quelque part le fleuve, mais en temps normal aucun filet d'eau n'y court.

En aval de Tombouctou le Niger, tout en îles, en coulées, en bras latéraux, s'éparpille à 1800, 2000, 4000 mètres de large. Il borde les steppes où vivent des Touaregs Aouélimmiden, hommes basanés, et des Sonrays, hommes noirs, ceux-ci semant et récoltant pour ceux-là, comme c'est assez l'usage de plus faible à plus fort; de telle sorte que la chevance des Touaregs vient de la misère des Sonrays, leurs « clients », sinon leurs esclaves. A ses dispersions et divagations succèdent parfois des concentrations où le fleuve, passant sur la pierre et dans la pierre, est, tout entier, plus étroit qu'ailleurs le moindre de ses lits : au passage de Tosaye il n'a même que 90 mètres de rive à rive.

Vers Rabba cessent les rocs, les encaissements, les rapides et, portant dès lors des navires, il marche au-devant du plus grand de ses tributaires. Cet affluent majeur, la Binoué, la Mère des eaux, dans la langue de l'Adamaoua, son pays natal : courant brun, elle porte aussi chez les Nègres de ses rivages, dans leurs différents idiomes, des noms signifiant l'Eau Noire, par opposition au Niger, qui pour eux est l'Eau Blanche.

Avant, après le confluent de la Binoué, le Niger serpente entre des îles qui sont les pénates bourbeux du crocodile et de l'hippopotame. Sa vallée, sous son illumination brillante, est belle par la hauteur des montagnes et l'opulence d'un sol qui lance à cent pieds d'élévation la cime des cotonniers. De cette percée, le fleuve passe dans le delta d'Orou, vases dont le soleil de l'Équateur fait monter des poisons. L'homme noir est rare dans cette fange, et les blancs ne s'y arrêtent point : ils vont plus haut gagner de l'or sur le Niger et la Binoué, à côté des missionnaires qui vont gagner des âmes. Mais ce que l' « enfant du siècle » et l' « enfant de Dieu » y trouvent surtout, c'est la malignité des fièvres, la dysenterie, les dégénérescences du foie, la caducité précoce. Ce tribut à la mort n'a pas sa cause unique dans la putridité des vases, le Minotaure ne guette pas seulement l'homme du Nord sur le rivage des lagunes et au tournant des arroyos. Le premier ennemi de la vie de l'Européen sous le Tropique, c'est l'Européen lui-même qui veut vivre comme en Europe sous le Cancer ou le Capricorne, qui mange trop et à contre-climat, s'enivre, s'use et descend sous terre.

Le delta du Niger oppose ses mangliers, ses palétuviers, sa boue molle à la mer sur un front de 526 kilomètres; il a près de 2 millions et demi d'hectares et pour plus grand chenal le fleuve

Nouñ. On ignore ce que le fleuve verse en moyenne de milliers de mètres cubes à l'Atlantique : s'il perd de son onde au passage du Sahara, la saison des pluies lui jette un déluge d'énormes rivières avant qu'il frôle le Désert et dès qu'il a cessé de le toucher.

Le Tchad. — A 1100 kilomètres environ des golfes d'Atlantique contemplés par le fier pic de Fernando Pô, à près de 2000 du fond de la Grande Syrte de Méditerranée, le Tchad ou Tsad ou Tzâdé domine la mer de 244 mètres, mais il n'a pas la force de lui envoyer ses eaux. Son aire varie de 1 100 000 à 5 500 000 hectares, de un à cinq, suivant la saison de l'année. C'est une lagune profonde au plus de 4 à 5 mètres, et encore bien loin de son rivage plat.

Quand le soleil pompe longtemps son eau limoneuse accumulée par la crue des rivières entre juin et novembre, il se retire vers les lieux creux, ses îles basses, presque innombrables, se rejoignent, et la grande moitié de la flaque soudanienne s'unit en une terre ferme avec sillons marécageux où viennent paître les troupeaux des sauvages Biddoumas.

Des comadougous [1], espèces de réservoirs, en-

Sur le lac Tchad.

tourent le Tchad : les rivières qu'il forme en son trop-plein s'y précipitent, mais lorsque le ciel boit le lac, une pente contraire s'établit et les comadougous reprennent le chemin de leur grande urne.

Dans les années très sèches l'évaporation, peut-être aussi des pertes, des fuites, emportent dans l'air, et sans doute quelque peu sous terre, le puissant tribut d'eau que le Tsad reçoit d'un bassin tropicalement pluvieux grand comme presque deux Frances; mais dans les années très mouillées il s'en épanche une rivière, le Bahr-el-Ghazal : elle descend vers le nord-est, jusqu'au Bodélé, bas-fond voisin des oasis du Borkou, comme le Borkou lui-même est voisin des montagnes élevées du Tibesti, sahariennement sèches.

Les flots du Tchad ne sont pas amers; la grosse bête y patauge, le crocodile y dort, cuirasse em- bourbée, l'hippopotame aux reniflements stentoréens s'y vautre, l'éléphant passe à gué ses golfes, ses chenaux, la trompe en l'air, et le buffle erre dans les hautes herbes du rivage, sous le bourdonnement des moustiques.

Vers cette Grande Eau [2], ce Karka, ce Bahr-el-Zalam [3] accourt de l'ouest le Yoobé, qui arrose la meilleure vallée du Bournou, et du sud arrive le Chari ou Sâri, grand fleuve. On ne sait d'où il vient. Dans son cours supérieur, c'est peut-être cet Ouellé qui coule au sud-ouest des rivières formant le Bahr-el-Ghazal nilotique. En son cours inférieur, il embellit un pays délicieux; des monts lointains, ses eaux larges de six cents mètres, le ciel tropical,

1. Mot à mot : ruisseaux.
2. C'est ce que veut dire Tchad en langue du Bournou.
3. Mots arabes : Mer des Ténèbres.

les grands arbres, l'ardente poussée des herbes, font de cette vallée de l'Afrique centrale une chaude oasis où règne l'abondance — toutes les Arcadies ne sont pas dans la Grèce, ni toutes les vallées de Tempé dans le lacis des monts thessaliens. On attribue au bassin du Chari 91 à 92 millions d'hectares, en grand minimum, en supposant que l'Ouellé ne lui appartienne point et s'écoule au sud-ouest vers la rive droite du Congo.

Avec les autres tributaires du Tchad et les bas-fonds du Bahr-el-Ghazal qui s'en vont vers le nord-est, l'étendue de tout ce bassin fermé doit dépasser 180 millions d'hectares, surface qu'accroîtrait fort la liaison de l'Ouellé avec le Chari.

Blancs et Noirs. — Nombreux sont les peuples sur cette terre où tant de pluie tombe, où tant de soleil luit.

Tombouctou : vue générale. — Dessin de Lancelot.

Sur la lisière du Sahara, principalement sur la rive gauche du Niger, de très en amont à très en aval de Tombouctou, Arabes, Berbères, Touaregs ont l'empire, purs ou mêlés, opprimant les caravanes comme courtiers ou comme bandits. A ce métier d'écumeurs des sables les Touaregs ajoutent la possession de rivages et d'îles du fleuve cultivés par des serviteurs noirs.

Arabes et Berbères plus ou moins arabisés sont négociants dans les villes marchandes le long du Niger, notamment de Sansanding à Tombouctou.

Par leur influence, par la conquête que l'Islam a faite d'une part du pays, l'arabe est devenu l'idiome intellectuel du Soudan. Toutefois on remarque un recul, non dans les progrès du Musulmanisme, mais dans l'usage de la langue du Prophète qui est encore à cette heure celle des chasseurs et marchands d'esclaves dans l'Afrique centrale : il y a quelques années encore, la cour du Bournou parlait arabe, maintenant elle est revenue au verbe national, au kanouri.

Au midi de Tombouctou, sur la rive droite du

fleuve, les Sonrays, peuple noir, ont perdu leur puissance et conservé leur langue.

En remontant le Niger on rencontre d'abord, dans le Masina, des Foulahs, Négroïdes musulmans qui convertissent les Païens à coups de lance; puis, dans le Bambara, de noirs Bamanaos que les Foulahs n'ont pu convertir encore à la Vraie Loi; enfin sur le haut fleuve, dans les pays

Jeune Malinké. — Dessin de Ronjat, d'après une photographie.

adossés aux monts Kongs, des Malinkés ou Mandingues, Nègres au teint chocolat, à l'esprit retors, commerçants fieffés, « Juifs du Soudan » parlant un guttural idiome.

Les Foulahs, cuivrés de belles proportions, qu'on appelle aussi bien Foulbés[1], Foulans, Fellatas, Peuls, dominent dans le Soudan moyen comme sur le fleuve Sénégal. Cultivateurs et bergers, ils

1. C'est là le vrai nom, l'ethnique; Foulbés a pour singulier *Poullo*.

vivaient en hameaux tranquilles dans le pays des Noirs quand l'énergie d'un grand homme et le fanatisme d'une religion qui ne souffre pas de partage les transformèrent en un peuple de conquérants. Tout au commencement du siècle, Dan-Fôdié, Peul revenu du pèlerinage de la Mecque, prêcha le djéhad ou guerre sainte contre les Nègres mécréants; il régna bientôt du Tchad jusqu'au delà du Niger sur une terre vaste deux fois comme la France, et Sokoto fut sa capitale.

D'où venait ce peuple, qui éclata tout à coup dans l'histoire du Soudan, peuple élégant, gracieux, beau de visage, bien plus parent du blanc ou de l'Arabe que du Noir son voisin, et très semblable aux superbes cuivrés retranchés à l'orient d'Afrique dans leur acropole d'Abyssinie? On les a rattachés à des races infiniment éloignées, à l'Inde, aux îles Malaises, mais on doit croire qu'ils arrivent de moins loin, probablement du Grand Atlas méridional, par le Sahara, tout comme les Berbères arabisés de la lisière du Soudan, et il y aurait dix à douze siècles qu'ils envahirent les pays du Sénégal d'où ils s'avancèrent peu à peu vers l'est, jusqu'au Tchad, en tribus pastorales suivant leurs troupeaux d'herbage en herbage.

L'empire de Dan-Fôdié ne contenait pas tous les Peuls; il lui manquait ceux du Niger supérieur, et ceux du Sénégal, première patrie soudanienne de la nation. Perdant presque aussitôt sa cohésion, sa force, et se divisant en deux royaumes, le Sokoto et le Gando, il ne réussit pas à soumettre à sa langue les pays Haoussas dont il avait fait l'empire des Foulahs, et où l'idiome foulfouldé se parle moins que le haoussa : beaux d'ailleurs sont l'un et l'autre langage. Le haoussa naquit peut-être on ne sait où dans l'Orient, car il a des traits de ressemblance avec les parlers sémitiques, mais, d'autre part, il ne manque pas de certaines analogies avec le berbère des Touaregs. Loin d'avoir péri, ou seulement reculé devant le foulfouldé, il s'est élevé au rang d'idiome général dans la plus grande part du Soudan depuis le sultanat de Bournou jusqu'au delta du Niger.

Bien plus harmonieux que le triomphant haoussa est l'« italien du Soudan Central », le foulfouldé, tout plein d'i, et qui s'attache plus aux voyelles qu'aux consonnes : cette langue très opulente va même jusqu'à ne pas tenir compte du radical des mots quand elle les fait passer du singulier au pluriel, et c'est là une des difficultés majeures de l'idiome plus que difficile des pasteurs foulahs. Comparé à nos idiomes aryens, une de ses originalités[1], c'est de ne pas distinguer le masculin du féminin et d'opposer le genre « hominin » au reste des choses visibles, aux bêtes, aux plantes, aux objets, en un mot au genre « brute », comme le nomme le général Faidherbe.

Ce qui manque essentiellement aux Foulahs, c'est le nombre; dans telle contrée ils sont comme perdus parmi leurs sujets, avec lesquels ils se fondent, peu à peu, non par leurs filles qui méprisent les Noirs, mais par leurs fils qui ne dédaignent pas l'alliance des Négresses. Dans le Soudan du Niger ils ne sont massés en nation que sur le plateau du Zeg-Zeg, dans le Gando et le Masiua.

Jeune fille Malinké — Dessin de Riou, d'après un croquis.

Niger Français. — La France, reconnue comme suzeraine du Haut Niger, n'y possède encore directement que le poste de Bamako ou Bammakou, riverain du fleuve à quelques kilomètres en amont des rapides où s'achève son cours supérieur. C'est

[1] Partagée par plusieurs langues nègres.

Sur le Chari. (Voy. p. 521.) — Dessin de Pranishnikoff.

la première pierre d'un grand édifice, on peut du moins l'espérer. Une canonnière montant ou descendant le fil des eaux commence à reconnaître le Niger et ses affluents de la source à Tombouctou.

En le descendant, on passe dans l'empire de Ségou et dans le Masina, puis on arrive à Tombouctou.

Dans l'empire de Ségou, chez des Bamanaos païens soumis par le feu, par le fer, à des Foulahs musulmans, le sultan réside au long du Niger, à Ségou-Sikoro. A contre-cœur il vient d'accepter le protectorat de la France.

Dans le Masina, qu'on dote de 5 millions d'âmes, la capitale Hamdou-Allahi, c'est-à-dire Louange à Dieu, est à quelque distance de la rive droite du fleuve.

Tombouctou passait pour une Alexandrie continentale, au grand coude du Niger, à l'arrivée des routes du Désert, au contact du Sahara, du Soudan et de deux races humaines. Quand aucun Européen n'avait encore foulé ses ruelles obscures, notre imagination avait bâti là comme une métropole de l'Afrique intérieure. On n'y soupçonnait point une Babylone, une Athènes, une Rome, car on savait qu'il n'y a point chez les Nègres de ville gigantesque ou de cité glorieuse, pas plus que chez leurs voisins bronzés du Sahara ; mais

Le Niger à Bammakou. (Voy. p. 524.) — Dessin de Riou.

on donnait à Tombouctou le rang d'une grande place de commerce, d'un immense bazar où les Noirs vendaient par sacs la poudre d'or soudanienne aux marchands des caravanes. Or ce n'est qu'un bloc de masures avec 10 000 ou 12 000 âmes, aristocratie de Maures commerçants et tourbe de pauvres Sonrays. Elle s'élève à portée de la France, tant au sud-ouest par le fleuve qu'au nord par la voie du Désert, à 18 kilomètres du Niger, dans des sables cuits par le soleil, en Sahara, pas en Soudan. Avant longtemps elle sera nôtre.

Gando. — Dans le Gando ou Gandou, contrée du Niger inférieur en amont de la Binoué, diverses villes riveraines trafiquent, point monumentales, mais affairées, vivantes, avec de forts marchés : Bidda, que plusieurs lieues séparent du fleuve, aurait 80 000 âmes, et le pays entier, riche en Foulahs, 5 800 000.

Haoussa. — Il se peut que 12 millions d'hommes vivent dans le Haoussa, terre où des Peuls sont superposés à des Noirs ou, pour mieux dire, à de beaux Négroïdes fort intelligents, aux Haoussas parmi lesquels les Anglais recrutent des soldats et des hommes de police pour leurs colonies de l'Afrique occidentale. Là Sokoto n'est plus siège d'empire et, de ses 50 000 à 100 000 hommes, il lui en reste 20 000, ou 10 000 seulement. Elle borde un affluent de gauche du Niger, ainsi que la ville qui lui a succédé comme résidence du grand émir des Peuls du Haoussa, Ourno ou Wourno (25 000 hab.). Au sud-est de la vieille et de la jeune capitale politique, dans le bassin du Tchad, Kano (40 000 hab.) passe pour la métropole commerciale du Soudan.

Bournou ou Bornou. Adamaoua. — Le Bournou peut avoir 5 millions d'hommes, Nègres sédentaires fort laids parlant le kanouri, Arabes nomades, métis des uns et des autres. Il a cessé d'obéir au potentat peul du Haoussa. Son sultan demeure à Kouka, plus exactement Koukaoua, c'est-à-dire Ville au Baobab : elle doit ce nom à l'arbre énorme qui ombrageait le champ où son fondateur bâtit en 1814 sa royale demeure. Kouka s'élève à une vingtaine de kilomètres du Tchad, dans une plaine pierreuse, par endroits boisée en forêt, et cette plaine les pluies annuelles en font

Maisons à Ségou-Sikoro. (Voy. p. 526.) — Dessin de Tournois.

un marais dont les eaux, s'unissant à celles du lac, entrent dans les rues mêmes de la ville. Kano a les allures, le mouvement, la vie, le commerce d'une métropole d'empire, et pourtant ses palais sont des carrés d'argile, ses maisons bourgeoises des ruches de paille avec des œufs d'autruche pour tout art et tout ornement. Le conquérant qui l'égaliserait au sol ne détruirait ni marbres vivants, ni tours, ni profils de pierre.

Au midi du Bournou, sur l'ample rivière Binoué qui s'épanche en crues limoneuses dans les plats « campos » de ses rives, l'Adamaoua ou Foumbina, pays splendide, appartint aux Foulahs dont ce fut la conquête extrême vers le sud-est, dans la direction des seuls pays d'Afrique centrale qui nous soient encore absolument inconnus. Ils n'y dominent plus, mais ils y vivent parmi les Noirs, en grand nombre, menant leurs troupeaux dans les gras pâturages.

Baghirmi, Ouadaï. — A l'est du Bournou et de l'Adamaoua, sur le cours du Chari inférieur, à faible hauteur au-dessus du lac Tchad, le Baghirmi renferme des Négroïdes convertis à l'Islam et des tribus arabes. Au temps de leur gloire et récemment, sinon même encore, les Baghirmiens razziaient et massacraient systématiquement les tribus païennes qu'ils pouvaient atteindre. C'était un peuple de proie sanglante. Aujourd'hui leur splendeur pâlit; même ils ont dû reconnaître la suzeraineté du sultan du Ouadaï.

Le Ouadaï[1] a sa pente vers le Tchad : sa rivière centrale, le Batha, qui ne coule guère que trois mois de l'année, se verse dans le lac Fittri, et ce lac, en saison de pluie, s'épancherait vers la « Grande Eau » des gens du Bournou, vers le Tchad, mais on bouche son déversoir ou on l'arrête en chemin. Montagnes, steppes, savanes et déserts, la fécondité du pays dépend surtout de l'humidité de l'année.

Le Ouadaï septentrional, qui s'étend vers les monts du Tibesti, où les Tédas meurent de soif,

Vue de Koukaoua. (Voy. p. 527.) — Dessin de Pranishnikoff.

est plus anhydre, plus stérile que les régions de l'est, du centre et du sud : c'est plus spécialement le domaine de l'autruche, et l'antilope y fuit comme le vent. Dans le centre, l'oiseau disgracieux n'aide plus sa course fabuleusement rapide avec le balancement de ses rudiments d'ailes, mais l'antilope est encore là, qui anime les mêmes steppes que le rhinocéros à deux cornes, et dans le sud elle a pour voisins ce rhinocéros et l'éléphant.

5 millions d'hommes y vivent, Nègres Mâba, Noirs

1. Le vrai nom serait Bargo; celui des habitants, Bargaoui.

de diverses races, de diverses langues, nombreux Arabes purs et beaucoup de mêlés. La prépondérance appartient aux Mâba, tellement que le pays s'appelle Dar Mâba, séjour des Mâba, tout aussi bien que Dar Ouadaï; leur noir n'est pas le très noir et luisant, mais bien une espèce de teinte bronzée. Musulmans depuis plus de 250 années, ils ont un caractère altier, impérieux, orgueilleux, agressif, et la guerre ne leur fait pas peur.

En y comprenant les États feudataires, le sultan, qui réside à Abêché, commande à un peuple bigarré de 5 millions de personnes.

Saint-Louis : vue générale. (Voy. p. 532.) — Dessin de A. de Bar, d'après une photographie.

SOUDAN MARITIME

A l'occident du Niger se lèvent des talus, des plateaux, des monts dominant un littoral rayé d'une infinité de fleuves qui vont par biefs et cascades à la mer Atlantique.

Si ce littoral était très sec, et ces monts bien plus hauts, il y aurait ici comme un Pérou d'Afrique avec un Maragnon tout autre qui, descendu dans les grandes plaines, se tordrait brusquement au sud et viendrait s'abîmer dans l'océan Pacifique.

Ce littoral, ce Soudan Maritime, comprend, du nord-ouest au sud-est : la Sénégambie, presque toute française, Sierra-Léoné, terre d'allégeance anglaise, Libéria où règnent des Nègres anglophones, la Guinée, indépendante ou anglaise, avec comptoirs français et allemands : toutes terres auxquelles l'exondance annuelle des fleuves, rivières et marigots donne une fécondité magnifique, sur des alluvions toujours réparées, en même temps qu'elle leur fait un présent funeste, la fièvre d'empoisonnement tellurique.

SÉNÉGAMBIE

Ce nom de pays est la fusion de deux noms de fleuves, Sénégal et Gambie.

Sénégal. — Par 100 mètres ou un peu plus d'altitude, à 1040 kilomètres de la mer en suivant le fil des eaux, deux courants se rencontrent à Bafoulabé, fort français dont le nom signifie : les Deux Rivières.

Le plus puissant des deux, le Bafing ou Rivière Noire, a fait un voyage de 550 à 600 kilomètres. Large ici de 450 mètres, il est né à 1000 mètres (?) au-dessus des océans, dans un pays de Peuls, au Fouta-Djallon, sorte d'acropole d'où descendent en éventail une foule de fleuves allant à la côte, une foule de torrents allant au Niger tout à fait supérieur.

Le plus faible, le Bakhoy ou Rivière Blanche, qui a reçu le Baoulé ou Rivière Rouge, arrive, large de 180 mètres, après une course de 450 kilomètres ; il a ses sources à 500 mètres d'altitude, sur un plateau tout voisin du « Père des eaux soudaniennes ».

Ce sont là les deux fontaines du Sénégal, fleuve de 1600 kilomètres dans un bassin de 44 millions d'hectares.

D'étiage très faible en avril et en mai, il ne roule au bout de la saison sèche que 50 mètres cubes par seconde à Bakel, où il a reçu toutes ses grandes branches, mais durant la saison des pluies tropicales il monte de 15 à 20 mètres dans la montagne et, Nil fécondateur, s'avance et s'épanche au loin dans la plaine, des talus de sa rive gauche, terre de Nègres soudaniens, aux talus de sa rive droite, terre de Blancs sahariens. C'est dans la première quinzaine de septembre qu'il est le plus immense et mouille le plus de campagnes pour la moisson future. Il n'arrive dans le plat pays favorable à sa divagation qu'après des rapides, des cascades : à Gouina son torrent plonge de 50 mètres (?) ; au saut du Félou il s'abaisse de 15 à 20 mètres entre des roches bizarres.

Ce sont là des plongeons brusques ; ailleurs le fleuve descend par des rapides ou tout au moins des courants ; il est essentiellement fait de biefs profonds derrière des barrages de rochers : barrages émergeants, alors ce sont des cascades ; barrages immergés, alors ce sont des bouilles et rebouilles. Par ces retenues que l'homme devra se garder de détruire, qu'il fera bien d'exhausser, le Sénégal est comme un monument hydraulique de la nature, un escalier de réservoirs superposés conservant pour la saison sèche une rivière d'environ 50 mètres cubes par seconde, plusieurs centaines de fois moindre que l'écroulement tonitruant d'eau qu'y jette tous les ans le déchirement des lourdes nuées. Dans son cours moyen et son cours inférieur il a des bassins de réserve, notamment le lac Cayor à droite, le lac Paniéfoul à gauche, qui sont des lagunes unies au Sénégal par des marigots sans pente à cours alterné — vers le fleuve quand le fleuve baisse, vers le lac quand le fleuve monte. Le Paniéfoul ou Guier, entre des steppes secs, est pendant de longs mois le seul abreuvoir du pays ; il est alors entouré de fauves buveurs, le lion qui rugit, l'éléphant qui barrit, le léopard, la panthère, l'once, le guépard, l'hyène, le lynx, et, tremblants devant ces bêtes de proie, la girafe, la gazelle et l'antilope, le singe, le chacal.

Le Sénégal entoure la grande île à Morfil, longue de 180 kilomètres ; il sépare le Blanc du Nègre, le nomade du sédentaire, le Sahara qui donne la gomme, du Soudan qui donne tout partout où peut monter la crue. Ondoyant de crocodiles, houleux d'hippopotames, il s'achemine vers l'île de Saint-Louis ; là son bras de droite n'est qu'à 150 mètres de l'Atlantique, mais le fleuve, qui depuis sa sortie du mont n'a cessé de fléchir devant le sable saharien, fléchit encore et n'atteint la mer qu'à 16 kilomètres au-dessous de cette capitale. Ainsi que l'Adour, mais sans avoir comme lui de vertes montagnes à son sud, il s'ouvre sur une rive droite, toute en dunes, stérile et nue. De Saint-Louis au nord jusqu'à l'île d'Arguin, littoral de 500 kilomètres, deux arbres seulement, les deux palmiers de Portendik, au loin célèbres, s'élevaient entre Mer et Désert en témoignage de vie. Ils sont morts.

Ainsi ce fleuve de 1600 kilomètres finit sur un rivage sans arbres, sans herbes, sans animaux, sans hommes, par une barre singulièrement périlleuse, après avoir traversé depuis son entrée en plaine une vallée demi-désertique, sablonneuse, presque nue, où la poussée des herbes n'est plantureuse et vigoureuse qu'aussitôt après la crue, puis tout se flétrit au vent saharien, qui sèche et brûle, qui chasse les pluies et n'en amène point.

Gambie. — Tout autre est la Gambie, rivière beaucoup moindre, longue de 1000 à 1200 kilomètres en un bassin de 18 millions d'hectares. Née dans le même Fouta-Djallon que le Sénégal, sous un même climat, avec les mêmes saisons contraires, l'une de déluge, l'autre d'assèchement, elle s'élargit en une petite mer intérieure ainsi que le Tage devant Lisbonne; puis, aussi comme le Tage, elle se contracte, mais son embouchure sillonnable aux plus grands vaisseaux n'en a pas moins 3500 mètres entre rives.

La Gambie inférieure reçoit la pluie pendant 48 jours de l'année, contre 35 sur le Sénégal inférieur; aussi est-elle visiblement plus tropicale, mais l'opulence effervescente commence plus au sud, sur les petits fleuves, avec l'excès de pluie. Si du Sénégal à la Gambie on passe de 35 à 48 jours humides, de la Gambie à la Cazamance on va de 48 à 84, puis il y en a 111 chez les Portugais de Bissao, puis 157 chez les Français de Boké sur le rio Nunez, et sans doute autant ou plus sur le rio

Cataracte de Gouina. (Voy. p. 530.) — Dessin de Riou, d'après une photographie.

Pongo et la Mellacorée, fleuves également français. Sur tous ces rios, jusque chez les Nègres anglophones de Sierra-Léoné, le massif du Fouta-Djallon, serrant de près l'Océan, réduit le rivage à une « beiramar » étroite.

Blancs et Noirs. — Sur la rive droite du fleuve vivent les Maures.

Les Maures sont des Arabes croisés de Zénagas, Berbères dont le nom corrompu revit dans celui de Sénégal.

Nommés Trarzas, Braknas, Douaïchs, ils plantent leurs tentes près du fleuve, entre sa décrue et sa crue, soit dans la moitié de l'année qui répond à notre hiver et à notre printemps; puis, dès que l'eau dépasse les berges, ils remontent vers le nord avec leurs troupeaux et s'enfoncent dans le Sahara. Comme leurs cousins les Touaregs Aouélimmiden ont franchi le Niger, ils avaient passé le Sénégal, ils pillaient le pays noir, ils s'y faisaient des esclaves, ils en devenaient les maîtres durs, inexorables, quand la France les a repoussés du bord soudanien au bord saharien du fleuve, parmi les sables, les roches et les bois de gommiers.

Nombreux sont les peuples noirs ou cuivrés, plus nombreux leurs mélanges et leurs dégradations.

Les Ouolofs, hommes très noirs, de haute taille, habitent le bas du fleuve et la côte jusque vers Dakar, dans le Oualo et le Cayor, aux environs de Saint-Louis; ils nous fournissent des laptots, excellents marins; presque Français de sentiments, de relations, d'habitudes, avec des écoles on les francisera vite. — Les fort intelligents Soninkés[1], inférieurs en taille aux Ouolofs, font séjour sur le moyen fleuve, au pays de Bakel et de Médine, dans le Kaarta, région de collines et de steppes tirant sur le Désert; ils donnent des volontaires à notre petite armée sénégalaise, et beaucoup

1. Ou Sarracolets.

d'entre eux savent le français. — Les Malinkés, grands Noirs répandus sur la Falémé, fort tributaire du Sénégal, sur la Gambie, la Cazamance, aiment le pillage, la guerre, le commerce ; on trouve partout leurs colporteurs, dans tous les Soudans possibles. — Les Bambaras, peuple principal du Kaarta, de moyenne taille et très nègres de visage, ont du penchant pour la lutte, et qui veut peut lever chez eux des condottieri ; ils professent ici l'islamisme, comme d'ailleurs les Maures, les Ouolofs, les Soninkés, les Malinkés, les Peuls : ceux-ci, jusqu'à ce jour grands ennemis des Français, demeurent au bord du fleuve Sénégal en amont des Ouolofs et dans le château d'eau du Fouta-Djallon ; bergers, guerriers et colons, c'est une vigoureuse nation qui s'est écroulée comme un torrent sur le Soudan central, mais aujourd'hui ce torrent qui monta si haut baisse et baisse encore. Puis viennent les Toucouleurs ; les Sérères, au nord de la Gambie ; et, au sud de cette Gambie, une foule de peuplades faibles, disloquées, continuellement brassées et en perpétuel « devenir ».

Colonies européennes : le Sénégal français. — Bien peu d'Européens, Français (de beaucoup les plus nombreux), Lusitaniens, Anglais, ont porté leurs industries, leur négoce en Sénégambie, sous un ciel redouté. La fièvre jaune fait ici d'affreuses visites et la fièvre des marais reste à demeure sur tous les plans paludéens que l'eau des grandes expansions de crue couvre et découvre une fois l'an ; or, c'est justement là qu'il a fallu fixer les postes de traite et les postes de guerre. Mais le littoral est salubre de Saint-Louis à Dakar ; salubres aussi sont le haut des rios, le Fouta-Djallon et toute la montagne : tellement que la colonie française, étendue maintenant jusqu'au Niger par-dessus les plateaux et jusqu'au Fouta-Djallon en remontant le Sénégal et les fleuves de la côte du Sud, en est arrivée à l'instant précis où, de comptoir à peine toléré par les Sénégalais, elle devient un vaste empire avec chemins de fer, routes, cohésion, domination ferme, hautes terres habitables, sanatoires, nombre croissant de Blancs, possibilité d'implantation.

En ce moment le Sénégal, comme on nomme toujours la colonie bien qu'elle ait atteint le Niger, a pour principale défense une ligne de forts de 1650 kilomètres de longueur. Ce cordon de postes qui ne peuvent résister qu'à des Nègres inexperts à lancer le boulet et l'obus, part de Dakar, port qui touche au cap Vert ; elle longe le littoral jusqu'à la ville de Saint-Louis, puis elle remonte le fleuve par Dagana, Podor, Saldé, Matam, Bakel, Médine, Bafoulabé, Badoumbé, Kita, clef des deux fleuves et des deux Soudans sur un plateau de 558 mètres d'altitude ; enfin, elle descend sur le Niger à Bamako, bourgade dominant les mers de 351 mètres.

Bassin du Sénégal, Niger supérieur, côte du Nord jusqu'au banc d'Arguin, côte du Sud jusqu'à Sierra-Léone, il y a là 60 millions d'hectares — 150 millions avec les dépendances désertiques et soudaniennes en tirant sur Tombouctou — et un nombre tout à fait inconnu d'habitants dominés, protégés, ou qui vont l'être. En admettant 1 500 000 âmes, on compte là-dessus un millier de Français, à Saint-Louis, Gorée, Rufisque, Dakar, et dans les postes du Haut-Fleuve, du Littoral, de la côte du Sud.

Saint-Louis (18 000 hab.), dans une île basse du fleuve, est séparé de la mer, qu'on entend gronder, par une étroite levée de sable. Malgré la présence de l'Océan il n'y tombe que 425 millimètres de pluie par an, en 55 jours, sous une moyenne annuelle de 23°,7, et cette capitale est presque aussi saharienne que Tombouctou. Elle a pour vrai port, non pas la bouche de son Sénégal, qui a vu mille et mille morts sur la barre, mais la ville naissante de Dakar[1], fondée en l'an 1856 vis-à-vis de la très petite île de Gorée.

Sénégambie anglaise. — C'est une colonie misérable sur l'estuaire de la bourbeuse Gambie, un comptoir sommeillant avec moins d'Anglais que de Français en résidence à Sainte-Marie-de-Bathurst, Albréda, Mac-Carthy : 14 150 Nègres sur 17 900 hectares, à cela se réduit ce pied-à-terre d'Albion.

Sénégambie portugaise. — Officiellement nommée Guinée, cette Lusitanie sans Lusitaniens est au sud de la Cazamance, sur les estuaires du São Domingo, du Geba, du Rio-Grande. Cacheo, l'île de Bissao, l'île de Boulama, en sont les établissements principaux : il y a là 10 000 habitants à peine, presque tous des Nègres.

1. Nom ouolof qui veut dire le tamarinier.

Femmes du Haut Sénégal. — Dessin d'Émile Bayard, d'après une photographie

Casernes de Freetown. — Dessin de A. de Bar, d'après une photographie.

SIERRA-LÉONÉ

La « République nègre ». — Vers le 9e degré de latitude la Sierra-Léoné, en vieux français Serre-Liconne, succède aux derniers comptoirs franco-sénégalais de la côte du Sud. Elle occupe, sur une rive frangée, le bas de fleuves descendus des talus du Fouta-Djallon avec la puissance que leur donne un copieux hivernage versant (à Freetown) près de 4 mètres de pluie (de mai à novembre) : les plus grands se nomment Rokelle et Kamaranka. Les établissements civilisés ne s'étendent encore que sur 260 000 hectares, avec un peu moins de 61 000 habitants, dont 171 blancs[1].

Les Anglais fondèrent cette colonie noire à partir de 1787. Elle devait être l'espoir de l'avenir, le phare de la religion, l'asile des lois, l'exemple des mœurs dans une Afrique sans mœurs et sans lois ; mais ce pays coloré par l'oxyde de fer est la « tombe rouge de l'homme blanc », et les Noirs laissés à eux-mêmes n'ont encore rien régénéré. Commencé par 460 Nègres américains que guidaient 60 Blancs, cet établissement a reçu des « Loyalistes » de la Nouvelle-Écosse, restés fidèles à l'Angleterre durant sa lutte contre les provinces émancipées de l'Amérique du Nord, des Nègres marrons de la Jamaïque, des « bois d'ébène » enlevés aux traitants par des croiseurs anglais et des hommes de l'intérieur des terres. Ces origines si diverses en ont fait un peuple tellement bigarré que dans la seule Freetown on parle 60 langues ou charabias, voire 100 à 150, à côté de l'anglais officiel. Même parmi les « civilisés » qui ont pour ancêtres les passagers des premiers convois, peu de ces Nègres, qu'ils soient des 16 000 païens, des 5000 musulmans, des 40 000 chrétiens, se livrent à la sainte culture des champs ; ils préfèrent le commerce, la petite boutique à Freetown, les professions libérales, barreau, enseignement, journalisme, pastorat. Les Nègres autochtones appartiennent presque tous à la race des Bagous.

Freetown (22 000 hab.), sous une moyenne de 26°,8, borde la Rokelle au pied d'un mont volcanique de 900 mètres qui s'avance en presqu'île dans l'Océan ; haute barrière d'où viennent tous les maux de cette capitale insalubre, ce mont arrête le vent de mer, il retient et suspend sur Freetown les miasmes de l'intérieur.

[1]. 72 Anglais, 35 Français, 17 Allemands, 17 Suisses, 13 Yankees.

Sur le plateau, au pied des Kongs. (Voy. p. 556.) — Dessin de A. de Bar.

LIBERIA

Libéria : les Krous. — Au sud-est de la Sierra-Léoné, sur la « côte du Poivre », Libéria lui ressemble fort. C'est également une Beiramar, suivant l'heureux mot lusitanien, un rivage de mer étroit auquel accourent des rios nés au nord-est dans les monts Kongs, qui prolongent immensément loin le Fouta-Djallon vers l'orient, jusqu'à la percée du Niger en aval du confluent de la Binoué. Malsaine pour les mêmes causes, sous le même climat, cette autre « république d'ébène » doit aussi son existence à des convois de Nègres libérés, et ces Nègres furent également envoyés d'Amérique dans un but de propagande chrétienne et civilisatrice parmi les « bruns ardents » du continent des Noirs.

Tout comme en Sierra-Léoné, ces missionnaires anglophones ont très peu fait pour le renouveau de l'Afrique. Plus jeune de trente-trois ans que la colonie « rédemptrice » de Freetown, elle reçut en 1820 de New-York ses premiers pionniers. Suivant l'usage en Nigritie, le pays avait été acheté pour moins que rien par la Société philanthropique, à la suite de palabres[1] où la bouteille de rhum fut aussi persuasive que les plus sages discours : tout prince et principicule nègre adore le tafia.

[1]. Conférence qui précède une vente, un marchandage, un traité ; c'est la corruption du portugais *palavra*, parole, et, par extension, discours.

La région libérienne a des traits de ressemblance avec la Guyane, l'île d'Haïti, la Chine.

Physiquement, elle ressemble à la Guyane par la disposition de ses terres : d'abord un arrière-littoral très bas, marais à mangliers avec criques sinueuses, rivières languissantes, palus de 8 ou 10 à 15 ou 20 kilomètres de large que la marée haute submerge à demi, que la crue annuelle noie presque tout entier pendant les sept mois sur douze de la saison des pluies. Après ce bas fond s'étendent quelques savanes analogues aux pinotières ou pripris guyanais, puis on se heurte aux pentes. Dès lors, plus d'eau endormie dont la mer qui monte secoue régulièrement le sommeil, mais une onde toujours éveillée, et, cascade sur cascade, à travers la forêt, des torrents issus de la plaine des Mandingues : ainsi se nomme un plateau qui, d'ondulations en ondulations, tantôt sylve et tantôt pâturage, s'en va jusqu'au pied des monts Kongs, d'où se déroule au nord l'immensité des horizons du Niger, de même que du sommet des Tumac-Humac de Guyane se déroule au sud l'immensité des horizons de l'Amazone.

Politiquement, socialement, elle ressemble à Haïti en ce que les lois du pays défendent aux Blancs de posséder le sol et qu'elles leur interdisent toute fonction administrative ou gouvernementale.

Elle ressemble à la Chine en ce qu'elle n'ouvre pas tous ses ports au commerce du monde : six seulement reçoivent les navires étrangers.

Ainsi la charte libérienne repousse les hommes blancs.

Le climat libérien les proscrit aussi, quoiqu'il ne soit pas démesurément malsalubre.

Mais il affaiblit, il affadit, il énerve, il mine. Yankee ou Anglais, l'« Aryen » débarque ici plein d'un sang de jeune homme; au bout de quelques mois s'il est faible, après deux ou trois ans s'il est vigoureux, il n'y a dans ses veines qu'un sang de vieillard incessamment délayé par l'anémie tropicale.

Dans des vallées de fleuves côtiers dont le plus grand semble être le Saint-Paul, la Libéria s'attribue 3 720 000 hectares (?) avec 1 068 000 habitants. Là-dessus, il y a 18 000 Nègres « policés » et 1 050 000 Noirs « soumis », parmi lesquels se distinguent les Krous[1] ou Croumanes. Le littoral, le marais, la plaine des Mandingues, ont peu d'habitants : c'est surtout dans la région où les torrents descendent l'escalier des rebouilles que se presse la population de la « Terre de liberté ».

Les Krous sont des Nègres très noirs, point beaux de nez ni de bouche, mais superbes de taille et d'élégance corporelle, lestes, prodigieusement forts, d'ailleurs poltrons, paraît-il. Ils adorent leur pays, mais le quittent volontiers pour un temps dans l'espoir d'y revenir avec de petites épargnes, et d'y couler des jours de paresse et d'orgueil en rentiers enviés, honorés ; ils s'engagent en grand nombre comme matelots, surtout sur les vaisseaux anglais.

De temps en temps de petits convois d'immigrants noirs arrivés du sol yankee viennent ajouter quelque force à l'élément plus civilisé et à la langue anglaise, officielle dans le pays, mais parlée couramment par les seuls Nègres américains et par leurs descendants. Le paganisme règne dans la plupart des tribus indigènes, le protestantisme chez les Libériens proprement dits issus des familles envoyées d'Amérique. La capitale, Monrovia (3500 hab.), sur le cap Mesurado, tient son nom de Monroe, président des États-Unis en l'an 1820, quand fut fondée cette plus « antique » des cités libériennes.

---

1. Kroumen ou Croumen des Anglais.

Nègres de Guinée. — Dessin d'Émile Bayard, d'après une photographie.

GUINÉE

Morne littoral, chaud soleil, climat déprimant. — La Sierra-Léoné, la Libéria, font partie du très long littoral qu'on appelle Guinée, nom dont on ne connait pas exactement l'origine.

En étendant la Guinée au delà du delta du Niger, jusqu'au rivage gabonais voisin de l'Équateur, on lui octroie quelque 5500 kilomètres de côtes, grandes sinuosités comprises. D'abord dirigé vers le sud-est, ce littoral fléchit brusquement à l'est, au cap des Palmes, puis, bien loin de là, il tourne à angle droit au sud après les vingt bouches du Niger. La portion de mer comprise entre ces deux infléchissements de la rive s'appelle golfe de Guinée; c'est ici le seul grand avancement de l'Océan dans les terres, encore est-il fort évasé. Dans ce golfe, deux autres invasions de la mer forment deux golfes plus petits : le golfe de Bénin, à l'ouest du delta du Niger, et, profondément pénétrant, le golfe de Biafra ou du Vieux-Calabar, à l'est de ce delta, au pied du gigantesque pic volcanique de Camarones (4000 mètres), en face de l'espagnole Fernando-Pô.

Les Kongs, presque inconnus, couvrent le pays, de l'Océan jusqu'au faîte des fleuves côtiers avec le fleuve Niger.

Ces monts s'élevant tout au nord de la contrée, la Guinée est au plein midi par la direction générale de sa côte vers l'est; aussi, peu de régions sont-elles plus franchement tropicales que cette rive livrée aux soleils de flamme, aux vastes pluies, aux tornades ou typhons colériques; rien de plus varié comme plantes et festons végétaux que les vallées de ses fleuves, Akba, Assinie, Tando, Prah, Volta, Ogoun, plus ou moins courts suivant l'espace de l'Atlantique à la hauteur des terres : fleuves en bas, mais pendant toute la percée des monts torrents violents et traîtres, faits de gours, de dormants, de rapides. Ils pourraient s'appeler ruisseaux, comparés au Niger qui tombe dans l'Océan par le delta d'Orou, sorte de Soudan moderne où le « deltacole » se débat contre la fièvre d'accès, tout Nègre qu'il est, et où la moyenne de l'année atteint presque 50 degrés.

A suivre la côte on ne croirait pas à l'opulence de la Guinée, devant les sables stériles en longue ligne droite dominant une plage basse, aréneuse, où le requin guette l'homme qui peut tomber du canot dans les brisants périlleux, sur des barres éternellement bouillonnantes; derrière le plat rivage, des lagunes parallèles au littoral sont la caractéristique du rivage guinéen; au-dessus de ces étangs, de ces dunes, de ces brisants, de ces barres, de cet océan, pèse un ciel lourd, chargé de nuées.

La Guinée peut mener à leur plus haute pousse tous les bois du Tropique et de l'Équateur, toutes les herbes, toutes les tiges, toutes les fleurs, tous les fruits qui préfèrent les chauds soleils aux soleils froids ou tempérés et les nues épaisses aux cieux arides. Sans parler des plantes de la zone fraîche que l'avenir acclimatera peut-être dans ses montagnes, elle réunit déjà la plupart des meilleurs dons de la nature : huile et noix de palme, coton, cacao, café, canne à sucre, riz, épices, plantes oléagineuses, tinctoriales, médicinales, gommiers, palmiers, bois de luxe, d'ébénisterie et de construction. Elle n'est pas moins féconde en animaux, mais beaucoup de ses bêtes échappent à l'homme par leur force et leurs instincts; l'éléphant, le lion, le léopard, les singes, le chimpanzé,

Poste du Grand Bassam. (Voy. p. 539.) — Dessin de A de Bar, d'après une photographie.

de longs serpents hantent le bois et la savane; dans les eaux, fleuve, lagune ou marais, nagent deux monstres, le folâtre hippopotame à la gueule carrée, le taciturne crocodile à la gueule pointue.

On sait peu de terres aussi malsaines à la race blanche que ce « cimetière des Européens ». L' « Aryen » qui fonde sans peine des nations sous les climats chauds-secs, en Australie, dans l'Argentine, en Algérie, chez les Boers du Cap, ne peut s'adapter à la chaleur humide. Et même, dans la Guinée, il se relève de sa torpeur quand siffle l'harmattan, vent cuisant du Désert : ce sirocco ne l'accable pas autant que les souffles mous et mouillés de la « grande fontaine ».

Traite des Nègres. Les Noirs guinéens, les Minas. — Les noms donnés par les trafiquants aux parages du littoral, Côte des Graines, Côte du Poivre, Côte des Dents, Côte d'Or, disent assez que le rivage guinéen nous fournit des grains, des plantes, de l'ivoire, de la poudre d'or. Le nom de côte des Esclaves rappelle le vieux commerce de chair noire qui fit la fortune de tant de millionnaires européens ou américains et les loisirs, mêlés d'ivresse, de tant de Nérons d'Afrique. Librement pendant trois siècles, puis à grands risques à travers les croisières, de petits vaisseaux négriers allongés, effilés, rapides, sortaient des mangliers, des palétuviers, des lagunes, des deltas de la côte; sournoisement, ils franchissaient l'Atlantique et venaient débarquer la chair vive en Amérique, à prix suffisants pour balancer dans le cœur des « marchands de bois d'ébène » la terreur d'être pendus haut et court aux vergues des croiseurs. Toutes les nations européennes avaient leur part de cette honte, les capitaines négriers se recrutant chez tous les peuples du Nord et du Midi. Depuis la libération des Nègres dans la plupart des colonies, depuis la guerre de la Sécession chez les Américains du Nord, la révolte de Cuba, l'émancipation au Brésil, la traite a baissé, puis cessé.

La Guinée est une patrie de Nègres presque tous fort noirs, en nombreuses variétés : Bagous de Sierra-Léoné, Malinkés musulmans venus du haut du Sénégal et de la Gambie, Foulahs arrivés de ces mêmes pays en guerriers convertisseurs à l'Islam, Krous, Minas, Fantis, Achantis, Gejis, Ffons, Egbas, Yoroubas, Nagos, etc. Les Minas, chez lesquels se recruta pour l'Amérique une infinité d'esclaves, ont une carrure athlétique, aussi le Brésil les estimait-il comme serfs en même temps qu'il les redoutait comme hommes fiers, nés pour la liberté : plus souvent que les autres Nègres, ils ont essayé d'y briser le fouet du « tocador ». Une foule de métis, presque tous avec beaucoup plus de sang du Nègre que de sang du Blanc, proclament le passage des Européens, des Portugais surtout, la plupart étant descendants de Lusitaniens et lusitanisant à la nègre ; les milliers de Noirs, jadis esclaves, qui, par un reflux imprévu, reviennent du Brésil, renforcent maintenant cet élément et mêlent à son langage des mots, des locutions, des indianismes du portu-

Assinie. — Dessin de A. de Bar, d'après une photographie.

gais brésilien. De la Libéria jusqu'au bout du Congo par delà Mossamédès, en Guinée, sur le bas Zaïre, dans l'Angola et au loin vers l'intérieur, la langue du Camoëns, d'ailleurs indigne des *Lusiades*, est la « lingoa geral[1] » de l'Afrique. La royauté de cet idiome date des vieilles explorations, conquêtes et colonisations du petit peuple qui réside entre le Minho et le littoral d'Algarve ; il servit ensuite à la traite des Noirs, dont les agents, Portugais ou non, tenaient leurs palabres en portugais nègre. C'est surtout vers Bahia, longtemps capitale du Brésil, que cinglaient douloureusement les esclaves achetés ici par les négociants d'hommes, et les Guinéens donnent encore le nom de Bahia au Brésil, à l'Amérique, et même à l'Europe.

1. Langue générale, langue franque. subir.

Comptoirs européens. — Au delà du Maryland, littoral regardé comme une annexe par la République libérienne, le rivage est semé de comptoirs européens moins florissants qu'au bon temps de la traite, quoique la Guinée, riche en or parmi ses quartz et ses alluvions, entre depuis quelques années dans une ère « californienne ».

Aux Français appartiennent près du 5ᵉ degré de latitude nord, entre la Libéria et les possessions anglaises, les bourgs de Dabou, Grand-Bassam, Assinie, chacun avec un protectorat plus ou moins lâche sur les terres d'alentour. Dabou borde une lagune communiquant avec le fleuve du Grand-Bassam, lequel, appelé Akka, nom indigène, et Costa, nom portugais, arrive de fort loin dans l'intérieur, sans doute des monts Kongs dont le versant contraire envoie des courants au Niger. Assinie a aussi son fleuve, l'Assinie ou Tanoué, qui vient également de collines ou de montagnes lointaines, de chez les Achantis, à travers des forêts splendides : comme tant de fleuves guinéens il rencontre avant de se perdre en mer une lagune, celle d'Abi.

Admirables pays si le ciel moins mou, tiède et diluvien, nous était plus clément!

Ces comptoirs pourront s'étendre en arrière sur le royaume de Diamané et sur des contrées inconnues, jusqu'aux Kongs d'où l'on descendrait sur le Niger français.

A 5 degrés à l'orient de ces embryons, la France possède maintenant d'autres embryons nés plus récemment à la vie coloniale : Porto-Seguro, les Deux Popos, Porto-Novo, Appi ou Cotono, sur la côte des Esclaves, en avant du Dahomey.

Lagos. — Dessin de A. de Bar, d'après une photographie.

Les Anglais règnent sur des établissements nommés, dans l'ensemble, la Côte d'Or, sur près de 4 millions d'hectares et 400 000 ou 450 000 âmes; cette colonie a pour chef-lieu la ville d'Accra. Son influence est grande sur la Guinée depuis que Danois et Hollandais ont vendu leurs postes à l'Angleterre et que l'invincible Albion a battu le roi des Achantis jusque dans Coumassie, sa sanglante capitale.

A l'est des comptoirs de la Côte d'Or, Lagos, nouvelle colonie, plus animée, plus trafiquante, renferme 75 000 personnes sur 18 900 hectares. Lagos, les Lacs, c'est un nom portugais bien mérité par cette ville négro-lusitano-anglaise (qui n'a que quelques dizaines d'Anglais à côté d'une foule de Mulâtres et de Noirs immigrés du Brésil), car tout le pays est un lacis de rivières, fausses rivières, marigots, lagunes. Le fleuve de Lagos tombe dans l'Océan par une barre si remuée, si secouée, avec un tel ressac que les capitaines négriers n'y fai-

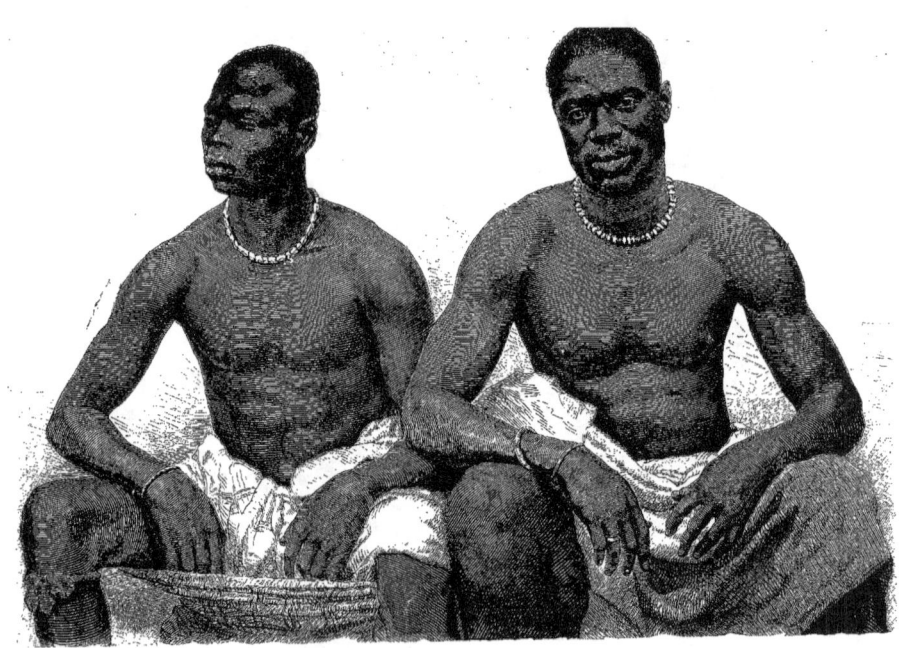

Nègres d'Assinie. — Dessin de Rixens, d'après une photographie.

saient passer sans encombres qu'un canot d'esclaves sur six, au milieu de requins anthropophages.

Les Allemands viennent de s'installer près de Ouaïda, dans le Togo [1], sur une côte d'environ 50 kilomètres où il y a beaucoup d'étangs littoraux. Ils ont à l'est les protégés français de Porto-Seguro, des Popos, de Porto-Novo, à l'ouest la Côte d'Or anglaise, derrière eux le Dahomey.

Royaume des Achantis. — Derrière ces boutiques et ces magasins de l'Europe s'étendent des royaumes indigènes dont deux de sinistre renom : celui des Achantis, celui du Dahomey.

Le royaume des Achantis, à l'occident du fleuve Volta, le plus grand de Guinée, a pour habitants un million d'hommes féconds, vigoureux, bien pris. Il commence derrière les villages d'un peuple de la Côte d'Or, les Fantis, alliés des Anglais bien que presque homophones avec les Achantis. Leur roi fait ou faisait décapiter traditionnellement nombre de ses sujets à l'occasion de chaque fête, de chaque notable anniversaire de sa vie, de chaque événement mémorable; une seule cérémonie funéraire marqua, dit-on, la fin de 40 000 Achantis, et les soldats saignèrent un jour 10 000 prisonniers à la fois. Si le roi du Dahomey

Groupe de palétuviers. — Dessin de Thérond, d'après une photographie.

n'existait pas, la place du marché de Coumassie serait la terre qui a bu le plus de sang humain : sans compter les grandes cérémonies, les réjouissances, les anniversaires, on y égorge ou l'on y égorgeait officiellement un homme chaque jour, fors le jour de la semaine où le roi daigna naître. Le fidèle bataillon des Krâ garde le despote; c'est une troupe de soldats, espions et gendarmes, liés à la vie du prince par la terreur de leur propre mort, car dès que le maître expire ils sont condamnés par son trépas même; on les décapite, et c'est une des plus glorieuses fêtes de Coumassie, la capitale.

Le peuple des Achantis n'est pas sans beauté, du moins dans sa classe dominante, qui semble issue de Négroïdes conquérants.

Dahomey. — A l'orient de la Volta, le Dahomey, auquel on donne diversement de 150 000 à 900 000 âmes, obéit à un pantocrate aussi carnassier que celui des Achantis. La garde qui veille sur ce roi se compose de milliers de vierges cruelles, noires amazones qui aiment à couper des têtes, à trouer des cœurs.

Il verse le sang comme une eau lustrale, croyant bien faire, quand la religion, la loi, l'étiquette, le grand et bon ton l'exigent; et par piété filiale ou par amour quand un père, une mère, une sœur, une favorite part pour le ténébreux royaume : serait-ce d'un fils, d'un frère, d'un époux, d'un amant, que de laisser l'ombre s'en aller seule, triste, humiliée, sans royal cortège, à la rencontre des autres fantômes? Lorsque ses bourreaux officiels, et sa foule, et quelquefois lui-même, décapi-

---

[1]. Notamment a Bageidu.

tent des milliers d'hommes, c'est le jour de liesse et le « jour de gloire », c'est la « grande coutume »; lorsqu'on n'en assassine que 20, ou 50, ou 100, c'est « la petite coutume ». À défaut du voisinage ou de la présence des Européens, l'Islam, qui marche à pas de géant dans la Guinée, détruira les abominations de ces abominables:

Le prince du Dahomey règne sur une nation dont deux tiers appartiennent à la classe des esclaves, nation laide en moyenne, parfois même ignoble de traits et foncièrement « nègre », mais où l'on rencontre aussi de beaux visages de Négroïdes, surtout chez les grands, qui sortent des Ffons, race conquérante.

A 100 kilomètres de la côte, par 325 mètres d'altitude, en une stérile plaine, Abomey, la capitale, est la cité des têtes coupées : on en voit partout; c'est l'ornement du palais et de la ville, et les pyramides de crânes y sont comme des monuments religieux.

Ouaïda, c'est le Wydah des Anglais, l'Ajuda[1] des Portugais, qui ont couvert tous ces pays de noms lusitaniens. Sous l'air empesté de lagunes à la noire eau pourrissante il y a 4 kilomètres de la ville jusqu'à la rade, presque intenable, où les requins pullulent. Ouaïda faisait de superbes affaires en « bois noir »; Lusitaniens d'Europe et d'Amérique, Espagnols, Français, Anglais, Yankees, tous les peuples chrétiens, « philadelphes » et policés avaient des agents sur ses marchés d'esclaves.

1. *Ajuda me Deus* (Dieu m'aide).

Jeune Dahomien. — Dessin de Ronjat, d'après une photographie.

Yorouba. — Une ville jeune s'élève chez les Egbas, dans un autre et despotique royaume, le Yorouba, à l'orient du Dahomey. Peuplée, dit-on, de 100 000 âmes, sur l'Ogoun, au pied d'un roc de granit haut de 80 mètres, on la nomme Abéokouta; 75 kilomètres la séparent de Lagos. Les Egbas font partie des Nagos, peuple solidement bâti que les Cubains et les Brésiliens prisaient fort pour les esclaves robustes qu'ils en recevaient. Les pays qu'ils habitent, à cette extrémité des Kongs, près du bas Niger, sont d'une exquise beauté, d'une fécondité magnifique et très peuplés : 2 à 3 millions d'hommes y vivent; ils parlent des dialectes du yorouba, l'une de ces langues destinées sans doute à périr que les missionnaires sauvent pour quelques générations en leur donnant une écriture, en y composant des hymnes et des psaumes, en y traduisant les livres de l'Ancienne et de la Nouvelle Alliance.

Kameroun. — Au delà du Niger on rencontre tout d'abord le golfe de Biafra avec son île espagnole de Fernando-Pô et avec son estuaire de Camarones, qu'il convient d'appeler Kameroun[1] depuis que les Allemands s'y sont établis et que, répudiant la forme néolatine, ils imposent la forme germanique d'un nom dont l'origine est portugaise : Kameroun, Camarones, c'est le Camarâos[2] des pre-

1. Exactement, à l'allemande, Kamerun.
2. Ce mot portugais signifie à la fois crevettes, écrevisses et crabes.

miers explorateurs de ce rivage qui furent, comme partout ici, des Lusitaniens.

Les Allemands ne trouveront point sur ce rivage le bienheureux pays que depuis si longtemps et si passionnément ils désirent, la terre immense en étendue, tempérée ou froide en climat, propice à l'homme de Teutonie comme le Saint-Laurent aux Français, l'Ohio ou le Missouri aux Anglais, la Plata aux Espagnols. Ce n'est pas là, près du delta fervescent du Niger, sous des pluies tièdes, en serre chaude, parmi des Nègres bien noirs, que l'Allemagne mettra au monde une fille immortelle.

Mais cet estuaire est un pays de planturosité torride, avec végétation véhémente le long de fleuves à marée Mungo, Dualla, Lungasi, Edéa, venus d'un intérieur encore ignoré, par des vallées

Un baobab. — Dessin de E. de Bérard.

qui peuvent être une des grand'routes de l'Afrique centrale, des régions ignorées où se fait le divorce des eaux entre Chari, Niger et Congo. Et au-dessus de l'estuaire trône en gloire et magnificence le Mongo-ma-loba ou Mont des Dieux, appelé jusqu'à ce jour pic de Camarones[1] (4000 mètres).

Au midi de ce vain et faux Neu-Deutsch-land[1] s'étendent, du nord au sud, des plages où trois États « protecteurs », France, Espagne, Allemagne, ont embrouillé leurs prétentions de suzeraineté. Derrière ces plages monte la chaîne du Cristal (Serra do Cristal), qui tient ce nom des Portugais. Puis vient la baie de Corisco, domaine espagnol, et, immédiatement après, le Gabon, vaste colonie française liée au grand fleuve Congo.

Nouvelle-Allemagne.

1. Les estimations varient : elles vont jusqu'à 4190 mètres.

Le lac Bangouélo. (Voy. p. 546.) — Dessin de Weber.

PAYS DU CONGO

Le grand fleuve Congo : ses lacs, ses cascades. — Ce maître fleuve d'Afrique, on a voulu l'appeler Livingstone, de ce que le voyageur de ce nom en découvrit le cours supérieur, qu'il prenait pour celui du Nil. Un nom plus court, plus africain, moins anglais, a justement prévalu. Enivrés de nous-mêmes, de notre ère moderne, et pénétrés d'anglo-saxonisme, nous regardons les explorateurs anglophones comme des hommes presque divins. Plus « divins » encore furent les voyageurs portugais, espagnols, français, dont on ne donna pas le nom aux grands accidents de la nature, notamment au Congo, reconnu par un Lusitanien. Saint-Laurent, Saguenay, Outaouais, Niagara, Grands lacs canadiens, Ouinipeg, mers douces du haut Nord-Ouest, Mississippi, Missouri, rios « latins » du Nouveau Monde, aucun de ces fleuves périlleusement découverts, nul de ces lacs orageux ou glacés, nul grand mont triomphal, nulle selva traversée dans la fange, avec la fièvre et la faim, sous les flèches ennemies, aucun désert, Pampas ou Llanos, ne prit le nom « roman » du héros qui l'affronta.

En admettant qu'il reçoive le toujours mystérieux Ouellé, chose assez probable, le Congo, long de 4200 kilomètres, amène à la mer le tribut d'un bassin de 320 millions d'hectares, ou six fois la France : bassin très pluvieux, tellement imprégné d'eau sur de larges étendues qu'il est comme une vaste éponge. Ces plaines palustres, de puissants lacs, un immense couvert de forêts, une saison mouillée aussi longue et en divers pays plus longue que la saison sèche, donneraient, on le prétend, à ce second des fleuves de la Terre un volume d'étiage presque égal, sinon même supérieur à celui de l'Amazone. Sans doute qu'on a surfait cette énorme rivière dans l'enthousiasme des premiers jours. En tout cas aucun courant d'Afrique n'apporte autant d'eaux à l'Océan.

Le Congo commence par le Tchambèze, rivière qu'on suppose naître à 1660 mètres d'altitude, au sud-est du lac Tanganyika.

Ce Tchambèze coule sur des plateaux où les nues de la massika[1] se déchirent en orages; il s'en va vers le sud-ouest, dans la direction du Zambèze, jusqu'au Bangouélo ou Bemba, triste lac.

Le Bangouélo reçoit à l'est le Tchambèze à travers d'immenses roseaux, il le renvoie au sud-ouest à travers une forêt de roseaux géants; entouré de rives plates, sa ceinture est une zone de marais et

Sur le lac Tanganyika.

chaque massika gorgeant d'alluvion les torrents agrandit le palus et diminue l'onde. Dans ses dimensions présentes il peut avoir 175 kilomètres de long, 50 à 80 de large, et un million d'hectares à 1500 mètres d'altitude.

La rivière issue de cette vasière se nomme le Louapoula : d'abord indolente, sur lit mou, entre boues molles qui continuent le marécage circulaire du Bangouélo, elle s'ébranle bientôt sur lit dur, entre roches, et virant au nord, se brise à la cascade de Mombottouta que suivent d'autres cascades; puis, large de 100, 150, 180 mètres, elle s'amortit encore en lac, dans le Moéro Mkata, plus petit que le Bangouélo, mais beaucoup plus beau : on suppose ce second bassin régulateur, épura-

teur, une longueur de 150 kilomètres, une largeur de 50 à 70, un miroir de 800 000 à 900 000 hectares par 850 mètres au-dessus des mers : soit du Bangouélo au Moéro, 450 mètres de pente.

Le fleuve en sort sous le nom de Louvoua et marche au nord-ouest à la rencontre d'une rivière qui semble plus longue, plus forte que lui, et dont on dit qu'elle traverse sept lacs parmi lesquels deux grands, le Lohemba et le Kassali. Cette rivière coule vers le nord-est, à l'occident du Louapoula; elle se nomme Loualaba.

Le majestueux cours d'eau fait du Louapoula et du Loualaba garde ce dernier nom; il rencontre bientôt le Loukouga.

1. La saison des pluies.

Le Loukouga est aussi un « desaguadero », un émissaire de lac, mais émissaire intermittent qui ne dégorge pas toujours le grand bassin, on peut dire la petite mer dont il est le déversoir. Quand une série d'années très humides a gonflé le Tanganyika — ainsi se nomme ce lac vraiment « majeur », vaste de 3 144 600 hectares, — le Loukouga s'en va vers l'occident, profond et large; mais lorsqu'une suite d'ans secs abaisse le niveau d'eau l'émissaire s'arrête en son cours derrière un feutrage d'herbes, de joncs, de plantes aquatiques, et le Loualaba continue son cours vers l'Équateur sans rien recevoir du Tanganyika.

Long de 528 kilomètres, large de 22 à 75, avec 1440 de tour, le Tanganyika est à 820 mètres d'altitude; des monts raides l'entourent, qui le dominent de 1000 à plus de 1200 mètres, soit deux fois la profondeur du lac, où la sonde a trouvé

Hutte au bord du lac Tanganyika. — Dessin de Lavieille.

600 mètres. Son plus fort affluent, le Malagarazi, vient de l'Ounyamézi ou Pays de la Lune, nom qui rappelle ces Monts de la Lune dont les anciens disaient qu'ils abritent la tête sacrée du Nil.

C'est, croit-on, dans une troisième expansion d'eau, le lac Landji, que Loukouga et Louapoula s'unissent. A Nyangoué (620 mètres) des rapides émeuvent le fleuve, puis les sept chutes Stanley, autres rapides. Il franchit ensuite l'Équateur et remonte jusqu'à 1°52' de latitude Nord, large de 3 à 5 kilomètres, tant il se disperse entre des îles, et de 6 à 12 en haute crue. Il tourne ensuite au sud-ouest, direction qu'il gardera jusqu'à l'Atlantique, et, sans paraître agrandi, mêle à ses eaux de puissantes rivières autrement colorées que lui, qui gardent longtemps leur teinte.

Tels sont, des chutes Stanley à l'escalier de cascades par lequel il s'écroule sur le bas pays : sur la rive droite, l'Arouvimi, l'Oukéré, le Ngala, le Mboundgo-Liboko, qui continue peut-être l'Ouellé, lequel ne serait point le Chari, comme on l'a cru, enfin la Licona et l'Alima, devenues françaises. Le Mboundgo-Liboko, si c'est bien l'Ouellé, vient de très loin, de montagnes touchant au bassin du Nil habitées par de superbes anthropophages, par les Monbouttous, Négroïdes presque aussi blancs que noirs : ces beaux hommes aiment à manger l'homme, ils s'éclairent de graisse humaine quand ils peuvent en emplir leur lampe, et, pareils aux ogres de nos contes qui criaient : « Chair fraîche, chair fraîche ! » ils courent sur l'ennemi en hurlant : « à la viande ! »

Sur la rive gauche lui arrivent des « fleuves » non moins vastes : le Loubilach, le vaste Loulemgou, qui est peut-être le Cassaï de l'empire du Mouata-Yamvo ; le Rouki (1900 kilomètres) dont Stanley dit que ses eaux couleur de thé noir gardent leur indépendance dans le lit du Congo pendant 200 kilomètres (?), la rivière très puissante faite du Couango et du Wabouma, sorti du lac Léopold II.

Avant de se précipiter à la côte, de gorge en gorge, le Congo rassemble une dernière fois ses eaux dans un bassin lacustre, le lac Stanley (Stanley Pool), qui a 40 kilomètres de long sur 25 de large, à 350 mètres d'altitude, 17 îles et à son issue deux villes futures : à la rive gauche, Léopoldville, fondée par l'explorateur qui a donné son nom au lac ; à la rive droite, Brazzaville, poste français. Et bientôt il s'aventure entre les schistes cristallins, roche de toute dureté dressée en collines abruptes commandant le fil des eaux de 120 à 250 mètres. En ces tortueux passages le Congo, large d'abord de 900 à 2500 mètres, puis seulement de 400 à 800, profond de 40 à 100, saute de 314 mètres en 300 kilomètres, par 52 chutes et un nombre infini de frémissements : la plus haute de ces cascades, celle de Yellala, ne tombe que de 4 mètres 1/2.

Après Vivi, au-dessous de la Chaudière du Diable, il reprend sa largeur. Il a 3200 mètres d'ampleur devant Boma et c'est par une bouche de 10000 mètres qu'il s'ouvre à l'Océan sous le 6ᵉ degré de latitude. Flot d'un brun sombre, il salit au loin la mer, qu'il ne lui porte pas ou lui porte (ce que nous ne croyons certes point) 70 000 à 80 000 mètres cubes en saison sèche : vis-à-vis de son entrée l'eau de l'Atlantique est encore douce à 22 kilomètres de la côte (?), encore saumâtre à 64 (?).

État libre du Congo. — En cette année même, en ce moment même [1], un Congrès international installe sur ce très grand fleuve un très grand vice-royaume en même temps qu'État libre : vice-royaume, puisque le roi de la Belgique, pays neutre, en est nommé vice-roi ; État libre, parce qu'il sera librement ouvert aux entreprises, aux commerces, aux aventures d'un chacun.

C'est le premier essai d'un État international, et ce sera peut-être le dernier, car jamais autant qu'aujourd'hui le mot « fraternité » n'a caché plus de basse convoitise. Allemagne, France, Angleterre, Italie, tout peuple plus fort que les autres espère intimement hériter du Congo.

Du Bangouélo au faîte inconnu qui sépare le bassin du Congo des bassins du Nil, du lac Tchad et du Niger, le roi de Belgique vice-règne du Tanganyika à la bouche du fleuve, sur le pays du monde où il y a le plus de terres inexplorées, ignorées ; on ne sait même pas au juste quelle est l'étendue de cet international domaine : 200 millions d'hectares, disent les uns, 250 millions, disent les autres. Et combien d'habitants ? Nul ne le sait et n'ose le supposer. Dans cette Afrique-là vivent une infinité de peuplades noires ou négroïdes, foule de tribus parfois rassemblées en vastes royaumes, en empires tels que ceux du Cazembé, de Cassongo, du Mouata-Yamvo. L'État libre, international et « fraternel » pénétrera-t-il ces nations sans les voler et les violer ?

L'État du Congo n'est pas encore constitué. Il va l'être, par façon provisoire. Pour l'instant on l'explore, on le gouverne, on l'administre de Léopoldville, le poste qui surveille la rive gauche du fleuve là où il cesse d'être lac Stanley pour devenir Congo des cataractes.

1. Commencement de 1885.

Sur l'Ogôoué. (Voy. p. 550.) — Dessin de Riou.

OUEST AFRICAIN OU CONGO FRANÇAIS

L'Ouest africain. — Colonie longtemps plus que méprisée, presque abandonnée, le Gabon nous devient inestimable depuis qu'une série de postes l'unit à la rive droite du Congo par le fleuve Ogôoué, puis par des rivières dont les plus grandes sont la Licona et l'Alima.

En ne tenant pas compte des parages disputés au nord par l'Allemagne ou l'Espagne, l'Ouest africain[1] s'étend le long du littoral de l'Océan depuis le 1er degré au nord de l'Équateur jusqu'au delà du 5e degré au sud, soit 700 à 800 kilomètres de rivage, à grands traits, sans les sinuosités secondaires. De sa borne au midi, qui est l'embouchure du Tchiloango sur la côte du Loango, une ligne onduleuse le sépare de l'État libre du Congo, ligne qui, chevauchant par monts et par vaux, atteint le grand fleuve en amont de Manyanga. A partir de là c'est le Congo lui-même qui fait notre limite pendant 600 kilomètres, jusque vers l'Équateur, la rive droite étant française et la gauche appartenant à l'État international. Au nord, les frontières de la colonie ne sont pas encore fixées; elles comprendront en tout cas le bassin de la Licona. — Suivant ce que sera cette borne septentrionale, l'Ouest africain renferme au minimum 45 millions d'hectares, au maximum 65 millions.

[1]. C'est le nom qu'on se propose de donner à la colonie.

Gabon. Ogôoué. — Le Gabon, estuaire sans rival sur toute la côte occidentale d'Afrique, ressemble à une Gironde plus courte[1], beaucoup plus large[2], qui ne reçoit ni Garonne ni Dordogne : son Como et son Rhamboé, rivières d'ailleurs abondantes, sous un climat de pluies excessives, naissent à 100 kilomètres à peine dans l'est, aux Monts du Cristal (800 à 1400 mètres).

Mais si Como et Rhamboé sont peu de chose, l'Ogôoué, qui coule derrière leurs sources, à l'autre versant de la Serra du Cristal, passe comme un vaste fleuve dans la plaine qu'il inonde régulièrement, bien supérieur à Garonne et Dordogne, quoiqu'il ne descende ni de Pyrénées, ni de pics égaux au Sancy : il part de plateaux incapables de neige en cette zone équatoriale, de

Village gabonais, dans les bois. — Dessin de Thérond, d'après une photographie.

par leur basse altitude de 800 mètres au plus; mais la grande et la petite saison des pluies, donnant ensemble des hauteurs d'eau trois, quatre, cinq fois plus fortes qu'en France, évoquent ici des Danubes à la place de nos Loires.

L'Ogôoué n'a guère que 800 kilomètres, peut-être 1000; on estime son bassin à 30 millions d'hectares (?) tant il reçoit, sur l'une et l'autre rive, de longs et larges tributaires, très sensibles comme lui-même aux ardeurs de la grande et de la petite saison sèche : à quelques mois de distance le fleuve expansif qui semblait un messager du déluge devient une sorte de vague Durance au lit disproportionné, fait d'îles, de bancs de sable, avec subites contractions, rapides, rebouilles et cascades de bruit sourd, de lourde masse, d'humble élévation.

Tous affluents réunis, il a 1500, 2000, 2500 mè-

1. 65 kilomètres.
2. 16 kilomètres.

Chute de Bôoué, sur l'Ogôoué. — Dessin de Riou, d'après un croquis de M. A. Coffinnières de Nordeck.

tres de large et bientôt il s'étoile en un delta dont la patte d'oie s'écarte de 180 kilomètres sur le littoral, au nord et au midi du cap Lopez.

Moindre que l'Ogôoué, mais pourtant grand, le Niari ou Kouilou s'abîme dans la mer qui gronde à la plage de Loango; il naît quelque part sur le plateau de la rive droite du Congo, vers le nord-ouest de Brazzaville et du lac Stanley. Long de 500 à 600 kilomètres, c'est comme l'Ogôoué, plus que l'Ogôoué, l'un des meilleurs chemins pour atteindre le fameux fleuve au-dessus des sauts et soubresauts de sa vertigineuse descente, là où il s'épanche en largeur, si rayé d'îles qu'à le regarder sur une grande carte on dirait les écailles de la cuirasse du crocodile.

Derrière Ogôoué comme derrière Niari, sur la route de l'orient, vers ce Congo, pôle de tant d'ambitions, nos rivières se nomment, du nord au sud, Licona, Alima, Mpaka, Léfini, Djoué. La plus grande, presque inconnue, c'est la Licona. L'Alima, seconde en puissance, vient comme l'Ogôoué d'un plateau sans exubérance, espèce de steppe aréneux mais salubre où vivent les Batékés peuple fidèle à la coutume de la plupart des Nègres en ce que la femme y travaille le sol pendant que l'homme chasse, ou qu'il fume, qu'il boit, qu'il dort; puis, dans le pays des Bafourous, elle roule sur le sable, entre rives éloignées de 150 à 300 mètres, profonde et d'une eau pure que noircit la saison pluvieuse.

Climats. — Peuplades. — Dans ses linéaments à peine visibles, la colonie française ne comprend que l'établissement de Libreville, sur la rive nord-est de l'estuaire gabonais; les postes de la côte, du cap Lopez à Punta Negra; ceux de l'Ogôoué, du Niari, de l'Alima, et les huttes de Brazzaville; mais chaque mois étend ce domaine, chaque semaine nous y fortifie.

Plus heureuse qu'au Sénégal, la France n'est pas restée plus de deux siècles sur un malsain littoral, dans la tiédeur lourde, uniforme[1], et dans la moisissure.

Car moins de 40 années après l'occupation de l'estuaire nous campons sans effusion de sang sur des plateaux où le Blanc ne dit plus : « Vivre c'est souffrir mille morts ».

Nulle part la France ne peut se créer plus facilement un petit Brésil franco-nègre, et avec quelques boutiques d'échange, quelques missions, quelques écoles, créer à sa langue une royauté dans un nouveau monde. Aucun de ces peuples noirs, ni les Mpongoués ou Gabonais, ni les Okandas, ni les Pahouins ou Fans, ni les Batékés et Bafourous du versant du Congo, n'a le pouvoir ou même le désir de conserver l'idiome impuissant reçu de ses ancêtres. Tel de ces langages peut être abondant en onomatopées sonores; tel autre, chez les chasseurs et les pêcheurs, prodigue de termes ingénieux pour la chasse ou la pêche; tel autre encore, chez des tribus anthropophages, riche en mots, en verbes désignant leur affreuse cuisine. Mais il leur manque ce qui plane au-dessus de la bourbe, tout ce qui vibre en noble et haute poésie, tout ce qui moule en termes précis l'art, la science, la philosophie, les idées générales.

Les Nègres parmi lesquels débuta la colonie, les Mpongoués entourant l'estuaire du Gabon, sont une branche du grand arbre des Bantous qui ombrage toute l'Afrique australe et dont les Cafres sont le plus célèbre rameau; leur langue conquiert autour d'elle mais leur race recule devant les Pahouins : ceux-ci, peuple envahissant (sauf que leur idiome fuit devant le mpongoué), sont arrivés du nord-est, ils ne savent ni d'où, ni comment, ni quand.

Gabonais. — Dessin de Ronjat, d'après une photographie.

[1]. Moyenne de l'année au Gabon, 28°,50.

São-Paulo de Loanda : vue générale. (Voy. p. 534.) — Dessin de A. de Bar, d'après une photographie.

ANGOLA OU CONGO PORTUGAIS

Cabinda. — Au delà du fleuve Tchiloango, le Loango français devient Loango portugais, mais sur notre domaine aussi bien que sur le territoire portugais on entend parler lusitanien. En ce pays de langue flote un très grand nombre de Nègres connaissent la plus nasale des filles du latin, idiome des marchands d'esclaves resté l'idiome du commerce dans les pays voisins de l'embouchure du Congo, au nord comme au sud du fleuve.

Par une des bizarreries de l'acte qui vient de consacrer la naissance de l'État international du Congo, le Loango lusitanien se borne au petit pays de Cabinda, littoral étroit.

Ce Cabinda, le bloc « incommensurable » de l'État Libre le presse en arrière, à l'est. Au sud c'est encore le « vice-royaume » qui le resserre : il le sépare du grand fleuve, qui est à peine à une journée de marche, puis par delà le Congo la terre portugaise recommence — singulière dislocation politique, mais l'État international voulait accéder à la mer et de la sorte il lui fait front sur la quarantaine de kilomètres qui interrompent la souveraineté des « fils de Lusus » entre le Cabinda et l'Angola.

Angola : littoral et Sertão. Naissance d'un nouveau Brésil. — Dix ans avant qu'un vaisseau portugais eût tourné la borne du cap des Tempêtes et sillonné la mer qui vit surgir Adamastor, l'amiral lusitanien Diego Cam avait exploré le delta du Congo, fleuve que les indigènes appelaient Moienzi-Engaddi, l'Eau Puissante; il avait noué des relations avec Ambassée, capitale du vaste empire du Congo, dont dépendaient de nombreux feudataires. En 1509, trente-cinq chrétiens, secourus, dit la légende, par une cavalerie d'anges aux ordres de saint Jacques, détruisirent une innombrable armée de païens. Trois ans après, Dom Affonso Ier, fervent disciple du Christ, envoyait par ambassade au roi de Lisbonne la lettre autographe sur laquelle les Portugais s'appuyèrent longtemps pour réclamer l'ensemble des pays qui formaient autrefois l'empire du Congo; il recevait de nombreux Européens dans sa capitale, qui avait pris le nom de São-Salvador, et aidait ses amis les Dominicains à bâtir une belle ville, douze grandes églises en pierre, des couvents, des séminaires et des palais. Ces temps de splendeur s'évanouirent, les églises et les palais s'effondrèrent avec l'empire dont ils avaient fait la force et la gloire; de hauts palmiers grandirent sur leurs ruines. Bientôt le Congo ne fut plus qu'un pays de chasse à l'homme où l'on traqua des esclaves pour les mines de diamants et les fazendas[1] de São-Paulo, de Minas-Geraes et de Goyaz; les Portugais, repliés sur eux-mêmes, cessèrent de conquérir la côte et les plateaux, puis, lentement, ils reculèrent et São-Salvador n'est plus qu'un bourg nègre de cent cabanes à toit de paille.

L'Angola ou Congo portugais comprend trois natures de pays : au bord de l'Atlantique est la zone littorale, large suivant les lieux de 100 à 150 kilomètres; puis vient la montagne sur un travers de 15 à 20 lieues et, quand on a gravi le mont, à 150 ou 200 kilomètres de la côte, on arrive au plateau, ou, pour parler à la lusitanienne, au sertão, c'est-à-dire à l'intérieur, à la contrée plus ou moins boisée, plus ou moins sauvage.

Du fleuve Congo jusqu'au cap Frio, borne méridionale de ce Portugal africain, triste est le littoral, sablonneux, sans autre verdure que le capim, herbe sèche, et quelques arbres grillés et comme accablés; la pluie ne visite pas assez cette longue « beiramar »[2] et il n'y a de fraîcheur qu'au bord des rios, Leloundo, Ambrizette, Loge, Dande,

1. Grands domaines.
2. São-Paulo de Loanda peut ne recevoir que 134 millimètres de pluie par an; quelquefois aussi 572.

Bengo, Coanza, Longa, Couvo, Egypto, Catumbela, etc.

De tous ces rios descendus de l'entaille des serras, à grand fracas, par des rapides, le plus fort est le Coanza, né haut et loin dans l'intérieur, sur les plateaux de Bihé (1700 mètres); fraîche est sa vallée natale, patrie future de bien des Portugais, les uns croisés, les autres droits de race; étouffante, mortelle est sa plaine inférieure, au-dessous de la cascade de Dondo : près de ce bourg qu'on surnomme enfer du Congo, four d'Angola, Nid à peste, à 225 kilomètres de la mer, le fleuve, large de 250 pas, tombe de 20 à 25 mètres. Il transmet à la mer les eaux d'une trentaine de millions d'hectares.

Des mêmes plateaux que le Coanza partent des eaux qui s'en vont au nord vers le Congo par le Couango, à l'est vers le Zambèze, au sud vers le Coubango et le Counéné. Dans cet orient de son Congo, le Portugal ne sait pas encore jusqu'où va sa terre; tout au Brésil, il a perdu par ici trois ou quatre siècles, au milieu de Nègres qu'il aurait aisément lusitanisés; les principaux de ces noirs, les Kinboundas, font partie de la grande race des Bantous.

Faute de savoir à quelle distance de leur littoral de 1200 à 1500 kilomètres de longueur les Portugais commandent réellement sur les hauts plateaux dans la direction du Zambèze, on ignore l'étendue de cette colonie, et encore plus ce qu'elle entretient de millions d'hommes. On peut admettre 100 millions d'hectares et 2500000 habitants dont quelques milliers de Blancs, quelques dizaines de milliers (?) de Métis à tous les degrés et quelques centaines de milliers (?) de lusitanisants parlant des sabirs du portugais plutôt que le portugais lui-même.

La capitale, São-Paulo de Loanda, ville assez agréable, au bord d'un golfe, a 15000 habitants, et parmi eux 3000 à 4000 Blancs dont beaucoup appartiennent à la classe « choisie » des galériens, Loanda étant l'un des presidios où le Portugal déporte ses criminels. On a fort exagéré la difficulté de vivre à Saint-Paul, bien que février, mars, avril y soient funestes aux Blancs, tant que règne la dysenterie épidémique appelée carneirada : 15°,5 y est le minimum de chaleur, 34°,7 le maximum.

La sérénissime Mossamédès, sur la côte du sud, où il ne pleut guère, a de meilleures raisons de vanter son climat, très salubre aux Blancs.

Le Portugal a mis au monde le Brésil, presque

cent fois plus grand que lui. Créera-t-il un autre Brésil ici, moindre que l'autre, mais immense encore quand on le compare au tout petit pays qu'habite la race née dans l' « Alemdouro »?

Il l'essaye du moins et le voici qui plante dans ce pays des colonies vraiment nationales, avec des paysans de sa terre ferme et de ses îles : ce que nul autre peuple d'Europe, sauf peut-être l'espa-

Sur la côte d'Angola. — Dessin de Weber.

gnol et l'italien, ne pourrait faire sans vouer ses colons à la mort africaine. En quelque mépris que les admirateurs de l'anglo-saxonisme tiennent la Lusitanie pauvre, ignorante et faible, cette nation sobre, héroïque, féconde, dure au soleil, forte à la peine, apte au Tropique, est de force à marquer de son empreinte une moitié de l'Afrique australe. Cependant les Hollandais et les Anglais du Cap montent vers le nord de manière à séparer un jour le Congo portugais de la Contracosta, c'est-à-dire du Mozambique, rivage où règnent aussi les « fils de Lusus ».

Le port d'Angra Pequena.

LUDERITZLAND [1]

Un rivage d'airain. — Angra Pequena. — Des Portugais du Mossamédès aux Hollandais et aux Anglais du cap de Bonne-Espérance, autrement dit du cap Frio jusqu'au fleuve Orange, la rive d'Atlantique n'appartenait à personne. On la supposait anglaise, et nul ne s'en souciait : elle est pauvre, elle est triste, elle est nue, et derrière elle plus triste encore, plus nu, plus pauvre, est le vaste pays, sur toute la longueur de ce littoral que coupent dix degrés de latitude.

L'Allemagne vient de s'y établir, non pour y renouveler sa race, pour y rajeunir son destin, car c'est un steppe, et plus qu'un steppe, un désert d'airain qui, sur une rive d'airain, n'amène à la mer ni fleuve, ni ruisseau, ni fontaine. Il ne pleut presque jamais ici, et cette sécheresse est sans espoir, puisqu'il pleut de moins en moins dans ces parages où les guanos ont pu s'entasser sur des îles.

Elle a pris pied sur cette plage dure, ardente, altérée, pour hériter un jour, s'il se peut, des Anglais ou des Hollandais du Cap et, remontant vers le nord-est, pour pénétrer dans l'Afrique centrale en passant à l'orient des colonies portugaises.

Dans l'instant présent, le Luderitzland n'a d'autre valeur que ses mines de divers métaux, surtout de cuivre, le peu d'échanges qu'on fait avec les Namakouas et les Damaras, pasteurs de l'arrière-pays, çà et là quelques pâtures, et le bon port d'Angra Pequena [1], chef-lieu de la « très jeune Allemagne ».

[1]. De Luderitz, nom d'un Allemand qui, ayant acquis certains points de la côte, a demandé la protection de l'Allemagne.

[1]. Encore un nom portugais : la Petite Baie.

Boers et Cafres. — Dessin de Prani-hnikoff, d'après un croquis.

COLONIES DU CAP

Anglais et Hollandais. Les Boers. — Les colonies hollandaises et anglaises couvrent le midi du continent, sa pointe australe, en quatre États, le Cap et dépendances, le Natal, l'État Libre d'Orange, le Transvaal ou République sud-africaine. Cap et Natal obéissent à l'Angleterre; l'État Libre est libre, mais il se surveille, tant les Anglais sont avides, injustes et jaloux; le Transvaal redoute aussi d'offusquer les Anglais, leurs commerçants et leurs prêcheurs.

Il n'y a pas trois Nederduitsch [1] sur quatre Blancs dans l'Afrique australe, mais il y en a grandement deux sur trois. On peut admettre que, des 400 000 à 450 000 Européens du « Triangle austral », près de 500 000 sont des Hollandais et moins de 150 000 des Anglais [2]. Et chez les Nègres, Négroïdes, Mu-lâtres, Malais, chez les Hottentots, les diverses nations Cafres, les Bastards, la langue hollandaise a fait beaucoup plus de recrues que l'anglaise; enfin — force et non pas faiblesse — l'idiome bas-allemand règne surtout dans les champs et l'idiome bariolé des « Britons » dans les villes.

Le mot Boers désigne donc ici les Hollandais: avec toute justice puisqu'il signifie paysans. C'est le seul nom qu'on leur donne aujourd'hui; en néderlandais classique on dirait Boeren. L's finale de Boers, ainsi que la négation redoublée répondant à notre *ne pas*, sont à peu près les seuls vestiges laissés dans le nederduitsch austral par les Calvinistes français, surtout cévenols, qui doublèrent presque la colonie hollandaise à la fin du dix-septième siècle.

---

[1]. Hollandais; mot à mot: Bas-Allemands.
[2]. D'après un document qui porte un peu haut, semble-t-il, la population européenne des colonies du Cap à 492 000, le nombre des Nederduitsch serait de 330 000, celui des Anglais et autres Européens de 162 000.

CAP ET DÉPENDANCES

Rives difficiles. Monts et plateaux secs : les Karrous. — La colonie du Cap est un vieil établissement hollandais conquis sans peine par les Anglais durant les guerres de la République et de l'Empire et gardé par eux au traité de paix de 1815. Durant ces cinquante dernières années elle a beaucoup avancé sur l'Afrique, avec les Boers montant au nord, suivis d'immenses troupeaux.

En même temps s'enfuit la monstrueuse armée des bêtes, fantassins pesants et cavalerie légère d'Afrique : lorsque les Néderlandais commencèrent leur établissement du Cap, en 1652, ce n'étaient à ce bout du continent que rhinocéros, éléphants, hippopotames, lions, et la girafe et les plus sveltes gazelles. Mais où l'homme vient, les animaux s'en vont, sauf les esclaves, bœufs, moutons, porcs qu'on tue, chevaux qu'on crève.

Avec ses dépendances, la colonie du Cap, sans Natal, sans les Républiques hollandaises, sans la toute récente annexion du vaste pays des Betchouanas, a près de 63 millions d'hectares et 1 250 000 âmes.

Les pointes de ce sud d'Afrique méritent mieux le nom de Cap des Tempêtes, choisi par le découvreur lusitanien, que celui de Cap de Bonne-Espérance donné plus tard par un monarque enthousiaste. Presque tous les ports sont ici mal taillés, d'un abord périlleux. C'est un rivage imparfait, voire inhospitalier, tout au moins dans les parages de l'extrême protubérance australe, au large de laquelle, sur les flots où se rencontrent l'Atlantique et la mer des Indes, on a vu des vagues de quinze à dix-huit mètres de hauteur et parfois aussi des glaçons flottants, détachés du pôle Antarctique.

Derrière ce rivage importueux[1], comme le disait Salluste de la côte d'Afrique la plus éloignée du Cap, s'étendent, en longueur bien plus qu'en largeur, des terres le plus communément arides, nuancées de bruyères à fleurs diversicolores, d'arbustes blanchâtres rôtis par le soleil, de mimosas où le secrétaire, empenné très haut sur jambes, guette les serpents pour les écraser à coups de patte. Ces terrains sont coupés par des poorts (dé-

[1]. *Mare importuosum*, en parlant du littoral numide.

filés) et des kloofs (gorges) où l'orage précipite en quelques heures un grand torrent passager, déluge de sable et de boue autant que d'eau : c'est le Rhône ou la Durance ou l'Ardèche exaspérée qui passe tumultueusement en broyant des roches, et le lendemain le lit est vide, la boue sèche, le sable brûle. La plupart des rivières s'arrêtent avant d'arriver à la mer ou au fleuve Orange, elles ne laissent d'elles que des lagunes corrompues, qu'une fange tiède, seul recours quand le ciel torride a bu les fontaines. Or, avec des courants constants nés de monts neigeux les champs du Cap feraient des miracles : sous ce climat « génial », eau de rivière, fontaine du roc et rosée du ciel couvrent le sol des plus riches verdures ; même le pays du Cap est sans rival au monde pour la magnifique diversité de sa flore.

Granits arrondis, grès taillés en table, schistes, les monts du Cap s'étagent, une chaîne derrière l'autre, portant des plateaux secs, des karrous, d'après un mot hottentot devenu hollandais. La chaîne littorale, sous différents noms, suit assez bien le 34° degré de latitude, à 20, 50, et jusqu'à 80 kilomètres du rivage, à des hauteurs de 1000, 1500, 1600 mètres : le fameux mont de la Table, qui n'est pas plus tabulaire que tant d'autres, se dresse au-dessus même de la ville du Cap, à 1082 mètres.

Derrière ce premier talus s'étendent de petits karrous dont les torrents inconstants vont à des fleuves côtiers qui traversent par des brèches la montagne riveraine. Ces karrous se heurtent vers le nord au Zwarte Berge ou Monts Noirs, hauts de 2000 à 2500 mètres, et quand on a franchi ce « Monténégro » l'on voit fuir au septentrion, par 800 mètres de moyenne altitude, le Grand Karrou que prolonge au nord-ouest le Bokkeveld Karrou. Digne de son nom de pays sec, l'argile rouge du Karrou, fendue par le soleil, n'est presque jamais mouillée par la pluie. Cette terre plus que dure ressemble à nos steppes d'Algérie. Jadis le lion y chassait gnou, girafe et gazelle, mais il ne rugit plus aujourd'hui la nuit près des fourgons des Boers venus avec leurs troupeaux pour profiter du manteau de verdure dont novembre habille

Bassoutos. (Voy. p. 561.) — Dessin de St. de Drée, d'après une photographie.

momentanément la lande. Quand ces plateaux ont perdu leurs sources, leurs courants et jusqu'à leurs mares putrides, quand le pâtis est grillé, que rien encore n'annonce la pluie dans le ciel d'un bleu mat, le Boer attelle des bœufs, jusqu'à sept paires, à sa charrette de famille ou vagon et part à la recherche des lieux d'herbe et d'eau : en hollandais d'Afrique, on appelle « trekken » cette chasse à la verdure et aux sources, voire même à l'humidité des bourbiers.

Le fleuve Orange. — Au fond du Karrou se lèvent au nord les Nieuweveld ou Monts de la Neige. Le Compass (2600 mètres) est, dit-on, la plus haute bosse de cette chaîne, qui prend divers noms locaux. Derrière les Nieuweveld s'enfuit à l'infini la plaine du fleuve Orange, élevée de 1000 à 1600 mètres, herbeuse quand il a plu : rare phénomène, car ce n'est pas la seule arête des Zwarte Berge, mais celle aussi des Nieuweveld qui lui dérobe l'humidité. Hors en septembre et en octobre, saison de cieux moins arides, le plateau de l'Orange est uniformément gris et brûlé ; la plante y languit comme l'animal au bord du trou jadis source ou du lit jadis torrent ; l'homme échappe quelque peu aux flamboiements du jour, à la nuit étouffante, et sauve ses bêtes de la mort (pas toujours) en montant aux fontaines supérieures ou en les menant boire au fleuve, qui baisse fort mais ne tarit pas.

L'Orange se forme de deux Garibs, c'est-à-dire de deux Bruyants — telle est la signification de ce mot hottentot — Garib noir ou Orange et Garib jaune ou Vaal, l'un et l'autre sautant de la quintuple ou sextuple chaîne des Maloutis, plus élevée qu'on ne croyait, car elle s'élance à 3500 mètres, peut-être à 4000, entre le plateau de l'intérieur et le versant de la mer des Indes. Bien que jaillissant près de cette mer d'orient, il va se perdre après 1860 kilomètres dans la mer d'occident, dans l'Atlantique, à l'issue d'un bassin de plus de 108 millions d'hectares, deux fois l'étendue de la France ; mais combien la France est plus riche et plus belle que ces pays de l'Orange ! Sur les torrents originaires, Garibs, Calédon, Vaal d'en-haut, il y a vie et ruissellement avec villes et villages des Blancs, kraals et huttes des Indigènes, et des cultures, des prairies, de grands troupeaux ; mais dès que le fleuve a réuni ses deux maîtres courants dans le pays diamantifère, il s'avance dans la région vide, sèche, pierreuse, durcie, dans le Sahara austral. Au tréfond d'une immense ravine, ses eaux sans transparence et sans fraîcheur vive courent ou dorment, presque inutiles : comment les élever à la hauteur du plateau où il a creusé son sillon de plusieurs centaines de mètres de profondeur ? Nombreux sont ses rapides, qu'efface presque tous la grande crue annuelle, en janvier, février, mars, quelquefois avril ; grandiose est alors le saut d'Ankurubie, qui a 46 mètres, presque exactement le bond du Niagara, mais avec moins de flots et des flots dont aucun grand lac n'a retenu la souillure.

Dessiccation de l'Afrique australe. — Donc l'Orange, emprisonné, perdu dans le fond des couloirs, irrigue peu, très peu ; mais quand même on le hisserait tout entier sur le plateau, dix fois, cent fois accru dans la saison sèche par des barrages-réservoirs, il ne vivifierait que la moindre part de cet occident maudit de l'Afrique australe, désert qu'agrandit visiblement quelque loi cosmique inconnue. Partout, chez les Boers d'extrême frontière, chez les Betchouanas de la grande race bantou et chez les divers Hottentots, tant Koranas que Namakouas, Damaras de montagne et Boschjesmannen, ceux-ci parmi les plus petits des hommes, partout les fonts tarissent, les fleuves s'enterrent et chaque année la zone des pluies tropicalement régulières se reporte de l'ouest à l'est. Il en est ainsi jusqu'aux terres élevées du Counéné, du Coubango, du Zambèze supérieur, occupées ou réclamées par les Portugais.

Cafrerie. Pays des Bassoutos. Pays des Grikouas. — Infiniment supérieure au Sahara des Hottentots, même aux meilleurs cantons du littoral de Bonne-Espérance, la Cafrerie vit parce que ce Sahara meurt. Les monts de 2000 à près de 4000 mètres qui barrent les horizons de l'ouest et du nord-ouest attirent les vapeurs de l'Océan des Indes, de la cuve des pluies tièdes ; ils les appellent, les retiennent et les orages se déchirent presque tous sur le versant d'orient, le versant cafre, où l'on ne compte pas les charmantes rivières, les ruisseaux et ruisselets, les jaillissements, les cascades ; mais peu de pluie dépasse la crête pour aller entretenir les torrents irréguliers du bassin de l'Orange.

Dès que le rivage du Cap incline au nord-est, après les pointes de Port-Elisabeth, la beiramar de Cafrerie commence, humide, très arrosée et pourtant salubre, par la grande pente du sol ; mais plus on marche vers l'Équateur, plus la chaleur augmente et moins les Blancs peuvent travailler impunément la terre : tellement que dans la portion de la Cafrerie formant l'État indépendant de Natal on recourt aux Cafres, à divers Noirs, aux engagés de l'Inde et de la Chine, et qu'au delà du Natal, chez les Zoulous, on arrive à la zone franchement tropicale.

La Cafrerie, annexion nouvelle, augmente la colonie du Cap de 5 millions d'hectares avec au moins 500 000 habitants.

Le Pays des Bassoutos, autre proie récente, est à l'occident des monts Cafres. 130 000 hommes y demeurent en 2 500 000 hectares, au pied de sommets neigeux pendant quelques semaines de l'année, sur de hautes pâtures, ou des monts à table qui sont des oppida, près de torrents ravi-

Un parc à bestiaux. (Voy. p. 560.) — Dessin de St. de Drée, d'après une photographie.

neurs, très bruyants jusqu'à ce qu'ils se taisent en séchant sur la route qui les mène à l'Orange et au Calédon. Cette contrée tient son nom d'un peuple du rameau des Betchouanas, né du même immense arbre bantou que les Cafres. Les Bassoutos habitaient la haute plaine devenue l'État Libre d'Orange; refoulés par les Boers dans la montagne de l'est, ils ont accepté la redoutable suzeraineté britannique. Chacun d'eux, au singulier, est un Mossouto; ils appellent leur pays Lessouto et nomment sessouto leur langue riche, poétique, énergique et bien sonnante. Des missionnaires français en ont converti quelques milliers au protestantisme, et plusieurs de leurs bourgs environnent des stations auxquelles ces messagers de la « Bonne nouvelle » ont imposé des noms bibliques, tels que Béthesda, Morija, Bérée, Hermon, Béerséba, Carmel. Beaucoup de Bassoutos parlent le hollandais ou l'anglais, mais la foule reste païenne et bantoue.

Bien plus chaud, sec et stérile est un autre canton nouvellement acquis, le pays des Grikouas. Plus riche aussi, mais d'une fortune fausse, les diamants. Quand la pierre scintillante aura cessé d'apporter à quelques trouveurs une soudaine opulence, les autres mourant à la peine, la contrée aura quelque recours contre l'aridité de sa terre, voisine du désert de Kalahari : car l'Orange et le Vaal, dont on peut tirer des canaux d'arrosement, s'unissent dans sa plaine élevée dont la ville majeure, Kimberley, a son site à 1541 mètres.

C'était une plaine déserte, excepté des familles de Boers dont le trekken l'annexait insensiblement à l'État Libre d'Orange, sauf encore des milliers de Bastards Grikouas, métis de Néderlandais et de Hottentotes ayant le hollandais pour langue.

Tout à coup on découvrit des diamants et l'Angleterre, passant l'Orange, s'empara du pays des Grikouas. C'est pour le Cap une acquisition de 4 500 000 hectares et d'une cinquantaine de mille hommes : avant tout des Boers, puis des Anglais, Grikouas, Cafres fouilleurs et mineurs, plus la foule des cosmopolites.

Boers et Anglais. Hottentots et Cafres.— Tel

Ferme d'un Boer. — Dessin de St. de Drée, d'après une photographie.

est, à grands traits, ce vaste pays sec, sain, puissamment charpenté. Ses deux « mamelles » sont la laine et le blé ; les colons y tirent aussi profit du plus rapide et du plus stupide animal, l'autruche gloutonne, qu'ils parquent, nourrissent, soignent pour ses plumes, par milliers et dizaines de milliers.

Colonie du Cap, Cafrerie annexée, pays des Grikouas, Lessouto, c'est un bloc de 62 866 000 hectares avec 1 250 000 hommes, dont probablement 300 000 à 350 000 Blancs et plus de 900 000 Noirs et Cuivrés.

Ces Blancs sont pour les deux tiers des gens de langue hollandaise, pour l'autre tiers des Anglais avec Allemands, Norvégiens, Suisses, etc. : soit 200 000 à 220 000 Boers et plus de 100 000 non Boers.

Les Boers ou Afrikanders, c'est-à-dire Africains, ont une double origine.

Le premier fonds se fit très lentement, à partir de 1650, de marins, de soldats, de fonctionnaires, trafiquants, aventuriers et désespérés hollandais, embarqués pour la colonie ou s'y arrêtant dans un voyage vers l'Inde, Ceylan, les îles des Épices. Puis à partir de 1687, arrivèrent des Calvinistes français fuyant Cévennes, Aunis, Saintonge et autres lieux de France devant les troupes de Louis XIV, à la suite de la révocation de l'édit de Nantes : il en vint 200 familles, 300 peut-être, et ce fut tout, mais l'établissement néderduitsch était encore si faible que le tiers, sinon la moitié des Boers, descendent de ces 1000 ou 1500 personnes. De Villiers, Joubert, Du Toit, Béranger, Leclerc, Roux, Bruin, Plessis, Coussie, Olivier, Vaurie, Malherbe, Marais,

Mesnard, Taillard, Paillard, Leroux, Visage, Durand, Dumont, Lefebvre, Rétif et cent autres noms aussi peu néerlandais se rencontrent dans tous les bourgs de l'Afrique du Sud; les hommes qui les portent n'ont gardé de leurs pères que l'étroitesse du calvinisme; ce n'est plus en français qu'ils chantent les psaumes de David, c'est dans le dialecte hollandais de l'Afrique. Par la fusion, par le climat, ils ont pris le visage « béatement rusé » des Nédérlandais austraux. Seulement, il y a chez eux moins de hautes tailles, de gros ventres, de carrures athlétiques, plus de cheveux noirs, d'yeux noirs que parmi les familles issues des dunes et des polders du delta rhénan, et les historiens, politiciens, théoriciens, philosophes, publicistes d'Angleterre ou d'Allemagne attribuent tous les

Convoi venant des mines de diamants. — Dessin de St. de Drée, d'après une photographie.

défauts des Boers à l'origine française, toutes leurs qualités à la germanique.

L'accession des calvinistes français ne doubla pas seulement la nation du Cap, elle la releva moralement, car il n'y avait encore à cette pointe de l'Afrique, et bien dispersées, que des « épaves » hollandaises sans cohésion, et point de vrais paysans, tandis que les Cévenols et les Rochelais avaient dans leurs rangs des rustiques; ils apportèrent ici la vigne que d'autres Languedociens, d'autres Saintongeais plantent maintenant, à deux cents ans de distance, dans l'Atlas, à l'autre extrémité d'Afrique. Restés protestants, ils durèrent peu comme Français : dès 1709 leur langue était officiellement interdite, dès 1725 elle ne résonnait plus au prône, dès 1750 elle avait disparu, et voici que le « néderlandisme » n'a pas de plus fermes soutiens que ces pseudo-néderlandais : le peuple des Boers leur doit plusieurs des meilleurs capitaines qui l'ont conduit au feu contre le Cafre et contre le *verdoemde Engelsch*[1].

A la nation faite de ces deux éléments se mêlèrent par la suite beaucoup d'Allemands, des Frisons, des Danois : sans rien dire du sang indigène, car les femmes blanches furent longtemps très rares au Cap.

Sortis ainsi de diverses races, les Boers sont forts, trop forts, surtout leurs femmes osseuses, obèses, sans morbidesse aucune et, pour tout dire, laides ; ils sont grands, plus d'un a taille de colosse. La sécheresse de leurs plateaux les a faits à demi nomades par l'habitude du trekken ; leur calvinisme littéral leur a fermé quelque peu l'esprit. Point renouvelés depuis leur séparation d'avec la Hollande par des éléments homogènes capables de les tenir au courant du siècle, ils vivent indolents dans des fermes isolées, vastes enclos d'argile sales, tristes, malodorants, demeures bâties, s'il se peut, près d'un bassin où le troupeau hume une eau lourde quand le soleil ne l'a pas bue avant lui. Le trekken, les visites de ferme à ferme, de longues siestes, la pipe, le sermon, les discussions théologiques, la lecture de la Bible, de quelques vieux traités de controverse et des œuvres de Cats, le poète national de l'ancienne Hollande, la

Le Cap. (Voy. p. 566.) — Dessin de St. de Drée, d'après une photographie.

chasse et, chez les colons d'avant-garde, la guerre contre le Cafre : à cela s'use la vie du peuple ayant pour ancêtres les hommes qui tirèrent le delta du Rhin des eaux de la mer et ceux qui rougirent de leur sang les torrents cévenols au nom de la liberté de conscience. Mais c'est un peuple honnête, bon, fécond, énergique, cimenté pour l'avenir. Il règne dans la province occidentale du Cap, dans une partie de la province orientale, de la Cafrerie, du Natal, enfin il n'y a guère que des Boers dans l'État Libre et le Transvaal.

Les Anglais l'emportent plus ou moins, suivant les lieux, dans la province orientale du Cap, dans la Cafrerie et le Natal. L'immigration les renforce plus vite que les Boers, presque laissés à eux-mêmes depuis bientôt un siècle. L'ancienne métropole, oublieuse des homophones d'Afrique, leur envoie peu de renforts ; quelques pasteurs calvinistes, de rares maîtres d'école, des marchands, peu d'ouvriers, des indigents et enfants trouvés qui s'embarquent aux frais d'un comité de Hollande, c'est tout ce que les Néderlandais d'Afrique reçoivent des bouches du Rhin et de la Meuse ; mais les petites escarmouches où les « Paysans » de là-bas ont fait reculer l'Anglais viennent de raviver en Hollande les souvenirs de vieille parenté : bientôt Pays-Bas et Flandre vont reculer vers l'Afrique australe.

Les Hottentots, jadis maîtres du pays, depuis le Cap jusqu'au Tropique, s'appellent eux-mêmes Khoï-Khoïn (Hommes des hommes), Gui-Khoïn (Premiers hommes), Ava-Khoïn (Rouges hommes). En dépit de ces noms fiers, qu'ils se donnèrent

[1]. *Anglais damné.*

Une mine de diamants. — Dessin de St. de Drée, d'après une photographie.

dans leur ignorance du monde et qu'ils gardent encore malgré la comparaison qu'ils ont pu faire d'eux, d'abord avec les Cafres, puis avec les Blancs, il n'y a guère de Nègres ou de Cuivrés d'une laideur pareille, mais leur hideur n'excuse pas les commandos, chasses barbares où les Boers détruisirent un grand nombre de « Rouges hommes ».

Les Khoï-Khoïn des districts européens ne parlent plus que le hollandais; ceux qui ne servent pas les Blancs sont plus grands, plus forts, peut-on dire plus beaux? que les domestiqués, et beaucoup ont gardé plus ou moins leur langue, qui se distingue de toute autre par ses quatre claquements — sauf du cafre, auquel elle a prêté trois de ces émissions extraordinaires dont l'une ressemble au bruit d'un bouchon de champagne qui saute, l'autre au clac par lequel on excite un cheval; les deux autres ne se comparent à rien, il faut les entendre de la bouche d'un Hottentot.

Les Hottentots non serviles, 25 000 hommes peut-être, errent dans la plaine très sèche de l'occident, au sud et surtout au nord du fleuve Orange, jusqu'au Tropique et jusqu'à l'Océan, le long de ravines où bruissent quelquefois des torrents et où l'on peut espérer de trouver en tout temps de l'eau à boire en creusant le sable du lit : tels les Koranas et les Grigris [1], qui savent déjà le hollandais autant que la langue des claquements; tels encore les Namakouas, qui cessent rapidement d'être « namaphones » pour devenir néderlandais quant à l'idiome. Les Khoï-Khoïn indépendants aiment encore plus le trekken que leurs voisins les Boers; ils vont et viennent, au près, au loin, avec leurs chiens faméliques et leurs bœufs qu'on monte en place de chevaux; ces sauvages, en cela semblables à tous les désertiques, portent à un degré prodigieux l'acuité des sens et la puissance de l'observation. Quant aux Boschjesmannen [2], aux Bushmen des Anglais, les Hottentots les appellent Sā ou Saan : ils les renient, mais on a lieu de croire que ces pauvres myrmidons laids et chétifs, ces nains tout à fait nains, représentent un des éléments primordiaux des Khoï-Khoïn, race aussi mêlée que n'importe quelle autre — tout au moins

1. Même nom que celui des Grikouas du territoire colonial, tous hollandisés aujourd'hui.
2. C'est-à-dire : Hommes des bois, Hommes de la brousse.

leur langage a-t-il avec le hottentot des liens d'étroite parenté, mais on ne se comprend plus de l'un à l'autre idiome. Les « Hommes de la brousse » sont des chasseurs courant après la bête, l'arc en main, avec des flèches empoisonnées.

Les Bastards, race hybride assez nombreuse, qui naquit dès les premières années de la colonie, de pères Néderduitsch, de mères Khoï-Khoïn, ne parlent et ne comprennent absolument que le hollandais, dont on ne peut pas dire que c'est leur langue maternelle, mais bien leur langue paternelle.

Les Cafres, fort beaux cuivrés d'une taille si élevée, si bien prise, qu'ils ont en cela peu de rivaux, vivent presque tous à l'orient des Hottentots, sur le versant de l'Océan des Indes, dans la riante contrée annexée pièce à pièce qui leur doit son nom de Cafrerie. Divisés en peuplades guerrières, ce sont des pastoraux qui ne furent jamais paisibles; ils ont la passion de s'égorger, de tribu à tribu, de clan à clan, de chef à chef; c'est au boucher d'écrire leur histoire. Tous aussi, Fingos, Tamboukis, Galekas, Gosas [1], Pondos, Zoulous, ont affronté l'Anglais et le Boer, face à face, en plein soleil et, vainqueurs plus d'une fois, ils sont prêts à ressaisir la lance et le bouclier, ou plutôt à prendre le fusil, car les voilà civilisés et en partie chrétiens. De nombreux milliers d'entre eux, anglicans, wesleyens, méthodistes, réformés, ou se croyant tels dans l'enthousiasme de leur conversion, chantent à pleine voix des hymnes et des psaumes, en hollandais, en anglais et dans leur langue sonore, qui a trois claquements empruntés aux Hottentots. Mais, devenus protestants ou restés païens, c'est une race militante, l'une de celles qu'on n'efface pas aisément : elle sait qu'elle a du sang à perdre, du sang fier et chaud, avant qu'on lui ravisse (soit le Boer, soit l'Anglais) les belles savanes où paissent les bœufs qui sont son orgueil.

La capitale de ce pays où deux peuples blancs luttent pour l'empire devant un grand peuple de Cuivrés et des débris de Noirs, le Cap, est une ville de 40 000 habitants dont 12 000 Hollandais; 6000 Anglais, 15 000 à 18 000 Noirs, des Malais, des gens de l'Inde, etc., etc.

1. Dans Galekas et Gosas, le g représente un claquement dont aucune de nos langues ne peut donner l'idée.

Cafres Zoulous. — Dessin de St. de Drée, d'après une photographie.

NATAL

Beau pays. Quinze Cuivrés contre un Blanc.
— Le Natal ressemble à la colonie du Cap en ce que les Blancs, Anglais et Boers, y côtoient les Cafres, mais avec une prépondérance excessive de la nation cuivrée.

Le soleilleux et pluvieux Natal s'élève en raideur sur le penchant des Maloutis, sa haute borne à l'occident. A peine a-t-on cessé d'ouïr la voix de l'Océan que, quittant le littoral à demi torride, on marche déjà sur des collines tempérées; quelques heures encore, et l'on foule du pied le gazon des montagnes, au milieu des bois, parmi les grès et les basaltes, devant des cascades brillantes dont les torrents ont de beaux noms cafres. Plus on monte, plus l'air est frais, puis froid.

Vers 1837, ce gracieux pays, tout entier cafre, ne connaissait ni les Blancs, ni leurs arts, leurs inventions, leur hâte de défricher, de planter, de soumettre ou de violer la nature. On y vivait comme les pères avaient vécu, souvent en guerre, fiers du chef quand le chef était vainqueur, amis des bœufs et des belles génisses.

Alors arrivèrent les Boers, en émigrations héroïques : en tout cinq mille familles fuyant la vieille colonie du Cap en haine de l'Anglais outrecuidant. Elles laissaient derrière elles des traînées de cadavres, femmes, enfants massacrés par les

Cafres, hommes tués dans les combats ou traîtreusement attirés dans quelque obscure embuscade, gens tombés de fatigue à la traversée des monts, bœufs morts de soif, de froid, de maladie, ou noyés au passage des torrents.

Elles ressemblaient, ces émigrations, aux antiques expatriations des peuples barbares. Des enfants aux vieillards, toute une petite nation marchait vers l'inconnu par des voies ignorées, de lourds wagons traînaient tout ce qu'on emportait du sol natal, des hommes armés veillaient sur les tentes, les troupeaux, les familles. Les Boers, assidus lecteurs de l'Ancien Testament, durent se croire un peuple élu traversant le Désert, comme le fit autrefois Israël, de l'Égypte, maison de servitude, jusqu'aux montagnes de Chanaan. Moins de vingt ans plus tard, une petite partie de ce peuple singulier put aussi se comparer aux Hébreux nourris de manne et conduits par la colonne de feu. Lorsque les Boers eurent connaissance de la guerre de Crimée, ils prirent parti pour les Russes, qu'ils croyaient les vrais défenseurs du Saint-Sépulcre ; quelques centaines d'entre eux s'en allèrent, dit-on, vers le nord, et par monts et vaux ils s'avancèrent à la délivrance de la Terre de la Promesse, menacée par des armées impies. Mais le pays découlant de lait et de miel reculait toujours et toujours devant eux [1].

Vainqueurs des Cafres après de grandes luttes, d'abominables désastres, les Boers étaient les maîtres de cette « Chanaan », longtemps désirée, chèrement acquise, ils se félicitaient d'avoir quitté leur patrie sèche et ses étagements de steppes pour la terre des bonnes herbes, des fraîches savanes, des forêts, des torrents courant à la Toughéla et à tous ces fleuves cafres dont le nom commence par

[1]. Il y a lieu de penser que cette histoire est un conte : peu de nations faibles ont été plus calomniées que les Boers par la nation forte qui les confisque.

Oum : Oumgheni ou Rivière de l'entrée, Oumkomaouzi ou Rivière lente, Oumlazi ou Rivière de lait, Oumvoti ou Rivière douce, Oumzinkoulou ou Grande rivière, Oumzivoubou, aujourd'hui Saint-Johns. Ces « oum » et beaucoup d'autres étaient alors encombrés d'hippopotames, de crocodiles; le lion, le léopard chassaient la gracieuse antilope, la girafe démesurée et toute bête qui vivait sur cette terre féconde.

Mais, avant même que les Boers se fussent reposés de leur terrible voyage, les Anglais songeaient à leur ravir la nouvelle patrie : dès 1842 le Natal appartenait à l'Angleterre et les Hollandais, repassant les Maloutis, allèrent fonder l'État Libre d'Orange.

Des quelques familles de Boers qui restèrent sur ce versant des montagnes littorales descendent la plupart des 12 000 à 15 000 Néderlandais vivant dans le Natal à côté d'un nombre égal d'Européens, Anglais, Écossais, Irlandais, Allemands, Norvégiens, Français de Bourbon et de Maurice : soit en tout 25 000 Européens, 30 000 au plus, contre 400 000 Cafres, sur un domaine de 4 850 000 hectares. Ici le Cuivré presse le Blanc, et le presse de plus en plus, car, d'un mouvement continu, les Zoulous et autres bronzés de cette famille s'engouffrent dans le Natal où la vie leur est plus riche, plus facile et plus divertissante. Une vingtaine de milliers d'engagés de l'Inde travaillent dans les plantations.

La capitale, Pieter-Maritzbourg (7000 hab.), à 792 mètres d'altitude, réunit dans son nom le nom de deux des chefs qui conduisirent les Boers du Cap au Natal par-dessus les Maloutis : Pieter Retief [1] et Maritz ; elle n'a pas l'animation de Durban ou Port-Natal, ville de 10 000 âmes qui est sa place maritime.

[1]. Pour Rétif, nom français.

Sur le Vaal : lavage de diamants. — Dessin de St. de Drée, d'après une photographie.

ÉTAT LIBRE D'ORANGE

L'Oranje Frij Staat[1], ses Boers, ses Barolongs. — Dans les premières années de ce siècle, le territoire devenu l'Oranje Frij Staat était un grand steppe verdoyant après la pluie, brûlé l'été, l'automne, où passaient parfois des nomades, mais où nul ne s'arrêtait, ni Hottentots, ni Betchouanas, ni Cafres. Des Bastards s'y fixèrent plus ou moins avant 1820, puis le trekken y amena des familles de Boers, après quoi ce plateau reçut presque tous les Afrikanders auxquels les Anglais venaient de ravir le Natal, patrie durement conquise. En 1848 l'Angleterre insatiable dévora aussi la jeune République, mais elle la rendit à elle-même en 1854, et depuis trente ans l'État vraiment libre, en accord avec son nom, s'accroît par la continuelle arrivée de Hollandais de la vieille colonie. Ce pays qui unit Cap à Transvaal est de plus en plus le centre de la race des Boers, son noyau résistant, déjà trop dur pour être brisé.

Entre l'Orange et le Vaal, sur des plateaux élevés où il fait légèrement froid le matin dans la saison qui répond à notre hiver, les Boers de l'État Libre respirent un air léger, merveilleusement vital, mais sous trop de soleil, et souvent la sécheresse y boit les fontaines. La meilleure fortune du pays consiste en moutons.

Parmi les 134 000 habitants de l'État Libre,

[1]. On prononce : Fraï Stât.

61 000, presque tous Boers, font face à 73 000 Noirs ou Métis, Grikouas, Bassoutos, Betchouanas et autres Bantous, notamment des Barolongs. Au nombre de 6500, ceux-ci étaient protégés plutôt que possédés; État dans l'État, ils vivaient paisibles en une grande enclave, autour de leur capitale Thaba-Nchou, autrement dit Mont-Noir; leur arrivée dans ce territoire, où les appelèrent des mis-

Caverne chez des Cafres jadis cannibales de l'État Libre. — Dessin de St. de Drée, d'après un croquis.

sionnaires anglais, date de 1840 environ; l'Oranje Frij Staat vient de les annexer et leur demi-autonomie n'est plus qu'un souvenir.

Quant au peuple néderduitsch ici dominant, il ne diffère en rien des autres Boers. Les Hollandais du Frij Staat sont très grands et forts; on les dit tireurs infaillibles: profondément religieux par instinct ou par habitude et obéissant pieusement à des révérends révérés, ils ouvrent la journée par un chant chrétien, la ferment par des versets de leur Bible de famille.

Leur capitale, à 1448 mètres au-dessus des Océans, se nomme Bloemfontein ou Font des fleurs.

Dans les monts Maloutis. — Dessin de St. de Drée, d'après une photographie.

RÉPUBLIQUE SUD-AFRICAINE

Transvaal. Vastes plateaux. Le peuple de « Bonne espérance ». — En 1848 les Anglais s'emparèrent de l'État Libre, qui fut terre britannique jusqu'en 1854. Douze mille Boers restèrent sous la domination haïe ; les autres passèrent le Vaal ou Garib Jaune, comme ils avaient franchi l'Orange et les Maloutis et, après avoir établi le Natal et le Frij Staat, allèrent commencer dans le nord la république du Transvaal.

L'Anglais acharné ne laissa point les Hollandais tranquilles dans cette cinquième patrie, la Néerlande ou la France étant la première, le Cap la seconde, Natal la troisième, l'État Libre la quatrième. Plus le Transvaal grandissait par l'arrivée de Boers du Frij Staat, du Cap, du Natal, plus Albion enviait ces plateaux salubres, ces pâtures, et surtout ces mines d'or et de tous métaux. Brusquement, elle s'en empara en 1877, puis elle y renonça par un traité qui reconnut aux Transvaaliens leur indépendance et le droit de nommer leur pays la République sud-africaine.

Les 29 200 000 hectares du Transvaal se déroulent en plateaux de 800 à 1600 mètres d'altitude ; ses vallons, ses vallées, ses gouttières s'en vont au sud vers le Vaal, affluent majeur de l'Orange, à l'est vers la mer des Indes, au nord vers le Limpopo, fleuve d'un bassin de 56 millions d'hectares : celui-ci relève du Tropique par ses rives inférieures qui foisonnent de lions, d'hippopotames, de crocodiles, de singes, d'éléphants et de girafes ; par un long détour il descend au littoral des Cafres.

Le climat, très sain sur les terres hautes, l'est moins quand on marche vers l'océan des Indes. De ce côté, dans le district de Lydenburg, les plaines baignent déjà dans un air pesamment chaud, lourdement humide. Ailleurs, dans le district de Wakkerstrom, bourg à 1829 mètres d'altitude, il tombe de la neige en hiver. Du climat de l'Espagne à celui du Tropique, du sapin au palmier, le Transvaal a toutes les températures, toutes les plantes ; café, canne à sucre, ananas y ont leur région ; l'orange y a la sienne, comme le blé, l'orge, l'avoine ; mais l'élève des bestiaux restera longtemps ou toujours le premier souci, la meilleure chevance de ces Boers, avec la recherche de l'or et des diamants.

Le Transvaal renferme probablement 40 000 à 50 000 Boers et 5000 à 6000 Anglais et autres Européens : en tout 50 000 Blancs environ contre 800 000 Noirs, presque tous Cafres et Betchouanas. Depuis leurs petites victoires sur les « habits rouges », les Hollandais de la République sud-africaine ont pleine foi dans son avenir, ceux de l'État Libre se sentent moins menacés par Albion, ceux du Cap, qui dormaient, se sont réveillés : résignés, ce semblait, à s'effacer dans cette « Britannie » qui mange une langue, ou tout au moins un bon dialecte par an, tous ils se sont retrouvés Néderlandais au seul bruit des coups de fusil de Madjouba[1]. De la pointe de l'Afrique au Limpopo respire une même famille, jeune, ambitieuse, et comme son fameux Cap, le peuple battu des tempêtes est devenu le peuple de « Bonne espérance ».

Les deux plus gros villages, car à peine sont-ils de petits bourgs, se nomment Prétoria et Potschefstroom : Pretoria s'appelle ainsi d'Andries Pretorius, l'un des héros de la nation pendant ses migrations tragiques, et Potschefstroom[2] réunit des lambeaux du nom de trois chefs populaires, Potgieter, Scherf et Streckenstroom.

Stella. Gochên. République Zouloue. — Le Transvaal s'était fort agrandi récemment, à l'ouest et au sud-est ; il avait fondé trois Républiques, dont deux à son occident, sur des territoires occupés par des aventuriers Boers[1], condottieri qui avaient vendu leurs services à des chefs betchouanas pendant une de ces guerres civiles dont les Bantous sont friands. L'un de ces deux États se nomme le Stella, l'autre le Gochên.

Le Stella s'étend au nord du pays des Grikouas et de l'État Libre d'Orange, sur le cours du Hart, affluent de droite du Vaal : cours inconstant, car le Hart des Boers, le Dry Hart[2] des Anglais, est un de ces lits de rivière presque toujours vides qu'on appelle en Algérie des « oued seco ». Grand de 1 250 000 hectares, il compte 3000 Blancs, presque tous Néderlandais, et 17 500 Betchouanas de la tribu des Batlapis. Sa capitale, un village, a nom Vrijburg[3].

Le Gochên, au nord du Stella, couvre un million d'hectares, dans le bassin du Molopo, long « oued seco » qui s'en va vers le fleuve Orange, à travers déserts, et qui ne l'atteint que bien rarement, presque jamais. 2000 Blancs, des Boers et quelques Anglais y vivent parmi 15 000 Betchouanas Barolongs, dans un pays aride et nu, mais cependant avec plus d'eau que le Stella.

L'Angleterre, fidèle à ses « principes », a confisqué les deux Républiques et a mis la contrée des Betchouanas sous sa protection : elle n'avait garde de laisser aux Néderduitsch un pays qui est la route normale du Cap au Zambèze et à l'Afrique intérieure ; mais Stella et Gochên, peuplés de Hollandais et constamment accrus par de jeunes familles de toute la Néderlande africaine, n'en augmentent pas moins le patrimoine et la puissance de la nation des Boers.

La République Zouloue, fondée comme les deux autres par intervention des Boers entre des chefs Zoulous aussi batailleurs que purent l'être jamais les Betchouanas, s'étend sur 1 150 000 hectares, en une région magnifique autant que le sont peu Gochên et Stella : on est là dans le voisinage de la mer des Indes, au souffle de l'Océan, dans la zone des pluies, parmi forêts, pâtures, torrents, eaux ruisselantes. 2500 Boers y habitent, parmi 40 000 à 50 000 Cafres Zoulous. Le sort de cette République issue du Transvaal n'est pas encore fixé. La capitale a pris le nom de Vrijheid ou Liberté.

---

1. Colline où les Boers du Transvaal ont battu les Anglais.
2. Pour Potschefstroom.

1. Aidés d'un certain nombre d'aventuriers anglais.
2. Hart sec.
3. Fribourg, c'est-à-dire Ville libre.

Voiture du voyage dans l'Afrique anglo-hollandaise. — Dessin de St. de Dréc, d'après un croquis.

Antilopes au bord du Ngami. — Dessin de Whymper.

DÉSERT AUSTRAL

Kalahari. Lac Ngami : bassins fermés. — Au nord-ouest du Transvaal, en marchant vers l'intérieur du continent, on traverse le grand désert de Kalahari avant d'atteindre le Ngami dont les eaux peu profondes cachent en moyenne 77 000 hectares ; dans les saisons très humides sa conque a 150 kilomètres de tour, dans les saisons très sèches il diminue singulièrement et peut même disparaître : en ce moment il n'existe plus, dit-on. Il reçoit les eaux d'un bassin fort vaste parcouru par de longues rivières, notamment le Coubango et le Couilo, qui ont leurs sources sur le même plateau que Zambèze, Coanza, Counéné ; mais tandis que le Zambèze devient un grand fleuve, et le Coanza un fleuve moyen, Coubango, Couilo et plusieurs autres décroissent dans une zone sèche dont il paraît que chaque année y diminue l'humidité : le Sahara du Sud, le Kalahari, hume en partie ces courants ; il boit en entier ceux qui descendent du massif aride où rôdent les Damaras.

Le Ngami se déverse, entre temps, par une rivière que des pluies exceptionnelles conduisent peut-être jusqu'au fleuve Zambèze. Mais les eaux de cette rivière, la Tsouga, remplissent rarement leur lit bordé d'arbres magnifiques, elles y sèchent, elles y filtrent vite, et, consommées jusqu'à la dernière goutte par l'ardeur du sol et du ciel, s'achèvent dans une cuvette salée, dans une zoutpan[1], comme disent les Boers.

Ces zoutpan, ces sillons altérés, ce Ngami, sont le déplorable reste d'un très grand lac, d'une mer intérieure que le soleil austral a presque tarie, qu'il semble vouloir tarir tout à fait. On estime à 128 500 000 hectares l'aire des bassins fermés de l'Afrique du Sud, dont 78 500 000 pour le réseau de la Tsouga : c'est comme si la France, l'Allemagne et l'Italie n'envoyaient pas toutes trois ensemble une gouttelette à la mer.

1. Poêle à sel, bassin salé.

Rapide sur le Zambèze. — Dessin de Whymper, d'après Livingstone.

ZAMBÈZE ET CÔTE ORIENTALE

Baie Délagoa. Sofala. Monomotapa. — De Port-Natal à l'Équateur, et de l'Équateur aux limites historiques de l'Abyssinie (12ᵉ degré Nord), une terre chaude, souventefois malsalubre, côtoie la mer des Indes. Elle porte divers noms, qu'on réunit sous celui de Côte orientale.

Quand on a dépassé Port-Natal, on rencontre d'abord, en remontant vers le septentrion, les kraals ou villages, les pâturages, les forêts des Zoulous, Cafres très guerriers, devenus brusquement fameux. La contrée, bien arrosée, est belle.

En avant de l'Inhampoura ou bas Limpopo, sous le 26ᵉ degré de latitude sud, la baie Délagoa dépend du Portugal : là est Lourenço Marquès, ville naissante, port naturel des Boers du Transvaal, lieu de leurs relations futures avec le monde extérieur.

A partir de cette baie, en tirant au nord-est, les Portugais étendent leur pouvoir, plus nominal que réel, sur une centaine de millions d'hectares et sur 550 000 hommes, nombre hypothétique. La suzeraineté des Lusitaniens date ici des jours de leur grandeur, lorsqu'ils régnaient sur toutes les côtes d'Afrique, de Santa-Cruz à la mer Rouge, quand ils bâtissaient des forts sur le plateau d'Abyssinie et qu'ils cherchaient dans l'intérieur le fabuleux royaume du Prêtre Jean, alors qu'Albuquerque conquérait dans l'Inde et que naissait le Brésil, plus grand, plus merveilleux que l'Inde même. Le Portugal se crut trop riche, il méprisa l'Afrique ; tout au plus essaya-t-il deux fois d'atteindre les mines d'or de Manica et de Chicova. Maintenant la colonie qui aurait pu s'étendre à l'infini sur les terres de l'intérieur, n'est faite que de pauvres comptoirs, avec quelques Blancs amis de la sieste.

Le littoral portugais s'appelle d'abord le Sofala, d'une ville fiévreuse de la côte où l'on a cru retrouver l'Ophir de Salomon. Plus au nord, la rive a nom Monomotapa et laisse passer le Zambèze, fleuve qui arrose des pays de grand avenir, sauf peut-être les cantons que ravage la tsétsé : où vole cette mouche, l'homme, qui brave son poison, peut vivre, mais il n'élève ni bœufs, ni chevaux, ni chiens, car toute bête de ces trois espèces piquée par la tsétsé bourdonnante est une bête perdue ; elle languit, maigrit, se traîne et meurt quelques jours après l'instillation du venin ; c'est sur le moyen Zambèze qu'elle est le plus innombrable, aux roseaux du pourtour des palus. La rivale de la tsétsé, la mouche dendérobo, règne loin de là sur un moindre royaume, entre la mer des Indes et les lacs du haut Nil, aux alentours des monts Djaro ; elle ne tue pas le bœuf, le cheval et le chien ; c'est à d'autres animaux qu'elle est funeste, à l'âne, à la chèvre, à la brebis, toutes bêtes sur lesquelles le venin de la tsétsé n'a point d'empire.

Zambèze : la Fumée-Tonnante. Lac Nyassa.
— Louambedji, Louambezi, Ambézi, Odjimbézi, tous ces noms qui n'en sont qu'un veulent dire le fleuve, la rivière.

Le Zambèze écoule un bassin qu'on estime à 145 millions d'hectares, autant que France, Ibérie et Italie — bassin où il semble que la terre excellente l'emporte fort sur la mauvaise, la médiocre ou la désertique. Pour le volume, il vient en Afrique au troisième rang, après le Congo et le Niger, avant le Nil.

Né de petits lacs sur un plateau marécageux, vers 1215 mètres d'altitude, il s'appelle d'abord Liba. Déjà large de 600 à 900 mètres, souventefois de 1500 dès qu'il a reçu le Liambéi, il bondit, il écume dans les cassures des basaltes, des trapps bruns, des grès : à la chute de Gonha, haute de 13 mètres, succèdent deux cascades ayant ensemble 56 mètres, puis le grand saut de Kallé, puis celui de Bomboué, qui n'a que 2 mètres, puis les trois tombées de Mamboué, toutes trois fort basses, enfin le puissant abat d'eau de Katima Moriro.

Au-dessous du Tchobé ou Couando, vaste tributaire aux bords désolés par la mouche tsétsé, des rapides annoncent la Fumée-Tonnante (Mosi-oa-Tounia) que les Anglais, jaloux des beaux noms sonores, ont nommée Victoria, de peur de l'appeler Albert. En arrivant à la lèvre de cet abîme, le Zambèze est encore à 795 mètres au-dessus qui mers.

119 mètres de bond permettent à la Fumée-Tonnante de mépriser la « bassesse » du Niagara, qui ne tombe que de 45 à 49 mètres. Le fleuve d'Afrique ne se jette pas comme le fleuve américain dans un ample bassin par un vaste fer à cheval ; il s'abat dans la fissure d'une roche basaltique, en une cassure de 1600 mètres de long, de 130 de profondeur, n'ayant en haut que 100 mètres de large, en bas que 44. Cette fêlure boit tout à coup le Zambèze sur toute sa largeur, devant une île dont les cocotiers rappellent que le ciel du Tropique luit sur cette merveille de la nature, comme le ciel du Nord, plein de flocons de neige, pèse obscurément sur les cataractes de la Scandinavie ou du Canada. Au-dessus des flots étranglés, broyés dans le fond de l'abîme, les colonnes de vapeur montent à 200 mètres, bien plus haut que les parois du gouffre : elles signalent de loin le miracle des eaux, l'écume la plus blanche entre les pierres noires.

De cette brisure inouïe jusqu'au confluent du Cafoué le fleuve se rompt quatre fois encore : aux rapides de Kansalo et de Nakabélé, à la chute de Karioua, aux rebouillis de Kokololé ; après quoi, passant du basalte aux granits, aux syénites, il se contracte à 46 mètres au saut de Moroumbaoua, haut de 9 mètres ; puis viennent, à 20 kilomètres en amont du comptoir portugais de Tété, les rapides de Kébrabasa, dans un étroit où les grandes crues relèvent le fleuve de 24 mètres : ces bouillonnements arrêtent les embarcations pendant la saison sèche, mais dans les grandes eaux ils ne rident même pas le Zambèze. A Tété le fleuve a 2 kilomètres et demi de largeur, mais bientôt il se resserre encore, aux monts de Lupata, jusqu'à n'avoir guère que 200 à 300 mètres.

En aval de Senha le fleuve absorbe le Chiré, rivière de 420 kilomètres épanchée par le lac Nyassa.

Ce lac rappelle presque exactement le Tanganyika, lequel a sa pointe sud à 300 kilomètres à peine de la pointe nord du Nyassa : ils ont tous deux même longueur ou à peu près, même largeur ou peu s'en faut, presque même surface, même orientation, même encadrement de hautes montagnes ; seulement le Nyassa n'est qu'à 485 mètres au-dessus des mers, le Tanganyika miroitant

La Fumée-Tonnante. — Dessin de A. de Bar, d'après Livingstone.

à 820. Même depuis le très peu d'années qu'on l'observe, il semble en voie de dessiccation ; les monts du pourtour ne tombent plus droit dans le flot, ils en sont séparés par un plan d'alluvions conquis sur d'antiques abîmes des eaux, par une plaine dont la « massika » fait un marécage habité d'éléphants en grand nombre. Tel quel, large de 25 à 90 kilomètres, il s'allonge sur 550 kilomètres, du nord où le domine la chaîne de Livingstone, plus élevée que les Pyrénées, au sud où s'échappe le trop-plein des ondes. Un long ressaut de cascades abaisse de plusieurs centaines de mètres le Chiré, rivière étroite, et ferme aux navires le Nyassa, ce Léman zambézien de 3 683 000 hectares, 64 à 65 fois plus grand que l'onde indigo de Genève.

Après avoir bu le Chiré, le Zambèze entre dans son delta de 800 000 hectares. Parmi ses branches épanouies, la plus grande, Kouama ou Louabo, navigable en tout temps, s'achève sur une barre ; le Kouakoua ou bras de Quilimane se dissout en marais pendant la saison sèche. Bras, faux bras, marais, coulées et le fleuve lui-même donnent l'eau et la vase à des crocodiles friands de toute viande, y compris la chair humaine.

On donne au Zambèze 2660 kilomètres de cours

Zanzibar : vue générale. — Dessin de Riou, d'après une photographie.

pour 1760 à vol d'oiseau de la source aux embouchures, qui regardent de loin la rive occidentale de Madagascar. Entre autres rivières, il porte à l'Océan le Loema brun clair, le Lounga-é-Oungo, paisible comme la Saône, la verte Liba, le Liambéi, le Tchobé, presque aussi long que la Loire, le Guay qui a 250 mètres de large, le Cafoué qui en a 300, le puissant Loangoua (600 kilomètres), enfin le Chiré que lui verse le seul très grand lac de son bassin.

Mozambique, Zanzibar. Les Vouasaouahilis. — Au nord du Zambèze, le littoral fait face à Madagascar ; il reste portugais jusqu'au cap Delgado qui marque le delta de la Rovouma, grand fleuve ayant dans son bassin le lac Chiroua, par 444 mètres d'altitude.

Ce rivage lusitanien qu'ont si peu modelé les fils de Lusus, c'est le Mozambique : il s'appelle ainsi d'une ville de 7000 âmes bâtie sur un écueil volcanique voisin de la plage de Mozambique, port qui embarqua pendant des siècles d'innombrables milliers d'esclaves pour les plantations de l'Amérique. Presque toute cette côte est malsaine et le Portugal y déporte des condamnés qui n'y font pas de vieux os. Les deux ou trois mille « Blancs » de la colonie sont principalement des Arabes ou des Hindous de Goa, Diu et Damâo.

Au delà du fleuve Rovouma commence la longue côte du Zanzibar, avec les villes, jadis portugaises, de Quiloa (15 000 hab.), Mombas (15 000 hab.), Mélinde, qui furent ports de traite, et l'île de Zanzibar, d'où tire son nom cette rive qui ne s'arrête que sous l'Équateur, au fleuve Djoub, né sur les montagnes des sauvages Gallas. Zanzibar (80 000 hab.), où réside le maître nominal de ce littoral, a son site en une île homonyme, vaste de 159 100 hectares, à 51 kilomètres du continent. Sur la ville, autrefois grand marché d'esclaves, sur l'île où de plus en plus la forêt tissée de lianes fait place aux cocotiers et aux girofliers, pèse un lourd climat d'une moyenne de 27 degrés, avec 1549 millimètres de pluie par an. Étant originaire de Mascate en Arabie, le sultan de Zanzibar

Musulman de Zanzibar. — Gravure de Thiriat, d'après une photographie.

s'appelait jusqu'à ces dernières années l'iman de Mascate.

Il semble commander, mais il obéit. Récemment c'était l'ami, le protégé, le demi-vassal de l'Angleterre qui, de Zanzibar, visitait ouvertement les Grands lacs, le Congo, toute l'Afrique intérieure, conformément à la devise : « Du Cap à Alexandrie ! », arborée à Londres et dans les colonies britanniques du « Triangle austral ».

Mais la roue a tourné. L'Allemagne, devançant Albion, vient de s'établir sur la route des lacs, juste à l'occident et tout près de Zanzibar : c'est elle maintenant qui semble convoiter le plus franchement l'Afrique centrale ; elle commence à la bloquer de trois côtés, à Kameroun, au Luderitzland, à Zanzibar. Les contrées qu'elle a rangées sous son protectorat en arrière du littoral zanzibarien, Ousagouha, Oukami, Ousagara, Ngourou, mènent également au Tanganyika et au Nyassa ; ensemble, elles ont quelques millions d'hectares avec hauts plateaux, hautes montagnes [1], belles vallées, fortes rivières où la saison des pluies déchaîne d'immenses torrents : en somme région superbe, mais où les fièvres sont méchantes, où l'acclimatement sera très difficile.

Entre le cap Delgado et le fleuve Djoub dont le bassin (60 millions d'hectares) dépasse la France, les peuples du rivage parlent des langues en rapport de parenté avec le grand idiome bantou ; leur sang, auquel se mêla de tout temps celui

Somalis. (Voy. p. 582.) — Dessin de Ronjat, d'après une photographie.

des Arabes, semble les rattacher également aux Cafres, aux Bétchouanas et autres Négroïdes ou Cuivrés de l'Afrique du Sud et de l'Afrique du Centre. On les réunit sous le nom de Vouasaouahilis ou Souahélis, tiré du mot arabe sahèl, qui veut dire littoral. A côté de leurs divers dialectes, beaucoup de gens de cette race hybride parlent la langue du Coran : les Mahométans d'abord — car ânonner les versets du Livre est le vœu de tout Vrai Croyant — puis les Païens, parce que les Arabes eurent toujours une grande influence parmi les « hommes du littoral », comme guerriers, potentats, chasseurs d'esclaves, marchands, convertisseurs au Dieu unique. Il y a nombre de Banyans, négociants venus de l'Inde, dans les placeis de commerce de ce Sahel et des îles de corail qui l'accompagnent.

Les Somalis. — L'Équateur dépassé, la natur

1. Jusqu'à plus de 3000 mètres.

Zanzibar : marché aux fruits. — Dessin de Riou, d'après une photographie.

perd son opulence et bientôt le rivage a toute l'aridité du désert ; la côte se déroule, éclatante, embrasée, morne, au nord-est jusqu'au cap Guardafui, jadis cap des Aromates, puis à l'ouest à partir de ce promontoire séparant le golfe d'Aden de la mer des Indes. Ces deux lignes de littoral, l'une brusquement et plus que perpendiculairement reployée sur l'autre, enferment la presqu'île des Somalis, seule puissante protubérance de l'Afrique.

Péninsule stérile dont les torrents presque éternellement vides ne forment aucun fleuve allant à la rencontre de la mer ; il faut un orage immense, encombrant tout le ciel, pour y tracer de vrais cours de rivière, au pied de vieux volcans morts ou qui dorment, entre des collines aromatiques — car la terre des Somalis est essentiellement le pays des parfums, des essences, des gommes odorantes. Mais ces déluges sont rares sur les monts ardents,

Village somali. — Dessin de Riou, d'après une photographie.

ici calcaires, là volcaniques, presque partout de simple et franche nudité.

On dit les Somalis fourbes, vindicatifs, sournois et féroces ; ils aiment la guerre, qu'ils commencent à faire au fusil, qu'ils faisaient autrefois avec l'arc et la flèche, la fronde, la massue, la lance et le bouclier. Le pillage leur est doux, mais sauf quelques pauvres razzias de tribu à tribu, de village de paille ou de peaux à village aussi de peaux ou de chaume, ils n'ont d'autre aubaine que le naufrage des navires sur leur côte de fer.

Leurs traits, leurs couleurs, nuances et chatoiements de teint, montrent qu'ils ont deux origines ; le sang arabe s'est uni chez eux et s'unit encore à celui des Négroïdes et Nègres du pays de haut relief qui se dresse à leur occident, par delà leurs monts moyens et leur filet de ravines : eux-mêmes se disent aussi volontiers fils des Gallas que fils des Arabes dont ils ont reçu l'Islam et la langue du Livre, — mais ni cette religion ni cet idiome n'ont encore conquis toute cette nation rebelle aux esclavages.

ILES D'AFRIQUE

LES AÇORES

Açores, Açoriens. La mer de Sargasses. — Pourquoi fait-on présent des Açores, archipel lusitanisant, au « noir » continent d'Afrique, puisqu'elles sont aussi près de l'Europe et sous une latitude encore européenne, bien que très méridionale? Peut-être parce que Madère et les îles du Cap Vert, autres archipels portugais, se lèvent dans une mer réellement africaine. Les Açores se dressent en face de l'Estrémadure, de l'Alemtejo, de l'Algarve, à 1000 kilomètres de la mère patrie, sur le chemin de Lisbonne à New-York. On doit dire : se dressent, car elles sont hautes, escarpées.

Il y en a neuf, plus des îlots : en tout, 258 850 hectares avec 264 000 âmes.

La moindre, en même temps que la plus au nord, Corvo, n'a que 880 habitants, autour d'un pic de 777 mètres.

La fertile Florès ou les Fleurs, proche voisine de Corvo dont 17 500 mètres seulement la séparent, contient une dizaine de mille hommes sur une rive accore et dans des vallons descendant du Morro Grande (942 mètres).

Plus de 200 kilomètres séparent Corvo et Florès du grand noyau des Açores, qui comprend les îles de Graciosa, Terceira, São Jorge, O Fayal et Pico.

Graciosa ou Gracieuse, charmante en effet quoique sans forêts, ne s'élève qu'à 396 mètres; 8500 hommes y vivent. En petitesse, c'est la deuxième des Açores.

Terceira, seconde en grandeur, belle et féconde, possède la capitale des neuf îles, Angra; sa Chaudière de Santa Barbara (1067 mètres) dit par son seul nom que les 45 000 Terceiros habitent un sol volcanique.

São Jorge (Saint-Georges), dix fois plus longue (54 kilomètres) que large, porte un volcan de près de 1000 mètres, singulièrement nommé pic d'Espérance, qui ravagea l'île en 1808 : c'est la patrie de 18 500 personnes.

O Fayal (la Hétraie) a des bois, point de ruisseaux, des puits, une ville dite Horta et 25 000 insulaires.

O Pico (le Pic) émerge à 6 kilomètres du Fayal. Nulle ne se voit d'aussi loin, car son « pic », volcan qui fume encore, monte à 2222 mètres et luit de neige pendant quatre mois de l'année. 28 000 personnes y demeurent; son sol est pauvre, son vin riche.

São Miguel ou Saint-Michel, première en grandeur, première en peuple, nourrit plus de 120 000 hommes, presque la moitié des Açoriens. Fort éloignée du groupe central, au sud-est, c'est un petit monde à part ayant son Pico da Varra (1089 mètres), sa grande ville, Ponta Delgada.

Santa Maria ou Sainte-Marie, la plus méridionale des Açores, s'élève à 570 mètres (Pico Alto); elle entretient 6600 individus.

Tout cela volcanique, et presque partout fertile en ses laves délitées, dans un ravissant climat d'une moyenne de 17 à 18 degrés, semblable à celui du Portugal méridional, mais avec plus de douceur, plus de constance, plus d'eau du ciel; peu de vallons y sont barricadés contre la brise de mer, élément de joie franche et principe de vie. On y voit des orangers mêlant vingt-cinq mille fruits d'or à la verdure de leurs rameaux.

Quand les Portugais débarquèrent en 1432 dans ces îles aux rives raides, ils n'y trouvèrent ni hommes, ni grandes bêtes; ils y apportèrent les animaux d'Europe, mais l'archipel paya ce surcroît de vie par la ruine de ses forêts et il ne reste guère aux Açores que bouquets de cèdres, pins, sapins, et çà et là les arbustes du maquis méridional.

Issus du sang de Portugal avec un certain mélange de sang flamand, ces insulaires, nation très féconde, très émigrante, ont prodigieusement essaimé vers la trompeuse Amérique, et il se peut qu'il y ait infiniment plus d'Açoriens hors des Açores que dans les Açores. Aussi les neuf îles croissent-elles lentement en peuple, malgré la très forte natalité; même à telle ou telle époque elles ont décru. Les Açoriens furent les premiers colons de régions brésiliennes grandes comme des royaumes, et depuis des siècles ils voguent à pleins navires pour le Brésil, les Antilles, la Guyane anglaise, les Sandwich, les États-Unis, voire, dit-on, pour une province métropolitaine, l'Algarve. Franchir la mer plait à ces hommes nés presque tous dans des villages d'où l'on voit l'Océan, si même ils n'ont pas vu le jour au vent du large, dans quelque maison littorale où passe la voix grave des flots; beaucoup s'en vont tous les ans dans la grande Lusitanie d'Amérique, comme les maçons de la Marche et du Limousin vont à Paris; ils s'y louent pour la récolte, font quelques économies, reprennent la mer et rentrent au logis jusqu'à la saison suivante.

La capitale, Angra do Heroïsmo, en Terceira, n'a guère que 12 000 âmes — 6000 de moins que Ponta Delgada, en São Miguel.

Au sud-ouest de cet archipel, dans la direction des Antilles, des fucus appelés raisins des Tropiques sont soutenus en prairies par des vésicules pleines d'air, sur la surface de l'Océan où ils ne plongent point de racines. Ils recouvrent de leur tapis d'un vert rouilleux au moins 400 millions d'hectares, espace égal à sept ou huit fois la France qui a nom la mer de Sargasses. Il y a d'autres champs de fucus, également immenses, dans l'Atlantique et le Pacifique.

MADÈRE

Madère; les Madériens, leur essaimage. — Vaste, avec ses annexes, de 81 500 hectares, Madère s'élance des flots africains, mer très profonde ici, sur la route entre les Açores et le rivage méridional du Maroc, à peu près à mi-chemin de ces iles à ce continent, à presque égale distance du 30e et du 35e degré de latitude. Elle a trois dépendances :

Porto Santo fait le tour d'un mont volcanique; sur 5000 hectares elle porte 1750 habitants de pur sang lusitanien : c'est par elle que les Portugais inaugurèrent en 1418 l'odyssée de leurs découvertes; les Dos Santos sont minuscules; trois écueils forment les Iles Désertes.

Toute en monts, toute en gorges sur sa longueur de 55 kilomètres : monts volcaniques, gorges de laves et basaltes. Le Pico Ruivo ou Pic Roux, sa tête la plus haute, a 1847 mètres.

Nues, les pentes d'un rouge noirâtre ou d'un noir rougeâtre cuisent à l'incandescent soleil; à l'arrivée des Portugais la grande forêt ombrageait tous ces monts, opaque, touffue, créant les rios en temps de pluie, les conservant en temps de sécheresse; c'est même de cette parure sylvestre que l'île tira son nom : en langue lusitanienne, Madeira signifie bois — c'est le même mot que chez nous madrier.

Elle n'a point les orangeries des Açores, odorants jardins d'Armide, et l'oïdium, puis le phylloxéra ont presque détruit son vignoble fameux, la richesse et l'honneur de l'île, mais on le replante, et la lave est si féconde ici qu'elle peut restaurer tout ce qui a souffert, et donner vie intense à toutes les semences, à tous les rejetons aimant les cieux ardents d'où ne tombe pas de pluie tropicale. Depuis quelques lustres d'années elle a parmi ses Madériens beaucoup de poitrinaires, des Anglais surtout, venus pour prolonger leur souffle, parfois même, grâce à l'admirable climat, sauver le peu d'années qui sont notre lot d'évolution.

Les 132 000 Madériens, Lusitaniens un peu mêlés de Noirs, sont de bons catholiques, des hommes polis, loyaux, pacifiques, prolifiques, parlant avec douceur la langue de Portugal. Ils émigrent autant que les Açoriens leurs frères, vers le Brésil, la Guyane anglaise, les Antilles, les Sandwich, le Cap de Bonne-Espérance. Ils partent surtout pour Démérara, dans la souvent mortelle Guyane : eux qui vivent dans un air tiède, odorant, salubre, ils vont par bandes au pays des vases chauffées, des crapauds pipas, des fièvres, des rides précoces; ils y coupent la canne, ils y font le sucre, ils s'y livrent à d'humbles métiers, ils y tiennent boutique, vivant de patience et de sobriété, presque tous sans vol et sans dol; les plus heureux reviennent dans l'île natale, grands ou petits rentiers fiers de leur surnom de « Demeraristas ».

Le siège des autorités, O Funchal (le champ de Fenouil), est une cité de 21 000 âmes.

Pic de Ténérife. (Voy. p. 585.) — Dessin de Daubigny.

CANARIES

Les Canaries, le pic de Teyde. — Les Canaries, terre espagnole, font face aux rivages sud-occidentaux du Maroc, vers les parages où l'empire Barbaresque confine au Grand Désert. Ce sont les Iles Fortunées des Anciens, perdues de vue dans les ténèbres du moyen âge, retrouvées, dit-on, par les Génois en 1295, colonisées par les Espagnols à partir de 1478. Avant de devenir castillanes, elles furent en partie conquises (1402) par un Français normand, Jean de Béthencourt, qui repose dans l'église d'un village du pays de Caux, à Grainville-la-Teinturière, au bord d'un tout petit fleuve courant à la Manche.

Cet archipel de 727 300 hectares est fait de sept grandes îles peuplées et de cinq petites îles vides ; 292 000 hommes l'habitent.

Fuertéventura, notre Fortaventure, l'antique Makhorata, quatre fois moins large que longue (100 kilomètres), s'élève à 855 mètres, aux Orejas del Asno (Oreilles d'âne). Aucune Canarie n'est aussi proche de la côte que cette île volcanique, impluvieuse, quelque peu désertique, où ne vivent guère que 12 000 personnes sur 172 000 hectares.

Lanzarote, notre Lancerote, interrompt les flots canariens à 11 kilomètres seulement au nord-est de Fuertaventura. Elle porte un mont de 684 mètres, le Famara, et d'immenses laves, témoins d'éruptions modernes. Ilots compris, elle diminue les mers de 74 100 hectares.

Gran Canaria, notre Grande Canarie, se dresse à 80 kilomètres à l'occident de Fuertéventura ;

elle a 137 600 hectares avec un pic de 1951 mètres, le pico de los Pechos commandant un groupe central d'où descendent, dit-on, 103 barrancos ou ravins en éventail; sa ville, las Palmas, la plus peuplée de l'archipel, borde la meilleure baie des Canaries, îles presque partout accores, mal taillées, sans abris sûrs en eau profonde.

Ténérifé, corruption à la castillane de l'ancien nom de Chinerfé, est à quelque 60 kilomètres nord-ouest de Gran Canaria. Ses 194 600 hectares forment le piédestal d'une des célèbres montagnes de la Terre, le pic de Teyde, qui fume et ne gronde pas, mais on peut craindre encore sa méchanceté. Vêtue de retamas, genêts grisâtres, cette pyramide regarde au loin son archipel et sa mer, de 3715 mètres de hauteur, presque exactement la domination du Mont-Blanc au-dessus de Chamonix. C'est une bien belle île que Ténérifé. Humboldt dit avec enthousiasme : « J'ai vu, dans la zone torride, des contrées où la nature est plus majestueuse, plus opulente par la diversité de ses formes, mais après avoir visité les bords de l'Orénoque, les cordillères du Pérou, les belles vallées du Mexique, je dois le déclarer, je n'ai rien trouvé de si varié que Ténérifé, rien de plus fascinant, de plus harmonieux par l'heureux mélange de la roche et de la verdure. » Ailleurs il dit aussi : « Pour chasser la mélancolie et rendre la paix à une âme douloureusement combattue, je ne connais rien comme de vivre à Ténérifé ou à Madère. » Les Canaries mériteraient donc leur ancien nom d'Iles Fortunées s'il ne leur tombait du ciel trop de soleil contre trop peu de pluie et si trop de sauterelles n'arrivaient parfois de l'orient, du Sahara, par-dessus la mer, en nuages livides.

De Ténérifé à Goméra l'on ne traverse, allant à l'ouest, que 27 kilomètres de vague salée : Goméra (37 800 hectares) reconnaît pour cime suprême la Cumbre Garojona (1340 mètres).

Borne nord-ouest de l'archipel, Palma (72 600 hectares), que 56 kilomètres séparent de Goméra, porte un mont de 2356 mètres, le pico de la Cruz, et un cratère sans égal aux Canaries, la Caldera ou Chaudière, large de 5 à 6 kilomètres, avec parois de 300 à 600 mètres de hauteur se continuant encore de 600 à 900 par le versant presque droit des Muchachos (2100 mètres); cette chaudière, par grand bonheur, ne bout plus, et depuis l'an 1677 aucun volcan n'a craché sur Palma.

Hierro, notre île de Fer, angle sud-ouest des Canaries, à 62 kilomètres de Goméra, dresse un mont de 1520 mètres. Sa célébrité grande vient de ce que des milliers, des millions de cartes ont fait et font encore partir leurs méridiens de cette humble avant-garde des Canaries dans l'Océan[1]. Ses 27 800 hectares seulement lui donnent le dernier rang parmi les îles majeures de l'archipel; les îles mineures sont : Lobos, annexe de Fuerteventura, Graciosa, Alegranza, Montaña Clara, et les deux Roquetes, toutes annexes de Lanzarote.

Les Guanches. Les Isleños et leur émigration. — Les 292 000 Canariotes ont dans les veines du sang espagnol, surtout andalou, du sang flamand, du sang normand, du sang irlandais, notamment à Orotava et autres bourgs de Ténérifé; quelque peu de sang noir, et assez de sang guanche pour qu'on ait osé dire que « le Canarien moderne est un Guanche baptisé ». A l'arrivée des Européens dans l'archipel, les Guanches étaient une peuplade agricole qui se rattachait probablement au tronc des Berbères marocains et à côté de laquelle s'étaient fixées un certain nombre de familles arabes. Ils furent détruits en peu d'années par une terrible maladie, la modorra, spleen léthargique, sans doute aussi par le refoulement et par le zèle de conversion fait d'orgueil et de cruauté plus que de foi, d'amour fraternel et de pitié, qui distinguait alors le peuple des Espagnols, du premier de ses princes au dernier de ses gardeurs de porcs; amener un « Moro » à faire le signe de la Croix était une œuvre pie, le tuer s'il demeurait fidèle au Prophète en était une autre et non moins méritoire.

Il ne reste maintenant de ce peuple que ce qu'il a déposé de son être dans les Canariens espagnols, des monuments barbares, des « pierres écrites » et des momies dans des cavernes, car de même que les Égyptiens, les Guanches embaumaient leurs morts. On rencontre encore aux Canaries quelques Nègres, arrière-petits-fils de ceux qui furent importés dans l'archipel alors qu'on y cultivait la canne à sucre.

Le nombre des Isleños ou Insulaires — c'est le nom courant qu'on donne aux Canariens — augmente lentement, par trop d'émigration vers une foule de pays espagnols, Antilles, Mexique, Vénézuéla, Philippines, où les « Guanches baptisés » sont fort bien accueillis et où ils réussissent, leur soleil saharien que modère à peine la brise des flots les ayant cuits à point pour les pays chauds et très chauds. Il y a donc en Amérique des peuples que nous appelons latins, plus spécialement espa-

[1] Depuis l'ordonnance de Louis XIII, en 1634.

Fernando-Pó : îlot Henrique. (Voy. p. 389.) — Dessin de Th. Weber, d'après une photographie.

gnols, et qui pourtant ne se forment pas seulement de Castillans, d'Andalous, d'Asturiens, de Galiciens, de Catalans, mais aussi de la rencontre d'un sang pour la plus grande part berbère avec le sang des Indiens, des Basques, des Celtes, des Germains, des Nègres et des Juifs. Il n'est plus de race d'antique assise; toutes sont bâties de la veille, sans maîtresse pierre du coin, sur des fondements assemblés au hasard; toutes se replâtrent au jour le jour, à l'aventure, sans soin pour la beauté, l'honneur et la durée de l'édifice.

Santa Cruz de Santiago, en Ténérifé, administre les Canaries; elle a 17 000 âmes : un peu moins que las Palmas (18 000 hab.), en Gran Canaria.

ILES DU CAP VERT

Iles du Cap Vert, sèches, peu saines. **Cabo-Verdenses**. — Ces îles tirent leur nom d'un promontoire de l'Afrique française, le Cap Vert des Européens, la pointe Dakar des Nègres du Cayor. Non qu'elles en soient voisines, puisqu'il y a 600 kilomètres entre ce rivage et l'île de l'archipel la plus rapprochée, mais elles lui font à peu près vis-à-vis, sous les 15°, 16°, 17° degrés de latitude. 100 000 hommes vivent sur les 385 000 hectares de ce petit monde lusitanien fait de douze terres tropicales, sol volcanique fécond. C'est peu, mais ces sporades ont des ennemis terribles, la sécheresse, l'insalubrité, les tremblements de terre, qui deviennent rares. Dans les années pluvieuses, elles sont comme un jeune paradis, sauf la calvitie de leurs monts; mais dans les années sèches comme 1773, 1851, 1852, 1853, 1846, 1864, 1865, il faut fuir la patrie misérable, sinon mourir : la famine de 1831-1833 coucha sous terre ou chassa loin des îles 30 000 Cabo-Verdenses sur 56 000.

Les 100 000 Cabo-Verdenses, race émigrante, surtout vers le Brésil, sont des Nègres ou des Mulâtres avec quelques milliers de Blancs plus ou moins authentiques et de rares descendants d'Espagnols des Canaries. Tout cela, catholique, parle un portugais altéré n'ayant plus la grammaire lusitanienne, mais bien la nègre, l'enfantine plutôt, et tout bourré de mots pris aux idiomes des Africains introduits dans l'archipel.

Porto-Praya, la capitale, ville d'une moyenne annuelle de 24°,5, s'élève dans une île malsalubre, São Thiago ou l'île du Cap Vert.

São Thiago, la « mortifère », première dans l'archipel en grandeur et en population, porte un pic de 1300 mètres. Ses 40 000 habitants sont de toute nuance, de l'olivâtre au luisant noir. A sa droite elle a Maio; à sa gauche Fogo, que suit Brava.

Maio ne rappelle guère le beau mois de l'année dont elle a reçu le nom : elle est sèche, nue, calcinée, malsaine; on en tire du sel.

Fogo (le Feu) renferme son ennemi, un très haut et redoutable volcan (2700 mètres). Ile saine, mais il n'y pleut presque jamais : la grande disette de 1831-1833 la diminua de 17 000 à 5615 habitants.

La charmante, la saluberrime Brava (la Sauvage) est le « Paradis du Cap Vert »; toutefois elle manque de forêts et presque d'arbres. Ses habitants, Blancs la plupart, ont pour ancêtres des émigrants de Madère et des familles chassées en 1680 de Fogo par la colère du volcan.

São Thiago, Maio, Fogo, Brava, forment le groupe sud de l'archipel; São Antão, São Vicente, São Nicolao, Sal, forment le groupe nord; Boa Vista se lève entre les deux semis d'îles.

São Antão (Saint-Antoine), seconde en grandeur comme en nombre d'hommes, dresse un pic de près de 2500 mètres, le Pão do Assucar (Pain de Sucre), qu'on voit de plus de 80 kilomètres en mer.

La sablonneuse São Vicente (Saint-Vincent), séjour sain, possède le meilleur port de l'archipel; elle était vide quand lui arrivèrent vingt familles de Fogo, vers la fin du siècle dernier.

Dans la très sèche São Nicolao (Saint-Nicolas), le Gordo monte à 1350 mètres : c'est un volcan mort.

Sal, faite de trois coteaux de sable, donne du sel, son nom le déclare.

Boa Vista (Belle-Vue) se dit aussi salubre que Brava même : malgré son nom, elle blesse le regard, n'étant que sable blanc, sel éblouissant, mornes coteaux brûlés.

Deux îlots, Razo et Branco, et une petite île, Santa Luzia, n'ont point d'habitants.

Fernando-Pô : baie de Sainte-Isabelle. — Dessin de A. de Bar, d'après une photographie.

ILES DU GOLFE DE GUINÉE

Fernando-Pô, l'Ilha do Principe, São Thomé, Annobom, se suivent du nord-est au sud-ouest, non loin de l'Équateur.

Fernando-Pô. — Elle s'appelle ainsi dans la langue des Espagnols, ses maîtres, mais le vrai nom, c'est celui du découvreur portugais, Fernão do Pô.

Bien fournie de baies et d'anses, opulente en ruisseaux, féconde, la volcanique Fernando-Pô n'a contre elle que son climat périlleux. Les Lusitaniens n'y créèrent pas de colonie durable, et c'est tout récemment que l'Espagne y a fondé quelque chose en y déportant des centaines de révoltés cubains, lesquels ont aussitôt commencé des cultures. L'Angleterre a fort convoité cette île qui commande admirablement le golfe de Guinée, les bouches du Niger et le rivage de Kameroun. Clarence, petite ville nègre, dut son existence, à partir de 1827, à des Anglais attirés par le commerce dans les bas parages du grand fleuve soudanien. Un haut mont la domine, le pic de Clarence (3627 mètres), noir de forêts ; comme il « s'envole » du bord de la mer, sans avant-monts, sans rien qui le masque, ce Titan fait dignement face à son vis-à-vis continental, le pic de Camarones.

Les indigènes, appelés Boubis, petits hommes plutôt cuivrés que noirs, écoutent peu le prône des missionnaires. On pense qu'ils sont 30 000 sur cette île très belle de 207 000 hectares, le reste des Fernandenôs consistant en Nègres amenés par les Anglais, en Européens peu nombreux, en Cubains importés de force, en Métis.

Ilha do Principe. — L'Île du Prince, terre portugaise, ne dérobe guère plus de 15 000 hectares à l'Atlantique et ne porte même pas 5000 hommes, des Noirs, des Mulâtres et quelques Blancs. Des forêts y sauvent du soleil une foule de rios de montagne courant sur les basaltes, les laves surveillées de haut par le Bec de Perroquet (Bico de Papagaio). On y parle un lusitanien sans flexions très veiné de mots nègres.

São Thomé. — Saint-Thomas, à 145 kilomètres du Principe, à 268 du Gabon, effleure presque l'Équateur, qui passe sur Rolas, son annexe méridionale. Portugaise comme l'île du Prince, volcanique, avec un sommet de 2000 mètres, elle a des monts profusément boisés que de longues pluies drues arrosent; ils envoient à l'Atlantique de fort beaux petits « gaves », rios ou ribeiras, celles-ci plus petites que ceux-là. On ne trouverait pas facilement un pays de 92 000 à 93 000 hectares

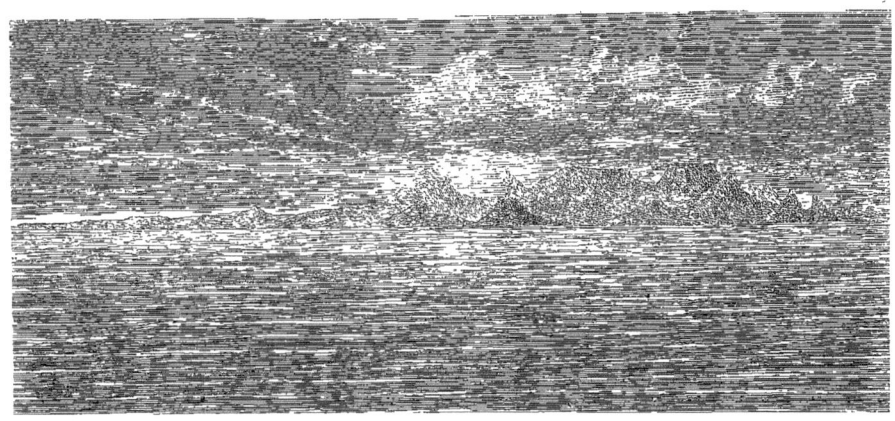

Île du Prince. — Dessin de A. de Bar, d'après un croquis.

montrant comme Saint-Thomas au moins cent torrents clairs sur la roche brune, vomie jadis rouge et fumante.

1200 Blancs y vivent, plus ou moins éprouvés par le climat tropical, et à côté d'eux environ 17 000 Nègres et Mulâtres usant d'un des portugais les plus « sabirs » qu'il y ait dans le monde lusitanien.

Saint-Thomas fut plus florissante. Au seizième siècle il y avait là de nombreux Portugais planteurs de canne à sucre, mais quand la renommée du Brésil eut grandi, presque tous passèrent la mer avec leurs esclaves et se firent Brésiliens. L'île du Prince connut la même prospérité, puis ses colons partirent aussi pour le futur empire.

La capitale, Santa Anna de Chaves, plus communément appelée São Thomé, gouverne à la fois les deux îles de Saint-Thomas et du Prince.

Annobom ou la Bonne Année : nom portugais, île espagnole. 190 kilomètres la séparent de São Thomé.

Découverte un 1ᵉʳ janvier (1471) par des Lusitaniens, elle devint castillane sans profit pour Castille et Léon. Et que faire d'à peine 1700 hectares, d'un cône de basalte de 520 mètres n'ayant qu'un seul ruisseau courant ?

Quand les « fils de Lusus » y vinrent, elle était déserte. Entre 1550 et 1600 on y traîna des esclaves; aussitôt naquit une race mêlée, forte aujourd'hui de 5000 hommes : race à peu près noire, presque sauvage, catholique de foi, portugaise de langue, si toutefois un patois demi-nègre, sans formes et niaisement puéril, mérite le même nom que l'idiome où Camoëns a chanté la fontaine des Amours[1], née des pleurs d'Ignez de Castro.

1. *Vede que fresca fonte rega as flores :*
Que lagrimas são a agua, e o nome amores.
(*Lusiades*, III. cxxxv.)

Ascension. — Surgissant d'une mer où l'on pêche les tortues les plus colossales [1], c'est une île anglaise fort éloignée des terres, à distance inégale d'Afrique et d'Amérique, ayant le cap des Palmes (Guinée) à 1560 kilomètres seulement, et le cap São Roque (Brésil) à 2335. Située vers

Habitation à Fernando-Pô. — Dessin de A. de Bar, d'après une photographie.

8° de latitude S., elle dresse des pitons, des cônes, cratères éteints que domine le Mont Vert (865 mètres), — mais malgré ce nom la verdure manque à l'Ascension, rocher rougeâtre ou noirâtre, nu, morne, où ne demeurent même pas 50 personnes, sur 8800 hectares.

1. Il y en a de 500 kilogrammes.

Sainte-Hélène. — 5000 hommes, dont moitié de Nègres, vivent sur ce chauve basalte contemplant la mer immense, au pied du pic de Diane

(875 mètres), qui commande le val de Longwood où Napoléon mourut. A 1300 kilomètres des terres, ce sont des prisonniers de l'Océan ayant pour plus grand bonheur l'arrivée des navires qui leur apportent les nouvelles du monde; et voici qu'il en vient de moins en moins, depuis que le percement de l'isthme de Suez permet aux vaisseaux qui voguent vers l'Orient d'Asie ou d'Afrique de ne plus passer par la mer occidentale et la pointe australe du continent des Noirs.

Les courants venus du Sud polaire lui donnent un climat bien moins chaud que celui dont la doterait une latitude intertropicale, et la moyenne annuelle de Sainte-Hélène, entre les Tropiques,

Pic de Fernando-Pô. — Dessin de A. de Bar, d'après une photographie.

sous le 16e degré, dépasse à peine celle de Lisbonne, sous le 39e.

Découverte par les Portugais, les Anglais s'en saisirent, qui ont fait de ce bloc de 12 300 hectares sortant d'une eau très profonde un Gibraltar hérissé de batteries.

La capitale se nomme Jamestown.

Tristan da Cunha. — Autre terre anglaise que des Lusitaniens révélèrent, dans une mer d'excessive profondeur. Elle s'élève non loin du 40e degré de latitude sud, très au large, plus près du Cap de Bonne-Espérance que d'aucun autre rivage. Ils s'y profile un volcan mort, haut d'environ 2500 mètres.

Peu de personnes respirent son air parfaitement salubre. Sur 11 600 hectares, elle ne porte qu'une centaine d'hommes, d'origines diverses, de langue anglaise, vrais Robinsons Crusoés.

Mode de transport à Madagascar : le tacon. — Dessin de G. Staal, d'après une photographie

MADAGASCAR ET SES SATELLITES

Dans l'océan Indien, des îles anglaises ou françaises ou indépendantes, Bourbon, les Comores, Maurice, les Seychelles, etc., gravitent, satellites infimes, autour de l'énorme Madagascar.

Madagascar : ses deux natures de pays. — Deux îles seulement sont plus grandes que Madagascar, toutes deux en Mégalonésie : la Nouvelle-Guinée et Bornéo. A l'Afrique australe, plateau qui s'attache à l'Afrique plus basse du Nord, elle est ce que Ceylan est au Dekkan, plateau lié aux plaines de l'Inde septentrionale : sinon que l'Afrique a huit ou neuf fois la grandeur de l'Inde et Madagascar plus de neuf fois la grandeur de Ceylan.

L'île séparée de l'Afrique par les 350 kilomètres du canal de Mozambique augmente d'au moins 59 millions d'hectares le massif continent des Noirs, puissante acropole dont elle est le seul avant-fort monumental. 59 millions d'hectares, c'est la France, la Belgique et la Hollande ensemble.

Longue de près de 1600 kilomètres, autant que de Paris au Sahara, avec axe N.-N.-E.-S.-S.-O., sa largeur varie entre 300 et 450. Sauf son sud extrême, qui pointe hors du Tropique, elle appartient à la ceinture intertropicale.

Vue de haut, elle a deux natures de pays : à l'ouest, au sud à partir du 23e degré, des plaines inférieures à 150 mètres, landes et steppes; à l'est, au nord, au centre, des monts et plateaux d'une surrection de 1000 à 1500 mètres. La montagne couvre à peu près les 3/5 du pays, la plaine et le coteau prenant 2/5.

On peut aussi la partager, comme ses fleuves, en deux versants : celui de l'ouest, rarement visité des vents humides, plus sec, moins boisé, moins fécond, malgré ses vallées plus longues, ses plaines plus larges, ses fleuves plus vastes; celui de l'est, rapide, étroit, surabondamment mouillé par les pluies de la mer des Indes : sur ce penchant de l'île vivent dans des forêts les bêtes qui valurent à Madagascar son nom de Nosidambo — Terre des Sangliers, — nom qu'elle a quitté, même chez les Malgaches, pour s'appeler comme nous l'appelons.

Monts et Fleuves, lagunes et marais, Hazo et Tazo. — Le principal massif, fait de granits, de gneiss, de volcans froids depuis longtemps, pourrait se nommer Monts des Hovas, de la peuplade qui de là tenta de conquérir tout Madagascar. Parmi ses dômes, parmi ses cônes, peu dépassent 2000 mètres; le souverain dominateur règne près de Tananarive, capitale de l'île : c'est « celui que la nuée ne peut tout escalader », ou, comme on le dit bien mieux dans la langue malgache, de si belle sonorité, le Tsiafaiavona (2728 mètres), assis sur un piédestal de 1200 mètres d'altitude. Le Tsiafaiavona le cède en majesté à l'un de ses humbles sujets, à l'Amber, qui ne monte qu'à 1800 mètres, dans la région des volcans du nord-ouest, mais qui est dégagé, et qu'on voit de la mer.

Nulle de ces cimes, sous de pareilles latitudes, ne peut s'éclairer de neiges perannuelles, mais il en descend beaucoup d'eau, par la vertu des pluies diluviennes, et de forts torrents courent à la côte par un lit brisé : telle cascade, celle de la Matitanana, fait un plongeon de 180 mètres. Au moment d'entrer dans la mer les fleuves se heurtent presque tous à des cordons arénoïdes, surtout à la rive orientale; n'ayant pas d'issue franche, les eaux rayées de crocodiles refluent en marais, et de ce côté l'appareil littoral ressemble à celui de la Guinée en ce que chaque fleuve barré s'épanche en lagunes dont beaucoup « s'emboîtent »; d'autres ne sont séparées que par des terres basses faciles à fouiller. Avec quelques coupures on ferait ici parallèlement à la rive, et tout près d'elle, un canal navigable de 400 kilomètres de longueur.

C'est là tout le secret de la longue indépendance de Madagascar. Ces lagunes empoisonnent, leurs fièvres ont mainte fois chassé les Français de l'île qu'ils ont mainte fois mollement tenté de conquérir, aux deux derniers siècles et dans celui-ci.

Derrière les marais commencent les forêts. Sur une longueur de 3700 kilomètres les bois sauvages font presque le tour de Madagascar, couvant et concentrant aussi des miasmes, et l'on tient pour les lieux les moins salubres de la vieille Nosidambo ceux qui font le tour de la baie d'Antongil, là même où croissent les plus vastes et profondes sylves. Au delà des forêts, c'est une « transylvanie » de hautes collines ou de monts, pays sans stagnance d'eau pourrie, découvert, venteux, oxygéné, salubre, avec froidure ou fraîcheur suivant l'altitude.

Le plus grand des lacs malgaches, l'Alaotra, brille sur le versant d'orient, dans le bassin d'un fleuve qui s'abîme en mer presque en face de l'île Sainte-Marie. Le plus long de ses cours d'eau, le Betsiboka, qui a le développement du Rhône ou de la Loire, reçoit l'Ikopa; tous deux viennent du plateau d'Imérina, centre, toit, bastion de Madagascar, et se versent dans la baie de Majounga ou de Bombetok, qui est splendide, ainsi que tant d'autres dans le tiers septentrional de la terre malgache : baies de Mazamba, de Narinda, de Pasandava, de Diego-Suarez, d'Antongil, etc., capables de donner asile à tous les navires de la mer.

En même temps plaine basse, plaine haute et monts sous le Tropique, Madagascar a la plus précieuse fortune, la superposition et l'enchevêtrement des climats; elle se prête à toutes les plantes du Globe, elle a sa flore, sa faune à elle, et plus de cent bêtes ne se trouvent pas ailleurs. Bien que presque collée à l'Afrique — que sont 350 kilomètres entre si grand continent et si grande île? — elle nourrit des bêtes inconnues à la terre ferme et dont la présence peut faire croire qu'elle est le seul reste d'un monde sur lequel pèse maintenant la mer des Indes. Le tenrec qui a des dards à la hérisson, l'aye-aye cherchant, la nuit, les insectes dans les fentes des arbres, les makis, singes-écureuils à longue queue fourrée, n'habitent qu'en pays malgache; l'épiornis, oiseau géant, en a disparu; les grands animaux du Tropique africain n'y ont point abordé, ni les superbes, ni les hideux, ni les félins, lion et léopard, ni la girafe, ni l'indicible hippopotame, ni le rhinocéros, ni l'éléphant que son front magnifique sauve à peine du ridicule; seul le crocodile fait songer au continent voisin. Pas de serpents venimeux; tout au plus des araignées boursouflées.

A Madagascar, la salubrité croît d'étage en étage. Un roi des Hovas a pu dire : « Je défie les Blancs ! j'ai mes deux grands généraux : Tazo, Hazo ! » Tazo, c'est la fièvre ; Hazo, la forêt. Mais si la mort s'engendre dans les lagunes à tout instant du jour et de la nuit, des mois chauds et des mois tièdes, si la côte orientale fut un cimetière des Européens, les plateaux d'Imérina sont sains comme la France du Midi. Le peuple des Hovas, maître de l'île avant la conquête française, vécut d'abord dans les basses plaines. Alangui, décimé par le poison palustre, il remonta les torrents, et la fraîcheur des monts lui rendit le courage de combattre et la force de vaincre : quand les miasmes du littoral avaient affaibli leurs garnisons du plat pays, les soldats revenaient aux plaines de la santé, dans l'air régénérant d'en haut, près des clairs ruisseaux et des sources éternelles.

Les Malgaches : les Hovas, le plateau d'Émirne. — Vingt nations vivent dans Madagascar, toutes usant de la même langue, dialecte malais aux mots amples, harmonieusement pondérés, gracieusement sonores. Ce n'est pas que toutes soient d'origine malaise, tant s'en faut ; il y a eu ici de grands brassements de peuples, Africains divers, Arabes, gens de l'Inde, Malais, Chinois même, et ce qu'on ignore.

On donne à l'île Malgache 3 500 000 habitants. Les Sakalaves, nos alliés et protégés, demeurent dans l'ouest ; ils voient de leur côté l'île française de Nossi-Bé ; peu loués de ceux qui prétendent les connaître, on les dit tracassiers, fainéants, étourdis ; ils préfèrent le pastorat à la culture du sol. Issus probablement de mélanges entre Indiens du Malabar et Nègres d'Afrique, ils se sentent d'une autre race que les Hovas, qui sont de sang malais ; ils les abominent et les appellent chiens de sangliers. Les Bétsimisarakes, sur le versant de la mer des Indes, contemplent de leur rivage l'île française de Sainte-Marie ; en cela contraires aux Sakalaves, ils aiment le travail des champs. Les Bétanimènes, parents des Hovas, ont souvent apparu dans les démêlés de Madagascar avec l'étranger, car avec les Bétsimisarakes ils gardent la rive qui fut le lieu principal de nos tentatives.

Les Hovas, qui s'appellent réellement les Antaimérinas ou gens de l'Imérina, séjournent dans le centre de l'île, sur le plateau dont ils portent le nom.

L'Imérina ou Émirne, fort d'un grand million d'hommes, est un pays de granits nus, d'argiles rouges, de landes, d'herbes rudes, avec rizières dans toutes les plaines, dans tous les vallons et vallées, là où l'onde ruisselle — et, grâce à l'altitude des monts, presque partout elle abonde. — Terre un peu sévère, parfois dure, déserte, désolée, elle n'en est pas moins maternelle, puisqu'elle nourrit un peuple nombreux que son climat régénère.

Les Hovas, qui sont vraisemblablement parmi les tard-venus dans l'île, appartiennent à la race, pour mieux dire à la rencontre de races que nous nommons malaise. Plus petits, plus faibles en moyenne

Guerrier malgache. — Dessin de Gérôme, d'après une photographie.

que les autres Malgaches, mais plus féconds, plus intelligents, plus rusés, plus tenaces, ils avaient conquis presque tous les insulaires, ils avaient surtout pillé, ruiné presque toute l'île quand les années 1884 et 1885 ont mis un terme à leurs ambitions; elles ont fait une réalité de ce qui depuis 1642 n'était pour nous qu'un long rêve, de temps en temps attristé par le désenchantement du réveil. Madagascar va reprendre son vieux nom de France orientale; les Français en possèdent les plus beaux rivages, les meilleures terres, les baies les plus sûres, et les créoles de Bourbon, de Maurice, y répandront rapidement notre sang, surtout notre langue.

Restés païens jusqu'à ces dernières années, les Hovas ont accepté les dogmes de la « Nouvelle-Alliance » tels que les missionnaires anglais les prêchent; le protestantisme a été adopté par la cour, qui l'a imposé au peuple; il est officiel et, comme tel, tout de surface, et par le fait œuvre de néant. On estime les catholiques à 80 000 au moins. Protestants ou catholiques au lieu de païens, il n'est pas dit qu'ils vaillent mieux qu'avant leur conversion : plus hypocrites peut-être, ils sont aussi durs qu'antan pour les autres nations et sous-nations de l'île, et aussi malheureux chez eux. Des castes qu'on appelle « honneurs », au nombre de seize, parquent les Hovas comme les Hindous; tout ce qui n'a pas l'heur d'appartenir aux rangs élevés subit l'avidité des grands, la rebuffade, les passe-droit, et le sort des esclaves est encore moins sombre que celui de la foule des hommes libres, assujettis de par la loi des Antaïmérinas à la panampoana ou corvée gratuite au profit du roi, des ministres et des principaux « honneurs ».

Par un étrange hasard, cette île vaste et belle a causé moins de rivalités que le dernier rocher sans eau de la mer des Antilles. Les Anglais eux-mêmes, qui ont pour devise : « *Nil intentatum* », ont longtemps laissé Madagascar tranquille, puis ils ont lancé sur elle leurs missionnaires, messagers de paix qui sont les avant-coureurs de la guerre, apôtres de la liberté qui sont des pionniers de servitude.

Le prêcheur, sa Bible à la main; derrière lui, le trafiquant avec sa quincaillerie et ses étoffes, puis le planteur, puis le marin, le soldat, l'administrateur, le banquier, le juge : tel fut, pour tant de peuples devenus anglais, l'oblique chemin de l'esclavage.

La capitale des Hovas, Tananarive[1], peut avoir

[1]. Exactement : Antananarivou, les Mille Cases.

100 000 âmes, à 1460 mètres au-dessus des mers, à l'orée de la vaste plaine de Betsimitatra, qui fut lac, puis marais, qui est aujourd'hui rizière.

Sainte-Marie de Madagascar. — Deux îles littorales de Madagascar, toutes les deux très petites, Sainte-Marie de Madagascar et Nossi-Bé, sont colonies françaises, celle-ci depuis une quarantaine d'années, celle-là depuis fort longtemps.

Sainte-Marie de Madagascar brise les lames de la haute mer devant la côte orientale de la Grande Ile, dont elle n'est guère éloignée, vu le peu de largeur du détroit du Tintingue. Triste colonie sans colons, avec 90 à 100 Blancs crevés de fièvre parmi 7000 à 7500 Noirs chassés de Madagascar par les Hovas : cela sur 17 500 hectares, campagnes basses, palus, forêts, bombements quartzeux de 60 mètres au plus et, autour de l'île, une ceinture de coraux. Le 17e degré coupe Sainte-Marie, qui est toute en long, avec plus de 50 kilomètres en ce sens contre 5 seulement de travers.

Nossi-Bé. — Nossi-Bé, c'est-à-dire Ile Grande en idiome sakalave, devint française en 1840, de nom plutôt que de fait, car sur ses 29 300 hectares il n'y a que 240 Français, presque tous créoles de Maurice ou Bourbon, contre environ 9300 Africains, lesquels sont ou des Sakalaves, ou des Nègres du continent, surtout du Mozambique; en outre il s'y trouve des Comoriens, des Arabes, des gens de nos colonies de l'Inde, etc.

L'Ile Grande s'élève sous le 13e degré, très près de la Tani-Bé[1], à l'entrée de la superbe baie de Pasandava (côte occidentale). Elle dresse de petits monts de 500, 600 mètres, granits ou volcans avec cratères, et, dans ces cratères, des laquets profonds, semblables au Pavin d'Auvergne, sauf que le crocodile y nage.

Quoique taillée en pente, on peut la nommer une mère des fièvres, tant par les marais à palétuviers du rivage que par la tropicalité d'un climat orageux, pluvieux, où les « froids » de 18 degrés au-dessus de zéro sont chose à peu près inconnue; il tombe 3 mètres d'eau par an sur la capitale, Hellville; cependant Nossi-Bé, jadis entièrement sous l'ombre, a perdu presque toute sa forêt.

Mayotte. — A 200 kilomètres vers l'ouest de

[1]. Mots sakalaves : la Grande Terre, Madagascar.

Femmes malgaches. — Dessin de Bida, d'après une photographie.

Nossi-Bé, nous possédons depuis 1845 Mayotte, île fort découpée ayant des ressemblances de dentelure avec la Martinique.

Mayotte, dans le canal de Mozambique, entre le 12ᵉ et le 13ᵉ degré, porte 9200 personnes, dont 200 Blancs et Créoles, sur 55 600 hectares. Quelques dizaines de colons venus de Bourbon, de Maurice, y font travailler des champs de canne à sucre au pied de mornes rouges, ou laissent à l'heureuse indolence un petit peuple fort mêlé, Cuivrés issus de la rencontre du Nègre, du Malais, de l'Arabe, Noirs purs, Arabes directs, toutes gens des Comores, de Madagascar, de Zanzibar, du continent d'Afrique, de l'Inde, qui se trouvent fort bien d'un climat lourdement chaud dont nous nous trouvons fort mal. La forêt aussi s'accommode admirablement de cette chaleur traversée de pluies abondantes; elle est touffue, et de charmants petits torrents y courent, qui trop souvent finissent en marais sur le littoral.

Dzaoudzi, simple bourgade à la côte, administre Mayotte, volcan de 660 mètres de haut, que des coraux entourent.

Comores. — Mayotte est l'île sud-orientale des Comores, archipel également distant de Madagascar et de la côte orientale d'Afrique, mais n'ayant ni même faune, ni même flore que la terre malgache et que le continent noir. Les trois autres Comores, toutes trois indépendantes, se nomment Angazifa, Nzouâni, Mohila. Le fond de la nation y consiste en Nègres de diverses nuances et en Malais croisés d'Arabes proclamant la louange au Dieu unique dans la langue même du Coran, car, devenus Musulmans, ils parlent un arabe plus ou moins idiomatique.

A 310 kilomètres S.-S.-E. du cap Delgado, Angazifa est notre Grande Comore. Ses 110 000 hectares, ses 55 000 âmes la placent au premier rang de ces îles, qui n'ont que 212 000 hectares et 65 000 hommes, Mayotte comprise. Volcanique, avec un pic de 2650 mètres, un sol poreux y boit les eaux du ciel; elle est sans torrents, sans fontaines, réduite aux citernes.

Dans la ravissante Nzouâni (12 000 hab. sur 37 300 hectares), notre Anjouan ou Iohanna, les forêts ont de l'opulence, autour du Tinguidyou (1577 mètres), volcan mort.

Mohila, volcan comme ses sœurs, mais beaucoup plus basse, n'atteint que 580 mètres; on lui suppose 6000 Mohiliens sur 29 100 hectares.

Bourbon, l'île splendide. — Officiellement, c'est la Réunion, nom banal qui ne sort ni de la nature, ni de l'histoire.

Elle surgit à 600 kilomètres du rivage oriental de Madagascar, qu'elle surveille, qu'elle colonisera. 150 seulement la séparent de l'« île sœur », de Maurice, qui eut les mêmes fondateurs, qui a gardé la même langue et veut franciser aussi la Grande Terre. L'une et l'autre ont un nom commun, presque en désuétude — les Mascareignes, de Mascarenhas, leur découvreur portugais.

Sous le 21ᵉ degré, Bourbon n'est qu'un haut rocher, dans la mer immense qu'aspirent de tournoyants cyclones, un grand bloc taillé droit, sans baies, sans ports, ayant à peine 250 000 hectares, qu'entourent 207 000 mètres de rivages. Mais elle a des beautés suprêmes, un volcan de toute fierté, le Piton des Neiges (3069 mètres), un mont fumant encore, le Piton de Fournaise, des torrents dans la lave et basalte, des cascades de pluie et des pluies de cascade, des forêts tropicales, des fontaines de santé, un climat joyeux, un sol fécond, une race de Créoles forte, souple, enthousiaste, fertile, débordante, vivant avec exubérance au vent de la mer, sous les plus beaux arbres.

Ces Créoles, tous Français, ont à côté d'eux un petit peuple de Mulâtres; puis viennent les Noirs, purs ou trop peu mêlés pour qu'on les dise métis, et enfin les immigrants, ces derniers amenés d'Asie ou d'Afrique à partir du jour où le Nègre, délivré de sa chaîne, s'éloigna des plantations de café, de girofle, de canne à sucre, de maïs, où il avait geint, courbé sous le fouet, lui paresseux avec délices, grand enfant qui rit aux éclats en montrant ses dents blanches. Les immigrants, coulis de l'Inde, Chinois, Malgaches, Africains, comptent pour 44 000 sur les 171 000 Bourbonniens, les Créoles pour 20 000 ou 25 000 (?), le reste étant ou Nègres ou Mulâtres.

Les Blancs s'y recrutent d'eux-mêmes. C'est dire et prouver en même temps la salubrité de Bourbon, climat d'ailleurs chaud, entre 12 et 36°, avec une moyenne de 24° — sur la côte s'entend, car plus on monte, plus le Créole se rapproche de la température modérée où vécurent ses ancêtres de Bretagne, de Normandie, de Gascogne ou de toute autre province de la vieille France, et au Piton des Neiges les blancs frimas durent six mois sur douze. Par malheur, les engagés apportent à Bourbon leurs maladies contagieuses, leur choléra, leur variole, leurs fièvres; ces fléaux s'abattent aussi sur le Noir, le Cuivré, le Mulâtre, le Blanc, et Bourbon n'est plus Bourbon.

Saint-Denis, charmante ville de 32 000 âmes, au bord de la mer, gouverne cette colonie expansive prête à se verser sur Madagascar dont elle fut deux cent cinquante ans la pierre d'attente.

Maurice. — Elle s'appelait l'île de France quand

Bourbon : jardin d'une maison de ville. — Dessin de H. Stock, d'après une photographie.

elle était nôtre ; devenue anglaise par le droit du plus fort sur mer, elle a repris un vieux nom hollandais.

Merveilleusement gracieuse, elle n'a pas la puissance d'allures de Bourbon, ni même sa petite « grandeur », car elle comprend à peine 192 000 hectares, et du sol volcanique ne s'élance aucun pic de 1000 mètres : le Piton de la Rivière Noire, sa roche supérieure, ne monte qu'à 960 mètres, pas le tiers du Piton des Neiges.

Mais il y a là un grouillement d'hommes. Cette île entretient 360 000 personnes, soit 196 par kilomètre carré, la France n'en ayant que 71.

Les Mauriciens sont ou des Créoles, Français

d'extraction, Français de langue, avec un certain nombre d'Anglais; puis des Mulâtres et des Noirs francophones; enfin et surtout des engagés de Chine et d'Afrique importés en remplacement des esclaves noirs.

En se défrichant outre mesure, en passant d'une splendeur de forêt vierge à l'utile banalité d'un grand champ de canne à sucre souvent dévasté par les ouragans, Maurice a perdu des biens inestimables, le climat égal, la pluie suffisante, la salubrité; ses rivières empirées en torrents excessifs ravagent plus, arrosent moins; son soleil brûle au lieu de réchauffer seulement; son air, inépuré par l'arbre, transporte la fièvre, la pourriture et les épidémies furieuses, couvées dans l'indicible ordure des quartiers où les « engagés » s'entassent; saine autrefois comme Bourbon, elle est devenue plus insalubre que l' « île sœur ». Devant cette dégradation de leur patrie, devant cette invasion des « Malabars », les Mauriciens créoles émigrent de plus en plus en tout pays, à Port-Natal et dans les diverses colonies anglo-hollandaises du Cap, aux Seychelles, à Saigon, en Nouvelle-Calédonie, et ils attendent impatiemment d'envahir Madagascar en compagnie de leurs amis de Bourbon.

On estime à 20 000 (?) les Mauriciens blancs, séparés de la France depuis 1810, les Mulâtres et Noirs à 130 000 (?), les gens à gages, qui se recrutent presque tous dans l'Inde, à plus de 200 000 (?).

Port-Louis (65 000 hab.), capitale, borde un de ces ports excellents comme Maurice en a plusieurs (c'est pourquoi les Anglais l'ont prise), comme Bourbon n'en a pas un seul. Cette ville semble en décadence, ainsi que son île; elle n'espère plus devenir une « hôtellerie des nations ».

Maurice a trois annexes : Rodriguez, située comme elle près du 20° degré; les Amirantes et les Seychelles, beaucoup plus au nord, vers le 5°.

Rodriguez. — Îlot de granit de 11 000 hectares, avec 1100 habitants, Rodriguez, ou plus exactement Diego Rodriguez, s'élève à presque 600 kilomètres à l'orient de Maurice.

Amirantes, Seychelles. — Petites îles granitiques, îlots, rochers, bancs de sable, écueils de corail, ces deux égrènements de sporades, jadis françaises, maintenant anglaises, avoisinent Madagascar bien plus que Maurice : de la plus grande d'entre elles, Mahé, l'on n'a pas 1200 kilomètres jusqu'au cap septentrional de la terre Malgache, contre près de 1800 jusqu'à l'ancienne île de France.

Les douze Amirantes, plus près de Madagascar que les Seychelles, sont des coraux boisés, presque déserts. Leur vrai nom, qui est portugais, ilhas do Almirante, les îles de l'Amiral, consacre le souvenir du découvreur, homme immortel qui s'appelait Vasco de Gama. A peine si 100 hommes y séjournent, sur 8500 hectares.

Parmi les Seychelles domine Mahé, qui porte un volcan de 1920 mètres; Praslin, plus petite que Mahé, est plus grande que Curieuse, où il y a un hôpital de lépreux. Sur ces trois « grandes » terres et sur d'autres qui sont moindres, en tout 26 400 hectares, une douzaine de mille hommes se laissent vivre dans une nature bonne et gaie, sous un joli climat sans ouragans. Créoles blancs, Noirs et Mulâtres, engagés venus de l'Inde, on parle ici le doux créole français de Maurice et Bourbon. Les Seychelliens ont pour ancêtres des colons arrivés des îles sœurs à partir de 1742 et des transportés politiques exilés ici vers l'an 1800 : des Négresses du Mozambique ont fourni le sang noir.

La capitale appartient à Mahé; c'est Port-Victoria, sur une baie très sûre, au pied du Morne Rouge (450 mètres).

Socotra ou Socotora. — Asiatique presque autant qu'africaine, cette île de 358 000 hectares barre de loin l'entrée du golfe d'Aden, c'est-à-dire de la mer Rouge, à 250 kilomètres au large du cap Guardafui, à moins de 400 de la côte de l'Hadramaout (Arabie méridionale). Monts de granit allant jusqu'à 1650 mètres, vallons et coteaux de calcaire, rivage bordé de corail, Socotora tint jadis au continent d'Afrique, et c'est la mer démolisseuse qui l'a rompue d'avec les sierras et plateaux de la corne de Guardafui. Elle est stérile, dans une nature sèche, avec les plantes aromatiques des climats sereins. Il y a là quelques milliers d'hommes, Arabes ou métis d'Arabes et d'Africains, Musulmans parlant la langue du « Livre ». Leur principal village a nom Tamarida.

Une forêt de la Colombie anglaise. — Dessin de Moynet.

AMÉRIQUE

Christophe Colomb et ses précurseurs scandinaves. — L'Amérique, Nouveau Monde ou Nouveau Continent, reçut des Européens bien avant Christophe Colomb, dès le dixième siècle.

Des Norvégiens, venus de l'Islande, alors prospère, si nous en croyons l'histoire ou la légende, s'établirent en ce temps-là dans le Groenland, puis reconnurent, vers le sud, et peut-être même colonisèrent le littoral qu'ils appelèrent Vinland ou pays de la Vigne.

Que furent ces colonies en Terre verte [1] et, au midi du golfe Saint-Laurent, jusqu'à la baie Chesapeake, celles du pays de la Vigne sauvage, sur une rive semblable par ses fiords à la Norvège et à l'Islande natales?

On l'ignore. Les vieux Scandinaves en conservèrent si peu la mémoire qu'on ne sait au juste quand et comment elles périrent. Tout ce qu'on en peut croire, c'est qu'elles restèrent petites, puis que les Esquimaux les détruisirent ou que la métropole les abandonna, ne soupçonnant pas qu'elle perdait un monde où elle pouvait renouveler cent fois sa race aventureuse.

On avait profondément oublié ces établissements islandais quand un Génois au service de l'Espagne, un marin déjà vieux dont l'âge mûr s'était usé à la poursuite de sa grande idée, Christophe Colomb,

[1]. Le mot scandinave Groenland veut dire Terre verte.

naviguа vers l'Orient par la mer de l'ouest sans se douter qu'un continent lui barrait la route.

L'immortel Italien cherchait l'Inde, la Chine, la « naissance des épices », le Grand Khan de Tartarie que la voix publique disait hésiter entre Mahomet et Jésus; il ne trouva ni l'Orient des épices, ni le potentat fameux auquel il portait une lettre de Ferdinand et d'Isabelle d'Espagne; il rencontra l'Amérique (1492), qui ne porte point son nom, puisqu'elle a pris, on ignore par quel hasard, celui d'Amerigo Vespucci, cosmographe et navigateur florentin.

Avec les trésors du Gange vers lequel il avait cru cingler, il voulait racheter le tombeau du Christ, mais les mines d'Amérique ne servirent à aucune rédemption. Pour elles l'Europe commit deux crimes: elle voulut détruire les Indiens, elle fit la chasse aux Noirs.

Les deux demi-continents. Europe et Amérique.

— Le Nouveau Monde comprend, du nord au sud, deux grandes terres unies à l'ouest par l'isthme très montueux de l'Amérique centrale, et à l'est par une chaîne d'îles brillantes nommées les Antilles. Ces deux terres de grandeur inégale ont à peu près la même figure, celle d'un triangle dont la pointe regarde le midi.

Avec le Groenland, glace, neige et roche inutile, avec la non moins inutile Amérique polaire, avec l'Amérique centrale et les Antilles que leur climat, leur nature, leur langue principale, rattachent plutôt à l'Amérique du Sud, le demi-continent du Nord a 2 milliards 72 millions d'hectares ou 39 fois la France; le demi-continent du Sud en a 1775 millions ou 33 à 34 fois la France: en tout 3 milliards 847 millions d'hectares, environ 72 fois le domaine de la nation qui se concentre, s'agite et s'étiole à Paris.

Leur nombre d'hommes n'est pas moins inégal: sur 100 millions d'Américains, il y en a plus de 70 dans l'Amérique du Nord, et la population y grandit bien plus vite que dans l'Amérique du Sud, par l'attraction des États-Unis et du Nord-Ouest canadien, pays tempérés où s'engouffrent les Européens las de l'Europe: ils y vont par centaines de milliers chaque année, de cinq à dix fois plus nombreux que ceux qui débarquent en Amérique du Sud, soit au Brésil, soit dans l'Argentine, rivale espagnole des États-Unis anglais. Ni dans l'un ni dans l'autre des deux tronçons la place ne manquera de longtemps à ceux qui, suivant leur bonne ou leur mâle étoile, quittent le Vieux Monde pour le Nouveau: les Indes vierges révélées par Colomb peuvent nourrir 3 milliards d'hommes, le double de la présente humanité.

La « Colombie » septentrionale s'approche bien plus du Pôle que la « Colombie » méridionale, celle-ci ne descendant que jusqu'au 55ᵉ degré, tandis que celle-là dépasse le 75ᵉ. Bout à bout, les deux monceaux du continent ont 14 000 kilomètres de long: c'est la distance du cap d'Espagne le plus voisin d'Afrique au cap sibérien le plus voisin du Nouveau Monde. La plus large des deux masses, celle du Nord, a 6000 kilomètres d'amplitude à la hauteur du détroit de Belle-Isle, et il y a 5000 kilomètres dans celle du Sud entre la Punta Pariña (Pérou) et le cap Saint-Roch (Brésil). L'Amérique, dans son ensemble, est donc près de deux fois et demie plus longue que ses plus grandes largeurs et sa forme allongée contraste avec la carrure de l'Asie.

Au nord, l'Amérique touche presque à l'Asie. Elle n'en est qu'à 50 kilomètres au détroit de Béring, l'un des derniers refuges des baleines, chassées de toutes les mers et mal à l'aise dans ces eaux glaciales qui ne sont pas leur patrie. A partir de ce moindre écart, dû à l'allongement péninsulaire des deux parties du monde, l'Asie court au sud-ouest, l'Amérique fuit vers le sud-est: le détroit de Béring est donc le lieu d'approche, et presque de contact, de deux rives qui s'éloignent ensuite de plus en plus sur un océan grandissant en largeur, tellement qu'il y a 15 000 à 16 000 kilomètres des bouches du Mékong, fleuve asiatique, à Panama, terre américaine. La distance moyenne entre les deux continents, prise de la Chine à la Vieille-Californie, est d'à peu près 120 degrés, le tiers du contour du Globe.

L'éloignement est bien moindre entre l'Amérique du Sud et l'Afrique: de Brest à New-York on ne compte que 5000 kilomètres, du cap Vert au cap Saint-Roch, que 2800. Puis, les vents et les courants mènent presque amicalement les navires européens vers la terre colombienne, alors que d'Asie en Amérique le voyage est pénible, inégal; la côte du Pacifique américain regardant l'Asie est moins découpée, sauf au nord et tout au sud, et beaucoup moins hospitalière que celle de l'Atlantique tournée vers l'Europe; enfin les Rocheuses et la Cordillère des Andes ne laissent entre elles et le Grand Océan qu'une étroite lisière avec courts torrents, tandis que le double continent incline vers l'Atlantique des plaines immenses d'une fécondité sans pareille, sur des fleuves de 5500 à

7000 kilomètres qui sont les premiers de la Sphère.

L'Amérique est donc voisine de l'Europe; elle lui tend les bras. Et dès qu'elles se connurent, la « vieille Europe » régna sur la « jeune Amérique », non comme une sœur aînée, douce et bonne, qui remplace une mère, mais comme une implacable marâtre. Nous lui envoyâmes alors mille scélérats pour un honnête homme; les temps sont changés, mais elle ne reçoit point de nous mille honnêtes hommes pour un scélérat.

De tout temps sans doute l'Amérique eut des relations avec l'Asie, ne fût-ce que par le détroit de Béring où les hivers polaires font des flots une dalle solide entre les deux continents. Des tribus d'Asie ont dû passer en Amérique, ou des tribus

Dans la Colombie équatoriale. — Dessin de E. Riou.

d'Amérique en Asie, sur un pont de « glaçons amers ».

Mais quand l'idée fixe d'un Italien et l'heureuse navigation de trois caravelles andalouses eurent « démontré » l'Amérique à l'Europe, le Nouveau Monde entra dans un autre destin : il fut nôtre, et en trois siècles et demi nous en avons fait au nord une Europe nouvelle, qui vit plus hâtivement que nous, qui vieillira peut-être avant nous malgré son renom de jeunesse. Dans le sud, les Blancs, les Indiens et les Noirs se mêlent diversement et forment des peuples dont l'avenir semble devoir dépendre des doses du mélange ; or, depuis une vingtaine d'années les Européens du Midi s'y versent en foule, de sorte que ce demi-continent devient aussi de plus en plus une Europe — jeune ou vieille, nous ne savons.

Le littoral et les îles. — L'Europe seule, trait délicat sur la figure grossière du Vieux Continent, est plus pénétrée que l'Amérique du Nord par les golfes de la mer. Si l'Afrique possède 1 kilomètre de côte pour 1420 kilomètres carrés, l'Asie 1 pour 763, l'Australie 1 pour 534, l'Amérique du Nord en possède 1 pour 407 : elle vient donc en première ligne après l'Europe, qui a l'insigne faveur de disposer de 1000 mètres de littoral pour 289 kilomètres carrés, ou même pour 229 en y comprenant les grandes îles.

L'Amérique septentrionale a plus de 48 000 kilomètres de rivages ; pas plus que l'Europe elle ne manque de grands bras péninsulaires, Labrador, Acadie, Floride, Yucatan, Vieille-Californie, Alaska, et l'on ne compte pas ses dentelures, golfes, baies superbes, sounds ou fiords.

L'Amérique du Sud, au contraire, semblable à sa plus proche voisine, l'Afrique, manque de péninsules et n'ouvre de vrais golfes qu'au long de la mer des Antilles et dans les archipels de la Patagonie et du Chili méridional ; un kilomètre de côte y répond à 689 kilomètres carrés. Mais elle a deux grands estuaires, l'Amazone et la Plata, et des baies merveilleuses, telle celle de Rio-de-Janeiro. D'ailleurs, son climat plus chaud compense généreusement cette pauvreté d'indentations, et toutes ses criques servent en tout temps, tandis qu'au nord du Nouveau Monde les golfes les plus beaux sont cachés pendant des semaines par la brume, fermés pendant des mois par la glace.

L'Amérique septentrionale, en cela semblable à l'Europe, a son cortège d'îles : à l'est, regardant l'Europe ou l'Afrique, montent Terre-Neuve, Anticosti, le Prince-Édouard, Cap-Breton, Long-Island, qui calme les eaux de New-York, Cuba et Porto-Rico, Saint-Domingue, la Jamaïque et les Antilles mineures ; à l'ouest s'élèvent, en face et près ou loin de l'Asie, les Aléoutiennes, Kodiak, Sitka, le Prince-de-Galles, la Reine-Charlotte et Vancouver. L'Amérique méridionale, en cela pareille à l'Afrique, est peu flanquée d'îles ; elle n'en a guère qu'au sud, dans les vapeurs d'un orageux océan, sur des flots qui ne seront plus un grand chemin des navires après le percement de l'isthme de Panama ; mais ces îles, Malouines ou Falkland, Terre de Feu, archipels de la pointe australe et de l'Araucanie, Wellington, Chiloé, deviendront quelque jour une grande patrie de marins, et les marins sont les premiers des hommes, les plus simples et les plus braves.

Prédominance de la plaine, climats, humidité, fleuves. — En Amérique, la montagne, encore qu'elle soit fort haute, ne domine pas comme en Asie, et les plaines y couvrent environ la moitié du pays dans le nord, les deux tiers dans le sud. Externes, pour ainsi dire, au continent, les chaînes du Nouveau Monde le bordent plus qu'elles ne le sillonnent. Les Rocheuses, les Andes jettent parfois l'ombre de leurs volcans sur le Pacifique ; de leur pied à la mer il y a 30, 40 kilomètres, rarement 100, 125, 150, tandis que 2000, 3000, 4000 kilomètres les séparent de l'Atlantique. Dans l'Amérique du Nord, le mont s'évase bien en larges et longs plateaux, tels que l'Anahuac, le Nouveau-Mexique, l'Utah, mais il garde une persistance marquée à se tenir en vue du Grand Océan, dont il est deux, trois et quatre fois plus proche que de la mer de New-York ou de Terre-Neuve. Les autres chaînes ne sont pas moins extérieures : les Alléghanies s'écartent peu de la rive atlantique, les monts du Vénézuéla plongent sur la mer des Antilles, les monts de la Guyane se lèvent à 200, 400, 500 kilomètres au plus de la plaine liquide, et les plus hautes serras du Brésil ferment l'horizon de la marinière Rio-de-Janeiro. Le centre de l'Amérique septentrionale, vers Saint-Paul de Minnesota, se trouve en plaine, près des sources de trois longues rivières de plaine, Mississippi, Rivière-Rouge du Nord et Saint-Laurent. Le centre de l'Amérique méridionale est à Cuyaba, sur de si vagues plateaux qu'il n'y a pas, en certains lieux, de tranche visible entre le bassin de l'Amazone et celui de la Plata, et au nord comme au sud, fuient des campos plats comme la mer.

Quoique l'Amérique dispose une grande partie de ses terres entre le Cancer et le Capricorne, son allongement entre deux océans immenses la livre tellement aux vents pluvieux que les saharas et les steppes y sont bien moins vastes que dans la tropicale Afrique, l'Australie et l'Asie. Que de Mauvaises Terres, de déserts d'Atacama, de Pampas du Tamarugal entreraient dans le Sahara des Africains !

Du 60ᵉ degré boréal jusqu'aux derniers glaçons rayés par un traîneau sur la route du Pôle, l'Amérique du Nord, digne de la Sibérie la plus blanche, n'est que gel et regel, néant, inhospitalité, désert : les frimas presque éternels y font séjour, sur le continent et dans le dédale des roches sous neige et sous glace dont on ne sait si elles sont îles, presqu'îles ou terre ferme amphipolaire. Aucune sierra supérieure ne barrant à ce Nord terrible, immense, le chemin du Centre et du Sud — car les Laurentides, orgueil du Canada, ne

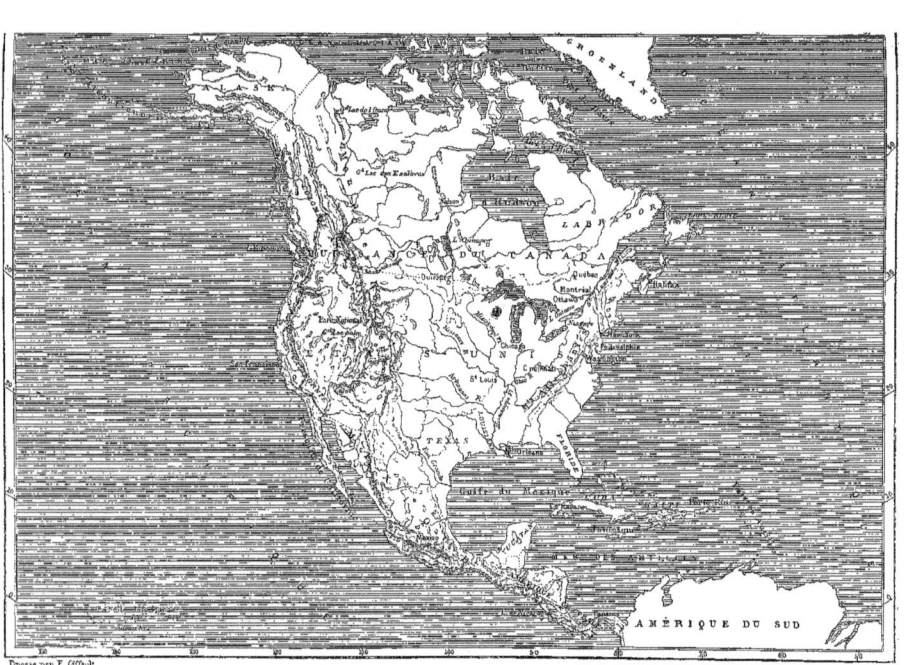

Dressé par E. Ciffault.

Carte de l'Amérique du Nord

lèvent leurs granits qu'à des hauteurs de fière colline — les aures polaires peuvent souffler à leur gré dans les plaines de l'Amérique septentrionale; elles font rage à Saint-Louis du Missouri et jusqu'à la Nouvelle-Orléans. La « Cité du Croissant », voisine de la mer du Mexique, sous la même latitude que la ville des Pyramides, grelotte quand la bise lui vient de Chicago.

L'Amérique du Sud, coupée par l'Équateur, ne va pas aussi près du Pôle — il s'en faut de 20 degrés — et elle ne lui présente qu'une pointe au lieu d'un front de 4000 à 5000 kilomètres : aussi, malgré de très hauts plateaux, c'est la moitié tropicale de la Colombie, mais ses fleuves splendides, ses forêts, ses pluies drues s'opposent à ce que le soleil y trace des déserts. Toute l'Amérique méridionale fournira des demeures à l'homme, elle aura peu de vides, et si le Nord du Nouveau Monde semble avoir pour destin de lever plus de cheminées d'usine et de consumer plus hâtivement ses jours à la recherche de l'or, les peuples les plus denses auront leurs maisons dans le Midi.

Le versant de l'hémi-continent septentrional, abrité de l'est et du nord par les Rocheuses, c'est-à-dire la Colombie anglaise, le Washington, l'Orégon et quelques cantons de la Californie, rappellent l'Europe occidentale par leurs pluies serrées, leur température égale, leur végétation qui doit son luxe et sa grandeur à l'humidité plutôt qu'au soleil; tandis qu'à l'orient des Monts Rocheux, dans une contrée quinze fois plus grande, partout où le souffle du Nord pénètre (et peu de vallées lui échappent) la température est extrême dans le froid comme dans le chaud : Québec, sous le ciel de Nantes ou Poitiers, a des étés nubiens après des hivers de Sibérie; Chicago, sous le ciel de Rome, New-York, sous celui de Naples, frissonnent après des mois d'Afrique parmi des glaces presque scandinaves.

L'allongement de l'Amérique, son insularité, sa pénétration par les vents de mer, ses plaines sans fin, savanes, llanos, selvas où rien n'arrête le ruissellement des nuées, voilà les sources de l'humidité qui fait l'opulence du Nouveau Monde. Dans les basses terres ses fleuves atteignent jusqu'à la monotonie de la grandeur; sur les sierras et serras du Centre et du Sud, les végétations tombent comme des cascades; dans les selvas, la liane, corde vivante, étreint l'arbre, et, de branche en branche, toute la forêt, à travers le rio, l'igarapé, l'étang. Même au septentrion, sur la roche laurentienne que l'hiver enfouit dans une immensité blanche, les pins et les sapins sombres s'en vont de colline en colline, contemplés par l'ours, reflétés par le lac et par le torrent : nous étions les maîtres de ce granit qui commande aux grands fleuves du Nord, mais, comme a dit Voltaire, sec et frivole, on nous débarrassa de ces « quelques arpents de neige ».

Régions naturelles de l'Amérique du Nord. — Les montagnes de l'Ouest, les Rocheuses, forment une première et vaste région, moins agricole que pastorale, moins pastorale que minérale. Elles dressent leurs pics majeurs, volcans ou non, à 3000, 4000, 5000 mètres et plus; leur climat est très dur dans l'Amérique anglaise et sur les contreforts qui vont dans l'Alaska, dur encore sur le plateau d'Utah; il devient chaud sur le socle de l'Anahuac, au sud duquel les hautes plaines de l'Amérique centrale se font gloire de leur printemps perpétuel. Ces sous-régions, qui n'ont qu'un trait commun, leur grande altitude, couvrent ensemble 900 millions d'hectares, en y comprenant le versant du Pacifique où des monts déchirés en mille promontoires gardent merveilleusement les baies, sous un climat doux au nord, délicieux au centre, sec et brûlant au sud. La Californie du nord, au milieu de cette côte, est l'une des belles contrées de l'Amérique septentrionale, sa serre, son jardin, son parc, son vignoble, sa Ligurie.

Non loin du rivage opposé, les Alléghanies, deux à trois fois moins hautes que les Rocheuses, enferment dans leurs sillons parallèles une cinquantaine de millions d'hectares; à l'ouest leurs eaux limpides se versent dans le long Ohio, tributaire du Mississippi; à l'est commencent et s'achèvent bientôt les fleuves côtiers de la Nouvelle-Angleterre, berceau du peuple des Yankees.

Entre les Alléghanies et les Rocheuses fuient, ondulés ou plats, les champs, les prés, les bois, les déserts du Mississippi, 250 millions d'hectares sous un climat rude au septentrion, doux au méridion. Avant que le chemin de fer du Pacifique ouvrît aux Américains les horizons du Grand Océan, cette région s'appelait chez eux le Far-West ou Grand-Ouest, mots qui maintenant nomment aussi les plateaux des Rocheuses et le littoral de Californie. Dans le nord de la conque, aux savanes succèdent à l'infini d'autres savanes, prairies nues avec peu de sources où dès que le regard perd le spectacle des eaux on s'attriste devant une immense monotonie; la charrue y diminue d'heure en heure le domaine des bisons, qui est aussi celui des Indiens. A l'est du fleuve, le bassin de l'Ohio est une contrée heureuse, gracieuse, fertile, prodigue de houille, de pétrole, de métaux; mais à l'ouest, sur le Nébraska, le Kansas, l'Arkansas, la Canadienne, la Rivière-Rouge du Sud, s'étendent jusqu'aux Monts Rocheux les Mauvaises Terres et autres déserts sans pluies, sans bois, sans verdure, avec des rivières longues et sèches. Au midi, le Texas, l'Alabama, la Floride sont des pays semi-tropicaux, çà et là malsains, sur un littoral où les branches d'un delta mènent au golfe du Mexique les flots du Mississippi fangeux.

Au nord de l'Ohio et des Alléghanies, le pays du Saint-Laurent, long de 2500 kilomètres, large en moyenne de 500, a pour gloire les lacs dans le

Dans l'Alaska. (Voy p. 607.) — Dessin de Yan' Dargent.

gneiss et le granit, parmi les forêts, et, de lac à lac, les rapides ou l'écroulement des grandes cascades entre la roche et les pins lugubres. Le long de son fleuve à l'immense embouchure on monte à sa Méditerranée d'eau douce, faite de six lacs ayant ensemble plus de 22 millions d'hectares, le Supérieur, le Michigan, le Huron, le Sainte-Claire, l'Érié, l'Ontario; entre ces deux derniers le fleuve s'appelle Niagara, c'est tout dire, et de l'Ontario fuit le large Saint-Laurent vert.

Les grands tributaires du Saint-Laurent, l'Outaouais, le Saint-Maurice, le Saguenay, coulent des Laurentides, chaînes sévères, froids plateaux, lacs sans nombre. Sur ces Laurentides, à l'orient du Saguenay, c'est le Labrador, lui aussi constellé de lacs, avec sillons de granit où de grands fleuves s'avancent, muets en hiver sous la dalle des glaces, silencieux en été à l'ombre de la pierre, entre les sapins, puis tout à coup élevant la voix sur des rapides ou roulant en sourd tonnerre dans un gouffre de cascade; puis ils se taisent encore, soit par profondeur, soit qu'ils s'épandent en lac. Le Labrador a plus de grandeur que tel empire, et pourtant il nourrit à peine quelques milliers d'Indiens, d'Esquimaux à plat visage, et aussi quelques milliers de Canadiens-Français, marins, pêcheurs, colons destinés à remplir ces solitudes plus revêches que rebelles. Au nord-est du Labrador, le Grœnland, c'est-à-dire la glace, la neige, le roc, les ours blancs, les phoques et dix mille Esquimaux, voilà tout ce que les Scandinaves ont gardé du nouveau continent découvert il y a mille ans par leurs ancêtres.

Les Plaines Boréales enlèvent à la surface arable, forestière ou pastorale de l'Amérique du Nord une région où il y aurait place pour plusieurs

Dans les Montagnes Rocheuses. — Dessin de Bellel.

Frances. Des lacs sans nombre, depuis les étangs ombragés de sapins ou bouleaux jusqu'aux « mers » du Grand-Ours, des Esclaves, d'Athabaska, d'Ouinipeg; des blocs erratiques qui valurent au pays son nom indien de « Terre-Brisée »; des fleuves puissants cloués sur place comme les lacs par des froids qui peuvent descendre à 60 degrés sous zéro; deux ou trois mois de belle saison, sous le soleil de longues et chaudes journées; ici des mousses, là des arbres cagneux, aux meilleurs endroits des forêts; des Indiens, des Métis, presque tous demi-Français, quelques Blancs chassant la bête à fourrure — telle se déroule aux yeux l'Amérique polaire. Mais, à l'ouest en se rapprochant des Rocheuses, au sud en se rapprochant des États-Unis, le Grand-Ouest canadien ou Nord-Ouest, est un pays de foins et de grains avec ceinture de forêts; même on lui prédit qu'aucune contrée du monde ne dressera plus d'épis de blé : là grandissent déjà des nations, dans le Manitoba, l'Assiniboïa, l'Alberta, la Saskatchéouan, l'Athabaska.

Régions naturelles de l'Amérique du Sud.
— Trois pays de montagnes, trois pays de plaines font l'Amérique méridionale.

La Cordillère des Andes, semblable aux Rocheuses comme support de plateaux, pointe en « nevados » de 6000 à 7000 mètres n'ayant de rivaux qu'en Asie. Mur de 2000 à 4000 mètres de hauteur au sud, puis de 4000, 5000, 6000, la Cordillère se bifurque ou trifurque, puis se noue pour se dénouer, se renouer, ainsi de suite, à huit reprises, tantôt portant un plateau sur deux chaînes, tantôt deux hauts plans sur trois échines. Des centaines de millions d'hectares y élèvent des peuples que le socle aérien de leur patrie préservera des énervements du Tropique : au-dessus d'eux ils ont les mousses neigeuses des nevados, au-dessous tous les climats jusqu'à l'éternellement humide ou à l'éternellement sec.

Les monts du Brésil sont les Alléghanies de l'Amérique du Sud : tout voisins de l'Atlantique, ils sont séparés des Andes par les plaines de l'Amazone et de la Plata, de même que les Alléghanies font face aux Rocheuses à travers les plaines du Mississippi. Leurs sommets suprêmes ne vont qu'à tiers ou moitié des pics Andins, comme les Alléghanies comparées aux « monts de la Roche[1] ». A leur orient est né le Nouveau-Portugal qui, pareil à la Nouvelle-Angleterre, les a franchis pour s'avancer dans un autre et plus brillant Grand-Ouest.

Les Andes et les serras du Brésil avec leurs vastes plateaux — tel celui de Minas Geraes — c'est là toute la montagne d'Amérique du Sud, à part les massifs de la Guyane, séparés de la Cordillère par les Llanos de l'Orénoque et des monts brésiliens par les selvas de l'Amazone. Les monts guyanais sont bas, sauf les cimes de 2500 mètres voisines de la fameuse bifurcation de l'Orénoque et du Cassiquiaré; autour d'eux rayonne un pays de tiède opulence, forêt vierge et savane dont on ne peut sortir sans passer l'onde. — Car la Guyane est une île entre mer et larges eaux courantes : l'Orénoque, immense quand la crue submerge les Llanos; le Cassiquiaré, puissante rivière que le fleuve Orénoque dirige, en se dédoublant, vers le Rio Negro; le Rio Negro, gigantesque flot brun; l'Amazone, qui reçoit le Rio Negro et maint tributaire égal au Danube; à ces quatre courants de ceinture, à la mer que borde un liséré de funestes maremnes, les rios accourent, de saut en saut, puis se calment et se divisent dans la terre molle du littoral.

Llanos, Selvas, Gran Chaco, Pampa, tout le reste de l'Amérique méridionale est en plaine.

Les Llanos ou Plans[1] de l'Orénoque, entre les monts de la Guyane et les premiers coteaux qui précèdent les Andes, s'étendent sur 80 à 90 millions d'hectares, le long des affluents de gauche de l'Orénoque; leur égalité de sol livre aux débordements des rios un champ d'expansion prodigieux. En saison sèche le Plan de l'Orénoque est une pâture aride, mais lorsque arrive le temps des pluies, Portugueza, Apure, Meta, Guaviare, Inirida, toutes ces rivières grouillantes de crocodiles féroces, de couleuvres électriques, dépassent leurs bords et s'en vont en lac, en mer dans les Llanos; alors les Indiens grimpent avec leur maisonnée sur les arbres, car ils n'ont près d'eux ni mont, ni coteau, ni taupinière, ni butte. Quant aux Européens ou à leurs Métis, rares encore, ils fuient ce pays dont les esteros[2] dégagent des fièvres dès que le soleil cuit les limons de la crue, sur le bord des rios rentrés en leur lit et tout autour des bourbeuses lagunes que chaque heure du jour amoindrit. La saison des grandes eaux passée, le Plan se couvre d'herbes savoureuses, puis ces herbes sèchent, et tout le pays comme elles, puis la crue revient : c'est un cycle éternel. Bien que presque nus, les Llanos ne sont point incapables d'arbres; çà et là gagne sur eux la forêt, comme ailleurs la forêt renversée fait place à des savanes.

Au sud, au sud-est du Plan d'Orénoque, depuis les pics andins d'où tombent les torrents jusqu'aux bords de l'Atlantique d'où montent les pluies, et des sommets de la Guyane aux premiers élancements des monts du Brésil, les Selvas sont infiniment plus grandes que les Llanos, y compris ce qu'elles peuvent avoir, elles aussi, de savanes, car savane et forêt ne s'excluent pas toujours. Elles font la splendeur de l'Amazonie, le plus bel héritage du monde, sur le plus grand des fleuves, et le hasard en a doté l'un des plus petits peuples, les Portugais, qui en ont laissé quelque part à leurs frères et ennemis les Espagnols, ceux-ci au pied même de la Cordillère. Mais ces « Péninsulaires » mâtinés d'Indiens et de Nègres n'élèveront leurs empires qu'en jetant par terre

---

1. Nom que les Canadiens donnèrent dans le principe aux Rocheuses.

1. Le mot espagnol Llano veut dire plan, terre plane, terre plate.
2. Étangs, mares laissées par l'inondation.

une immensité d'arbres, et l'Amazonie, terre plate, y perdra sa beauté, sa fécondité peut-être. Toutefois, elle restera longtemps un saint des saints de la Terre, et l'homme connaîtra tous les pics, tous les sables avant d'avoir nommé toutes les eaux du labyrinthe amazonien, eaux que d'ailleurs chaque enchente[1] redistribue à nouveau par l'apport et l'emport des alluvions, la percée des berges, la trituration des terres molles : l'Amazone, étant prodigieusement fort, ne cesse de faire et défaire, et comme lui ses puissants affluents.

A la tête des tributaires méridionaux du fleuve incomparable, on arrive sur des plateaux indécis aux sources des rios qui font le Paraguay. En descendant avec cette rivière jusqu'au Rio de la Plata, la plaine sud-américaine des Llanos et des

Dans les Andes. — Dessin de Riou, d'après une photographie.

Selvas se continue par le Gran Chaco, puis le Gran Chaco par les Pampas. Le Gran Chaco, c'est encore la Selva, mais avec une moindre opulence; la Pampa, c'est le Llano, moins tropical, moins chaud, moins mouillé, moins exubérant quand les pluies sont passées ; souvent même c'est un Llano très sec, qui tend au Sahara. Pourtant nulle contrée d'Amérique du Sud ne croît si vite en force, en stature, en sagesse, si la force se mesure au

1. Mot portugais : la crue.

nombre et la sagesse à la fortune. Son climat en fait une seconde patrie des Européens de ciel aride, Italiens, Français du Midi, Catalans, Espagnols, et chaque mois des milliers de Latins d'Europe viennent s'y perdre dans la nation de langue espagnole née de l'entre-croisement des Indiens et des Castillans. Ils ne se jettent pas seulement sur la Pampa chaude, ils vont aussi planter leur tente fort au sud de Buenos-Ayres, dans la Pampa froide, laide, mêlée de déserts avec lacs salés, jusqu'aux steppes sans avenir de la Patagonie. C'est que Pampa froide et Pampa chaude nourriraient tous les moutons, tous les bœufs, tous les chevaux du monde. Le jaguar vit dans cette « terre par excellence », si Pampa est bien un mot de l'indien quitchoua qui veut dire terre. Le Nouveau Monde n'a pas d'animal plus beau, plus fier, plus souple que ce frère « néo-latin » du tigre d'Asie : sauf cette superbe bête de proie, merveille de force et d'ondoiement, ce que l'Amérique a de plus noble paraît humble et mal équarri quand on le compare aux grands félins du Vieux Monde : le lion d'Amérique est au lion de l'Atlas ou du Cap ce que le roquet est au chien des Pyrénées ; le tapir, géant de la « Colombie », est à l'éléphant ce que son rudiment de

Combat d'un jaguar et d'un devin. — Dessin de E. Riou.

trompe est à la trompe de l'animal qui porte des tours ; rien qui approche de l'hippopotame, du rhinocéros, du chameau, du sanglier, des grands singes. Et les animaux domestiques, le lama, l'alpaca, la vigogne, ne se pouvaient égaler à la cour d'amis, de serviteurs et de victimes que le chien, le cheval, l'âne, le bœuf, les bêtes à laine, le porc, les volailles, faisaient à l'homme blanc avant qu'il en eût doté l'Amérique.

L'homme américain. Extirpation des Peaux-Rouges du Nord. — Les Européens entrant dans le monde nouveau qu'ils allaient dévaster virent des hommes auxquels ils donnèrent le nom d'Indiens, croyant que les plages qu'ils avaient découvertes étaient un rivage de l'Inde.

Ces Sauvages, du moins ceux du Nord, frappés de la blancheur des Européens, nous appelèrent les Visages pâles, nous tous, tant l'Andalou que l'Anglais, l'homme de l'Algarve que celui de la Frise.

Peaux-Rouges de l'Amérique du Sud. — Dessin de E. Ronjat, d'après une photographie.

Nous errâmes comme eux en traitant tous les Indiens de Peaux-Rouges, nom qui leur reste encore, et le vieux proverbe espagnol avait tort, qui disait : « Tu vois un Indien, tu les vois tous ». Il y a des Indiens de toute grandeur, jusqu'aux Patagons presque géants, et c'est en moyenne seulement qu'on peut dire l'Indien supérieur en taille au Blanc, au Nègre, à plus forte raison au Jaune. De même il y a des Indiens de toute nuance, du blanc au rouge, du rouge au noir; les Charruas, sauvages platéens, avaient la peau d'un noir vert, comme certaines tribus californiennes semblables aux Nègres, moins les cheveux qui sont plats et non laineux ou frisés; les Sioux Mandans passeraient sans peine pour des Européens du Nord ou du Centre, ils ont le teint blanc, l'œil bleu, la chevelure blonde. Quant aux vrais Peaux-Rouges, ils sont en grande majorité.

Quand Colomb découvrit l'Amérique, elle enfermait un nombre inconnu d'Indiens : 50 à 100 mil-

Tapir. (Voy. p. 612.) — Dessin de Riou.

lions, disent les uns, 50 millions, disent les autres, dont le tiers au nord. Parmi ces hommes, beaucoup s'étaient déjà réunis en nations policées, le reste se divisait en une foule innombrable de tribus, de petites confédérations, et parlait des centaines de langues, des milliers de dialectes.

Dans le Nord, au Canada, dans ce qui devint Nouvelle-France et Nouvelle-Angleterre et dans ce qui est Grand-Ouest et Nord-Ouest, c'étaient des chasseurs intrépides, des chercheurs de piste prodigieux, des canotiers incomparables, descendant les rapides sur un frêle canot d'écorce ou dans un tronc d'arbre creusé. Réunissant à l'intelligence humaine les sens parfaits de la bête fauve, intrépides jusqu'à recevoir sans fuir les premières balles de nos fusils, ils étaient froids, sérieux, dignes, solennels et parlaient avec emphase un langage imagé.

Que leur manquait-il donc, puisqu'ils furent abattus si vite?

Il leur manquait ce qui manque aux Sauvages tout à coup mis en face des Blancs, la faculté de se ployer à une vie nouvelle. Cette inflexibilité mena ces fières tribus à l'abattoir. L'Anglais, puis le Yankee, son grand fils brusque et brutal, dépouillèrent ces vieux maîtres du sol et, chassés des prairies à bisons, des lacs à poissons, des bois à caribous, les Indiens du Nord descendent au sépulcre. Peut-être sont-ils aussi nombreux qu'antan, mais pendant qu'ils décroissaient ou croissaient à peine, les Européens devenaient légion et légion de légions; aujourd'hui c'est un torrent qui tout emporte. En vain voudrait-on racheter les crimes du passé par un soin pieux des peuplades restées vivantes, rien ne sauvera les Indiens comme race; ils ne peuvent que se perdre dans l'océan anglais ou dans la mer française, ne laissant d'eux que des mots, quelques idées et coutumes, quelques pratiques, des outils et instruments, et ce qu'ils auront versé de sang dans les veines des Acadiens, des Canadiens, des Yankees.

Peau-Rouge de l'Amérique du Nord. — Dessin de A. de Neuville, d'après une photographie.

Dans le Centre et dans le Sud, aux Antilles, sur les plateaux de l'Anahuac, dans l'Amérique isthmique, sur les terres élevées du Cundinamarca, de Quito, du Cuzco, les Espagnols trouvèrent la même race d'hommes, mais moins énergique, douce comme le climat de ses meilleurs vallons et déjà nantie d'un état policé. Dans les Llanos, les Selvas, les Pampas, les monts du Brésil, vivaient aussi des millions d'Indiens; leurs tribus, le plus souvent, étaient valeureuses dans la montagne et dans les terres sèches ou froides, indolentes dans la plaine chaude, presque toujours en raison inverse des splendeurs de leurs pays — chétives où la terre et le ciel prodiguaient leur beauté, vaillantes où la nature oubliait de sourire.

Que serait-il advenu de ces barbares et de ces demi-policés? L'énergie des sauvages du Nord, la malléabilité, l'intelligence des peuples andins présageaient un vaste avenir, mais la brutalité des Européens sauva l'Homme-Rouge du souci de ses destinées, et les Indiens furent dispensés de rouler à contre-mont l'éternel rocher de Sisyphe.

Mélange des Rouges et des Pâles, ou plutôt des Bruns, dans l'Amérique latine. — Dans le Sud, à partir du Mexique, la race blanche ne domine plus; la race rouge s'est mélangée sans disparaître aux Européens de peau brune : même elle garde encore ses langues anciennes dans de vastes contrées.

Au Mexique, dans les Antilles, dans l'Amérique centrale et l'Amérique du Sud, les Espagnols et les Portugais exterminèrent d'abord les Indiens « à la façon de l'interdit », comme Israël dans Chanaan. Une voix intérieure leur criait : « Tue ! ce sont des infidèles, des Moros, des Sarrasins rouges! » Il y eut des conquistadores qui massacraient douze Indiens par jour en révérence des douze apôtres. Fous de fanatisme, ivres d'audace, soûls d'injustice, altérés d'or, les Péninsulaires fauchèrent dans les combats et dans les travaux des mines d'abondantes moissons de Peaux-Rouges.

En cinquante ans ils consumèrent la population d'Haïti; la destruction ne fut pas moindre dans l'île de Cuba, dans l'Anahuac, dans l'Amérique isthmique et l'Amérique du Sud; mais la première fureur d'or, de conversion, de sang apaisée, les conquistadores, peu nombreux et sans femmes blanches, s'allièrent aux Indiennes, puis aux Négresses quand il leur fallut recourir à la pullulante Afrique, les Peaux-Rouges ne suffisant plus à la recherche du fauve ou du blanc métal dans la Sierra des Andes, au lavage des diamants dans la Serra du Brésil.

En haine du Dieu jaloux prêché par l'égorgeur, bien des tribus s'éloignèrent du Blanc, à mesure que celui-ci remontait les rios et, mineur ou planteur, gravissait monts et plateaux : si bien qu'encore aujourd'hui des Indios bravos ou Indiens libres, cassés en une infinité de peuplades, vivent, plus ou moins retirés, plus ou moins renfrognés, mutins, sauvages, dans la plupart des États de l'Amérique méridionale, à côté des Indios mansos ou Indiens paisibles, aussi dénommés reducidos ou réduits, catequisados ou catéchisés. Mais la grande foule des indigènes s'est fondue avec les gens de sangre azul ou de sang bleu, c'est-à-dire avec les Blancs; Indiens et Blancs, à leur tour, se sont imprégnés de sang noir. Quant aux langues, hors le maya, le quitchoua, l'aymara, le guarani et quelques autres idiomes moins parlés, elles s'effacent de jour en jour devant l'espagnol et le portugais.

Ainsi l'Amérique latine n'est latine que de langage. Les Blancs n'y dominent comme sang que dans la Costa-Rica, voisine de Panama, dans l'Argentine et l'Uruguay, pays riverains du fleuve de la Plata; le sang indien a la prépondérance sur tous les hauts plateaux des Andes, au Vénézuéla, en Bolivie, et sans doute aussi chez les Chiliens; le sang noir l'emporte au Brésil et sur certains littoraux voisins de l'Équateur ou du Tropique. Chez les Indiens comme chez les Nègres c'est dans les villes qu'il y a le plus de Blancs, purs ou à peu près purs.

Pour tout dire, il y a maintenant une grande poussée d'européanisme dans l'Amérique romane. L'importation du noir a cessé de « brunir » les Néo-Latins de là-bas; ce n'est plus à l'Afrique éventrée qu'on arrache les germes de vie, c'est l'Europe qui les donne, et justement l'Europe latine. De proche en proche, à partir de l'estuaire platéen, le grand peuple qui partage le Nouveau Monde avec immensément d'Anglais et beaucoup de Canadiens-Français reçoit désormais l'élément blanc par pénétration profonde.

Quoi qu'il en soit, Blancs de toute origine, Indiens de langage castillan, d'idiome lusitanien ou de langue « autochtone », Noirs du Brésil ou de la terre espagnole, Métis à tous les degrés, ce monde bariolé croît avec vigueur sur son commun héritage, le plus beau de la Terre. Quel sera son avenir? Les amis des Américains latins espèrent que leur race unira les vertus des trois humanités dont elle procède, l'audace du Blanc, sa profondeur d'esprit, son amour de l'idéal, la santé, la gaieté du Nègre, la patience de l'Indien. Il se peut : mais les causes inconnues qui firent jadis l'animal du Nouveau Monde inférieur à la bête d'Afrique ou d'Asie, et son homme inférieur à l'homme d'Europe, ont-elles cessé d'exercer leur occulte empire? L'Amérique du Sud, celle même du Nord, peuvent-elles garder intact ou améliorer ce qu'elles n'avaient encore pu créer en 1492?

Un fiord en hiver. (Voy. p. 648.) — Dessin de E. Grandsire, d'après une photographie.

AMÉRIQUE DU NORD

GROENLAND

Le pays des Glaces : glaçons des côtes, glaciers des terres. — Le Grœnland, aussi voisin de l'Islande que de l'Amérique, est-il une île, la plus grande au monde, une presqu'île énorme, une traînée d'archipels cimentés par des glaciers immenses? On l'ignore.

Le cap Farewell, sa pointe méridionale, effleure le 60e degré de latitude; au nord il s'en va dans la direction du Pôle, avec une largeur grandissante : de ce côté-là, s'il est presqu'île, il tient à des terres sur lesquelles pèse la glace éternelle; s'il est bloc insulaire, il sort d'une mer dont les flots n'ont jamais vu de navire et, quand ils sont gelés, jamais porté de traîneau. Le rivage nord-est, jadis le siège de la colonie scandinave d'où partirent les premiers découvreurs de l'Amérique, est profondément indenté, les fiords y succèdent aux fiords : avec moins de pluie, avec plus de glace, les Normands y retrouvèrent la côte prodigieusement sciée de leur Norvège, celle aussi de leur Islande. Pendant les mois froids qui font presque toute l'année grœnlandaise, le flot gèle de ce littoral jusqu'à la Grande-Banquise qu'aucun été ne peut fondre et qui mène au loin vers l'Islande, vers le Spitzberg; vers Jean-Mayen accourent des flottilles de pêcheurs qui chassent le phoque, race débonnaire, et qui le détruiront malgré son nombre infini, tellement ils le tuent, souvent pour la brutalité de le tuer.

La côte du Sud-Ouest, seule habitée, donne, également par des fiords, sur la mer intérieure que forment le détroit de Davis et la baie de Baffin, profonds de 3000 à 4000 mètres. Le détroit de Davis s'ouvre sur le vaste Atlantique en même temps que le détroit d'Hudson, qui est sur ce même Océan la porte d'entrée de la Baie d'Hudson ou mer Méditerranée des Canadiens. De l'eau vivante, agitée toujours, le détroit de Davis mène à la baie de Baffin, scellée tous les ans, et cette baie de Baffin au dédale des îles polaires ou à ce que nous supposons des îles — sous la pesée des glaces éternelles ce qu'on croit terre insulaire peut n'être qu'une protubérance continentale.

Durant le rigide hiver, ce littoral est bloqué par la dalle de glace, le fiord aussi s'emprisonne, et ce qui lui sautait en cascade pend en stalactites sur sa blancheur immobile ; les courts torrents s'arrêtent[1], tout se tait et la neige tombe. Vient l'été, de trop peu de jours, mais de jours très longs ; alors fiord et mer s'amollissent, et sur les flots voguent des glaçons plus énormes que les plus gros monuments des hommes ; et pourtant ils ont les six-septièmes de leur masse au-dessous de la ligne des eaux : un bloc de 80, de 100, de 125 mètres, voire plus — car on en a vu qui dépassaient cette hauteur — prendrait donc une altitude de 700, 800, ou même 1000 mètres, si tout à coup disparaissait l'Océan qui l'emporte.

Ces glaçons polaires, tours carrées, clochetons, obélisques, aiguilles, grottes vitreuses, prennent processionnellement la route du Sud. Ils entrent dans l'Atlantique ; là ils voguent, toujours plus petits, fondus par l'air, fondus par l'eau, puis s'effacent.

Les fiords ont des noms amples, parfois démesurés, qui nous semblent barbares, qui le seraient si tout ce qui n'est pas « aryen » appartenait à la barbarie ; la langue de ces noms, le très agglutinant esquimau, n'a pas plus disparu de ces rivages que la race de buveurs d'huile de poisson qui l'habitait ; le Grœnland, bien que possédé par un de nos peuples, a gardé son vieil idiome, presque toute la nomenclature de ses lieux et son sang, sauf mélange avec les Danois.

Les fiords sont les seuls endroits vivants du Grœnland ; l'intime contact avec la mer, à l'abri des vents glacés du mont, du plateau, leur fait une température encore humaine. Il y a des Européens jusque près du 74° degré, des Esquimaux jusque sous le 82° ; au nord du 83°, c'est l'inconnu jusqu'au Pôle. A l'extrémité des fiords, les

[1]. Il y a peu de cascades, peu de torrents dans le Grœnland : presque toutes les eaux y coulent sous la glace.

glaciers, quelques-uns monstrueux, se redressent et, gravissant la pente, vont s'unir à leurs névés ou à d'autres glaciers en une plaine blanche, qui semble infinie. chemin terrestre du Pôle aussi terrible que toutes les routes marines tentées jusqu'à ce jour pour atteindre au dernier lieu du Nord. Nous ne connaissons pas l'intérieur du Grœnland, mais nous pouvons supposer qu'il est pressé par les plus immenses champs de glace. Des monts de 4500 mètres se lèvent près de la côte du Nord-Est ; s'il y en a d'aussi hauts ou de plus élevés dans le milieu du pays, altitude et latitude conspirent contre la Terre-Verte.

Est-ce bien la contrée que ses découvreurs, les Scandinaves d'Islande, appelèrent du beau nom de Terre-Verte, nom qu'elle a gardé, car en danois Grœnland ne veut pas dire autre chose ? Furent-ils séduits par l'éclat d'un beau jour, dans l'asile tranquille d'un fiord méridional, près d'un clair ruisseau délivré par l'été, qui courait dans l'herbe entre les saules ? Ou bien le climat a-t-il empiré ? Jusqu'au nord du Grœnland, dans les plus durs cantons, au milieu des neiges, on trouve encore des troncs couchés, des troncs debout, des souches fossiles, des feuilles conservées par la pénétration de substances calcaires ou ferrugineuses. Il y eut donc des forêts dans la Terre-Verte sous des cieux plus cléments, avant qu'elle méritât le nom de Sermerssouak ou Grande-Glace par lequel les Esquimaux désignent l'intérieur du Grœnland.

Anciens établissements scandinaves. Le Grœnland danois. Les Esquimaux. — Rien n'était resté des établissements fondés avant l'an 1000 sur cette rive par les Islandais, et le souvenir même en était obscurci, quand en 1721 les Danois parurent dans le pays. Ils ne voulaient point venger leurs antiques parents détruits dans leurs 12 paroisses, dans leurs 300 hameaux, par la guerre ou la peste, ou le froid ou la faim, ou peut-être le tout ensemble ; ils ne pensaient ni à conquérir ni à coloniser ; ils venaient comme patrons et protecteurs des Frères Moraves, missionnaires luthériens passionnément dévoués à l'œuvre de la Rédemption. Les stations de ces « messagers de la Bonne Nouvelle » attirèrent des indigènes dont beaucoup se convertirent, et bientôt le Danemark régna sur l'empire de l'hiver.

Il y dicte des lois débonnaires à dix mille hommes à peine, tous chrétiens, Esquimaux ou Métis avec très peu de Blancs, missionnaires, maîtres d'école, administrateurs, négociants — c'est à quoi se réduit en Amérique la puissance du peuple européen qui fut le pionnier de l'Europe. L'humble colonie, dispersée sur les fiords et les ilots de la côte occidentale, se divise en deux inspectorats : Christianshaab au nord, Julianshaab au sud.

En dehors des établissements danois errent quelques milliers d'Esquimaux demeurés païens.

Esquimau, c'est la corruption de l'algonquin Ayeskiméou, dévoreur de chair crue. De quoi vivraient-ils, eux qui ne sèment ni ne plantent, sinon de poissons, de phoques, d'oiseaux pêcheurs, et, par accident, d'un ours blanc tué au couteau, à la hache, sur dalle fixe ou glaçon de dérive ? Eux-mêmes ne se connaissent aucun nom général : ils s'appellent ici les Innoït ou les Karalit, ailleurs les Tchiglit, les Aghertit, les Tak-

Esquimaux.

chout, etc. Et tous ces noms signifient les Hommes, suivant la coutume universelle. Petits, trapus, gras, avec membres menus et grosses têtes, ils ressemblent éminemment aux Chinois et à plus d'une peuplade de l'Asie d'Extrême Nord vivant sous le même climat qu'eux, de chasse et surtout de pêche, vêtus comme eux de peaux de phoque, d'ours, de renne, et comme eux habitant des cabanes chargées de neige.

Premiers canotiers du monde, ils naviguent de fiord en fiord, sur des kaïaks et des oumiaks, barques de peau où souvent les os de baleine remplacent le bois ; grâce à ces bateaux effilés, prodigieusement légers pour leur longueur, ils vont et viennent, voyagent, émigrent au loin dans leur immense patrie amphipolaire, qu'ils aiment pieusement. Pourtant c'est une marâtre.

Ils eurent jadis, dit-on, une meilleure mère, plus souriante ; on croit qu'ils demeurèrent dans les pays devenus depuis Acadie, Canada, Nouvelle-Angleterre, et qu'ils en furent chassés par les Iroquois et les Algonquins.

Dans le Désert, au Nord-Ouest. — Dessin de Taylor, d'après une photographie.

PUISSANCE DU CANADA OU DOMINION

Immensité de la Puissance. — Au nord des États-Unis, de l'Atlantique au Pacifique, l'Angleterre possède un pays presque égal à l'Europe. Il y a là quelque 900 millions d'hectares, plus ou moins, dont la moitié ne vaut guère; mais l'autre moitié, au sud et à l'ouest, voit l'adolescence et verra la virilité d'un grand peuple bilingue, anglais et français, qui pour l'instant se divise en douze États ou provinces. Un de ces États, l'île de Terre-Neuve, se gouverne lui-même; les onze autres se sont confédérés en Puissance du Canada. Canada, c'est le nom du vieux pays — vieux pour l'Amérique — d'où part le mouvement d'expansion, de colonisation, de fédération ; Puissance, c'est le nom français qu'a reçu l'ensemble des pays-unis à partir de 1867; les Anglais se servent du mot Dominion.

Les onze provinces fédérées s'administrent comme elles l'entendent, chacune chez elle, avec son parlement local ; pour leurs affaires communes elles envoient des députés au parlement d'Ottawa, capitale de la Puissance et siège du vice-roi qui représente l'Angleterre.

A ce parlement on use, au choix, de l'anglais ou du français; tous les documents officiels sont promulgués dans les deux langues.

Ces onze États se distribuent en quatre pays : le Canada, partagé en Bas-Canada ou province de Québec et Haut-Canada ou Ontario ; — les Provinces maritimes, comprenant le Nouveau-Brunswick, la Nouvelle-Écosse, l'île du Prince-Édouard ; — le Nord-Ouest, qui renferme Manitoba, Assiniboïa, Alberta, Saskatchéouan, Athabaska; — la Colombie anglaise.

Le double pont du Niagara. — Dessin de Lancelot, d'après une photographie.

CANADA

Le haut Saint-Laurent, les Grands lacs, le Niagara. — Le Saint-Laurent est le lien des deux Canadas et des Provinces maritimes, et c'est par les Grands lacs qu'on arrive au Nord-Ouest.

Ses branches les plus reculées sont les torrents à rapides et à cascades qui, de la Hauteur des Terres ou ligne de faîte, courent vers le lac Supérieur en se reposant de leurs violents soubresauts dans quelque lac limpide enchâssé par la roche « laurentienne », entre des bois profonds ou des tronçons de forêts dévorées par les incendies que déchaînent insouciamment le sauvage Indien, le coureur des bois, le marchand, le colon. De ces torrents fournis par les États-Unis comme par le Canada, les principaux sont le Saint-Louis, à la frontière de la Puissance et de l'Union, la Kaministiquia, grand'route entre le Supérieur et les plaines du Nord-Ouest, et surtout le Nipigon, rivière qui sort d'un nipi magnifique : un nipi c'est une eau, c'est un lac, dans la langue des Algonquins Saulteux, jadis les maîtres du haut Saint-Laurent dont chaque année les efface un peu plus, et pour toujours, car ils ne pourront subsister qu'en devenant anglophones ou francophones, et n'étant plus eux-mêmes. Ce lac, Nipigon comme la rivière, s'épanche au loin dans la roche dure, très clair parce que l'eau brune de ses affluents est pure et qu'il dort dans des abîmes où 165 mètres de corde n'ont pas atteint le fond. Long de 110 à 115 kilomètres, avec un tour de rives de 900 à 950 (tant il a de baies, de péninsules), il est la mer d'un millier d'îles et d'îlots. De son seuil à la conque du Supérieur, la rivière Nipigon descend d'une centaine de mètres, en 80 kilomètres seulement, et bien que quatre fois amortie, quatre fois suspendue en lac; mais de lac à lac, c'est un torrent qui s'effondre en rapides.

Le lac Supérieur, le Kitchigami des Indiens, le plus grand des bassins d'eau douce de la Terre, est égal à deux Helvéties et à 145 ou 146 Lémans; il a 2800 kilomètres de tour et 8 363 000 hectares, par 191 mètres d'altitude. Des roches sauvages, des monts ferrugineux, des murs de granit entourent ses flots impatients parfois comme ceux de la mer. Quatre-vingts torrents se mêlent à sa froide eau de cristal, mais ne l'empêchent pas de diminuer; il paraît avoir baissé de 10 à 12 mètres, néanmoins sa profondeur est grande encore, jusqu'à 310 mètres. Quelquefois, de la rive, on le croirait à peine capable d'engloutir un homme à cheval quand il recouvrirait les hautes feuilles d'une forêt; les torrents bruns mais limpides qui l'abreuvent lui mènent peu de souillures, et ce qu'ils lui versent d'ordurier descend sur la couche inconnue de roc ou d'alluvion qui tapisse le lit du lac : de là une sincérité de flots prodigieuse; à cinquante pieds on voit encore le fond à travers ces chastes eaux, et le glorieux fleuve qui naît de ce glorieux bassin garde jusqu'à l'Océan cette admirable transparence; s'il perd à chaque ville quelque chose de sa pureté, il redevient vierge à chaque lac.

Ce qui était entré sous quatre-vingts noms par quatre-vingts courants ressort par la verte Sainte-Marie, rivière aux rapides retentissants. La Sainte-Marie a pour tombeau le lac Huron (6 135 000 hectares), qu'un large détroit unit au lac Michigan : ce dernier, dont le nom est la corruption de l'algonquin Michigangin (Grand lac), appartient en entier aux États-Unis, tandis que les autres nappes de la Méditerranée d'eau douce se partagent entre la Puissance et l'Union, la Puissance ayant en général la rive septentrionale, et l'Union la méridionale. Le Michigan, un peu supérieur au Huron, a 6 190 000 hectares et des creux de 200 mètres environ.

Le Huron miroite à 10 mètres au-dessous du Supérieur, avec une profondeur maxima de 300 mètres. Aussi transparent que peut l'être une onde, il renferme l'île Manitouline, vénérée par les Indiens comme le séjour du Grand Esprit, dont la demeure est un lac à ceinture boisée. Manitouline est grande, elle a des forêts, des ours, des fontaines de pétrole.

Le lac Huron verse de son urne inépuisable la majestueuse rivière Sainte-Claire[1], bien plus ample que la Sainte-Marie, car le Michigan et le Huron confisquent de nombreux et puissants torrents : tels, en Canada, la Rivière Française et la Severn, tributaires de la Baie Géorgienne (lac Huron). La Severn sort du lac Simcoe, la Rivière Française du grand lac Nipissingue. Celle-ci verse en moyenne 340 mètres cubes par seconde à la « Mer douce » de Champlain — car ce fondateur de la Nouvelle-France avait ainsi nommé le bassin lucide et froid que nous appelâmes ensuite le Huron, d'après la peuplade indienne qui vivait sur les bords. — C'est un admirable torrent, des plus beaux en ce Canada si fier de ses grandes eaux courantes; elle sommeille en lacs, elle fuit, rapide, entre les rocs, elle mugit sur les dalles, elle crie dans la solitude, parmi les pins et les sapins; mais les colons s'en approchent, ces colons sont des Français, et il n'y aura plus comme une ironie dans ce nom de French River[2] porté par une eau qui semblait interdite à jamais aux Francophones dont la séparait le bloc des Anglophones ontariens.

La Sainte-Claire (75 kil.), borne entre la Puissance et les États, tombe dans le lac Sainte-Claire, petit (95 000 hectares) et de peu de profondeur, avec rives marécageuses, là surtout où lui arrive l'alluvion de la Thames ou Tamise, grande rivière ontarienne.

Du lac Sainte-Claire part la rivière Détroit, qui, large de 700 à 1500 mètres, sépare aussi les deux nations : ce cours d'eau magnifique, entre de belles rives, sous un heureux climat[3], verse en moyenne 5996 mètres par seconde au lac Érié; plus que le Pô, le Rhin, le Rhône ensemble. Il a 46 kilomètres.

Sainte-Claire et Détroit n'abaissent le niveau d'eau que de 4 à 5 mètres, et l'Érié, l'orageux Érié, domine encore les mers de 175 mètres. Supérieur de plus de neuf Lémans à l'Ontario, ce n'en est pas moins le dernier des cinq Grands lacs pour le volume des eaux de son urne[4], parce que sa profondeur ne descend qu'à 85 mètres contre les

---

1. Plus communément, mais par erreur semble-t-il, rivière Saint-Clair — et aussi lac Saint-Clair.
2. Nom officiel de la Rivière Française dans la province anglaise d'Ontario.
3. C'est la latitude de Florence.
4. L'Érié a 1058 kilomètres de tour.

Les chutes du Niagara. (Voy. p. 624.) — Dessin de Paul Huet, d'après une photographie.

220 de l'Ontario, et que presque partout il a peu de creux : à l'ouest sa moyenne atteint à peine 10 mètres, et au centre 20 mètres; au nord-est l'onde sommeille sur de plus noirs abîmes. C'est que les eaux qu'apporte en amont le magnifique Détroit déposent près de leur embouchure, au bief d'occident, presque tout ce qu'elles peuvent traîner de débris; elles remblayent ainsi plus vite ce bout du lac du pays des Cerises[1], qui, visiblement, se comble. Un jour viendra où la plus méridionale des mers canadiennes[2] sera devenue plaine de terre sans rocs et sans cailloux, splendide alluvion pour l'homme entre la chaîne de collines qui est aujourd'hui rive ontarienne et la ligne de coteaux qui est rive d'Ohio, de Pennsylvanie, de New-York. Mais y aura-t-il alors des Ontariens et des Yankees? Ce lac a pour maître affluent canadien la Grande Rivière.

C'est le père du Niagara.

Le Niagara, lorsqu'il abandonne l'Érié, le quitte avec une puissance de 7500 mètres par seconde, ou même de 11 000, suivant de récents calculs : le volume de quatre à six Rhônes qui tomberaient ensemble avec des flots verts aussi beaux que ceux du seuil du Léman.

Niagara ou les Hauteurs du Grand Bruit, c'est la sonore corruption de deux mots de l'iroquois, langue puissamment descriptive comme tant d'autres que nous méprisons avec arrogance. — Et, en effet, le fracas de la chute va quelquefois jusqu'à 75 kilomètres au nord, jusqu'à Toronto, sur l'aile des vents du sud-est.

C'est après de nombreux rapides que l'avalanche d'eau la plus fameuse du monde s'abat de 44 à 47 mètres de hauteur, en deux bras, avec une épaisseur de flot de 6 à 10 mètres. De ces bras, séparés par une île, l'un a 570, l'autre 330 mètres de largeur, et tous deux forment une espèce de fer à cheval, calcaire lentement rongé qui recule insensiblement vers le sud, en même temps que la cascade. On peut prévoir le jour, infiniment éloigné de nous, où la trombe du Niagara cessera de s'écrouler avec un retentissement de tonnerre, quand la rivière aura détruit tout le seuil même du lac Érié.

Il y a 65 mètres de profondeur d'eau dans le gouffre du pied de la chute; il y en a 55 dans les Rapides du Tourbillon[3], couloir obscur, étroit, plein des bouillonnements, des déchirements et des convulsions du Niagara.

Le fleuve broyé dans ce courant excessif, plus haut de dix pieds au milieu qu'aux deux bords, ne trouve le calme qu'en sortant de la gorge sombre au-dessus de laquelle passe, de roc à roc, d'un seul élan, et portant des trains de chemin de fer, l'un des plus hauts ponts suspendus de l'Amérique. De l'Érié jusqu'à l'Ontario, le Saint-Laurent, sous le nom de Niagara, s'abaisse d'une centaine de mètres en 55 kilomètres seulement, tant est rapide l'Eau du Grand Bruit : son « saut mortel » ne la précipitant que de 45 mètres environ, elle descend en moyenne d'un mètre par kilomètre, en dehors de sa prodigieuse cascade.

Le bas Saint-Laurent : l'Outaouais, le Saguenay. Anticosti. — Le lac Ontario, vaste de 1 982 000 hectares, descend par ses gouffres bien au-dessous du niveau des Océans, puisqu'il épand sa nappe à 75 mètres à peine d'altitude et que ses trous ont jusqu'à 220 mètres de profondeur; il sépare l'Ontario, province majeure du Canada, du New-York, État majeur de l'Union des Yankees. Ce plus petit, ce plus oriental des Cinq lacs est aussi le moins tempétueux, le plus commode à naviguer, le plus clément aux barques des pêcheurs et aux canots de plaisance. Sa grande ville canadienne est Toronto, qui souhaite en vain d'éclipser Montréal; son grand torrent canadien est le Trent, aussi souvent lacustre entre un torrent d'amont et un torrent d'aval que torrentiel entre un lac supérieur et un lac inférieur.

L'Ontario reçoit le Niagara; il renvoie le Saint-Laurent, qui se nomme d'abord d'un nom iroquois, du moins chez les très rares Indiens de ses rives : Catorokoui, c'est-à-dire les Rochers trempant dans l'eau. Il baigne de ses flots transparents un long archipel d'îles charmantes qu'on appelle Mille-Iles, et comme il est encore fort large, et lac plus que rivière, ce prolongement de l'Ontario se nomme lac des Mille-Iles.

Des Mille-Iles à Montréal, le fleuve se contracte plusieurs fois en « saults » ou rapides, exaspérations de vagues, sillons et crêtes, écumes, courants bruyants, remous muets — tels les Rapides des Galops, les Rapides Plats, le Long Sault, le Rapide des Cèdres, le Sault Saint-Louis, qui interdisent aux vaisseaux de 600 tonnes l'accès du plus bas des lacs de la Méditerranée canadienne : en arrivant au bas de ce dernier rebouille, le flot court à la vitesse de 29 kilomètres à l'heure. Deux

---

1. Érié, mot iroquois, signifierait : pays des Cerises.
2. L'Érié s'avance un peu plus vers le midi que le lac Michigan; il dépasse un peu plus que lui le 42e degré de latitude.
3. Whirpool Rapids.

fois au contraire cet Amazone vert, mille fois plus beau que l'Amazone jaune et terreux du Brésil, s'épanouit en lacs appelés Saint-François et Saint-Louis. L'île de Montréal, au-dessous du Saint-Louis, lave à la fois ses berges dans le Saint-Laurent et dans un bras de l'Outaouais.

Le brunâtre Outaouais (Ottawa) sort d'un archipel de lacs sévères, dans le haut septentrion, au sein de forêts que les bûcherons épargnent encore. Tantôt il s'élargit en lacs, tantôt ses deux rives, dressées en noirs escarpements, confondent presque l'ombre de leurs granits, de leurs pins et sapins dans le sombre cristal de ses eaux. Il court de dormants en bouillants et en cascades : l'une d'elles, devant la capitale fédérale, la Chaudière, est aussi un tonnerre des eaux. Vers l'an deux mille

Les Mille-Îles, à la sortie du lac Ontario. — Dessin de Paul Huet.

il y aura dans son bassin tout un grand peuple, français probablement, mais on n'y voit encore que très peu de paroisses et çà et là, dans l'austérité des bois, sur le bord d'un lac, au bas d'un rapide, au « pied » d'un courant, quelques cabanes et des camps d'abatteurs de bois. A ceux-ci, presque tous Franco-Canadiens, à ces hommes colossalement forts, rudes, violents et bons, reviendra le lamentable honneur d'avoir couché par terre en deux ou trois générations l'une des plus profondes forêts du Nord. Les troncs jetés à bas par le bûcheron s'assemblent en radeaux, et ces trains de bois descendent paisiblement les flots lents et les expansions lacustres de la rivière, mais on les détruit à la lèvre des cascades ou tout près de l'ébranlement des rapides pour abandonner chaque poutre aux flots forcenés. En aval, on refait le radeau qui finit par atteindre le Saint-Laurent. Ces flotteurs, ou, comme on dit là-bas chez nos frères d'Amérique, ces hommes de cage, sont aussi des Canadiens-Français d'une force athlétique.

1300 à 1400 kilomètres dans un bassin de 18 à 20 millions d'hectares, plus de 3000 mètres cubes de portée moyenne, un étiage égal à ceux du

Rhône et du Rhin réunis parce que ses affluents, sous-affluents, et lui-même, sont tous retenus et soutenus par des lacs, même le petit ruisseau dans son petit vallon, tel est l'Ottawa, que suivent sur la rive droite le Richelieu et sur la rive gauche le puissant Saint-Maurice.

Le Richelieu, grand chemin des États-Unis, sort du beau lac Champlain, qui devrait être canadien : c'est contre nature que les Yankees y dominent.

Le Saint-Maurice, long de près de 600 kilomètres en un bassin de plus de 5 millions d'hectares, tombe dans le fleuve à Trois-Rivières, en aval de l'épanouissement du Saint-Laurent nommé lac Saint-Pierre. Par centaines il boit les laquets et les lacs, et peut-être vaut-il tel « père des eaux » quand dans le bas de sa course il s'abîme de 45 à 50 mètres par la terrible cascade de Chaouïnigan : du gouffre où il plonge en deux bras, du Remous du Diable, il s'échappe par un goulot qui n'a que 28 mètres de large.

Devant le fier promontoire de Québec, le Saint-Laurent, subitement rétréci, n'a plus que 1200 mètres de large, en flots profonds portant les plus pesants navires ; au-dessous de l'île d'Orléans il s'élargit en estuaire, ayant des monts abrupts à sa rive du nord, puis à Tadoussac il accueille le Saguenay.

L'austère Saguenay part d'un lac où s'unissent des torrents qui ont conservé jusqu'à ce jour leurs noms barbares d'Achapmouchouan, Mistassini, Péribonka, Ouiatchouan, Métabetchouan, etc. Ce lac est le Saint-Jean des Canadiens-Français, qui abusent et surabusent du mot *Saint*[1] ; c'est le Pikouagami ou Lac Plat des Indiens, peu profond, entre des rives basses.

Tout ce que portent au Saint-Jean ces rivières passant à chaque instant du silence à la clameur, en ressort par deux rivières qui bientôt s'unissent et forment le Saguenay sauvage.

Cascades, rapides que l'Indien ni le Canadien n'osent descendre tous, remous, tournoiements, écumes, grondements ou fracas, le Saguenay ne s'apaise qu'à Chicoutimi. Dès lors, sans la marée, il serait muet dans son précipice, qui est comme une faille de la Terre ; large de 1000 à 3000 mètres, profond de 100, de 200, de 300, il dormirait sans murmure au sein de son abîme, à l'ombre de ses mornes, gneiss et granits de 1500 à 1800 pieds : c'est un sombre fleuve en un sombre fiord.

Au confluent de cette fameuse rivière faite des neiges et des pluies de 7 millions d'hectares, le Saint-Laurent, devenant golfe, a 25 kilomètres de rive gauche à rive droite ; il en a 150 au travers d'Anticosti, nommée de la sorte par corruption du mot indien Natiscotec. Cette île, à 700 kilomètres en aval de Québec, est longue de 195 000 mètres, vaste de 815 000 hectares ; elle a moins d'hommes que d'ours, et de ces hommes aucun ne cultive, tous sont pêcheurs. Cependant un petit peuple canadien-français pourra vivre sur cette terre de périlleux abord, voilée de brume, triste, obscure, avec falaises calcaires, tourbières immenses, bois de pins et de bouleaux, et çà et là sur la côte, des forêts naines.

Le Saint-Laurent s'ouvre sur l'Atlantique entre les îles de Terre-Neuve et du Cap-Breton. De la source la plus reculée qui prenne le chemin du Supérieur jusqu'à son ample embouchure la route sinueuse du fil de ses eaux peut avoir 3500 kilomètres en un bassin de 137 800 000 hectares, deux fois et demie la France. Le débit moyen ne peut pas être inférieur à 15 000 mètres cubes par seconde[1].

Les Laurentides. La baie d'Hudson, le Nord-Est. — Outaouais, Saint-Maurice, Achapmouchouan, Mistassini, Péribonka, mille autres rivières, toute l'eau qui arrive au Saint-Laurent par sa rive gauche lui vient des Laurentides, chaîne très longue.

Les Laurentides traversent de l'orient à l'occident tout le Labrador, depuis vis-à-vis Terre-Neuve, tout le Bas-Canada, tout l'Ontario où elles plongent sur le Huron et sur le Supérieur par des mornes arides, tout le territoire de Keewatin, et vont se perdre au fond du Nord-Ouest sur les lacs semi-polaires et le fleuve Mackenzie, en face des contreforts des Rocheuses. Elles sont basses, mais leur beauté, lacs, sapins, cascades, durera toujours, sauf moins de forêts, quand des monts bien plus fiers auront perdu la leur. Granits et gneiss, le temps, l'onde, le froid les mordent moins profondément qu'ils ne rongent les schistes, les grès, les craies, les calcaires ; les Laurentides garderont pendant des siècles de siècles la tranquille pureté de leurs coupes d'eau vive et la turbulence de leurs niagaras.

---

1. Ils en ont rempli leur Canada, et les « voyageurs », les chasseurs de leur race en ont couvert l'immense Nord-Ouest.

1. Il serait de 32 000 s'il faut en croire les calculs de la *Commission géologique de l'Ottawa*.

Sur toute cette longue ligne, au nord de la Hauteur des Terres[1], les rivières, aussi brisées qu'au sud et non moins épandues en lacs, descendent vers la baie d'Hudson, mer à glaçons hivernaux qui n'est navigable que pendant le tiers ou la moitié de l'année, mais on nous la disait à tort prodigieusement froide, éternellement inhospitalière, avec un demi-cercle de terres que n'entamera jamais la charrue. Tout au contraire, les mois beaux et chauds, qui sont très chauds et très beaux, y mènent les céréales à maturité complète, et ce qui borde la baie James, grand golfe méridional de cette mer de 130 millions d'hectares, est bel et bien un pays de colonisation, tant derrière l'Ontario, sur les branches de l'Albany, fleuve à peu près égal à l'Outaouais, et sur celles de la Moose

L'Outaouais : La Chaudière en été. — Dessin de Th. Weber, d'après une photographie.

et de l'Abbitibi, que derrière le Bas-Canada, sur de vastes rivières, tout le long de l'Harricannaw, du Notaway, du Rupert, issu du puissant lac des Mistassins, de l'East-Main, fleuve aux larges flots, du Kisaïsippi ou Grande Rivière, très grande en effet, troisième en abondance parmi celles qui se perdent dans la baie d'Hudson, la première étant le Nelson, la seconde le Churchill, et la quatrième l'Albany, etc., etc.

1. Ligne de faîte, excellent mot canadien-français.

Sur tous ceux de ces fleuves qui finissent à la baie James, et plus haut au nord jusqu'à l'Eau-Claire, ou même au delà, dans ce qui s'appelait Terre de Rupert[1] et que de plus en plus on nomme le Nord-Est, par opposition au Nord-Ouest, s'étendent, mêlées de forêts, des terres vierges qui doublent le domaine direct et compact du peuple franco-canadien. Quand il en aura pris possession,

1. Nom de flatterie, rappelant un neveu de Charles Ier d'Angleterre.

ce qui ne tardera guère, la nation manifestement indestructible qui se réclame ici de la France ne pourra plus être tournée par la cohue des « Anglo-Saxons »; c'est elle qui les tournera, derrière le Huron et le Supérieur, aux deux versants de la Hauteur des Terres, entre des lacs sans nombre, parmi des bois mélancoliques.

Climat. — Ce fleuve, ces mers d'eau douce, cette infinité de lacs et rivières, assurent au Canada l'immense avenir. De vastes cantons qu'on livre criminellement aux spéculateurs en forêts n'y vaudront jamais plus ce qu'ils valent aujourd'hui par leurs bois du Nord, leurs arbres feuillus, les mêmes que les nôtres, leurs épinettes rouges ou tamaracs presque incorruptibles; mais aussi que de belles ceintures d'alluvions autour des lacs amoindris par le temps, que d'immenses plateaux attendant la charrue, que de prairies où ne pâtira point le troupeau!

Un climat très rigoureux, quoique les latitudes des lieux habités oscillent entre celles de Lille et de Rome, y garantira toujours de la mollesse. Et les riverains de la baie d'Hudson ne seront pas non plus des alanguis. Dans le Bas-Canada, où gèle quelquefois le mercure, la neige, la glace, le temps du traîneau, durent cinq mois par an; deux mois seulement dans le Haut-Canada, qui est situé plus loin de la mer, mais plus au sud, et sur les Grands lacs : c'est lui qui a des latitudes italiennes; le Bas-Canada n'en a que de françaises ou d'allemandes.

Les Franco-Canadiens, leur fécondité, leur marche en avant. — Le Canada fut le plus beau renouvellement de nous-mêmes sur le continent où il y avait place pour la plus grande nation de l'avenir. La France le laissa misérablement choir.

Mais malgré cent vingt-cinq ans de séparation, c'est le pays d'outre-mer qui renferme le plus de Français restés Français. Race frivole, nous nous en doutons à peine, et nos émigrants vont s'anéantir près ou loin de là dans les allophones et les allophyles.

En 1524, François Ier prit possession de ces rivages, découverts une première fois par les Scandinaves du Grœnland, puis reconnus vers 1500 par deux Italiens, Jean et Sébastien Cabot, et par un Portugais, Cortéréal. Onze ans après, un Breton malouin, Jacques Cartier, remontait le Saint-Laurent jusqu'au premier rapide, à Hochelaga, silencieuse bourgade indienne qui est aujourd'hui la bruyante Montréal.

Mais nous étions alors trop étourdis par le vain tumulte de l'Europe pour prêter l'oreille à l'Amérique : c'était le temps des guerres d'Italie, du duel avec l'Espagne, du choix entre l'Église et la Réforme. Et cependant, il y aurait aujourd'hui deux millions de Français pour chaque millier d'hommes fixés dans l'Amérique froide entre 1525 et 1550. Quand des familles saines ont l'espace devant elles, sous un climat sain, fût-il dur, elles doublent en vingt-cinq ou trente ans si nul ennemi ne trouble la paix de leurs hameaux.

Le Canada, qui plus que l'Algérie était le portique d'un monde, ne reçut aucun Français jusqu'aux premières années du dix-septième siècle; mais quand on eut cessé de s'égorger de catholique à protestant, on porta des regards moins distraits sur la « Nouvelle France ». Le Saintongeais Champlain fonda Québec en 1608. De même que Christophe Colomb, dans sa route vers l'Amérique, cherchait avant tout l'Inde et la terre des épices, de même Samuel Champlain remontait le Saint-Laurent pour arriver chez les Chinois. Les lettres, les écrits, les poèmes du temps en font foi : tel le sonnet du voyageur Lescarbot « au sieur de Champlain, géographe du roy » :

Un roi numidien, poussé d'un beau désir,
Fit jadis rechercher la source de ce fleuve
Qui le peuple d'Égypte et de Libye abreuve,
Prenant en son pourtrait son unique plaisir.

Champlain, jà de longtemps je vois que ton loisir
S'employe obstinément et sans aucune treuve
A rechercher les flots qui de la Terre-Neuve
Viennent, après maints sauts, les rivages saisir.

Que si tu viens à chef de ta belle entreprise,
On ne peut estimer combien de gloire un jour
Acquerras à ton nom que dès jà chacun prise.

Car d'un fleuve infini tu cherches l'origine,
Afin qu'à l'avenir y faisant ton séjour,
Tu nous fasses par là parvenir à la Chine.

Une ville de la banlieue de Montréal, la Chine, témoigne encore, par son nom, de cette ambition des fondateurs du Canada.

La colonie languit jusqu'à Colbert. Ce grand homme y envoya des Percherons, des Poitevins, des Normands; puis, après ce trop court effort, lorsque le clairvoyant ministre ne fut plus là, la vieille France laissa la nouvelle à l'abandon.

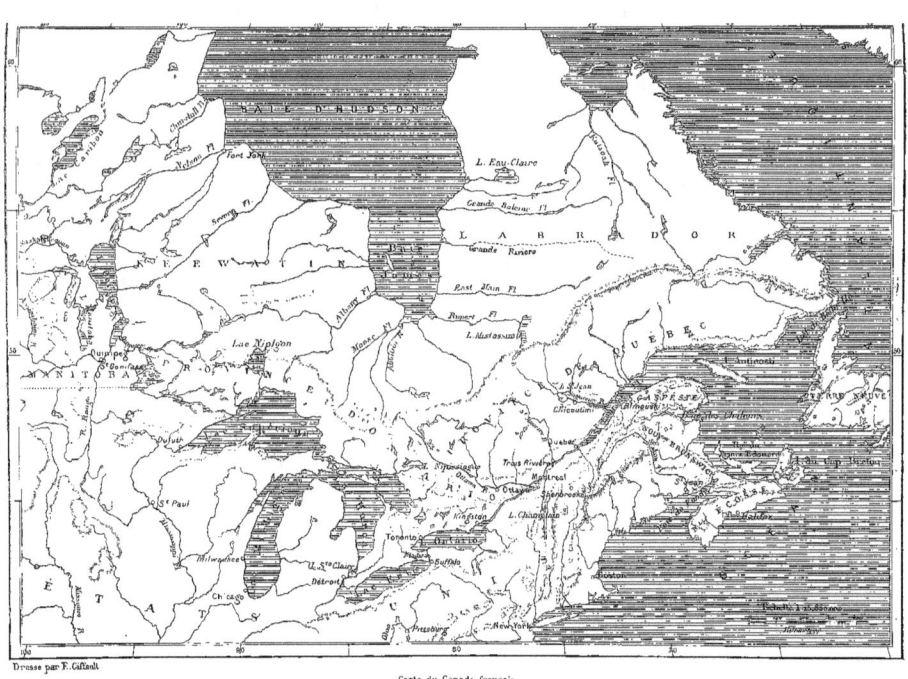

Carte du Canada français.

Le Canada décimé par des luttes héroïques, souvent victorieuses, contre ses hypocrites ennemis d'Europe, les Anglais, et ses fanatiques ennemis d'Amérique, les Yankees, ne reçut plus que de rares colons, Saintongeais, Provençaux, gens de Bretagne, de Normandie, de Paris, de toutes les provinces. Dans le siècle qui s'écoula de l'établissement de la prépondérance française en Europe jusqu'à la ruine de toutes nos grandeurs sous Louis XV, 5000 hommes et 4000 femmes seulement, c'est tout ce que le royaume alors le plus puissant du monde eut l'heur d'implanter là-bas sur le Saint-Laurent.

Mais ces hommes et ces femmes étaient de souche rustique et la floraison fut prompte, magnifique, malgré la lourdeur du temps. Québec, Montréal, Frontenac[1], Détroit, sortirent du sol, et la langue de la patrie pénétra jusqu'aux solitudes des lacs polaires. On l'y parle encore : ni les Indiens, ni les métis Bois-Brûlés ne l'ont oubliée, et les Canadiens-Français qui s'établissent auprès d'eux les aideront à la conserver longtemps ou toujours.

En même temps on colonisait, trop lentement aussi, l'Acadie, île et presqu'île à l'embouchure du Saint-Laurent, et des explorateurs partis des Grands lacs marchaient vers l'ouest jusqu'aux Montagnes du Soleil couchant; vers le sud, d'autres hommes d'aventure reconnaissaient l'Ohio et le Mississippi, fondaient le Fort-Duquesne[2], Saint-Louis, et le long du fleuve aux grandes eaux ils descendaient jusqu'au comptoir français de la Nouvelle-Orléans. Les Anglais ne possédaient, eux, que les côtes brumeuses de la Nouvelle-Angleterre, mais ils avaient eu la sagesse d'y envoyer des centaines de milliers de colons.

L'année 1759 réalisa le vœu de Voltaire, qui avait écrit à M. de Chauvelin, garde des sceaux : « Si j'osais, je prierais à genoux Votre Excellence de délivrer la France du Canada ». Pris entre les Anglais d'Europe et ceux d'Amérique, race froide, avide, haineuse, pharisaïque, les Canadiens, peu secourus par la France, à laquelle n'appartenait plus la mer, perdirent Québec, puis Montréal. Il fallut changer d'allégeance. Des milliers de braves gens étaient morts dans la guerre en défendant à la fois leur ancienne et leur nouvelle patrie, et il ne resta sur le Saint-Laurent que 65 000 Français pour continuer le vieux peuple d'Europe qui avait eu si peu de souci d'eux.

Ces 65 000 Français catholiques se raidirent contre les Anglais protestants et souhaitèrent fermement de n'en point apprendre la langue. Race de paysans et de bûcherons aussi miraculeusement féconde que la « racine d'Abraham », ils ont merveilleusement augmenté. Que faire contre un peuple où il n'est pas rare de voir le curé de la paroisse adopter, suivant la coutume, le vingt-sixième enfant d'une famille ou bénir des noces d'or après cinquante ans de mariage, voire des noces de diamant après soixante?

En vain l'Angleterre voulut-elle cerner de colonies anglaises, écossaises, irlandaises, yankees, les quelques paroisses qui formaient la nation canadienne-française à son origine. Ces paroisses, en grandissant, firent éclater la ceinture de force.

Puis la source du sang canadien gonfla; devenue fleuve débordant, elle couvrit ou, peu à peu, couvre inexorablement les colonies anglo-saxonnes érigées contre elle.

Depuis cinquante ans les Canadiens-Français ont repris le nombre et l'autorité dans Montréal, la grande ville de commerce; ils ont ressaisi la plus grande part des Cantons de l'Est, beau pays de montagne à la frontière des États-Unis originairement colonisé par des « Loyalistes[1] »; en Gaspésie et sur le bas Outaouais ils ont refoulé l'élément « saxon »; ils ont pris pied dans le Labrador qui a 1000 kilomètres de front sur l'eau salée, dans les pays du haut Outaouais, du haut Saint-Maurice et du lac Saint-Jean, sur les routes de la baie d'Hudson et des terres du Nord-Est — tout cela dans leur Canada deux fois grand comme la France en y comprenant Labrador et Nord cultivable.

A l'est de leur Canada, sous le nom d'Acadiens, ils refleurissent sur les rivages de leur chère Acadie d'où les avait arrachés un abominable ouragan; dispersés au commencement du siècle en misérables hameaux qui ne se connaissaient pas entre eux, ils s'y sont groupés en peuple, et par leur fécondité supérieure grandissent plus vite que l'élément étranger qui les presse. A l'ouest, dans l'Ontario, la race longtemps dédaignée s'empare visiblement de la rive droite de l'Outaouais, en amont comme en aval de la capitale de la Puissance, et déjà elle y a la majorité dans divers comtés et cantons; elle envahit rapidement les forêts du lac Nipissingue et se répand dans l'arrière-pays du lac Huron et du lac Supérieur. Enfin,

---

1. Maintenant Kingston.
2. Aujourd'hui Pittsburg.

1. On nomma Loyalistes, c'est-à-dire loyaux (à l'Angleterre), les colons qui prirent parti pour leur métropole dans sa lutte contre les établissements d'Amérique. Quand l'indépendance des États-Unis fut solennellement reconnue, de nombreux milliers d'entre eux vinrent se fixer en Canada.

tout au loin, dans le Nord-Ouest, elle a semé des paroisses, germes vigoureux de l'avenir, sur la Rivière-Rouge, l'Assiniboine, la Qu'appelle, les deux Saskatchéouan.

Et pendant qu'ils reconquéraient ainsi sur l'Anglais le pays conquis par leurs pères sur la solitude, ils envoyaient malheureusement tant de familles aux États-Unis que l'Union renferme à l'heure présente environ 550 000 Franco-Canadiens[1], moitié dans les villes industrielles et dans les campagnes de la Nouvelle-Angleterre, moitié dans les défrichements du Grand-Ouest.

Avec les 1 450 000 qui vivent aujourd'hui (1886) dans la Puissance, cela fait 2 millions d'hommes, fils des 65 000 paysans d'il y a cent vingt-cinq années.

Montréal : les quais. — Dessin de Taylor, d'après une photographie

En s'en tenant aux seuls Canadiens-Français du Dominion — car ceux d'entre eux qui ne reviendront pas des États-Unis au pays[1] sont menacés d'engloutissement dans la mer yankee — ce peuple a d'ores et déjà un excédent de naissances presque égal au tiers de celui de la France, et la disproportion entre eux et nous diminue vite : en 1844 les Français d'Amérique étaient aux Français de France comme un à soixante-un ou soixante-deux ; ils sont aujourd'hui comme un à moins de vingt-neuf[2]. Avant cinquante ans, leur croit sera plus fort que le nôtre, tous Canadiens des États-Unis à part.

Ainsi se révolta contre la fortune, ainsi triompha d'elle et triomphe toujours ce peuple qui n'a jamais désespéré. Longtemps il attendit, minime encore, le retour des fleurs de lis ; il n'attend rien

1. Ils rentrent maintenant par milliers.

1. Les évaluations varient entre 300 000 ou 400 000 et 1 000 000.
2. Comme un à dix-huit ou dix-neuf en ajoutant les Canadiens-Français de l'Union à ceux du Dominion.

du drapeau tricolore, mais il se sent désormais assez grand pour se tracer tout seul un chemin dans le monde. Puissant par son adossement au pôle, voyant sa fécondité, lisant son histoire héroïque, il a foi dans sa destinée manifeste, et, force qui nous manque, ses hommes simples et bons lèvent souvent les yeux
« Vers le grand ciel clément où sont tous les dictames [1] ».

C'est une race d'hommes hauts, musculeux, durs à la fatigue, forts contre le froid. Passionnément catholique, elle ne parle que le français. Héritage des paysans normands, picards, percherons, angevins, poitevins du dix-septième siècle, leur langue est excellente; elle a gardé, par centaines, de bons vieux mots dont les pédants nous ont appauvris; son accent paysan réjouit ceux d'entre nous Fran-

Montréal : Marché de Bon Secours. — Dessin de A. Deroy, d'après une photographie.

çais qui ont vécu dans la paysannerie de langue d'oïl : le Normand y retrouve l'accent de la Normandie, l'Angevin celui de l'Anjou, le Berrichon celui du Berry, et le Saintongeais celui de la Saintonge.

Les deux Canadas. Décompte des races : Français, « Saxons », Indiens. — Le Canada comprend deux pays autonomes (sauf en matières fédérales), séparés par la grande rivière des Ou-

taouais : au nord-est le Bas-Canada ou province de Québec, au sud-ouest et à l'ouest le Haut-Canada ou province d'Ontario : celle-ci sur les Grands lacs, celle-là sur le Saint-Laurent, fleuve, estuaire et golfe. Ensemble ils avaient 75 215 000 hectares, dont 48 867 600 pour Québec et 26 347 300 pour Ontario, lors du recensement décennal de 1881; mais depuis lors le territoire ontarien a plus que doublé : on l'a prolongé au nord-ouest jusqu'au lac des Bois, au nord jusqu'au fleuve Albany et jusqu'à

[1]. Victor Hugo.

la baie James. Québec doit être aussi doublé par recul de sa frontière septentrionale, et l'on peut dès aujourd'hui donner au Canada, au sens étroit du mot, sans les Provinces maritimes et le Nord-Ouest, une étendue de 150 millions d'hectares.

Le recensement de 1881 y a reconnu 3 282 000 habitants, dont 1 923 000 dans l'Ontario et 1 359 000 dans la province de Québec; le Haut-Canada est d'un tiers plus peuplé que le Bas-Canada, grâce à son climat plus doux, à sa nature moins rude et hérissée; et aussi parce qu'il reçoit des immigrants anglais, écossais, irlandais, allemands, par milliers et dizaines de milliers tous les ans, tandis que peu d'Européens s'établissent dans le Canada français.

Sur les 1 359 000 habitants du Bas-Canada, 1 075 000 sont Français, 124 000 Irlandais, 82 000 Anglais, 55 000 Écossais, etc. Les Franco-Canadiens forment les 791 millièmes de la population; en 1871 ils étaient 780 sur 1000, 762 en 1861, 752 en 1851. Dans leur Canada les neveux des colons du temps de Louis XIV sont donc près des quatre cinquièmes, et cela d'un bloc, car il n'y a guère d'allophones que dans les grandes villes de Québec et de Montréal, dans les cantons de l'est, sur le bord de l'Outaouais, et dans la Gaspésie, presqu'île montagneuse du golfe Saint-Laurent.

Ottawa : la côte du Palais du Parlement. — Dessin de Taylor, d'après une photographie.

Sur les 1 923 000 Ontariens, il y a 627 000 Irlandais, 356 000 Anglais, 379 000 Écossais, 188 000 Allemands, et seulement 103 000 Canadiens-Français; mais cet élément, jadis tout à fait perdu dans la foule, se ressaisit, se concentre, s'augmente par une forte immigration des gens de la province voisine, et il croit désormais plus vite que les autres. En 1871 il n'y avait dans l'Ontario que 46 à 47 Français sur 1000 personnes; en 1881 on en a recensé 53 à 54. Presque tous habitent, à l'est du pays, la rive droite de l'Outaouais et la capitale fédérale ou, au nord, la région du lac Nipissingue, ou bien encore, tout au sud-ouest, à l'autre extrémité de la province; ils ont de belles paroisses sur le lac et la rivière Sainte-Claire et sur la rivière Détroit, dans une contrée magnifique, la plus tempérée de toute la Puissance et jusqu'à ce jour la seule où la vigne donne un bon vin.

Quant aux anciens maîtres du Canada, Iroquois, Hurons, Algonquins, Abénaquis, Tchippéouais, Outaouais, Montagnais, etc., ils ont presque tous disparu. Les Hurons de la Jeune-Lorette et les Iroquois de Saint-Régis travaillent leurs champs; les Iroquois de Caughnawaga, sur le sault Saint-Louis, sont mariniers; le reste, plus fidèle aux instincts nomades, vit de chasse et de pêche. Il n'y a pas longtemps encore, ils semblaient à la veille de périr, tués par la civilisation qui abolit les faibles et casse le nerf aux forts, mais ils ont d'abord cessé de diminuer, et maintenant ils augmentent. Au nombre de 25 000 à peine, 7500 dans le Bas-Canada, 15 300 dans l'Ontario, parlant presque tous soit le français, soit l'anglais, soit ces deux langues, ils n'ont d'autre avenir que celui de durer obscurément en petites communautés, puis de disparaître. Comme nation, comme race, leur sort est scellé

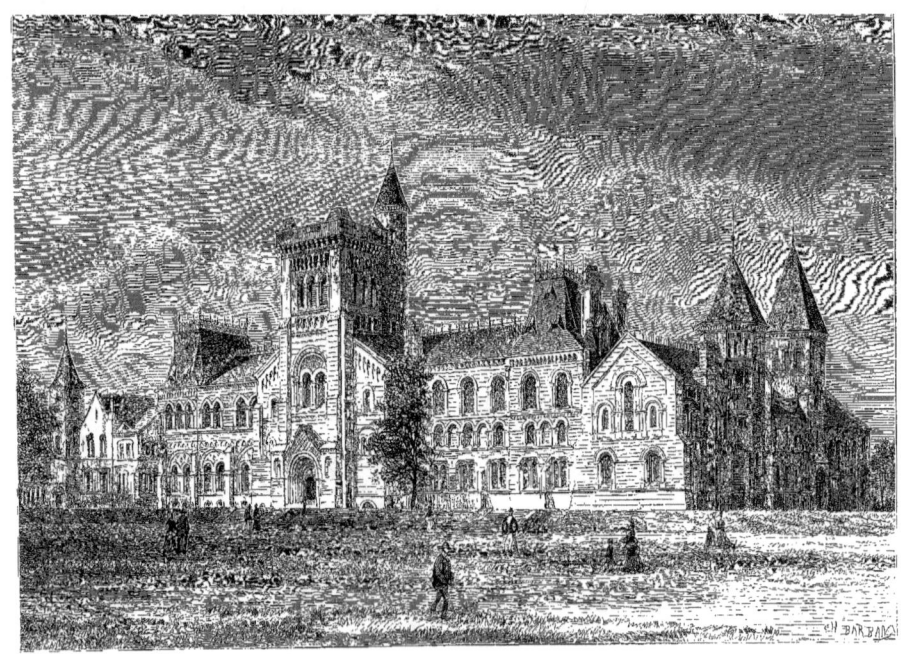

Toronto l'Université. (Voy. p 636) — Dessin de A. Deroy, d'après une photographie.

Ce que l'Europe leur a pris ne leur reviendra jamais : hommes du désert et de la forêt, chasseurs et pêcheurs, ils n'ont que faire au milieu des gens qui détruisent les déserts et mettent la forêt en sillons; il leur faut la guerre, et nous les forçons à la paix; le vaste espace, et nous couvrons leur pays de maisons, de haies, de fossés, de clôtures; la liberté sans borne, et nous les enfermons dans la prison des lois. Il y a aussi quelques milliers de Nègres dans ce pays froid, mais au moins vivent-ils presque tous dans le moins dur des deux Canadas, dans la province d'Ontario. Ils dépassent un peu 12 000, dont 141 dans la province de Québec.

Anciens esclaves ou fils d'esclaves, ces Africains sous un ciel qui n'est pas le leur, viennent des divers États de l'Union américaine.

Villes. — Une seule ville canadienne, Montréal, a plus de 100 000 âmes. Ottawa possède les assemblées qui administrent les affaires communes de toute la Puissance, Québec a le parlement du Canada français, Toronto celui du Canada anglais.

Ottawa, l'Outaouais des Franco-Canadiens, date de 1827. Capitale depuis 1858, c'est une ville ontarienne, sur la rive droite du superbe Outaouais, au confluent du Rideau, près de celui de la puis-

Pont Victoria, à Montréal. (Voy. p. 657.) — Dessin de Riou, d'après une photographie.

sante Gâtineau, devant la Chaudière, cet autre Niagara — non par sa hauteur de 18 à 19 mètres, mais par l'effort et l'effarement des flots; il y passe en moyenne 2000 mètres cubes par seconde. Ottawa n'a que 27 500 habitants, dont 9400 Français, et avec Hull, son faubourg d'outre-rivière, 34 000, dont 15 300 Français, presque la moitié.

Québec (62 500 hab., dont 46 500 Français), la vieille ville de 1608, vieille pour l'Amérique, pays d'hier presque sans histoire, a pour piédestal le cap Diamant. Ce cap domine le fleuve de plus de 100 mètres, sous un climat dont la moyenne n'atteint même pas 4 degrés, si bien qu'une cité dont la latitude est celle de la Touraine méridionale a la température annuelle de Trondhjem, place norvégienne peu éloignée du Cercle polaire. Un fleuve immense, tantôt lac ondoyant et vaisseaux de haut bord, tantôt dalle immobile ou

débâcle de glace, puis de nouveau brillant miroir, l'île d'Orléans, la haute cascade du Montmorency, des monts, des forêts, des falaises, tout ce que la nature a de pur, de fier, de beau, de grandiose, pare la noble Stadaconna : ainsi se nomma chez les Indiens le campement devenu capitale d'un peuple français. D'Indiens, il n'y en a plus guère autour de Québec, car les Hurons de la Jeune Lorette, sur les cascades du Saint-Charles, n'ont plus rien des sauvages leurs pères; catholiques, vêtus comme nous, laboureurs, ouvriers, sachant bien le français, ils sont Français. Les Hurons avaient leurs chasses, leurs pêches sur la rive du grand lac qui garde leur nom. Ce n'est pas la France qui, de nation, les a faits village, leur fosse fut creusée en 1649 par les Iroquois, peuple frère, qui vivaient au midi du Saint-Laurent, dans les vallées des montagnes : surpris, exterminés

Québec : vue générale. — Dessin de A. Clerget, d'après une photographie.

dans leurs quinze campements, ils furent, presque jusqu'au dernier, rayés du livre de la vie.

Montréal, qui compte 141 000 habitants, dont 79 000 Français, est plus grande et plus « canadienne » quand on lui ajoute une foule de faubourgs grandissants dont rien ne la sépare : avec eux elle a 180 000 personnes, dont 110 000 Franco-Canadiens. Elle borde la rive gauche du fleuve, que franchit un pont de chemin de fer plus long[1] que beau, dans une île de 50 000 hectares comprise entre le Saint-Laurent et l'une des branches de l'Outaouais. Première place de commerce de la Puissance, elle prétend être un jour au premier rang des cités de l'Amérique et du monde.

Toronto (86 000 hab.), sur le rivage du lac Ontario, se développe très vite ; même elle se flatte, à tort, de dépasser un jour Montréal.

Labrador. — En franchissant le Saguenay à son embouchure devant Tadoussac, on ne quitte pas le Canada français, mais on entre dans un pays désert connu sous le nom spécial de Labrador.

Ce nom de Labrador semble la corruption de « bras d'or » ; nos marins normands, bretons, saintongeais, désignaient ainsi, à l'époque des grandes découvertes, les baies de sûr abri, de facile accès : tels le Grand-Bras d'Or et le Petit-Bras d'Or qui traversent l'île du Cap-Breton d'outre en outre.

Un peu plus dur et froid que le Canada, dans les mêmes gneiss et granits des Laurentides, sur des rivières tantôt molles et tantôt frénétiques courant au même Saint-Laurent, le Labrador suit la rive septentrionale de ce fleuve, continué par un golfe jusqu'au détroit de Belle-Isle, qui sépare Terre-Neuve du continent : là, tournant avec la côte vers le nord-ouest, et quittant l'allégeance canadienne pour celle de Terre-Neuve, il va faire de loin vis-à-vis au Groenland et devient glacial, ce dont les Esquimaux, ses habitants, s'éjouissent.

Le Labrador canadien a près de mille kilomètres de longueur, du sud-ouest au nord-est ; sa largeur est mal déterminée, car on n'a remonté que la moindre partie de ses torrents jusqu'à la Hauteur des terres. En lui donnant 250 à 300 kilomètres de travers, il aurait de 25 à 30 millions d'hectares, environ la moitié de la France.

Elles sont grandes, sombres, terribles, les rivières labradoriennes, en lutte éternelle contre la pierre de leur vallée dans les gorges qui séparent

1. Le pont tubulaire Victoria, long de 2637 mètres, en 25 arches.

leur mille et mille lacs : Betsiamite, rivière aux Outardes, Manicouagan, Moisie, Manitou, qui tombe dans l'estuaire au-dessous d'une cascade de 35 mètres, Romaine dont un saut serait comparable au bond du Niagara, Natachcouan, rivière aux Esquimaux, ces courants qui sont de petits Outaouais trouveront ces admirateurs quand les Canadiens ouvriront des vallées, aujourd'hui rarement parcourues. Dans les plaines qu'ont déposées ces rivières et sur le tour de beaucoup de leurs lacs, la terre est féconde, sous un ciel encore capable, quoi qu'on en ait dit, de dorer des moissons. Et maintenant on leur prédit les champs, les prairies, les hommes qu'on leur a longtemps refusés.

Ce sont des Français qui s'emparent du Labrador, Canadiens et surtout Acadiens ; les Canadiens lui viennent des comtés de la rive méridionale du fleuve, les Acadiens des îles de la Madeleine, petit archipel du golfe Saint-Laurent.

Le cens de 1881 lui donnait 8500 habitants, dont près de 6500 Français et 1400 Sauvages — le recensement décennal de 1871 n'y avait reconnu que 5500 personnes, dont 3519 Français.

Jusqu'à ce jour les Labradoriens pêchent et ne cultivent pas, sauf çà et là quelques petits jardins.

Iles de la Madeleine. — Cet archipel s'élève dans le golfe Saint-Laurent, plus près de l'île du Prince-Édouard, de l'île du Cap-Breton et même de Terre-Neuve que du Bas-Canada, dont il est à 200 kilomètres, et auquel il appartient cependant depuis qu'on l'a détaché de Terre-Neuve pour l'unir au comté de Gaspé.

Ces îles ont 25 000 hectares et 4516 habitants, dont 3800 Français, pour moitié peut-être originaires de nos îles de Saint-Pierre et Miquelon, et, pour l'autre moitié, du Nouveau-Brunswick, de l'île du Prince-Édouard, et en général de l'Acadie. Presque tous sont de hardis pêcheurs : peu cultivent, et quel goût auraient-ils à le faire, puisqu'ils ne sont point les propriétaires du sol, mais seulement des tenanciers traités avec une rigueur juridique par la famille anglaise qui possède l'archipel ? Aussi, de ces pauvres et pittoresques cyclades au climat humide, relativement doux, des goélettes partent souvent vers le nord et le nord-ouest, et elles font voile pour le Labrador, dur Eldorado de ces bons Acadiens. La seule année 1882 a vu 121 familles s'embarquer pour la Norvège des Canadiens-Français.

ACADIE OU PROVINCES MARITIMES

Terre-Neuve refusant obstinément d'entrer dans la Puissance, les Provinces Maritimes ne comprennent que trois États : le Nouveau-Brunswick, la Nouvelle-Écosse et l'île du Prince-Édouard. C'est la dolente Acadie, terre jadis française et qui le redevient un peu plus tous les jours.

L'Acadie a 15 millions d'hectares, le quart de la France, avec 871 000 habitants, dont 108 000 Français, d'après le dénombrement de 1881.

NOUVEAU-BRUNSWICK

Le Saint-Jean. Anglais et Acadiens. — Le Nouveau-Brunswick continue le Canada français au sud de la presqu'île appelée Gaspésie, par delà la baie des Chaleurs, que, malgré ce nom, on a pu voir gelée dans toute sa largeur.

Compris entre la province de Québec, le Maine, État yankee, la baie de Fundy, la Nouvelle-Écosse et le golfe Saint-Laurent, il embrasse un peu plus de 7 millions d'hectares, 521 000 habitants seulement, car, presque tout entier, il est encore forêt, avec clairières sur le littoral, le long du Miramichi et des petits fleuves côtiers, et surtout dans la vallée du Saint-Jean.

Le Saint-Jean part d'un pays de lacs perdus dans les bois, d'une contrée presque déserte que se partagent le Maine et le Bas-Canada. Avant 1842 le Nouveau-Brunswick possédait, de droit comme de fait, un territoire aujourd'hui yankee que détient le Maine : cette année-là, ce canton de bois et de lacs, ce Madawaska peuplé d'Acadiens lui fut tollu par mensonge au profit des États-Unis [1]. Fleuve de 725 kilomètres en un bassin de 6 800 000 hectares, le Saint-Jean, noirâtre comme des eaux qui auraient passé sur la tourbe, tombe à Colebrook par les Grandes Chutes, cascade de 22 à 23 mètres de haut. Il reçoit nombre de tributaires venus de plaines et de plateaux qui ne garderont pas longtemps leur beauté, car cette beauté c'est la profondeur des forêts. Dépouillé de ses bois, le Nouveau-Brunswick, partout où il est vaguement ou gauchement ondulé, deviendra trivial loin de la mer, des lacs et de l'eau courante.

L'anglais règne en aval des Grandes Chutes, mais en amont, tant dans le Nouveau-Brunswick que dans le Maine, le Saint-Jean n'effleure que des bourgs de langue française. Sur les 321 000 habitants de l'État, il y avait en 1881 près de 57 000 Acadiens, Français et catholiques, fixés les uns sur le haut du fleuve, les autres au long de la baie des Chaleurs ainsi que sur le littoral du golfe Saint-Laurent et du détroit de Northumberland [1] : cela fait 176 à 177 Français sur 1000 habitants : en 1871 ils n'étaient que 45 000 sur 286 000, soit 157 pour 1000 ; ils ont donc gagné relativement bien près de 2 pour 100. Telle est la fécondité du sang acadien. Et ces 57 000 hommes descendent de quelques centaines de familles échappées il y a cent trente ans à la proscription de leur race, qui s'enfuirent, elles ne savaient où, sans but, sans idée, sans cohésion, sans espoir, dans les marais, les forêts, les fondrières et sur les petits fleuves des havres. Maintenant le peuple ressuscité nomme des mandataires au parlement néo-brunswickois et aux « communes » fédérales d'Ottawa.

Le siège du parlement local, Fredericton, sur le Saint-Jean, n'est qu'une bourgade de 6200 âmes, quatre fois moins forte que Saint-Jean (26 000 hab.), place de commerce à l'embouchure du fleuve dans la baie de Fundy.

Les Indiens n'ont pas entièrement disparu ; il s'en trouve encore 1400, divisés en Micmacs, jadis Souriquois, et en Milicites, jadis Étaminquois. Ces débris de la race des Algonquins n'ont que dédain pour nos arts, nos habiletés, nos richesses : fils de la forêt, ils n'aiment que la forêt, le lac qu'elle ombrage, le rapide qu'elle assourdit.

---

1. Par le traité d'Ashburton.

1. Ce détroit sépare l'île du Prince-Édouard du Nouveau-Brunswick.

NOUVELLE-ÉCOSSE

Sol dur, riche en mines; fiords, baie de Fundy. — Avec l'île du Cap-Breton la Nouvelle-Écosse dépasse quelque peu 5 400 000 hectares, que peuplent 441 000 habitants. C'est une presqu'île agrafée au continent par l'isthme étroit de Memrancouk ou de Beau-Séjour, que bat au nord l'eau du golfe Saint-Laurent, au sud le flot de la baie de Fundy. Ses ports admirables, ses puissantes mines de houille, ses métaux, ses bois, lui réservent un avenir que ce pays, vaste à peine comme neuf départements français ne tirera jamais ni du blé ni de l'herbe ; et d'ailleurs, sur une terre osseuse, brumeuse et mal éclairée, les moissons seront toujours pauvres, tant dans la péninsule que dans l'île qui l'accompagne.

Le littoral de cette terre aurifère, rude et rugueuse, est de nature fiordique. Partout la roche, âpre, sombre, nue ou avec pins et sapins, s'ouvre en estuaires qu'on prendrait pour des fleuves venus de mille lieues; mais, quand on arrive au bout de ces havres splendides, on n'y voit entrer qu'une petite rivière, voire un ruisseau, déversoir de lac.

Au nord, c'est le détroit de Northumberland qui pousse dans ces fiords sa vague, laquelle n'est autre que celle du golfe Saint-Laurent; à l'est, au sud, c'est l'Atlantique formidable qui bat la pierre à coups de bélier; à l'ouest, la baie de Fundy dont le flot s'élève ou s'abaisse entre Nouvelle-Écosse et Nouveau-Brunswick.

La baie de Fundy a 200 kilomètres de long jusqu'au cap de Chignecto, où elle se divise en deux sous-golfes[1]; elle est large de 40 à 60, elle vide et remplit alternativement ses anses avec une impétuosité magnifique : dans certaines de ses criques les plus étroites, la marée monte de 21 mètres, hauteur très rare, unique peut-être.

Ces estuaires, ces houilles, ces mines, ces bois ont déjà fait de la Nouvelle-Écosse la contrée du monde où il y a relativement le plus de marins, le plus de navires.

A des latitudes aussi méridionales que celles de l'Aquitaine, la température moyenne de l'année n'y est pas supérieure à celle du Jutland, situé à 12 degrés plus au nord, et le climat, dans son ensemble, a de grandes ressemblances avec celui de l'Écosse septentrionale. Un tiers de ses habitants étant, par surcroît, d'origine écossaise (celtique ou non), il se trouve que ce pays brumeux, très pénétré par la mer, très fouetté par les vents, tout de roches, de lacs, de bois, de bruyères, de mines, a sagement été nommé par ses maîtres. Presque toujours découvreurs, colonisateurs, fondateurs, ont appelé de noms niais les nouvelles terres que leur présentait la Fortune.

Les Acadiens : le Grand Dérangement, mort et renaissance. — Parmi les 441 000 habitants que le cens de 1881 attribuait à la Nouvelle-Écosse, on comptait un peu plus de 40 000 Acadiens, soit plus de 91 pour 1000 : le dénombrement de 1871 n'avait donné que 32 800 Acadiens sur 388 000 personnes, soit 84 à 85 pour 1000 — c'est une augmentation relative de 6 à 7 millièmes.

Ils forment trois groupes : l'un au sud-ouest de la péninsule, au bord de l'Océan et de la baie de Fundy; l'autre sur le détroit de Canso, qui départ l'île du Cap-Breton du continent néo-écossais; le troisième sur le littoral occidental de cette île.

Quand le traité d'Utrecht céda l'Acadie à l'Angleterre en 1713, la colonie renfermait quelques rares milliers de Français descendus d'aventuriers originaires, peut-être pour une très petite part, du Cap-Breton, port de nos Landes. Ces enfants perdus avaient renouvelé dans ces parages du Nord les exploits des conquistadores espagnols, portugais et mamalucos de l'Amérique centrale et méridionale; qu'ils se fussent associés ou non au sang indien, lentement ils avaient fait souche de pêcheurs et d'hommes des champs très habiles à arracher des terres aux flots, à endiguer, à creuser, à canaliser. Ils appelaient abboitaux les vases, les sables conquis par eux sur la mer.

La colonie acadienne avait ses meilleurs abboitaux, ses plus gaies et ses plus nombreuses chaumières dans les vallons de Grandpré, sur le bord du beau bassin des Mines, qui est un sous-rentrant de la baie de Fundy.

Elle ne se recrutait point en France et ne croissait que de ses propres forces, mais avec une rapidité sans exemple.

Bons, simples, ne demandant et n'espérant que

---
1. Baie des Mines et baie de Chignecto.

l'oubli, ils étaient déjà 15 000 quand tout à coup, en septembre 1755, comme prélude à la guerre de Sept Ans, les Anglais les enlevèrent de force en pleine paix et les dispersèrent pour les punir de leur fidélité ferme à la langue de France, à la religion des aïeux, et plus encore pour s'emparer des abboitaux, qu'ils se distribuèrent.

Le petit peuple se reforma près des lieux témoins de cette basse trahison, mais les Anglais le guettaient, et encore une fois il fut traqué, massacré, dispersé; les uns furent vendus comme esclaves sur les marchés protestants des États-Unis; d'autres, par monts et par vallées, arrivèrent au Mississippi, qu'ils descendirent, et allèrent se fixer en terre fraternelle, en Louisiane, dans le district des Nachtitoches; il y en eut qui gagnèrent deux autres pays français, Saint-Domingue et la Guyane de Cayenne; quelques-uns, longeant le rivage de l'Amérique du Sud, cinglèrent vers les Malouines avec Bougainville; et beaucoup, rentrant dans la vieille patrie, s'établirent à Belle-Isle, ou au sud de Châtellerault sur le plateau d'entre Vienne et Gartempe. Le plus grand nombre se sauva chez les Canadiens, ses voisins et ses frères, ou se cacha dans les bois, et, l'effarement passé, la tempête apaisée, revint baiser le sol sacré de la terre natale.

Ce peuple naïf nomme ces deux années de dol et trahison, de dispersion, de ruine et mort, les années du Grand Dérangement.

Leur misérable reste espéra contre toute espoir, et le voici redevenu peuple, par sa fécondité qui dépasse toute croyance, — telle que treize familles du siècle dernier sont aujourd'hui huit paroisses des comtés de Yarmouth et de Digby.

Sans compter ce qu'ils ont essaimé, ce qu'ils essaiment au Canada, ce qu'ils envoient de l'archipel de la Madeleine au Labrador, ils sont aujourd'hui plus de 120 000, rien que dans l'ancienne Acadie, dont 12 000 dans la contrée du haut Saint-Jean dérobée par les États-Unis. Partout ils croissent plus vite que les éléments rivaux, bien qu'ils perdent beaucoup d'entre eux par la voracité de la mer sur laquelle ils pêchent et naviguent, le moindre nombre étant gens de glèbe.

Ce qui n'est point acadien, dans ce pays qui fut l'Acadie, appartient à la langue anglaise ou au celte écossais. Il y a 2125 sauvages, Algonquins, Micmacs, et un peu plus de 7000 Nègres.

La capitale, Halifax (56 000 hab.), sur la côte de l'Océan, doit son rang, sa richesse, à la splendeur de son port libre de glace toute l'année.

Cap-Breton : les Bras-d'Or. — Ainsi nommée sans doute de notre Cap-Breton du Sud-Ouest, cette île n'a point comme le bourg des Landes gasconnes un littoral de sables blancs amoncelés en dunes; c'est presque toujours par des roches sombres qu'elle brave la mer, Atlantique à l'est, golfe Saint-Laurent à l'ouest.

Du côté de l'occident, Cap-Breton regarde l'île du Prince-Édouard et l'archipel de la Madeleine; au nord, elle fait face à Terre-Neuve; au sud, le détroit de Canso, resserré, gêné d'écueils, la sépare du reste de la Nouvelle-Écosse.

On dit l'île du Cap-Breton, il faudrait dire les îles, deux expansions d'eau qui n'en font qu'une la divisant en deux terres, la plus vaste à l'occident. Grand Bras-d'Or au sud, Petit Bras-d'Or au nord,

Indigène du Cap-Breton (Indienne Micmac). (Voy. p. 639.)
Dessin de H. Rousseau, d'après une photographie.

les Bras d'Or sont un fiord avec tentacules ouvert aux deux bouts sur l'Océan, un bassin d'ondes amères tantôt semblable à un fleuve, tantôt à un golfe, tantôt à un lac.

Écossais, Acadiens. — Si le Cap-Breton d'Amérique ne rappelle en rien le Cap-Breton d'Aquitaine et ses dunes ardentes, il ressemble encore plus à l'Écosse que la presqu'île de son voisinage. Avec moins de grandeur qu'en Calédonie c'est la même rude nature et le même climat brumeux, sur des fiords, des lacs, des torrents à rapides. On y parle aussi les mêmes langues, l'anglais et le gaélique ou celtique d'Écosse, conservé par beaucoup de familles issues des Highlanders et des insulaires Hébridiens. Sur les 84 500 habitants de ses 1 133 000 hectares, Cap-Breton compte plus de 55 000 Écossais.

12 500 Acadiens, soit un peu plus du septième de la population, y conservent, avec la religion catholique, la langue de la France, dont après la perte de l'Acadie continentale Cap-Breton fut la citadelle à l'embouchure du Saint-Laurent; nous dépensâmes 30 millions aux forts de Louisbourg. Mieux eût valu jeter quelques centaines, quelques milliers de familles de plus à Québec, à Montréal, à Frontenac, à Détroit. Aujourd'hui Louisbourg est à peine un village et les Louisbourgeois sont Anglais, Écossais, Irlandais. Les Acadiens du Cap-Breton habitent trois plages : l'île Madame, en face de l'entrée méridionale du Grand Bras-d'Or, quelques rives du détroit de Canso et, sur le littoral de l'ouest, l'âpre côte de Chéticamp.

La seule ville, Sydney (3700 hab.), exploite un vaste bassin houiller.

ILE DU PRINCE-ÉDOUARD

La Perle du Golfe, ses « latifundia », ses Acadiens. — L'île du Prince-Édouard sort du golfe Saint-Laurent, tout à fait au midi de ce froid bassin, en face et tout près du Nouveau-Brunswick et de la Nouvelle-Écosse dont le détroit de Northumberland la divise.

Grâce à sa latitude presque aussi voisine de l'Équateur que du Pôle, et surtout grâce à l'entour de la mer, elle n'a pas la sévérité, la dureté des autres rives de l'onde « laurentienne » ; son sol est fécond, ses paysages gracieux, on l'a surnommée la Perle du Golfe. Les Acadiens, ses premiers maîtres, l'appelaient l'île Saint-Jean — un nom de sainteté vaut bien un nom de courtisanerie.

Sur 552 400 hectares de terres tellement échancrées par le flot qu'il ne lui faudrait pas de grands efforts pour couper cette île en trois îles, le recensement de 1881 y a reconnu la présence de 109 000 habitants, dont un peu moins de 11 000 sont des Acadiens, presque tous fixés dans l'un des trois tronçons, celui du nord-ouest. Tout comme au Cap-Breton, les Écossais, la plupart fils des Celtes du Highland, forment ici le principal élément de la nation : il y en a près de 50 000.

Écossais, Anglais, Irlandais, Acadiens, ce peuple pêche, navigue et cultive ; mais si la mer est libre, la terre ne l'est pas. Les 67 cantons de l'île, damier aux lignes inflexibles, sauf au bord de la mer et des golfes, appartiennent à de grands propriétaires qui tiennent tous leurs droits du hasard d'une loterie.

Cette loterie fut tirée à Londres il y a cent et quelques années, quand le gouvernement anglais s'occupa de coloniser l'île où il ne restait plus que de rares familles d'Acadiens épouvantés, oubliés par la proscription.

L'urne contenait 67 lots, chaque lot répondant à un canton de plus de 8000 hectares en moyenne. On n'admit au tirage des parts que les favoris dont on voulait récompenser les services ou la bassesse, et le sort distribua les 67 townships[1].

Incapables, de par la loi, de posséder la terre qu'ils travaillent, beaucoup d'hommes de la Perle du Golfe émigrent — surtout les Acadiens, qui vont retrouver leurs frères en Gaspésie et dans le Nouveau-Brunswick.

La capitale, Charlottetown, ville de 11 500 habitants, est un port sur le plus vaste et le plus profondément avancé des golfes de l'île, espèce de fiord qui s'ouvre au sud sur le détroit de Northumberland.

[1]. Township est plus ou moins l'équivalent de canton.

Saint-Pierre : vue générale. (Voy. p. 644.) — Dessin de Le Breton, d'après une photographie.

TERRE-NEUVE

En attendant l'entrée, sans doute prochaine, de Terre-Neuve dans la confédération canadienne, on peut d'ores et déjà la ranger parmi les Provinces maritimes de la Puissance.

Terre-Neuve. Le banc de Terre-Neuve, la pêche de la morue. Saint-Pierre et Miquelon. — Terre-Neuve fut française comme le Canada, puis elle devint anglaise. Elle regarde de loin l'Irlande par delà des flots où nul gouffre n'a 6000 mètres de profondeur et contemple de près le Labrador par-dessus les eaux du détroit de Belle-Isle. Terre insulaire à portée du courant du Golfe, elle n'a pas la rudesse de ce proche voisin.

On l'accuse à tort d'être éternellement assiégée de brouillards. Des brumes opaques flottent sur ses mers, mais l'île elle-même est moins lavée de brume, de pluie fine et froide, que beaucoup d'autres pays de l'Amérique du Nord, le Nouveau-Brunswick ou la Nouvelle-Écosse par exemple. Toutefois, si la Terre des Morues, nom qu'elle reçut d'abord, peut paraître aimable à ceux qui lui doivent leurs plus jeunes et meilleures années, elle est sans attraits pour les indifférents. C'est une de ces contrées qui ont pour seules beautés les emportements de la mer, les voix du vent, la course des nues, un pays de sol dur, de roches sombres, de ciel triste, d'horizons ternes et cernés,

La température s'y tient presque toujours au-dessus de zéro, mais elle dépasse rarement 25 degrés.

Ses rivages à elle aussi sont taillés en fiords, au grand avantage des pêcheurs venant tous les ans prendre 350 millions de morues sur le fameux banc de Terre-Neuve, haut-fond qui s'étend à l'est et au sud-est de l'île, sur 7 à 8 degrés de latitude. Il doit son existence au Courant polaire qui traîne dans la direction du sud, à partir des rives arctiques, d'énormes glaçons cimentant des rocs et des pierres; dans les parages où ce courant du Nord se choque au courant du Sud les glaçons fondent, abandonnant leurs graviers, leurs roches. Ainsi s'est formé, les siècles aidant, ce banc immense dans des mers extrêmement profondes.

Les Anglais, Canadiens et Terre-Neuviens pren-

Saint-Jean de Terre-Neuve : vue générale. (Voy. p. 646.) — Dessin de Le Breton, d'après une photographie.

nent la plus grande part à la pêche au banc, puis les Yankees; les Français n'arrivent qu'en troisième lieu — cependant nous y envoyons chaque année jusqu'à 8000 matelots sur près de 200 navires, comme à une école de patience et d'héroïsme.

Saint-Pierre et Miquelon, pauvres et petites îles très près du littoral méridional de Terre-Neuve, à l'entrée de la baie de Fortune, nous sont précieuses à cause de leur voisinage du grand banc des morues; pendant la pêche nos vaisseaux s'y donnent rendez-vous pour la salaison. Tourbe sur granit et sable entre roches, elles ont ensemble 23 000 hectares, dont près de 18 500 pour Miquelon, et 5600 Français, croisement de Basques, de Bretons, de Normands, d'Acadiens. Ce roc, ces sables, ce noir combustible, des sapins nains, Saint-Pierre, ville de bois, voilà tout ce qui nous reste du Saint-Laurent, du Mississippi, des Rocheuses, du Grand-Ouest et du Nord-Ouest. Le 47e degré passe

sur ce débris d'empire, sombre archipel dans une mer sombre, orageuse, à 6670 kilomètres de Brest.

Les Terre-Neuviens. Le French Shore. — Toute la nation terre-neuvienne, 193 000 hommes sur 11 067 000 hectares, habite au long des côtes une foule de hameaux de pêche, des bourgades et une ville capitale, Saint-Jean (en anglais, Saint-John), port excellent qui communique avec la mer par un chenal excessivement étroit : Saint-Jean (30 000 hab.) renferme à elle seule plus du sixième de la population de l'île.

Si ces insulaires ont vécu jusqu'à ce jour sur la rive et dans les îles et îlots des fiords, dédale infini, c'est que les Terre-Neuviens eurent longtemps la pêche pour unique idéal; le peuple qui guide les destinées de Terre-Neuve, l'Anglais, lui aussi, n'a longtemps pensé qu'à la morue, mais nous arrivons à l'instant précis où va commencer la vraie colonisation de l'île.

On calomniait Terre-Neuve, comme on calomnie le Labrador français. L'intérieur n'est point autant qu'on le disait roc et bruyère autour de lacs maussades, avec daims, loups et castors ; on n'en tirera pas seulement de la houille, du fer, du cuivre ou tout autre métal.

Des campagnes y sont fécondes, sur le fleuve Gander, sur la rivière des Exploits, le plus grand courant de l'île, qui s'abat par une cascade de 45 mètres, sur le Grand Pond (50 000 hectares), nappe d'eau la plus vaste, sur le Humber, sur la baie de Saint-George. Distraction faite des terres fertiles ou de celles qui pourront devenir pastorales, Terre-Neuve, où probablement nulle montagne n'atteint 700 mètres, est un plateau stérile; bouleaux, pins, sapins, brandes et bruyères y bordent des marais ou des lacs de nombre infini, dont quelques-uns s'écoulent par plus d'un déversoir, tant la table du sol est horizontale.

Sauf les Français, dont on ignore absolument le nombre, les deux tiers des Terre-Neuviens appartiennent à l'origine anglaise, l'autre tiers à l'origine irlandaise; moins de la moitié professe le catholicisme, la majorité se rattache à la religion anglicane ou aux sectes dissidentes.

Les Esquimaux, vieux maîtres de ces rives, ont entièrement disparu : le dernier d'entre eux mourut dans l'hiver de 1830, ou du moins nul de leur race ne s'est montré depuis.

Français de France, Acadiens Canadiens, tous pêcheurs de morue, presque tous les fils de France y vivent sur les rivages de la baie de Saint-George et le long du French Shore ou Rivage Français. On nomme ainsi le littoral occidental de Terre-Neuve, sur le golfe Saint-Laurent et le détroit de Belle-Isle, plus une partie de la rive Nord-Est, du cap Bauld jusqu'au cap Saint-Jean. D'après les traités, toute cette côte est exclusivement réservée à nos pêcheurs, les Terre-Neuviens eux-mêmes ne s'y pouvant établir à demeure.

Telle est la loi stricte; les Anglais la violent, les Terre-Neuviens aussi, qui se sentent intimement seuls possesseurs de toute leur côte de fer.

Labrador terre-neuvien. — Dans le Labrador du Nord-Est, dépendance de Terre-Neuve, qui d'ailleurs ne s'en soucie aucunement, les seuls Blancs, à part quelques pêcheurs égarés, sont des missionnaires moraves. Sur environ 1200 kilomètres de côtes profondément frangées, jusqu'au nord du 60ᵉ degré de latitude, errent 1500 Esquimaux ayant des attelages de chiens forts et féroces qui n'obéissent qu'à la terreur des coups.

Le Labrador terre-neuvien ne vaut certes pas celui des Canadiens-Français ; sa stérilité le condamne à la mort.

NORD-OUEST

Avant tout il faut distraire de ce pays immense les terres polaires qui resteront toujours nues et désertes.

Terres polaires. — La région polaire de la Puissance comprend d'abord le fouillis d'îles où des Anglais et des Américains, Parry, Ross, Franklin, Kane, Mac-Clure, Hall, Nares, Marckham, des héros, ont cherché le passage entre Atlantique et Pacifique ou tenté d'arriver au Pôle : le passage a été trouvé, mais le Pôle ne connaît pas encore les navires de l'homme. Malgré leur étendue, malgré leur nombre, ces îles gelées en toute saison ne valent pas le moindre vallon de la zone tempérée.

Elle comprend ensuite l'extrême nord des rives de la baie d'Hudson et tout ce qui, de ces rives, s'étend au nord et nord-ouest jusqu'à l'Océan polaire, dans les bassins du Grand-Poisson, de la Mine-de-Cuivre, du Mackenzie, à partir du 60ᵉ ou du 61ᵉ degré de latitude. Ou plutôt, comme il n'y a point de limite aussi mathématique entre le sol frappé de mort et celui qu'on peut encore labourer ou qui peut donner au moins quelques légumes et quelques herbes de pâture, cette région renferme ici les vastes contrées situées, à latitudes diverses, au nord des derniers bords de lac, des derniers creux de vallée capables, à force de soin, de recevoir encore une semence sans la glacer pour toujours. Au nord de ces ultimes témoins de la puissance d'évocation de l'homme, les arbres cessent de croître ; on ne voit plus que de la mousse sur des blocs erratiques, des semblants d'arbuste au fond des vallons que la rafale des neiges oublie d'ensevelir et dans les fondrières où demeurent les ours chassés par l'Indien durant les quelques jours de la belle saison, quand un beau soleil luit sur les herbes qui s'empressent de rajeunir le désert.

La région des eaux indécises. Fleuve Mackenzie : Les Grands lacs froids. — Les fleuves qui affluent à la baie d'Hudson, ceux qui courent à la mer Glaciale sillonnent une région unique au monde par la foule de ses lacs : à même surface, la seule Finlande en possède autant. C'est aussi le pays des lacs douteux, incertains dans leurs pentes, coulant souvent vers deux bassins opposés, quelquefois vers les quatre coins de l'horizon, parfois n'ayant dans les basses eaux qu'un écoulement, en ayant plusieurs et vers plusieurs bassins quand ils ont reçu beaucoup de pluie. C'est par excellence la région des eaux passives, indolentes, indécises, mais les rivières de cristal froid qui jettent entre ces bassins calmes un réseau confus d'eau courante sont au contraire extrêmement agitées par les rapides, souvent déchirées par de sublimes cascades.

Ici, sur plaine et plateau, le canot de l'Indien, du Métis, du trappeur canadien-français vogue pendant des milliers et des milliers de lieues s'il plaît à ses rameurs ; écorce ou tronc d'arbre, il va de lac à lac, souvent de bassin à bassin, puisque tant de rivières communiquent par des « Lémans » de plus d'un déversoir. Rien ne l'arrête, pas même les rapides : il les descend.

Quand on arrive à la tête ou au pied d'une cascade, ou dans une nappe sans autre émissaire que celui par où la barque a monté, les rameurs chargent canot, provisions, bagages sur les épaules et portent le tout à la prochaine eau fluviale ou lacustre.

C'est ce qu'on nomme portage dans toute l'Amérique du Nord. Ce mot est venu des Canadiens, hommes d'aventure qui furent dès l'aurore de leur nation les amis des grands voyages, des longues chasses dans les solitudes du Nord[1]. Ils ont en tous sens canoté, patiné la « raquette » au pied, marché, couru par traineau dans tout le Canada, tout le Grand-Ouest, tout le Nord-Ouest, apprenant le français aux Indiens avec lesquels ils s'alliaient pour former les métis Bois-Brûlés. Tel trappeur franco-canadien fit maintes fois le voyage de Montréal au fort Tchippéouais, sur le lac Athabaska ; c'est un Canadien, Lacouture, qui prit en 1663, au nom du roi de France, possession de la baie d'Hudson, où les premiers établissements furent français, non anglais.

Sous un ciel plus indulgent, ces vastes rivières, ces lacs, ces embrassements de bassins feraient du Nord-Ouest un très vivant empire, car il y aurait

---

[1]. Ils le furent beaucoup plus, malgré toutes les légendes, que les Anglais, et même que les Écossais, qui pourtant ont pris une grande part à l'exploration du Nord-Ouest.

l'union la plus intime entre les terres et les terres, les terres et les eaux. Sous un climat demi-polaire, tout cela devient néant et, plus au sud, dans la zone colonisable, ces voies toutes faites ne relieront jamais des villes aussi riches, des vallées aussi peuplées que sous un meilleur azur. Au septentrion, ces fleuves élargis en lacs, ces lacs allongés en fleuves, ces eaux superbes ne connaîtront jamais que le sauvage et le trappeur dont le canot se perd derrière un détour de la rive, un bouquet de bois, un voile de brume, pour laisser le fleuve à son silence, traînant vers des mers sans navires un flot inutile à l'Amérique. Au midi, ces lacs et ces fleuves seront très animés quelque jour ; mais alors l'Indien et le Métis auront disparu.

Plusieurs de ces fleuves sont très beaux, tantôt comme un Amazone froid, tantôt comme un torrent de Norvège.

Le plus grand, le Mackenzie, tient son nom d'un voyageur écossais, Alexandre Mackenzie, Gaël né sur une île mouillée par l'embrun de la mer orageuse qui tourmente à la fois l'archipel des Hébrides et le pied de l'acropole des Highlanders.

Ce voyageur ne le découvrit pas, il le reconnut, l'annonça et le décrivit le premier en 1789, c'est-à-dire à une époque où il y avait déjà des Métis franco-canadiens sur ses bords. Les Bois-Brûlés français l'appellent tout simplement la Grande rivière ; quant aux Indiens chez lesquels il coule, ils lui donnent, dans leurs diverses langues, divers noms voulant dire soit la Grande rivière d'en-bas, soit le Fleuve aux rives géantes ; ils l'appellent surtout Naotcha. C'est un fleuve immense, l'un des premiers du monde pour le tribut versé dans l'Océan quand le dégel arrache ses innombrables affluents à la torpeur de l'hiver. Il a pour première nourrice l'Athabaska, large rivière née sur les mêmes Rocheuses que le Fraser et la Colombie, dans un parage où la puissante chaîne dépasse 5000 mètres, par le mont Hooker (5200 mètres) et le mont Brown (5300 mètres). Le Filet de foin [1] ne reste pas longtemps en montagne.

Dans la plaine, l'Athabaska baigne une vallée à laquelle on prédit de l'avenir malgré la rudesse de son climat, et qui, certes, renferme de glorieuses forêts. Elle passe devant quelques forts de la Compagnie de la baie d'Hudson, simples palissades en pieux et en planches renfermant deux ou trois maisons en bois ; c'est assez contre des Hommes Rouges qui ne connaissent pas la noble science du canon. D'ailleurs les Indiens du Nord-Ouest ne scalpent guère l'Européen. Autrement respectés que leurs cousins des États-Unis par le peuple américain, traités comme des hommes et non chassés comme des bêtes, reliés, en outre, par des intermariages et par la présence de familles hybrides aux Franco-Canadiens, aux Gaëls, aux Écossais qui vivent en demi-nomades ou à demeure fixe dans l'immensité du désert, ils attaquent peu les Blancs, leurs voisins, guides, amis et compagnons de chasse ; et quand ils tuent, c'est tribu contre tribu, plutôt que race rouge contre race blanche.

Les forts et comptoirs de la baie d'Hudson ont pour habitants quelques Européens et des Canadiens ou des Métis en lutte avec la solitude et la famine, en proie à d'horribles hivers ; les agents y achètent aux Indiens pour un peu de poudre, un peu de tabac, un peu d'étoffe et quelques provisions, les fourrures payées plus tard au poids de l'or par les heureux de la Terre.

L'Athabaska se jette dans le lac Athabaska, l'Arabascon des Indiens, c'est-à-dire le lieu d'union de diverses eaux. De plus en plus désert, car les Indiens diminuent, les bisons s'en vont, le lac Athabaska fut nommé par les premiers Anglais qui le connurent [1] le lac des Collines. Ils voulaient dire des rochers : ce ne sont point d'heureux coteaux qui l'entourent ; de hauts rocs syénitiques, chauves ou couronnés de pins, des talus de sable enferment ses eaux longues de 570 kilomètres, larges en moyenne de 20 à 25 ; ses îles, ses îlots sont des épaules de roche dure.

La rivière quitte cette sombre prison de pierre non loin du fort Tchippéouais, ainsi nommé d'une tribu d'Indiens. A 20 kilomètres environ du seuil du lac, elle arrive sous le nom de Rivière de Roche (Stony River) en face d'une eau qui l'accroît d'un grand tiers, sinon d'un volume égal au sien.

Cette eau, c'est la Paix, grande rivière de près de 1800 kilomètres de cours, issue, elle aussi, des Rocheuses, qu'elle perce par d'austères cagnons ; si septentrionale qu'elle soit, sa vallée a des terres de grande promesse, des prairies de toute beauté, des bois superbes, et entre prés et forêts son eau se déroule majestueuse et paisible sauf quelques rapides.

La Roche et la Paix s'unissent en un puissant courant, la rivière aux Esclaves qui, sous le 60e degré, s'irrite en violents rapides à la rencontre d'un

---

1. C'est ce que veut dire le nom indien, Athabaskaw : de ce que la grande crue de juillet y laisse à découvert des îlots où pousse du foin.

1. Après les Canadiens-Français, bien entendu.

mont : cés rapides ont des noms français, comme presque tous ceux du Nord-Ouest, les Canadiens ayant presque partout précédé les « Saxons » qui ont usurpé leur gloire.

La rivière aux Esclaves s'achève dans le grand Lac aux Esclaves, contenu par des rives sévères qui pendant six mois sur douze ne contemplent qu'un champ de neiges entassées sur des glaces,

Trappeur canadien. — Dessin de Ch. Delort.

car cette nappe de 550 kilomètres de longueur, sur 65 de plus grande largeur, coupée par les 61e, 62e, 63e degrés de latitude, est gelée d'un bord à l'autre pendant la moitié de l'année. Le Lac aux Esclaves, en réalité composé de quatre vastes baies, a plus de 200 mètres de profondeur et des eaux d'une admirable pureté. Parmi les rivières,

quelques-unes très grandes, qui trouvent leur tombeau dans son sein, la Queue de l'Eau, fille du granit, s'abat par une des plus orageuses cascades du monde.

De ce très froid cristal le Mackenzie sort très froid ; il coule vers le nord-ouest, large de 1200 à 1300 mètres, avec des expansions de 4000, de

6000, de 8000, dans une solitude qui n'a pas de bois, qui sans doute n'en aura jamais. Au fort Simpson il reçoit à gauche la rivière aux Liards[1], que les Indiens Esclaves nomment le Courant fort; et en effet ce torrent venu des Rocheuses court dans ses cagnons avec une fureur terrible; les canotiers métis eux-mêmes, les hommes de la Terre qui craignent le moins la rage des eaux, ont peur de la rivière aux Liards et n'osent la descendre qu'attachés au pont de la barque; sûrs alors de n'être pas lancés dans les flots par la véhémence des ondes, ils se hasardent en tremblant sur elle. Plus bas, au fort Norman, lui arrive une autre rivière terrible, large effluent du Grand Lac d'Ours.

Le Grand Lac d'Ours, sous le 66° degré boréal, est une eau très bleue, très profonde, ensemble irrégulier de golfes et de baies sur le plus misérable des steppes arctiques : on lui donne 3 600 000 hectares, voire 5 000 000. De mi-juillet à mi-octobre il est libre, mais pendant les neuf autres mois la glace l'emprisonne, épaisse de 7 à 10 ou 12 pieds, sous des froids de plus de 50 degrés. Son déversoir, la rivière d'Ours, a 25 kilomètres d'un rapide si pressé que les canots le descendent en une heure, à travers grès et granits, sur un fond de roche volcanique.

Quand le limoneux Mackenzie s'abîme dans l'Océan Glacial, près du 70° degré, par d'innombrables chenaux deltaïques, sa course dépasse 4000 kilomètres, dans un bassin de près de 152 millions d'hectares, trois fois la France.

Bassin du Nelson : lac Ouinipeg. — Ainsi donc, la partie septentrionale du Mackenzie paraît vouée à une solitude éternelle traversée par quelques Indiens, quelques Esquimaux, quelques Blancs ou Métis, tandis que la portion méridionale, sur la rivière de la Paix et sur l'Athabaska, semble capable d'avoir un jour ses provinces. Au sud de ce bassin, partagé de la sorte entre un désert sans espoir et des terres presque vides qui ne le seront pas toujours, s'étend une immense contrée, sur diverses rivières finissant toutes par gagner le grand lac Ouinipeg[2], dont elles ressortent en un seul et colossal fleuve, le Nelson, qui fut le Bourbon des Canadiens.

Cette contrée-là passe pour éminemment habitable. Elle a cependant quelques détracteurs, ou,

pour mieux dire, il est des hommes d'un esprit froid qui redoutent son dur climat, ses ouragans de neige, ses gelées de printemps et d'été, son indigence en bois sur de très vastes espaces, ses nuées de sauterelles; tandis que des hommes enthousiastes y voient déjà « le grand grenier du monde » et la « noble patrie du plus robuste des peuples ».

Dans ce pays fait de plaines sans fin presque absolument nues, côtoyées au nord par des forêts profondes, les grandes artères sont la Rivière Rouge, la Saskatchéouan et l'Ouinipeg.

La Rivière Rouge, la Saskatchéouan, l'Ouinipeg disparaissent tous les trois dans le lac Ouinipeg, vaste encore de 2 200 000 hectares, mais qui fut bien autrement grand quand ses flots touchaient au loin vers l'ouest les caps devenus les monts Porc-Épic, les monts Canard et les monts Dauphin : il couvrait alors, d'abord les terres basses qui le séparent aujourd'hui de l'Ouinipégous ou Petit Ouinipeg et du Manitoba, puis les fonds qu'occupent ces lacs, enfin la prairie qui va de leur rive à la montagne. C'était une mer intérieure.

Son nom, tiré de l'algonquin, signifie Marais salé, et de fait ses flots impurs clapotent souvent contre un estran vaseux; s'il est sans transparence, c'est faute de profondeur[1] et parce que divers tributaires le souillent de tout ce qu'ils arrachent de terre aux grandes plaines. Situé par 200 mètres d'altitude au plus, l'Ouinipeg boit les eaux de 110 millions d'hectares, deux fois la France. Ces eaux lui viennent par des rivières, des torrents qui percent à l'est les roches primitives, à l'ouest les calcaires ou les plages de sable avant de s'engloutir dans le « Marais salé ». Quatre affluents sont plus grands que les autres : le Dauphin, qui verse la surabondance de deux vastes lacs; la Rivière Rouge, très longue ; l'Ouinipeg, puissant et superbe; la Saskatchéouan, qui a près de 2000 kilomètres.

Le Dauphin, courant large et clair, eau rapide, dégorge le lac Manitoba, et le lac Manitoba dégorge le lac Ouinipégous.

Le lac Manitoba, qui a donné son nom à l'un des jeunes États du Dominion, s'appelle réellement chez les Indiens Manitououâpane, ou le Détroit du Manitou, de la puissance magique, le Détroit extraordinaire. En cela semblable à l'Ouinipeg comme à l'Ouinipégous, il est très allongé et souvent se contracte : long de presque 200 kilomètres, large de 30 à 35 au plus ample, il a

---

1. Le liard est un peuplier : *populus balsamifera*.
2. C'est à tort, paraît-il, que les Anglais écrivent Winnipeg avec deux *n*.

1. La sonde y descend rarement à douze brasses.

500 000 hectares, entre des terres basses. A son nord-ouest, tout près, et continuant sa direction, le lac Ouinipégous, dont il reçoit le tribut par la Poule d'eau, lui ressemble absolument en longueur, en largeur, en aspect, il a presque même surface de 500 000 hectares et sa profondeur est pareillement minime. En somme, Manitoba et Ouinipégous bout à bout font à l'ouest de l'Ouinipeg un lac de même orientation [1] que le « Marais salé » et d'une longueur à peine moindre — car 3 degrés de latitude, le 51e, le 52e, le 53e, passent également sur leurs eaux : seulement l'Ouinipeg est beaucoup plus large.

Il ne faudrait pas que le Nelson, dégorgeur ultime de ces trois lacs, ressoudât bien haut les roches qu'il a descellées et rongées pour que Oui-

Sur la Rivière Rouge. — Dessin de Taylor, d'après une photographie.

nipeg, Manitoba, Ouinipégous et d'autres moindres nappes, se rejoignant par-dessus les terres plates qui les environnent, reforment dans son plein la froide Méditerranée de l'antique Ouinipeg. Il n'y a qu'une faible différence de niveau entre les trois grands restes de la vieille mer intérieure : l'Ouinipeg miroitant à 200 mètres environ au-dessus des mers, le Manitoba ne le domine que de 12 à 13 mètres, rachetés par les rapides de la rivière Dauphin, et à son tour l'Oui- nipégous n'est qu'à 6 ou 7 mètres au-dessus du Manitoba.

Rivière Rouge. — La Rivière Rouge s'appelle, de son nom complet, Rivière Rouge du Nord, pour se distinguer de la Rivière Rouge du Sud, affluent du Mississippi.

Mal nommée d'ailleurs, car si les eaux qu'elle mène sont louches, elles ne sont pas rouges, mais

[1]. Nord-Nord-Ouest.

d'un blanc terreux[1]. La Red River, comme disent les Anglais, naît dans un lac du Minnesota, près des sources du Mississippi. Tandis que le Mississippi marche d'abord vers le nord-est, comme pour aller se perdre dans le lac Supérieur, la Rivière Rouge marche vers le sud, comme pour chercher le golfe du Mexique; mais bientôt l'un et l'autre courant changent de route. Le Mississippi tourne au sud, la Rivière Rouge s'en va vers le nord, et, dans un voyage de 1450 kilomètres[2], se promène au sein de plaines d'une fertilité prodigieuse, tellement infestées de moucherons à dard que souvent leurs nuées bourdonnantes sucent en quelques heures la vie des bœufs et des chevaux, comme il n'y a pas bien longtemps encore elles tuaient les hommes exposés par les Sioux à leurs millions de piqûres. Entrée dans la Puissance, elle y sépare Ouinipeg de Saint-Boniface, autant dire les Anglais des Français, et là même reçoit une eau plus pure que la sienne, la très longue mais faible Assiniboine, qui a bu la faible et très longue Qu'appelle.

La Qu'appelle naît près de la Saskatchéouan du sud, en une coulée de double pente, et durant les pluies l'eau du marais dont elle sourd se partage entre les deux rivières, la petite qui n'est pas encore un ruisseau, la grande qu'on croirait sans peine un fleuve; un barrage de 26 mètres de haut viderait la Saskatchéouan dans la Qu'appelle et ferait de celle-ci, puis de l'Assiniboine, enfin de la Rivière Rouge, un courant digne des hautes ambitions de la Nouvelle-Chicago[3].

La Rivière Rouge tombe par les six branches d'un delta dans l'Ouinipeg, à son extrémité méridionale, et peu à peu son flot turbide jette au fond du lac impur les éléments d'une plaine féconde.

Rivière Ouinipeg. — Bien différent de la Rivière Rouge, fossé tortueux où passe une eau lourde, le « glorieux » Ouinipeg, quand il ne s'endort pas en lacs allongés, bouillonne en rapides ou tombe en cascades avec une immense masse d'eaux froidement transparentes. Ces plongeons tourbillonnants, cette écume, ces rapides, récemment encore connus des seuls « voyageurs », qui sont pour la plupart des Franco-Canadiens purs ou métissés de sauvage, ont conservé leurs noms français jusque dans les bouches anglaises. En entendant nommer les brusques accidents du cours de l'Ouinipeg, les Dalles, la Grande Décharge, la chute à Jacquot, les trois Portages des Bois, la Barrière, la grande chute à l'Esclave, la chute à la Loutre et vingt autres, on se croit difficilement dans une région qui appartient à l'Angleterre, et qui semble destinée à se couvrir de villages où sonnera l'anglais à côté du français — mais ce mot de sonner est trop généreux pour une langue aussi sourde.

L'Ouinipeg (800 kilomètres) rassemble les déversoirs d'une infinité de lacs, vasques presque toujours bien plus longues que larges, à l'ouest du Supérieur, dans une portion de l'empire Anglais qui touche à l'héritage de l'Oncle Sam — Oncle Sam est l'un des sobriquets du peuple américain, Frère Jonathan en est un autre.

Deux rivières-lacs ou deux lacs-rivières, car vraiment on ne sait comment appeler ces eaux des Laurentides et du Nord-Ouest, se rencontrent à 333 mètres au-dessus des mers, dans le vaste lac à la Pluie : bien françaises de nom, c'est la Seine et la Maligne. Le lac à la Pluie, nappe irrégulière de 475 kilomètres de tour, avec rives plates, îles sans nombre, émet la rivière à la Pluie, courant de 200 à 300 mètres de largeur qui débute par une cascade de 8 à 9 mètres.

Entre peupliers, trembles, érables, ormes, tilleuls, hêtres, bouleaux, chênes, pins et sapins, elle coule, gracieuse tout ensemble et majestueuse, pendant 130 kilomètres, jusqu'au lac des Bois, sis à 317 ou 318 mètres d'altitude, à la fois chez John Bull[1] et chez Jonathan, ce qui est aussi le cas du lac à la Pluie. Beaucoup plus grand que celui-ci, le lac des Bois avait la double beauté des forêts et des rocs, mais les passants impies ont tant brûlé d'arbres sur son rivage qu'il ne lui reste plus guère que le gneiss de son littoral et de ses îles, et ce gneiss, nu, est triste.

Du lac des Bois, l'Ouinipeg sort à travers roches par de puissants rapides ayant 5 mètres de chute, dans la jeune ville de Portage du Rat ou Keewatin. De là jusqu'à son embouchure, sur 260 kilomètres, il descend de 106 mètres, par sauts qu'interrompent des expansions calmes.

Quel est le plus beau percement de cet âpre chemin du torrent dans la pierre des Laurentides? Peut-être les chutes d'Argent, où la rivière descend, en cinq ou six vagues prodigieuses, une pente de moins de 200 mètres de long pour 5 mètres de haut, entre des gneiss polis par la pluie et l'embrun des flots : sa largeur est ici de 1200 mètres, ailleurs de 2000, de 3000 et plus.

---

1. Il est possible que son nom vienne d'une bataille entre Indiens qui aurait ensanglanté ses eaux.
2. Jusqu'à la source de la Chéyenne.
3. Titre dont se pare la naissante Ouinipeg.

1. Sobriquet du peuple anglais.

tandis qu'à certains étroits 15 mètres, 12 mètres, 10 mètres seulement séparent la roche des deux rives; et pourtant c'est plus qu'un Rhône qui passe, car on dit l'Ouinipeg égal à l'Ottawa : il roulerait environ 1250 mètres cubes par seconde à l'étiage, 3000 en moyenne, et plus de 5000 en crue.

De cette rivière splendide, indissolublement liée au Nord-Ouest par la direction de ses eaux et par son appartenance au bassin du lac Ouinipeg, une décision du Conseil privé d'Angleterre[1] a récemment fait, sur presque tout son cours[2], une dépendance de la province d'Ontario.

Saskatchéouan. — La Saskatchéouan a pour vrai nom Kisiskatchéouan[3] ou Rivière rapide. Deux grands courants la forment : la Saskatchéouan du nord et la Saskatchéouan du sud, l'une et l'autre nées dans les Monts Rocheux, l'une et l'autre de peu de clarté.

On donne à la branche du sud[4] 1400 à 1450 kilomètres de cours, 100 de plus que la branche du nord. A leur confluent, la Saskatchéouan méridionale, eau d'un brun jaunâtre, a 165 mètres de large et, dit-on, 1200 mètres cubes de portée moyenne; la septentrionale, verdâtre, plus claire, plus froide en été de près de 3 degrés, a 128 mètres d'ampleur et une portée de 900 mètres cubes. Toutes deux, fidèles à leur nom sauvage, coulent avec vitesse.

Unie en un fleuve trouble de 300 mètres de largeur, avec 7 mètres de profondeur, la Saskatchéouan coule pendant 550 kilomètres, par d'amples détours.

En route elle rencontre un lac auquel il reste 80 000 hectares; elle l'a singulièrement diminué, elle le comblera bientôt : c'est le lac des Cèdres, jadis lac Bourbon, où elle arrive à travers un delta marécageux qu'elle a déposé, siècle par siècle, et, quoiqu'elle y laisse tomber des fanges, elle n'en ressort point tout à faire pure.

De cette coupe dont le nom rappelle à la fois nos vieilles gloires et nos vieilles hontes, elle passe dans le petit lac Travers; puis un immense rapide la broie, l'un des plus écumants et tonnants de toute l'Amérique : la rivière y tombe de plus

1. On dit que cette décision, de nature politique, blesse essentiellement le droit et l'histoire.
2. Sauf quelques lieues en amont du lac Ouinipeg.
3. C'est un nom de la langue des Cris.
4. Les Canadiens-Français l'appellent Fourche des Gros Ventres, du nom d'une tribu sauvage.

de 13 mètres, sur 3350 mètres de longueur, avec largeurs de 140 à 600 mètres entre roches calcaires. Peu après elle entre dans le lac Ouinipeg.

Nelson. — Saskatchéouan, Ouinipeg, Rivière rouge, Dauphin, et plus de cent torrents, tout cela s'écoule par le Nelson, vaste fleuve boueux, pierreux, heurté, violent, qui court à la baie d'Hudson par un pénible voyage de 600 à 650 kilomètres à travers les vieilles roches des Laurentides. De l'Ouinipeg à la mer il descend de près de 200 mètres, tantôt lac, tantôt défilé. Grand comme quatre fois l'Ottawa devant la capitale fédérale, il se brise souvent par d'énormes rapides. Il porte à la mer l'eau de 126 millions d'hectares.

Il se peut que le Nelson soit un fleuve moderne, géologiquement parlant. Dans ce cas, quand il n'existait pas encore, comme il n'y avait point d'autre couloir entre l'Ouinipeg et la mer d'Hudson, ce lac, incomparablement plus grand que de nos jours, s'épanchait sans doute vers le sud, et par la vallée où passe aujourd'hui le Minnesota il envoyait l'immense excès de son onde au fleuve colossal dont les cascades grondaient dans une gorge des monts Ozark. Ce déversoir de l'Ouinipeg était la plus grande des deux sources de l'antique Mississippi, près duquel notre Père des eaux n'est peut-être qu'une humble rivière. L'autre branche passait aux lieux où coule maintenant la rivière des Illinois : elle amenait le flot des Grands lacs canadiens auxquels le Niagara n'ouvrait pas encore une porte vers la mer Atlantique.

Churchill. — L'impur Nelson l'emporte sur les autres fleuves qui s'engloutissent dans la baie d'Hudson. Aussitôt après lui vient le pur Churchill (1100 kilomètres), qui porte bien des noms, traverse bien des lacs et, parallèle au Nelson, s'achève au nord de celui-ci, près du 59e degré, après avoir, lui aussi, brisé les Laurentides. Pour les larges et les étroits, les bouillonnements, l'écume, la splendeur des rapides, c'est une autre rivière Ouinipeg.

Blancs. Indiens. Bois-Brûlés. — Sous un ciel terriblement froid, dans ces plaines, dans ces forêts, sur ces lacs et ces rivières, il n'y avait encore il y a douze ou quinze ans que des Indiens et des Métis de langue française ou de langue anglaise — ces derniers moins nombreux que les Bois-Brûlés ou Métis franco-canadiens.

Tout est changé maintenant. Canadiens de Québec et surtout d'Ontario, Américains, Anglais, Écossais, Irlandais se jettent comme avec frénésie vers ce Nord-Ouest canadien, qui semble hériter du Grand-Ouest des Yankees. Voici déjà les Indiens parqués dans des « réserves » que ne respectera peut-être pas longtemps l'avidité des colons, et les Métis errants, « voyageurs », trappeurs, chasseurs de bisons, canotiers, pêcheurs, n'ont d'autre avenir que de reculer vers le Nord incultivable ou de se résorber dans leur élément, les Métis anglais dans la race anglaise et les Bois-Brûlés dans la canadienne. Contre toute attente, les Français du Canada, submergés par l'immigration des « allophones », n'ont pas perdu pied dans le courant contraire; ils se concentrent, ils sont incessamment renforcés, et rien ne leur interdit l'es-

Village de Sioux. — Dessin de Janet-Lange, d'après un croquis.

poir d'hériter, eux aussi, de ces immensités qu'ils ont découvertes.

Le recensement de 1881 a reconnu dans le Manitoba et le Nord-Ouest la présence d'un peu plus de 56 000 Indiens. Il ne donne point le nombre des Métis, qu'on a rangés, suivant leur langue, parmi les Anglais ou parmi les Français. Quant aux Blancs, il n'y en avait alors que 66 000 (dont environ 13 000 Français), mais chaque année ajoute 30 000, 40 000 ou plus à leur nombre.

Parmi les Indiens, Cris et Sauteux et Pieds Noirs sont de la nation des Algonquins; Sioux, Assiniboines et Sarcis, de la nation des Hurons-Iroquois; Montagnais d'ouest ou Tchippéouéyanes, Mangeurs de caribou, Couteaux Jaunes, Plats côtés de chien, Esclaves, Castors, de la nation des Déné-Djindié. De quelque nom qu'on les nomme, quelque langue ou dialecte qu'ils parlent, ils ressemblent aux Indiens des États-Unis par le courage, l'impassibilité dans la souffrance, l'esprit de divination quand il faut suivre la piste de la bête ou de l'homme, ami ou ennemi. Ce qu'ils ont d'énergie, eux et les Métis leurs demi-frères, ce qu'ils endurent sans se plaindre, dépasse toute croyance. A moitié nus, sous des cieux abominables, on en connaît qui passent trois ou quatre jours sans manger, marchant de l'aube au soir et bien avant dans la nuit sur la terre neigeuse et sur les lacs glacés, dormant dans l'herbe dont ils ont déblayé la neige; puis, se relevant et secouant les flocons tombés pendant les ténèbres, ils reprennent aussitôt le sentier de la veille vers un fort de la Compagnie de la baie d'Hudson, vers un campement, vers une tente. Dans l'épidémie de petite vérole qui les a plus que décimés en 1870 et en 1871, ainsi que les Métis anglais ou français devenus les cohéritiers de leurs déserts, on a vu des Indiens atteints de l'affreuse maladie, et déjà mourants, franchir plusieurs fois la large et froide Saskatchéouan du nord pour voler une bande de chevaux appartenant à la Compagnie. En état de santé, en temps d'abondance, ils mangent vingt livres de viande par jour et n'en sont point fatigués.

Le compagnon de ces hommes d'acier, le chien du Nord-Ouest, est plus héroïque encore. Attelé avec ses camarades à quelque lourd traîneau, il trotte toute la journée sur la neige durcie, pendant des mois entiers. entre un départ et une arrivée qui peuvent être plus éloignés que Lisbonne de Varsovie. Il va, sous le fouet, sous les jurons, mangeant peu, couchant sur la froidure, ayant pour tout bien sa journée finie, son devoir rempli, son affection prouvée, et, chaque soir, la lumière et la chaleur du feu que le maître allume dans une clairière de la forêt, au pied des pins et des sapins vibrants.

Compagnie de la baie d'Hudson. — Avant que le Canada fît l'acquisition du Nord-Ouest pour former avec lui et avec les provinces du Golfe l'immense Puissance ou Dominion, tout le pays appartenait à la Compagnie de la baie d'Hudson, société de 239 actionnaires qui a son siège à Londres.

Cette Compagnie emploie environ 1700 hommes à chasser pour elle la bête à fourrure dans les bois et prairies, et les castors dans les étangs.

De ses 1700 serviteurs, le plus grand nombre, Bois-Brûlés, de pères canadiens, de mères indiennes, parlent le français; presque tous les autres, également Indiens par leurs mères, sont Écossais par leurs pères — non pas Écossais de langue anglaise, mais de langue celtique, la plupart des « voyageurs » écossais étant venus des îles Orcades : aussi leurs descendants métis portent-ils encore le nom d'Orcadiens, et le celte n'est pas tout à fait oublié chez eux.

Elle n'a pas seulement dressé les Métis à son service. Les Indiens chassent pour elle et viennent, à des époques fixes, recevoir le prix de leurs fourrures dans l'un quelconque de ses 136 comptoirs dispersés dans le Nord-Ouest jusqu'aux bords des lacs les plus glacés, des torrents les plus polaires. Elle n'était point équitable jadis, car elle payait en marchandises qu'elle taxait ellemême; elle n'était point bonne, car elle sacrifiait tout à son monopole : dans ce pays des fourrures ceux mêmes qui chassaient pour elle n'avaient point le droit d'en porter, dussent-ils périr de froid dans les neiges; tout devait entrer dans ses magasins et partir de là pour l'Europe.

Jalousement, elle cachait la valeur du Nord-Ouest, ses alluvions, ses splendides prairies, ses forêts, ce qu'il y a de chaud, de fécond dans son climat brillant en été.

Mais quand la vérité fut connue, il lui fallut déposer son privilège, et l'Angleterre ouvrit à deux battants la porte aux braves colons et en même temps aux trafiquants, accapareurs, spéculateurs, chevaliers d'industrie de la vieille Europe et de la jeune Amérique.

Alors a sonné l'heure du péril pour les Indiens et les Métis. Se passera-t-il beaucoup d'années avant que le Sauvage et le demi-sang aient disparu de la Prairie, du Steppe, de la Forêt? Là aussi des nations sont menacées de mort; elles sont petites, sans savoir et sans industrie, mais leurs hommes valent bien les nôtres : chasseurs grossiers, canotiers ignorants, rustres violents et niais, ils ne connaissent ni l'envie, ni le luxe, ni le qu'en-dira-t-on, ni la savante hypocrisie.

Le Nord-Ouest comprend le Manitoba, l'Assiniboïa, l'Alberta, le Saskatchéouan, l'Athabaska, le Keewatin et les Terres Vagues.

Sur l'Athabaska. (Voy. p. 660.) — Dessin de Leitch, d'après un croquis.

MANITOBA

Platitude et fécondité. Manitoba, Manitobains. — Le Manitoba, qu'on aime à surnommer le « Jeune État des Prairies », est déchu de ses ambitions depuis qu'une décision du Conseil privé d'Angleterre lui a ravi tout son orient au profit des Ontariens. Cet orient, c'était, du lac des Bois au lac Supérieur, le pays qui s'en va de roche en roche, âpre sur le dos des Laurentides, dans le bassin de la rivière Ouinipeg.

Réduit à son occident, rapidement colonisé, il s'étend en plaines basses et sans bois, très rarement brisées par des collines que leur isolement élève en apparence à la taille de montagne. Il abonde en lacs, parmi lesquels beaucoup ne sont guère que des demi-marais ou même de simples marécages en voie de devenir terre ferme, comme semble l'être tout ce qu'on voit encore de l'ancienne mer d'Ouinipeg : il a le Manitoba, dont il tient son nom, presque tout l'Ouinipégous et l'Ouinipeg du sud et du centre jusque près du 55ᵉ degré. Ses grandes eaux courantes (Ouinipeg à part) sont la Poule d'eau, qui mène au Manitoba la surabondance de l'Ouinipégous ; le Dauphin, qui verse le Manitoba dans le maître lac du pays ; la Rivière Rouge, large au plus comme la Seine à Paris, bien qu'aussi longue que le Rhin en face de la mer ; l'Assiniboine, également très longue et fort indigente : on dirait la Marne, et son cours dépasse celui de la Loire.

Avec ce que l'Ontario lui a ravi, le Manitoba comprenait 58 850 000 hectares, où le recensement de 1881 n'a trouvé que 66 000 habitants, dont 10 000 Français, presque tous Canadiens, car les Bois-Brûlés, qui jadis en étaient les seuls habitants, seront bientôt tous partis pour le Nord-Ouest ou les États-Unis ; d'ailleurs ces Métis cultivent peu :

fils de femmes nomades et de pères qui l'étaient à demi, ils préfèrent à tout le canot, les rapides, la forêt, l'aventure de tous les jours, y eût-il au bout la mort dans une cascade ou l'ensevelissement sous les neiges de l'hiver. A peine si dans ces dernières années quelques-unes de leurs familles ont commencé de se fixer au sol. Les Français se répandent peu à peu dans toute la province, mais ils n'ont la majorité que sur la Rivière Rouge en amont de la capitale et sur ses affluents de droite entre la frontière des États-Unis et Saint-Boniface, leur archevêché, vis-à-vis d'Ouinipeg. Comme leur langue est officielle au même titre que l'anglais dans tout l'État, qu'on la parle à la Chambre manitobaine, que des renforts leur arrivent tous les jours de la province de Québec et des États-Unis, qu'ils prolifèrent avec une rare vigueur, qu'ils se serrent fortement autour de leur archevêque, qu'enfin ils ont dans tout le Nord-Ouest de vieilles traditions, c'est un élément d'avenir, plus puissant que son nombre. On ignore ce qu'ils sont présentement sur les 150 000 à 200 000 habitants auxquels on estime en ce moment (1886) la population du Manitoba sans y comprendre les vastes domaines annexés à la province d'Ontario.

En 1881 les Écossais, au nombre de 16 500, formaient la majorité; il y avait 11 500 Anglais, près de 7000 Irlandais, près de 9000 Allemands, presque tous des Mennonites, sectaires venus de Russie et fixés aux deux bords de la Rivière Rouge à sa sortie des États-Unis; les Sauvages n'arrivaient pas tout à fait à 7000.

La capitale, Ouinipeg (55 000 hab.), devient tout à fait grande ville, et hier ce n'était qu'un village. Elle borde la rive gauche de la Rivière Rouge, au confluent de l'Assiniboine. Vis-à-vis, sur la rive droite, grandit Saint-Boniface, archevêché du Nord-Ouest, métropole des Manitobains français : c'est exactement comme dans le Canada, où Hull, ville francophone, regarde Ottawa, capitale polyglotte et surtout anglophone.

Assiniboïa. — L'Assiniboïa, qui couvre près de 25 millions d'hectares, continue à l'ouest le Manitoba; au sud, il confronte aux États-Unis; à l'ouest, il a l'Alberta; au nord, la province de Saskatchéouan. Sa rivière centrale, la Qu'appelle, pauvre, sous des cieux très secs et très froids, court vers l'Assiniboine. Qu'appelle, c'est un nom bien singulier, traduction des mots cris de Katapaïouïs sippi : jadis une voix héla par deux fois un Indien qui descendait en canot, et l'Indien ne sut point d'où venait la voix.

Cette rivière traverse de jolis lacs dans une vallée très profonde, creusée en tranchée au sein de la Prairie; fort longue, surtout par sa tortuosité rare, elle n'arrive, au bout de sa course, qu'à 25 ou 30 mètres de largeur : c'est un ruisseau, tandis que l'autre courant de la province, la Saskatchéouan du sud, est une vaste rivière qui a ici son « grand coude ».

Métis français. — Dessin de P. Sellier, d'après une photographie.

Que voit-on dans le naissant Assiniboïa? des prairies fertiles, des steppes altérés que parcourent des rivières longues, étroites et maigres, des monts qui n'ont que la taille de collines, des Indiens qu'on essaye de tenir dans des réserves, des colons, Anglais, Écossais, Irlandais, dispersés à l'aventure un peu partout, des Bois-Brûlés de langage français, des Franco-Canadiens solidement campés dans leurs colonies sur des lacs de la Qu'appelle.

Alberta. — Nommé d'un de ces noms de flatterie qui grâce aux Anglais s'étendent comme la gangrène, l'Alberta s'appuie au sud, ainsi que le Manitoba et l'Assiniboïa, sur le 49° degré de lati-

Bûcherons canadiens. — Dessin de Taylor, d'après une photographie.

tude, inflexible frontière où se rencontrent la Puissance et les États-Unis, du lac des Bois au Pacifique. A l'ouest, elle a les Rocheuses, qui la séparent de la Colombie anglaise; au nord, la province d'Athabaska; à l'est, celles de Saskatchéouan et d'Assiniboïa. A l'occident montagne, à l'orient prairie mêlée de steppe et forêt, elle possède, en ses belles vallées, dans ses « monts du Soleil couchant », les sources des torrents éternels qui font la Saskatchéouan du sud, la Saskatchéouan du nord et l'Athabaska, mère du Mackenzie. Grande de 26 millions d'hectares, elle ne livre encore ses trésors qu'à bien peu de Blancs, gens de langue anglaise et Canadiens-Français incessamment accrus : ces derniers se groupent surtout le long de la Saskatchéouan du nord, près de Saint-Albert, siège d'évêché.

Athabaska. — Cette province encore à peu près vide prolonge au nord l'Alberta sur la rivière Athabaska, sur la rivière de la Paix, sa rivale, et sur un nombre infini de lacs et torrents, du 55e au 60e degré de latitude; à l'ouest, elle confronte à la Colombie anglaise; au nord, à l'est, elle a pour limite les Terres vagues, non encore découpées en États, et peut-être incapables, vu leur climat, de devenir jamais des provinces peuplées. L'Athabaska est encore presque sans Blancs malgré ses 32 millions d'hectares : il n'y a çà et là que de rares familles de Franco-Canadiens, des Bois-Brûlés, des tribus d'Indiens.

Saskatchéouan. — 50 millions d'hectares, prairie, steppe, forêt et roche des Laurentides, les deux Saskatchéouan et le fleuve qu'elles font en s'unissant, le nord de l'Ouinipégous et de l'Ouinipeg, une partie du cours du Castor (Beaver), branche du Churchill, c'est le lot de la province nouvellement née. Sauf ses Indiens, elle porte encore peu de monde, mais les colons s'y portent par milliers. Les Canadiens-Français y ont une forte assise, sur le bas de la Saskatchéouan du sud, ou, comme ils disent, de la fourche des Gros Ventres, autour du bourg de Batoche. Compris entre l'Assiniboïa et le Manitoba au sud, l'Alberta à l'ouest, cet État touche, à l'est, le territoire du Keewatin.

Keewatin. — Le Vent du Nord[1] renferme des terres dures et rebelles, même au sud, sur des plateaux des Laurentides, tandis qu'au nord du Nelson, puis du Churchill, pèse un ciel barbarement froid. Ayant au sud le Manitoba, au nord il va théoriquement jusqu'au Pôle; à l'occident, le 100e degré de longitude O. de Greenwich le sépare des Terres vagues; à l'est, la baie d'Hudson bat ses rivages; au sud-est, il touche aux terres nouvellement reçues en don par la province d'Ontario.

Apre nature, âpre climat, le « Vent du Nord » est condamné, semble-t-il, à n'avoir jamais que peu de champs, peu de villes, autour de quelques lacs, dans quelques vallées abritées, et seulement au midi du pur Churchill ou de l'impur Nelson. Ce pays étant un séjour très dur, sa culture plus que difficile, on peut l'attribuer d'avance à l'élément franco-canadien de la nation confédérée, car cet élément est le seul qui s'attaque aux sols ingrats et s'accommode sans murmure à la pauvreté.

Terres vagues. — Les Terres vagues, Mackenzie, haut Youkon, lacs effacés pendant neuf mois par la neige qui couvre la glace, steppes arctiques, îles polaires, il y a là des centaines de millions d'hectares qu'on n'a pas divisés en provinces, et qu'on ne divisera pas, sauf peut-être à l'est de l'État d'Athabaska, au nord de celui de Saskatchéouan, le long du Churchill et de ses affluents. Ce saint des saints du Nord-Ouest restera le dernier asile des Indiens, des trappeurs, des Métis canadiens descendant les rapides en chantant quelque vieille chanson de France : *A la claire fontaine*. — *Roulî, roulant, ma boule roulant, en roulant ma boule*, et tel autre refrain des « voyageurs ».

---

1. C'est ce que signifie le nom indien de Keewatin.

Dans la Colombie anglaise. — Dessin de Leitch, d'après un croquis.

COLOMBIE ANGLAISE

Climat doux. Entassement de montagnes. — À la tête des rapides rivières formant l'une et l'autre Saskatchéouan, l'Athabaska, la Paix, des cols entaillent les monts boisés, hauts de 4000 à plus de 5000 mètres, polaires à leur faîte, qui marquent le divorce des eaux entre la baie d'Hudson et le Grand Océan. Dès qu'on commence à descendre à l'ouest, avec les torrents qui fuient vers le rivage de la plus ample des mers, on voit combien ce penchant de l'Amérique anglaise a d'avantage sur l'autre : abrité par le mont contre les froids qui soufflent du Pôle, il boit par tous ses vallons l'humidité du Pacifique, et par la vertu des pluies, il est brumeux, mouillé, morose, mais bien autrement tiède, à mêmes latitudes, à mêmes hauteurs de sol, que les plaines du Nord-Ouest.

Par malheur, la Colombie anglaise est faite d'un tel entassement de grands monts abrupts, elle a tant de plateaux très élevés, si peu de larges vallées, que la terre apte à la charrue n'y fait pas le dixième du pays. Certes, peu de contrées peuvent se mesurer avec elle pour la splendeur des fiords, le nombre des lacs, la sublimité des cagñons, la rapidité des torrents. Par ses pâtis, ses métaux, ses vastes forêts, ses eaux vivantes et violentes, elle va devenir un État de pasteurs, de mineurs, de bûcherons, de marins et d'usiniers, mais il ne semble pas qu'elle ait dans son destin d'étonner nos petits-neveux par la fertilité de ses sillons et par le nombre de ses habitants. C'est justement au nord-est qu'elle possède le plus de sol de labour, là même où le ciel a le moins de pluies, le plus de rigueur, dans les bassins de la Paix et de la rivière aux Liards, vraiment externes à la Colombie anglaise — mais, par suite de leur passion pour la ligne droite, pour la figure géométrique, les Anglais ont décidé que le 120° degré de longitude à l'ouest de Greenwich diviserait la Colombie et le Nord-Ouest à partir du point où ce degré coupe les Rocheuses. Et c'est pourquoi les 88 400 000 hectares de « l'État du Pacifique » ne sont pas tous sur le versant de cet Océan majeur. De même, au nord, c'est encore un degré, le 60° de longitude, qui sépare la Colombie et le Nord-Ouest par une ligne inflexible.

Le Fraser. Belles forêts, fiords, îles innombrables. — Un fleuve, le Fraser, rugit superbement dans les cagnons de cette contrée riche par ses mines, par ses forêts sans fin d'arbres si grands qu'on y taille des canots pour cent hommes, par ses rivages infiniment frangés, suite de promontoires, d'inlets ou fiords, d'îles si nombreuses qu'on en compte au moins vingt mille.

Il a bien 1200 kilomètres, jamais en plaine excepté vers son embouchure, toujours en vallée

Sur le Fraser. — Dessin de Leitch, d'après un croquis.

serrée ou en sombres défilés souventefois tellement pressés entre roches que la grande crue d'été, compensant l'espace par la vitesse, les descend à raison de 25, 30, et même 32 kilomètres par heure. Il ne forme aucun Léman, mais il y a des milliers de lacs, grands ou petits, sur les torrents qui soutiennent son cours, non moins que dans les autres bassins de la province, au nord-est sur les branches mères de la Paix, à l'ouest sur les fleuves côtiers, au sud-est dans le bassin de la Colombie ou Orégon, puissant courant qui se continue et s'achève dans les États-Unis.

Ce n'est pas sur le Fraser et la Colombie que le ciel fond éternellement en eau; quoique à l'ouest des Rocheuses, ces deux fleuves ne reçoivent point toutes les nuées de l'Océan. Une chaîne de 600 à 1800 mètres, la Coast Range ou Rangée littorale, arrête les vents sur la route entre mer et Rocheuses, et les ondées sans fin sont pour les fleuves côtiers, en face de Vancouver et des îles de la Reine-Charlotte, ou vis-à-vis de la vague franche; elles sont pour les profonds estuaires, les vingt mille îles, les pins et sapins géants. — Au sud de la Puissance, dans le Washington, l'Orégon, la

Californie septentrionale, une chaîne côtière confisque aussi pour une grande part les pluies du Pacifique.

Colombiens. Indiens. Le chinouk. — Il y a vingt ans, des stipendiés de la Compagnie de la baie d'Hudson, quelques vieux trappeurs retirés et de très rares aventuriers représentaient seuls ici la race des Blancs, pure ou métissée. Jusqu'à ce jour, malgré ses mines, son air, ses eaux, ses bois, ce pays n'avait pas la croissance touffue des colonies anglaises; il n'en est plus ainsi depuis que le chemin de fer du Pacifique rattache le fleuve Fraser au fleuve Saint-Laurent.

Le recensement de 1881 n'y a découvert que 49 459 habitants, dont 25 661 Indiens, 14 361 An-

Les terrasses du Fraser. — Dessin de Bellel, d'après un croquis.

glais, Écossais, Irlandais, 4350 Chinois, 916 Canadiens-Français; l'immigration des Québecquois commence à renforcer ce dernier élément, ici bien éloigné de son lieu de sève; les Chinois, qu'on abhorre, augmentent beaucoup depuis que les lois leur ferment la Californie[1]. Les Indiens, Haïdahs, Seccanais, Chemmesyans, Billacoulas, Haïltsas, Noutkans, Seliches, Koutanis, Takalis ou Porteurs, appartiennent tous à la race des Déné-Djindié. Dans leurs relations avec les Européens, ils se servent encore d'un singulier jargon, le chinouk, fait de mots français torturés, de mots anglais, de mots indiens, avec prédominance de l'élément français apporté depuis plus longtemps que l'anglais par « les voyageurs ».

Vancouver. — Vis-à-vis du delta du Fraser et d'une infinité de sounds et d'inlets, entre le 48° et le 51° degré de latitude (ou à peu près), Vancouver

[1]. Imitant les États-Unis, le Canada vient de mettre des obstacles légaux à l'immigration des « Célestes » : lui aussi, il a craint les « fils de la Lune et l' « agonie jaune ».

est séparée de la côte ferme par une manche étroite encombrée d'archipels.

Cette île a 430 kilomètres de longueur sur 60 à 80 de largeur, et 4 144 000 hectares entre des rivages escarpés, sauvages, brumeux, tout en rocs et en sapins; et l'intérieur aussi n'est que bois et roches, monts et lacs, avec fleuves à rapides continués par des fiords, nature d'une triste et monotone grandeur.

Nul névé, nul glacier n'y blanchit la montagne noirement sombre : plusieurs de ses cimes atteignent pourtant ou dépassent 2500 mètres, sous un climat très humide.

Les colons ne gagneront guère à coucher au ras du sol la forêt qui couvre toute l'île. Vancouver manque de terre, de terreau, d'alluvions; ce qui fera sa force, ce sont les mines, la houille, les bois, les pêcheries du rivage, le poisson des torrents et des lacs, les ports excellents, le ciel doux, salubre, presque sans neige en hiver.

Sur les 17 292 habitants du recensement de 1881, il y en a 7300 pour Victoria, capitale non seulement de Vancouver, mais aussi de toute la Colombie anglaise. Le tiers, 5650, est fait d'Indiens de la race des Déné-Djindié. On n'y compte encore que 300 Canadiens-Français.

Iles de la Reine-Charlotte.

A 250 kilomètres environ au nord-ouest du cap le plus septentrional de Vancouver, sous les 52ᵉ et 55ᵉ degrés, c'est-à-dire non loin de la limite où les îles mêmes, devenant trop froides, refusent ici à l'homme le froment dont il fait son pain, l'archipel de la Reine-Charlotte baigne dans un climat fort doux,

et on le dit plus riche que l'île de Vancouver en sols généreux.

Ce semis d'îles montueuses, boisées, n'a rien souffert encore de l'avarice affamée des Blancs, mais, malheureusement pour les Indiens Haïdâhs qui en sont aujourd'hui les seuls tenanciers, les deux grandes îles de l'archipel, Graham et Moresby, renferment des mines de divers métaux, surtout de cuivre, de l'anthracite, de superbes forêts de grands résineux, des ports de l'espèce des fiords, amples, abrités, magnifiques.

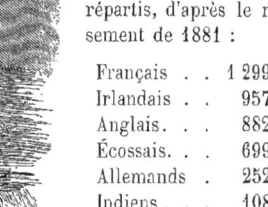

Indigène de l'île de Vancouver.
Dessin de Whymper, d'après une photographie.

Toutes ses terres vagues réunies, tous ses blocs de rocs englacés, toutes ses provinces, hormis Terre-Neuve, la Puissance a 899 millions d'hectares avec 4 324 810 habitants, ainsi répartis, d'après le recensement de 1881 :

Français . .	1 299 161
Irlandais . .	957 403
Anglais. . .	882 894
Écossais. . .	699 863
Allemands .	252 848
Indiens . . .	108 547

Les autres éléments n'ont aucune force. Et même il n'y a ici que deux pôles, deux puissances, deux avenirs : l'anglais et le français. Écossais, Irlandais, Allemands, vont s'absorbant dans l'Anglais, tandis que le Canadien-Français pousse devant lui sur toutes ses frontières la foule agitée des anglophones.

1 792 000 sont catholiques, le reste se partageant entre une légion de sectes protestantes, qui sont, à partir de la plus puissante : les Méthodistes, les Presbytériens, les Anglicans, les Baptistes, les Luthériens, les Congrégationalistes, les Disciples du Christ, les Frères Moraves, les Adventistes, les Quakers, les Universalistes, les Unitariens, etc., etc.

Sources du Mammouth. (Voy. p. 668.) — Dessin de E. Riou, d'après une photographie.

ÉTATS-UNIS

Fondation des États-Unis. — Après les Scandinaves du Groenland, les premiers Européens qui s'établirent sur le rivage où vivent les « Yankees [1] » septentrionaux furent des pêcheurs de Bristol, vers 1607 ou 1608; mais effrayés par la rigueur de l'hiver américain, ces Anglais repartirent aux beaux jours pour leur vieille Angleterre.

[1]. Nom courant des Américains du Nord. C'est la corruption du mot « English ». Anglais : les Indiens du Massachusets prononçaient « Yanghis », mot que les Hollandais de l'Hudson, habitués aux consonnes dures, transformèrent en celui de « Yankis ». Ce nom, sobriquet dédaigneux dans la bouche des « Duitsch », puis dans celle des soldats anglais lors de la guerre de l'Indépendance, est resté aux Américains, et plus spécialement aux gens de la Nouvelle-Angleterre.

Presque à la même époque, une centaine d'hommes, Anglais aussi, débarquèrent dans une île de la côte, aujourd'hui virginienne, où le fleuve James arrive à la mer. Ces pionniers s'augmentèrent, lentement d'abord, puis accélérément, d'éléments très divers : gens venus de leur plein gré, bannis de la métropole, criminels achetés aux enchères, femmes vendues pour quelques livres de tabac, engagés qui étaient de véritables esclaves. Plus tard vinrent les Cavaliers, nobles fuyant la République, maîtresse en Angleterre depuis la décollation de leur roi. Enfin la traite des Noirs amena des Africains sur ce rivage presque torride, où le travail en plein soleil est très dur aux Blancs.

Au nord du littoral virginien, les Hollandais, alors dans toute leur fleur, s'établirent le long du fleuve Hudson, à partir de 1615. Leur bourg d'Orange est devenu Albany; New-York splendit maintenant à la place de leur Nouvelle-Amsterdam. Faute de colons, leurs colonies n'avaient encore en 1635 que 2000 personnes, des Néerlandais, des Flamands, des Wallons auxquels se joignirent des Huguenots de France après la révocation de l'édit de Nantes : toutefois ce fut seulement vers 1700 que la langue anglaise prît le pas sur la hollandaise à New-York, enlevée à ses fondateurs par l'Angleterre depuis déjà trente-six ans.

En 1620, le rocher de New-Plymouth, au nord de New-York, reçut 102 Anglais, des Puritains, las d'une patrie où leur secte était persécutée. Ces hommes et ceux qui les suivirent jetèrent la principale semence de la nation dont la croissance nous étonne. Ils se fixèrent tout au long du rivage, à l'orient des Alléghanies, dans un pays très arrosé, très froid en hiver, très chaud en été, auquel ils donnèrent le nom de Nouvelle-Angleterre. Ils avaient l'énergie de leur temps, l'âpreté de leur foi ; ils défrichèrent, ils bâtirent, ils essaimèrent. La contrée de Boston fut celle qu'ils emplirent de préférence, en même temps que la Pennsylvanie, contrée montagneuse dont les courants d'eau se partagent entre l'Atlantique, le lac Érié, l'Ohio qui court vers le lointain Mississippi. Trente ans après l'arrivée des Puritains à New-Plymouth, il y avait déjà dans la Nouvelle-Angleterre 4000 familles anglaises, faisant 21 000 personnes, dont procèdent, nous assure-t-on, plus de 12 millions de Yankees.

Dans le défrichement des vallées pennsylvaniennes, les Anglais furent puissamment aidés par les Allemands, dont le sang (non pas, tant s'en faut, la langue) est aujourd'hui celui de plus de 7 millions de Yankees[1], sur plus de 50. D'autres enfants du Nord étaient également accourus vers ces parages : des Suédois, reprenant sans s'en douter le chemin de leurs pères, avaient colonisé les premiers le New-Jersey et le Delaware, non loin du littoral découvert en l'an mille par l'Islandais Seif, fils d'Éric le Rouge ; ces Suédois avaient avec eux quelques Finlandais.

Les premiers grands renforts envoyés par la métropole arrivèrent après 1640 ; la Pennsylvanie reçut Penn et ses Quakers en 1682 ; la race teutonne débarqua par bandes à partir de 1709, et de plus en plus les négriers amenaient des Nègres empilés à mort dans les navires : bref, il y avait

[1]. D'autres disent 10 millions (?), même 12.

en 1750 bien près de 1 200 000 âmes dans la Nouvelle-Angleterre et dans les provinces méridionales, Virginie, Caroline du Nord et du Sud, Georgie. Aidés par l'Angleterre (la mer nous étant hostile), c'était assez pour écraser la Nouvelle-France, vingt fois plus faible : les Canadiens furent battus, une seule fois, à Québec (1759), après les plus belles victoires, et cette défaite chassa du Saint-Laurent les Français.

Quelques années après, vers 1772, une question de douane irrita cette race impatiente. La guerre éclata (1776) entre la métropole et les treize provinces qui composaient alors la colonie. La France prit parti pour les rebelles. Par nous ils triomphèrent et leur indépendance fut reconnue en 1781.

Pas plus que nous, gens du Vieux Monde auxquels la Fable seule fit jadis ce présent, les Américains anglophones qui saluent orgueilleusement la Bannière étoilée n'ont chez eux le fleuve de l'éternelle immémoire ; mais, sans boire au Léthé, les Yankees, après cent années à peine, ont aussi peu gardé le souvenir de notre ardente amitié que si mille et dix mille ans avaient traîné la herse de l'oubli sur ces généreuses batailles.

Depuis, rien n'a contrarié la croissance des États-Unis. D'annexions en annexions, les voici quatre fois plus grands qu'au jour de leur délivrance.

En 1805, Bonaparte, premier consul, leur vendit pour 80 millions la Louisiane, c'est-à-dire les pays de l'immense Mississippi.

En 1821, l'Espagne leur abandonna la Floride. 1845 leur fit don du Texas, supérieur en grandeur à la France.

1846 leur apporta l'Orégon, son fleuve, ses superbes forêts. En 1848, le Mexique, vaincu, leur donna l'Utah, le Nouveau-Mexique, la Californie splendide; plus tard, il céda l'Arizona. Enfin la Russie leur a livré pour sept millions de dollars les Indiens grelottants d'Alaska.

Iront-ils au delà, maintenant qu'ils n'ont plus autour d'eux des horizons sans fin de terres vides? Au nord, le Canada, fier, prospère, assis en avant du Pôle, commence à dresser un front rival ; presque grand comme l'Europe, il antipathise avec les États-Unis par un de ses maîtres éléments. Au sud, le Mexique, sauf quelques États secs à demi sahariens, est un pays peuplé, fait, ayant sa religion, sa langue sonore, ses antiques traditions, ses ressentiments, ses colères, sa puissante inertie.

Inférieure à trois dominations, à l'empire Anglais, à la Russie, à la Chine, mais plus vaste que deux autres, la Puissance et le Brésil, l'Union, s'étend sur 933 millions d'hectares, soit dix-sept à dix-huit fois la France, et le dénombrement de 1881 lui a reconnu plus de 50 millions d'âmes. Trois pays seulement sont plus peuplés : la Chine, l'Inde, la Russie.

Alleghanies ; fleuves et lacs ; houille et pétrole. — L'Européen qui aborde en Nouvelle-Angleterre voit à l'horizon les arêtes des Alleghanies, et de la côte il arrive en quelques heures dans leurs vallées forestières où les résineux se mêlent aux arbres à feuilles caduques, le long de rivières que l'Américain du Nord ne laisse point couler sans les asservir à quelque travail. Aux États-Unis, on navigue sur toutes les eaux navigables, on enchaîne tous les courants assez forts pour mettre une usine en branle, et souvent les barrages sont inutiles, presque toutes les rivières alléghaniennes tombant dans leur val inférieur par de hautes cascades. Des villes d'usines, Lowell, Lawrence, Manchester, Paterson, Pawtucket, Richmond, Rochester, et cent autres, doivent leur existence à des sauts de torrents. Si l'on utilisait toute leur pente, les eaux du seul État du Maine feraient autant de travail que vingt-quatre millions d'ouvriers dans la force de l'âge occupés de la première à la dernière des vingt-quatre heures du jour. 2044 mètres tout au sud, là où elles s'appellent plutôt les Apalaches, 1917 tout au nord, là où elles s'appellent Monts-Blancs, les Alléghanies sont de taille moyenne, presque petites. Granitiques au septentrion, dans le Maine, le New-Hampshire, le Vermont, le New-York, granitiques également au méridion, en Caroline, Georgie, Alabama, elles appartiennent aussi beaucoup au calcaire, à la craie, et le parallélisme de leurs nombreux chaînons les fait ressembler singulièrement à notre Jura. Ces chaînons, on les a comparés à des traînées de chenilles rampant côte à côte.

Entre deux de ces rangées, Adirondack et Monts-Verts, au seuil du Canada, le beau lac Champlain, témoin des bravoures de Montcalm, ne domine les mers que de 27 mètres ; il a 200 kilomètres de long, avec une largeur infiniment variable, de quelques centaines de mètres à 25 000 ; sa limpidité de flot est admirable : on voit le fond à 50 et même 60 pieds dans ses eaux sincères où la sonde descend à 120 mètres. Sur ses rivages, des colonies canadiennes-françaises continuent dans le New-York et le Vermont la nation « latine » dont il dépendit, dont il devrait dépendre. Il s'écoule au nord vers le Saint-Laurent par la rivière Richelieu ; au sud il est voisin du fleuve de New-York, de l'Hudson, auquel un canal navigable l'unit. Hudson, Champlain, Richelieu, exactement orientés du sud au nord, font une seule et même ligne droite, qu'occupèrent jadis les mêmes eaux, alors vaste fiord.

Un bain aux sources du Mammouth. — Dessin de E. Riou.

Les Alléghanies arrêtent les vents de l'Atlantique et de la sorte influent sur le climat de l'immense bassin du Mississippi, moins tempéré, moins humide à latitudes égales que les vallées des fleuves côtiers : fleuves tels que le beau Hudson, fameux par ses « palissades » ou falaises de 150 mètres de hauteur et plus encore par l'« impériale » New-York, sa porte d'entrée sur le monde ; la Delaware, qui coule majestueusement devant la ville de l'Amour des frères [1] ; le Potomac, fleuve de Washington, près duquel il se perdit tant de sang américain durant la grande guerre civile qui divisa pendant plusieurs années l'Union en deux camps inégaux : le Nord, bien plus riche en hommes, en argent, en navires ; le Sud, cinq fois plus faible, mais mieux fait pour les armes et défendant ses foyers ; le fleuve James, qui passe à Richmond, place dont la chute termina cette sanglante épopée, et le Sud vaincu fut foulé longtemps aux pieds par le Nord.

La constitution calcaire des Alléghanies centrales détermine chez elles avec une rare grandeur les accidents fréquents dans cette nature de roches, pertes d'eau, rivières souterraines, cascades obscures, grottes, fontaines bouillonnantes. La caverne du Mammouth, dans le Kentucky, n'a pas de rivales : 15 kilomètres de longueur, 240 kilomètres en 223 couloirs ; des salles si vastes et si élevées, que leur noirceur n'est que faiblement dissipée par l'éclat des flambeaux ; sous ces voûtes, des lacs buvant ou versant l'eau d'autres lacs par des rivières tordues dans les aveugles corridors. Les Américains ont appelé Styx et Cocyte, comme aux Enfers, deux des courants de la grotte du Mammouth. Des animaux étranges, un poisson sans yeux, des lézards, des grillons hideux, des rats géants, et sans doute des bêtes timorées, traînantes, qu'on ne connaît point encore, vivent dans les flots sombres et sur les rives que l'Écho, le Cocyte, le Styx et les autres eaux plombées de la caverne abandonnent dans leur recul de l'été : ces rives, le flot ténébreux les noie quand les grandes pluies tombées dans le beau bassin de la Rivière Verte arrivent en cascades par leurs mystérieux chemins, et, montant le long du rocher, remplissent les canaux nocturnes jusqu'à la clef de leurs voûtes.

On sait rarement où court, cherchant son repos, l'onde sinistre entrevue à la torche dans mille grottes alléghaniennes. Parfois elle glisse, de vasque noire en vasque noire, jusqu'à la mer Atlantique : sur la côte, en Caroline, en Georgie, en Floride, des ruisseaux, des rivières surgissent du fond marin, quelquefois avec une telle force, que leurs eaux douces percent l'eau salée et viennent jaillir à la face de l'Océan. On a vu ces courants hypogés vomir assez de fleuve pour ôter à demi son amertume au flot. D'autres ne vont pas jusqu'à la mer sans briller au jour, et souvent, des ombres

[1]. Philadelphie.

massives de quelque palais de marbre souterrain, sort tout à coup, par une source toujours égale, une joyeuse rivière qui a laissé la honte de sa boue dans les lacs cachés sous la pierre.

Quelle que soit la claire abondance de ces filles du roc, il n'en est guère qui monte à la lumière avec autant de cristal que le Silver Spring ou Font-d'Argent de la Floride, gouffre d'où se répand une rivière de 20 à 30 mètres de largeur dont aucun été, si long soit-il, ne fait un petit ruisseau. On croit que la Source d'Argent est la Fontaine de Jouvence, racontée aux conquérants espagnols par les Indiens de la Floride, ces Cris et ces Séminoles qui, semblables aux Araucans, firent payer leur soumission par plus de sang castillan que n'en coûtèrent les pompeux empires du Mexique et du Pérou ; et dans ce siècle-ci, quand l'Espagne eut cédé la Floride aux Yankees, ils tuèrent 15 000 hommes avant de courber la tête.

A l'orient d'un chaînon des Alléghanies, Pittsburg, l'ancien fort Duquesne des Français, est devenu le Birmingham et le Sheffield des États-Unis, grâce aux houilles, aux fers de ses monts. Les bassins houillers des États-Unis n'ont de rivaux qu'en Chine. Quand l'Angleterre elle-même n'aura plus de charbon minéral, l'Union enlèvera toujours le noir aliment du foyer, de la forge et de la chaudière aux entrailles de ses Alléghanies, de sa Pennsylvanie, de son vaste Illinois dont les quatre cinquièmes appartiennent au terrain houiller et qui pourrait, dit-on, donner par an cent millions de tonnes pendant treize mille années. D'autres États encore pourvoiraient si ceux-ci faisaient défaut.

Comme si ce n'était pas assez de ces trésors, une richesse prodigieuse s'ajoute à toutes les autres sous ces roches fécondes. La Pennsylvanie, dont dépend Pittsburg, cache, en ses obscurités souterraines, des jets intermittents, des ruisseaux, quelquefois des rivières de pétrole ; un grand district en a pris le nom de Pétrolia. La poursuite furieuse de l'huile minérale y a renouvelé les scènes de l'Australie et de la Californie lors de la découverte des champs d'or. On y a vu, on y voit encore les aventures, les coups de dés, les ruines, les trésors inouïs jetés au hasard par le destin sur une foule affamée d'égoïsme ; d'immenses fortunes s'y sont faites en quelques années, souvent en quelques mois, même en quelques semaines : il y a dans les États-Unis, de par le pétrole, une aristocratie dont les grands seigneurs attribuent leur opulence à leur mérite. C'est la Pennsylvanie

Grandes chutes du Missouri (Voy. p. 879). — Dessin de Jules Laurens.

qui renferme le plus de foreurs, de distillateurs, de marchands de pétrole, mais d'autres États de l'Union et quelques comtés ontariens possèdent aussi de grands réservoirs d'huile de roche.

Ohio, Mississippi, Missouri. Grand-Ouest.

— Pittsburg, la ville du fer où sonnent les marteaux, occupe, à 207 mètres d'altitude, le confluent de la pure Alléghany et de la Monongahéla, deux rivières plus larges et plus rapides que profondes, quelque temps reconnaissables dans le lit qui les rassemble à la différence de couleur de leurs eaux. Alléghany, c'est un nom indien. Qui n'en dirait autant de Monongahéla? Et pourtant ce mot sonore ne serait qu'une corruption du français : en raison de son embouchure difficile aux barques, les Canadiens l'avaient appelée la Malengueulée.

Alléghany et Monongahéla réunies prennent le nom d'Ohio, terme indien, s'il est vrai que ce superbe courant s'appelât Ohiio Gahounda, c'est-à-dire la Belle Rivière, dans la langue des Sénécas, peuplade iroquoise.

Belle, en effet, et, traduit ou non d'une langue indigène, les Français du Canada et de la Louisiane ne lui donnaient pas d'autre nom.

Par cet Ohio, par le Kentucky, le Cumberland et le Tennessee, ses affluents, toutes les sources du penchant occidental des Alléghanies vont s'engloutir dans le Mississippi lointain. L'Ohio, long comme la Loire, la Seine et la Garonne ensemble, en un bassin de l'étendue de la France, finit par rouler en moyenne 4473 mètres cubes d'eau par seconde dans un lit avec beaucoup d'îles; mais cette moyenne est une de celles qui trompent le plus, car elle résulte de crues énormes compensant des maigres excessifs. Tantôt un fleuve sans pareil y mugit dans un canal de 350 à 1500 mètres d'ampleur et, des deux côtés, sur la malheureuse campagne; tantôt, redevenu grève ou sable plus qu'eau, toute sa magnificence a disparu. On l'a vu monter de 19 mètres à Cincinnati, la plus puissante et la plus ambitieuse des villes qu'il traverse, mais aussi on l'a vu descendre à ne pas même rouler 50 mètres cubes par seconde devant Wheeling.

C'est près du Caire — nom singulier pour un pays sans palmiers comme sans histoire — par 92 mètres d'altitude, que l'Ohio tombe dans le boueux Mississippi; il garde quelque temps, sur la rive par laquelle il entre, la teinte qui lui a valu l'un de ses noms indiens, Wabash ou Rivière Blanche; mais le Mississippi l'emporte, et bientôt c'est la même fange animée.

Le premier Européen qui contempla le Mississippi (1539), un aventurier espagnol, Hernandez de Soto, ne cherchait ni fleuve, ni lac, ni montagne; il courait après la Fontaine de Jouvence, dont nul voyageur ne verra jamais le merveilleux cristal.

C'est tout récemment que nous avons appris sa véritable origine. On le faisait sortir d'un lac du Minnesota, l'Itasca ou lac de la Biche, situé à 5085 kilomètres du golfe du Mexique en suivant le fil des eaux. En prenant le Missouri pour l'artère maîtresse, le Mississippi a 7000 kilomètres, plus ou moins; supérieur au Nil lui-même, c'est le plus long courant de la Terre[1].

L'Itasca remplit un creux de plaine, à 480 mètres d'altitude, sur un plateau que nul vigoureux talus ne sépare des bassins du Saint-Laurent et du Nelson. Le nom de ce petit lac a très bel air indien, mais il n'en est guère de moins sauvage, de plus scolastique et pédantesque. On le doit à un Métis de père blanc, de mère indienne, Schoolcraft, qui visita ce pays en 1852. Dédaignant le terme français de la Biche et trouvant le terme indien trop long, — qui le blâmerait d'avoir sacrifié le nom d'Omouskosisaougaouigoum, d'allure sept fois barbare ? — l'explorateur prit les mots latins signifiant vérité et tête ou source : il obtint de la sorte *veritas caput*, dont il ne retint que les trois syllabes centrales, ce qui lui donna le nom d'Itasca ; et justement l'Itasca ou Biche n'est pas rigoureusement l'alpha du fleuve, puisque le Mississippi s'épanche un peu plus au sud, du lac Glazier, dont le niveau est à 481 mètres au-dessus mers.

Après avoir passé à moins de 100 kilomètres du lac Supérieur, le Mississippi, ayant acquis quelque force, entre dans les « Prairies », savanes herbeuses qui sont en partie un fond de l'antique Méditerranée d'eau douce dont il reste les cinq Grands Lacs. Là plusieurs grands États, Minnesota, Iowa, Illinois, Wisconsin, presque déserts il n'y a pas un âge d'homme, ont été submergés par une subite marée de colons, Yankees de la Nouvelle-Angleterre, Anglais, Écossais, Irlandais, Allemands, Scandinaves, Canadiens-Français. Aussi l'océan des hautes herbes, avec ses étangs de castors, ses « îlots » de bois, et çà et là de grandes forêts faisant effet de rivage, a-t-il bien vite perdu le

---

[1]. De nouvelles estimations ne donnent au Missouri-Mississippi que 6530 kilomètres.

Geyser, dans le Parc national. (Voy. p. 672.) — Dessin de E. Riou, d'après une photographie.

charme qu'il tenait du silence, de la solitude, des horizons que rien ne heurte, de la vie libre des animaux, du tonitruant passage des troupeaux de bisons. De plus en plus il devient Brie ou Beauce, mais une Beauce humide, brillantée de rivières, et, de par son immensité, prodigieusement libérale en épis.

A Saint-Antoine, le jeune fleuve tombe de 7 à 8 mètres[1] en une cascade que l'industrie déshonore par ses scieries et moulins, ses baraques de planches avec grincement de poulies et fumée d'usines. Que de splendides avalanches d'eau les Yankees ont déjà confisquées! Ils voulaient éparpiller le Niagara lui-même, qu'on a pu sauver en déclarant « Parc national » les rochers, la chute, les Tourbillons et tout ce qui environne de près les « Hauteurs du grand bruit ».

Un peu plus bas il baigne Saint-Paul, la capitale du Minnesota, ville dont le climat sec, frais, fortifiant, attire les valétudinaires que fait la vie contre nature des citadins yankees. L'abus de la table d'hôte, les repas au pied levé, les excès, les vrais ou faux alcools, les semaines ou les mois en wagon, les nuits sans sommeil, l'esprit toujours ballotté par les hasards de cinquante affaires, la conception tendue, les vœux ambitieux, la pipe, la chique, le crachotement, cette vie contre nature brise beaucoup de Yankees, de quelques vigoureuses familles que ce peuple descende, et parmi les malades qui vont chercher un renouveau sous le ciel de Saint-Paul beaucoup sont condamnés à ne plus voir refleurir les roses.

Bientôt lui arrivent les grands tributaires : le Minnesota, c'est-à-dire l'Eau noire, ferrugineuse en effet, dont certaine tribu d'Indiens regarde le confluent avec le Mississippi comme le centre de la Terre; la Sainte-Croix; le Wisconsin, c'est-à-dire l'Enfumé, le Brun, qui roule comme le Minnesota des ondes teintées par le fer; la rivière des Moines; l'Illinois, qui peut-être fut jadis le fleuve principal, quand le Niagara n'avait pas fait sa trouée et que les Grands Lacs s'écoulaient vers le Mississippi. Enfin, en amont de Saint-Louis, il arrive en face du Missouri.

Le Missouri, c'est le Pekitanoui ou l'Eau bourbeuse des Indiens, la Mud river des Anglais, en français la Rivière de boue. Ce capricieux courant qui ronge ses bords, qui dévore ses îles, qui nivelle, qui creuse et qui comble, ce grand boueux ne naît pas comme le Mississippi des épanche-

[1]. Avec les rapides voisins, le fleuve descend ici de 25 mètres.

ments d'un pays de lacs; il est fait de trois torrents des Rocheuses, Jefferson, Madison, Galatin. Un cagnon de 400 mètres de profondeur, 26 kilomètres de rapides et de chutes qui l'abaissent de 110 mètres, le conduisent de la montagne à la plaine où jadis il n'ouvrait son vaste sein qu'aux rares canots des Hommes Rouges, et maintenant ses bateaux à vapeur et ceux du Mississippi sont des palais flottants.

Il reçoit de très longues rivières, bien moins abondantes à surface égale que les tributaires du Mississippi, parce qu'il tombe beaucoup plus d'eau sur ceux-ci que sur celles-là. Le volume de deux courants n'est point proportionnel aux aires drainées; de 33 à 34 millions d'hectares le Mississippi tire en moyenne 2973 mètres cubes par seconde, et le Missouri, ce Nil de 5000 à 5500 kilomètres, ne reçoit que 3397 mètres cubes d'un bassin de 134 millions d'hectares : plus de deux fois et demie la France pour un débit qui ne double pas celui du Rhône. C'est un géant pauvre.

Ses maîtres affluents, bordés comme lui de noyers, d'érables, de chênes et de vergnes, sont la Yellow-Stone, la Nebraska ou Platte, très large et sans profondeur, le Kansas. Deux d'entre eux, la Nebraska et le Kansas, donnent ainsi que le Missouri, le Mississippi, l'Ohio et d'autres encore, leur nom à des États de l'Union. Quant à la Yellow-Stone, la Pierre Jaune des voyageurs canadiens, les merveilles de son bassin supérieur, ses sources chaudes, ses geysers, ses jets de vapeur, son défilé profond de 915 mètres dans les scories et les basaltes, son bond de 43 mètres suivi d'une cascade de 121, toutes les grandeurs de cette nature extraordinaire ont tellement frappé les Yankees, que le Congrès de Washington a fait de ce district un « Parc national ». Les terres, les mines, les forêts, les pouvoirs d'eau y sont désormais inaliénables, comme dans les deux autres « Parcs » de la nation, la vallée californienne du Yosemiti et la rive américaine de la cascade du Niagara.

C'est en vue des monts d'Ozark, en réalité moins hauts qu'altiers par leur isolement dans la vaste plaine, que le Missouri s'allie au Mississippi, ou plutôt qu'il se précipite sur lui, le pousse, le refoule et le pénètre. La lutte entre les deux rivières, entre leurs deux couleurs, est longue. Le Mississippi voudrait rester transparent et vert, il incline vers la rive gauche, toujours plus étroit, devant son abominable rival; mais le grand boueux, « trop épais pour qu'on y nage, trop mou pour qu'on y marche », l'envahit de plus en plus, et à 5 ou 6 kilomètres du premier choc des ondes contraires la même ignominie règne dans tout le fleuve.

D'indolent qu'il était, devenu très rapide, le Mississippi continue à couler du nord au sud, dans une large vallée. Il baigne Saint-Louis, l'une des cités auxquelles l'avenir promet de la splendeur, puis des rochers de 90 mètres de hauteur s'élèvent sur les deux rives. Jadis ces rocs, appartenant aux

Le Grand cagnon de la Yellow-Stone. (Voy. p. 672.) — Dessin de Taylor, d'après une photographie.

monts d'Ozark, n'avaient point encore été sciés par le fleuve, ils formaient digue, et de leur crête sautait une cascade plus puissante que le Niagara lui-même; refoulé derrière eux, le fleuve était un lac immense communiquant avec la mer douce du Canada, et peut-être avec le lac Ouinipeg, qui était alors une Caspienne froide et sans eau salée.

C'est au-dessous de cette gorge silencieuse, où grondait un « tonnerre des eaux », que l'Ohio porte son tribut à la colossale rivière.

Colossale, avons-nous dit : elle ne vaut cependant ni le Saint-Laurent des Canadiens, ni la Plata des Argentins, ni le Yang-tsé-kiang des Chinois, ni le Congo, ni surtout l'Amazone. Tous ses affluents reçus, le Mississipi roule en moyenne 19 111 mètres cubes par seconde : c'est le quart de l'Amazone ; aux eaux basses, il n'entraîne que 6250 mètres cubes : c'est environ le tiers de ce qu'emporte alors le fleuve brésilien ; en grande crue, il passe avec un flot de 40 000 à 42 000 mètres : c'est le sixième de l'« enchenté[1] » du roi des fleuves.

Gorgé d'alluvions, large de 1800 à 2300 mètres, profond de 10, de 15, de 20, de 40 mètres, voire de 70 au pied du coteau de Grand Gulf, il promène des processions d'arbres, il assemble ou disperse des îles, il ronge ses rives, il perce de lits nouveaux la plaine de ses propres alluvions quand des levées latérales ne l'en empêchent pas. Ses berges sont plates, bordées de prairies, de marécages, de forêts, rarement de collines. Il baigne le pied de quelques mornes, sur sa rive gauche, jamais sur sa rive droite, et du haut de ces tertres on admire le grand fleuve et la grande vallée.

Les levées du Mississippi, ouvrage des plus grandioses, accompagnent le fleuve depuis le cap Girardeau, en amont de l'embouchure de l'Ohio, jusqu'en aval de la Nouvelle-Orléans. On évalue à 4000 kilomètres la longueur de la double rangée et des digues secondaires. Semblables aux autres murs de terre opposés par l'homme à la colère des eaux, elles ne sauvegardent pas toujours la plaine qui leur a confié le soin de sa défense, et quand elles crèvent, le Mississippi fouille furieusement la Hollande qu'on lui voudrait arracher : Hollande par les alluvions, par la platitude, par la toute-puissance et la toute-présence de l'eau ; mais sous ce climat quasi tropical où le Nègre pullule, on ne retrouve point la parfaite ordonnance des choses néerlandaises, les prairies animées par les plus riches troupeaux, les canaux sans nombre, les routes soignées comme des avenues de parc, les bourgs luisant de propreté, les villes monumentales, les lieux consacrés par vingt siècles d'histoire. Puis, si les Mississippiens et les Louisianais ont enlevé des marais à leur fleuve, ils n'ont point encore conquis de polders sur des lacs et sur des golfes de l'Océan.

La dernière des collines riveraines est celle de Bâton-Rouge, humble capitale de la Louisiane. A la Nouvelle-Orléans, le Mississippi n'a guère que 1000 mètres de large avec 40 de profondeur. La belle ville baigne d'un côté dans le fleuve, de l'autre elle touche au lac Pontchartrain, qui s'ouvre sur la mer ; mais, au lieu d'arriver au flot par cette courte voie, le Mississippi fait encore 100 kilomètres entre deux rives d'alluvions jusqu'à la Fourche des Passes : là il se divise en trois bras écartés comme les doigts d'une patte d'oiseau et séparés des eaux du golfe du Mexique par de minces levées de vase couvertes de roseaux. Puis les roseaux cessent, la terre trempée n'ayant plus assez de fermeté pour composer un sol ; peu à peu les levées se perdent dans une fange délayée qui marche au sud-est, au sud, au sud-ouest, et, toujours plus liquide, passe lentement du jaune sale d'un fleuve impur à la glauque transparence des mers. Le Mississippi n'est plus, mais ses alluvions travaillent sous l'onde à grandir l'Amérique, le fleuve apportant par seconde à l'Océan 6 mètres cubes de boue arrachés à 330 millions d'hectares, soit près de six fois et demie la France. Son delta gagne 80 à 100 mètres par an sur les flots.

Le dernier grand affluent du Mississippi, la Rivière Rouge du Sud se versait autrefois dans la mer. Cet ex-fleuve est fameux par son Grand-Radeau, embarras de bois de dérive qui, de proche en proche, est remonté à 650 kilomètres au-dessus du confluent, à raison de 2 à 3 kilomètres par année. A mesure que le radeau se défait en aval, il se fait en amont ; après vingt-deux ans de travaux, l'homme s'est lassé de démolir en bas ce que la nature ne cessait de construire en haut, et le radeau, tourbe de l'avenir, a été laissé à lui-même.

Les Mauvaises Terres. Les Rocheuses, leurs plateaux. — A mesure qu'on remonte vers leurs sources, la Rivière Rouge du Sud, l'Arkansas, long de 2500 kilomètres, et les affluents de droite du Missouri, l'on voit, loin du grand fleuve, s'étendre des plaines arides faute de pluie, sillonnées de larges lits de rivières ; mais ces rivières sont indigentes par la sécheresse du ciel. La Canadienne, maîtresse tributaire de l'Arkansas, est quelquefois sans une goutte d'eau, et l'on dit qu'il y a tel canton où l'année tout entière dispense à peine cinq centimètres d'humidité (?). On pourrait appeler Mauvaises Terres tous ces vastes espaces déserts ou demi-déserts, de peu de pluie, de peu d'herbes, de pas d'arbres, en imitation des Canadiens-Français qui avaient donné ce nom à une région comprise entre le Missouri et les Rocheuses.

Mais sur le haut de ces longues rivières le sol se tourmente ; on arrive aux Montagnes Rocheuses, mères des milliers de clairs torrents à cascades qui, fuyant vers l'est, vont passer, réunis en eaux

---
1. Mot portugais qui veut dire crue.

jaunes, devant les quais de la superbe « Crescent-City » (Nouvelle-Orléans). D'autres bornent leur carrière aux plateaux où ils sont nés; ils sèchent ou vont finir dans des lacs sans déversoir. D'autres enfin descendent à l'ouest vers le Pacifique, par la puissante Colombie, les fleuves californiens et le Rio Colorado.

Les Rocheuses n'ont rien de la chaîne normale, comme par exemple le Caucase et les Pyrénées. Faites, sur le territoire des États-Unis, de massifs, des chaînons, de chaînes qui s'éloignent, se rapprochent, s'entre-croisent et s'entre-mêlent, elles portent d'immenses plateaux qui sont tout un monde froid, dur, stérile, nu, sauf dans les vallons et vallées où passe l'eau courante, et sur telle ou telle montagne drapée d'herbe ou puissante en forêts.

Plus ces montagnes sont hautes, — et il y en a de 4000 mètres, presque de 4500, notamment dans le Colorado, — plus elles concentrent de vapeurs, plus elle attirent de pluie, sous ce climat qui en est tellement avare ; et plus elles reçoivent d'eau, plus elles en versent aux vallées, aux plaines. Il s'ensuit que ces plateaux valent d'autant mieux

Le lac Yellow-Stone. — Dessin de Taylor, d'après une photographie.

qu'ils dominent de plus haut la mer : au-dessous de 1000 mètres d'altitude, le désert règne, parfait Sahara, sous divers noms locaux; de 1000 à 1600 ou 1700 mètres, c'est le demi-désert, qui n'a pas d'herbes drues et où peu d'arbres, même peu de broussailles, bravent l'aridité du sol et des cieux; au-dessus de 1700 mètres, chaque val, chaque ravin, chaque plaine reçoit du mont quelque onde créatrice, et si ce mont s'approche de l' « empyrée », il entretient une grande oasis. Aussi les meilleures de ces régions anhydres sont-elles justement les plus élevées : Névada septentrional, Utah, Wyoming, Colorado, part du Nouveau-Mexique, tandis que le Névada méridional, la Californie du Sud, l'Arizona, ne montrent guère que déserts et demi-déserts.

Utah ou Plateau des Mormons : Grand-Bassin. Déserts du Sud. — Parmi les plateaux des Rocheuses aucun n'a tant de célébrité que celui d'Utah ou des Mormons.

L'Utah tient son grand renom d'une sorte de visionnaires qui l'ont reconnu, puis défriché sans retard, après avoir atteint le bord de son lac par des émigrations héroïques. Les Mormons, gens officiellement polygames, suivent la doctrine d'un révélateur moderne, Joseph Smith, auquel des besicles dites Urim-Thumim permirent de comprendre un livre divin, spécialement écrit pour l'Amérique dans la soi-disant langue égyptienne réformée. Joseph Smith commença-t-il par être un esprit vacillant, un songeur de chimères, ou simplement un fourbe? On l'ignore; mais il finit par croire à son mensonge, à son élection par le Dieu jaloux, à l'égyptien réformé, aux besicles Urim-Thumim; il prêcha ses contes avec la ferveur d'un apôtre, il souffrit les avanies et les persécutions avec la constance d'un martyr, il scella de son sang sa doctrine.

C'est en 1830 qu'il avait révélé son piteux Évangile, c'est en 1844 qu'il fut assommé par la foule. Deux ans après, le « Peuple Élu », fuyant les « Gentils », envoya ses premiers pionniers vers l'Ouest; de nombreuses familles, quittant la « Terre de l'Abomination », passèrent le Mississippi sur la glace avec leurs douze cents chariots pendant l'hiver de 1846; elles n'arrivèrent que trente mois après sur la rive du Grand Lac Salé, dans un pays que le traité de Guadalupe Hidalgo venait d'arracher au Mexique.

Cette avant-garde des « Saints du Dernier Jour », comme s'appellent volontiers les Mormons, avait cruellement pâti dans son voyage à travers plaines et monts, par de vastes déserts où passaient des Indiens scalpeurs, mais où nulle colonie n'offrait aux voyageurs la pauvre hospitalité des granges. Aussi salua-t-elle avec joie le plateau froid, dur,

Le Tabernacle ou Grand Temple des Mormons. (Voy. p. 678.) — Dessin de Thérond.

maussade, qui était pour elle la « Terre de la Promesse », et où régna longtemps le charpentier Brigham Young, à la fois pape ou khalife, sultan polygame, révélateur, prédicant, prophète, orateur, légiste, administrateur, agriculteur, industriel, homme d'État, entrepreneur de théâtres.

Il s'est trouvé, il se trouve toujours dans les îles Britanniques, dans les pays Scandinaves, en Finlande, en Allemagne, très peu ailleurs, de nombreux milliers d'hommes pour donner leur foi, leur vie à cette révélation. Souvent encore des navires chargés de Mormons partent pour l'Amérique avec les braves gens qui croient à cette folie sans éclat, sans grandeur, sans traditions, sans avenir; ces fanatiques, 1500 à 2500 par an suivant les succès de la doctrine, mettent entre eux et les cités pécheresses de leur ancienne patrie les larges flots de la mer, toutes les Alleghanies, l'amplitude entière du Mississippi-Missouri et la raideur des Rocheuses pour aller écouter des fables enfantines contées en anglais nasillard par les prêcheurs de la Nouvelle-Jérusalem; et aussi pour y faire fortune, car, malgré sa pauvreté naturelle, l'Utah, bien gouverné, est actif et prospère. Les Mormons sont aujourd'hui près de cent cinquante mille.

C'est un triste pays, une terre d'argile sans fontaines, ce haut plateau d'Utah, qui chez les Mormons a pour nom sacré Déscret. Les pluies ne pouvant franchir les parois californiennes, il appartient à la stérilité dans tous les vallons où des canaux n'apportent pas les eaux vives de la grande

Dans les Montagnes Rocheuses. — Dessin de Taylor, d'après une photographie.

montagne. Des touffes d'herbes de la Saint-Jean, des nappes de sel, au loin des sierras, un climat que la hauteur du sol fait extrême et rude, un vaste lac salé, de petits lacs amers, tel se déroulait le plateau d'Utah avant de devenir plateau des Mormons et de recevoir des mains pieuses de ces polygames une parure d'arbres, de moissons, de prairies et de villes.

Alors son seul aspect glaçait les aventuriers en route pour la Californie dorée — car le chemin de fer de New-York à San-Francisco n'existait pas encore, même en rêve. Le froid ou la chaleur, la faim, la soif, l'accablement y décimaient les convois; des chasseurs, des mineurs, des passants furent dévorés par ce désert.

Le Grand Lac Salé ou Lac des Mormons, à 1280 mètres au-dessus des mers, reçoit le Jourdain, rivière qui sort du lac d'Utah, plus haut de 58 mètres, et baigne la capitale des Saints du Dernier Jour; celle-ci, Great Salt Lake City[1], ville de 25000 âmes, groupe ses maisons au pied du « Tabernacle », indigne monument qui ressemble à un immense plat à barbe retourné, porté par des piliers de grès rouge.

De ce Jourdain, de l'Ours et autres tributaires, il reçoit en moyenne 14 à 15 mètres cubes par seconde, que l'évaporation fait remonter dans le cycle des pluies, car le lac des Mormons n'a point de déversoir. Il est bien plus salé que l'Océan lui-même, il tue les poissons que lui mènent ses torrents, et ses flots sont d'une telle pesanteur que le nageur peut dormir en toute sûreté sur cette onde. Jadis beaucoup plus vaste, il lui reste 400 kilomètres de tour et l'on ne sait trop pour quelles causes il grandit depuis une vingtaine d'années, après avoir longtemps diminué. Oies et canards sauvages, cygnes, mouettes, pélicans, des oiseaux sans nombre animent ses eaux, profondes parfois de 10 mètres, en moyenne de 2.

A l'ouest du Grand Lac Salé, dans l'État de Névada, le Humboldt, long de 800 kilomètres, va se perdre dans un lac homonyme amoindri par les âges. Aucun bassin fermé des Rocheuses, bassins que l'on compte par cents et par cents, n'est plus ample que celui de ce « fleuve ». Plateau des Mormons, val du Humboldt, lacs de la Pyramide, Winnemucca, Carson, Walker, Tahoe qui miroite à 1890 mètres, Mono haut de 1968, et des centaines de dépressions mineures, on appelle cela le Grand Bassin. Il y a là près d'une France et demie, 72 millions d'hectares. Si dans le nord ces plateaux fermés ondulent à 1200, 1500, 1900 mètres au-dessus des Océans, dans le sud fuient des plaines peu élevées, ou même inférieures au niveau des mers : la Vallée de la Mort (Death Valley), grande comme douze de nos départements, est par son lieu le plus bas à 53 mètres au-dessous du niveau marin, et, sans la Sierra-Névada, le Pacifique engloutirait ce fond creusé à 500 kilomètres environ au nord de la pointe septentrionale du golfe de Californie. C'est dans ce midi du Grand Bassin qu'il y a le plus d'affreux déserts, Vallée de la Mort, déserts de Ralston, de Mohave, du Colorado, etc.

Colorado. Arizona. Nouveau-Mexique et Texas. — A l'orient des plateaux élevés du Grand Bassin s'étend le Colorado ; à l'orient des saharas méridionaux, sur la frontière du Mexique, s'étendent l'Arizona et le Nouveau-Mexique d'où l'on descend au Texas.

Le Colorado tire son nom de son fleuve, tributaire du golfe de Californie, c'est-à-dire du Pacifique, fleuve pauvre, portant la peine des cieux d'airain sous lesquels il se tord dans les défilés les plus grandiosement réguliers du monde : peut-être ne roule-t-il pas en moyenne 100 mètres cubes par seconde, et cependant son bassin (58 200 000 hectares) dépasse en étendue la France. Le couloir, le cagnon du Colorado, n'a pas moins de 490 kilomètres de long, entre falaises hautes parfois de 1200, de 1500, même de 1800 mètres, pressant le fleuve, qui souvent n'a que 30 mètres de roche à roche. La moyenne hauteur de ses parois est de 900 mètres, presque deux fois la profondeur des gorges du Tarn, merveille de la France inconnue des Français, abîme où l'un de nos torrents, qui deviendra rivière, coule à 500 ou 600 mètres au-dessous du niveau des Causses. Les Américains, qui passent, locomotive en tête, sur le gouffre du Niagara, sont hommes à jeter sur un étranglement du cagnon, de rive à rive, un pont vingt fois plus haut que les tours de Notre-Dame.

L'État de Colorado, à l'orient, llano ou plaine semi-désertique, est, à l'occident, dans ses hautes montagnes, un pays frais, pourvu de rivières, capable de livrer des vallées à la charrue, des versants aux troupeaux; mais dans l'Arizona et dans la bonne moitié du Nouveau-Mexique, aux portes de l'ancien empire de Montezuma, sous un soleil plus vertical, l'eau manquera toujours, car elle est rare, et, par surcroît, perdue dans d'affreux cagnons. Ni dans le Nouveau-Mexique ni dans

---

[1]. C'est-à-dire la Grande Cité du Lac Salé.

la Terre des cactus[1] on ne retrouve le double aspect septentrional et yankee : l'Arizona montre des ruines de monuments élevés par les Indiens d'avant la conquête espagnole, et le Nouveau-Mexique est surtout habité par des catholiques et des castillanophones.

Ce dernier État verse ses eaux dans le Rio Grande del Norte, tributaire du golfe du Mexique et fleuve à cagnons comme le Colorado, mais avec moindre hauteur des parois. Cette « Grande Rivière du Nord » tire peu d'eau de son bassin, pourtant supérieur à la France, parce qu'elle reçoit peu de pluie du ciel et s'épuise en irrigations dans un bassin où toute culture dépend de l'arrosage. Dans les pays espagnols sans averses tropicales, il y a beaucoup de « Rios Grandes » qui sont petits, comme les « Oued-el-Kébir des Arabes : toutefois, si le maître courant des Rocheuses méridionales manque de force et d'ampleur, c'est pour la course un demi-Mississippi, long de 2800 kilomètres en un pays de 62 millions d'hectares.

Sur plus de moitié longueur en partant de la mer, le Rio Grande del Norte sépare le Mexique du Texas, ancienne province mexicaine détachée de sa métropole depuis près de cinquante ans, attachée aux États-Unis depuis près de quarante. Le Texas couvre 17 à 18 millions d'hectares de plus que la France, le long du golfe du Mexique, jusqu'aux cyprières de la Louisiane. Au nord de cet État, trop vaste pour ne pas se briser quelque jour, dans les Llanos Estacados, galopent les Comanches, Indiens qui ne veulent pas obéir aux blancs usurpateurs de leurs horizons. Les Llanos participent à l'aridité de ce qu'il y a de plus aride au pied oriental des Rocheuses. Il y pleut à peine. Des lagunes salées qui n'ont point la beauté des lacs, pas de sources, des lits de rivière, mais pas de rivières, aucun arbre, peu de buissons, point d'habitants, voilà ce qu'on voit et ce qu'on ne voit pas dans ce steppe à 700-1200 mètres d'altitude, qui a dû son nom de « Plaines Jalonnées » aux pieux plantés dans les solitudes pour indiquer la route au passant ou à la caravane.

Au nord, au nord-est de l'embouchure du Rio Grande del Norte, jusqu'à la Louisiane, des rivières aux noms castillans sourdement écorchés par les Texiens anglophones courent à des lagunes que séparent du flot des cordons de sable ; en les remontant on chemine tantôt dans des plaines, tantôt sur des collines et de petits monts, sous un ciel chaud, favorable au coton, à la canne à sucre, à diverses cultures dites tropicales ou semi-tropicales : aussi le Texas se peuple-t-il avec une extrême rapidité, bien qu'un peu torride pour les Anglais et les Allemands qui en sont les colons les plus nombreux.

Pour en revenir aux Rocheuses, leurs premières villes furent des baraquements de mineurs. Argent, or, presque tous les métaux, ces montagnes sont par excellence région minérale et minière. Tel prodigieux filon d'argent, le Comstock, dans l'État de Névada, non loin du chemin de fer du Pacifique, a donné 1620 millions en vingt ans ; les galeries souterraines y ont déjà 400 kilomètres et les extracteurs, arrivés dans des couches très profondes, y travaillent par 40, 42, 45 degrés de chaleur : c'est le Sahara dans les entrailles de monts neigeux.

Versant du Pacifique : Colombie ou Orégon.
— Au nord du Grand Lac Salé des Mormons, du Névada, de ses plateaux lacustres et de ses montagnes métalliques, les eaux des torrents trouvent un chemin vers la mer : la longue rivière Serpent (Snake river) les mène au beau fleuve Colombie ou Orégon, l'une des eaux les plus majestueuses du monde, quand, tour à tour lac ou torrent, elle passe, muette ou sonore, entre d'immenses rochers, aux Chutes, aux Dalles, aux Cascades. A ces trois passages, la Colombie perce la chaîne littorale par un couloir de 200 kilomètres, et à tel étranglement les parois qui l'étreignent ont 1000 mètres de haut : au sud s'élance le mont Hood (3726 mètres), au nord le Saint-Helens (2972 mètres) ; fiers l'un et l'autre, sans aides et sans contreforts, ces deux vieux volcans neigeux semblent éteints ; au septentrion du Saint-Helens, le Rainier (4404 mètres) porte des glaces éternelles.

Des deux branches qui font ce fleuve pur de 1000 à 1200 mètres de largeur, la moindre est justement celle qui garde le nom, la Colombie, venue de la Puissance où plus d'une fois elle s'épanche en lacs allongés. La vraie rivière mère, le Snake ou Serpent, qu'on nomme aussi Lewis, a ses sources dans le pays très merveilleux, parmi les fontaines ardentes, les jets d'eau chaude du Parc national de Yellow-Stone, et elle court, comme ses affluents, par sauts et ressauts, en cagnons ou hors cagnons, dans un chaos de monts le plus souvent d'origine volcanique.

On donne 77 millions d'hectares, une France et demie, au bassin de ce fleuve superbe, long de

---

[1] C'est ce que voudrait dire le mot indien Arizona : le pays devrait ce nom à ses pitahayas ou cactus géants.

2000 kilomètres, auquel ont part cinq États : la Colombie anglaise, le Washington, l'Orégon, l'Idaho et le Wyoming. Peu de contrées valent ces 770 000 kilomètres carrés ayant des mines de tout métal, des herbes touffues, des forêts d'un splendide élan, sans rivales peut-être, faites de sapins jaunes, de pins, de cèdres, et, en moindre nombre, de chênes et de hêtres. La puissance de ces bois qu'on dit égaux en étendue à tous ceux du reste des États-Unis tient à la surabondance des pluies dans le nord-ouest de l'Union, surtout au versant occidental de la chaîne des Cascades : il pleut tellement sur la basse Colombie, sur l'ouest du Washington et de l'Orégon, que l'ironie populaire a donné le nom de Palmipèdes (Webfeet) à ces riverains de la mer Pacifique.

La rivière Serpent. — Dessin de Taylor, d'après une photographie.

Sierra-Névada. Californie. — A l'occident du Névada l'on gravit des pentes raides avec le fameux chemin de fer du Pacifique, lequel traverse toute l'Amérique du Nord, de New-York à San-Francisco, rapprochant ainsi les deux Océans, et l'Europe de l'Orient Extrême. Cette voie franchit toutes les Rocheuses par des rampes excessives, suivies de descentes terribles; sur les passages d'altitude majeure des para-neiges protègent la voie contre l'amoncellement des frimas hivernaux. Une des gares Shermann, à 2569 mètres, serait la plus haute du Globe s'il n'y avait des stations mexicaines, et surtout des péruviennes, presque deux fois plus élevées.

Ces montagnes, qui se nomment la Sierra-Névada, cachent au Grand Bassin les horizons du Pacifique. C'est un faite que les pluies ne dépassent presque jamais, pour le plus grand malheur des vastes plateaux couchés à l'orient; mais à l'occident crèvent les nues auxquelles cette arête a barré le chemin de l'est. Avec la puissante houle du sol, partout hérissé de vagues montagneuses, l'abondance ou tout au moins la « suffisance » des pluies fait la beauté de la Californie septentrionale. Le grand bloc des sierras empêche l'humidité de l'Océan de se disperser au loin; elle tombe en avant des pics de l'arête névadienne; et de ces pics jusqu'au flot salé que cherchent les torrents, on admire un lacis de monts, de défilés, de lacs, de forêts où les premiers sapins du monde s'élancent à 250 pieds, quelquefois à 400; mais les Californiens, sans amour et sans révérence pour la forêt, mère de nos rivières, abattent ces géants, pour « gagner », comme jadis les Normands coureurs d'aventures : bientôt peut-être à peine res-

Dans la Sierra-Névada. — Dessin de Riou, d'après une photographie.

tera-t-il ceux que le Gouvernement fédéral a confiés à la Californie pour les garer de toute injure, dans un « Parc national », comme une des merveilles de l'Univers. Cet État est le joyau de l'Union et sans doute un des pays de la Terre qui ont droit de prétendre au laurier de la beauté, surtout dans la vallée où tombent de 100 à 400 et 800 mètres les sublimes cascades de Yosémiti; la palme de la richesse appartint pendant une vingtaine d'années aux mines d'or qui ont fait le nom de Californie proverbial sur toute la rondeur du Globe.

La Sierra-Névada a les enselléments de ses cols aux mêmes niveaux que les ports des Pyrénées, mais ses pics surpassent beaucoup ceux des monts hispano-français. Le Whitney (4541 mètres) monte un peu plus haut que les cimes culminantes mesurées jusqu'à ce jour dans les Rocheuses du territoire yankee, lesquelles se tiennent entre 4000 et 4500. Près des frontières orégoniennes, le cône du volcan Shasta se lève à 4401 mètres; le pic de Lassen (3167 mètres), autre vieux volcan, se reconnaît de loin à la rougeur de ses roches [1].

La Californie pluvieuse ne s'étend point sur les 1200 kilomètres du littoral de l'État, ni sur ses 41 millions d'hectares. Près de la moitié de cette surface, égale aux quatre cinquièmes de la France, dépend d'un rivage sec et, derrière les montagnes côtières du sud, de plaines arides allant finir au morne cagnon du Colorado.

Alaska : Iles Aléoutiennes. — Depuis 1867 les États-Unis possèdent par delà l'Amérique anglaise le grand pays d'Alaska, russe auparavant. Ils ont là 150 millions d'hectares de presque nulle valeur, tout au nord-ouest du continent, au septentrion du 55e et surtout du 60e degré.

Alaska, c'est la corruption d'un mot esquimau qui veut dire grande terre, continent. Sur ce « bloc de glace aux coquilles au bord de la mer » vivent une trentaine de mille hommes, toutes îles adjacentes comprises, et aussi la longue traînée des Aléoutiennes. A sa seule situation sur le Pacifique, réchauffé jusque-là par le tiède courant du Kouro sivo, ce pays, le plus vaste et le plus déshérité de l'Union, doit d'être, malgré sa haute latitude, habitable sur le rivage, dans les îles et dans la vallée inférieure de certains fleuves. Des montagnes de première grandeur font descendre, jusqu'à frôler le rivage, des champs de glace en diminution lente : tels le glacier du Beau-Temps (Fairweather, 4400 mètres) et celui du Saint-Élie (4562 mètres, ou 5900?).

Pics et glaciers grandioses, mais rarement on entrevoit ce puissant spectacle jusqu'au faîte argenté des monts; il pleut persévéramment sur le littoral d'Alaska, région de nuages sans éclaircie, de soleils tamisés, de boues profondes qui sont comme un « cinquième élément ». Ce ciel sombre n'est tout à fait glacial qu'au nord de la presqu'île où le Grand Océan devient la mer de Bering; pourtant même au midi l'année y est dure à passer : à Sitka, l'ancienne capitale russe, dans l'île Baranoff, le froid descend à 28 degrés au-dessous de zéro et la chaleur ne monte guère qu'à 20 degrés au-dessus. Dans l'intérieur de l'Alaska, la température est plus chaude en été,

[1]. Pic Blanca (4409 mètres), pic Harward (4364 mètres), pic Long (4350 mètres), pic Pike (4312 mètres).

mais au cœur de l'hiver on a souffert des froids de —56 degrés.

Un très majestueux fleuve passe dans ce pays de longs hivers, de blanches solitudes, le Youkon, navigable pendant 2900 kilomètres (plus que le Danube n'a de longueur) et peut-être aussi puissant en flots que le Mississippi même. Né dans la Puissance, il y a tout son cours supérieur; chez les Yankees il devient si grand, que 10 à 12 kilomètres séparent parfois sa rive droite de sa rive gauche : alors il est plutôt lac.

Les pêcheries de la côte et des fleuves, les mines de la montagne, les sapins, les pins, les cèdres, les bouleaux, les peupliers, les saules, les aunes des vallées empêcheront l'Alaska de demeurer tout à fait désert; les Américains en tireront ce qu'on en peut tirer, des fourrures de renard noir et de renard argenté, des bois de construction et de mâture; ils pêcheront la baleine, le phoque, le saumon, la morue, mais toute leur industrie n'y décuplera pas les 50 000 hommes qui s'y débattent contre l'indigence de leur vie, Indiens, Esquimaux, Aléoutiens, Russes, métis des Russes et des indigènes, Yankees très peu nombreux.

En même temps que l'Alaska, les Yankees ont reçu des Russes les îles Aléoutiennes, lesquelles, toutes ensemble, dans leur arc de cercle de 2500 kilomètres, peuvent avoir 1 700 000 hectares. Écueils, îlots, rochers à part, il y en a plus ou moins 150, séparant la mer de Bering, au nord, du Pacifique, au sud.

Elles portent une trentaine de volcans, cimes de la chaîne, en partie cachée sous les ondes amères, qui va de la péninsule effilée où se termine l'Alaska jusqu'à des vagues peu éloignées de la presqu'île du Kamtchatka, autrement dit d'Amérique en Asie. La mer qui les baigne, entre 51° et 55° ou 56° de latitude, n'étant pas tout à fait sans chaleur, elles connaissent peu la gelée, mais la pluie les mouille plus que le soleil ne les chauffe et, comme le promontoire américain qui les contemple, elles reçoivent pendant des saisons entières une espèce de déluge tamisé; le blé n'y peut mûrir, les arbres y sont rares, saules, trembles, sapins, chênes, et tout petits, mais l'herbe est belle et drue. Ounimak, Ounalaska, les plus grandes, se lèvent tout à l'est de la traînée, près d'Amérique et loin d'Asie; sur Ounimak, le Pogromski, volcan refroidi, monte à 1795 mètres.

Les Aléoutes, originairement Esquimaux ou

Kamtchadales, vivent de la pêche, de la chasse au phoque, de la prise d'une baleine, de temps en temps, et c'est alors un monstrueux festin. Petits, mais bien ramassés et très forts, ce sont des maîtres canotiers, jamais fatigués pendant les longues journées de la saison de pêche; ils passent l'hiver en commun dans des ouâlas, espèces de terriers où tant de familles s'entassent qu'il y fait trop chaud et qu'on y vit presque nus et nues. On a toujours vanté leur

Un Yankee. — Dessin de C. Ronjat, d'après une photographie.

douceur, leur bonté, leur honnêteté, leur mépris du mensonge. Ils ont grandement diminué de nombre depuis la première apparition des Russes (1745), qui s'y établirent comme pêcheurs, négociants, acheteurs de fourrures. De 10 000, ils sont descendus à 4500 et font place insensiblement à des familles de Métis parlant russe jusqu'à ce jour. Cette longue jetée d'îles séparées par de larges passes n'a rien encore d'« anglo-saxon. »

Les Yankees, les immigrants. — Tel est le monde yankee, où ne s'éteint jamais le soleil : quand l'astre se couche sur les lacs forestiers du Maine, il se lève sur les Aléoutiennes derrière le voile du brouillard. Telle est la patrie magnifiquement diverse d'un peuple dont la précoce adolescence, la hâte effrénée, l'activité sans bornes n'ont pas encore eu d'égales dans l'histoire. En 1701 le territoire colonisé par les Anglais renfermait 262 000 habitants; en 1749 plus d'un million; 3 millions en 1775; 4 millions en 1790; plus de 5 millions en 1800; plus de 7 en 1810; près de 10 en 1820; près de 13 en 1830; 17 en 1840; 23 en 1850; près de 32 en 1860; près de 39 en 1870; 50 millions 1/2 en 1880; et maintenant la nation des « Américains » croît de 1 200 000 à 1 500 000 personnes par année, par les naissances, par l'immigration :

Par les naissances, parce que le climat, sain presque partout, encore que dur, excessif dans le froid, dans le chaud, convient aux Européens de toutes les zones; parce que les colons ont devant eux d'immenses horizons de terres vides, et qu'en face d'un sol vacant les enfants sont la richesse de la famille.

Par l'immigration, parce que la plupart des « las d'Europe » élisent depuis cinquante ans la contrée des Yankees pour y réaliser leurs rêves de fortune — en quoi, certes, ils choisissent bien — et quelques-uns leurs rêves de justice, de fraternité, d'idéal — en quoi, certes, ils ont tort.

De la première année de l'Indépendance à 1820 l'Union reçut au plus 250 000 hommes; de 1820 à 1830, le flot grossit; plus encore à la suite de la grande famine d'Irlande (1847) et des révolutions de 1848.

1830 vit venir 23 000 personnes; en 1840 les Yankees en absorbèrent 84 000; 370 000 en 1850; puis, suivant les années, 200 000, 300 000, 500 000, et jusqu'à près de 800 000.

Anglais, Irlandais, furent longtemps les seuls immigrants, mais aujourd'hui toutes les nations du Globe ont part à cette invasion : elle remue plus de monde qu'autrefois le terrible ébranlement des Barbares qui renversa Rome et son empire universel. Et cependant les États-Unis sont un pays déjà presque « vieux », avec villes énormes, et çà et là l'encombrement, le prolétariat, la misère, les grèves, l'industrie effrénée, les souffrances sans nom. Ils abusent de tout, de leur sol, de leurs forêts, qui furent splendides, de leurs mines de tous métaux, des Européens, d'eux-mêmes; ils ont trop spéculé sur toutes leurs richesses. Leur âge d'or est derrière eux.

En tête de l'immigration, qui se rue presque toute sur New-York, arrivent les hommes des Iles Britanniques. Malgré l'immensité de l'Empire Anglais, le climat sain du Canada, la chaleur salubre et les diamants du Cap, l'or de l'Australie, la beauté de la Nouvelle-Zélande, Anglais, Gallois, Écossais, Irlandais, les Saxons comme les Celtes de l'archipel « impérial » s'expatrient de préférence aux États-Unis. On peut dire que des comtés entiers de l'Irlande sont venus s'y engouffrer, diminuant chez eux le domaine de la vieille langue nationale pour accroître d'autant, par delà les flots, l'idiome des maîtres détestés — il n'y a sur tout le territoire yankee qu'une église où l'on prêche en erse.

Puis viennent les Allemands, tantôt moins nombreux que les seuls Irlandais, tantôt plus nombreux que tous les « Bretons » ensemble, 100 000 à 200 000 par an, les Iles Britanniques en fournissant de 150 000 à 300 000. De 1820 jusqu'à nos jours la Germanie aura bientôt perdu 4 millions de Teutons dans l'abîme américain; l'archipel anglais y a noyé depuis lors plus de 5 millions de ses fils, tandis que la France n'y a guère englouti que 350 000 Français : elle y émigre beaucoup moins que la Scandinavie et à peine autant que la Suisse, mais des centaines de milliers de Canadiens-Français sont venus s'établir dans les villes manufacturières de l'Est ou dans les larges champs de l'Ouest, et, à leur louange, ils résistent mieux qu'aucun autre peuple au yankéisme puissant et brutal. Les Allemands, eux, se laissent anéantir dès la première ou la seconde génération; ils ne sont restés eux-mêmes, grâce à une ancienne colonisation, que dans un coin de la Pennsylvanie, entre Delaware et Susquehanna : là ils remplissent des comtés entiers où ils ont gardé leurs mœurs, leurs traditions, même leur langue, si toutefois on peut appeler allemand un idiome bâtard tout infiltré d'anglais.

Après les « Deutsch » arrivent les Scandinaves, Suédois, Norvégiens, Danois, Islandais même, emportés à grands flots depuis quelques années vers les prairies du Grand-Ouest, en Michigan, Wisconsin, Minnesota, etc. Avant qu'il soit longtemps un million de ces hommes du Nord auront pris le chemin du volontaire exil.

Puis ce sont des Suisses des trois langues, des Autrichiens des dix langues, des Hollandais, des Belges, des Italiens, des Portugais, des Polonais, des Russes, des Mexicains, des Américains du Sud, enfin des fils et des filles de toutes les tribus des

hommes. L'immigration chinoise, qu'on trouvait menaçante, a été entravée, puis arrêtée de force.

Que sont les Yankees? Que font-ils des Indiens? Les Nègres. — Souvent le nom vit quand la chose est morte. Les Anglais sont toujours traités de race anglo-saxonne, par un incroyable mépris des éléments préceltiques, celtiques, scandinaves, flamands, français, wallons (et tant d'autres) entrés dans le sang anglais. Les pionniers des États-Unis étant venus surtout d'Angleterre, on nomme Anglo-Saxons le peuple hyperhybride qui bouleverse impatiemment l'Amérique du Nord.

Qui pourra dire à quel degré ce nom ment aujourd'hui, après les millions d'Allemands, d'Irlandais, de Scandinaves, de Français et Franco-Canadiens, de Néo-Latins, de Slaves, de Chinois, de gens de tout visage et de toute patrie dont le sang s'est mêlé au sang des premières familles anglaises? Sur dix navires abordant aux États-Unis, il en est neuf pour y augmenter l'anarchie des races : l'un amène des Celtes, un autre des Germains, un autre encore des Tchèques, des Juifs allemands ou polonais, des Mennonites germano-russes; celui-ci débarque des Français ou des Italiens ou des Portugais des Açores, celui-là des Hongrois ou des Slovaques. Et tout cela s'abîme dans la nation des Yankees, profonde comme la mer et recevant comme elle, à ne pas les compter, des fleuves dont aucun ne ressemble aux autres.

Dans ce brassage éternel d'éléments divers sous des climats qui, bien que tempérés, ne sont pas ceux de l'Europe, le vieux type anglais des fondateurs s'est déjà transformé. S'il faut en croire tout ce qu'on en dit, les Américains se distinguent maintenant des Anglais par une foule de caractères, maigreur et sécheresse du corps, longueur des os, étroitesse de la face et du front, nervosité, folle activité, hâte impatiente, voix nasonnante, dents tombant de bonne heure. Peut-être les anthropologues, ethnologues et autres docteurs ont-ils conclu trop vite, suivant l'usage, mais une chose ne peut plus se nier : l'infécondité des familles vraiment yankees fixées sur le sol depuis cent, deux cents, deux cent cinquante ans. Les enfants sont rares dans la Nouvelle-Angleterre, chez les arrière-petits-fils des « Pères pèlerins » dont il semblait d'abord que la postérité serait égale en nombre aux sables de la mer, suivant l'expression du livre où les Puritains cherchaient la consolation dans l'épreuve. Soit par décadence, soit par calcul, la vie n'y réparerait plus la mort si ces vieux États ne recevaient à flots dans leurs villes de commerce ou d'industrie les Irlandais, Anglais, Allemands, Franco-Canadiens, aussi féconds que les Yankees sont devenus stériles.

Quelle que soit cette race venue du mélange de toutes les nations de l'Europe, avec un peu d'éléments indiens et d'éléments noirs, quelque nom qu'elle mérite ou qu'on lui donne, elle se distingue entre toutes par son esprit pratique, sa rapidité d'exécution, sa hâte de jouir, son activité dévorante. « Chez nous, disent-ils, Dieu ne se serait pas reposé le septième jour. » Aucun peuple n'entend aussi bien la vie pratique, aucun n'invente tant de machines ingénieuses, nul ne fait aussi vite autant de chemins de fer, nul ne remue plus le sol, dessus et dessous.

Pendant que les Yankees et les 500 000 Européens qui leur arrivent tous les ans donnent le spectacle de grandes forêts coupées en quelques jours, de longs chemins de fer établis en quelques semaines, de villes bruyantes bâties en quelques mois, les anciens maîtres du sol, les Indiens s'effacent. Ils reculent devant le défrichement; les champs remplacent le bois et la prairie, le bison disparaît, les poissons des rivières meurent dans le détritus des usines, et l'Indien suit dans leur fuite les bêtes dont la chair l'entretient, dont la peau le couvre et le chausse. Quelquefois des tribus s'indignent d'être chassées du sol des ancêtres, leur colère éclate, la guerre commence, elle dure longtemps : les Indiens tombent tout à coup, comme des nues, sur un village, un hameau, une ferme, un convoi; ils enlèvent des chevaux, des troupeaux, des femmes, puis ils fuient avec des chevelures scalpées sur la tête des Blancs vivants ou morts, et ces honteux trophées seront l'ornement de leur wigwam[1], le monument de leur vaillance, la gloire de leur famille, l'exemple des jeunes guerriers de la tribu. A leur tour, les Blancs les tuent comme on tue le loup, le serpent ou la taupe, sans remords, même avec joie, par familles entières. Que peuvent quelques centaines de Peaux-Rouges contre des soldats blancs ayant derrière eux cinquante millions de complices, et l'Europe, et toute la force de la civilisation?

On ne sait combien d'Indiens vivaient il y a deux cent cinquante ans sur le territoire des États-Unis : les estimations varient très fort, entre 180 000 et 5 000 000. Le nombre des Indiens chasseurs pouvait être de 500 000, celui des Indiens agriculteurs, les Séminoles, les Alibamons, etc.,

---

1. Mot indien : chaumière.

n'est point fixé par les documents espagnols de la première conquête. Forts aujourd'hui d'environ 300 000, ils semblent arrivés au moins à l'état stable, si même ils n'augmentent quelque peu malgré tant d'ennemis : la misère, la fuite du bison, la faim, le froid, la rage d'être dépouillés, le désespoir, l'âpre sentiment de leur faiblesse, le fusil des spoliateurs, l'eau-de-vie, la petite-vérole et la syphilis. La nation la plus nombreuse, celle des Sioux, ne comprend guère que 30 000 hommes en beaucoup de tribus. Les Indiens les plus terribles, les Apaches, les Comanches et les Navajos, massacrent encore des Blancs dans le Texas, l'Arizona et sur toute la marche du Mexique.

Ces Indiens ne ressemblent pas tous aux héros des romans qui charmèrent notre enfance. Certes

Indiens Sioux. — Dessin de C. Gilbert, d'après des photographies.

la plupart de leurs tribus furent toujours chasseresses; courir le bison, scalper, être scalpé, souffrir les tourments sans baisser le regard, sans changer de voix et sans diminuer d'attitude, ces quatre choses, et la sagesse dans le conseil, faisaient chez elles l'Indien parfait. Mais d'autres nations préféraient la culture aux embuscades : tel un peuple de la Floride, les Nahuatl, qui fondèrent au Mexique la puissance renversée par Cortès; plus tard, les premiers Espagnols qui explorèrent le sud des États-Unis y rencontrèrent des Indiens fixés à la glèbe; et aujourd'hui même, sans les massacres de la dernière guerre civile, il y aurait dans l'Union 50 000 Peaux-Rouges sédentaires, avec leurs écoles, leurs journaux dans leurs langues, et aussi leurs esclaves noirs, car jusqu'à la catastrophe appelée guerre de la Sécession, les Indiens possédaient quelques milliers de Noirs, qu'ils traitaient durement, à la sauvage.

Toutes les tribus ne sont pas livrées à elles-mêmes, errant ou habitant où bon leur semble dans les immensités encore désertes des États. A la fois pour les maintenir et pour les sauver, si possible, le gouvernement a parqué les plus civilisées dans un pays qu'il leur a spécialement assigné, dans le Territoire Indien.

Le Territoire Indien a 17 500 000 hectares : là, entre Kansas, Nouveau-Mexique, Texas, Arkansas et Missouri, aux bords de l'Arkansas, de la Canadienne et de la Rivière Rouge du Sud, vivent 50 000 Indiens, à côté de 10 000 Nègres et de 5000 Blancs entrés par mariage ou par adoption dans les diverses nations indiennes. Ces 50 000 Indiens comprennent des tribus très peu assouplies encore, Comanches, Osages, Chéyennes, Arrapahoes, chacune parlant son idiome, et toutes ayant adopté le comanche comme langue générale. Quant aux « tribus civilisées », Tchirokies, Séminoles, Cris, Tchoctaws et Tchikasaws, elles font un petit peuple d'une trentaine de milliers d'hommes paisibles, dont 15 000 au moins parlent l'anglais en même temps que leurs langues nationales.

On peut craindre qu'un jour, peu éloigné peut-être, cette « Réserve des Indiens » ne tombe dans les mains grossières des pionniers, et que ces faibles restes des anciens maîtres de l'Amérique ne soient chassés vers quelque sol encore sans chemins de fer, sans routes, sans laboureurs et sans boutiquiers, ou tout au moins noyés dans une mer d'Yankees et d'Européens. Outre le Territoire Indien, un grand nombre de « Réserves » sont disséminées dans divers États de l'Union et encore plus menacées que lui d'une prochaine invasion des aventuriers blancs. Les serments sacrés, les conventions scellées et paraphées ne les sauveront pas plus qu'un traité solennel ne sauva les Tchirokies entre 1830 et 1840 : cette tribu, qui avait presque doublé en seize années, car de 10 000 elle était montée à 18 000, vivait tout doucement dans un coin de la Georgie quand elle fut dépouillée du sol que des stipulations inviolables lui assuraient à perpétuité, et déportée en 1839 et en 1840 dans ce Territoire Indien où n'habitent que des nations spoliées et trompées.

Les Nègres, importés d'Afrique avec toutes les cruautés d'usage, pour cultiver les plantations, surtout les cotonnières, sont devenus libres à la suite d'une guerre civile qui a couvert de cimetières plus d'une campagne idyllique, autour de Washington, Richmond, Atlanta, dans le Maryland, la Virginie, les Carolines, la Georgie, le Tennessee, l'Alabama, la Louisiane, sur le littoral, dans les Alleghanies, et jusque sur le Mississippi, qui baigne maintenant des mornes tragiques à Memphis et à Vicksburg. Les États du Nord anti-esclavagistes ont vaincu les États à esclaves du Sud.

Depuis lors les Noirs et Mulâtres, auxquels on prédisait une ruine rapide, une disparition prompte, ont au contraire singulièrement augmenté : de 4 441 000 en 1860, avant les tragédies de la guerre de Sécession, ils sont montés à 4 880 000 en 1870, à 6 581 000 en 1880 ; en d'autres termes, ils faisaient, en 1870, les 125/1000 de la population totale de l'Union, et dix ans après les 130/1000, ayant ainsi gagné relativement 5/1000, de leurs propres forces, sans être incessamment, énormément accrus comme les Blancs par l'immigration. Le ciel du Midi sourit avec indulgence à leur liberté nouvelle ; ils résistent plus que le Blanc aux miasmes des terrains bas, ils bravent mieux la fièvre jaune, ce « roi des épouvantements » pour l'Européen, qu'il soit du Sud ou qu'il soit du Nord. Ils sont presque tous massés dans le pays compris entre l'Atlantique, Washington, Saint-Louis du Missouri et l'embouchure du Rio Grande del Norte. Ils tendent évidemment à se concentrer au sud et au sud-est de l'Union, dans la Louisiane, le Mississippi, l'Alabama, la Floride, la Caroline du Sud, État qui n'a que sept Blancs contre dix Nègres. Ces pays-là ont de vastes marais et le Noir est heureux, robuste et dispos dans les vases chaudes, comme le chevrier sur sa montagne. Les Yankees ont une insurmontable répulsion pour les Nègres et de l'horreur pour leur alliance ; il y a pourtant beaucoup plus de 500 000 Mulâtres aux États-Unis.

400 000 Africains, vendus jusqu'en 1808, année où l'importation cessa, ont donné naissance à toutes les familles noires de la République.

Langues. Religions. — L'anglais est partout langue nationale.

Tous les Noirs le parlent, à la nègre s'entend, avec distorsions de mots et syntaxe enfantine ; beaucoup d'Indiens le connaissent ; les Blancs s'en servent exclusivement ou à côté de leurs idiomes maternels. L'allemand règne encore dans des cantons, des bourgs, des quartiers de grandes villes, et dans une partie de la Pennsylvanie un jargon comique où l'allemand se mêle à l'anglais. De même, les langues scandinaves résonnent pour l'instant parmi les colons suédois, danois et norvégiens du Grand-Ouest. Le français se parle dans les paroisses franco-canadiennes peu éloignées de la province de Québec, dans le nord du Maine, du

ÉTATS-UNIS.

New-Hampshire, du Vermont, du New-York; dans de nombreux villages canadiens, français, belges, wallons, suisses romans du Far-West, surtout dans l'Illinois, le Wisconsin, le Michigan, le Minnesota, le Dacota; enfin dans la Louisiane, qui fut nôtre et où 200 000 (?) Louisianais, dont 50 000 à la Nouvelle-Orléans, ont toujours le français pour langue maternelle. L'espagnol s'emploie dans dix comtés du Nouveau-Mexique sur treize et dans quelques districts de l'Arizona et du Texas.

Aucune de ces langues ne paraît capable de résister bien longtemps à la pression de l'anglais qui est le parler de l'immense majorité, le lien des affaires dans un pays où les affaires sont tout. Seuls les Espagnols voisins du Mexique et les Canadiens voisins du Canada ont quelque espoir de survie. Les Germains sont certes beaucoup plus nombreux que les « Gaulois », et surtout que les Castillans : on suppose qu'il y a au moins 5 millions de germanophones aux États-Unis, contre un million de francophones au plus, mais ils s'assimilent très vite à la masse anglophone, dès la seconde et souvent dès la première génération; et

Champ de canne à sucre au midi des États-Unis. — Dessin de Riou, d'après une photographie.

ils ne s'appuient pas à un peuple de frères libres de la maîtrise anglo-saxonne.

Le protestantisme a la haute main dans l'Union, sous une centaine de formes, et très vivace encore; souvent le pays assiste à des revivals ou réveils, conversions en foule au christianisme littéral. Par les Irlandais, par les Franco-Canadiens et les Français, par les Italiens, par les habitants de ce qui fut Mexique, la religion romaine est le lot de 7 millions d'hommes; elle fait de grands progrès aux États-Unis et convertit plus chez les protestants que ceux-ci chez les catholiques.

États et Territoires. — Les États-Unis comprennent en ce moment :

Un district fédéral appelé Colombie, tout petit pays de 18 100 hectares, de 178 000 habitants, autour de Washington, capitale générale de tous les États de la Bannière étoilée[1] — le drapeau de l'Union est semé d'étoiles, une par État;

Trente-huit États, souverains chez eux, mais relevant du Congrès de Washington pour les affaires communes;

Huit Territoires attendant d'avoir assez d'habitants pour être admis au rang d'État;

Le Territoire Indien;

L'Alaska, séparé du reste de l'Union, et qui est comme une conquête, une colonie : conquête à prix d'argent, colonie sans colons.

Les trente-huit États diffèrent singulièrement d'étendue, de population, de richesse : le Texas a

1. *Star spangled banner.*

près de 69 millions d'hectares, la Californie 41 millions, le Névada près de 29 millions, le Colorado près de 27, l'Orégon près de 25, tandis que le Rhode-Island ne couvre que 323 700 hectares, le Delaware 530 900, le Connecticut 1 292 400, le New-Jersey 2 024 000, et le Massachusetts 2 153 500.

Et si le New-York renferme plus de 5 millions

Une avenue de Chicago. — Dessin de E. Thérond, d'après une photographie.

d'âmes, la Pennsylvanie près de 4 500 000, l'Ohio 3 200 000, l'Illinois plus de 3 millions, le Missouri près de 2 200 000, le Névada n'en renferme que 62 000, le Delaware 147 000, l'Orégon 175 000, le Colorado 194 000, la Floride 269 000.

Sauf les pays d'avant la déclaration d'indépendance, ceux de la première colonisation, ceux qui ont commencé l'histoire et longtemps dirigé les destinées du futur « peuple géant », tous ces États ont été découpés au hasard, par immenses lignes droites, suivant les longitudes et les latitudes, sans souci des climats, des terrains, des unités géographiques. Ils n'ont presque rien d'historique. Grands, riches, insolemment prospères, usant et

Le Capitole, à Washington — Dessin de A. Deroy, d'après une photographie

abusant de leur jeunesse, ils n'ont pas encore vécu : ce n'est pas la nature qui les a faits, ni l'homme avec ses passions, ses tragédies, son sang, mais l'arpenteur, l'administrateur et, au-dessus d'eux, la puissance des décrets. Ce qui a vécu, ce qui a souffert, c'est la Nouvelle-

New-York : le chemin de fer aérien. — Dessin de Deroy, d'après une photographie.

Angleterre, la Virginie, la Caroline, la Georgie, la Louisiane.

Les huit Territoires, tous grands, de 18 millions d'hectares comme le Washington, à près de 59 millions comme le Dacota, ne dépassent guère encore, tous réunis, 600 000 habitants.

Villes. — Il ne se passe point de jour où une ville nouvelle ne se fonde aux États-Unis, et parmi des villes dont souvent les noms nous sont encore inconnus, plus d'une dépassera dans cinquante ans mainte capitale européenne.

Plus d'une aussi, morte avant d'être vraiment

1. — Nouvelle-Orléans : le port. — Dessin de Weber, d'après une photographie.

née, saute en l'air, comme disent les Américains, c'est-à-dire disparait, quelquefois l'an même de sa fondation. Elle s'était formée près d'un dépôt, d'un chantier de chemin de fer, sur un sol aurifère ou supposé tel, sur un terrain vanté par un spéculateur. Les Américains ont la manie de donner à leurs moindres bourgades les noms les plus retentissants de l'histoire, et l'un de leurs comtés, celui d'Onondaga, dans l'État de New-York, renferme les villes ou villages de Brutus, Annibal, Scipion, Lysandre, Cicéron, Dryden, Ulysse, Ovide, Milton, Romulus, Hector, Virgile, Locke, Solon, Galien, Homère, Caton, Manlius, et ainsi de suite. Cette ville avait donc reçu quelque nom pompeux, Napoléon, Marathon, Sophocle, Memphis, Ninive, Ecbatane, Persépolis, Athènes, Rome, Paris, Golconde, Gold ou Silver City (la cité d'Or, d'Argent); quelquefois un nom plus que vulgaire, tel que celui du spéculateur lui-même. — Logs ou maisons en planches, cabarets, tripots, demeures impures, hôtels, banques, la future métropole, la Nouvelle-Chicago grandissait brusquement, démesurément, des éléments les plus mêlés du monde : soudain, le chemin de fer a porté plus loin ses escouades, son dépôt, sa station terminale; la mine d'or ou d'argent s'est épuisée, si toutefois elle existait; les logs ont pris alors la route d'une autre Babylone ou sont restés à pourrir dans la solitude, les mineurs ont couru par bandes vers un autre El Dorado, et New-Chicago saute en l'air. Aux États-Unis tout est hâtif, fiévreux, prodigieux, énorme, sans la sainte et sérieuse consécration du temps.

Les villes de plus de 100 000 habitants y deviennent très nombreuses, beaucoup nées dans ce siècle-ci, même dans son second tiers, mais la cité la plus vieille de l'Union, la floridienne Saint-Augustin, Nice des Yankees datant de 1564, n'a pas plus de 2000 âmes : c'est une fondation de l'Espagne.

Washington, capitale fédérale, siège du Congrès, n'a que 160 000 âmes (avec faubourgs); ce n'est donc pas l'une des villes majeures des Yankees. Cette disproportion entre le rang et la grandeur vraie des cités se retrouve dans presque tous les États : Albany est la capitale de l'État où domine New-York; Harrisburg, Annapolis, Colombus, Frankfort, Springfield, Madison, Jefferson, Bâton-Rouge, Sacramento, possèdent en vain le palais législatif de leur pays; en vain Solon y fait des lois, Démosthènes des discours auxquels Eschine répond, ce sont des villes humbles, obscures, des satellites perdus dans le rayonnement des puissantes villes de leur territoire, Philadelphie, Baltimore, Cincinnati, Louisville, Chicago, Milwaukee, Saint-Louis, la Nouvelle-Orléans, San-Francisco. Washington, spacieuse, majestueuse, régulière, borde le Potomac, affluent de la baie de Chesapeake, qui est une très profonde échancrure du littoral.

Sur la côte même de l'Atlantique, ou près de cette côte, huit villes, dont quatre dans le pandémonium de New-York, dépassent 100 000 habitants. Du nord au sud elles se nomment Boston, Providence, New-York, Brooklyn, Newark, New-Jersey, Philadelphie, Baltimore.

Boston, sur une baie du Massachusetts, compte 363 000 habitants, 437 000 avec les faubourgs. C'est à la fois l' « Athènes des États-Unis » et la « Ville puritaine », celle où se conservent le mieux les vieilles idées, les vieilles mœurs de cette Nouvelle-Angleterre fondée par des fanatiques, hommes durs, raides, étroits, moroses.

Providence (105 000 hab.), dans le Rhode-Island, est un port au fond d'un estuaire.

New-York occupe une île de 8800 hectares, à l'embouchure du beau fleuve Hudson, large ici de 2 kilomètres. On l'appelle Empire City, la Ville d'empire, la Cité prépondérante, nom auquel elle a droit par son immense commerce, son concours inouï de navires, ses fabuleuses richesses; son tohu-bohu, sa population si vite croissante qu'une ou deux vies d'hommes pourront voir New-York dépasser Londres. Le dénombrement de 1880 n'y a reconnu que 1 206 000 personnes, mais il y en a plus de 2 millions avec les villes contiguës, aussi envahissantes qu'elle : Brooklyn (567 000 hab.), sur l'île de Long-Island, que sépare de New-York un bras de mer de 1500 mètres de largeur; Newark (136 000 hab.); Jersey-City (125 000 hab.).

Philadelphie (847 000 hab., sans les faubourgs), en Pennsylvanie, fut la métropole des États-Unis depuis la déclaration de l'Indépendance jusqu'en 1800, et en 1810 elle avait encore plus de citoyens que New-York. Ville de briques aux rues amples, avec toutes les commodités et les banalités du plan régulier, elle reçoit les grands navires, bien qu'à 190 kilomètres de la mer, sur le large fleuve Delaware.

Assise au bord du Patapsco, qui porte les lourds vaisseaux, à 20 kilomètres de la baie de Chesapeake, qui est prodigieusement riche en huitres, Baltimore, en Maryland, est peu éloignée de Washington;

elle ressemble à Philadelphie par ses rues spacieuses, bordées de maisons en briques. Le soleil du Midi luit sur elle et il y a beaucoup de Nègres parmi ses 352 000 habitants.

Dans le bassin de l'Ohio grandissent trois villes déjà fort supérieures à 100 000 âmes, qui sont, en descendant le majestueux cours d'eau, Pittsburg, Cincinnati, Louisville.

Pittsburg, en Pennsylvanie, brûle dans ses forges, ses verreries, ses ateliers d'industrie, d'immenses amas de houille prise aux entrailles des Alléghanies, ses voisines; elle contient 156 000 âmes, 235 000 avec faubourgs, au confluent de l'Alléghany et de la Monongahéla, les deux rivières qui forment l'Ohio.

Cincinnati (256 000 hab., 285 000 avec ses fau-

Rue Montgomery, à San-Francisco. — Dessin de Ph. Benoist, d'après une photographie.

bourgs) appartient à l'État d'Ohio, sur la rivière Ohio. Reine de l'Ouest est son brillant surnom; Porcopolis aussi, parce qu'on y égorge et qu'on y sale d'innombrables cochons; mais cette dernière « gloire » échappe à Cincinnati : Chicago s'en empare, ville chaque année funeste à des millions et des millions de porcs.

Louisville, autre riveraine de l'Ohio, près des seuls rapides qui en brisent le cours, a 150 000 âmes, faubourgs compris.

Sur les Grands Lacs ou le fleuve héroïque qui les verse les uns dans les autres, cinq grandes villes, Chicago, Milwaukee, Détroit, Cleveland, Buffalo.

Chicago ne désespère pas de dépasser New-York elle-même. On l'a nommée Mushroom City, la cité Champignon, parce qu'elle a crû, pour ainsi dire, du soir au matin. Située dans l'État d'Illinois, à l'extrémité méridionale du lac Michigan, elle n'a pas un demi-siècle d'existence, et cependant il s'y trouvait en 1880 plus de 500 000 habitants qui passent pour les plus froidement ou les plus follement aventureux des Yankees. C'est par excellence la ville des rings, spéculations par accaparement, des affaires effrénées, des fortunes soudaines, des énormes faillites; et aussi la première place du monde pour le commerce des céréales : c'est pourquoi elle aime à s'appeler « Grenier du monde », non moins que « Cité des jardins ». Nulle part on ne tue, nulle part on ne met au saloir autant de cochons[1].

Sur le rivage du même lac Michigan, dans l'État de Wisconsin, Milwaukee (116 000 hab.), l'une des villes les plus germaines des États-Unis, prétend au nom de Petite Reine des Lacs, la Grande Reine étant Chicago.

Détroit, que fonda la France et dont le nom est tout français[2], a 116 000 âmes; elle borde la rivière Détroit, pleine de magnificence, dans sa course entre le lac Sainte-Claire et le lac Érié. C'est une ville du Michigan.

Cleveland, dans l'État d'Ohio, à la rive du lac Érié, compte déjà 160 000 âmes.

Buffalo (155 000 hab.), dans l'État de New-York, s'élève au bord de l'Érié, là où ce lac, subitement comprimé, commence à devenir l'incomparable Niagara.

Sur le Mississippi moyen, par 141 mètres d'altitude, à 50 kilomètres au-dessous du confluent du Missouri, Saint-Louis (551 000 hab.), d'origine française comme Détroit, — car nous la fondâmes en 1760, — resta longtemps un village, puis tout à coup se mit à croître aussi vite que Chicago; pendant une trentaine d'années il y eut comme une espèce de « duel à la population » entre la Grande Reine des Lacs et la Reine du Mississippi, chacune se flattant d'arriver avant l'autre au million d'hommes qu'elle ambitionnait comme le premier pas dans la gloire. — Toutes ces cités yankees aspirent à d'immenses destinées, même celles dont la grandeur n'est que l'œuvre du hasard, et, comme on dit là-bas, « l'Amérique fouaille le Monde[1]. » — Saint-Louis, elle, a droit d'espérer : elle n'occupe point le centre géographique du demi-continent, étant plus près de l'Atlantique que du Pacifique et plus près du golfe du Mexique que de la baie d'Hudson; mais, comme les terres qui la séparent de l'Atlantique et du golfe du Mexique sont, dans l'ensemble, supérieures à celles qui s'étendent vers l'ouest et vers le nord, Saint-Louis doit se trouver à peu près au futur centre d'équilibre de population dans l'Amérique du Nord.

Comme Saint-Louis, la Nouvelle-Orléans (216 000 hab.) sort de fondation française. Sur un sol de boue, sous un climat meurtrier, on l'a surnommée la « Tombe humide ». Malgré tout elle prospère, étant située à l'issue de la vallée du Mississippi, sur le puissant fleuve trouble, très rapide, sillonné de navires. Elle accompagne le vieux « Meschacébé » pendant 12 kilomètres, par une double courbe qui lui mériterait le nom de Cité du double Croissant, au lieu de celui qu'elle a reçu dans le langage imagé : Crescent City[2]. Les balles de coton s'empilent à l'infini sur ses quais, avant de partir pour Liverpool, le Havre et autres grands ports d'Europe.

Sur le Pacifique domine San-Francisco (234 000 hab.), qui compte sur l'avenir avec autant de raison que la maritime New-York, la continentale Saint-Louis et la lacustre Chicago. En 1847, c'était Yerba Buena, misérable village mexicain de 459 habitants, dans un pays sableux, venteux, stérile, et la voici devenue la première cité du Grand Océan, et même l'un des ports les plus actifs de la mer. Sa baie vaut les plus célèbres comme sûreté, comme étendue, et San-Francisco ferait tout le commerce de la Terre qu'elle mettrait sans embarras tous ses navires à l'abri de la tempête.

---

1. Près de 6 500 000 en 1881, plus 1 500 000 têtes de gros bétail.
2. Sauf que les Américains prononcent Ditroit.

1. *America whips off the World.*
2. Cité du croissant.

Vue des ruines d'un palais toltèque. — Dessin de Sellier, d'après une photographie.

MEXIQUE

Amérique latine. — Avec le Mexique, on entre dans l'Amérique latine, ainsi appelée, non de ce que le sang dit latin y domine, — c'est le sang indien, — mais de ce que la langue espagnole et la langue portugaise, toutes deux issues du latin, y sont les idiomes officiels, et, en même temps que le parler des Blancs, celui d'une foule infinie d'Indiens chrétiens et soumis.

Tenue pendant trois siècles en esclavage par les Espagnols et les Portugais, la vaste et belle Amérique latine s'émancipa voici déjà soixante ans passés. L'Amérique lusitanienne ou Brésil se sépara sans douleurs de la métropole, mais l'Amérique castillane se déchira violemment de l'Espagne. Malgré l'enthousiasme de Bolivar, malgré le courage de ses lieutenants et la ténacité de résistance qui est tout le caractère indien, la lutte aurait fini sûrement par la défaite des insurgés, n'eût été l'immensité du pays sans ponts et sans routes que Castille et Léon avaient à contenir. La victoire décisive immortalisa les champs d'Ayacucho sur le plateau péruvien : « Armes à volonté, en avant, au pas de vainqueurs ! » avait crié le général américain aux volontaires de l'Indépendance en leur montrant les soldats espagnols du vice-roi de Lima. C'était le 9 décembre 1824 et la guerre durait depuis quatorze ans.

Depuis ces jours de gloire, cette aurore de liberté, de paix et de bonheur, les Américains du Sud (sauf Brésil, Chili, Costa-Rica) ont consumé dans les guerres civiles quarante à cinquante années de la jeunesse de leurs Républiques. Et même aujourd'hui toutes leurs nations ne pourraient pas dire comme les fondateurs de la Paz ou la Paix, ville bolivienne :

> Los discordes en concordia,
> Amor y paz se juntaron
> Y pueblo de Paz fundaron
> Para eterna memoria [1].

[1] Les discordants se sont unis en concorde, amour et paix, et en mémoire éternelle ont fondé a ville de Paix

C'est que par une puérile imitation de la confédération des Yankees, ces Républiques se composent de provinces ayant droit aux privilèges d'États souverains ; elles sont remuantes, mal cimentées, travaillées par des antipathies de race : le Blanc y méprise le Métis et l'Indien, l'Indien jalouse et hait le Métis et le Blanc, le Métis envie le Blanc et dédaigne l'Indien.

De là des pronunciamientos ou soulèvements sans fin. Un avocat, un général, un politicien, lève un étendard sur lequel il écrit les mots magnifiques : Liberté, Vérité, Justice, et le sang rougit les pueblos et les campos.

Aussi l'Européen fuyant l'Europe cingle-t-il rarement vers la plupart de ces beaux rivages, même vers les Tierras templadas : on nomme ainsi

Sculptures toltèques. — Dessin de Sellier, d'après une photographie.

les pays de l'Amérique latine tempérés par l'altitude, contrées merveilleuses de tout point, où se trouve la fortune aussi bien qu'en domaine anglais ou yankee. Costa-Rica, le Chili, l'Argentine, terres où la race blanche a toute prépondérance, sont des lieux plus tranquilles, et si peu d'hommes bravent la mer pour aller vivre d'une vie nouvelle au milieu des Chiliens ou des Costa-Ricenses, les Européens du Midi débarquent à la Plata par grands et nombreux navires.

Le Brésil a place à part. C'est un empire où l'on parle portugais, et son peuple est fait d'un grand mélange de sang blanc, de sang noir et de sang indien.

Toutefois l'Amérique portugaise et l'Amérique espagnole se ressemblent en un point. Les hommes de leurs Terres chaudes et ceux de leurs Terres tempérées ont peu d'ardeur pour le travail : dans les Tierras calientes le climat les épuise, dans les Tierras templadas il les amollit. On a donné le

Jeune fille toltèque, d'après des types indiens modernes. — Dessin de P. Fritel

surnom de Santa Siesta (Sainte Sieste) à quelques villes de l'Amérique latine ; on pourrait le donner à toutes. Calus des mains, effort de l'esprit, l'énergie d'entreprendre, la force de poursuivre, la joie d'achever, ce qui est peine et persévérance rebute les Américains méridionaux. Chez leurs diverses nations, c'est l'étranger, le gringo regardé de travers, qui conçoit, combine, entreprend, exécute.

Les vieux Mexicains : barbarie de leurs rites, éclat de leur empire. — Avant ses démêlés avec les États-Unis, le Mexique avait deux fois l'étendue d'aujourd'hui ; il possédait les territoires, alors très sporadiquement peuplés, qui sont devenus Californie, Colorado, Arizona, Nouveau-Mexique et Texas, tous États de l'Union américaine. Ce qui lui appartient encore, les plateaux colonisés par les Nahuatl, arrachés par les Conquistadores aux empereurs indiens, le vrai Mexique enferme encore 195 millions d'hectares, près de quatre fois la France, avec 10 millions d'habitants.

Ce grand pays n'a donc que cinq personnes par kilomètre carré, malgré son climat presque partout agréable et sain, le nombre déjà grand d'années, et même de siècles, qui ont disparu depuis que les Mexicains sont un peuple policé. Peut-être même cette superbe région comprend-elle maintenant presque autant de friches qu'à l'époque, déjà vieille de trois cent soixante ans, où l'Estrémadurien Cortès, suivi de six cents routiers, renversa l'empire des Aztèques. C'était la petite troupe d'Israël contre l'armée du roi de Damas : « Elle ne paraissait que comme deux troupeaux de chèvres et les Syriens remplissaient la terre », mais elle avait foi dans les paroles écrites au-dessous de la Croix sur son étendard : *In hoc signo vinces*.

Elle établit sur ce vaste pays le pouvoir de l'Espagne, et le Mexique, devint avec les régions qui le continuent au sud jusqu'au détroit de Magellan, l'immense empire des Indes Occidentales, « la terre de déception et de vanité, tombeau de la noblesse de Castille ».

Il y a lieu de penser que les témoins de cette grande entreprise, prêtres ou guerriers, ont prodigieusement exagéré la puissance de l'empire de Montézuma, la richesse de ses villes, la splendeur de ses arts, le nombre de ses hommes. Cortès ne fouailla pas un peuple ayant conscience de lui-même, sentant dans toutes ses tribus l'injustice faite à l'une d'entre elles : une nation pareille, il n'aurait pu la courber, elle se serait redressée sous lui, puis reployée sur lui.

La vraisemblance est que ce très grand pays était brisé, suivant ses monts, ses plateaux, ses vallées, en une foule de peuplades de langages divers, obéissant de force à une confédération de guerriers-brigands formée de trois villes du lac de Mexico : — Ténochtitlan (plus tard Mexico), Tezcuco, Placapano. De ces peuplades, quelques-unes avaient des commencements de l'État policé, d'autres gardaient l'antique sauvagerie.

Les Aztèques n'étaient point les autochtones du Mexique ; ils avaient remplacé trois ou quatre cents ans auparavant des tribus originaires comme eux de la Floride, et dépendant également de la famille des Nahuatl. Les Toltèques, venus vers le septième siècle, avaient ouvert la période des invasions nahuatl ; après eux étaient venus les Chichimèques, puis les Aztèques. Mais rien de tout cela n'est bien sûr, et tel savant, tel explorateur, tel archéologue fait venir d'Asie les Toltèques et les trouve unis par d'innombrables traits aux fils de la Lune, aux enfants du Soleil levant, plus encore aux peuplades malaises. S'ils procédaient de la Chine, du Japon ou de la Malaisie, le Mexique et l'Amérique centrale seraient le Fou-sang des légendes chinoises, et les Asiatiques auraient été conduits ici par les flots du Kouro-sivo, qui mène en ligne courbe de la mer japonaise au littoral américain. De fait, les Indiens de ces plateaux ressemblent assez aux Jaunes de l'Asie.

Deux cents ans avant l'Estrémadurien, dans une île du lac-lagune de Mexico, se bâtit Ténochtitlan, le grand temple, l'inexpugnable citadelle, le lieu de règne et de cruauté. Des prêtres sanglants, nous dit la chronique, y officiaient dans 2000 maisons d'idoles, élevées à divers dieux destructeurs, de celui des batailles à celui de la syphilis. Il y eut des années où le couteau du sacrificateur saigna jusqu'à 70 000 hommes sur les autels, et les conquérants espagnols trouvèrent, à la prise de Mexico, 136 000 crânes de victimes dans le seul temple d'Huitzilipochtli, le dieu de la Guerre. Dans les grandes fêtes, le peuple s'arrachait les débris d'une statue géante pétrie de fruits et de farine avec le sang d'enfants égorgés. En certains jours de liesse, on arrachait à la fois le cœur à des centaines de victimes, et cette offrande aux dieux des Nahuatl était une grande

Sacrifices humains. — Dessin de P. Fritel.

joie pour le peuple. Les prêtres de Tlalocs, qui présidait à la pluie, mangeaient à leur table révérée, en compagnie des grands de l'Empire, les enfançons éventrés par eux suivant le rite, et c'était un mets béni pour ces ecclésiastiques et ces seigneurs. Plus cruel encore que Tlalocs, Xiouhtécutli, dieu du Feu, voulait qu'on souffrit mille morts avant de rendre le dernier souffle au pied de sa statue : ses victimes étaient jetées sur des charbons ardents, dans un grand bassin, puis, presque rôties, quand elles allaient mourir, les prêtres les tiraient du fourneau et, leur ouvrant la poitrine, jetaient le cœur aux pieds du roi des Flammes. Si ailleurs on a désigné les mois d'après les saisons, les plantes, les dieux, les rois, dans l'Anahuac une des divisions de

Ruines toltèques. — Dessin de Taylor, d'après une photographie.

l'année devait son nom à une cérémonie d'écorchement d'hommes.

Mais, toujours d'après la légende, trop sombre sans doute pour le crime, trop brillante pour la vertu, en dépit de la noire théocratie du despotisme, des lois de sang, des sacrifices humains, l'Anahuac ou plateau de Ténochtitlan était une terre bien ordonnée, ayant un « hôtel des Invalides » et une sorte de service des postes fait par des coureurs esclaves. A côté d'énormes téocalli, tumulus de sacrifice, ils avaient élevé des obélisques, des temples, des palais. Ces Indiens connaissaient quelque peu l'astronomie, ils écrivaient ou plutôt dessinaient des symboles sur une espèce de papier, ils dressaient des cartes, ils avaient des peintres, des sculpteurs, des forgerons, des artistes en métaux, ils cultivaient, ils irriguaient, et l'on dit que leurs villes, déjà dallées, éclairées, quand Paris n'était le jour qu'un bourbier, la nuit qu'une caverne de voleurs, avaient une lointaine ressemblance avec la glorieuse Athènes : à Ténochtitlan, à Tezcuco, à Tlascala, riche en guerriers, à Cholula, pleine de temples, on aimait les arts, le luxe, les bijoux, l'orfèvrerie, les tissus élégants; on y étudiait dans des « facultés », on y parlait un pur langage. Peut-être que le fort du lac, l'asile des brigands, la Rome Mexicaine, en un mot Ténochtitlan, allait bientôt briser à jamais son couteau

Indien extrayant le poulqué. (Voy. p. 704.) — Dessin de Riou.

rouge sur la pierre du sacrifice quand arriva tout à coup l'envoyé du Destin, l'homme de Médellin [1].

Est-ce à la terreur de ces autels sanglants? Est-ce à l'immense écart qui, devant la supériorité des Blancs, se fit tout à coup entre ce que les Indiens croyaient être et ce qu'ils se virent devenir sous le despotisme orgueilleux des chrétiens péninsulaires? Est-ce plutôt à une disposition de race qu'il faut attribuer les allures moroses des Indiens du Mexique? Toujours est-il que, sauf chez d'autres peuples de la même

[1]. Cortez était de Médellin, ville riveraine du Guadiana, en Estrémadure.

souche indienne, on ne connaît pas de nation plus opiniâtrement retirée, plus rétive avec tranquillité, plus indifférente en apparence aux fleurs de la vie, que les quatre-vingts à quatre-vingt-dix tribus de langages divers formant avec les Européens et les Métis ce qu'on est convenu d'appeler le peuple mexicain. Même ivres de poulqué — leur eau-de-vie tirée du suc d'un grand agavé — ces hommes ne connaissent pas la joyeuse humeur : le poulqué les irrite ou les terrasse, il les mine, il les ruine, il tarit pour l'avenir la sève de leur race; mais s'il les fait rêver, il ne les fait point sourire.

Terres brûlantes, Terres tempérées, Terres fraîches. — Que du golfe du Mexique à l'est, de

Dans les Terres tempérées : haie de cactus arborescents. — Dessin de A. de Bar, d'après une photographie.

l'Océan Pacifique à l'ouest, des terres basses de l'isthme de Téhuantépec au sud, on marche sur Mexico, la Puébla, Guadalajara, Guanajuato, ou sur n'importe quelle grande ville mexicaine, on a toujours devant soi de hautes montagnes à gravir, le Mexique étant fait de plateaux de 1600 à 2000 mètres d'altitude et au-dessus — plateaux de plus en plus étroits à mesure qu'ils s'approchent de l'isthme de Téhuantépec. Large de plus de 200 kilomètres d'une mer à l'autre, avec 195 mètres seulement d'altitude à la « mesa » ou seuil de Tarifa, la dépression de Téhuantépec est une cassure des monts qui font l'épine dorsale des deux Amériques. Le fossé qu'elle trace sépare nettement le Mexique de l'Amérique centrale.

Le long du Pacifique aux cieux secs, sur le golfe du Mexique au ciel surhumide, la côte, presque accaparée par la montagne, est brûlée du soleil, malsaine, souvent mortelle. Acapulco, port du

Le Popocatepetl. (Voy. p. 107.) — Dessin de Taylor, d'après une photographie.

Grand Océan, passe pour un des lieux les plus chauds du monde et ses habitants racontent qu'un des leurs étant mort prit le chemin de l'Enfer, mais qu'à la nuit tombante il remonta sur terre : né dans la fournaise d'Acapulco, l'hidalgo gelait chez Belzébuth. Sur le rivage opposé, la plage de la Vera-Cruz, qui reçoit plus de 4 mètres de pluie par an, est périlleuse en été pour le Mexicain du bas pays lui-même, et presque infailliblement funeste à l'Européen qui vient y mendier un sourire de la fortune et n'y reçoit d'elle que la mort, douloureuse aumône, ou s'il résiste aux poisons de l'air, à la fièvre jaune, à la dysenterie, il devient livide, exsangue, et sa coupe se tarit sans qu'il y puise à pleines lèvres.

Cette lisière de terres dangereuses que l'Européen fuit avec sagesse, s'appelle en espagnol Tierras calientes ou les Terres brûlantes. Sous les averses d'un ciel traversé par des rayons qui cuisent, dans la tépidité molle des serres chaudes, le Bas-Mexique, dont la moyenne annuelle est de 25 degrés, appartient à la zone éclatante, à la fois fauste et néfaste, où c'est l'homme qui végète et la plante qui vit : elle y croît avec force, avec luxe,

Une hacienda. (Voy. p 707.) — Dessin de A. de Bar, d'après une photographie.

avec grâce ; autant que l'arbre lui-même, la liane, les enroulements, les festons, les guirlandes y sont la trame des forêts. On admire et l'on redoute également cette zone en Amérique centrale, en Vénézuéla, dans l'Équateur et les deux Pérous, en un mot dans toutes les colonies fondées par les Espagnols sur les sols ardents du Tropique américain, au pied des plateaux isthmiques ou des sierras andines. De même, on y rencontre les deux autres zones parfaitement nommées Tierras templadas et Tierras frias.

Sur les flancs de la montagne ou sur ses plateaux, les Tierras templadas ou Terres tempérées succèdent aux Tierras calientes; elles s'étagent ici entre 1000 et 2000 mètres. Si les Terres chaudes sont tantôt brûlées de soleil sec, tantôt tiédies comme une étuve humide par des pluies orageuses tombées d'un ciel électrique, les Terres tempérées, sous une moyenne de 20 degrés, sont presque éternellement égayées par un printemps adorable.

Au-dessus de 2000 mètres, les Tierras frias, Terres froides ou plutôt fraîches, ont encore le plus souvent une moyenne égale à celle de Marseille, avec de moindres froids et de moindres chaleurs. Une grande partie du Mexique appartient à cette zone. Au-dessus de 2500 mètres, le pouvoir du Tropique faiblit, l'altitude triomphe, et déjà se montre en ses variétés le sapin, l'arbre du Nord et des hautes régions.

Sierras, monts, volcans d'Anahuac. — Le plateau d'Anahuac, où il pleut six fois moins que sur le bas pays, est un réseau de plaines au-dessus de 1500 mètres, hors des atteintes de la reine des fléaux, la fièvre jaune, qui monte rarement à cette hauteur. De ces plaines jaillissent des monts fabuleusement riches en métaux, surtout en argent, dont un peuple avide aurait extrait plus de trésors que les Californiens, les Victoriens, les Néo-Zélandais n'en ont encore tiré de la brisure de leurs quartz ou du tamisage de leurs alluvions.

Dans le nord du pays, dans les États de Sonora, Chihuahua, Cohahuila, Durango, Zacatecas, Nuevo-Leon, et surtout dans le Bolson de Mapimi, désert où les Apaches rôdent, le soleil boit jusqu'au sel les lacs salés environnés de solitudes où ne frémit pas un seul arbre; devant cette nudité, les Estrémaduriens et les Castillans de la conquête purent se croire dans leur patrie fauve. Les eaux qui

Mexico : cour du couvent de la Merci. — Dessin de Catenacci, d'après une photographie.

ne vont pas à des lagunes toujours amoindries roulent vers le golfe de l'est ou l'océan de l'ouest, en torrents très rapides, au fond des barrancos[1] ou dans les cagnons, et, par intervalles, dans les splendides bassins où les plantations sont rares : rares aussi les « haciendas », à la fois fermes en temps de paix et forteresses en temps de révolte. Les villes sont vastes, mais vides, avec de lourdes bâtisses.

1. Gorges.

Les plus fiers monts du Mexique ne se dressent pas sur les sierras qui supportent ou sillonnent les plateaux et remontent au nord pour aller se continuer dans les États-Unis; ils se lèvent, isolés, entre Mexico et la dépression de Téhuantépec. Le Popocatépetl, visible de la capitale, a 5420 mètres[1]. C'est un volcan. Dans la gueule même du monstre, et plus profondément encore, dans son ténébreux gosier, des hommes sont pendus en pleine che-

1. Ou seulement 5391.

minée de cratère, à des cordes enroulées sur un treuil, tenus par ce qui peut casser, par l'étoupe tordue ou les faisceaux de fibre, et, flottant sur l'abîme, ils recueillent le soufre dans les fissures de la roche.

Le Citlaltépetl ou Mont-Étoilé, ou l'Étoile qui brille au ciel, autrement dit le Volcan d'Orizaba, cime argentée, monte à 5384 mètres; peut-être même — car ces mesures ne semblent pas définitives — flotte-t-il aussi haut dans l'éther que le Popocatépetl. Les noms de ces deux géants mexicains nous semblent durs et barbares, mais les idiomes agglomérants de l'Anahuac sont fertiles en mots terribles ayant jusqu'à dix-huit syllabes.

Viennent ensuite l'Iztaccihuatl ou Femme Blanche (5185 mètres)[1], au nord et tout près du colosse Popocatépetl; le Nevado de Toluca (4570 mètres)[2], le Cofre de Perote (4090 mètres), le volcan de Colima (5866 mètres). Ces pics et d'autres, tous au sud du vingtième degré, sont des volcans éteints ou presque éteints en apparence, qui épargnent depuis longtemps, qui menacent toujours. Les plus élevés d'entre eux doivent une grande splendeur à l'isolement de leur pyramide, à leurs forêts, à leurs neiges quasi éternelles, mais aucun ne jette à la mer un grand fleuve. Sur le plateau grande est la sécheresse et maint rio s'épuise et s'arrête en route avant de descendre au bas pays par les abîmes des barrancos. Faute de pluie, l'Anahuac est constellé de grands ou petits saharas : qui cherche la tropicale opulence ne l'y trouvera jamais; le Mexique d'en haut est au contraire une région de noble nudité, de lignes précises, de ciel serein. Or ce haut Mexique est le vrai Mexique, terre dure au colon; mais ce colon est dur aussi, de par son origine indienne çà et là croisée de sang « péninsulaire ».

Indiens, Blancs, Métis. — Sur les 10 millions de Mexicains, 3 765 000 sont des Indiens purs, à divers degrés de science, richesse et sagesse, de ceux qui fournissent à la patrie des présidents de la République[3], des écrivains, des médecins, jusqu'à cette tribu où le malade qu'on veut saigner est fixé à un poteau, puis criblé de petites flèches par un « docteur », qui rencontre enfin la veine. Ces diverses peuplades parlent 51 langages, notamment les dialectes de l'aztèque, idiome qui dominait dans le pays à l'arrivée des Conquistadores.

1. Ou 4790 mètres seulement.
2. Ou 4500 seulement.
3. Tel le Zapotèque Don Benito Juarez

1 883 000 se réclament du sang « caucasien »; 4 254 000 sont de race croisée, entre Indiens et Blancs sur le plateau, entre Blancs, Indiens et Noirs dans la Tierra caliente, surtout dans le pays de la Vera-Cruz. Ces « mâtinés » parlent tous l'espagnol, exclusivement ou en même temps que la langue de la peuplade indienne à laquelle chacun d'entre eux se rattache maternellement. Le castillan marche rapidement à la conquête des Indiens purs eux-mêmes. Depuis que la gente sin razon[1], comme elle s'appelle dans sa modestie, a été rapprochée de Mexico par les chemins de fer et les routes, depuis que ses hommes sont devenus propriétaires, au lieu d'usufruitiers, la race indienne du Mexique s'intéresse à la vie générale de la nation; ses dialectes agglutinants, impuissants et barbares, ne peuvent plus lui suffire. Auparavant c'était assez pour elle de boire le poulqué, de diriger un filet d'eau sur l'aridité de sa terre, de se chauffer sous la capa del pobre, le manteau du pauvre, nom que les Espagnols d'Amérique donnent ingénument au généreux soleil. En passant de la langue, de la pensée indienne, à la langue, à la pensée espagnole, les Indiens oublieront enfin leur haine pour l'orgueilleux étranger qui les a tant foulés, que sous ce nouvel esclavage ils ont pu regretter le joug de leurs oppresseurs Nahuatl et la soif de sang d'Huitzilipochtli.

Les 1 883 000 « Caucasiens » ne sont point tous, il s'en faut, des Blancs purs; ils diminueraient singulièrement de nombre si l'on en retirait tout ce qui n'est point réellement de sang européen, de « sangre azul[2] ».

Parmi les Mexicains de peau plus ou moins blanche, les uns descendent des Castillans, Andalous, Catalans, Galiciens et Basques venus durant les trois derniers siècles; les autres sont des Chapetones (hommes nés en Espagne) ou des Européens. Parmi ces derniers on rencontre beaucoup de Gascons, et surtout d'Italiens : ceux-ci, en plus nombreux, seront bientôt prépondérants, ainsi que dans presque tout le reste de l'Amérique latine, de plus en plus envahie par les fils de la vieille Terre de Saturne. Quant aux Nègres, il n'y en avait que quelques milliers avant la guerre de Cuba qui les a jetés en foule sur le rivage de la Vera-Cruz.

Sans compter les Indiens tout à fait rebelles des

1. Gent sans intelligence.
2. Sangre azul, terme espagnol, signifie littéralement sang bleu, et la race blanche s'appelle en castillan raza de sangre azul.

Aguador, à Mexico. — Dessin de Riou, d'après une photographie.

secs campos, nomades endurcis, cavaliers solidissimes, ennemis mortels du citadin et du propriétaire blanc comme du laboureur couleur de brique, le Mexique enferme donc encore trois peuples distincts par leur histoire et leur caractère, les Indiens, les Blancs, les Métis, dont l'usage de l'espagnol fait peu à peu une nation plus unie qu'elle ne le fut jamais et de plus en plus intimement mexicaine. Ce peuple, très obstiné, très patient, profondément catholique, est maintenant, on peut l'espérer, inassimilable aux Anglophones qui le convoitent : les Yankees pourront s'emparer du Mexique, voire sans trop de peine, mais ils ne le plieront pas à leur langue, à leurs sectes, à leurs idées, à leurs axiomes; le Mexicain gardera son castillan qui sonne, et jamais il ne dira que le « temps est de l'argent »:

. États, Villes. — Par béate imitation des triomphants Yankees, les Mexicains ont jugé bon de déchirer leur pays en États souverains réunis par un lien fédéral lâche. Il fallait cimenter la patrie, ils l'ont éparpillée au hasard. Le châtiment a suivi de près la faute; ils ont perdu l'immense Texas, la brillante Californie, des monts et des plateaux sans fin, horizons secs continuant leurs sierras et leurs llanos.

Ce qui leur reste comprend un District fédéral, Mexico, grand de 23 100 hectares avec 354 000 âmes, 27 États et un Territoire, la Basse Californie[1], presqu'île très étirée entre l'océan Pacifique au couchant, la mer Vermeille ou golfe de Californie au levant — cette péninsule de 1100 kilomètres de long, toute en monts gris ou fauves, sans humidité,

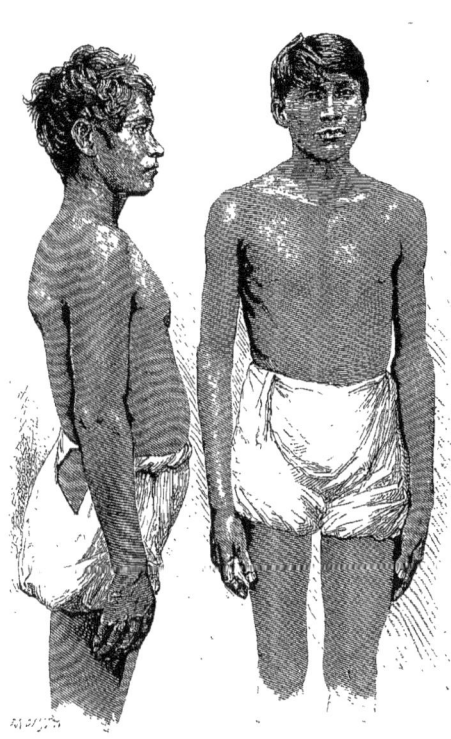
Types de Mayas. (Voy. p. 711.)
Dessin de Ronjat, d'après une photographie.

mais riche en métaux, n'a pas 25 000 habitants sur plus de 14 millions d'hectares.

Les 27 États portent ou des noms purement indiens, comme Tlascala, Zacatecas, Michoacan, Chihuahua, ou des noms purement espagnols, comme Vera-Cruz, la Puebla, Nuevo-Leon, Aguas Calientes, ou comme Hidalgo, consacrant la mémoire du « curé patriote » qui poussa le premier le cri d'indépendance en brandissant la bannière de Nuestra Señora de Guadalupe. Les trois plus grands ont : Chihuahua près de 23 millions d'hectares, Sonora près de 20 millions, Coahuila près de 16 millions; les trois plus peuplés : Jalisco 960 000 âmes, Guanajuato 788 000, Oajaca 744 000.

Mexico (241 000 hab.), en espagnol Méjico, dans les Terres fraîches, a son site à 2377 mètres d'altitude, sur un plateau de l'intérieur, entre le lac salé de Tezcuco et le lac doux de Xochimilco, un peu moins loin du golfe du Mexique, où elle a son port de la Vera-Cruz (40 000 hab.), que du Pacifique, où sa ville de mer est Acapulco. Mexico passe pour la plus belle ville de l'Amérique espagnole et c'était la plus habitée avant l'efflorescence de Buenos-Ayres, devenue la première des cités castillanophones après Madrid, qui même sera bientôt dépassée. Mais une banale nature environne la ville platéenne, tandis que Mexico contemple des monts magnifiques, Popocatépetl, Ixtaccihuatl, et d'autres, de fière allure aussi. Guadalajara (80 000 hab.) est à 1550 mètres au-dessus des mers; la Puebla (65 000 hab.) à 2170; Guanajuato (56 000 hab.) à 2045.

Le Yucatan. Les Mayas. — A l'orient du fossé de Téhuantépec, les États de Chiapas, de Tabasco

---
1. Ou Vieille-Californie.

et la péninsule du Yucatan, en tout plus de 22 millions d'hectares avec moins de 700 000 habitants, relèvent politiquement du Mexique, mais font en réalité partie de l'Amérique centrale dont ils reçoivent leurs seuls grands rios, le Grijalva, qui traverse tout le Chiapas, et l'Utsumacinta, qui passe dans le Tabasco, l'un et l'autre descendant du plateau guatémaltèque. Dans le Yucatan, bien

Uxmal : ruines du temps des Mayas. (Voy. p. 712.) — Dessin de Taylor, d'après une photographie

qu'embrassé par la mer pluvieuse, golfe du Mexique à l'ouest et au nord, Méditerranée des Antilles à l'est, il n'y a pas de fleuve, pas de rivière ; à peine un pauvre ruisseau tarissant, sur un sec calcaire. Une toute petite partie seulement des eaux yucatèques coule à la surface du sol, dans une contrée aussi basse et uniforme qu'est haut et varié l'Anahuac avec ses trois grands étages de climats et de plantes ; le reste emplit des lacs souterrains où tremble çà et là quelque obscur faisceau de lumière arrivé par les fissures des cenotes ou puits naturels. Ces réservoirs cachés se versent dans le golfe du

Mexique par de très fortes sources jaillissant du fond même de la mer.

Dans ce Mexique oriental, qui n'est point Mexique, des ruines immenses, avec sculptures immenses aussi, à Izamal, Chichen-Itza, Tocax, Tihoo, Mayapan, Uxmal, Mani, Ocozingo, Utlatan, Palenque, rappellent un des grands peuples de ce coin de l'Amérique, les Mayas, jadis chassés de l'Anahuac par les Nahuatl.

Cette vieille nation des Mayas témoigne d'elle-

Campêche : vue générale. — Dessin de Riou, d'après une photographie.

même par d'autres monuments plus vivants. Race têtue autant que les Indiens peuvent l'être, elle a résisté jusqu'à ce jour, et sa langue avec elle; le maya domine encore aujourd'hui dans le Yucatan, à tel point que les propriétaires d'haciendas, voire les urbains d'origine espagnole, sont dans la nécessité de le parler, les gens du peuple ignorant le castillan ou dédaignant de le comprendre. Quelques tribus de la côte orientale de la presqu'île sont toujours des « Indios bravos », autrement dit Indiens insoumis, sauvages.

Les Yucatèques vivent dans des pueblos sommeillants et dans trois cités sans vie : Mérida (32 000 hab.), dont le nom rappelle une ville estrémadurienne ayant un pont fameux; Valladolid, autre nom glorieux pris à la vieille Espagne; Campêche (15 000 hab.), célèbre au loin par un bois de teinture.

Guatémala : sur le Rio Utsumacinta. (Voy. p. 716.) — Dessin de Riou, d'après une photographie.

AMÉRIQUE CENTRALE

Volcans et révolutions. Blancs, Indiens, Ladinos. — L'Amérique centrale ressemble au Mexique par ses Terres froides, tempérées ou chaudes, ses hautes plaines entre les deux mêmes océans ; ses plateaux sont également sillonnés de volcans, également semés de ruines laissées par d'antiques peuples indiens, les uns encore vivants, les autres morts, desquels plusieurs ont disparu de la mémoire des hommes.

Bien mieux située que le Mexique, l'Amérique centrale dresse ses mesas et mesetas [1] entre les deux étranglements de sol qu'on pourrait appeler les isthmes de Suez du Nouveau Monde si, au lieu de sables arides, Téhuantépec et Panama n'avaient les orages tropicaux et les plantes magnifiques. On percera le plus commode de ces isthmes, Panama, comme la langue de terre égyptienne, et alors l'Amérique centrale deviendra l'un des chemins les plus fréquentés du monde.

Dans l'Amérique centrale ou Amérique isthmique, plus étroite que l'Anahuac, les capitales des États sont plus près de l'une ou l'autre mer que les grandes villes du Mexique, sur des plateaux plus bas d'assise, plus féconds, où le climat est moins éloigné de l'idéal du printemps perpétuel ; mais la saison des pluies y dure, ici huit mois, là six ; alors règne une humidité inouïe qui peut faire regretter les beaux froids durs, secs, et le voyageur, maudissant son destin, donne en vain de l'éperon pour dépêtrer son cheval de l'argileux

---

[1]. Mot à mot tables et tablettes, c'est-à-dire plateaux.

bourbier des cienagas[1]. Sans cette moitié d'année maussade, mouillée, moisie, sans les volcans, sans les tremblements de terre, sans la convoitise étrangère qui a déjà lancé des bataillons de flibustiers contre elle, la Terre isthmique serait le joyau du Nouveau Monde.

Puis, cet Éden entre les deux grandes mers fut de tout temps prodigue en révolutions dont on peut dire qu'elles sont vanité des vanités. Sous les noms frivoles des partis s'agite un lamentable néant, outrecuidance et hâblerie de rhéteurs, basse ambition de capitaines sans blessures ou frappés en plein brigandage, soif d'argent, d'honneurs, de hochets, confiance de quelque plat scribe en son propre génie : « Grâce à Dieu, nous n'avons eu cette année que deux tremblements de terre et trois révolutions ! » Paroles que l'on prête à un président du Salvador, et que peut-être il a réellement prononcées.

Quant aux volcans, la Terre des Isthmes en a 85, dont 40 grognant, toussant, crachant, brûlant, encendrant. Il y en a de terribles. Au seizième siècle, dès la Conquête, l'Église voulut racheter ces « possédés du Démon ». De païens, elle les fit chrétiens par le sacrement du baptême, mais l'eau bénite versée par le prêtre dans les cratères n'éteignit aucune des fournaises.

L'Amérique centrale va de l'isthme de Téhuantèpec à l'isthme de Panama, des lieux où tombent les sierras de l'Amérique du Nord à ceux où commence à se lever la Cordillère de l'Amérique du Sud : au premier de ces isthmes, le sol descend à 200 mètres ; au second, à 90 mètres seulement.

Politiquement, elle n'atteint pas ces limites naturelles.

Au nord, le Mexique a pris trois de ses pays, le Chiapas, le Tabasco et le Yucatan ; au sud, un grand tronçon du plateau de la Costa-Rica dépend de la Nouvelle-Grenade ; enfin, sur le rivage du golfe du Mexique s'étend la colonie anglaise de Bélize.

Ainsi réduite, la Terre isthmique n'a que 44 à 45 millions d'hectares, avec 2 650 000 habitants, 6 au kilomètre carré, quand la France, moins baignée de pluie, moins couvée par le soleil, en entretient 71. Dans le Salvador il y a 50 personnes pour 100 hectares, ce qui en fait l'État le plus densément peuplé des deux Amériques ; il y en a 10 dans le Guatémala, 4 dans la Costa-Rica, 3 dans le Honduras, 2 dans le Nicaragua.

Les Blancs ne dominent que dans la seule Costa-Rica ; partout ailleurs le peuple se partage essentiellement entre Indiens et Ladinos.

Ladinos, c'est-à-dire Latins ! Or qu'ont-ils de latin ? Presque rien, puisqu'ils se rattachent beaucoup plus par le sang aux diverses nations indiennes conquises qu'aux Espagnols conquérants qui envahirent le pays à partir de 1524, et que d'ailleurs les Espagnols sont Celtes, Ibères, Berbères, Arabes, tout ce qu'on voudra, plutôt que Latins, Rome ayant infiniment moins colonisé qu'assimilé par son administration, son droit, ses spectacles. Mais les Ladinos parlent la somptueuse langue néo-latine dont leurs ancêtres entendirent les premiers mots sortir de la bouche des Conquistadores en paroles de commandement. Et peu à peu l'espagnol passe son niveau sur les Indiens soumis, travailleurs dans les champs de cacao, de café, d'indigo, de cochenille, patients cultivateurs du maïs qu'aux champs les plus féconds le sol et le soleil peuvent renouveler jusqu'à quatre fois par année ; il empiète même sur les Indios bravos et restreint chaque jour le domaine des langues indiennes, qu'elles se réclament du quitché ou du maya ou du nahuatl.

Ce pays comprend cinq États inégaux, dont le plus petit, le Salvador, tiendrait sept fois dans le plus grand, le Nicaragua.

Ces cinq Républiques ont une certaine tendance à se fédérer, mais jusqu'à ce jour elles se sont entre-battues bien plus souvent qu'unies en amour et sincérité. Du nord-ouest au sud-est, on les nomme Guatémala, Salvador, Honduras, Nicaragua, Costa-Rica.

Guatémala, Guatémaltèques. — Ce nom de Guatémala n'est pas espagnol, malgré sa longueur, sa franche harmonie ; il ne fut point donné au pays par son conquistador Don Pedro de Alvarado. Viendrait-il de l'indien Uhatezmalha, « Mont qui vomit l'eau » ? De fait, un des volcans guatémaltèques a plus d'une fois lancé soudain un affreux torrent : on l'appelle volcan de Agua, volcan de l'Eau.

Le Guatémala, vaste d'un peu plus de 12 millions d'hectares, riche de 1 250 000 âmes, confronte à l'ouest au Mexique, au nord au Yucatan, à l'est au Salvador et au Honduras. Il possède le plus haut, le plus grand plateau de la pseudo-confédération des Isthmes : s'il n'a que 500 mètres au-dessus de l'Océan vers les frontières du Salvador, plus au nord son altitude varie entre 1300 et 1950 ; les Altos de Quetzaltenango, où parfois se

---

[1]. Lieu de fange, de boue, du latin *cœnum*.

montre la neige, ont même 2500 mètres, et c'est là une terre plus que fraîche, presque froide, pauvre, dure, d'où l'on émigre, comme de Marche et de Limousin, comme d'Auvergne.

Des volcans longent de loin le littoral du Pacifique, où l'invierno, saison des pluies, remet en fraîcheur les plantes que sèche le verano, saison des chaleurs, tandis que près du golfe du Mexique

Types de Lacandones. — Dessin de P. Fritel, d'après une photographie.

il n'y a guère de mois sans averses : aussi la végétation ne languit-elle jamais sur le versant oriental du pays guatémaltèque ; elle a même trop d'exubérance touffue : elle y presse, elle y réduit l'homme dans une espèce de forêt-marais ; sur les Altos, plus froids et secs, les Ladinos ont déjà renversé trop d'arbres, si bien que d'un bois

vierge on montera bientôt sur une chauve Castille.

Trois volcans montent peut-être au-dessus de 4000 mètres : le volcan del Fuego (du Feu), son voisin le volcan de Agua (de l'Eau) et l'Acatenango, encore inexactement mesurés. Le plus haut des trois, le Fuego, redoutable pic, est diversement évalué à 3740, 4000, 4250 mètres. Il y a chez les Guatémaltèques 21 soupiraux volcaniques, dont plusieurs ignivomes.

L'Ouest, le Centre, le Nord du pays ont leur penchant vers le Grijalva, grande rivière du Chiapas, et surtout vers le tortueux Utsumacinta, que cherchent des rios sans nombre et qui, devenu large fleuve, s'irrite à la descente du pla-

Types ladinos. (Voy. p. 714.) — Dessin de Ronjat, d'après une photographie.

teau et, de « raudal » en « raudal », c'est-à-dire de rapide en rapide, arrive à la cascade de Tenocique : alors il s'apaise, il porte des barques, et cessant d'être guatémaltèque pour devenir yucatèque, va mourir dans le golfe de Campêche. Au nord de son bassin, un lac sans départ d'eau visible dort sur les terres de la République, à près de quinze cents mètres d'altitude, en un abîme qu'on dit profond de cinq cents mètres — c'est le Péten ou lac des Fleurs.

Les Blancs sont peu nombreux dans le Guatémala, l'une des cinq Républiques « centrales » où la fusion des races a fait le moins de progrès; on en compte 400 000, mais combien d'entre eux ont

à peine une gouttelette de sangre azul dans le torrent du sang indien! Tous parlent l'espagnol, qui conquiert insensiblement à sa loi les 26 langues indiennes vivant encore dans ce pays, les unes sorties du rameau maya, les autres du rameau quitché, d'autres encore du rameau nahuatl; déjà beaucoup de Métis ont abandonné pour lui leurs agglutinants idiomes, et même beaucoup d'Indiens en ont fait autant. Parmi ces derniers un grand nombre sont des « Indios bravos » encore païens, notamment des Lacandones; mais la foule des Guatémaltèques adhère à la religion chrétienne qui jadis apporta, suivant le mot du Christ, « non la paix, mais la guerre » aux tribus qui avaient sculpté les monuments de Copan, de Tical et de Dolores.

Sur les Altos, en Terre tempérée, en Tierra caliente, Pseudo-Blancs, Métis, Indiens, croissent allègrement, sans le secours d'aucune immigration étrangère, sauf de temps en temps quelque Italien, quelque Espagnol, quelque Français ou quelque Yankee. La population double tous les trente ans.

La capitale, Nuéva Guatémala (56 000 hab.), a son site à 1529 mètres d'altitude, à vingt et quelques kilomètres seulement du Pacifique, sur le

Sur le Péten ou lac des Fleurs. (Voy. p. 716.) — Dessin d'Alexandre de Bar, d'après une photographie.

faîte entre les deux mers, près de deux sourcilleux voisins, le volcan de l'Eau et le volcan du Feu. Elle succéda en 1775 à Viéja Guatémala, l'ancienne métropole espagnole mise à mal par un tremble-terre; et celle-ci remplaçait Antigua Guatémala, résidence des rois indiens subitement emportée par un fleuve évadé de la gueule du volcan de Agua : ainsi l'un de ses pics ravine et noie, l'autre brûle, et tous deux agitent le sol.

Salvador et Salvadoriens. — Le Salvador, seul des cinq États qui n'aille point du Pacifique à l'Atlantique, ne couvre même pas 1 900 000 hectares, à peine trois départements français, mais il entretient 556 000 hommes; il est donc plus densément peuplé que chez nous les Basses-Alpes, les Hautes-Alpes, la Lozère, et à peu près autant que la Corse. A l'ouest, il touche au Guatémala; au nord, à l'est, il a le Honduras.

Cette contrée, que ses Indiens nommaient Cuscatlan, Terre des richesses, devint la proie du conquérant Don Diego de Alvarado. Elle comprend une étroite lisière au long du Pacifique, des versants couverts de forêts profondes et une haute plaine, attachée au plateau de Honduras, laquelle est large de 50 kilomètres, élevée en moyenne de 600 mètres, et porte des volcans continuant la rangée du Guatémala. Sans les volcans de boue, il y a trente monts du Feu, éteints ou brûlants, entre 1100 et 2400 mètres; les plus hauts se nomment San Vicente ou Chicontépec (2400 mètres?) et San Miguel (2153 mètres) : de celui-ci coulèrent assez de laves pour remblayer 60 000 hectares. L'Izalco (1875 mètres), soulevé en 1793, a toujours grandi depuis; seul, fier, il voit l'Océan, l'Océan le voit, et la nuit, quand il flambe, sa colonne de feu guide le navigateur; c'est le « Faro del Salvador[1] ».

Dans son exiguïté le Salvador n'a point de place pour créer quelque Amazone, et l'Amérique cen-

Tical : ruines indiennes. (Voy. p. 718.) — Dessin d'Alexandre de Bar, d'après une photographie.

trale elle-même, trop resserrée entre les deux Océans, ne peut envoyer à l'un ou à l'autre un fleuve de première grandeur; néanmoins le Lampa porte en eaux moyennes 496 mètres cubes par seconde au Pacifique, tribut d'un bassin de 1 470 000 hectares. Parmi ses lacs, l'Ilopango conserve son nom indien, comme, du reste, presque tous les lieux du pays; voisin de la ville de San-Salvador, il ressemble, sous de tout autres cieux, au lac des Quatre-Cantons forestiers par sa tortuosité, ses étroits, ses bras allongés, ses monts qui n'ont ni neige, ni glace comme ceux du lac de Lucerne, mais qu'éclairent parfois de rougeâtres

1. Phare du Salvador.

lueurs, quand quelque volcan s'impatiente; long de 9200 mètres, large de 7500. profond de 200 et plus, ses gouffres dévoraient tous les ans quatre vierges vouées à Xochiquetzal, Déesse des eaux.

Les Ladinos font la majorité des Salvadoriens; après eux viennent les Indiens, issus d'une branche des Aztèques mexicains et dont quelques villages parlent encore le nahuatl. Les Blancs purs forment à peine le quarantième de la nation, qu'accroît très rapidement l'excédent des naissances.

La capitale, San-Salvador (14 000 hab.), borde le Bermenillo, à moins de 50 kilomètres du Pacifique, à 667 mètres d'altitude, au pied du San-Salvador ou Quetzaltépec, haut de 1961 mètres. Sur ce sol vacillant de l'Amérique isthmique, le plus grand ennemi des villes n'est ni l'incendie, ni la colère d'un fleuve, ni le canon, c'est la vibration du piédestal de la cité. San-Salvador a dans ses annales une de ces minutes qui suffisent à l'effondrement de mille palais. Elle fut anéantie en 1854, dans la nuit du jeudi au vendredi saint : les San-Salvadoriens n'osèrent y revenir que quatre ans après; encore n'élevèrent-ils pas la métropole renouvelée tout à fait sur le même site que la ville défunte. Depuis sa fondation en 1528 San-Salvador a passé par une dizaine de grands tremblements de terre.

Les ruines d'Opico et de Técoluca montrent que les anciens maîtres du Salvador savaient construire de vastes monuments comme leurs frères Guatémaltèques, Honduriens et Yucatèques — frères ennemis sans doute.

Honduras, Hondureños. — Vaste de 12 millions d'hectares avec 550 000 âmes, le Honduras, autre République de langue espagnole, sépare le Guatémala (à l'ouest) du Nicaragua (à l'est) et borde le Salvador au septentrion. Il a pour toute part du Grand Océan la baie vaste et sûre de Fonseca, où se mirent des volcans; sur la mer des Antilles ou mer des Caraïbes il déploie de longs rivages avec un port excellent, Puerto Caballos, qui s'ouvre sur le golfe évasé de Honduras. Entre ce port de l'Atlantique et cette baie du Pacifique, la Llanura de Comayagua, vallée transversale, aurait pu livrer passage au Canal d'entre deux mers s'il n'y fallait mener les vaisseaux jusqu'à près de 850 mètres de hauteur, pour les faire ensuite redescendre d'autant : mieux vaut le long dédale du détroit de Magellan, ou doubler le cap Horn au milieu des noires tempêtes.

On estime à près de 1000 mètres la moyenne élévation du plateau de Honduras, où ne se lèvent que deux volcans, et à 2000-2500 mètres l'altitude de ses montagnes suprêmes. De beaux rios en descendent : tels, au nord, le Pateca et l'Ulea, qui a son homonyme dans la froide Scandinavie, au sud le Choluteca.

Blancs venus dans la contrée depuis les jours du conquérant Don Gil Gonzales Davila, Indiens soumis, Indiens sauvages de la nation des Caraïbes et de celle des Xicaques, Noirs originaires de Cuba ou de la Jamaïque, Mulâtres, aucun de ces éléments n'est nombreux dans le Honduras, où dominent essentiellement les Ladinos, qui sont ici des hommes sobres, constants, durs au mal, robustes, capables d'efforts et d'héroïsme. Et pourtant ce pays sommeille. Quand il se réveillera, les Hondureños en pourront tirer des trésors : il regorge de mines, il excelle en fécondité, il a de salubres climats dont les moyennes varient entre 13 et 20 degrés suivant la hauteur des lieux.

Peut-être que les vieilles cités honduriennes avaient quelque splendeur et les ruines de plus d'une, notamment d'Olancho, le feraient presque croire; mais celles d'aujourd'hui ne dépassent guère la magnificence d'un grand village. Tegucigalpa (12 000 hab.), c'est-à-dire Coteau d'argent, dans le bassin du Choluteca, sur le versant du Pacifique, vient de succéder comme capitale du pays à l'indigente Comayagua : celle-ci, près des ruines de Ténampua, est à 600 mètres d'altitude, dans ce val de Comayagua que la hauteur de son seuil empêche seule d'unir les deux océans par un canal de grande navigation : dans ce val et devant cette ville court un rio du bassin du fleuve Ulea, lequel boit environ le tiers des eaux du Honduras.

Nicaragua, Nicaragueños. — C'est le conquistador Don Hernando Ponce qui mena les Espagnols à l'assaut de cette région, devenue dans la suite le plus vaste État de la « Confédération centrale ». Il s'étend sur près de 13 400 000 hectares, mais 500 000 hommes à peine y vivent dans l'indolence, au chaud et beau soleil, entre Atlantique et Pacifique, au nord de la Costa-Rica, au sud du Honduras.

Ce pays triangulaire, partie la plus basse, la plus tropicale de la Terre des Isthmes, envoie presque toutes ses eaux à l'Atlantique, au nord par le Segovia ou Coco, fleuve de 500 mètres cubes de portée moyenne, au centre par divers rios, au sud par le San Juan, déversoir du fameux lac de Nicaragua.

AMÉRIQUE CENTRALE.

Avec ses 828 000 hectares à 40 mètres d'altitude, le lac de Nicaragua, qu'entourent des volcans, vaut plus de quatorze Lémans, et un rio quelque peu marécageux de 30 kilomètres lui apporte le tribut d'un lac moindre égal à près de trois fois l'eau de Genève, mais il n'a pas d'abîmes comme le bassin bleu de Suisse et Savoie, la sonde n'y descend qu'à 80 mètres. Trois cônes éteints montent de son onde brillante que le vent soulève et brise en vagues presque marines, le Zapatero, le Madera, l'Omotépé, qui est de grande taille, ayant 1558 mètres, sinon 1955. Le lac de Managua, dont le Tipitapa lui amène l'excès, remplit une conque de 145 000 hectares, à 47 ou 48 mètres au-dessus des mers, au pied de beaux monts, dont l'un est le célèbre Momotombo

Voiture du Nicaragua : le volan coché. — Dessin de Ronjat, d'après une photographie.

(1830 mètres), le seul volcan de l'Amérique centrale qui, dit la légende, n'ait laissé redescendre aucun des prêtres envoyés pour baptiser son cratère au nom du Dieu très haut et de la Sainte Église.

Ces lacs qu'un ample fleuve unit à l'Atlantique dorment tout près du Pacifique, où il semble que la moindre secousse les ferait crouler, car le dos de sierra qui les en sépare est peu élevé, fort mince. On aurait donc naturellement élu cette dépression pour le passage du Grand canal interocéanique : de l'un ou de l'autre des deux « lagos », la nouvelle « voie des peuples » aurait atteint, d'écluse en écluse, le faîte d'une tranchée dans la pierre, puis, encore d'écluse en écluse, se serait abaissée vers quelque anse du Pacifique. Mais on a fini par reconnaître invinciblement que les capitaines des vaisseaux marins ne perdront jamais leur temps et leur argent à monter, puis à descendre à la queue-leu-leu des biefs étagés sur deux versants, et l'on a préféré passer en tunnel, sans ruptures de niveau, sous les collines de l'isthme panaméen. D'ailleurs il aurait fallu dompter avant tout l'émissaire du lac, le San Juan, qui a de violents rapides au Castillo et à Machuca, des sables, trop peu d'eau pour le paisible voyage des grands navires : il n'en roule pas moins 500 mètres cubes d'eau par seconde en moyenne, 262 à l'étiage.

Le pays des Nicaragueños dresse vingt volcans morts ou non morts. Le plus haut, le Télica, s'élance à 2183 mètres; le plus terrible, le Cosiguina, qui ne monte qu'à 1158 mètres, d'autres disent 869 seulement, commande la baie de Fonseca : il couvrit de cendres

Nicaragua : un village. — Dessin de Vuillier.

en 1835 un immense espace de terre et de mer.

Les races sont fort mélangées : les Ladinos font, dit-on, les trois cinquièmes de la nation, les Indiens purs le quart, les Noirs et Mulâtres le dix-septième, les Blancs purs, la plupart d'origine galicienne, le vingt-cinquième. Quelques tribus de l'intérieur, dont plusieurs sorties du grand tronc des Aztèques, parlent encore les dialectes de leurs ancêtres, entre autres les Mosquitos insoumis, mais, dans l'ensemble, les Nicaragueños emploient un espagnol de moins en moins mêlé de « gallicismes »[1] et d'indianismes.

Les gens de race noire y préfèrent la Terre chaude aux plaines hautes, où vit de préférence ce qui a quelques gouttes de sang azul dans les artères. La population, moins belle que chez les

[1]. Et non « gallicismes » : il s'agit ici des idiotismes du patois de la Galicie, bien plus portugais qu'espagnol.

autres peuples de l'Amérique centrale, y est aussi plus indolente.

La capitale, Managua (12 000 hab.), riveraine du lac de son nom, l'emporte à peine sur Granada, voisine du lac de Nicaragua ; elle ne l'emporte pas sur Léon (25 000 hab.), l'ancienne capitale et la ville « monumentale » de la République.

Costa-Rica, Costa-Ricensiens. — 200 000 hommes au plus donnent le nom de patrie à ce pays de 5 176 000 hectares, le plus mince de l'Amérique centrale.

Nommée d'abord Côte des Obstacles (Costa de los Contrastes), elle devint ensuite la Côte Riche, sans doute parce qu'on la crut prodigue en métaux donnant opulence. Son dompteur fut Don Alvaro de Acuna.

Elle-même très haut plateau, elle continue le plateau de Véragua, piédestal de 600 à 1000 mètres d'altitude qui commence à la dépression panaménienne et devrait relever de la confédération des Isthmes, non pas de la Nouvelle-Grenade ou Colombie. Ce pays de Véragua, c'est la Castille d'Or de Colomb et des Conquistadores. Côte-Riche et Castille d'Or, seul et même pays, ont en réalité même aspect, même nature, même histoire sous deux noms synonymes.

Douze volcans, dont quatre encore très dangereux, garnissent les plateaux de la Costa-Rica, dominés aussi par une cordillère très boisée de 2000 mètres d'élévation moyenne. Parmi ces volcans les plus beaux sont le Turrialba (5435 mètres, peut-être 3812), l'Irazú (3505 mètres) ou volcan de Cártago, visible des deux mers, et, près des frontières du Véragua, le Pico Blanco (3578 mètres). Le plateau principal, l' « Altoplanicie » de Cártago, se déroule entre 1250 et 1600 mètres.

La Costa-Rica appartient presque entièrement à la race blanche pure : chez les paysans un homme sur cinq, chez les citadins un sur vingt tout au plus, portent quelques traces, rarement bien visibles, d'un mélange du sang indien avec le sang espagnol, et qui dit espagnol dit ici galicien, le plus grand nombre des ancêtres de ce petit peuple étant venus de la pluvieuse presqu'île nord-occidentale de l'Ibérie, de la terre des petites gens qui cherchent leur petite fortune en Portugal, en Espagne et outre-mer. Toutefois le pays a ses Indios bravos, les Guatuzos et les Talamancas.

Les Costa-Ricensiens sont avenants, polis, doux, fidèles à leur parole, un peu serrés, très épargneurs, tout comme les Gallegos dont ils procèdent. La haute plaine où s'augmente cette peuplade rustique n'a malheureusement qu'une largeur infime, et pour peu qu'on en descende, soit vers le Grand Océan, soit vers l'Atlantique, on tombe dans des vallées où l'énergie du corps et la santé de l'âme souffrent des ardeurs du dixième degré de latitude. Costa-Rica n'a pas assez d'espace pour un grand avenir des Costa-Ricensiens.

La capitale, San-José, qui n'a qu'une centaine d'années d'existence, est une bonne ville de 12 000 âmes, à 1288 mètres d'altitude, à 96 kilomètres de Punta-Arenas, port du Pacifique, à 122 kilomètres de Limon, port de l'Atlantique ; elle a succédé à Cártago, cité de 12 000 habitants toujours menacée des colères du volcan d'Irazú, et déjà deux fois démantibulée depuis la fondation de San-José.

Honduras anglais. — Sur le rivage guatémaltèque et la côte mexicaine du Yucatan, le long du golfe de Honduras, s'étendent les 1 958 000 hectares du Honduras anglais, colonie de forêts et marais, de climat brûlant, d'allures tropicales, où les Indiens, les Métis, les Nègres sont séparément plus nombreux que les Blancs. Et tout cela fait à peine 27 500 personnes, parmi lesquelles se propage de plus en plus la langue castillane, grâce à l'immigration des Espagnols des cinq républiques voisines et de Cuba « toujours fidèle ». Bélize, capitale sur le golfe « hondureño », est un bourg de 5000 âmes.

ANTILLES

La Méditerranée américaine, le Courant du Golfe. — Entre les deux Amériques, une mer étincelle, qui est la Méditerranée du Nouveau Monde. Bien plus grande que notre glorieuse mer Intérieure[1], elle est moins fermée, moins intime, et ne sépare que deux demi-continents et non trois parties du Globe comme la Mer des Latins.

Au nord, elle baigne les côtes plates des États-Unis, qui lui envoient le Mississippi terreux, leur « Père des eaux » ; au sud, la Colombie ou Nouvelle-Grenade et le Vénézuéla jettent sur son rivage l'ombre de leurs sierras ; à l'ouest, le Mexique et l'Amérique centrale la séparent du Pacifique par leurs trois étages de « tierras » montant d'un littoral empesté ; à l'est, de la Pointe de la Floride, embrouillée de récifs, jusqu'aux bouches du grand fleuve Orénoque, une traînée d'îles, majeures, moyennes, petites, minuscules, de l'empire à l'îlot, se lève entre ses flots et les flots de l'Atlantique.

Pareille à la Méditerranée classique nettement divisée en deux mers (l'une à l'occident, l'autre à l'orient) unies par le large détroit d'entre Tunisie et Sicile, la Méditerranée d'Amérique se partage en deux bassins : au nord-ouest le Golfe du Mexique où le Mississippi s'engouffre ; au sud-est la Mer des Antilles ou Mer des Caraïbes, qui ne boit que le Magdalena. Entre les deux s'ouvre le canal de Yucatan, large passe ayant à l'ouest le Yucatan, presqu'île trapue, à l'est l'île de Cuba, faite comme un poisson qui aurait plus de 300 lieues de longueur.

Ces îles, celles du nord-ouest grandes, les autres petites, sont les Antilles, débris peut-être d'une vaste terre submergée, car leurs plantes et leurs animaux diffèrent beaucoup de ceux de l'une et de l'autre Amérique.

Du 10e au 30e degré boréal, sur toute cette mer entre terres, le soleil est roi. C'est donc une eau tiède qui sort de la chaudière des Caraïbes et du Mexique, au détroit de Bénini séparant la rangée des îles Bahama des coraux de la péninsule floridienne.

A l'issue du détroit de Bénini cette eau s'unit au grand Courant équatorial, chaud de 30 degrés, qui a longé le littoral du Brésil, puis la rive des Guyanes, puis la rangée des Antilles sans laquelle il entrerait dans la mer des Caraïbes. Confondue avec ce flot infiniment plus puissant qu'elle, l'onde sortie du golfe Mexicain garde injustement son nom de Courant du Golfe — à l'anglaise et à la yankee, Gulfstream.

Ce grand flux de mer ne semble pas revenir à ses points de départ ; il y revient pourtant (comme toute chose en se dissociant retourne à son origine), mais par d'autres routes, par d'autres océans, entre, sur ou sous d'autres flots.

On outrait sa puissance, mais on n'exagérait pas sa grandeur : s'il ne règne pas aussi souverainement qu'on le croyait sur le climat d'une partie du monde, ce n'en est pas moins le plus immense des fleuves, et fleuve sans rivages, puisqu'il coule au sein même de la mer. Après la rencontre du Courant équatorial et des eaux arrivées par le passage de Bénini ou canal de la Floride, il se déploie sur un courant polaire marchant en sens inverse à quelque 400 mètres de profondeur ; sa largeur est ici de 59 kilomètres, son épaisseur moyenne de 570 mètres, sa portée de 33 millions de mètres cubes par seconde, soit un million de fois l'étiage extrême de la Seine sous les ponts parisiens. Il roule vers le nord, dans sa magnifique expansion, et longtemps encore il reste tiède : en plein Nord, sous les brouillards de Terre-Neuve, au choc des froides eaux qui ont frôlé Pôle, Groenland et Labrador, sa chaleur atteint ou dépasse encore 20 degrés.

Climat des Antilles. Nègres, Blancs, Mulâtres. — Toutes perles comprises, cet écrin de la mer s'épanouit entre le 10e et le 27e degré.

Sur près de 24 millions 1/2 d'hectares les Antilles n'ont pas tout à fait 5 millions d'hommes, dont un quart de Blancs. On leur conserve encore le nom d'Indes Occidentales, donné lors de la découverte à ces îles par Christophe Colomb, qui crut y trouver le prolongement de l'Inde dont il convoitait les trésors et les épices. Elles ressemblent quelque peu, d'ailleurs, à la presqu'île Gangétique par leur immersion dans les flots tropicaux, leur végétation brillante, leurs forêts incoercibles, leur ciel chaud orageux, leurs pluies

---

[1]. Près de 400 millions d'hectares contre moins de 200.

telles qu'il en tombe jusqu'à 10 mètres par an sur certains monts. Et la fièvre jaune y tue comme en Inde le choléra.

Toutes, ou presque toutes, elles se dressent en montagnes, les petites comme les grandes. Les petites sont ou calcaires ou volcaniques; sept monts de feu n'y ont pas encore éteint leur flamme, et des tremble-terres y détruisent en quelques secondes ce qui avait été construit en beaucoup d'années. L'archipel est malmené par les ouragans; au dix-huitième siècle, une tourmente noya dans la seule Martinique, île française, quatre mille hommes sur quarante navires, des villes s'écrasèrent sur neuf mille victimes; dans la même mer, ce même typhon rasa la Barbade, île anglaise, et engloutit devant Sainte-Lucie une flotte britannique avec six mille marins. Par un contraste inouï, nulle part au monde la vague n'est plus transparente, le ciel plus éclatant, les étoiles plus lumineuses, les souffles plus tièdes et plus embaumés que sur les plages où se déchirent ces ouragans tragiques, ténébreux, tumultueux, qui sont comme un râle de la nature. Heureux qui passe le printemps de sa vie dans ce printemps de la Terre !

Pourtant le climat de ces rivages flétrit les Blancs qui le bravent sans prudence et sans sobriété; mais, par bonheur, grâce à leurs mornes, leurs pitons, leurs montagnes, les Antilles ont, comme l'Amérique latine qu'elles regardent de l'ouest ou du nord, des terres tempérées au-dessus des terres chaudes, des terres fraîches au-dessus des tempérées. Le fils d'Europe retrouve dans ces îles, à quelques centaines de mètres d'altitude, le climat périméditerranéen, et, s'il monte plus haut, il sent du froid, et même parfois reçoit quelque neige.

Les terres basses, au ciel pluvieux, souvent plombé de nuages, conviennent aux Noirs et à leurs demi-fils les Mulâtres qui forment ensemble à peu près les trois quarts de la nation bigarrée des Antilles.

Comme chacun sait, les Nègres des Antilles ont pour ancêtres de lamentables esclaves amenés d'Afrique à travers mers, fers aux mains, aux pieds, pour remplacer les Indiens Caraïbes ou Bénarés, hommes doux tellement diminués par la cruauté de leurs maîtres que sur plus d'un million d'Haïtiens, par exemple, à peine en restait-il cent cinquante mille un quart de siècle après la conquête espagnole : la chronique le dit, qui souvent exagère.

Pendant près de trois siècles et demi, les Noirs défrichèrent les Antilles sous le fouet des surveillants, dans les champs de canne à sucre, de café, de cacao, de tabac, de coton, d'où sortirent longtemps les plus resplendissantes fortunes de l'Europe. Libres aujourd'hui dans les Antilles françaises, hollandaises, anglaises, à la veille de le devenir dans les îles espagnoles, ils protestent par une fière indolence contre les travaux et les injustices qui courbèrent sur le sol les générations dont ils descendent. Pour les remplacer, les planteurs appellent d'Asie, de l'Inde ou de la Chine, des coulis, hommes de peine.

Deux petites îles, la Dominique et Saint-Vincent, conservent encore quelques familles de Caraïbes authentiques, 25 ou 26 en tout, et l'on dit que le nord de la grande île d'Haïti renferme des milliers et des milliers d'hommes de cette race, plus ou moins teintés de sang noir. Partout ailleurs ces Indiens débonnaires — du moins l'histoire les fait tels — sont descendus dans la tombe, et la mort de ce peuple est un crime de l'Espagne. Le nom de Caraïbes est une corruption de Callinagos, ainsi qu'ils s'appelaient réellement. Ils se rattachaient au grand tronc des Guaranis.

Haïti ne dépend d'aucun peuple d'Europe ou d'Amérique, mais elle est française par le langage des deux tiers de ses habitants, espagnole par l'idiome de l'autre tiers; le reste des Antilles relève de l'Espagne, de l'Angleterre, de la France, de la Hollande ou du Danemark. Suivant que tel ou tel de ces peuples présida dans l'origine à la colonisation des diverses îles, les Noirs y ont adopté telle ou telle langue européenne ou telle forme de religion chrétienne; seulement ils ont empreint ce christianisme de superstitions, d'idées, de sentiments africains, et l'espagnol, l'anglais, le français qu'ils jargonnent ont été réduits par eux à l'état de patois enfantins, mous, zézayants, désossés, sans trame et sans grammaire. En somme, l'espagnol est parlé dans ce petit monde par près de 2 600 000 hommes, le français par plus d'un million, l'anglais par un peu moins d'un million.

Paysage dans l'île de Cuba. — Dessin de Paul Huet.

ANTILLES ESPAGNOLES

Les Antilles relevant de l'Espagne font à peu près la moitié de l'archipel : un peu plus comme territoire, 12 815 000 hectares; un peu moins comme population, 2 275 000 hommes, dont 1 300 000 Blancs ou prétendus tels.

Cuba : sa beauté, sa richesse; ses Blancs et ses Noirs. — En opulence, en grandeur, Cuba n'a pas de rivale parmi les autres Antilles.

Elle est également voisine de la Floride et du Yucatan. De la première la sépare le canal de la Floride ou d'Alaminos, large de 200 à 230 kilomètres; entre elle et la côte ferme du Mexique passe le flot du canal Yucatèque dont l'ampleur est presque égale à celle du passage d'Alaminos.

Quand Colomb y posa le pied, au mois d'octobre 1492, croyant fouler l'orient de l'Asie, il y trouva 200 000 Indiens, d'autres disent 500 000, ou même 1 million. Ces sauvages inoffensifs, les Cibuneys et les Gamatabeis, tendirent le col à la chaîne et n'en périrent que plus vite. C'est en 1512 que l'Espagne s'établit à demeure dans l'île Fernandina, comme on désignait alors la terre que le Génois avait appelée Juana et qui prit ensuite les noms de Santiago et d'Ave Maria avant de recevoir celui de Cuba. Douze ans après, la race esclave se réduisait à 20 000 hommes; en 1560 elle n'existait plus en apparence, mais ce demi-siècle ne l'avait point effacée du livre de vie, car déjà de nombreux sang-mêlé devaient l'existence à l'union des conquérants avec les femmes indiennes épargnées, et l'on croit qu'une part des monticoles du département Oriental se rattache par ses aïeules à l'origine vraiment cubaine et vraiment américaine. Il se passa de longues années avant que la nation

Avenue de palmiers à Cuba. — Dessin de E. de Bérard.

xterminatrice commençât à rendre quelque vie au désert qu'elle avait fait devant elle. La terre admirable qui devint plus tard la perle des Antilles ne retenait pas plus les tristes fils des steppes de la Castille, de la Manche et de l'Estrémadure que les joyeux enfants de l'Andalousie. Comment l'aurait-elle fait, quand il y avait sur le continent des pays au nom magique, le Mexique, le Pérou et cet El Dorado jamais atteint près duquel tous les trésors de l'empire des Incas étaient la pauvreté même?

L'établissement des Espagnols ne prit de consistance qu'à partir de la fin du dix-septième siècle. A cette époque, la Jamaïque, grande Antille qui relevait de Madrid, tomba dans les mains hérétiques des Anglais, et 1500 Espagnols[1] abandonnèrent cette île pour retrouver à Cuba leur langue, leur religion, leur gouvernement naturel à l'abri des murs épais de la Havane. A la fin du dix-huitième siècle et dans les premières années de notre siècle à nous, l'île reçut d'autres milliers d'exilés volontaires, des Français de Saint-Domingue fuyant la vengeance des Noirs.

Fort allongée, puisqu'elle a 1300 kilomètres d'occident en orient, fort étroite, puisqu'elle peut n'avoir, du nord au sud, que 40 kilomètres, et qu'elle ne dépasse guère 150, Cuba ne ravit que 11 883 000 hectares au domaine des grandes ondes, soit l'étendue de 19 à 20 départements de France :

Vue générale de la Havane. (Voy. p. 732.) — Dessin de Lancelot, d'après une photographie.

non pas elle seule, mais avec elle tout son cortège d'îles, dont une assez notable, Pinos (314 500 hectares). Là-dessus vivent 1 520 000 hommes.

La Havane, Cienfuegos ou Jagua, Nuevitas, Nipe, Bahia Honda, Malaguela, Puerto del Padre, Manati, ainsi se nomment les plus beaux des beaux ports où s'alanguit sa mer tiède. De ces ports on voit des végas, des collines ou des montagnes.

Les végas, plaines ou vallées irriguées et lieux de plantation, sont un grand miracle de fécondité ; les coteaux, rarement supérieurs à 100 mètres, couvrent une bonne part de Cuba ; parmi les montagnes domine le Turquino (2560 mètres) qui, tout au sud de Cuba, regarde à travers flots les pitons de la Jamaïque. Maint pic supérieur, maint vallon bien en face du vent de pluie reçoit jusqu'à 4 mètres d'eau dans l'année ; ailleurs il en tombe 3 ou 2, ou même 1 seulement, mais c'est encore assez pour suffire aux deux récoltes annuelles du maïs,

[1]. D'autres disent 8000.

à la croissance du riz, à la florescence et maturité de la canne à sucre, à l'arome d'un tabac universellement célèbre.

Malgré la chaleur énervante des terres basses que n'évente pas la brise de mer, malgré les visites de la fièvre jaune, l'île contient plus de Blancs que de Noirs, soit parce qu'elle jouit d'un climat sain, soit parce que ses colons, presque tous méridio-

Coulis chinois à Cuba. — Dessin de Pelcoq, d'après une photographie.

naux, ne craignent guère le Tropique. Sur 1 520 000 habitants, 988 000 n'ont rien du Nègre, ou fort peu, et en dehors des années où l'affreux « vomito negro[1] » met des habits de deuil dans toutes les familles, ces Blancs fournissent en moyenne, sur 1000 personnes, 41 naissances par an contre 24 décès seulement.

Les Cubains blancs réclament le nom d'Espagnols, eux-mêmes ou leurs ancêtres étant venus de l'Espagne, des Canaries ou de divers lieux de l'Amérique latine, tels que le Mexique et le Vénézuéla; ceux d'entre eux qui sont nés dans la très

[1]. L'un des deux noms espagnols de la fièvre jaune

Cathédrale de la Havane. (Voy. p. 289.) Dessin de Naviet.

fière péninsule, surtout en Galice, en Catalogne, en Andalousie, en pays Basque, portent le surnom de Peninsulares ; 25 000 tirent leur origine de l'archipel des Canaries.

Les Péninsulaires ne sont point aimés dans l'île « toujours fidèle », comme disaient les Espagnols avant qu'éclatât, furieuse, enragée, une guerre qui n'a point donné l'indépendance à Cuba, mais depuis qu'elle a rougi le courant des rios, les Cubains se souviennent qu'ils savent mourir pour leur patrie ; il suffit : c'est le germe de ce qui s'appellera bientôt la liberté reconquise.

Pendant ces dix années d'égorgements sauvages mainte campagne a perdu les splendides plantations qui faisaient de Cuba la « perle des Antilles ». Avec la paix renaît la prospérité, les belles cultures reprennent possession de la véga par le travail des Noirs, dont la délivrance légale approche, et par celui de journaliers chinois qu'on dit maltraités : de ceux-ci l'on compte 44 000 ; il y a 489 000 hommes de couleur.

Parmi les Blancs qui ne sont pas d'Espagne par la naissance directe ou par l'origine, on trouve un fort grand nombre de Gascons, surtout de Béarnais et de Girondins, à tel point que le français pur et le français créole, d'ailleurs parlés par les familles issues de Saint-Domingue, règnent à côté du castillan dans beaucoup d'haciendas, notamment vers Guantanamo et Santiago de Cuba, au pied méridional de la sierra majeure, dans des vallons allant à la mer où se lèvent la Jamaïque et Saint-Domingue. Pas un de ces Français n'ignore le castillan, que tous les Cubains, Espagnols ou non, sont accusés de parler sourdement.

La capitale de l'île, métropole du cigare, la Havane (250 000 hab.), tient l'entrée d'une vaste baie de la côte du Nord, presque en face des récifs de la Floride. Ville riche, parce que son île est riche, elle a, comme tout Cuba, le climat[1] enivrant, énervant que doit avoir une terre entourée de mer à peu près comprise entre le 20ᵉ degré de latitude et le Tropique du Cancer.

Porto-Rico. — La Jamaïque, satellite naturel de Cuba, doit obéissance à l'Anglais, non à l'Espagnol ; Porto-Rico, satellite politique de la « toujours fidèle », en est éloignée par toute la masse trapue d'Haïti. Entre la grande Majorque et la grande Minorque dont se compose l'Espagne des Antilles, il y a sept degrés, d'occident en orient.

Porto-Rico, vaste d'un peu plus de 930 000 hectares, quelque chose comme nos Landes ou notre Dordogne, est de forme très régulière, parallélogramme presque parfait que les 150 kilomètres du passage de Mona séparent du littoral dominicain d'Haïti. Cette île charmante, manifestement salubre, n'échafaude pas de hautaines sierras ; le plus grand de ses monts boisés, le Yunque ou Enclume de Luquillo, n'a que 1120 mètres : c'est une « Albère », et bien moins qu'une « Cévenne », sous le 18ᵉ degré de latitude ou à peu près.

Douze à treize fois moindre que la terre cubaine, elle n'est guère que deux fois moins peuplée. Avec ses 754 000 habitants, ce qui fait 81 au kilomètre carré, elle dépasse fort la densité de population des deux départements français dont elle a presque exactement l'étendue, la Dordogne n'entretenant que 54 personnes sur 100 hectares, les Landes 32 ; elle l'emporte sur la France elle-même qui, voulant être riche, est stérile, tellement qu'elle ne montre que 71 Français sur l'espace où vivent 192 Belges, 128 Hollandais, 112 Anglais, 98 Italiens, 84 Allemands et 81 Porto-Ricenses.

Comme dans la grande île sœur, l'avantage est aux Blancs, vrais ou faux, au nombre de 425 000 hommes, le reste Noirs ou Mulâtres.

L'immense majorité de ces Blancs dérive du sang espagnol ; il n'y a que peu de milliers d'étrangers, Italiens, Français de Corse, Gascons ; également très peu de Chinois. Quant aux Indiens, ils ont disparu depuis des siècles et, sur cette terre sans mémoire, pas un monument, pas une sépulture, pas un nom ne rappelle aux arrière-neveux des proscripteurs le souvenir de la race que leurs ancêtres couchèrent si rapidement dans le cimetière des nations oubliées.

San-Juan de Porto-Rico (25 000 hab.), la capitale, occupe un îlot de la côte du Nord. Ponce, ville plus grande, a près de 40 000 âmes.

---

[1]. D'une moyenne de 25°,3 avec 12 pour minimum, 30 pour maximum.

Une habitation de plaisance au Port-au-Prince. (Voy. p 740.) — Dessin de G. Vuillier, d'après une photographie.

HAÏTI

Haïti ou Saint-Domingue. — En toute vérité la « perle des Antilles » n'est pas l'opulente et sanglante Cuba; c'est Haïti, plus sanglante encore et plus exubérante; mais si la nature la fit prodigue de biens, l'homme aujourd'hui la tient pauvre : ses Nègres et ses Mulâtres ne plantent ni ne sèment, ils se laissent à peine vivre dans le pays « créé par Dieu, mené par le Diable ».

Sur l'humide chemin de Cuba à Porto-Rico se lève cette île admirable, à 85 kilomètres de la première, à 120 de la seconde, à 180 de la Jamaïque, à 570 au nord du promontoire de l'Amérique le plus voisin, qui est le cap Goajire, terme septentrional d'une péninsule partagée entre Colombie et Vénézuéla.

Sous les 17e, 18e, 19e et presque 20e degrés de latitude Nord, elle a 650 kilomètres d'extrême longueur, 260 d'extrême largeur; elle comprend 7 725 000 hectares[1], entre 2900 kilomètres de côtes, soit presque autant de rivage que la France sur ses trois ou quatre mers. 850 000 hommes y vivent, ou 900 000, peut-être un million.

Terre française à l'occident, espagnole à l'orient, partout montagneuse, partout grandiose, partout splendide.

De ses montagnes elle tirait son nom indien d'Haïti, qu'elle a repris après s'être appelée, de

---

[1]. Toutes îles de sa suite comprises, entre autres Gonave (74 500 hectares) et Tortue (30 500 hectares).

par Colomb, son découvreur[1], Hispañola ou petite Espagne, puis Saint-Domingue chez ses colons français, Santo-Domingo chez ses colons espagnols. Haïti voulait dire « la montagneuse ».

Ses montagnes, elle les dresse en quatre chaînes parallèles, à des hauteurs pyrénéennes : à 2725 mètres dans sa longue presqu'île de Tiburon[2], à 3140 dans la Loma[3] Tina, voisine de la côte du sud et pic suprême des Antilles, sauf ce que peut nous apprendre l'avenir, car on parle d'un mont Yaqui, grand de 4155 mètres (?). Avec de pareilles sierras, sous un ciel de grande humidité qui dispense deux saisons de pluie par année, les fleuves roulent abondance d'eau, mais ils ont peu de longueur dans ce petit corps ovale dont les membres sont des péninsules : toutefois on donne 400 kilo-

Types haïtiens. — Dessin de T. Wust

mètres à l'Artibonite, qui, en cela semblable aux autres rivières et rios d'Haïti, rassemble une infinité de torrents clairs, frais sous l'ombrage des plus beaux arbres du monde[4], même quand la chaleur sous l'ombre monte à son maximum de 37 degrés.

1. 6 décembre 1492.
2. C'est-à-dire du Requin
3. Colline, montagne.
4. C'est surtout d'Haïti que venait l'expression de « Bois des îles », jadis appliquée aux arbres les plus précieux.

Le vieux Saint-Domingue, la jeune Haïti. — Faite pour rester une et indivisible, l'île merveilleuse porte deux peuples, on y parle deux langues, elle a deux histoires. Elle se divise en un Occident et en un Orient, celui-ci plus grand, celui-là moins vide.

L'Occident est français ou plutôt francophone, ou plus exactement encore, ses Nègres usent d'un patois franco-nègre, et notre langue est celle de leurs écoles, de leurs livres, de leurs journaux, de

Vue du bourg de aux Tibureau au temps de la possession française. (Voy. p. 220.) — Dessin de Th. Weber.

leurs proclamations, de leurs actes authentiques ; enfin ils se sentent et se disent Français malgré les iniquités que nous leur fîmes subir, malgré la mer de sang qui nous sépara. Cette ancienne colonie, ce Saint-Domingue dont le nom résonne encore si souvent chez tant de familles du Sud-Ouest de la France, s'appelle officiellement Haïti ; quelquefois aussi on la traite de République Noire. Elle occupe une petite portion du tronc de l'île et deux longues péninsules semblables aux deux pinces d'un crabe ou d'un homard qui en aurait perdu la moitié d'une : la pince du nord, la plus courte, s'avance jusqu'à 85 kilomètres de Cuba ; celle du sud se porte vers la Jamaïque, plus éloignée que la grande terre espagnole.

Elle ne prend pas tout à fait le tiers de l'Antille

Haïtiennes. — Dessin de T. Wust.

indépendante : 2 391 000 hectares sur 7 725 000, mais elle dispose de 1570 kilomètres de rivages, la République Dominicaine n'en ayant que 1330, et elle porte les deux tiers des habitants de l'île, 550 000 à 600 000 sur 850 000 à 900 000, soit 23 à 25 personnes au kilomètre carré ; — pourtant Haïti est presque désert, sauf au bord de la mer et dans quelques vallées comme celles de l'Artibonite, sans rivale en Saint-Domingue.

Près de la rive nord-ouest de cette Antille, à portée du canal au Vent qui sépare Haïti de Cuba, la petite île de la Tortue est d'un abord pénible. Elle servit d'asile, dans la première moitié du seizième siècle, à des Français coureurs d'aventures. Durant les guerres nombreuses que nous soutînmes alors contre l'Espagne, ces hommes de fortune, pirates, boucaniers ou chasseurs, s'attaquèrent pour leur compte à la grande île, qui appartenait alors tout entière à Castille et Léon. Avant que le siècle fût à son terme, les presqu'îles

Paysage haïtien. — Dessin de Th. Weber.

de l'ouest et la grande vallée de l'Artibonite, conquises par eux, étaient devenues terre française en vertu du traité de Ryswick.

De ce traité qui marqua l'une des dernières années du dix-septième siècle (1697) jusqu'en 1789, nulle colonie à plantations ne fut plus opulente : Anglais, Espagnols, Portugais, Hollandais, y reconnaissaient jalousement l'établissement modèle.

Survint 1789, que suivirent les années tragiques, la guerre civile, la guillotine, la France en lutte contre l'Europe sur de glorieux champs de bataille, et pendant que nous combattions pour nos autels[1] et nos foyers, l'émancipation des esclaves dans les colonies. A Haïti la nouvelle liberté du Noir fut la brillante aurore d'une journée qui finit par l'ouragan, une guerre de races éclata et bientôt, de massacre en massacre, les Nègres extirpèrent les planteurs. Désastre affreux, car presque toutes les familles nobles de la France et presque toutes les familles bourgeoises du Sud-Ouest, dans les pays de la basse Dordogne, de la Garonne et de l'Adour, avaient des parents à Saint-Domingue.

Les planteurs échappés aux combats, aux surprises, aux embûches nocturnes, à l'incendie, se dispersèrent. Les uns, passant le canal au Vent,

Village haïtien. — Dessin de G. Vuillier, d'après une photographie.

s'établirent à Cuba; d'autres préférèrent les Antilles de langue française, la Dominique, Sainte-Lucie, la Guadeloupe, la Martinique; beaucoup allèrent fonder la petite nation créole de la Trinité; d'autres partirent pour la Louisiane; d'autres enfin regagnèrent la France. Si les milliers d'hommes, de longtemps habitués au soleil tropical, qui abandonnèrent alors Saint-Domingue, s'étaient jetés sur la Guyane, dont ils étaient capables de vaincre le climat, cette pauvre colonie aurait peut-être trouvé chez eux les pères de son opulence et mérité le nom de « France Équinoxiale », donné jadis dans la ferveur des premiers jours.

Quelques années après, une puissante armée partit pour Saint-Domingue. Faite des vainqueurs de toute l'Europe, cette force organisée était plus terrible que les Nègres qu'elle devait dompter, mais elle ne put rien contre l'ennemi « tellurique », les miasmes la tuèrent, elle fondit sous l'astre des Antilles, puis, diminuée par les coups de soleil, la fièvre, la dysenterie, elle se rendit aux Anglais, qui venaient de recommencer la guerre contre la France.

Depuis que ces Noirs et ces sang-mêlé ont dans leurs mains la destinée d'Haïti, il ne semble pas qu'ils en aient fait, comme on l'espérait d'eux, le phare brillant de leur race. Ni des autres Antilles, ni du bas Mississippi, ni des Guyanes, ni du Brésil, ni des lointaines rives d'Afrique, on ne recherche en eux l'exemple du travail et de la sagesse. Né de la vengeance, le peuple haïtien a vécu dans la haine. Après avoir proscrit le Blanc il se proscrit entre frères, de

[1]. A vrai dire, il y avait alors absence d'autels.

Mulâtre à Nègre, de Nègre à Mulâtre, et, comme chez le reste des hommes, de libéraux à conservateurs, d'avancés à rétrogrades, mots partout vides de sens profond : c'est l'airain qui résonne et la cymbale qui retentit. A force de guerres civiles, sang versé qui ne lave point les forfaits et les bassesses des agitateurs, la petite nation ne compte peut-être pas plus d'hommes qu'il y a cent ans, quand elle comprenait 30 000 à 35 000 Blancs, 27 000 Mulâtres, 500 000 Noirs. La France pourrait l'aider, et le devrait, en puisant chez elle des ouvriers, des maîtres d'école, des moniteurs, des fonctionnaires, voire des paysans pour son Afrique tropicale, Sénégal et Niger, Ogôoué et Congo, Guinée, Madagascar. Les outrages et carnages de la fin du siècle dernier sont sortis là-bas de toutes les mémoires ; les Haïtiens, qui s'instruisent chez nous, se vantent hautement d'aimer la France, et l'on trouverait dans la République Noire plus de Nègres vaillants qu'il ne nous en faut encore de Saint-Louis à Bamako, de Libreville à Brazzaville et du cap d'Ambre au cap Sainte-Marie de Madagascar.

Au Port-au-Prince réside le gouvernement de ces Français plus que bronzés, catholiques fort enfantins et superstitieux dont la grande majorité vénère bien plus le serpent « vaudou » qu'elle n'obéit en esprit et en vérité aux enseignements de son catéchisme. Le Port-au-Prince est une ville de 35 000 âmes, sous un climat orageux, à la racine de la péninsule du sud, au bord du grand golfe de l'Ouest, où monte l'île de la Gonave.

Au temps colonial, la métropole de l'île était le Cap-Haïtien, sur le littoral du Nord.

République Dominicaine. — 5 335 000 hectares avec 300 000 habitants sont la part de cet État de langue espagnole occupant le centre et l'est de l'île, dont elle possède les plus fiers sommets. Des forêts splendides, acajou, cèdre, ébénier et autres arbres de prix sans fin ni compte, descendent avec les monts jusque dans des plaines fécondes : parmi ces bois, ceux d'Yuna bordent une rivière navigable qui s'achève dans la superbe baie de Samana, très convoitée par les États-Unis.

Ce fut le premier établissement des Castillans en Amérique.

Cette colonie commença par toutes les splendeurs ; les hidalgos, les routiers, les chercheurs d'or, les convertisseurs de la Péninsule s'y engouffrèrent à milliers, de belles villes y fleurirent. En même temps diminuaient les Caraïbes, de 900 000 à 60 000 en douze ou quinze ans, dit-on, puis à 4000 quarante et un ans après la découverte. Leur race pourtant survit : car les Espagnols n'amenaient pas de femmes avec eux dans le Nouveau Monde, où ils venaient pour ravir de l'or et non pour fonder des familles ; ils s'unirent aux filles des Caraïbes et la nation dominicaine doit son origine à l'alliance des Européens et des Indiens plutôt qu'au mélange des Blancs et des Nègres[1]. C'est l'inverse d'Haïti, d'où le sang caraïbe a presque disparu, où l'élément noir domine neuf fois l'élément mulâtre, et où l'élément blanc ne se voit plus.

Cortez fut quelque temps fonctionnaire dans un bourg de l'île. Quand ce capitaine eut dompté le Mexique, les Dominicains, éblouis de sa haute fortune, émigrèrent en foule vers le continent, et, si vivante jusqu'alors, la colonie sembla mourir. Elle est loin d'avoir repris sa première vigueur ; la guerre civile, les combats contre l'État voisin, la paresse des habitants, ne sont pas faits pour la relever, mais depuis quelques années des Blancs de Cuba, de Porto-Rico, de la Jamaïque, viennent secouer la mortelle apathie des Dominicanos. Tout ce peuple, qu'on estime à 300 000 âmes, professe la religion catholique et parle l'espagnol.

La capitale, Santo-Domingo (16 000 hab.), la première ville bâtie par les Européens en Amérique, indique l'embouchure du fleuve Ozama. Sous Charles-Quint, la grande affluence des aventuriers en avait fait une cité vivante, pompeuse, pleine des solides monuments que les Espagnols, nouveaux Romains, plantaient dans le sol, en ce seizième siècle, le plus glorieux de leur épopée.

---

[1]. L'élément autochtone est surtout représenté dans le nord du pays.

Saint-Pierre, à la Martinique. (Voy. p. 744.) — Dessin de E. de Bérard.

ANTILLES FRANÇAISES

Toutes les Antilles françaises n'appartiennent pas à la France. Sans parler de la « République noire », notre langue règne encore plus ou moins exclusivement dans plusieurs petites Antilles devenues anglaises, la Dominique, Sainte-Lucie, la Grenade et la Trinité.

La Guadeloupe et la Martinique sont les îles qui nous restent, plus divers îlots dépendants de la Guadeloupe — en tout 286 000 hectares avec 366 000 habitants.

Guadeloupe. — Nom espagnol, île française. Colomb, qui la découvrit en 1493, la consacra à la Sainte Vierge de Guadalupe, qu'on révérait, qu'on révère encore en plus d'une église d'Espagne, notamment tout près de la France, en face d'Hendaye, au-dessus de Fontarabie, sur un mamelon du mont Jaizquibel.

Le 16ᵉ degré de latitude la coupe en son midi, ou plutôt il passe sur la plus méridionale des deux îles dont elle se compose, sur la Guadeloupe, la plus septentrionale étant la Grande-Terre — entre elles deux passe un chenal marin semblable à un fleuve plat, la Rivière Salée.

La Grande-Terre (56 000 hectares) est justement la plus petite des deux, surtout la moins belle. Comme à la Beauce il ne lui manque en tout que les eaux, les bois, les collines; elle craint les sécheresses, elle sait comment les tremblements de terre renversent les bourgades. La Guadeloupe (82000 hectares) le sait aussi, mais elle est belle autant que la Grande-Terre est laide; gorges entre monts, forêts, volcans éteints, torrents qu'entretiennent 219 centimètres de pluie, elle monte à 1484 mètres, au Piton de la Soufrière.

C'est là le corps de la colonie. Elle a pour membres dispersés : la Désirade, vieux volcan de 2600 hectares, qui ne crache plus, qui ne tousse plus; Marie-Galante (15000 hectares); les Saintes, grandes de 1256 hectares, en cinq îlots hérissés de canons; et au loin, au nord, vers le 18e degré, au milieu d'îles anglaises, Saint-Barthélemy (2114 hectares), îlot sans eau, jadis volcan, que la Suède nous a restitué en 1878; enfin la moitié

La Pointe-à-Pitre, à la Guadeloupe. — Dessin de E. de Bérard.

majeure de Saint-Martin, soit 5500 hectares, l'autre moitié relevant de la Hollande.

Tout cela fait 187000 hectares, avec 199000 habitants : Blancs de moins en moins nombreux qui ne sauraient aisément s'accommoder de 26 degrés de chaleur, moyenne du littoral; Nègres et Mulâtres qui s'en accommodent fort bien; travailleurs à gages venus de l'Inde, de l'Annam, de la Chine, de l'Afrique. En dehors de ces « engagés », on estime que les Blancs font 7 pour 100 de la nation guadeloupienne, les Noirs 31 pour 100, les Mulâtres 62 pour 100. On ne professe guère ici que la religion catholique et l'on ne parle que le français, à la française ou à la nègre.

Basse-Terre (10000), dans la Guadeloupe, ne vaut pas, quoique capitale, la Pointe-à-Pitre (15000 hab.), dans la Grande-Terre.

Martinique. — Une île d'allégeance anglaise, mais toujours de langage français, la Dominique, brise la mer de 100 kilomètres qui sépare, au sud-est, la Guadeloupe de la Martinique.

Avec ses volcans qu'ont sculptés les météores, ses bois profonds, ses rivières dont les cascades

Au Jardin botanique de Saint-Pierre (Martinique). — Dessin de Taylor, d'après une photographie.

ne se taisent jamais et rugissent souvent, lors de ces énormes averses qui, toutes ensemble, versent ici dans l'année 217 centimètres de pluie, cette île est ravissante, mais elle est petite. 98 782 hectares, cela ne fait que cinq à six cantons de France : pourtant 167 000 personnes y vivent sur un sol qui branle en tremblements autant qu'à la Guadeloupe, soit près de 170 par kilomètre carré, quoique les plantations ne couvrent pas encore toute la rondeur de l'île et que les 66 000 hectares de montagne appartiennent tous à la forêt, à la savane, à la roche, aux fourrés, aux herbes que frôle le fer-de-lance, vipère mortelle.

Paysage à la Pointe-à-Pitre. — Dessin de E. de Bérard, d'après nature.

Sur ces 167 000 insulaires il n'y a plus guère que 10 000 Blancs, tandis qu'il y en avait 15 000 vers 1750, mais pas plus ici qu'à la Guadeloupe la côte n'est favorable aux Français : étouffante, elle a pour moyenne 27 degrés. Comme l'île s'élève jusqu'à 1550 mètres, à la montagne Pelée, il s'y trouve des terres tempérées, même fraîches, où les planteurs n'ont point planté ; de tout temps ils se sont tenus dans la terre torride. Noirs et Mulâtres francophones y font le gros du peuple, puis viennent les engagés appelés d'Asie ou d'Afrique pour prêter le secours de leurs bras à la Madinina des Caraïbes [1].

Fort-de-France (11 000 hab.), capitale et port superbe, a juste la moitié de la population de Saint-Pierre (22 000 âmes).

[1]. Malgré son apparence française, le nom de Martinique vient, par corruption, de l'antique dialecte indien de l'île.

Ile de Montserrat. (Voy. p. 746.) — Dessin de E. de Bérard, d'après une photographie.

ANTILLES ANGLAISES

Jamaïque. — Sous le 18ᵉ degré de latitude, la Jamaïque continue à l'ouest l'orientation de Porto-Rico et d'Haïti, à laquelle elle ressemble en beauté moindre, en grandeur moindre, en moindre hauteur. 140 kilomètres la séparent de Cuba, 135 d'Haïti, 635 du cap Gracias à Dios, promontoire nicaragueño. Aucune autre Antille anglaise ne la vaut en étendue et en nombre d'hommes ; 230 kilomètres font sa plus grande longueur, 50 à 60 sa largeur, 800 son tour de côtes. Sur 1 086 000 hectares 581 000 habitants y vivent, dont seulement 14 000 Blancs, alors qu'il y en avait 28 000 vers la fin du siècle dernier. Et même les Blancs ne sont pas 14 000, car, à chaque recensement, des Nègres s'inscrivent comme Blancs pour peu qu'ils n'aient pas tout à fait la couleur de la suie. C'est aussi ce que font les Métis de l'Amérique latine ; c'est ce qu'ont souvent fait les vaincus et les pauvres. Que de Gaulois se disaient Romains, que d'Irlandais se vantent d'être Anglais, que d'Allemands s'applaudissent d'être Yankees !

Cette île semble faite pour les Noirs et, pareille à la plupart des Antilles, elle finira sans doute par dévorer une à une les familles blanches qui l'habitent encore, au moins celles qui séjournent dans le bas pays. Les Espagnols, plus aptes que les Anglais au climat tropical, y auraient planté sûrement leur nation, mais ces premiers colonisateurs quittèrent l'île quand l'Angleterre en devint la maîtresse (1655).

Son ancien nom indien de Xaimaca signifiait, assure-t-on, le pays des Forêts et des Rivières, et vraiment elle abonde en torrents : c'est qu'il y pleut beaucoup. sur de hauts monts de grès avec calcaires et traces d'une ère « plutonienne ».

Aucune de ses montagnes n'atteint la neige éternelle ou même la neige de longue durée : on est ici sous le Tropique, et l'extrême humidité des mois mouillés se résout en averses et non pas en flocons blancs. Vers l'orient de l'île, dans les Blue Mountains, le Cold Ridge s'élance à 2488 mètres, le Great Cascade à 2361. Blue Mountains ou Monts Bleus, Blue Ridge ou Crête Bleue, Blue Hills ou Collines Bleues, termes dont les Anglais ont beaucoup usé dans les divers pays soumis par eux à la langue saxonne ; mais est-il un nom plus naturel pour des escarpements sans frimas, vaporeux et bleus quand on les contemple de loin ?

Ce n'est point sur les épaules de ces montagnes, terre tempérée, ni sur leurs têtes, zone fraîche, que le Blanc souffre de la chaleur lourde, orageuse, malsaine, débilitante, de la fièvre, de la dysenterie, du vomito negro, qui dépasse rarement 400 mètres en altitude et jamais, dit-on, 750 ; c'est en bas, dans les plaines, vallées, cirques, cagnons, étranglements du pourtour de rivage. En s'élevant à flanc de mont il trouverait à diverses hauteurs le climat qu'il lui faut suivant son âge, sa santé, son origine ; mais les fondateurs de colonies n'ont jamais cherché que la fortune : ils s'établissent où il pousse de l'or, sur la côte, dans la plaine, au pic du soleil, si ce soleil féconde. Ainsi firent les Anglais dans la Jamaïque.

Les rois du pays, les Noirs, arrivèrent dans la Jamaïque dès 1558, quand la race indigène eut été consumée au service du conquérant, sauf ce que les femmes indigènes avaient introduit de sang indien dans les premières familles des envahisseurs et brutaliseurs. Lorsque l'Anglais eut chassé l'Espagnol, il inonda d'Africains son Antille majeure, et de 1680 à 1817 il y engloutit 2 850 000 bois d'ébène ; or, on n'en trouva que 311 000 sur ce sol négrovore lorsqu'Albion y abolit l'esclavage (1838). Anglais de langue avec jargons à la nègre, ces hommes de couleur passent pour chrétiens, protestants ou catholiques (avec quelques juifs), mais la plupart adorent en réalité les fantasmagories apportées de la fantastique Afrique. Incapables jusqu'à ce jour, par une paresse que semble excuser la splendeur du climat, de cultiver toute leur île, ils en ont soumis à peine le cinquième à l'élevage du bétail et au régime des plantations, café, maïs, et surtout canne à sucre pour le sucre et le rhum. A côté d'eux 15 000 à 20 000 engagés travaillent dans les grands domaines, aux frais des Blancs qui les ont appelés d'Inde ou de Chine en Jamaïque.

Le nom de la capitale, Spanish Town[1], rappelle que les Castillans régnèrent sur l'île avant les Anglais : quand les « Péninsulaires » dominaient le « pays des bois et des eaux », elle s'appelait Santiago de la Vega.

Petites Antilles anglaises. — Ces îles, la plupart très petites, sont fort nombreuses. Du nord-ouest au sud-est, de Porto-Rico jusqu'à la Trinité, qui touche presque l'Amérique du Sud, leur arc de cercle surgit de l'Océan, comme un brise-lames bordant à l'orient la mer des Caraïbes, mer fermée au nord par les Grandes Antilles, au sud par le continent de l'Amérique méridionale, à l'ouest par l'Amérique centrale, isthme des isthmes.

Iles Vierges. — Égrenées à l'est de Porto-Rico, elles n'ont, sur 16 500 hectares, que 5500 habitants, dont 120 de race blanche. La plus grande se nomme Tortola, mot espagnol[1].

Saint-Christophe. — Saint-Christophe, aussi nommée Saint-Kitts, couvre 17 600 hectares. Le Misery, volcan mort, s'y lève à 1128 mètres. Avec Anguilla (9000 hectares), ile sans relief, elle forme un tout petit gouvernement de 26 700 hectares, peuplé de 29 000 âmes.

Névis. — Avec Redonda, Névis a 12 000 habitants, sur près de 12 000 hectares d'une terre salubre et bien arrosée : c'est un volcan de 750 mètres de hauteur.

Antigua. — Cette île de 35 000 hommes sur 25 000 hectares porte le nom d'une vieille église de Séville, donné par le fameux Génois, qui peut-être était Corse ; calcaire, sans rus, sans fonts, elle ne monte qu'à 271 mètres. Son annexe, Barbuda, très basse (60 mètres), enferme à peine 1000 habitants sur 19 200 hectares. Longtemps propriété privée d'une famille anglaise, elle a été louée pour nombre d'années à deux opulents chasseurs, également « Britons ». La capitale de ces deux terres, grandes ensemble de 44 000 hectares, avec 34 321 personnes, Saint-John (16 000 hab.), commande en même temps à tout le groupe des Iles-sous-le-Vent (Leeward Islands), qui comprend les Vierges, Saint-Christophe et Anguilla, Névis et Redonda, Antigua et Barbuda, Montserrat et la Dominique : en tout 182 700 hectares et 119 399 insulaires, parmi lesquels 2500 Blancs.

Montserrat. — Ainsi appelée par Colomb à cause de sa ressemblance avec le Montserrat catalan, cette île est volcanique, et son pic de la Soufrière dégorge encore des vapeurs : sur ses 8300 hectares vivent 10 500 personnes, dont quelques Blancs, qu'on dit d'origine irlandaise.

Dominique. — Entre la Guadeloupe et la Martinique, terres de France, la Dominique, qui nous appartint, est restée française de langue. Sur ses 75 400 hectares il y a 28 200 habitants, dont quelques-uns de race caraïbe pure : à peine 20 familles, parlant le créole de l'île. Un lac y bouillait dans un antique volcan, par la sous-pression d'une sol-

---

1. En français, Ville Espagnole.

1. La Tourterelle.

Côtes de la Jamaïque. — Dessin de E. de Bérard.

fatare, mais il n'existe plus depuis 1880. Parmi ses pics, autrefois flammivomes, le Diablotin s'élance à 1800 mètres. La capitale est Roseau (5000 hab.).

Sainte-Lucie. — Au sud de notre Martinique, Sainte-Lucie peut avoir 1000 Blancs contre 39 000 Noirs, sur 61 400 hectares. Ancienne colonie française, elle a conservé notre langue. Dans ses forêts serpente le venimeux bothrops ou fer-de-lance, également redouté dans la Martinique, et qui n'habite que ces deux îles, continent à part. Le climat de Sainte-Lucie est humide ; des torrents tombent de son massif volcanique, dominé par les deux pitons de la Soufrière.

Saint-Vincent. — Saint-Vincent (32 100 hectares) a des monts de 1200 mètres, des bois, des rivières, un bon climat, de superbes palmiers, des champs de canne à sucre, un volcan vivant, dit Morne Garrou, et 40 500 insulaires, dont 2550 Blancs en partie descendus de Portugais des îles africaines, et cinq à six familles de Caraïbes authentiques parlant l'anglais créole de l'île.

Barbade. — C'est la plus orientale de toutes les Antilles. Elle entretient 172 000 habitants, sur 43 000 hectares d'un sol calcaire qui ne se relève que jusqu'à 549 mètres : cela fait 400 personnes au kilomètre carré, cinq à six fois la France ; peu de cantons ont une population si serrée.

Sous un climat salubre, balayé d'ouragans, la Barbade, avec ses 145 centimètres de pluies, est la mieux cultivée des Antilles. Parmi les 172 000 insulaires, il y a plus de 40 000 Mulâtres et 16 000 à 17 000 Blancs. Ce dernier élément du peuple barbadien reste stationnaire ou même diminue, tandis que l'élément noir et mulâtre grandit toujours en dépit d'une forte émigration vers les autres Antilles et vers la Guyane anglaise. Le chef-lieu, Bridgetown, est une cité de 25 000 âmes.

Grenade. — Avec les Grenadines, mince archipel de 8600 hectares et 7000 hommes, Grenade a 43 800 habitants, dont 6000 Blancs (?), sur 43 000 hectares. Île assez malsaine, mais très gracieuse, où il tombe 185 centimètres d'eau par an, ni sources ni torrents ne lui manquent. Le Morne Michel, le Morne Rouge (1143 mètres), cime culminante, d'autres noms de pics, de rivières, rappellent que la France colonisa la Grenade. Le créole français y résonne encore.

Tobago. — Vaste de 29 500 hectares, elle ignore les ouragans ; elle n'a pas de mont supérieur à 581 mètres. Il s'y trouve 18 300 personnes, parmi lesquelles si peu de Blancs qu'on n'en compte pas plus d'un sur 128 « Tabagiens ». Il se peut que cette île ait donné son nom au tabac, triste cadeau de l'Amérique au monde ; il se peut aussi que la feuille stupéfiante s'appelle ainsi d'après le pays de Tabasco, province mexicaine sur le golfe de Campêche, à l'est de l'isthme de Téhuantepec, le long du Grijalva et de l'Utsumacinta.

Sainte-Lucie, Saint-Vincent, la Barbade, Grenade et les Grenadines, Tobago, forment ensemble le sous-gouvernement des Îles-du-Vent (Windward Islands) : 215 000 hectares, avec 315 000 âmes.

Trinité. — C'est la plus grande des Petites Antilles, en même temps que la plus méridionale, près du dixième degré de latitude.

La texture de ses roches, sa proximité du continent d'Amérique vis-à-vis du delta d'Orénoque, en font une dépendance du Vénézuéla, une île de l'Amérique du Sud plutôt qu'une Antille. Elle n'a pas moins de 454 400 hectares, mais un vingtième seulement du sol est soumis, le reste appartenant aux bois profonds, aux savanes, aux marécages, à des montagnes qui prolongent en réalité les Andes et dont le pic majeur, le Tucutché, se dresse à 916 mètres. Le climat, très chaud, n'a rien d'hostile, excepté sous le vent des marais, et les ouragans y sont rares. Ayant été peuplée vers la fin du dix-huitième siècle par des émigrés de la Dominique, de Sainte-Lucie, de Grenade, îles françaises cédées à l'Angleterre, et aussi par des gens de Saint-Domingue, de la Martinique, de la Guadeloupe, la Trinité a pour langue la plus répandue le français créole. Sur 154 000 habitants, on n'y compte que quelques milliers de Blancs purs, surtout des Portugais de Madère.

La Trinité a pour chef-lieu Port-d'Espagne (22 000 hab.), en anglais Port of Spain, qui se nomma Porto de España pendant toute la durée de la domination castillane, jusqu'en 1797. La Trinité ne cessa d'être espagnole que pour devenir anglaise ; aucun autre pouvoir n'a régné sur cette île. Ainsi, quand la langue française a perdu tant de régions explorées par nous avant tout autre peuple, il y a sur le littoral de l'Amérique du Sud une terre en communauté d'idiome avec la France, bien qu'elle ne nous ait pas appartenu un seul jour.

Bahamas ou Lucayes. — Ce sont là les Antilles

Port-d'Espagne (Trinité). — Dessin de E. de Bérard.

anglaises. L'Angleterre possède aussi dans ces mers, au nord de Cuba, au sud-est de la Floride, l'archipel des Bahamas ou Lucayes, îles madréporiques au nombre de près de 700, plus 2400 écueils, battus par un naufrageux océan. L'archipel, accru de nos jours encore par de nouveaux coraux, a 1300 kilomètres de longueur, du 21ᵉ au 27ᵉ degré de latitude, dans une mer de 3000 à 4000 mètres de creux, et 1 396 000 hectares avec les Caïcos et les Turk. Très basses, souvent peu supérieures aux hautes marées, très sèches, car l'eau se perd sur ce sol de corail, de calcaire, de sable, les Bahamas n'ont encore que 50 000 habitants, dépendances comprises, et là-dessus quelque 6000 Blancs, le reste montrant peau noire. C'est par l'une d'elles, on ne sait trop quelle, que Christophe Colomb découvrit l'Amérique. La principale place, Nassau, s'élève dans l'île Providence.

Bermudes. — A 1000 kilomètres du cap Hatteras, protubérance des États-Unis, à 1200 des Bahamas, en plein Atlantique, les Bermudes sortent d'une onde vivante et vivifiante, profonde de 3600 mètres. C'est un archipel de corail, 150 îlots bas, sans puits, sans fontaines, et réduits à ce que le ciel verse dans les citernes, mais le climat y sourit à l'homme et peu de maladies y importunent Cham et Japhet, celui-ci représenté par 5000 à 6000 Blancs, celui-là par 8000 à 9000 Noirs : en tout 14 600 hommes sur 5000 hectares. Les Anglais y ont un arsenal et des chantiers de construction avec 1500 galériens pour ouvriers. La capitale, simple bourgade, se nomme Hamilton.

Bermudes, Bahamas, Petites Antilles et Jamaïque ajoutent 1 236 000 hommes et 3 456 000 hectares à l'immensité de l'empire anglais.

ANTILLES HOLLANDAISES

113 000 hectares, 44 000 hommes, c'est tout ce que valent les Antilles Néerlandaises.

Curaçao. — Cette île, grande de 55 000 hectares, avec 25 400 âmes, se lève très loin des autres Antilles, sauf d'Aruba et de Bonaire, hollandaises aussi ; elle est vers le 12ᵉ degré de latitude, à 75 kilomètres seulement de la côte du Vénézuéla occidental. Sans belles montagnes, ayant pour cime suprême un coteau de 365 mètres, sèche et point fertile, on y parle moins le hollandais qu'un patois fait de néerlandais, d'espagnol, de portugais apporté par des Juifs, de français, d'indien goajire. Le chef-lieu s'appelle Wilhelmstadt.

Buen Ayre. — Buen Ayre ou Bonaire, à l'est de Curaçao, sort également de flots qui près de là se heurtent à des caps de l'Amérique méridionale ; terre élevée, non sans forêts, 5200 personnes y vivent sur 35 500 hectares.

Aruba. — La montagneuse Aruba ou Oruba se lève à l'ouest de Curaçao, plus près encore de la terre ferme, vis-à-vis de la grande presqu'île qui marque, du côté de l'orient, l'entrée du golfe de Maracaïbo ; elle contribue aux Antilles hollandaises pour 5600 hommes, pour 16 500 hectares.

Si Curaçao, Buen Ayre, Aruba, vraiment vénézuliennes par leur situation sur le littoral du Vénézuéla, interrompent le flot sous le 12ᵉ degré de latitude, tout au sud de la mer des Caraïbes, les trois autres îles néerlandaises brisent la mer fort loin de ce rivage, vers le 18ᵉ degré, à l'est-sud-est de Porto-Rico, parmi des petites Antilles anglaises.

Saba. — C'est une énorme tour calcaire de 1285 hectares, inaccessible, hors au sud par une petite anse sablonneuse d'où grimpe en zigzag un sentier dans la roche. Ses 2220 habitants construisent des bateaux et tricotent des bas.

Saint-Eustache. — Les 2250 hommes de cette île de 2070 hectares où le Bol-à-Punch ouvre un cratère de 500 mètres de profondeur, n'entendent jaser aucun ruisseau ; chez eux pas une goutte d'eau de source.

Saint-Martin. — Française pour 5500 hectares, Saint-Martin est hollandaise pour 4680, avec 3360 personnes.

Vue de Saint-Thomas. — Dessin de E. de Bérard.

ANTILLES DANOISES

Moindres que les Antilles Néerlandaises elles-mêmes, les Danoises ne comprennent que 35 800 hectares et 35 800 habitants.

Elles sont en réalité beaucoup plus anglaises que danoises.

Elles n'augmentent en rien dans le monde la puissance du très petit peuple qui possède encore la sauvage Islande et le Grœnland, glace éternelle, mais qui ne possède plus le Schleswig-Holstein.

Il y en a trois, à l'est de Porto-Rico, au nord ou au sud du 18° degré :

Sainte-Croix (21 853 hectares), dont les 9760 résidents ne parlent pas le danois, mais l'anglais ;

Saint-Thomas (8617 hectares), anglaise aussi par le langage de ses 18 450 insulaires, et dont le port est le rendez-vous d'une multitude de bateaux à vapeur croisant ici leurs lignes ;

Saint-Jean (5440 hectares), terre malsaine où ne vivent que 944 personnes.

De ces tropicales Cyclades aux bois élégants, au ciel orageux, si l'on passe au continent bercé par les flots les plus méridionaux de cette mer, il semble qu'on n'a pas quitté les tièdes vallées des Antilles. On y retrouve les Noirs, les planteurs, les festons gracieux, l'air clément, la terre d'où la malaria monte et le ciel d'où descend l'indolence ; on y entend également un jargon hollandais, l'anglais nègre, le français créole, et surtout l'idiome le plus parlé des Indes Occidentales, la langue trop longue, trop sonore et balancée des Conquistadores.

C'est ainsi qu'en passant des Cyclades grecques à l'Attique, au Péloponèse, à la molle Ionie, on retrouve, en Asie comme en Europe, les roches nues, les précipices broutés par la chèvre, les coteaux aromatiques, l'olivier, et le même langage grec dans de blanches villes en amphithéâtre.

Une ferme dans les Terres tempérées. (Voy. p 756.) — Dessin de A. de Neuville, d'après un croquis.

AMÉRIQUE DU SUD

ÉTATS-UNIS DE COLOMBIE OU NOUVELLE-GRENADE

La Colombie de Bolivar. — Quand le « Libertador » Bolivar eut affranchi le nord-ouest de l'Amérique du Sud, magnifique tronçon de l'empire possédé dans le Nouveau Monde par la vaillante Espagne maintenant vaincue par aussi vaillant qu'elle, un grand État se forma dans ce nord-ouest, sur les deux mers Atlantique et Pacifique.

Il s'appela Colombie en l'honneur de Colomb.

Il était mal ajusté, fait de races diverses, bien que sous la domination d'une même langue civilisée et d'un même catholicisme ; il se composait de pays dissemblants, ici de très basses plaines, là de très hauts plateaux ; il était sans routes, presque sans routins, et par cela même il avait pu secouer le joug espagnol.

Ainsi bâti, l'édifice ne dura point. Toute sa vie fut de 1821 à 1828, puis il mourut, puis il ressuscita en trois lambeaux, Nouvelle-Grenade, Vénézuéla, Ecuador.

Estados Unidos de Columbia. — Avec Heredia et Belalcazar, Gonzalo Jimenez de Quesada, homme andalou, fut un des conquérants de cette région des Andes. A son arrivée dans la haute plaine de Bogotá, le Conquistador trouva ce vieux lac vidé, qu'entourent des monts, très semblable au splendide val grenadin que Genil et Darro baignent au pied de la Sierra Nevada, et beaucoup de ses compagnons le rouvèrent comme lui, car sa troupe était riche en Andalous, les uns Sévil lans, les autres Grenadins. Il l'appela donc Nueva Granada ou Nouvelle-Grenade. Aujourd'hui le nom officiel du pays est Estados Unidos de Columbia, États-Unis de Colombie.

83 millions d'hectares, plus de 100, et même 135 millions avec les territoires disputés au Vénézuéla, au Brésil, au Pérou, à l'Ecuador, forment le domaine de cette nation. Elle dispose donc d'une étendue bien plus vaste que la France, mais avec moins de 3 500 000 habitants, dispersés presque tous sur le tiers environ du pays, tout au long de ses trois Cordillères.

Parmi les territoires en litige avec ses voisins, la Nouvelle-Grenade a trouvé bon de s'en adjuger un, celui qu'arrose en son cours inférieur le Rio Putumayo, très grand, très long tributaire de l'Amazone : devançant les Péruviens, les Grenadins ont occupé de fait ce plat pays vers 1875, et le Pérou, renversé de sa force et de sa gloire par le Chili, ne le leur contestera plus.

. **Isthme de Panama.** — En même temps qu'il sépare deux mers, l'isthme de Panama divise très nettement les deux moitiés du Nouveau Monde, que cependant il rattache. C'est comme une cassure, ou du moins un col très bas, entre l'Amérique du

Les quais de Colon — Dessin de G. Vuillier, d'après une photographie.

Sud et l'Amérique Centrale, bastion terminal de l'Amérique du Nord.

De cette dépression entre deux demi-continents profite le chemin de fer interocéanique de Colon à Panama, long de 80 kilomètres. Cette voie n'a pas besoin de monter à plus de 80 mètres au-dessus de l'Océan. On y répare sans cesse les dégâts faits par des pluies pressées, par des insectes qui rongent, et surtout par des bois opiniâtres. Toujours il faut lutter pour qu'une nouvelle forêt tropicale ne couvre pas la voie et les stations elles-mêmes : après quelques ans d'abandon la nature aurait tout repris.

Ce sillon de fer entre deux océans part d'un bourg, il s'arrête dans une ville ruinée. La cité déchue, c'est Panama, qui a de fortes murailles assiégées maintenant par l'avant-garde de la forêt, et, sous un soleil pesant, 20 000 Panaméniens dont un tiers de Blancs, deux tiers de Nègres et de Mulâtres. Le bourg porte deux noms : chez les « Saxons » Aspinwall, chez les « Latins » Colon. Aspinwall s'appelle ainsi du banquier qui « lança » la ligne panaménienne, Colon est la forme espagnole de Colomb. Le navigateur qui a le plus agrandi la carte du Monde y a sa statue sur une place, près de cabanes de Nègres, au vent des marais, sous un lourd ciel fiévreux : il présente une vierge timide, l'Amérique, à une matrone qui est l'Europe. Si quelque chose peut faire oublier les fièvres de la bourgade ou la tristesse de la ville tombée, c'est la beauté des vallées de l'isthme : le train gronde et siffle dans le bois vierge, il fait vibrer les ponts sur des rios souillés par les caïmans stupides, il effleure des troncs sveltes, des rameaux brillants, des arches de feuillage égayées par des chants d'oiseaux, des lianes qui sont la corde, le trapèze, les anneaux et la balançoire de cette rieuse famille des singes où l'on naît avec la passion du gymnase.

En ce moment même, la bourgade et la ville prétendent à de magnifiques destinées : l'une sur l'Atlantique, l'autre sur le Pacifique, elles seront têtes du grand canal interocéanique de Panama, lequel tranchera l'Isthme d'outre en outre, de niveau, sans une seule écluse, avec tranchée gigantesque et long tunnel sous la ligne de faîte. On le creuse déjà. La France l'a projeté, elle le perce, et comme à Suez d'autres en profiteront.

L'isthme de Panama, bien qu'en réalité situé dans l'Amérique Centrale, fait politiquement partie de la Nouvelle-Grenade, le seul pays de l'Amérique

Église San-Francisco à Panama. — Dessin de Taylor, d'après une photographie.

du Sud à la fois baigné par le Pacifique, qu'il borde par 2390 kilomètres de côte, et par l'Atlantique, auquel il fait front sur 2250 kilomètres. Par sa situation, la Nouvelle-Grenade ressemblerait au Maroc si le détroit de Gibraltar était isthme, ou si l'isthme de Panama était détroit. Mais quelque beau que soit le Maroc, il ne vaut pas la Nouvelle-Grenade : son Rif n'est pas une Sierra-Nevada de Sainte-Marthe, il manque d'un fleuve comme le Magdalena doublé du Cauca, il n'a point de hautes plaines tempérées capables d'enfermer des nations, enfin son vieil Atlas regarde au loin les sables et les rocs brûlants d'un pays mort : tandis que les monts grenadins plongent sur de magnifiques vallées, sur des mers de forêts, sur des plaines miraculeusement fertiles dont les larges rios vont au maître des fleuves.

Les trois régions, les trois cordillères, la Sierra-Névada de Sainte-Marthe. — Trois régions naturelles se distribuent le pays en dehors de la division normale des pays andins en Terre brûlante, Terre tempérée, Terre froide.

La région des Andes, au centre, montagnes et hauts plateaux, comprend les Terres froides et les Terres tempérées de l'État, les vallées de printemps perpétuel qui ne dévorent pas l'Européen comme le fait la sirène des Tropiques;

L'étroite lisière du Pacifique, à l'ouest, est une Terre chaude;

Les Llanos ou plaines, à l'est, sont une autre Terre chaude, au pied oriental des Andes, sur de longs et solennellement larges affluents de l'Amazone et de l'Orénoque.

A leur entrée sur le territoire colombien en venant du sud, les Andes, divisées en deux chaînes, sont un hérissement de volcans altissimes, dominés par le Cumbal (4890 mètres), le Chiles (4840 mètres) et l'Azufral (4000 mètres), ou, comme diraient nos créoles des Antilles, la Soufrière de Tuquerres : avec le Cerro de Pasto, qui monte à 4600 mètres, ce sont là les monts de Tuquerres ou monts de Pasto.

Bientôt, au lieu de deux chaînes, il s'en dresse trois, qui vont vers le N.-N.-E.

La Cordillère du Pacifique s'élance à l'occident, entre le Pacifique et la profonde vallée du Cauca : la plus basse des trois, elle ne dépasse pas 2500 mètres de moyenne altitude, avec des pics de 3000 à 5400.

La Cordillère centrale, ou Cordillère des Volcans, sépare le val de Cauca du val de Magdalena. Plus qu'alpestre, du moins par ses altitudes égales aux élévations du Caucase, elle aligne des pics tels que le Puracé (4908 mètres), que sa dernière éruption, en 1849, aurait diminué de 850 pieds,

le Huila (5700 mètres) aux trois sommets neigeux, le Névado de Quindiu (5150 mètres), le volcan de Tolima (5616 mètres), le Ruiz (5500 mètres), la Mesa de Herveo (5590 mètres).

La Cordillère orientale, entre le Magdalena et les Llanos aussi plats que la mer et presque aussi bas qu'elle, reçoit parfois le nom de Montes de la Suma Paz ou Monts de la Paix Éternelle, d'un de ses maîtres pics, le Nevado de Suma Paz, qui a juste la hauteur du Mont-Blanc (4810 mètres). C'est elle qui lève la roche suprême de toutes ces Andes, à 5984 mètres, dans la sierra de Cocui ou de Chita, glaces et névés étincelants.

Chiles, Cumbal, Azufral, Pasto, Puracé, Huila, Tolima, sept volcans, sur les douze des Andes grenadines, se réveillent encore parfois de leur long sommeil.

Absolument isolée des chaînes andines par une demi-ceinture d'alluvions, bordée ailleurs par la mer des Antilles, la Sierra-Névada de Sainte-Marthe porte sur un piédestal à peine égal à notre département de la Gironde, et cependant ses aiguilles glacées montent à 5500 mètres. Telle est sa majesté qu'on lui en attribua d'abord 6000, 7000, même 7926. Nul massif du Globe n'est si haut pour

La statue de Christophe Colomb à Colon. (Voy. p. 754.)
Dessin de Chapuis, d'après une photographie.

un si petit socle, nul aussi grandiose, vu d'en bas : c'est comme un Puy de Dôme brillanté de glace qui monterait cinq fois plus haut dans le ciel qu'au-dessus de Clermont le maître volcan d'Auvergne; ou au-dessus de Chamonix un Mont-Blanc couronné d'une Cévenne, et la grande mer à l'entour.

Rios : Magdalena, Atrato, rivières des Llanos. — Les vents de l'Atlantique soufflent des pluies abondantes sur les cordillères grenadines,

Carte de l'Amérique du Sud

et dans certaines sierras voisines de la mer, dans le Chocó par exemple, il tombe du ciel presque autant d'eau que sur l'Himalaya oriental lui-même : à Buenaventura, il pleut onze mois sur douze (?). Il tombe annuellement 4 à 5 mètres d'eau sur le fleuve Atrato, 254 centimètres sur le rivage de l'Atlantique, 1107 à Bogotá, séparée pourtant des grandes urnes de la pluie par de très hautes montagnes.

Aussi la Colombie abonde-t-elle en grands rios. Le Magdalena, son artère aorte, a près de 1800 kilomètres et roule en moyenne 7500 mètres cubes par seconde, tribut d'un bassin grand comme une demi-France. Il est navigable sur 1000 kilomètres, à partir des raudales ou bouillonnements de Honda, à 100 kilomètres seulement de la capitale — mais Honda ne domine la mer que de 210 mètres et la métropole grenadine a son site à 2632. Dès qu'il est descendu des hautes altitudes, sa vallée cerclée de montagnes géantes, abîmée de soleil, sans un souffle d'air, est puissamment torride et très malsaine, moins à cause de l'atroce chaleur que du poison des eaux extravasées, qui croupissent et pourrissent — vraie terre de Nègres, le Nègre y pullule et le Blanc veiné d'Indien, ou, pour parler vrai, l'Indien veiné de Blanc y souffre et languit, lui dont la race prospère sur les plateaux, les páramos, les mesas, au bord des hauts torrents fils des névados. Le Cauca vaut presque le Magdalena quand il le rencontre ; son val, plus élevé, repousse moins l'homme issu d'Europe.

L'Atrato, moins long que la Seine dans un bassin deux fois moindre, passe dans une contrée tellement fouettée par les pluies qu'il entraîne 4800 (?) mètres cubes à la seconde, dix fois le débit moyen du fleuve français à son embouchure dans la Manche ; il se perd dans le golfe de Darien, cerné de plages malsaines. Semblables à ce bas Atrato, les rives du Pacifique et, à l'orient des Andes, les Llanos, tous pays de pluies drues, de très chaud soleil, n'attendent que beaucoup d'hommes, surtout beaucoup de Blancs, pour user la pelle et la pioche des fossoyeurs.

Les Llanos ou Plans [1], tout plats, ce nom le dit, s'allongent à perte d'horizon vers l'est, de savane en savane, de sylve en sylve, sur d'interminables rios qui, de torrents dans la montagne, deviennent dans la plaine d'énormes, d'infinies rivières, mers en mouvement dans la saison diluvienne : ainsi courent (vers l'Amazone ou le Rio Negro) le Putumayo, le Caqueta, l'Uaupes, et (vers l'Orénoque) le Guaviare et le Meta. L'homme est rare, presque absent sur ces fleuves solennels. Derrière un prestigieux décor, c'est le royaume du vide.

Les Colombiens ou Grenadins. — Les Plans à part, l'État néo-grenadin consiste surtout en Terres tempérées et en Terres fraîches, et le climat du haut pays n'y lève aucun tribut sur les familles de souche européenne. Les centaines de milliers d'hommes qui fuient tous les ans leur vieille patrie trouveraient malaisément parmi les nations neuves un séjour plus beau, plus avenant, plus sain, mais les gens las de notre Europe et les personnes moutonnières qui franchissent l'Océan parce que d'autres l'ont traversé avant elles, ne connaissent pas encore les chemins du plateau de Colombie.

Chemins d'ailleurs prodigieusement durs sur les flancs ardus et parfois immensément hauts des Cordillères, quand de leurs páramos, de leurs névados, on descend dans les vallées creusées en gouffre, ou que de ces abîmes on monte en cassecou sur les plateaux, et de ces plateaux aux neiges de leurs sierras.

Aussi la belle Colombie n'a-t-elle pas d'unité. Peut-être n'en aura-t-elle jamais. Comment le Bogatano, l'homme du haut Boyaca ou du Santander, fils des hauts plateaux, pourraient-ils jamais ressembler, sous leurs climats d'une moyenne de 10, de 12, de 13, 14, 15 degrés, aux rares Llaneros ensoleillés de la plaine orientale qui seront un jour légion sur leur sol bas où les rios s'épanchent tous les ans en lacs sans rivages ? Le montagnard antioqueño, défricheur paisible, deviendra-t-il pareil au Nègre du Cauca, son turbulent voisin, à l'habitant du Bolivar et du Magdalena, terres de Noirs, torrides, miasmatiques, avec 27 degrés de chaleur lourde pour la moyenne de l'année ?

Même dans l'étroite enceinte de tel des États « souverains » qui font la Colombie, grandes, essentielles sont parfois les différences nées des lieux, des hauteurs, des climats, des origines, des courants et contre-courants de l'histoire. Dans le Cauca, le Pastuzo [1] se rattache intimement aux Écuadoriens plus ou moins Quitchouas, ses frères et voisins du sud, tandis que le Popayanejo [2], qui a dans les veines beaucoup de sang castillan, n'est point pareil au Pastuzo, encore moins au Nègre du bas Cauca.

---

1. C'est ainsi qu'il faut traduire, mot à mot, Llanos.

1. Homme du pays de Pasto.
2. Homme du pays de Popayan.

C'est aux très essaimants Antioqueños assis aux deux bords du Cauca, sur la cordillère du Pacifique et la cordillère des Volcans, c'est à cette race déjà débordante qu'on promet le meilleur avenir en Nouvelle-Grenade. Parmi leurs ancêtres il y eut nombre de Juifs et, dit-on, des Maures : elle a le goût du travail, l'instinct de l'épargne, l'esprit de suite, et des familles patriarcales de 12 à 15 ou 18 enfants y reconnaissent pieusement l'autorité du père, du grand-père, de l'aïeul.

Sur les 3 500 000 Néo-Grenadins, 120 000 Indios Bravos (Indiens sauvages) et 200 000 Indiens soumis, de race pure, sont le seul reste des 8 millions (?) de Peaux-Rouges que les Conquistadores rencontrèrent ici sur les plateaux et dans les valles et quebradas. Les Indiens indomptés doivent leur

Hôtel de Washington à Colon. — Dessin de G. Vuillier, d'après une photographie.

liberté dans le mont, le bois ou le marais précisément à ces marais, à ces monts, à ces bois effervescents où il est si dur et si long de tracer des trochas[1], à la malaria qui naît du sol et qui flotte dans l'air en maints vastes lieux, dans le Chocó, le Chiriqui, le Darien ; ailleurs, à l'est des monts orientaux, le long du Meta, qui court à l'Orénoque, ils la doivent à l'immensité du Llano de Casanare ; ailleurs enfin, à l'absence d'eau à boire, dans cette péninsule des Goajires qu'on croirait plus que prodigue en sources, puisqu'elle s'avance dans la mer Atlantique au pied de la Sierra-Névada de Sainte-Marthe.

Ces 8 millions d'Indiens appartiennent à diverses races que l'Espagnol combattit et amenuisa l'une après l'autre. Les unes, Panches, Paeces, Andaquis des pays du sud, Guanes du pays de Socorro, Agatas, Tunebos, Laches de la Sierra-Névada de Cocui,

[1]. Sentiers pratiqués à travers fourrés et lianes, à coups du long couteau qui s'appelle machete.

tribus dures et commandées par de vaillants hommes, se défendirent à l'extrême; les autres se soumirent sans lutte ou perdirent trop tôt l'espoir et leur fin fut prompte.

Les plus policés de tous, les 1 200 000 (?) Chibchas ou Muiscas vivaient sur 1 500 000 hectares des hautes plaines de Cundinamarca et de Boyaca : leur grand prêtre officiait à Sagamoso. De leurs

Une indigène de Sainte-Marthe. — Dessin de A. de Neuville, d'après un croquis.

propres forces, ou du moins nous ne savons s'ils eurent des éducateurs, ils avaient acquis déjà quelque culture quand leur arrivèrent les routiers chrétiens, originaires presque tous de la Castille ou des villes andalouses de Séville et de Grenade; toutefois ils n'avaient pas encore prouvé leur génie naturel par de grands monuments comme les Aztèques du Mexique et les Mayas de l'Amérique centrale ; ou, comme les Quitchouas du Pérou, par de vastes conquêtes sur une foule de peuples d'abord foulés, puis organisés et assimilés à la romaine. Les coupe-jarrets espagnols exterminèrent les Chibchas ou s'allièrent avec eux dans des unions nombreuses, et les enfants issus de ces alliances parlèrent castillan et furent catholiques. Ces familles mêlées, fonds principal du peuple grenadin, ont certainement plus de sang indien que de sang espagnol, mais elles ont tout à fait oublié les plus nombreux de leurs ancêtres, et bien peu de Néo-Grenadins parlent d'eux-mêmes sans vanter la noblesse de leur origine andalouse ou castillane. Combien d'entre eux pourtant sont surtout les fils de l'humble race qui commençait à marquer de son empreinte les hauts plateaux du Cundinamarca! Dans toutes les nations de la Terre, il y a de même, et par millions, des hommes qui se louent de couler d'une source de vie qui n'est pas la leur.

Les Blancs purs ou peu mêlés, habitant surtout le Cundinamarca et le Santander, comptent pour 500 000 à 600 000 ; ce qui passe pour être aussi le nombre que font ensemble les Nègres purs, estimés à 100 000 ou 120 000, les Mulâtres et Zambos, en majorité dans le Magdalena, le Bolivar, le nord du Cauca. Le reste de la nation se compose de plus de 2 millions d'Indiens mélangés à tous les degrés imaginables avec les Espagnols, magma prédominant dans les six États de Cundinamarca, Boyaca, Santander, Panama, Antióquia, Tolima.

Sans autre immigration que, de temps en temps, un homme, une famille, une bande de quelques compagnons, la nation néo-grenadine croit avec rapidité par un merveilleux déploiement de naissances, surtout chez les Antioqueños. En 1810 ce peuple était fait d'un million de personnes, ou même de 800 000 seulement. Il double toutes les trente à trente-cinq années, et cependant il n'augmente que dans le haut pays et le pays moyen, au sein des climats salubres où certains districts de Boyaca et de Santander sont aussi densément peuplés que bien des « partidos » de la Castille et autres provinces de l'Espagne centrale. Sur la côte et le long du bas Magdalena et du bas Cauca, la nation se multiplie peu, si même elle se multiplie malgré les laides maladies qu'y souffre le Nègre, notamment la monstrueuse éléphantiasis, la lèpre mortelle, les colorations et décolorations de la peau. Dans les Llanos elle recule, devant deux fléaux, rougeole et variole.

Tous les Colombiens professent la religion catholique. Tous parlent espagnol, à l'exception de quelques tribus sauvages.

Cette fédération de neuf États souverains, avec un district fédéral renfermant le « Capitole » de la nation, a pour siège de son parlement une ville de 100 000 âmes, l' « Athènes hispano-américaine », Bogotá, ou, tout au long, Santa-Fé de Bogotá. Ville régulière, Bogotá, fondée par Quesada en 1538, a son site sous un climat de grande uniformité, la moyenne du mois le moins froid, 14 degrés, y égalant presque celle du mois le plus chaud, 16 degrés : à 2632 mètres d'altitude, elle est bâtie dans une savane, lit d'un lac écoulé, que dominent le Monserrat et le Guadalupe. Ses rios courent vers un tributaire du Magdalena, le Funza ou Bogotá, qui, d'une roche de 146 mètres [1], s'abat de la Tierra fria dans la Tierra templada par le sublime salto de Tequendama. Plus belle encore, dit-on, pour le moins beaucoup plus haute (250 mètres), est la tombée du Guadalupe, sous-affluent du Cauca par le Porce, dans l'État d'Antióquia.

1. Ou seulement de 139.

Dans les Llanos. (Voy. p. 764.) — Dessin de Riou, d'après un croquis.

VÉNÉZUÉLA

Sierras vénézuéliennes. — En espagnol, Vénézuéla veut dire Petite Venise : le pays entier, Sierras et Llanos, a pris le nom donné par le découvreur Ojeda, qu'accompagnait Amerigo Vespucci, à des cabanes d'Indiens élevées sur pilotis au bord des flots, « village des eaux » semblable à Venise, reine de la mer.

En suivant les Antilles depuis la brillante Cuba, on arrive à la Trinité, faite de montagnes qui prolongent en mer les sierras de la terre ferme. La Trinité n'est séparée du continent de l'Amérique du Sud que par le détroit de Bouche du Dragon, et du large delta d'un grand fleuve que par le passage appelé canal du Serpent.

Ces montagnes sont la principale terre fraîche du Vénézuéla; ce delta termine l'Orénoque, fleuve auquel accourent les rivières des Terres chaudes les plus vastes de l'État vénézuélien et divers rios nés dans les monts de la Guyane, terre tempérée.

111 millions d'hectares, ou plus de deux fois la France sans des plaines réclamées aussi par la Colombie, ce beau domaine comprend, du nord au sud, une Terre chaude, l'estran de mer, une Terre tempérée, qui est la sierra côtière, une nouvelle et très ample Terre chaude nommée Llanos, enfin des Terres tempérées dans les parties hautes de la Guyane de Vénézuéla.

La première Terre chaude borde la mer des Antilles — chaude par le soleil du 10ᵉ degré, torride par la réverbération des montagnes littorales et la placidité de l'air. On n'y voit encore que de petites villes étouffantes, Maracaïbo, qui a remplacé la Petite Venise d'Ojeda sur le chenal menant de la mer au lac maracaïbien, Puerto-Cabello, port de Valence et du val d'Aragua, qu'on surnomme le Jardin de l'Amérique; la Guayra, port de Carácas; la « vibrante » Cumana[1], patrie du Libertador Bolivar : là, dans la saison « froide », l'air ne descend pas au-dessous de 24 degrés, et la moyenne de l'année oscille entre 27 et 30.

Mais cette zone est sans largeur, et très près du rivage, parfois du flot même, s'élance une cordillère à pente effroyable, abritant dans son flanc des vallons tempérés dont l'un renferme Carácas. Entre cette capitale et la mer des Antilles, la Silla de Carácas a pour têtes le Cerro de Avila (2665

[1]. Deux fois rasée par tremblement de terre, en 1766 et en 1853.

mètres), fort beau vu de la métropole, et l'aiguille de Naiguata, invisible de Carácas.

Cette chaîne riveraine est un épanouissement de la grande cordillère Vénézolane qui porte les principales Terres fraîches du pays, et cette cordillère Vénézolane elle-même n'est qu'un prolongement, infléchi vers le nord-est, de la plus orientale des trois longues sierras néo-grenadines. Elle semble avoir pour mont culminant le Neigeux[1] de Mérida : ce géant se lève à 4580 mètres, dans le haut entablement de la sierra de Mérida, jetée « sidéralement » entre les plages basses de l'immense lagune marine qui se nomme lac de Maracaïbo et les Llanos indéfinis du Vénézuéla et de la Nouvelle-Grenade. Quoique près du 8e degré de latitude, un mont presque aussi grand que le Rose et le

Une corrida de bétail dans les Llanos. — Dessin de Riou.

Blanc peut garder très longtemps chaque année son fronton de neiges vierges.

Llanos. — De la cordillère de Mérida on descend par des versants raides sur les plaines basses de l'Orénoque, couvrant, sous le nom de Llanos, 80 à 90 millions d'hectares chez les Vénézolans et les Grenadins. Leur sol, uni comme un miroir de lac, porte de loin en loin des mesas[1], anciennes îles

1. Tables.

de la mer qui remplissait jadis ces steppes, et des bancos ou bancs, lignes d'antiques écueils en grès ou en calcaire autrefois battus par les mêmes flots que les mesas. Pas d'arbres pendant de longues journées de marche, sinon quelquefois des palmiers : peu d'arbres plutôt, car voici que les Llanos se reboisent insensiblement d'eux-mêmes, excepté dans les campos de l'Apure. Dans la saison des pluies, le « Plan », où tous les rios débordent au

1. C'est ce que veut dire le mot espagnol Nevado.

Combat de coqs dans un village vénézuélien. — Dessin de A. de Neuville, d'après un croquis.

loin, se couvre d'une mer aussi trouble que put être azuré l'Océan qui a disparu. Les mesas en émergent, asile du jaguar et des bœufs, des chevaux, des mulets que ne garde plus le « llanero », cavalier irrenversable qui a dans les veines du sang de Blanc, du sang d'Indien, du sang de Noir : alors les bancos ont disparu, car ils n'ont guère qu'un à deux mètres de hauteur. Quand l'inondation recule, ces plaines de sol admirable deviennent un savoureux pâturage.

Mais il réchauffe aussi bien des plantes funestes, bien des bêtes contraires, le magnifique soleil qui luit sur ces terreaux fervescents, sur ces grands fleuves à plein bord et ces herbes sapides. Les Llanos ont des feuilles tranchantes, des arbustes vénéneux, des fruits empoisonneurs, des nuées de moustiques, des reptiles au rapide venin, des poissons électriques, des raies épineuses, des serpents d'eau si forts qu'ils étouffent de leurs plis les plus robustes taureaux, des caribés, poissons altérés de sang, dont la dent, capable de percer le fer, agrandit les blessures que les crocodiles font à leur cuirasse, au temps du renouveau, dans des combats allumés par l'amour et la jalousie. Et, danger plus grand que serpent, alligator ou jaguar, tous les ans, la fièvre naît dans les « esteros », marais

Un serpent d'eau. — Dessin de A. de Neuville.

que les débordements des rios ne se lassent jamais de remplir et le soleil d'amoindrir ou de vider. C'est elle, sous ces brillants gazons, qui creuse le plus de fosses pour le dernier sommeil des Llaneros.

Orénoque. — Le Guaviaré, le Méta, l'Apuré, larges affluents de l'Orénoque, se déploient dans les Llanos.

L'Orénoque, en espagnol Orinoco, sort de la sierra Parima, montagne guyanaise. Ses sources, que nul Européen n'a contemplées, doivent jaillir à 1600 ou 1700 mètres au-dessus des mers. Descendu dans la plaine, il se divise au pied du mont Duida, par 450 mètres d'altitude : un bras large de 400 mètres, profond de 10, le Cassiquiare, va porter ses eaux blanches aux flots bruns du Rio Negro, tributaire énorme de l'Amazone ; l'autre reste Orinoco. En aucun pays deux bassins ne communiquent par une rivière aussi grandiose.

Par les « raudales » de Maypures et d'Atures, courants étourdissants et petites chutes, l'Orénoque entre dans le pays bas, où il s'étale entre des Llanos à gauche et des forêts à droite, gêné de hauts-fonds, de langues de vase, d'îles d'alluvions, de joncs à caïmans et tortues. Argileux, blanchâtre, et souvent grossi de rivières laiteuses, il serait encore plus blanc s'il ne recevait aussi des rivières noires (d'ailleurs transparentes jusqu'à 5, 6, 10 mètres de profondeur), singulièrement enchevêtrées avec celles de couleur opposée, tellement que plus d'un Rio Negro coule entre deux Rios Blancos, plus d'un Rio Blanco entre deux Rios Negros.

A Angostura ou Ciudad Bolivar, la largeur de

l'Orinoco dépasse 5000 mètres, et pourtant le mot espagnol angostura désigne un passage étroit. Son delta, merveilleusement plastique et fécond, avec plantes fougueuses, commence à 200 kilomètres de la mer, et c'est par 300 kilomètres qu'il confronte aux eaux de l'Océan.

L'Orénoque offre aux grands vaisseaux une dizaine de branches, depuis la Boca Vagre jusqu'à

Indigènes vénézolans. — Dessin de A. de Neuville, d'après un croquis.

la Boca de Navios, qui est la plus méridionale, la plus grande, la plus navigable. La longueur du fleuve, 2250 kilomètres, double, et au delà, le cours de notre Loire; son bassin double notre France, car il a plus de 100 millions d'hectares; son étiage serait de 6778 mètres cubes par seconde, sa portée moyenne de 14 000.

Guyane vénézolane. Amazonas. — De la rive droite du fleuve, le pays se relève au sud en terres à demi tempérées, d'abord collines, puis montagnes, qui sont pour leur part le noyau résistant de l'« île » guyanaise et qui s'élancent jusqu'à 2508 mètres dans la sierra Maraguaca. C'est là la Guyane de Vénézuèla, moins ample que la brésilienne, mais plus vaste que l'anglaise, la néderlandaise et la française, les trois seules contrées sud-américaines qui n'obéissent pas à des Américains du Sud. Plus vaste, plus saine aussi, par l'heureuse inclinaison du sol, et pourtant presque vides : quoique étalant au loin des quartz très veinés d'or, ce territoire, qu'enveloppe sur 1000 kilomètres le puissant Orénoque, ne nourrit pas, malgré sa fauve richesse, 50 000 habitants sur 58 à 59 millions d'hectares, aire égale à une Italie qui aurait deux Sardaignes et deux Siciles.

Au sud extrême se déroule sur 26 à 27 millions d'hectares (c'est presque l'Italie, c'est une demi-France) un autre territoire uberrime, aussi vide et vacant que la Guyane vénézolane. Il s'étend sur les deux bords du haut Orénoque, et sur les branches supérieures du Rio Negro, tributaire de l'Amazone — ce qui justifie à demi son nom de Territorio de Amazonas.

Amazonas et Guyane font les trois cinquièmes du sol vénézolan ; avec les Llanos, ils en sont encore le désert, par opposition à la Cordillère, où vit à de hautes ou à de moyennes altitudes le peuple presque entier de la « Petite Venise ».

Les Vénézolanos. Les Isleños. — La population n'a donc quelque densité que sur la cordillère riveraine et sur la grande chaîne, aux environs de Carácas, de Valence, de Mérida. Un recensement récent la porte à 2 075 000 hommes, dont 500 000 à 600 000 se font passer pour Blancs, mais qui ne sait que les Blancs de l'Amérique tropicale sont bien souvent des Indiens plus ou moins teintés de sang européen, quelquefois très peu? Apporté par les Conquistadores, puis par les trafiquants ou planteurs galiciens, catalans, andalous (sans parler des Escualdunacs, qui furent parmi les plus nombreux des immigrants), l'espagnol se parle presque partout, et le catholicisme est la religion commune, sauf chez quelques petites peuplades non catéchisées.

De même que les autres colonies espagnoles, le Vénézuéla souffrit beaucoup de l'égoïsme et des injustices de la métropole : Madrid, Séville et Cadix remplissaient leurs coffres de doublons grâce à l'Amérique, mais ne faisaient rien pour elle sinon d'y planter des forteresses, d'y bâtir de banales églises.

Quand les Conquistadores eurent achevé leur œuvre ; quand parmi tant de nations indiennes ils eurent anéanti les unes, avili les autres ; quand ils eurent appris de leurs victimes quels étaient les monts du métal ; quand ils eurent usé des millions d'hommes à la recherche de l'or, de l'argent et qu'il ne leur resta plus à trouver que deux merveilles, la Fontaine de Jouvence et l'El Dorado, l'Espagne avait devant elle un monde à remplir, mais, au lieu d'y jeter des Espagnols, elle les en éloigna par un arsenal de lois sévères. Elle ne pensa point d'abord au bonheur des Indiens, et plus tard elle ne devina pas quelle grandeur promettait l'Amérique aux Castillans ; elle ne voulut que trois choses : grossir le trésor du roi de Madrid ; enrichir fonctionnaires, soldats, favoris ; apprendre aux Indiens le signe de la Croix. La capitainerie générale de Carácas (c'est plus ou moins le Vénézuéla de nos jours) ne recevait pas en moyenne plus de cent colons par an ; il ne lui en arrive encore que fort peu de milliers chaque année, attirés, quelques-uns par la culture ou l'élevage dans ce pays de toute exubérance au voisinage des rios, beaucoup par le commerce et aussi par les mines d'or de Caratal, nouvelle Californie en Guyane vénézuélienne, dans le bassin d'un affluent de l'Orénoque, le Caroni, rivière noire.

Jusqu'à ces derniers temps les seuls forains qui aidassent les Vénézolanos à multiplier leurs familles étaient des homophones, les Isleños, c'est-à-dire les insulaires des Canaries, gens d'avance acclimatés. Depuis quarante à cinquante ans il en est venu 40 000.

Pourtant le peuple vénézuélien s'augmente : il a plus que doublé depuis 1838, puisqu'il approche de 2 100 000, et qu'alors il ne se composait que de 887 000 personnes, d'autres disent de 1 048 000.

Carácas (56 000 hab.), fondée en 1567 à plus de 800 mètres d'altitude, à 20 ou 25 kilomètres de la Guayra, fort mauvais port sur une côte malsaine, jouit d'un climat charmant, jamais froid, jamais trop chaud, d'une moyenne annuelle de 21 degrés, avec maximum de 26 et minimum de 12. En l'an 1812, un tremblement de terre la renversa : sur dix maisons, neuf y jonchèrent le sol ; sur 40 000 à 50 000 Caraqueños, la moitié fut écrasée ou se dispersa.

Le Cotopaxi, vu de l'alto de Pomasqui. (Voy. p. 770.) — Dessin de Riou, d'après un croquis.

ÉCUADOR

Andes Équatoriales, hauts volcans. — Écuador, nom espagnol, veut dire Équateur, et en effet la ligne des jours égaux aux nuits passe sur le nord de ce pays, au septentrion et non loin de sa capitale.

L'Écuador a 50, 65, 75 et jusqu'à 95 millions d'hectares, suivant qu'on recule ses limites vers l'est dans la plaine de l'Amazone, à travers des alluvions que le soc ne retourne pas encore et des forêts pleines de magnificence, respectées jusqu'à ce jour, faute de routes, par la hache et la torche. Avec la zone côtière du Grand-Océan, ce bassin de basses plaines très mollement inclinées vers le puissant Maragnon, compose les Terres chaudes de l'État équatorial. Entre la mer et ces vastes plaines se lève la double chaîne des Andes, avec Terres tempérées, Terres fraîches, Terres froides, ces dernières, très petites, dans l'hiver éternel des névados.

Entre le Pacifique et les Andes petite est la place, et raboteux l'espace, tout en boursouflements de monts, en cagnons, barrancos et quebradas : aussi les Terres chaudes ont-elles peu d'ampleur sur cette rive de 850 kilomètres que vient de quitter à la pointe Pariña le froid courant de mer arrivé du Pôle austral en longeant le Chili et le Pérou. Mais il pleut assez pendant l'invierno, qui dure plus de la moitié de l'année, pour que des rios larges et violents y roulent et y croulent : entre tous l'Esmeraldas au nord, et au sud les torrents qui s'unissent pour former le Guayas ou Guayaquil, fleuve tenant ce second nom d'un port de mer où flotte éternellement dans l'air le poison de la fièvre jaune.

Vingt volcans, voisins des évents de la Nouvelle-Grenade mais séparés des chaudières du Pérou méridional par 1500 kilomètres, sont à la fois la plus grande beauté de l'Équateur et sa plus grande épouvante. Trois de ces « monstres », le Pichincha, le Cotopaxi, le Sangay, vibrent encore, ils grondent, fument et vomissent; cinq ont fait voir aux Blancs qu'ils étaient vivants, et maintenant ils sont morts ou se reposent; huit n'ont jamais remué depuis les Conquistadores et l'on ne sait à quelle époque ils s'éteignirent (s'ils sont éteints). Douze se dressent dans la Cordillère Orientale, huit dans l'Occidentale.

Dans la Chaîne Occidentale ou Cordillère du Pacifique se lève le maître mont de l'Écuador, le Chimborazo, qui passa longtemps pour le suprême sommet de la Terre : cependant son dôme volcanique n'atteint que 6310 mètres, ou même 6255 seulement, soit 2000 à 2500 de moins que les Titans de l'Himalaya; dans les Andes mêmes il a des égaux et des supérieurs. Au nord de ce névado[1] s'élancent le Carihuairazo (5106 m.); l'Iliniza aux deux têtes (5305 m.); le Corazon des Espagnols (4787 m.), Chamalari des Indiens, fait de falaises nues ; le Pichincha (4787 m.) et le Cotocachi (4966 m.). Le Pichincha, réellement Guagua-Pichincha, c'est-à-dire le Mont Bouillant, est un volcan superbe en même temps qu'un superbe névado; ses quatre pics découpent le ciel de Quito, et dans son sein s'ouvre un cratère tel qu'on n'en a pas encore trouvé de plus creux, ayant de la lèvre au fond de la coupe 750 mètres de profondeur.

De la Cordillère Occidentale à l'Orientale ou Royale[2], qui lui est parallèle, la distance ne varie que de 60 à 65 kilomètres, sur un plateau d'environ 3000 mètres d'altitude, plus ou moins, vers le centre, dans le pays de Quito; de 2200 à 2500 seulement, au nord comme au sud, à la bordure de Colombie comme à celle de Pérou. Cette haute plaine, des chaînes d'union liant l'une à l'autre les deux sierras fondamentales la divisent en huit sous-plateaux nus ou dont les bois n'ont aucune puissance et grandeur, aucune excessivité tropicale. C'est plus bas, sous plus de pluie, au vent du Pacifique ou sous les orages sans fin soufflés par Atlantique à travers Brésil tout le long du roi des rios, c'est dans la Tierra caliente que la sève équatoriale bouillonne avec emportement

1. Chimbou Razou, nom indien dont Chimborazo est la corruption, signifie Mont Neigeux.
2. Les Espagnols de la Conquête nommèrent cette chaîne Cordillera Real, de ce qu'elle avait au pied la grand'route royale ou impériale des Incas, du Cuzco à Quito.

parmi la forêt drue, magnifiquement robuste, qui triomphe des nœuds coulants de la liane et du cancer des parasites en s'élançant toujours plus haut vers la lumière.

Dans la Cordillère Orientale, tout au sud, trône le Sangay (5323 m.), volcan toujours en crise, toujours en vomissement spasmodique de laves, d'eau ou de fange, en éruction de cendres qui volent jusqu'à la mer de Guayaquil; voilà cent cinquante-cinq ans que durent ses transports sans qu'il se soit jamais calmé, jamais endormi : c'est l'ignivome le plus exaspéré du monde. A son nord est l'Altar ou Autel (5404 m.), que l'Indien nomme Capac-Ourcou ou Roi des Monts; on dit que, jadis supérieur au Chimborazo lui-même, il a perdu le premier rang parmi les pics équatoriaux depuis un éboulement qui fit rouler la cime en bas, quatorze ans avant l'arrivée des hommes qui allaient changer son nom païen de Capac-Ourcou en un nom castillan et chrétien. Puis se suivent, entre autres, du sud au nord, le Tunguragua (5087 m.), ceint de forêts, qui jeta des fleuves de boue en 1797; le Cotopaxi (5943 m.), magnifique cône tronqué, capable de « lancer à 14 kilomètres des roches de 200 tonnes, plus grosses que des chaumières d'Indiens » — moins de dix ans nous séparent de sa dernière convulsion (1877); aucun volcan fumant encore n'est son rival en hauteur, et pour la noblesse il lutte avec le Foudzi-yama lui-même; — l'Antisana, qui monte à 5746 mètres; le Cayambé-Ourcou (5840 m.), sous l'Équateur même; l'Imbabura (4582 m.).

Llanos équatoriens : le Napo. — La nation presque entière des Écuadorianos est concentrée dans le pays élevé, surtout dans le haut plateau barré, tant à l'occident qu'à l'orient, par les volcans et les non-volcans, les névados et les non-névados de deux cordillères : là le climat charmant ressemble toute l'année, suivant l'altitude, à l'été ou à l'automne des pays tempérés.

La solitude se fait à mesure qu'on descend vers le sud-ouest, avec les rivières issues du haut mont, à travers des bois où croit le quinquina, qui porte la santé dans ses fibres. Cet arbre est la plus riche des richesses, mais on le détruit pour un peu d'or, avec une hâte indigne.

Par ces rivières on arrive au Maragnon, en amont ou en aval du Pongo de Manseriche, cagnon péruvien à l'issue duquel ce Maragnon passe en plaine et devient le premier cours d'eau du Globe sous le nom de fleuve des Amazones.

Les grands rios de l'Équateur serpentent sur ce versant; ils commencent par des gorges, descendent furieusement par des cascades, puis, au pied d'une dernière chute, ils s'apaisent, deviennent très larges et entrent dans la forêt vierge qui les conduit au Maragnon. Ainsi fait le plus long de tous, un fils du Cotopaxi, le Napo, qui reçoit des barques à partir de la cataracte du Cando; sa largeur varie entre 400 et 1000 mètres; ses eaux tranquilles et très claires ne disparaissent tout à fait dans le courant impérieux, tourbillonnant et troublé de l'Amazone qu'à plusieurs lieues du bec de rencontre.

Les Écuadorianos, leurs langues, leur capitale. — Il peut y avoir de 100 000 à 200 000 « Indios bravos » dans l'Oriente, c'est-à-dire dans

Le Chimborazo. (Voy. p. 770.) — Dessin de Riou, d'après un croquis.

le territoire de Llanos dont la Colombie, le Pérou, le Brésil disputent les lambeaux à l'Équateur. Ces insoumis, ces non réellement possédés à part, l'Écuador passe pour renfermer 950 000 habitants, vivant presque tous entre la Terre tempérée et la Terre froide, dans la zone fort bien nommée Tierra fresca[1], qui est le pays de Quito.

La petite moitié est faite d'une centaine de milliers de Blancs et de 300 000 à 400 000 Métis de Blancs et d'Indiens, la grande moitié d'Indios catequizados, autrement dit d'Indiens catéchisés, catholicisés. Rares sont les Nègres et leurs sang-mêlé avec le Blanc ou l'Indigène.

Si presque tous les aborigènes des cent dix-sept tribus du royaume de Lican[1], du moins ceux du Mont, du Plateau, de la Côte, ont cru de gré ou de force à la sainte révélation des chrétiens, si

1. Terre fraîche.

1. Ainsi se nommait la contrée de Quito avant sa conquête par les Incas, qui précéda de cinquante ans l'invasion des Espagnols.

même ils sont maintenant d'excellents catholiques avec foi naïve et ferveur concentrée, s'ils saluent les passants d'un pieux « Alabado sea el santisimo sacramento del altar »[1], ils n'ont pas tous renié le vieux parler des Péruviens, le quitchoua de leurs pères, que trouvèrent ici les Espagnols de Belalcazar, lorsqu'en l'an 1534 ils arrivèrent à Quito. Le castillan règne dans les villes, mais n'y règne pas seul, et le quitchoua, corrompu, mêlé de mots espagnols, domine tout à fait à la campagne; il n'en disparaîtra pas moins devant l'idiome général des Hispano-Américains. Pour l'instant, il y a donc comme deux peuples dans l'Équateur : la plupart des urbains, ce qu'on appelle ici la gente distinguida ou gent distinguée, emploient l'idiome retentissant; mais la gente de pueblo, le peuple des ruraux, race paisible, modeste, retirée, résignée, en un mot vraiment indienne, n'a trahi ni l'idiome du Cuzco, ni le souvenir des gloires de l'empire auquel pourtant elle n'a guère appartenu; et c'est en signe de deuil pour la grandeur passée des Incas que beaucoup d'Écuadorianos portent, dit-on, le poncho noir. Ces hommes doux et bons, si mous qu'on n'espère guère en tirer un peuple viril, ont le caractère plus gai, le visage plus éclairé, les lèvres plus souriantes que les autres Indiens Quitchouas. On les dit d'une saleté mémorable; « ils ne trouveront jamais l'or, si l'or est caché dans du savon ». De leur bonté, de leur douceur, on abuse pour les fouler aux pieds, pour les fouetter même à l'occasion; ils sont criblés de dettes au profit des citadins, des gens d'affaires, des politiciens, des marchands. Une troisième nation, fort dispersée celle-là, et fort « démantibulée », c'est celle des Indiens de l'Oriente, hommes non-Quitchouas dont on a voulu faire une race à part, dite race d'Antisana.

Quito (80 000 hab.), la capitale, à 22 kilomètres seulement de l'Équateur, sur des rios du bassin de l'Esmeraldas, est à 2850 mètres d'altitude, au pied du Pichincha, sous un climat frais (15°,1) dis-

pensant 1185 millimètres de pluie en 161 jours. De la terrasse du palais présidentiel on voit le Chimborazo, le Cotopaxi fumant, onze monts neigeux et une vallée où toutes les plantes de l'Europe tempérée prospèrent à côté de la canne à sucre, du cocotier et de l'indigotier. « Vivre à Quito, et dans le ciel un petit trou pour voir Quito », disent les Écuadorianos.

Divers pueblos équatoriens ont conservé des ruines de l'ère péruvienne, chaussées, forteresses, tombeaux, temples du Soleil et palais d'Incas. Ces débris valent bien les lourdes églises et les couvents-casernes élevés par les Blancs depuis la conquête espagnole. Certes il y avait aussi dans les vieilles villes d'Europe de vastes quartiers monastiques, cathédrales, cloîtres, arceaux muets, cours obscures, jardins sombres, et derrière l'abside, ou sous les arcades conventuelles, ou dans un coin du jardin, avec plus d'herbes que de fleurs, l'enclos mortuaire pour le dernier repos de ceux qui de leur vivant étaient déjà morts. Tout cela, bâti par des mains ferventes, était pieux, digne, austère, et fortifiait le croyant ou touchait l'infidèle. En Amérique, temples et couvents ne sont que des moellons, du mortier, des adobes (briques).

Galápagos. — Loin dans le Pacifique, à 1000 kilomètres, les Galápagos sortent d'une mer très profonde, comparativement froide, bien qu'on soit ici sous l'Équateur, mais l'archipel des Tortues[1] est dans le courant de Humboldt ou courant froid du Pérou. De ses 764 000 hectares, 427 500 appartiennent à l'île d'Albermarle, qui porte un pic de 1530 mètres, le culmen des Galápagos.

C'est un monde misérable, pauvre en plantes et de plantes pauvres, tout en laves anciennes et modernes, avec volcans à peine éteints, si même ils le sont, et peut-être deux mille cratères qui n'éjaculent plus. 50 à 60 habitants y vivent et des troupeaux sauvages provenus de bêtes domestiques introduites jadis, bœufs, chevaux, ânes, cochons, chiens, chats, chèvres.

---

1. Béni soit le très saint sacrement de l'autel!

1. Galápagos, mot espagnol, veut dire tortues.

Temple du Soleil dans l'île de Titicaca. — Dessin de Riou, d'après un croquis.

PÉROU

Empire des Incas. Conquête du Pérou. — Les voisins et « frères » des Péruviens, les Chiliens, vainqueurs dans une guerre sans pitié, sans pardon, viennent d'enlever au Pérou son département méridional, Tarapacá, et le Pérou, si pauvre malgré son renom sonore d'opulence, n'a plus que 107 à 108 millions d'hectares, deux fois la France.

Il embrassait une aire bien autrement vaste quand il allait du Rio Mayo, voisin de Pasto sur la frontière des Grenadins et des Équatoriens, jusqu'au Rio Maule des Chilenos : alors il s'appelait le Tahuantinsuyo ou les Quatre Contrées du monde et comprenait l'Antisuyo, le Cuntisuyo, le Chinchasuyo et le Collosuyo, c'est-à-dire l'Est, l'Ouest, le Nord et le Sud. Il possédait à cette époque, avant l'arrivée des Espagnols, les régions devenues depuis lors Écuador, Pérou, Bolivie, Chili septentrional, et il renfermait pour le moins une douzaine de millions d'hommes.

Les Indiens Quitchouas avaient fondé sur les rives du lac de Titicaca et sur les plateaux du Cuzco un empire appuyé sur la religion débonnaire qu'avait prêchée au onzième siècle (dit la légende) Manco-Capac, fils du Soleil, le premier dieu des hommes du Plateau, comme Viracocha, déesse de la mer, était la première divinité des hommes du Littoral. Ainsi que les Aztèques, ils cultivaient avec soin, ils arrosaient avec art; ils élevaient au Soleil, leur père et leur dieu, des temples ruisselant d'or, des palais à leurs princes; ils bâtissaient des forteresses massives, et leurs quatre grandes routes, partant du Cuzco, cœur de l'empire, valaient les voies romaines. L'Inca ou empereur réunissait tous les pouvoirs, mais son despotisme était plus ou moins tempéré par les préceptes de mansuétude qu'avait laissés le révélateur. Toutefois, pour ne rien cacher de la vérité vraie, les peuples soumis par le fer à la nation prépondérante étaient foulés par leurs maîtres avec outrecuidance, et là aussi les hommes étaient des frères ennemis.

Si toute cette histoire n'a pas été embellie par les conteurs espagnols, il n'y eut point de nation plus heureuse. Les Péruviens d'aujourd'hui, sortis en très grande part des anciens Quitchouas, peuvent célébrer leurs pères, qui donnèrent au Nouveau Monde ses lois les plus douces. Le sang des hommes ne rougissait pas les autels de leurs temples; les vieux Péruviens n'avaient ni dieux

Types d'Incas, tirés de l'arbre généalogique ou descendance impériale. — Dessin de Riou.

grotesques, ni dieux sanguinaires, mais à l'arrivée des Blancs tout ce bonheur s'enfuit comme un songe.

C'est au Pérou surtout que l'Espagnol détruisit comme conquérant plus qu'il ne créa comme maître. De la chute du dernier des Incas au jour qui vit partir l'ultime soldat des garnisons castillanes, le nombre des Indiens y descendit au-dessous de ce qu'il était à l'arrivée des routiers européens, à cette époque inouïe où les Péruviens, étranglés de surprise, virent s'avancer sur les sentiers pavés construits par les Incas une faible troupe ayant à sa tête François Pizarre, auparavant porcher dans l'Estrémadure.

Ce capitaine de voleurs ne savait pas lire, et il ne commandait pas à mille soldats, mais ces soldats étaient des Croisés autant que des scélérats, des hommes extraordinaires par leur foi catholique, leur fierté d'Espagnol, leur endurance physique, leur courage au danger, leur ardeur à la mort.

Avant de parcourir en convertisseurs, en bri-

gands, en exécuteurs, ce pays aux temples dorés, Pizarre et ses malandrins avaient souffert comme alors on savait souffrir. Dans une première expédition, pour tromper sa faim, l'ancien gardeur de porcs avait rongé le cuir de pompe de son vaisseau; il avait été blessé, laissé pour mort sur la place; puis, le courage de ses hommes fléchissant, il traça sur le sable une ligne avec son épée : « Que ceux qui veulent aller de l'avant sautent par-dessus! » cria-t-il, et parmi les quelques soldats de sa troupe abimée il se trouva seize Espagnols pour franchir la raie d'un bond. Tant de constance eut son prix : le chef des Huerácocha s'empara de l'empire des Incas. — Hueracocha où l'écume de la mer, c'était le nom quitchoua donné par les Péruviens aux Blancs, que ces pauvres Indiens croyaient sortis du sein des mers, et ce nom ils nous le conservent encore.

La nation des Quitchouas n'est pas morte. — Si les Péruviens demandèrent trop tôt l'aman à la troupe des bandits, c'est parce que depuis plusieurs générations ils avaient perdu le souci d'eux-mêmes. Serviles par respect et par crainte du trône, confiants dans leurs prêtres, sûrs de la bienveillance de leur Père céleste, le Soleil, endormis par un communisme qui assurait à chacun son humble destin, ils furent lâches et semblables aux moutons chassés par les loups dès qu'ils virent leur roi vaincu, leurs prêtres hésitants et le Soleil neutre dans la lutte entre son peuple et les étrangers.

Voici trois cent cinquante ans que les Indiens des Andes Péruviennes reçurent le joug ignominieux et ils n'ont point encore renoncé pour toujours à leur indépendance. Ils se sont parfois révoltés, séparément ou en masse, et sans doute que plus d'un complot d'extermination conçu par eux dans l'ombre n'éclata pas au grand jour.

On raconte que des chefs jetèrent deux lamas dans un torrent sorti du lacis des sources et des lacs de la Cordillère. De ces lamas, l'un était blanc; l'autre était noir, et dans l'esprit des chefs il représentait la race indienne. Le lama blanc se noya, les conjurés virent dans sa mort un présage sinistre pour leurs oppresseurs, ils soulevèrent leur peuple : mais le présage avait menti. Plus tard ils lancèrent encore dans la rivière un lama blanc, un lama noir. Cette fois le noir disparut dans le courant, et les conspirateurs, effrayés de l'augure, n'osèrent en appeler à la justice immanente, éternelle.

Aujourd'hui, si les vœux sont les mêmes, l'espoir diminue. Que faire contre les hommes de la côte, qui ont des canons tuant à dix mille pas, des navires entraînés par le feu sur le lac sacré de Titicaca, des files de chars qui passent en soufflant dans le ventre des Cordillères?

Parmi leurs révoltes, la plus terrible fut celle de 1780, conduite par le Quitchoua Toupac-Amarou, descendant des Incas. En cent jours elle immola 40 000 Blancs, et sans les secours arrivés de Buenos-Ayres elle dressait un Pérou libre, pour peu de temps sans doute, pour toujours peut-être. En l'année 1854, un typhus qui décima les Indiens sauva les Blancs d'une attaque longtemps méditée. Un soulèvement avorta en 1860.

La Costa. — Bordé du côté des terres par l'Équateur, le Brésil et la Bolivie, le Pérou confronte vers l'ouest à l'Océan Pacifique, le long d'un courant froid venu du sud : c'est le courant de Humboldt, dont les eaux ont ici près de douze degrés de moins que la mer qui les presse.

La zone comprise entre le Grand-Océan et le pied de la montagne, la Costa, dur rivage, est une Terre chaude où le soleil brûle et où il pleut si peu que vingt et trente ans n'y donnent pas une averse. Or, pas d'eau, pas de plantes. Dans les « valles de la Costa », il n'y a de culture qu'au long des torrents andins et sur leurs canaux d'irrigation.

De 1847 à 1877 rien ne tomba du ciel sur Payta, ville littorale dans le Pérou du nord; et quand enfin l'orage s'abattit sur elle, dans le campo pulvérulent couleur de cuir fauve, au milieu des sables morts, des horizons arides, il délaya ses maisons, qui ne sont que murs de terre et carcasses de bambou, traça des lits de torrent dans ses rues et dégrada le chemin de fer menant à Piura, ville sur la route des Andes au bord d'une rivière verte issue de la haute montagne. Dans cette Payta, non plus qu'à Lima et autres villes de la zone riveraine, on ne connait le roulement du tonnerre et le zigzag de l'éclair; tel vieillard n'a jamais ouï les « rapides frémissements et les grands murmures menaçants »[1] de la foudre : on dit que la métropole péruvienne ne les a pas une seule fois entendus de 1805 à 1877.

Andes Péruviennes; lac de Titicaca. La

---

[1] *Et rapidi fremitus et murmura magna minarum.* (Lucrèce.)

Montaña. — En maint endroit se dressent, entre le littoral et les Andes, de petites montagnes côtières. Une de ces chaînes, dans le Pérou du nord, forme la vallée de Santa, plus arrosée que les autres, à cause d'une brèche des Andes par où passent les vents alizés : cette vallée, très riche au temps des Incas, redevient aujourd'hui le grenier des Liméniens.

En gravissant les Andes, on monte aux Terres tempérées et fraîches, avenir de l'Amérique espagnole, et particulièrement du Pérou.

Sur les talus des Tierras templadas et des Tierras frias, sur leurs plateaux, le Blanc ne craint ni les épidémies de la zone torride, ni l'anémie et la ruine du corps, ni la décadence de l'âme, ni la mort de la volonté, ni la fin de la famille. Même les Andes Péruviennes sont par excellence une région de grande longévité.

Dans les Andes Péruviennes. — Dessin de Riou.

Au-dessus des sables de l'Atacama, littoral devenu chilien, de bolivien qu'il était, la Cordillère se dédouble, en venant du sud.

La chaîne de droite s'en va dans la Bolivie, celle de gauche, à laquelle ont part Bolivie et Pérou, est une des crêtes suprêmes de l'Amérique du Sud, un long et haut chaos désolé, presque sans blancheurs de neige, aride et sec, où sous peine de mort il faut suivre les sentiers tracés, jusqu'à des cols ouverts en moyenne à 4000 mètres au-dessus des mers. On ignore le nombre des volcans de cette échine et l'altitude de presque tous ses grands pics ; le Lirima, auquel on donnait généreusement 7150 mètres, a cessé d'être péruvien depuis la perte de la province de Tarapacá ; le volcan Huallatiri monte à 6000 mètres ; le Parinacota, fait aussi de laves et basaltes, à 6376 ; le Pomarapé, son voisin, à 6250 ; le Tacora ou Chipicani, à 6017 ; le Misti ou volcan d'Aréquipa, à 6100 ; après quoi la sierra s'abaisse et l'on ne trouve plus de monts flammifères qu'à 1500 kilomètres au septentrion, chez le peuple des Écuadorianos.

A quelque hauteur aérienne que ces montagnes colossales du Pérou portent la tête, vues du piédestal déjà céleste qui les porte, elles n'ont souvent ni beauté, ni diversité, ni grandeur; beaucoup sont trapus et gauches, presque tous sont lugubres, mais plus d'un est splendide. Tel le Misti, la pyramide grandiose que personne encore n'a gravie jusqu'au faîte et qui depuis plus de trois cents ans n'a vomi ni feu ni pâte enflammée; il domine Aréquipa dans son heureuse oasis du fleuve Chiri, qui est à 2536 mètres d'altitude; — cette ville est une des plus vibrantes qu'il y ait : en trente-quatre ou trente-cinq ans, de 1811 à 1845, le sol y a tremblé 826 fois : soit, en moyenne, deux chocs par mois, ou, comme disaient si bien nos ancêtres, auxquels nous reprenons ce mot, deux trembleterres.

Entre les parages de la Cordillère Occidentale où se dresse le Misti et la région de la Cordillère Orientale d'où s'élancent les plus grands monts de Bolivie, Illimani, Huaïna Potosi, Nevado de Sorata, plus hauts que le Misti même, s'étend, froid et sévère, un bas-fond de 10 à 11 millions d'hectares : bas-fond parce qu'il a des Andes à son levant, des Andes à son couchant, mais le grand lac que cherchent ses rios réfléchit le soleil ou la nuit sereine à une élévation qui dépasse de 438 mètres la hauteur de la plus altière des Pyrénées.

Ce Plateau péruvien ou Plateau de Titicaca porte à bon droit ces deux noms : Plateau de Titicaca parce que le fond de sa cuvette est rempli par le lago de Titicaca ou de Chucuito; Plateau Péruvien parce que d'une île de ce lac sortirent les législateurs du Pérou, Manco-Capac, le premier des Incas, et sa compagne Mamma Oello. Le Titicaca s'épand sur 840 000 hectares, à 3842 mètres d'altitude; il a pour émissaire un paisible « desaguadero », une rivière bolivienne qui n'atteint pas l'Océan.

La « Sierra altisima [1] » bolivienne qui monte à l'orient du lac devient peu après péruvienne et s'avance, moins élevée qu'en Bolivie, mais très fière encore et prodigieusement sciée par une infinité de torrents du bassin des Amazones formant les immenses rios nommés Madre de Dios, Quillabamba, Apurimac, Mantaro; tel de ses pics dépasse 5300 mètres, dans la région du Cuzco, qui est le pays des grands souvenirs du peuple quitchoua, quand il était magnifique, au moment même de devenir pauvre, bas et désespéré. Au Cerro de Pasco (4302 mètres) les deux sierras d'Est et d'Ouest se rejoignent pour se séparer

bientôt, et cette fois en trois chaînes : Cordillère d'Orient ou de l'Amazone, Cordillère Centrale, Cordillère d'Occident ou du Pacifique, ou encore de la Costa. Celle-ci, la plus « exaltée » des trois, est échancrée de cols fort accessibles qui n'ont guère que 2200 à 2400 mètres dans le pays de Cajamarca : l'épine vertébrale de l'Amérique du Sud est ici comme à demi sciée entre la dépression panaméenne et la cassure de Perez Rosalès, dans le Chili méridional.

La Cordillère Occidentale et la Centrale vont se ressouder au nœud de Loja, dans l'Écuador du Sud. L'Orientale ne les rejoint pas et va se perdre sur les plaines de l'Amazone : vue de là, d'un piédestal bien moins élevé que les autres Andes Péruviennes, par cela même elle paraît plus grandiose, et comme elle est infiniment mieux arrosée, elle a plus de sites gracieux, plus d'harmonie, plus de terres fécondes. Les plaines sans fin qu'elle domine portent le nom de los Bosques, ou les Bois, les Futaies, et plus généralement celui de Montaña : ce qui ne veut point dire Montagne, comme un Français l'imagine aisément, mais bien pays de forêts, de même que le mot « monte » désigne plus souvent un bois, une colline boisée qu'un mont.

Et de fait, dans cette Montaña, d'immenses forêts se suivent d'horizon en horizon, miraculeusement touffues par le souverain pouvoir des pluies chaudes. Si rien au monde, pas même en Sahara, n'est plus sec et cuit que la Costa loin des acequias[1], rien en Amérique n'est plus mouillé que la Montaña, plus extravagant en plantes, lianes, tiges enroulées, jets incoercibles; là seulement est le Pérou fortuné (quoique moins riche en or), le Pérou tropical, où pénétrèrent peu les Quitchouas, peuple de plateau, et aussi de littoral; qui, né dans un pays chaud en bas, froid en haut, partout indigent et sobre, semble avoir redouté la Montaña, ses cagnons obscurs, ses bois plus obscurs encore, son exubérance insolente, ses sauvages invisibles, guettant, la flèche à l'arc, et sur la flèche un poison mortel.

Le Maragnon, l'Ucayali. Prodigieux chemins de fer. — De même que les pluies sont rarissimes sur le versant du Pacifique, de même il y a relativement peu de neige sur la montagne occidentale ou centrale, cela par l'extrême siccité de l'air : sous l'Équateur même, les Andes ont plus de neiges persistantes que sous le 20ᵉ degré

---

1. Mot à mot, chaîne très haute.

1. Canaux d'irrigation.

dans les cordillères péruviennes. Aussi les torrents du Pérou méridional ont-ils peu ou pas d'eau, qu'ils tombent dans les Valles, qu'ils descendent au Titicaca, qu'ils s'égarent sur des plateaux chargés de salpêtre, de borate, de nitrate et d'efflorescences de sel, mais à son orient chargé de pluies le Pérou compose les grands rios d'où naît l'Amazone.

Le Maragnon, qu'on regarde à tort comme la branche maîtresse du maître des fleuves, coule des monts du Cerro de Pasco. Il a pour source le Nupe, rio de 60 kilomètres qui mêle son onde à celle de l'émissaire du Lauricocha.

Le Lauricocha, qui passa longtemps pour la première urne du fleuve, reflète un ciel glacial, à 4200 mètres au-dessus des mers, à moins de 200 kilomètres du Pacifique, à plus de 5000 de l'Atlantique où le fleuve a son tombeau : pour comparer le petit au très grand, notre Loire naît ainsi près de la Méditerranée et va se perdre dans l'Atlantique.

Le cours supérieur du torrent, car la future mer d'eau douce n'est qu'une rivière impétueuse, a 800 kilomètres, la longueur du Rhône. Il passe près de Cajamarca, l'antique cité où vivent des descendants des Incas, la ville sacrée pour les Quitchouas qui rêvent encore d'indépendance;

Dans les marais de la Pampa del Sacramento (Voy. p. 780.) — Dessin de Riou.

puis, au lieu de percer à l'ouest la Cordillère de la Costa pour tomber aussitôt dans le Pacifique, il éventre à l'est la Cordillère Centrale par douze à quinze pongos ou défilés : dans le dernier de ces passages, au pongo de Manseriche, il se contracte à 30 mètres, au lieu des 500 mètres de large qu'il a tant à l'amont qu'à l'aval. Ces étroits, ces rapides n'opposent pas d'obstacle insurmontable aux barques.

Leur nom de pongo est l'altération du mot quitchoua « pouncou », qui veut dire porte ; cet idiome régnant encore dans le pays, une foule de noms de lieux sont les mêmes qu'avant la Conquête ; les autres sont espagnols ou bizarrement composés de termes pris aux deux langues, comme Polvorayacou, rivière de la Poudre. Cocha (lac), yacou (rivière), all (pont), ourcou (mont),

cajas (hauteur), pampa (plaine), llacta (pays), roumi (pierre), pouma (lion), hatoun (grand), outchou (petit), yana (noir), youra (blanc), pouca (rouge), etc., ces radicaux et d'autres contribuent à nommer un grand nombre de lieux.

Dès lors le fleuve, qui a déjà son lit à moins de 150 mètres d'altitude, coule vers l'est, en plaines boisées ou en campos nus qui donnent à la nation péruvienne un grand district de Terres chaudes. Il y rencontre le Huallaga, belle rivière navigable qui devient de plus en plus la route normale entre l'Europe et le Pérou, puis il se double, il se triple peut-être par l'accession de l'Ucayali, large et tortueux torrent venu de bien plus loin que le Maragnon lui-même.

L'Ucayali naît à cinq degrés au moins plus au

sud que le Maragnon, dans le fouillis de monts qui d'Aréquipa séparent le Cuzco, par un chaos de sierras, cumbres[1], páramos, vallées, précipices. Sous le nom d'Apourimac[2], c'est-à-dire de Grand tapajeur, il coule dans des gorges terribles, boit le Mantaro, le Quillabamba, puis, large comme les grands fleuves vainqueurs de la grande montagne, il s'épanouit en bras, il se boucle en amples anneaux dans les plaines, marais et forêts de la Pampa del Sacramento et conduit au Maragnon une eau visiblement supérieure à la rivière échappée du pongo de Manseriche. C'est la vraie « mère » du fleuve des Amazones.

Pour unir au Grand-Océan, par-dessus le dos hérissé des Andes, les affluents navigables de ce fleuve des Amazones, qui est comme un golfe énorme de l'Atlantique, le Pérou vient de construire les chemins de fer les plus hardis du monde.

Si le fameux Pacifique des Yankees, dans sa route entre les plaines du Grand-Ouest et l'heureuse Frisco[3], traverse les Rocheuses et la Sierra Névada par des cols de 2500 mètres d'altitude, les voies péruviennes s'élèvent à des hauteurs dépassant 4500 mètres. Du littoral sans pluies où l'été n'a ni commencement ni fin, elles montent, le long des cañons grandioses, par corniches, courbes, ponts, tranchées et tunnels, jusque sur les páramos où l'été lui-même est glacé par la bise : telles la ligne de Lima à la Oroya et celle de Mollendo à Puno, port du lac de Titicaca. Ces ouvrages n'ont de péruvien que le sol qui les porte et une partie des terrassiers qui les établirent ; ceux qui les ont conçus, ceux qui les ont tracés venaient de l'étranger. Ce sont des Yankees ou des Européens qui relient entre eux les tronçons du futur empire latin, abaissent les monts de l'Amérique espagnole ou portugaise, longent par des voies rapides les « raudales » et les cascades qui cassent le cours des grands rios, et taillent des routes en ligne droite au cheval de fer dans les pampas platéennes.

Les Quitchouas, leur langue. Races et villes.

— On accorde au Pérou, sans en être bien sûr, 2 700 000 Péruviens, vivant aux altitudes les plus diverses, du niveau de la mer à 4934 mètres, hauteur de la maison du col de Rimahuasi entre le Cuzco et Puno.

1. Sommets.
2. Des mots quitchouas *apou* — maître, seigneur — et *rimac* — bruyant.
3. Nom populaire de San-Francisco.

Là-dessus, on suppose que 1 555 000 appartiennent à la race indienne, 372 000 à la race blanche, 670 000 à la race croisée, aux Métis ; 53 000 sont des Nègres, 51 000 des Chinois.

Les Indiens sont en majorité des Quitchouas, bordés au sud par des Aymaras qui parlent une langue très différente pour les mots, mais grammaticalement coulée dans le même moule.

Les Quitchouas tirent ce nom d'un mot de leur langue signifiant contrée tempérée, par opposition à Puna, contrée froide. On dirait que ces hommes olivâtres et laids portent le deuil de la grandeur de leur race ; il n'y a ni gaieté ni bonheur de vivre derrière la mélancolique résignation de leur visage. Foulés jadis aux pieds par les « Hueracocha », — et ils le sont toujours, malgré leur vain renom de liberté, — ils ne les aiment point et se retirent d'eux autant qu'ils le peuvent. Cette sauvagerie ajoute encore à leur tristesse naturelle ; jusqu'à la joie, tout chez eux semble sortir d'un cœur désabusé. Volontiers diraient-ils comme telle autre peuplade, indienne aussi, voisine du Pacifique mexicain : « Le palmier grandit, le corail s'étend, l'homme s'en va ».

Cette timidité, cette sournoiserie d'allures, cet esprit morose, cette âme qu'on dirait fatiguée, toute cette vieillesse apparente, cachent le sentiment du devoir, un amour profond du pays, une invincible ténacité. Sans le hasard de la conquête espagnole, ils seraient devenus un grand peuple croissant à la romaine par l'établissement des familles conquérantes sur le territoire des tribus conquises ; tandis que par la longue brutalité de leurs maîtres ils sont un troupeau d'esclaves qui n'espère plus briser ses chaînes, et qui, prenant la vie pour un voyage dans le travail et la douleur, fait sa tâche et souffre sans se plaindre, ayant pour joies sa solitude, ses chants en vieux langage indien, quelques fêtes, l'ivresse obtuse avec l'eau-de-vie de chicha, et la feuille de coca qui, lentement mâchée, bande ses nerfs, trempe ses muscles.

Les Péruviens de souche indienne ont adopté la religion romaine, mais ils ont retenu leurs idiomes nationaux.

Dans la contrée du Sud règne encore l'aymara ; au centre, au nord, dans la majeure partie des terres de l'État, c'est le quitchoua, l'ancien parler des Incas, langue difficile, compliquée, aux longs mots, extraordinairement poétique et presque faite pour exprimer l'inexprimable. Ce langage moulé

sur l'âme profonde, obscure et réservée de l'Indien est même employé par de nombreux fils des Conquistadores. 1 200 000 à 1 500 000 Péruviens n'ont pas d'autre idiome dans les départements de Puno, du Cuzco, d'Ayacucho, dans une portion de ceux de Huancavélica et de Jauja, et de là, sporadiquement, jusque dans l'Équateur; avec les Équatoriens, les Boliviens et le peu d'Argentins qui lui sont restés fidèles, il est l'organe de presque deux millions d'hommes.

L'espagnol, langue des Blancs, « gente distinguida », domine sur le littoral, dans les Valles, dans les grandes villes, et sert partout de lien officiel; il conquiert peu à peu le pays. On le parle ici fort bien, clairement, harmonieusement.

Si déjà plus de 50 000 Chinois sont fixés dans le

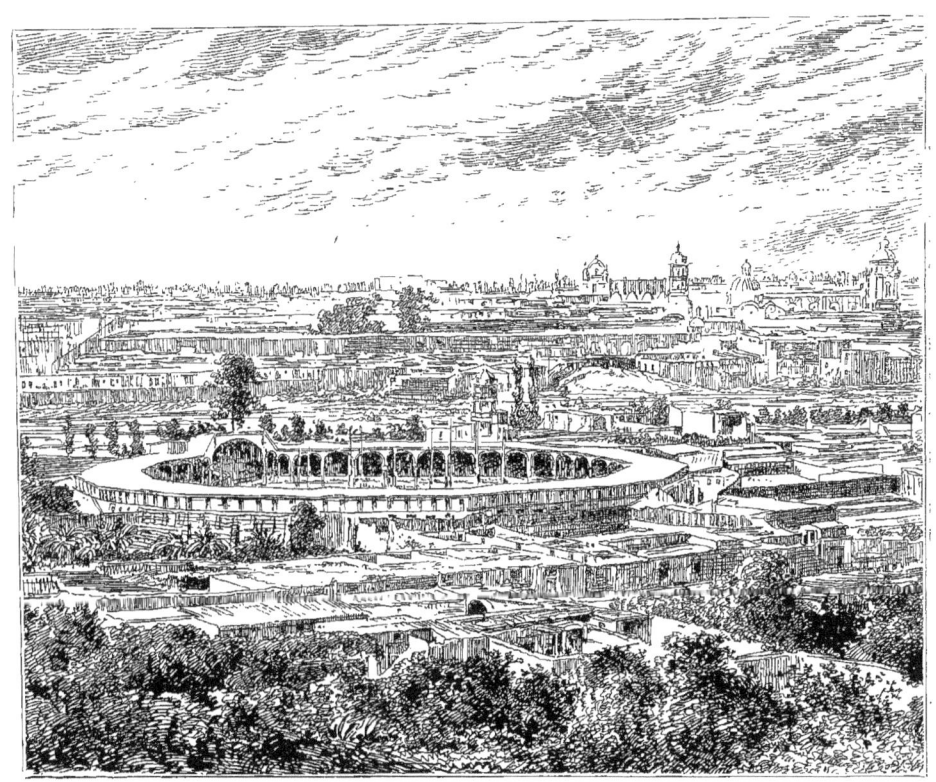

Lima : vue générale. — Dessin de Lancelot.

Pérou, 18 000 Européens seulement sont venus demander la fortune ou seulement la subsistance à cette contrée si peu espagnolisée encore, bien que jadis elle reçût plus d'Espagnols (et aussi de Basques) que la plupart des pays de l'Amérique latine.

Parmi eux les Italiens dominent, puis les Français. Presque tous vivent à Lima ou dans les villes de la côte; fort peu montent sur les plateaux, mais on trouve un peu partout l'homme aux yeux bridés venu pour tout travail, extraction de guano, chemins de fer, plantations, métiers divers. Jean de Chine est universel.

La capitale, Lima (100 000 hab.), ville de plaisirs, d'élégance, d'indolence, de bon ton, borde le Rimac, c'est-à-dire le bruyant, descendu de la cordillère de la Costa. Ses maisons d'un étage, ses banales églises, brillantes d'or et d'argent, ses cloîtres déserts portent sur un sol souvent agité, par 175 mètres environ d'altitude, à 14 kilomètres du Callao (34 000 hab.), son port sur l'océan Pacifique. Située dans la zone sérénissime du Pérou, il n'y pleut jamais. Que deviendrait cette ville de briques séchées au soleil si de grands orages s'abattaient sur elle ? Comme le faubourg de Toulouse entraîné par la Garonne en 1875, la cité des Liméniennes, qui sont les plus jolies femmes de l'Amérique espagnole, prendrait avec le Rimac le chemin du Grand-Océan. La « ville des rois », ou plutôt des vice-rois, masse grise sous un ciel gris, damier de maisons basses au bord de rues étroites, possède les plus vigilants des entrepreneurs de salubrité publique, nettoyée qu'elle est par des vautours à toute heure du jour et de la nuit : du haut des airs, à de prodigieuses

Le Cuzco : vue générale. — Dessin de Lancelot.

distances, ces chauves oiseaux voraces voient et sentent la moindre charogne abandonnée sur le pavé de la capitale ; ils ne se dérangent devant personne et personne ne les dérange.

Le Cuzco, sur un tributaire de l'Ucayali, par 3465 mètres d'altitude, ne renferme que 18 000 habitants, Indiens pour la majeure partie. Autour de cette ville commença l'empire des Incas ; sur une de ses places le dernier descendant du Soleil, le chef des partisans de l'indépendance, Toupac-Amarou, saigna sous le glaive espagnol avec toute sa famille ; c'est dans le pays où elle s'élève et dans celui de Puno que les Quitchouas ont le mieux gardé la pureté de leur sang ; enfin c'est dans les maisons du Cuzco que résonne le meilleur langage de ce peuple. Les Indiens la regardaient comme le nombril de la Terre, ainsi qu'en témoigne le nom même de Cozçco, qui signifie nombril. Delphes, chez les Grecs, fut aussi le nombril du monde ; il n'en reste que des chaumières, tandis que le Cuzco garde encore quelque chose du rang et des honneurs d'une grande ville, mais c'est un lieu triste, avec peu de palais et beaucoup de cabanes, entre des monts sévères, sous un ciel froid, neigeux, brusquement changeant, moins fait d'azur subtil que de nuages lourds dans des vents lugubres; il y pleut, dit le proverbe, 400 jours par an, et nulle saison n'y calme les rumeurs du Huatanay, torrent rapide.

Exploitation du guano aux îles Chinchas. — Dessin de A. de Neuville, d'après une photographie

Iles Chinchas. — Près de la côte, au midi du Callao, surgissent les trois îles Chinchas, qui furent le trésor du Pérou par leurs amas de guano ammoniacal, engrais qu'ont lentement accumulé les déjections des oiseaux de mer, sous un climat sans pluie, où l'ordure reste en place et devient colline avec les années. Ce fumier trouve grande faveur dans l'Europe occidentale, et c'est pour nos terres que les Chinois l'ensachent : sous les bouffées d'un air qui prend à la gorge, ils ont enlevé jusqu'au dernier les douze à quinze millions de tonneaux d'excréments pulvérulents des trois Chinchas, mais ce littoral possède beaucoup d'autres roches à guano.

Dans la Puna brava. — Dessin de Taylor, d'après une photographie.

BOLIVIE

Andes Boliviennes : Puna, Puna brava. — Avant la guerre entre frères qui a déchiré trois pays sud-américains, le Paraguay était le seul État du double continent qui n'eût aucun rivage de mer. Depuis que le Chili, vainqueur de la Bolivie et du Pérou ligués contre lui, s'est emparé à « tout jamais » du désert d'Atacama, littoral du Pacifique, les Boliviens, privés de ce Sahara prodigue en métaux, sont devenus un peuple essentiellement continental comme les Guaranis mal espagnolisés du Paraguay.

Démembrement de l'ancienne vice-royauté du Pérou, la Bolivie porte un nom tout moderne qui n'a aucune racine dans le vieux sol des Aymaras et des Quitchouas. Elle eût dû s'appeler Bolivarie puisqu'elle doit éterniser la mémoire de Bolivar, le principal héros[1] de l'Indépendance des Américains latins, Brésiliens à part.

Les Boliviens ne s'accordent pas sur les limites de la Bolivie avec leurs voisins à l'orient des Andes. Le conflit porte sur des déserts : jugé contre la Bolivie, il lui enlève de grandes vallées, mais très peu de Boliviens. En 1867, un président a cédé aux Néo-Lusitaniens un vaste territoire en litige ; en 1880, les Chiliens ont confisqué l'Atacama ; cependant il reste encore à la république des Punas et des Yungas environ 125 millions d'hec-

1. Avec un homme de l'Argentine, le général San Martin.

tares non contestés, avec peut-être 2 525 000 habitants qui ne croissent que d'eux-mêmes sans aucune arrivée d'immigrants.

La Bolivie est toute en Punas froides et en Yungas tempérées ou torrides. Bien que privée de mer, elle a, grâce à ses Selvas et à ses Llanos de basse altitude, les trois étages des pays andins, les Tierras calientes, frias, templadas.

Il y a deux Punas. De 3500 à 4000 mètres, on est dans la Puna propre, dans la contrée de l'orge, de la pomme de terre, des pâturages où broutent le guanaque, le lama débonnaire, la vigogne, l'alpaca, bêtes de somme et porte-laine des plateaux andins. Au-dessus de 4000 mètres s'étend la Puna brava ou Puna sauvage, qui monte jusqu'aux neiges tenaces, aux glaciers, aux plaines mortes, aux sommets polaires où l'homme souffre en respirant : il est en Bolivie des páramos d'une telle altitude que le soroché ou mal de montagne en rend le séjour difficile aux Punéros, impossible aux Européens. Comme tel couvent tibétain, comme la maison du col péruvien de Rimahuasi, Santa-Ana, village de Bolivie, est un des séjours humains tout à fait « sublimes »; qui vit à Portugalete vit à 4290 mètres au-dessus des mers; qui respire à Potosi respire à 4052 mètres d'altitude. D'autres villes, des bourgs, nombre de hameaux sont ainsi bâtis dans l'air extrême, dans les punas bravas et les páramos gélides où la froide sécheresse des cieux ne laisse croître que le lichen verdâtre appelé llareta : la neige y tourbillonne, le vent siffle, l'arbuste gémit, il se courbe, grêle, torturé, glacé, et la caravane passe, le masque au visage [1].

Indigène bolivien — Dessin de Maillart.

Avant que des mesures exactes en eussent autrement décidé, on croyait que la Bolivie dresse les têtes supérieures des Andes, et l'on donnait à l'Illampu ou Nevado de Sorata 7494 mètres, au lieu de 6550, sa vraie hauteur. A sa sortie du Chili, la Cordillère des Andes prend tendance à se doubler, à se tripler; les chaînes qui s'écartent ainsi vont s'embrasser plus loin, puis se séparer encore, puis se rassembler en un nouveau nœud.

Il y a plusieurs de ces nœuds en Bolivie. Entre les chaînes qui s'y détachent ou s'y rejoignent sont couchés de terribles páramos, des pampas sèches, des fonds marécageux, des plaines de sable, des lagunes salées : la laideur, le froid, la pauvreté à quelques heures ou quelques journées de marche de la beauté, de la chaleur, des forêts, des rivières, de toute la jeune opulence des Yungas.

En perdant sa province littorale d'Atacama, la Bolivie a perdu toute sa part de la grande Cordillère Occidentale, séparée de la Cordillère Orientale ou Royale par tout le bas pays du Titicaca et du Desaguadéro, — bas par comparaison, quoiqu'il soit immensément haut : tout au plus y conserve-t-elle le mont Huallatiri (6000 mètres), frontière avec le Pérou, et, tout entier sur son territoire, le Sajama (6415 mètres). Mais la Cordillera Real lui reste, haute en moyenne de 4701 mètres, avec 5260 mètres comme

[1]. Pour se garantir des blessures de l'air.

limite inférieure des neiges persévérantes (tant est grande ici la sécheresse de l'air). Les noms de ses pics, parfois sonores, pompeux et vraiment espagnols, rappellent souvent par leurs formes étranges que ces monts jettent leur ombre sur des vallées où l'Indien maintient ses langues contre la langue de ses oppresseurs.

A quel pic est la royauté dans cette Sierra Royale qui dresse 850 kilomètres de cimes granitiques toujours blanches entre punas et punas ou punas et yungas? Est-ce à l'Illampu (6550 ou 6488 mètres), qui porte le nom plus harmonieux de Nevado de Sorata? Est-ce au Nevado de Illimani (6509 ou 6399 mètres)? Le Chachacomani s'élance à 6204 mètres, le Huaïna-Potosi à 6148, et bien des « neigeux » montent au-dessus de 5500.

Le Nevado de Illimani. — Dessin de Lancelot, d'après un croquis.

De la Cordillera Real se détachent, à l'orient, d'autres Andes hérissées de cimes, de dômes, de pointes supérieures à 5000, même à 5500 mètres. Plus ou moins perpendiculaires à la sierra mère, plus ou moins parallèles entre elles, ces sous-cordillères s'en vont au loin vers le Levant dans les pays de Cochabamba, de Sucre, de Potosi, jusqu'au-dessus de plaines fabuleusement vastes, llanos, selvas, pampas, terres de Bolivie, de Brésil, de Paraguay et d'Argentine mollement inclinées vers les deux fleuves géants de l'Amérique du Sud, Amazone et Plata. Grâce à ces monts commandant ces plaines, l'acropole de Bolivie est la clef de voûte de l'Espagne américaine, comme le Minas Geraes est la clef de voûte de la Néo-Lusitanie.

Illampu et Illimani voient de loin le rivage du lac de Titicaca et le val du Désaguadéro.

Titicaca et Désaguadéro. Déserts de Lipez. — Le Titicaca, lac sacré des Péruviens dont il vit naître les dogmes, les lois, les légendes, se divise entre le Pérou et la Bolivie, celle-ci possédant la partie orientale et la méridionale, qu'isole presque entièrement du reste des eaux la longue presqu'île de Capacabana. Grand de 840 000 hectares, avec 248 mètres d'extrême profondeur, à 3842 mètres d'altitude, il brise les rayons du soleil à deux fois la hauteur du Ventoux, mais ce soleil, qui est pourtant celui du 16e degré, n'en échauffe et n'en allume pas les flots autant que la nuit les glace et que les tourmente l'âpre souffle des nevados.

Entièrement bolivien, le Désaguadéro, ce qui veut dire exactement le déversoir, épanche les eaux du Titicaca. Il va vers l'est-sud-est, comme les deux sierras colossales d'est et d'ouest qui étreignent ce haut bassin fermé, cette plaine d'Oruro sise entre 3685 et 4200 mètres, et où vivent une grande partie des Boliviens. Large de 50 à 160 mètres et d'un cours tranquille, car il ne descend que de 142 mètres en 520 kilomètres, il arrive au Pampa-Aullagas (3700 mètres), lac fort creux qui reçoit, tant du Désaguadéro que de la sierra voisine à l'orient, plus de 100 mètres cubes par seconde en temps sec, mais qui n'en rend qu'un seul. Et ce ruisseau d'un mètre cube, fils d'un fleuve et de plusieurs rivières, va se perdre dans la Cienega de Coipasa (3685 mètres), bas-fond qui n'est point lac, bien que la haute montagne, Sajama et Huallatiri, lui jette une moyenne de 54 mètres cubes par seconde. Ainsi s'achève le Désaguadéro, qui jadis peut-être allait chercher au loin l'océan Atlantique, par le rio de la Paz, le Beni, le Madeira et l'Amazone. Si l'émissaire du lac péruvien n'a plus la force de dépasser la Cienega, c'est que l'urne dont il s'épanche s'est en partie vidée dans la suite des âges : il y a quelques siècles à peine, au temps des Incas, la ville de Tia-Huanacou, alors grande et brillante, baignait, dit-on, ses murs dans le Titicaca ; maintenant il y a 20 kilomètres du lac à la vieille cité ; quelques centaines d'années ont suffi pour abaisser le niveau des eaux d'une quarantaine de mètres.

Il se peut que l'évaporation ne soit pas la seule cause des misérables destins du rio qui emporte le Titicaca ; la croyance populaire de ces lieux attribue à des pertes du Désaguadéro diverses sources du rio Loa, fleuve atacaménien qui court au Pacifique, et la naissance d'affluents du Pilcomayo, longue rivière qui gagne le Paraguay près de l'Assomption. Ainsi le Désaguadéro disparaîtrait en partie par des courants cachés, de même qu'il serait à moitié formé par des courants inconnus, car il paraît que le déversoir du Titicaca puise au lac deux fois plus d'eau que celui-ci n'en reçoit de ses affluents visibles ; des sources de fond compléteraient la rivière qui s'échappe du seuil.

Au sud des lieux où s'évanouit ce qui restait encore du Désaguadéro le plateau reste plateau, et de plus en plus aride ; c'est par le hasard d'un orage que les cagnons, les sillons, les gerçures du sol poussent un mascaret d'eau subite jusqu'au lago de Salinas, immense champ d'un sel qui, suivant les endroits, est pur et brillant, ou boueux, ou liquide. Brusquement, les rios temporaires en font un lac qui, de loin, peut tromper le voyageur ; mais autour de ce faux Léman règne la nudité, sur sa rive il y a la fange et dans son sein l'amertume. Ce triste pays est vide, c'est un despoblado que les Indiens nomment les déserts de Lipez.

Grands rios : Madeira. Yungas. — La Puna commence vers 3500 mètres. Au-dessous de cette altitude, jusqu'à 3000 mètres, on est dans les Cabeceras de valle ou Têtes de vallée, pays du maïs et du blé. De 3000 à 1600 ou 1500 mètres descendent les Valles (vallées) ou Medios yungas, et au-dessous de 1600 mètres s'étend la terre torride, les Yungas, d'un mot aymara qui signifie val brûlant.

Les Yungas, où le jaguar épie, sont des terres de toute prodigalité, dans un réseau de rios sans nombre formant l'immense Madeira. Ces rios s'unissent d'abord en quatre courants superbes : le courant oriental, le Guaporé, naît dans le Matto Grosso, province brésilienne, non loin des têtes du Paraguay, sur les pentes indécises des Campos Parecis où maint lac, maint marais, maint rio hésite entre l'Amazone et la Plata et se décide pour tous les deux quand les grandes pluies l'ont gonflé. Le Guaporé, long de 1400 kilomètres, dans un bassin de 50 millions d'hectares, porte au Mamoré 665 à 5000 mètres cubes ou plus par seconde, selon la sécheresse ou l'humidité de la saison.

Le Mamoré, bien plus long que le Guaporé, parce qu'il se déroule en une boucle immense autour des hauts monts du pays de Cochabamba, amène au rendez-vous 855 mètres cubes par seconde à 7000 ou plus ; le Mamoré garde le nom : c'est une ample rivière qui roule de 1500 à plus de 12 000 mètres cubes.

Le Beni (1500 kil.) ou Veni fut le premier fleuve de la Terre, s'il est vrai qu'il écoula par le rio de la Paz le grand lac, on peut dire la mer intérieure

Sur le Madeira.

du Pérou, dont il ne reste plus, entre les cordillères maitresses, que le Titicaca, le Pampa Aullagas, la Cienega et des plaines, des vallées, des salines, des pampas, des déserts : c'était alors la tête des Amazones. Accru près de sa rencontre avec le Mamoré par la Madre de Dios, plus puissante que lui, il apporte pour sa part 1385 à plus de 13 000 mètres cubes par seconde.

Ensemble les quatre courants font un fleuve d'une portée moyenne de 14 642 mètres cubes, d'un étiage de 4142, dont les crues sont un large déluge sur les campos et dans la forêt.

Au-dessus du confluent du Beni le rio Mamoré, au-dessous de ce confluent le Madeira, qui prend là son nom, descendent les marches d'un escalier de saltos : une quinzaine de rapides et les quatre cascades de Bananeira, de Ribeirão, de Girâo et de Théotonio leur font descendre la pente de 379 kilomètres par laquelle le haut pays les verse à l'immensité des plaines. Au pied du dernier de

Quitchouas. — Dessin de Riou.

ces vingt déchainements il reste encore au Madeira jusqu'à l'Amazone près de 1050 kilomètres d'un paisible voyage. Dans sa course inférieure, cette rivière de près de 3500 kilomètres, ainsi nommée du mot portugais madeira[1], à cause des arbres qu'elle flotte jusqu'aux Amazones, a moyennement trois fois la largeur de la Garonne devant Bordeaux, 1500 à 1800 mètres.

Riches encore des métaux qui firent la fortune de Potosi, les Andes Boliviennes dominent des vallées de climats divers selon les altitudes. Qui cherche le Tropique humide, opulent, le trouve dans les jardins merveilleux des Yungas; qui veut l'air frais n'a qu'à monter sur les plateaux; qui souhaite le froid dur, le sol sans gazon, la sierra sans arbres, le ciel sans sourire, les vents sans baume et sans tiédeur, s'élève jusqu'aux pàramos de la Puna brava. Ce dernier étage habitable de la demeure bolivienne, en même temps que le plus maussade, est le plus sain de tous : l'homme, l'Européen surtout, se porte mieux dans la Puna que dans les Valles, et dans les Valles que dans les Yungas; celles-ci, vrai paradis, ressemblent à tous les « pays de cocagne » : air trop doux, ciel trop brillant, vie trop aisée; on y perd la volonté, on s'y flétrit, on s'y effeuille avant l'âge.

1. Bois, madrier.

Aymaras, Quitchouas, Guaranis. — En dehors des Indios bravos, dont personne ne sait le nombre et que pourtant on évalue à 250 000, la Bolivie passe pour posséder à cette heure 2 325 000 Boliviens. Elle n'en avait pas un million après la conquête de l'Indépendance, elle en aurait plus de trois si elle n'avait prodigué son énergie, son temps, son sang dans des guerres civiles sans honneur et sans loyauté.

Une grande part de ce peuple se dit de descendance espagnole, bien qu'étant au fond d'origine indienne, avec peu ou pas de « sangre azul » dans les artères; le sang « latin » ne domine guère que dans le pays de Tarija, dont les eaux vont à la Plata par des affluents du Paraguay, et là il est surtout prépondérant dans les villes.

Ainsi qu'au Pérou, Quitchouas et Aymaras forment l'élément vrai, profond, antérieur et supérieur de la nation bolivienne.

Les Quitchouas vivent dans le sud et l'est, dans les régions de Potosi, de Chayanta, de Sucre, de Cochabamba, hommes petits, ramassés, mal équarris, forts de tronc, courts de jambes, laids de visage, et donnant naissance, lorsqu'ils s'allient avec les Blancs, à des métis sans beauté.

Les Aymaras habitent l'ouest, le pays d'Oruro ou plateau de Titicaca et le pays de la Paz, puis, franchissant la frontière, s'étendent sur le midi du Pérou, d'Aréquipa jusque près du Cuzco, au sud-est d'une ligne après laquelle, au nord-ouest, le peuple des Quitchouas recommence. Ils sont donc pressés, serrés, au septentrion, au méridion, par la nation des Incas, leurs anciens maîtres. Au nombre de peut-être un million d'hommes, dont trois cinquièmes en Bolivie, les Aymaras dépassèrent jadis, et peut-être de beaucoup, ces dix fois cent mille; mais la race de Titicaca[1], comme on la nomme quelquefois, du lac qu'entourent ses bourgades, a souffert longtemps toujours : d'abord des Quitchouas qui la foulèrent, puis des Espagnols qui l'usèrent dans les mines et les plantations. Souvent rebelles, mais toujours domptés, du temps des Incas comme de celui des vice-rois castillans, ces hommes incroyablement tenaces, qui vivent presque tous entre 3000 et 5000 mètres d'altitude, ont conservé leur langue, qui est fort compliquée, souple, étendue, en même temps énergique et gracieuse, et qu'on dit supérieure au quitchoua; et, sauf un catholicisme extérieur, ils gardent tout l'héritage du passé. Courts, trapus, laids autant ou plus que les Quitchouas, les familles qu'ils fondent en se mêlant aux gens de « sang bleu » gardent la grossièreté de formes du peuple de Titicaca.

Indienne Aymara, à la Paz. — Dessin de Lancelot.

Les Guaranis, venus du Paraguay par le Pilcomayo, sont l'élément principal de plusieurs districts, vers Santa-Cruz de la Sierra. Dans les Valles, il y a un quart de Nègres.

La religion catholique a pour adhérents tous les Boliviens qui ne sont pas Indios bravos. L'espagnol, langue des Blancs, idiome des livres, des journaux, des affaires, n'a pas encore vaincu, tant s'en faut, le guttural quitchoua, aux mots longs, aux formes difficiles, non plus que l'aymara, son frère en gutturalité, en longueur de mots, en difficultés de formes; mais il les vaincra, bien qu'à eux deux ils soient les vraies langues nationales de 5 millions d'hommes, presque tous montagnards, en trois grands pays, Équateur, Pérou, Bolivie.

1. Titicaca, mot aymara, veut dire la Pierre à étain.

L'idiome de Cervantès, si répandu dans le monde, et parlé par tant de jeunes peuples en Amérique, ne peut reculer devant deux langages des illettrés de la Cordillère.

Villes. — Depuis 1857, le gouvernement bolivien réside à la Paz de Ayacucho. — On sait quel amour eurent toujours les Péninsulaires pour les noms brillants, ampoulés, sonores, enfin castillans, c'est tout dire; mais le temps, qui ronge les marbres, qui froidit les soleils, a bientôt dévoré la moitié de ces vains ornements : ainsi la Paz de Ayacucho[1] est devenue la Paz. Cette ville de 26 000 âmes, dans une vallée cerclée de hauts monts, borde un torrent qui devient le Beni, branche du Madeira, et qui s'engageant, en aval

La ville basse de la Paz. — Dessin de Lancelot, d'après un croquis.

de la capitale, dans les gorges de la Angostura, descend de près de 2400 mètres en 75 kilomètres d'un cours brisé. Les gens de la Paz habitent à 3640 mètres d'altitude, à 42 kilomètres en ligne droite du Nevado de Illimani, à 50 du lac Titicaca; les nuits y sont fraîches ou froides, l'air sec, et la moyenne de l'année égale à peu près à celle de Paris, environ 10°, et cependant la Paz a son site entre le Tropique et l'Équateur, tandis que Paris touche presque au 49e degré.

Antan, l'autorité siégeait à Sucre (12 000 hab.), ville ainsi nommée d'un général de l'Indépendance, mais qui s'appelait auparavant Chuquisaca ou plutôt Chuquichaca, le Pont-d'Or. Les Sucriens vivent à 2840 mètres d'altitude, près du faîte entre le Madeira qui court à l'Amazone, et le Pilcomayo qui court à la Plata; ils ne parlent guère que le quitchoua.

Potosi (11 000 âmes) avait 170 000 habitants en 1711. C'était alors la première cité de l'Amérique du Sud, la ville des fabuleux trésors, des fortunes soudaines et des ruines rapides faites par le luxe et la folie; ses mines d'argent n'avaient point de rivales : on en a retiré, suivant les évaluations, de 9 à 54 milliards.

1. Le surnom d'Ayacucho rappelle la victoire qui mit fin à la guerre des colonies espagnoles contre l'Espagne.

Les Andes Fuégiennes. — Dessin de G. Vuillier, d'après une photographie.

CHILI

Terre-de-Feu. Détroit de Magellan. — C'est Chile[1] et non pas Chili que ce très long pays s'appelle.

Fort agrandi ou, pour mieux dire, fort allongé par ses victoires dans une guerre au couteau contre les Péruviens et les Boliviens coalisés, le Chili possède à cette heure 63 à 64 millions d'hectares, avec un peu moins de 2 250 000 habitants.

Sans llanos et campos et n'ayant dans sa zone tropicale qu'un terrible désert d'airain, le Chili ne se divise pas aussi bien que les autres contrées castillanophones de l'Amérique en Terres chaudes, tempérées, froides ; il se partage plutôt, du nord au sud, en Terre sèche, Terre mi-sèche, Terre humide, et, de l'ouest à l'est, en Côte et en Sierra.

Les Andes font leur première apparition dans les archipels rocheux qui flanquent au sud la grande île de la Terre-de-Feu : la plus avancée heurte de son fameux cap Horn[1] une mer redoutée, à la pointe méridionale de l'Amérique. Ce promontoire est un des « finisterre » du monde.

La Terre-de-Feu est justement la terre des glaces, ou plutôt la terre des brumes que ne déchire presque jamais le soleil. Peu de golfes, peu de monts, peu de forêts, de marais, de tourbes sont aussi rarement éclairés que cette île où le brouil-

[1]. On prononce Tchilé.

[1]. Réellement Cabo de Hornos.

lard dégoutte, surtout dans la partie occidentale, qui dépend du Chili. La partie orientale, domaine des Argentins, est d'une nature plus sèche, plus sereine et plus lumineuse, d'un climat moins uniformément gris et mouillé, qui a plus de beaux jours et de belles heures; continuant la pampa patagone, elle a, malgré l'entour de la mer, quelque chose de la pampéenne aridité du ciel, tandis que la Terre-de-Feu chilienne reçoit ou la pluie ou la neige pendant 25 jours de chaque mois, aussi bien l'été que l'hiver : même à l'époque des plus longues journées, il peut arriver que la terre y soit toute blanche sous l'hermine des neiges profondes[1]; et souvent aussi blanche est au loin la mer verte tout le long de la côte, tant les vents, plus infatigables ici que partout ailleurs au monde, soulèvent des vagues monstrueuses dont la volute retombe en écume.

À l'est, chez les Argentins, vivent des Patagons très grands; à l'occident habitent des Fuégiens, de taille plus humble, ayant très grosse tête et buste puissant, trapu, sur cuisses et jambes grêles, — hommes aux cheveux emmêlés en Furie. Ils pêchent tout séjournant de l'onde, jusqu'à la baleine; ils chassent, habiles à l'arc, experts en la fronde, à demi nus sous l'affreux climat auquel ils n'opposent qu'un manteau de peau de guanaque ou de peau de phoque. En vain sont-ils féconds. Comment les enfants ne mourraient-ils pas presque tous, dans la maussade humidité des pluies, des neiges, des embruns de mer et des ouragans? En tout, Patagons et Fuégiens sont au nombre de peut-être 10 000 hommes. C'est sur le domaine du Chili que montent le Darwin (2100 mètres) et le Sarmiento (2070 mètres), premières grandes Andes.

Terre-de-Feu, île Clarence, île Santa-Inès, île Désolation, bordent vis-à-vis du continent un tortueux détroit menant par des eaux intérieures, d'Atlantique à Pacifique, les navires qu'épouvantent le contour du cap Horn, les vents, la vague énorme de la mer extérieure. Ce pas se nomme détroit de Magellan, d'après le navigateur[1] qui s'y engagea le premier, suivi des trois carènes qui firent le tour du monde avant tout autre navire : il est long et large, épandu en lacs, brumeux, orageux, sévère. Sa bourgade chilienne, Punta Arenas[2], a 1200 à 1500 habitants, exilés, concessionnaires de terrains, mineurs d'une houille médiocre, hommes qui cherchent le luisant métal dans les torrents aurifères du voisinage, aventuriers poussés par le hasard jusqu'à cette Ultima Thule des Chileños.

Femme fuégienne. — Dessin de Pranishnikoff, d'après une photographie.

Andes, volcans, lacs, rios. — Passée des îles au continent, la Cordillère des Andes s'en va vers le nord, déjà puissante et séparant franchement deux natures contraires : à l'orient s'épandent, froids, monotones, de vie pauvre, les plateaux argentins de la Patagonie qui se sui-

---

1. La moyenne de l'été ne l'emporte ici que de 4 à 5 degrés sur celle de l'hiver.

1. C'était un Portugais, de son vrai nom, Magalhães.
2. Pointe des Sables.

vent, toujours les mêmes, jusqu'au très lointain Atlantique ; à l'occident, la mer Pacifique est tout près, serrée, tordue en chenaux par de grandes ou de petites îles en nombre infini. On la voit des pics neigeux, pères de torrents courts et rapides, ou, pour mieux dire, on la verrait sans la brume et sans la pluie. Le ciel ici pleure (plutôt qu'il ne sanglote) jour et nuit, hiver, été, sur les hautes îles, sur le fouillis d'îlots, le dédale de fiords, les forêts de hêtres toujours verts, les torrents tout en cascades, les glaciers qui descendent jusqu'à baiser la mer, tant grande est l'humidité de ce versant des Andes. Jusque sous le 46e degré, des glaciers sont léchés par l'Océan : c'est comme si la glace éternelle frôlait le rivage de la Saintonge ou du Poitou, auquel manquent, il est vrai, des monts de 2000

Route dans les Andes Chiliennes. — Dessin de Riou, d'après une photographie.

à 3870 mètres, hauteur du Saint-Valentin. Parmi ces névados, les uns sont des volcans éteints ou actifs, — on ignore encore de beaucoup d'entre eux — les autres ont toujours été muets.

C'est là sans aucune espèce de comparaison le rivage le plus frangé de l'Amérique du Sud, si peu découpée, et même l'un des plus déchiquetés de la Terre. Ses deux îles majeures s'appellent, l'une, au sud, Wellington, nom qui détonne sur ce littoral espagnol et indien, l'autre Chiloé, pour Chilé-hué, c'est-à-dire partie de Chili : celle-ci, à peu près égale à notre Corse par ses 840 000 hectares, a 66 000 insulaires, Indiens castillanisés. Vis-à-vis d'elle monte au ciel un pays magique, hauts pics, névados, volcans, et, à leur pied, les forêts, les lacs de cristal, les puissants torrents transparents, les tours et détours de la mer emprisonnée — le plus beau des Chilis si la suprême beauté va sans la supériorité de lumière. Toutefois nul cône, fumant ou non, n'y atteint 5000 mètres.

L'un de ceux qui parfois grondent, le volcan d'Osorno (2257 mètres), domine le miroir du Léman chilien, le Llanquihué, profonde coupe d'eau pellucide ayant presque 200 kilomètres de tour, à 43-44 mètres d'altitude : onde froide, le Llanquihué se verse par les 250 mètres cubes à la seconde qui sont la fontaine du fleuve Maullin.

Au nord du Maullin, un autre grand rio de fraîche transparence, le Buéno, puise à trois lacs du bas des monts, au Rapunco, au Puyégué, au Ranco; de même, la rivière de Valdivia épanche le Calafquen, le Panguipulli, le Riñihué; puis, en allant toujours au septentrion, on traverse le Tolten, sorti du lac de Villarica dont l'azur, à certaines heures, est bruni par l'ombre d'un volcan superbe, le Villarica (4877 mètres), plus haut que le Mont-Blanc ; puis le Cauten ou Impérial, qui coule en terre araucane ; puis le Biobio, qui dépasse en longueur tous les fleuves chiliens ; enfin le Maule, qui marquait au sud la frontière de l'empire des Incas. Mais, à mesure qu'on avance dans la région chaude, on passe de la zone très mouillée dans la zone mi-sèche, et les rivières perdent leur vive abondance; cependant la sierra devient de plus en plus altière, en même temps que de moins en moins « candide » : au nord du Dezcabezado de Maule il n'y a de névés, de glaciers éternels qu'aux altitudes tout à fait souveraines.

Les géants chiliens se dressent près de Santiago, la métropole, à son sud-est, à son orient, à son nord-est, à son nord : volcan Maipó (5384 m.); volcan San José (6096 m.), volcan Tupungato (6178 m.), dernier « ignivome » dans la direction du nord jusqu'aux monts de feu du pays de récente annexion, jadis boliviens et péruviens ; Juncal (5942 m.) ; Cerro del Mercedario ou Ligua (6798 m.) : ce plus altier des monts du Chili ne le cède que de 36 mètres (ou de 172) à l'Aconcagua des Argentins[1], dominateur des Andes et de l'Amérique. D'autres « Goliaths » de 6000 mètres et plus, à vrai dire estimés plutôt que mesurés, se lèvent aussi dans le nord de la République, au-dessus de l'Atacama.

L'Atacama. — Atacama propre et Pampa de la Paciencia conquis sur la Bolivie, Pampa del Tamarugal prise au Pérou, ces trois déserts font l'Atacama, Sahara le moins mouillé de tout l'Univers. La pluie n'y tombe jamais, l'air y est tellement sec que la forme humaine y dure des années, jusqu'à des siècles, dans les sables imprégnés de sel et de salpêtre. Il y a même, dit-on, dans ce pays sans moisissure, des cimetières à air libre ; au lieu de pourrir dans le sol ou de se dissoudre au bûcher, les morts y dorment immuablement, toujours eux-mêmes si le bec de l'oiseau les épargne, assis ou couchés en rond, chacun ayant son pot, et dans une cruche son maïs funéraire.

Faute de puits, même artésiens, faute de torrents (car la cordillère voisine, entourée d'un air aride, a malgré sa hauteur peu de neiges, peu de sources, et ses rivières expirent en entrant dans le désert), faute en un mot d'eau potable ou impotable, c'est à la mer qu'il faut puiser pour boire. Les flots salés sont distillés dans de grandes usines, puis transportés au loin pour l'usage des milliers d'hommes attirés dans ce terrible désert, chaud le jour et froid la nuit, par des mines de métal d'une fabuleuse richesse. Ainsi ce littoral ne subit ni la pluie, ni l'orage, ni les saisons ; il n'a point d'hiver, point d'automne, point de splendeur vernale ; il ne connaît que l'été. Toutefois, si les forces de la nature y dorment, il leur arrive de se réveiller avec une subite fureur. En 1868, un tremblement de terre coucha sur le sol Arica, ville côtière, en même temps que deux vagues du Pacifique levaient l'une après l'autre leur crête contre quatre bourgs de la côte et les engloutissaient avec leurs habitants. En 1877, une vague plus haute encore monta jusqu'à 65 pieds, sur Mejillones.

Comme pour infliger le supplice de Tantale aux cités altérées que l'homme a bâties sous cette voûte d'airain, des nuées épaisses y barrent le ciel, non pour une heure, un jour, mais souvent pour des semaines. Cette nuée, qu'on nomme garua, ne parle de pluie qu'à l'étranger qui ne connaît pas le pays éternellement sec ; elle ne tombe jamais en ondées, c'est en imperceptibles rosées qu'elle se résout, donnant ainsi quelque fraîcheur aux herbes peu drues des lomas[1]; quant aux vallons dominés par ces lomas, ils ne reçoivent rien de ce brouillard invisible.

Sur les 4000 kilomètres et même plus de longueur qu'a le Chili, la part du Tamarugal et de l'Atacama dépasse 800.

Chiliens, Araucans. — L'Atacama et le Tamarugal ensemble ont à peine 120 000 âmes et il n'y a que quelques milliers d'hommes au sud de la province du Llanquihué et de l'île de Chiloë. Allant du 21° au 56° degré, le Chili concentre presque tous ses Chiliens entre le 27° et le 43°, de

---

1. D'ailleurs voisin du Chili, au nord-est de Santiago.

1. Collines, montagnes.

Musicien chilien — Dessin de Jules Lavée, d'après une photographie.

la mer au pied de la Cordillère, en diverses sierras et entre-sierras, car de l'Atlantique aux Grandes Andes, il y a deux montées, deux descentes, au moins dans le « Chile » peuplé, qui est le « Chile » Central. Parti du rivage, on gravit la cordillera de la Costa ou Chaine littorale, pour descendre dans des « valles »; puis on monte la cordillera del Medio ou Chaine médiane, d'où l'on tombe dans les Valles andinos ou Vallées andines, et à leur orient on se butte à la « cordillera Altisima » ou Chaine très haute. Il s'ensuit que dans le Chili moyen tout grand torrent normal coule des Neiges altissimes, saute dans un Valle andino, tranche la Cordillère du milieu, s'apaise ensuite dans un nouveau « val », puis perfore la Cordillère de la côte et s'engloutit enfin dans l'abime des abimes après

Le Juncal. — Dessin de Taylor, d'après une photographie.

avoir arrosé des campos qui sans lui resteraient stériles, par rareté des pluies; — mais grâce aux canaux des rios andins le long pays a pu s'appeler Jardin du Nouveau Monde et, à cause de ses blés, Grenier du Pacifique.

La nation chilienne, qui a beaucoup de naissances et beaucoup de morts, croitrait de 50 000 à 40 000 personnes par an si elle n'envoyait pas tant d'émigrants au dehors, mineurs, terrassiers, ouvriers, colons. C'est le Piémont de l'Amérique latine. Ces familles vont s'établir au versant oriental des Andes, expatriation qui date des vieux temps de l'ère coloniale, quand les provinces de San-Juan, Mendoza, San-Luis, argentines maintenant, faisaient partie du Chili. Mais le Chili ne perd pas seulement ces Chiliens-là. Dans ce pays de grands domaines il n'y a pas de vrais paysans cultivant avec ardeur des champs qu'ils puissent agrandir; il n'y a que des piocheurs à gages, des garçons bergers, des « peones » ou hommes de peine ; et ceux-ci, las de se courber sur le sol ou de garder les bêtes pour le compte d'un autre, s'en vont non seulement dans l'Argentine, mais encore et surtout dans les hautes vallées péruviennes, où la terre est à bon marché. En une seule année, l'étroite République a essaimé 30 000 de ses enfants. Et il lui vient peu d'Européens : l'Europe est trop loin.

Les Chiliens, bien autrement européanisés que les Boliviens, les Équatoriens ou les Péruviens des plateaux, n'en sont pas moins en grande part de sang indien, du côté de leurs mères. Ils proviennent du mélange des Araucans autochtones et des Blancs envoyés par la péninsule Ibérique à cette rive lointaine. Les Araucans, qui avaient autrefois leurs avant-postes à l'orée du désert d'Atacama, et

Vue de Mejillones. (Voy. p. 796.) — Dessin de J. Moynet, d'après une photographie.

qui de là s'étendaient jusqu'à la pointe de l'Amérique, n'avaient pas conservé leur indépendance dans tout ce territoire ; le nord de leur pays, du fleuve Maule jusqu'à la solitude embrasée qui les séparait du peuple péruvien, subit le joug des Incas ; mais, à l'arrivée des routiers espagnols, les empereurs du Cuzco n'avaient point encore eu le temps de pétrir les Araucans, de les mêler de colons quitchouas, de les assimiler à la grande race qui semblait destinée à façonner le demi-continent des Andes. C'est donc au milieu des Araucans purs que débarquèrent les Conquistadores, hommes espagnols qui, malgré la date beaucoup plus ancienne de leur venue, n'ont peut-être pas autant contribué que les Basques à la formation de la société chilienne.

Les Basques commencèrent à se porter vers le Chili entre 1700 et 1750, apportant avec eux la rare vertu des Escualdunacs, l'âme simple dans un corps sans vices. Et de la sorte la race chilienne, saine, sage, alerte, dure au travail, réunit de fortes origines, puisqu'elle a pour ancêtres des Castillans (avec beaucoup d'Andalous joyeux et de Gallegos obstinés), des montagnards Cantabres et des Araucans, nobles sauvages, hommes d'une action virile, d'un esprit fier, d'une parole sûre, usant d'une langue sonore comme l'espagnol, éloquente, imagée, riche, régulière et concise.

Dans les hautes Andes, le sang indien a reçu peu de sang blanc; dans les districts habités anciennement, la fusion des races est à peu près complète aujourd'hui, mais au sud, à partir du Tolten, sur 150 kilomètres de littoral, les Araucans sont encore très peu mêlés. Ces sauvages d'un brun passablement clair résistèrent pendant deux cent cinquante ans à l'Espagne et lui firent perdre plus de soldats que tous les peuples de l'ancienne Amérique ensemble, sauf les Floridiens, et les Charruas de l'Argentine, et ils ne furent pas exterminés comme ceux-ci ou domptés comme ceux-là : seulement ils perdirent leurs districts septentrionaux, par l'action lente de la fusion plutôt que devant la force des armes. Au midi du Tolten, ils ont tenu tête aux Espagnols, puis aux Chiliens, successeurs des droits ou des prétentions et des injustices de Castille, et ils ont gardé leur langue, leurs coutumes. Récemment, ils avaient pour chef un avoué périgourdin qu'on a bafoué sans pitié. Antoine-Orélie Ier (c'est son nom de roi), M. de Tounens (c'est son nom de Français), était un homme d'énergie, et peut-être un conquistador aux vastes desseins; beaucoup de vainqueurs honorés par l'histoire ne valaient pas ce malheureux aventurier qui repose dans le cimetière de Tourtoirac, près des flots sombres de l'Auvézère.

Si les cent et quelques caciques araucans réunissaient toutes les forces des cinq tribus de leur confédération, ils disposeraient de 17 000 lances, tout ce que peut fournir un peuple de 70 000 âmes. Peuple qui s'en va : la tradition, l'histoire, les sites abandonnés, les vergers sans maîtres, nous disent qu'il fut autrefois plus nombreux. Il continue à diminuer, tandis que chaque nouveau soleil se lève sur un Chili plus riche, plus policé, plus peuplé. Ces Indiens plient lentement devant les demi-blancs qui sont leurs demi-frères et qui, portant leurs garnisons toujours plus avant dans le sud, s'emparent de la côte par des ports, des bourgs, des chemins, des puits de houille, des mines, des forges, des pâtis, des cultures. Le sort de ce dernier tronçon de l'Amérique libre est désormais scellé, mais le jour où le dernier soupir du dernier de ces sauvages se sera dispersé dans l'air, qui saura dire combien de cœurs chiliens refouleront un sang qui sera non seulement espagnol et catholique, mais encore hérétique et araucan? Tous les Chiliens sont catholiques, tous parlent espagnol, avec une prononciation sourde, dit-on.

La capitale, Santiago (200 000 hab.), s'élève entre mer et mont, à 150 kilomètres du Grand-Océan et à 569 mètres au-dessus de lui, sur le Mapocho, torrent qui court au fleuve Maypo. Comme Valparaiso, son port, elle a sous les pieds un sol qui frémit et souvent se dérobe.

Valparaiso (100 000 hab.), sur un sec et triste rivage, malgré son nom édénique [1], est l'une des premières places de commerce du Pacifique.

Juan-Fernandez. — Un archipel dépend du Chili, bien petit, bien isolé, fait de deux îles : Mas à tierra (9500 hectares), Mas à fuera (8500 hectares), et d'un îlot de 500 hectares, Santa-Clara, — soit 18 500 hectares et 60 habitants. Mas à tierra ou Plus à terre, à 565 kilomètres du continent, porte un mont de 985 mètres; dans Mas à fuera ou Plus au large, à 725 kilomètres du littoral, s'élance un pic de 1850 mètres. L'une et l'autre ont des forêts, des cascades, un ciel humide, un climat doux, sans miasmes, incessamment régénéré par le vent.

[1]. Valparaiso signifie : Val du Paradis.

Delta du Paraná. — Dessin de E. Riou, d'après un croquis.

ARGENTINE

Andes argentines. — Quelque peu semblable aux États-Unis, mais bien trois fois moindre, l'Argentine a son Ohio dans le Paraná, son Mississippi dans le Paraguay, son Missouri dans le Pilcomayo; elle a son Grand-Ouest impluvieux, aride, jusqu'au pied des Andes, qui sont ses Rocheuses. Mais il lui manque une Californie, puisqu'elle ne possède pas le Chili, et aussi une Nouvelle-Angleterre, puisque la Bande Orientale est indépendante et que le Brésil méridional porte une race étrangère et près d'être ennemie.

L'Argentine s'étend sur 283 à 284 millions d'hectares, plus de cinq fois, moins de six fois la France, mais avec de longs et larges déserts ou trop chauds ou trop froids, et trop secs, et ce jeune pays, qui a tous les espoirs et les exaltations de la jeunesse, porte à peine 3 millions d'hommes, sur quatorze provinces constituées et d'amples « territorios nacionales ».

A l'est, elle confronte à l'Atlantique, au rio Uruguay, au rio Paraguay; à l'ouest elle a pour borne hautaine la Cordillère des Andes pendant plus de 3000 kilomètres, à 150 kilomètres à peine de l'océan Pacifique. Cette chaîne colossale, faite de deux sierras parallèles, droite comme un mur, et d'un seul élan, envoie peu de contreforts à l'orient; aussi l'Argentine appartient-elle presque entièrement à la plaine, Pampas au centre, Patagonie au sud, Grand Chaco au nord.

Si la Cordillère est étroite, elle s'élance aux froides altitudes, à 5000, à 6000, à près de 7000 mètres. L'Aconcagua monte à 6834 mètres, sinon même à 6970, et les Argentins saluent en lui le roi de leurs névados en même temps que le monarque de tous les pics américains : jusqu'à preuve contraire aucune sierra du Nouveau Monde ne dresse un pilier supérieur.

Il se lève tout près du Chili, mais tout entier dans l'Argentine. Le Cerro del Mercedario (6798 m.), le volcan Tupungato (6178 m.), le volcan San-José (6096), sur la frontière même, divisent les deux nations. Parmi les cols qui brisent cette arête, les uns ont de 3000 à 4000 mètres; les autres, très bas, servent de passage aux Chiliens qui viennent se fixer dans les États argentins de l'ouest, comme aussi ils transmettent de l'un à l'autre pays des troupeaux de bœufs et des convois de marchandises. L'un de ces « puertos » ne tardera pas à prêter sa docile échancrure au chemin de fer allant de mer à mer, de Buenos-Ayres à Santiago de Chili.

Sans largeur à l'horizon de Mendoza et de San-Juan, les Andes, dans leur route vers le septentrion, s'épanouissent en contreforts qui se prolongent dans les provinces de la Rioja, de Catamarca, de Santiago-del-Estero, de Tucuman, de Salta et de Jujuy; au nord de l'Argentine, ces contreforts orientaux sont très élevés et la sierra de Aconquija, qui monte au couchant de Tucuman, flotte par ses pointes suprêmes entre 5000 et 6000 mètres; elle est plus éthérée que les Alpes, égale ou supérieure au Caucase. Dans les provinces de San-Luis et de Cordoba, des massifs réunis en une espèce d'acropole triangulaire dominent des plaines à perte de vue; leur maître mont n'a guère que 2200 mètres.

En toutes ces sierras dorment de puissants filons métalliques; elles n'épanchent que de pauvres torrents, car il tombe très peu de neige et il y a très peu de glace éternelle sur ces grandes montagnes sèches, uniformes. Même il y en a de moins en moins; on remarque sur ce versant des Andes une diminution graduelle des frimas de la Cordillère, et dans les campos, des sources tarissent, des rivières portent au loin vers l'aval les fontaines qui leur donnent l'être, d'autres cessent de couler : c'est un Sahara qui s'accroît. Néanmoins, dix des quatorze États argentins doivent leurs cultures aux rios des Andes et des Alpes cordobiennes.

Rio de la Plata : Paraná, Paraguay, Uruguay. — Trois grandes rivières argentines vont à la mer par l'estuaire de la Plata.

Entre la Bande Orientale et l'Argentine, l'estuaire de la Plata termine un bassin fluvial qui est le premier du demi-continent après celui des Amazones et prélève à lui seul près de 300 millions d'hectares sur l'Amérique du Sud. Cet estuaire reçoit, aux eaux basses, 18 815 mètres cubes par seconde, plus que l'étiage de l'Amazone, plus que la moyenne du Mississippi; aux eaux moyennes, il en engloutit 42 800. Les bateaux à vapeur ont devant eux plus de 3000 kilomètres depuis le seuil de la mer jusqu'à la brésilienne Villamaria, qui est riveraine du Paraguay, l'un des trois maîtres courants du bassin.

Le rio de la Plata s'ouvre par un évasement de 250 kilomètres, et pendant toute la longueur d'une de nos rivières moyennes il n'a jamais moins de 35 à 40 kilomètres de largeur. La fécondité, l'ampleur des régions dont il est l'aorte, le destinent à porter un jour autant de navires que n'importe quel estuaire du monde. Il reçoit le Paraná, grossi du Paraguay, et l'Uruguay.

En langue guaranie, Paraná signifie également mer et rivière. Dans l'esprit des Indiens, ce nom veut dire ici la rivière par excellence, et en effet le Paraná est tellement le véritable fleuve du bassin qu'en faibles eaux il conduit par seconde à l'estuaire 14 600 mètres cubes d'ondes lorsque l'Uruguay en amène seulement 4915; quant au Paraguay, affluent du Paraná, ce n'est pas un courant de première grandeur.

Le Paraná quitte, déjà très puissant, le Brésil, son pays natal, au confluent de la vaste rivière Yguassou[1], à quelque distance en aval du Grand saut de Maracayu ou de Guaira, ou encore des Sept Chutes (Sete Quedas), tombée de 17 mètres où la largeur du fleuve se réduit soudain de 4150 mètres à 60. En amont de Corrientes, après 5000 kilomètres de voyage, il rencontre, il entraîne, il engloutit le Paraguay, bien des fois inférieur au Paraná, malgré ses 2000 kilomètres, mais le Paraná, barré par sa cascade, offre aux navires moins de course navigable que le Paraguay.

Argentin par une seule rive, la droite (l'autre étant paraguayenne), le Paraguay mène les navires jusqu'en plein Brésil dans le pays de Cuyaba; il va droit du Nord au Sud, point rapide, sous un beau climat, d'ardeur tropicale et pourtant fort sain,

---

1. Ce nom veut justement dire : Grande rivière.

voire pour les Blancs nés en Europe, quand même cette Europe est celle du Septentrion. Il boit deux longues rivières, faibles courants, le Pilcomayo, qui est bolivien, paraguayen, argentin, et le Bermejo, artère centrale du Grand Chaco.

Du Paraguay à l'Uruguay, le Paraná se contente rarement d'un lit de moins de 5 kilomètres de large; il en a 15 en moyenne, en un lacis d'îles avec bois opulents, tanière du traître jaguar. Le lit majeur communique par des canaux sans nombre avec le filet des bras mineurs, domaine amphibie que la grande crue annuelle cache sous 6 à 8 mètres de flots turbides. Au plus étroit de son cours, à la passe d'Obligado, séparée de la tête de l'estuaire par environ 175 kilomètres, le fleuve n'a pas plus de 636 mètres de largeur, mais cet

Île à la bouche du Paraná. — Dessin de E. Riou, d'après un croquis.

extraordinaire excès de petitesse, qui serait une expansion des plus rares sur nos fleuves d'Europe au-dessus de la portée du flot de mer, le Paraná le rachète par 45 à 46 mètres de profondeur avec un très fort courant.

Le second affluent de l'estuaire, l'Uruguay, vient également du Brésil. Il a aussi ses saltos, l'un, le Salto Grande ou Grand Saut à Macanao, l'autre à Concordia. Au Saut de Macanao, argentin à droite, brésilien à gauche, il s'abaisse de quelques mètres, en deux bras étroits que sépare une île de basalte : ce bond ou plutôt ce raudal, ce rapide, a 2700 mètres de long; quand les eaux du rio sont hautes, les embarcations se hasardent à le descendre. En aval du saut de Concordia, uruguayen à gauche, argentin à droite, l'Uruguay n'oppose aucun obstacle de pente insurmontable aux bateaux, mais il n'est vraiment et grandement navigable qu'à partir du lieu jusqu'où l'enfle et le soulève le flot de la marée.

Missions et Mésopotamie argentine. — Entre l'Uruguay et le Paraná, dans une contrée qui n'était pas si vide il y a cent et quelques années, la solitude a repris l'empire, et quelques hameaux auxquels se mêlent de pauvres embryons de ville et, dans les clairières, des tronçons d'église, rappellent seuls les fameuses fondées par les Jésuites.

Les bons Pères avaient compris les Guaranis, hommes de discipline; ils les avaient parqués, bien catéchisés, dans des communautés bien ordonnées, et les Indiens des Missions étaient heureux, leur race n'étant pas de celles qui regrettent à mourir l'espace et la liberté. Dans cette œuvre d'éducation qui exigeait finesse, fermeté, science et persévérance, les Jésuites ne furent aidés de personne. Espagnols, Portugais, princes, grands seigneurs et quelquefois évêques, on ne voulait des Indiens que leur or, leurs diamants, leurs terres, leur « El Dorado », leur « Fontaine de Jouvence », et aussi leurs muscles, au besoin leur vie, pour tous les travaux des champs et des mines, mais on ne se souciait guère de les aimer comme frères en la foi qui sauve.

Les Jésuites luttèrent tantôt contre les gouvernants de Madrid, tantôt contre les vice-rois américains, tantôt contre les évêques, tantôt contre les Indiens mêmes : non contre les Indiens purs, mais contre les Peaux-Rouges lusitanisés qui s'appelaient Mameloucs. Après plus d'un désastre, les Guaranis chrétiens commandés par les Pères finirent par battre ces Mamalucos. L'ouvrage des Jésuites a péri, et voici les Missions vides, mais déjà les Européens frappent à la porte de ce pays tropicalement fertile, très chaud, avec trop de moustiques. Jusqu'à ces dernières années, l'espagnol y était presque langue étrangère: on y parlait le guarani, le portugais, fort peu le castillan.

Également entre Uruguay et Paraná, les provinces d'Entre-Rios et de Corrientes, plates ou doucement mamelonnées, sont de fécondité grande et salubres malgré l'ardent climat, malgré les lagunes sans profondeur dont une très vaste, l'Eau brillante[1], dirige à la fois ses déversoirs vers Uruguay et vers Paraná. Ces deux provinces ont quelques forêts ; elles forment la Mésopotamie argentine, terre d'avenir, mais elle n'a point de passé, et le siècle qui vient lui ravira sa plus belle parure, la solitude, les bois, les eaux vagabondes. Les colons qui recherchent ses exubérants campos l'auront bientôt dénudée, violée, desséchée, drainée, soumise au soc, taillée en champs, coupée de chemins droits passant par des bourgs réguliers. Une riche nation aura là ses demeures, dans une presqu'île allongée, dont on pourrait faire une île en rejetant l'Uruguay dans le Paraná, à travers leur isthme étroit.

La Mésopotamie des Argentins n'aura pour elle que son opulence. Il lui manquera Babel, Babylone et Bagdad, qui sont la gloire de la Mésopotamie vraie ; elle aura des villes, des magasins, d'immenses troupeaux, des boucheries monumentales, des quais magnifiques sur ses deux fleuves, mais il s'écoulera des siècles avant qu'on ne l'aime pas seulement pour ce qui vit, mais aussi et surtout pour ce qui vécut, cités effacées du sol, ruines croulantes, peuples éteints, deuils de l'histoire. Et cet amour est plus profond que l'autre.

Le Grand Chaco. — Argentine, Paraguay, Bolivie se partagent le Grand Chaco dont les Argentins ont de beaucoup la plus grande part : ils possèdent tout le Chaco austral au nord du rio Salado, au sud du rio Bermejo[1], et tous les llanos de Manso déroulés entre Bermejo et Pilcomayo ; Paraguayens et Boliviens se divisent le Chaco boréal. Chaco, nom guarani, veut dire Pays désert, mais giboyeux, lieu de grandes chasses.

Cette ample contrée se déroule en plaines vides, sans pente, avec rios extravasés pendant la saison des pluies, en lagunes salées, en forêts où rôde le jaguar, en steppes, savanes, arènes stériles, bouquets de palmiers, bois de mimosas, buissons et cactus. Dans cette solitude qui demain sera fourmillante, parmi des tribus d'Indios bravos, nations décadentes, naissent déjà des bourgs européens.

Tel est dans sa grandeur monotone le Chaco, le Grand Nord du peuple argentin, qui a aussi un Grand Sud, mais point de véritable Grand Ouest, ce côté du territoire étant quasi saharien, avec aussi peu de pluies que le Sahara classique de l'Afrique française.

Salado, Bermejo, Pilcomayo, les longs rios du Chaco, manquent d'ampleur et d'abondance. Coulant sur des sols imperméables, ils s'épanchent pendant l'hivernage en une sorte de mer plate et sans profondeur ; l'eau tombée sur leur bassin s'écoule ou s'évapore, mais ne se rassemble point sous terre, dans des cavernes, en sources immortelles. Le Salado dont le nom dit les eaux salées et le Bermejo viennent des hautes montagnes andines

---

1. Ybera, en guarani.

1. Les Argentins écrivent plutôt Bermejo que Vermejo, comme Cordoba, au lieu de Cordova.

qui recouvrent les deux provinces de Jujuy et de Salta, belles contrées qui sont ou seront un « jardin de l'Amérique du Sud » non moins que leur voisine, Tucuman, le berceau de l'indépendance [1]. Le Salado gagne le Paraná près de Santa-Fé ; le Bermejo tombe dans le Paraguay : ce que fait aussi le Pilcomayo, né dans la Bolivie, chez les Quitchouas boliviens, qui lui ont donné son nom de Piscou-Mayou, rivière des Oiseaux. Le Paraguay commence sur une haute sierra qui n'a ni les immenses neiges ni les pluies ruisselantes, quoique élevée de 5000 à 6000 mètres ; sorti de la montagne, il ne reçoit que peu de fontaines et peu de rivières ; il s'épand, il se perd, il est bu par les lagunes, les marais, les bois, les herbes, le soleil, si bien qu'il arrive au Paraguay, en amont de l'Asuncion, non comme le fleuve qu'annoncerait sa longueur, mais comme une rivière de 50 mètres de large, tellement sinueuse qu'on a pu la surnommer un « tire-bouchon liquide ».

Pampa et Patagonie. — Pampa, c'est la plaine, en langage quitchoua.

Plaine en effet, belle d'immensité, mais morne,

Sur le Pilcomayo — Dessin de E. Riou.

sèche, aride et, puisqu'on va la soumettre à la culture, destinée à la laideur de la Beauce, des deux Castilles, de l'Estrémadure, de certains plateaux de l'Atlas, en un mot de toutes les grandes terres à blé.

C'est un Chaco moins chaud, moins boisé, moins humide, avec des rivières moindres qui n'atteignent pas toutes l'Océan parce que le désert les boit parfois en chemin. Jadis elles avaient beaucoup plus de force et se réunissaient en un vaste courant qui gagnait le Colorado, tributaire encore vivant de l'Atlantique : aujourd'hui cette gouttière commune porte le triste nom de Salado, le Salé, ou du moins le Saumâtre, c'est-à-dire aussi l'oued indigent, traînant, impur, allant par flaques et filtrations ; et cet oued s'arrête, sauf en très grandes pluies, dans un bebedero, lagune d'évaporation.

Que voit-on dans la Pampa du nord? Des lauquen [1], esteros, bañados et carrizales, eaux stagnantes pompées par le soleil, des bas-fonds salins, des medanos, dunes éparpillées par le vent, des plantes épineuses, des chardons d'origine européenne, des pâtures que la pluie ravive peu, mais d'une telle immensité que nombreux y sont les millions de moutons. En tirant au sud, le désert argentin prend quelque fraîcheur ; il devient herbage, et encore herbage où le voyageur déplace

[1]. C'est à Tucuman qu'eut lieu (1816) la déclaration d'indépendance du pays de la Plata.

[1] Nom indien des lagunes de la Pampa.

à l'infini le centre du même horizon. De loin en loin, une estancia, château, ferme, étable, écurie et haras, loge les troupeaux de bœufs, de chevaux, de moutons, qui sont la richesse de l'Argentine [1], et leurs pasteurs hispano-indiens, les Gauchos, dont le nom vient de l'araucanien gatchou, camarade.

Ces chevaucheurs qui valent bien les Hongrois galopent dans la grande Puszta de l'Amérique du Sud, aussi sèche près de son fleuve énorme que la Puszta magyare entre son Danube et sa Tisza. Ils aiment la Pampa, mais la Pampa n'est pas aimable. Elle n'a point d'ombre, on ne se désaltère pas à ses fonts saumâtres, il n'y a pas de fraîcheur dans ses rios pour le cavalier couvert de poussière, et quelques zéphyrs que promette un ciel aussi méridional, c'est un vent froid, sec et dur qui siffle dans la lande. Cette nature extrême a fait un

Troncs de palmiers dans le Pilcomayo. — Dessin de E. Riou, d'après un croquis.

peuple violent. Les Pampéens sont morosés comme leur Pampa, infatigables comme leurs chevaux, avares de paroles comme si le vent leur coupait les mots dans la gorge; ils aiment les alcools faute de sources pures, la viande faute de fruits et de blé. Tuant la bête eux-mêmes, ils aiment le carnage.

En franchissant le Colorado, rivière rapide entre des parois de grès, sans affluents dès qu'elle a quitté la cordillère natale, on passe de la Pampa dans la Patagonie, autre Pampa singulièrement dure et déserte, plateau sur grès où les froids sont très rudes, les vents glacés, desséchants et méchants. De distance en distance, des fleuves-torrents épanchés par d'admirables lacs andins s'y sont taillé des vallées, oasis avec saules, arbres, arbustes, alluvions noyées tous les ans par la grande fonte des neiges, par la grande chute des pluies. Une fois hors de leurs monts lacustres, les rios patagons n'ont plus de tributaires. Tel le plus septentrional après le Colorado, le superbe rio Négro, « Rhin patagon », issu, sous le nom de Limay, du beau Nahuel-Huapi ou lac des Tigres; tel le Chubut; tel le violent Santa-Cruz où se versent le San-Martin, le Viedma, l'Argentin, transparents Lémans d'entre-monts ou de pied des

[1]. Dans la seule province de Buénos-Ayres il y a 70 millions de moutons, 7 millions de bœufs.

monts; tel enfin le Gallegos, déjà voisin du détroit de Magellan.

Par un destin funeste, la Patagonie, très large versant oriental des Andes, reçoit peu de pluies, tandis que le Chili du Sud, très étroit versant occidental, sort rarement du ruissellement des nues et du gouttement des bruines. Si le Chili du Sud vaut peu, faute de terre, la Pampa de la Patagonie vaut moins encore, faute d'eau. Presque inhabitable hors des vallons, des vallées, des rivages, le pampero, vent de plaine, et l'âpre souffle de la Cordillère, imprégné de neige, n'y secouent que des buissons et des épines; ils aident ou contrarient dans sa course l'autruche australe, le nandou, rapide comme la flèche; ils font frissonner sous leurs peaux de bête les Indiens de

Caravane dans la Pampa. — Dessin de J. Duveau.

cette immense Champagne pouilleuse, mais non crayeuse.

Ces Indiens du steppe glacé, forts peut-être en tout de 20 000 hommes plus ou moins apparentés à la race araucane, les Téhuelches, les Péluenches, etc., ont quelques tribus qui l'emportent pour la grandeur de l'homme et de la femme sur les peuples les plus haut taillés du Globe; les géants y sont communs, les hommes petits rares, et souvent une robe de peaux traînante élève encore en apparence la stature de cette race d'un brun rougeâtre. Ces Indiens, d'ailleurs, ne méritent pas leur nom espagnol de Patagons, c'est-à-dire Grands-Pieds; ils ont, au contraire, les extrémités très fines.

Les Argentins : l'immigration des Méridionaux d'Europe. — L'Argentine possède les 67/100 de la zone extratropicale de l'Amérique du Sud. Elle est par cela même accessible aux Européens, surtout aux Méridionaux, enfants d'un climat semblable à celui de l'Argentine centrale

Danseurs patagons. — Dessin de Castelli.

entre le Chaco, presque torride, et le plateau des Patagons, presque glacial.

Telle année 50 000 immigrants, Argentins de l'avenir, débarquent à Buénos-Ayres; telle autre 75 000, ou même 100 000. La moitié, les deux tiers, parfois les trois quarts ou plus viennent d'Italie; les autres arrivent surtout de l'Espagne castillane, catalane, galicienne ou basque, ou de la France du Sud-Ouest et du Midi; puis des Suisses, des Allemands, des Irlandais, etc.

Les provinces préférées par ce flot d'hommes sont Buénos-Ayres, Santa-Fé, Cordoba, Entre-Rios, Corrientes. De là le courant gagnera bientôt les autres États, puis débordera sur les contrées limitrophes, et l'estuaire de la Plata sera pour une grande partie de l'Amérique dite latine ce que le rivage de Boston et la Virginie furent pour l'Amérique dite anglo-saxonne : le pays de début, et en quelque sorte la seconde métropole.

Dans les provinces transformées par les Européens méridionaux, l'origine blanche domine immensément, malgré d'anciens mélanges avec les indigènes; dans les autres, le sang est hispano-indien, ou indien tout à fait. Dans nombre de vallées andines du nord-ouest, en des recoins des provinces de Santiago-del-Estero, de Jujuy, de Salta, de Catamarca, l'idiome quitchoua règne encore, et le guarani dans une partie du pays de Corrientes. Partout ailleurs c'est le castillan.

L'élément nègre eut très peu de part à la naissance du peuple argentin, le climat n'exigeant pas de bras serviles comme dans les régions tropicales ou équatoriales. Les Charruas, Indiens en moyenne plus grands que les Européens, habitaient entre Paraguay et Uruguay; ils avaient la peau noire. Ils ne sont plus, mais l'anéantissement de cette seule tribu coûta, dit un historien, plus de sang espagnol que les armées réunies de Montézuma et des Incas. Déjà réduits à quelques centaines au commencement du siècle, ils livrèrent leur combat suprême en 1831. Parmi les survivants, plusieurs furent achetés par un montreur de merveilles; ils coururent les foires et sans doute qu'on s'en moqua comme de faux sauvages — l'un d'eux, la fin peut-être de sa race, mourut dans un hôpital de Paris au sortir de la baraque d'un saltimbanque.

Buénos-Ayres. — Buénos-Ayres [1], sur la rive droite de l'estuaire platéen, large en ce lieu de 50 kilomètres, est un damier d'îlots de maisons sur des rues régulièrement parallèles ou perpendiculaires entre elles, une métropole industrieuse, animée, commerçante, la Nouvelle-Orléans de l'Amérique du Sud. Si, comme la grande ville du bas Mississippi ou comme Rio-de-Janeiro, elle appréhende maintenant chaque année l'arrivée de la fièvre jaune, c'est par la faute des Buénos-Ayriens : saine de sol, de climat, elle n'est pas encore absolument propre, sous un soleil qui ne pardonne qu'aux cités pures. Son port n'admet point de grands navires, et les vaisseaux calant 3 mètres ancrent à 10 kilomètres du bord. Buénos-Ayres espère devenir une reine du monde; ses 350 000 Porteños [2] en font déjà la première ville de toute l'Amérique latine. Dans quatre ou cinq ans, elle aura dépassé Madrid, et ce sera la première de toutes les villes espagnoles.

Iles Falkland. — En face des côtes de la Patagonie, presque vis-à-vis de l'entrée orientale du détroit de Magellan, à 500 kilomètres en mer, des iles relèvent de la toute-présente Angleterre : ce sont les Falkland des Anglais, les Malouines des Français, prises injustement par Albion, insolemment gardées par elle.

Sous un climat humide et salubre, semblable à celui du Devonshire, de la Bretagne ou du Cotentin, cet archipel coupé par le 52ᵉ degré de latitude contient 1 253 000 hectares, en 190 iles, avec 1553 habitants. Falkland d'Est et Falkland d'Ouest, les deux îles maîtresses, ont de petites montagnes, jusqu'à 706 mètres (mont Adam), des pâtures savoureuses, de vastes tourbières, des fiords profondément pénétrants. Des vents y soufflent, de toute fréquence et de toute violence, mais ils n'y courbent pas d'arbres, tout l'archipel étant herbe ou tourbe ou nudité. Stanley, capitale, n'est encore qu'un hameau.

1. En français : Bon Air.
2. En français : Habitants du port (sous-entendu, de Buénos-Ayres).

L'abatage des bestiaux. — Dessin de D. Maillard, d'après un croquis.

BANDE ORIENTALE OU URUGUAY

L'Uruguay. Troupeaux et boucheries. — Sur 18 692 000 hectares, plus d'un tiers de la France, avec un meilleur ciel que le nôtre, et peut-être un meilleur sol, la Bande Orientale n'a guère que 500 000 âmes[1].

Bande Orientale, cela veut dire, marche, lisière d'orient, par rapport à l'Argentine et à Buénos-Ayres, jadis séjour des vice-rois de la Plata. Si les Portugais avaient dominé sur la rive droite du grand estuaire platéen, ils auraient pu nommer Alemprata[2] le pays de la rive gauche, comme ils appellent Alemtejo ce qui s'étend à la gauche du Tage.

Pressé et comme pelotonné entre la mer Atlantique, l'estuaire platéen, la vaste rivière qui lui donne son autre nom d'Uruguay et l'immense Brésil, il envoie la plupart de ses rios audit Uruguay, et notamment le plus beau de tous, le rio Négro, courant central du pays.

En amont de leur confluent, Uruguay et rio Négro bordent l'un et l'autre le Coin des poules[1] ou presqu'île de Fray-Bentos, l'un des lieux du monde où l'on égorge le plus. De même que l'Argentine et le Brésil méridional, la Bande Orientale

---

1. Certains documents portent la population à 600 000, même 700 000.
2. Au delà de la Plata.

1. En espagnol : Rincon de las gallinas.

fournit à de colossales tueries; des millions de bêtes, soit bœufs, soit moutons, y sont engraissées dans les estancias, puis abattues avec une prodigalité impie pour le suif, la peau et la laine, l'extrait de viande.

Les montagnes de l'Uruguay ont leurs fronts culminants près des bornes du Rio-Grande-do-Sul, vers les sources du charmant Tacuarembo, tributaire du rio Négro, dans le district qui sera le plus riche de la Bande Orientale par ses moissons et ses mines.

Là même elles n'ont pas 1000 mètres d'altitude; vers l'ouest et vers le sud, elles s'abaissent en ravissants coteaux au pied desquels passent des rivières magnifiques en route pour le fleuve Uruguay. Celui-ci, le plus grand des rios orientaux, va rencontrer le Paraná, son maître, devant l'île granitique de Martin-Garcia, qui est la clef du Paraná et de l'Uruguay.

Orientaux et Gringos. — Si la concorde seule peut sauver les Serbes (c'est un dicton du Bas-Danube), la discorde pourra perdre les « Orientaux ».

Arrêté au levant par l'océan Atlantique, et au midi par le golfe du rio de la Plata, leur tout petit pays ne porte-t-il pas, à l'ouest et au nord, le poids de deux nations qui deviendront prodigieusement lourdes? La nation d'occident, l'Argentine, est seize fois plus vaste, cinq fois plus peuplée; celle du nord, le Brésil, a quarante-cinq fois plus de terres, elle a vingt-cinq fois plus d'habitants.

Les Argentins pourront réclamer la Bande Orientale en vertu des souvenirs de l'histoire, de la communauté d'origine, de l'identité de langue,

puisque le castillan se parle également sur les deux rives de l'estuaire; les Brésiliens proclameront que le nord, peuplé de Lusitanisants qui ont traversé la frontière, use du portugais bien plus que de l'espagnol. Depuis longtemps les hommes qui habitent le « splendide empire » rêvent du rio de la Plata comme de leur limite naturelle. Ce large fleuve est leur Rhin. Ils ont déjà possédé la terre d'Uruguay et peut-être que plus d'un Lusitanien d'Amérique la regarde comme une Alsace-Lorraine.

Sur 500 000 Orientaux, environ 175 000 sont des Gringos ou étrangers, et 325 000 des Hijos del pais ou Fils du pays, mais ces deux nombres ne donnent pas la vraie proportion des advènes et des nationaux, parce que tous les fils de forains nés sur le sol « oriental » sont rangés parmi les Hijos del pais.

En réalité les Européens dominent, qui sont presque tous des Espagnols, des Italiens, des Français, ainsi que dans l'Argentine. Parmi les Espagnols, beaucoup viennent des provinces Basques; parmi les Français, un grand nombre arrivent également de la terre des Escualdunacs ou de la terre des Béarnais, leurs voisins nés près des Gaves retentissants.

Les Indiens ont disparu de cette contrée devenue tout à fait européenne, avec le catholicisme pour religion, et l'espagnol pour langue, sauf dans les départements du nord, qui touchent au Rio-Grande-do-Sul : là on parle la langue de la « très savante » Coïmbre.

Montévidéo, la capitale, ville de 75 000 âmes, de plus de 100 000 avec la banlieue, s'élève en amphithéâtre sur la rive septentrionale du rio de la Plata, à 180 kilomètres à l'orient de Buénos-Ayres.

Le rio Paraguay à l'Assomption (voy. p. 814).

PARAGUAY

Le Paraguay, les Paraguayens, leur langue : un peuple qui s'en va. — Avant que la Bolivie eut perdu son Atacama d'airain, le Paraguay était le seul pays sud-américain sans frontière marine, mais sa rivière portant des vaisseaux le mariait de loin avec l'Océan. Vaincu comme la Bolivie, et bien plus vaincu qu'elle, dans une lutte contre les deux colosses Argentine et Brésil, il lui reste ce que n'ont pu lui ravir la République et l'Empire coalisés contre lui, sa race et sa langue, ses souvenirs de deuil, la mémoire du sang prodigué jusqu'à la mort, et le vœu, sinon l'espoir de la vengeance ; mais il est si délabré que rien présentement ne peut le rajeunir, si désarmé qu'il ne se défendrait pas, si petit que le poids de ses ennemis l'écrase : il n'a pas 24 millions d'hectares, le Brésil et l'Argentine en couvrant 1130 millions, ou quarante-sept fois plus.

Les 23 829 000 hectares du Paraguay s'étendent sur deux régions, le Paraguay proprement dit, entre la rivière Paraguay et le fleuve Paraná ; le Grand Chaco du nord-est, encore désert, entre le rio Paraguay et le rio Pilcomayo. Tel quel, le pays a pour barrières : à l'ouest et au sud, l'Argentine ; au nord, le Chaco de Bolivie et le Matto Grosso, province brésilienne ; à l'est, le Paraná, autre province de Brésil.

La rivière Paraguay est aisément navigable tout le long du territoire. Le Paraná, dix fois plus puissant, bien plus courant, ne s'ouvre aux lourdes carènes que dans le bas de ses eaux, jusqu'à 200 kilomètres en amont du confluent du Paraguay : là les bouillons d'Apipé forment un premier obstacle ; plus loin, il faut lutter contre le Salto Chico ou Petite Chute, et, sous le 24e degré, contre le Salto grande de Guaira ou des Siete Caidas[1] (les Sept Cascades), où le fleuve s'abaisse de 17 mètres.

Du nord au sud la nature varie en Paraguay, mais toujours féconde, souriante et bonne, agréablement et salubrement tropicale. Dans le nord (et sur le faîte entre Paraguay et Paraná) se lèvent des monts qui ne sont ni sourcilleux, ni glacés, rarement supérieurs à 1000 mètres, jamais à 1500. Dans le midi, la plaine domine ; elle porte des cerros, cônes isolés, couverts d'arbres, elle envoie

---

1. Siete Caidas, c'est le nom espagnol, Sete Quedas le nom portugais.

des ruisseaux à des esteros et à des bañados, lagunes et marais qui longent le Paraguay et le Paraná.

Sous le soleil brillant, dans un climat très sain malgré les eaux passives, un peuple croissait et multipliait avant la guerre de la Triple Alliance [1]. Ce n'est pas qu'on puisse croire à des fables telles que celle d'une nation quatuordécuplée en soixante années sans aucun secours venu du dehors. En 1857 un prétendu recensement trouvait 1 550 000 Paraguayens sur un territoire qui en aurait contenu 100 000 à peine en 1797. L'un ou l'autre de ces deux nombres, ou plutôt tous les deux sont faux, un tel croit n'étant possible qu'avec des renforts extérieurs; or pendant ces soixante ans le Paraguay resta fermé comme le furent le Japon, la Chine et la Corée.

Les Paraguayens ou Paraguéens sont catholiques, avec l'espagnol pour langue officielle, et voilà presque tout ce qu'ils ont d'européen. Les Conquistadores n'avaient que faire d'un pays sans mines d'or et d'argent où ne coulait point la fontaine de Jouvence, passionnément cherchée par eux; aussi ne versèrent-ils dans le sang paraguéen que quelques gouttes de sang castillan et de sang flamand, bientôt perdues dans la mer du sang indien. Le visage de ces Guaranis demeura guarani. Il se rapproche assez de la face chinoise, et la plupart des hommes de cette nation, trapus et bas sur jambes, sont d'une figure sans noblesse, d'un teint jaune tirant sur le rouge.

La langue en usage à l'arrivée des Espagnols a persisté dans ses mots, dans ses formes, échappant plus qu'aucune autre à l'anéantissement qui a détruit jusqu'au nom de tant de dialectes indiens. Hors du domaine officiel, les Paraguayens ne parlent que leur vieux guarani, dont usent aussi beaucoup d'Indiens et de Métis dans les contrées limitrophes du Brésil et de l'Argentine.

Les Paraguayens sont donc un peuple qui ne relève que de lui-même, mêlant à la bonté d'une âme enfantine une malléabilité qui les fit modeler, comme au pouce la cire molle, par les pères Jésuites, et plus tard par les dictateurs; le courage inouï qui a failli briser les forces réunies du Rio-de-Janeiro, de Buénos-Ayres, de Montévidéo, n'était qu'une immense abnégation. L'histoire ne connaît pas de nation qui ait plus saigné pour l'indépendance. Elle en rendra toujours témoignage. Elle dira qu'après la guerre la moitié ou les trois quarts des Paraguayens étaient couchés sous le sol de la patrie, morts du feu, de la faim, de la fièvre, les uns dans les combats, les autres dans les misères de l'émigration en masse, quand le dictateur Lopez vida le pays devant l'ennemi, des rives du Paraguay à l'arête de la Cordillère centrale, brûlant villages, hameaux, tirant sur ses traînards. Et la patrie fut perdue.

Guerre misérable! Les pullulants Guaranis du Paraguay ne semblaient point destinés à s'effacer si vite. Au contraire, ils remplissaient rapidement leur beau pays. Peut-être même allaient-ils se répandre sur le Grand Chaco, à la rencontre des pueblos de Bolivie, et qui sait? peut-être commencer à s'agrandir en se soudant aux peuples de langage guarani qui vivent au delà des frontières, dans la province argentine de Corrientes, dans les Missions, dans une portion du Brésil paranayen et dans plus d'une vallée bolivienne.

Maintenant les voici réduits à 550 000 personnes [1], dont la moindre partie en hommes, le terrible Lopez ayant consommé presque tous les mâles du pays, et il leur faut renoncer à tout espoir de ressusciter le midi de l'antique Guaranie qui jadis, forte de quatre cents tribus, s'étendait de l'estuaire platéen jusqu'aux Antilles, où les Caraïbes étaient de sa race. Et voici que remontant les rios, Italiens, Espagnols, Français, Argentins, Portugais, Brésiliens envahissent la « Pologne américaine », qui ne sera point partagée, mais sera submergée.

La capitale, l'Assomption [2], ville de 20 000 âmes aux rues sablonneuses, borde le Paraguay, large ici de 600 à 2000 mètres, à 77 mètres seulement d'altitude, bien qu'à plusieurs centaines de lieues de la mer.

---

1. La Bande Orientale prit part à la guerre de l'Argentine et du Brésil contre le Paraguay.

1. Sans les Indiens à demi sauvages ou tout à fait insoumis, estimés à 130 000.
2. En espagnol : Asuncion

Dans la Serra dos Orgãos (Voy. p. 816.) — Dessin de E. Riou, d'après une photographie.

BRÉSIL

Grandeur du Brésil. Origine du nom, origines du pays. — Le merveilleux empire, le Grand Portugal touche à tous les États de l'Amérique méridionale, hors au Chili. Sur une moitié de son pourtour immense, il a pour bornes l'océan Atlantique pendant 7000 kilomètres, puis, sur l'autre moitié, la Guyane Française, la Guyane Hollandaise, la Guyane Anglaise, le Vénézuéla, la Colombie, l'Équateur, le Pérou, la Bolivie, le Paraguay, l'Argentine et la Bande Orientale.

834 millions d'hectares, c'est moins que tout l'Empire colonial anglais, moins que le bloc de toutes les Russies, moins que la Chine avec ses dépendances, moins que la Puissance du Canada, mais c'est 61/1000 des terres émergées, 216/1000 du Nouveau Monde, 467/1000 de l'Amérique du Sud, 853/1000 de l'Europe; 71 millions d'hectares de plus que l'Australie, près de 16 fois la France, plus de 93 fois l'ancienne métropole. Et s'il n'y a guère encore que 12 millions de Brésiliens, il y en aura 500 millions, ou un milliard, prodigieux avenir des Lusitanisants.

Brésil vient de la même racine que notre mot français braise : la terre appelée d'abord île de Vera-Cruz, puis Santa-Cruz par les Portugais qui en avaient pris possession pour le roi de Lisbonne, reçut bientôt le nom de Brésil, d'un bois de teinture couleur de braise apporté en Lusitanie par les explorateurs.

C'est en 1499 que ce rivage fut entrevu pour la première fois, par Amérigo Vespucci; en 1500, Pinzon, Diego Lopé, Alvarez Cabral, aperçurent quelques bords de mer; puis on remonta des fleuves, on égorgea des Indiens, on chassa des tribus à outrance. Ceux que le fer épargna devinrent les esclaves baptisés de leurs oppresseurs; quand ils ne suffirent plus, on importa des Nègres pour laver le sable et la vase à diamants, chercher l'or, piocher et planter. Ainsi commença ce magnifique empire que les Hollandais disputèrent quelque temps aux Lusitaniens, et avant les Hollandais les Français, premiers fondateurs du Rio-de-Janeiro.

Brésil tempéré, Brésil amazonien. — Il y a deux Brésils ayant pour trait commun le luxe des forêts. Par ailleurs elles diffèrent. La région du sud et du centre, moins excessive en plantes, mais plus saine à l'homme blanc, est la seule des deux qu'on puisse dire habitée, policée, la seule qui reçoive par milliers ou dix milliers les colons d'outre-mer. Là est le Brésil européen, l'autre étant plutôt indien et nègre; là se lèvent les montagnes et ondulent les plateaux d'entre serras, frais de par leur altitude à quelques lieues de vallées, de rivages accablés de chaleur. Ce Brésil tempéré, le Tropique le coupe en deux : au sud, trois provinces, Rio-Grande-do-Sul, limitrophe de l'Uruguay et de la Mésopotamie argentine, Santa-Catharina, Paraná, qui touche au Paraguay, et le midi de São-Paulo, appartiennent deux fois à la zone tempérée, comme extratropicales et comme ayant leurs principales terres fort au-dessus de l'Océan; au nord du Tropique, le septentrion de São-Paulo, Rio de Janeiro, Minas-Géraés, Bahia, Goyaz, Matto-Grosso, ne relèvent du climat modéré que par leurs plateaux, leurs serras.

Au nord du Brésil tempéré, l'homme, le Blanc surtout, languit dans l'autre moitié de l'empire, dans le Brésil équatorial ou amazonien, splendidement tropical. La plante au contraire y triomphe, et notre Planète n'a rien de plus beau que les selvas de l'Amazone; mais cette merveilleuse nature manque de maîtres et d'admirateurs, comme aussi, faute d'Européens, elle est encore à l'abri des profanes. Si les selvas gardent leur honneur, c'est que les colons qui se font gloire d'incendier un horizon de forêts pour défricher un jardin ne se sont pas encore emparés de l'Amazonie : il n'y a dans le Brésil équatorial que Nègres insoucians, Indiens apathiques et Blancs ou demi-Blancs sans énergie triomphante.

Serras, Campos, Sertão. — Les montagnes du Brésil ne dépassent nulle part 3000 mètres, ce qui n'est pas même la moitié des Cordillères.

Elles ne s'attachent point aux Andes.

Leurs chaînes parallèles à l'Atlantique, les chaînons qui lient ces chaînes, les plateaux ou campos qu'elles portent, les vallées ou vallons qui mollement y serpentent, les cirques, les abîmes qui les taillent et tranchent, c'est tout un monde couvrant 275 millions d'hectares ou cinq fois la France.

En général, les pics les plus élevés s'éloignent peu de l'Océan; plus d'un regarde le rivage étincelant du Rio-de-Janeiro. Les uns se dressent dans la Serra do Mar ou Chaîne de la Mer, et certes elle est bien nommée, puisque ses pics contemplent de près le fleuve Océan, par-dessus les chaudes plantations, les jardins éclatants, les villes paresseuses de la Beiramar (littoral). En bien des endroits, on gravit en peu d'heures, à partir de la frange des flots, cette Serra do Mar, et dès l'arête on voit des eaux couler vers l'occident, en quête du grand rio Paraná, qui ne rencontre l'Océan qu'à plusieurs milliers de kilomètres plus loin : si bien que tel ruisseau atteindrait en quelques lieues la grande urne, tandis qu'il préfère s'anéantir dans le Paraná, pour s'avancer avec lui dans l'intérieur du continent, séparer le Brésil du Paraguay, s'épandre en estuaire devant Buénos-Ayres et Montévidéo. Dans la Serra dos Orgãos, en vue du Rio, se dresse un pic de 2015 mètres; dans la Serra de Mantiqueira ou d'Espinhaço, à l'ouest de la métropole, l'Itatiaiossou monte à 2994 mètres, altitude contestée d'ailleurs, — les uns le font un peu plus haut, d'autres ne lui donnent que 2712 mètres; — ce pic serait le Mont-Blanc du Brésil, et à son défaut, cet honneur reviendrait à une cime des Pyrénées (2952 mètres?), dans la province de Goyaz. L'Itatiaiossou ou « Grand roc qui flambe » aurait jadis été volcan; ses trois sommets, les Aiguilles Noires, reçoivent tous les ans de la neige, mais cette neige tient rarement plus de quinze jours.

Des diamants moins beaux que ceux de l'Inde, l'or, tous les métaux, toutes les pierres précieuses, veinent les flancs de ces montagnes ou se cachent dans les alluvions de leurs rivières. Sans les mines qui attirèrent les aventuriers portugais et pour lesquelles on acheta des Nègres sans fin ni compte, le Brésil aurait peu d'habitants de texture européenne, les Noirs y seraient rares, et à la place de l'empire Lusitanien nous verrions aujourd'hui sur les campos des États guaranis semblables au Paraguay.

Ce n'est pas tant dans la roche des serras, dans

la boue et le gravier des rios que gît aujourd'hui la fortune du Brésil ; elle est dans les campos encore habillés de forêts ou couverts du gramen de mauvaise odeur appelé capim gordoso ; elle est dans les fazendas ou fermes qui, prenant la place de la savane et des bois vierges, se vêtent de prairies, de tabac, de caféiers, de cotonniers, de cannes à sucre, de céréales, de maïs, de riz, de plantes médicinales ou tinctoriales, en un mot de tout ce que donnent Terres chaudes et Terres tempérées.

Mais en dehors des plateaux les moins torrides du Sud, quelle lutte contre une nature si vivante que ses brusques sauts de chaleur diurne, de froid nocturne ou prématinal, de sécheresse, d'humidité, d'électricité, émiettent rapidement roches, granits, gneiss, basaltes, calcaires, craies, et les itacolumites, ces grès qui, nommés ainsi d'un pic de la Serra dos Vertentes, couvrent au Brésil des centaines de millions d'hectares ! Sur certains chemins de fer, il a fallu vêtir de briques les granits

Récolte du café. — Dessin de A. de Neuville, d'après une photographie.

eux-mêmes pour les empêcher de se désagréger et de tomber dans les tranchées. Les tremble-terres y disloquent rarement les villes, mais que de peines pour tracer des routes, quels soins pour les conserver, elles et les ponts de tant de rivières, sous un climat versant pendant six mois de l'année des pluies pareilles à des cascades qui laisseraient passer du vent et des éclairs ! Dans la plupart des monts brésiliens les orages sont de toutes les heures : au pays de São-Paulo et de Paraná, et en général dans la Beiramar, un jour sans pluie est presque aussi rare que l'est un jour de pluie sur certains parages du Pacifique sud-américain. Quand après le déluge le soleil reparaît dans sa gloire, les chaussées, leurs ponceaux, leurs ponts s'enfuient vers l'Atlantique avec la boue des torrents.

Cette électricité constante, l'excessive et perpétuelle humidité, la chaleur lourde, moite, les longues sécheresses, la fermentation des eaux épanchées au loin sur le campo, détruisent presque infailliblement le planteur qui n'a pas élu quelque haut site épuré par des vents salubres. S'il a bien choisi le lieu de sa demeure, il lui reste encore des adversaires. Dès que la picada (sentier) qui part de sa case atteint la forêt, le colon pénètre avec elle dans le séjour de ses ennemis : là rôde l'onça (jaguar), qui lève sa dîme sur les troupeaux de la fazenda ; aux branches des arbres gesticulent avec des hurlements moitié furieux, moitié sarcastiques, les singes barbus qui pillent les champs de maïs; des serpents venimeux, tels que le jararaca et le souroucoucou, des reptiles énormes comme le boa, foulent de leur ventre le tapis élastique de la forêt fait de terreau, de lianes tombées, de feuilles mortes ; dans le sol prospèrent par une sage administration les républiques de fourmis qui chassent parfois le fazendeiro de sa fazenda ; dans la vase des rios patauge le jacaré, qui est le crocodile brésilien.

Toutefois le sertão recule partout, même dans les vallées de tiède moisissure où l'eau, où l'air empoisonnent — le sertão, c'est-à-dire le lointain pays, l'intérieur, le bois sauvage, l'asile et l'ébat des fauves, la terre indienne, lusitanisée peu à peu. Qu'il soit sertão trop mouillé, sertão trop sec, catinga[1], agresté, ou tout autre nom; qu'il s'étende en campos ou qu'il soit matto[2], forêt, hallier, brousse, demi-nudité : le Brésilien, le Portugais, l'Italien, aidés par les Allemands dans les provinces du Midi, lui ont déclaré la guerre. D'habitude on distingue deux espèces de campos, les cerrados et les abertos : cerrados (touffus) quand grâce à des bois ils sont courts d'horizon; abertos (ouverts) quand ils ne portent que des buissons et de l'herbe.

Paraná et Uruguay : les provinces du Sud.
— Une moitié de l'empire appartient au bassin de l'Amazone, un quart au bassin de la Plata, le dernier quart au São-Francisco et aux petits fleuves littoraux.

Cinq grands cours d'eau boivent les mille rivières du Brésil tempéré : trois vont au sud, le Paraná, l'Uruguay et le Paraguay; deux au nord, le Tocantins et le São-Francisco ; deux vont à la mer, le Paraná et le São-Francisco ; les trois autres vont à d'autres rivières, à supposer que le Tocantins ne soit pas lui-même un puissant fleuve allant jusqu'à l'Océan.

Le Paraná doit ses premiers rios à des pics d'une serra proche du Rio-de-Janeiro, dans la province de Minas-Géraés; mais, au lieu de courir en quelques heures vers les rivages de cette reine du Brésil, il prend une route contraire, à l'ouest, puis au sud, pour n'entrer dans l'Océan qu'au bout de l'estuaire de la Plata, après 3700 kilomètres de voyage. Un de ces rios descend de l'Itatiaiossu, ce qui fait que le second des fleuves brésiliens naît de la première montagne du Brésil.

La branche mère a nom rio Grande. Presque aussi grands qu'elle sont les affluents Paranahyba, Tiété, Paranapanéma, et quand le Paraná quitte l'empire par une de ses rives, la droite, qui devient paraguayenne, c'est un courant immense dont on dit (très à tort) qu'il roule plus d'eau que tous les fleuves de l'Europe ensemble. A quelques lieues en amont de son premier contact avec la petite république des Guaranis qui vont s'espagnoliser, il perd sa largeur splendide et, de 4000 mètres, s'étrangle à 60, puis s'écroule de 17 mètres, non pas en cascade, mais en rapide forcené, sur une pente de 60 degrés : c'est un Imatra plus puissant et moins pur qu'on nomme Salto Grande ou Grand Saut, Salto de Maracayu, Salto de Guayra et, le plus souvent, les Sept Chutes.

Plus grandiose encore, et même incomparable, assure-t-on, est un autre salto de ce pays, en aval, sur l'Yguassou : ce magnifique tributaire que les aspérités et les dents de la roche divisent en une trentaine de bras, tombe de 50 à 60 mètres, et la corniche d'où il croule, fer à cheval comme au Niagara, vomit ces trente cascades sur 3 kilomètres de cintre.

Dans son cours inférieur, au sein des plaines argentines et paraguéennes, le Paraná donne accès aux plus grands vaisseaux; bordé de forêts et de savanes, très large ou divisé en chenaux, il tombe dans l'estuaire platéen en compagnie de l'Uruguay.

L'Uruguay a lui aussi ses saltos. C'est un petit Paraná qui, de même que le grand, commence dans une serra littorale et coule à l'ouest, puis au sud-ouest. Brésilien par les deux tiers de son cours, il enveloppe le Rio-Grande-do-Sul, province la plus méridionale, la plus tempérée, jusqu'à ce jour la mieux colonisée de l'empire, presque exactement égale en étendue au Paraguay — 23 655 000 hectares, contre 25 829 000.

Semblables au Rio-Grande-do-Sul par l'agrément, par la salubre excellence de leur climat, naturellement un peu plus chaud à mesure qu'on remonte vers le nord, c'est-à-dire vers l'Équateur, se suivent trois belles provinces qui doivent leur fraîcheur relative aux altitudes du sol, et plus encore aux vents qui soufflent du sud par-dessus

---
1. Ainsi appelé d'un arbre.
2. Ou matta, c'est-à-dire bois.

Repas après la cueillette du café. — Dessin de A. de Neuville, d'après une photographie.

les platitudes de la Patagonie et des Pampas : le sud, en cet hémisphère austral, est le pôle du froid.

Ces provinces sont : Santa-Catharina (7 400 000 hectares), qui va de l'Uruguay à l'Yguassou ; Paraná (22 132 000 hectares), qui s'étend de l'Yguassou au Paranápanéma ; Sâo-Paulo (29 millions d'hectares), du Paranápanéma au Paraná supérieur, dit Rio-Grande. Avec Minas-Géraés, qui succède à Sâo-Paulo, ces quatre pays forment le Brésil modéré, non tropical, apte à l'Européen et de plus en plus envahi par lui, surtout par le Portugais, l'Italien et, à moindre degré, l'Allemand.

Rio Paraguay : le Matto-Grosso. — Le rio Paraguay, le plus long affluent du Paraná, coule des campos de Parecis, si peu bosselés qu'ils ne séparent pas toujours avec franchise le versant de la Plata de celui des Amazones : ainsi le Guaporé, branche du Madeira, et le Jauru, tributaire du Paraguay, naissent au milieu de plaines dont la saison pluvieuse fait une lagune qui se verse indifféremment dans une rivière ou dans l'autre. Il n'y a pas non plus de talus bien visible entre de plats campos tendant au sud vers le Pilcomayo, sujet du Paraguay, et au nord vers le Mamoré, branche supérieure du Madeira. Cette égalité de sol entre les deux grands revers sud-américains fera tôt ou tard du rio Paraguay l'un des maîtres chemins de l'Amérique du Sud ; d'ailleurs, cette rivière va droit au midi par la voie la plus courte entre l'Amazone et Buénos-Ayres. Grossi de rivières qui roulent des diamants, en roulant lui-même, le Paraguay serpente dans des pantanales, prairies si basses que les hautes eaux l'y dispersent en un lac marécageux de plusieurs centaines de milliers d'hectares, peut-être d'un million, qu'on nomme le lac de Xarayes.

La province du Matto-Grosso, c'est-à-dire du Grand Bois, sur le haut Paraguay, n'est pas la première venue : elle tient le centre de l'Amérique du Sud, elle est féconde, elle est immense, elle a des mines de diamants et d'interminables forêts ; mais, si loin du rio, si loin de la mer, nul Européen n'y porte ses pas ; à peine y respire-t-il autant d'hommes que dans une ville moyenne, comme par exemple Limoges ou Nîmes — 72 000 personnes environ sur 138 millions d'hectares.

Tocantins. Sâo-Francisco. Minas-Géraés. — Le puissant Tocantins est le maître rio de l'énorme province de Goyaz (75 millions d'hectares, avec 192 000 habitants) : il a 2500 kilomètres, une ampleur magnifique, des cachoeiras, chutes ou rapides que suit jusqu'au fleuve des Amazones un lit assez profond pour les vaisseaux. Son grand affluent, l'Araguaya, vaut presque les plus beaux fleuves de l'outrecuidante Europe. A première vue, le Tocantins semble appartenir au bassin de l'Amazone, mais en réalité c'est un rio indépendant, même l'un des plus abondants du monde, qui communique avec le fleuve suprême par l'étroit chenal de Tagioura.

Le Sâo-Francisco, long de 2900 kilomètres, amène 2800 mètres cubes d'eau par seconde à la mer en temps sec. Des montagnes de grès et des chapadas [1] de Minas-Géraés ou Mines Générales, descendent ses branches mères, le Sâo-Francisco et le rio das Velhas, roulant à leur confluent, le premier 446, le second 209 mètres cubes par seconde à l'étiage. Minas-Géraés, grande province minière et cœur de l'empire néo-lusitanien, a pour meilleur district à diamants le territoire élevé du Serro do Frio [2], dont le chef-lieu se nomme Tijuco ; la rivière qui a fourni le plus de pierres précieuses est le Jequitinhonha. On estime que cent mille chercheurs de diamants sont morts dans les rios diamantins, de coups de soleil ou par la putridité des vases. Cent mille ! et les joyaux sortis des serras du Brésil ont plus enlaidi la laideur des laides qu'ils n'ont jeté d'éclairs sur la beauté des belles.

Minas-Géraés, vaste de 57 millions 1/2 d'hectares, porte sur ses hauts plateaux une race vigoureuse, environ 2 500 000 hommes, mineurs, éleveurs, pasteurs et planteurs. Urbains et ruraux s'y multiplient vite, mais la nation des Mineiros n'égale peut-être pas encore le peuple des victimes, Indiens ou Nègres couchés sous ce sol, qui moururent ici, « crevés » dans les lavages de diamants, dans les mines d'or, roués de coups dans les plantations ou tués par les Sertanistas, aventuriers du Sertâo. Métis lusitano-indiens des hautes plaines de Piratininga, dans la province de Sâo-Paulo, ces sertanistas chassaient à l'homme en même temps qu'ils découvraient des rios, des serras, des selvas, des campos, des mines, pendant leur ardente recherche de la montagne des Émeraudes, fuyant El Dorado des Portugais d'Amérique.

Quand il n'est encore que torrent dans les montagnes de Minas-Géraés, province clef de voûte de l'empire, le Sâo-Francisco s'abîme de 203 mètres à

---

1. Plateaux.
2. Le Mont du froid.

la Casca d'Anta; puis, en amont du rio das Velhas, il s'émeut bruyamment aux rapides de Pirapora. A 1500 kilomètres plus bas, quand il a déjà traversé, non seulement tout le Minas-Géraés, mais encore presque toute la province de Bahia[1], il s'irrite, il entre en démence, et soixante-quinze lieues de courants violents le poussent au bord du gouffre de Paulo-Alfonso.

Le fleuve Sâo-Francisco, plus que Rhin et plus que Rhône, réduit en grande sécheresse à 15 mètres 1/2 de largeur, entre dans cinq déchirures d'une roche de grès vert et s'abat de 85 mètres, en trois bonds de 10, 15 et 60 mètres, tonnerres sourds qu'on entend à 25 kilomètres en vent favorable. Et sa fureur n'est pas encore apaisée; jusqu'aux eaux amples et placides il se brise encore dix-sept fois au fond de gargantas[1] tordues qui ont jusqu'à 250 mètres d'abîme.

Quand le Sâo-Francisco arrive enfin vis-à-vis de la mer, il a reçu les eaux d'un bassin égal à la

Embouchure de l'Amazone. — Dessin de Riou, d'après un croquis.

France, déjà peuplé de près de 2 millions d'hommes, le sixième des Brésiliens.

Fleuve des Amazones : rio Négro, Madeira. — Les rivières du Brésil tempéré ou demi-tempéré n'égalent point le rio du Brésil équatorial, le Maragnon ou fleuve des Amazones.

Les Brésiliens appellent le fleuve des Amazones, Maranhão[2] en aval du confluent du rio Négro, et rio de Solimôes[3] en amont. Pour les Indiens, c'était, c'est encore le Tunguragua, le Paranáguassou (Grand Fleuve), le Paranátinga (Fleuve Roi). Près de 6000 kilomètres de course[2]; une largeur telle que souvent un bord ne se voit pas de l'autre et que le voyageur suivant le milieu n'aperçoit que des eaux jusqu'au cercle de l'horizon; 100 kilomètres d'ampleur, 200 même, quand les grands débordements élèvent le flot de 14 mètres; 50 à plus de 100 mètres de profondeur; un bassin de 700 millions d'hectares, treize fois la France; un étiage de 17 000 à 18 000 mètres

---

1. 1 655 000 hab., sur près de 45 millions d'hectares.
2. Prononcez Maragnan.
3. Prononcez Solimouïnch.

1. Gorges.
2. 5710 au moins.

cubes par seconde, un débit moyen de 80 000, et 250 000 devant le bourg d'Obidos lors de la grande montée des eaux, déluge immense qui descend par sa propre force, car la pente est presque nulle [1]; 750 kilomètres de marée jusqu'à ce même Obidos où le rio n'a que 1566 mètres de large, — ce qui serait lac pour nos ruisseaux est défilé pour lui, — 50 000 kilomètres navigables sur son bras majeur, « sur ses furos, ou fausses rivières, sur ses igarapés [2] ou bras latéraux, sur ses affluents et les tributaires et sous-tributaires de ses affluents; des enchentés ou inondations à perte de vue; cent vingt jours de hautes eaux recouvrant des îles sans nombre et changeant en un vaste lac l'embouchure de rivières grandes comme Rhône, Danube ou Volga; des tributaires de toute couleur : tantôt bleus, tantôt blancs comme le laiteux Madeira, le Yapura ou le Purus, tantôt gris comme le Xingú, tantôt verdâtres comme le Tocantins dont le vert tire sur le jaune, ou le Tapajoz dont le vert tire sur le brun, tantôt d'un noir ambré comme le rio Négro dont la teinte ressemble au brun transparent des rivières du granit canadien; des tempêtes funestes, des vagues comme en mer, des courants violents comme sur un rivage océanien; trois fois plus d'espèces de poissons que

Végétation des rives du bas Amazone. — Dessin de Riou.

dans l'Atlantique : avec tout cela l'Amazone est bien le vrai « Père des Eaux », mais non des eaux pures : il ne vaut pas le Saint-Laurent.

Le Brésil ne possède pas le haut du Maranhão, propriété du Pérou. Arrivé dans la Néo-Lusitanie à Tabatinga, le fleuve s'étale en îles, en bras et faux bras, en marais, en lagunes. Sauf de grands replis, il marche droit à l'est, tout près de la Ligne, au sud : aussi l'a-t-on nommé l'Équateur visible. Au nord comme au midi, c'est-à-dire à gauche comme à droite, le solennel rio, fait d'eau sans transparence, frôle des forêts infinies cimentées par des lianes, double tenture d'arbres, de tiges flexibles, de palmes qui ont jusqu'à 15 mètres de long.

[1]. 155 mètres seulement du pied des monts à la mer, distance de 4000 kilomètres.
[2] Mot à mot : sentiers des canots.

C'est la plus pompeuse forêt du Globe, les selvas, gloire du Brésil, avec les rivières pour chemins, les ruisseaux pour sentiers, pour seuls hôtes les Indiens, et des Blancs qui recherchent l'arbre à caoutchouc. La hache ouvrira bientôt au soleil leurs immensités obscures, œuvre inique tant elle sera rapide, égoïste, folle et désordonnée. C'est parce que le dôme de la forêt garde rios, igarapés, lacs et lagunes, eaux dormantes, eaux courantes, humide fraîcheur du sol, tout le trésor des pluies pour la saison sans pluies, que le Maranhão roule son énorme lame d'eau, qui peut aller en grande crue jusqu'au quart des flots courants du monde (?).

Les selvas pressent tellement l'Amazone que les villes, voire les hameaux, y sont une rareté : en aval du confluent du rio Négro, 175 kilomètres en moyenne, la distance de Paris à Blois, séparent les villages riverains; et en amont 240, distance de Paris à Tours. Il n'y a que 330 000 âmes dans la province de l'Amazone inférieur, Grão Pará, vaste de 115 millions d'hectares, sur le Maranhão ou bas fleuve, sur le Tocantins, le Xingú, le Tapajoz; et 70 000 à peine dans celle du Haut-Amazone, Alto-Amazonas, grande de 190 millions d'hectares, sur le Solimões ou Amazone supérieur, le Madeira, le rio Négro, le Purus.

Deux tributaires de l'Amazone rivalisent presque de grandeur avec lui : le rio Négro sur la rive gauche et le Madeira sur la rive droite.

Le rio Négro, que les Indiens nomment Curana, l'Eau Noire, est ce puissant courant qui reçoit le Cassiquiaré, branche du fleuve Orénoque. C'est bien une onde brune et ce nom de Curana ne ment pas; les peuples enfants, ceux que nous traitons de sauvages, savent désigner d'un mot leurs ruisseaux, leurs monts, leurs rochers, toute la nature qui les entoure de ses sévérités ou de ses magnificences, dans des langues qui vont mourir, que nous méprisons, qu'il vaudrait mieux regretter. Au confluent avec le rio de Solimões, près de Manaos ou Barra-do-Rio-Négro, ses eaux couleur de café, limpides cependant, arrivent avec calme et lenteur en face du fleuve bourbeux qui

Embouchure du Purus. — Dessin de Riou.

se jette sur elles, les secoue, les tord et les pénètre. Il y a un tel contraste entre la fougue du Solimões et l'indolence du rio Négro que les Indiens de Manaos appellent le fleuve la Rivière Vivante, et le rio Négro la Rivière Morte. Au point culminant de l'enchenté, ce « Curana » monte de 13 mètres et recouvre au loin la contrée. Le Maranhão et ses autres tributaires s'élèvent à pareille hauteur pendant les pluies — seulement, les affluents de la rive gauche montent quand ceux de la droite baissent, et quand ceux de la gauche baissent, ceux de la droite montent : entre autres causes, voilà pourquoi le débit du fleuve est énorme en tout temps.

Le Madeira, qui finit à quelque distance en aval du rio Négro, descend des sierras boliviennes dans la plaine des selvas par un escalier de rapides et de chutes peu élevées qui a 370 kilomètres de long pour 69 mètres de pente. Plus bas, c'est le Tapajoz qui vient mêler ses eaux d'un brun verdâtre aux flots gris cendrés de l'Amazone; à ce confluent se livre la bataille habituelle entre les rivières diversicolores qui viennent de s'unir dans un lit commun, lutte qui précisément s'est engagée plus haut entre le Madeira et l'Amazone, plus haut encore entre le rio Négro et le Solimões. Le Tapajoz rencontre le fleuve près de Santarem, nom portugais rappelant celui d'une ville du Tage : les Lusitano-Américains ont couvert l'empire de noms de cités portugaises, comme les Yankees ont émaillé les États-Unis de noms de cités anglaises. Et l'Afrique Française n'a-t-elle pas déjà Nemours, Saint-Denis, Saint-Cloud, Aumale, Orléansville, Châteaudun?

Après avoir baigné les collines d'Almeirim et la Serra do Erere, le Maranhão prend en passant le bleu Xingú[1]. Les serras d'Almeirim et d'Erere n'ont que 250 à 300 mètres, mais surgissent de telles plaines qu'elles ont majesté de montagne.

Dans le golfe de l'embouchure, divisé en deux par la grande île de Marajo, la pororoca, mascaret géant comme son fleuve, se lève en trois vagues successives à des hauteurs de 10 et 15 mètres. L'Amazone ne se termine point, ainsi que Mississippi, Rhône ou Nil, par un delta refoulant la mer, et ses alluvions sont emportées par un courant vers la Guyane. Si ses boues restaient sur place, elles bâtiraient un grand pays.

Blancs, Noirs, Rouges, infinis mélanges. — Indiens, Nègres et Blancs se sont intimement pénétrés au Brésil. Même dans cette Amérique méridionale, terre par excellence des croisements, nul pays n'a de peuple aussi mêlé que l'empire néo-portugais, où se rencontrent des Métis de tout nom, de toute couleur.

Blancs. — Sur environ 12 millions d'hommes que renferme l'empire, un peu plus du tiers, soit 4 millions passés, se rangent parmi les Brancos ou Blancs : on les divise naturellement en Brasilêiros et Européos.

Les Brasilêiros ou Brésiliens, dont beaucoup sont plus ou moins associés en réalité au sang indien et au sang nègre, descendent des Portugais de Portugal et des Portugais des îles. Les Açores, Madère, l'archipel du Cap-Vert, petites Lusitanies égarées dans l'Atlantique, ont, toutes réunies, 500 000 âmes à peine, mais elles émigrèrent tant, elles émigrent toujours tellement au Brésil, que leur part à la formation de la nation brésilienne est presque « immense ». Des Açores partirent notamment les premiers colons des pays devenus Rio-Grande-do-Sul et Santa-Catharina. Avec les Portugais continentaux ou insulaires arrivèrent aussi, dans les années vieilles maintenant de plus de trois siècles qui furent l'aurore du Brésil, un certain nombre de Juifs et des Siganos ou Bohémiens, en partie maquignons. Ce furent là les éléments purs dont naquit la nation ; et déjà que de brigands chez ces aventuriers, que de vils trompeurs chez ces Juifs et ces Siganos ! Les éléments impurs vinrent des cachots portugais, même de ceux qui ne devaient s'ouvrir qu'au jour de l'expiation suprême, un décret royal ayant fait de Santa-Cruz un asile pour tous les condamnés lusitaniens, hormis ceux qu'on avait convaincus d'hérésie, de haute tra-

[1]. Prononcez Chingou.

hison, de fausse monnaie ou de crimes contre nature. Sauf les Israélites et les maquignons, Rome ne vint pas au monde autrement.

Voilà comment l'énorme empire commença d'être colonisé par le petit reino de noventa leguas ou royaume de nonante lieues, comme les Brésiliens aiment à surnommer le Portugal ; ils l'appellent aussi dérisoirement Terrinha, la toute petite terre, le tout petit pays.

Les Européos ou Européens viennent avant tout du Portugal, et, depuis peu d'années, de l'Italie ; puis de l'Allemagne et, en moindre nombre, d'Espagne (surtout de Galice), de France, d'Angleterre, puis de tout pays sur la terre habitable.

Ce sont surtout les Portugais, race virile et dure, qui soutiennent le Brésil ; ils y retrouvent leur langue, leurs usages, ils en supportent mieux le climat que les autres enfants de l'Europe. D'ailleurs, une partie sort de terres chaudes, des îles du Cap-Vert, de Madère, des Açores ; mais le plus grand nombre arrive, par Porto, de l'Entre-Douro-e-Minho, du Traz-os-Montes et de la Beira, c'est-à-dire du Portugal septentrional. Les Portugais qui se fixent au Brésil sont en moyenne au nombre de dix à douze mille par an. Les Brésiliens les trouvent lourds, grossiers et rustiques ; ils les appellent pé-dé-chumbo ou pied-de-plomb, et se donnent à eux-mêmes, par opposition, le nom de pé-dé-cabra ou pied-de-chèvre. Par une autre opposition, si les Brasilêiros sont des filhos da Terra, fils du pays, natifs, les Portugais sont des filhos do Reino, des fils du Royaume, du Portugal. On les surnomme aussi Marinheiros, marins, c'est-à-dire venus par mer, et, avec une intention méchante, Gallegos, Galiciens, en d'autres termes, grossiers, lourdauds, manants, bien que les Galiciens soient des hommes bons, dignes, simples, fidèles, durs à l'ouvrage.

Quelque intimement ressemblants que soient ces deux éléments principaux de la race blanche au Brésil, bien qu'ayant la jouissance d'une même langue riche, poétique, nasale, la même religion catholique, et, du moins du côté paternel, les mêmes glorieux ancêtres, Brésiliens et Portugais ne s'aiment pas autant qu'il est du devoir des frères. De même qu'avant l'émancipation les Lusitaniens d'Europe tyrannisèrent ceux d'Amérique, ainsi depuis le jour où Don Pedro jeta le cri fameux d' « Independencia ou morte ! » aux échos de la vallée d'Ypiranga (1822), les filhos da Terra ont fait plus d'une fois sentir le poids d'une injuste colère aux filhos do Reino qui vivent au Brésil.

Ainsi les Yankees détestent les Anglais, et les Espagnols ne sont point aimés dans l'Amérique où le castillan résonne.

Après l'immigration lusitanienne, la plus importante est maintenant l'italienne, qui comprend comme la portugaise à peu près dix à douze mille personnes par année; puis vient l'allemande, qui commença par quelques familles, vers 1825, et qui, peu à peu croissante, amène aujourd'hui deux, trois, quatre mille personnes par an : elle vient surtout de la Prusse Rhénane, de la Westphalie et de la Poméranie, c'est-à-dire des provinces qui ont jeté les premiers fondements de la « petite Allemagne du Rio-Grande ».

Italie et Germanie envoient surtout à l'empire lusitano-nègre des agriculteurs qui font souche

Radeau sur l'Amazone. — Dessin de Vignal, d'après un croquis.

de paysans et de bourgeois, chose rare dans ce Brésil qui longtemps n'eut que des fonctionnaires, des soldats, des commerçants, des planteurs, des mineurs, des esclaves. Dans le Rio-Grande-do-Sul et le pays de Santa-Catharina, les colonies allemandes formaient récemment encore une petite nation gardant une fidélité presque entière à son origine, une espèce d'État dans l'État. Des hommes ont écrit que cette imperceptible Teutonie finira par absorber l'Amérique du Sud, ou tout au moins le Brésil. Ces hommes sont des Allemands qui ne prennent point garde aux cent mille Méridionaux entrant tous les ans dans le demi-continent latin; d'ailleurs pour eux mille « Romans » ne font pas un « Saxon ». Mais le fait brutal est là, contre lequel aucun raisonnement ne prévaut : les Italiens envahissent aujourd'hui les mêmes provinces méridionales que celles où s'élaborait la petite nation teutonne; ils y viennent en nombre quadruple, paysans et ouvriers comme les Allemands, aussi prolifiques et certainement mieux armés qu'eux contre ce qu'il peut y avoir de trop méridional dans le climat du Brésil tempéré ; ils pressent déjà les colonies germaines, ils les étoufferont, pour la plus grande unité de la Lusitanie démesurée, car les « Ausoniens » n'élèvent pas ici autel contre autel ; aisément ils deviennent Portugais par la langue, l'idiome apporté aux « pé dé cabra » par les « pé dé chumbo » étant un frère du parler d'Italie.

Les colonies allemandes n'ont prospéré que dans la région méridionale; ailleurs elles ont péri, soit par le climat, la fièvre des forêts et la fièvre des marais, soit par l'absence de routes, soit par le manque de secours et par la pression du désert, soit encore par l'avidité des compagnies d'émigration et la mauvaise foi des fazendeiros ou grands propriétaires, qui sont de vrais seigneurs féodaux. La moitié du Brésil appartient à six mille fazendeiros dont les fazendas, cultivées par des esclaves, s'étendent, avec plusieurs horizons, sur des campos sans fin dans un océan de forêts. S'il n'y a vraiment pas plus de six mille grands possesseurs du sol pour la moitié de l'empire, la fazenda couvre en moyenne 70 000 hectares, plus du neuvième d'un département français : soit, pour toute la France, 775 fazendeiros.

Nègres et Mulâtres. — Les Noirs brésiliens s'élèvent à 2 millions, parmi lesquels 1 500 000 esclaves. Il y a peu d'années encore, les vaisseaux négriers débarquaient chaque année 50 000 « bois d'ébène » au pays du bois couleur de braise. Excepté dans les cantons méridionaux, où les Blancs cultivent impunément le sol, les Nègres sont, bon gré mal gré, les travailleurs du Brésil ; sur eux tombent le soleilleux labeur des plantations, les mines, le lavage des diamants, les métiers pénibles, obscurs. Les plus athlétiques, les plus beaux, les plus obstinés dans la passion de la liberté sont les Minas, originaires de la côte occidentale de l'Afrique, et fort nombreux, surtout dans la province de Bahia : quand la traite les renforçait encore, ils se révoltaient souvent; depuis la fin du trafic de chair noire leurs traditions s'effacent, mais leur visage reste plus noble que la face des Africains descendus de Nègres de la Contracosta — les Portugais nomment ainsi le Mozambique, par rapport au Congo.

Une Mamaluca. (Voy. p. 827.) — Dessin de A. de Neuville, d'après une photographie.

« Dans les mers du Couchant, sous des cieux indigo, vois se lever un géant : c'est Santa-Cruz, c'est le Brésil. » Ainsi parle un chant brésilien. Ce géant pourrait tomber, car ses pieds sont d'argile : cette nation a trop de sang noir. Mais si ce sang a tellement pénétré le tissu du peuple brésilien qu'il n'en peut plus disparaître, s'il semble destiné à rester longtemps encore l'élément vital de la race lusitano-américaine, ou plutôt lusitano-nègre, il est à la veille d'y dominer de moins en moins. L'esclavage a reçu le coup de mort au Brésil le jour où les lois ont déclaré libre toute humaine créature née sur le sol de Santa-Cruz, son père et sa mère fussent-ils encore dans les fers. Le pays ne reçoit plus de Noirs, et de plus en plus il reçoit des Blancs, 20 000, 25 000, 50 000 déjà par année, la moitié de ce qu'il lui arrivait autrefois de Nègres africains.

Les Mulâtres, au nombre d'environ 4 millions, forment comme les Blancs à peu près un tiers de de la nation.

Indiens, Mamalucos, Paulistas. — Quand Alvarez Cabral aborda sur le rivage de Porto-Seguro, juste au milieu du littoral brésilien, avant toute chose il éleva, dit-on, sur le bord de la mer, une croix, un gibet. Les Indiens connurent bientôt la rigueur de ce dilemme, et leurs flèches ne les sauvèrent pas. Ceux qui courbèrent la tête sous le baptême périrent au dur service de leurs maîtres; ceux qui se cabrèrent moururent sous le plomb et sous l'épée; ceux qui s'enfuirent au loin, derrière les caps des forêts, diminuèrent de jour en jour, leurs territoires de pillage et de guerre, de chasse et de pêche reculant devant l'invasion portugaise. Des couvertures d'hôpital empoisonnées par les varioleux dont elles avaient chauffé les pustules portèrent l'anéantissement à des tribus qui sans doute s'étaient glorifiées un instant de ce cadeau perfide[1]. Ainsi disparurent des peuples éternellement effacés de la mémoire des Sauvages leurs frères et des Portugais leurs bourreaux. A l'arrivée des Conquistadores, les Indiens dominants étaient les Tupis, de la même race que les Guaranis; les autres appartenaient à la famille des Tapuyas.

1. C'est ce que raconte la légende.

Négresse Mina. — Dessin de A. de Neuville, d'après une photographie.

Ainsi que dans l'Amérique espagnole, les Indiens du Brésil sont des Indiens soumis ou des Indios bravos, appelés ici Indios do matto, ce qui veut dire Indiens du bois, Cabôclos ou cuivrés, et Bugres : ce dernier mot, de tournure toute française dès qu'on prononce son *u*, *ou*, ne doit pas être traduit. Sur le rio Mucury et dans les solitudes du Minas-Géraés errent encore les Botocudos, sauvages hideux qui se passent dans la lèvre inférieure un énorme disque de bois : en portugais, botoque — d'où leur nom. On pourrait nommer cent autres tribus. Le dénombrement de 1872 comptait 400 000 Indiens soumis et il supposait 1 million d'Indiens sauvages.

En s'alliant aux premiers rôdeurs portugais, les Tupis donnèrent naissance à des guerriers sans merci, à des cavaliers rapides que fit nommer Mamalucos ou Mameloucs la cruauté de leurs razzias sur les Indiens du territoire castillan; peu à peu ce nom gagna tous les sang-mêlé du Blanc et de l'Indien. Les Mamalucos, vaillants hommes, explorèrent, combattirent et conquirent au loin, le long des rapides « rios grandes » qui partent de leur plateau natal. A eux surtout la Lusitanie tropicale doit d'être un empire immense au lieu d'un étroit littoral, d'un Portugal américain bien plus long, mais non beaucoup plus large que le Portugal d'Europe, et ce sont leurs aventures, leurs coups de main, leurs pillages, qui lentement portèrent le Brésil vers le centre et vers le sud du demi-continent, sur des plateaux, dans des vallées qui semblaient d'abord devoir tomber aux Castillans ou rester aux Indiens Guaranis. Toutefois, ces Mamalucos, qui n'étaient pas seulement Lusitaniens, mais encore quelque peu Espagnols par leurs pères, détruisirent autant qu'ils découvrirent et tuèrent plus d'hommes qu'ils n'ont jusqu'à ce jour d'arrière-neveux dans ce Brésil dont leur postérité peuple les meilleures contrées. Gens de sac et de corde, assassins, ravisseurs et pillards, ils faisaient surtout la chasse à l'homme : rien qu'en trente et quelques mois, de 1628 à 1630, ils amenèrent 60 000 Indiens enchaînés au marché du Rio-de-Janeiro.

Les Paulistas ou gens de São-Paulo, qui découvrirent tant de mines, reconnurent tant de rivières, fondèrent tant de bourgs et de villes, sont en majorité Mamalucos d'origine ; comme les Mineiros du Minas-Géraés, qui ont aussi beaucoup de sang mamelouc dans le cœur, ils dépassent les autres Brésiliens en vigueur, en agilité, prestesse, activité, courage, endurance, et, semblables aux Auvergnats en France, ils émigrent par bandes dans tout le Brésil.

On nomme ici Cafuzos les métis de Noirs et d'Indiens qu'on appelle Zambos dans les pays de l'Amérique espagnole.

Langues. — Sur tous ces hommes de naissances variées, de couleurs diverses, confusément mêlés et se mêlant toujours, passe le double niveau d'une même religion, d'une même langue. Presque tous les Brésiliens sont catholiques, presque tous parlent portugais.

Cependant le guarani, ce vieil idiome indien, est encore parlé dans plusieurs cantons des bassins du Paraná et du Paraguay, principalement dans la province de São-Paulo. La lingoa géral, corruption du tupi, règne avec le lusitanien dans la province du Grão-Para, et presque seule dans le Alto-Amazonas. Son nom de langue générale lui vient de ce qu'elle sert aux relations des Indiens entre eux et à celles des Portugais avec les Indiens dans une partie du bassin de l'Amazone.

Aux missionnaires des siècles de propagande elle doit sa vaste diffusion. Voyant l'impossibilité de prêcher chacune des tribus du Brésil dans son idiome, les apôtres de la foi romaine cherchèrent un langage indigène qui pût devenir, de proche en proche, l'organe d'entente sur l'immense terre de Santa-Cruz. Ils choisirent le tupi, devenu dès lors le sabir du Brésil, en attendant que l'empire perde tous ses patois devant le néo-latin du grand Camoens, tel qu'il se parle au Rio-de-Janeiro, avec plus de richesse encore qu'en Portugal, grâce à de nombreux mots empruntés aux langues indiennes et aux jargons nègres apportés jadis par les cargaisons vivantes.

En réalité cette lingoa géral n'est qu'un dialecte du guarani, chose toute naturelle puisque les Guaraniens, aujourd'hui si menacés de mourir, régnaient, il y a quatre cents ans, de l'Uruguay aux Antilles. Elle diffère peu du paraguayen ou du langage indigène du Corrientes et du São-Paulo, et pendant la guerre de la Triple Alliance, les officiers brésiliens nés sur l'Amazone et le rio Negro comprenaient sans peine leurs ennemis les soldats de Lopez. La lingoa géral a bien reçu des éléments portugais, et le guarani méridional des éléments espagnols, mais ni le lusitanien au nord, ni le castillan au sud, n'ont beaucoup altéré le vieil idiome indien.

Rapide accroissement. — Bien que ne recevant encore que deux à trois dizaines de mille Européens par an, la nation lusitano-américaine grandit promptement.

Il y avait, croit-on, 1 900 000 Brésiliens en 1776, et 3 600 000 en 1818, nombre que 1856 éleva jusqu'à près de 8 millions, et maintenant les 12 millions sont atteints ou dépassés. Le croit annuel est de 200 000 à 250 000 âmes. Santa-Cruz a ses misères, ses fléaux, ses épouvantements, la fièvre jaune surtout, et parfois en certaines provinces d'affreuses sécheresses : telle en ces dernières années celle qui a tari les fontaines du Céara, bu même de grands rios, durci la terre en airain, dispersé les Cearenses en Amazonie, et jusqu'au Rio de Janeiro, jusqu'aux campos du Sud, sécheresse qui a aussi mis à mal les autres provinces de ce littoral, Piauhy, Maranhão, Rio-Grande-do-Norte, Parahyba, Pernambuco, Alagoas, Sergipe. Mais le pays est normalement si fécond, il est si beau, le climat si sain, que les naissances y dominent de très haut les décès, et que dans cet empire, prodigue, paraît-il, en ultracentenaires, la population double d'elle-même en trente à quarante années.

Un jour, peuplée seulement à l'égal de la France, la Néo-Lusitanie aura ses 600 millions d'hommes, et l'on peut lui en prédire sans outrecuidance un milliard.

Mais qui oserait prédire que l'empire merveilleux ne s'éparpillera pas comme l'Amérique espagnole ? Les Rio-Grandenses n'ont-ils pas déjà levé dans le Sud la main contre leurs frères ? Le Rio-Grande-do-Sul, pendant neuf ans de guerre,

Un faubourg de Rio-de-Janeiro. (Voy. p. 850.) — Dessin de Riou, d'après une photographie.

vécut à part sous le nom de Piratinim. Au centre, le Minas Géraés prit aussi les armes contre les défenseurs de l'unité de l'empire; et avant cette province du centre et cette province du sud, peu après la proclamation de l'Indépendance, Pernambouc se proclama capitale de la confédération de l'Équateur, laquelle comprenait quatre provinces : Pernambouc, Rio-Grande-do-Norte, Parahyba et Céara.

Villes. — Les trois villes brésiliennes au-dessus de 100 000 âmes sont toutes les trois des cités de Beiramar.

Le Rio-de-Janeiro (350 000 hab., avec les faubourgs) succéda comme capitale à Bahia vers le milieu du dix-huitième siècle. Presque sous le Tropique austral brille une petite mer de 200 kilomètres de tour, séparée de la grande par la serra d'entre deux eaux où se lèvent la Gavia, la Tijuca, le Corcovado (1050 mètres); sur cette baie, « miracle du monde », près de la passe, s'épanouit le Rio, en vue du Corcovado boisé et des monts bizarres de la Serra dos Orgâos, sous le ciel étincelant d'où tombe la chaleur lourde, humide, électrique, énervante, qui fait payer bien cher aux Brésiliens, et surtout aux étrangers, les splendeurs de la Beiramar. Le Rio est un port rempli de navires, une ville animée, régulière, élégante ou laide, selon que ses rues logent des Fluminenses[1] blancs ou noirs.

[1]. Rio voulant dire rivière, fleuve, ses habitants se sont donné le nom de Fluminenses.

Près du 13e degré, Bahia (140 000 hab.), qui a pour banlieue le Roconcavo, jardin du Brésil et sa campagne la plus densément peuplée, renferme tant de Nègres, tant de Mulâtres, que les Brésiliens eux-mêmes la traitent de Guinée-Nouvelle et lui donnent avec quelque nuance de mépris le surnom de Velha Mulata[1]. Autrefois métropole de la colonie, elle a conservé de son ère vice-royale des palais, des couvents, des églises, au flanc de rues escarpées, tout un air d'antiquité presque vénérable, bien rare au Nouveau Monde. La baie de Bahia, dite de Tous-les-Saints, serait la première de l'empire si celle du Rio n'existait pas : elle a 180 kilomètres de contour, des profondeurs de 60 mètres, et dans la passe qui l'ouvre à la mer Atlantique les navires voguent pleinement sur 20 à 40 mètres d'eau.

Pernambouc (120 000 hab.), autre port de l'Océan, près du 8e degré, se compose en réalité de quatre villes : Recife, nom qu'on donne aussi quelquefois à l'ensemble de ces quatre cités, Sâo-Antonio, Boa Vista ou Bellevue, Olinda, cette dernière à 5 kilomètres de la mer, sur un coteau.

Fernâo de Noronha. — A 550 kilomètres des dunes mobiles du cap Saint-Roch, l'île Fernâo de Noronha est le grand pénitencier du Brésil. Elle a 10 kilomètres sur 2, de hautes falaises, un volcan mort de 190 mètres, et, avec des îlots annexes, une aire de 1500 hectares.

[1]. Vieille mulâtresse.

Dans le Marais. — Dessin de Riou, d'après un croquis.

GUYANE

L'île guyanaise, son humidité, ses miasmes, sa fécondité. — Quoique la Guyane, presque égale à quatre fois la France, ne soit pas en mer, on n'en peut sortir sans traverser l'eau : au nord gronde l'Atlantique, partout ailleurs passent de larges courants, Amazone, rio Negro, Cassiquiaré, Orénoque.

A qui vient de la mer, elle s'annonce par des vases et toujours des vases, boues du fleuve des Amazones et de ses propres fleuves, de moins en moins fluides à mesure qu'on approche des mangliers du littoral.

A ce perpétuel brassement des fanges salées et des fanges d'eau douce succède une plaine basse, terre encore inconsistante chaque fois que la saison des pluies la trempe de son déluge, toute d'alluvions, pénétrée d'onde, inondée de soleil, sillonnée de marigots, de rivières. C'est un marais, c'est une forêt puissante, c'est un jardin pour qui l'ose cultiver, et pour le Blanc c'est un tombeau, là où le souffle marin ne vivifie pas l'air mou, tiède, empoisonné.

En quittant le Marais, paradis d'êtres rampants, délices des crapauds à cornes et des crapauds pipa qui dépassent les dernières limites de la hideur, on monte le long des criques, et l'on entre dans les Savanes, que recouvre aussi pendant des mois l'exondance annuelle des rivières.

Les Savanes, terre merveilleusement bonne ou médiocre ou méchante, suivant les roches du sous-sol et les apports du haut pays, s'en vont jusqu'au pied des monts guyanais, qui sont granit, gneiss, micaschiste, et séparent les bassins des fleuves côtiers, au nord, du domaine de l'Amazone, au sud.

Riches en or dans les veines du quartz, ces montagnes envoient des parcelles de cet or aux alluvions de la côte par le chemin des rios qui courent de rapide en rapide en un lit de pierre dure. Aussi la Guyane, où l'on exploite le métal jaune, devient-elle une Californie, elle qui fut longtemps, dans les rêves des voyageurs et des Conquistadores, la terre éblouissante, étincelante,

Dans une forêt de la Guyane. — Dessin de Riou, d'après un croquis.

aveuglante où régnait l'El Dorado, le Doré, maître de trésors défendus par des dragons à l'haleine de flamme : or ce roi splendidissime dont la légende suscita tant d'héroïsme, fit verser tant de sang et changea pour sa part les destins de l'Amérique, ne fut sans doute qu'un pauvre chef de sauvages vivant dans un rocher où luisaient des paillettes de mica.

Les monts guyanais, peu connus, sont bas; à l'occident seulement, sous le nom de Sierra Parima, là où les entoure le majestueux Orénoque, ils montent à des hauteurs qui ne sont plus celles de simples collines. Aucun ne porte sa tête dans la région glacée de l'air : à peine les plus hardis atteignent-ils 2500 mètres.

Le Brésil possède, au midi des monts, dans son Amazonie, une moitié de l'île guyanaise; le Vénézuéla en tient un quart, à l'ouest, vers l'Orénoque; l'autre quart se divise entre France, Hollande, Angleterre.

Hôtel du gouverneur à Cayenne. — Dessin de Riou, d'après une photographie.

GUYANE FRANÇAISE

France Équinoxiale. Des Terres mouillées aux Tumuc-Humac. — Presque équinoxiale en effet, cette pauvre France va du 6ᵉ au 2ᵉ degré de latitude nord, sur plus de 12 millions d'hectares, sans compter ceux qu'elle réclame vainement au Brésil : confiante, indolente, oublieuse, la France ne sait pas monumenter ses droits.

Avec ce qu'on ne lui conteste pas, elle s'étend du fleuve Maroni, qui la sépare de la Guyane Hollandaise, au fleuve Oyapock, qui la sépare du territoire en litige. Le Maroni, escalier de biefs tranquilles qui se versent l'un dans l'autre par des sauts, tantôt cascades et tantôt rapides, roule 1000 mètres par seconde au milieu de la saison sèche ; il n'a pourtant que 650 kilomètres de long, et les Tumuc-Humac, ses montagnes natales, n'atteignent que 400 mètres, mais aucune goutte d'eau ne se perd sur ses roches dures, sur son sol d'argile, et il pleut énormément sur la Guyane française ; ainsi, par exemple, il tombe à Cayenne, suivant les années, 2 mètres 1/2, 3 mètres, 4 mètres et plus, avec une moyenne de 3 mètres 32 centimètres. L'Oyapock, plus court de 150 à 200 kilomètres, est un Maroni moindre, bien que de grande abondance, également fait de longs dormants et de sauts brefs, comme aussi les fleuves plus petits qui coulent entre l'Oyapock et le Maroni, tels que Mana, Sinnamari, Comté, Approuague, etc.

De l'embouchure de l'un quelconque de ces fleuves à sa source, on rencontre toujours, d'abord la région des Terres mouillées, puis celle des Savanes et collines, enfin celle des Monts, et sur ces trois régions l'immense Forêt guyanaise.

Les Terres mouillées, c'est boue incohérente ou boue durcie, mangliers, criques envasées, marais desséchés qu'on nomme pinotières [1], vastes champs d'herbes sur fanges molles, tourbières de l'avenir qu'on appelle savanes tremblantes. Elles voient depuis deux cent cinquante ans l'avortement de la France Équinoxiale, car c'est là que depuis 1635 nous tentons vainement de coloniser la Guyane, là aussi que vivent tous ses habitants civilisés ou tout au moins à demi policés.

Il n'y a que des Indiens, Émerillons, Oyacoulets, Roucouyènes, Oyampis, pauvres petits peuples, dans la savane et autour de ses pripris qui sont pâture en temps sec, marais ou lagunes en temps humide; et, à côté de ces Indiens, des Nègres, petits-fils d'esclaves enfuis des plantations de la Terre mouillée; enfin çà et là quelques chercheurs d'or dans l'alluvion des criques.

La Montagne non plus n'a que des Indiens, et bien rares. Toute en roches anciennes, compactes, elle a nom Tumuc-Humac. On n'y a pas encore gravi de cime supérieure à 400 mètres.

Qui croirait qu'il y a quatre fois plus de Français sur les sables et les granits de Saint-Pierre et Miquelon, archipel de 23 000 hectares perdu dans la brume transissante, que sur ces 12 mil-

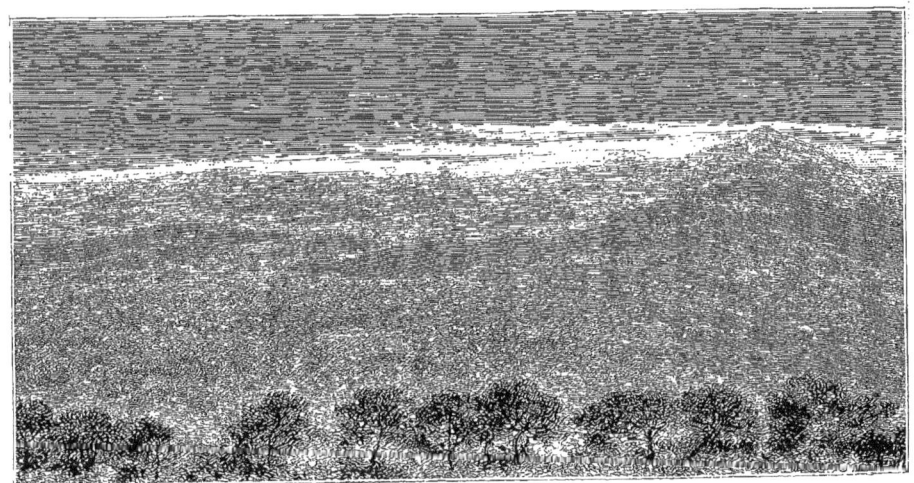

Les monts Tumuc-Humac. — Dessin de Riou, d'après une aquarelle.

lions d'hectares, notre part de l'Amérique du Sud, qui est une terre de magnificence? Sur peut-être 36 000 hommes que renferme la France Équinoxiale, on compte à peine 1200 Blancs sans les soldats, les marins, les fonctionnaires. Leur nombre fut bien plus grand quand on vidait les bagnes dans notre Guyane, mais la colonie ne reçoit plus les forçats de France, qu'on réserve pour la Nouvelle-Calédonie, et il ne lui arrive que des galériens annamites, arabes ou nègres, plus capables de supporter son climat.

Il se peut qu'il lui vienne avant longtemps de nouveaux Français, non certes par choix volontaire. Elle a été désignée comme un des lieux d'exil de nos récidivistes, plus nombreux à eux seuls que

1. De leurs palmiers pinots.

toute la population de la France Équinoxiale : on compte les établir sur la rive du Maroni, là même où l'on a déjà tenté de créer quelques colonies de galériens agriculteurs et planteurs.

Le fond de la nation consiste en Noirs issus des esclaves et parlant un créole français assez pareil à celui de la Louisiane lointaine ou des Antilles voisines. Cet élément, qui dépassera bientôt 20 000 personnes, s'augmente quelque peu par une immigration congénère venant surtout de la Martinique pour chercher l'or dans les rivières.

Telle est, dans toute son humilité, la colonie dont les fondateurs rêvaient un illustre empire avec royauté sur le maître des fleuves.

Cayenne (8000 hab.), capitale, sur un estuaire, est une charmante ville créole.

Vue de Paramaribo. (Voy. p. 836.) — Dessin de Riou, d'après une photographie.

GUYANE HOLLANDAISE

Surinam, ses Nègres. — Entre la Guyane Française et celle que l'Angleterre cultive par le bras des Hindous, des Chinois, des Barbadiens et des Nègres, la Guyane Hollandaise eut pour principaux fondateurs des Français réfugiés en Hollande après la révocation de l'édit de Nantes.

Sur près de 12 millions d'hectares, elle n'en a pas 15 000 de cultivés. Le Marais, le Bois, la Savane gardent le reste et le garderont longtemps, car un climat perfide en écarte les Européens.

Les Nègres, dont le servage a graduellement diminué depuis 1863, n'y défrichent guère; ils empêchent à peine la nature libre de reconquérir les plantations.

Non pas que les bons Noirs n'y vivent du travail de leurs mains, dans des jardinets délicieux, à l'ourlet de la forêt, au bord d'une rivière, d'un ruisseau, d'un de ces canaux que la sagesse du Peuple Castor a tracés dans le vaste marécage appelé Guyane-Hollandaise.

Mais c'est en vain qu'ils cultivent indolemment autour de leurs pauvres chaumières, en vain qu'ils prêtent sans murmurer leur temps aux planteurs, ces plus laborieux, ces plus paisibles des Nègres coloniaux ne gagnent point sur le Bois Vierge. Ils ne le peuvent, ayant chez eux chaque année moins de négrillons pendus à la mamelle que de morts à confier à la terre. Quelque « tropicaux » qu'ils soient, ils diminuent sur ce marais, sous ce climat, surtout faute de soins pour la première enfance.

Quant aux Nègres marrons, leurs trois tribus, qu'on porte à 15 000 ou 18 000 hommes, fournissent peu de travailleurs aux plantations de sucre, de café, de cacao. Libres depuis tantôt 112 ans sur un territoire libre, en vertu d'un traité légal signé par le gouverneur néderlandais, ils vivent heureux, sans efforts, au fond des bois luxuriants.

La Guyane Hollandaise, Surinam, comme on l'appelle aussi, du grand fleuve qui baigne sa capitale, renferme, en dehors de ses Nègres marrons et de 800 Indiens toujours décroissants, 54 000 habitants, dont moins de 700 Européens et de 4500 coulis, Hindous ou Chinois amenés dans la colonie pour remplacer sur les grands domaines les Nègres qui arrivent au terme de leur esclavage après un stage de libération jugé nécessaire par les Néderlandais.

Les Moraves ou Frères de Herrnhut, secte extrême du luthéranisme, ont ici 23 000 adhérents; ils ont converti plus de païens que les autres églises protestantes ou que les apôtres du catholicisme. Surinam ne leur doit pas seulement ces conversions; ce sont eux qui instruisent le plus d'enfants, eux encore qui par leurs paroles de paix sèment depuis longtemps la concorde entre les Blancs et les Noirs. La Hollande Équinoxiale aurait pu finir comme Saint-Domingue.

Ainsi la Guyane Hollandaise, semblable à la Française, mais mieux drainée, mieux travaillée, est toujours, comme il y a deux siècles passés, un marais littoral à la lisière d'une forêt profonde.

Entrée du fleuve Maroni. — Dessin de Riou, d'après une aquarelle.

Sur ce marais vivent les Nègres soumis, qui sont les os et la moelle de la nation; dans les clairières de cette forêt demeurent les Nègres marrons, et quelques familles d'Indiens chassent, pêchent, race qui s'en va, mélancolique, indolente, indifférente, laissant le monde à la convoitise des forts.

La langue officielle est le hollandais; l'idiome général est un créole enfantin, un sabir négro-anglo-lusitano-hollandais, simple et doux comme tous les parlers puérils.

Paramaribo, la capitale, s'élève au bord du large Surinam, fleuve jaune, et sur des canaux, comme une autre Venise, ou, pour rester en terre néderlandaise, ainsi qu'une lumineuse Amsterdam peuplée de 24 000 hommes, presque tous Noirs. Bien que régulière, elle est charmante, sous d'admirables ombrages.

En traversant le Maroni, on passe de la Guyane Française à la Hollandaise; en franchissant le Corentyne, on passe de la Hollandaise à l'Anglaise.

Cataracte dans la Guyane Anglaise. — Dessin de E. de Bérard.

GUYANE ANGLAISE

La plus belle des trois Guyanes coloniales. — Démembré de la Guyane Hollandaise en 1815, cet établissement anglais n'a de limites précises qu'au nord et à l'est. Au nord monte et descend l'Atlantique, à l'est un fleuve trace la frontière avec la Néderlande d'Amérique; mais au sud l'Angleterre conteste avec le Brésil, et à l'ouest avec le Vénézuéla.

Jugés contre l'Angleterre, ces litiges ne laisseraient à la Guyane Anglaise que moins de 3 200 000 hectares. Jugés en sa faveur, ils lui en attribuent plus de 22 millions. Or, ni les Brésiliens, ni les Vénézuéliens, ni personne au monde n'ose demander compte à la dévorante Albion : d'où il suit que cette Guyane Anglaise est la plus grande des trois Guyanes coloniales au lieu d'être la plus petite.

C'est aussi la plus belle. Elle seule a de grandes montagnes, des cascades tombant du ciel, et, au bout de ses fleuves, de longs et larges estuaires. Des alluvions profondes remontant jusqu'à 20, 40, et même 70 kilomètres de la côte, donnent à sa zone riveraine une largeur supérieure à celle des Terres mouillées de Cayenne et de Surinam. Et quand du Marais, à travers forêt splendide, on arrive aux Terres Hautes, on se heurte à des monts de plus de 2000 mètres, non plus à des coteaux de 400 à 500. Près de la borne du Vénézuéla, le Roraïma s'élance à 2400 mètres, terminé par une tour rocheuse de 450 mètres de hauteur d'où s'abîment des cascades partagées entre trois fleuves inégaux, l'Amazone, l'Orénoque, l'Esséquibo.

L'Esséquibo, le maître fleuve de la Guyane anglaise, reçoit le Potaro, dont la cascade est une merveille de la merveilleuse Amérique.

La grande cascade du Potaro, qu'on nomme le saut de Kaïeteur, a 250 mètres de tombée, et ce n'est pas un Gave naissant, un Reichenbach, une poussière d'eau comme le Staubbach, mais une Loire qui arrive au bord du gouffre avec 100 mètres de largeur sur 7 mètres de profondeur, et vomit dans l'abîme 50 millions de mètres cubes d'eau par jour, ou près de six cents par seconde.

Ce pays de pluies excessives, sur un sol point absorbant, est prodigue de cascades qui ne sont pas des escaliers de rapides où se démène un ruisseau, mais des gouffres terribles, où s'élancent d'un bond de vastes rivières enflées deux fois par an, par la grande et la petite saison des pluies.

Bien plus cultivée que ses voisines à l'orient, elle a aussi beaucoup plus d'habitants, et ses plantations s'étendent, ses villes s'augmentent, sa population monte — ce qui n'est point, tant s'en faut, le cas des deux autres Guyanes coloniales.

Ses résidents sont au nombre d'environ 275 000, descendants de Nègres libérés, Hindous, Africains, Chinois et Noirs des Antilles engagés pour le travail

Pirogue sur l'Esséquibo. — Dessin de Riou, d'après un croquis.

des plantations de canne à sucre, Indiens plus ou moins pliés à la vie des « Civilisés »; et quelque vingt mille Blancs.

Il ne faut chercher les plus nombreux de ces Blancs, ni dans la nation qui fournit les premiers planteurs à la plus florissante des trois Guyanes, ni dans celle qui lui succéda sur ces rivages torrides.

Ni les Hollandais ni les Anglais n'ont ici la majorité.

Les Portugais dominent, qui dépassent 15 000, dont 5000 nés dans la Guyane même. On sait que de tous les peuples colonisateurs, les Lusitaniens sont celui qui défie le mieux les climats tuants : à plus forte raison quand ils viennent de Madère, cette île africaine située vis-à-vis du Maroc; plus encore quand ils ont vu le jour dans les îles du Cap-Vert, cet archipel qui regarde le Sénégal et renferme surtout des familles mélangées, en réalité moins blanches que noires. Or, presque tous les Portugais de la Guyane arrivent de Madère ou des îles du Cap-Vert. Épiciers, boutiquiers, petits marchands, ces hommes sobres habitent généralement les villes et les bourgs.

La capitale, Georgetown (45 000 hab.), borde, à 2 kilomètres de la barre qui contrarie son entrée en mer, le fleuve Demerara, large ici de près de 2000 mètres.

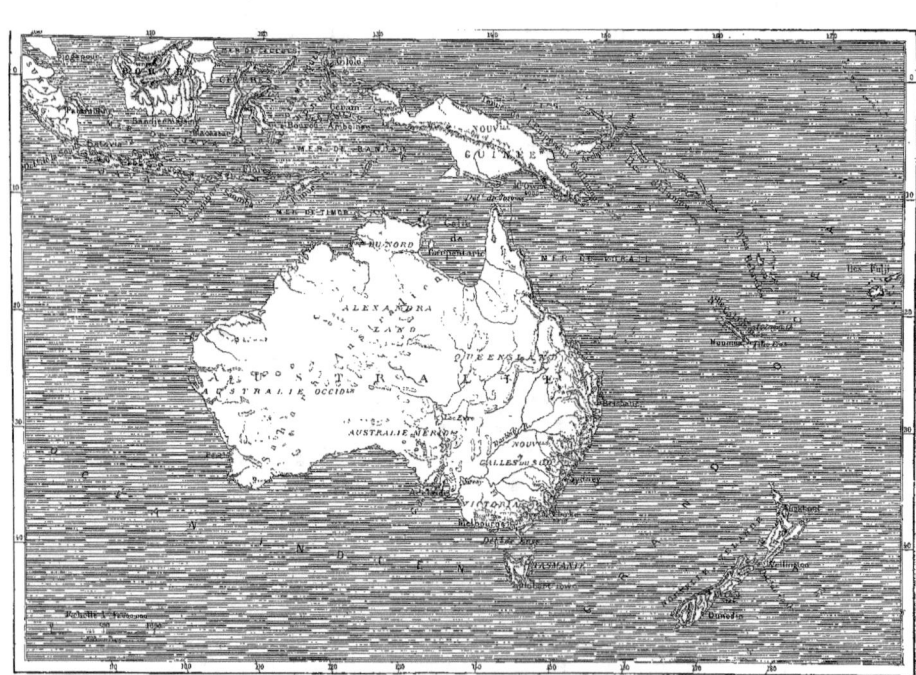

Dressé par F. Gaffarel

Carte de l'Océanie occidentale

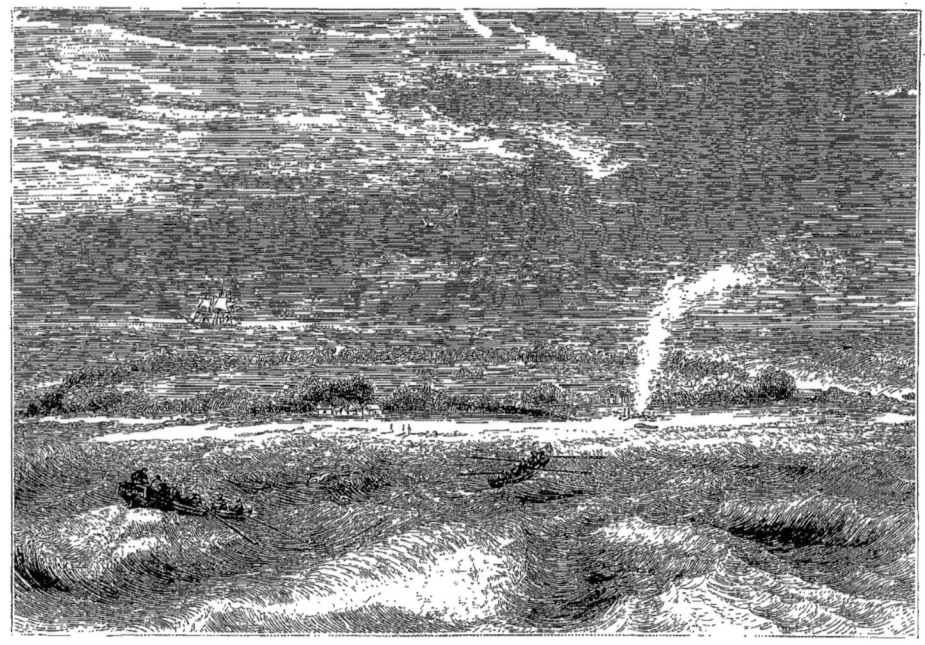

Iles madréporiques. — Dessin de E. de Bérard.

OCÉANIE

Australie. Grands et petits archipels. Iles madréporiques. — A part un continent, le plus petit de la Terre, ce cinquième lambeau du Globe se compose d'îles disséminées sur des espaces marins immenses.

Il mérite son nom d'Océanie, mais il s'appellerait Nouveau Monde à meilleur droit que l'Amérique, sa découverte étant beaucoup plus récente.

L'Océanie comprend :

Un continent trapu, peu articulé, l'Australie, terre anglaise formant à elle seule. sans la Tasmanie son annexe, les 7/10 de la partie du monde, évaluée à 1095 millions d'hectares, en y comprenant les îles de la Sonde et les Philippines. 1095 millions d'hectares, c'est plus de vingt fois la France.

De très grandes îles, les plus belles sur terre : Nouvelle-Guinée, Java, Sumatra, Bornéo, Célèbes, les Philippines, toutes asiatiques autant qu'océaniennes, sauf la Nouvelle-Guinée. D'habitude on les range dans l'Asie, mais il semble naturel d'attribuer à l'Océanie ce qu'il y a de plus splendide en l'Océan. Où trouver d'ailleurs la vraie frontière entre le plus compact des continents et la plus égrenée des parties du monde?

La Nouvelle-Zélande, admirable archipel avec deux longues îles.

Une multitude d'îles, d'écueils, de bancs, éparpillés au loin sur le Pacifique, dans la direction des États-Unis et de l'Amérique espagnole. Presque tous ces archipels surgissent au sud de l'Équateur, aussi les appelons-nous souvent îles de la mer du Sud.

Deux cent quatre-vingt-dix de ces îles, sans tenir compte des îlots, ont été lentement bâties sur des plateaux sous-marins très voisins de la surface des mers par des madrépores qui ont ajouté de la sorte 5 millions d'hectares à la terre habitable.

Les îles madréporiques s'élèvent, avec le secours des temps immenses, par couches d'une imperceptible minceur. Où la mer était calme et bleue, elle finit par se briser et par blanchir sur un récif.

Ce travail cyclopéen de nains innombrables se continue de nos jours. Incessamment apparaissent des écueils : à peine hors du flot, l'îlot madréporique se couvre de plantes, l'homme vient ensuite,

Iles madréporiques : Borabora. — Dessin de E. de Bérard

qui bâtit sa cabane à l'ombre des palmiers gracieux.

Il y a plus de 35 millions d'habitants dans les îles de la Sonde et les Philippines, c'est-à-dire justement dans le prestigieux archipel que l'on attribue d'habitude à l'Asie. Mais tout le reste de l'Océanie, si vaste, ou du moins dispersé sur de si larges mers, ne possède encore que 5 millions d'hommes, d'ailleurs croissant en Australie et en Nouvelle-Zélande avec une rapidité presque sans exemple, au profit des hommes d'Albion et de leur langue sourde et brève

Indigènes australiens. — Dessin de Riou, d'après une photographie.

AUSTRALIE

Beau rivage, intérieur stérile. Infériorité de ce continent. — L'Australie, le seul continent tout à fait austral, relève en entier de l'Angleterre. Dans son enceinte de 14 000 à 15 000 kilomètres de côtes raides, point indentées, elle enferme 763 millions d'hectares, plus de quatorze fois la France, mais avec moins de 5 millions d'âmes.

Il y a des raisons de croire qu'elle fut jadis une Asie méridionale, nouée à l'Asie actuelle par un isthme que les volcans et la mer transformèrent en une éclaboussure d'îles.

En ceci pareille à l'Asie, elle cache un sec et stérile intérieur derrière un rivage paré de séductions. A la rive de la mer des Indes les baies brillantes, les ravins touffus, les charmantes vallées, les forêts, les monts grandioses, les pluies, le climat tempéré par le vent marin; derrière ce rideau magnifique, les plats campos, les vallées effacées, les rivières sans eau, les marais, les herbes sèches, les épines, la solitude et les vents de fournaise. Le centre de l'Australie ressemble au Sahara par l'aridité, le ciel torride et l'immensité des déserts.

En vain l'Australie occupe autant d'espace que 1248 départements français, la nature l'a visiblement maltraitée. Il est possible, même probable, que le quatorzième seulement de cet énorme bloc est capable de vraie culture : ce qui le ramène à la valeur de la France ou un peu plus.

Animaux, hommes et plantes. L'eucalyptus, roi des arbres. — En Australie, la plaine l'emporte sur la montagne, la région torride ou chaude sur la région tempérée; le désert, avec ses plantes épineuses, prime la terre habitable, la zone sans eau dépasse en étendue la zone arrosée. A peine si quelques pics entrent dans la région du ciel où la neige ne fond pas; les plus grands fleuves y sont des chapelets d'étangs, les lacs des marais de six pouces de profondeur.

A l'arrivée des premiers découvreurs européens, la solitude australienne appartenait à des êtres misérables : son plus grand quadrupède, le kangourou vorace, n'eût pas vaincu les moindres bêtes de proie du Vieux Monde, et si de nombreuses tribus d'oiseaux muets ou peu harmonieux, mais de brillant plumage, nageaient dans l'air australien, et des mammifères marins dans l'eau salée des côtes, les monts, les ravins, les bois, les épines du continent rudimentaire avaient pour hôtes des animaux sans élégance, les uns étranges, les autres ridicules. Quant à l'homme, il était au-dessous de tout ce que les voyageurs avaient vu jusqu'alors. L'Européen et les serviteurs muets qui lui font cortège ont remplacé le Nègre austral et les animaux à poche ou à bec de canard; ils prospèrent sur ce sol, mais ils n'en sont pas originaires; l'Australie les souffre, et probablement les énerve, mais elle ne les a pas créés. Seule l'engeance des serpents avait ici quelque puissance, plusieurs de ces espèces distillant un venin mortel.

La flore australienne, originale comme tout ce que porte ce continent, se présente avec quelque grandeur. Elle a peu de variété. Tel district n'offre jusqu'à l'horizon qu'une plante, et la moitié, sinon le plus grand nombre des arbres, appartient à deux genres seulement, aux acacias, aux gommiers, mais certains eucalyptus montent à plus de cinq cents pieds anglais ou 150 mètres de haut, si bien que la flèche de Strasbourg, le dôme de Saint-Pierre et la pyramide de Chéops cacheraient leur sommet dans les dernières branches de ces colosses. Si l'eucalyptus australien ne l'emporte pas en diamètre sur les sapins de la Californie, il dépasse en taille les plus altiers de ces résineux dont il faut pourtant chercher la cime à 150 mètres d'élévation.

Malgré ses odorants eucalyptus, malgré d'autres arbres hauts, élancés, la forêt d'Australie n'a ni la grandeur sévère des bois du nord de l'Europe et du Canada, ni les teintes automnales des forêt des États-Unis, ni la grâce des palmiers oasiens, ni la fougue des selvas de l'Amazone. Des branches rares il ne descend aucun chant d'oiseau; un feuillage terne et sans abondance laisse passer plus de soleil qu'il ne verse d'ombre sur un gazon grisâtre; peu de sous-bois, point de lianes entre les troncs droits et distants d'où s'exhale un arome. Qu'il y a loin de ces bois-clairières à nos portiques de sapins, à la nef de nos chênes, à nos ténèbres fraîches, à la grande ombre opaque de nos rameaux toujours verts! Sur le rivage de Queensland, et dans les régions du nord, tournées vers l'Équateur, la forêt australienne est plus touffue; elle a ses palmiers, ses enlacements de lianes, ses parois serrées, ses voûtes obscures; elle devient à sa façon « forêt vierge ».

Monts littoraux. Plaines centrales. Avenir médiocre. — Dans le territoire que les Anglais occupèrent d'abord, au sud-est, une riante, charmante, ravissante zone maritime, région variée, un peu houleuse de 40 à 50 kilomètres de largeur, s'adosse à de jolies montagnes, Alpes d'Australie où le Clarke monte à 2212 mètres, le Kosciusko à 2186 mètres, le Bogong à 1984, un peu plus que les monts d'Auvergne, bien moins que les Pyrénées, pas la moitié des Alpes.

Hauteurs trop basses pour une contrée tropicale par la moitié de ses terres, chaude par l'autre moitié, sous un ciel sans pluies pendant de longues saisons, dans des plaines où le flamboiement de l'air peut monter à 52 degrés, le soleil en darder 72 à 75.

Faute de blocs immenses d'eau gelée accrochés aux monts, réservoirs dont le soleil, les tièdes averses, les vents brûlants ouvrent les écluses, faute de torrents vomis avec colère par les glaciers, les Australiens n'auront jamais que les eaux que le ciel voudra leur verser en orage, et de ces flots rapides ils garderont seulement ceux qu'ils auront arrêtés par des remparts de pierre ou des levées de terre.

Au sommet des chaînes littorales on trouve de petits plateaux, puis on descend à l'occident; comme du haut des Andes vers l'orient, dans des plaines inférieures, presque toujours d'une telle horizontalité qu'on y voit en plus d'un lieu les rivières remonter au temps d'inondation dans le sens de leur source. En Amérique, ces plaines, Llanos, Selvas ou Pampas, amollies par des pluies abondantes, sont des terres de splendide avenir qui n'attendent que l'homme, ses entreprises, ses

Eucalyptus de 130 mètres de hauteur. — Dessin de Taylor, d'après une photographie.

soins, et, par malheur, ses pillages; mais en Australie la pluie tombe rarement, par caprices, et les plates régions de l'intérieur en souffrent deux fois : la sécheresse les rôtit, puis, quand le ciel ouvre à deux battants la porte de ses fontaines, elles deviennent marais; les sables secs et brûlés des rivières sont envahis par d'immenses torrents furieux qui roulent, bruyant déluge, des bœufs et des moutons morts de soif auprès des sources taries. Une seule saison sèche (1883-1884) a coûté 5 millions de moutons à la Nouvelle-Galles du Sud.

Un pareil pays vaut mieux pour l'éleveur de bestiaux que pour le jardinier ou le laboureur des champs. Si l'année est humide, chevaux, bêtes à laine et bêtes à cornes y croissent merveilleusement en nombre; leurs peaux, leur suif, leurs toisons, font la fortune du pionnier. Quand le soleil grille les herbes, qu'il boit les fontaines, les troupeaux dépérissent, puis, dès que les nuages sont revenus, l'écurie, l'étable, la bergerie se repeuplent.

C'est pourquoi l'Australie passe pour la terre promise des éleveurs : à ses pâturages sans bornes autant qu'à ses mines d'or elle a dû le rapide essor de sa richesse, mais l'intermittence des pluies y est trop grande, les sources trop rares, faibles et promptes à tarir, les montagnes trop humbles, le soleil trop dur sous un air trop aride. Les feuilles tombées de la forêt n'y pourrissent pas en terreau; elles sèchent et sous elles le roc reste roc; le sable, sable; l'argile, argile; et le désert ne peut fleurir.

L'or trouvé par millions et milliards, les bêtes à laine qui bientôt seront plus de 100 millions, les toisons riches, le suif, l'extrait de viande, le coton, la canne à sucre, l'essai des plus riches cultures, les colons arrivant par peuplades, les travailleurs importés des îles de la mer du Sud, les déserts qui se réveillent villes, comtés ou provinces, les universités, les journaux quotidiens qu'il faut une semaine pour lire, le brouhaha de cinq parlements, tout l'éclat de cette jeunesse ne doit pas nous aveugler sur l'avenir de l'Australie.

Ce grand Sahara, bordé d'un long Tell à l'orient, n'a droit qu'à des destins modestes. Malgré son énormité, l'Australie ne vaut pas le pays que feraient ensemble la Nouvelle-Zélande et la Nouvelle-Guinée, qui sur la carte ne sont que ses humbles satellites.

Culture sur le rivage, pâture dans l'intérieur, mines dans la montagne, les facultés de ce continent ne sont pas en proportion de sa grandeur.

Les Australiens indigènes. — Est-ce parce que le soleil leur enlevait ressort, audace et volonté, ou parce que la terre natale ne leur offrait pas « l'épi d'où naissent les cités », les plantes et les animaux sans lesquels il n'y a pas de société durable, est-ce pour toute autre raison? les Européens rencontrèrent en Australie une race noire hideuse, faible, sans intel-

Un Australien. — Dessin de E. Ronjat, d'après une photographie.

ligence, insouciante et paresseuse; avec cela, fanatique d'espace et de liberté nomade, incapable de se plier à une idée, à une demeure. Comme toujours les Blancs ont aussitôt bandé l'arc contre les Sauvages; même jamais et nulle part ils n'ont plus piétiné dans le sang du chétif et du nu.

Par leurs cheveux lisses les sauvages d'Australie se distinguent des Nègres à cheveux laineux rencontrés par les Malais dans l'archipel qui va du continent austral aux pointes méridionales de

l'Asie. Leurs hommes grands ont la taille de nos hommes moyens, leurs hommes moyens celle de nos hommes petits. Comme ils vont presque nus, ils ne voilent aucune de leurs laideurs, du ventre bombé jusqu'au visage simiesque, aux lèvres jetées en avant par la projection des mâchoires. Sous une chevelure noire et touffue, leur crâne couvre peu d'intelligence, ou du moins, quand les Anglais envahirent le continent, ces Nègres terreux avaient encore un esprit enfantin, rudimentaire.

Ils chassent, ils errent à l'aventure, mangeant de tout, volontiers des vers, même de putrescents cadavres.

Les coups de fusil, la faim, la misère, l'eau-de-vie, les maladies, la surprise douloureuse et comme l'arrachement de gond que souffre le Sauvage à la vue des inventions du Blanc, ont déjà réduit le nombre des indigènes australiens à 55 000.

Les Australiens blancs; les Gumsuckers. — L'Australie, reconnue depuis près de deux cents ans par les Hollandais, et certainement entrevue auparavant par les Portugais, vers 1530, n'avait pas encore un seul Européen fixé sur son rivage lorsque débarquèrent en 1788, sur la côte orientale devenue depuis la Nouvelle-Galles du Sud, quelques centaines de galériens, avec des soldats de garde et un gouverneur.

Ainsi commença l'empire australien. Sydney en fut longtemps la seule ville, l'Angleterre dirigeant vers ce lieu ses convicts ou condamnés. De 1788 à nos jours 125 000 galériens ont quitté l'archipel breton témoin de leurs exploits pour le continent d'Australasie et la Tasmanie, son annexe.

En 1828 il y avait 36 000 à 57 000 Blancs dans la Nouvelle-Galles du Sud, alors tout le territoire colonial. En 1833, leur nombre dépassait 60 000 et le recrutement de l'Australie ne se bornait plus aux seuls criminels, l'Angleterre, l'Écosse et l'Irlande envoyant déjà des familles libres.

Tout à coup on découvrit des mines d'or d'une fabuleuse richesse, des flots d'hommes arrivèrent avec une impétuosité de haute marée : 40 000, 50 000, 80 000, et presque 100 000 par an suivant les années. Et justement ce climat très sain quoique très chaud ne lève qu'un léger tribut de mort dans les familles sur lesquelles darde son soleil austral.

Ainsi, des immigrants en foule, beaucoup de nouveau-nés, ou, selon le charmant mot anglais, beaucoup de petits étrangers et, en regard, peu de morts, voilà comment le désert australien se remplit de villes avec une rapidité que les Etats-Unis eux-mêmes ont à peine connue ; comment, de 60 000 Blancs en 1833, de 400 000 lors de la découverte des mines d'or, la population de l'Australie a monté rapidement à 800 000 en 1857, à 1 200 000 en 1861, à plus de 2 300 000 en 1881. Et la voici à la veille d'atteindre 3 millions.

En admettant 3 millions d'Australiens, il y a bien là-dessus 1 200 000 à 1 300 000 Gumsuckers ou Suceurs de gommes, autrement dit Blancs nés en Australie même — ce joyeux surnom vient évidemment de ce que ce continent est la patrie des eucalyptus, ces grands arbres appartenant à la famille des gommiers.

Presque tous les Blancs immigrés viennent d'Angleterre et d'Écosse et, en second lieu, mais beaucoup moins, d'Irlande et d'Allemagne. Rares sont les Latins. Les Chinois, qui furent si nombreux qu'on commençait à les craindre, à les persécuter et tuer, ont grandement diminué dans ces dernières années ; à peine dépassent-ils 30 000 ; ils venaient et viennent encore pour fouiller les mines d'or australiennes dont la renommée courait jadis le monde et les « placers » abandonnés par les Blancs sont précisément ceux où ils font fortune, ceux du moins qui ne se ruinent pas à l'opium et au jeu, les deux passions mortelles des disciples de Confucius.

Quelque antipathie qui sépare l'Australien de John Chinaman, le Chinois prendra peut-être place sur les rivages du Nord, cuits par un flambant soleil : si près de l'Équateur le Blanc ne remue pas le sol ; il recourt au Jaune, au Noir. Dans le Queensland, moins chaud que le littoral septentrional, mais également très dur pour la race « tempérée », on emploie sur les plantations, canne à sucre ou coton, des Polynésiens souvent recrutés par la violence.

La Nouvelle-Galles du Sud fut la première colonie anglo-australienne. Victoria s'en détacha en 1851, Queensland en 1859 ; l'Australie Occidentale naquit en 1829 ; l'Australie Méridionale reçoit des Européens depuis 1836 ; l'Australie du Nord dépend officiellement — contre nature — de celle du Midi : ce n'est pas une province à part. Au sud de Victoria, le détroit de Bass clapote entre le continent et la Tasmanie, province qui se gouverne elle-même.

Vue générale de Sydney. (Voy. p. 850.) — Dessin de Barclay, d'après une photographie.

NOUVELLE-GALLES DU SUD

La Nouvelle-Angleterre australe. Le Murray. — Ainsi que les autres États australiens, la Nouvelle-Galles du Sud s'administre à son gré par des assemblées élues.

80 millions d'hectares, un peu plus du dixième du continent, 900 000 habitants environ, soit plus du tiers des Australiens, c'est la part de la colonie « antérieure », qui fut toute l'Australie entre 1788 et 1829, année où se fonda la colonie de Perth ou de la rivière des Cygnes, devenue la province d'Australie Occidentale.

Des sierras voisines du rivage portent, du nord au midi, les noms de monts de la Nouvelle-Angleterre, monts de Liverpool, Montagnes Bleues, chaînes de Cullarin, de Gourock, de Manero, de Muniong : en tout 7 chaînes et 19 chaînons, hérissements qui divisent la Nouvelle-Galles du Sud en deux régions, l'une petite, variée, charmante, l'autre grande et monotone.

La petite région, celle de l'est, entre monts et mer, est la « Nouvelle-Angleterre » en même temps que le Tell d'Australie, — Tell de 55 à 95 kilomètres de largeur, et quelquefois de 95 à 110 ou 112, ayant pour Chéliff une rivière de 530 kilomètres, le Hawkesbury. Les pluies n'y sont point rares, et si telle année n'y donne qu'une hauteur d'eau de 55 centimètres, telle autre en précipite jusqu'à 210, et la moyenne est de 127.

De ce littoral étroit on gravit des chaînes qu'on peut comparer aux Alleghanies et dont la plus grande largeur atteint 150 kilomètres. Passé le faîte, on est sur un plateau de 50 à 85 kilomètres de travers, de 765 mètres de moyenne altitude, où dominent les roches primitives telles que le granit, et d'où l'on dévale par les Pentes de l'Ouest[1], descente ondulée d'environ 145 kilomètres où paissent les plus beaux mérinos d'Australie. Et alors viennent les plaines basses, mais on n'y trouve aucun Ohio menant vers un Mississippi que suivraient, dans le lointain, des Rocheuses.

La Beiramar du New-South-Wales[2] ne mérite pas seulement le nom de Nouvelle-Angleterre par sa situation à l'est des monts, sur le bord de l'eau marine; c'est surtout historiquement qu'elle y peut prétendre : elle a reçu les premiers Anglais de l'empire australien, comme le rivage bostonnais vit arriver, puis croître les Puritains qui furent l'assise du peuple yankee. Mais quand les Néo-Anglais d'Amérique atteignirent la crête des Alleghanies il restait devant eux un monde à remplir : les vallées qu'ils avaient soumises à la charrue n'étaient rien à côté des alluvions que leur montrait l'Occident, des sources de l'Ohio jusqu'à l'orée du Pacifique ; tandis que les Néo-Anglais d'Australie, arrivés à l'arête de leurs petites Alpes d'où la mer de l'Est est visible encore, ont déjà derrière eux les meilleures terres de leur continent.

Qu'est le Grand-Ouest des « Gumsuckers » ? Une immense plaine à pâture extrêmement sèche, extrêmement chaude, où d'aucuns placent même le lieu le plus brûlant de la Terre, vers le confluent du Darling avec le Murray. De loin en loin s'y lèvent des coteaux bas; des eaux y coulent en temps de pluie, larges, expansives, mais taries bientôt. De ces eaux, les unes font partie du bassin de quelque fleuve qui les emporte intermittemment jusqu'à la mer; la plupart vont à quelque misérable lagune : encore s'arrêtent-elles en route dès que le ciel a repris sa sérénité.

Murray (1805 kil.), Murrumbidgi (2172 kil.), Lachlan (1127 kil.), Macquarie, Darling (1870 kil.), les plus grandes rivières néo-galloises de ce Grand-Ouest roulent des flots incontaminés dans leurs gorges natales, en plein mont; arrivées dans la terre sans pente, elles se souillent, elles diminuent par la soif de la terre, la soif des herbes et des plantes, la soif de l'air. Le Murray, qui reçoit toutes ces rivières et beaucoup d'autres plus longues que profondes et vives, est le fleuve des Amazones du continent, dans un bassin de 70 millions d'hectares. Il naît sur les flancs du Kosciusko, dont le sommet plane sur 1 800 000 hectares, sépare la Nouvelle-Galles de Victoria, arrose les plaines de la Riverina et tombe dans la lagune Alexandrina, qui communique avec la mer du Sud. Or, il a ses sources tout près de la mer de l'Est : ce cas n'est pas rare — ainsi font, entre autres, l'Amazone, en Amérique, et chez nous la Loire. Pendant une partie de l'année le Murray porte des bateaux à vapeur; avec le Murrumbidgi, c'est la seule rivière de l'intérieur qui coule ici toute l'année.

Comme l'eût dit Sully, agriculture et pâture sont les deux mamelles de la Nouvelle-Galles, où il y a près de 40 moutons pour un homme. De nombreux mineurs cherchent l'or, fendent le quartz, fouillent l'alluvion ou courent par le pays, regardant avidement quel bloc de roche, quel sable de crique renferme peut-être le métal adoré. De ces mineurs beaucoup sont des Chinois, « bons Jaunes » dont la Nouvelle-Galles possède une dizaine de milliers. Il n'y a pas 1650 Indigènes.

Les convois de galériens n'ayant cessé qu'en 1843, nombre de Néo-Gallois ont pour pères ou grands-pères des scélérats du Triple-Royaume.

Il n'y a ici d'autre langue que l'anglais, et la religion protestante domine de beaucoup, avec un grand luxe de sectes.

Ce peuple croît vite, et par l'immigration et par les naissances, deux, presque trois fois supérieures aux décès. Il a pour capitale une ville toute gracieuse et belle, Sydney, forte de 225 000 âmes, les faubourgs compris, et première cité d'Australie pour « l'antiquité »[1], l'industrie, la culture de l'esprit, l'agrément du séjour : la baie dont elle borde quelques découpures a peu de rivales au monde pour l'ampleur, la sûreté, le dessin des franges.

1. Western Slopes.
2. Nom anglais de la Nouvelle-Galles du Sud.

1. Elle n'a pas encore cent ans d'existence, ayant été fondée en 1788.

Rue Collins, à Melbourne. (Voy. p. 852.) — Dessin de H. Clerget, d'après une photographie.

VICTORIA

L'Australie Heureuse; son or. — Tout au sud du continent, sous ses latitudes les moins brûlantes, l'État de Victoria, le plus habité de tous en Australie, a bien près d'un million d'hommes, sur un peu moins de 23 millions d'hectares, et environ quatre personnes au kilomètre carré ou dix fois la densité de population de l'ensemble des colonies anglo-australiennes, la Nouvelle-Zélande comprise.

A peine s'il y avait ici 250 Blancs en 1836, et 10 000 en 1840; mais en 1851 l'opulence des veines d'or découvertes par un mineur revenu de Californie détermina tout à coup un rush prodigieux vers ce pays désert : rush veut dire en anglais mouvement violent, course précipitée, arrivée à flots, invasion subite, avalanche.

Les rush sont communs en Australie. Dès que la renommée annonce un champ d'or, des foules d'aventuriers accourent de tous les coins de l'espace et bientôt des gens de mille et une nations ont échafaudé quelque ville de planches, avec temples pour les faux dieux, le Jeu, l'Ivresse et Vénus errante. Puis la mine s'épuise, les mineurs s'en vont.

De ces rush naquit l'État de Victoria, qui se sépara de la Nouvelle-Galles en 1851.

Dès 1852 168 000 hommes vivaient dans ce pays nommé d'après la reine des Anglais, 550 000 en 1862, et le voilà bien proche du million. Comme partout ailleurs en Australie, la croissance du peuple y tient à l'excès des naissances autant qu'à l'arrivée des immigrants d'Europe : là aussi pour un homme qui disparaît deux ou trois enfants montrent leur frais visage.

Des 45 000 Chinois d'il y a quinze ou vingt ans à peine en reste-t-il 12 000 ; et des 5000 à 10 000 Indigènes de l'an 1856 à peine quelques centaines, errant dans la forêt, dans la plaine, sans souci. L'hiver, ils cherchent les vallons les mieux abrités, en été ils reviennent au plat pays ; quand la faim les talonne, suivis de leurs chiens, squelettes aboyants, ils courent après l'opossum, le kangourou, l'ours australien ou kaola, le wombat, le porc-épic, les serpents, les lézards, les fourmis blanches, ou vont gagner du tabac et du rhum au service des Blancs.

Victoria participe aux Alpes Australiennes et au fleuve Murray, c'est-à-dire aux monts majeurs et au maître fleuve du continent : dans les Alpes Australiennes elle dresse le Bogong (1984) ; elle partage le Murray avec la Nouvelle-Galles du Sud, la rive droite étant néo-galloise, la rive gauche victorienne jusqu'à l'endroit où le fleuve passe dans la colonie nommée Australie méridionale. Telle des villes où coule ce « père des eaux » quelque peu se flatte d'être un jour la capitale de l'Australie fédéralisée sur le modèle du Canada — on a même prononcé le nom d'Albury, cité néo-galloise où le chemin de fer de Melbourne à Sydney franchit le fleuve. Certes le haut et le moyen Murray sont tout au sud-est du continent, mais l'infécondité de l'ouest et du centre, la torridité du nord, reportent la métropole normale bien loin au midi, bien loin à l'orient, jusqu'en vue des Alpes Victoriennes.

Dans ces Alpes, Victoria est une Australie Heureuse, mais hors des monts, au nord de la Dividing Range[1], en allant au fleuve Murray, c'est plutôt une Australie Pétrée, une vaste, une infinie plaine de monotonie et mélancolie indicibles, un campo sans arbres, et quand il a des herbes, ces herbes sont grises ou pâles plutôt que vertes ; des coteaux de schiste s'élèvent sans grandeur sur cette pâle ou fauve étendue, terre sombre partout où le sol est d'essence volcanique et non d'origine sédimentaire ; point de fleuves, peu de ruisseaux, des lagunes salées. Et laves, sable, argile desséchée absorbent et concentrent presque tous les jours, pendant presque toute l'année, des chaleurs extratorrides : car ici le climat a des brusqueries, des duretés à peu d'autres pareilles, et si le mercure peut descendre au-dessous de zéro grâce au rayonnement nocturne, il peut monter sur ces plaines embrasées à 52 degrés sous l'ombre lorsque le vent souffle du nord, c'est-à-dire du désert central. C'est la pluie qui manque ici ; de grands orages parfois s'y déchaînent, trombes diluviennes qui du ruisseau font un fleuve et des étangs une mer, mais en somme le pays est aride, bien moins mouillé que Melbourne et tout ce qui est au midi de la Dividing Range : la moyenne de Sandhurst n'est guère que de 50 centimètres de pluie par an, avec des années presque tout à fait anhydres, tandis que celle de Melbourne est de 70[1], celle du cap Otway de 83.

Pays de mineurs, et surtout pays de bergers plus que de colons, avec immenses domaines[2] où d'immenses troupeaux paissent, Victoria est foncièrement anglaise et purement anglophone.

Elle a pour capitale la plus vaste ville de toute l'Australie, la « Reine du Sud », la « Perle australe », Melbourne, sur le pauvre fleuve Yarra-Yarra, étroit, bourbeux, brunâtre, qui se jette tout près de là dans la vaste baie de Port-Phillip ; les faubourgs compris, il n'y a pas loin de 500 000 âmes à Melbourne, sous un climat qu'on dit très semblable à celui de Mafra, ville de l'Estrémadure portugaise.

---

1 Mot à mot : chaîne de partage.

1. Le maximum a été de 112.
2. Jusqu'à 30 000 et 40 000 hectares.

Village dans les Darling Downs. (Voy. p. 854.) — Dessin de G. Vuillier, d'après une photographie.

QUEENSLAND

Le Pays de la Reine. — La seconde province détachée de la Nouvelle-Galles du Sud, en 1859, c'est-à-dire huit ans après Victoria, reçut le nom de Queensland ou Pays de la Reine.

Elle possède, au nord du pays néo-gallois, toute l'immense rive orientale qui se déroule jusqu'au détroit de Torrès, et sur le rivage septentrional du continent, la côte est et la côte sud du très vaste golfe de Carpentarie; puis, dans l'intérieur, des steppes sans fin.

C'est en tout 173 millions d'hectares, plus de trois fois la vieille France, mais Queensland ne gardera pas longtemps une telle vastitude : le Nord y demande à se séparer du Sud avec lequel il a des antipathies, par divergences d'intérêts.

A une distance variable du littoral, la mer queenslandaise bouillonne sur des îlots madréporiques. Le long de cette levée de récifs incessamment accrus par leurs humbles architectes, les navires sont en danger de naufrage, mais ils trouvent près de là des abris dans les bassins protégés par la digue des coraux, et des criques sûres effrangent le rivage.

La bordure marine de Queensland peut recevoir encore le nom de tempérée près des frontières de la Nouvelle-Galles du Sud, mais à mesure qu'on s'avance vers le nord, le climat prend la torridité naturelle aux pays inondés de rayons, de chaleur, de lumière; or l'homme issu d'Angleterre, d'Écosse, d'Irlande, d'Allemagne, c'est-à-dire l'homme du Nord, est à peu près le seul tenancier de cet immense désert. Dans les comtés méridionaux, le Blanc peut à la rigueur travailler en plein soleil, et c'est là que jusqu'à ce jour se sont portés surtout les colons, soit parce qu'il y fait moins chaud, soit plutôt à cause du voisinage de la Nouvelle-Galles, d'où Queensland a reçu ses fondateurs. Dans les comtés du nord, plus voisins de l'Équateur, il faut que le Blanc appelle à son secours des hommes « tropicaux », et il fait venir, entre autres, des insulaires de l'archipel Marshall et des Néo-Hébridais, prétendus travailleurs libres qu'on tire de leurs îles par la fourberie. On leur fait signer des contrats qu'ils ne comprennent pas, puis, sur les navires de la nation qui se fait gloire de pendre les négriers, ils sont transportés dans le pays de Queensland pour y vivre en réalité de la vie des esclaves. Nulle part non plus on n'est aussi cruel envers les Indigènes, pauvres inoffensifs : plus d'un Blanc glorieux de sa race, de sa religion, de sa langue, de son *Habeas corpus* et de ses droits constitutionnels, y tire joyeusement sur le premier Nègre qui passe.

Derrière des chaînes littorales continuant les monts du pays de Sydney, chaînes qui sont en moyenne à 80 kilomètres de l'écume océanique, s'étend le pays des Downs, espèce de plateau boisé, mais assez maigrement, avec prairies bonnes aux moutons et, par endroits, fonds de terre excellente qui ne tromperont le laboureur que si le ciel souvent avare leur refuse des pluies.

Après les Downs, tels que Darling Downs et Peak Downs, fuient au loin vers le marâtre milieu de l'Australie des étendues pastorales semblables à celles qui commencent à la base orientale des Montagnes Bleues dans la Nouvelle-Galles du Sud; seulement il y fait encore plus chaud, vu les latitudes, et les montagnes, moins humides, n'y

Enclos à bœufs dans les Darling Downs. — Gravure extraite du *South Australia*.

allaient pas de courants comme le Murray et le Murrumbidgi. Les moutons s'y propagent vite, ils y font la fortune des éleveurs, en même temps que celle des marchands de laine, de peaux, de suif, dont le commerce repose sur l'égorgement de l'animal le plus innocent de la Terre. Parmi les rivières de ces steppes, plusieurs, telles que la Condamine et le Warrégo, s'en vont vers le fleuve Murray; d'autres forment le Cooper ou Barcou, le Diamentina, l'Herbert, qui descendent lentement vers le lac Eyre[1], déplorable lagune à peine supérieure au niveau de la mer; une infinité s'arrê-

1. Dans l'Australie Méridionale.

tent en route, bues d'en haut par le soleil, ou d'en bas par le sable, le sol, les trous saumâtres.

Dans son ensemble, malgré son ciel joyeux, malgré ses pluies qui sans être excessives ramènent à saison fixe la fraîcheur aux sols brûlés, la saveur aux herbes flétries et le murmurant cristal aux fontaines, la Terre de la Reine est de splendeur médiocre pour peu qu'on la compare aux divers pays tropicaux qui font au Globe des humains deux brillantes ceintures, l'une au nord, l'autre au midi de la ligne équatoriale. Il lui manque ce qui fait la meilleure beauté de tant

de régions de l'Équateur, du Cancer et du Capricorne : d'infinies neiges vierges, des glaciers éternels et, à la porte de ces glaciers, des torrents nés tout à coup, que le soleil ne tarit jamais, qu'il enfle au contraire pour la vie, le charme et l'éclat des vallées inférieures.

Le mont suprême parmi tous ses monts a tout au plus 1800 à 2000 mètres (?). Fût-il deux fois plus élevé, c'est-à-dire inégal encore au Mont-Blanc, il n'aurait ni champs de névé, ni fleuves de glace. Aussi, même courts et d'une ardeur moyenne, les étés effacent-ils les longues rivières de la colonie. Les oueds (si toutefois un mot arabe, aujourd'hui français, peut peindre décemment les fleuves tantôt vides et morts, tantôt regorgeants, sauvages, immenses, d'un empire austral pris à des Noirs par la rude Angleterre), les oueds queenslandais que des semaines d'orages avaient remplis

Dans les Peak Downs. (Voy. p 854.) — Gravure extraite du *South Australia*.

de flots et de rumeurs, deviennent en quelques jours des ravins muets, raboteux, torrides; ce sont alors, et pour de longs mois, des chemins caves, montants et descendants, sables, grès ou basaltes avec des flaques pour la sieste d'alligators égaux sinon supérieurs en taille aux crocodiles des eaux sacrées qui dispensent l'Égyptien d'invoquer « Jupiter pluvieux ».

L'année de sa séparation d'avec la Nouvelle-Galles, Queensland ne contenait que 28 000 hommes sur de petits districts proches de la frontière néo-galloise. Par l'arrivée de fréquents navires chargés d'Anglais, d'Écossais, d'Irlandais, par des rush aux mines d'or, et aussi par une moyenne de plus de deux naissances contre un décès, la population était de 120 000 personnes au recensement décennal de 1871, de 214 000 à celui de 1881, et elle doit dépasser aujourd'hui 300 000 — là-dessus, 15 000 Chinois au plus, presque tous dans les champs d'or.

La capitale, Brisbane, ville de 31 000 habitants (avec les faubourgs), est au bord d'un fleuve côtier qui s'ouvre sur la baie de Moreton, grande échancrure du littoral.

Rue du Roi-William à Adélaïde. — Dessin de H. Catenacci, d'après une photographie.

AUSTRALIE MÉRIDIONALE

Ligne de Goyder. Sahara central. Territoire du Nord. — A l'ouest de Victoria, sur le rivage tourné vers le midi, l'Australie Méridionale comprenait 98 millions d'hectares n'ayant valeur, fertilité, puissance que tout au sud-est, sur le bas du fleuve Murray et sur les grands golfes Saint-Vincent et Spencer, au midi de la ligne de Goyder[1].

Cette ligne marque sinueusement la limite entre les terres à grain qui s'étendent au sud vers la mer, peu éloignée, et les pâtures où faute de pluies régulières le cultivateur voit rarement germer sa récolte.

Dans l'ouest de l'État la ligne de Goyder passe

[1] Du nom de celui qui l'a tracée.

sur l'Océan même, aussi la côte y est-elle d'une stérilité d'airain, sans fontaines, sans habitants. Dans la meilleure partie du pays, Adélaïde ne voit tomber en moyenne que 54 centimètres de pluie par an, avec un minimum de 35 et un maximum de 78. Une seule rivière y coule toujours, l'Oukaparinga.

Les explorateurs qui ont fouillé le centre du continent, souvent au prix de leur vie, et reconnu la zone littorale du septentrion étant des Australiens du Sud, l'État s'est annexé le Territoire du Nord, dont il est séparé par un grand sahara central, par une terre sèche, nue, sans avenir, que les Anglais, avec leur habitude de flatterie, tristement monumentée près de là par les noms de Victoria et de Queensland, ont appelée Alexandraland, d'après une de leurs princesses. Depuis l'annexion de ces 136 millions d'hectares, le nom d'Australie Méridionale est devenu tout à fait faux, puisque la province a justement ses terres les plus vastes au nord du continent australasien : auparavant il n'était point entièrement exact, puisque la province de Victoria possède le sud extrême de tout ce grand bloc de terre.

Le nom d'Australie Centrale vaudrait mieux, puisque le milieu de la partie du monde est en même temps le centre de gravité de l'État ; mais si l'essai d'établissement réussit enfin dans le nord, le Territoire ne tardera pas à s'ériger en pays indépendant : pour l'instant, c'est à peine s'il y a là, malgré de très persévérants efforts et des millions de livres sterling, 3000 habitants, la plupart Chinois.

Avec l'annexe du Nord, l'Australie du Sud comprend 234 millions d'hectares, presque le tiers de l'Australie, plus de quatre fois la France, mais une faible part seulement de cette immensité peut supporter le pasteur ou le laboureur.

En vain les South-Australians se sont-ils rapprochés de leur Territoire Septentrional par une ligne télégraphique traversant le continent de part en part, leur pays n'est pas comme un Nord-Ouest, un Grand-Ouest, un val de Mississippi, parmi ceux que routes, voies de fer, fil électrique transforment avant que ses pionniers aient les cheveux blancs du vieillard. A sa pierre, à sa dune, à ses terres salées, à ses lagunes, à ses torrents, tout manque, puisque l'eau manque, et la forêt y est rare, même plus rare qu'il y a cinquante ans : les colons anglais ont ravagé les bois, quoique les « Saxons » se soient toujours vantés de respecter les arbres.

A quelques lieues de la côte du sud, plus de belle et bonne vallée. L'intérieur se compose presque tout entier de déserts, plaines grises, collines fauves, herbes évoquées par la pluie mais presque aussitôt brûlées par le soleil et les vents sahariens. Le lac Torrens, le Gardner, le lac Eyre sont à peine des marais, les uns bien loin de tout mamelon, les autres dominés par des buttes. C'est surtout un lamentable pays, celui que suivent les poteaux du télégraphe transcontinental ; rien n'y croit, rien n'y vit, rien n'y bruit, rien n'y coule. D'une station à l'autre, il n'y a que plaines réverbérantes, buissons épineux, fonds salés, lits sans eaux, monts et coteaux nus, et le voyageur ne rencontre aucun

Araucaria australien. — Dessin de Taylor, d'après une photographie

Le berger australien. — Composition de D. Maillart.

visage ami dans ce brûlant désert où récemment encore la mort guettait le passant, explorateur ou aventurier; la soif, la faim, l'épuisement, la maladie, les Noirs y ont vaincu pour toujours plus d'un homme de fer.

Aujourd'hui les sauvages ont disparu, et l'on trouve eau, repos, sommeil dans les stations, mais ni bois, ni verdure, ni fraîcheur, ni ruisseaux joyeux sur cette malheureuse patrie des buissons d'épine. C'est là et dans l'Australie Occidentale qu'il y a le moins d'avenir pour la jeune et très orgueilleuse nation qui se croit destinée à régenter l'hémisphère austral.

L'Australie Méridionale a commencé en 1856;

Palais de justice à Adélaïde. — Dessin de H. Catenacci, d'après une photographie.

elle s'est peuplée malgré la rareté des eaux vives, parce que l'espace s'y ouvre à l'infini devant les jeunes familles et que l'air y est magnifiquement salubre, tellement que les naissances y sont aux morts comme 10 est à 4.

Toutes les plantes apportées par les colons européens y réussissent, le blé, nos fruits, nos légumes, la vigne, l'olivier, l'oranger.

Le dénombrement décennal de 1881 a reconnu dans le territoire sud-australien 280 000 personnes, issues des Trois Royaumes et, pour un certain nombre, de l'Allemagne. Peut-être y-a-t-il 3500 Sauvages dans la province, Alexandraland et Territoire du Nord à part.

La capitale, Adélaïde (38 000 hab.), s'élève près de la rive occidentale du golfe Saint-Vincent, qui est une grande indentation de la mer ; à son orient se lèvent de petites montagnes séparant ce golfe des tristes plaines, du triste rivage où finit le fleuve Murray.

Paysage australien. — Dessin de Karl Girardet.

AUSTRALIE OCCIDENTALE

253 millions d'hectares, 31 000 habitants! — Cinq fois grande comme la France et faisant quasi le tiers du continent, l'Australie Occidentale n'a que 31 000 hommes sur 253 millions d'hectares : relativement, la France est six mille fois plus habitée.

Quand même les neuf dixièmes de ces étendues presque inconnues encore (du moins dans le détail) ne seraient que graviers, sables, spinifex, lande incapable, le reste, sous un climat d'une salubrité sans seconde, nourrirait aisément un peuple cent, deux cents fois plus nombreux. Et, pour tout dire, de récents voyages ont montré que le sud-ouest, où se concentrait jusqu'à ce jour la colonie, ne vaut pas le nord-ouest, où l'on a découvert de belles pâtures, sous un ciel plus humide, le long des fleuves Murchison, Gascogne, Ashburton, Fortescue, de Grey, Fitz-Roy.

Mais l'Europe émigrante ignore presque ces parages dont la première occupation (1829) remonte pourtant à près de soixante années.

A côté des naissances, fort supérieures aux décès, le seul renfort que l'Angleterre envoyât à ce pays consistait en galériens. Mais aucun État australien ne reçoit maintenant de condamnés.

Perth (7000 hab.), capitale, se mire dans la Swan River ou Rivière des Cygnes, qui se jette près de là dans la mer de l'occident.

TASMANIE

La Tasmanie, belle et gracieuse. Les défunts Tasmaniens Noirs. — Le détroit de Bass, large de 240 kilomètres environ, sépare le littoral Victorien de l'île de Tasmanie, auparavant nommée Van Diémen, île cent douze fois plus petite que le continent qu'elle accompagne. — Elle n'en a pas moins 6 831 000 hectares, au nord et au midi du 42ᵉ degré de latitude, qui passe assez exactement par son milieu.

La Tasmanie est la ville d'été de l'Australie, comme la Corniche ou la rive algérienne est notre ville d'hiver. Nous cherchons la chaleur à Cannes, à Nice, à Bordighera; les Australiens fatigués des vents torrides, les Anglais de l'Inde et de la Chine alanguis par le Tropique, viennent goûter dans cette île heureuse la fraîcheur, l'humidité, l'ombre, la santé, la joie.

La Tasmanie est charmante. Sur des côtes bien frangées, élevées, aspirant les vents frais et tièdes, s'ouvrent de ravissantes vallées montant vers des plateaux brillantés de lacs, vers des croupes chargées de forêts, vers des pics que la neige éclaire pendant la moitié de l'année. Pas de frimas persistants, nul pic ne dépassant beaucoup 1500 mètres, mais le climat verse assez de pluies pour que les rivières, les cascades et les gazons ne manquent jamais d'eau. Même il pleut trop sur toute la côte occidentale, dans le pays de l'étain, bois et bruyères mélancoliques, sombres granits, nature éplorée. Partout ailleurs, sous moins de vents et de nues, ses roches primitives, ses schistes, laves et basaltes, ses fougères arborescentes, ses fourrés, ses forêts, ses lacs ravissants, sont à la fois et la Suisse et l'Écosse — Suisse mignonne, Écosse lumineuse, aux latitudes de Naples et d'Ajaccio.

Ses premiers Blancs, des galériens, lui arrivèrent en 1803, et pendant cinquante ans, jusqu'en 1853, il lui vint des Trois Royaumes, convoi par convoi, des assassins, des voleurs, des faussaires, des violents, sournois ou cyniques échappés à la corde.

En 1846 il y avait 66 000 Tasmaniens Blancs, dont 29 000 forçats; en 1881 l'île enfermait à peine 116 000 personnes. La population n'y monte pas comme une marée, ainsi que dans la plupart des colonies anglaises : la Tasmanie reçoit peu d'immigrants, malgré l'excellence de son climat, la grâce édéenne de ses vallons, la bonté de beaucoup de ses terres; et malgré ses mines d'or et d'étain elle perd ses jeunes gens qui s'en vont à Melbourne et ailleurs en Australie et dans la Nouvelle-Zélande.

Les Tasmaniens Noirs n'existent plus. On ne sait combien de milliers d'hommes de leur race vivaient dans l'île à l'arrivée des premiers scélérats européens; en 1815 ils étaient encore 5000. Dès 1804 la chasse aux « corneilles noires » faisait les délices des forçats, et la loi ne punissait que du fouet l'Européen qui coupait le nez ou les oreilles à un Nègre, ou lui enlevait le petit doigt pour s'en faire un bourre-pipe. Après 1815 la « chasse à courre » s'étendit sur toute la Tasmanie; elle était devenue méthodique : convicts, soldats, colons, tous les « civilisateurs » de l'île y prenaient part, accompagnés de dogues et tuant pour tuer. On abattait un sauvage pour le livrer aux chiens ou pour le voir dégringoler d'un roc, d'une berge, d'une branche des bois; on jetait la « vermine » dans les tisons du foyer qui la réchauffait, on offrait au malheureux Nègre une bouteille d'eau-de-vie empoisonnée.

Bientôt le pouvoir colonial s'allia pour la tuerie aux pionniers de la très noble race anglo-saxonne. A la fin de 1853 plus de trois mille hommes, parmi lesquels un quart de galériens, s'ébranlèrent en cent dix-neuf compagnies, bénits par un prêtre anglican, pour combattre Amalec et l'exterminer « à la façon de l'interdit ».

A partir de 1835 on déporta ce qui restait de la race, 210 individus, dans la petite île de Bruni, puis dans celle de Flinders. Elle est aujourd'hui descendue tout entière dans le néant, sauf une vieille femme que le parlement tasmanien vient de doter. C'est la dernière de son peuple; l'avant-dernière était Lalla-Roukh, morte en 1876.

Lalla-Roukh avait été reine : mariée cinq fois, elle eut cinq rois pour maris, et le cinquième de ses époux, quand il rendit l'âme en 1869, était le seul Tasmanien du sexe fort qui habitât encore la demeure des vivants. Elle ne laissa ni fils, ni fille, ni petits-enfants derrière elle sur cette terre d'embûches et de massacre : l'herbe de sa fosse marque la fin d'une « dynastie », le tertre de l'autre vieille

Fougères arborescentes. (Voy. p. 802.) — Dessin de Barclay, d'après une photographie.

marquera la fin d'un peuple; il n'y aura plus de Tasmaniens que ceux qui dorment sous le sol, pas un seul ne marchera sous le ciel ayant derrière le front les idées de sa race, et sur ses lèvres la langue harmonieuse où Lalla-Roukh s'appelait Lidgïouidgi-Troucaminni. Si la pauvre reine ou si

Dans une forêt de Tasmanie. — Dessin de A. de Bar, d'après une photographie.

sa survivante a son monument funèbre, et sur la pierre son nom, son sort et celui de sa nation, c'est le remords du crime, et non le souci de l'histoire, qui devra d'âge en âge raviver les lettres de son épitaphe.

Hobart-Town (21 000 hab.), capitale, sur l'estuaire du fleuve Derwent, au pied d'un mont de 1200 mètres, grandit dans le plus beau pays de l'île, à son midi : lentement, comme la Tasmanie elle-même.

Geysers et sources thermales le long du Waïkato. (Voy. p. 868.) — Dessin de Lancelot.

NOUVELLE-ZÉLANDE

Maoris et Pakéhas. — Le premier capitaine européen qui contempla ces rivages, en 1642, était le navigateur dont la Tasmanie a pris le nom, Abel Jensen Tasman, un Hollandais. L'île inconnue, vaste entassement de hauts monts, volcans pointus, glaciers, torrents, fut honorée par lui d'un nom rappelant la Néderlande, ses sables, ses vases, ses marais, sa plate alluvion. Nous disons l'île, car on crut d'abord que c'était une seule et même terre. Cook reconnut le premier la passe séparant l'île du Nord et l'île du Sud, passe qui s'appelle aujourd'hui le détroit de Cook : elle n'est pas tellement large [1] qu'on ne puisse espérer d'unir un

1. 24 kilomètres.

jour par un tunnel les deux grands tronçons néozélandais.

Dans les dernières années du premier quart de ce siècle, des pêcheurs de baleines, des marins las de naviguer, des aventuriers, des scélérats échappés de Sydney, se fixèrent l'un après l'autre sur le pourtour de la Baie des Iles, dans le septentrion de la Terre du Nord, sur la rive tournée vers l'Orient.

La Nouvelle-Zélande avait alors pour seuls habitants des Maoris.

Les Maoris appartiennent à cette belle race polynésienne qui s'étend de la Nouvelle-Zélande aux îles Sandwich sur 6700 kilomètres, des Sandwich à l'île de Pâques sur 6800, et de l'île de Pâques à la terre des Maoris sur 6500 : empire immense si l'Océan n'était ici presque tout, la terre presque rien, en archipels isolés.

A une époque inconnue, treize cent dix ans avant notre ère d'après les uns, treize ou quatorze cents ans après suivant les autres, une flottille avait débarqué dans l'île du Nord quelques centaines de guerriers, les ancêtres de la race. Ces guerriers n'y rencontrèrent que de rares autochtones, des Nègres australiens, qui, sans doute, n'ont point disparu sans laisser de traces de leur être dans la texture du peuple issu des envahisseurs. Ils venaient, d'après leurs traditions, de l'île d'Haouaïki, site inconnu, — c'est vraisemblablement l'Haouaï des Sandwich ou la Saouaï de l'archipel de Samoa.

Quand les Pakéhas[1] débarquèrent sur ces rivages, il y avait donc des centaines, peut-être des milliers d'années que les Maoris habitaient la Nouvelle-Zélande, presque tous dans l'île Septentrionale, disloqués, tribu contre tribu.

Mais ce peuple intelligent, énergique, beau, vigoureux, de belle et forte taille, n'abdiqua point son droit à lui-même, son droit à sa terre, et son sang coula par ruisseaux; de tout temps d'ailleurs il l'avait prodigalement épandu : ces beaux tatoués adoraient la guerre, ils s'assommaient souvent à coups de massue; ils étaient anthropophages et, la bataille finie, les vainqueurs mangeaient les vaincus.

On espérait que cette forte race verrait la civilisation sans mourir, mais, petite en nombre et peu féconde, comment pouvait elle vivre en son plein devant les Blancs, familles fertiles attirées par milliers et dizaines de milliers en Nouvelle-Zélande par les mines d'or, les belles herbes, le pastorat, la saine splendeur du climat?

Y avait-il seulement 200 000 Maoris dans la double île lors du voyage de Cook? On en peut douter. Y en avait-il 140 000 en 1840 ? Ce serait beaucoup dire ; mais il est de toute évidence qu'ils ont singulièrement diminué. Le recensement décennal de 1881 n'en a reconnu que 44 092 contre 489 933 non Maoris : ils n'étaient qu'un contre dix ou douze après avoir été d'abord dix ou douze contre un !

Et depuis, ils ne se sont point accrus, tandis que les Pakéhas continuent d'augmenter vertigineusement[2]. Dans l'île du Sud il y en a quelques centaines seulement; presque toute la race est sur l'île du Nord, dans le district des sources tièdes et des fonts bouillantes, là même où elle a livré ses derniers combats pour l'indépendance : lutte héroïque dans le beau bassin du Waikato, derrière des remparts de terre et des palissades de pieux, mais ils n'avaient pas les seuls Anglais pour ennemis, ils durent aussi lever le bras sur leurs frères, des tribus s'étant alliées à l'Angleterre pour consommer la perte de la nation libre. — Ainsi firent des peuples gaulois contre la Gaule, pour le Romain; ainsi font pour le Français des Arabes et des Kabyles dans l'Afrique du Nord.

Aujourd'hui leur sort est clair. Ils savent que le Pakéha ne reculera jamais, que lentement ou vitement il héritera de tout leur domaine ; ils ne vendent plus leurs terres aussi naïvement qu'aux premiers jours, après 1839, quand ils cédaient à la « Compagnie de la Nouvelle-Zélande » des plaines, des vallées entières pour des objets de menue toilette, des brosses à dents, des pains de savon, de la flanelle rouge, des lambeaux de toile, et surtout pour des fusils, but extrême de leurs vœux. C'est à beaux deniers d'or qu'on les leur paye, mais ils n'en sont pas moins dépouillés de plus en plus de leur patrie, comme ils l'ont été de leur religion naturelle par les missionnaires anglais. Devenus chrétiens, leur ferveur fit la joie, l'édification de la chrétienté des Deux Mondes, et maintenant leur tiédeur la désole.

Donc, ils s'en vont, disparaissant pour une part, et pour l'autre part se fondant parmi les Pakéhas en une race de fort beaux Métis.

Colonie très anglaise par le sang, et même une des plus « bretonnes » qu'il y ait, la Nouvelle-Zélande faillit être la proie du peuple qu'on nomme, de l'autre côté de la Manche, French Dogs[1], Frogeaters[2], Johny Crapaud, et nous n'avons pas plus de révérence pour lui qu'il n'en a pour nous.

Vers 1840 la France eut quelque idée de se renouveler dans les mers Australes; elle désira la Nouvelle-Zélande, qui n'appartenait alors officiellement à personne. Par grand hasard, cette admirable contrée n'avait pas allumé de convoitises visibles, si bien qu'en dépit du proverbe : « aux tard venus les os », nous pouvions encore nous « ébaudir » sur une terre qui, sauf pour l'étendue, a bien peu de rivales. Vers 1842 on envoya dans l'île du Sud, à la presqu'île d'Akaroa, une soixantaine de familles, que quelques autres rejoignirent; et ce fut tout. L'Angleterre annexa la Nouvelle-Zélande, et de ce semblant d'efforts il ne reste que trois ou quatre vieillards dont les enfants et

---

1. Nom que les Maoris donnent aux Blancs.
2. Ils sont déjà plus de 600 000

1. Chiens français.
2. Mangeurs de grenouilles.

petits-enfants sont devenus Anglais. En quelques années ils ont été noyés dans un double flot d'existences, celui que roule, par-dessus mer, l'immigration du Triple Royaume, celui qui naît en Zélande même, de la croissance des familles, car ici les Pakéhas sont très féconds et la mort les épargne longtemps : peu de climats valent celui-ci, de nombreux vieillards sains et robustes en témoignent.

L'île du Nord ayant 12 500 000 hectares, l'île du Sud 14 700 000, l'île Stewart et les îles ou îlots riverains 300 000, cet archipel de 27 500 000 hectares vaut plus d'une demi-France, et le dernier dénombrement lui accordait 534 000 âmes.

Ile du Nord : volcans, geysers, fonts bouillantes. — En langue maorie l'île du Nord, peuplée

Le havre d'Auckland. (Voy. p. 870.) — Dessin de Lancelot.

de 195 000 habitants en 1881, s'appelle Té-Ika-a-Maoui, le Poisson de Maoui, parce que Maoui, Hercule ou Samson polynésien, pêcha cette terre à la ligne dans les flots de la mer Australe. Le nom officiel de New-Ulster, tiré d'une ancienne province d'Erin, n'a jamais été employé que par des administrateurs, des paperassiers, des faiseurs de rapports, et peut-être par quelques Irlandais.

La Nouvelle-Zélande émergeant au sud de l'Équateur, l'île du Nord, plus proche du Tropique,

est en réalité l'île du Sud par le climat, les herbes, les plantes, les essences forestières. Sa pointe septentrionale finit à peu près sous le parallèle de Biskara, sa pointe méridionale sous le parallèle de Rome, mais le climat, tempéré par l'immensité des plaines marines d'où sort l'archipel, n'y brûle nulle part autant qu'à Biskara, et partout, sauf dans la montagne, il est plus égal que celui de Rome. Les poitrinaires y guérissent, dit-on, plus sûrement qu'à Madère.

D'autres maladies y ont leur remède en d'innombrables sources thermales, jaillissant d'un district de volcans éteints, coulées de laves, lacs enchâssés dans quelques vieux cratères, fontaines bouillantes, fumerolles, solfatares, grands jets intermittents comme les geysers d'Islande ou ceux de la Yellow-Stone. Près du point central de Té-Ika-a-Maoui, au-dessus du Taupo, maître lac de l'île et réservoir du Waikato, son plus grand fleuve, le Tongariro (2500 mètres) n'est pas mort; il entretient encore deux solfatares. Son voisin, le Ruapehou (2800 mètres), éteint maintenant, porte à son sommet, le plus élevé de Té-Ika-a-Maoui, des créneaux de neige éternelle.

Ces deux monts contemplent des groupes de petits satellites que les Maoris appellent les « femmes et les enfants des deux géants Tongariro et Ruapehou ». La légende raconte comment un troisième géant, Taranaki, battu par les deux autres, s'enfuit vers la côte occidentale, où il se dresse aujourd'hui, grand par son isolement, élégant par sa pyramide, blanc et beau par sa neige : c'est l'Egmont (2520 mètres).

Ile du Sud : les Alpes australes. — A l'île du Nord la grâce napolitaine avec des volcans plus hauts et plus beaux qu'à Naples, le ciel tout en lumière et le merveilleux décor de la fougère arborescente. A l'île du Sud les grands monts sévères, les glaciers, les torrents froids et traîtres, le vent lugubre et la pluie sur les fiords.

Té-Ouahi-Pounamou, l'île du Jade, n'a pas plus gardé son nom officiel de New-Munster que l'île du Nord le nom de New-Ulster. Son cap septentrional tombe en mer à peu près sous la latitude de Naples, son promontoire méridional sous celle de la Suisse centrale. En somme, l'archipel Néo-Zélandais, si l'on plongeait son promontoire du nord dans le lac de Constance, traverserait la Suisse, couvrirait toute l'Italie et se terminerait dans le Sahara tunisien. Aussi quelle série de climats sur une terre qui ne serait pas tellement étroite et pressée de tous côtés par un si vaste océan !

L'île du Sud avait 296 000 âmes en 1881. Allant bien plus loin que l'île sœur à la rencontre du Pôle, et sous des montagnes plus hautes, elle ne jouit d'une température aussi douce qu'au détroit de Cook : encore ce bord de mer est-il éternellement assailli par des vents intempérants, comme tout le littoral ouest et toute la rive sud. A Nelson, qui regarde le nord, comme à Hokitika, qui regarde l'occident, comme à Invercargill, qui est tournée vers le midi, une journée sans vent tient presque du miracle ; sur l'orient de l'île, air plus calme, bien que souvent déchiré, on compte 80 à 90 jours paisibles par an, pas même le quart des douze mois. Mais à ces vents violents on respire la force.

Du nord au sud, les climats s'y suivent comme ceux de la France septentrionale, de l'Angleterre et de l'Écosse, et sur les monts règnent des froids polaires, car les Alpes Australes y montent à une altitude intermédiaire entre les Pyrénées et les Alpes : le mont Cook atteint 3764 mètres ; c'est le Mont-Blanc des Néo-Zélandais.

Les Alpes Australes plongent à l'ouest dans un océan presque insondable, sur une côte extrêmement pluvieuse, et l'humidité de l'air entretient dans leurs gorges des glaciers comparables à ceux des Alpes d'Europe les plus cuirassées. L'un d'eux, le glacier de Waiau, laisse échapper un grand torrent d'une caverne azurée semblable à l'arche de l'Arvéron, grotte qui ne s'ouvre point dans la blanche région de la mort par le froid, mais dans une charmante forêt d'aciculaires et de fougères arborescentes, à 212 mètres seulement au-dessus du niveau des mers, et cela sous une latitude qui voit en France même, dans la Provence, le palmier grandir en plein air. Il faut aller dans les pays polaires pour trouver des glaciers à cette humble altitude. Sur le versant oriental, il pleut quatre fois moins et les glaciers ne descendent pas aussi bas : le glacier de Tasman, sous le même parallèle que celui de Waiau, s'arrête à 832 mètres ; il est cependant plus vaste, plus pesant.

Si la côte occidentale de l'île du Sud est serrée contre la mer par un très haut talus de montagnes, la côte orientale est séparée des Alpes néo-zélandaises par de vastes plaines, sillons de l'avenir, et il y a loin de Lyttleton ou de Dunedin aux glaciers, aux lacs, aux grands pins kauri de cet Oberland. Par l'étendue des terres arables, par un ciel assez froid pour maintenir en joyeuse humeur de travail, les deux districts de ce versant, Otago et Canterbury, champs nus mais féconds, paraissent destinés à commander un jour en Nouvelle-Zélande ; d'ailleurs ils ont pour habitants les plus nombreux les hommes d'une race qui réussit partout : « Où croît seulement un chardon, l'Écossais fait fortune ».

Beauté rare de la Nouvelle-Zélande. — De la Nouvelle-Zélande, les deux tiers seront champs, jardins ou prairies ; l'autre tiers restera mont rebelle, roc, lacs, marais, torrents, terre vague et sans humus, sol stérile. Même ce tiers n'est point

tout perdu; des rivières y roulent avec leurs eaux le métal noble ou vil suivant la main d'où il tombe; des roches y cachent la houille, le cuivre et les veines d'or qui ont donné dans ces dernières années tant d'essor à la Nouvelle-Zélande. Malgré tous les dons de la nature, l'archipel recevait peu de monde et l'île du Sud était presque vide quand la découverte des champs d'or d'Otago lui mena, par légions, des aventuriers, bientôt suivis par les jardiniers, les laboureurs, les ouvriers, les spéculateurs probes, et les improbes, qui sont une armée. Maintenant aussi l'île du Nord a sa Californie, le long de la Thames ou Tamise.

Des hommes irrités du nom faux qui désigne ce pays ont voulu le rebaptiser: les uns ont proposé de l'appeler South Albion (Albion du Sud), d'autres South Britain (Bretagne du Sud), d'autres encore Great Britain of the South (Grande-Bretagne du Sud), et de bons « loyalistes » ont réclamé le nom de Victoria Island (île Victoria).

De fait, la situation de la Nouvelle-Zélande aux antipodes de l'Europe occidentale, et spécialement des Trois Royaumes, son partage entre deux grandes îles, son aire presque exactement égale à celle de la Grande-Bretagne, ses hautes et noires falaises, son rivage bruyant, sévère, orageux, sous un ciel humide et balayé des vents, ses trésors souterrains, ses villes où la langue sourde n'est guère parlée que par des Anglais et des Écossais, lui donnent des droits évidents au rang d'Albion des mers du Sud.

Mais le nom qui lui conviendrait le mieux serait d'excessive, d'impossible longueur, puisqu'il devrait rappeler à la fois l'Angleterre, la Suisse, l'Italie, l'Islande, la Nouvelle-Zélande ressemblant à ces quatre pays; toutefois la verte prairie d'Érin ou d'Helvétie lui manque, et ses animaux, ses plantes lui appartiennent en propre jusqu'à faire croire que la double île est le reste visible d'un continent qui sombra dans les flots. Récemment encore, elle a perdu le moa, gigantesque oiseau (il avait jusqu'à douze pieds de haut), et sous nos yeux verdissent de grandes fougères et des forêts qui remémorent une autre ère de la Planète.

Le siège du parlement néo-zélandais, Wellington, dans l'île du Nord, a 21 000 habitants; elle borde la baie de Port-Nicholson, ample, profonde et sûre, qui s'ouvre sur le détroit de Cook. Son sol branle parfois, la Nouvelle-Zélande étant un pays de tremble-terres: aussi les Anglais « antipodaux » bâtissent-ils leurs demeures en briques, en bois, plutôt qu'en pierre.

Wellington est en Nouvelle-Zélande la ville de la plus noire antiquité, puisqu'elle date de 1840, mais ce n'est point la plus grande cité de « l'archipel aux 15 millions de moutons », ni même de l'île du Nord, où domine Auckland (31 000 hab.) — Auckland, assise sur un isthme boursouflé de volcans éteints: sur un espace égal à peine à trois de nos cantons français, soixante monts au moins y vomirent des flammes, et des eaux de sa baie s'élance le Rangitoto ou « Ciel sanglant ».

La cité maîtresse, Dunédin (45 000 hab.), appartient à l'île du Midi, sur la côte sud-est, dans le district d'Otago, que parcourt le Molyneux, fleuve le plus abondant de l'archipel. Dunédin, c'est le nom gaélique d'Édimbourg.

Petites îles. — Grande de 185 400 hectares avec 295 habitants est l'île Stewart, la Rakioua des Maoris; elle regarde au nord le Southland, qui est le district méridional de l'île du Sud, et par conséquent sa terre la plus froide.

Les îles Chatham ont ensemble 162 600 hectares et 196 insulaires. Elles sortent des eaux amères à l'est de l'île du Sud, sur la route du détroit de Cook à l'isthme de Panama. Elles avaient pour habitants un millier de Morioris quand en 1835 des Maoris de la côte de Taranaki descendirent dans ce petit archipel. Ces Néo-Zélandais, partis de chez eux pour manger les Morioris, les mangèrent moins quelques familles. Aujourd'hui les îles Chatham ne portent que quelques Morioris et des hommes des races les plus diverses: on dirait que chaque peuple de l'Univers y a envoyé quelqu'un de ses fils, sauf peut-être le peuple français.

Au nord-est de l'île septentrionale, à distance égale entre Nouvelle-Zélande et Nouvelle-Calédonie, à 1500 kilomètres de l'australienne Sydney, Norfolk, île de 4400 hectares, isolée dans la mer immense, dépend de la Nouvelle-Galles du Sud. 500 hommes vivent à l'ombre de ses magnifiques araucarias et de ses fougères arborescentes, sur une côte sans abri. Ce sont des sang-mêlé, transportés dans l'île en 1856; ils habitaient auparavant l'écueil polynésien de Pitcairn, où leur race naquit à la fin du siècle dernier de l'alliance de matelots anglais et de femmes taïtiennes.

Types Papous. — Dessin de Mesplès.

NOUVELLE-GUINÉE

Nouvelle-Guinée ou Papouasie : les Papouas. — Le plus petit des continents, l'Australie, a pour annexe la plus grande des îles, la Nouvelle-Guinée.

Au nord de l'Australie, au bout d'une presqu'île que peu d'éleveurs et de planteurs ont choisie pour séjour, le détroit de Torrès secoue ses eaux dangereuses sur des roches, des coraux et des bancs de sable. Périlleux depuis qu'on le connaît, il le devient de plus en plus, le corail ne cessant d'y former de nouveaux récifs, et il finira par être impraticable aux navires, menacés d'ores et déjà par 150 écueils, tandis qu'il n'y en avait que 26 à l'époque de la découverte.

Ce détroit de Torrès s'ouvre entre le continent et la Nouvelle-Guinée, île, on dirait presque continenticule, de 2500 kilomètres de long sur des largeurs très variables allant jusqu'à 650 kilomètres. Elle a 78 500 000 hectares, et avec les îles dont elle est la grande terre, 80 800 000, la France et l'Italie réunies avec des monts plus hauts que les nôtres, là du moins où ils portent la tiare de neige éternelle qui, si près de l'Équateur, fond à moins de 5000 mètres. On donne 5100 mètres aux monts Charles-Louis, sur le grand corps de l'île ; 4000 à l'Owen-Stanley, sur la presqu'île du sud-est ; 3000 aux Arfaks, sur la péninsule du nord-ouest.

Dans le peu qu'on connaît de l'île on n'a jamais vu, de près ou de loin, fumer un volcan, mais on présume que les ignivomes de l'archipel Bismarck peuvent avoir ici des voisins et des frères, dans la montagne du Finisterre, devenue allemande ainsi que lesdites îles de Bismarck qui lui font vis-à-vis; dans le détroit de Dampier se dresse à 1600 mètres un volcan vivant.

Ainsi, des sommets altissimes, un grand fleuve, la Fly, descendue de la chaîne Victor-Emmanuel, des forêts tropicalement luxuriantes là où passent ce fleuve et les torrents et les rivières; dans ces bois les oiseaux le plus brillamment empennés; des plantes, des animaux qui se rapprochent de ceux de l'Australie, bien que celle-ci soit un pays de vents secs, de plaines ouvertes, de déserts, tandis que la Papouasie est une terre humide — voilà toute notre science néo-guinéenne.

Mais plus d'un voyageur explore en ce moment ces mystères. L'Anglais, ou plus exactement l'Australien, a commencé à s'emparer de la partie orientale du petit monde papouan, l'occidentale étant terre de Hollande; il s'est jeté sur ce fécond désert sous prétexte que la France ou l'Italie le regardaient avec des yeux de convoitise, puis tout à coup l'Allemagne, s'installant sur le rivage du nord, est venue prendre à ses frères saxons presque la moitié de leur proie, et la Nouvelle-Guinée est triplement étreinte par l'Europe.

Jusqu'à ces entreprises très récentes [1] les seuls Néderlandais avaient ici tenté quelque chose, à partir de 1828; leur souveraineté, toute nominale, se réduit à des archipels côtiers, à quelques districts du rivage, et s'ils quittaient l'île demain, leur trace disparaîtrait aussitôt. Il en serait ainsi, à un degré moindre de rapidité, dans les autres Indes Néderlandaises, si l'armée qui les garde rentrait pour toujours en Europe. Rien n'engendre autant le néant que la puissance militaire quand elle se borne à dompter et à contenir et qu'elle n'a derrière elle que les agents du fisc avec leurs listes d'impôts. Eût-elle planté dans le sol de pesantes forteresses, son œuvre est aussi vaine que les figures tracées sur le sable roulant des dunes. Les seuls conquérants qui impriment une marque ineffaçable après eux, ce sont les hommes de la pioche, ceux qui laissent leurs os dans les champs qu'ils ont défrichés.

On suppose que 500 000 sauvages vivent ici, fort à l'aise, en une terre si longue que, plaquée sur l'Europe, elle aurait assez exactement le bout de sa presqu'île du nord-ouest à Brest et celui de sa presqu'île du sud-est à Athènes. Ces sauvages encore païens, les Papous, sont pour la plupart des hommes d'une taille moyenne, d'un teint intermédiaire entre le noir et le jaune qui rappelle la couleur chaude de certains bruns très olivâtres de l'Europe et des colonies. Il y a chez eux de beaux visages avec noble nez proéminent, barbe noire, abondante et frisée; leur chevelure est immense, presque laineuse, facile à échafauder en prodigieuse coiffure.

Race énergique, de courage impétueux, d'ardente bonne humeur, avec commencements d'art, de science, de société. Leur fin s'avance. Quand ils n'ont eu sur leur île que les quelques Hollandais établis à l'ouest dans le territoire auquel prétend la Néderlande, ils ont pu naître, vivre et mourir en Papous, sous le ciel des ancêtres, mais devant la fureur de « progrès » des Anglais, des Allemands, il leur faudra maintenant travailler, se soucier, compter les heures, et périr.

La part de la Nouvelle-Guinée qu'administre plus ou moins, d'ailleurs très peu, la Hollande, comprend tout l'occident de l'île; on l'estime à 38 214 000 hectares, soit à peu près la moitié du territoire, avec 250 000 habitants ou la moitié de la population.

L'Angleterre et l'Allemagne se partagent le reste. Albion a pris le sud, avec la grande vallée de la Fly, derrière un littoral bas, marécageux, malsain, sans bons ports; la Teutonie a pris le nord, derrière un rivage plus élevé, plus sain, découpé en belles baies.

Nous ignorons encore comment les Anglais appelleront leur domaine néo-guinéen, grand de 22 157 000 hectares avec 125 000 âmes — on peut compter sur eux pour un nom sans saveur.

Les Allemands ont appelé leur nouvelle colonie, vaste de 18 465 000 hectares, Terre de l'empereur Guillaume, Kaiser-Wilhelms-Land : il y a là, pense-t-on, 125 000 sujets du « jeune et glorieux empire ».

Archipel Bismarck. — En même temps que le nord-est de la Nouvelle-Guinée, l'Allemagne a mis sous sa protection l'archipel auparavant appelé Nouvelle-Bretagne, nom que vient de remplacer celui d'archipel Bismarck.

Quoique rangé d'habitude parmi les îles de la Mélanésie, dont c'est même l'archipel majeur, l'ex-Nouvelle-Bretagne s'élève dans les eaux de la Nouvelle-Guinée, près du rivage oriental de la grand'

---

[1]. La prise de possession par l'Allemagne date de cette année même (1885).

terre hollando-anglo-allemande. Également peuplée de Papous, c'est une annexe naturelle de la Papouasie, en même temps qu'une annexe politique, depuis que son sort est lié à la jeune fortune de la Kaiser-Wilhelms-Land.

Quels noms seront donnés aux trois îles majeures de l'archipel, à la Nouvelle-Bretagne, à la Nouvelle-Irlande, au Nouveau-Hanovre, noms tous trois longs, lourds, absurdes, et tous trois anglais, même celui de Nouveau-Hanovre, car il fut attribué

Papous poussant une pirogue. — Dessin de Merplés.

en l'honneur de la maison régnante d'Angleterre? Pour l'instant, les trois vieilles désignations subsistent encore.

La Nouvelle-Bretagne, la plus voisine de la Nouvelle-Guinée, est en même temps de beaucoup la plus vaste, ayant 2 500 000 hectares, soit au delà de quatre départements français, plus que la

Sardaigne, plus que la Sicile. On l'appelle souvent Birara, mais ce nom indigène désigne un rivage de l'île, et non pas l'île entière. Une partie de sa côte, basse et palustre, enfièvre et ruine ou détruit rapidement le Blanc, mais des montagnes, des volcans donnent de hauts districts, des terres fraîches à ce pays très chaud, presque équatorial, coupé par le 5ᵉ degré de latitude australe. Parmi ces volcans, qui se pressent en grand nombre dans la presqu'île de Gloucester, corne terminale de l'île, beaucoup ne sont point morts, pas même endormis.

La Nouvelle-Irlande est séparée de la Nouvelle-Bretagne par un détroit que les Anglais ont nommé canal de Saint-George, comme celui qui sépare la vraie Bretagne de la véritable Irlande. Plus proche de l'Équateur que la terre majeure du groupe — elle s'en approche fort, jusqu'à 2°,25, — cette Tombara des indigènes porte des montagnes de 2000 (?) mètres, ici calcaires, là volcaniques, mais, à vrai dire, on la connaît peu. Elle est très supérieure en grandeur à la Corse, de par ses 1 295 000 hectares. La troisième grande terre, le Nouveau-Hanovre (147 600 hectares), monte à 25 kilomètres au nord de la Nouvelle-Irlande, à l'autre bord du détroit de Byron.

On admet que les trois îles, couvertes de bois immenses, bien mouillés, bien luxuriants, fougueux, incoercibles, mais pauvres en grands et beaux animaux, donnent support, asile et nourriture à 150 000 Papous vigoureux, impétueux, passés maîtres en anthropophagie. Mais les voici contraints d'abandonner cette plus précieuse des coutumes du « bon temps »; des missionnaires anglais font honte à maint gourmet de ses glorieux repas de cannibales, et l'Allemagne est là, qui arrêtera les guerres civiles et les dîners de chair humaine. Ils ont à belles dents mangé quelques-uns de ces missionnaires; de l'homme, ils préféraient la cuisse; de la femme, le sein; chaque chef avait deux grands ministres, le porte-parole, « ministre sans portefeuille », et le bourreau boucher-dépeceur. A part cela, sauvages fort intelligents, habiles de leurs mains, propres de leur personne dans leurs demeures en bambous avec feuilles de pandanus. Ils aiment à se peindre le corps, comme jadis Pictes et Pictaves de notre race celtique : des raies jaunes, rouges, blanches, noires, une chevelure gigantesque en boule ou en bonnet à poil, ainsi qu'il est d'usage parmi les Papous, à cela on les peut reconnaître de loin.

Iles de l'Amirauté. — A l'ouest, au nord-ouest du Nouveau-Hanovre, l'Allemagne a fait main basse sur d'autres archipels et d'autres îlots et récifs solitaires, notamment sur les îles de l'Amirauté.

Parmi les quarante îlots de l'Amirauté, cerclés de corail, couverts de cocotiers, peuplés de rares Papous, Vasco domine. Cette grande terre de l'archipel, ce continenticule vaste presque deux fois comme notre Martinique, lève un volcan de 500 mètres ; sous un climat hyperhumide, elle est profusément arrosée.

Archipel Bismarck, Amirauté, puis de très humbles sporades ou cyclades et des îles dispersées, l'Allemagne vient de s'octroyer ici 4 700 000 hectares : soit, avec sa part de Nouvelle-Guinée, une colonie de 22 865 000 hectares avec 275 000 Papous.

Louisiade. — L'Angleterre a fait comme l'Allemagne, elle a désiré protéger et protège les îles voisines de la rive néo-guinéenne dont elle s'est proclamée maîtresse.

Parmi ces îles, il n'est qu'un seul archipel de quelque valeur et consistance, la Louisiade.

Les îles de la Louisiade, les unes petites, les autres minuscules jusqu'à n'être que râpes et récifs, continuent exactement la grande presqu'île sud-est de la Nouvelle-Guinée, sous le 12ᵉ degré de latitude australe. On les a peu parcourues autrement que sur les baies de la côte, et l'on ne sait encore combien d'habitants leur attribuer, Papous qu'on croit cannibales et qui ressemblent fort aux insulaires des îles Salomon par leurs tatouages, leurs us, leur genre de vie, leurs habiletés et capacités de piroguiers.

Véranda d'une case malaise. — Dessin de Dosso, d'après un croquis.

MÉGALONÉSIE

Les plus belles des Iles. — On peut regarder la Nouvelle-Guinée comme une simple annexe de l'Australie ; on peut aussi la considérer comme la terre la plus orientale et en même temps la plus vaste de la Mégalonésie.

De l'Australie à l'Indo-Chine, à la Chine, des îles sont à l'ancre sur une mer équatoriale, grandes, splendides, féeriques, avec un cortège d'îles moindres, et non moins magiques.

Il y a là tout un monde animé, vivifié, tempéré par l'Océan.

On peut l'appeler Mégalonésie ou Grandes Iles, par opposition à la Micronésie ou Petites Iles perdues entre l'Australie et les deux Amériques sur l'immensité des mers du Sud : à son tour, cette Micronésie se divise d'habitude en Micronésie propre, Mélanésie, Polynésie.

Ici nominalement, là de fait, l'Europe domine en Mégalonésie. L'Espagne a les Philippines, l'Angleterre se glisse au nord de Bornéo, le Portugal a conservé quelque territoire à Timor. A tout le reste commande le Néerlandais : du détroit de Malacca jusqu'à la Nouvelle-Guinée ses îles sont rangées comme une escadre.

Sumatra, Java, les îles de la Sonde, Bornéo, Célèbes, les Moluques et, au nord, les Philippines, il se peut que les îles de la Mégalonésie aient jadis réuni les deux continents entre lesquels, brillantes et parées, elles sortent parfumées des flots. Alors, sauf peut-être une passe entre Lomboc et Bali, c'était une sorte d'Asie centrale entre l'Asie du nord et l'Australie ou Asie du sud, comme l'Amérique centrale entre les deux moitiés du Nouveau Monde.

Belles et perfides comme la sirène, leur mer est terrible : en 1883 une vague de raz de marée a passé dans sa force et sa plénitude sur une colline de 150 pieds d'où toute une foule enfuie du rivage contemplait sans la craindre la démence de l'Océan. Leur montagne est terrible aussi et leurs cônes de noble allure ne sont pas des cratères inertes; plus d'un ne le cède guère en activité dévorante aux plus grondants et aux plus flambants des cinq cents volcans vibrants de la Terre.

Deux natures se partagent la Mégalonésie. A grands traits, les îles occidentales, celles qui se rapprochent de l'Asie, ont des forêts de toute exubérance rappelant l'Inde et l'Indo-Chine, des éléphants, des rhinocéros, et le tigre royal, et les singes, experts grimaciers, et à côté de ces ressemblances extérieures avec le grand continent, des civilisations et des religions venues des Asiatiques. Dans les îles orientales, rien ou peu de chose de commun avec l'Asie, ni bêtes énormes, ni félins, ni singes, mais le kangourou, l'ornithorhynque, le casoar, les eucalyptus et les acacias d'Australie.

Dans la longue et belle traînée méridionale appelée les îles de la Sonde, le détroit de Bali s'ouvre entre Bali à l'ouest et Lomboc à l'est; il divise nettement la Mégalonésie asiatique de la Mégalonésie australienne. Il paraît toutefois qu'on a grandement exagéré la différence de ces deux essaims d'îles.

Négritos. Malais. Chinois. Européens. — Les premiers habitants de ces jardins de l'Équateur nous sont inconnus, tout autant que dans n'importe quel pays. Les plus anciens parmi ceux qui vivent encore sur ce sol trépidant, les Négritos, portant différents noms locaux, habitent çà et là, dispersés, disloqués, toujours païens, toujours barbares, en diverses vallées de l'intérieur, dans plusieurs de ces îles, notamment dans le tronçon septentrional de Luçon, qui est la plus vaste des Philippines. Comme leur nom le dit, ce sont des hommes petits et de visage noir, plus ou moins parents, sans aucun doute, des indigènes australiens et des peuplades nègres que les conquérants Aryas trouvèrent jadis dans le centre et le midi de l'Inde.

Les Malais, hommes dont l'origine est obscure, envahirent les îles des Négritos; ils anéantirent ou refoulèrent ces sauvages, ou encore et surtout se mêlèrent avec eux et les absorbèrent. Depuis des siècles ils sont devenus la grande nation de la Mégalonésie.

Femme malaise. — Dessin de Thiriat, d'après une photographie.

Divisés par la religion, unis par une langue très simple, riche et sonore, dont le commerce a fait l'idiome général de ce coin du monde, ils gagnent sur les peuplades allophones, à toutes leurs frontières, notamment sur ce qui reste encore des Négritos et, à l'orient, sur les Papous. Bien au loin dans la mer des Indes, en face de l'Afrique zambézienne, l'île majeure des Africains, Madagascar, parle un dialecte de leur langue. Ils ont couru toutes ces mers sans trop de naufrages : leurs grands canots sont

lourds, de maniement difficile, mais ils ne chavirent pas.

Il y en a de païens, il y en a de chrétiens, surtout dans les Philippines, mais le plus grand nombre invoque le Dieu Unique et Mahomet son prophète. Quelque religion que professent ces hommes qui jadis fléchissaient le genou devant les Dieux du Panthéon de l'Inde, qu'ils soient agriculteurs, négociants très subtils, marins, pirates, qu'on les range parmi les civilisés, les demi-policés, les sauvages, les Malais manquent presque tous de beauté. Leur face a l'empreinte mongole ; leur nez est petit, obtus, écrasé ; leurs pommettes sont saillantes, leurs noirs yeux légèrement obliques ; leur chevelure est noire, leur peau d'un brun rougeâtre, leur barbe rare, leur poil point touffu, leur corps trapu, leur jambe courte, leur torse robuste. On les dit traîtres, cruels, sombres, sournois, sans essor, sans ampleur d'intelligence : ainsi les jugeons-nous ; eux, comment nous jugent-ils ?

Ils dominaient dans leurs îles quand arrivèrent les Européens, d'abord les Portugais, puis les Hollandais et les Espagnols, et voici qu'ils ne s'appartiennent plus. Ils obéissent aux Blancs, strictement ou non, suivant le degré de servitude auquel l'homme d'Europe a jugé bon de les abaisser. Mais jusqu'à ce jour le conquérant ne leur a rien ravi de ce qui soutient une race ; il a plus appris leur langue qu'ils n'ont appris la sienne et n'a guère mêlé son sang dit aryen au sang dit malais, si ce n'est quelque peu chez les Espagnols, aux Philippines.

Les Chinois au contraire se sont beaucoup unis

Un Négrito. — Dessin de E. Ronjat, d'après une photographie.

et s'unissent toujours aux Malais. Nullement éprouvés par le climat tiède et brillant de ces îles, ils y viennent à milliers ; nullement fiers de la noblesse de leur extraction, ils y font ménage avec les Malaises, et rapidement s'accroît le peuple issu de ces deux origines. Si près de la Chine méridionale, qui est la ruche essaimante de l'humanité jaune, la Mégalonésie peut devenir pour la Chine ce que l'Amérique du Nord est pour l'« Anglo-Saxon », l'Amérique du Sud pour le « Latin ». Déjà toute ville de ces archipels a son quartier chinois, toute mine, toute carrière, ses mineurs, ses carriers de Chine, et l'on pense qu'un grand million de Fils de Han vit maintenant en Mégalonésie, extrayant l'or, l'étain, les métaux, coupant les bois fins, tek, ébène, acajou, santal, recueillant camphre, poivre, girofle, muscade, cannelle, cultivant le riz, les pieds dans l'eau d'irrigation, travaillant chez les planteurs de canne à sucre, de cacao, de café, d'indigo ; faisant tout, le faisant bien, sans hâte, comme sans fatigue.

Vingt fois moins nombreux que les Chinois sont les Blancs Hollandais dans les colonies hollandaises, Espagnols dans les colonies espagnoles ; plus, chez les uns et chez les autres, des cosmopolites venus de tout pays d'Europe ou d'Amérique.

A cette heure il y a plus de Blancs dans les îles Néderlandaises que dans les Philippines, mais dans celles-ci l'immigration espagnole, faite de gens presque acclimatés d'avance, croît d'année en année, et bientôt les Métis y feront un élément notable de la population — ce qui n'est point le cas sur les terres de Hollande.

Paysage à Java. — Dessin de A. de Bar, d'après une photographie.

ILES NÉDERLANDAISES

On estime à près de 30 millions d'hommes sur environ 186 millions d'hectares la population des Indes néderlandaises.

Parmi ces 30 millions d'insulaires beaucoup n'obéissent que nominalement, la Hollande ne connaissant même pas, tant s'en faut, tout le territoire qu'elle est censée dominer. Elle tient ces archipels d'une aire égale à près de trois fois et demie la France avec une petite armée où il n'y a guère que 12 000 Européens; quant aux Blancs « civils », on en compte moins de 42 000, dont plus des quatre cinquièmes nés dans ces îles, et un septième en Hollande.

Si les Européens sont encore si rares dans un archipel qui en a tant absorbé depuis des siècles, il faut l'attribuer non seulement au climat, mais à ce que les Hollandais ne se fixent pas dans ces îles sans esprit de retour : dès qu'ils ont une fortune, même petite, la plupart regagnent la Hollande, surtout la province de Gueldre.

C'est de l'île merveilleuse avant toute autre, de Java, que règne ici la Hollande, sur un empire fantastiquement beau, cinquante à soixante fois plus grand que la mère patrie, et sept fois plus peuplé.

JAVA

Java, ses volcans, sa splendeur. — Java, « chef-d'œuvre de la création », est une cassette dorée pour l'avide Néderlandais. Avec Madoura (528 000 hectares), son annexe, elle entretient plus de 20 millions d'hommes sur 13 500 000 hectares. Peuplée au même degré, la France, où tant de millions de personnes demandent leur pain à des industries inconnues chez les Javanais, compterait 72 millions d'âmes au lieu de 38. On dit qu'en 1780 ce peuple n'avait que 2 millions d'hommes, 4 800 000 en 1810.

Développement inouï qui vient certainement de la paix profonde régnant depuis longtemps sur ces belles vallées et du grand progrès des cultures sous la surintendance des Hollandais.

Mais la cause intime est peut-être l'indivision du sol. Il n'y a pas de propriété personnelle dans l'île; chaque famille d'une commune reçoit son lot; grand, médiocre ou petit suivant l'étendue du municipe et le nombre des enfants de la maisonnée. « Les renards ont leur tanière, les oiseaux du ciel ont leur nid »; de même tout Javanais a sa part au soleil, et plus un père a d'enfants, plus on lui donne de terre à cultiver. Aussi les chefs de famille de l'île exubérante n'ont-ils jamais volontairement privé leur chaumière du sourire innocent des nouveau-nés.

A peu près orientée de l'est à l'ouest, sur 1000 kilomètres de long, avec 195 de plus ample largeur, Java, toute en volcans, dresse au moins cent monts encore ignivomes ou qui le furent, et plus d'un qu'on croit mort ne fait que dormir.

Rangés d'un bout à l'autre de l'île, beaucoup de ces gounongs[1], quelquefois visibles de l'une et l'autre mer, secouent l'île en frissons et tremblements ou couvrent au loin de cendres la terre et les flots ou vomissent des laves sur leurs épaules. Leurs lueurs sanglantes firent surnommer Java la paupière de l'Enfer. Quand du chaos en lutte confuse émergèrent harmonieusement les éléments de la nature, alors naquit Java la belle, disent les Javanais. Oscillante, elle ne savait où se fixer; un clou divin la cloua au centre du monde : la tête du clou, près de Magelan, c'est la colline Tidar.

[1]. Mont, en langue malaise.

Très pressés à l'ouest, dans la région soundanaise, les gounongs sont plus dégagés à l'est, dans la région javanaise, plus indépendants et fiers, plus beaux, avec de plus grandes plaines à leurs pieds, de plus amples vallées, de plus longs et plus larges fleuves.

C'est dans cet orient de l'île que le Sémérou, mont suprême, s'élance à 3760 mètres; sauf le Kilaouéa des Sandwich, aucun cratère n'est aussi grand que le sien. C'est aussi là que coulent, dans un « paradis », le Solo et le Brantas, premiers des rios javanais. Toutefois, bien que portant les plus hauts monts et déployant les plus grandes rivières, la région javanaise, exposée à des souffles secs venus de l'Australie, a moins d'humidité, d'éclat, de magnifique opulence que la région soundanaise.

Au pied des volcans, sur le littoral, dans les vallées et vallons, jusqu'à 600 mètres d'altitude, la Terre chaude, maintenant presque veuve de forêts, nourrit le peuple de Java de son riz; là croit la canne à sucre, là poussent les plantes qui font la fortune du planteur; au-dessus, jusqu'à 1400 mètres, dans la Terre tempérée, règne déjà la forêt, avec son tek, arbre défiant presque éternellement la pourriture, et, dans les clairières, le café. Plus haut, dans la Terre fraîche, c'est encore plus la forêt, sur les batou-angas ou rocs brûlés, c'est-à-dire les coulées de laves. Par ses étages de climats Java ressemble aux pays latins des Andes; par ses bois d'où le tigre anthropophage lève un tribut sur les hameaux elle ressemble à l'Inde, à l'Indo-Chine.

Ainsi des hautes laves de Java on ne voit que forêts et jardins presque équatoriaux, l'île étant aussi près ou plus près du 5e que du 10e degré de latitude sud. Quand les Javanais adoraient les forces naturelles, le soleil, les astres, les typhons, les tonnerres, et, plus tard, quand à partir du premier siècle ils furent Brahmanistes, et après cela Bouddhistes, avant de devenir Musulmans, ils révéraient leurs volcans comme les plus terribles serviteurs du dieu de la Mort. Ces monts fumèrent sur des vallées où des milliers de pèlerins adoraient leurs déités dans des temples magnifiques, honneur de l'art javanais. Après la fin du quinzième siècle,

Marchand de paniers à Batavia. — Dessin de Bida, d'après une photographie.

qui fut l'époque du triomphe définitif du Coran dans l'île, les monuments inspirés par l'Inde commencèrent à s'effondrer; toutes leurs ruines n'ont pas disparu : en maints lieux dans la profondeur des bois il en reste des débris grandioses.

Dans le centre de Java le poids des ans écrase de merveilleux édifices; l'ardente végétation descelle briques, pierres, palais, forteresses, temples, aqueducs, bains, tombeaux. Chaque heure abat une statue plus grande que nature, chaque seconde efface un trait aux bas-reliefs infinis que des légions d'artistes avaient ciselés dans le dur trachyte. Des routes en briques menaient de temple à temple et de ville à ville, lui cachées dans les herbes, écartelées par les racines, moisies par la pluie des arbres sous le jour ténébreux de la forêt qui les ronge.

Les Javanais, leurs langues. — Les Javanais, sortis, cela va sans dire, de la trituration de tribus broyées par la guerre, amalgamées par les mariages en un peuple malais, se divisent en trois petites nations, Japonais au centre, Soundanais à l'ouest, Madouriens à l'est et dans l'île de Madoura.

Entre elles trois il y a différences dialectiques, différences de race, différences d'esprit et de ca-

Pont de bambous à Java. — Dessin de M. de Molins.

ractère. Les Javanais passent pour les mieux faits; les très petits Soundanais sont les plus doux et moralement les meilleurs; les Madouriens ont le plus d'énergie, de fierté. Des trois nations, toutes trois olivâtres, laides, presque imberbes, la plus nombreuse et puissante, celle que l'Inde a le plus modifiée de corps et d'esprit, celle dont la langue s'étend, dont les coutumes et les idées se répandent, c'est la nation centrale des Javanais, forte de 13 millions d'hommes, les Soundanais n'en ayant que 5 800 000, et les Madouriens 2 500 000. Leur idiome a trois dialectes vivants, un dialecte mort : les trois vivants se nomment krama, ngoké, madja, et le mort, kavi. Le krama, javanais noble, sert aux classes supérieures, aux hommes du bon ton. La foule use du ngoké; les gens huppés lui parlent son ngoké, elle leur parle leur krama. Le madja, « langue des confidences amicales », est une « bouille-abaisse » du krama et du ngoké. Le kavi, ré du rapprochement du malais avec le sanscrit apporté dans l'île par les envahisseurs hindous, est malais par la syntaxe et par l'allure, sanscrit par les racines. C'est lui qui fit vibrer la lyre javanaise au jeune temps des chefs-d'œuvre, des grands poèmes religieux, des invocations, des odes, des tragédies ou comédies, pendant la floraison du peuple de la plus belle des îles; il sert encore de nos jours aux poètes de Java, de Madoura, de Bali, surtout aux échafaudeurs de drames.

Bien que des villes de la mer aux plus hauts hameaux de montagne les Néerlandais dominent ici depuis des siècles, on parle très peu leur bas-allemand guttural dans Java, qui fut longtemps le trésor des Pays-Bas. Jusqu'à ces dernières années

la Hollande tirait de grands revenus de ce domaine dont elle enrégimente les paysans à son profit, tout le monde devant travailler pour le gouvernement, à certains jours, et cultiver des plantes qu'il achète aux prix qu'il lui convient de fixer.

Java, c'est une usine gigantesque dont les indigènes sont les ouvriers, les 38 000 à 39 000 Hollandais et Européens les contremaîtres, la Néderlande le patron, qui tyrannise avec sagesse. Les 207 000 Chinois réussissent dans tout ce qu'ils font, du métier le plus obscur à toutes les splendeurs de la haute banque.

Batavia (97 000 hab.), fondée par les Portugais sur une terre malaise appartenant maintenant à des Hollandais, porte un nom qui n'est ni portugais, ni bas-allemand, ni malais, mais ce nom veut dire Hollande en latin. Au dix-septième siècle, cette capitale des Indes Orientales Néerlandaises, au bord d'un golfe sans profondeur, sur des canaux, le disputait en opulence aux premières places de commerce de l'Univers; sa richesse a singulièrement diminué. Les Européens n'habitent plus aujourd'hui l'ancienne et très insalubre Batavia; ils ont porté leurs demeures à une petite distance

Une rue de Batavia. — Dessin de M. de Molins.

de la côte, sur le fleuve Tjiliwong, dans un faubourg charmant à la fois ville et parc, Weltevreden, en français la Paix du Monde. Le gouverneur réside tout à fait dans l'intérieur, en pleine montagne, à Buitenzorg ou Sans-Souci, ville ombragée, plus ravissante encore que Weltevreden.

Sourabaya (122 000 hab.) borde la mer du Nord en face de l'île Madoura.

Les plus fameuses ruines javanaises se montrent, on peut aussi bien dire se cachent dans le pays qui a pour maîtresses villes Souracarta et Djocjocarta. Au nord de celle-ci, quatre allées gardées par des monstres de pierre conduisent aux quatre coins du temple de Bourouboudour, qui a bravé jusqu'à ce jour l'homme, la forêt, le volcan, les sursauts et branlements du sol, tous les ministres de la destruction.

Bourouboudour porte sur un tertre fait de main d'homme, en vue du volcan de Mérapi (2807 mètres). C'est une immense pyramide de granit sans mortier, un étagement de sept terrasses en retraite avec un dôme au sommet. En tout sens, du haut en bas, à l'intérieur, à l'extérieur, se déroule sur les parois une épopée sculpturale, un monde inouï de bas-reliefs consacrés à l'histoire de Bouddha, qui est l'âme de ce temple et que célèbrent encore 4000 statues dans 4000 niches ou clochetons à jour. Tel est ce monument prodigieux, gloire des anciens Javanais, honte des Javanais modernes, nation de 20 millions d'esclaves qui ne bâtit que des masures. Les vastes restes de Brambanam se voient près du chemin de fer de Djocjocarta à Souracarta; Gounong-Praou est à 60 kilomètres au sud-ouest de Samarang (69 000 hab.); quant à Kédiri et à Malang, on les visite de Sourabaya.

L'Indrapoura. (Voy. p. 888.) — Dessin de Taylor, d'après une photographie.

SUMATRA

Le détroit de la Sonde. — Des pointes occidentales de la terre javanaise aux caps sud-orientaux de Sumatra, l'eau tragique du détroit de la Sonde ne dort pas toujours avec indolence entre les deux grandes îles, mollement balancée par le flux et reflux qui est la respiration de l'Océan.

En 1885, tandis que les volcans qu'il embrasse lançaient du feu, crachaient des pierres, toussaient des cendres, pendant que leur répondaient les « gounongs » de Java, de Sumatra, et que tout ce coin de terre était ébranlé jusqu'en ses fondements, le flot du détroit s'élevait en raz de marée en même temps que montaient ou sombraient des îlots et des îles; il passait sur les villes du rivage avec la force et la lourdeur de la mer, la profondeur et les ténèbres de l'abîme, et, dans un élan suprême, s'effondrait sur de hautes collines[1]. Alors moururent des dizaines de milliers d'hommes. Telle fut la catastrophe de Krakatoa, ainsi nommée d'une île du détroit, mont brûlant dont l'éruption commença ce désastre.

D'après une tradition javanaise, le divorce de Java d'avec Sumatra nous aurait précédés d'un millier d'années seulement. Le détroit n'a qu'une vingtaine de kilomètres de largeur à son lieu le plus resserré, et encore avec interruption d'îles.

Sumatra, ses « gounongs », ses peuples. Îles littorales. — Sumatra fait face, de loin à Bornéo, de près à la presqu'île de Malacca dont

[1]. Une vague porta toute une foule sur la cime d'un morne de 120 à 150 pieds de hauteur.

la sépare un détroit de peu de largeur et profondeur qu'oblitèrent çà et là des assemblées d'îles.

La France ne l'emporte que de 9 millions sur cette île superbe, annexes comprises, Sumatra renfermant avec ses dépendances 44 à 45 millions d'hectares, tant au nord qu'au midi de l'Équateur : la Ligne, en effet, coupe assez exactement Sumatra par le milieu de sa longueur de 1690 kilomètres, la plus grande largeur allant à 340.

Accablée de rayons, mais pluvieuse[1] et prodigue en rivières, elle n'en est que plus fertile, au pied de ces grands « gounongs » dont beaucoup sont des volcans, vivants ou morts ou qui semblent finis. Sur les dix-neuf monts plutoniens qu'on y a reconnus jusqu'à ce jour, sept sont encore agissants. Leur prince, le Gounong Korintji (3700 mètres), porte un autre et plus beau nom, Indrapoura ou fils d'Indra; son cratère a 1700 mètres

Le Batang-Hari, près de Djambi. — Dessin de Th. Weber, d'après une photographie.

de tour, 800 de profondeur. Près de l'Équateur s'élancent le Singgalang, le Mérapi, l'Ophir.

La cordillère granitique où ils se lèvent, le Boukit-Barissan, ne pèse point sur l'axe de l'île. Rejetée presque au bord du littoral de l'ouest, elle plonge droit sur lui, avec courts torrents et pas de plaines; mais sur le versant d'orient, longs sont les fleuves, amples les campagnes, infinies les forêts où l'orang-outang se promène, grave et risible. Parmi ces fleuves, deux ont quelque grandeur, le Batang-Hari ou fleuve de Djambi, que les petits vapeurs remontent pendant 600 000 mètres, et le Moussi de Palembang. Dans les rivières, barbouillé de fange, vit le crocodile idiot et pourtant rusé : nulle part le cuirassé rampant n'est plus grand qu'ici[2], nulle part plus féroce; rien que dans la résidence ou gouvernement de Palembang il mange mille hommes par an. Quelques-uns des torrents de la montagne puisent à de grands et beaux lacs, dont le plus vaste, le Toba, brille à 900 mètres

---

1. Avec de grandes variations suivant les lieux : il tombe 152 centimètres de pluie par an à Kotta-Radja, et 7000 à Padang-Panjang, à 780 mètres d'altitude, sur le versant occidental, qui est de beaucoup le plus humide.
2. On en voit qui ont 25 pieds de long.

d'altitude; le Singkara, dans la contrée où le Singgalang et le Mérapi dominent, s'écoule dans le fleuve Indraghiri.

Malais musulmans ou païens vivant dans le « Grand empire » de Djambi, que traverse le Batang-Hari, et dans les vallées du versant oriental en remontant au nord-ouest jusque vers le fleuve Rokan; Lampoungs du détroit de la Sonde; Redjangs de Bencoulen; Battas anthropophages du plateau de Toba, autour du grand lac et sur les deux versants jusqu'aux deux mers; et, tout au nord-ouest, les Atchinois inhabiles au joug, — combien de Sumatrans font ensemble ces peuplades, et quelques moindres autres, onze en tout, nous dit-on?

On l'ignore, mais il y a plusieurs millions d'hommes, huit d'après les uns, six d'après les autres, ou seulement quatre, sur cette île malaise plus

Demeure du sultan de Djambi. — Dessin de Taylor, d'après une photographie.

longue et moins large que notre Madagascar, qui est malaise aussi, mais malaise autrement.

Sumatra peut passer pour une terre malaise parce que les Malais y occupent autant ou plus de terrain que les autres nations ensemble, parce qu'ils gagnent, en même temps que leur langue, sur le reste de l'île, mais les origines des Sumatrans sont singulièrement diverses. Pour ne nommer que les 1 200 000 (?) Battas et les Atchinois, ces deux peuples sortent évidemment d'un remuement et bouillonnement de races insulaires et continentales; les Battas, gens de beau visage et de belle allure, ressemblent peut-être plus aux Blancs qu'aux Malais, tous mélanges à part.

Les Hollandais règnent, officiellement ou non, sur la majeure part de Sumatra, bien qu'ils aient laissé quelques faux-semblants d'indépendance à des empires et sultanats. Ils s'efforcent de conquérir le seul État ouvertement libre de l'île, à sa pointe nord-ouest, l'Atchin ou Atcheh, mais leur patience, leur discipline, leur « sagesse », leurs canons, leurs navires, et les ruisseaux de sang, n'ont pas encore tout à fait soumis ce petit sultanat peuplé peut-être de 400 000 à 500 000 Atchinois, peut-être aussi d'un million (?), voire de 1 500 000 (?) d'après les estimateurs les plus généreux. C'est que les Néderlandais ont ici contre eux le climat, les marais, les forêts mouillées, les monts sans routes et le fanatisme et fatalisme des Atchinois, qui sont des Musulmans très évidemment séparés du reste des Sumatrans par des différences d'origine et par une langue qu'on rattache au tronc polynésien. La meilleure portion de la Sumatra néderlandaise, celle où il y a le plus de cultures, le plus de caféières et autres plantations du Tropique, c'est le pays de Padang, lisière étroite plaquée à l'occident de l'île contre la chaîne où trône l'Indrapoura; mais la maîtresse ville de l'île, Palembang (70 000 hab.), appartient au versant oriental : située sur le Moussi, à la fourche de son delta, beaucoup de ses maisons ou plutôt de ses cases flottent sur des radeaux de bambous ancrés au rivage et montant ou descendant de 3, 4, 5 mètres suivant le mouvement de la marée.

Nias. Banca. Billiton. — Sur la mer profonde qui se déroule à l'infini vers le sud-ouest, des îles

Habitations flottantes à Djambi. — Dessin de Th. Weber, d'après une photographie.

montagneuses s'alignent du nord-ouest au sud-est, parallèlement à la cordillère de Sumatra : Simalou, peuplée d'Atchinois, les Banja, Nias, les Battou, les Mentaveï. Nias, la plus grande, a 700 000 hectares; son peuple est évalué par les uns à 250 000 âmes, par d'autres à plus de 500 000 ; il habite des monts de grès de 600 à 700 mètres, des coraux soulevés à diverses hauteurs par une poussée volcanique, de riches vallons et vallées le long de rivières remplies jusqu'au bord par 200 jours de pluie par an ; il se rattache aux Battas par l'origine et par le langage.

La grande île de la contre-côte, Banca, voit d'assez près le delta du Moussi; peu féconde bien que pluvieuse et forestière, elle ne dresse pas de gounong à seulement 1000 mètres. Sur ses 1 268 000 hectares ne demeurent encore que 71 000 hommes. Les Gens de la montagne « (Oranggounong) y sont un débris de la race plus ou moins autochtone que trouvèrent ici, que foulèrent et refoulèrent les envahisseurs malais; puis il y a des Malais, plus nombreux que ceux dont ils prirent la place, et 20 000 Chinois extrayant un excellent étain.

Billiton, que le détroit de Gaspar « divertit » de Banca, lui ressemble par la modestie des monts dont aucun ne dépasse 600 mètres, par le climat, par les forêts, par les mines d'étain, par les races, aborigènes repoussés dans l'intérieur, par les Malais, les Chinois; mais elle n'enferme que 27 000 personnes sur 481 000 hectares. Elle n'est guère plus loin de Bornéo que de Sumatra.

Paysage de l'île de Timor. (Voy. p. 890.) — Dessin de Sorrieu.

PETITES ILES DE LA SONDE

Bali. — Un détroit mince, presque un étroit, sépare de Bali l'extrême orient de Java.

Bali n'aurait été distraite de la terre javanaise qu'en l'an 1204, par une convulsion volcanique, et les 200 000 Balinais, qui séjournent sur 540 000 hectares, sont des Javanais, et spécialement des Madouriens par la race et l'idiome.

Mais ils s'en distinguent en ce qu'ils restent fidèles aux religions « touffues » de l'Inde que les Javanais abandonnèrent pour la religion simple, sobre, sèche de Mahomet; ils sont Brahmanistes ou Sivaïstes, avec quelque peu de Bouddhistes, et certaines idées et institutions de l'Inde ont conservé de l'autorité chez eux.

C'est une île très élevée dont le maître gounong, celui d'Agoung ou pic de Bali, monte à 3414 mètres; elle est très pluvieuse, profusément arrosée, magnifiquement féconde : le riz, dont vit l'habitant, y donne deux récoltes par année.

Ses radjahs ou sultans obéissent à la Hollande.

A l'est de Bali, le détroit de Lomboc où passe une eau rapide et profonde, large de 20 à 25 kilomètres, sépare Bali de Lomboc, et en même temps les îles que leur nature rattache à l'Asie de celles qui ont un air de ressemblance avec l'Australie.

Lomboc. — Cette terre de 543 500 hectares, ayant pour ville Matasam, se relève en un volcan colossal, le Rindjani, qui a 4200 mètres. Ile sèche de climat, mais des torrents disciplinés en canaux y versent à des champs en terrasses une fécondité que chaque arrosement ravive ; le tigre, inconnu dans Soumbava, l'île voisine à l'est, y guette les animaux des bois. A l'intérieur, dans la montagne, vivent les Sassacs, Malais mahométans, et, sur le tour de l'île, des Malais brahmanistes venus jadis de Bali : en tout 100 000 hommes, dont la Hollande est suzeraine. Entre Lomboc et Soumbava la mer se nomme détroit d'Allas.

Soumbava partage son territoire de près de 1 500 000 hectares entre des fiefs malais tenant des Pays-Bas leur suzeraineté. Son volcan de prodigieuse malfaisance, le Timboro ou Tambora, n'a plus que 3000 mètres, au lieu des 4500 d'avant l'éruption de 1815, l'une des plus terribles de l'histoire : le cône craqua et s'écroula; le bruit s'en entendit jusqu'à Ternate, jusqu'à Bencoulen, ville de la côte occidentale de Sumatra, jusqu'en Australie, jusqu'à Bornéo; la nuit couvrit en plein midi terre et mer à 500 kilomètres, et sur tout cet océan fait de beaux détroits et de grands lacs marins nageait la pierre ponce vomie par le gounong convulsionnaire; 50 000 hommes (dit-on) périrent, soit de la catastrophe, soit peu après, de famine ou d'épidémie — un lac dort aujourd'hui dans le fond du cratère. Le Timboro n'est pas le seul ennemi de Soumbava, on y redoute aussi le Père Smid (Vader Smid).

Cette île allongée peut bien avoir 200 000 habitants, Malais qu'on croit parents des Boughis de Célèbes. Elle est peu salubre, avec des eaux malsaines, sur une terre sèche où se hérissent des plantes épineuses.

Soumba et Savou. — Soumba s'appelle aussi Tchindana, et, de l'arbre odorant qu'on y coupe, Sandelbosch, mot hollandais qui veut dire Bois de sandal. Mi-néderlandaise, mi-libre, ses Soumbanais sont de même race que les gens habitant l'occident de Soumbava. Soumba, Soumbava, c'est d'ailleurs le même nom. En lui ajoutant Savou, île assez éloignée à l'est dans la direction de Timor, elle comprend 1 136 000 hectares avec 200 000 âmes. Les insulaires de Savou, beaux hommes, semblent réunir en eux le sang malais à l'arabe ou à l'indien de l'Inde.

Florès. — A Florès ou les Fleurs, nom portugais, la Hollande a bâti quelques forts, mais elle y a établi bien peu de Hollandais, n'ayant eu, là comme ailleurs, souci que de commerce. Les 2 millions d'hectares de cette terre étroite, allongée, qui a bien 375 kilomètres de l'occident à l'orient, appartiennent dans l'intérieur à des Négroïdes grands et forts, semblables aux Papous de Timor et de la Nouvelle-Guinée, et sur la côte à des Malais, surtout à des Boughis originaires de Célèbes. Les « Portugais noirs », métis des anciens colons lusitaniens et des femmes du pays, rappellent encore le passage triomphant des « fils de Lusus » : de moins en moins Blancs, de plus en plus Malais ou Noirs, on les reconnaît encore à la coupe du visage.

Six volcans n'y sont pas éteints, dont le plus fier, le Gounong-Kéo, monte à 2763 mètres.

De Florès, jadis Endeh, à Timor, le navigateur rencontre Solor, Sabrao ou Adénara, Lomblem, Pantar, Ombaaï, grande de 220 000 hectares.

Timor. — Timor, la plus vaste de ces petites ou moyennes terres, passe pour contenir 600 000 personnes en un territoire de 3 250 000 hectares, y compris des îles annexes.

Parmi ces îles plus ou moins littorales, on nomme : Rotti, dont on suppose la belle race issue de l'alliance des Malais avec les Arabes ou les Hindous ; — Poulo-Cambing, simple volcan de 3255 mètres ; — Ouetter (350 000 hectares), grande île volcanique stérile ; — Roma, également volcanique, également aride ; — Kisser, de son vrai nom Jétaouaoua, qui ne possède que 700 habitants en 7 villages, mais elle a quelque célébrité pour ses 350 pseudo-Hollandais, descendants de Néderlandais, de Français, d'Allemands amenés comme soldats à partir de 1665 par la Compagnie des Indes-Orientales ; il ne leur reste guère d'européen que leurs noms, et, chez quelques-uns, la chevelure blonde ou les yeux bleus ou le teint ni noir ni jaune; à part cela polygames de plus en plus infusés de sang indigène, parfaitement ignorants de la langue hollandaise, et ne parlant que l'idiome de Kisser, quelques-uns le malais.

La volcanique Timor semble dresser présentement peu de volcans vivants. Le pic de Timor se tait depuis 1658, mais Lacouloubar et Bibilouto, dans le nord-est, viennent de prouver qu'ils ne sont pas morts. Parmi ses monts, la plupart nus ou nuancés d'herbes arides, le Gounong-Allas, au-dessus de la côte sud-est, se lève à 3600 mètres. Le sol de l'île est peu libéral, son ciel parcimonieux de pluie : sa forêt peu variée, point touffue, rappelle celle de l'Australie, notamment par ses hauts eucalyptus.

Les Hollandais occupent le sud-ouest de l'île, chez les peuplades spécialement timoriennes; leur capitale est Koupang. Le Portugal, qui gouverne avec indolence ce seul débris de son antique maîtrise dans l'océan des Indes, possède le nord-est (avec Poulo-Cambing); il a Dili pour centre de

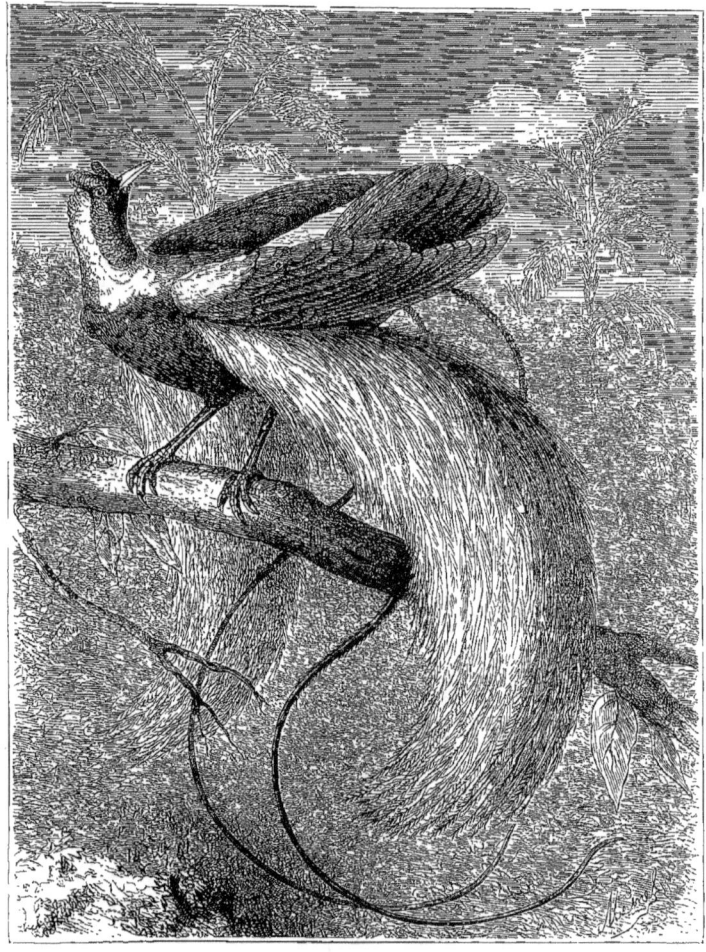

Un oiseau de paradis. — Dessin de A. Mesnel

domination. Les peuplades qui lui obéissent (de nom) appartiennent à la famille Této.

Této, Timoriens, très disloqués en tribus, parlent une quarantaine de langues. Souvent en guerre, clan contre clan, peuple contre peuple, ils ressemblent de très près aux Papous néo-guinéens par le teint, les traits, la chevelure, le caractère impétueux; ils n'ont certes rien de malais, sauf quelques mélanges. Sur le rivage, dans les établissements européens, on trouve des Malais, des métis de Papous, de Malais, d'Indiens de l'Inde, quelques Chinois, très peu de Blancs. Chez les « fils de

Lusus », les Portugais noirs, fort noirs en effet, descendent des conquistadores lusitaniens et des femmes de Timor.

De Timor à la Nouvelle-Guinée. — Les îles Sermatta s'égrènent entre Timor et l'archipel de Timor-Laout.

Timor-Laout. — Ce nom malais veut dire la Fleur de Timor. C'est un archipel appelé aussi Ténimber, qu'on prit jusqu'à ces derniers temps pour une île unique. Des Papous y demeurent, ainsi que dans Arou et dans Ké. Les îles boisées de Timor-Laout, Arou, Ké peuvent avoir, toutes ensemble, 60 000 hommes, sur un peu moins de 1 400 000 hectares.

Arou. — Arou la coraillère porte aussi le nom de Tana-Bousar ou Grande Terre : à côté d'elle, en effet, les îles de son archipel sont de simples îlots. Elle a 170 kilomètres de long, sur 35 à 75 de large, et 53 000 hommes y demeurent sur une aire à peu près égale à celle de la Corse.

Ile singulière dont les Papous et les « Prépapous », semblables aux Noirs d'Australie, restent fidèles à leurs vieux dieux, Tana-Bousar est divisée en six terres basses par cinq chenaux d'eau salée, espèces de fleuves de 200 à 800 mètres de large, de 3 à 5 de profondeur. Ces six terres ont nom, du nord au sud, Vourialao, Kola, Vokam, Kobrôr, Maikôr et Tarangan.

Des forêts profondes, retraite sombre, y cachent l'oiseau de paradis, le kangourou, le gibier volant ou bondissant que perce de sa flèche le Papou, infaillible archer ; elles s'étendent également sur les terres plates du nord, du centre, et sur les collines calcaires du sud qui plongent dans la mer par une falaise où l'insulaire, à des hauteurs périlleuses, va chercher les nids comestibles. Des Chinois, des Boughis résident à Dobbo, place de commerce dans une petite île du nord-ouest ; ils achètent les nids, les perles, le trépang, les carapaces de tortue que leur portent les Papous des îles de l'est.

Ici aussi l'on trouve des mots lusitaniens dans la langue, et maint Arouan marque par ses traits que les insulaires d'Arou se mêlèrent jadis au fier sang de Guimarâes.

83 petites îles forment le cortège d'Arou.

Il n'y a que 150 kilomètres des Arou à la Nouvelle-Guinée, par une mer profonde, et nul doute que la petite île ne dépendait jadis de la grande ; l'identité de plantes, d'animaux, d'insectes le prouve.

Ké ou Keï. — L'archipel des Ké, tout aussi voisin que les Arou du petit continent néo-guinéen, combat l'Océan par des falaises calcaires. La Grande Keï a 68 200 hectares, la Petite Keï 52 800, puis viennent vingt-cinq îlots ou îles menues. Les 21 000 habitants, païens sauf 5000 musulmans, coupent dans leurs forêts des bois qu'on dit plus incorruptibles que le tek lui-même et ils en font des pirogues, élégantes au repos, solides à la tempête. Il reste des mots portugais dans le malais dont use la race de Ké, mêlée et peu nombreuse, qui donne à ses îles le nom d'Évar, Keï étant un nom malais.

Voilà les îles qui rompent la vague de l'ouest à l'est, entre la mer de l'Inde et les flots néo-guinéens. En retournant de l'orient à l'occident, de la Nouvelle-Guinée à la rive indo-chinoise, on rencontre d'abord les Moluques, de grandeurs diverses ; puis Célèbes, très vaste et superbement découpée ; enfin Bornéo, immense et massive.

Maison hollandaise à Ternate. (Voy p. 894.) — Dessin de Mesplès.

MOLUQUES

Les **Moluques** émaillent une mer d'un bleu très foncé. Elles comprennent trois grandes îles, Gilolo, Céram, Bourou, et beaucoup de petites dont les plus connues sont Ternate, Tidore, Amboine et Banda. On appelle aussi les Moluques îles des Épices, de leur noix de muscade, de leurs cannelle, gingembre et clou de girofle savamment exploités par les Hollandais. L'archipel se rattache plus ou moins intimement par des îles, des îlots, des écueils, à la Nouvelle-Guinée, aux Philippines, à Célèbes, à Timor.

Gilolo. — L'île bizarre que ses insulaires nomment Batotsima, ses voisins Halmaheïra[1], et nous Gilolo, ressemble trait pour trait à l'île de Célèbes,

1. C'est-à-dire Grande Terre.

onze à douze fois plus grande et non moins singulière, qui sort de mer à 250 kilomètres environ à l'ouest.

Gilolo (1 666 000 hectares) est faite de quatre presqu'îles en pattes d'araignée divergeant d'un tronc commun. Des montagnes la chargent, des forêts la couvrent : forêts de grand'luxuriance équatoriale (car l'Équateur coupe la pluvieuse Halmaheïra), montagnes volcaniques dont la plus méchante est le Gounong-Kanor. Et c'est pourquoi cette île, miraculeusement opulente et belle, dont les caps tombent dans une mer où le flot blanchit sur des roches de corail, est parfois (ou souvent) réveillée brusquement de sa langueur équatoriale par les trépidations de sol, les crachats de lave, les pluies de cendres.

Gounong-Kanor, ce seul mot dit que Gilolo est entrée dans l'orbite malaise; depuis longtemps elle a cessé d'avoir pour seuls tenanciers ses Haraforas ou Alfoures, qui se rattachent soit aux Papous, soit aux Dayaks. Ces Haraforas, hommes de haute stature, de teint mi-clair, assez barbus, de manières vives et franches, de joyeux caractère, chassent, pêchent, cultivent dans l'une des quatre péninsules, tout le reste de l'île appartenant à des Malais qui invoquent Dieu et Mahomet son prophète. On suppose à Gilolo 120 000 habitants, la grande annexe du nord-est comprise, laquelle a nom Morotaï.

Sous la suzeraineté de la Hollande, Malais et Alfoures ont ici deux maîtres : au nord le sultan de Ternate, au sud le sultan de Tidore. Le long de la côte occidentale s'élèvent, du nord au sud, les îles Ternate, Tidore, Mareh, Motir, Makian, Kaïoa, Batchian, patries du clou de girofle.

Ternate. — Ternate, où souvent le sol braule, éclaire parfois des rouges lueurs de son volcan le littoral de la grande île voisine : « Vois Ternate et Tidore avec leur cime brûlante qui lance d'ondoyantes flammes ; vois les arbres portant les clous ardents qu'achètera le sang portugais ! Il y a dans ces îles des oiseaux d'or qui ne se posent jamais à terre : on ne les contemple que morts[1]. »

On y rencontre quelques Hollandais, des Malais mahométans, légèrement mêlés autrefois avec des sauvages de Gilolo, comme le témoigne leur langue, et des Orang-Sirani ou Nazarènes : ces derniers parlent malais, mais s'ils ont perdu le portugais de leurs ancêtres européens, ils ont gardé la religion chrétienne. Ternate et Tidore n'ont ensemble, y compris nombre d'îlots, que 28 600 hectares, avec 30 000 âmes. Ce sont les vraies Moluques.

Tidore, Mareh, Motir, Makian, les Kaïoa. — Dans Tidore, beau volcan pyramidal, dominent des Malais sectateurs de l'Islam.

Mareh s'entoure de corail, non moins que Motir, cône éteint.

Makian dort à l'ombre d'un volcan diminué par l'éruption de 1646, qui en fit sauter la cime. Ce volcan n'est point mort, on l'a bien vu en 1862 quand sa cendre vola jusqu'à Ternate, à 80 kilomètres au nord.

Dans les Kaïoa, ceintes de coraux, l'Islam règne sur des Malais croisés de Papous.

[1]. Le Camoens.

Batchian. — La volcanique Batchian (216 400 hectares), plus ample que ses sœurs, a des fontaines chaudes et des geysers comme l'Islande, la Nouvelle-Zélande et le Parc National de la Yellow-Stone. Malgré ses métaux, sa houille, sa résine de dammar, ses forêts, sa beauté, peu d'hommes animent sa côte et il n'y a guère âme qui vive dans les hauts monts de l'intérieur. Les Malais musulmans de cette île parlent un idiome hybride, malais veiné de papouan. A côté d'eux, les Orang-Sirani se distinguent par leur religion chrétienne, leur visage plus brun que la face malaise, mais où paraissent quelques traits européens, leur dialecte malais où sonnent encore des mots lusitaniens. Batchian a pour annexe Tavalli (30 800 hectares), Mandioli (17 400 hectares), et avec ces deux îles il se peut qu'elle contienne 25 000 personnes.

Obi. — Obi, peu inférieure à Batchian, sort des ondes au sud de celle-ci, dans la petite Méditerranée des Moluques, laquelle est comprise entre Gilolo, Céram et Bourou.

Damar, Ghébi, Morotaï, Raou. — Sans un tout petit détroit, Damar (9400 hectares) tiendrait aux caps méridionaux de Gilolo.

Ghébi, longue de 40 kilomètres, avec 5 à 8 de large, s'élève entre une des deux pointes orientales de Gilolo et l'archipel néo-guinéen.

Morotaï (269 800 hectares), sable entouré de corail, a dû jadis tenir à Halmaheïra dont elle est la plus vaste annexe. Près d'elle surgit Raou (26 400 hectares).

Bourou. — Bourou (550 000 hectares), entre la mer des Moluques au nord et la mer de Banda au sud, a peu d'habitants, à la lisière de beaucoup de forêts, à l'ombre de gounongs qu'on ne connaît guère, comme d'ailleurs toute l'île, qui n'appartient que de nom aux Hollandais. Elle donne asile à des Malais sectateurs de l'Islam et à des Haraforas parents de ceux de l'île de Gilolo. Selon quelques traditions des Tonga et des Samoa, cette île aurait lancé la flottille légendaire qui portait les premiers fondateurs des petits peuples polynésiens dispersés dans la mer du Sud.

Céram, Misol, Vaïghéou. — A l'est de Bourou, Céram, plus exactement Sérang ou Sirang, toute en forêts, n'a de demeures humaines que sur le rivage, le long duquel les habitants plantent le cacao, le café, ou vivent sans travail à l'ombre du palmier sagou. On lui attribue 150 000 âmes

sur 1 890 000 hectares, vallées superbes, gounongs de 2000 à 3000 mètres alignés de l'ouest à l'est sur les 350 kilomètres qui sont la longueur de cette île étroite. Céram se partage entre des sultans malais tenant leur investiture de la Néderlande : ces principicules musulmans tyrannisent des Alfoures pareils à ceux de Bourou, de Gilolo.

Misol, à 100 kilomètres au nord de Céram, sur le chemin de la Nouvelle-Guinée, ressemble à Céram par ses Malais du littoral, par ses Alfoures de l'intérieur, qui sont visiblement parents de la grande race des Papous néo-guinéens.

De même à Vaïghéou, séparée de la « Papouasie » par le détroit de Dampier, de Gilolo par le détroit d'Halmaheïra, le fond de la population consiste en Négroïdes avec aristocratie de Malais. Ensemble, Misol et Vaïghéou n'ont guère plus de 15 000 âmes, sur 778 800 hectares.

Village à Céram. — Dessin de J. Moynet.

Amboine. — Près du cap terminant au sud la presqu'île occidentale de Céram, Amboine surgit, l'Amboun malais, île faite de deux terres alliées par un isthme de sable. Petite Java dont le Hollandais tire de grands profits, sa terre rouge que perce le corail tient son opulence, non pas tant d'ellemême que de la profusion des pluies : 5680 millimètres par an. Là croît le muscadier dans toute sa vigueur, mais les riches cultures n'occupent point l'île entière ; amples sont encore les forêts dans la montagne où les volcans ont cessé d'érompre. Sur ses 55 000 hectares habitent 58 000 hommes, avant tout des Malais, puis des métis de Malais et de Papous, des Chinois, des Hollandais, des Orang-Sirani, chrétiens dont le visage porte l'empreinte lusitanienne, dont le malais a gardé des mots portugais. Dans la ville d'Amboine (10 000 hab.) réside le gouverneur des Moluques néderlandaises.

Iles Banda. — A 100 kilomètres au sud de Céram, dans une mer d'excessive profondeur, les îles Banda portent les muscadiers les plus réputés du monde. En ce climat qui ne connaît pas la sécheresse, sur un sol volcanique ébranlé par de sou-

terraines secousses, la noix de muscade mûrit à l'ombre de grands arbres : « Vois, dit le Camoens, qu'on pourrait citer cent fois à propos de ces mers, pleines jadis de la grandeur portugaise, vois les îles de Banda, émaillées de couleurs, de fruits rouges, d'oiseaux diversicolores vivant du tribut de la noix verte ». Le superbe volcan de Banda, cône élégant, fume toujours. Les 110 000 habitants de ce petit archipel appartiennent par leur maîtresse origine à la grande nation des Papous, mais ils ont absorbé du malais, de l'arabe, du portugais, du néderlandais. On appelle ici Perkeniers les descendants de soldats, de marins et fonctionnaires installés à Banda par la Hollande en 1621, à condition de cultiver la muscade dans les perk, c'est-à-dire dans les parcs, les enclos qu'ils tenaient de la libéralité du gouvernement.

Gounong-Api, Ouetter, Roma. — Au sud-ouest de Banda, la chaîne volcanique de cet océan se continue par le Gounong-Api, volcan perdu sur les confins de la mer de Banda et de la mer de Florès. Il n'y a que cent et quelques kilomètres du Gounong-Api à Ouetter et à Roma, situées dans l'orbite de Timor.

De Céram aux Arou. — Des caps orientaux

Le volcan de Banda. — Dessin de H. Clerget.

de Céram, une traînée de petites îles se dirige au sud-est, à la rencontre des Keï et des Arou. On les nomme Kilvarou, Céram-Laout, Goram, Manavoka, Ouatoubella, etc.

Kilvarou, très petite île de sable et de corail, porte une ville sur pilotis fréquentée par des négociants boughis et des marchands de Céram.

Céram-Laout ou Fleur de Céram, environnée de coraux, a pour plus nombreux habitants des Alfoures musulmanisés venus de Céram.

Manavoka (12 700 hectares) n'entend bruire aucun ruisseau sur ses roches de corail; ses 1000 habitants sont Papous et païens, avec une aristocratie de Malais et de Boughis dans les veines de laquelle est entré peu à peu du sang négroïde; ils parlent le même langage que les gens de Goram leurs voisins, et que ceux de l'orient de Céram.

La mahométane Goram, cerclée de coraux, a 5200 hommes, Malais adultérés d'Alfoures, qui vont trafiquer au loin dans de simples canots sur une mer hérissée d'écueils.

Les îles Ouatoubella, Kisivoï, Outa, sont protégées du large par une ceinture de corail; des Papous y demeurent, qui sont idolâtres.

Par Téor, également païenne et papoue, par Boon, par Kanilôr, on arrive aux îles de Ké.

Une rue de Macassar. — Dessin de H. Clerget.

CÉLÈBES

Célèbes, sa beauté, ses Boughis. Les coureurs d'amoc. — Coupée par l'Équateur dans sa péninsule septentrionale, Célèbes donne par son plus long littoral, celui de l'ouest, sur le détroit de Macassar[1], en face de Bornéo, dont elle est à 120-250 kilomètres. Ainsi voisines, et sous les mêmes latitudes, ces deux îles diffèrent pourtant par toute leur nature, par leurs oiseaux, leurs animaux grands ou petits. On va jusqu'à dire que Célèbes, perdue dans un fouillis d'îles semées entre l'Asie et l'Australie, dépendit d'un centre de création étranger à l'une et à l'autre de ces deux parties du monde; que peut-être elle tint jadis à la « Lémurie », comme on se plaît à nommer le continent problématique dont la lointaine Madagascar resterait le plus vaste témoin.

Par ses 18 800 000 hectares, plus de 20 millions avec les îles annexes, Célèbes l'emporte en grandeur sur Java, qu'elle égale en fécondité; mais sa richesse est bien moindre, les Hollandais ayant jusqu'à ce jour dédaigné de l'exploiter à fond. A peine a-t-elle 850 000 âmes : peuplée comme Java, elle en entretiendrait 28 millions.

Quatre presqu'îles nouées à un tronc qui regarde Bornéo forment cette île étrangement taillée dont Gilolo, onze fois plus petite, imite assez bien les contours, à l'est. Trois grands golfes, Tomini et

[1]. Le vrai nom est Mangkassar.

Tomori, qui s'ouvrent à l'orient, Boni, qui s'ouvre au midi, séparent ces péninsules chargées de monts volcaniques — la plupart éteints, mais non tous. Le Bobokaraeng, qu'on suppose le plus haut des pics de Célèbes, s'élance tout au bout de la péninsule méridionale, appelée terre de Macassar. De près, de loin, ces vieux volcans dominent des savas, vallées et rizières qui sont le jardin de cette île admirable partout pénétrée de mer, partout inondée de pluie et cependant saine, car elle n'a

Chute de la rivière à Tondano. (Voy. p. 902.) — Dessin de H. Clerget.

ni boues, ni deltas, ni stagnation d'eaux épanchées. Ses lacs charmants sont des lacs de montagne; ses torrents courent sans s'arrêter jusqu'à la mer de Célèbes, au détroit de Macassar, à la mer de Florès, à celle de la Sonde, aux trois grands golfes; ils grondent et les ruisseaux babillent dans l'ombreuse forêt qui monte, opulente et brillante, d'un profond sol de basalte décomposé; aucun tigre n'y rôde, nulle panthère n'y guette sournoisement, accroupie sur le ventre et prête à détendre pour un bond terrible le ressort de ses quatre pattes : Célèbes n'a ni félins traîtres et beaux, ni le rhinocéros, ni l'éléphant; sa seule méchante et laide bête, c'est le crocodile; le singe pullule dans

les bois, il en fait le bruit, la vie, il en est le rire et la gaieté.

Tout Célèbes obéit à la Hollande en ce que les sultans malais, grands, moyens ou petits, reconnaissent plus ou moins la suzeraineté des Pays-Bas, mais les Hollandais n'occupent de fait que la moindre partie de l'île; ils y cultivent le café, ils y surveillent des plantations. Dans leur province du nord, pays de beauté suprême, dans le Minahasa, qui est la pointe de la presqu'île septentrionale, la plus longue et la plus effilée des quatre, ils ont à demi policé des sauvages d'origine mixte, Papous croisés de Malais. Vers 1800 ces indigènes, encore barbares, cannibales peut-être, parlaient plusieurs langues; à cette heure ils cultivent paisiblement le café; ils apprennent le malais plutôt que le hollandais, auquel les maîtres qui le parlent n'ont point créé de royauté dans ces îles malgré deux cents ans de domination. Dès que le pouvoir lui échappera, la Hollande sera moins visible que le Portugal dans la plupart des « îles merveilleuses ».

Le niveau malais a passé sur la plupart de ces insulaires, qui usent maintenant presque tous du malais et qui presque tous sont devenus musulmans.

Mais cette uniformité d'apparence cache des diversités de race, et en tel recoin du pays le malais hérite de trente langues parlées par des tribus qui n'étaient point malaises. Les traits, la taille, toute l'habitude du corps montre que Boughis portés au négoce, Macassars et autres nations de l'île se rattachaient dans l'origine à la même famille que les Dayaks de Bornéo, les Battaks de Sumatra, les divers Harafaras ou Alfoures, c'est-à-dire aux Papous et Polynésiens, autrement grands, beaux et généreux que les Malais petits, laids et rusés.

Devenus donc ou devenant Malais par les croisements, par les dialectes, les gens de Célèbes courent souvent l'amoc. Courir l'amoc, c'est prendre un kriss, poignard tortu, et bondir dans la rue en hurlant : Amoc ! amoc ! puis tuer hommes, femmes, enfants, vieillards, animaux ; mais le peuple s'amasse, il poursuit le fou sanglant et l'abat comme un chien. A Macassar on court, ce dit-on, l'amoc une ou deux fois par mois. Cette frénésie ressemble au capoeiragem des Nègres brésiliens qui, eux aussi, se lancent parfois, l'arme à la main, dans la ville.

Macassar ou Mangkassar, vainement nommée Vlaardingen par les Hollandais, est, sur son excellente rade, la ville majeure du sud, et Ménado celle du Minahasa. Ménado marque l'embouchure d'une rivière qui s'abat de 150 mètres peu après sa sortie du lac de Tondano.

Sanghir, les Toulour, les Soula, Bouton, Saleyer. — Une traînée d'îles, d'îlots, têtes émergées de pics immergés, va du promontoire septentrional de Célèbes, du cap de Polinsang, au cap méridional de Mindanao, dans les Philippines; leurs habitants ressemblent en tout et pour tout aux gens du Minahasa. On y distingue Siao, simple volcan, et Sanghir, plus vaste, que ravagea son cratère en 1844.

Au nord-est de Sanghir, l'archipel des Toulour (ou Talaouet) se lève juste à mi-distance de Mindanao à Gilolo. Ensemble les Toulour et Sanghir passent pour tenir 50 000 habitants sur 176 200 hectares.

Le golfe de Tomini a son archipel des Togheau, vaste de 67 700 hectares; le golfe de Tomori, ses îles Péling, prolongées à l'orient, en tirant à la fois sur Gilolo, Céram et Bourou, par les îles Soula, peuplée de Malais islamites. Les îles Soula sont Taliabo et Mangoula, toutes deux allongées de l'ouest à l'est à la suite l'une de l'autre, comme de petites Java, et Bessi, terre moindre, qui va du nord au sud.

En vue des « finisterres » de la patte sud-est de Célèbes, Bouton, montagneuse, mais non très élevée, Mouna, la haute Kabaïna, les Toukang-Bessi, Vovoni, etc., forment un archipel d'avant-garde ayant près d'un million d'hectares, dont moitié pour Bouton, avec des insulaires de dialecte malais pareils à ceux du littoral d'en face.

Saleyer (77 100 hectares), qui est fort longue et fort étroite, regarde le cap sud-oriental de la péninsule de Macassar.

Cases de pêcheurs a Bornéo. — Dessin de Th. Weber.

BORNÉO

Bornéo, ses Dayaks. — A Bornéo, la Hollande et, derrière une grande compagnie, l'Angleterre, règnent, le plus souvent de nom, celle-ci dans le nord, celle-là dans le sud. Ce qu'elles dominent, ce qui reste libre en apparence ou en réalité, tout cela fait une petite « immensité », cette île étant la deuxième du monde, inférieure à la seule Nouvelle-Guinée, et de cinq millions d'hectares seulement : Bornéo, supérieure à la France de plus d'un tiers, contient 73 635 000 hectares, mais avec moins de 2 millions d'âmes.

Ce nom de Bornéo n'a rien de national. C'est une légère corruption de Brounéi, Brouni ; on appelle de la sorte un lambeau du littoral nord-ouest, entrevu en 1521 par les Espagnols qui faisaient le premier tour du monde.

Bornéo, qui dispose sa terre aux deux côtés de l'Équateur, est jusqu'à ce jour presque ignorée, quasi déserte, près de Java, toute connue et surpeuplée.

On n'a bien pratiqué que ses diverses rives, lesquelles ont derrière elles, surtout dans le sud, de vastes plaines détrempées. Il n'y a guère de villages qu'au bord de la mer, dans les deltas et le long de fleuves tels que le Barito, qui a 900 kilomètres, le Mahakkam, les deux Kapouas, le Redjang. A ces fleuves arrivent des rivières vaseuses, lentes, indécises, généralement noires à la suite des orages, sans doute à cause des vastes champs de houille affleurant leurs eaux qu'agite le crocodile.

Bornéo regorge de trésors, houille, mines d'or fouillées par les Chinois, diamants, antimoine et métaux divers, les plantes, les bois de luxe, d'ébénisterie, de teinture, les épices de cette éblouissante région de la Terre. D'interminables forêts avec orang-outangs, éléphants, tigres, rhinocéros, buffles, petits ours noirs, ondulent avec les collines de la zone riveraine ; elles gravissent les montagnes de l'intérieur, ajoutant tous les ans une couche de feuilles à l'humus accumulé sur le sol depuis des siècles de siècles.

Les monts bornéens, tels qu'on les connaît jusqu'à ce jour, semblent n'avoir jamais été soumis aux forces souterraines qui soulevèrent tant de volcans du sein des mers de l'archipel mégalonésique : Bornéo serait donc un petit continent non volcanique entouré d'îles à volcans. On donne au Kini-Balou, mont de l'extrême nord supposé pic majeur, une élévation de 4175 mètres, peu supérieure à celle de nos Alpes dauphinoises.

Sous le nom général de Dayaks vivent dans Bornéo des Malais païens qu'on dit trois fois plus nombreux que les Malais musulmans des villes et bourgs de la côte. Les Dayaks, plus blancs, plus grands que les Malais, beaucoup moins plats de visage, ont tout l'air d'appartenir à une autre humanité, mais de plus en plus ils tendent à se mêler à ces intrus hétérodoxes qui ont en main les sultanats, la richesse, le relief social, et aussi à d'autres et plus récents envahisseurs, les Chinois. C'est une race qui a force, courage, loyauté, franchise, et qui cependant chasse à l'homme avec ruse et cruauté, par une espèce de dogme religieux. Celles de leurs tribus qui coupent des têtes le font pour s'assimiler les vertus et puissances des tués, et ces têtes sont choyées tendrement par le guerrier qui les a séparées du tronc. Elles lui concilient l'esprit des morts; il y tient plus qu'à sa fortune, autant qu'à sa vie; c'est l'héritage de sa famille. Heureux qui en a vingt-quatre, sa cabane est un palais! Beaucoup de ces Dayaks mangent l'homme; ils disent que nos épaules sont amères, notre cervelle et la paume de la main douces de goût. Anthropophagie, chasse aux têtes, vieilles coutumes disparaissent à mesure que les Européens remontent les rivières bornéennes.

Les Malais, parfaits commerçants et jusqu'à ces derniers temps excellents pirates, méprisent agriculture et métiers, peu à peu devenus l'office du Chinois. A Bornéo, plus que dans toute autre terre de Mégalonésie, les « fils du Milieu » ont place nette devant eux; à peine s'ils y sont 100 000, mais ils peuplent déjà les districts de l'or, et rien ne dit que Bornéo ne deviendra pas une petite Chine. Si les Jaunes ne s'emparent pas de son sol, on ne voit trop quel peuple de l'Orient, sauf les Javanais, pourra en remuer les alluvions.

Les Néderlandais, dans la portion de l'île qu'ils gouvernent ou qui est censée leur obéir, n'ont pas gagné les Bornéens à l'usage de leur « nederduitsch »; les Anglais non plus n'ont guère empiété sur le malais, grand langage de Bornéo, ni dans le sultanat de Sarawak, organisé en État régulier par l'aventurier James Brook, ni sur les vastes territoires de la Compagnie du Nord.

La Bornéo des Hollandais. — Rien n'était plus facile à la Hollande que de mettre la main sur toute l'île, mais elle n'eut souci de le faire et ne s'établit que sur les côtes regardant au sud Java, à l'est Célèbes, à l'ouest Sumatra, et non sur le rivage du nord-est, qui fait face aux Philippines, et sur celui du nord-ouest, qui contemple la Cochinchine et l'Annam. Sa part est très grande. Elle a plus des deux tiers de Bornéo, puisqu'on lui reconnaît 51 557 000 hectares, soit l'étendue de la France, avec 1 300 000 à 1 400 000 âmes, contre 22 078 000 hectares et 600 000 hommes laissés à eux-mêmes ou à l'Anglais. A elle les longs fleuves et les grandes vallées; à elle, sur le littoral d'occident, Pontianak, qui borde un des bras du delta du Kapouas, et, sur la côte du sud, Bandjermassing, dans un marais, au bord d'une rivière qui communique avec le bas du fleuve Barito.

La Bornéo des Anglais. — La Grande Compagnie de plantations, mines et commerce derrière laquelle se déguise l'Angleterre a ses ports, ses postes, ses agences dans le nord, à l'orient sur la mer de Célèbes, au septentrion sur la mer des Soulou, à l'occident sur la mer de Chine. Elle ne possède que de petits fleuves, mais sa terre de 6 200 000 hectares porte le mont suprême ou censé tel de Bornéo, le Kini-Balou. Ses 160 000 sujets s'administrent de Sandakan, bourg qu'on a vainement tenté d'appeler, d'un nom de l'Inde, Élopoura ou Belle ville. Pour défricher, planter, fouiller le sol, créer des richesses, la compagnie du Nord de Bornéo compte moins sur le Malais et le Dayak du pays que sur le Chinois qu'elle attire dans son domaine. Elle commence d'empiéter au sud ouest, le long du rivage, sur le sultanat de Brounéi, que suit celui de Sarawak. Ces deux principautés que vraisemblablement elle annexera passent pour entretenir 450 000 hommes sur près de 17 millions d'hectares. Ces hommes sont avant tout des Dayaks, puis des Malais, puis des Chinois. Il y a quelques Européens, qui gouvernent le Sarawak depuis 1841, année où l'Anglais James Brook devint le rajah du pays; leur résidence et siège d'empire, Koutching (10 000 hab.), est au bord du fleuve qui a donné son nom au sultanat, le Sarawak, jusque-là navigable aux vaisseaux grâce à la marée.

Sur la côte nord-ouest de cette « Grande Terre », Labouan n'ajoute à l'empire universel anglais que 7800 hectares, 6300 personnes, un port[1] de commerce, une mine de houille.

---

1. Le mot malais Labouan signifie justement port.

Rade de Soulou. — Dessin de A. de Bar, d'après une photographie.

PHILIPPINES

Iles Joló ou Soulou. — Au nord-est du littoral bornéen, des îles espagnoles, les Joló, nos Soulou, font pont entre Bornéo et les Philippines. On leur suppose 100 000 « Joloanos » sur près de 250 000 hectares.

C'est un montagneux archipel. Il se divise en quatre sous-archipels, qui sont les Taoui-Taoui, les Tapoul, les Joló, les Pangoutarang. Avant sa récente conquête par les armes de Castille et Léon ses Malais musulmans écumaient les mers de cet Orient avec autant de généreuse ardeur que jadis les corsaires d'Alger, de Salé, de Tunis, les eaux de notre Méditerranée; ils pillaient surtout les îles Visayas, celles des Philippines dont le langage ressemble le plus au leur, et ils y ravissaient une moyenne de 3000 captifs par an. Leur ville, dans l'île spécialement nommée Joló, était, elle est encore, une petite la Mecque.

Les Philippines : excellence de cet archipel, bonté de ses maîtres. — Avec les Philippines on s'éloigne notablement de l'Équateur pour se rapprocher du Tropique du Cancer, en même temps que du rivage méridional de Chine : de Hong-kong, port chinois, au rivage le plus rapproché de Luçon, l'île majeure des Philippines, il n'y a guère que la distance de Marseille à Alger.

29 à 30 millions d'hectares effectivement ou nominalement occupés par l'Espagne et 6 millions d'habitants, c'est le lot de cet archipel, volcanique autant que Java et valant cette île en opulence de sol et de climat, mais point en richesse acquise.

Ses maîtres n'ont pas daigné, comme l'auraient fait des Anglo-Saxons ou des Bas-Allemands, saigner à blanc la nature des Philippines; les Espagnols de Manille ont surtout bâti des églises, des cloîtres, et catéchisé les indigènes. Il est peu de colonies où l'on ait versé moins de sang, il n'en est pas où le peuple soumis ait moins de haine pour ses possesseurs et législateurs. Déjà si favorisés par un charmant climat, les Indiens des Philippines ne sont point méprisés par leurs maîtres, ils ne les détestent pas non plus, et l'on doit les compter parmi les heureux de la Terre.

Ils coulent nonchalamment leurs jours à l'ombre des forêts de tout bois de construction et de mâture qui ne cachent aucun fauve, au pied des palmiers, au bord des bouquets d'abaca ou chanvre de Manille, et des carrés de tabac valant celui de la toujours fidèle Cuba, qui, malgré cet adjectif parlant d'éternité, ne tardera guère à échapper à l'Espagne. Sur les 52 provinces de l'archipel, qu'on se propose de réduire à 18, Mindanao mise à part, il n'y en a pas une qui ne puisse devenir terre de grande culture, grâce à l'excellence du sol, aux six mois de pluies de la saison des « collas » et aux six mois de soleil de la saison des « nortadas ».

Les Philippines prirent leur nom du roi qui gouvernait à l'Escorial quand en 1571 l'Espagne mit le pied sur cet archipel que Magellan avait découvert cinquante années auparavant. Ce navigateur portugais au service des Espagnols, appelé de son vrai nom Magalhâes, avait abordé en 1521 à Butuan, sur la grande île de Mindanao, et peu après il mourait d'une flèche, dans un marais de l'île de Mactam : là il repose au milieu de grands palétuviers.

Luçon, ses volcans, ses peuples, ses langues, ses annexes. — Luçon, ou, à l'espagnole, Luzon, passa sous le joug espagnol par la patience des missionnaires autant que par les exploits des soldats.

C'est une très grande île volcanique, allongée, de largeur assez uniforme. La baie de Manille l'échancre et, là même, le vaste lac de Bay réduit singulièrement la terre ferme; puis, après un renflement, Luçon s'effile en un isthme étroit, la langue de Tayabas, qui la rattache vers le sud-est à la presqu'île splendide de Camarines ou péninsule des Vicols, fantastiquement découpée. Parmi les monts de feu luçoniens, le plus fameux, au sud de Manille, le Taal aux trois cratères, surgit du lac de Bombon dont sort un court fleuve ensablé : haut de 254 mètres seulement, il fut terrible, surtout en 1754, lorsqu'il fit la nuit en plein midi sur la ville capitale, éloignée de 75 kilomètres; sa violence est amortie, et dans l'un des cratères un lac dort. A l'est du Taal, le superbe Mahayhay (2255 mètres) se tait depuis 1730. Dans la terre des Vicols, l'Ysarog (1966 mètres) n'a pas grondé depuis qu'on l'observe; l'Yriga (1212 mètres) commande le ravissant lac de Buhi, né, dit-on, le 4 janvier 1641, dans une éruption qui fit crouler un des côtés du cratère; le Mayon (2574 mètres) ou volcan d'Albay, magnifiquement régulier, s'exaspère souvent; le Bulusan ressemble au Vésuve.

Dans les campagnes du centre de Luçon, si fécondes que les « pueblos » de 10 000 à 20 000 habitants y foisonnent, le peuple dominant est le peuple tagale, tandis que les Vicols règnent dans la majeure partie de la péninsule de Camarines et que toutes sortes de petits peuples vivent dans le nord et le centre du grand tronçon de l'île : Ilocanos envahissants, Pampangos belliqueux, Igorrotes monticoles, païens vaillants, durs au mal, qu'on dit veinés de sang chinois, Pangasinans, Ifugaos chasseurs de têtes, non convertis à la foi romaine, Ibanags, aujourd'hui chrétiens, qui luttèrent bravement pour leur indépendance; et, dans les lieux les plus élevés, les plus reculés, des Négritos ou Aëtas, sauvages autochtones qui, leur nom espagnol le dit, sont de petits Nègres, des hommes lippus, aux cheveux laineux, au nez écrasé : ils ne furent pas sans influence sur la formation de la race tagale, car on doit admettre que le peuple prépondérant de Luçon tire son origine du mélange des indigènes avec les Musulmans qui envahirent l'archipel il y a déjà dix siècles. On ne trouve pas seulement les Négritos dans Luçon, il y en a dans Mindanao, dans Négros, qui en tire son nom, dans d'autres îles : en tout de 20 000 à 25 000.

Les Tagales ou Tagalocs, tels que façonnés par les missionnaires d'Espagne, sont une race débonnaire, aimable, inoffensive; l'agilité plus que la force les distingue; pourtant la vigueur ne manque pas à leur corps souple et bien pris. Ainsi que beaucoup de peuples orientaux, ils endurent le mal avec ténacité, presque avec indifférence, et regardent la mort en face. Pour leurs maîtres ils se battent avec héroïsme, mais ils travaillent sans énergie : race passive, mâchant le bétel, mangeant le riz, passionnée pour le théâtre, les combats de coqs, le chant, la danse, les plaisirs. Ayant chez eux Manille, caravansérail de Luçon, ils ont subi plus de croisements que la plupart des autres « Filipinos » et, paraît-il, s'écartent plus du type malais que, par exemple, les Visayas. Leur tagaloc gagne au nord sur les divers idiomes, à l'est sur les Vicols; depuis que les Espagnols sont là, cette langue a dénationalisé l'ouest du Camarines et les îles Mindoro, Marinduque, Polillo. 1 200 000 hommes la parlent. Elle est abondante et surabondante en particules, en affixes modificateurs du sens des verbes jusqu'à des nuances très fines; comparée au malais, beaucoup moins muni de particules « altérantes », c'est un idiome difficile. Le tagaloc avait un alphabet qu'on a déserté pour les lettres latines; à part quelques chansons plus ou moins obscènes, des chants funéraires, des bribes et lambeaux, sa littérature est vide, nulle, avec platitudes imitées de l'espagnol.

Les 350 000 Vicols occupent la plus grande part de la presqu'île de Camarines et diverses îles littorales. Nation calme, obéissante, qui ne vaut pas les Tagales en force, fierté, courage, ils ont presque tous adopté depuis longtemps le Dieu prêché par les missionnaires, et l'Espagne a peu de sujets aussi soumis. Malais, ils parlent un dialecte malais fort rapproché du tagaloc.

On ignore le nombre exact des Chinois dans Luçon; Manille en a plus de 20 000 et les Philippines entières une cinquantaine de mille peut-être. Le Filipino ne les aime point, parce qu'ils jardinent, cultivent et pêchent mieux que lui; le Blanc les hait parce qu'ils trouvent richesse là où l'Européen, moins patient, moins sobre, ne rencontre que misère ou médiocrité. Les Espa-

Le Mayon, vu de la Casa Real d'Albay. — Dessin de A. de Bar, d'après une photographie.

gnols ont longtemps essayé de les éloigner par des capitations, des impôts plus que rigoureux, des droits de patente exorbitants Les Sangleys, comme on nomme ici les Chinois, ont été quatre ou cinq fois égorgés, pendus, assommés par milliers; ce qui échappait au couteau, à la corde, au bâton, allait se perdre en mer ou mourir dans les bois, et quand par hasard on ne les tuait pas, on les exilait en bloc. Mais toujours les exilés sont revenus, les morts ont été remplacés, et, de nouveau,

Indiens et Blancs ont vu l'aisance entrer dans la cabane du jardinier, du pêcheur, de l'ouvrier sangley, la fortune s'asseoir au bureau du commerçant, au comptoir du banquier chinois. Et peu à peu, de l'alliance de ces étrangers abhorrés avec les femmes tagales qui se laissent gagner par eux, naît une grande race de métis, les Mestizos chinos ou Mestizos de Sangley[1], déjà forte de plus de 200 000 personnes (?).

1. Rigoureusement, les Mestizos de Sangley ou Sangleyes

Encore peu nombreux sont les Blancs, presque tous Castillans, et peut-être y a-t-il deux fois moins de Créoles que de Chinois dans tout l'archipel: on peut supposer qu'ils sont dix milliers dans la seule Manille. L'espagnol s'empare lentement des écoles, du commerce, mais n'est encore vraiment répandu qu'auprès de la capitale, dans les provinces de Manille et de Cavite. A lui l'avenir sans doute.

Dans l'île de Luçon. — Dessin de Lancelot.

Tous ces éléments chrétiens ou païens, ces Tagalocs, ces Vicols, ces Chinois et Sangleyes, ces Blancs et Créoles, les soumis et les indisciplinés, font 5 500 000 hommes, îles annexes comprises.

sont les hybrides issus du mariage légal du Chinois avec la femme indigène; les métis sortis des unions illégales sont beaucoup plus nombreux que les Sangleyes proprement dits.

Parmi ces îles dépendantes, les principales sont: tout au nord, les volcaniques Babuyanes; — à l'est, Polillo (76 000 hectares), qui parle tagaloc; à l'orient de la péninsule de Camarines, Catanduanes (162 000 hectares), qui parle vicol; — au sud, Mindoro (985 000 hectares), qui de plus en plus se tagalise; — Marinduque (74 500 hectares), qui

se tagalise aussi; — Burias et Ticao, qui ont le vicol pour langue; — Masbate (330 000 hectares), vicole au nord, visaya au sud.

Iles des Visayas. — Malais comme le sont les Tagalocs et les Vicols, avec un dialecte très proche parent, les Visayas, bien plus nombreux que les uns et les autres ensemble, atteignent 2 500 000 personnes.

Ils vivent dans des îles magnifiques, aire de 6 à 7 millions d'hectares, sans compter ce qu'ils possèdent sur le littoral oriental et septentrional de Mindanao, où ils sont un notable élément. Chrétiens policés sur le rivage, « infidèles » dans la montagne, « purs » s'il en est de « purs » ou mêlés de sangs divers, notamment de sang négrito, les Visayas possèdent en propre : le midi de Masbate; — Samar, île de 1 252 000 hectares et de 200 000 âmes, qu'un détroit sans largeur sépare de Leyte, grande de 703 700 hectares et peuplée de 250 000 personnes; — Bohol (296 000 hectares; et avec Siquijor, 225 000 habitants), qui n'est pas volcanique; — Cebou, qui parle, dit-on, le meilleur visaya; cette île très longue, très étroite, infiniment gracieuse, est comme Bohol : elle n'eut jamais de cratères, elle n'a ni basaltes ni laves; près de 450 000 hommes y jouissent de la vie sur 550 000 hectares; — Négros (866 000 hectares), avec un mont de 2500 mètres, le Malespina, seul volcan vivant des Visayas; sur ses 200 000 hommes à peine s'il y a 10 000 de ces Négritos dont elle tire son nom; — Panay, très peuplée, puisqu'elle a 800 000 âmes sur 1 185 000 hectares; — Tablas (70 000 hectares), Romblon et Sibuyan, qui ont ensemble 35 000 personnes sur 133 800 hectares; — la Parágua (ou Palaouan), fort étroite, mais longue de près de 450 kilomètres et vaste de 1 406 500 hectares; elle porte un mont de 2086 mètres : longtemps négligée par l'Espagne, encore peu connue, peu conquise, c'est une des plus belles terres du bel archipel espagnol qui vaut plusieurs îles de Cuba; — enfin, au nord de la Parágua, sur la route de Mindoro, l'archipel des Calamianes.

Mindanao. — C'est une île superbe, l'une des plus vastes de la Mégalonésie, avec près de 10 millions d'hectares, mais l'Espagnol n'a pas encore pu ou voulu la réduire tout entière à sa loi, à sa foi; il n'y possède réellement que des lambeaux de côtes; tout le reste, insoumis, appartient à des tribus monticoles, qui sont en général païennes, et à des « Moros », suivant l'expression castillane, autrement dit à des Musulmans, Malais pirates auxquels la prise de possession des îles Joló a cassé bras et jambes. La Mindanao chrétienne et « latine » se borne à quelques forts et pueblos de la province de Surigao, qui occupe la pointe nord de l'île, et à la province de Zamboanga, terme de la grande presqu'île occidentale qui est à Mindanao ce que la grande presqu'île orientale des Vicols est à Luçon.

Ce très peu d'Espagnols avec les Tagalocs qui les ont suivis, les Visayas du littoral Nord et du littoral Est, les Malais des divers sultanats, les tribus de l'intérieur, les Négritos autochtones refoulés au plus profond du bois, au plus reculé du mont, on estime tout ce peuple à 425 000 personnes seulement, qui parfois voient fumer les cimes, car Mindanao la volcanique est le socle d'au moins trois volcans non glacés par l'âge. L'Apo (3143 mètres), qu'on croit le plus haut des pics de l'île, domine le golfe de Davao, magnifique indentation du littoral méridional.

Parmi ses annexes, Dinagat (107 000 hectares) et Siargao, toutes deux visayas, s'élèvent en avant de la pointe septentrionale de Mindanao, et Basilan (ou Isabella) devant la pointe méridionale, sur la route de Zamboanga aux îles Joló. Basilan (128 500 hectares), montueuse comme toute Philippine, appartient à des Malais, pirates à jamais troublés dans leur industrie.

Manille (150 000 hab.) commande à Luçon, en même temps qu'à tout l'archipel. Elle borde la grande baie de Manille, qui a 150 kilomètres de rivage, à l'embouchure du Pasig, rivière issue du lac de Bay. Sur une rive s'élève la Manille officielle et guerrière, place murée; sur l'autre rive, des faubourgs commerçants, dont le plus chinois, en d'autres termes le plus actif, se nomme Binondo. Comme la Havane, Manille est une « mère des cigares ». Les tremblements de terres de 1796, 1824, 1835, 1863, 1882, l'ont fort maltraitée.

Pirogues papoues. — Dessin de J. Moynet.

MICRONÉSIE

Micronésie, Mélanésie, Polynésie. — A l'est, au sud-est de la Mégalonésie, des îles petites ou très petites sont dispersées dans le plus vaste Océan, de l'Asie et de l'Australie jusque vers la double Amérique : là est le pôle des Mers, l'espace fluide avec le moins de roche et de sol, la Micronésie.

La Micronésie ou Petites îles, par opposition à la Mégalonésie ou Grandes îles, comprend la Micronésie dans le sens étroit du mot, c'est-à-dire les îles Minimes, à l'orient des Philippines; la Mélanésie ou îles des Noirs, à l'orient de la Nouvelle-Guinée, encore nègre, et de l'Australie, qui ne l'est plus guère; la Polynésie ou les îles Nombreuses, à l'orient de Micronésie et de Polynésie.

Les peuples micronésiens, petits et frêles, n'ont aucun espoir de durée. Les uns ont chez eux l'Anglais qui leur fait épeler sa Bible et leur impose son patois; les autres appartiennent à l'Espagne ou à la France et il faudra bien qu'ils deviennent Castillans ou Français de langage et qu'ils disent à leur passé de primitifs un éternel adieu; enfin l'Allemagne annexe aussi des sporades en Micronésie, sans souci des hauts cris d'Albion.

PETITE MICRONÉSIE

Les Iles Minimes, leurs charmants insulaires. — Les archipels micronésiens ne sont que madrépores avec lagune centrale. Ils ne couvrent pas la deux-millième partie de leur mer, qui a vingt-cinq fois l'aire de la France. C'est entre les îles Polynésiennes, les îles des Nègres, les Philippines et le Japon qu'ils émergent du Grand Océan Pacifique.

Petit pays, petite nature. Les plantes ne sont pas variées sur ces îles, les animaux non plus, et l'on n'y voit aucune bête puissante ou splendide.

Les 92 000(?) habitants des 600 îles de la Micronésie, lesquelles ne font ensemble que 353 000 hectares, sont les plus aimables des insulaires. Aussi loin de l'impudeur de Taïti que du cannibalisme des Néo-Zélandais et des Fidjiens, ils ont frappé par l'excellence de leur nature les missionnaires eux-mêmes, toujours enclins à découvrir chez les hommes ce qu'ils appellent les misérables suites du péché originel.

Ils sont très fins et très bien faits plutôt que grands et robustes. Très semblables aux Polynésiens, avec lesquels ils se sont mêlés dans leurs archipels du sud-est, ils ont une barbe longue, mais peu fournie, de beaux cheveux noirs, et l'on rencontre chez eux de très nobles visages. Ils se tatouent.

La mer ne leur fait pas peur. Dans leurs îles si petites ils vivent face à face avec l'Océan et se familiarisent dès leurs jeunes ans avec sa colère : aussi manœuvrent-ils leurs pirogues avec une audace, un coup d'œil, une sûreté extraordinaires.

Leurs idiomes, influencés par le polynésien dans les archipels orientaux, ont moins de mollesse que les dialectes de ce dernier langage et ne manquent pas comme lui de consonnes dures et sifflantes.

Les missionnaires ont converti beaucoup de Micronésiens, soit au catholicisme, soit à diverses sectes protestantes.

Mariannes. — Les Espagnols, qui règnent ici depuis 1566, ont officiellement rattaché cet archipel à leurs Philippines, comme 53ᵉ province. Peu connues sous leur autre nom d'îles des Larrons, elles s'alignent du sud au nord, à peu près à mi-route entre Nouvelle-Guinée et Japon, sur une dizaine de degrés, du 10ᵉ au 20ᵉ. Elles n'ont pourtant, toutes ensemble, que 114 000 hectares, avec moins de 9000 habitants, vivant presque tous dans l'île majeure, Guajam, laquelle est volcaniquement montagneuse, comme les autres.

Quand Magellan découvrit ces terres, en 1521, on prétend qu'elles portaient 100 000 insulaires, d'autres disent 50 000 ou moins. La race actuelle descend de ce qui survécut et se mélangea d'Espagnols venus un par un des Philippines et du Mexique, et surtout de Tagalocs arrivés de Luçon.

Le gouverneur habite Agana, dans Guajam.

Carolines et Palaos. — Les Carolines, officiellement espagnoles depuis 1733, sont tellement clairsemées qu'il y a 2870 kilomètres entre la première à l'ouest et la dernière à l'est, du 5ᵉ au 10ᵉ degré de latitude nord; et tout cela ne fait que 145 000 hectares, avec 20 000 hommes, sur 500 îles ou îlots, dans un admirable climat toujours égal, tant la terre est petite ici, tant la mer bénigne est grande, qui verse en toute saison sur ces minuscules archipels abondance et surabondance de pluie tiède ou chaude.

Les Carolines, parmi lesquelles 38 seulement ne sont pas tout à fait des îlots, ont deux sortes de nature. Les unes sont montagneuses, pleines de ruisseaux, luxuriantes, parées d'admirables fougères; les autres basses, plates, sèches, corail aride avec arbres sans opulence flétris par le souffle salé des mers. Trois seulement ont quelque hauteur : la toute gracieuse Oualan ou Kousaï, qui est une petite merveille; Rouk ou Trouk ou Hogolou, qui renferme à elle seule une moitié des Carolines (d'autres disent un tiers); Ponapi, la plus grande parmi les 500 : elle n'a pourtant que 20 kilomètres de travers; un mont s'y élance à 908 mètres.

Cette Ponapi ou Ascension (5000 hab.) est une des terres caroliniennes où le protestantisme ap-

porté par des missionnaires wesleyens a le moins détruit l'antique originalité du peuple ; des missionnaires d'un autre ordre, profès en tout vice, les pêcheurs de baleine, y ont aidé les révérends dans l'œuvre de la propagation de l'anglais, qui est assez répandu à Ponapi, non moins que dans la plupart de ces îles.

Une des Carolines basses, Yap ou Gouap, qui n'a plus que 2000 âmes, fut beaucoup plus riche en hommes quand on n'y connaissait pas encore les Blancs. De même Ponapi, où vivaient, dit-on, il y a seulement trente ans, plus de 15 000 personnes ; de même encore Kousaï, qui a des ruines cyclopéennes, murs basaltiques de 5 à 6 mètres d'épaisseur témoignant qu'une race plus énergique, plus habile, plus nombreuse fit séjour dans les Carolines, sporades où se sont évidemment rencontrés des Polynésiens, des Malais, des Jaunes, et sans doute des Papous. — De ces éléments s'est fait un peuple gracieux où la beauté n'est rare ni chez l'homme ni chez la femme.

Les Palaos se lèvent à l'ouest des Carolines, sur le chemin de Mindanao. 10 000 hommes y demeurent, petit peuple apathique et découragé, seul reste de 40 000 ou 50 000 insulaires heureux, gais, éveillés, ingénieux et industrieux. C'est depuis qu'ils voient des Européens qu'ils s'abandonnent et meurent : pourtant l'Europe ne les a point extorqués, ni foulés, ni contaminés.

Iles Marshall. — A l'orient des Carolines, au nord et au sud du 10° degré, les Marshall, îles basses, madréporiques, se divisent en îles Ralik (à l'ouest), et en îles Ratak (à l'est). Au nombre de vingt-huit à trente, sans compter les infinitésimales, peut-être font-elles un « empire » singulièrement éparpillé de 40 000 hectares, avec moins de 12 000 habitants, où les planteurs anglais de Queensland et des Fidji recrutent des travailleurs « libres ». Ce va-et-vient d'engagés dont un petit nombre retournent au pays après l'expiration de leur contrat, et l'apostolat des missionnaires protestants ont appris la langue anglaise à nombre de ces insulaires ; ils y ont surtout aboli des idées, des manières d'être, des coutumes, des costumes, des ornements, et tué l'homme en quelque chose, car l'humanité sortira mutilée du grand œuvre de la « civilisation ».

Jalouit est un des maîtres atolls des Marshall, atoll si vaste que du milieu l'on voit mal le rideau de palmiers des 56 îlots qui font son enceinte. 1000 hommes, ou peut-être 500 seulement, ont leurs cabanes sur ces 56 levées de corail.

Iles Gilbert ou Kingsmill. — L'Équateur coupe cet archipel de dix-huit îles basses, atolls étirés sur un espace de 850 kilomètres et n'ayant cependant tous ensemble que 42 800 hectares, dont 4000 pour le plus grand. Étant de corail, elles ne sont point fécondes, faute d'eau, faute de sol, et s'il y poussait des grains, le rat, qui foisonne, les dévorerait. Mais il y règne un doux et salubre climat régi par le vent de mer, et 35 000 hommes au moins y vivent près des pandanus et des cocotiers, à l'ourlet de la mer, qui les sépare et qui les unit ; ils proviennent de l'union de Caroliniens et de Polynésiennes des Samoa. Tépoutépéoua, aussi nommée Drummond, a même 7500 habitants sur 2500 hectares, soit 300 par kilomètre carré, ou quatre fois la densité de la population de France. Tous pêcheurs très habiles à faire leurs pirogues, ils ont leurs petites demeures en de grands villages, derrière les hangars à canots, à l'ombre des arbres qui leur donnent l'huile de coco, qu'ils vendent, et la karaka, dont ils s'enivrent. Des « hôtels de ville » dominent leurs assemblées de cases, maisons communes et chambres de conseil merveilleusement agencées, puisque telle d'entre elles, sur l'île de Bouritari, a 80 mètres de long sur plus de 30 de large : or ces hommes de la nature ne disposent ni du fer ni des clous, et c'est avec la fibre du palmier à coco qu'ils lient ces vastes édifices.

Les missionnaires anglais prêchent et catéchisent dans les Gilbert. Les recruteurs d'engagés y viennent des îles Fidji, des Samoa, de l'australienne Queensland, et aussi, mais rarement, de Taïti et de la Nouvelle-Calédonie. En contractant cette espèce d'esclavage, les insulaires échappent aux guerres civiles, aux égorgements, à la tyrannie des forts.

Iles Ellice. — Purs madrépores comme toute la Micronésie, les huit Ellice, grandes ensemble de 44 000 hectares, sont répandues sur les flots à quelques degrés au nord des Fidji, du 10° au 15° de latitude australe. Il n'y a là que 2500 hommes, dont 1000 à Nanoméa.

Paysage aux Nouvelles-Hébrides. — Dessin de Mesplès.

MÉLANÉSIE

La grande terre de Mélanésie, le plus vaste asile des Papous, c'est la Nouvelle-Guinée, que le voisinage rattache à l'Australie, mais que sa taille range en Mégalonésie.

En dehors de la Nouvelle-Guinée et de l'archipel de Bismarck, les sporades et cyclades mélanésiennes se nomment îles Salomon, îles Sainte-Croix, Nouvelles-Hébrides, Nouvelle-Calédonie, îles Fidji.

Iles Salomon. — Elles prolongent au sud-est, en toute rigueur, l'île de Tombara et sont, comme elle, de hautes pointes sur flot d'une grande cordillère sous-marine. Elles sont comprises à peu près entre le 5ᵉ et le 12ᵉ de latitude sud, toutes montagneuses, généralement volcaniques, avec entour de madrépores, et s'alignent comme suit, du nord-ouest au sud-est :

Bougainville, portant le nom du grand navigateur qui a le plus fait pour l'exploration de ce recoin des mers ; — Choiseul, ainsi appelée d'un contemporain de Bougainville, d'un ministre ardent, remuant, patriote, qui voulut coloniser, mais ne le put, la France étant alors caduque, et ne le sut, car on ignorait les lois des climats en ce temps de philosophie et de cosmopolitisme ; — Isabelle, dont le Marescot (1189 mètres) domine les forêts profondes ; — Malaïta, qui porte un mont de 1300 mètres ; — Guadalcanal, plus haute que ses sœurs avec un pic de 2600 mètres : un volcan y fume encore ; — San-Christoval ou Baouro, qui a des cimes égales à celles de Malaïta, etc., — en tout 3 150 000 hectares, avec peut-être 150 000 Papous, hommes de force et d'agilité, d'une vue perçante et d'un odorat canin, qui sont d'admirables conducteurs de pirogues, de très grands amis du tatouage et des os ou des anneaux passés dans la cloison du nez et dans le gras de l'oreille.

Iles Sainte-Croix. — Aucune d'elles n'est grande, pas même Sainte-Croix (réellement, Nitendi), qui donne son nom à ces sporades, pas même Vanikoro, fameuse par le naufrage de la Pérouse. On leur accorde 5000 Noirs, sur 187 200 hectares.

Situées du 10ᵉ au 12ᵉ degré de latitude, elles continuent normalement vers le nord le grand archipel des Nouvelles-Hébrides.

Nouvelles-Hébrides. — La France et l'Australie convoitent également ces îles à la fois montagneuses et paludéennes, très fertiles, sous un ciel chaud tempéré par l'air marin.

Leurs habitants sont des Papous à tête laineuse, à barbe forte, de caractère doux, excepté dans la guerre, que terminent souvent des dîners de cannibales. Les Anglais de Queensland et des îles Fidji, les Français de la Nouvelle-Calédonie emploient ces sauvages dans leurs plantations; il en part aussi pour les Samoa et les Sandwich.

En leur ajoutant les îles de Banks, annexe naturelle, il y a là, croit-on, 70 000 Noirs sur 1 325 000 hectares. Le 15ᵉ degré passe sur Espiritu Santo, la terre la plus vaste, la plus peuplée.

Espiritu Santo (485 700 hectares), de son vrai nom Méréna, nourrit 20 000 hommes; elle s'allonge sur 129 kilomètres, avec 64 de largeur; elle a de beaux monts, deux jolies rivières nommées Jourdain et San-Salvador, de grands bois sans chants d'oiseau : très rare est ici la gent empennée, rares aussi les animaux de quelque grandeur.

A Mallicolo, cerclée de madrépores, la femme vaut de six à dix cochons, suivant sa beauté, ou plutôt sa laideur; seconde en grandeur, cette île a 226 800 hectares et 10 000 âmes.

Ambrym, où fume un volcan de 1067 mètres, est très riche en cocotiers, très pauvre en eau douce. Sur sa petite voisine, Lopévi, pèse un volcan de 1520 mètres qu'on suppose le mont le plus altier des Nouvelles-Hébrides.

La madréporique mais très féconde Sandwich, l'Éfat ou la Vaté des Néo-Hébridais, ne porte que quelques centaines d'habitants, qui mangent (ou mangeaient) scrupuleusement leurs ennemis.

Erromango, corail avec fort peu de terre dessus, n'en est pas moins opulente en arbres et l'on en a tiré beaucoup de bois de sandal. Troisième en grandeur, elle n'entretient que 2000 habitants sur 104 100 hectares.

A Tanna, dont le volcan Yasaoua n'est pas éteint, les insulaires, petits mais de beau visage, semblent avoir reçu du sang polynésien. Une femme ne vaut ici qu'un cochon gros et gras. On y mange l'homme, quand on l'attrape, et qu'il n'est pas du clan. Malheureux le naufragé que son destin jette sur ces rives de basalte! le casse-tête l'abat, ou la lance, la hache de pierre, le javelot, la fronde, la flèche empoisonnée, et déjà la carabine; puis l'on déjeune de sa chair. On n'y dévore pas seulement le forain, l'ennemi, mais aussi l'homme de la tribu, l'ami même, lorsqu'il est mort de sa mort naturelle, car on ne l'égorge point pour cela. Parfois c'est d'un cadavre en début de déliquescence, tiré puant de la fosse, que festinent à belles dents les Tannaïtes, au nombre de 10 000, dit-on. Au porc, même en bon point, on préfère le Blanc; mais au Blanc, viande coriace et salée, on préfère le Noir.

Annatom est madréporique à l'entour; ses monts s'élèvent à 1000, 1200 mètres; des Écossais ont fait de ses habitants, grands et beaux Mélanésiens, une petite communauté chrétienne. Sur cette terre, la plus méridionale des Hébrides, on est au sud du 20ᵉ degré, vis-à-vis des Loyauté, qui font partie de la Nouvelle-Calédonie.

Ce ne sont pas là toutes les Nouvelles-Hébrides, mais les principales de ces îles, dont la race décroît, par la guerre de tribu à tribu, par la syphilis, les épidémies, le petit nombre des naissances (les femmes y étant grandement inférieures en nombre aux hommes), et surtout par l'émigration. Telle année en a vu partir 6000, et jamais il n'en revient que la moitié ou les deux tiers; le reste s'anglicise ou se francise de langue, s'adonne à des mœurs plus douces et s'attache à la seconde patrie.

Les Français y ont acquis de très vastes terrains, ici des îles entières, naturellement des petites, là de grands domaines sur les îles majeures, Espiritu Santo, Mallicolo, Sandwich, etc. Bientôt la sauvagerie et l'anthropophagie en auront disparu, non moins que les vingt ou trente langues qu'on parle aujourd'hui dans l'archipel.

Vallée aux environs de Nouméa — Dessin de Moynet, d'après une photographie.

NOUVELLE-CALÉDONIE

Salubrité de la Calédonie. Galériens et Canaques. — Elle ne restera pas longtemps mélanésienne et dans quelques années les Blancs y dépasseront les Noirs. On a d'abord admis trop libéralement, comme c'est toujours le cas en pays inconnu, qu'elle avait 50 000 à 60 000 Noirs, et il n'y en a que 21 000 dans cette île si mal nommée. — Quelle ressemblance a-t-elle avec la brumeuse et souvent presque ténébreuse Écosse? Les cieux n'y sont certes pas les mêmes, ni les monts, ni la forêt, ni l'homme, entre 20°10′ et 22°26′ de latitude, à 1300 kilomètres à l'orient du littoral australien de Queensland.

La Nouvelle-Calédonie déploie très peu de plaines; elle offre peu de larges vallées au colon blanc, qui n'a rien à craindre de son très beau, très égal climat, magnifiquement sain malgré les marais, grâce aux brises marines, à la pente du sol, à la perméabilité de la plupart des roches et peut-être au myrte aromatique appelé niaouli. Elle est presque toute en montagnes où domine la serpentine : montagnes ici nues, là sylvestres, presque partout minérales avec profusion de fer, de cuivre, de nickel, de cobalt, d'antimoine, d'or. Au sud règne le fer, parmi des volcans éteints, nature sèche avec herbes dures; au nord, c'est le métal adoré, surtout dans le pays qu'arrose le Diahot, maître fleuve de l'île né près des monst supposés majeurs (1700 mètres). Plus courts que le Diahot, mais abondants parce qu'il tombe au moins un mètre de pluie par an, de très jolis torrents s'effondrent en cascades dans la petite beiramar, qui fait le tour de la Calédonie ; plusieurs se versent dans des baies splendides, petites mers d'huile garanties de la mer à grande vague et féroce tempête par la ceinture des madrépores.

Tel pays riche en grands bois est pauvre en fortes bêtes. Ainsi la Calédonie, où nul puissant animal ne rôdait avant l'arrivée des Européens dans les vastes forêts où se dressent d'admirables pins colonnaires, des kaoris, des araucarias, des palmiers et cocotiers, et le bananier, le bambou, l'arbre à caoutchouc, l'arbre à pain, le houp qui ne se corrompt pas et dont on fait des barques. Il n'y avait sur l'île que des bestioles et des oiseaux peu chanteurs : c'est le Blanc qui a fait don du cheval, du bœuf, du cerf, du mouton, de la chèvre, du cochon, aux vallées silencieuses, désertes.

Cette nature riche sans opulence méritait de servir d'asile à nos meilleures familles de paysans, mais la France, ici installée depuis 1853, n'a su qu'y verser des condamnés politiques (rappelés peu après par elle) et qu'y vomir des galériens, voleurs, incendiaires, parricides, matricides, fratricides, assassins qui sont des déments.

Sur les 16 000 Calédoniens blancs, plus de 10 000 appartiennent à ce monde cynique, hors des gonds, qu'on doit plaindre et qu'on peut mépriser : les uns sont aux fers, d'autres ont fini leur peine, mais ne peuvent rentrer en France ; beaucoup ont reçu des concessions dans des pénitenciers agricoles. Bien trop petite est malheureusement la Nouvelle-Calédonie pour que la foule des gens censés honnêtes y absorbe aisément la troupe manifestement crapuleuse qui déjà peuple en partie sa ville et sa plus fertile campagne. Ce qui fut possible en Australie ne l'est pas dans une île 440 fois plus petite.

Aux 16 000 Blancs font face 23 100 Papous dont le noir a la nuance du chocolat. Laids sont ces hommes qui se rasent la barbe avec un tesson de bouteille, affreuses leurs femmes à cheveux crépus, à poitrine pendante, et toujours la pipe à la bouche. Avant d'avoir reçu les leçons de missionnaires catholiques, ce peuple était anthropophage, il n'est plus qu'ignamophage et tarovore. Peu à peu il s'approprie le français.

16 000 Blancs, 23 100 Noirs, cela fait 39 100 personnes sous la voûte clémente dont il ne descend ni froid ni chaud, le thermomètre variant, sur le rivage, entre 9 et 32 degrés. A ces 39 100 Calédoniens il faut ajouter les Néo-Hébridais, les Chinois, les Nègres d'Afrique et les Indiens Malabares, travailleurs à gages qui restent pour la plupart dans l'île à l'expiration de leur contrat, — soit environ 42 000 âmes, et 60 000 avec l'île des Pins et les Loyauté.

Ainsi donc, 42 000 habitants sur 1 730 000 hectares, avec 375 kilomètres de longueur et 48 à 60 de largeur, dans un entour de 1000 kilomètres de côtes, le versant oriental étant beaucoup plus étroit, beaucoup plus raide que l'occidental.

Nouméa (5000 hab.), la capitale, sur la rive du sud-ouest, est un beau port, sur un beau rentrant des eaux, près du Mont d'Or (775 mètres), qu'on dit ainsi nommé par un officier originaire d'Auvergne, — ce serait alors le Mont-Dore.

La Nouvelle-Calédonie a deux dépendances : à 50 kilomètres au sud-est, l'île des Pins ; à 100 kilomètres à l'est, au delà d'une eau profonde, l'archipel des Loyauté.

Ile des Pins. — Des coraux l'environnent, corail elle-même avec collines littorales dont la plus élevée monte à 452 mètres. Le centre est une espèce de plateau où croissent des fougères ; les collines et vallons du littoral ont pour parure et pour ornement la forêt des kaoris, hauts pins colonnaires qui lui ont valu son nom français d'île des Pins, le nom indigène étant Kounié.

Après avoir servi de prison politique, à l'instar de la « Grande terre », mais n'en recevant que des centaines de proscrits pendant que la Calédonie en recevait des milliers, Kounié est devenue la résidence de condamnés impotents qu'on lui envoie des prisons calédoniennes. On ne pouvait leur choisir un meilleur asile, car ce climat au vent de la mer est doux et bienfaisant. Ses Papous, qui furent mille alors que nous prenions possession de l'île, ne sont plus que 500 à 600.

Iles Loyauté. — Ces Loyalty des Anglais comprennent trois grandes îles et beaucoup de petites orientées parallèlement à la Nouvelle-Calédonie, du nord-ouest au sud-est : en tout 215 000 hectares avec 16 500 insulaires. C'est un archipel de corail qu'une poussée intérieure a levé à quelques dizaines de mètres au-dessus des flots.

La plus vaste, et en même temps l'île centrale, c'est Lifou, grande de 115 000 hectares, haute de 90 mètres, peuplée de 8000 hommes. A son sud-est elle a Maré ou Nengoné (65 000 hectares), qui monte à près de 100 mètres; à son nord-ouest Ouvéa, dont la grandeur n'est que de 16 000 hectares.

Ces îles, une forêt de cocotiers les entoure, au long de la mer; derrière les palmiers vient la Soût; derrière la Soût est la forêt; enfin, tout au centre, s'élève un plateau de corail nu, couvert d'une herbe sans fraîcheur et saveur. C'est dans la Soût et non ailleurs, en des bas-fonds où quelque

Indigènes des îles Loyauté. — Dessin de A. de Neuville, d'après une photographie.

terreau s'amasse, que le Canaque des Loyauté cultive ses plantes nourricières.

Des missionnaires ont converti les hommes des Loyauté, qui suivent maintenant presque tous la foi protestante ou la catholique et qui parlent, à côté de leurs dialectes maternels, ou l'anglais ou le français, et surtout le bichelamar, sabir enfantin où se mêlent polynésien, papoua, langue d'Angleterre et langue de France. Le bichelamar ne règne pas seulement dans cet archipel, on en use en Nouvelle-Calédonie, aux Hébrides, ailleurs encore.

ILES FIDJI

Les Fidji, les Fidjiens, maîtres en anthropophagie. — Ce fort bel archipel s'étend à peu près du 16ᵉ au 20ᵉ degré de latitude australe, à 2000 kilomètres de la néo-zélandaise Auckland, à 3000 de l'australienne Sydney, à près de 8000 de l'américaine San-Francisco.

Il est fait de deux grandes îles, Viti-Lévou, c'est-à-dire Viti-la-Grande, Vanoua-Lévou, c'est-à-dire Terre-Grande, et de peut-être trois cents petites îles, la plupart cerclées de coraux.

Viti-la-Grande, Viti-Lévou, Naviti-Lévou, sous le 18ᵉ degré, s'étend sur 140 ou 150 kilomètres de l'est à l'ouest, avec 40 à 100 du nord au sud ; elle approche de 1 200 000 hectares. Une lisière de terres à coton et canne à sucre, large vers le sud-est, très étroite ailleurs, y fait le tour de volcans éteints hauts de 1000 à 1500 mètres. Viti-Lévou possède la rivière majeure de l'archipel, la Réva-Réva, portant en moyenne à l'Océan, par quatre embouchures, 237 mètres cubes à la seconde. Sur une terre si petite, ladite Réva-Réva mérite bien son autre nom de Via-Lévou, Grand Fleuve ; elle doit son abondance à la prodigalité des pluies : on estime que le ciel verse en moyenne 2700 millimètres d'eau par an sur l'archipel fidjien, en 155 jours : ici 2500, là 3000, ou 4000, et même 6000 aux lieux où passe la mousson.

Terre-Grande, Vanoua-Lévou, au nord-est de Viti-la-Grande, entre le 16ᵉ et le 17ᵉ degré, est un peu plus longue que l'île sœur, de par ses 160 kilomètres, mais beaucoup moins large, n'ayant guère que 40 kilomètres de mer à mer, — aussi ne dépasse-t-elle pas 650 000 hectares. Également volcanique d'origine, elle parait être deux fois moins haute, avec cimes culminantes de 700 ou 800 mètres à peine.

A côté de ces deux petits continents, où les forêts sont hautes, touffues, profondes, les autres îles ne comptent guère ; même le plus grand nombre n'est qu'îlots, écueils de corail faisant de cette mer une onde dangereuse. En tout, l'archipel couvre un peu moins de 2 100 000 hectares et porte tout au plus 150 000 Fidjiens, ou plutôt Vitiens : car ces îles s'appellent réellement les Viti, mais les Anglais, leurs nouveaux maîtres, ont adopté le nom de Fidji, devenu dès lors officiel.

Soumises aux Blancs, les terres fidjiennes ont peu de Blancs encore, à peu près 2500, presque tous anglophones administrant, régissant, trafiquant, ou cultivant dans de très féconds domaines le café, la banane, le cacao, surtout la canne à sucre et autres plantes aimant la grande chaleur et la grande pluie. Ce petit nombre des Anglais, Australiens, Yankees, Allemands, n'a pas sa cause dans la malveillance du climat pour l'élément européen. Malgré sa moyenne annuelle de 27°,5, avec 15°,75 et 35° pour extrêmes, l'archipel est salubre, grâce aux brises de la mer, à la montagne, à la pente du sol, à la prompte course des rivières. Les Blancs des Fidji ne remuent point le sol eux-mêmes. Ils emploient à ce saint travail, plus noble que tous ceux de l'orgueilleuse industrie, des engagés de provenances diverses, et surtout des Néo-Hébridais de Tanna, des insulaires des Gilbert ou de l'archipel de Bismarck. Quant aux indigènes, qui détestent de suer pour le blond ou rouge étranger, il y en a 115 000, reste des 150 000 de 1874[1].

Çà et là mélangés avec le sang des Polynésiens des Tonga et des Wallis, les Fidjiens sont des Papous à l'énorme chevelure formant boule : de loin on dirait qu'ils portent un haut turban noir, un bonnet de sapeur aussi large que haut, d'un pied et demi de diamètre. Jusqu'à une époque récente (à peine séparée de nous par vingt à trente ans) ils mangeaient l'homme, avec dédain pour notre chair civilisée, à leur goût trop amère.

Ce cannibalisme avait sa source dans la gourmandise, non son excuse dans la nécessité, comme chez les sauvages des archipels indigents. Lors du « bon temps », les chefs y engraissaient des esclaves pour les manger. On leur cassait la tête à coups de massue, on leur fendait le crâne sur la pierre à décerveler. Aux corps fraîchement abattus on préférait les cadavres faisandés. On ne tuait pas toujours le long cochon[2], avant de le rôtir ; des milliers furent cuits vivants dans les fours, sur un lit de pierres brûlantes, sous une couche de terre et de feuilles. Souvent on disait à la victime : « Dresse le four où tu rôtiras, ramasse le bois de la flambade et du rôtissage ! » Et la victime obéissait.

---
1. Année de la prise de possession par les Anglais.
2. Nom qu'ils donnaient à la viande humaine.

Chaque fois qu'un esclave avait été broyé par ses dents princières, le chef d'une des tribus qui se partageaient ce sol inhumain portait une grosse pierre dans un lieu choisi par lui pour sa tenue de livres. Quand il mourut, sans être encore très vieux, les pierres montaient en colline : il avait mangé huit cent soixante-douze longs cochons, tant amis et féaux sujets qu'indifférents ou ennemis. Le menu populaire n'imitait que de loin ce grand seigneur, non par vertu, mais par impuissante pauvreté.

Les missionnaires ont fait perdre aux Fidjiens l'habitude des banquets de chair humaine, et ils ont converti nombre de sauvages aux divers protestantismes anglais ; néanmoins la majorité reste fidèle aux antiques idées de sa race, à sa vieille conception du visible et de l'invisible, à son culte des forces ou, si l'on veut, à son paganisme. Les néophytes ont adopté les vêtements européens, et de nus et propres les voilà sales, couverts de vermine.

Avant que les Européens devinssent les maîtres du destin de cet archipel, le long cochon était trop estimé sur la table des grands, la chasse à l'homme trop ardente, les guerres trop nombreuses, les mêlées trop sanglantes, pour que la nation fidjienne augmentât. Depuis que les Blancs ont défendu les repas de chair fraternelle, extirpant ainsi de ce peuple l'une des principales causes de sa mort, les Fidjiens ne profitent point de la paix, dont sans doute ils n'avaient jamais longtemps goûté les douceurs.

Ils n'agrandissent point leurs familles ; loin de là, ils diminuent même, non par excès de trépas, mais par manque de naissances. On cite chez eux des bourgades où plus de vingt derniers souffles expirent quand il naît à peine deux ou trois vies nouvelles, et le pays est plein de villages vides autour desquels tombe en ruines le mur de pierre qui les défendait contre les soudains assauts des demi-Polynésiens de Tonga. Ceux-ci furent jusqu'à ces dernières décades les ennemis héréditaires des Fidjiens, et en même temps les hommes qui pénétraient, de gré, de force, dans l'élément papou pour lui donner plus de beauté, de grâce, de vigueur et d'intelligence.

Dans l'ensemble, cette race, quoique forte et musclée, est molle, un peu lâche, et, bien que très ingénieuse, d'une grande paresse d'esprit. Est-elle au déclin de ses jours ? On le pourrait croire devant des épidémies qui font en un an le vide que fait en vingt années la dominance des décès. Peu après l'annexion à l'Angleterre, une espèce de varioloïde ou de rougeole enleva quarante mille personnes, un grand quart de la nation d'alors — ou plutôt quarante mille y moururent des maux qu'amène la rougeole mal soignée, du désespoir et de l'abandon de soi-même devant le fléau, des fièvres malignes qu'engendre la pourriture des cadavres mal enfouis, de la famine qui suit la disparition des ouvriers du sol.

Mais si les Fidjiens disparaissent, ils auront laissé des métis : au dernier recensement il y en avait déjà 755.

La langue fidjienne, d'abord purement papoue, a été fortement influencée par le polynésien des colons qui adultérèrent la race, principalement sur le littoral ; elle a même changé de caractère et se rapproche aujourd'hui de la langue des Tonga. On la dit très riche, très fine, très difficile à bien acquérir faute de termes généraux. Ainsi pas de verbe exprimant l'idée de ramper en dehors de l'animal qui rampe : le serpent a son verbe, le ver a le sien, et tout animal qui se traîne sur le ventre ; suivant ce qu'on coupe il y a quatorze verbes, selon ce qu'on bat il y en a seize ; pour les substantifs, même fécondité stérile. On prétend qu'elle a de grands rapports de synonymie avec les langues de l'Afrique centrale qui se rattachent au bantou.

Mbaou, sur la rive orientale de Terre-Grande, au nord des bouches de la Réva-Réva, fut la Rome des Fidji ; sa gloire s'est éclipsée devant l'astre naissant de Lévouka, bourgade salubre et station maîtresse des Blancs, dans l'île d'Ovalaou ; puis Lévouka, obscurcie à son tour, a cédé la splendeur du premier rang à Souva, bon port, sur la côte sud-est de Terre-Grande, non loin de ce même delta de la Réva-Réva.

En passant des Fidjiens à leurs voisins les gens des Tonga, qui les ont si profondément modifiés, on passe de la Mélanésie à la Polynésie, où les Anglais ont récemment annexé une petite île montagneuse, Rotouma, terre à cocotiers, sous 12°50′ de latitude sud : 10 000 hommes y vivent, semblables aux Taïtiens, mais qui se disent issus des Samoa.

POLYNÉSIE

Les Polynésiens. Beauté de leurs îles, gaieté de leur vie. — Sur le vaste Océan où il y a le moins de terres, les Maoris de la Nouvelle-Zélande ne sont pas les seuls hommes de leur race. De la double île allongée jusqu'à l'archipel des Sandwich, et des Tonga jusqu'à l'île de Pâques, des sauvages élégants, qui sont les cousins des Maoris, peuplent des sporades et cyclades sans nombre, tellement petites que toutes réunies elles feraient à peine un menu royaume.

Ils sont grands ou très grands, souples, gracieux, de beau visage, couleur de cuivre ou de bronze et non couleur de suie. Race mêlée, ils ont certainement parmi les ancêtres, à côté du Négroïde et du Malais, une « humanité » de peau blanche, de traits nobles. Parlant tous des dialectes d'une même langue douce, trop molle et voyelleuse, ils ont mêmes mœurs, même cycle d'idées, mêmes légendes, même amour pour la mer, même passion pour le canot. Dans les plus délicieuses patries qu'on puisse rêver, leur vie est gaie, facile et sans nul souci d'avenir, sous des cieux brillants, au bord d'un océan lumineux, sur des plages fécondes, à l'ombre des arbres à pain qui, à trois seulement, font vivre un homme tout le long de ses jours.

C'est bonheur et malheur, car si le Polynésien coule doucement des heures inertes en des îles merveilleuses (les atolls exceptés, qui sont un corail sec et pauvre), la beauté même de ses séjours attire des Blancs, et, sauf quelques missionnaires, ces Blancs viennent ici pour « commercer », c'est-à-dire pour piller ; pour « régner », autrement dit pour injurier et détruire.

Ces insulaires ont adopté, du moins en apparence, et pour le plus grand nombre, le protestantisme ou le catholicisme, et, avec ferveur plus profonde et plus vraie, les vices dont les aventuriers blancs se sont faits les apôtres, si tant est que l'Europe pût enseigner quelque chose à des sauvages effroyablement corrompus d'eux-mêmes. Mais si nous n'avons pas appris aux hommes de la mer du Sud des abominations qui s'y étalaient avant nous au grand jour, si les maux qu'on nous accuse d'avoir apportés aux Polynésiens avaient déjà fait des ravages dans leurs îles, si même nos alcools ne leur ont point révélé l'ivresse ignoble et mortelle, car ils avaient aussi leur eau-de-vie, ils tiennent de notre contact les éruptions épidémiques et la phtisie contagieuse.

Depuis notre arrivée ils ont dépéri, peu féconds d'ailleurs et pratiquants de l'infanticide.

Les maladies de poitrine, la petite vérole, la rougeole et autres fléaux venant en partie de ce qu'ils prennent, quittent, reprennent les habits, plus qu'inutiles en ces climats tièdes, mais que le missionnaire les a contraints de revêtir, tout cela, plus la syphilis et les alcools empoisonnés par la fraude, menace de mort leurs tribus, et il se peut qu'un jour le soleil du Pacifique de Polynésie se lève sur des flots dont le dernier Polynésien viendra de disparaître, — Métis à part, puisque aucune race ne sombre tout entière. — Et le Blanc dira : « J'ai civilisé les mers du Sud ».

Il n'aura pourtant rien fait pour soutenir des frères penchés sur la fosse, et souvent il les y aura poussés avec la joie blême de l'héritier.

S'ils n'ont pas plus l'unité de race que les autres races de la Terre, si l'on rencontre chez eux, d'île en île, de caste en caste, d'homme à homme, des têtes, des corps rappelant l'entité noire, l'entité jaune, l'entité blanche, ils ont, dialectes à part, l'unité de langue sur ces mers grandes comme trois fois l'Europe, et aussi l'unité de pensée, d'idées, d'institutions, de coutumes. D'un bout à l'autre de leurs sporades charmantes, les Polynésiens se sont passionnément adonnés et, çà et là, s'adonnent encore à l'anthropophagie avec toutes ses appartenances et dépendances, guerres et massacres, razzias, engraissement d'esclaves. Tous aussi se tatouent, c'est-à-dire se gravent des dessins ineffaçables sur la peau du visage, de la poitrine et des membres, espèces de documents de loin visibles où sont écrits en hiéroglyphes leur état civil, leur caste, leurs titres de noblesse et leurs actions d'éclat.

ILES SAMOA

301 000 hectares, 36 000 habitants, voilà tout ce que vaut cet archipel gracieux dont on a parlé tant, à bouche pleine, à cause de rivalité d'influence entre Anglais, Yankees et Teutons.

On a proposé d'appeler ces îles situées sous le 14º degré austral, archipel de Bougainville, du nom du fameux navigateur français qui les visita le premier en détail (1768). Quoique ce groupe et Tongatabou soient les seules terres polynésiennes où la langue ait une sifflante, il vaudrait peut-être mieux dire Hamoa que Samoa. — Quant au nom d'îles des Navigateurs, il traduit exactement celui d'Hamoa, mais il pourrait tout aussi bien désigner n'importe quelles autres cyclades peuplées par les Polynésiens, hommes habiles dans le maniement des pirogues.

Avec les Tonga, et à un degré supérieur, les Samoa sont la métropole de la Polynésie. La comparaison des traditions, des généalogies, des chants populaires de toutes les tribus disséminées sur ces flots, met le fait presque hors de doute. Les Samoans, comme aussi les Tongans, venaient du nord-ouest, peut-être de Bourou, l'une des grandes Moluques. Quand ils eurent suffisamment rempli leur petit archipel, ils voyagèrent au loin sur le sentier mouvant des vagues, dans des flottilles de canots légers, rarement chavirants, et de la sorte ils peuplèrent Taïti, qui devint métropole à son tour, les Marquises méridionales, peut-être la Nouvelle-Zélande, et envoyèrent des émigrants jusqu'aux îles Gilbert, en Micronésie. D'où la presque identité de langue et la commune ressemblance de visage sur les îles dispersées de la vaste mer polynésienne.

Les Samoans, indépendants ou censés tels, sont comme nos Taïtiens : ils ne diminuent plus, ils augmentent un peu. Ils se montent à 36 900, reste des 80 000 du siècle dernier, si l'archipel eut jamais 80 000 hommes, ce dont on doit douter, comme de toutes ces évaluations hâtives où l'on prend un concours de peuple en un lieu donné pour la normale du pays.

Sur ces 36 000 personnes, le protestantisme en réclame environ 30 000, le catholicisme a reçu dans son giron les 6000 autres. 300, 400 Blancs représentent les hautes et puissantes nations dénationalisantes, l'Angleterre et les États-Unis en tête, l'Allemagne ensuite.

Malgré la propagande que les missionnaires protestants ont faite à la langue anglaise, le polynésien des Samoans vit toujours, écrit, parlé, prêché dans les temples et chapelles, chanté dans les chants chrétiens, et plus encore, il n'est nul doute, dans les chants obscènes dont les Polynésiens ont toute abondance : il ressemble essentiellement au dialecte de Taïti, et, sauf divers changements de consonnes de l'un à l'autre langage, la plupart des mots sont identiques.

Les Samoans sont parmi les plus grands de tous les hommes de la Terre, et certes parmi les mieux faits; ils ont la grâce, la dignité, le courage dont ils usaient et abusaient dans des guerres civiles. Tatoués des genoux jusqu'au tour du corps, ils ne montrent plus autant qu'autrefois ces dessins dont ils étaient si fiers, car nombre d'entre eux, renonçant à Satan et à ses pompes, ont abandonné la semi-nudité de jadis, et le missionnaire tend à les habiller entièrement à l'européenne. Leurs îles majeures sont :

Oupoulo, si gracieuse qu'on peut la préférer à Taïti même; elle porte des monts boisés, mollement arrondis, de hauteur modeste (914 mètres). Là est Apia, bourgade mi-européenne;

Savaïi, plus élevée (1070 mètres), beaucoup plus grande, disputant à l'Havaï des Sandwich l'honneur d'être l'Havaïki légendaire d'où partit la file de canots qui mena les Maoris en Nouvelle-Zélande.

Toutouila, Manoua, voisine d'un volcan sous-marin, Sili, Ofou, etc., etc., toutes les Samoa, Savaïi et Oupoulo comprises, ont pour brise-lames une ceinture de corail.

Les îles Wallis. — Dessin de Th. Weber, d'après un croquis.

LES TONGA

On a cessé d'appeler cet archipel les îles des Amis, nom banal issu du hasard d'un moment, d'une impression fugitive reçue en passant par le découvreur; le hasard d'un autre moment eût pu le faire nommer aussi bien les îles des Ennemis.

Quant au nom de Tonga, très banal également, il signifie en polynésien les îles : d'où il suit qu'en disant îles Tonga nous commettons un tautologisme.

Cet archipel a 150 petites îles et îlots, ne faisant guère ensemble qu'un peu plus de 100 000 hectares. Presque toutes ses terres sont basses, surtout, comme il va de soi, les atolls et les écueils de corail, et peu d'elles montent au-dessus de 50 mètres. Elles émaillent la mer entre le 10ᵉ et le 22ᵉ degré de latitude australe.

Elles sont l'asile de 25 000 à 30 000 hommes, beaux gaillards tendant au négroïde, et sans doute fortement mêlés de sang fidjien, si même ils ne sont pas des Fidjiens influencés par un élément plus « polynésien » que ne l'est le Papou. Race fort essaimante, ils ont envoyé du monde vers diverses îles du Pacifique, notamment vers les Fidji : ils auraient donc reflué vers les sources de leur origine, mais en conquérants plutôt qu'en amis. Les toua, espèces d'esclaves, descendent de vaincus du temps passé.

Devenus tous chrétiens de nom et de rites, mais, comme on le doit supposer, tout imprégnés encore de leur science et conscience antique, ils ont 5500 enfants à l'école et se transmuent à l'européenne, du moins en apparence, sous une sorte de gouvernement constitutionnel avec parlement, droite, gauche, centre, jeu frivole et passionné des partis. Beaucoup d'entre eux écrivent et parlent l'anglais apporté par le commerce et par les missions protestantes, qui ont fait plus d'adhérents que les missions catholiques.

La terre majeure, qui fait près du tiers de l'archipel en étendue, plus du tiers en population, s'appelle Tongatabou, c'est-à-dire l'île Sainte.

Vavao peupla Nouka-Hiva et les autres Marquises du Nord.

La basaltique et doléritique Toufoa porte un volcan bas, mais dangereux.

Église de la mission des îles Wallis. — Dessin de Th. Weber, d'après une photographie.

Sur Laté s'élève le mont culminant des Tonga.

Les Wallis et les Fotouna. — Au nord des Tonga, les coraillères Wallis (2500 hectares) ont pour île principale Ouvéa. Leurs 3500 habitants, convertis au catholicisme par des Français, aiment la France, mais ne lui sont pas subordonnés. Ils augmentent.

Au nord-ouest des Wallis, les Fotouna (5500 hectares), îlots volcaniques, portent 2500 hommes devenus bons catholiques, en voie d'accroissement comme ceux des Wallis.

Habitations des indigènes dans les îles Cook. — Dessin de Riou, d'après une photographie.

ILES COOK

On les appelle ainsi de leur découvreur. Elles ont un autre nom, îles Harvey, mais par erreur, les Harvey n'étant que deux des moindres terres de cet archipel, et des plus inhabitées.

Les Cook non plus ne sont pas grandes, entre leurs bordures de corail, au nord ou au sud du 20e degré : 79 500 hectares en tout, avec 7 600 habitants. Neuf d'entre elles seulement ne sont pas de simples îlots. Les moins exiguës, et en même temps les seules qui portent de la vraie montagne, se nomment Mangaïa (6 700 hectares) et Rarotonga (8 000 hectares), celle-ci haute de près de 900 mètres, et d'où l'on croit que partirent plusieurs des émigrations qui peuplèrent la Polynésie d'une race homogène.

Le cannibalisme y faisait rage; il en a disparu depuis que ces insulaires vont au prône anglais.

Sporades polynésiennes. — Des Cook part un très long éparpillement d'îles fort petites, sur le chemin des Sandwich, distantes de 40 degrés, les Sandwich étant sous 20 degrés de latitude nord, et l'archipel où prime Rarotonga sous 20 degrés de latitude australe. Dans leur ensemble, on les appelle Sporades polynésiennes, avec différents noms de groupe. Œuvre des madrépores, elles sont basses, toutes ou presque toutes avec cocotiers, beaucoup avec guano qu'exploitent, qu'ont déjà presque partout épuisé des Anglais ou des Yankees. A peine peut-on citer Malden (8 900 hectares), aride et vide; Noël, déserte, qui a 85 kilomètres de tour; Fanning (5 500 hectares).

ILES SANDWICH

Après la Nouvelle-Zélande c'est là le plus vaste archipel des Polynésiens, mais aussi l'un de ceux où la race gracieuse décroît lamentablement. De plus en plus on nomme ces îles les Havaï, de la principale d'entre elles, qui dépasse 1 100 000 hectares, sur les 1 694 600 du groupe entier.

Les Sandwich sortent de flots très éloignés de ceux qui grondent ou murmurent contre les autres terres de la nation polynésienne. Elles rompent la mer dans le voisinage du Tropique du Cancer, sur la route de la Californie à la Chine, à l'archipel Indo-chinois, à l'Inde.

Havaï : Maouna-Loa, Kilaouéa. — Havaï, qu'on appellerait la pierre angulaire si elle ne faisait en même temps les deux tiers de l'édifice, monte au sud-est de l'archipel, sous le 19ᵉ et le 20ᵉ degré, vaste de 1 135 600 hectares, avec 17 000 hommes. Elle dresse le plus puissant volcan de la Terre, le Maouna-Loa.

Le Maouna-Loa (4194 mètres), ou Grand-Mont, est bien plutôt un Mont-Fumant, un Mont-Rouge, et nul cratère ne brasse dans sa chaudière autant de lave en incandescence que son terrible Kilaouéa, enfer qui s'ouvre sur le flanc du géant Maouna-Loa, par 1200 mètres d'altitude, en une ellipse de 11 kilomètres de tour. Quand sa chaudière se vide, comme en 1840, en 1866, en 1880-1881, sa profondeur est de 450 mètres jusqu'au soupirail où commencent les ténèbres noires ; quand palpite sa lave ardente, quand il tonne et détonne, qu'il siffle et fume, il épanche un fleuve lourd qui va brûlant, rabotant, dévorant l'île, et lorsque ce fleuve s'arrête il a caché vallées et vallons. L'éruption de 1880-1881 a duré 268 jours et conduit sa vague, éclairée la nuit par des colonnes de feu sanglant, jusqu'à 96 000 mètres de la gueule du Kilaouéa, tout près du port de Hilo.

Un peu plus haut, bien moins fatal, est le Maouna-Kéa (4253 mètres) ou Mont-Blanc, ainsi dit de quelques neiges d'été, dans quelques replis. Le Maouna-Houalalaï, qui fut un mauvais compère, est assoupi depuis la première année de ce siècle.

Tout comme l'Islande, bien que sous un autre climat, Havaï doit son infertilité grande à la cuirasse de laves que le Maouna-Loa répare toujours avant que le temps l'ait usée, brisée, émiettée, délitée. Hors quelques jolis vallons, hors quelques grandes forêts, c'est un bloc dur, sec, aride, avec peu de rivières, l'eau s'en allant par des fissures dans les profondeurs, sous la carapace ; au nord du Grand-Mont, l'un de ses torrents, le Vaïpio, saute de près de 700 mètres.

Pour plus d'un savant, Havaï est l'Havaïki de la tradition, l'antique métropole des Maoris.

Les petites Sandwich. — Les autres Sandwich s'alignent régulièrement vers le nord-ouest, jusqu'à Kaouaï et Niïhaou, situées sous le 22ᵉ degré.

Maoui (126 800 hectares), à 40 kilomètres d'Havaï, porte un mont de 3100 mètres, le Haléa-Kala ou Maison du Soleil, volcan tari, et donne asile à 12 000 hommes. La principale de ses cinq îles annexes a nom Kahoulavi (14300 hectares).

Lanaï (30 100 hectares) n'entretient que 214 personnes, étant fort aride parce qu'il tombe très peu de pluie sur son sol volcanique.

Molokaï (49 100 hectares), île efflanquée, a 2600 habitants. Nul mont n'y atteint 1000 mètres, ou seulement 800 : elle n'en est pas moins très hachée, tailladée, à tel point que son nom usuel, Kaaïnapali, veut dire la Terre des précipices. Il y a là l'une des plus tristes colonies du monde, un village de 800 lépreux sévèrement isolés du reste des hommes : la guérison les amnistierait, mais ils ne guérissent pas et meurent dans l'exil.

Oahou, plus féconde que ses sœurs, volcanique ainsi qu'elles, avec mont de 1186 mètres, possède la métropole de ces îles, Honoloulou (14 000 hab.), port splendide. Sur les 168 000 hectares d'Oahou vivent 20 000 hommes.

Kaouaï (141 800 hectares), vieille lave attendrie, divisée par les météores depuis que ses volcans se reposent dans la mort, est une terre fertile où la canne à sucre prospère, où l'on acclimate l'olivier ; elle ne nourrit pourtant que 5634 personnes, dans de belles vallées, d'admirables cirques. Un pic de 1900 mètres jette, aux heures obliques de la journée, son ombre sur d'harmonieux contours

de vallon. Niihaou (28 900 hectares), son annexe, est inféconde et nue, avec 180 hommes seulement.

Canaques et Blancs; Chinois et Portugais.

— Lorsque Cook découvrit cet archipel en 1778, il lui fit libéralement présent de 400 000 âmes, nombre exagéré pour sûr. Mais ce qui n'admet pas de doute, c'est la diminution « vertigineuse » des indigènes. Les îles Sandwich avaient 142 000 Canaques en 1823; il ne leur en restait que 84 000 en 1850; 70 000 en 1860; 63 000 en 1866; 44 088 en 1878; 40 014 au recensement de 1885, sur une population de 80 578 personnes.

Pendant que les « Havaïens » décroissent, les étrangers augmentent. Non pas tant les Anglais et Yankees, jadis maîtres exploiteurs de ces îles qu'ils ont soumises au protestantisme et où ils ont élevé leur langue au rang d'idiome officiel à côté du polynésien : en ce moment commence un nouvel ordre de choses qui pourrait enlever aux protestants anglophones la dominance en Havaï. Un excès d'immigration chinoise menaçait de submerger le petit peuple polynésien, et déjà près de 18 000 de ces Jaunes avaient envahi l'archipel; alors les gouvernants d'Honoloulou, dans leur terreur de « Jean le Chinois », ont fait appel à

Sur la côte d'Oahou. (Voy. p. 928.) — Dessin de H. Clerget, d'après une photographie.

d'autres hommes qui sont à peu près les seuls chrétiens, catholiques il est vrai, assez durs pour travailler tout le long de l'année à toute heure du jour sous la brûlure du Tropique. Ils ont attiré les Portugais des îles d'Afrique, et ceux-ci viennent à milliers, vaillants paysans qu'on n'anglifiera point, qu'on ne « canaquisera » pas si de nouveaux convois arrivent chaque année des terres maternelles, Açores, Madère, archipel du Cap-Vert, suivant ce qu'il faudra de bras pour planter et couper la canne à sucre, pour soigner les arbres précieux, cueillir le coton, le café, garder les bestiaux dans la pâture. Le recensement de 1878, antérieur à la grande immigration chinoise et à la portugaise, signalait 1276 Yankees, 883 Anglais, etc., et 3420 Métis, le meilleur espoir de la race polynésienne d'Havaï, qui ne voudrait pas mourir. Elle ne se contente plus de redouter les Chinois et d'essayer de les proscrire, elle n'appelle plus seulement à son aide les Lusitaniens des îles : elle introduit maintenant dans son archipel des Micronésiens et Polynésiens plus ou moins homophyles, plus ou moins homophones, et souhaite de recevoir des Maoris de la Nouvelle-Zélande.

C'est aux îles Sandwich, à l'extrémité du domaine des Polynésiens, que la langue puérile de cette race d'hommes réduit au plus petit nombre le chiffre de ses consonnes : il n'y en a que sept dans le dialecte havaïen, il y en a dix chez les Maoris de la Nouvelle-Zélande et à Taïti, quinze dans le parler des îles Tonga.

Papéiti. — Dessin de Riou, d'après une photographie.

SPORADES FRANÇAISES

Iles de la Société : Taïti. — Vers le 17° degré de latitude, Taïti est la plus célèbre des iles de la Société, la plus belle et la plus vaste, de par ses 104 000 hectares.

Deux iles la composent, inégales, mais se ressemblant fort, terres hautes qu'a soudées un isthme bas. D'une forme intermédiaire entre le cercle et l'ellipse, elles ont même grâce et même grandeur, sous un idéal climat d'une moyenne de 24° dans les plaines et vallons du pourtour, avec 16°, 15°, 14° pour l'excès de froid, 51° à 35° pour l'excès de chaud. Presque toute la nation taïtienne, hommes hauts et charmants, femmes jolies et câlines, vit sur le rivage, parmi les arbres fruitiers ou sylvestres tirés du sein maternel de la Terre par le soleil et la pluie de cette zone heureuse que tempère la brise d'une immense expansion d'océan.

En s'éloignant des flots on monte presque dès la rive. Dans la grande ile on peut grimper jusqu'à 2237 mètres, hauteur de l'Orohéna; dans la petite, le Koniou (1150 mètres) n'a que moitié de la taille de ce géant taïtien. Plusieurs monts y furent des volcans, tous devenus muets — tel le Diadème — et c'est souvent entre de noirs basaltes que le soleil irise les cascades sans nombre sur les torrents innombrables, toujours en rumeur, car la montagne est raide, la pente raboteuse, la pluie drue et de longue durée.

On ne pense pas que Taïti possède plus de 30 000 hectares cultivables dans son entassement de montagnes, mais de ces 300 kilomètres carrés on ferait un jardin d'Armide où seraient heureux 200 000 Taïtiens. Or l'île n'en entretient pas 11 000, en y comprenant sa grande annexe de l'ouest, Mooréa ou Eiméo (13 237 hectares), très gracieuse, autour d'un mont de plus de 1200 mètres, et deux « ilettes » qui sont, au nord Tétouaroa, à l'est Maïtéa (487 mètres). Les Taïtiens se laissent vivre : ils cueillent le fruit de l'arbre à pain, la banane et la noix de coco; ils adorent le soleil du matin et du soir, l'ombre à midi; ils s'ébattent dans les ruisseaux clairs, dans la mer souriante. Ils avaient toutes les joies des primitifs, ils les conservent encore, ceux du moins qui ne tiennent pas de nous les soucis, anémies et maladies des décadents. Ils sont fous de plaisirs et de voluptés, insouciants, puérils, ivrognes des eaux-de-vie, qu'elles soient franches ou fausses, et de quelque fermentation qu'elles viennent.

Issus, dit-on, des Samoa, ce sont eux qui envoyèrent au loin dans le nord, du moins on le croit, les premiers hommes qui virent flamber les volcans d'Havai. Étaient-ils, comme on l'a prétendu, 80 000 quand Cook aborda dans leur île avant tout autre Européen, ou quand Bougainville émerveillé la nomma la Nouvelle-Cythère? Non sans nul doute, mais depuis lors ils ont longtemps et beaucoup diminué. Même on les a crus perdus. Depuis quelques années ils augmentent. La France, lentement colonisatrice, ne les a point submergés. Le protectorat de 1842 étant devenu possession directe, elle les pressera plus qu'auparavant. Toutefois, comme, vivant de peu, ils vendent peu leurs terres, ils ne disparaîtront que par la langue; ils ont tout le temps de s'unir à nous en métissage et de survivre sous le nom et l'apparence de Français. Sur les 10 800 hommes reconnus par le dénombrement de 1881, près de 1000 sont des Français, près de 600 des Européens ou Américains, près de 500 des Chinois, faisant ce que font les Chinois, tout ce qui se peut faire. En grande majorité protestants, le reste catholiques, — et, dans l'intimité des choses, tous païens, — les Polynésiens de ces îles, la plupart convertis par des missionnaires de la partout prédicante Angleterre, ont longtemps subi l'influence anglaise plus que la française, et beaucoup d'entre eux parlent la langue où nous avons puisé l'argot des courses.

La capitale, Papéiti, simple bourgade, est un port très sûr, protégé par le corail.

Houahiné, Raïatéa, Tahaa, Borabora. — Les autres îles de la Société ni protégées, ni possédées jusqu'à ce jour par la France, sont :

Houahiné (7300 hectares), à 160 kilomètres vers l'ouest-nord-ouest de Taïti. Le corail l'entoure. 1665 Polynésiens y demeurent sur une terre volcanique partagée en deux, comme notre Guadeloupe, par un chenal d'origine moderne.

Raïatéa, d'un tiers plus grande, à peine aussi peuplée, s'élève à 600 mètres, cintrée de corail, comme sa voisine au nord, Tahaa. Celle-ci, qui a plus ou moins l'étendue de Houahiné, porte 1000 habitants environ.

Borabora, mont de 600 mètres à deux cimes, est, comme ses sœurs, environnée de récifs madréporiques. 1800 personnes l'habitent, ayant à leur disposition 5000 hectares. Toubaï ou Motouiti et Maoupiti sont pareilles aux autres.

Ces insulaires ressemblent à nos Taïtiens. Des missionnaires anglais les ont amenés à confesser le nom de Christ suivant la formule anglaise.

En tout, les îles indépendantes font 50 000 hectares avec un petit peuple de 7500 hommes, d'autres, disent 3500, vernis à l'européenne et très enclins à se parer de nos vices.

Les Marquises. — Encore moins assimilées que Taïti sont jusqu'à ce jour les Marquises où il n'y a que 80 Français pour faire face à près de 100 Européens et à plus de 5000 Polynésiens — le tout sur 135000 hectares, en onze îles volcaniques essaimées entre le 8e et le 10e degré 1/2 de latitude australe, à 250 lieues vers le nord-ouest de la « Nouvelle-Cythère ».

Deux de ces îles ont plus d'ampleur que les autres, Nouka-Hiva et Hiva-Hoa.

Nouka-Hiva touche presque le 9e degré par ses caps méridionaux. Harmonieuse en sa mer, en sa montagne, en son ciel, c'est une autre Taïti, moins belle et plus petite. Elle dresse sa maîtresse roche à 1178 mètres, la moitié de l'Orohéna taïtien. Il y a là une espèce de plateau central, le Tovii, d'où les torrents tombent comme l'avalanche à la rive prochaine, et l'un d'eux saute de 335 mètres, on dit même de 650. Au bord des flots on rencontre çà et là quelque épanouissement de vallon où terre, soleil, pluie, sont propices à l'arbre à pain, au cocotier, au bananier, à la canne à sucre, au coton, au taro dont l'indigène aime la racine, au cotonnier, au cafier. Nouka-Hiva donnerait tout et ne donne rien. Presque partout déserte, de plus en plus veuve de ses Canaques, elle n'avait que 2700 insulaires en 1855, et dix-sept ans après il ne lui en restait pas 1600. Quant aux Français, ils habitent presque tous à Taïohaé, sur une jolie baie de la côte du sud. Ce village est la « capitale » des Marquises.

Hiva-Hoa nous appartient de nom, comme tout l'archipel, depuis 1842, mais nous n'y avons pris pied qu'en 1880, pour venger deux matelots mangés l'année précédente par ces cannibales tatoués. C'est un bloc volcanique de 1260 mètres, le plus haut de l'archipel.

Solitaire en presque tous ses vallons, il n'y restait en 1872 que 3000 âmes, contre 6000 en 1855. Et il en est de même dans les autres Marquises : à Taouata, le montagneux satellite de Hiva-Hoa, ces dix-sept ans ont abaissé la population de 600 à 300 ; à Fatou-Hiva, volcan éteint de 1120 mètres, vivaient 1200 âmes en 1855, là où il n'en subsistait plus que 250 en 1872 ; Houapoou (1189 mètres) est descendue de 1100 à 900, Houaflouna (740 mètres) de 300 à 19 ; Hiaou est et fut de tout temps, il semble, une terre déserte, un boursouflement de 640 mètres.

11 900 hommes en 1855, et seulement 6045 en 1872! Et moins de 5000 aujourd'hui! D'où vient ce trépas rapide?

Types taïtiens. — Dessin de Huens, d'après une photographie.

Ce n'est pas l'excès d'émigration qui dépeuple les Marquises, comme elle le fait d'Érin, mais la mort, qui ne recule pas devant un flot d'arrivées à la vie. La France pourtant n'a guère brutalisé les Polynésiens des Marquises; elle les a laissés à leur passé de sauvages éparpillés en tribus tatouées, uniformément asservies aux mêmes maximes de gouvernement, aux mêmes fétichismes, aux mêmes mirages de pensée et de philosophie; mais elle a mis un terme à leurs guerres civiles et proscrit les repas de chair humaine dont maint guerrier rêve encore. Ils devraient donc croître, et ils décroissent comme les Maoris, les Fidjiens, les Havaïens. Peut-être avant de sombrer remonteront-ils au jour, ainsi que Taïtiens et Samoans, quand le contact du Blanc aura pourri ceux qu'il doit pourrir.

Les Toubouaï. — A quelques centaines de kilomètres au sud de Taïti, tant au nord qu'au midi du Tropique du Capricorne, les Toubouaï sont nôtres depuis 1881. Bien petit accroissement d'empire que ces îles qui ne mettent pas en ligne plus de 556 insulaires, dont moitié pour Raïvavaé, la terre la plus haute, la moins minime étant Toubouaï (10 000 hectares), dont le groupe tient son nom. Ces deux îles majeures, Rimatara, Ohitéroa ou Rouroutou, Narourota, îlot vide, tout l'archipel, qu'on nomme aussi les îles Australes, ne comprend guère que 16 500 hectares.

Il n'y avait personne dans les Toubouaï quand leur arrivèrent des Taïtiens, vers la fin du siècle dernier. Les Toubouaïens se rattachent donc à la plus belle des familles polynésiennes. Ils n'ont chez eux que huit Blancs, dont cinq Français.

Oparo. — A cent vingt lieues au sud-est des Toubouaï, Oparo ou Rapa, devenue française, n'a que la valeur d'un relais de mer sur la route entre l'Europe et la Nouvelle-Zélande par Panama. 4200 hectares, un pic de 662 mètres, 150 « tarophages », hommes bien faits, doux, gentils, sous un ciel d'une prodigieuse mansuétude où la chaleur dépasse rarement 24 degrés, telle est cette Oparo sur sa mer infinie. Solitaire entre les quatre vents, elle ne voit que des flots sans limon et le soleil dans sa gloire.

Les Touamotou. — A l'est et au sud-est de l'« île Gracieuse », les Touamotou nous appartiennent aussi. Ce nom polynésien veut dire les Iles lointaines, et en effet elles s'en vont bien loin de Taïti, par une puissante éclaboussure, entre 14 et 25 degrés de latitude australe. Mais en vain la ligne droite tirée de la première au nord-ouest à la dernière au sud-est a-t-elle 2500 kilomètres, presque autant qu'en Europe la distance de Paris à Moscou; en vain sont-elles soixante-dix-neuf sans les îlots, les sous-îlots, les simples récifs, elles ne donnent à la France, leur souveraine depuis 1842, que 7270 hommes sur 660 000 hectares. De ces 7270 insulaires, 1050 vivent dans Anaa.

Avant de s'appeler Touamotou, c'était les Pomotou, les « Conquises ». Par égard pour ses nouveaux fils la France en a fait les « Lointaines », mais les meilleurs noms sont les anciens noms : îles Basses ou Archipel Dangereux — Basses, car les forces d'en-dessous ne les ont guère levées au-dessus du niveau que leur donnèrent leurs fondateurs et cimenteurs les polypes; Dangereuses, car leurs écueils éventrent les navires.

Les Touamotou, sans monts, sans rus, sans fonts vives, sèches de sol, stériles, n'offrent pas de vraie terre créatrice à leurs hommes, Polynésiens de langue plus que de race (puisque les Taïtiens s'y greffèrent sur des Négroïdes dont on ignore l'apparentage). On y mange du poisson, et aussi de la racine de taro, et des noix de cocotier : ce palmier, arbre essentiel des ceintures de corail, croît ici sur la rive extérieure, à l'estran de mer, ou sur la rive intérieure, au bord des lagunes vert pâle, eau d'océan qu'avive le détroit laissé par les madrépores dans la digue annulaire de l'atoll.

Iles Gambier. — Au sud-est des Touamotou, dans les environs du Capricorne, les îles Gambier ou Mangaréva, protégées depuis 1844, sont le cimetière d'un peuple polynésien qui décline.

1800 à 2000 en 1844, aujourd'hui 547, voilà depuis quarante ans l' « accroissement » des Mangaréviens, anthropophages que des missionnaires catholiques ont amenés au christianisme, à la paix, à la mansuétude.

Les Mangaréviens tiennent leur nom de la pointe humide et cependant fertile Mangaréva, leur île majeure, toute en montagnes avec un volcan décrépit, le Duff (530 mètres). Taravaï, Akamarou, Aokéna, Kamakha, etc., ajoutent à la petitesse de Mangaréva leur propre infinitésimalité pour compléter l'humble archipel de 2600 hectares.

Statues géantes. — Dessin de A. de Bar, d'après un croquis.

ILE DE PÂQUES

Les Dieux géants. Un peuple qui meurt. — L'île de Pâques est vers le 27ᵉ degré de latitude australe, loin des Sporades françaises, et même un peu plus près de l'Amérique méridionale, du littoral chilien, que de Taïti. Elle est seule sur des mers sans bornes.

On l'appelle également Vaïhou, Mata-Kitéraghé, Rapa-Noui, Tépito-té-Fénoua[1]. Il n'est aucun de ces noms indigènes qui ne vaille « sept fois septante fois sept fois » le nom civilisé donné à cette roche en l'an 1722 par l'amiral hollandais qui le pre-

[1]. C'est le nom véritable.

mier la reconnut : c'était le « jour de la résurrection, » et Tépito-té-Fénoua devint l'île de Pâques.

Elle n'a pas même 50 kilomètres de tour, avec 11 773 hectares.

Ses volcans sont muets, mais elle a conservé leurs rougeâtres cratères ; l'un d'eux, celui de Kaou, immense puits régulier, a plus de 3 kilomètres de tour et 250 mètres de profondeur.

La montagne la plus haute n'y domine les flots que de 457 mètres. Tépito-té-Fénoua, lave rouge et pierre ponce, n'a que des arbustes, pas d'arbres, peu d'eau. Quoique sous la même latitude que le nord de la mer Rouge, elle n'est point clémente; l'Océan y souffle éperdument, infatigablement, et il n'y a douceur, tiédeur ou chaleur que dans la conque des cratères éteints, à l'abri du mistral de ces mers.

Récemment encore, en 1860, elle avait trois mille[1] hommes, Polynésiens païens venant, d'après leurs traditions, en deux pirogues, d'une île fort éloignée dans l'ouest[2]. Quand abordèrent ces navigateurs poussés par le vent d'occident, Tépito-té-Fénoua n'était pas déserte; ils y trouvèrent un peuple dont ils tuèrent tous les mâles, puis ils prirent pour eux les femmes et les filles.

De l'alliance des égorgeurs et des épargnées naquit la race des hommes qui taillèrent les deux cents statues de 6 à 11 mètres de haut qu'on rencontre dans l'île, debout ou couchées, brisées ou intègres.

Deux fois plus haute que les plus grandes, l'une d'elles a même 23 mètres, mais le sculpteur ne l'a point terminée.

A vrai dire, elles ne sont pas des statues, mais des bustes, comme le Sphinx; et de ces bustes la figure prend la moitié, face qu'on dit très semblable aux visages taillés jadis par les Aymaras du Pérou.

Ces bustes étaient des idoles. Dieux rouges, puisqu'on les coupait dans la lave, chacun avait son nom, qui n'est pas oublié des vieillards, bien que deux siècles et demi se soient écoulés depuis que les artistes de l'île aux quatre ou cinq noms ont cessé de tirer du roc l'image des maîtres souverains du Ciel et de la Terre. Comme tel de nos vieux sculpteurs s'usait à son portail de cathédrale, le statuaire polynésien donnait toute sa vie à ces divins colosses, heureux si de la jeunesse à la vieillesse il avait la force d'en ciseler un ou deux.

Tournés au catholicisme par des missionnaires français, mais restés païens au fond de l'âme, les Canaques de Rapa-Noui croient encore à la puissance de ces divinités.

Non pas de celles dont l'idole est par terre, car celles-là sont mortes dans la nuit d'une bataille entre les statues : tout Dieu, tout Génie dont le buste fut brisé par le buste d'un Génie, d'un Dieu rival, rendit l'âme dès que tomba son simulacre, mais les tout-puissants dont le colosse resta debout gardèrent leur antique vertu.

Ils n'ont point sauvé leur peuple, les Dieux géants de Vaïhou. De trois mille tombés à cent cinquante[1], ces insulaires diminuent encore. Il n'y a plus chez eux que 67 hommes, 39 femmes, 44 petits.

Pour un enfant qui monte à la lumière du jour, trois vivants y descendent dans la nuit de la mort, et bientôt rien ne restera de la nation solitaire sur son rocher, parmi des vents éternels.

Elle fut pourtant jeune, vivante, agissante, quand dans sa ferveur elle ajoutait les Dieux de pierre aux Dieux de pierre : peut-être eut-elle jusqu'à 6000 hommes qui cultivaient le sol issu des volcans ou pêchaient la mer poissonneuse.

On lui a pris ses fils pour les plantations des îles Polynésiennes et pour les guanos du Pérou; la variole, l'asthme, la phtisie, la syphilis ont ravi les autres, et l'immortelle nature n'y renaît plus d'elle-même.

---

1. On dit aussi 1000 seulement.
2. Mangaréva, peut-être.

1. Dont 20 Taïtiens.

Fin.

INDEX ALPHABÉTIQUE[1]

Aar (L'), 142.
Abaï ou Nil Bleu, 478.
Abêché, 528.
Abéokouta, voy. Yorouba.
Aberdeen, 48.
Abkhasie, 302.
Abo, 92.
Abomey, 543
Abrantes, 208.
Abruzzes (Les), 223.
Abyssinie, 477-484.
Abyssiniens, 480-481.
Acadie, 639-642.
Acadiens, 631, 639-641.
Acapulco, 704, 708, *710.
Acarnanie, 258.
Acatenango (Mont), 715.
Achaïe-Élide, 260.
Achantis, 542.
Acheloos (Fleuve), 258.
Achéron (L'), 242.
Aconcagua (L'), 796, 802.
Açores (Iles), 583-584.
Adamaoua (L'), 527.
Adda (L'), 216.
Adélaïde, 857, *860.
Adelsberg (Caverne d'), 116.
Aden, 335, 336, 337-338.
Adige (L'), 247.
Adour (L'), 167.
Adrar (L'), 512.
Afghanistan, 347-350.
Afghans, 348-350.
Afrique, 451-600; — généralités, 451-460.
Afrique Mineure, 452-455.
Agly (L'), 167.
Agra, 375.
Agram, 124.
Agrigente, 225-226.
Agua (Volcan de), 715.
Agueda (L'), 188.
Ahmedabad, 377.
Absa (L'), 338.
Aigoual (L'), 150.

Aigues-Mortes, 162, 165.
Aiguillon (Anse de l'), 160.
Ain (L'), 169.
Aïnos. 450.
Aïravâti, voy. Iraouaddi.
Aïtone (Forêt d'), 184.
Aix-la-Chapelle, 107.
Ajaccio, 184.
Akkas, 457.
Alagon (L'), 190.
Aland (Iles), 92.
Alaotra (Lac), 594.
Alaska, 607, 608, 682-683, 689.
Albanais, 228, 236, 242-244; — en Grèce, 266.
Albanie, 242-244, 247.
Albano (Lac d'), 219.
Albany, 694.
Albany (L'), 627.
Albay, 906. 907. 908.
Albères (Les), 156, 162.
Albert (Lac), 463, 464-465.
Alberta, 658, 660.
Albordji (Monts), 340.
Alcalá de Hénarès, 190.
Alcantara (Pont d'), 190.
Alcazar (L'). 189.
Alemtejo, 208.
Aléoutes, 682-683.
Aléoutiennes (Iles), 682-683.
Alep. 330.
Aléria, 183.
Aletsch (Glacier d'), 140.
Alexandra (Lac), 462.
Alexandrie d'Égypte. 472.
Alexandrie d'Italie, 232.
Alfa (Mer d'), 499, 503.
Alfœld (L'), 118, 119.
Algarve, 208-209.
Alger, 496, 497, *510.
Algérie, 179, 494-510.
Algonquins, 621, 639.
Alhambra (L'), 203, 206.
Alima (L'), 552.
Allahabad, 358, *376.
Alléghanies (Monts), 607, 667-670.
Alléghany (Rivière), 670.
Allemagne, 97-112.
Allemande (Langue), 103-104.
Allemands, 102-106; — en Au-

triche, 122-123; — en Amérique, 684.
Allier (L'). 166.
Allong (Baie d'), 406.
Almaden, 190.
Alpes (Les). 20, 25-26. 133, 135; — Alpes suisses, 139-140.
Alphée (Fleuve), 260.
Alsace-Lorraine, 112.
Altaï (Monts), 268, 280-281.
Altar (Mont), 770.
Altitude (L') : sa puissance et son influence. 6-7; — altitude moyenne de l'Europe, 19.
Altona, 106.
Alviella (Source de l'), 208.
Amarâpoura, 392.
Amazones (Fleuve des), 821-824. — Voy. Maragnon.
Amboine (Ile et ville d'), 896.
Ambrym (Ile), 916.
Américains indigènes, 612-616.
Amérique, 601-858; — généralités, 601-612.
Amérique Centrale, 713-724.
Amérique du Nord, 617-752.
Amérique du Sud, 753-858.
Amérique latine, 697-700.
Amhara, 480, 481.
Amiens, 180.
Amirantes (Iles), 600.
Amirauté (Iles de l'), 874.
Amou (L'), 294.
Amour (Fleuve), 283-286.
Amritsar, *375, 376.
Amsterdam, 138.
Anahuac (Plateau d'), 706-708.
Anatolie, 312-314.
Andalousie, 198.
Andaman (Iles), 388, 389, 390.
Andes (Cordillère des), 610, 611, 756, 769-770, 776-778. 785-787, 793, 794-796, 801-802.
Andrinople, 240.
Angara, 282.
Angara-Yénisséi (L'), 281-282.
Angers, 180.
Angkor, 394, 395.
Anglais, 35-40.

Anglaise (Langue), 38-39.
Anglesey (Ile d'), 54.
Angleterre, 32-42.
Anglicane (Église), 40.
Anglo-Saxons : cette appellation est inexacte, p. 58.
Angola (L'), 553-555.
Angolola, 478, 482.
Angora, 319.
Angoulême, 166.
Angra Pequeña, 556.
Anio (L') ou Teverone. 219.
Ankober, 478, 482.
Annam, 396, 402-404.
Annamites, 402-404, 407.
Annecy (Lac d'), 154.
Annobom (Ile), 590.
Ansarieh, 329, 330.
Antibes, 162, 163.
Anti-Caucase (L'), 302.
Antigua (Ile), 746.
Anti-Liban (L'), 324, 326.
Antilles (Iles), 725-752; — anglaises, 745-750; — danoises, 752; — espagnoles, 727-732; — françaises, 741-744; — hollandaises, 750-751.
Antioche, 326.
Antiparos (Grotte d'), 262.
Antisana (L'), 770.
Anvers, 129, *134.
Aouach (L'), 482-483.
Aouaraghen (Les), 451.
Aoussa (L'), 483.
Apchéron (Presqu'île d'), 18.
Apennins (Les), 218.
Apo (Mont), 910.
Arabe (Langue), 334-335.
Arabes, 334-336, 490-491, 495, 506-508.
Arabie, 272, 331-338.
Aragon, 194.
Aran (Val d'), 156.
Aranjuez. 190, 192.
Ararat (Mont), 272, 302, *312.
Araucans, 800.
Aravali (Monts), 362.
Araxe (L'), 304.
Arc (L'), 170.

[1] Les numéros précédés d'un astérisque et ceux reliés par un trait d'union désignent la page où se trouve la description la plus complète du sujet désigné.

O. RECLUS. LA TERRE A VOL D'OISEAU.

118

Arcachon (Bassin d'), 162.
Arcadie, 260, 262.
Ardèche (L'), 145, 170.
Ardennes (Les), 156.
Aréquipa (Volcan d') ou Misti, 777, 778.
Arfats (Monts), 870.
Argens (L'), 170.
Argentine (République), 801-810.
Argolide-et-Corinthie, 260.
Argos, 259, 265.
Argos (Golfe d'), 260.
Ariège (L'), 166.
Arizona, 678.
Arkansas (L'), 674.
Arkhangel, 75, 82.
Arles, 168, 169.
Arménie, 272, 273, 312-314.
Arméniens, 308, 310, 310.
Arnhem, 138.
Arno (L'), 217, 218, 220.
Arou (Iles), 892, 897.
Arracan (L'), 387.
Aruba (Ile), 750.
Arve (L'), 167.
Arvert (Presqu'île d'), 161.
Aryas, 12, 566-570.
Arzeu, 496.
Asama (Mont), 444.
Ascension (Ile de l'), 591.
Asie, 267-490; — généralités, 267-276.
Asie Mineure, 272-273, 311.
Asie Russe, 277-288.
Asir, 337.
Asomonte (L'), 218, 223.
Aspinwall, voy. Colon.
Aspro-Potamo (L'), 258.
Assab, 484.
Assal (L'), 485.
Assam, 359-360.
Assiniboia, 658.
Assinie, 539-540, 541.
Assomption (L'), 813, 814.
Astrakhan, 78, 83, 84.
Asturies (Les), 192.
Atacama (Désert d'), 8, 796.
Athara (L'), 478-479.
Atchin, 887-888.
Athabasca (L'), 648, 660.
Athènes, 265, 266.
Athos (Mont), 241-242, 245.
Atlas (Monts), 496-500, 511-512.
Atrato (L'), 750.
Attique, 258.
Attok, 355, 356.
Aube (L'), 164.
Auckland, 867, 870.
Aude (L'), 167.
Aumalluch (Rocs d'), 193.
Aurès (Monts), 499.
Australie, 841, 843-861.
Autriche, 126-127.
Autriche-Hongrie, 113-128.
Ava, 392.
Avatcha (Baie d'), 284, 286.
Averne (L'), 231.
Avignon, 168.
Avila, 187.
Axoum, 478, 481.
Ayacucho, 697.
Aymaras (Les), 791.

Ayouthia, 594.
Azof (Mer d'), 80, 82.

Bab-el-Mandeb (Détroit de), 332.
Babil (Butte de), 320.
Babor (Le), 496.
Babuyanes (Iles), 908.
Babylone, 319, 323, 324.
Babylonie, 324, 325.
Bactriane, 300.
Badajoz, 190.
Badakchan, 300.
Bade (Grand-Duché de). 107-108.
Baffin (Baie de), 618.
Bafing (Le), 530.
Bagdad, 519-520, 322, 324.
Baghirmi (Le), 527-528.
Baghmati (La), 358.
Bahamas (Iles), 748, 750.
Bahia, 830.
Bahr-el-Ghazal (Le), 466.
Bahrein (Iles), 332.
Baie-d'Hudson (Compagnie de la), 656.
Baïkal (Lac), 281, 282.
Bakhoy (Le), 530.
Bakus-Tal (Lac de), 336.
Bala-Hissar, 347, 349.
Balaïtous (Le), 156.
Balaton (Lac), 119.
Bâle, 144.
Baléares (Les), 193, 195-196.
Bali, 889.
Bali (Détroit de), 876, 889.
Balkach (Lac), 292, 438.
Balkan (Monts), 234.
Baloutchistan, 351-352.
Baltimore, 694-695.
Baltique (Mer), 57-58.
Baltiques (Provinces), 88-90.
Bambaras, 532.
Bammakou, 524, 526.
Banca (Ile), 888.
Banda (Iles), 896, 898.
Bandjermassing, 904.
Bangalore, 375.
Bangkok, 393, 394.
Bangouélo (Lac), 543, 546.
Banks (Iles), 916.
Barbade (La), 748.
Barcelone, 203.
Bareilly, 377.
Bari, 232.
Barka, 485-486.
Barmen, 106.
Baroda, 377.
Barre-des-Écrins (La), 154.
Bas-Canada, voy. Canada.
Basilan (Ile), 910.
Basques, 191-192.
Bass (Détroit de), 848, 862.
Bassein, 379.
Basse-Terre, 742.
Bassora, 522.
Bassouros, 559, 561.
Bastia, 183, 184.
Batang-Hiri (Le), 886.
Batavia, 881, 884.
Batchian (Ile), 894.
Bathurst, 532.
Bâton-Rouge, 674.

Batoum, 302.
Batuecas (Les), 190.
Bavière, 110-111.
Bay (Lac de), 906.
Beauce (La), 156.
Beiramar (La), 816, 830.
Beïrout, 330.
Belem (Tour de), 211.
Belfast, 52.
Belfort (Trouée de), 152.
Belgique, 129-134.
Belgrade, 250, 251.
Bélize, 724.
Belle-Isle, 159.
Belt (Le), 69.
Benaco (Lac), 216.
Bénarès, 374.
Bengale, 360.
Bengale (Présidence de), 372.
Bengazi, 486.
Beni (Le), 788-790.
Bénin (Golfe de), 536.
Ben Nevis (Le), 44.
Béotie, 258.
Berbères, 452, 455, 490, 497, 505-506.
Berbérie, 452-455, 489-514.
Bérézina (La), 81, 83.
Berlin, 106.
Bermudes (Iles), 750, 751.
Berne, 144.
Berre (Étang de), 162.
Besançon, 180.
Betsiboka (Le), 594.
Béziers, 167.
Bhoutan (Le), 378.
Biafra (Golfe de), 536, 543.
Biarritz, 162.
Bias (Le), 556.
Bieloukha (La), 280.
Billiton (Ile), 888.
Bingöl (Mont), 312.
Birkenhead, 41.
Birmanie, 391 700 ; — Birmanie anglaise. 387.
Birmans, 392.
Birmingham, 41.
Biskara, 508.
Bismarck (Archipel), 871, 872-874.
Biva (Lac), 444.
Bizerte, 496.
Blackburn, 42.
Blanc (Cap), 496.
Blanca (Pic), 682.
Blanche (Mer), 75.
Blanche (Race), 9, 12.
Blancs-Russiens, 86.
Bleu (Fleuve), voy. Yang-tsé-kiang.
Bloemfontein. 570.
Bobokroaeng (Mont), 900.
Bod, voy. Tibet.
Bodensee (Le), 442.
Boers (Les), 557, 562-568, 569, 571-572.
Bogdo-Kouren, 436.
Bogdo-Lama (Le), 442.
Bogong (Mont), 852.
Bogotá, 762.
Bohême, 119, 121-122, 127.
Bohémiens, 236.
Bohol (Ile), 910.

Bokhara, 297, 298, 300.
Bolgary, 78.
Bologne, 232.
Bolsena (Lac de), 219.
Bolton, 41.
Bombay, 370, 374.
Bombay (Présidence de), 374.
Bon (Cap), 494.
Bône, 496, 510.
Borabora (Ile), 842, 932.
Bordeaux, 178, 180.
Bordj-bou-Aréridj, 498.
Bornéo, 903-904.
Bornholm (Ile de), 68, 69.
Borystène (Le), 81.
Boschjesmannen (Les), 566.
Bosna (La), 249.
Bosna-Seraï, 249.
Bosnie, 256, 248-249.
Bosphore (Le), 238.
Boston, 666, 694.
Botnie (Golfe de), 57.
Botocudos, 827.
Bouddhisme (Le), 566, 442.
Boug (Le), 87.
Bougie, 496.
Boulogne-sur-Mer, 159.
Bourbon (Ile), 599-600.
Bournou (Le), 527.
Bourou (Ile), 894.
Bouroubouďour (Temple de), 883, 884.
Bouton (Ile), 902.
Bracciana (Lac de), 219.
Bradford, 41.
Brahmanes (Les), 372.
Brahmanisme, 370, 372.
Brahmapoutre (Le), 358-359.
Braknas (Les), 531.
Brambanam (Ruines de), 884.
Brantas (Fleuve), 880.
Brême, 107.
Brenne (La), 158.
Brescia, 232.
Breslau, 106.
Brest, 159, 163. 180.
Brest (Rade de), 159.
Bretagne, 159, 193.
Brie (La), 158.
Brighton, 41.
Brisbane, 855, 856.
Bristol, 41.
Brocken (Le), 97, 98.
Brouneï, 904.
Brousse, 319.
Brown (Mont), 648.
Bruges, 154.
Brunn, 127.
Bruxelles, 134.
Bucarest, 254.
Bucovine, 120-121, 127.
Budapest, 127.
Bude, 127.
Buen Ayre (Ile). 750.
Buénos-Ayres, 810.
Buffalo, 696.
Bukke (Fiord de), 63.
Bulgares, 247-248.
Bulgarie, 78, 236, 246, 247-248, 249, 253.

INDEX ALPHABÉTIQUE.

Burgos, 186. 201.
Byzance, 240.

Cabinda (Le), 553.
Caboul, 347, 549. *550.
Caboul (Rivière de), 548, 356.
Cachemir (Le), 556, 360, 361, *376.
Cadix, 206.
Caërnarvon (Château de),41,42.
Cafrerie, 560-562.
Cafres, 566, 567-568. 570.
Caire (Le), 471.
Calabre 223.
Calcutta, 358, 360, *372.
Calédonien (Canal), 44.
Californie, 680-682, 690.
Callao (Le), 783.
Calle (La), 496.
Camargue (La), 168-169.
Camarones (Pic de), 537.
Cambodge, 402.
Cambridge, 34.
Campanie, 223.
Campêche, 712.
Campine (La). 129, 130.
Canada (Le), 172, 179, 620-664. 666.
Canada (Bas), 633, 634.
Canadiens, 652-656, 658, 664.
Canadiens-Français, 628-653.
Canaques, 917-919. 930.
Canaries (Iles), 585-588.
Candahar, 550.
Candie, voy. Crête.
Canée (La), 246.
Canigou (Mont), 156.
Cannes, 163.
Cantabres (Monts), 190-191.
Cantal (Monts du), 147, 148.
Canton. 425-426.
Cap (Le). 564, 566.
Cap (Colonies du), 557-566.
Cap-Breton (Ile du). 641-642.
Cap-Haïtien (Le), 739, 740.
Cap-Vert (Iles du), 588.
Carácas, 768.
Carinthie. 127.
Carlsruhe, 108.
Carnac (Alignements de), 159.
Carniole, 126.
Carolines (Iles), 912-914.
Carpates (Monts), 23, *119, 120.
Carrantuohill (Le), 50, 51.
Carso (Plateau du). 115, 116.
Cartago, 724.
Carthage, 494, 510.
Carthagène, 206.
Caspienne (Mer), 78-79.
Cassongo, 548.
Castillans (Les), 190.
Castille, 186, 187.
Catalans, 194-195.
Catalogne, 194-195.
Catanduanes (Ile), 908.
Catane, 232.
Cattaro (Golfe de), 117, 118.
Cauca (Le), 759.
Caucase (Monts), 17, 18, 25. 301-302.
Caucasie, 301-310.
Causses (Les), 150.

Cavéry (La), 363.
Cawnpore, 376.
Cayambé-Ourcou (Le), 770.
Cayenne, 853. 854.
Cayor (Lac), 550.
Cazembé, 548.
Cebou (Ile). 910.
Celano (Lac), 219.
Célèbes (Iles), 899-902.
Célestes (Monts), 268, *290.
Celtes, 171.
Céphalonie (Ile de), 265.
Céram (Ile), 894, 896.
Cère (La), 147, 148.
Cérigo (Ile de). 265.
Cerro de Avilá (Mont), 763-764.
Cerro del Mercedario (Mont), 796. 802.
Cervin (Le), 25, 139, 143.
Cette, 162.
Cettinjé, 252.
Cévennes (Les), 148-150.
Ceylan (Ile de), 380, 382-384.
Cèze (La), 170.
Chaco (Grand), 804, 806.
Champagne Pouilleuse, 158.
Champlain (Lac), 626.
Chah-alin (Mont), 431.
Chandernagor, 580, 381.
Chang-haï, 425-424. 426.
Chao-hing, 425.
Chaouïnigan (Cascade de), 626.
Charente (La), 161, 164, *166.
Chari, 521, 525.
Charles-Louis (Monts), 871.
Charlottetown, 642.
Charruas, 614, 810.
Chatham (Iles), 870.
Chatt-el-Arab (Le), 512, 520-323.
Chaudière (La). 625, 627.
Chéliff (Le), 498, *500.
Chemnitz, 107.
Chénoua (Monts). 498. .
Cher (Le), 166.
Cherbourg. 159, 162-163.
Cherchell. 496. 498.
Chesapeake (Baie de), 694.
Chibchas (Les), 761.
Chicago, 607, 690, 695-696.
Chichen-Itza, 712.
Chichimèques, 700.
Chiffa (Gorge de la). 497.
Chihuahua (État de), 710.
Chili, 793-800.
Chiliens, 796-800.
Chillouks, 474-475.
Chiloé (Ile). 795.
Chimborazo (Mont), 770, 771.
Chinchas (Iles), 784.
Chine, 274-276, 409-430.
Chinois, 12, 275-276, 409-411, 412, 413, 416, 417-422, 427, 907, 930.
Chinois (Empire), 400-442.
Chinoise (Langue), 420.
Chinon. 166, 168.
Chio (Ile de), 318.
Chiraz, 344, 346.
Choa (Le), 481, 482.
Cholula, 705.
Choumla, 248.
Christiania, 65.

Chuquisaca, 792.
Churchill (Le), 654.
Chypre, 318-310.
Cincinnati, 695.
Cinghalais, 582, 383.
Cintra (Sierra de), 212.
Circassiens, 235, 236.
Cisleithanie, voy. Autriche.
Cithæron (Mont), 258.
Clarke (Mont), 844.
Cleveland, 696.
Climats, 4-6.
Clitumne (Le), 218.
Clyde (La), 44, 48.
Coahuila (État de), 710.
Cochinchine française, 399-402.
Cocyte (Le), 242.
Cofre de Perote (Mont), 708.
Coïmbre, 208, 214.
Colchide, 302.
Cold Ridge (Mont), 745.
Colima (Volcan de), 708.
Cologne, 107.
Colomb (Christophe). 601-602.
Colombie ou Orégon (Fleuve). 679-680.
Colombie (États-Unis de), 753-762.
Colombie anglaise, 661-664.
Colombie des États-Unis, *689.
Colombiens, 759-762.
Colombo, 584.
Colon, *754, 756, 760.
Colonisation (La), 9-10.
Colorado (État du), 690.
Colorado (Région du), 678-679.
Colorado (Rio), 675, 678.
Comayagua, 720.
Côme (Lac de). 216.
Comores (Iles), 598.
Confins militaires (Les), 125, 127, 128.
Congo, 545-559 ; — français. 549-559 ; — portugais, 553-555.
Congo (État Libre du), 548.
Congo (Fleuve), 545-548.
Connecticut (Le), 690.
Constance (Lac de), 142.
Constantine, 500, 504, 510.
Constantinople. 235, 238-240.
Cook (Iles), 927.
Cook (Mont), 868.
Copaïs (Lac), 258.
Copenhague, 70.
Coptes, 470.
Corbières (Les). 156.
Cordillera Real, 786-787.
Cordillère des Andes, voy. Andes.
Cordouan (Phare de), 161.
Cordoue, 206.
Corée, 431-434.
Corfou, 266.
Corfou (Ile de), 262.
Corinthe, 259.
Corinthe (Isthme de), 258, 259.
Cork, 52.
Cornouaille anglais, 54, 55, 59
Coromandel (Côte de), 363.
Corril (Lac), 50.
Corse, 182-184.
Cosaques, *82, 85.

Costa (La), 776.
Costa-Rica, 194, 724.
Côte-d'Or,151. — Voy. Or (Côte d').
Cotentin (Le), 159.
Cotopaxi (Le), 769, 770.
Coumassie, 542.
Courlande, 89, 90.
Covadonga (Défilés de), 192.
Cracovie, 128.
Crémone, 216.
Crête (Ile de), 244-246.
Creus (C-p), 194.
Creuse (La), 166.
Crimée (La). 94.
Croatie, 127.
Ctésiphon, 549, 325, *324.
Cuba (Ile de), 727-732.
Cumana, 765.
Cumbal (Mont), 756.
Cumberland, 33, 34.
Curaçao (Ile), 750.
Cuyaba, centre de l'Amérique méridionale, 604.
Cuzco (Le), 783-784.
Cyclades (Iles), 262.
Cyrénaïque, 485-486.
Cyrène, 486.
Cythère (Ile de), 263.
Czenstochowa, 87.

Dabou, 540.
Dacota, 692.
Daghestan, 302, 304, 305.
Dagœ, 90.
Dahna (Le), 334.
Dahomey, 542-545.
Dakar, 532.
Dal (Le), 62.
Dalaï-Lama (Le), 442.
Dalmatie, 116-118, 127.
Damar (Ile), 894.
Damas, 330.
Danemark, 68-72.
Dangra (Mont), 440.
Danois, 69-70 ; — leur souvenir dans les noms de plusieurs localités normandes, 70.
Dantzig, 107.
Danube (Le), 102, 113-115, 234.
Dapsang (Mont), 354.
Dardanelles (Les), 238.
Dardistan (Le), 550.
Dardjiling, 378.
Darfour, 476.
Darial (Gorge du), 302, 303.
Darling (Le), 850.
Darwin (Mont), 794.
Davalaghiri (Le), 354.
Davis (Détroit de), 618.
Dayaks, 904.
Debra Tabor, 478, 482.
Debreczen, 128.
Dégas (Les), 480.
Dekkan, 361. 562-364, 368, 374.
Délagoa (Baie), 575.
Delaware (État de), 690.
Delhi, 371, 574-375.
Dellys, 496.
Délos, 262.
Delphes, 255, 258.

INDEX ALPHABÉTIQUE.

Démavend (Volcan du), 272, 339, *340.
Demerara (Fleuve), 838.
Déné-Djindié (Les), 663.
Désaguadéro (Le), 788.
Désirade (La), 742.
Despeñaperros (Défilé de), 197, 198.
Despoto-Dagh (Monts), 238.
Détroit, 696.
Détroit (rivière), 622, 624.
Détroits (Établissements des), 587-590.
Deutschland, voy. Allemagne.
Dévoluy (Le), 153.
Dévoniens (Monts), 54.
Diarbékir, 324.
Dibong (Le), 359.
Dicté (Mont), 244.
Dieppe, 159.
Dihong, 359.
Dijon, 180.
Dinagat (Ile), 910.
Dioliba (Le), 520.
Dira d'Aumale (Monts), 498.
Diu, 379.
Djagganath, 362.
Djaïnas (Les), 377.
Djaïpour, 376.
Djambi, 886, 887, 888.
Djamna (Le), 358.
Djebel Akhdar (Le), 332.
Djebel Amour, 499-500.
Djéti-Chahr, voy. Turkestan chinois.
Djhilam (Le), 356, 359, 376.
Djidjelli, 496.
Djibouu (Le), 314.
Djurdjura (Le), 496-497.
Dnieper (Le), 81-82.
Dniester (Le), 82.
Dodone, 242.
Dofrines (Monts), 58, 59.
Dôme (Monts), 146.
Dominicaine (République), 740.
Dominion, voy. Canada.
Dominique (La), 746, 748.
Don (Le), 78, 80.
Donau, voy. Danube.
Donets (La) et son bassin houiller, 80-81.
Dongola, 474.
Dordogne (La), 166, *167.
Dore (Monts), 146.
Douaïchs (Les), 531.
Doubs (Le), 24, 169-170.
Doubs (Saut du), 170, 171.
Douro (Le), voy. Duero.
Dovre (Monts), 58, 59.
Downs (Plateau des), 853, 854, 856.
Drac (Le), 170.
Drave (La), 114.
Dravidiennes (Langues), 370.
Dresde, 107.
Drôme (La), 170.
Druzes, 328.
Dublin, 49, *52, 55.
Dubrovnik, 116.
Duero (Le), 186, 187, 208, 214.
Duna (La), 88.
Dundee, 48.
Dunédin, 870.

Dunkerque, 158.
Durance (La), 168, 170.
Dusseldorf, 107.
Dvina du Nord (La), 75.
Dvina occidentale, 88.
Dzang-Bo (Le), 440.
Dzoungarie, 438.

Èbre (L'), 194.
Écossais, 46-48.
Écosse, 43-48.
Ecuador (L'), 769-772.
Édimbourg, 48.
Edough (L'), 496.
Égine, 260, 261.
Égypte, 461-476.
Égypte propre, 462-472.
Égyptiens, 470-472.
Ehstonie, 88-90.
Eifel (Monts), 98.
Elbe (Ile d'), 222.
Elbe (L'), 100, 121, *122.
Elberfeld, 106.
Elbours (Monts), 340.
Elbrous ou Elbrouz (Mont), 18, 74, 275, 301-302.
Elche (Palmiers d'), 196.
Ellice (Iles), 914.
Ellora, 374.
El-Obeid, 475.
Elseneur, 68.
Émirne (Plateau d'), 505.
Éoliennes (Iles), 225.
Éphèse, 319.
Épidaure, 259.
Érié (Lac), 622.
Érin, 49.
Érivan, 310.
Erne (L'), 50.
Er-Riyad, 338.
Erromango (Ile), 916.
Érymanthe (Mont), 260.
Erzeroum, 307, *319.
Erzgebirge, 98.
Escaut (L'), 129-130, 170.
Esclaves (Lac aux), 649.
Esclaves (Rivière aux), 648-649.
Esclavonie, 127.
Escualdunacs, 191.
Escuara (Langue), 191.
Espagne, 1, 2, 4, 185-206.
Espagnole (Langue), 200-202.
Espagnols. 29, 199-202, 205.
Espiritu Santo, voy. Méréna.
Esquimaux, 618-619.
Esséquibo (L'), 837-838.
Essonne (L'), 164.
Estrella (Sierra de), 207-208.
Estrémadure, 188, 190.
États-Unis, 665 696.
Etna (Mont), 224, 225, 231.
Étolie, 258.
Étrusques, 220.
Eubée, 262.
Eucalyptus d'Australie, 844, 845.
Euphrate (L'), 319-325.
Eure (L'), 164.
Europe, 17-266; — généralités, 17-31.
Européens, 26-31.

Everest (Mont), voy. Gaourisankar.

Fairweather (Le), 682.
Falico (Le), 520.
Falkland (Iles), 810.
Falster (Ile), 69.
Farewell (Cap), 617.
Farina (Cap), 494.
Farsistan, 342.
Far-West (Le), 607.
Fatou-Hiva (Mont), 933.
Faucilles (Monts), 151.
Fellahs, 467, 470, 474.
Fernando-Pô, 587, 589, 591, 592.
Fernão de Noronha (Ile), 830.
Ferrare, 232.
Fès, 513, 514.
Fezzan (Le), 486, 488.
Fibreno (Fontaine du), 219.
Fichtelgebirge, 98.
Fidji (Iles), 920-922.
Fingal (Grotte de), 55, 56.
Finlande, 92.
Finlande (Golfe de), 80.
Finnois, 84, 86.
Finsteraarhorn (Le), 139.
Ionie (Ile), 69.
Fiords (Les), 59-60.
Firths (Les), 44.
Flamands, 129, 132, 134, 176.
Flandre, 130-131.
Florence, 225, 232.
Florès (Ile), 890.
Floride, 690.
Fly (La), 872.
Fœrœer (Iles), 69. 70.
Folkefonnen (Névé du), 58. 59.
Fontibre (La), 194.
Fôr, voy. Darfour.
Forêt-Noire (La), 98, 101.
Forez (Monts du), 151.
Formose (Ile), 428-430.
Fort-de-France, 744.
Fotouna (Iles), 926.
Foudj (Les), 333, 334.
Foulahs, 523-524, 527, 532.
Foulbés, voy. Foulahs.
Fouta-Djallon (Le), 550.
Fouzi-yama (Le), 443, *444.
Français, 170-179.
Française (Langue), 172, 175.
France, 145-184.
Francfort-sur-le-Mein, 107.
François-Joseph (Terre de), 67.
Franconie, 110.
Fraser (Le), 662, 663.
Fredericton, 639.
Freetown, 534.
Fuégiens (Les), 794.
Fuego (Volcan del), 715.
Fumée-Tomnante (La), 576, 577.
Funchal, 584.
Fundy (Baie de), 640.
Fyen (Ile), 69.

Gabès (Golfe de), 494.
Gabon, 550-552.
Galápagos (Iles), 772.
Galatz, 254.

Galice, 193, 208.
Galicie, 119-120, 127.
Gallas, 482.
Gallegos, 194, 208.
Galles (Pays de), 42, 43.
Gallois (Les), 42.
Gambie (La), 531.
Gambier (Iles), 934.
Gand, 134.
Ganda, 372.
Gandak (Le), 358.
Gando (Le), 526.
Gange (Le), 358, 365.
Gaouatti, 359.
Gaourisankar (Mont), 2, 267, 268, *354.
Garabit (Viaduc de), 147.
Gard (Le), 170.
Gard (Pont du), 176.
Gardafui (Cap de), 483.
Garde (Lac de), 216.
Garigliano (Lac de), 219.
Garonne (La), 156, 166.
Gascogne (Golfe de), 162.
Gâtinais (Le), 158.
Gaule, 145, 171.
Gaulois, 171, 172.
Gaurisankar (Le), voy. Gaourisankar.
Gavarnie (Cascade et cirque de), 156.
Gave de Pau (Le), 167.
Gédrosie, 351.
Gênes, 232.
Genève, 144.
Georgetown, 838.
Géorgiens, 306, 307, 309.
Gerbier de Jonc (Le), 166.
Ghadamès, 488.
Ghâtes (Monts), 361, 363.
Ghazna, 348.
Ghebi (Le), 894.
Ghita Nzighé (Lac), 464.
Ghôr (Vallée du), 328.
Gibraltar, 206.
Gilbert (Iles), 914.
Gilolo (Ile), 893-894.
Girgenti, 225.
Girin, 432.
Gironde (La), 166.
Glascow, 48.
Glenmore (Le), 44.
Glommen (Le), 62.
Goa, 379.
Gobi (Désert de), 434-435.
Gochên (Le), 572.
Godavéry (La), 362.
Gœta (La), 62.
Gœteborg, 63.
Gœtland (Ile de), 66.
Gogra (La), 358.
Gok-Tchaï (Lac), 304.
Golconde, 374.
Goldes, 283, 287.
Golfe (Courant du) ou Gulf-stream, 19, 725.
Gondar, 478, *481.
Gondokoro, 475.
Gonds, 366, 367.
Goram (Ile), 898.
Gothie (La), 70.
Goudzarate (Le), 377.
Goufi (Le), 496.

INDEX ALPHABÉTIQUE.

Gouina (Cataracte de), 530.
Goulette (La), 494, 510.
Gounong-Kanor (Mont), 893, 894.
Gounong-Kéo (Mont), 890.
Gounong-Korintji (Le), 885, 886.
Gourmsir (Le), 342.
Goyder (Ligne de), 857.
Grampians (Les), 43, 44.
Granada, 724.
Gran Chaco (Le), 611.
Gran Sasso (Le), 218.
Grand-Bassam, 538, 539.
Grande (Rio), 818.
Grande-Bulgarie, 246.
Grande-Chartreuse (La), 154.
Grande-Grèce, 223.
Grandes-Dunes (Les), 3.
Grandes-Rousses (Les), 154.
Grande-Terre, 741-742.
Grand-Hermon (Le), 326.
Grands-Lacs (Les), 622.
Grands-Russes ou Grands-Russiens, 19, 84.
Gratz, 127.
Great Salt Lake City, 678.
Grèce, 255-266.
Grèce proprement dite, 258.
Grecque (Religion), 87.
Grecs, 256, 264-266; — d'Asie, 316.
Grédos (Sierra de), 187, 192.
Grenade, 205, *206.
Grenoble, 182.
Grijalva (Rio), 711.
Grikouas (Les), 562.
Grisons (Les), 143.
Grœnland ou Groenland, 16, 601, 617-619.
Croix (Ile de), 159.
Groningue, 138.
Gross-Glockner (Le), 115.
Guadalajara, 710.
Guadalaviar (Le), 196.
Guadalcanal (Ile), 915.
Guadalete (Bataille du), 200.
Guadalquivir (Le), 198, 200.
Guadarrama (Sierra de), 186, 187.
Guadeloupe (La), 741-742.
Guadiana (Le), 190.
Guanajuato, 710.
Guanajuato (Etat de), 710.
Guaporé (Le), 788.
Guaranis, 791, 804, 814, 818.
Guatémala Nueva, Vieja, Antigua, 718.
Guatémala (République de), 713, 714-718.
Guatémaltèques, 714.
Guayaquil, 769.
Guayra (La), 763.
Guèbres, 645-646.
Guebviller (Ballon de), 151.
Guernesey (Ile de), 54.
Guernica (Chêne de), 191.
Guimaraës, 208.
Guinée, 537-544.
Gulfstream (Le), 19, 725.
Guyane, 610, 831-838; — anglaise, 837-838; — fran-

çaise, 833-834; — hollandaise, 835-836.
Gwalior, 374.

Habra (L'), 500
Hadramaout, 338
Haïderabad, 374.
Haïl, 358.
Haïnan (Ile d'), 404 429-430.
Haïti, 735-740.
Hakodaté, 450.
Haléa-Kala (Mont), 928
Halifax, 641.
Halle, 107.
Halys (L'), 313.
Hambourg, 106.
Hamdou-Allahi, 526.
Hammerfest, 18.
Hamoun (Le), 548.
Han, voy. Chine.
Hang-tchéou, 424.
Hañ-koou, 428.
Hanoï, 404, 406, *408.
Hanovre, 107.
Hañyang, 428.
Haoussa (Le), 526.
Hardwar, 358.
Harlem (Mer de), 138.
Harrar, 483.
Harward (Pic), 682.
Harz (Le), 98
Haut-Canada, 633, 634.
Haut-d'Honeck (Le), 151
Haute-Italie, voy. Italie (Haute).
Havaï (Ile), 928.
Havane (La), 751, *752.
Havre (Le), 180.
Haye (La), 138.
Hébrides (Les), 54-55, 56.
Hedjaz, 356-337.
Heidelberg, 108, 109.
Hékla (Mont), 70.
Helgoland (Ile d'), 100, 104.
Hélicon (Mont), 258.
Hellade, 256-258.
Hellénie, 255-256.
Hellespont (L'). 238.
Helsingforsv, 92.
Helsingoer, 68.
Hérat, 350.
Hérault (L'), 167.
Herculanum, 231.
Hermoupolis, 266.
Herzégovine, 236, 240-250.
Hida (Mont), 444.
Highlanders (Les), 32, 46-47.
Hitmend (L'), 348.
Himâlaya (Monts), 267, 268, 354-355.
Hindi (Langue), 570.
Hindou-Kouch (L'), 268, 300, 347-348, 350.
Hiva-Hoa (Ile), 932.
Hoang-Ho (Le), 409, 411, 412, 414.
Hobart-Town, 864.
Hodna (La), 503.
Hœmus (Mont), 234
Hohenzollern (Le), 110, 111.
Hollandais, 437-438.
Hollande, 135-138.
Holstein, 69.

Holyrood (Palais d'), 48.
Hondo (Ile), 443-444.
Honduras, 720; — anglais, 723, 724.
Hong-Kong, 430.
Hongrie, 118-119, 127.
Hongrois, 124, 126.
Honoloulou, 928.
Hood (Mont), 679.
Hooge Veenen, ou plaines marécageuses de la Hollande, 135, 136-137.
Hooker (Mont), 648.
Horeb (Mont), 326.
Horn (Cap), 793.
Hottentots, 564, 566.
Houahiné (Ile), 932.
Hougli (L'), 360.
Hovas, 595-596.
Hudson (Baie d'), 627.
Hué, 404, 406.
Hui, 298.
Huila (Mont), 756.
Hull, 41.
Humber (L'), 34.
Humboldt (Lac et rivière de), 678.
Hurdes (Les), 190.
Huron (Lac), 622.
Hydaspe (L'), voy. Djhilam.
Hyères (Iles d'), 163.
Hymette (Mont), 258, 265.

Ibères (Les), 171, 172.
Ibérie (Monts d'), 25.
Ibi Gamin (Mont), 358.
Ida (Mont), 244.
Iékaterinbourg, 288.
Iéna, 107.
Ile-de-France, 145.
Ili (L'), 438.
Illampu (Mont), 787.
Ilmen (Lac), 80.
Imatra (Rapide d'), 80, 92.
Imbro, 246.
Impérial (Canal), 417.
Incas (Les), 773-776.
Inde, 271-272, 353-384; — française, 380; — portugaise, 378-379.
Indiens, 686-688.
Indje Kara-Sou, 254.
Indo-Chine, 272, 385-408; — anglaise, 587-590; — française, 596-408.
Indrapoura, voy. Gounong-Korintji.
Indre (L'), 166.
Indus (L'), 355-358, 440.
Ingour (L'), 301, 302.
Ion (L'), 102, 140, 142.
Ioniennes (Iles), 262-263.
Iran, 272, 339-346; — pays détachés de l'Iran, 547-352.
Iraniens, 296.
Iraouaddi (L'), 359, 387, *391.
Irazu (Mont), 724.
Irkoutsk, 288.
Irlandais, 50-52.
Irlandaise (Langue), 52.
Irlande, 49-56.
Irtych, 279.

Isère (L'), 170.
Isfahan, voy. Ispahan
Isker, 278.
Islande, 70-72.
Isle (L'), 167.
Ismaïlia, 472.
Isola Sacra, 218.
Isonzo (L'), 116, 126.
Ispahan, 346.
Issik (L'), 292.
Istrie, 127, 216.
Italie, 215-232; — péninsulaire, 218-225; insulaire, 223-227.
Italie (Haute), 215-218.
Italienne (Langue), 228.
Italiens, 227-228.
Itasca (Lac), 670.
Itatiaiossou (Mont), 816.
Ithaque, 263.
Iviza, 195, 196.
Izamal, 712.
Izba, ou maison de paysans russe, 75.
Iztaccihuatl (Mont), 708.

Jalisco (État de), 710.
Jamaïque, 745-746, 747.
Janina, 242.
Ianina (Lac de), 242.
Japon, 276, 443-450.
Japonais, 447-449.
Jassy, 254.
Jaune (Fleuve), voy. Hoang-Ho.
Jaune (Race), 12, 13.
Jaune (Terre), 409, 412, 414.
Java, 879, 880-884.
Jean Mayen (Ile de), 72, 617.
Jerez de la Frontera, 206.
Jersey (Ile de), 54.
Jersey-City, 694.
Jérusalem, 329, 330.
Jokulsa (Le), 71.
Joló (Iles), voy. Soulou.
Jourdain ou Cheriat-el-Kébir, 326.
Jouroumtchai (Mont), 234, 248.
Juan-Fernandez (Iles), 800.
Juifs, 12.
Juncal (Mont), 796, 798.
Jungfrau (La), 26, 139.
Jura (Le), 24, 151-155.
Justedalsbræen (Nevé du), 58.
Jutland (Le), 69.

Kaarta (Le), 531, 532.
Kabyles, 452, 507, 508.
Kachan, 346.
Kachgar, 437, 438.
Kafiristan (Le), 350.
Kafeteur (Saut de), 838.
Kaïfoung, 428.
Kaïlas (Mont), 440.
Kaïoa (Iles), 894.
Kaïrouan, 505, 506.
Kaïsarieh, 319.
Kajraha, 373.
Kalahari (Désert de), 574.
Kalat, 351, 352.
Kalmouks, 296, 454.
Kama (La), 78.

INDEX ALPHABÉTIQUE.

Kameroun, 543-544.
Kamtchatka, 284, 286-287.
Kandy, 384.
Kanézava, 450.
Kano, 527.
Kansas (État et rivière de), 672.
Kaouaï (Ile), 928, 930.
Karak, 328, 529.
Karakoroum, 282.
Karakoroum (Monts du), 354-356, 357.
Kara-Sou (Le), 234.
Karatéghin (Le), 300.
Karavanka (Le), 115.
Karikal, 380.
Kars, 310.
Kartchi (Le), 439, 440.
Kas-Dagh (Mont), 319.
Kattégat (Le), 68, 69.
Kazaks, voy. Kirghises.
Kazan, 78, 82, *96.
Kazbek (Mont), 301.
Kchatryas (Les), 372.
Ké (Iles), 892.
Keewatin, 660.
Kélat, 351, 352.
Kerbella, 322.
Kerka (La), 116.
Kerkha (Le), 522-523.
Kerry (Monts du), 50, 51.
Kertch (Détroit de), 80.
Khalkhas (Les), 434.
Kharezm, *300.
Kharkof, 96.
Kharoun (Le). 322-523.
Khartoum, 473. 474.
Khatmandou, 378.
Kherson, 82.
Khiva, 298, *300.
Khmers, 394, 402.
Khoï-Khoïn (Les), voy. Hottentots.
Khong (Cataractes de), 396.
Khotan, 438.
Khoulm (Le), 300.
Khovarezm (Mer de), 294.
Kichinof, 96.
Kidarnath (Mont). 358.
Kief, 81, *96.
Kilaouéa (Le), 928, 929.
Kilia (La), 254.
Kilima-Ndjaro (Le), 458.
Killarney (Lac de), 49, 50.
Kimberley, 562.
Kingsmill (Iles), 914.
Kintchindjinga, 354.
Kiœbenhavn, voy. Copenhague.
Kioto, voy. Miako.
Kiousiou (Ile), 446.
Kirghises, *280, 290, 295.
Kisser (Ile), 890.
Kistna (Le), 363.
Kizil-Irmak (Le), 313.
Kjœlen (Monts), 58, 59.
Klioutchef (Mont), 286.
Kœnigsberg, 107.
Kœnigssthul (Falaises du), 90.
Kohi-Baba (Mont), 347.
Kohistan (Le), 297.
Kollas (Les), 480.
Kongs (Monts), 537.
Kordofan, 475-476.
Kosciusko (Mont). 850.

Kosi (Le), 358.
Kosio (Lac de), 282.
Kouang-toung, 425-426.
Kouban (Fleuve), 304.
Kouen-loun (Monts), 435, 438, *439.
Koufra, 488.
Koukaoua, 527, 528.
Koukou-nor (Lac), 435.
Kouldja, 458.
Koum, 343.
Koundouz, 300.
Koura (La), 302.
Kourdes, 316, 317.
Kourdes (Monts), 320, 322.
Kourdistan, 313, 316, 320, 322, 324.
Kourganes, ou buttes funéraires en Russie, 75.
Kouriles (Iles), 446.
Koutching, 904.
Krakatoa, 885.
Kremlin (Le), 95.
Kroumirs, 496.
Kroumirs (Monts des), 496.
Krous (Les), 556.
Kydnos (Le), 314.
Kymris, 171, 172.
Kytheka (Source de), 319.

Laaland (Ile), 69.
Labe, voy. Elbe.
Labouan, 904.
Labrador (Le), 608-609, *638.
Lacandones, 715, 718.
Lachlan (Le), 850.
Laconie, 260.
Ladinos, ou Latinos de l'Amérique centrale, 714, 716, 720.
Ladoga (Lac), 80.
Lagos, 540.
Lahore, *376, 377.
Lanaï (Ile), 928.
Lanark (Cascade de), 44.
Landes de Gascogne (Les), 158. 160.
Land's End (Cap), 54. 56.
Langue (La plus belle) de l'Europe, 90.
Langues majeures (Les cinq), 26-31.
Lannemezan (Plateau de), 166.
Lantchéou, 428.
Laotiens, 394.
Laponie, 65-66.
Laquedives (Iles), 384.
Lario (Le), 216.
Larzac (Le), 151.
Lassen (Mont), 682.
Lassiti (Mont), 244.
Latins, 26 30.
Laurentides (Les), 626-628.
Leeds, 41.
Leicester, 41.
Leipzig, 107.
Leith, 48.
Leitha (La), 126.
Léman (Lac), 142.
Lemberg, 127.
Léna (La), 282-283.
Léon, 186, 187.
Léon de Nicaragua, 724.

Léopol, 127.
Lépante (Golfe de), 259.
Lerne (Marais de), 260.
Leuca Ori (Monts), 244.
Lévouka, 922.
Leyde, 138.
Leyte (Ile), 910.
Lez (Le), 167.
Lhassa, 442.
Liao-ho (Le), 431-432.
Liban (Le), 324.
Libéria, 535-536.
Licona (La), 552.
Liège, 134.
Lifou (Ile), 918.
Ligures, 171, 172.
Ligurie, 215-217.
Lille, 180.
Lima, 782-783.
Limno ou Lemnos, 246.
Limoges, 180.
Lipari (Iles), 225.
Lipez (Désert de), 788.
Lirima (Mont), 777.
Lisbonne, 207, 211-212.
Lison (Le), 153, 170.
Litché, 482.
Lithuanie, 90.
Liverpool, 40.
Lives, 90.
Livonie, 89, 90.
Livourne, 252.
Lizard (Cap), 34.
Ljubotin (Mont), 234.
Llanos (Les), 610, 679, 759, 763-764, 766, 770-771.
Loango, 549, 552.
Lob-nor (Le), 436.
Loch Ness (Le), 44, 47.
Lofoten (Iles), 66.
Lohit (Le), 359.
Loing (Le), 164.
Loir (Le), 166.
Loire (La), 160, 104-166.
Loma-Tina (Monts), 734.
Lomond (Lac), 44, 48.
Londres, 37, *40.
Long (Pic), 682.
Long-Island, 694.
Longwood, 592.
Lorelei (Rocher de la), 100, 102.
Lorient, 159, 165.
Lot (Le), 150, *167.
Louabala (Le), 546.
Louang-Prabang, 408.
Loue (La), 170.
Louisiade (Iles de la), 874.
Louisville, 695.
Loukouga (Le), 546.
Louvain, 134.
Lowlanders (Les), 46.
Loyauté (Iles), 918-919.
Lozère (Monts), 148.
Lucayes (Iles), 748, 750.
Lucknow, 374.
Luçon, 906-910.
Lucques, 252.
Luderitzland (Le), 556.
Lulea (Le), 62.
Lund, 63.
Lusitanie, 207.
Lusitanienne (Race), 210.

Luxembourg, 138.
Lwów, 127.
Lycée (Mont), 260.
Lym (Fiord de), 69.
Lyon, 180.
Lysel (Fiord de), 60.

Mâba (Les), 528.
Macao, 430.
Macassar, 899, 902.
Macassar (Détroit de), 899, 900.
Macassars, 902.
Macédoine, 241-242.
Macédo-Vlaques, 252-253.
Mackenzie (Fleuve), 647, 648-650.
Macquarie (Le), 850.
Macta (La), 500.
Madagascar, 593-597.
Madeira (Le), 788, 789-790, 822. 823.
Madeleine (Iles de la), 638.
Madère (Ile de), 584.
Madoura (Ile), 880, 882.
Madras, 374.
Madras (Présidence de), 374.
Madréporiques (Iles), 842.
Madrid, 202-203.
Magdalena (Le), 759.
Magdebourg, 107.
Magellan (Détroit de), 794.
Magyars (Les), 118, 119, 122, *124, 126.
Mahanaddi (Le), 362.
Mahayhay (Mont), 906.
Mahé (Ile), 600.
Mahé, 380.
Maïna (La) ou Magne, 264-265.
Maine (La), 166.
Maïnotes, 264-265.
Majeur (Lac), 142, 216.
Majorque, 195, 196.
Makian (Ile), 894.
Malabar (Côte de), 362, 363.
Malacca, 388, 390.
Maladetta (La), 27.
Málaga, 204.
Malais, 585, 588, 875, 876, 877-878, 887, 894, 902, 904, 910.
Maldives (Iles), 384.
Malgaches, 595, 597.
Malhão da Serra (Le), 208.
Malines, 134.
Malinkés, 525, 524, 532.
Mallicolo (Ile), 916.
Malouïa (La), 494, 498.
Maloutis (Monts), 560.
Malte, 226.
Mamalucos, 826, 827, 828.
Mammouth (Caverne du), 668.
Mammouth (Sources du), 665. 667, *668.
Mamoré (Le), 788.
Man (Ile de), 54.
Manaar (Golfe de), 380.
Managua, 724.
Manakova (Ile), 898.
Manas du Bhoutan (Le), 359.
Manche (La), 31-32, 34, 159.
Manche (Plaine espagnole de la), 188.
Manchester, 41.

INDEX ALPHABÉTIQUE.

Mandalé, 302.
Mandchourie, 451-452.
Mangaréva (Ile), 934.
Manheim, 108.
Manille, 906, 907, 908, *910.
Manitoba, 650, 657-660.
Manitoba (Lac), 650, 651.
Manitouline (Ile). 622.
Mans (Le), 182.
Mansaraour (Lac), 356, 440.
Mantinée, 259.
Mantoue, 216.
Manzanarès (Le), 190, 205.
Maoris, 865-866, 925, 928.
Maoui (Ile), 928.
Maouna-Kéa (Le), 928.
Maouna-Loa (Le), 928.
Maracaïbo, 765.
Maragnon (Le), 770, 771, 778-780, 821-824, 825.
Marais de Guyane (Le), 831.
Marais Pontins (Les), 219.
Marajo (Ile), 824.
Maranhão, voy. Maragnon.
Marboré (Le), 156.
Marbres (Cascade des), 218.
Mareh (Ile), 894.
Maremmes (Les), 198.
Margeride (La), 148.
Mariannes (Iles). 912.
Marie-Galante, 742.
Marinduque (Ile), 908, 910.
Maritsa (La), 234.
Marmara (Mer de), 258.
Marne (La), 164.
Maroc, 514.
Maroc (Le), 511-514.
Maroni (Le), 835, 836.
Maronites, 328.
Marquises (Iles), 932-935.
Marseille, 162, *180.
Marshall (Iles), 914.
Martinique, 741, 742-744.
Masbate (Ile), 910.
Mascate, 338.
Masina (Le), 526.
Massachusetts, 690.
Massaoua, 484.
Matapan (Cap). 260, 264.
Matifanana (Cascade de la), 594.
Matterhorn, voy. Cervin.
Matto-Grosso, 820.
Maurice (Ile), 599-600.
Mauvaises Terres (Les), 674.
Mayas (Les), 710-712.
Mayence, 111.
Mayenne (La), 166.
Mayon (Mont), 906, 907.
Mayotte, 596, 598.
Mazafran (Le), 500.
Mbaou, 922.
Méandre (Le), 314.
Méched, 546.
Mecque (La), 336-337.
Médine, 337.
Medjerda (La), 494, 499. *500.
Médoc (Le), 166.
Mégalonésie, 875-910.
Meghma (Le), 360.
Mein (Le), 102, 111.
Méjan (Causse), 150.
Mejillones, 796, 799.

Mékong (Le), 395, 396-399, 405.
Mélanésie, 915-922.
Melbourne, 851-852.
Memphis, 471.
Ménado, 902.
Ménam (Lo), 395.
Mérapi (Volcan de), 884.
Menton, 163.
Méréna (Ile), 916.
Mérida, 187, 190.
Mérida de Mexique, 712.
Mers (Les), 4, 7, 14-15.
Mers-el-Kébir, 496.
Merthyr-Tydfil, 42.
Merv, 295, 297.
Mesa de Herveo (Mont), 756.
Meschacébé, voy. Mississipi.
Mésopotamie, 319-323.
Mesr-el-Cahirah, voy. Caire (Le).
Messène, 259.
Messénie, 260.
Messine, 232.
Métélin (Ile de), 318.
Metz. 112.
Meuse (La), 130, 170.
Mexicains, 700-704, 708-710.
Mexico, 700, 702, 705, 707, 709, *710.
Mexique, 697-712.
Mexique (Golfe du), 704.
Mezenc (Le), 148.
Miako, 449, 450.
Michigan (Lac), 622.
Micronésie, 911-936.
Midi de Bigorre (Pic du), 156.
Milan, 231-232.
Milet, 314, 319.
Miliana, 498.
Mille-Iles (Les), 625.
Milwaukee, 696.
Milo (Ile de), 262.
Minas ou Mineiros, 559, 827.
Minas Géraés, 210, 820-821.
Mincio (Le), 216.
Mindanas (Ile), 906, 910.
Mindoro (Ile), 908.
Minehasa (Le), 902.
Mingrélie, 302.
Minines (Iles), 912.
Miño ou Minho (Le), 194, 208.
Minnesota, 670. *672.
Minnesota (Rivière), 672.
Minorque, 196.
Miquelon, 614.
Misène (Cap), 231.
Misol (Ile), 896.
Missisipi (Le), 670-674.
Missolonghi, 259.
Missouri (Le), 669, 672.
Missouri (État du), 690.
Modène, 232.
Modlin, 87.
Mœlaren (Lac), 62, 64.
Moën (Ile), 68.
Moghreb, 489.
Molokaï (Ile), 928.
Moluques (Iles), 893-898.
Mona (Ile de), 54.
Monaco, 163.
Monastir, 249.
Mongo-ma-loba (Mont), 544.
Mongolie, 454-436.

Mongols, 454.
Monkou-Sardyk (Le), 282.
Monomotapa (Le), 576.
Monongahéla (Rivière), 670.
Monrovia, 556.
Monserrat (Le), 203.
Montaña (La), 778.
Mont-Blanc (Le), 25-26, 130, 135, 216.
Mont-Cenis (Tunnel du), 154.
Monte Cinto (Le), 184.
Monténégro, 251.
Monte Rotondo (Le), 184.
Montévidéo, 812.
Montpellier, 180.
Montreal, 631, 632, 635, *636, 638.
Mont-Rose (Le), 26, 130, 216.
Mont-Saint-Michel (Le), 150.
Montserrat (Ile de), 745, 746.
Mont-Tendre (Le), 140.
Moorea (Ile). 931.
Moraves (Frères), 618.
Moravie, 127.
Morbihan (Le), 159.
Morée, 262.
Morena (Sierra), 199.
Mormons (Les), 675-678.
Moro aï (Ile), 894.
Morte (Mer), 326-327.
Morvan (Le), 151.
Moscou, 73, 76, 81, 82, *93.
Moselle (La), 170.
Moskva (La), 73, 76, 79, 95.
Mossoul, 324.
Mostaganem, 496, 498.
Mostar, 250.
Motir (Ile), 894.
Mouata-Yamvo. 548.
Moukden, 452.
Moulmein, 387.
Mourchidabad, 372.
Mourzouk, 486, 488.
Mozambique (Canal de), 593.
Mulhouse, 112.
Munia (Pic de la), 156.
Munich, 111.
Muraille (Grande), 410-411, 412.
Murcie, 196, 206.
Murray (Le), 850.
Murrumbidgi (Le), 850.
Mvoutan Nzighé (Lac), voy. Albert.
Mycènes, 259.

Nagasaki, 450.
Nagoya, 450.
Nancy, 180.
Nanda Devi (Mont), 358.
Nanga Parbat (Mont), 356.
Nanking, 424.
Nan-tchang, 428.
Nantes, 180.
Naples, 230-231.
Naplouse, 330.
Napo (Le), 771.
Napolie, 222-223.
Nar (Le), 218.
Narbada (Le), 364.
Natal (État de), 567-568.
Naurouse (Col de), 146.
Navas de Tolosa (Las), 200.

Naxos, 262.
Neagh (Lac), 50.
Nébo (Mont), 327.
Nebraska (État et rivière de), 672.
Neckar (Le), 102.
Nedjed (Le), 334, 336, 338.
Nedjef (Lac), 321.
Néerlandais, Néerlande, voy. Hollande.
Néerlandaises (Iles), 878, 879.
Néfoud (Les), 334.
Negoï (Mont), 110, 252.
Nègres d'Afrique, 458-460.
Négritos, 876, 877, 878.
Négro (Rio), 766, 823.
Négros (Ile), 906, 910.
Nelson (Le), 650-651, 654.
Népal (Le), 577-578.
Nepubi-Nior (Mont), 74.
Neste (La), 166.
Nethou (Le), 156.
Neuchâtel (Lac de), 140.
Néva (La), 79, 80, 94.
Nevada (État de), 690.
Nevada (Sierra), 25, 198, 680-682.
Nevado de Illimani, 787.
Nevado de Quindiu, 756.
Nevado de Sorota, voy. Illampu.
Nevado de Toluca (Mont), 708.
Névis (Ile), 746.
Newark, 694.
Newcastle, 41.
New-Jersey, 690.
New-York, 692, *694.
New-York (État de), 690.
Ngami (Lac), 574.
Niagara (Le), 621, 623, 624.
Niari (Le), 552.
Nias (Ile), 888.
Nicaragua, 720-724.
Nicaragua (Lac de), 721.
Nice, 163, 180.
Nicobar (Iles), 390.
Nicosie, 318.
Niéman (Le), 99.
Nieusedel (Lac), 119.
Niger (Le), 457, 519-521.
Niger français, 524, 526.
Nijni-Novogorod, 76.
Nikko (Mont), 444.
Nil (Le), 462-468, 473, 474, 476, 478.
Nîmes, 180.
Nindjin-tangla (Mont), 440.
Ning-po, 425.
Ninive, 319, 323.
Nipigon (Lac et rivière de), 621-622.
Nipissingue (Lac), 622.
Nippon, voy. Japon et Hondo.
Niyanza (Lac), voy. Victoria-Niyanza.
Nogaïs (Les), 94.
Noir (Causse), 150.
Noire (Race), 11, 12.
Noirmoutier (Ile de), 160.
Nord (Cap), 66, 67.
Nord (Ile du), 867-868.
Nord (Mer du), 158.
Norfolk (Ile), 870.

Normandes (Iles), 54, 159, 172.
Normandie, 159.
Norte (Rio del), 679.
Norvège, 63-65.
Norvégiens, 64.
Nossi-Bé, 596.
Nottingham, 41.
Nouka-Hiva (Ile), 932.
Nouméa, 917, 918.
Nouveau-Brunswick, 639.
Nouveau-Hanovre, 874.
Nouveau Mexique, 678-679.
Nouvelle-Bretagne, 875-874.
Nouvelle-Calédonie, 917-920.
Nouvelle-Castille, 188.
Nouvelle-Écosse, 640-642.
Nouvelle-Galles du Sud, 848, 849-850.
Nouvelle-Guinée, 871-874.
Nouvelle-Irlande, 874.
Nouvelle-Orléans (La), 674, 694, *696.
Nouvelles-Hébrides, 916.
Nouvelle-Sibérie, 285.
Nouvelle-Zélande, 841, 865-870.
Novaïa Zemlia (La), 74.
Novibazar, 248.
Nubie, 473-474.
Nuraghi (Les), 227.
Nuremberg, 108, 111.
Nyangoué (Rapides de), 547.
Nyassa (Lac), 458, 576, 578.

Oajaca (État d'), 710.
Oahou, 928.
Ob (L'), 279-281.
Obi (Ile), 894.
Obok, 482, 483.
Océanie, 841-936; — généralités, 841-842.
Oder (L'), 99.
Odessa, 82, *95, 96.
Œil du Monde (L'), 499.
Œland (Ile d'), 66.
Œsel (Ile d'), 90.
Œta (Mont), 258.
Ogôoué (Fleuve), 550-552.
Ohio (L'), *670, 672, 673.
Ohio (État de l'), 690.
Ohoseka, 450.
Oise (L'), 164.
Oka (L'), 76.
Okhotsk (Mer d'), 446.
Okrida, 242, 248.
Oldham, 41.
Oléron (Ile d'), 160.
Olympe (Mont), 284, 241.
Olympie, 259.
Oman, 338.
Ombla (L'), 116.
Ombrone (L'), 220.
Onéga (Lac), 79.
Ontario (Lac), 622, 624.
Oparo (Ile), 933.
Opico, 720.
Or Côte d', 540.
Oran, 496, 498, 510.
Orange (Fleuve), 560.
Orange (État Libre d'), 569-570.
Orb (L'), 167.

Orcades (Iles), 55.
Orchomène, 259.
Orégon ou Colombie (Fleuve), 679-680.
Orégon (État d'), 690.
Orel, 96.
Orénoque (L'), 766-767.
Orénoque (Plan d'), 610.
Orgãos (Serra dos), 815, 816.
Orihuela, 196.
Orissa (L'), 362.
Orizaba (Volcan d'), 708.
Orléans, 180.
Orléans (Forêt d'), 156, 164.
Orne (L'), 164.
Orœfa (Mont), 71.
Orohéna (Mont), 931.
Oronte (L'), 326.
Ortler (L'), 115.
Osmanlis, voy. Turcs.
Ossa (Mont), 257.
Ottawa, 623, 634, *636.
Ouadaï (Le), 528.
Ouahabites, 338.
Ouaïda, 543.
Oualan (Ile), 912.
Oubsa-nor (Lac), 434.
Oucho (Mont), 477.
Oued-el-Kébir (L'), 500.
Ouei-hien, 423.
Ouellé (Fleuve), 545, 547.
Ouen (L'), 414.
Ouessant (Ile d'), 159.
Ou-Ganda (L'), 464.
Ouinipeg, 658.
Ouinipeg (Rivière), 652.
Ouinipeg (Lac), 650, 651.
Ouinipégous (Lac), 650.
Ounyamézi, 547.
Ouolofs, 531.
Oupoulo (Ile), 924.
Oural (fleuve), 78, 79.
Oural (Monts), 18, 74.
Ourdou (Langue), 369-370.
Ourga, 436.
Ourique (Bataille d'), 208.
Ourmia (Lac d'), 340.
Ourno, 527.
Ours (Lac d'), 650.
Oussouri (L'), 286.
Outaouais (L'), 625, 627.
Outchang, 428.
Ou-tchéou, 426.
Ouzbegs, 296, 300.
Owen Stanley (Monts), 870.
Oxford, 34.
Oyapock (L'), 835.

Padang, 888.
Padma (Le), 360.
Padoue, 232.
Pagan, 391, 392.
Paix (Rivière de la), 648.
Pakéhas, 866-867.
Palaos (Iles), 913, 914.
Palaouan (Ile), 910.
Palatinat, 110.
Palembang, 886, *888.
Palenque, 712.
Palerme, 232.
Pali (Langue), 367.
Palk (Détroit de), 380.

Palma, 196, 206.
Palmas (Las), 588.
Palmyre, 321.
Palti (Lac), 440.
Palus Méotide (Le), 80.
Pamir (Monts), 268, *290.
Pampas (Les), 611, 612, 806-808.
Panama (Isthme de), 713, 754-755.
Panama, *754, 755.
Panay (Ile), 910.
Pandjab (Le), 356.
Paniéfoul (Lac), 530.
Pantellaria (Ile), 225.
Papéiti, 931, 932.
Papouasie, voy. Nouvelle-Guinée.
Papous ou Papouas, 871, 915, 916, 920.
Pâques (Ile de), 935-936.
Parágua (Baie de), 910.
Paraguay (République du), 813-814.
Paraguay (Rio), 802-803, 806, 813, 814, 820.
Paramaribo, 835, 836.
Paraná (Le), 801, 802-805, 816, 818.
Parc national (Le), 671, 672, 679, 681.
Parinacota (Mont), 777.
Paris, 147, *180, 181.
Parnasse (Mont), 256, 258.
Parnès (Mont), 258.
Paros (Ile de), 262.
Pasandava (Baie de), 596.
Pasto (Monts de), 756.
Patagons, 614, 794, 808, 809.
Patchanah, voy. Afghans.
Patmos, 315.
Patna, 375.
Patras, 266.
Paulistas, 828.
Pavie, 215, 216.
Pavin (Lac), 146.
Payta, 776.
Paz (La), 697, 792.
Peaux-Rouges, 612-615, 687.
Pégou (Le), 387.
Peïpous (Lac), 80.
Pékin, 421, 422-423, 424, 425.
Péling (Iles), 902.
Pélion (Mont), 257.
Péloponnèse, 258-262.
Pelvoux (Mont), 154.
Pénée (Le), 257-258.
Pennsylvanie, 666, 668, 690.
Pentélique (Mont), 258.
Pérékop (Isthme de), 49.
Périgueux, 167.
Périm (Ile de), 331.
Pernambouc, 830.
Pérou, 773-784.
Pérouse (Lac de), 219.
Persane (Langue), 544-545.
Persans, 342-346.
Persépolis. 345, 346.
Perse, 339-346.
Perses, 342, 345.
Persique (Golfe), 332, 340.
Perth, 861.
Pest, 127.

Petchora (La), 75.
Péten (Lac), 716, 718.
Petits-Russiens, 84.
Pétrolia, 668.
Peuls, voy. Foulahs.
Phanar, Phanariotes, 240.
Phare de Messine, 223.
Phase (Le), 302.
Philadelphie, 694.
Philippeville, 496.
Philippines (Iles), 878, 905-910.
Philippopoli, 246.
Phocide, 258.
Piave (La), 217.
Pichincha (Le), 770.
Piémont, 232.
Pierre-sur-Haute, 151.
Pieter-Maritzbourg, 568.
Pike (Le), 682.
Pilat (Mont), 151.
Pilcomayo (Le), 806, 807.
Pinde (Le), 257.
Pins (Ile des), 918.
Pinsk (Marais de), 81.
Pique d'Estats (La), 156.
Pirée (Le), 266.
Pise, 232.
Pittsburg, 668, 670, *695.
Piuka (La), 116.
Piuserga (La), 188.
Plaisance, 216.
Plata (Rio de la), 802.
Plomb du Cantal (Le), 147.
Plymouth, 42.
Pnôm-Pénh, 402.
Pô (Le), 216-217.
Pointe-à-Pitre (La), 742, 744.
Pointe-de-Galle, 384.
Pôles (Les), 16.
Polillo (Ile), 908.
Pologne, 87-88.
Polonais, 86, 87; — en Russie, 124; — en Autriche-Hongrie, 124.
Polynésie, 923-936.
Pomarapé (Mont), 777.
Poméranie, 98.
Pomotou (Iles), voy. Touamotou.
Pompéie, 251.
Ponapi (Ile), 912, 914.
Pondichéry, 378-380.
Pontianak, 904.
Popocatépetl, 705, 707.
Population: sa plus grande densité en Europe, 107.
Port-au-Prince (Le), 753, *740.
Portendik, 530.
Portes de Fer (Défilé des), 115.
Port-Louis, 600.
Port-Mahon, 196.
Port-Natal, 568.
Porto, 212, 214.
Porto-Praya, 588.
Porto-Rico, 732.
Porto-Vecchio (Le), 182.
Port-Saïd, 472.
Portsmouth, 41.
Portugais, 209, 210-211.
Portugaise (Langue), 210-211.
Portugal, 207-214.
Postoïna (Grotte de la), 6.
Poti, 302.

Potomac (Le), 638.
Potosi, 792.
Potschefstroom, 572.
Pouckhtoun Kwa, voy. Afghanistan.
Pouille, 223.
Poulo-Pinang, 390.
Pouna, 574.
Poyang (Lac), 416.
Prague, 127.
Praslaw, 248.
Présidios (Les), 514.
Prétoria, 572.
Prince (Ile du), 590.
Prince-Édouard (Ile du). 642.
Pripet (Le), 81.
Provence (La). 170.
Provence (Côte de), 161. 165.
Providence, 694.
Prusse, 106-107.
Pruth (Le), 252.
Psiloriti (Le), 244.
Puerto-Cabello, 763.
Puissance (La), voy. Canada.
Punas (Les), 785-786.
Punta Arenas, 794.
Puracé (Mont). 756.
Purus (Le), 822, 825.
Puszta (La), 118, 119, 122.
Puy de Dôme, 146.
Puy de Sancy, 146.
Pyramides d'Égypte (Les), 471.
Pyrénées (Les), 24, 27, 153-154.

Qu'appelle (La), 658.
Quatre-Cantons (Lac des), 142.
Québec, 607, ' 656, 637.
Queensland. 853-856.
Quercy (Causses du), 151.
Quettah, 351.
Quiberon (Presqu'île de), 159, 160.
Quitchouas (Les), 773-776, 780-782, 790-791.
Quito, 772.

Races, 9-14; — leur vigueur et leur vitalité, 58.
Raguse, 116.
Raïatéa (Ile), 932.
Rainier (Mont), 679.
Ram Ganga (Le), 358.
Rangoun, 387.
Raou (Ile), 894.
Ravenne, 232.
Ravi (Le), 356.
Ré (Ile de), 160.
Reb (Le), 478, 479.
Recife, voy. Pernambouc.
Reims, 180.
Reine-Charlotte (Iles de la), 664.
Religions : nombre de leurs adeptes, 14.
Rennes, 180.
Réunion, voy. Bourbon.
Reykjavik, 72.
Rhin (Le), 102, 136, 140-142.
Rhode-Island (Le), 690.
Rhodes, 318.

Rhône (Le), 142, 162, '167-170.
Richelieu (Le), 626.
Riesengebirge (Le), 98.
Rif (Le), 512.
Riga, 90, '95.
Rilo (Mont), 234.
Rindjani (Mont), 890.
Rio-de-Janeiro (Le), 820, 830.
Rion (Le). 502.
Riou-Kiou (Iles), 446-447.
Riukanfos (Cascade du), 61. 62.
Roche (Rivière de), 648.
Rochefort, 163, 166.
Rochelle (La), 160.
Rocheuses (Montagnes), 607, 609, 674-675, 677.
Rodriguez (Ile), 600.
Roland (Brèche de), 157.
Romaine (Campagne), 219, 222. 223, '230.
Rome, 220, 221, 222, 227. 228-230.
Ronda, 204, 206.
Ross Castle, 49.
Rostof, 96.
Rotouma (Ile). 922.
Rotterdam, 138.
Rotti (Ile), 890.
Roubaga, 464.
Roubaix, 180.
Rouen, 104, 179, '180.
Rouergue (Causses du), 151.
Rouge (Fleuve), 406, 407.
Rouge (Mer), 331-332.
Rouge (Race), 10, 15.
Rouge du Sud (Rivière), 650, 651, 652, 674.
Rouk (Ile), 912.
Rouki (Le), 548.
Roumains, 236, 252-254; — en Transylvanie, 126.
Roumanie, 252-254.
Roumélie, 236, 238.
Roumélie orientale, 246.
Roya (La), 170.
Royaume-Uni, 34-56.
Ruapehou (Mont), 868.
Rügen (Ile de), 98, 99, 100.
Ruiz (Mont), 756.
Russes, 28, 83-87, 95, 94.
Russie, 17, 19. 20, 75-96.
Ruthènes, 86, 124.

Saale (La), 107.
Saba (Ile), 750.
Sacramento (Pampa del), 779, 780.
Sagnin, 392.
Sahara, 3, 455-456, 457, 515-518.
Sahara algérien, 456, 503.
Sahel (Le), 493, 494, 500.
Sahel (Fleuve), 500.
Sahel d'Alger (Le), 497, 500.
Saigon, 400, 401, '402, 405.
Saïma (Lac), 80, 92.
Saint-Barthélemy (Ile), 742.
Saint-Boniface, 658.
Saint-Christophe (Ile), 746.
Saint-Denis de la Réunion. 590.
Saint-Domingue, 733-740.

Saint-Élie (Mont), 682.
Saint-Étienne-en-Forez, 180.
Saint-Eustache (Ile), 750.
Saint-Gothard (Mont), 140, 142.
Saint-Helens (Mont), 679.
Saint-Jean, 639.
Saint-Jean (Fleuve), 639.
Saint-Jean de Terre-Neuve, 644, 646.
Saint-Laurent (Le), 608, 621, 624-626.
Saint-Louis du Mississipi, 673, 696.
Saint-Louis du Sénégal, 529, 532.
Saint-Loup (Pic), 167.
Saint-Malo, 159.
Saint-Martin (Ile), 742, 750.
Saint-Maurice (Le), 626.
Saint-Paul de Minnesota, 604, 672.
Saint-Pétersbourg, 80, 85, 94-95.
Saint-Pierre de la Martinique. 741, 743, 744.
Saint-Pierre de Terre-Neuve, 643-644.
Saint-Thomas (Ile), 590.
Saint-Valentin (Mont), 795.
Saint-Vincent (Ile), 748.
Sainte-Claire (Rivière de), 622.
Sainte-Croix (Ile), 916.
Sainte-Énimie (Sources de), 150.
Sainte-Hélène (Ile), 591-592.
Sainte-Lucie (Ile), 748.
Sainte-Marie (Rivière de), 622.
Sainte-Marie de Madagascar, 596.
Sainte-Marthe (Monts), 756. 761.
Saïram (Lac), 438.
Sajama (Mont), 786.
Sakalaves, 595.
Sakaria (Le), 313.
Sakhalien (Ile), 286, 443.
Sakkarah (Pyramide de), 471-472.
Salamvria (Le), 234.
Salat (Le), 166.
Salé (Grand Lac), 676, 678.
Salembria (Le), 257.
Saleyer (Ile), 902.
Salford, 41.
Salles-la-Source (Cirque de), 151.
Salomon (Iles), 915.
Salonique, 242.
Salouen (Le), 391-392.
Salvador (République du), 718-720.
Salzbourg (Le), 127.
Samar (Ile), 910.
Samarcande, '297, 299.
Samarie, 330.
Samé-Ednam, 66.
Sameladz ou Lapons, 65-66.
Samhar (Le), 480.
Samo (Ile de), 318.
Samoa (Iles), 924.
Samothraki, 246.
Sandákan, 904.
Sandwich (Iles), 928-930.

Sandwich des Nouvelles-Hébrides, 916.
San-Francisco, 695, '696.
Sangay (Le), 770.
Sanghir (Ile), 902.
San-José, 724.
San-Juan de Porto-Rico, 732.
San-Salvador, 720.
Sanscrite (Langue), 366-367.
Santa Barbara (Chaudière de), 583.
Santa Cruz de Santiago, 588.
Santiago du Chili, 800.
Santo-Domingo, 740.
Sâo-Francisco (Le), 820-821.
Saône (La), 169.
Saô-Paulo de Loanda, 553, 554.
Sapporo, 450.
Saragosse, 194, '206.
Saratof, 96.
Sarawak, 904.
Sardaigne, 185, 226.
Sargasses (Mer des), 584.
Sarhadd (Le), 342.
Sartes, 296.
Sarthe (La), 166.
Saskatchéouan, 654, '660.
Satledj (Le), 356, 440.
Sauveterre (Causse de), 150.
Savaii (Ile), 924.
Savalan (Mont), 340.
Savanes (Les), 832.
Save (La), 114.
Savou (Ile), 890.
Saxe, 107.
Saxons, 30.
Scandinaves, 601.
Scandinaves (Monts), 58.
Scandinavie, 19, 57-67.
Schelde, voy. Escaut.
Schetland (Iles), 56.
Schleswig-Holstein (Le), 69.
Schwarzwald, voy. Forêt-Noire.
Scutari d'Albanie, 242.
Scutari d'Asie, 240, '319.
Sébaou (Le), 500.
Sébastopol, 89, 94.
Secundra, 375.
Seeland ou Sjoelland (Ile), 68.
Ségou-Sikoro, 520, '526, 527.
Ségovie, 189.
Seïhoun (Le), 314.
Seine (La), 159, '164.
Selenga (La), 282.
Séleucie, 319, 324.
Sélinonte. 225.
Selvas (Les), 5, 611.
Sémérou (Mont), 880.
Sémites, 12.
Semmering (Passage du), 115.
Sénégal, 530-532, 533.
Sénégal (Fleuve), 530-534.
Sénégambie, 530-536; — anglaise, 532; — portugaise, 532.
Séoul, 434.
Sérajevo, 249.
Sérang, voy. Céram.
Serbes, 250.
Serbie, 238, 249, 250-251.
Serpent (Rivière), 679, 680.
Sertâo (Le), 818.
Séto-outsi (Le), 441.

INDEX ALPHABÉTIQUE.

Sévanga (Lac), 304.
Severn (La), 42.
Séville, 203-204.
Sèvre Niortaise (La), 160.
Seybouse (La), 500.
Seychelles (Iles), 600.
Shannon (Le), 50.
Shasta (Mont), 682.
Sheffield, 41.
Siah-Pochs, 350.
Siam, 393-395.
Sibérie, 274, 278-288.
Sichem, 330.
Sicile, 223-226.
Sicyone, 259.
Sidon, 330.
Sierra-Léone, 554.
Sig (Le), 500.
Sikaram (Mont), 348.
Sikhs, 375-376.
Si-kiang (Le), 417.
Sikkim (Le), 378.
Sikok (Ile), 444, 446.
Silésie, 106, 127.
Simên (Le), 480.
Simla, 353, 356, 372, 378.
Sinaï (Mont), 326.
Sind, voy. Indus.
Si-ngan-fou, 411, 412, *428.
Singapour, 390.
Sinto (Culte), 448-449.
Siouah, 472.
Sioux, 614, 655, 687.
Sir (Le), 292, 294.
Sitka, 682.
Sivasamoudram (Saut de), 363.
Sjœlland (Ile), 68.
Skager-Rak (Le), 63.
Skaptar (Le), 71.
Skiærgaard (Le), 66.
Skipétares, 242-244.
Skodra, 242.
Skodra (Lac de), 242.
Slaves, 30, 84, 102-105, 122, 123-124, 236, 249.
Slavo-grecque (Presqu'île), 233-254.
Slovaques, 122.
Smolensk, 81.
Smyrne, 315, *319.
Société (Iles de la), 931-934.
Socotra ou Socotora (Ile). 600
Sofala (La), 576.
Sofie ou Sophia, 248.
Sokota, 478.
Sokoto, 526
Solo (Fleuve), 880.
Sologne (La), 158.
Somalis (Les), 580, 581.
Sonde (Détroit de la), 885.
Sonde (Petites îles de la), 889-892.
Sone (La), 358.
Soninkés, 531-532.
Sonora (État de), 710.
Sora (Cascades de), 219.
Soracte (Mont), 218.
Sorgues (La), 163, 170.
Sorlingues (Les), 54.
Souabe (La), 108, 110.
Souanêthes, 306.
Soudan, 456-457.
Soudan central, 519-528.
Soudan d'Égypte, 474-475.
Soudan maritime, 529-532.
Souk-Arhas (Monts de), 498, 500.
Soula (Iles), 902.
Soulina (La), 234.
Souliotes, 242.
Soulou (Iles), 905.
Soultz (Ballon de), 151.
Soumba (Ile), 890.
Soumbava (Ile), 890.
Soungari (Le), 284, 452.
Sourabaya, 884.
Sou-tchéou, 424.
Souzdal, 76.
Spanish Town. 746.
Sparte, 259, 260.
Spessart (Le), 98.
Sphakiotes, 246.
Sphinx des Pyramides (Le), 471.
Spitzberg (Le), 66.
Sporades (Iles), 262
Sporades polynésiennes (Les), 927.
Sprée (La), 108.
Srinagar, 376.
Stabies, 231.
Staffa (Ile de), 55, 56.
Stella (Le), 572.
Steppe d'Asie, 272, 274.
Steppe du Dniéper, 20.
Steppes (Les), 20, *75.
Stettin, 107.
Stewart (Ile), 870.
Stockholm, 63.
Stoke, 41.
Strasbourg, 112.
Stromboli (Volcan de), 225.
Strouma (La), 234.
Strudel (Le), 113, 114.
Stuttgart, 110.
Stymphale (Lac de), 260.
Styrie, 126.
Suciava, 254.
Sucre, voy. Chuquisaca.
Sud (Ile du), 868.
Suède, 62-63.
Suédois, 63.
Suez, 472.
Suez (Canal de), 472.
Suisse, 139-144; — allemande, 143; — française, 143-144; — italienne, 144; — romanche, 144.
Sumatra, 885-888.
Sund (Le), 68.
Sunderland, 41.
Supérieur (Lac), 622.
Surate, 377.
Surinam, 855, 856.
Sutchéou, 428.
Svartis (Névé de), 58.
Swansea, 42.
Sydney, 642, 848, 849, *850.
Syracuse, 225.
Syrie, 324-330.
Syrte (Grande), 486.
Syrte (Petite), 494.
Szabadka, 128.
Szeged ou Szegedin, 118, 128.

Taal (Mont), 906.
Tablas (Ile), 910.
Tachkent, 297.
Tadjiks, voy. Persans.
Tadjoura (Baie de), 483, 484.
Tafna (La), 498, 500, 503.
Tagales ou Tagalocs, 906
Tage (Le), 188.
Tahaa (Ile), 932.
Taï-Ouan, voy. Formose.
Taïti (Ile de), 931-932
Taïyuan-fou, 428.
Takazzé (Le), 478-480.
Ta-kiang, voy. Yang-tsé-kiang.
Takla-Makan (Le), 458.
Taman (Presqu'île de), 301.
Tamicom (Le), 520.
Tamise (La), 33, 34.
Tana (Lac), 477, 478.
Tanaïs (Le), 80.
Tananarive, 596.
Tanganyika (Lac), 458, 546, *547, 576, 578.
Tanna (Ile), 916.
Tapajoz (Le), 822, 823.
Tapti (La), 364.
Taranakh-Lama (Le), 436, 442.
Targot (Mont), 440.
Tarn (Le), 150, *166-167.
Tasmanie, 848, 862-864.
Tassissoudon, 378.
Tatra (Mont), 119. — Bergers du Tatra, 121.
Taupo (Lac), 868, 869.
Taurus, 341, *346.
Taurus (Mont), 312-314.
Tay (Le), 44.
Taygète (Mont), 259, 260, 264.
Tchad (Lac), 457, 521-522.
Tchang-tcha, 428.
Tchang-tchéou, 425.
Tchèques, 122, 124.
Tcherkesses, 304-306.
Tchesmeh-i-Ali, ou Font d'Ali, 340.
Tchinab (Le), 356.
Tching-tou, 426.
Tchippéouéyanes (Indiens), 653, 655.
Tchornoziom (Le), 76.
Tchoroukh (Le), 302.
Tchoudes, 84.
Tchoung-tcheng, 426, 428.
Tebriz, voy. Tauris.
Tech (Le), 167.
Tecoluca, 720.
Tegucigalpa, 720.
Téhéran, 346.
Téhuantépec (Isthme de), 704
Tell (Le), 490.
Tell marocain (Le), 512.
Tell-Pos-Is (Mont), 74.
Tembi (Le), 520.
Tempé (Vallon de), 258.
Tenassérim (Le), 387.
Ténérifé, 585, 586.
Tenès, 496.
Tengri-nor (Lac), 440.
Teniet-el-Hâd (Monts de), 498.
Tenochtitlan, voy. Mexico.
Terceira (Ile), 585
Ternate (Ile), 893, 894, 895.
Terre (La) : sa forme, sa petitesse, sa superficie, 1-4.
Terre-de-Feu (La), 793-794.
Terre-Neuve, 645-646.
Terre-Neuviens (Les), 646
Terres polaires du Canada, 647.
Terre-Verte (La), 648.
Tessin (Le), 142-143, 216.
Têt (La), 167.
Tété, 576.
Této (Les). 891.
Teverone ou Anio (Le), 219
Texas (Le), 679, 689-690.
Teyde (Pic de) ou de Ténérifé, 586.
Tezcuco (Lac de), 710.
Thaï ou Siamois, 394
Thar (Désert de), 360.
Thaso (Ile de), 246.
Thau (Étang de), 162.
Thèbes d'Égypte, 465, 468.
Theiss (La), 114, 118.
Thermopyles (Les), 257.
Thessalie, 257.
Thian-Chan (Monts), 268, *290.
Thorshavn, 70.
Thuringer Wald (Le), 98.
Tibériade (Lac de), 326, 327.
Tibesti (Le), 488.
Tibesti (Monts du), 521.
Tibet (Le), 436, 438-442.
Tibre (Le), 218.
Tiburon (Cap), 734, 735.
Tical, 718, 719.
Tidore (Ile), 894.
Tien-Tsin, 425.
Tiflis, 310.
Tigre, 322.
Tigré (Le), 480, 481.
Timave (Le), 116.
Timboro (Mont), 890.
Timor (Ile de), 889, 890-892.
Timor-Laout (Iles de), 892.
Tiritch-Mir (Mont), 350.
Tirnova, 248.
Tista du Sikkim (Le), 359.
Tisza (La), 114, 118.
Titicaca (Lac et île de), 773, 775, 778, 787-788.
Tlascala, 703.
Tlemcen, 507, 510.
Tobolsk, 285, 288.
Tocantins (Le), 820, 822.
Toghean (Iles), 902.
Togo (Le), 542.
Tokio, voy. Yédo.
Tolède, 188, 202.
Tolima (Volcan de), 756.
Toltèques, 697, 698, 699, *700, 702.
Tombouctou, 520, 522, *526.
Tomsk, 288.
Tondáno (Lac de), 902.
Tonga (Iles), 925-926.
Tongariro (Mont), 868.
Tongatabou (Ile), 926.
Tongouses, 282, 285.
Tongouska (La), 282.
Tonlé-Sap (Lac), 394, 396.
Tonlé-Sap (Rivière), 396, 399.
Tonquin, 404-407.
Tonquinois, 408.
Topino (Le), 218.
Tormès (Le), 188.

INDEX ALPHABÉTIQUE.

Tornea (La), 63.
Toronto, 624, 635, 638.
Torrès (Détroit de), 871.
Toscane, 219-222.
Touamotou (Iles), 954.
Touaregs, 451, 522.
Toubouaï (Iles), 953.
Toula, 80.
Toulon, 162, 180.
Toulour (Iles), 902.
Toulouse, 180.
Toung-ting (Lac), 416.
Touran ou Grand-Steppe, 273-274, 290-292, 293.
Tourane (Baie de), 403.
Touraniens, 294-296.
Tourcoing, 182.
Tours, 182.
Touvre (La), 164.
Touz-Göl (Lac), 514.
Transleithanie, 126.
Transports (Rivière des), voy. Impérial (Canal).
Transvaal (Le), 571-572.
Transylvanie, 119, 127.
Trarzas, 531.
Trasimène (Lac de), 219.
Traz-os-Montes, 208. 290-210.
Trébizonde, 308.
Trieste, 127.
Triglav (Le). 115.
Trimab (Le), 556.
Trincomali, 384.
Trinité (Ile de la), 748, 749.
Tripoli, 486, 487.
Tripolitaine, 485-488.
Tristan de Cunha (Ile), 592.
Troie, 319.
Troumouse (Cirque de), 156.
Truyère (La), 147.
Tsiafaiavona (Mont), 594.
Tsiganes, 125.
Tsouno-yama (Le), 444-446.
Tsrnagora, 251.
Tucuman, 806.
Tumuc-Humac (Monts), 854.
Tunguragua (Le), 770.
Tunis, 494.
Tunis (Golfe de), 494.
Tunis (Régence de), 494, 510.
Tuquerres (Monts de), 756.
Turcomans, 292, 295.
Turcs (Les), 235-236, 257, 239; — d'Asie, 315-318; — en Caucasie, 308.
Turia (Le), 196.
Turin, 252.
Turkestan, 289-300; — chinois,
436-438, 439; — russe, 289-300.
Turque (Langue), 236.
Turquie d'Asie. 311.
Turquino (Mont), 729.
Turrialba (Mont), 724.
Tuscarora (Le), 14, 16.
Tyr, 330.
Tyrol, 127.

Ucayali (L'), 779-780, 781.
Ulm, 110.
Upsala, 63.
Uruguay (République de l'), 811-812.
Uruguay (Rio), 803, 818.
Uskudar, voy. Scutari d'Asie.
Utah (L'), 675-678.
Utique, 494.
Utrecht, 158.
Utsumacinta (Rio), 711, 713.
Uxmal, 711, 712.

Vaal (La), 560, 562, 569.
Vaïchyas (Les), 372.
Vaigatch (Ile de), 74.
Vaighéou (Ile), 898.
Vaïhou (Iles), 955-956.
Vaïpio (Le), 928.
Valais (Le), 142.
Valaques, 236.
Valdoniello (Forêt de), 184.
Valence, 196, 203.
Valette (La), 226.
Valladolid, 187, 206.
Valparaiso, 800.
Van, 314, 315.
Van (Lac de), 514, 315.
Vancouver, 663-664.
Van Diémen, voy. Tasmanie.
Vanoise (La). 155.
Vanoua-Lévou (Ile), 920.
Var (Le), 170.
Vardar (Le), 254.
Varna, 248.
Varsovie, 85, 95.
Vatna Jœkull, 70, 71.
Vaucluse (Fontaine de), 155. 163-164.
Vaucluse (Monts), 155.
Velay (Monts du), 147.
Véliko-Russes, 84.
Venise, 230, 232.
Vénézuéla (Le), 763-768.
Ventoux (Mont), 155.
Vera-Cruz, 710.

Vérone, 232.
Versailles, 182.
Vésuve (Le), 251.
Via Mala (La), 140, 141.
Vicols, 207.
Victoria, 851-852.
Victoria (Lac), 294.
Victoria de Vancouver, 664.
Victoria-Niyanza (Lac), 462, 464.
Vidourle (Le), 167.
Vieille Castille, 186.
Vienne, 127.
Vienne (La), 166, 168.
Vierges (Iles), 746.
Vignemale (Le), 156.
Vilaine (La), 159-160, 164.
Villarica (Mont), 796.
Vilno, 96.
Vindhya (Monts), 360, 362.
Vis (La), 167.
Visayas, 910.
Visayas (Iles des), 910.
Vista, voy. Vistule.
Vistule (La), 87, 99.
Viti, voy. Fidji.
Viti-Lévou, 920.
Vitim (Le). 282, 283.
Vivarais (Le), 145, 148.
Vladimir. 76.
Vœringfos (Cascade du), 62.
Vogelberg (Monts), 98.
Voïna (La), 480.
Volga (La), 26, 76-79. 80.
Vorarlberg (Le). 127.
Vosges (Les), 23, 24, 151-155.
Vulcano (Ile), 225.
Vuoxen (Le). 80, 92.

Wabash ou Rivière-Blanche, 670.
Waikato (Fleuve), 865, 868.
Wales, voy. Galles.
Wallinskoski (Rapides de l'), 92.
Wallis (Iles), 925, 926.
Wallonie, 131-132.
Wallons, 129, 132, 134.
Wash (Le), 51, 34.
Washington, 689, 691, 694.
Weichsel, voy. Vistule.
Wellington, 870.
Wellington Ile), 795.
Wenern (Lac), 60, 62.
Weser (Le), 102.
Wettern (Lac), 62.
Wight (Ile de), 54.
Windermere (Lac), 54.
Winnipeg (Lac), voy. Ouinipeg.

Wirbel (Le), 113.
Wisconsin (Le), 672.
Witney (Mont), 681.
Wourno, 527.
Wurtemberg (Le). 108, 110.
Wurzbourg, 111
Wydah, 543.

Xingu (Le), 822, 824.

Yakoutes, 285.
Yaloung, (L'), 414.
Yamina, 519.
Yanaon, 380.
Yang-tchéou, 424.
Yang-tsé-kiang (Le), 414-416.
Yankees (Les), 665, 666, 683-689.
Yaqui (Mont). 734.
Yarkand, 438.
Yaroslavl, 76.
Yédo, 445, 449-450.
Yellow-Stone (Le), 671, 672, 673, 679, 681.
Yémen. 332, 333, 337.
Yéniséi (L'), 282.
Yermak Timoféief, premier conquérant de la Sibérie, 278.
Yesso (Ile), 446.
Yétouroup (Ile), 446.
Yeu (Ile d'), 160.
Yezd, 346.
Ymesfjeld (Mont). 59.
Yokohama, 273, 450.
Yonne (L'), 151, 164.
Yorouba, 543.
Yosémiti (Cascades de), 680.
Youkon (Le), 682, 685.
Ypiranga (Vallée d'), 824.
Yucatan, 710-712.

Zaccar (Le), 408.
Zafarines (Iles), 512.
Zaghouan (Le), 496.
Zagreb, 124.
Zambèze (Le), 575, 576-578.
Zamora, 187.
Zante, 266.
Zante (Ile de), 263.
Zanzibar, 578-580, 581.
Zarafchan (Le), 294, 297.
Zeila, 483.
Zoulous (Les), 567, 568, 572.
Zugspitze (Mont), 98.
Zuiderzée, 135-136.
Zurich, 144.
Zurich (Lac de), 144.

TABLE DES GRAVURES

1. L'Espagne aride. — Dessin de Taylor, d'après une vue de Henri Regnault. 1
2. L'Espagne pluvieuse. — Dessin de G. Doré. 2
3. Site du Sahara : les Grandes Dunes. — Dessin de G. Vuillier, d'après une photographie. 3
4. Selva ou forêt tropicale de l'Amérique du Sud. — Dessin d'Émile Bayard. 5
5. Site du désert d'Atacama. — Dessin de J. Moynet, d'après une photographie. 8
6. Race blanche. — Dessin de A. de Neuville. 9
7. Race noire. — Dessin de A. de Neuville, d'après une photographie. 11
8. Race jaune. — Dessin d'Adrien Marie, d'après une photographie. 13
9. Race rouge. — Dessin de A. Rixens, d'après une photographie. 15
10. Le Caucase. — Dessin de Blanchard. 17
11. La Plaine russe : Steppe du Dniéper. — Dessin de Lancelot, d'après une photographie. 20
12. Montagnes moyennes : les Vosges. — Dessin de Taylor, d'après une photographie. 23
13. Une cluse du Jura, sur le Doubs. — Dessin de Th. Weber, d'après une photographie. 24
14. Les Alpes : chaîne du Mont-Blanc. — Dessin de Taylor, d'après une photographie 25
15. Les Pyrénées : la Maladetta. — Dessin de Taylor 27
16. Russe : musicien de village. — Dessin de A. de Neuville. 28
17. Espagnol : berger de l'Alava. — Dessin de G. Doré. 29
18. Highlander, d'après un dessin de W. Small. 32
19. La Tamise. — Dessin de W. May 33
20. Une usine de cuivre en Cornouaille. — Dessin de Durand-Brager. 35
21. Le cap Land's End. — Dessin de Weber, d'après une photographie 36
22. Londres : la Tour Victoria. — Dessin de W. May. 37
23. Une pointe du Cornouaille. — Dessin de Durand-Brager 39
24. Le château de Caërnarvon. — Dessin de Benoist, d'après une photographie 41
25. La chaîne des Grampians. — Dessin de W.-H.-J. Boot 43
26. Falaises sur la côte du pays de Galles. — Dessin de P. Leitch 45
27. Loch Ness. — Dessin de W.-H.-J. Boot. 47
28. Loch Lomond et ben Lomond. — Dessin de Weber, d'après une photographie. 48
29. Lac de Killarney : Ross Castle. — Dessin de Weber, d'après une photographie 49
30. Les monts du Kerry : le Carrantuohill. — Dessin de Harry Fenn 51
31. La Chaussée des Géants. — Dessin de Harry Fenn 53
32. Vue de Dublin. — Dessin de Weber, d'après une photographie. 55
33. Ile de Staffa : grotte de Fingal. — Dessin de Sorrieu, d'après une photographie. 56
34. Scandinavie : forêts malingres, névés sans bornes. — Dessin de P. Langlois. 57
35. Le Folkefonnen. — Dessin de J.-D. Woodward. 59
36. Le fiord de Bukke. — Dessin de G. Doré. 60
37. Le Riukanfos. — Dessin de G. Doré. 61
38. Le lac Mœlaren. — Dessin de J.-D. Woodward. 64
39. Types et costumes de la Laponie. — Dessin de Lix, d'après une photographie 65
40. Le cap Nord. — Dessin de A. de Neuville. 67
41. Côte septentrionale de Bornholm. — Dessin de F. Sorrieu, d'après une photographie 68
42. Vue de Reykjavik. — Dessin de Jules Noël 72
43. La Moskva à Moscou : vue prise du Gué des Criméens. — Dessin de J. Moynet, d'après nature 73
44. Izba : maison de paysans. — Dessin de J. Moynet, d'après nature. 75
45. Déforestation. — Dessin de J. Moynet, d'après nature 77
46. Rive gauche de la Volga. — Dessin de J. Moynet, d'après nature. 79
47. Rive droite de la Volga. — Dessin de J. Moynet, d'après nature 80

TABLE DES GRAVURES.

48. Le Dniéper à Kief. — Dessin de H. Clerget, d'après une photographie.	81
49. Passage de la Bérézina. — Dessin d'Émile Bayard.	83
50. Cosaques. — Dessin de A. de Neuville, d'après un croquis.	85
51. Une route en Livonie. — Dessin de d'Henriet, d'après nature.	88
52. Baie de Sébastopol. — Dessin de Weber, d'après une photographie.	89
53. Église Saint-Vasili, sur la place Rouge, à Moscou. — Dessin de Thérond, d'après une photographie.	91
54. Pope russe. — Dessin de A. de Neuville, d'après une photographie.	93
55. Saint-Pétersbourg : le palais d'Hiver. — Dessin de J. Moynet.	95
56. La place Catherine à Odessa. — Dessin d'Hubert Clerget, d'après une photographie.	96
57. Le Brocken. — Dessin de Stroobant, d'après nature.	97
58. Rügen : falaises du Kœnigsstuhl. — Dessin de Taylor, d'après une photographie.	99
59. Le rocher de la Lorelei. — Dessin de R.-P. Leitch.	100
60. La Forêt-Noire. — Dessin de W.-H.-J. Boot.	101
61. Helgoland. — Dessin de Taylor, d'après une photographie.	104
62. Allemand. — Dessin de L. Thiriat.	105
63. Nuremberg : Paniersplatz. — Dessin de Thérond, d'après une photographie.	108
64. Heidelberg : entrée du château. — Dessin de Stroobant, d'après nature.	109
65. Château de Hohenzollern. — Dessin de Taylor, d'après une photographie.	111
66. Metz : vue générale. — Dessin de H. Clerget, d'après une photographie.	112
67. Danube : le Wirbel. — Dessin de Lancelot, d'après nature.	113
68. Danube : le Strudel. — Dessin de Lancelot, d'après nature.	114
69. Danube : défilé des Portes de Fer. — Dessin de Lancelot, d'après nature.	115
70. Le golfe de Cattaro. — Dessin de Riou.	117
71. Carpates : la chaîne du Tatra. — Dessin de G. Vuillier, d'après une photographie.	120
72. Bergers du Tatra. — Dessin de G. Vuillier, d'après une photographie.	121
73. Puits dans la Puszta. — Dessin de Valério, d'après nature.	122
74. Un poste des Confins militaires. — Dessin de Valério, d'après nature.	123
75. Campement de Tsiganes dans la Puszta. — Dessin de Valério, d'après nature.	125
76. Colon des Confins militaires. — Dessin de Valério, d'après nature.	128
77. Dunes de la Campine. — Dessin de Th. Verstraete, d'après nature.	129
78. L'Escaut devant Termonde. — Dessin de E. Claus, d'après nature.	130
79. Inondation aux environs de Gand. — Dessin de E. Claus, d'après nature.	131
80. Une sortie de fabrique à Gand. — Dessin de X. Mellery, d'après nature.	132
81. Bruges : le Beffroi. — Dessin de Barclay, d'après une photographie.	133
82. Waterloo. — Dessin de J.-F. Taelmans, d'après nature.	134
83. Hooge Veenen, près de Dordrecht. — Dessin de Th. Weber, d'après nature.	135
84. Amsterdam : vue du Canal. — Dessin de Thérond, d'après une photographie.	137
85. La Jungfrau. — Dessin de Disen.	139
86. La Via Mala. — Dessin de E. Eckenbrecher.	141
87. Le Cervin. — Dessin de Whymper.	143
88. En Vivarais : sur l'Ardèche. — Dessin de Sorrieu, d'après une photographie.	145
89. Plan de Paris et de ses environs au temps de Julien. — Gravé par Thuillier.	147
90. Dans le Cantal : la Cère. — Dessin de Lancelot.	148
91. Cavalier gaulois. — Dessin de A. de Neuville.	149
92. Dans les Vosges. — Dessin de Taylor, d'après une photographie.	152
93. La source du Lison. — Dessin de Weber, d'après une photographie.	153
94. Le Pelvoux, vu de Mont-Dauphin. — Dessin de Whymper.	154
95. Vaucluse. — Dessin de Karl Girardet, d'après une photographie.	155
96. Monts de Gavarnie : la Brèche de Roland. — Dessin de P. Skelton.	157
97. Lande rase avec bouquets de pins. — Dessin de G. Doré, d'après nature.	160
98. Côte de Provence : palmiers à Monaco. — Dessin de Harry Fenn.	161
99. Les murs d'Aigues-Mortes. — Dessin de Taylor, d'après une photographie.	163
100. Côte de Provence : oliviers. — Dessin de Taylor, d'après une photographie.	165
101. La Vienne à Chinon. — Dessin de Taylor, d'après une photographie.	168
102. La Camargue. — Dessin d'Eugène Burnand.	169
103. Le Saut du Doubs. — Dessin de Taylor, d'après une photographie.	171
104. Le Pont du Gard. — Dessin de Vuillier, d'après une photographie.	176
105. Lyon. — Dessin de Taylor, d'après une photographie.	177
106. Bordeaux. — Dessin de Benoist, d'après une photographie.	178
107. Rouen : vue prise de Bon-Secours. — Dessin de Benoist, d'après une photographie.	179
108. Paris : vue de l'Hôtel de Ville. — Dessin de Deroy, d'après une photographie.	181
109. Grenoble et la chaîne de Belledonne. — Dessin de Taylor, d'après une photographie.	182
110. Bastia. — Dessin de Taylor, d'après une photographie.	183
111. Bonifacio. — Dessin de Taylor, d'après une photographie.	184

TABLE DES GRAVURES.

112. Sur le pont d'Alicante. — Dessin de G. Doré.................................... 185
113. Une noria. — Dessin de G. Doré.. 186
114. L'aqueduc romain de Mérida. — Dessin de G. Doré............................ 187
115. Ségovie : l'Alcazar. — Dessin de Harry Fenn................................. 189
116. Le parc d'Aranjuez. — Dessin de G. Doré.................................. 192
117. Dans la Sierra majorquine : rocs d'Aumalluch. — Dessin de G. Doré............. 193
118. Les palmiers d'Elche. — Dessin de G. Doré................................. 195
119. Le défilé de Despeñaperros. — Dessin de G. Doré............................ 197
120. Un Gitano. — Dessin de G. Doré... 199
121. Les bords du Guadalquivir. — Dessin de G. Doré............................. 200
122. Monastère de las Huelgas à Burgos. — Dessin de G. Doré..................... 201
123. Grenade : l'Alhambra. — Dessin de G. Doré................................ 203
124. Le pont de Ronda. — Dessin de Harry Fenn................................ 204
125. Espagnols. — Dessin de G. Doré.. 205
126. Gibraltar. — Dessin de G. Doré... 206
127. Lisbonne : place du Commerce. — Dessin de Barclay, d'après une photographie... 207
128. Portugaises. — Dessin de Ronjat, d'après une photographie.................... 209
129. Lisbonne : tour de Belem. — Dessin de Thérond, d'après une photographie....... 211
130. Porto : vue générale. — Dessin de Catenacci, d'après une photographie......... 212
131. Batalha, entre Lisbonne et Coïmbre : porte de la chapelle Imparfaite. — Dessin de Thérond 213
132. Coïmbre : vue générale. — Dessin de Taylor, d'après une photographie......... 214
133. Pavie : vue de la Chartreuse. — Dessin de Harry Fenn....................... 215
134. Sur l'Arno.. 217
135. Chèvres de la Campagne romaine. — Dessin de Henri Regnault, d'après nature... 219
136. Rome : la loggia des Farnese. — Dessin de Henri Regnault, d'après nature...... 220
137. Rome : ruines des Thermes de Caracalla. — Dessin de J. Petot, d'après une photographie.. 221
138. Bœufs de la Campagne romaine. — Dessin de Henri Regnault, d'après nature.... 222
139. Berger de la Campagne romaine. — Dessin de Henri Regnault, d'après nature.... 223
140. L'Etna, vu de Taormine. — Dessin de H. Clerget, d'après une photographie..... 224
141. Florence : la fontaine de Neptune... 225
142. Rome : une Transtévérine... 227
143. Rome : le Môle d'Adrien et le pont Saint-Ange. — Dessin de H. Clerget, d'après une photographie 229
144. Venise : vue générale. — Dessin de J. Moynet, d'après une photographie....... 230
145. Naples et le Vésuve, vus du Pausilippe.................................... 231
146. Un Iman... 233
147. Constantinople : la Corne d'Or, vue prise des hauteurs d'Eyoub. — Dessin de F. Sorrieu. 235
148. Gendarme turc. — Dessin d'Émile Bayard, d'après une photographie........... 237
149. Un barbier turc. — Dessin de M. Antonin Proust............................ 239
150. Constantinople : les citernes... 240
151. Le mont Olympe. — Dessin de Taylor, d'après un croquis.................... 241
152. La mosquée de Salonique. — Dessin de Karl Girardet, d'après M. Antonin Proust. 243
153. Mont-Athos : la confession. — Dessin de Bida.............................. 245
154. Types et costumes albanais. — Dessin de Ronjat, d'après une photographie..... 247
155. Une ville bulgaro-turque : Monastir. — Dessin de Thérond, d'après une photographie 249
156. Femmes turques. — Dessin de Vierge...................................... 251
157. Mendiants bulgares. — Dessin de A. de Neuville, d'après une photographie..... 253
158. Vue de Delphes. — Dessin de F. Sorrieu, d'après une photographie............ 255
159. Le Parnasse. — Dessin de Schrader....................................... 256
160. Le défilé des Thermopyles. — Dessin de Lancelot........................... 257
161. Sparte et le Taygète. — Dessin de Schrader................................ 259
162. Le temple de Minerve à Égine. — Dessin de A. Deroy, d'après une photographie. 261
163. La plaine d'Argos. — Dessin de H. Clerget, d'après une photographie.......... 263
164. Femmes de Mégare. — Dessin de Rixens, d'après une photographie........... 264
165. Athènes et le mont Hymette. — Dessin de Taylor........................... 265
166. Grec. — Dessin de Ronjat, d'après une photographie........................ 266
167. Himâlaya : le Gaourisankar. — Dessin de F. Schrader....................... 267
168. L'entrée du Grand Steppe : Porte de Tamerlan. — Dessin de Taylor, d'après une photographie. 271
169. Japon : un jardin à Yokohama. — Dessin de Thérond, d'après une photographie. 273
170. La rivière Angara. — Dessin de Taylor, d'après une photographie............. 275
171. Forêt de mélèzes. — Dessin de Taylor, d'après une photographie.............. 277
172. Vue de l'Altaï. — Dessin de Taylor, d'après une photographie................ 280
173. Lac Baïkal. — Dessin de Sabatier... 281
174. Le fleuve Amour, dans les monts Khingan. — Dessin de Grandsire............ 283
175. Kamtchatka : volcans de la baie d'Avatcha. — Dessin de Whymper, d'après nature. 284

176. Tobolsk : vue générale. — Dessin de Durand-Brager, d'après une photographie. 285
177. Goldes : types et costumes. — Dessin de Pranishnikoff, d'après une photographie 287
178. Un repas kirghise. — Dessin de Wassnetzoff, d'après une photographie. 289
179. Kirghise à cheval. — Dessin de Wassnetzoff, d'après une photographie. 291
180. Dans le Grand Steppe. — Dessin de Guiaud, d'après Atkinson. 293
181. Femme kirghise en grand costume. — Dessin de Wassnetzoff, d'après une photographie. 295
182. La mosquée de Hazret à Turkestan. — Dessin de Taylor, d'après une photographie. 296
183. Enfants d'une école musulmane à Bokhara. — Dessin de Ronjat, d'après une photographie. 297
184. Cimetière musulman à Khiva. — Dessin de H. Clerget, d'après une photographie. 298
185. Samarcande : la mosquée de Chir-Dar. — Dessin de Thérond, d'après une photographie. 299
186. Vallée de l'Ingour. — Dessin de Taylor, d'après une photographie. 301
187. Défilé du Darial. — Dessin de Blanchard, d'après une photographie. 303
188. Bazar tcherkesse. — Dessin de A. Ferdinandus, d'après une photographie. 305
189. Souanèthes. — Dessin de Pranishnikoff, d'après une photographie. 306
190. Le Tchefte, minaret à Erzeroum. — Dessin de Th. Deyrolle, d'après nature. 307
191. Le rivage à Trébizonde. — Dessin de Th. Deyrolle, d'après nature. 308
192. Soldats géorgiens. — Dessin de E. Burnand, d'après une photographie. 309
193. Jeune Arménienne. — Dessin de Th. Deyrolle, d'après nature. 310
194. Le mont Ararat. — Dessin de Taylor, d'après Khodzsko. 311
195. Monts du Kourdistan : vue prise du village de Gharzen. — Dessin de J. Laurens, d'après nature. . . 313
196. Lac et forteresse de Van. — Dessin de J. Laurens, d'après nature. 315
197. Chef kourde. — Dessin de Th. Deyrolle, d'après nature. 317
198. L'Euphrate : butte de Babil, d'après un dessin inédit de Félix Thomas. 320
199. Ruines de Palmyre : portique de la colonnade. — Dessin de Ph. Benoist, d'après une photographie. . . 321
200. Ctésiphon : arc de Chosroès. — Dessin de Taylor, d'après une photographie. 323
201. Juifs de Babylonie. — Dessin de A. de Neuville, d'après une photographie. 325
202. Papyrus du lac de Tibériade. — Dessin de P. Langlois, d'après une photographie 327
203. Le château de Karak. — Dessin de Taylor, d'après une photographie. 328
204. Jérusalem : église du Saint-Sépulcre. — Dessin de Thérond, d'après une photographie. 329
205. Un camp de pèlerins. — Dessin de Vuillier, d'après lady A. Blunt. 331
206. Un fouldj. — Dessin de Vuillier, d'après lady A. Blunt. 333
207. Un interprète à Aden. — Dessin de Hadamard, d'après une photographie. 335
208. Un puits dans le Nedjed. — Dessin de Vuillier, d'après lady A. Blunt. 336
209. La Mecque : vue de la Kaaba. — Dessin de Tomaszkiewicz, d'après une photographie. 337
210. Dans le Djebel Chommer. — Dessin de Vuillier. 338
211. Le Démavend. — Dessin de Jules Laurens. 339
212. Forteresse de Tauris. — Dessin de Taylor. 341
213. Tombeau de Fatma à Koum. — Dessin de Taylor, d'après une photographie. 343
214. Dame persane. — Dessin de Thiriat, d'après une photographie. 344
215. Persépolis : taureaux ailés à tête d'homme. — Dessin de Taylor, d'après une photographie. 345
216. Bala-Hissar, citadelle de Caboul. 347
217. Porte de Bala-Hissar. 349
218. Kalat : vue générale. — Dessin de Slom, d'après une photographie. 351
219. Mendiant baloutche. — Dessin de A. Sirouy, d'après une photographie. 352
220. Le sanatoire de Simla. — Dessin de G. Vuillier, d'après une photographie. 353
221. L'Indus à Attok. — Dessin de H. Clerget. 355
222. Vue des monts du Karakoroum, dans la vallée de Chigar. — Dessin de G. Vuillier, d'après une photographie 357
223. Au bord du Djhilam (Hydaspe). — Dessin de E. de Bérard, d'après une photographie. 359
224. Noble cachemirien. — Dessin de E. Ronjat, d'après une photographie. 360
225. Cachemiriens cultivateurs. — Dessin de E. Zier, d'après une photographie. 361
226. Dans les Ghâtes : le Duke's nose, à Kandallah. — Dessin de Lancelot, d'après une photographie. . . 363
227. Le Gange à Cawnpore. — Dessin de H. Clerget, d'après une photographie. 365
228. Chef gond. — Dessin de sir John Campbell. 367
229. Une plantation de thé dans l'Inde. — Dessin de P. Langlois, d'après une photographie. 368
230. Bombay : ouvriers du marché au coton. — Dessin de A. de Neuville, d'après une photographie. . . . 369
231. Un carrefour à Delhi. — Dessin de A. de Neuville, d'après une photographie. 371
232. Le temple de Mahadéva à Kajraha. — Dessin de E. Thérond, d'après une photographie. 373
233. Indigène de Madras. — Dessin de E. Bayard, d'après une photographie. 374
234. Secundra, près d'Agra : mausolée du grand Akber. — Dessin de Thérond, d'après une photographie. . . 375
235. Le temple d'Amritsar. — Dessin de Thérond, d'après une photographie. 376
236. Le palais de Lahore. — Dessin de E. Thérond, d'après une photographie. 377
237. Une place à Pondichéry. — Dessin de A. de Bar, d'après une photographie. 378
238. Cocotiers à Ceylan. — Dessin de A. de Bar, d'après une photographie. 379

TABLE DES GRAVURES.

239. Un marchand maure à Ceylan. — Dessin de E. Bayard, d'après une photographie. 380
240. Chandernagor. — Dessin de J. Moynet, d'après une photographie. 381
241. Cinghalais. — Dessin de E. Bayard, d'après une photographie. 383
242. Naoutchni ou bayadère. — Dessin de A. de Neuville, d'après une photographie. 384
243. Moulin à riz. — Dessin de Robin, d'après une photographie. 385
244. L'Iraouaddi au confluent du Myit-Nge. — Dessin de P. Huet. 387
245. Indigène des îles Andaman. — Dessin de G. Fath, d'après une photographie. 388
246. Latanier, dans l'île de la Grande Andaman. — Dessin de A. de Bar, d'après une photographie. 389
247. Temple ruiné de Pagan. — Dessin de Lancelot. 391
248. Une rue à Bangkok. — Dessin de Barclay, d'après une photographie. 393
249. Ruines à Angkor. — Dessin de Thérond, d'après une photographie. 394
250. Confluent du Mékong et du Tonlé-Sap. — Dessin de Sabatier. 399
251. Soldats et cavaliers de Saïgon. — Dessin de P. Fritel, d'après une photographie. 400
252. Rade de Saigon. — Dessin de Th. Weber, d'après une photographie. 401
253. Un bras du Mékong à Vinh-Long. — Dessin de A. de Bar, d'après une photographie. 403
254. Grand mandarin annamite. — Dessin de E. Ronjat, d'après une photographie. 404
255. Scène prise au marché de Saïgon. — Dessin de D. Maillart, d'après une photographie. 405
256. Hué : rue de la ville marchande. — Dessin de P. Kauffmann, d'après un croquis. 406
257. Courrier annamite. — Dessin de E. Burnand, d'après un croquis. 407
258. Hanoï à vol d'oiseau. — Dessin de H. Clerget. 408
259. Cours du Hoang-ho : falaises de Terre Jaune. — Dessin de Lancelot. 409
260. Vue de Si-ngan-fou. — Dessin de Th. Weber. 411
261. Jeune Chinoise. — Dessin de E. Ronjat. 412
262. La Grande Muraille. — Dessin de Dosso. 413
263. Intérieur d'une ferme chinoise dans la province de Canton. — Dessin d'Adrien Marie, d'après une photographie. 415
264. Chinois. — Dessin de E. Ronjat. 416
265. Chinoise aux pieds mutilés. — Dessin de E. Ronjat, d'après une photographie. 417
266. Charrette chinoise. — Dessin de E. Ronjat, d'après une photographie. 419
267. Temple de Confucius à Pékin, vue prise du côté des jardins. — Dessin de Thérond, d'après une photographie. 421
268. Vue générale des fortifications de Pékin. — Dessin de Taylor, d'après une photographie. 423
269. Porte Tciène-mène à Pékin. — Dessin de Taylor, d'après une photographie. 424
270. Pékin : rue de la Légation de France. — Dessin de Taylor, d'après une photographie. 425
271. Porte à Chang-haï. — Dessin de Th. Weber. 426
272. Tragédiens chinois. — Dessin de E. Ronjat, d'après une photographie. 427
273. Formose : chasseurs montagnards. — Dessin de D. Maillart. 429
274. Formose : sur la côte sud-ouest. — Dessin de J. Moynet. 430
275. Le palanquin : costume de pluie des Coréens. — Dessin de A. Marie. 431
276. Coréen. — Dessin de E. Ronjat, d'après une photographie. 433
277. Le désert de Gobi. — Dessin de Taylor. 435
278. Exercice des troupes chinoises de la garnison de Kachgar. — Dessin de Delort, d'après une photographie. 437
279. Un fauconnier du Turkestan chinois. — Dessin de Delort, d'après une photographie. 439
280. Un lama revêtu de ses habits sacerdotaux. 440
281. Monastère bouddhique. — Dessin de Thérond. 441
282. Un houtouktou, ecclésiastique d'un ordre supérieur. 442
283. Le Fouzi-yama : vue prise des campagnes du sud-ouest. — Dessin de F. Schrader, d'après une photographie. 443
284. Yédo : gardes de la légation suisse. — Dessin de A. de Neuville, d'après une photographie. 445
285. Bonzes en prière. — Dessin de A. de Neuville, d'après une photographie. 447
286. Un temple de la religion de Kami. — Dessin de E. Thérond, d'après une photographie. 449
287. Touaregs. — Dessin de Hadamard, d'après une photographie. 451
288. Sahara algérien : village de Touaregs près des ruines de Ghadamès. — Dessin de Taylor, d'après une photographie. 456
289. Dunes du Sahara. — Dessin de Vuillier, d'après une photographie. 457
290. Nègre de l'Afrique centrale. — Dessin d'Adrien Marie, d'après une photographie. 459
291. Négroïdes : Abyssiniens. — Dessin de Bayard, d'après des photographies. 460
292. Le Nil : vue prise de l'île de Philæ. — Dessin de Taylor, d'après une photographie. 461
293. Le lac Albert. — Dessin de Grandsire, d'après Baker. 463
294. Thèbes : Colosses du Ramesséum. — Dessin de Benoist, d'après une photographie de M. Béchard. . . . 465
295. Femme fellah. — Dessin de Ronjat, d'après une photographie. 467
296. Barque sur le haut Nil. — Dessin de J. Moynet. 469
297. Le Caire : porteurs d'eau. — Dessin de Pranishnikoff, d'après une photographie. 471

O. RECLUS. LA TERRE A VOL D'OISEAU.

TABLE DES GRAVURES.

298. Le Sphinx. — Dessin de P. Benoist, d'après une photographie. 472
299. Khartoum : vue générale. — Dessin de Slom, d'après une photographie. 473
300. Confluent du Nil Blanc et du Nil Bleu au Bec de Khartoum. 474
301. Dans le Steppe, entre Kordofàn et Darfour. — Dessin de K. Girardet, d'après un croquis. 475
302. Sur le Nil Blanc : musiciens nègres. — Dessin de Ronjat, d'après une photographie. 476
303. Le lac Tana. — Dessin de E Cicéri, d'après un croquis. 477
304. Cascade sur le Reb inférieur. — Dessin de E. Cicéri, d'après un croquis. 479
305. Éthiopienne. — Dessin d'après une photographie de M. Butcha. 481
306. La rade d'Obok. — Dessin de Weber, d'après une photographie. 483
307. La baie de Tadjoura. — Dessin de A. de Bar. 484
308. Mosquée aux environs de Tripoli. — Dessin de Lancelot, d'après une photographie. 485
309. Tripoli de Barbarie : vue générale. — Dessin de E. de Bérard, d'après une photographie. 487
310. Jardiniers tripolitains. — Dessin de Hadamard, d'après une photographie. 488
311. Berbères agriculteurs : un douar. — Dessin de Vuillier, d'après une photographie. 489
312. Arabe, type et costume. — Dessin de E. Ronjat, d'après une photographie. 491
313. Le Sahel tunisien : Hammamet. — Dessin de Eug. Girardet. 493
314. Campement arabe. — Dessin de G. Vuillier, d'après des croquis. 495
315. Femme berbère à Ouargla. — Dessin de Vuillier, d'après une photographie. 497
316. Mer d'alfa. — Dessin de A. de Bar. 499
317. Le ravin du Roumel à Constantine. — Dessin de F. Schrader, d'après une photographie. 504
318. Kairouan : façade postérieure de la Grande Mosquée. — Dessin d'Eug. Girardet. 505
319. Tlemcen : vue générale. — Dessin de A. de Bar, d'après une photographie. 507
320. Biskara : la Casba. — Dessin de Vuillier, d'après une photographie. 509
321. Marabout. — Dessin de P. Fritel, d'après une photographie. 510
322. Types marocains. — Dessin de Biséo. 511
323. Fès. — Dessin de Vuillier, d'après une photographie. 513
324. Cavalier marocain. — Dessin de Biséo. 514
325. Le simoun. — Dessin de G. Vuillier. 515
326. Effet de mirage. — Dessin de G. Vuillier. 517
327. Le Niger à Yamina. — Dessin de Tournois. 519
328. Sur le lac Tchad. 521
329. Tombouctou : vue générale. — Dessin de Lancelot. 522
330. Jeune Malinké. — Dessin de Ronjat, d'après une photographie. 523
331. Jeune fille Malinké. — Dessin de Riou, d'après un croquis. 524
332. Sur le Chari. — Dessin de Pranishnikoff. 525
333. Le Niger à Bammakou. — Dessin de Riou. 526
334. Maison à Ségou-Sikoro. — Dessin de Tournois. 527
335. Vue de Koukaoua. — Dessin de Pranishnikoff. 528
336. Saint-Louis : vue générale. — Dessin de A. de Bar, d'après une photographie. 529
337. Cataracte de Gouina. — Dessin de Riou, d'après une photographie. 531
338. Femmes du Haut Sénégal. — Dessin de E. Bayard, d'après une photographie. 533
339. Casernes de Freetown. — Dessin de A. de Bar, d'après une photographie. 534
340. Sur le plateau, au pied des Kongs. — Dessin de A. de Bar. 535
341. Nègres de Guinée. — Dessin de E. Bayard, d'après une photographie. 537
342. Poste du Grand Bassam. — Dessin de A. de Bar, d'après une photographie. 538
343. Assinie. — Dessin de A. de Bar, d'après une photographie. 539
344. Lagos. — Dessin de A. de Bar, d'après une photographie. 540
345. Nègres d'Assinie. — Dessin de Rixens, d'après une photographie. 541
346. Groupe de palétuviers. — Dessin de Thérond, d'après une photographie. 542
347. Jeune Dahomien. — Dessin de Ronjat, d'après une photographie. 543
348. Un baobab. — Dessin de E. de Bérard. 544
349. Le lac Bangouélo. — Dessin de Weber. 545
350. Sur le lac Tanganyika. 546
351. Hutte au bord du lac Tanganyika. — Dessin de Lavieille. 547
352. Sur l'Ogôoué. — Dessin de Riou. 549
353. Village gabonais, dans les bois. — Dessin de Thérond, d'après une photographie. 550
354. Chute de Bôoué, sur l'Ogôoué, d'après un croquis de M. A. Coffinnières de Nordeck. 551
355. Gabonais. — Dessin de Ronjat, d'après une photographie. 552
356. São-Paulo de Loanda : vue générale. — Dessin de A. de Bar, d'après une photographie. 553
357. Sur la côte d'Angola. — Dessin de Weber. 555
358. Le port d'Angra Pequena. 556
359. Boers et Cafres. — Dessin de Pranishnikoff, d'après un croquis. 557
360. Bassoutos. — Dessin de St. de Drée, d'après une photographie. 559
361. Un parc à bestiaux. — Dessin de St. de Drée, d'après une photographie. 561

TABLE DES GRAVURES.

562. Ferme d'un Boer. — Dessin de St. de Drée, d'après une photographie. . . , ... 562
563. Convoi venant des mines de diamants. — Dessin de St. de Drée, d'après une photographie. 563
564. Le Cap. — Dessin de St. de Drée, d'après une photographie. 564
565. Une mine de diamants. — Dessin de St. de Drée, d'après une photographie. . . 565
566. Cafres Zoulous. — Dessin de St. de Drée, d'après une photographie. 567
567. Sur le Vaal : lavage de diamants. — Dessin de St. de Drée, d'après une photographie. 569
568. Caverne chez des Cafres jadis cannibales de l'État Libre. — Dessin de St. de Drée, d'après un croquis. . 570
569. Dans les monts Maloutis. — Dessin de St. de Drée, d'après une photographie. 571
570. Voiture de voyage dans l'Afrique Anglo-Hollandaise. — Dessin de St. de Drée, d'après un croquis. . . . 573
571. Antilopes au bord du Ngami. — Dessin de Whymper. 574
572. Rapide sur le Zambèze. — Dessin de Whymper, d'après Livingstone. 575
573. La Fumée-Tonnante. — Dessin de A. de Bar, d'après Livingstone. 577
574. Zanzibar : vue générale. — Dessin de Riou, d'après une photographie. 578
575. Musulman de Zanzibar. — Gravure de Thiriat, d'après une photographie. 579
576. Somalis. — Dessin de Ronjat, d'après une photographie. 580
577. Zanzibar : marché aux fruits. — Dessin de Riou, d'après une photographie. 581
578. Village somali. — Dessin de Riou, d'après une photographie. 582
579. Pic de Ténérifé. — Dessin de Daubigny. 585
580. Fernando-Pô : îlot Henrique. — Dessin de Weber, d'après une photographie. 587
581. Fernando-Pô : baie de Sainte-Isabelle. — Dessin de A. de Bar, d'après une photographie. . . . 589
582. Ile du Prince. — Dessin de A. de Bar, d'après un croquis. 590
583. Habitation à Fernando-Pô. — Dessin de A. de Bar, d'après une photographie. 591
584. Pic de Fernando-Pô. — Dessin de A. de Bar, d'après une photographie. 592
585. Mode de transport à Madagascar : le tacon. — Dessin de G. Staal, d'après une photographie. . . . 593
586. Guerrier malgache. — Dessin de Gérôme, d'après une photographie. 595
587. Femmes malgaches. — Dessin de Bida, d'après une photographie. 597
588. Bourbon : jardin d'une maison de ville. — Dessin de H. Stock, d'après une photographie. 599
589. Une forêt de la Colombie anglaise. — Dessin de Moynet. 601
590. Dans la Colombie équatoriale. — Dessin de E. Riou. 603
591. Dans l'Alaska. — Dessin de Yan' Dargent. 608
592. Dans les Montagnes Rocheuses. — Dessin de Bellel. 609
593. Dans les Andes. — Dessin de Riou, d'après une photographie. 611
594. Combat d'un jaguar et d'un devin. — Dessin de E. Riou. 612
595. Peaux-Rouges de l'Amérique du Sud. — Dessin de E. Ronjat, d'après une photographie. 613
596. Tapir. — Dessin de Riou. 614
597. Peau-Rouge de l'Amérique du Nord. — Dessin de A. de Neuville, d'après une photographie. . . . 615
598. Un fiord en hiver. — Dessin de E. Grandsire, d'après une photographie. 617
599. Esquimaux. 619
600. Dans le désert, au Nord-Ouest. — Dessin de Taylor, d'après une photographie. 620
601. Le double pont du Niagara. — Dessin de Lancelot, d'après une photographie. 621
602. Les chutes du Niagara. — Dessin de Paul Huet, d'après une photographie. 623
603. Les Mille-Iles, à la sortie du lac Ontario. — Dessin de Paul Huet. 625
604. L'Outaouais : la Chaudière en été. — Dessin de Weber, d'après une photographie. 627
605. Montréal : les quais. — Dessin de Taylor, d'après une photographie. 632
606. Montréal : marché de Bon-Secours. — Dessin de A. Deroy, d'après une photographie. 633
607. Ottawa : la côte du Palais du Parlement. — Dessin de Taylor, d'après une photographie. . . . 634
608. Toronto : l'Université. — Dessin de A. Deroy, d'après une photographie. 635
609. Pont Victoria à Montréal. — Dessin de Riou, d'après une photographie. 636
610. Québec : vue générale. — Dessin de H. Clerget, d'après une photographie. 637
611. Indigène du Cap-Breton (Indienne Micmac). — Dessin de H. Rousseau, d'après une photographie. . 641
612. Saint-Pierre : vue générale. — Dessin de Le Breton, d'après une photographie. 643
613. Saint-Jean de Terre-Neuve : vue générale. — Dessin de Le Breton, d'après une photographie. . . 644
614. Pêche à la morue sur le grand banc de Terre-Neuve. — Dessin de Le Breton. 645
615. Trappeur canadien. — Dessin de Ch. Delort. 649
616. Sur la Rivière Rouge. — Dessin de Taylor, d'après une photographie. 651
617. Indiens Tchippéouéyanes. — Dessin de Dupuy, d'après une photographie. 653
618. Village de Sioux. — Dessin de Janet-Lange, d'après un croquis. 655
619. Sur l'Athabaska. — Dessin de Leitch, d'après un croquis. 657
620. Métis français. — Dessin de P. Sellier, d'après une photographie. 658
621. Bûcherons canadiens. — Dessin de Taylor, d'après une photographie. 659
622. Dans la Colombie anglaise. — Dessin de Leitch, d'après un croquis. 661
623. Sur le Fraser. — Dessin de Leitch, d'après un croquis. 662
624. Les terrasses du Fraser. — Dessin de Bellel, d'après un croquis. 663
625. Indigène de l'île de Vancouver. — Dessin de Whymper, d'après une photographie. 664

TABLE DES GRAVURES.

426. Sources du Mammouth. — Dessin de E. Riou, d'après une photographie. 665
427. Un bain aux sources du Mammouth. — Dessin de E. Riou 667
428. Grandes chutes du Missouri. — Dessin de Jules Laurens 669
429. Geyser, dans le Parc national. — Dessin de E. Riou, d'après une photographie. 671
430. Le Grand Cagnon de la Yellow-Stone. — Dessin de Taylor, d'après une photographie. 673
431. Le lac Yellow-Stone. — Dessin de Taylor, d'après une photographie 675
432. Le Tabernacle ou Grand Temple des Mormons. — Dessin de Thérond. 676
433. Dans les Montagnes Rocheuses. — Dessin de Taylor, d'après une photographie. 677
434. La rivière Serpent. — Dessin de Taylor, d'après une photographie 680
435. Dans la Sierra-Névada. — Dessin de Riou, d'après une photographie 681
436. Un Yankee. — Dessin de E. Ronjat, d'après une photographie. 685
437. Campement indien au bord du fleuve Youkon. — Dessin de Yan' Dargent 685
438. Indiens Sioux. — Dessin de C. Gilbert, d'après des photographies. 687
439. Champ de canne à sucre au midi des Etats-Unis. — Dessin de Riou, d'après une photographie. . . 689
440. Une avenue de Chicago. — Dessin de Thérond, d'après une photographie. 690
441. Le Capitole à Washington. — Dessin de A. Deroy, d'après une photographie. 691
442. New-York : le chemin de fer aérien. — Dessin de Deroy, d'après une photographie. 692
443. La Nouvelle-Orléans : le port. — Dessin de Weber, d'après une photographie. 693
444. Rue Montgomery à San-Francisco. — Dessin de Ph. Benoist, d'après une photographie 695
445. Vue des ruines d'un palais toltèque. — Dessin de Sellier, d'après une photographie 697
446. Sculptures toltèques. — Dessin de Sellier, d'après une photographie. 698
447. Jeune fille toltèque, d'après des types indiens modernes. — Dessin de P. Fritel. 699
448. Sacrifices humains. — Dessin de P. Fritel. 701
449. Ruines toltèques. — Dessin de Taylor, d'après une photographie 702
450. Indien extrayant le poulqué. — Dessin de Riou 703
451. Dans les Terres tempérées : haie de cactus arborescents. — Dessin de A. de Bar, d'après une photographie. 704
452. Le Popocatépetl. — Dessin de Taylor, d'après une photographie 705
453. Une hacienda. — Dessin de A. de Bar, d'après une photographie. 706
454. Mexico : cour du couvent de la Merci. — Dessin de Catenacci, d'après une photographie 707
455. Aguador à Mexico. — Dessin de Riou, d'après une photographie 709
456. Types de Mayas. — Dessin de Ronjat, d'après une photographie. 710
457. Uxmal : ruines du temps des Mayas. — Dessin de Taylor, d'après une photographie 711
458. Campêche : vue générale. — Dessin de Riou, d'après une photographie. 712
459. Guatémala : sur le rio Utsumacinta. — Dessin de Riou, d'après une photographie 713
460. Types de Lacandones. — Dessin de P. Fritel, d'après une photographie 715
461. Types ladinos. — Dessin de Ronjat, d'après une photographie. 716
462. Guatémala : exploitation d'une forêt d'acajou. — Dessin de Riou 717
463. Sur le Péten ou lac des Fleurs. — Dessin de A. de Bar, d'après une photographie. 718
464. Tical : ruines indiennes. — Dessin de A. de Bar, d'après une photographie. 719
465. Voiture du Nicaragua : le volan coché. — Dessin de Ronjat, d'après une photographie 721
466. Nicaragua : un village. — Dessin de Vuillier 722
467. Dans une forêt du Honduras anglais. — Dessin de Riou, d'après une photographie. 723
468. Paysage dans l'île de Cuba. — Dessin de Paul Huet. 727
469. Avenue de palmiers à Cuba. — Dessin de E. de Bérard. 728
470. Vue générale de la Havane. — Dessin de Lancelot, d'après une photographie. 729
471. Coulis chinois à Cuba. — Dessin de Pelcoq, d'après une photographie. 730
472. Cathédrale de la Havane. — Dessin de Naviet. 731
473. Une habitation de plaisance au Port-au-Prince. — Dessin de G. Vuillier, d'après une photographie. 733
474. Types haïtiens. — Dessin de T. Wust. 734
475. Vue du bourg du cap Tiburon au temps de la possession française. — Dessin de Th. Weber 735
476. Haïtiennes. — Dessin de T. Wust. 736
477. Paysage haïtien. — Dessin de Th. Weber. 737
478. Village haïtien. — Dessin de G. Vuillier, d'après une photographie 738
479. Vue générale du Cap-Haïtien. — Dessin de Taylor. 739
480. Saint-Pierre, à la Martinique. — Dessin de E. de Bérard. 741
481. La Pointe-à-Pitre, à la Guadeloupe. — Dessin de E. de Bérard. 742
482. Au Jardin botanique de Saint-Pierre (Martinique). — Dessin de Taylor, d'après une photographie 743
483. Paysage à la Pointe-à-Pitre. — Dessin de E. de Bérard, d'après nature 744
484. Ile de Montserrat. — Dessin de E. de Bérard, d'après une photographie 745
485. Côtes de la Jamaïque. — Dessin de E. de Bérard 747
486. Port-d'Espagne (Trinité). — Dessin de E. de Bérard. 749
487. Vue des Bermudes. — Dessin de E. de Bérard. 751
488. Vue de Saint-Thomas. — Dessin de E. de Bérard 752
489. Une ferme dans les Terres tempérées. — Dessin de A. de Neuville, d'après un croquis. 753

TABLE DES GRAVURES.

490. Les quais de Colon. — Dessin de G. Vuillier, d'après une photographie 754
491. Eglise San-Francisco à Panama. — Dessin de Taylor, d'après une photographie 755
492. La statue de Christophe Colomb à Colon. — Dessin de Chapuis, d'après une photographie 756
493. Hôtel de Washington à Colon. — Dessin de G. Vuillier, d'après une photographie 760
494. Une indigène de Sainte-Marthe. — Dessin de A. de Neuville, d'après un croquis 761
495. Dans les Llanos. — Dessin de Riou, d'après un croquis 765
496. Une corrida de bétail dans les Llanos. — Dessin de Riou 764
497. Combat de coqs dans un village vénézuélien. — Dessin de A. de Neuville, d'après un croquis 765
498. Un serpent d'eau. — Dessin de A. de Neuville 766
499. Indigènes vénézolans. — Dessin de A. de Neuville, d'après un croquis 767
500. Le Cotopaxi, vu de l'alto de Pomasqui. Dessin de Riou, d'après un croquis 769
501. Le Chimborazo. — Dessin de Riou, d'après un croquis 771
502. Temple du Soleil dans l'île de Titicaca. — Dessin de Riou, d'après un croquis 773
503. Types d'Incas, tirés de l'arbre généalogique ou descendance impériale. — Dessin de Riou 774
504. Vue du lac de Titicaca. — Dessin de Riou 775
505. Dans les Andes péruviennes. — Dessin de Riou 777
506. Dans les marais de la Pampa del Sacramento — Dessin de Riou 779
507. Sur l'Ucayali. — Dessin de Riou 781
508. Lima : vue générale. — Dessin de Lancelot 782
509. Le Cuzco : vue générale. — Dessin de Lancelot 783
510. Exploitation du guano aux îles Chinchas. — Dessin de A. de Neuville, d'après une photographie . . 784
511. Dans la Puna brava. — Dessin de Taylor, d'après une photographie 785
512. Indigène bolivien. — Dessin de Maillart 786
513. Le Nevado de Illimani. — Dessin de Lancelot, d'après un croquis 787
514. Sur le Madeira 789
515. Quitchouas. — Dessin de Riou 790
516. Indienne Aymara, à la Paz. — Dessin de Lancelot 791
517. La ville basse de la Paz. — Dessin de Lancelot, d'après un croquis 792
518. Les Andes fuégiennes. — Dessin de G. Vuillier, d'après une photographie 793
519. Femme fuégienne. — Dessin de Pranishnikoff, d'après une photographie 794
520. Route dans les Andes chiliennes. — Dessin de Riou, d'après une photographie 795
521. Musicien chilien. — Dessin de Jules Lavée, d'après une photographie 797
522. Le Juncal. — Dessin de Taylor, d'après une photographie 798
523. Vue de Mejillones. — Dessin de J. Moynet, d'après une photographie 799
524. Delta du Paraná. — Dessin de Riou, d'après un croquis 801
525. Ile à la bouche du Paraná. — Dessin de Riou, d'après un croquis 803
526. Eglise inachevée de la mission de Jésus. — Dessin de Thérond 805
527. Sur le Pilcomayo. — Dessin de Riou 806
528. Troncs de palmiers dans le Pilcomayo. — Dessin de Riou, d'après un croquis 807
529. Caravane dans la Pampa. — Dessin de J. Duveau 808
530. Danseurs patagons. — Dessin de Castelli 809
531. L'abatage des bestiaux. — Dessin de D. Maillart, d'après un croquis 811
532. Le rio Paraguay à l'Assomption. 813
533. Dans la serra dos Orgâos. — Dessin de Riou, d'après une photographie 815
534. Récolte du café. — Dessin de A. de Neuville, d'après une photographie 817
535. Repas après la cueillette du café. — Dessin de A. de Neuville, d'après une photographie 819
536. Embouchure de l'Amazone. — Dessin de Riou, d'après un croquis 821
537. Végétation des rives du bas Amazone. — Dessin de Riou 822
538. Embouchure du Purus. — Dessin de Riou 823
539. Radeau sur l'Amazone. — Dessin de Vignal, d'après un croquis 825
540. Une Mamaluca. — Dessin de A. de Neuville, d'après une photographie 826
541. Négresse Mina. — Dessin de A. de Neuville, d'après une photographie 827
542. Un faubourg du Rio-de-Janeiro. — Dessin de Riou, d'après une photographie 829
543. Dans le Marais. — Dessin de Riou, d'après un croquis 831
544. Dans une forêt de la Guyane. — Dessin de Riou, d'après un croquis 832
545. Hôtel du gouverneur à Cayenne. — Dessin de Riou, d'après une photographie 833
546. Les monts Tumuc-Humac. — Dessin de Riou, d'après une aquarelle 834
547. Vue de Paramaribo. — Dessin de Riou, d'après une photographie 835
548. Entrée du fleuve Maroni. — Dessin de Riou, d'après une aquarelle 836
549. Cataracte dans la Guyane Anglaise. — Dessin de E. de Bérard 837
550. Pirogue sur l'Esséquibo. — Dessin de Riou, d'après un croquis 838
551. Iles madréporiques. — Dessin de E. de Bérard 841
552. Iles madréporiques : Borabora. — Dessin de E. de Bérard 842
553. Indigènes australiens. — Dessin de Riou, d'après une photographie 843

554. Eucalyptus de 150 mètres de hauteur. — Dessin de Taylor, d'après une photographie. 845
555. Un Australien. — Dessin de E. Ronjat, d'après une photographie. 846
556. La tonte des moutons. — Dessin de A. Sirouy. 847
557. Vue générale de Sydney. — Dessin de Barclay, d'après une photographie 849
558. Rue Collins à Melbourne. — Dessin de H. Clerget, d'après une photographie 851
559. Village dans les Darling Downs. — Dessin de G. Vuillier, d'après une photographie. 853
560. Enclos à bœufs dans les Darling Downs. — Gravure extraite du *South Australia*. 854
561. Vue de Brisbane. — Dessin de Taylor, d'après une photographie. 855
562. Dans les Peak Downs. — Gravure extraite du *South Australia*. 856
563. Rue du Roi-William à Adélaïde. — Dessin de H. Catenacci, d'après une photographie 857
564. Araucaria australien. — Dessin de Taylor, d'après une photographie 858
565. Le berger australien. — Composition de D. Maillart 859
566. Palais de justice à Adélaïde. — Dessin de H. Catenacci, d'après une photographie. 860
567. Paysage australien. — Dessin de Karl Girardet 861
568. Fougères arborescentes. — Dessin de Barclay, d'après une photographie 863
569. Dans une forêt de Tasmanie. — Dessin de A. de Bar, d'après une photographie 864
570. Geysers et sources thermales le long du Waikato. — Dessin de Lancelot 865
571. Le havre d'Auckland. — Dessin de Lancelot 867
572. Le lac Taupo. — Dessin d'Eug. Cicéri 869
573. Types Papous. — Dessin de Mesplès. 874
574. Papous poussant une pirogue. — Dessin de Mesplès 875
575. Véranda d'une case malaise. — Dessin de Dosso, d'après un croquis 875
576. Femme malaise. — Dessin de Thiriat, d'après une photographie. 876
577. Habitations de Négritos. — Dessin de Mesplès. 877
578. Un Négrito. — Dessin de Ronjat, d'après une photographie. 878
579. Paysage à Java. — Dessin de A. de Bar, d'après une photographie 879
580. Marchand de paniers à Batavia. — Dessin de Bida, d'après une photographie 881
581. Pont de bambous à Java. — Dessin de M. de Molins 882
582. Ruines du temple de Boroboudour. — Dessin de E. Thérond, d'après une photographie. — . . . 883
583. Une rue de Batavia. — Dessin de M. de Molins. 884
584. L'Indrapoura. — Dessin de Taylor, d'après une photographie. 885
585. Le Batang-Hari, près de Djambi. — Dessin de Th. Weber, d'après une photographie 886
586. Demeure du sultan de D'ambi. — Dessin de Taylor, d'après une photographie. 887
587. Habitations flottantes à Djambi. — Dessin de Th. Weber, d'après une photographie. 888
588. Paysage de l'île de Timor. — Dessin de Sorrieu. 889
589. Un oiseau de Paradis. — Dessin de A. Mesnel. 894
590. Maison hollandaise à Ternate. 893
591. Mosquée à Ternate. — Dessin de Mesplès. 895
592. Village à Céram. — Dessin de J. Moynet. 896
593. Un marché aux îles Arou. — Dessin de J. Moynet. 897
594. Le volcan de Banda. — Dessin de H. Clerget 898
595. Une rue de Macassar. — Dessin de H. Clerget. 899
596. Chute de la rivière à Tondano. — Dessin de H. Clerget 900
597. Une vue à Célèbes. — Dessin de H. Clerget. 904
598. Case de pêcheurs à Bornéo. — Dessin de Th. Weber 903
599. Rade de Soulou. — Dessin de A. de Bar, d'après une photographie. 905
600. Le Mayon, vu de la Casa Real d'Albay. — Dessin de A. de Bar, d'après une photographie. . . . 907
601. Dans l'île de Luçon. — Dessin de Lancelot. 908
602. Drame et ballet au théâtre d'Albay. — Dessin de Dosso. 909
603. Pirogues papoues. — Dessin de J. Moynet 911
604. Dans les îles Palaos. — Dessin de Mesplès. 913
605. Paysage aux Nouvelles-Hébrides. — Dessin de Mesplès 915
606. Vallée aux environs de Nouméa. — Dessin de Moynet, d'après une photographie 917
607. Indigènes des îles Loyauté. — Dessin de A. de Neuville, d'après une photographie 919
608. Danse de guerriers fidjiens. — Dessin de G. Doré. 921
609. Les îles Wallis. — Dessin de Th. Weber, d'après un croquis. 925
610. Église de la mission des îles Wallis. — Dessin de Th. Weber, d'après une photographie. 926
611. Habitations des indigènes dans les îles Cook. — Dessin de Riou, d'après une photographie . . . 927
612. Le Kilaouéa. — Dessin de Riou, d'après une photographie. 929
613. Sur la côte d'Oahou. — Dessin de H. Clerget, d'après une photographie 930
614. Papéiti. — Dessin de Riou, d'après une photographie. 931
615. Types taïtiens. — Dessin de Rixens, d'après une photographie 933
616. Statues géantes. — Dessin de A. de Bar, d'après un croquis. 935

TABLE DES MATIÈRES

La Terre, la Mer, les Hommes	1
EUROPE	17
Royaume-Uni de Grande-Bretagne et d'Irlande	31
Angleterre	35
Écosse	45
Irlande	49
Scandinavie	57
Danemark	68
Russie	73
Allemagne	97
Autriche-Hongrie	115
Belgique	129
Hollande	135
Suisse	139
France	145
Espagne	185
Portugal	207
Italie	213
Presqu'île slavo-grecque	233
Grèce	255
ASIE	267
Asie Russe	277
Sibérie	278
Turkestan Russe	289
Caucasie	301
Asie Mineure ou Turquie d'Asie	311
Arabie	331
Perse ou Iran	339
Pays détachés de l'Iran	347
Afghanistan	347
Baloutchistan	351
Inde	353
Indo-Chine	385
Indo-Chine Anglaise	387
Birmanie	391
Siam	395
Indo-Chine Française	396
Empire Chinois	409
Pays vassaux	431
Japon	443
AFRIQUE	451
Égypte	461
Dépendances de l'Égypte	473
Abyssinie	477
Tripolitaine	485
Berbérie	489
Algérie	495
Maroc	511
Sahara	515
Niger et Tchad ou Soudan Central	519
Soudan maritime	529
Sénégambie	530
Sierra-Léone	534
Libéria	535
Guinée	537
Pays du Congo	545
Ouest Africain ou Congo Français	549
Angola ou Congo Portugais	553
Luderitzland	556
Colonies du Cap	557
Cap et dépendances	558
Natal	567
État Libre d'Orange	569
République Sud-Africaine	571
Désert austral	574
Zambèze et côte orientale	575
Îles d'Afrique : les Açores	583
Madère	584
Canaries	585
Îles du Cap-Vert	588
Îles du golfe de Guinée	589
Madagascar et ses satellites	595
AMÉRIQUE	601
Amérique du Nord	617
Groenland	617
Puissance du Canada ou Dominion	620
Canada	621
Acadie ou Provinces maritimes	639
Nouveau-Brunswick	639
Nouvelle-Écosse	640
Île du Prince-Édouard	642
Terre-Neuve	645
Nord-Ouest	647
Manitoba	657
Colombie Anglaise	661
États-Unis	665
Mexique	697

Amérique Centrale	715
Antilles	725
Antilles Espagnoles	727
Haïti	733
Antilles Françaises	741
Antilles Anglaises	745
Antilles Hollandaises	750
Antilles Danoises	752
Amérique du Sud	753
États-Unis de Colombie ou Nouvelle-Grenade	753
Vénézuéla	763
Ecuador	769
Pérou	773
Bolivie	785
Chili	793
Argentine	801
Bande Orientale ou Uruguay	811
Paraguay	813
Brésil	815
Guyane	831
Guyane Française	833
Guyane Hollandaise	835
Guyane Anglaise	837
OCÉANIE	841
Australie	843
Nouvelle-Galles du Sud	849
Victoria	851
Queensland	853
Australie Méridionale	857
Australie Occidentale	861
Tasmanie	862
Nouvelle-Zélande	865
Nouvelle-Guinée	871
Mégalonésie	875
Iles Néderlandaises	879
Java	880
Sumatra	885
Petites îles de la Sonde	889
Moluques	893
Célèbes	899
Bornéo	903
Philippines	905
Micronésie	911
Petite Micronésie	912
Mélanésie	915
Nouvelle-Calédonie	917
Iles Fidji	920
Polynésie	923
Iles Samoa	924
Les Tonga	925
Iles Cook	927
Iles Sandwich	928
Sporades Françaises	931
Ile de Pâques	935

TABLE DES CARTES

1. Europe	21	6. Algérie		501
2. France	173	7. Amérique du Nord		605
3. Asie	269	8. Canada Français		629
4. Indo-Chine	597	9. Amérique du Sud		757
5. Afrique	455	10. Océanie occidentale		859

www.ingramcontent.com/pod-product-compliance
Lightning Source LLC
Chambersburg PA
CBHW070759020526
44116CB00030B/904